内蒙古自治区地方志丛书

准格尔旗志

（1991—2015）

准格尔旗志编纂委员会 编

方志出版社

图书在版编目（CIP）数据

准格尔旗志：1991—2015 / 准格尔旗志编纂委员会编．—北京：方志出版社，2023.8
ISBN 978-7-5144-4737-8

Ⅰ.①准… Ⅱ.①准… Ⅲ.①准格尔旗—地方志—1991—2015 Ⅳ.①K292.64

中国版本图书馆 CIP 数据核字（2020）第 269377 号

责任编辑：丛　珺
责任校对：刘玉霞
责任印制：梅中英
出 版 者：方志出版社
地　　址：北京市朝阳区潘家园东里 9 号（国家方志馆 4 层）
邮　　编：100021
网　　址：http://www.zgfzcb.cn
发　　行：方志出版社图书营销中心（010-67110500）
印　　刷：山西基因包装印刷科技股份有限公司
开　　本：889 毫米 ×1194 毫米　1/16
印　　张：63.75
字　　数：1832 千字
版　　次：2023 年 8 月第 1 版
印　　次：2023 年 8 月第 1 次印刷
定　　价：590.00 元

《准格尔旗志（1991—2015）》评审委员会

（2020 年 12 月）

《准格尔旗志（1991—2015）》编纂委员会

（2021—2023）

《准格尔旗志（1991—2015）》编辑部

《准格尔旗志（1991—2015）》参编人员

（按姓氏笔画排序）

丁　鑫　刁玉春　刁海倩　于　琳　千万春　马灵芝　马国义　马金旭　王　丹　王　龙
王　军　王　拴　王　莎　王　焱　王　婷　王　瑞　王　霞　王　鑫　王水泉　王文凤
王玉蓉　王永卿　王向东　王兴宇　王丽曼　王来德　王忠威　王亮玺　王洪利　王桂兰
王桂英　王晓娟　王晓婧　王晓霞　王培义　王培鑫　王敏莉　王淑琴　王喜清　王鹏飞
甘俊礼　石　瑜　石宇欣　田冬梅　田丽梅　田海军　田德胜　白　星　白如雪　白雪峰
白瑞勤　冯占冬　冯琛露　吕　勇　吕凤霞　吕引娥　吕维春　乔　杰　乔炯菠　任　艳
任　耀　任旺林　任娜英　邬青云　邬金娜　刘　兰　刘　永　刘　旭　刘　雨　刘　波
刘　艳　刘　婕　刘　维　刘　森　刘　瑶　刘小军　刘小艳　刘飞高　刘少雄　刘凤明
刘用涛　刘向东　刘向桢　刘如海　刘志刚　刘志军　刘丽梅　刘秀娟　刘国勋　刘晓明
刘晓维　刘晓慧　刘海鹏　刘雄伟　刘媛婕　闫　浩　闫祝龙　池水益　祁春艳　许伊娜
许艳菲　孙　苗　孙少男　苏　昆　杜小霞　杜长春　杜俊义　杜晓艳　李　广　李　龙
李　平　李　伟　李　洁　李　娜　李　琴　李　婷　李　磊　李　鑫　李介甫　李六金
李文俊　李永威　李永厚　李志男　李国平　李明哲　李佩茹　李金玉　李春雷　李柯发
李晓丽　李静雯　李震霆　杨　阳　杨　芳（准能集团）　杨　芳（新远旅行社）　杨　春
杨　逵　杨　敏　杨　瑞　杨文广　杨文亮　杨晓东　杨爱东　杨喜君　吴　兰　吴　杰
吴奋平　何玉龙　何永飞　何志勇　何贵军　辛菊红　汪晓婷　沈　飞　宋海玲　宋锦春
张　文　张　军　张　洁　张　磊（准格尔召镇）　张　磊（建设银行准格尔分行）　张世宽　张立帆
张永军　张永红　张志华　张宏继　张明杰　张俊杰　张艳波　张嘉鑫　阿依娜　陈　瑞
陈万军　陈文焕　陈世文　陈富强　苗　东　范　鑫　林　波　奇志远　金久楠　周　琴
周吉伟　周治国　宗　义　赵　萍　赵　雄　赵　鑫　赵一旭　赵二强　赵时晖　赵宏宽
赵改丽　赵海林　赵雪琴　郝　宁　郝小艳　郝中华　郝军民　郝宏翔　郝秉文　郝建军
郝瑞英　胡雪冰　柳　苏　柳建华　香　春　段俊先　侯　欣　侯宏树　娜日沙　贺　梅
贺凤忠　贺腾骅　贺燕萍　骆唐兵　秦　飞　秦　婷　秦三元　秦立明　敖宏伟　袁立东
栗治国　贾　敏　贾成群　贾春燕　贾智国　柴　芳　柴少华　柴靖渊　倪小娟　徐　静
徐占超　徐敏华　高　飞　高　雨　高　茹　高凤兰　高平生　高景煊　高嘉梅　高精达
郭　欢　郭　宏　郭　强　郭双义　陶　俊　黄　磊　萨日娜　曹建英　曹春林　董上万
董淑婷　蒋日旭　韩　忠　韩　茜　韩志强　韩来福　韩瑞君　韩耀光　鲁　昊　温晓忠
富艳丽　蔺瑞娥　翟　纲　翟润喜　樊培清　穆　健　魏　民　魏　颖　魏　慧　魏昕宇
籍进柱

准格尔旗地图

（2015年）

审图号：蒙S（2021）021号

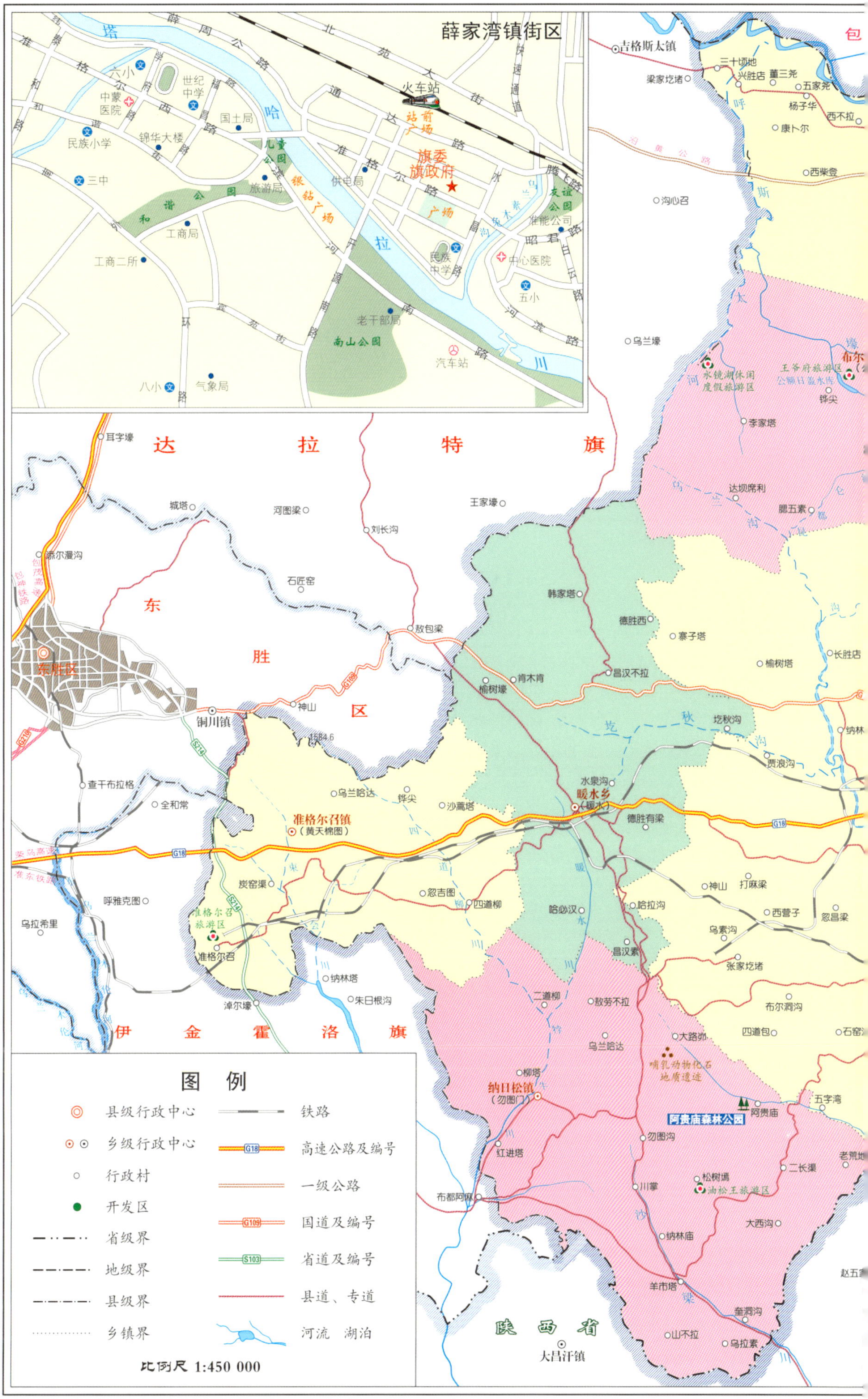
薛家湾镇街区
火车站
站前广场
旗委
旗政府
六小
世纪中学
中蒙医院
国土局
民族小学
锦华大楼
儿童公园
三中
和谐公园
旅游局
钱钻广场
供电局
广场
准能公司
友谊公园
工商局
工商二所
民族中学
中心医院
五小
老干部局
南山公园
汽车站
八小
气象局
塔哈拉川
薛周公路
北苑大街
达旗路
准格尔路
腾飞路
平原南路
达拉特旗
东胜区
伊金霍洛旗
陕西省
吉格斯太镇
三十顷地
兴胜店
董三尧
五家尧
梁家圪堵
杨子华
西不拉
康卜尔
西柴登
沟心召
乌兰壕
水镜湖休闲度假旅游区
王爷府旅游区
布尔
锌尖
李家塔
达坝磨利
耳字壕
城塔
河图梁
王家壕
刘长沟
石匠窑
韩家塔
德胜西
赛子塔
敖包梁
长胜店
榆树塔
肯木肯
昌汉不拉
榆树壕
神山
铜川镇
1584.6
圪秋沟
纳林
贾浪沟
查干布拉格
全和常
乌兰哈达
锌尖
沙蒿塔
水泉沟
暖水乡
（暖水）
德胜有梁
准格尔召镇
（黄天棉图）
G18
G109
G210
S214
炭窑渠
忽吉图
四道柳
哈必汉
哈拉沟
神山
打麻梁
西营子
忽昌梁
乌素沟
呼雅克图
乌拉希里
准格尔召旅游区
准格尔召
昌汉素
张家圪堵
纳林塔
二道柳
敖劳不拉
朱日根沟
淖尔壕
布尔洞沟
四道包
石窑
大路峁
乌兰哈达
哺乳动物化石地质遗迹
柳塔
纳日松镇
（勿图门）
五字湾
阿贵庙
阿贵庙森林公园
勿图沟
老芜地
红进塔
松树焉
油松王旅游区
二长渠
布都阿麻
川掌
大西沟
纳林庙
赵五
羊市塔
窑洞沟
山不拉
乌拉素
大昌汗镇
图例
县级行政中心
乡级行政中心
行政村
开发区
省级界
地级界
县级界
乡镇界
铁路
高速公路及编号
一级公路
国道及编号
省道及编号
县道、专道
河流 湖泊
比例尺 1:450 000

:旗黄河大峡谷景观太极湾　1999 年夏魏家峁乡杜家峁村　　王建中　摄

尔旗沟壑纵横的砒砂岩地貌　2004 年秋暖水镇德胜西村　　宝　音　摄

◆ 准格尔

◆ 准格

◆ 准格尔煤炭工业公司驻地薛家湾镇市政区　1991 年　　李根万　摄

◆ 准格尔旗人民政府驻地薛家湾镇市政区　2015 年　　李根万　摄

◆ 南山公园煤海明珠塔　　2007 年　刘卫军　摄

◆ 准格尔旗黄河大峡谷　2010 年龙口镇杜家峁村　　李根万　摄

◆ 白云岩景观小沙湾天桥　2007 年薛家湾镇柳青梁村　　李根万　摄

◆ 砒砂岩景观莲花辿

◆ 黄河二级支流纳林川　2004 年沙圪堵镇不拉村　　李根万　摄

年龙口镇大口村　　赵有柱　摄

◆ 砒砂岩景观“五花肉”　2013 年暖水乡肯木肯村　　陈文俊　摄

◆ 准格尔旗黄河深峡谷　2017 年薛家湾镇城坡村　　陈文俊　摄

◆ 库布齐沙漠　2006 年十二连城乡　　汤世光　摄

◆ 雾锁黄河　2012 年龙口镇　　王建中　摄

◆ 黄河湿地白天鹅　2017 年十二连城乡　　刘　杰　摄

◆ 黄河河中岛太子滩　2010 年龙口镇龙口社区　　武文杰　摄

◆ 新石器寨子圪旦　2017 年薛家湾镇百草塔村　　王玉科　摄

◆ 北魏阿贵庙　2008 年纳日松镇阿贵庙村　　李根万　摄

◆ 清代准格尔旗王府　2007 年布尔陶亥苏木公益盖村　　佚　名　摄

◆ 明代始建准格尔召新貌　2021 年　　王晓明　摄

◆ 庙塔石窟寺　2022 年薛家湾镇永胜壕村　　赵　刚　摄

◆ 延绥镇长城烽火台　2010 年龙口镇大口村　　杨玉铭　摄

◆ 神山庙　2019 年沙圪堵镇神山村　　陈文俊　摄

◆ 哈贡乌素召白塔　2015 年龙口镇双敖包村　　杨玉铭　摄

◆ 准格尔旗革命烈士塔　2009 年　　杨玉铭　摄

◆ 大路新区建业大厦　2022 年　　王晓明　摄

◆ 准格尔旗党政办公大楼　2017 年　　李志刚　摄

◆ 碱地插秧种稻　2019 年十二连城乡东不拉村　　张宪丽　摄

◆ 山杏熟了　2017 年龙口镇大口村　　樊　钱　摄

◆ 暖水山地苹果

◆ 保护地种植设施　2014 年十二连城乡五家尧村　　陈文俊　摄

19 年德胜有梁村　　陈文俊　摄

◆ 海红树下　2019 年龙口镇大口村　　张　宏　摄

◆ 肉羊小区　2017 年布尔陶亥苏木　　宣传部　供

◆ 肉牛养殖　2015 年布尔陶亥苏木　　刘　敏　摄

◆ 鱼塘　2016 年十二连城乡巨合滩村　　王玉科　摄

◆ 稻渔空间观光园 2021 年大路镇小滩子村 任治奇 摄

◆ 机械收割　2019 年大路镇小滩子村　　宣传部　供

◆ 扶贫鸡苗　2016 年布尔陶亥苏木　　张宪丽　摄

◆ 夫妻春耕　2017 年龙口镇大圐圙梁村　　张　宏　摄

◆ 节水灌溉　2017 年十二连城乡　　宣传部　供

◆ 互助秋收间歇　2018 年沙圪堵镇纳林村　　杨　磊　摄

◆ 羊市塔煤矿　2009 年　　汇能集团　供

◆ 黑岱沟露天煤矿吊斗铲倒堆作业　2010 年　　汤世光　摄

◆ 电铲装煤作业　2006 年　　汤世光　摄

◆ 黑岱沟露天煤矿抛掷爆破 2012 年 赵有柱 摄

◆ 准能公司载重量 326 吨卡车 2021 年 赵 刚 摄

◆ 哈尔乌素露天煤矿选煤厂 2013 年 赵有柱 摄

◆ 魏家峁煤电工业园区　2017 年　　魏家峁镇　供

◆ 宁格尔枢纽变电站至永圣域输电线路　2017 年　　薛家湾供电局　供

◆ 国华准格尔发电厂　2008 年　　宣传部　供

◆ 黄河万家寨水利枢纽　2004 年　　吴运生　摄

◆ 二甲醚储罐 2013 年 久泰能源公司 供

◆ 煤制油气化装置 2010 年 伊泰煤制油公司 供

鄂尔多斯大路煤化工基地 2014 年 基地管委会 供

◆ 伊东集团九鼎化工公司 2011 年 赵 刚 摄

◆ 伊东循环经济工业园区 2019 年 田 雨 摄

◆ 国礼陶瓷公司制坯车间　2012 年　　王建中　摄

◆ 国礼瓷餐具

◆ 黄金多穆壶

◆ 杏仁露生产线 2011 年 高原杏仁露公司 供

◆ 名道纯酒业公司储酒坛 2012 年 汤世光 摄

◆ 沙棘产品生产线 2017 年 宣传部 供

◆ 苦菜饮料生产线 2010 年 宣传部 供

◆ 南山公园　2017 年　　李志刚　摄

◆ 美稷民俗风情园　2015 年

◆ 塔哈拉川城市滨水景观　2019 年　　陈文俊　摄

宣传部 供

◆ 大路公园 2020 年 王晓明 摄

◆ 美丽乡村　2016 年龙口镇大口村　　马海军　摄

◆ 羊市塔矿区移民新村　2016 年　　陈文俊　摄

◆ 五家尧新农村住宅楼　2018

◆ 大漠弯弓　2014 年布尔陶亥苏木政府驻地　　陈文俊　摄

宣传部　供

◆ 龙口镇大口村渔家乐　2016 年　　宣传部　供

◆ 南山宾苑　2016 年　　赵　刚　摄

◆ 阳光超市蔬菜区　2022 年　　高精达　摄

◆ 生力都市生活广场　2018 年　　宣传部　供

◆ 迎泽街道商圈　2021 年　　赵　刚　摄

◆ 晶晶宴会城　2020 年　　王晓明

◆ 萨瓦纳酒店 2013 年 伊泰集团 供

◆ 建设银行智能服务区 2018 年 宣传部 供

◆ 生力银钻大厦 2014 年 宣传部 供

◆ 凯旋门假日酒店 2008 年 杨玉铭 摄

◆ 西口古渡　2017 年龙口镇大口村　　王玉科　摄

◆ 呼大高速公路薛家湾出口　2013 年　　宣传部　供

◆ 荣乌高速与包府公路互通　2014 年　　陈文俊　摄

◆ 十二连城汽车服务区　2022 年　　交通运输局　供

◆ 沙圪堵镇客运站　2015 年　交通运输局　供

◆ 荣乌高速公路准格尔黄河大桥 2016 年 王玉科 摄

◆ 薛家湾至大路新区快速通道 2017 年 宣传部 供

◆ 大路镇何家塔村盘山公路 2016 年 宣传部 供

◆ 大准铁路黄河特大桥　2007 年　　李根万　摄

◆ 和谐号动车组

◆ 准东铁路和准东铁路复线跨越四道柳川　2015 年　　陈文俊　摄

2018年　贺　润　摄

◆ 我去准格尔　2018年　吴运生　摄

◆ 视频监控大厅　2013 年　　久泰能源公司　供

◆ 有线电视　2017 年　　赵　刚　摄

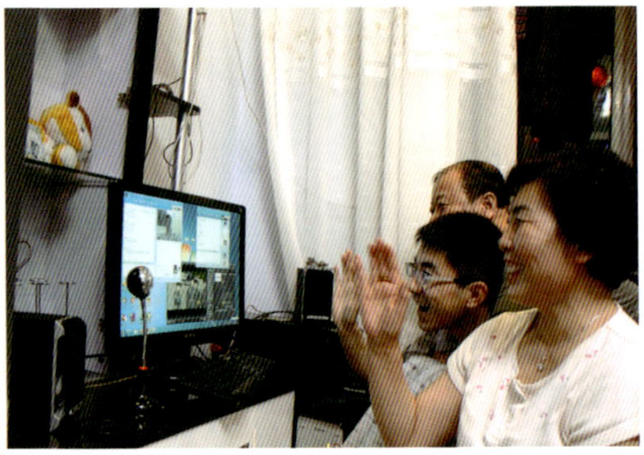

◆ 视频拜年　2010 年　　乔　玮　摄

◆ 准格尔召庙会手机拍客　2017 年　　武东煜　摄

◆ 薛家湾镇白大路村电视信号户户通 2015 年　　赵 乐 摄

◆ 世纪中学综合教学楼　2009 年　　李根万　摄

◆ 网络教育　2017 年　宣传部　供

◆ 歌咏比赛　2020 年　　乔晓红　摄

◆ 幼儿园亲子活动　2015 年　　教育体育局　供

◆ 科学实验　2016 年　　教育体育局　供

◆ 大路新区第一小学 2018 年 教育体育局 供

◆ 参观航模展 2015 年 乔 玮 摄

◆ 建筑实践技能训练 2022 年 职业中学 供

◆ 滑冰少年　2020 年　　教育体育局　供

◆ 雨中接力　2022 年　　刘　杰　摄

◆ 准格尔旗体育场　大路新区地标建筑　2019 年　　陈文俊　摄

◆ 职工篮球赛　2011 年　　国电晶阳公司　供

◆ 千人拔河　2010 年　　李海芳　摄

◆ 舞韵广场晨练　2020 年　　赵　刚　摄

◆ 垂钓比赛　2017 年　　曹文进　摄

◆ 国际摩托车场地越野赛　2011 年　　赵　刚　摄

◆ 趣味运动会　2017 年　宣传部　供

◆ 博物馆和图书馆　2018 年　　宣传部　供

◆ 十二连城西瓜节　2010 年　　黄　鑫　摄

◆ 元宵节广场文艺演出　2018 年

◆ 乌兰牧骑送戏下乡 2009 年 刘 敏 摄

张宪丽 摄

◆ 长滩庙会旗袍秀 2016 年 宣传部 供

◆ 漫瀚调音乐剧《牵魂线》剧照　2022 年　　乌兰牧骑　供

◆ 社区蛋雕达人　2015 年　　张宪丽　摄

◆ 鄂尔多斯市千人广场舞大赛 2007 年　　刘卫军　摄

◆ 社区书画吧 2017 年　　文　联　供

◆ 高峡平湖　黄河万家寨水库　2014 年　　陈文俊　摄

◆ 铁索桥　2018 年　　张步恒　摄

◆ 包子塔　2018 年　　陈文俊　摄

◆ 崔成寨　2016 年　　宣传部　供

◆ 中国油松王　2003 年　　李根万　摄

◆ 跨黄河神泉景区　2022 年　神泉景区　供

◆ 沙漠甘泉水镜湖　2017 年　　水镜湖景区　供

◆ 绿色矿山工业游　2017 年黑岱沟露天煤矿复垦区　　刘　杰　摄

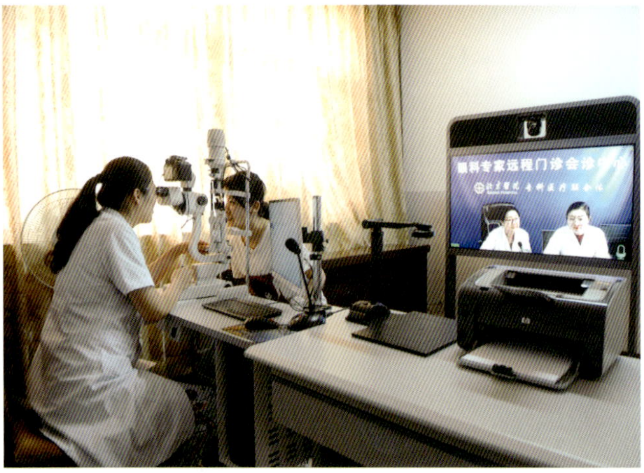

◆ 眼科远程会诊　2019 年　　中心医院　供

◆ 白衣天使　2022 年　　中蒙医院　供

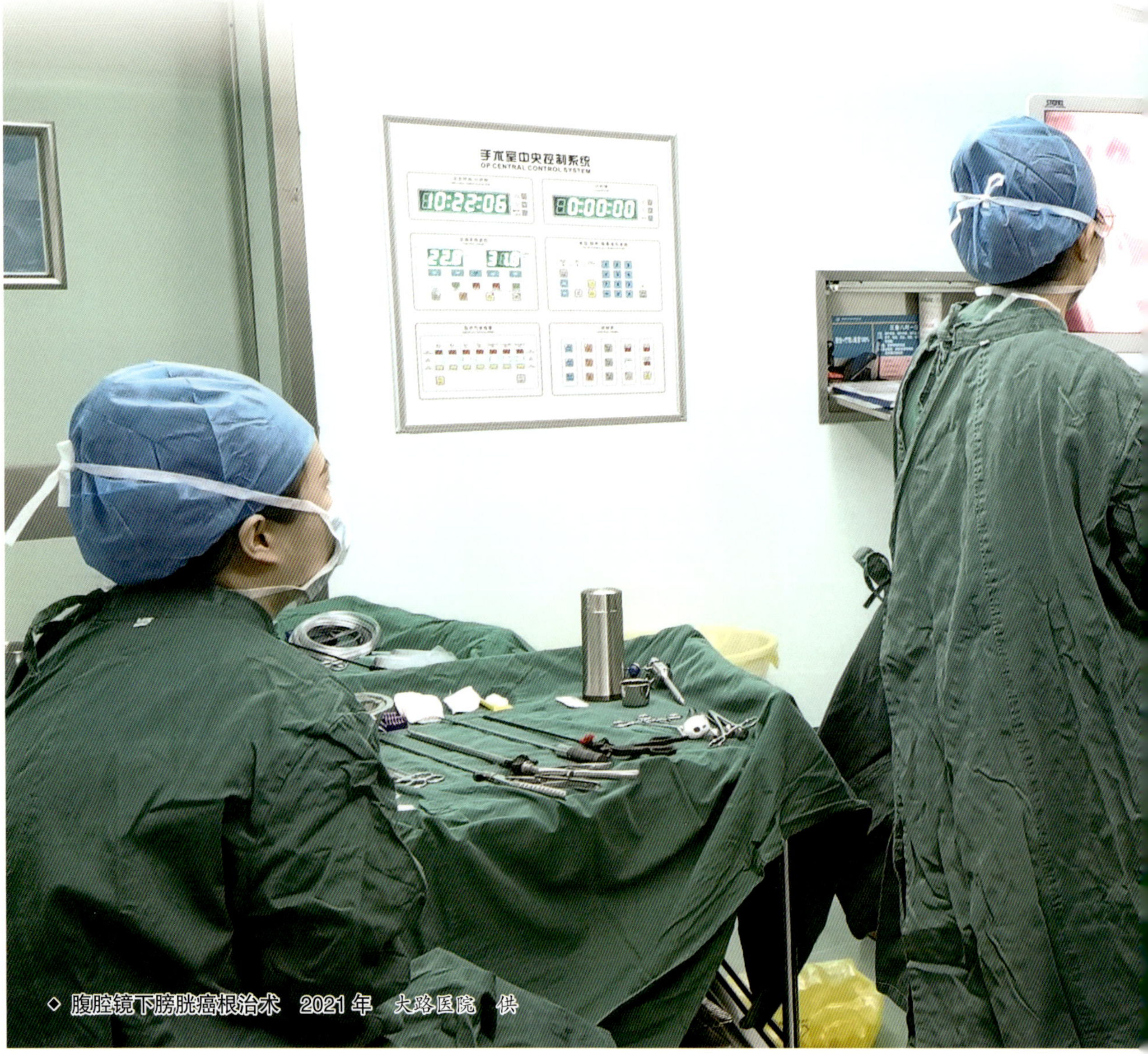

◇ 腹腔镜下膀胱癌根治术　2021 年　大路医院　供

◆ 社区老年人养生吧 2017 年 文 联 供

◆ 成年人免费体检测试视力 2010 年 万 里 摄

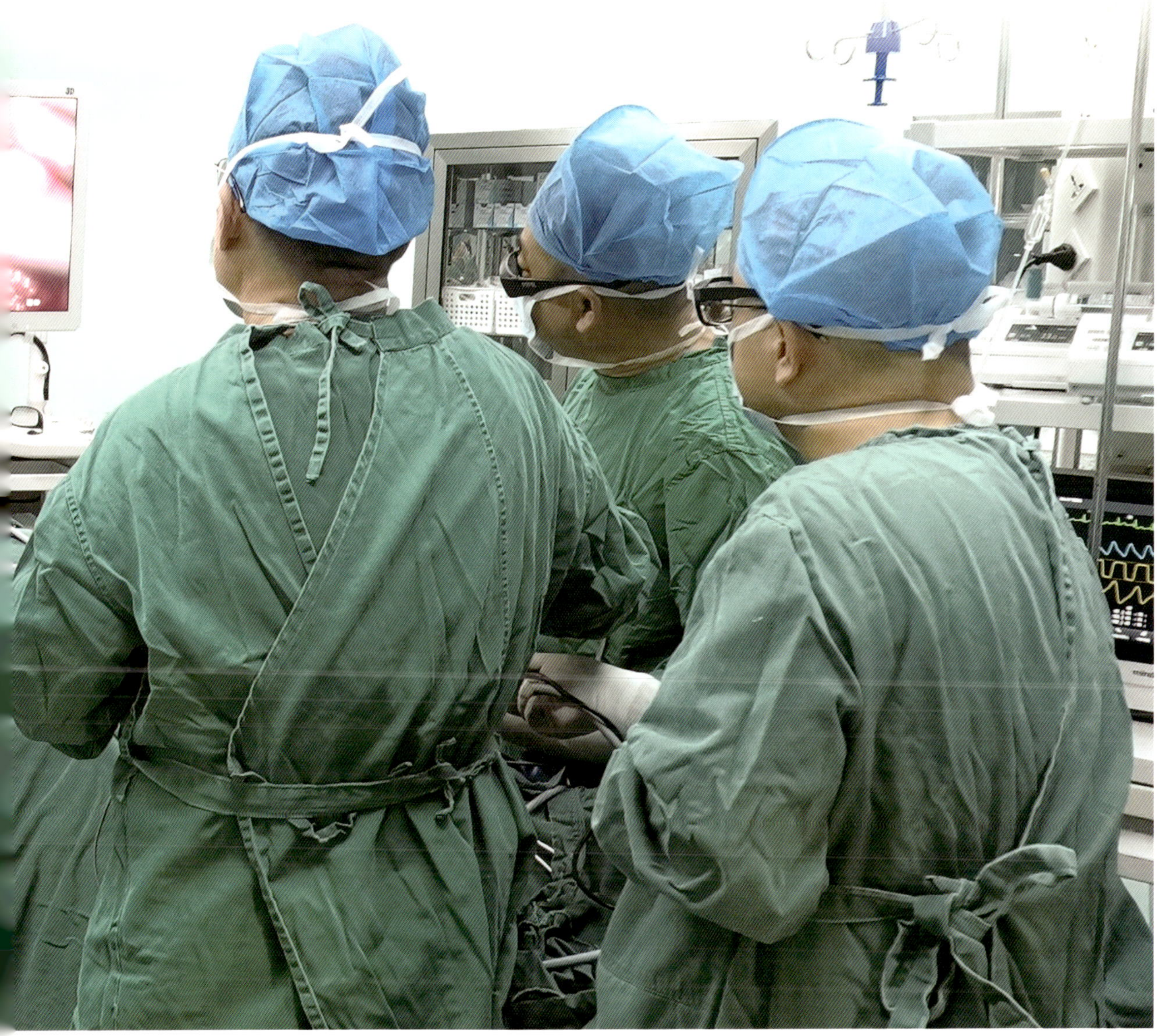

◆ 伊朗客户参观　2015 年　　锦化机石化装备公司　供

◆ 体验蒙古族敬酒礼仪　2007 年　　刘　敏　摄

◆ 外籍教师生动活泼的课堂教学　2016 年　　教育体育局　供

◆ 世界旅游城市形象大使走进准格尔黄河大峡谷 2017 年 李志刚 摄

◆ 奇附林演唱漫瀚调 歌震八方 2012 年 李志刚 摄

◆ 煤矿工人走进矿井　2017 年　　满世集团　供

◆ 准能公司电铲维修钳工　20

◆ 矿工兄弟　2020 年准能公司哈尔乌素露天煤矿　　刘　杰　摄

刘　杰　摄

◆ 准能公司煤矸石发电厂维修锅炉　2016 年　　赵有柱　摄

◆ 大准铁路火车司机　2018 年　　闫旭东　摄

◆ 109 国道养路工人的午餐　2007 年　　公路管理工区　供

◆ 父老乡亲　2016 年龙口镇井子沟村　　王玉科　摄

◆ 青年画腰墙　2015 年龙口镇大口村　　张宪丽　摄

◆ 秋收大忙　2013 年十二连城乡柴登村　　李志刚　摄

◆ 老人编箩筐　2017 年薛家湾镇长滩村　　乔　玮　摄

◆ 化验员　2017 年准能矸石电厂　　刘　杰　摄

◆ 特警队员　2022 年　　黄海阳　摄

◆ 党代表　2016 年会商中心　　赵　乐　摄

◆ 陶瓷艺术设计师　2018 年　　国礼陶瓷公司　供

◆ 纳税 2016 年税务局办税大厅 乔晓红 摄

◆ 农家乐 2016 年布尔陶亥苏木尔圪壕嘎查 路顺斌 摄

◆ 大路煤化工基地青年集体婚礼　2009 年　　柴　旭　摄

◆ 矿工之家　2018 年哈尔乌素露天煤矿　　刘　杰　摄

◆ 幼儿园小朋友 2010 年 倪小娟 摄

◆ 生态移民喜迁新居 2011 年 乔 玮 摄

◆ 参加新型农村合作医疗　2009 年沙圪堵镇福路村　　王建中　摄

◆ 白头老伴　2012 年龙口镇大口村　　其木格　摄

◆ 休闲时光　2017 年蓝天街道友谊公园　　园林局　供

◆ 居家养老　2019 年沙圪堵镇贾浪沟村　　杨　磊　摄

◆ 传统汉族婚礼拜天地　2005 年　　汤世光　摄

◆ 窗花　2005 年　　汤世光　摄

◆ 窑洞人家年味浓　2018 年龙口镇红树梁村　　张　宏　摄

◆ 擀豆面 2013 年 汤世光 摄

◆ 刷凉粉 2017 年 贾志芳 摄

◆ 传统游艺挑单单 2018 年 吉 雅 摄

◆ 稷穗飘香　2019 年沙圪堵镇区北出口　　田　雨　摄

◆ 鹿鸣　2008 年准格尔旗党政办公大楼　　王建中　摄

◆ 碗托　2008 年美稷民俗风情园　　杨玉铭　摄

◆ 煤矿工人　　2008 年薛家湾镇兴源步行街　杨玉铭　摄　　电之光 ◆

证书
你旗在开展民间艺术工作中成绩突出，
经研究，决定命名你旗为“中国民间艺术
之乡”
特颁发此证

全国科技工作
先进旗
中华人民共和国科学技术部
一九九八年六月

全国
民政工作先进旗
中华人民共和国民政部
2002.5

全国农村初级卫生保健工作
（1990—2000年）
先进县（市）
中华人民共和国 卫生部 国家计委 农业部
国家环保总局 全国爱卫会
二○○二年十月

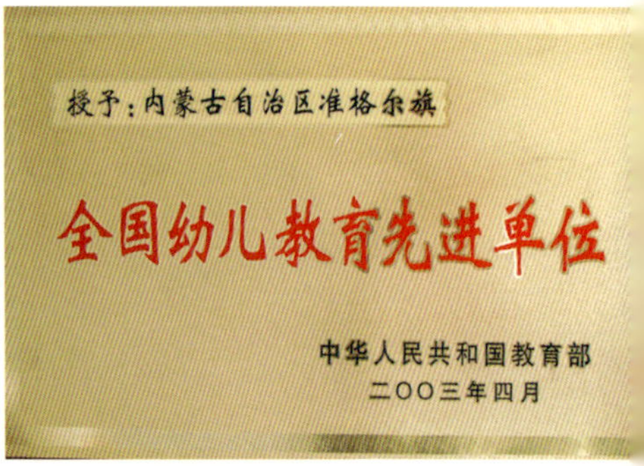
授予：内蒙古自治区准格尔旗
全国幼儿教育先进单位
中华人民共和国教育部
二○○三年四月

全国科普示范县（市、区）
中国科学技术协会
2004年

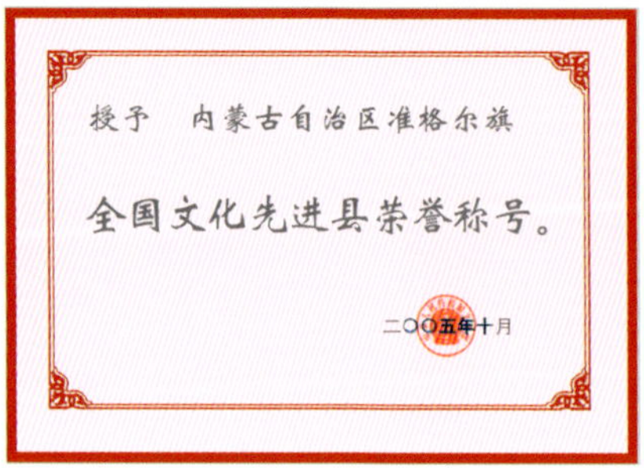
授予 内蒙古自治区准格尔旗
全国文化先进县荣誉称号。
二○○五年十月

全国计划生育优质服务
先进县（市、区）
中华人民共和国
国家人口和计划生育委员会
二○○六年十二月

国家级非物质文化遗产
漫瀚调
中华人民共和国国务院公布
中华人民共和国文化部颁发
2008年6月

2005-2008年度
全国群众体育先进单位
国家体育总局
二OO九年十月

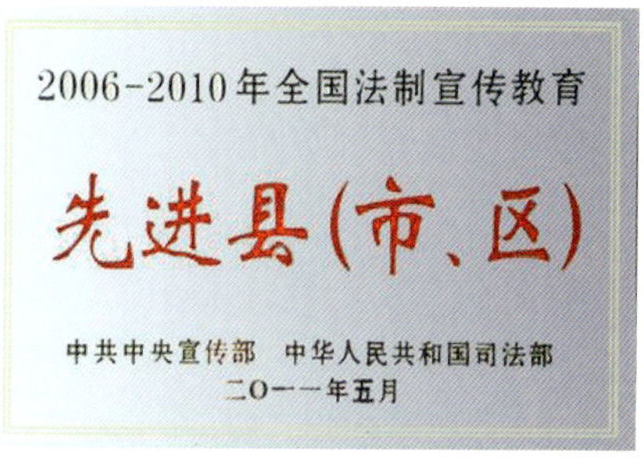
2006-2010年全国法制宣传教育
先进县（市、区）
中共中央宣传部 中华人民共和国司法部
二O一一年五月

授予：准格尔旗人民政府
全国绿化先进集体
全国绿化委员会
中华人民共和国人力资源和社会保障部
国家林业局
二O一一年三月

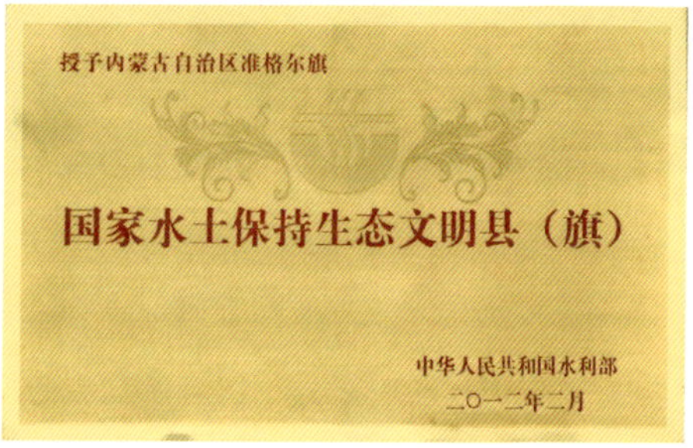
授予内蒙古自治区准格尔旗
国家水土保持生态文明县（旗）
中华人民共和国水利部
二O一二年二月

全国民族团结进步创建活动
示范旗
中央宣传部 中央统战部 国家民委
二O一二年六月

全国民族团结进步模范集体
Donzgez Cinbu
中华人民共和国国务院
二O一四年九月

内蒙古自治区鄂尔多斯市准格尔旗
国家卫生县城
(2017-2019)
全国爱国卫生运动委员会

◆ 准格尔旗党政军领导与《准格尔旗志（1991—2015）》评审委员会专家合影

杨玉铭　王建中　玉　红　乔佳宏　徐媛英　秦倩倩　苏伦高娃　任旺林

赵永君　夏美斌　张银银　赵在旺　查干浪涛　贺　彪　鲁占清　姚思泰　希　尼　阿拉木斯　汪永志

◆ 准格尔旗党政军领导与《准格尔旗志（1991—2015）》编辑部编辑合影

王永卿　甫澜涛　张培文　张　中　刘国保　奇拴存　许　荣　郑丹丹　王　雪　李海峰　许　云

杨玉铭　阿拉木斯　夏美斌　希　尼　鲁占清　张银银　汪永志　赵永君　朱彦沣

序

《准格尔旗志（1991—2015）》是准格尔旗新时代全面建成小康社会一大成果，是向中共二十大献上的一份厚礼。

准格尔，黄河与长城握手之地，清顺治六年（1649年）建鄂尔多斯左翼前旗，蒙古语俗称“准格尔旗”。高原厚土饱经沧桑，游牧农耕水乳交融，历代文明不逊他乡。穿越历史看现状，西部热土百业兴旺，南腔北调同频共振，今朝风景这边特好。

这部旗志记载的25年，中华民族由富起来的新时期跨入强起来的新时代，准格尔旗由国家贫困县跨入全国百强县。改革开放新时期，我们抢抓西部大开发先机，开发地方资源，支援国家建设，以工补农，以城带乡，大踏步赶上时代步伐，县域经济以东部速度领跑西部，建成全国民族团结进步示范旗。梦圆中华新时代，我们构筑高质量发展新格局，打造绿色能源输出地，创建全国县级文明城，决胜全面小康攻坚战，西部热土转型发展，在蒙晋陕“鸡鸣三省”，挺立呼包鄂“金三角”。漫瀚调从“走西口”唱到新时代，唱响准格尔人争当现代化建设排头兵的时代壮歌。

盛世修志，志载盛世。2000年，史志办开始编纂地方综合年鉴；2014年1月，旗委、政府启动续修《准格尔旗志（1991—2015）》；2019年1月，动员全旗集中攻坚第二轮志书。承编单位上报基础资料，专家学者奉献研究成果，上级部门跟进督查指导，编辑人员潜心取精存真。20多年厚积薄发，9年编纂呕心沥血，众手修志，专家成书，成就这部准格尔旗新时代的百科全书。

续修旗志，遵循习近平新时代中国特色社会主义思想，坚持辩证唯物主义和历史唯物主义的立场、观点、方法，把握从富起来到强起来的时代特征，突出人无我有和人有我优的地方特色，实事求是为准格尔旗的25年精准画像。开卷概述、记事总揽全书；志文起篇建章，分节立目，横陈自然与社会、经济与政治、物质与精神诸门，纵述各门始末；卷尾人物、艺文温润全书。记述了本土创业故事，展示了地区文明形象。

修志问道，以启未来。这部旗志的面世恰逢其时，为准格尔旗现代化建设提供了精神财富。一是存史，保存从新时期到新时代的史料，传承当代文明，惠及后世子孙；二是资政，梳理各行各业的发展脉络，总结经验教训，提供现实决策依据；三是育人，展示新时代发展成就，激发全民创业热情，开创美好的未来。

中共二十大提出全面建设社会主义现代化强国，我们确立准格尔现代化新目标。靠创新引领，建设共和国县域经济示范区；守绿色底色，建设母亲河生态保护典范区；统筹城乡，建设内蒙古共同富裕先行区；保障民生，建设内蒙古民生幸福样板区。快步跑，争一流，作贡献，让市场主体跑出加速度，让百姓体验更多幸福感。

值此续修旗志出版发行之际，谨向关心支持这部旗志的单位和个人，向参与编纂的全体人员致以崇高的敬意。祝准格尔旗的明天更加美好！

中共准格尔旗委员会书记 苏那音

准格尔旗人民政府旗长 苏日雅拉图

2023年8月

凡 例

一、《准格尔旗志（1991—2015）》（简称续志）为断代志，是下限至1990年《准格尔旗志》（内蒙古人民出版社1993年4月版）的续修，系统记述了准格尔旗1991年至2015年自然、政治、经济、文化、社会的历史和现状。

二、续志以马克思列宁主义、毛泽东思想、邓小平理论、“三个代表”重要思想、科学发展观为指导，遵循习近平新时代中国特色社会主义思想，坚持辩证唯物主义和历史唯物主义，实事求是，秉笔直书，存史、资政、育人。

三、续志综合运用述、记、志、传、图、表、录7种体裁。照片专辑开卷，概述、专记、大事记总揽全书；志为主体，起篇建章，分节立目，4级标题横陈诸门，以节或目为单元纵述始末；人物、艺文、碑文、歌曲附于卷尾。

四、为突出地方特色，续志设支援准格尔煤田建设、实施旗政府驻地迁移、开发大路煤化工基地3个专记；工业篇设国家煤电路一体重点项目、内蒙古准格尔经济开发区、鄂尔多斯大路煤化工基地3章，文化篇升格漫瀚调为章。

五、为梳理主线脉络，续志个别内容突破时限，上溯下延。如，沿革、地质、漫瀚调等上溯至事物发端；再如，支援准格尔煤田建设上溯至1953年煤田地质勘探；还如，序、概述、照片专辑和随文的照片、编纂始末下延到出版时。

六、为展示要项全貌，续志有的地方突破地域，越境而书。如，大同至准格尔铁路记铁路起点山西省大同市；再如，伊东集团他乡创业记到卓资县开发旗下营工业园区；还如，横向对比涉及到全市全区甚至全国县域经济单位。

七、续志人物，不分本籍客籍，不论职位高低，入编获得省部级以上荣誉和成果，并对准格尔旗影响和贡献大者。辞世人物立传略，卒年为序；在世人物设简介，生年为序；列表人物附名录，大体以荣誉等级和颁授时间为序。

八、续志语言文字遵照《国家通用语言文字法》；标点符号执行《标点符号用法》（GB/T 15834—2011）；数字执行《出版物上数字用法》（GB/T 15835—2011）；计量单位执行《量和单位》（GB 3100~3102—1993），不便换算处用“亩”。

九、续志专有名称，首次用全称，括注简称，下文多用简称。如，“准格尔旗”简称“准旗”，“中国人民政治协商会议”简称“政协”，“人民代表大会常务委员会”简称“人大常委会”，“纪律检查委员会”简称“纪委”。

十、续志随文附表，与文相符，补文不足。表中计量单位用汉字，数据向右对齐，保留两位小数，个别分项四舍五入后会与总计略有出入。表格按篇统一编序号，如，表2—3，凡跨两页排版的表格编续表号，如，续表2—3。

十一、续志资料多摘录档案、图书、报刊文字资料，难以逐一注明出处；编写人员集体署名，入编不足200字者不署名。

十二、续志全书彩印，图文并茂。志文设照片篇名页，配关键词或概况；随文附照片；面向社会征集照片署拍摄者或提供者名。

目　录

第一篇　政　区

第二篇　自然环境

第三篇　人　口

第四篇　综合经济

第五篇　农　业

第六篇 工 业

第七篇　城乡建设

第八篇　国土资源管理·环境保护

第九篇　交通运输

第十篇　邮政·通信

第十一篇　水利·水保

第十二篇　商　业

第十三篇　财政·税务

第十四篇　金　融

第十五篇　经济管理

第十六篇　中共地方组织

第十七篇　地方人民代表大会

第十八篇　地方人民政府

第十九篇　政协地方委员会

第二十篇　纪检监察

第二十一篇　群众团体

第二十二篇　法　治

第二十三篇　军　事

第二十四篇　教育·体育

第二十五篇　科技·气象

第二十六篇　文化·旅游

第二十七篇 医疗卫生

第二十八篇 民 政

第二十九篇　人事·劳动·社保

第三十篇　精神文明建设

第三十一篇　民族·宗教

第三十二篇　习俗·方言

人　物

附　录

概 述

蒙晋陕三省区交界，母亲河为什么回头留恋？因为那里有一方遍藏乌金的风水宝地。塞北古陆荒原，为什么会有跨世纪奇迹般沧桑巨变？因为这里迎来西部开发的滚滚春潮。准格尔旗，这一方开发建设的热土，由国家重点扶持的贫困县大踏步跨入全国县域经济的百强县，创造了以东部速度领跑西部的传奇。

（一）

打开中华人民共和国地图，在黄河最大湾河套湾，在蒙晋陕三省区交界处，在内蒙古自治区呼包鄂“金三角”腹地，很容易找到准格尔这个地方。准格尔因地理位置得名，顺治六年（1649 年），清朝将蒙古鄂尔多斯部划为左右两翼 6 旗，鄂尔多斯高原东部设左翼前旗，蒙古语俗称“准格尔旗”。

准格尔旗地处内蒙古自治区、山西省、陕西省交界地带，位于内蒙古自治区西南部、鄂尔多斯市东端。北与包头市土默特右旗，东与呼和浩特市托克托县、清水河县，南与山西省忻州市偏关县、河曲县隔黄河相望；南邻陕西省榆林市府谷县，西邻伊金霍洛旗、东胜区、达拉特旗。地理坐标北纬 39°15′48″～40°19′11″，东经 110°06′40″～111°27′23″；面积 7550.79 平方千米。2015 年，辖布尔陶亥苏木，十二连城、暖水 2 个乡，薛家湾、沙圪堵、大路、龙口、纳日松、准格尔召 6 个镇，友谊、蓝天、兴隆、迎泽 4 个街道；有 3 个嘎查、156 个村、28 个社区。户籍总人口 145268 户 324205 人，有汉族、蒙古族、满族、回族、朝鲜族、壮族、彝族、藏族、达斡尔族等 30 多个民族。旗人民政府驻兴隆街道中心社区，东北距内蒙古自治区首府呼和浩特市 134.4 千米，西距鄂尔多斯市政府驻地康巴什新区 150.4 千米。

（二）

准格尔，黄河长城握手之地，游牧农耕交融之地，九曲黄河滋养，万里长城护佑，养育了一方“吃皮耐厚”的准格尔人，吃亏吃苦、任劳任怨，百折不挠、坚韧不拔，豁达宽容、质朴憨厚，历代文治武功不逊他乡。

准格尔，战国时秦设上郡广衍县（治今纳日松镇勿图门村），昭襄王筑长城至北部黄河；秦始皇三十二年（前 215 年）植榆为塞，连诸国城筑万里秦长城。西汉时设云中郡沙南县（治今十二连城乡脑包湾村）、西河郡美稷县（治今沙圪堵镇纳林村），移民屯田滳水；元狩二年（前 121 年）设属国安置归降匈奴，美稷驻西河郡属国都尉；东汉建武二十六年（50 年）南匈奴迁居美稷立单于庭。隋开皇二十年（600 年）东突厥在榆林郡（治今十二连城乡脑包湾村）任情畜牧，唐贞观四年（630 年）胜州（治今十二连城乡脑包湾村）驻都督辖突厥羁縻州。明初在北部黄河设东胜右卫（治今十二连城乡脑包湾村），后鄂尔多斯蒙古部进入河套，退守南部黄河筑万里明长城，旗地建大同镇边巡检司、延绥镇边。清初设蒙旗封禁边墙；康熙三十六年（1697 年）开放边禁，汉民春出秋归“跑青牛犋”；光绪二十年（1894 年）允许汉民定居旗下，光绪三十二年（1906 年）放垦“黑界地”，渐成农牧结合的经济形态和蒙汉杂居的社会形态。

民国乱世，准格尔旗王权旁落，仕官代行旗政，民国6年（1917年）东官府那森达赖招商建那公镇（今沙圪堵镇），领绥远蒙旗商镇之先。全民族抗战爆发后，旗地成为抗战前沿，民国28年（1939年）陕甘宁边区在四道柳川建中共准格尔旗工委，开辟大青山到延安交通线。民国37年（1948年）1月15日，晋绥解放军攻克长滩，4月11日，解放军伊盟支队配合西北解放军攻克神山，解放准格尔旗，在沙圪堵镇创建伊克昭盟7旗首家蒙汉联合自治政权。

中华人民共和国成立后，共产党领导蒙汉人民实行蒙旗土改，经济上翻身解放；实行民主普选，政治上当家作主。1954年3月蒙绥合并，准旗融入内蒙古民族区域自治大家庭，开始建设社会主义大集体。改革开放新时期，准旗抢抓国家西部大开发先机，开发地方资源，支援国家建设，以工补农，以城带乡，步入统筹城乡发展快车道。1999年8月28日旗人民政府移驻薛家湾镇，同年10月原址设自治区级开发区，2004年开发大路新区。梦圆中华新时代，准旗依托两大工业园区，发展六大产业集群，开创高质量发展新格局，决胜全面小康攻坚战，各民族居民的幸福感无处不在。

（三）

准格尔旗地处内蒙古高原和黄土高原接合部，位于鄂尔多斯高原东部，素有“七山二沙一分田”一说。北部是黄河南岸冲积平原，地势平坦，一望无际，宜开发现代农业；其南是库布齐沙漠东缘，植被茂盛、水草丰美，宜发展现代牧业；中西部是砒砂岩丘陵区、东南部是黄土丘陵区，煤炭富集，开发煤炭资源，建设生态修复区。旗地属中温带大陆性半干旱气候，日照充足，无霜期长，四季分明。春季多风少雨；夏季短暂炎热，雨水集中；秋季凉爽宜人；冬季漫长寒冷。年平均气温8摄氏度，年平均降水量394.9毫米，年平均蒸发量1974.56毫米。黄河北、东、南三面环绕旗界197千米，年平均过境水量258亿立方米。境内沟壑纵横，主要黄河支流“三川一河”，向南流入黄河的支流从东到西分别是十里长川、纳林川、犊牛川，向北流入黄河的支流呼斯太河。

这是一方得天独厚的风水宝地，地表恶劣贫瘠，地下资源富集。发现矿产22种，优势矿产煤炭、耐火黏土、高岭土。煤炭保有资源储量854.42亿吨，占鄂尔多斯市煤炭资源储量近41%；含煤面积5965.25平方千米，占全旗面积的79%。与煤同体共生的耐火黏土，保有资源储量19750万吨，分别占内蒙古自治区和鄂尔多斯市的85.39%、95.2%。与煤同体共生的高岭土，保有资源储量684.5万吨，占鄂尔多斯市高岭土资源储量96.18%。

（四）

准格尔旗1994年列为国家重点扶持的贫困县，借助国家重点建设项目带动，驶入跨越式发展快车道，1996年财政收入一举突破亿元大关，成为内蒙古首个亿元财力旗县。跨入21世纪，准格尔旗承接西部大开发，跳起来、跑起来实现弯道超车，2005年跨入全国县域经济百强，2008年入围中国全面小康十大示范县，成为改革开放30年内蒙古十大区域发展先锋，2012年跃居全国县域经济十强，终于摘掉国家级贫困县帽子。步入新时代，准格尔旗应对经济新常态，倒逼供给侧结构性改革，打造县域经济升级版，转入高质量发展新阶段。2015年，财政收入由2012年242.93亿元回落到157.4亿元，在全国百强县排名由2013年第10位回落到第12位。

（五）

稳定农业打基础。准格尔旗是梁峁山区旱作农业区。十年九旱，广种薄收，放羊养猪，自给自足，靠天吃饭，基础不稳。进入“八五”后，伊克昭盟建设“3153”工程，准旗建设水田、梯田、坝田3项基本田，改善农牧业生产条件；1998年延长土地承包期30年，农民吃了“定心丸”。到“九五”

末农产品实现由长期短缺、灾年饥荒，向总量平衡、丰年有余转变，解决了农牧民吃饱问题。2000年起，国家实施退耕还林工程，准旗在全国率先禁牧，推广舍饲，立草为业，为养而种，发展“草畜林特”四大产业，农牧业经历断崖式触底、跳跃式升顶，步入稳定发展轨道，解决了农牧民吃好问题。2007年4月全旗划分为优化发展区、限制发展区和禁止发展区，收缩农牧业战场，集中到优化发展区，整合土地规模经营，发展现代农牧业，农字号龙头企业和农民专业合作社产业化经营，打造品牌，开拓市场，农民解决了花钱问题。

2015年，全旗有耕地7.6万公顷，其中水地2.6万公顷、节水灌溉近万公顷、设施农业1200公顷；草地39.44万公顷，开办养殖园区12处，有养殖大户71户。黄河沿岸的瓜果、蔬菜、水产，十里长川、纳林川的林果、养猪，梁峁山区的小杂粮、养羊，特色农产品遍地开花。粮食产量最低2001年2.12万吨，最高2004年14.29万吨，2015年8.14万吨；牧业年度牲畜最少2001年34.81万头（只），最多2006年120.37万头（只），2015年63.6万头（只）。“准立”牌杏仁露，2004年获有机食品和绿色食品认证，2008年11月成为准旗第一枚著名商标，2010年获第四届中国有机食品博览会金奖。“农乡丰”牌小杂粮，2011年11月被认证为内蒙古自治区著名商标，2013年8月被评为内蒙古名优特产品，2015年1月被评为内蒙古百佳特色农产品。还有山羯羊肉、巨合滩鱼、碱地稻等绿色农产品。准格尔特色农产品通过电商平台走出本土，走向国内市场，丰富了市民的菜篮子，鼓起了农民的钱袋子。

壮大工业立主体。“轻工业皮毛匠，重工业挂马掌”，是准格尔旗的传统工业。“八五”国家重点工程准格尔煤田，“九五”国家重点工程黄河万家寨水利枢纽，开启现代工业文明。服务国家重点工程，带动地方经济发展，培育煤炭、建材、化工、农畜产品加工4大支柱产业，开辟薛家湾、弓家塔、榆树湾、神山、沙圪堵5个工业小区。1999年1月，准格尔旗获内蒙古发展乡镇企业先进旗县奖。

跨入21世纪，准旗抢抓西部大开发先机，掀起“走西口”新高潮。准能公司黑岱沟露天煤矿是全国最大露天煤矿，新建的哈尔乌素露天煤矿2012年成为新的领头羊，两矿开采的“绿色煤炭”运往东南沿海；万家寨水利枢纽2000年投运，配套工程龙口水电站2009年发电；国家西部大开发第一个火电项目国华准格尔发电厂4×330万千瓦机组2007年全部投产，准格尔煤就地转化，煤从空中走，电送京津唐。央企开疆拓土，地方乘势而上。2005—2007年地方煤矿资源整合机械化改造三年攻坚战，全旗关闭不符合安全生产条件煤矿102座，技改扩建煤矿106座，技术装备水平跨入全国先进行列；2000年开始运作的沙圪堵经济技术开发区，是鄂尔多斯市首家省级开发区，120万吨干馏煤项目全国首创干馏煤制气产甲醇，成为国家循环经济试点单位，2009年引进鄂尔多斯国礼陶瓷项目，2010年建设陶瓷产业园区，开发区2008年入围内蒙古工业十强开发区。2004年始建大路新区，2006年引进世界500强印度尼西亚三林集团建煤化工基地，2009年伊泰煤制油项目产出中国第一桶煤基合成油，2010年久泰能源以100万吨产量成为国内最大甲醇生产线，2011年、2012年，大路煤化工基地被评为内蒙古沿黄沿线优秀工业园区。准格尔旗成为国家西煤东运的主要矿源地、西电东送的重要电源点，2008年1月28日入围内蒙古工业十强旗县。

进入新时代，准旗围绕准格尔经济开发区和大路煤化工基地，打造煤炭、煤化工、陶瓷、煤电铝四大产业集群。2015年，全旗137座煤矿核定产能3.06亿吨，伊泰、伊东、汇能、满世、特弘5家地方煤企入围中国煤炭企业百强，央企准能公司所在的神华集团高居榜首，从小煤窑铺天盖地到大煤矿顶天立地，全旗原煤产量由2011年26557万吨回落到22080万吨，继续领跑全国产煤县；

电力装机421.6万千瓦，发电量由2014年211.8亿千瓦时回落到185.44亿千瓦时；准格尔经济开发区累计引进项目206个，落地102个，引进资金1038亿元，非煤产业产能日用陶瓷8000万件、建筑陶瓷500万平方米，高岭土20万吨，销售收入由2012年368亿元回落到261.27亿元，财政收入由2013年8.96亿元回落到6亿元；大路煤化工基地累计引进项目59个，引进资金3878.42亿元，投产项目15个，落地煤化工产能332万吨，销售收入106.31亿元，财政收入18.80亿元。准格尔旗改变“一煤独大”格局，形成以煤电为基础，煤化工为延伸，非煤产业为补充的工业体系，从傻大黑粗到高精尖细，脱胎换骨，再塑金身，建成国家绿色能源和新型化工基地，2015年6月2日发布的《2015年中国工业发展报告》，准格尔旗跃居中国工业百强县第8位。

（六）

打造中心城镇。进入“八五”后，准格尔旗政治中心虽在百年老镇沙圪堵，但经济中心转移到煤海新城薛家湾。1999年8月28日，旗人民政府由沙圪堵搬迁到薛家湾，迁出县域发展新格局。薛家湾按“50年不落后，30年不后悔”目标规划建设，搭起“四纵两横一环”中心城镇框架，高扬县域经济的龙头；沙圪堵设省级开发区，利用搬迁留下的资产招商引资，打造对外开放的窗口。跨入21世纪，移民扩镇、撤乡并镇，加快城镇化建设。2003年城镇居住人口首次超过留守农村人口，薛沙两镇人流物流聚集，2004年双双入围全国重点镇。中心城镇薛家湾，2005年开辟大路新区、2010年设立4个街道。准旗2011年获评中国宜居宜业典范，2012年被列为国家呼包鄂城市群节点。2015年，全旗建成以薛家湾—大路新区为中心，沙圪堵、龙口为重点，辐射其他苏木乡镇的城镇体系，常住人口城镇化率68.2%，纳入国家新型城镇化试点地区。薛家湾南北两山植绿建园，中间一川注水成河，北国山城平添江南灵秀；大路新区城在林中，林在城中，建成园林生态新区；两地快速通道开通免费公交，构成一城双星中心城镇，建成区26.77平方千米，常住人口17.72万人，2013年建成国家卫生县城，2015年获全国县级文明城市提名。曾经的中心城镇沙圪堵，因开发区带动，2015年建成区12.2平方千米，常住人口7.8万人。

建设美丽乡村。进入“十一五”后，准格尔旗以城带乡建设新农村。2007年全旗划分为优化发展区、限制发展区和禁止发展区，优化发展区十二连城乡，以五家尧村为中心，整合农民土地，尝试规模经营，辐射带动西部6村，农民充分就业，集中社区生活，列为内蒙古自治区新农村试点村；2008年，准旗统筹城乡发展，成为全国社会主义新农村建设示范县。2014年起，准旗实施内蒙古“十个全覆盖”工程，改造危房，通水通电通路，通广播电视，解决就医难、上学难、购物难，农村人居环境焕然一新。“守好一方水土，留住一份淳朴”，2014年龙口镇杜家峁村录入中国传统村落名录。

修通致富路。准格尔旗沟壑纵横，交通闭塞，砂土筑路，晴通雨阻。1991年只有一条沥青路，准格尔项目通呼和浩特市公路，被命名为准格尔矿区“一号公路”。1993年7月5日通车的丰镇至准格尔电气化铁路为全旗首条铁路，1997年11月延伸到大同，由单线扩建为复线，运力由千万吨级提升到亿吨级。2006年12月20日通车的城壕至大饭铺公路为首条高速公路。2015年，铁路以薛家湾火车站为枢纽，东至大同、南至朔州，西至东胜，北到呼和浩特，放射状电气化双轨铁路运输网，铁路通车里程490千米。公路建成高速公路、等级公路为干线，连接矿区公路、乡村公路，形成“五横五纵”公路交通网；以大饭铺立交互通为枢纽，东通首府，南下晋陕，西通市府，北上包头，建成2小时高速公路经济圈，公路通车里程2881.5千米。逢山开路，遇水搭桥，今日交通，人便于行，货畅其流，说走就走，朝发夕至。

保护母亲河。准格尔旗92.5%的国土曾是水土流失区，每年向黄河输送泥沙上亿吨。国家实施皇甫川重点治理，十年治理38条小流域1028平方千米，这项成果支撑的黄土高原综合治理定位试验研究，获1993年国家科学技术进步奖一等奖。实施世界银行贷款专项治理，8年治理238.78平方千米，2002年代表国家接受终期验收，被世界银行誉为农业项目“旗帜工程”。2000年试点国家退耕还林工程，5月1日起在全国率先禁牧。2005年起实施“一矿一企治理一山一沟”，准能公司边开采边回填，复垦绿化，2011年被命名为首批国家级绿色矿山。暖水乡砒砂岩裸露，水土流失之害堪称“地球癌症”，2009年整体移民9700多人，退出土地552平方千米，“五花肉”上种沙棘，地上一把伞，地面一块毯，地下一张网，在全国率先建成生态自然恢复区。准格尔旗2011年11月被评为全国绿化先进集体，2012年2月24日获国家第一块水土保持生态文明县匾。2015年，全旗水土流失治理保存面积3983.5平方千米，其中森林面积2596.67平方千米，植被覆盖度73.4%，森林覆盖率34.39%。几代人接续奋斗创造人间奇迹，黄河流经准格尔旗水变清。

（七）

创新驱动力。“八五”至“九五”期间，准格尔旗推广集雨节水灌溉技术、保护地种植技术、舍饲养殖技术，农作物良种、畜种改良实现全覆盖，小流域水土流失综合治理成果、机械化旱作农业节本增效工程技术，跨入全国先进行列，被列为全国7个东西部技术对接试点县、全国10个农业科技综合示范县，1998年6月29日获评全国科技工作先进县。跨入21世纪，科技工作重心向工业倾斜，2004年启动科技特派员创业行动，2005年开始选拔专业技术人才、乡土人才，2010年设立科技创新基金，形成以科技为先导的农牧业产业化格局和以技术创新为主体的工业发展体系。2003年，伊东科宇高新技术公司的超纯煤，是全旗首个获国家认定的新产品；伊泰煤制油项目利用世界第五代煤炭间接液化技术，中国科学院煤制油首席科学家李永旺团队研发的煤基合成液体燃料浆态床工业化技术建设，2006年12月入选内蒙古自主创新十大名牌技术。2011年，鄂尔多斯大路煤化工基地被认定为内蒙古高新技术特色工业产业化基地。2015年，全旗建成6家自治区级研发中心；伊泰煤制油、久泰能源、中科合成油、国电晶阳，是国家高新技术企业；煤炭安全生产技术装备水平全国领先，煤炭间接液化技术达到国际先进水平。创新驱动引领高质量发展，准旗三次获评全国科技进步先进县、三次获评全国科普示范县。

赢在起跑线。准格尔旗攻坚农村教育“两基”达标，社会各界为“希望工程”捐资助教，贫困失学儿童重返校园，2001年被命名为全国普及九年义务教育和扫除青壮年文盲旗，2003年被评为全国幼儿教育先进单位。城镇化调整学校布局，小学向苏木乡镇驻地聚集，中学向薛家湾镇、沙圪堵镇集中，2004年在薛家湾镇新建世纪中学，引进优质教育资源，与内蒙古师范大学附属中学联合办学，2011年晋升为内蒙古示范高级中学。实行教育惠民政策，2002年起免课本费，2006年起免学杂费、课本费、作业本费、住宿费，补助寄宿生活费，2012年在全国率先实现从学前教育到高中教育15年免费教育，持续投入效果显现，2009年起高考本科上线突破千人，结束全旗无清华北大学子的历史。2007年7月与内蒙古工业大学在大路煤化工基地联合创办矿业学院，开设2个本科专业、4个专科专业。2015年，全旗有3所高中、10所初中、25所小学、44所幼儿园，在校学生、入园幼儿58142名，专任教师4191名，学龄人口公平接受优质教育。2015年12月建成全国义务教育发展基本均衡县。

健康奔小康。准格尔旗普及计划免疫，消除了碘缺乏病，防治了肺结核病，2002年获评全国农村初级卫生保健工作先进县。2003 年抗击“非典”暴露医疗卫生短板，打赢这场没有硝烟的战斗后，2004 年在全国首批实施新型农村合作医疗，2007 年在全国首创两年一轮成年人免费体检，2008 年实施困难居民大病救助，2010 年实行乡级卫生院直管村级卫生室，2011 年实现城镇职工、城镇居民、农村居民“三保合一”，2012 年试行“先看病、后付费”制度，2013 年启动社区家庭医生、乡村医生签约服务，2015 年实行旗级医院直管乡级卫生院。至此，旗内建立旗乡村医共体，旗外联通大医院医联体，形成基层首诊、双向转诊的分级诊疗格局，为全国医改成功试水。全旗有旗级医疗卫生机构 6 家，中心医院为二级甲等综合医院、内蒙古百佳医院，人民医院为二级甲等医院，中蒙医院为三级乙等中医医院、内蒙古百佳医院，大路医院为二级乙等医院；有乡卫生院 14 所、街道卫生服务中心 6 家，社区卫生服务站 7 个、村卫生室 126 个，民营医疗机构 6 家、个体诊所 96 个；卫生技术人员 1827 人、卫生机构床位 1863 张。医疗卫生服务网络覆盖城乡，保健不出村，小病不出乡，大病不出旗，重病有兜底。准格尔旗 2006 年被评为全国计划生育优质服务先进县，2013 年 12 月 29 日被命名为国家卫生县城。

魅力文化旗。准格尔旗有国家二级综合档案馆、国家三级图书馆、博物馆和 2 个公共图书馆、2 个影剧院；建成基层综合文化站 9 个、社区文化活动中心 5 个、标准文化室 57 个、文化户 83 户，文学艺术门类学会核心成员近千人，文化活动场所面积 3 万多平方米。十二连城、准格尔召、寨子圪旦 3 处物质文化遗产是国家级重点文物保护单位，有 5 家内蒙古自治区级文物保护单位；漫瀚调列入国家级非物质文化遗产保护名录，7 个项目列入内蒙古非物质文化遗产保护名录。2005 年 10 月，准格尔旗被评为全国文化建设先进县。

准格尔旗是漫瀚调的故乡。蒙古草原的牧歌与黄土高坡的山曲水乳交融，孕育了独具地域特色的民间艺术奇葩“漫瀚调”。1993 年 3 月，人民音乐出版社出版专著《漫瀚调》，漫瀚调载入国家音乐史册；1996 年 11 月，准格尔旗被文化部社会文化司命名为中国民间艺术（漫瀚调）之乡，1997 年起每三年举办一届漫潮调艺术节；2008 年 6 月，漫瀚调列入第二批国家级非物质文化遗产（传统音乐）名录。2014 年，漫瀚调音乐剧《海红酸海红甜》亮相第十五届北京国际电子音乐节，获非物质文化遗产原生态音乐传承突出贡献奖。2015 年，第七届漫瀚调艺术节，1186 人同台吟唱漫瀚调获世界纪录认证；漫瀚调音乐剧《牵魂线》获国家艺术基金资助，电影《漫瀚调》入选第 24 届中国金鸡百花电影节国产优秀新片展映单元。

黄河长城握手之地，风景这边特好。2008 年 12 月 15 日，准格尔旗注册中国首条水陆风景道“黄河·长城风景道”，打造“母亲之河·长城之路”旅游品牌，相继开发了黄河峡谷风情度假游，准格尔召、油松王民俗祭祀游，库布齐沙漠探险运动游，黑岱沟露天煤矿国家绿色矿山、大路煤化工基地现代工业游，百里长川、西口古渡美丽乡村游，成为蒙晋陕周边旅游目的地。库布齐沙漠甘泉“水镜湖”、黄土高原神树“中国油松王”、鄂尔多斯最大寺庙建筑群准格尔召、中国最美十大峡谷准格尔黄河大峡谷，是国家 AAAA 级旅游景区。龙口镇、布尔陶亥苏木、纳日松镇松树墕村、十二连城乡兴胜店村是全国特色旅游名镇名村，准格尔召镇、薛家湾镇长滩村是内蒙古特色旅游名镇名村。凯旋门假日酒店是国家 4 星级酒店，南山宾苑、鸿鑫商务大酒店、爵士大酒店是国家 3 星级酒店。新远国际旅行社是 AAA 级国际旅行社。2015 年，国礼陶瓷公司的蒙古茶酒具，获中国特色旅游商品金奖。

（八）

准格尔旗以工补农，以城带乡，三化互动，发展成果普惠全民。2003 年遭遇 3 年连旱，旗人民政府即征即返，将370万元农业税费全额返还全旗20万农民，早于全国3年免农业税。2005年在内蒙古率先实施失地农民养老保险；2008年在内蒙古率先实施农村基本养老保险。城镇最低生活保障标准由1998年7月的每人每月80元提高到2015年的538元，农村最低生活保障标准由2005年每人每年700元提高到2015年的4968元……密织起一张张覆盖城乡的保障网。

民生之本是就业。2004年6月，准格尔旗在全国率先创办农民驾驶员培训基地，先后将上万名农村青年培训成持证驾驶员，两人养一辆煤车，人歇车不歇，年收入20万元左右。农民学技术，政府来买单，大批农家子弟离土不离乡，成为上班族。2015年，全旗城镇常住居民人均可支配收入38698元；农村常住居民人均可支配收入14459元。

全面小康看老乡。国家级贫困县准格尔旗，因灾返贫、因病返贫现象普遍，动员社会力量捐资扶贫，持续实施扶贫移民工程、扶贫开发项目，大幅降低贫困发生率，2012年实现整体脱贫摘帽。步入新时代，准格尔旗打响精准扶贫攻坚战，对症下药、因户施策，易地搬迁脱贫一批，产业扶持脱贫一批，教育资助脱贫一批，医疗救助脱贫一批，社保兜底脱贫一批。扶智扶志，输血造血，精准滴灌。2015年，贫困人口脱贫2630人，不愁吃，不愁穿，保障九年义务教育，保障基本医疗需求，保障基本居住条件。全旗仅有市级标准线下农村贫困人口1861户4498人，占总人口的1.4%，整体消除绝对贫困。

公平正义，小康之本。改革攻坚、社会转型，各种矛盾叠加凸显，越来越多的社会纠纷进入司法渠道。准格尔旗开展全民普法教育，建成法律援助工作站26个、联络点183个，旗人民法院公示失信“老赖”，旗检察院查办小官巨贪，让百姓在司法实践中感受到公平正义。准格尔旗两次被评为全国法治宣传教育先进县，旗人民检察院两次被评为全国先进基层检察院。

公共安全，小康之基。2011年“数字准格尔”系统投入使用，社会治安、城市管理、安全生产、环境保护、食品监管等8大系统联网，实现信息共享，建设“智慧准格尔”工程，构筑全方位全天候公共安全治理体系。不要带血的GDP，安全生产事故持续下降；食品可追溯，不合格要退市召回，保障了舌尖上的安全；社区网格精细管控，电子监控智能防范，严打整治重拳出击，创建平安准格尔。路不拾遗，夜不闭户，安全触手可及，保护就在身边。

守望相助，团结奋斗。准格尔旗是汉族占多数的多民族聚居地，近代以来，蒙汉人民和谐相处，结拜通婚，结下血浓于水的民族情谊。改革开放加快人口流动，先后有35个民族汇聚到准格尔旗，共同开发国家能源基地。准旗贯彻落实民族区域自治政策，培养少数民族干部，实施创业、安居、教育、健康等少数民族扶持政策，民族团结进步事业长足发展。2012年6月23日，准旗被命名为全国民族团结进步创建活动示范旗；2014年9月29日，中共准格尔旗委员会被评为全国民族团结进步模范集体。

（九）

核心靠党，关键在人。中共准格尔旗委以思想建党为先导，用邓小平理论解放思想，用“三个代表”重要思想武装头脑，用科学发展观指导实践。党的十八大后相继开展群众路线教育实践和“三严三实”专题教育，推进“两学一做”常态化、制度化，践行习近平新时代中国特色社会主义思想，党员干部到红色教育基地重温初心，下基层进社区砥砺初心，结下新时代干群关系的鱼水深情。

以组织建设强基层。从发展市场经济选会管理、擅经营的致富能人充实村级班子，到全面小康建设选派大学生村官、驻村第一书记，解决“有人办事”问题；从政府投资消除“空壳村”，到“村企共建”发展集体经济，解决“有钱办事”问题；新建维修村级阵地，配套党群服务窗口，解决“有地方办事”问题；推广“四权四制”自治模式，还干部清白，让群众明白，解决“有规矩办事”问题。农村党组织成为坚强战斗堡垒，1998年6月哈岱高勒乡不连沟村党支部被评为全国农村先进党支部。21世纪农民进城生活，党建引领创新社区管理。“在职党员进社区”与社区党组织结对，建街道党委、社区党支部、楼栋党小组、党员中心户四级网格，统筹行政组织、志愿者组织和行业自治组织，党支部、居委会、业主委员会、物业公司、片警五位一体，建成标准化社区。经济延伸到哪里，党建跟进到哪里。规模以上企业建党组织，小微企业和社会组织派党建指导员。伊东集团探索董事会、监事会、党委会、经营层“四位一体”党建模式，2011年6月被评为全国企业党建工作先进单位。

经济上去，干部不能倒下。旗委制定“三重一大”制度，政府出台项目招投标办法，从源头上预防腐败；纪委立干部廉洁底线，扬社会清风正气，廉政文化建设得到中国共产党中央纪律检查委员会宣传推广。党的十八大以来，旗委落实中央八项规定要求，腾退超标准办公用房，实施公务用车改革，严厉整治公款吃喝；纪检监察机关严肃查处国土、教育系统腐败和薛家湾镇大塔村“小官大贪”，营造风清气正的政治生态。

从新时期围绕经济抓，到21世纪统筹城乡抓，再到新时代全面从严治。2015年，全旗有28个党委、34个党总支部、596个党支部，15968名共产党员。

（十）

春风化雨，砥砺奋进。从富起来的新时期到强起来的新时代，准格尔旗一路风雨兼程，发展市场经济，实施西部开发，决胜全面小康。

站在新的起跑线，准格尔旗立足新发展阶段、贯彻新发展理念、构建新发展格局，争当建设现代化国家的县域排头兵。靠创新引领，建设共和国县域经济示范区；守绿色底色，建设母亲河生态保护典范区；统筹城乡，建设内蒙古共同富裕先行区；保障民生，建设内蒙古民生幸福样板区。准格尔人快步跑、争一流、作贡献，奋进新征程，建功新时代，铸造我国现代化建设的准格尔样板。

专 记

支援准格尔煤田建设

位于准格尔旗东部的准格尔煤田，蕴藏着丰富的煤炭资源。“八五”国家重点建设项目准格尔项目一期工程开工，历经跨越世纪的建设和经营，崛起一座煤电路一体的现代化能源新城。封闭落后的准格尔旗山川旧貌换新颜，大步跨入现代工业文明时代。

（一）

准格尔煤田的勘探始于1953年5月5日，地质部清水河普查队在此插下第一根杆，之后的详查逐步揭开她神秘的面纱。煤田面积1723平方千米，探明储量264亿吨，属石炭纪、二叠纪煤层，平均厚度32.8米，为低硫、低磷、中灰、中等发热量的长焰煤，是优质动力和气化及化工用煤。1983年6月7日，被列为全国“五大露天煤矿”之一。

1976年5月17日，内蒙古自治区准格尔煤田开发筹备处成立，首批拓荒者随即进驻。1986年6月21日，准格尔项目由国家计委批准立项，一期工程三大主体为年产原煤1200万吨的黑岱沟露天煤矿、装机容量2×10万千瓦的坑口发电厂和年运力1500万吨的大同—准格尔电气化铁路；同年12月8日，煤炭部成立准格尔煤炭工业公司，负责项目的开发建设。该项目系国家能源战略西移的标志，写入国民经济和社会发展十年规划和“八五”计划，胡耀邦、江泽民、朱镕基等党和国家领导人先后前来视察，1990年9月28日，中共中央总书记江泽民视察时题词：“大力协同，搞好准格尔煤矿建设。”随着全国各路现代化施工大军陆续开进，1990年4月21日、7月17日、1991年5月9日，三大主体工程黑岱沟露天煤矿、大准铁路、坑口发电厂相继开工。

1990年4月21日准格尔煤田黑岱沟露天煤矿开工

1990年5月8日，中共准格尔旗委、准格尔旗人民政府作出“大力支持准格尔项目建设的决定”，成立薛家湾矿区办事处，抽调精兵强将进驻矿区；8月2日，又将准混兑乡薛家湾村、哈岱高勒乡苏计沟村、窑沟乡唐公塔村合并，设立薛家湾镇，旗直机关陆续到薛家湾镇设立办事机构。旗人民政府动员3乡15村的父老乡亲迁离故土家园，及时完成项目建设1333.33公顷土地征地任务。全旗上下组织建筑材料生产，为项目建设搞好配套服务；供应粮食、果蔬、肉蛋奶，为施工大军提供后勤保障。

准格尔项目经过“八五”“九五”大规模开发建设，

1993 年 8 月 18 日，坑口电厂首台机组并网发电；1996 年 9 月 28 日，黑岱沟露天煤矿投入试生产，1997 年 11 月 9 日，大准铁路电气化工程全线开通。1998 年 9 月 1 日，准格尔煤炭工业公司划归神华集团公司管理；1999 年 11 月 24 日，累计投资 92.65 亿元的准格尔项目一期工程建成移交投产，转入生产经营阶段。

（二）

跨入 21 世纪，准格尔煤田掀开了改革发展的新篇章。

——深化改革。2000 年 11 月 14 日，准格尔煤炭工业公司完成债转股；2001 年 3 月 1 日，转制为神华集团准格尔能源有限责任公司；2004 年，将学校、医院、居委会等社会职能部门移交准格尔旗人民政府，完成多种经营总公司等辅业单位的分离改制，实现轻装上阵；2005 年 6 月，随着中国神华能源股份公司上市，更名为神华准格尔能源有限责任公司，实现了由传统煤炭企业向现代能源企业的华丽转身。

——打造品牌。神华准格尔能源有限责任公司加大洗选力度，提高发热量，先后向市场推出七个品种的煤炭，申请注册了“准格尔绿色煤炭”商标，打响了“用准格尔绿色煤炭，还世界碧水蓝天”的广告词。自 2001 年 11 月 29 日准格尔旗绿色煤炭首次出口日本，这一煤炭品牌，就受到了高硫煤限入的东南沿海地区的青睐，源源不断地由水陆两路运往全国各地，并通过天津港出口到摩洛哥等国。

——开疆拓土。国家“十一五”重点建设煤矿，设计产能 2000 万吨的哈尔乌素露天煤矿，2006 年 5 月 18 日开工建矿，2008 年 10 月投入生产；首期 2×15 万千瓦煤矸石电厂 2004 年 7 月 3 日开工建设，2006 年 1 月 23 日并网发电，二期 2×33 万千瓦煤矸石电厂，2008 年 6 月 10 日开工建设，2011 年 11 月 18 日并网发电。

到 2015 年 12 月，神华准格尔能源有限责任公司经营资产总额 614 亿元。拥有突破设计产能 3000 万吨的黑岱沟露天煤矿及选煤厂和突破设计产能 3000 万吨的哈尔乌素露天煤矿及选煤厂；有装机容量 2×15 万千瓦和 2×33 万千瓦的煤矸石发电厂；正线全长 264 千米的大准电气化铁路；粉煤灰提取氧化铝工程中试工厂、年产 100 万吨氧化铝示范厂。

一座集煤炭、发电、铁路和氧化铝于一体的现代化综合性能源基地在准格尔大地拔地而起。

（三）

从计划经济条件下开发建设，到市场经济条件下生产经营，神华准格尔能源有限责任公司成功构筑了煤炭行业产业结构调整的“准格尔模式”，创造了多项“中国第一”。

黑岱沟露天煤矿从 2004 年开始，先后引进德国产每小时剥离 3100 立方米的轮斗系统，美国产 32 立方米 395B 电铲，美国产 154 吨、185 吨电动轮自卸卡车等现代化设备，2005 年原煤产量突破 2000 万吨，一举成为全国单坑产量最大的露天煤矿。投入 5700 万美元从美国比塞洛斯公司引进世界第一台采用交流变频调速无齿轮传动技术的大型吊斗铲 8750-65 型吊斗铲，斗容量 90 立方米、回转半径 100 米，2007 年下坑试运行，与抛掷爆破技术相配合，采场工作面由 1200 米扩展到 2000 米，每年可完成生产剥离量 2400 万立方米。该露天煤矿原煤产量由 1200 万吨扩大到 3200 万吨，2015 年生产原煤 3289.08 万吨，成为国内露天开采业先进装备和工艺的引领者。

哈尔乌素露天煤矿 2005 年在全国首次成功实施抛掷爆破—单斗—卡车新工艺，设备与工艺优化组合，创造了新的中国第一。2012 年 12 月 16 日，原煤产量突破 3000 万吨，成为全国第一个 5

年内单坑年产量达到 3000 万吨的特大型露天煤矿，超越黑岱沟露天煤矿，成为新的领路者。2015 年生产原煤 3364.96 万吨，投产 9 年累计生产原煤 2 亿吨，成为我国单坑产量最大的露天煤矿。

2006 年 3 月 25 日，大准铁路开行国内单线铁路首列万吨列车；2009 年运量达到 6550 万吨，创造国内单线电气化铁路运量的新纪录；2011 年创造了单月运量 675.5 万吨、全年运量 7630 万吨的国内同行运力新高。2007—2015 年连续 9 年保持年均 600 万吨的运量增幅，2015 年实现煤炭运量 11161.5 万吨，首次突破亿吨大关，持续保持了全国单线电气化铁路的运量新纪录。

1993 年 7 月 5 日大准铁路接轨大秦线，汤世光摄

坑口电厂 2×10 万千瓦机组，响应国家节能减排号召，于 2013 年 4 月 28 日关闭。之前新建的两期煤矸石电厂变废为宝，装机容量达到 96 万千瓦。自主研发，世界首创“一步酸溶法”，从煤矸石电厂排放的粉煤灰中提取出氧化铝，年产能 100 万吨的氧化铝示范厂 2011 年 12 月 18 日开工奠基，发展循环经济，培育了新的经济增长极。

从 1999 年准格尔项目一期工程正式移交投产到 2015 年的 16 年，神华准格尔能源有限责任公司原煤产量从 240 万吨提升到 6900 万吨，铁路运量由 420 万吨提升到 2.2 亿吨，发电装机容量由 20 万千瓦增加到 990 万千瓦，累计实现利润 481.02 亿元，上缴税费 467.20 亿元。

（四）

改革开放之初，准格尔旗还是以传统农牧业为主的国家级贫困旗县。以准格尔煤田开发建设为分水岭，神华准格尔能源有限责任公司奠定了准格尔旗工业化、城镇化的基础。

准格尔项目开发建设期间，准格尔旗 70% 的财政收入来自准格尔矿区。转入生产经营阶段后，神华准格尔能源有限责任公司每年的纳税额都数以亿计，2005 年达到 6.5 亿元，占准格尔旗财政收入的 34%，居鄂尔多斯市纳税企业榜首，跨入内蒙古纳税十强企业行列。2012 年，准格尔旗财政收入达到最高峰 242.9 亿元，神华准格尔能源有限责任公司纳税额达 46.72 亿元。

准格尔项目一期工程征用准格尔旗土地 1938.68 公顷，迁拆移民直接安置准格尔旗劳动力 1111 人；转入生产经营阶段后，神华准格尔能源有限责任公司录用员工，择优录用了准格尔旗籍的大学、中专和高中毕业生。2010 年年底，这家央企有准格尔旗籍的合同制员工 7300 余人、劳务派遣制员工 2000 人。截至 2015 年年底，公司劳动用工总量达 16109 人，其中合同制员工 8925 人、劳务派遣工 7184 人。煤田开发建设，直接为准格尔旗提供了上万个就业岗位。

准格尔矿区水土流失严重，神华准格尔能源有限责任公司坚持“占一补一”原则，采取“开采—排土—造地—整治—复垦”一体化的工艺实施矿区复垦绿化。截至 2015 年，累计投资 13.9 亿元，完成复垦 23 平方千米，绿化率 89.5%，植被覆盖率 75%。开膛破肚的露天采煤排土场建成草木茂盛的人工生态区。2011 年 11 月 20 日，黑岱沟露天矿被国土资源部命名为首批国家级绿色矿山。

准格尔项目开发期间，准格尔旗围绕项目建设，乡镇企业异军突起，1995—1999 年，连续成为内蒙古乡镇企业十强旗县；转入生产经营阶段后，准格尔旗与神华准格尔能源有限责任公司合作共建，先后开发了薛家湾友谊高载能工业园区、大路煤电铝循环经济产业基地。在神华准能煤电路一体的火车头带动下，准格尔旗步入工业化的快车道，煤炭、煤电、煤化工的现代技术装备工业，取代了小打小闹的家庭作坊、乡村企业。2008 年 1 月，准格尔旗成为内蒙古工业十强旗县，2015 年 6 月 2 日，准格尔旗跃居全国工业百强县市第 8 位。

位于准格尔矿区腹地的薛家湾村，曾是个贫穷落后的小山村，准格尔项目建设期间形成的公路、供水、供电、通信等基础设施，构成了薛家湾城市发展的基础。随着大批工程建设人员的进驻，这里车流、人流、物流汇流，资金、技术、信息聚集，崛起一座商机无限的煤海新城。准格尔旗政府迁驻薛家湾后，东联神华准能，南扩西延拓展，经营城市资源，将这里建成准格尔旗的政治、经济、文化中心，薛家湾镇建成内蒙古十大魅力名镇、全国重点镇。2013 年 12 月 29 日，被全国爱国卫生运动委员会评为国家卫生县城。薛家湾镇扬起县域经济的龙头，带领准格尔旗大步跨入全国县域经济百强第一方阵，2005 年 12 月 1 日跻身第五届全国百强县第 89 位，2012 年跃居全国百强县第 10 位，2015 年居全国百强县市第 12 位。

……

站在新的历史起点，神华准格尔能源有限责任公司开始打造亿吨级煤炭基地，建立循环经济园区，延伸铁路运输网络，瞄准“世界一流”的梦想，砥砺“你能、我能、大家能，准能”的精神，建设具有核心竞争力的国家级煤炭综合开发利用能源企业集团。

实施旗政府驻地迁移

1999 年 8 月 28 日，准格尔旗人民政府驻地由沙圪堵镇迁移到薛家湾镇，这是准格尔建旗 350 年历史新的里程碑。准格尔人由此走出封闭落后的山川，敞开胸怀迎接八面来风，以城带乡步入现代城市文明。

（一）

自清顺治六年（1649 年）准格尔设旗始，旗府驻地曾数次搬迁。宣统元年（1909 年）三月十六，东官府那森达赖代小王爷掌印，将衙门由大营盘王爷府迁到与沙圪堵一川之隔的杨家湾，保境安民，建镇招商，办学育人，在你方唱罢我登场的民国乱世，开创了准格尔旗一代盛世。

准格尔旗解放后，全旗上下团结奋斗，建设社会主义，实行改革开放，特别是“八五”以来，支援国家重点工程，带动地方经济发展，形成农牧为基础、工业为主导的经济格局。旗人民政府驻地沙圪堵镇，见证了准格尔旗 50 年的历史变迁。

薛家湾镇在“八五”国家重点工程准格尔煤田带动下，几年间迅速崛起为一座煤海新城。到 1993 年，工业产值支撑全旗半壁江山，财政收入占全旗 70%，居民收入明显高于全旗平均水平；103 省道沥青路北达首府呼和浩特，薛魏沥青路南抵拟建的国家重点工程万家寨枢纽，109 国道西通盟府东胜，车流、人流、物流汇流，资金、技术、信息聚集，都来寻找可能属于自己的那份商机，吸纳人口超 5 万人，已经成为全旗事实上的经济中心和交通枢纽。

相比之下的沙圪堵镇，单一消费型城镇，经济基础薄弱，发展后劲不足；通往周边公路均为砂石路面，晴通雨阻，相对封闭落后；缺乏规划，街道狭窄，平房拥挤，土地利用率极低；人口不足 3 万，日需供水 8000 吨，供水能力仅 1000 吨。这些都使沙圪堵镇难以发挥中心城镇的辐射带动作用。

薛家湾曾是默默无闻的小山村，因坐拥煤田建设指挥中心而声名鹊起，在外地人眼里，薛家湾就是准格尔旗的代名词。全旗邮政编码多以“017”打头，唯有薛家湾“010”打头，有识之士猜测，薛家湾可能划归呼和浩特市，提醒旗领导，绝不能因此丧失煤田的税收征管权。

1990 年 8 月薛家湾建镇之际的面貌，汤世光摄

旗党政领导审时度势，酝酿一个大胆的战略构想，将旗人民政府由沙圪堵镇搬迁到薛家湾镇，经几大班子集思广益，调研论证，形成共识：政府搬迁，政治中心与经济中心统一，有利于提高行政管理效能；行政力量与经济资源整合，有利于优化经济社会布局；功在当代，利在千秋，势在必行。

为了更好地服务国家重点建设，带动地方长远发展，准格尔旗决策层深思熟虑，在相距 70 千米的两地之间作出艰难选择。1994 年 1 月 15 日，准格尔旗人民政府上报（准政发〔1994〕2 号）请示，旗人民政府迁址薛家湾镇。

（二）

1996 年 8 月 30 日，民政部（民行批〔1996〕64 号）批复，经国务院批准，同意将准格尔旗人民政府驻地由沙圪堵镇迁至薛家湾镇。同年 12 月出版的《中华人民共和国全图》，旗人民政府驻地标注于薛家湾镇。然而好事多磨，一直拖到 1999 年才付诸实施。

政府搬迁获批，一石激起千层浪，引起社会各界广泛关注，成为茶余饭后街谈巷议的焦点。东部区占地利之便，盼望早搬，反对声集中在西部区。地方财力紧张，国家投资有限，薛家湾大兴土木，钱从哪里来？沙圪堵居民担心，政府搬走人去楼空，个体户生意萧条，百年古镇怎么发展？贱卖沙圪堵的平房，举债买薛家湾的楼房，随迁职工何以安居？有人直言不讳：“政府搬迁就是劳民伤财！”

老百姓争论搬与不搬，看的是哪种情形对个人有利；决策层权衡动迁与缓迁，选的是何时搬风险最小，怎么搬成本最低。沙薛两镇市政建设由此停顿下来，随着时间推移，民间投资也在等待观望，究竟搬不搬，何时搬？面对来自民间的拷问，旗委政府承受巨大压力，是按部就班维持现状，还是迎难而上奋力一搏？急需决断，再拖下去，影响的是全旗整体的发展。

1998 年，“九五”国家重点工程黄河万家寨水利枢纽即将发电，“八五”国家重点工程准格尔煤田将于 2000 年达产，地方新增财源可期。西部开发，扩大内需，国家战略机遇难得。旗委政府审时度势，作出跨世纪抉择，用三年时间完成搬迁；3 月 26 日，提交旗十二届人大第六次会议，170 名代表一致表决通过。一度耽搁的政府搬迁终于按下了快进键。

1998 年 6 月，随迁职工住宅楼永安小区在薛家湾镇动工，建设规模 12 栋 400 多户 3.7 万平方米。为减轻职工购房压力，宅基地免收土地出让金，发放住房公积金贷款，争取低息住房贷款，政府拿出真金白银，让随迁职工安居。

1998 年 11 月，政府搬迁实施方案出台，边建设，边搬迁，先迁机关，后迁家属。撤销薛家湾矿区办事处，分支机构并入主管部门；过渡期机关办公和职工住宿，租借准煤公司公寓楼、唐公塔煤矿办公楼；开行通勤车，周五晚薛家湾回沙圪堵，周一早沙圪堵到薛家湾。扩建薛家湾中小学、幼儿园，吸收职工子女上学……各项筹备工作紧锣密鼓全面铺开。

1999 年 2 月 3 日，旗人民政府与东达集团在沙圪堵镇签署协议，东达集团筹资 1.5 亿元，建设党政办公大楼、广场、会议中心等政府搬迁重点工程，旗人民政府满一年后，分五年还本付息。举债建设政府新驻地取得重大进展。

2 月 26 日，政府搬迁总指挥部在薛家湾镇成立，下设搬迁安置组、工程规划组、计划资金组，迅速列出搬迁时限，8 月 10 日领导机关迁离沙圪堵，8 月 28 日薛家湾庆典，2001 年直属机关迁完。政府搬迁争分夺秒，进入倒计时。

4 月 20 日，旗党政办公大楼在矿区办事处楼东侧奠基。超前规划设计，号称“50 年不后悔，30 年不落后”；框架结构 11 层主楼高达 49.8 米，玻璃罩顶熠熠生辉，是薛家湾镇的新地标。广场、会议中心、宾馆等政府搬迁重点工程也陆续开工。6 月 21 日，单位自建工程中，人民法院办公楼第一家动工。薛家湾镇一派热火朝天建设场面。

1999 年 7 月 23 日，旗委政府在沙圪堵镇召开政府搬迁动员大会，要求动迁单位服从统一调度，组织单位搬迁，确保机关正常运转，确保搬迁顺利进行；号召干部职工，克服眼前困难，牺牲局部利益，全力以赴支持配合政府搬迁。

（三）

沙圪堵老居民记忆犹新，1999 年 8 月上旬，每日辰时爆竹声准时响起，那是政府机关搬离沙圪堵的信号。乘车上路的与路边送行的依依惜别，仿佛这是一次远行。上有父母，下有子女，家眷留守，故土难离，许多人潸然泪下。

8 月 10 日晨，又一阵爆竹声响起，旗六大班子最后一批搬迁货车，满载着办公设备徐徐驶离沙圪堵，向北驶向 109 国道，向东驶向薛家湾。上午 11 时，领导机关蒙汉文对照的门牌挂到薛家湾矿区办事处楼门。8 月 17 日，准格尔旗人民政府发布通告：“旗人民政府驻地已由沙圪堵镇迁至薛家湾镇，旗六大班子的办公地址设在原矿区办事处大楼。”

1999 年 8 月 28 日，中共准格尔旗委员会、准格尔旗人民政府，在薛家湾镇隆重举行政府驻地迁移庆典。

1999 年 8 月 28 日旗政府驻地迁移庆典，聂鹏举摄

薛家湾镇一改往日清静，大街小巷张灯结彩。人们从四面八方汇聚到准格尔广场。广场夯实地基尚未铺装，主席台坐北面南，两根鲜红的凯旋门柱高悬“准格尔旗人民政府驻地迁移庆典大会”金色会标，背景是在建的旗党政办公大楼，主楼框架随脚手架拔地而起。迁到薛家湾的单位，干部职工统一着装列队参加。国家有关部委、自治区、盟委行署、友邻旗县，曾到旗任职和在外任职的旗籍领导相约莅临；远在他乡的旗籍人士发来贺电，祝贺旗人民政府驻地迁移。

8时40分，政府旗长宣布，准格尔旗人民政府驻地迁移庆典大会开始，国歌声中，五星红旗冉冉升起，26响礼炮齐鸣，信鸽放飞蓝天，26万全旗各族人民掀开崭新的一页。旗委书记发表热情洋溢的致辞，表示将以政府迁址为契机，调整经济结构，优化区域格局，昂首阔步跨入21世纪，力争走进自治区先进旗县行列。

下午，参加政府搬迁庆典的来宾欢聚一堂，共商准格尔旗发展大计，随后参观了国家重点工程黑岱沟露天煤矿、万家寨水利枢纽。晚上，旗文工团在准煤公司影剧院，为来宾上演漫瀚调剧《纳林河畔》。23时，准格尔广场燃放焰火，五彩斑斓的光芒照亮准格尔的夜空。

9月20日，工会大厦落成，是首个交付使用的搬迁单位自建工程。到1999年年底，全旗90余家单位1800多名干部职工搬迁，千余名职工子女到薛家湾入园就学。到2001年，办公楼宇交付使用，随迁职工喜迁新居，结束租房生活，不用两地奔波。因沙圪堵存放残疾人康复器材，2012年2月29日，残疾人联合会最后一家搬到薛家湾。

政府迁址，旧址怎么办？ 8月17日，旗委政府专题研究沙圪堵问题，首次提出建设经济技术开发区，成立开发区筹备领导小组，进驻沙圪堵镇。仅仅过了51天，10月7日，内蒙古自治区人民政府（内政字〔1999〕188号）批复，同意设立准格尔旗沙圪堵经济技术开发区，为自治区级经济技术开发区，这是鄂尔多斯高原第一个开发区。

2000年春节，迁往薛家湾的干部职工多数返回沙圪堵，与留守的家人过了一个团圆年；沙圪堵镇政府继续邀请迁到薛家湾的单位闹元宵。元宵之夜竞相绽放的礼花，向沙圪堵居民释放出明确信号：旗人民政府搬到薛家湾，自治区级开发区落户沙圪堵，百年古镇迎来第二春。

政府搬迁，能将负面影响降到最低，迅速摆脱两难选择阵痛，靠历任领导咬定青山不放松，一张蓝图绘到底；靠干部群众舍弃小家为大家，牺牲眼前谋长远。万众一心，攻坚克难，准格尔旗完成这次历时7年、跨越世纪的大迁徙。

（四）

好风凭借力，送我上青云，鲤鱼跳龙门，旧貌换新颜。今天，准格尔人可以自豪地说，政府搬迁奠基21世纪，迁出一个全国文明县城，迁出两个内蒙古自治区工业园区，打造一旗三星这样一个充满活力的县域发展新格局。

跨入21世纪，准格尔旗移民扩镇、撤乡并镇、开辟新区、设立街道，建成以薛家湾—大路新区为中心，沙圪堵为重点的城镇体系。2003年全旗城镇居住人口首次超过农村，2004年2月4日，沙圪堵、薛家湾双双入围建设部等六部委确定的全国首批1887个重点镇之列。2011年，准格尔旗获评中国宜居宜业典范，2012年纳入呼包鄂城市群节点，2015年，全旗常住人口城镇化率提升到68.2%，列入第二批国家新型城镇化综合试点。

政府驻地薛家湾，抓住政府搬迁的机遇，向上要、向外引、财政投、社会集，多渠道引来源头活水，高投入建设城市基础工程、市民安居工程、形象亮化工程。对接煤田生活区完善地方中心区，向西开辟迎泽区，外围开发南北两山，形成“四纵六横一外环六出口”城市框架。南北两山植绿建园，中间一川注水成河，北国山城平添几分江南灵秀；路通、灯亮、泉涌，树绿、花香、风清。完善的城镇功能，良好的投资环境，吸引投资者纷至沓来，房地产持续升温，第三产业异常活跃。乡音俚语和南腔北调携手打拼，造就了鄂尔多斯高原这个实力雄厚、活力无限、魅力四射的煤海太阳城，将县域经济的龙头高高扬起。

2004 年始建大路新区，开发鄂尔多斯大路煤化工基地，2011 年、2012 年、2013 年连续三年被评为内蒙古自治区沿黄沿线优秀工业园区。至 2015 年，累计引进项目 59 个，投产项目 15 个，销售收入 106.31 亿元，财政收入 18.80 亿元，煤化工产业集群成为准格尔旗的创新驱动平台。大路新区城在林中，林在城中，崛起一片宜居宜业的园林生态新区。2012 年薛家湾大路新区快速通道开通免费公交，两地联为一体，成为准格尔旗的中心城市。建成区由 1999 年 7 平方千米扩展到 26.77 平方千米，常住人口由 1999 年 6 万人发展到 16 万人，2013 年建成国家卫生县城，2015 年获全国县级文明城市提名。

政府原址沙圪堵，依托旧街，拓展新区，加快基础设施建设，改善投资环境；充分利用搬迁留下的国有资产，制定优惠政策招商引资，打造成为全旗对外开放的窗口。建成区由 1999 年不足 6 平方千米扩展到 10.9 平方千米，常住人口由 1999 年 3.5 万人发展到 6.5 万人。到 2015 年年底，累计引进项目 206 个，引进资金 1038 亿元，孵化企业 109 家，建成准格尔旗的陶瓷等非煤产业集群，2008 年入围内蒙古工业十强开发区；2012 年销售收入 368 亿元，财政收入 8.96 亿元。百年古镇产城融合，焕发新的生机。

跨入新时代，由高速度增长到高质量发展，由投资拉动到创新驱动。今天的准格尔，生产要素集聚，营商环境改善，发展活力迸发，建设城市，经营城市，产城融合，城乡一体，区域协调的新发展格局正在加速形成。

开发大路煤化工基地

鄂尔多斯大路煤化工基地所在的地方叫城壕村，位于大路镇东南部，因境内古城遗址得名。这里属干旱荒漠区，地势开阔平坦，人口少，荒地多、耕地少。传统的农耕生产生活方式一直保持至开发建设之前。

历史在这里留下了难以湮灭的足迹：古代的印、铜钱、写着古文字的竹片、画着古老图案的青砖等，古老的历史印记在这里不断地被人们翻出。事实上，即使不是和大路煤化工基地联系在一起，深厚的历史底蕴也会让这个大漠深处的古老村庄在后来的时间以另一种面貌出现在世人面前。2007 年 6 月 5 日，城壕被列为鄂尔多斯市文物保护单位；2014 年 9 月 24 日，被列为内蒙古自治区文物保护单位。

当历史的指针走到 2003 年时，城壕村，这块被历史尘烟遮掩的土地不期然间迎来了另一种走向，拉开向大路煤化工基地变身的序幕。

（一）

进入 21 世纪，鄂尔多斯市加快推进工业化、城市化进程；准格尔旗政府驻地迁址，人口大量流入给新兴的“中心城镇”薛家湾带来前所未有的压力，交通拥堵、市政基础建设滞后、城市规划不到位等问题日渐突出。

在此背景下，城壕村这个不引人注目的古老村庄进入了准格尔旗决策层的视野。2003 年，旗委主要领导在经过三次实地调研后，发现了城壕村这块“新大陆”，于同年 12 月提出一个拉大城市框架的建设性构想，在城壕村开发建设大路新区，得到旗委常委会会议通过。此前，在距离城壕村以西 200 多千米的一个叫康巴什的村庄，已率先开始了城市化建设步伐。

一个名不见经传的小村庄能被决策层关注，皆因其优势所在。城壕村地处库布齐沙漠尾端，东、北紧邻黄河，属黄河西南岸二级台地，具备开发工业区、建设城市的诸多优势：区位优势、交通优势、资源优势、水源优势，更重要的是开发优势，该处地下无矿产，地上人口少，开发成本低。

城壕村，这片古老沉寂的土地迎来新的春天。彼时，一支如椽巨笔在一张巨幅的白纸上开始了挥毫作画……

2004年3月1日，准格尔旗成立大路新区开发工作领导小组，下设指挥部，开展前期工作。3月22日，大路新区建设指挥部在城壕村安营扎寨，拉开开发建设的序幕。

“十五”期间，煤炭资源富集的准格尔旗围绕将资源优势转化为经济优势的发展思路，确定了“依托煤，利用煤，转化煤”的发展战略，走煤电一体化和煤炭深加工的新型工业化之路。大路新区从开发建设的那刻起就已定格为准格尔旗未来的经济增长极。

2004年年初，准格尔旗人民政府委托西安建筑科技大学城市规划设计研究院编制《准格尔旗大路新区总体规划（2004—2020年）》，规划控制面积232平方千米，基本定位为：以产业为支撑，以项目引进和新城区建设为核心，将新区建设成为投资环境一流、基础设施配套完善、具有竞争优势的新型工业产业园区，重点发展煤—电—粉煤灰和煤化工等高科技含量、高附加值、低污染循环产业，实现引进项目投资1000亿元，打造准格尔旗新的经济增长极，建成世界一流的煤化工基地；并要建设一座与薛家湾镇互为补充，一城双星，高起点、有特色、人居环境一流的生态新城，建成准格尔旗未来的政治与文化中心，成为鄂尔多斯东大门，打造自治区乃至中国西部一流的县级城市新区。

产城融合、一体开发，准格尔旗新型工业化的理想在大路新区放飞，理想的蓝图越绘越宏大，开发建设的视野越来越宽广。

2005年8月，内蒙古自治区成立鄂尔多斯市大路煤化工园区开发领导小组，并召开专门会议对大路新区作出明确定位：大路园区要以建设国际一流绿色煤化工园为目标，打造开放型、科技型、环保型、节能型的循环经济园区，并做好示范和引领作用。北部市政服务区建设产学研基地、行政办公区、金融商务区和为企业配套的生活服务区；南部工业基地规划为煤化工基地，重点发展煤制油、煤制气、煤制甲醇、煤制二甲醚、煤制烯烃、煤制乙二醇等煤基精细化工产业基地；东部工业基地规划为精细化工及“三废”综合利用产业基地；西部工业基地规划为煤制天然气及下游产品深加工产业基地。“一区三基地”的框架勾勒出大路新区的未来。

大路新区敞开胸怀接纳着四方来宾。

2005年9月2日，鄂尔多斯市人民政府与东南亚最大的华人财团之一印度尼西亚三林集团就大路煤化工园区建设项目，在呼和浩特市新城宾馆举行战略合作协议签约仪式。

大路新区成了一方投资建设的热土，项目接二连三地落地，火热的建设场景举目皆是。

2006年7月28日大路新区基础设施开工建设

新的历史篇章不断地书写在广袤的荒原上……

（二）

大路新区开辟出一方崭新的天地。

2007 年 10 月 15 日，锦化机石化装备（内蒙古）有限公司一期工程投产，成为大路新区首个投产项目，产品一出家门口就告售罄，工业园区内众多的煤化工企业邻居们成了买家。该项目填补了内蒙古自治区没有大型压力容器制造厂的空白。

2009 年，来自大路工业园区的一则消息轰动全国、震惊世界：国内首家拥有完全自主知识产权的内蒙古伊泰集团一期年产 16 万吨煤基合成油项目生产出中国煤间接液化工业化第一桶合格成品油。至此，中国煤制油产业从黄河岸边大路煤化工园区开始起步，并向宁夏、新疆等地辐射延展。

由内蒙古伊泰集团公司投资建设的一期年产 16 万吨煤间接制油项目于 2006 年 5 月 11 日在大路新区煤化工基地开工奠基，是大路新区第 4 家开工奠基项目，2009 年 3 月 23 日试车成功，产出中国煤间接液化第一桶成品油，成为中国煤炭间接液化完全自主技术产业化的第一条生产线，当年实现产值 9.32 亿元。

内蒙古伊泰煤制油有限责任公司坐落在大路工业园区的西南角，煤间接液化制油关键技术的提供者中科合成油内蒙古有限公司与其对门而居。煤制油技术是以煤炭为原料，通过化学加工过程生产油品和石油化工产品的一项技术，包含煤直接液化和煤间接液化两种技术路线。其中煤间接液化首先把煤气化，再通过催化剂合成转化为烃类燃料，催化剂也由此成为煤间接液化工业化生产的关键。煤制油技术源于 20 世纪初，先后在德国、美国、南非等国家展开工艺研究，但都没有投入工业化生产。其中一个重要原因是生产成本高，特别是催化剂成本高、效率低。中科合成油内蒙古有限公司煤间接液化技术攻克了催化剂成本高、效率低的难关，付诸工业化生产，成为国内煤制油催化剂研发与生产的龙头企业，是世界上继南非 SASOL 公司与荷兰 SHELL 公司后第三家应用于大规模煤制油工业化生产的催化剂研发与生产企业，煤制油催化剂年产能达 12000 吨。市场曾经使用的进口催化剂催化效率是 1∶300，即 1 吨催化剂可以催化转化为 300 吨油；而中科合成油研发的费托合成铁基催化剂可以实现 1∶1000 的高效转化。截至 2015 年，全国煤制油项目总量约 1000 万吨，其中由费托合成铁基催化剂主导的煤间接液化项目有 700 万吨，其余为煤直接液化项目。中科合成油内蒙古有限公司煤间接液化技术主导着全国煤制油产业格局。

除煤制油项目外，在大路工业园区，同样值得称道的还有一项将园区废料高铝粉煤灰吃干榨净的技术——利用高铝粉煤灰生产聚合氯化铝，被称为“煤灰清道夫”。煤电在为工业园区提供动力的同时，也产生了很多粉煤灰，既无用处又污染环境，雇车拉到黄土沟壑去填埋还增加了发电企业的生产成本。而随着内蒙古永江佳源科技有限责任公司的入驻，这些被当作废料填埋掉的粉煤灰得到了综合利用，变废为宝。大路工业园区的煤炭资源具有煤铝共生特性，粉煤灰中氧化铝含量高达 46%～52%，是生产聚合氯化铝的宝贵资源。国内聚合氯化铝的生产多以铝土矿为原料，因此利用高铝粉煤灰生产聚合氯化铝是绝佳的生产原料，不仅变废为宝，有效降低生产成本，还能减少对铝土矿资源的依赖。内蒙古永江佳源科技有限责任公司研发的高铝粉煤灰生产聚合氯化铝技术填补了国内粉煤灰综合利用生产聚合氯化铝的空白。其建成的年产 10 万吨聚合氯化铝生产线，是国内首个利用高铝粉煤灰生产聚合氯化铝的项目。

2011 年 12 月 18 日，神华准格尔矿区矿产资源综合利用示范基地、煤炭伴生资源循环经济产业项目一期年产100万吨氧化铝示范厂，在大路煤化工基地开工。除高铝粉煤灰生产聚合氯化铝外，大路工业园区内还有神华准能资源综合开发有限公司30万吨/年高铝粉煤灰综合利用工业化示范项目、与吉林大学合作的鄂尔多斯市慧达科技有限公司煤化工渣资源化综合利用项目等多个粉煤灰综合利用项目。众多的粉煤灰利用项目将把园区内的粉煤灰“吃干榨净”，而围绕高铝粉煤灰的综合利用及向下游发展铝材料加工产业的粉煤灰综合利用循环产业，则形成大路工业园区另一大产业板块。

2014年12月24日，北控环保科技有限公司与鄂尔多斯大路煤化工基地管委会举行危废处置项目特许经营签约仪式。

大路新区向外界递出了自己的名片，一座高效集约科技创新的工业园区，一座变废为宝的煤化工基地。

（三）

大路新区，新就新在产学研一体化，是一座产城融合的新城。

2006年9月21日，准格尔旗人民政府、内蒙古工业大学、伊东煤炭有限责任公司三方签约合作建设内蒙古工业大学矿业学院。2007年7月8日，内蒙古工业大学矿业学院在大路新区奠基动工。

同年11月，鄂尔多斯市机构编制委员会批复，设立准格尔旗大路新区党工委、管理委员会，分别是中共准格尔旗委、旗人民政府的派出机构，合署办公。2008年1月，内蒙古自治区人民政府批复大路新区更名为鄂尔多斯大路煤化工基地。

2009年2月28日，内蒙古工业大学矿业学院举行合作办学开学典礼。开设采矿工程、煤与煤层气2个本科专业，建筑工程技术、应用化工技术、煤矿开采技术、机电一体化技术4个专科专业。内蒙古工业大学矿业学院在大路新区的落户，不仅为煤化工产业的发展提供了人力资源，也为未来煤化工基地产学研一体化奠定了基础。

大路新区北市政区，2010年王晓明摄

2010年12月29日，大路煤化工基地产学研创新基地成立，煤转化国家重点实验室及煤炭间接液化国家工程实验室揭牌。是年，鄂尔多斯大路煤化工产学研创新基地、大路煤化工研究所、煤转化国家重点实验室、煤炭间接液化国家工程实验室、中国科学院山西煤炭化学研究所大路基地、地方企业联合煤炭间接液化国家工程中心和内蒙古鄂尔多斯联科清洁能源技术有限公司等7个科研中心先后揭牌成立。

2011年12月17日，大路煤化工基地获科技部和国家科学技术奖励办公室颁发的2011年中国产学研合作促进奖；同时被内蒙古自治区科技厅认定为自治区级高新技术特色工业产业化基地。2011年、2012年和2013年，鄂尔多斯大路煤化工基地连续三次获评自治区优秀工业园区。

至2015年，大路煤化工基地拥有：内蒙古首家煤化工法定检验检测机构——鄂尔多斯大路煤化工研究所，4 家国家高新技术企业，伊泰煤制油公司、久泰能源公司、中科合成油公司、国电晶阳公司，1 家国家重点实验室，大唐国际公司高铝煤研究中心，1 家国家工程研究中心，伊泰煤制油公司煤间接液化项目；同时拥有多项“第一”的殊荣：建成国内首条煤间接液化生产线，拥有国内煤化工行业单套规模最大的甲醇生产装置、国内单条生产线最大的多晶硅项目和内蒙古首家大型压力容器制造项目，有内蒙古自治区配置级别最高的消防站——大路煤化工基地特勤消防站。

（四）

大路新区这块热土，不仅有来自国内的投资者，还有国际合作方。中外合作项目的落地提升了地区的知名度，开阔了国际视野。

2006 年 5 月 20 日，内蒙古大路煤化工基地基础设施工程开工。投资方印度尼西亚三林集团、杭州包杭集团、大路煤化工基地发展有限公司三方共同出席开工庆典仪式。

2009 年，世界 500 强企业中海油公司与准格尔旗人民政府签约，在大路煤化工基地投资建设 100 亿立方米煤制天然气项目。同年 5 月 22 日，大唐国际一期 50 万吨氧化铝 28 万吨硅铝钛项目开工。

2011 年 12 月 3 日，中法两国元首见证的签约项目，中国电力投资集团与全球第四大石油化工企业法国道达尔公司合资年产 80 万吨煤制烯烃项目在大路煤化工基地开工。同年 12 月 16 日，以色列 AST 净水技术有限公司在大路煤化工基地建设的浓盐水回收示范项目举行评审会，时任以色列驻华大使安泰毅出席会议。综合污水处理厂以色列 AST 公司高浓盐水深度处理回收示范项目通过中国环境科学学会专家评审，制约煤化工园区发展的浓盐水处理瓶颈得以突破。

联合国工会主席意马德、加拿大驻华大使馆公使衔参赞柯马克先后于 2008 年 8 月和 2013 年 7 月参观考察鄂尔多斯大路煤化工基地。

（五）

2004 年时，大路煤化工基地还是一个深处荒漠中的小村庄。11 年后却如蝶变般让外界瞩目。大路煤化工基地“一区三基地”的发展格局由纸上落实在了地上。2010 年 11 月，大路煤化工基地跻身内蒙古自治区以呼包鄂为核心沿黄河沿交通干线经济带重点产业发展规划的 9 个工业区之列，成为内蒙古重要的国家级产业转型升级示范园区。

2015 年，大路煤化工基地生产各类化工产品 249.7 万吨；规模以上工业企业实现总产值 94.4 亿元，工业增加值 39.5 亿元；工业园区销售总收入达到 100.6 亿元，完成本级公共财政预算收入 18.2 亿元。统计数据显示，2004—2015 年，11 年间大路煤化工基础设施建设总投资 20.1 亿元，引进项目 59 个，引进资金 3878.42 亿元，实际到位资金 524.46 亿元。到 2015 年投产项目 15 个，落地煤化工产能 332 万吨，建成项目历年累计生产各类化工产品 980.42 万吨，累计实现工业总产值 406.12 亿元，形成以煤化工为主、非煤产业并举的多元产业体系。

大事记

1991 年

2 月 6 日，准格尔旗公安局打掉以山西省河曲县杜某、四川省中江县谢某、贵州省赤水市冯某为首的犯罪团伙，该团伙 1988—1990 年拐卖妇女 14 名。

6 月 17 日至 19 日，中国少年先锋队准格尔旗首届代表大会在沙圪堵镇召开。

8 月 21 日，准格尔旗人民法院审判庭落成，从此有了专门庭审场所。

12 月 15 日，乌兰哈达乡乡镇企业管理站煤矿主巷发生火灾中毒事故，7 人遇难。

12 月 27 日，准格尔旗新华书店、准格尔旗保险公司被命名为内蒙古自治区文明单位。

1992 年

5 月 1 日，准格尔旗榆树湾水泥厂年产 4.4 万吨硅酸盐水泥技术改造工程竣工投产。

12 月 15 日至 17 日，准格尔旗第十一届人大常委会第十一次会议审议通过《准格尔旗全面实施初等义务教育的决定》。

1993 年

2 月 23 日，中共准格尔旗纪律检查委员会、准格尔旗人民政府监察局合署办公。

6 月 26 日，准格尔旗第十一届人大常委会第十五次会议审议通过《薛家湾经济开发区优惠政策规定》。

8 月 20 日，“八五”国家重点建设项目，准格尔项目一期工程三大主体项目之一的准格尔发电厂投产发电。

8 月 27 日，中共中央政治局常委、国务院副总理朱镕基视察“八五”国家重点建设项目准格尔煤炭工业公司。

10 月 5 日，准格尔旗文工团举行首场汇报演出。

11 月 13 日，准格尔旗邮电大楼竣工，沙圪堵镇、薛家湾镇两地同时开通 2000 门程控电话，实现长途上网，全国自动直拨。

12 月 22 日，日本客商到准格尔旗民族地毯厂签订 1.2 万平方英尺地毯订货合同。

1994 年

3 月 3 日，中共准格尔旗委员会、准格尔旗人民政府作出《加快发展个体私营经济的决定》。

4 月 15 日，国务院印发《国家八七扶贫攻坚计划》，准格尔旗列入 592 个国家重点扶持的贫困县，全旗有 17 个贫困乡、174 个贫困村，有贫困人口 3 万户 11 万人。

5 月 23 日，准格尔旗消费者协会成立。

7 月 12 日，准格尔旗皇甫川水保试验站参与攻关的国家“七五”科技项目黄土高原综合治理定位试验研究，获 1993 年国家科学技术进步奖一等奖。

同日，马栅乡张喜家塄村农民许某无证驾驶大货车，在沙榆公路 40 千米 +200 米处坠入悬崖，15 人遇难，17 人受伤。

9 月 1 日，准格尔旗税务局分设为准格尔旗国家税务局和准格尔旗地方税务局。

9 月 6 日，准格尔旗人民政府印发通知，开展“3153”工程建设大决战，力争到 1995 年实现人均 3 亩基本田、10 亩林果树、5 只羊，户均 3 口猪目标。

9 月 21 日，准格尔旗羊市塔希望小学落成，这是伊克昭盟第一所希望小学。

11 月 22 日，准格尔旗首部地方志书，下限至 1990 年的《准格尔旗志》，获伊克昭盟第四届哲学社会科学优秀成果奖。

1995 年

5 月 4 日，兴隆市场开业，营业面积 6009 平方米，摊位 202 个，是薛家湾镇第一处有形市场。

5 月 28 日，准格尔旗地方国营企业啤酒厂破产。

12 月 20 日，准格尔旗第十二届人大常委会第十二次会议审议通过《全面实施九年义务教育规划》。

1996 年

3 月 20 日，全国县级人民武装部收归军队建制，准格尔旗人民武装部改称中国人民解放军准格尔旗人民武装部，军队正团级建制。

4 月 22 日，中共准格尔旗委员会机关报《准格尔报》创刊，四开四版，黑白印刷，每月发行 3 期。

6 月 6 日，沙圪堵镇开通红绿灯，准格尔旗交通警察首次上岗执勤。

8 月 1 日，准格尔旗广播电视台试播电视新闻。

8 月 30 日，民政部批复，经国务院批准，同意将准格尔旗人民政府驻地由沙圪堵镇迁至薛家湾镇。

9 月 23 日，纳林地毯厂和准格尔旗民族地毯厂合并，成立准格尔旗纳林民族地毯有限责任公司。

9 月 28 日，“八五”国家重点建设项目，准格尔项目一期工程主体项目，黑岱沟露天煤矿及选煤厂投入试生产。

是年，准格尔旗财政收入突破亿元大关，达到 10118 万元，成为内蒙古首个亿元财力旗县。

1997 年

1 月 5 日，准格尔旗开始实施国家防治脊髓灰质炎强化免疫项目。

1 月 28 日，中共伊克昭盟委员会宣传部派员为准格尔旗授匾，准格尔旗被文化部社会文化司命名为中国民间艺术漫瀚调之乡。

3 月 25 日，准格尔旗在伊克昭盟工业经济争名升位竞赛中捧回“鄂尔多斯流动杯”。

4 月 11 日，准格尔旗民间商会成立。

6 月 17 日，美国中东公司代理商与准格尔旗纳林民族地毯公司签订 5 万平方英尺购货合同，价值 300 多万元人民币。

8 月 15 日，准格尔旗首届漫翰调艺术节在沙圪堵镇开幕，之后每三年举办一届漫翰调艺术盛会。

11 月 8 日，薛家湾矿区集中供热工程投运，薛家湾镇成为内蒙古自治区首家集中供暖的乡镇。

11 月 9 日，“八五”国家重点建设项目，准格尔项目一期工程主体项目之一，大同至准格尔铁路开通运营。该项目正线长 264 千米，属单线一级电气化铁路，是准格尔旗第一条铁路。

11 月 26 日，内蒙古神山陶瓷集团晋升为国家中型一档企业。

12 月 25 日，中共准旗旗委办公室、旗政府办公室印发《农村产权制度改革实施方案》，延长土地承包期 30 年，拍卖“五荒”、农田水利工程和水保林业成果到户。

1998 年

1 月 18 日，中共准旗旗委、旗人民政府出台《关于深化企业改革指导意见》，打响国营、集体企业民营化转制攻坚战。

5 月 10 日，全旗最大国营企业，准格尔旗煤炭工业总公司转制，重组成立内蒙古伊东煤炭集团有限责任公司。

5 月 13 日，呼和浩特—西安国家一级干线光缆内蒙古段全线贯通，准格尔旗程控电话信号实现光缆传输。

6 月 1 日，全旗 8 个乡镇、38 个村、171 个村民小组遭受冰雹袭击，砸伤 1 人，砸死羊 40 只，农作物受灾 3133.33 公顷。

6 月 10 日，准格尔召乡掌梢沟煤矿 7.51 万发雷管被盗，公安部挂牌督办这起内蒙古最大雷管被盗案，准格尔旗公安局专案组昼夜奋战，6 月 19 日抓获案犯 13 人，判处主犯无期徒刑。

6 月 22 日，准格尔旗被评为内蒙古自治区农村牧区基层组织建设先进旗县。

6 月 27 日，哈岱高勒乡不连沟村党支部被中组部评为全国农村先进党支部。

6 月 29 日，准格尔旗被科技部评为全国科技工作先进县，之后 2009 年、2011 年、2013 年准格尔旗三次获得该荣誉。

9 月 11 日，魏家峁乡打出 440 米超深井，为内蒙古地区最深的机电井。

10 月 12 日至 13 日，世界银行官员沃勒斯、因斯博格等组成的水保世行二期项目预评估团对准格尔旗水保世行项目评估。

10 月 20 日，中国工商银行准格尔旗支行宣布，截至 9 月末，全行各项存款首次突破亿元大关。

10 月 27 日，准格尔旗化肥厂被土默特左旗化肥厂兼并，重新点火，恢复生产。

10 月 28 日，准格尔旗首届十佳孝子，受到旗精神文明建设委员会表彰。

11 月 28 日，“九五”国家重点建设项目，黄河万家寨水利枢纽工程首台机组并网发电，装机容量 6×18 万千瓦，1994 年 11 月 3 日开工，为准格尔旗境内首座水电站。

12 月 4 日，壕圪卜—蓿亥图、大路—杨四圪咀两条黏土公路通车，全旗实现乡乡通公路。

是月，纳林川葫芦头改河打坝工程竣工，工程建设历时三年，投资 100 多万元，是准格尔旗最大的水利工程。

1999 年

1 月 21 日，准格尔旗荣获内蒙古自治区发展乡镇企业先进旗县奖。

6 月 9 日，准格尔旗工商物价局上划内蒙古自治区垂直管理。

8 月 28 日，中共准格尔旗委员会、准格尔旗人民政府，在薛家湾镇准格尔广场隆重举行政府驻地迁移庆典。

9 月 16 日，伊克昭盟移动通讯分公司准格尔旗营业部和薛家湾营业部同时挂牌成立，两地同时开通移动通信网。

10 月 7 日，内蒙古自治区人民政府批复，同意设立准格尔旗沙圪堵经济技术开发区，为自治区级经济技术开发区，这是伊克昭盟第一个自治区级开发区。

10 月 21 日，黄河万家寨水利枢纽工程库区开通黄河风情旅游线路。

11 月 19 日，准格尔旗人民政府发布禁牧令，从 2000 年 5 月 1 日起，在全旗范围内全面禁牧，推广舍饲养羊。

11 月 24 日，“八五”国家重点建设项目，准格尔项目一期工程通过国家验收，正式投产。

11 月 30 日，准格尔旗首届科学技术工作者代表大会召开。

2000 年

1 月 8 日，准格尔旗最大工业项目，内蒙古神山陶瓷集团 1600 万件日用陶瓷项目投产，转让山东美华瓷业公司兼并经营。

1 月 9 日，准格尔旗人民政府发布沙圪堵经济技术开发区招商引资优惠政策。

2 月 28 日，准格尔旗获内蒙古自治区党委、自治区人民政府颁发的 1999 年度发展乡镇企业先进旗县奖，旗乡镇企业管理局获乡镇企业管理先进单位奖，满世煤炭运销公司总经理刘满世获发展乡镇企业功臣奖。

5 月 11 日，生力民爆公司 5000 吨膨化铵锑炸药项目投产。

5 月 28 日，保护母亲河工程准格尔项目暨中直机关水保世纪林工程在魏家峁镇四分村启动。

6 月 15 日，准格尔旗启动国家“降低孕产妇死亡率和消除新生儿破伤风”项目和澳大利亚相关援助合作项目。

9 月 26 日，中国农业科学院农业综合科技示范旗在准格尔旗挂牌。

10 月 26 日，准格尔旗首次无偿献血活动，在准格尔煤炭工业公司职工总医院集中采血。

10 月 28 日，中共内蒙古沙圪堵经济技术开发区委员会、内蒙古沙圪堵经济技术开发区管委会，在沙圪堵镇挂牌合署办公。

12 月 8 日，载有 48 名乘客的长白山大客车在喇嘛湾黄河大桥西侧与解放牌带挂大货车相撞，从 17 米高大桥坠落，造成 23 人遇难、25 人受伤的特大交通事故。

12 月 16 日，准东铁路一期工程通车，东起周家湾站，西至虎石站，长 72.6 千米，地方一级单线铁路，利用科威特贷款 3000 万美元建设，开创我国利用外资建设地方铁路先河。

2001 年

3 月 1 日，神华集团准格尔能源有限责任公司挂牌。

3 月 12 日，中共准格尔旗委员会印发实施意见，组织全旗科级干部返租承包培养典型示范户。

7 月 28 日，中国环游内蒙古国际公路自行车赛在 109 国道东胜—薛家湾段举行，9 个国家和中国台北、香港及内地 15 支自行车队共 108 名选手参赛。

9 月 28 日，民政部撤伊克昭盟，设鄂尔多斯市，准格尔旗隶属于内蒙古自治区鄂尔多斯市。

10 月 28 日，准格尔旗的穿山公路史榆线二级沥青路、穿沙公路杨吉线二级沥青路建成通车。

11 月 30 日，准格尔旗工商局召开全旗首次自来水价格调整听证会。

是年，准格尔旗建成全国普及九年义务教育和扫除青壮年文盲旗，纳林阳湾小学获中华扫盲奖。

2002 年

1 月 21 日，准格尔旗新华书店大楼在薛家湾镇落成开业。

2 月 6 日，薛家湾 220 千伏变电站投运。

同月，准格尔旗试点国家退耕还林工程通过上级验收，全旗退耕 2686.67 公顷，还林还草 9380 公顷。

9 月 8 日，鄂尔多斯市首届希望之星班在准格尔旗蒙古族学校开班。准格尔旗是中国青少年发展基金会希望之星试点旗，之后 3 年将获得 108 万元资助金，资助 600 名贫困学生。

12 月 15 日，十二连城乡巨合滩村 56 户渔民自发成立巨合滩渔业协会，这是准格尔旗第一个农民合作经济组织。

2003 年

4 月 17 日，准格尔旗发现鄂尔多斯市首例输入性“非典”疑似病例，全社会整合资源，设卡消毒检查，设隔离病区收治病例；5 月 24 日，2 例疑似病人康复出院，全旗解除疫情。

7 月 7 日，中国建设银行准格尔煤田专业支行更名为中国建设银行准格尔分行。

7 月 18 日，琛胜公司出租车在薛家湾镇投入运营。

12 月 26 日，准格尔旗启动救助城乡困难群体的民心工程，现场收到社会各界捐助 115 万元。

2004 年

2 月 16 日，准格尔旗接收神华准能公司学校、幼儿园、医院、居委会等社会职能机构，过渡期到 2006 年 12 月 31 日。

2 月 19 日，准格尔旗召开新型农村合作医疗工作会议，在全国首批试点新型农村合作医疗制度。

3 月 26 日，中国财政部与科威特阿拉伯经济发展基金会在北京签署协定，财政部向基金会贷款 3500 万美元，用于呼和浩特市—准格尔旗铁路建设。

6 月 2 日，准格尔旗在海子塔镇巴润哈岱村创办的农民驾驶员培训基地开班，在全国首创农民学艺、政府买单。

6 月 6 日，沙圪堵开发区杨四海 220 千伏变电站投运。

6 月 8 日，埃塞俄比亚国家艺术团访问中国，巡回演出来到准格尔旗，上演专场文艺晚会。

6 月 25 日，“神华准能杯”首届全国航拍大赛开机，来自 11 个省市自治区的 40 多名摄影家参赛。

8 月 7 日，准格尔旗第一中学宣布，与北京大学附属中学联合办学。

8 月 16 日，准格尔旗天然林资源保护工程通过国家林业局验收，全旗飞播造林 2.2 万公顷，封沙育林 0.13 万公顷，落实管护 13.99 万公顷。

9 月 16 日，准格尔旗与陕西省府谷县共同建设的抗日英雄马占山纪念塔落成。

10月10日，准格尔旗被中国科学技术协会命名为第二批全国科普示范县，之后2008年、2011年又两次蝉联这项荣誉。

11月9日，准格尔旗煤转化研发中心、高岭土研发中心分别在伊东科宇高新技术公司、天之娇高岭土公司挂牌。

11月20日至21日，中国煤炭工业协会、煤炭科学研究总院到准格尔旗开展“中国煤炭科技万里行——走进鄂尔多斯”活动。

12月26日，中国水务投资公司、黄河万家寨水利枢纽公司和准格尔旗科源水务公司联合组建内蒙古准格尔黄河水务公司。

12月27日，准格尔旗世纪中学在薛家湾镇落成，并与内蒙古师范大学附设中学签订联合办学协议。

2005年

1月6日，准格尔旗人民政府发布第6号令，在内蒙古率先实施失地农民养老保险制度。

1月8日，准格尔旗人民政府实施农村居民最低生活保障制度、城镇无业居民合作医疗试行办法，在全国率先将城镇无业居民纳入合作医疗。

4月19日，准格尔旗人民政府发布通告，7月1日起薛家湾镇中心区三轮摩托车禁行，2006年12月31日起全旗范围内禁止三轮摩托车载客。

4月27日，准格尔旗人民政府印发招商引资优惠政策，废止外引内联优惠政策和沙圪堵开发区招商引资优惠政策。

5月11日，准格尔旗与呼和浩特市和林格尔县结为友好旗县，在准格尔旗签署共结友好旗县协议。

5月13日，准格尔旗人民政府发布通告，严禁非法开采、运输、销售和收购煤炭、铁、石灰岩等矿产资源。

5月16日，准格尔旗在会商中心为首届十杰青年颁奖。

6月9日，准格尔旗中心医院与北京西山医院、北京市康复中心建立医疗业务协作关系。

6月12日，准格尔旗人民政府办公室印发通知，从2005年起，新型农村合作医疗住院报销封顶线由4000元提高到1万元；起付线由200元降低到100元。

6月20日，中国曲艺家协会“送欢笑”义务演出小分队到准格尔旗慰问演出。

6月27日，准格尔旗人民政府出台城乡特困居民重大疾病医疗救助办法。

10月23日，黄河晋陕大峡谷入围中国最美十大峡谷，这段大峡谷起点右岸属准格尔旗。

11月4日，准格尔旗人民政府出台煤炭采区居民搬迁补偿补贴办法，全旗开始统一标准补偿矿区搬迁移民。

12月1日，《经济日报》发布第五届全国县域经济基本竞争力评价报告，准格尔旗跻身全国百强县第89位；准格尔旗2012年高居全国百强县第10位，2015年回落到第12位。

12月31日，黑岱沟露天煤矿年产煤突破2000万吨，成为全国最大露天煤矿。

2006年

1月8日，准格尔旗第九中学宣布，与北京师范大学附设中学合作办学，开展国家重点课题实验。

1月21日，准格尔旗人民政府印发方案实施乡财旗管，苏木乡镇仍为独立核算主体，由旗财政局直接管理财政收支。

4 月 3 日，准格尔旗人民政府办公室通知，到 4 月底依法取缔境内所有土法烧制石灰企业。

5 月 18 日，国家“十一五”重点建设项目，神华集团哈尔乌素露天煤矿暨国华准电三期扩建工程开工。哈尔乌素露天煤矿产能 2000 万吨，国华准电三期装机 2×330 万千瓦。

5 月 20 日，鄂尔多斯市人民政府与印度尼西亚三林集团合作建设的大路煤化工基地在大路新区开工，基地按一体化理念规划，打造国家煤化工循环经济示范基地。

5 月 25 日，国务院印发通知，公布隋至唐代十二连城城址，核定为第六批全国重点文物保护单位。

7 月 13 日，准格尔旗人民政府办公室印发通知，实行 60 周岁以上老年人社会优待政策，发放乘车补贴和长寿保健费。

7 月 22 日，全国中学语文新课程教学观摩研讨会，在准格尔旗第一中学观摩研讨赵春益老师作文三步法实验课。

8 月 1 日，准格尔召修复工程竣工开光，第十三世祝千活佛洛藏久美丹贝嘉措的舍利宝塔成为镇召之宝。

9 月 8 日，伊东集团窑沟扶贫煤矿年产 120 万吨矿井投入试生产，成为鄂尔多斯市煤矿资源整合机械化改造首座投产矿井。

10 月 24 日，准格尔旗人民政府印发通知，即日起实施农民低价煤供给政策，每年向每户农民供应 4 吨低价煤取暖。

11 月 1 日，准格尔旗人民政府发布通告，严禁任何单位、组织和个人非法买卖集体土地。

11 月 8 日，薛家湾新汽车站在河滨南路落成投运，为国家二级客运站。

12 月 20 日，城壕—大饭铺高速公路建成通车，北起大路镇城壕村，南达薛家湾镇大饭铺村，全长 46.5 千米，为准格尔旗第一条高速公路。

12 月 20 日，准格尔旗被国家计生委评为全国计划生育优质服务先进县。

2007 年

1 月 18 日，内蒙古首家旗县数字电视网络落户准格尔经济开发区。

3 月 1 日，神华集团准格尔能源有限责任公司在哈尔乌素露天煤矿，成功实施抛掷爆破—单斗—卡车工艺，在全国首创这种采煤新工艺。

3 月 29 日，准格尔旗人民政府办公室印发通知，为 35 周岁以上成年人进行每两年一轮的免费体检，并建立居民健康档案，此举为全国首创。

4 月 9 日，准格尔煤田农村信用合作联社举行仪式，庆祝各项存款突破 10 亿元，升格为一级法人单位并挂牌开业。

4 月 28 日，全旗评选出首届劳动模范、先进工作者 10 名，受到旗委、旗政府隆重表彰。

5 月 25 日，准格尔旗人民政府印发农牧业“三区”划分方案，全旗面积的 20% 划为优化发展区，30% 划为限制发展区，50% 划为禁止发展区。

5 月 29 日，准格尔旗人民政府发布通告，6 月 11 日前关停不生产的焦化兰炭企业，9 月 1 日前关停生产的焦化兰炭企业。

6 月 3 日，准格尔旗民歌手奇附林，获评中国首批民间文化杰出传承人，到人民大会堂领奖。

6月5日，全国煤矿整顿关闭工作现场会在准格尔旗主会场举行，来自全国100多个重点产煤县的代表参加会议。与会人员参观了准格尔旗伊泰集团纳林庙煤矿二号井和伊东集团东圪堵煤矿。

6月14日，准格尔旗人民政府发布通告，7月5日前集中清理整合103省道薛家湾—喇嘛湾段沿线煤场。

8月3日，第21届全国业余围棋大赛在准格尔旗开赛，来自20多个省区市和澳门、台北市67支代表队300名棋手参赛。

8月12日，呼准铁路投运，铁路北起京包线攸攸板站，南接准东铁路周家湾站，长122千米，设计运力2000万吨。

9月12日，内蒙古农牧业机械化示范基地建设现场会在十二连城乡召开，准格尔旗是全区3家示范旗县之一。

9月30日，国家西部开发第一个火电项目，神华内蒙古准格尔发电有限责任公司4×330万千瓦机组全部投产。

10月9日，准格尔旗人民政府发布通告，10月15日前，薛家湾市政区供热管网覆盖区内的自建供暖锅炉、宾馆饭店饮水茶炉自行关闭。

10月15日，内蒙古首个大型压力容器制造项目，锦化机石化装备公司在大路煤化工基地投产。

11月12日，美国产世界第一台交流变频调速无齿轮传动吊斗铲，在黑岱沟露天煤矿下坑作业，吊斗铲斗容90立方米，回转半径100米，工作面1200米到2000米。

12月14日，以巴特巴雅尔为团长的蒙古国议会代表团考察神华集团准格尔能源有限责任公司。

12月17日，准格尔旗召开培训会，在内蒙古首批启动农村基本养老保险统筹。

2008年

1月10日，内蒙古自治区机构编制委员会批复，同意设立鄂尔多斯大路煤化工基地管理委员会，为准格尔旗人民政府派出机构。

1月28日，准格尔旗入围内蒙古工业十强旗县，内蒙古准格尔经济开发区入围内蒙古工业十强开发区，受到自治区党委、政府表彰。

2月20日，准格尔电视台首次现场直播“元宵之夜”交响音乐会。

2月25日，准格尔旗启动第四轮全球结核病防治规划，旗人民医院为试点医院，为全国仅有的两家试点医院之一。

3月2日，内蒙古电视台《西口风》栏目走进暖水乡举办专场文艺演出，欢度暖水传统节日正月廿五“天仓节”。

3月5日，准格尔旗人民政府出资5050万元，收回以BOT模式运行的史家敖包—榆树湾公路经营权，撤史榆线收费站。

3月15日，准格尔旗首次公开选拔百名大学生村官笔试，选聘百名大学生担任村党支部书记、居民委员会主任岗位助理职务，实现一村有一名大学生村官。

5月1日，准格尔旗公安局开通“110”报警平台。

5月4日，共青团准格尔旗委员会组织千名青年入团仪式。

5月15日，准旗旗委、旗政府发出向四川地震灾区捐资救灾倡议，社会各界捐助钱物折合

362.30万元，其中2682名党员交纳特殊党费101.20万元。

5月16日，鄂尔多斯大路煤化工基地特勤消防站开工，消防站占地面积5528平方米，是内蒙古配置最高的消防站。

6月7日，漫瀚调列入国务院公布的第二批国家非物质文化遗产传统音乐名录。

6月13日，鄂尔多斯市星级饭店评定委员会评定，准格尔饭店为国家三星级饭店，是鄂尔多斯市旗县第一家三星级饭店。

6月29日，“美稷新歌”综艺晚会在内蒙古准格尔经济开发区上演。

7月13日，纳日松镇乌拉素村金利煤矿发生山洪灌井事故，12名矿工被困，10名矿工获救，2名矿工遇难。

7月23日，考取清华、北大的准格尔旗籍6名学子，每人获得3.5万元资助，善款是旗领导、企业家的捐献。

8月1日，全旗苏木乡镇和行政事业单位纳入国库集中支付。

8月8日，伊泰集团年产1200万吨酸刺沟煤矿建成投产，该矿是内蒙古最大地方煤矿，采、掘、运完全机械化。

8月14日，联合国工会主席意马德到鄂尔多斯大路煤化工基地考察。

8月21日，旗人民政府出台交通肇事逃逸案被害人及其家属救助办法，一次性救助伤者抢救费、死者丧葬费和伤亡人员家属抚恤金。

9月18日，中央电视台《欢乐中国行》栏目“魅力准格尔”大型演唱会在薛家湾镇蒙汉大营精彩上演。

10月15日，中国网通与中国联通合并，中国网通准格尔旗分公司重组更名为中国联合网络通信有限公司准格尔旗分公司。

10月16日，内蒙古铁煤伊东煤机制造检修公司投运，该项目是鄂尔多斯市首个煤机制造检修项目。

10月22日，全国民爆行业一体化经营及技术交流会在生力民爆集团召开，全国344家民爆企业代表参会。

10月23日，准格尔旗人民政府出台生态自然恢复区农村人口转移试行办法。

11月，内蒙古高原杏仁露公司“准立”商标被审定为内蒙古著名商标，这是全旗第一枚著名商标。

12月12日，薛家湾镇金安购物中心落成开业，这是准格尔旗首家集商场超市、餐饮娱乐、现代办公于一体的大型商场。

12月13日，《小康》杂志社主办第三届中国全面小康论坛，准格尔旗入围2008中国全面小康十大示范县，此后2009年、2010年、2012年、2013年，准格尔旗又4次入围。

12月15日，准格尔旗在国家工商总局注册“黄河·长城风景道”，这是中国第一条水陆风景道。

12月17日，“十一五”国家重点建设项目，神华集团哈尔乌素露天煤矿及选煤厂建成投产，选煤厂年洗选原煤2000万吨，是亚洲最大选煤厂。

12月31日，准格尔供电局由鄂尔多斯电业局划转薛家湾供电局管理。

2009年

1月7日，准格尔旗被内蒙古自治区民政厅评为内蒙古低保规范化建设示范县。

1 月 11 日，准格尔旗被评为改革开放 30 年内蒙古区域发展十大先锋。

3 月 9 日，聚能煤炭公司路鑫聚煤矿发生气体中毒事故，井下作业 15 人，9 人逃生，6 人遇难。

3 月 27 日，伊泰集团年产 16 万吨煤制油项目顺利产出中国第一桶煤基合成油，这桶油是世界第五代煤间接液化技术成果，被内蒙古博物馆收藏。

4 月 8 日，伊泰煤制油项目发生火灾，内蒙古消防总队调集 59 台消防车、316 名消防官兵，奋战 12 小时扑灭大火。

7 月 14 日，“魅力准格尔 · 文化大讲堂”开讲，首讲内容是学习实践科学发展观。

7 月 25 日，内蒙古首例输入性甲型 H1N1 流感患者在准格尔旗中蒙医院经过 8 天隔离治疗，康复出院，9 名密切接触者解除医学观察。患者侯某留学回国后，身体不适就医时确诊感染甲型 H1N1 流感。

9 月 18 日，黄河万家寨水利枢纽配套工程，黄河龙口水电站并网发电，电站装机容量 42 万千瓦。

9 月 29 日，鄂尔多斯 300 万件国礼陶瓷项目在内蒙古准格尔经济开发区建成投产，系准格尔旗非煤产业的开山之作。

10 月 28 日，在中华人民共和国第十一届运动会闭幕式上，准格尔旗被国家体育总局评为 2005—2008 年度全国群众体育先进单位。

10 月 26 日，荣乌高速公路鄂尔多斯段建成通车，东起薛家湾镇大饭铺，经东胜，西至棋盘井，途经准格尔旗 6 个乡镇。

12 月 13 日，恒泰证券股份有限公司薛家湾营业部开业。

2010 年

1 月 1 日，准格尔旗在内蒙古率先实行药物零差率销售。

1 月 27 日，准格尔旗开通党员手机信息服务平台，汇总全旗 12556 名党员、329 名流动党员的手机号码。

4 月 27 日，神华准格尔能源有限公司选煤厂厂长武国平、布尔陶亥苏木铧尖村农民周玉莲，被评为全国劳动模范。

5 月 4 日，准格尔旗青年志愿者协会成立，全旗评选的首届十佳青年志愿者受到旗委、旗政府表彰。

6 月 12 日，北京中医药大学东直门医院对口支援准格尔旗中蒙医院揭牌。

6 月 28 日，内蒙古应急救援队伍建设现场会在鄂尔多斯大路煤化工基地特勤消防站举行，观摩准格尔旗交通事故、建筑火灾、危险化学品泄漏等事故的救援演练。

6 月 28 日，准东铁路二期段通车，东接一期虎石站，西至准格尔召站，长 59.84 千米，为一级电气化单线铁路。

7 月 25 日，中央电视台“心连心”艺术团小分队到鄂尔多斯大路煤化工基地伊泰煤制油公司慰问演出。

8 月 1 日，全国政协副主席、香港特别行政区首任行政长官董建华，到神华准格尔能源有限责任公司考察。

8 月 16 日，“神华准能杯万众一心黄河清”拔河锦标赛 1280 人参赛，创造参加人数最多的拔河赛吉尼斯世界纪录。

9 月 14 日，“神华杯”采煤技能国际邀请赛在黑岱沟露天煤矿开赛，7 个国家、9 家煤炭企业、43 名选手参赛，这是全球煤炭开采技能最高水平赛事。

10 月 16 日，国内最大的煤化工装置，久泰能源内蒙古有限公司年产 100 万吨甲醇装置投料试车，产出合格甲醇产品。

10 月 18 日，准格尔旗被民政部、卫生部、中国残疾人联合会命名为全国残疾人社区康复示范县。

11 月 15 日，沙圪堵敬老院被民政部命名为全国模范敬老院。

12 月 1 日，准格尔旗首家由政府控股的担保公司众祥担保有限责任公司成立。

12 月 20 日，准格尔旗评选出 32 名首届美德少年。

2011 年

3 月 12 日，准格尔旗人民政府与芬兰国家技术研究院在北京签约，合作建设准格尔高科技生态城项目。

3 月 17 日，日本大地震核泄漏事故引发中国抢盐风波，300 多人涌入旗盐业支公司抢购食盐，盐业支公司组织货源平抑食盐价格。

3 月 29 日，准格尔旗人民政府被评为全国绿化先进集体。

5 月 4 日，内蒙古准格尔经济开发区开建陶瓷工业园区，4 个陶瓷项目同时开工。

5 月 13 日，准格尔旗一名醉酒驾车者被判一个月拘役，这是全旗首次酒驾处罚。

5 月 14 日，准格尔旗公安局局长郝万忠参加鄂尔多斯市公安局长大比武训练时，突发心脏病不幸牺牲。2012 年，郝万忠被追授为全国公安一级英模。2013 年，以郝万忠事迹为题材的电影《警察日记》获第 15 届中国电影“华表奖”优秀故事片奖。

5 月 25 日，准格尔旗被中宣部、司法部评为 2006—2010 年全国法制宣传教育先进县。

8 月 26 日，准格尔旗被内蒙古自治区党委、政府、内蒙古军分区命名为内蒙古自治区双拥模范旗。

9 月 15 日，准格尔旗残疾人联合会被中国残疾人联合会评为“十一五”全国残疾人康复工作先进集体。

9 月 30 日，水利部发（水保〔2011〕507 号）通知，确定准格尔旗为国家水土保持生态文明县（旗）。

10 月 9—11 日，中蒙俄国际汽车摩托车场地越野赛在暖水砒砂岩景区开赛，160 余名车手 140 余辆赛车精彩角逐。

10 月 14 日，水利部公告，暖水砒砂岩景区入围第十一批国家水利风景区。

10 月 24 日，准格尔旗召开节能减排会议决定，10 月 31 日起关停 35000 千伏安以下电石矿热炉，12 月 31 日前全部拆除。

11 月 20 日，在中国矿业联合会第五次会员代表大会上，黑岱沟露天煤矿被命名为首批国家级绿色矿山。

12 月 3 日，中法两国元首见证的签约项目，中国电力投资集团与全球第四大石油化工企业法国道达尔公司合资建设的年产 80 万吨煤制烯烃项目在鄂尔多斯大路煤化工基地开工。

12 月 9 日，准格尔旗世纪中学通过内蒙古教育厅评估验收，晋升为内蒙古自治区示范高级中学。

12 月 16 日，以色列 AST 净水技术有限公司在鄂尔多斯大路煤化工基地建设的浓盐水回收示范项目举行评审会，以色列驻华大使安泰毅出席。

12月17日，鄂尔多斯大路煤化工基地管委会获科技部和国家科学技术奖励办公室颁发的2011年中国产学研合作促进奖。

12月18日，神华准格尔矿区资源综合利用项目，年产100万吨氧化铝示范厂，在鄂尔多斯大路煤化工基地开工。

12月26日，内蒙古工业大学矿业学院首批186名学生入驻大路新区，矿业学院设2个本科专业、4个专科专业，由准格尔旗与内蒙古工业大学联合创办。

12月27日，准格尔旗被中国民族建筑研究会建筑环境与居住文化委员会命名为中国宜居宜业典范城市。

12月29日，准格尔旗农民樊晓龙编导的乡土电影《跟着幸福走》首映，该片反映了泷水村生态移民，乡亲们迁离难以割舍的故土，搬到城市生活的故事。

12月31日，准格尔旗档案馆晋升为国家二级综合档案馆。

同月，《准格尔旗扎萨克衙门档案》由内蒙古科学技术出版社影印出版。

2012年

3月1日，准格尔旗中蒙医院试点使用居民健康卡。

3月19日，国务院扶贫开发领导小组办公室官网发布《国家扶贫开发工作重点县名单》，准格尔旗不在其列，摘掉戴了17年的国家贫困县帽子。

3月23日，鄂尔多斯市首个烯烃项目，久泰能源准格尔有限公司年产60万吨烯烃项目在鄂尔多斯大路煤化工基地开工。

3月28日，准格尔旗召开创建全国文明县城、全国卫生县城和全国园林县城动员大会，启动“三城联创”。

4月11日，准格尔旗解放64周年纪念日，中共准格尔旗委员会、准格尔旗人民政府为葫芦头梁党小组遗址立碑，党小组负责人刘治衡故居“治源堂”对外开放。

4月23日，内蒙古高原杏仁露有限公司主办的鄂尔多斯首届“高原露”杏花节在内蒙古准格尔经济开发区开幕。

5月18日，准格尔旗博物馆在大路新区首展。

6月23日，准格尔旗被中共中央宣传部、统战部、国家民委命名为全国民族团结进步创建活动示范县。

7月4日，准格尔旗乌兰牧骑编创的舞蹈《白泥窑记忆》，获内蒙古自治区第十一届精神文明建设“五个一工程”奖。

7月5日，鄂尔多斯市沿黄河高等级公路建成通车，公路东起大路新区，按四车道一级公路标准建设，设计时速100千米。

7月7日，准格尔旗中蒙医院举行揭牌仪式，成为北京中医药大学心血管病研究所研究基地。

7月20日至21日，准格尔旗出现最大暴雨，平均雨量108毫米，最大雨量157.4毫米，小时最多雨量49.8毫米，刷新50年降雨量纪录。

9月20日至21日，准格尔旗举办首届餐饮服务行业职工技能大赛。

9月29日，鄂尔多斯大路煤化工基地43对新人举办“爱在金秋节，浪漫准格尔”集体婚礼。

11月20日，薛家湾—大路新区快速通道开通免费公交，16千米快速通道，按高速公路标准建设，将两地连为一体。

12月21日，集购物、餐饮、休闲、娱乐于一体的生力购物中心在薛家湾镇开业，该项目是准格尔旗首个城市商务区。

12月24日，准格尔旗被推介为首届全国社会主义新农村建设示范县。

同日，反映准格尔旗农村医疗改革的电视连续剧《生死依托》，获第十二届全国精神文明建设“五个一工程”奖。

2013年

1月11日，“数字准格尔”项目“数字医疗”子系统，荣获中国“智慧城市创新应用奖”。

1月15日，准格尔旗公共资源交易网开通。

3月5日，国务院印发通知，公布新石器时代寨子圪旦遗址、明代准格尔召，核定为第七批全国重点文物保护单位。

3月6日，准格尔旗环卫工人免费早餐工程在薛家湾镇中心片区开始运行，其他片区随后陆续实施。

3月18日，准格尔旗人民检察院被最高人民检察院评为第五届全国先进基层检察院，这是该院第二次获此殊荣。

3月25日，准格尔旗人民政府印发通知，实施先看病后付费制度，方便参加合作医疗的城乡患者。

5月5日，官方微信公众平台“准格尔旗发布”上线。

7月8日，蒙西集团年产50万吨高岭土项目，在内蒙古准格尔经济开发区开工。

7月23日，加拿大驻华大使馆公使衔参赞柯马克考察鄂尔多斯大路煤化工基地。

8月29日，全国工商联发布“2013中国民企500强”，准格尔旗伊东资源集团、特弘煤电集团、满世投资集团、恒东能源集团4家企业入围。

9月13日，全国旅游景区质量等级评定委员会公告，水镜湖评定为国家AAAA级旅游景区，是准格尔旗首家AAAA级旅游景区。

9月29日，薛家湾镇被评为内蒙古自治区园林县城。

10月1日，呼准鄂铁路开工建设，东起呼和浩特市前朱堡站，经大路新区准格尔站，至东胜区东胜东站，长245千米。

11月20日，准格尔旗数字化交通事故专业法庭首次开庭，由旗人民法院和交管大队共建，设2名审判员、2名书记员。

11月21日，准兴重载高速公路建成通车，西起准格尔旗，东至兴和县，全长265千米，是世界最长重载高速公路。

同日，全国旅游景区质量等级评定委员会公告，油松王被评定为国家AAAA级旅游景区。

12月9日，水镜湖被评为全国休闲农业与乡村旅游示范点。

12月14日，109国道大饭铺—东胜段升级改造通车，双向四车道一级公路标准改建，准格尔旗境内长79.2千米。

12月29日，准格尔旗被全国爱国卫生运动委员会命名为国家卫生县城。

2014 年

6 月 22 日，内蒙古大汗窑瓷业有限公司 4 条窑炉，在内蒙古准格尔经济开发区陶瓷工业园点火投产，采用德国自动化陶瓷生产线，年产 800 万件高档日用瓷。

9 月 22 日，反映准格尔旗大学生村官新农村创业的故事片《回乡种田》，入选庆祝中华人民共和国成立 65 周年重点推介国产影片。

9 月 29 日，在国务院第六次全国民族团结进步表彰大会上，中共准格尔旗委员会被评为全国民族团结进步模范集体。

10 月 18 日，全国雷锋车队大联盟向准格尔旗雷锋车队授中国雷锋车队队旗，准格尔旗雷锋车队加入全国雷锋车队大联盟。

11 月 25 日，龙口镇杜家峁村入围第三批中国传统村落。

12 月 5 日，准格尔旗义工协会会长吕海英被评为全国首批优秀五星级志愿者。她走过 20 多年公益之路，担当 16 位孤残老人的女儿，42 位留守孩子的妈妈，带领千名义工募集善款上百万元。

12 月 20 日，《国土资源报》报道，由中央地勘基金投资的内蒙古自治区准格尔煤田布尔陶亥—田家石畔地段煤炭普查项目完成野外验收，新探获 380 亿吨煤炭资源量。准格尔旗煤炭资源储量接近 900 亿吨。

12 月 31 日，全国旅游景区质量等级评定委员会公告，准格尔召被评定为国家 AAAA 级旅游景区。

2015 年

2 月 28 日，准格尔旗入选首届全国县级文明城市提名城市，十二连城乡获评全国文明镇。

5 月，神华准能公司退休职工刘显亮入选“中国好人榜”助人为乐好人。这位七旬老人 20 余年打工助学，隐姓埋名捐款 20 余万元，资助 44 名贫困学生。

7 月 13 日，龙口镇、布尔陶亥苏木、纳日松镇松树墕村、十二连城乡兴盛店村，入围第三批全国特色景观旅游名镇名村。

9 月 7 日，第七届漫瀚调艺术节文艺晚会，1186 人同时吟唱漫瀚调，创最大规模的群众吟唱漫瀚调活动世界纪录。

9 月 14 日，准格尔旗摄制的电影《漫瀚调》入选第 24 届中国金鸡百花电影节国产优秀新片展映单元。

9 月 23 日，准格尔旗拍摄的微电影《二少爷招兵》获首届鄂尔多斯微电影大赛特别荣誉奖。

11 月 13 日，鄂尔多斯国礼陶瓷公司四套蒙古茶酒具产品，获中国特色旅游商品陶瓷类金奖。

11 月 27 日，准格尔旗入围第二批国家新型城镇化综合试点地区名单。

12 月 7 日，准格尔旗被住建部确定为全国农村生活污水全面治理示范县。

第一篇

政区

一个苏木

两个乡

六个镇

四个街道

薛家湾镇的旗党政办公大楼，2008 年杨玉铭摄

准格尔旗地处蒙晋陕三省区交界地带，位于内蒙古自治区西南部、鄂尔多斯市东端，与2个省4个市9个旗县区为邻，国土面积7550.79平方千米。1991年辖25个乡3个镇，旗人民政府驻沙圪堵镇。1998年7月起撤乡并镇，1999年8月旗人民政府迁薛家湾镇，2001年4月将21个乡7个镇撤并为8个乡12个镇，2005年8月再次撤并为1个苏木2个乡6个镇，2010年11月在薛家湾镇市政区增设4个街道。2015年，辖布尔陶亥苏木，十二连城、暖水2个乡，薛家湾、沙圪堵、大路、龙口、纳日松、准格尔召6个镇，友谊、蓝天、兴隆、迎泽4个街道。旗人民政府驻兴隆街道，距内蒙古自治区首府呼和浩特市134.4千米，距鄂尔多斯市府康巴什新区150.4千米。

沙圪堵镇的中共准格尔旗委办公楼，1982年摄

第一章　建　置

第一节　位　置

准格尔旗因地理位置得名。“准格尔”系蒙古语，意为“左翼、东部”。清顺治六年（1649 年），清朝仿照满洲八旗制度，将蒙古鄂尔多斯部划为左右两翼 6 个旗，鄂尔多斯高原东部设鄂尔多斯左翼前旗，蒙古语俗称“准格尔旗”。

准格尔旗地处内蒙古自治区、山西省、陕西省交界地带，位于内蒙古自治区西南部、鄂尔多斯市东端；黄河从北、东、东南三面环绕，流经准格尔旗 197 千米。北与包头市土默特右旗，东与呼和浩特市托克托县、清水河县，南与山西省忻州市偏关县、河曲县隔黄河相望；南邻陕西省榆林市府谷县，西邻伊金霍洛旗、东胜区、达拉特旗。地理坐标北纬 39°15′48″～40°19′11″，东经 110°06′40″～111°27′23″；南北长 116.5 千米，东西宽 115.2 千米，面积 7550.79 平方千米，其中水域 192.64 平方千米。准格尔旗人民政府驻兴隆街道中心社区，东北距内蒙古自治区首府呼和浩特市 134.4 千米，西距鄂尔多斯市政府驻地康巴什新区 150.4 千米。

第二节　沿　革

准格尔旗地，战国秦上郡广衍县治今纳日松镇勿图门村；西汉云中郡沙南县治今十二连城乡脑包湾村，西河郡美稷县治今沙圪堵镇纳林村；东汉西河郡美稷县设南匈奴单于庭；隋、唐两朝榆林郡、胜州治今十二连城乡脑包湾村；北宋河东路丰州治今纳日松镇二长渠村，金西京路宁边州治今龙口镇台子梁村；明朝山西省东胜右卫治今十二连城乡脑包湾村。

准格尔旗王爷府西厢房，2008 年杨玉铭摄

清顺治六年（1649 年）九月初八，成吉思汗第 22 代孙、鄂尔多斯济农额璘臣携从子色楞等进京朝见，驻牧东部的色楞被封为左翼前旗札萨克，准格尔始建旗制。札萨克王爷初驻扎勒谷（今沙圪堵镇贾浪沟村），康熙晚期移驻乌拉素沟（今沙圪堵镇乌拉素村），同治元年（1862 年）在今布尔陶亥苏木公益盖村建府邸大营盘。旗下初按人丁派 8 参领 42 佐领，统领部众；康熙三十六年（1697 年）开放边禁，汉民“走西口”，春来秋归到旗地“跑青牛犋”，道光四年（1824 年）按地域增派达庆、达尔古，兼管汉民；光绪二十年（1894 年）允许汉民定居旗下，全旗辖 13 达庆牌、56 达尔古牌，

取代参领、佐领。光绪三十二年（1906 年）放垦旗地“黑界地”，仁、义 2 段归山西省河曲县代管，礼、智、信 3 段归陕西省府谷县代管。

宣统元年（1909 年），札萨克王爷与东协理官府分治，东官府移驻杨家湾（今沙圪堵镇不拉村）；民国 7 年（1918 年），仁、义 2 段划为山西省河曲县第四区。民国 21 年（1932 年），东西官府南北分治，东官府移驻神山（今沙圪堵镇神山村）辖西南旗地，西官府驻万和堂（今十二连城乡董三尧村）辖东北旗地；民国 23 年（1934 年），东官府收回陕西省府谷县代管礼、智、信 3 段。民国 28 年（1939 年）抗日战争初，黄河北旗地沦陷，属伪蒙古联盟政府，黄河南旗地属国民政府，托克托县衙流亡塔并召（今十二连城乡召梁村），后移驻蛮汉壕（今十二连城乡蛮汉壕村），后解散；民国 29 年（1940 年），山西省河曲县衙流亡十里长滩（今薛家湾镇长滩村）；民国 31 年（1942 年），王爷府移驻恒胜玉（今暖水乡德胜西村）。民国 37 年（1948 年）1 月 15 日，晋绥解放军攻克长滩，4 月 11 日，西北解放军攻克神山，黄河以南旗地解放，5 月，共产党在杨家湾建民族自治政权，创建伊克昭盟东部解放区；12 月，国民党在王保公（今包头市土默特右旗将军尧镇）设准格尔旗札萨克王爷府，民国 38 年（1949 年）9 月 19 日，绥远和平起义，准格尔旗全境解放。

1950 年 8 月，民主建政，准格尔旗人民政府在沙圪堵镇成立，撤达庆牌建区，撤达尔古牌建乡、镇；9 月，山西省河曲县第四区划归准格尔旗；1954 年 3 月，绥远省并入内蒙古自治区，准格尔旗属内蒙古自治区伊克昭盟，5 月，黄河以北旗地划到平地泉地区萨拉齐县。1958 年 12 月，大跃进人民公社化，撤区和乡、镇，建人民公社、生产大队。1983 年 8 月，包产到户，撤人民公社、生产大队，建乡、镇和村、居委会。1999 年 8 月 28 日，旗人民政府由沙圪堵镇移驻薛家湾镇；10 月，原址设沙圪堵经济技术开发区；2000 年 8 月，更名为内蒙古沙圪堵经济技术开发区。2001 年 9 月，撤伊克昭盟，设鄂尔多斯市，准格尔旗属内蒙古自治区鄂尔多斯市。2005 年 11 月，开发区更名为内蒙古准格尔经济开发区。2006 年 11 月，设大路新区；2008 年 1 月，更名为鄂尔多斯大路煤化工基地。2010 年 11 月，旗人民政府驻地薛家湾增设 4 街道。2015 年，准格尔旗辖布尔陶亥苏木，十二连城乡、暖水乡，薛家湾镇、沙圪堵镇、大路镇、龙口镇、纳日松镇、准格尔召镇，蓝天街道、友谊街道、兴隆街道、迎泽街道；设内蒙古准格尔经济开发区、鄂尔多斯大路煤化工基地。

准格尔旗党政办公大楼，2022 年杨玉铭摄

第二章 乡级政区

第一节 1991年乡级政区

1991年，准格尔旗辖马栅、魏家峁、哈岱高勒、长滩、海子塔、巴润哈岱、窑沟、准混兑、大路、十二连城、蓿亥图、布尔陶亥、纳林、德胜西、暖水、四道柳、乌兰哈达、准格尔召、大路峁、布尔敦高勒、西营子、敖斯润陶亥、羊市塔、乌日图高勒、沙圪堵25个乡，沙圪堵、榆树湾、薛家湾3个镇。

一、马栅乡

马栅乡位于准格尔旗东南部。东邻魏家峁乡；南邻榆树湾镇，与山西省河曲县城关镇隔黄河相望；西邻陕西省府谷县墙头乡、麻地沟镇、古城乡；北邻长滩乡。面积284.5平方千米。辖马栅、关家梁、大口、台子塬、沙坪梁、张喜塬、韩家塔、苗家梁、公盖梁、麻地梁、柏相公塬、红树梁、大圐圙梁、南窑梁、二道沟、沙塬16个村。乡人民政府驻马栅村。1991年建农村集贸市场，每旬逢一开市。1995年11月架通榆树湾—太子滩—楼子营浮箱桥，方便黄河两岸交通。1997年，总人口6505户22564人。年均粮油产量4259吨，牧业年度牲畜稳定在16800头（只）。乡镇企业产值由1991年546万元增加到1997年10305万元；农民人均纯收入由1991年583元增加到1997年1730元。1998年7月，撤马栅乡，16个村划归马栅镇。

二、魏家峁乡

魏家峁乡位于准格尔旗东南部，东临黄河，与乌兰察布盟清水河县单台子乡、山西省忻州地区偏关县万家寨乡、天峰坪乡隔黄河相望，西邻马栅乡、长滩乡，北邻哈岱高勒乡。面积244平方千米。辖魏家峁、串草圪旦、老赵山梁、范家峁、罗家峁、黑湾、双敖包、郑峁梁、棋子塬、庙沟、刘家壕、杜家峁、井子沟、四分14个村，乡人民政府驻魏家峁村。1998年9月11日打出440米深内蒙古最深机电井，解决了乡政府驻地人畜饮水问题。1998年11月28日“九五”国家重点建设项目黄河万家寨水利枢纽首台机组发电。1999年年末人口3087户10612人。粮油产量由1991年1471吨下降到1999年733吨；牧业年度牲畜由1991年31651头(只)下降到1999年19062头(只)；乡镇企业产值由1991年267万元增加到1999年11870万元，财政收入由1993年16.7万元增加到1999年76.2万元，农民人均纯收入由1991年375元增加到1999年2061元。2000年4月，撤魏家峁乡，设魏家峁镇。

魏家峁乡人民政府大院，2000年聂鹏举摄

三、哈岱高勒乡

哈岱高勒乡位于准格尔旗东部，东临黄河，与乌兰察布盟清水河县窑沟乡隔黄河相望，南临魏家峁乡、长滩乡，西邻海子塔乡、巴润哈岱乡，北邻准混兑乡、薛家湾镇，窑沟乡。面积340平方千米。辖黑岱沟、马家塔、三保窑子、大饭铺、巴汉图、苏计沟、点岱沟、柳青梁、阳窑子、城坡、不连沟、红台子、大塔13个村。乡人民政府驻黑岱沟村。1994年有各类乡镇企业322家，其中煤矿70多座，建材厂30多家，商业饮食服务网点180多家，产值10180万元，成为鄂尔多斯高原第一个产值亿元乡，农民人均纯收入1150元。1996年财政收入1021万元，成为鄂尔多斯高原第一个财政收入千万元乡。2004年人口4020户14011人，财政收入2305万元，农民人均纯收入5505元。2005年8月，撤哈岱高勒乡，13个村划归薛家湾镇。

四、长滩乡

长滩乡位于准格尔旗东南部，东邻魏家峁乡，南邻马栅乡、陕西省府谷县古城乡，西邻沙圪堵乡，北邻海子塔乡、哈岱高勒乡。面积244平方千米。辖长滩、台子梁、哈拉敖包、河会、业林沟、周兆元、庙壕、官地壕、碾子湾9个村。乡人民政府驻长滩村。长滩乡发展有线广播事业，让“小喇叭”成为部署工作的会场、传播科技的课堂，买卖商品的市场，日常通信的“电话”，1991年中宣部推广其典型经验。2003年利用窑洞冬暖夏凉的特点栽培江南蘑菇，成立窑洞蘑菇合作社，注册“十里长香”商标，到薛家湾镇设立配送中心，农民每打一孔窑洞政府补贴600元。至2004年，蘑菇窑洞发展到500孔，窑洞蘑菇打入呼包鄂市场，每孔窑洞平均获利4000多元。正觉寺始建于康熙年间，每年四月初八庙会；长滩商镇集市，每旬逢八开市。2004年，人口2492户7642人，农民人均纯收入由1991年700元增加到2004年3820元。2005年8月，周兆元村并入业林沟村，碾子湾村并入长滩村，河会村并入哈拉敖包村，撤长滩乡，哈拉敖包、业林沟、长滩3个村划归薛家湾镇，庙壕、官地壕2村划归沙圪堵镇，台子梁村划归龙口镇。

五、海子塔乡

海子塔乡位于准格尔旗中东部，东邻哈岱高勒乡，南邻长滩乡，西邻沙圪堵乡、纳林乡，北邻巴润哈岱乡。面积333.3平方千米。辖海子塔、特布乌素、沟门、石家塔、白家渠、宁格尔塔、淖尔塔、柳树湾、榆树塔9个村。乡人民政府驻海子塔村。2000年人口2237户7674人。农民人均纯收入由1991年637元增加到最高1998年2095元，2000年回落到1766元。2001年4月撤海子塔乡，9个村划归海子塔镇。

六、巴润哈岱乡

巴润哈岱乡位于准格尔旗中部，东邻大路乡、准混兑乡、哈岱高勒乡，南邻海子塔乡、西邻纳林乡、北邻布尔陶亥乡。面积220平方千米。辖刘家塔、白大路、满忽图、西黑岱、满连沟、五色浪、樊家塔7个村。乡人民政府驻刘家塔村。1991年，被命名为全旗第一个自治区级文明乡。1994年皇甫川一期水保治理工程通过验收，林草保存面积16667公顷，其中松树12000公顷，是伊克昭盟面积最大的人工松树林，治理前1983年与治理后1993年比，治理度由9%提高到76%，植被覆盖率由9%提高到95.6%。2000年人口1092户3974人。农民人均纯收入由1991年803元增加到最高1999年2260元，2000年回落到777元。2001年4月，撤巴润哈岱乡，7个村划归海子塔镇。

七、窑沟乡

窑沟乡位于准格尔旗东部，东临黄河，与乌兰察布盟清水河县小缸房乡、窑沟乡隔黄河相望，南邻哈岱高勒乡，西邻薛家湾镇，北邻准混兑乡。面积165平方千米。辖亭子墕、永胜壕、牛光圪旦、梁安窑、庙阳坡、免圪令、白草塔、阳塔、草场9个村，乡人民政府驻亭子墕。2004年，人口3218户12903人，农民人均纯收入由1991年985元增加到2004年4300元。2005年8月，撤窑沟乡，9个村划归薛家湾镇。

原窑沟乡党政办公楼，2019年摄

八、准混兑乡

准混兑乡位于准格尔旗东部，东临黄河，与乌兰察布盟清水河县喇嘛湾乡隔黄河相望，南邻窑沟乡、薛家湾镇、哈岱高勒乡，西邻巴润哈岱乡，北邻大路乡。面积340平方千米。辖二旦桥、房子滩、榆树湾、帮浪太、王青塔、阿岱沟、东孔兑、何家塔、前房子、阿拉不拉10个村。乡人民政府驻东孔兑村官牛犋，1995年迁驻东孔兑村境内“飞地”薛家湾镇杨四圪咀居委会，开通程控电话。商业中心杨四圪咀，是国营商业批发货站，负责全旗商业、供销系统商品供应，个体商户云集，有商铺70多家、饭馆50多家，商品门类齐全，国营、集体商业为主；103省道沿线运输业、汽车维修业集中，大货车200多辆。1997年人口3203户10726人。粮油产量由1991年3250吨下降到1997年2708吨；牧业年度牲畜由1991年28712头（只）下降到1997年17996头（只）；乡镇企业产值由1991年528万元增加到1997年5985万元；农民人均纯收入由1992年564元增加到1997年1716元。1998年7月，撤准混兑乡，设东孔兑镇；薛家湾镇杨四圪咀居委会划归东孔兑镇。

九、大路乡

大路乡位于准格尔旗东北部，东临黄河，与呼和浩特市托克托县章盖营乡、乌兰察布盟清水河县喇嘛湾乡隔河相望，南邻准混兑乡、巴润哈岱乡，西邻布尔陶亥乡，北邻十二连城乡。面积502平方千米。辖乌兰不浪、常树梁、捣劳窑、老山沟、尔圪气、召沟子、大沟、城壕、小滩子9个村，乡人民政府驻大沟村。1992年实现村村通电，1995年“3153”工程建设达标，1997年开通程控电话，1998年7个村达小康水平。1999年9月在大沟流域实施世行贷款二期水保治理工程，至2004年，水保治理面积87平方千米，耕地由1404公顷增加到2093公顷，其中水地由653公顷增加到1053公顷，实现绿了山头，肥了土地，富了百姓。2004年人口2802户8483人。粮油产量由1991年3579吨增加到2002年7660吨；牧业年度牲畜由1991年32200头（只）下降到2002年12223头（只）；乡镇企业产值由1991年32万元增加到2000年1105万元；财政收入由1993年6.9万元增加到2004年76万元；农民人均纯收入由1991年488元增加到2004年4041元。2005年8月，撤大路乡，9个村划归大路镇。

十、十二连城乡（1991—2004）

十二连城乡位于准格尔旗北部，北、东临黄河，与包头市土默特右旗程奎海乡、三道河乡，呼和浩特市托克托县河口镇、中滩乡隔河相望，南邻大路乡、西邻蓿亥图乡。面积233.3平方千米。辖脑包湾、黑圪崂湾、巨合滩、天顺圪梁、二道拐、五兑沟、焦红圪卜、东柴登8个村。乡人民政府驻脑包湾村。2004年人口2040户6623人。粮油产量由1991年3477吨增长到2003年6215吨，牧业年度牲畜由1991年1.9万头（只）增长到2004年4.3万头（只），乡镇企业产值由1991年56万元增长到2000年799万元，财政收入由1993年7.9万元增长到2004年246万元，农民人均纯收入由 1991 年 764 元增长到 2004 年 4000 元。巨合滩是准格尔旗水产养殖基地，2002 年 12 月成立渔业协会，2003 年 4 月注册“巨合滩”黄河鱼商标。天顺圪梁古城是内蒙古自治区文物保护单位。2005 年 8 月，蓿亥图乡 13 个村划归十二连城乡。

十一、蓿亥图乡

蓿亥图乡位于准格尔旗北部，东邻十二连城乡，南邻布尔陶亥乡，西与达拉特旗吉格斯太乡隔呼斯太河相望，北与包头市土默特右旗小召乡、将军窑乡、二十四顷地乡、党三窑乡隔黄河相望。面积 476.7 平方千米。辖蓿亥树湾、召梁、东不拉、西不拉、康布尔、杨子华窑、五家窑、董三窑、兴胜店、三十顷地、西柴登、广太昌、蛮汉壕 13 个村。乡人民政府驻蓿亥树湾村。2004 年人口 4109 户 14383 人。该乡西部呼斯太河自流灌溉，东部黄河提水灌溉，是准格尔旗粮食主产区，粮油产量由 1991 年 6812 吨增长到 2003 年 13871 吨；2003 年 3 月兴胜店村成立蓿亥图西瓜协会，2004 年注册“树农”牌西瓜集体商标。牧业年度牲畜由 1991 年 4.5 万头（只）增长到 2004 年 6.8 万头（只）；乡镇企业产值由 1991 年 70 万元增长到 2000 年 799 万元；财政收入由 1993 年 10.6 万元增长到 2004 年 246 万元，农民人均纯收入由 1991 年 620 元增长到 2004 年 4000 多元。2005 年 8 月，撤蓿亥图乡，13 个村划归十二连城乡。

十二、布尔陶亥乡

布尔陶亥乡位于准格尔旗西北部，东邻大路乡，南邻巴润哈岱乡、纳林乡、德胜西乡，西邻达拉特旗马场壕乡，北邻蓿亥图乡、十二连城乡。面积 654.41 平方千米。辖黑召赖、公益盖、铧尖、李家塔、坝梁、乌兰沟、可可利、石家梁、尔圪壕、孔兑沟、圪条不拉、枳机壕 12 个村。乡人民政府驻公益盖村大营盘。1996 年 5 月，始建于清同治元年（1862 年）的准格尔旗王府被列为内蒙古自治区文物保护单位。1997 年 7 月，乡党委被评为内蒙古自治区民族团结进步先进集体。2004 年，人口 2879 户 8808 人；粮油产量由 1991 年 2115 吨增长到 2004 年 11797 吨；牧业年度牲畜由 1991 年 5.67 万头（只）增长到 2004 年 6.75 万头（只）；财政收入由 1994 年 18.2 万元增长到 2004 年 330 万元；农民人均收入由 1991 年 616 元增长到 2004 年 3898 元。2005 年 8 月，撤布尔陶亥乡，设布尔陶亥苏木。

十三、纳林乡

纳林乡位于准格尔旗中部，东邻巴润哈岱乡，南邻海子塔乡、沙圪堵乡，西邻西营子乡、暖水乡、德胜西乡，北邻布尔陶亥乡。面积 609 平方千米。辖纳林、敖靠塔、胡家渠、刘家渠、速机沟、安家渠、乌拉素、任三窑、长胜店、榆树塔、贾浪沟、圪秋沟 12 个村。乡人民政府驻纳林村。汉美稷县治纳林村，西汉高祖元年（前 206 年）置，东汉建武二十八年（52 年）设南匈奴单于庭。纳林是民国年间准格尔旗著名商镇，每旬逢四开市。纳林地毯厂产“飞马”牌仿古地毯，1991 年 8 月获外经贸易部优质产品奖，远销欧美、中国香港、澳门地区。1996 年 9 月，阳湾小学荣获中华扫盲奖；1998 年 7 月被命名为中国特色学校。1998 年 11 月，历时三年，投资百万元的全旗最大水利工程纳林川葫芦头水库竣工。1999 年，人口 3761 户 12381 人。农民人均纯收入由 1991 年 412 元增加到最高 1998 年 2198 元，1999 年回落到 2068 元。2000 年 1 月，撤纳林乡，设纳林镇。

十四、德胜西乡

德胜西乡位于准格尔旗西北部。东邻纳林乡，南邻暖水乡，西北邻达拉特旗敖包梁乡、马场壕乡，东北邻布尔陶亥乡。面积 345.5 平方千米。辖德胜西、寨子塔、尔架麻沟、酸刺沟、王五沟、韩家塔、秦明圪台、肯木肯、昌汉不拉、苏家塔 10 个村。乡人民政府驻德胜西村。2000 年人口 1396 户 5392 人。

粮油产量最高 1998 年 3280 吨，最低 2000 年 207 吨；牧业年度牲畜由 1991 年 27081 头（只）下降到 2000 年 7654 头（只）。乡镇企业产值由 1991 年 75 万元增加到 1999 年 1200 万元；财政收入由 1991 年 13 万元增加到 1999 年 49 万元。农民人均纯收入由 1992 年 152 元增加到最高 1998 年 1976 元。2001 年 4 月，撤德胜西乡，德胜西、酸刺沟、王五沟、韩家塔、秦明圪台、肯木肯、苏家塔、昌汉不拉 8 个村划归暖水镇；寨子塔、尔架麻沟 2 个村划归纳林镇。

十五、暖水乡（1991—2000）

暖水乡位于准格尔旗西部，东邻纳林乡，南邻西营子乡、四道柳乡，西邻乌兰哈达乡、东胜市潮脑梁乡，北邻德胜西乡。面积 333.3 平方千米。辖暖水、广生壕、德胜有梁、圪秋沟、水泉沟、贺家沟、榆树壕、速机沟、勉盖图、海力色太、郝家阳塔 11 个村。乡人民政府驻暖水街，2000 年 8 月 16 日迁曹羊公路畔新区。1994 年，该乡获伊克昭盟“3153”工程建设奖。2000 年人口 1919 户 7264 人。粮油产量最高 1998 年 4665 吨，最低 2000 年 692 吨；牧业年度牲畜由最高 1992 年 34750 头（只）降到 2000 年 11462 头（只）。乡镇企业产值由 1991 年 134 万元增加到 2000 年 5432 万元。财政收入由 1994 年 15.3 万元增加到最高 1999 年 108 万元。农民人均纯收入最低 1992 年 294 元，最高 1998 年 2109 元。2001 年 4 月撤暖水乡，设暖水镇。

十六、四道柳乡

四道柳乡位于准格尔旗西部，东邻西营子乡、大路峁乡，南邻乌日图高勒乡，西邻伊金霍洛旗纳林塔乡、准格尔旗准格尔召乡，北邻乌兰哈达乡、暖水乡。面积 223.7 平方千米。辖五圪图、忽沙图、忽吉图、哈必汉、二道柳、张家圪台 6 个村。乡人民政府驻张家圪台村。2000 年人口 880 户 3044 人。1998 年《中国人口报》向全国推广四道柳乡计划生育“三结合”经验。1999 年 1 月伊克昭盟行政公署嘉奖四道柳乡生态建设工程。2001 年 4 月撤四道柳乡，张家圪台、忽沙图、忽吉图 3 村划归神山镇，二道柳、五圪图 2 村划归川掌镇，哈必汉村划归暖水镇。

十七、乌兰哈达乡

乌兰哈达乡位于准格尔旗西部，东邻暖水乡，南邻四道柳乡，西邻准格尔召乡，北邻东胜市塔拉壕乡。面积 169 平方千米。辖神山、铧尖、公沟、腮不拉、黑桥沟、沙蒿塔、乌兰哈达 7 个村。乡人民政府驻铧尖村。1999 年年末总人口 953 户 3330 人。1994 年 6 月组建神山陶瓷集团，1996 年 6 月建成神山陶瓷工业小区，2000 年 1 月内蒙古美华瓷业公司 1600 万件日用陶瓷项目投产。农民人均纯收入由 1992 年 237 元增加到 1999 年 2700 元。2000 年 7 月，撤乌兰哈达乡，7 个村划归神山镇。

十八、准格尔召乡

准格尔召乡位于准格尔旗最西端，东邻乌兰哈达乡、四道柳乡，南、西邻伊金霍洛旗纳林陶亥乡，北邻东胜市塔拉壕乡。面积 212 平方千米。辖准格尔召、奎洞沟、炭窑渠、黄天棉图、哈拉庆、碾房塔、也力色太 7 个村。乡人民政府驻准格尔召村。2000 年 7 月，黄天棉图村划归神山镇。准格尔召是内蒙古自治区文物保护单位，乡文化站保护准格尔召历史文化，2000 年 12 月入围全国百县千乡

准格尔召乡党政办公楼，2001 年摄

宣传文化工程。1997 年 6 月创办乡镇企业满世煤炭运销公司，2000 年 2 月刘满世被评为内蒙古自治区乡镇企业功臣。2004 年总人口 1471 户 4521 人。农民人均纯收入由 1992 年 440 元增加到 2004 年 4100 元。2005 年 8 月，撤准格尔召乡、6 个村划归准格尔召镇。

十九、大路峁乡

大路峁乡位于准格尔旗西南部，东邻布尔敦高勒乡、南邻敖斯润陶亥乡、羊市塔乡，西邻乌日图高勒乡、四道柳乡，北邻西营子乡。面积 245 平方千米。辖大路峁、敖劳不拉、乌兰不拉、哈达图、窑子塔、点灯湾、谄粘沟、谄粘梁、乌龙素 9 个村。乡人民政府驻大路峁村。2000 年人口 1401 户 4727 人。乡镇企业产值由 1991 年 37 万元增加到 2000 年 1700 万元，财政收入由 1993 年 6 万元增加到 50 万元，农民人均纯收入由 1991 年 305 元增加到 1205 元。阿贵庙自然保护区位于谄粘沟村，面积 1.07 平方千米，植物有 66 科 197 属 300 余种，其中草本植物 275 种，药用植物 189 种；动物有 20 余种，植被覆盖率 95%。1999 年 3 月获批建内蒙古自治区级森林公园。2001 年 4 月撤大路峁乡，9 个村划归川掌镇。

二十、布尔敦高勒乡

布尔敦高勒乡位于准格尔旗西南部，东邻沙圪堵乡，南邻敖斯润陶亥乡，西邻大路峁乡，北邻西营子乡。面积 213 平方千米。辖布尔洞梁、伙赖梁、张家圪堵、六道包、阳塔、四道包、大院、石窑沟、茉莉梁、布尔洞沟 10 个村。乡人民政府驻布尔洞梁村。1996 年起实施干旱山区集雨节水项目，建旱井集雨水，发展小菜园，到 1999 年达户均 3 眼井 1 菜园，人均 1 眼井的普及率，解决了人畜饮水难和吃新鲜菜难问题，该项目获内蒙古科技进步奖一等奖。2000 年人口 1524 户 5026 人。农民人均纯收入由 1991 年 323 元增加到最高 1998 年 1597 元，2000 年回落到 563 元。2001 年 4 月，撤布尔敦高勒乡，整建制划归西营子镇。

二十一、西营子乡

西营子乡位于准格尔旗西部，东邻沙圪堵乡，南邻布尔敦高勒乡，西邻大路峁乡、四道柳乡，北邻暖水乡、纳林乡。面积 204 平方千米。辖西营子、忽昌梁、黄家圪旦、打麻梁、哈拉沟、昌汉素、神山、乌素沟 8 个村。乡人民政府驻西营子村。地方特产乌素沟的煨炭、哈拉沟的苹果。2000 年人口 1700 户 5573 人。农民人均纯收入由 1991 年 361 元增加到最高 1998 年 1600 元，2000 年回落到 1257 元。2001 年 4 月，撤西营子乡，整建制划归西营子镇。

1996 年西营子乡政府大院，乔维林供

二十二、敖斯润陶亥乡

敖斯润陶亥乡位于准格尔旗西南部。东邻沙圪堵乡，南邻陕西省府谷县哈拉寨镇，西邻羊市塔乡、大路峁乡，北邻布尔敦高勒乡。面积 127 平方千米。辖五字湾、石塔、三道包、二道包、石板梁、大什拉、二长渠、石窑庙、石同梁、小什拉、老荒地 11 个村。乡人民政府驻五字湾村。五字湾是民国年间准格尔旗著名商镇，每旬逢七开市，每年八月交流会。1998 年建成福和希望小学。2000

年人口 1467 户 5327 人。农民人均纯收入由 1991 年 328 元增加到最高 1998 年 1600 元，1999 年回落到 1598 元。2001 年 4 月，撤敖斯润陶亥乡，五字湾、二道包、石塔、三道包、石板梁 5 个村划归沙圪堵镇，石同梁、石窑庙、二长渠、大什拉、老荒地、小什拉 6 个村划归羊市塔镇。

二十三、羊市塔乡

羊市塔乡位于准格尔旗西南部，东、南、西三面邻陕西省府谷县赵五家湾乡、庙沟门乡、老高川乡、大昌汗乡，北邻乌日图高勒乡、大路峁乡、敖斯陶亥乡。面积 311 平方千米。辖羊市塔、乌拉素、山不拉、羊市梁、花兔沟、纳林庙、松树墕、不拉峁、大西沟、美连沟、奎洞沟 11 个村。乡人民政府驻羊市塔村。2000 年人口 1911 户 7169 人。以煤炭为主导产业，乡镇企业产值由 1991 年 31 万元增加到 2000 年 6910 万元，财政收入由 12.8 万元增加到 158 万元，农民人均纯收入由 520 元增加到 2356 元。油松王位于松树墕村，1979 年中国林科院测定树龄 893 年，1996 年 5 月，被列为内蒙古文物保护单位。2001 年 4 月撤羊市塔乡，11 个村划归羊市塔镇。

二十四、乌日图高勒乡

乌日图高勒乡位于准格尔旗西南部，东邻大路峁乡，南邻羊市塔乡，西邻陕西省府谷县大昌汗乡，伊金霍洛旗新庙乡。面积 244.7 平方千米。辖圪秋沟、红进塔、勿图门、勿图沟、柳塔、哈拉沟、川掌、布尔洞沟 8 个村。乡人民政府驻勿图门村。2000 年人口 1375 户 4637 人。以农牧业为基础产业，煤炭为主导产业，乡镇企业产值由 1991 年 90 万元增加到 2000 年 22005 万元，财政收入由 1993 年 5.6 万元增加到 2000 年 352.5 万元，农民人均纯收入由 1991 年 521 元增加到 2000 年 2448 元。村民饮水困难，乡政府鼓励村民打旱井水窖，补助配套电力提水设备，2000 年分散供水自来水普及率 90%。2001 年 4 月撤乌日图高勒乡，8 个村划归川掌镇。

二十五、沙圪堵乡

沙圪堵乡位于准格尔旗中南部。东邻海子塔乡、长滩乡，南邻陕西省府谷县古城乡，西邻敖斯润陶亥乡、布尔敦高勒乡、西营子乡，北邻纳林乡。面积 456 平方千米。辖不拉、好赖湾、忽昌梁、榆树塔、双山梁、虎石塔、福路、大什拉塔、特拉沟门、特拉沟、什拉塔壕、安定壕 12 个村。乡人民政府驻沙圪堵镇第九居委会。建设“3153”工程，发展基本田解决“吃饭”问题，发展经济沟解决“花钱”问题，1991 年 8 月中共伊克昭盟委、行署召开现场会推广这一经验；1994 年沙圪堵乡获全盟“3153”工程建设特等奖。特拉沟村发展玉米制种基地 40 公顷，1992 年建成全旗最早的“万元田”，全村出售玉米良种收入超百万元。福路村是沙圪堵镇区最大蔬菜基地，1999 年 25 户经营大棚 42 栋，人均纯收入近万元。2000 年人口 3647 户 12356 人。农民人均纯收入由 1991 年 650 元增加到最高 1998 年 2400 元，2000 年回落到 2069 元。2001 年 4 月，撤沙圪堵乡，整建制划归沙圪堵镇。

二十六、薛家湾镇（1991—2004）

薛家湾镇位于准格尔旗东部。东邻窑沟乡，南、西邻哈岱高勒乡，北邻准混兑乡。面积 98 平方千米。1991 年辖薛家湾、唐公塔、长胜店 3 个村、张家圪旦、杨四圪咀 2 个居委会。镇人民政府驻薛家湾村。1997 年 12 月，从薛家湾村划出张家塔居委会，从长胜店村划出迎泽区居委会；1998 年 7 月，从薛家湾村划出中心区、兴隆区、站北区 3 个居委会；杨四圪咀居委会划归东孔兑镇。1999 年 8 月，准格尔旗人民政府入驻；9 月，从长胜店村划出友谊区居委会，从唐公塔村划出官地塔居委会。2004 年 2 月，铁北区、蓝天区、白云区、乌兰区 4 个居委会由神华准格尔能源有限责任公司划归准格尔旗薛家湾镇。2004 年年末辖 3 个村 12 个居委会，人口 17832 户 46740 人。2005 年

8 月，窑沟乡 9 村、哈岱高勒乡 13 村、长滩乡 3 村、海子塔镇 7 村、东孔兑镇 3 村，划归薛家湾镇。

薛家湾镇发展城郊农业，主导产业奶牛、蔬菜。2002 年建金丰奶站，2004 年武家渠养殖小区奶牛 660 头；2004 年蔬菜大棚 291 栋。工业主导产业煤炭、电力、化工、建材。“八五”国家重点建设项目准格尔煤电路一体化工程，1999 年 11 月投产；国家西电东送重点项目国华准格尔电厂 2000 年 5 月开工。2003 年由准格尔旗人民政府与神华准格尔能源公司联合开发友谊工业园区，2004 年 12 家电石厂、1 家钙铁厂投产。乡镇企业产值由 1991 年 245 万元增加到 2000 年 41975 万元。财政收入由 1994 年 37 万元增加到 2004 年 1368 万元。农民人均纯收入由 1991 年 950 元增长到 2004 年 4570 元，城镇居民人均可支配收入由 1992 年 1900 元增加到 2004 年 9500 元。

薛家湾镇是人口流入地。准格尔煤田开发形成准煤片区，1999 年旗人民政府入驻后，形成地方中心片区，21 世纪开发了迎泽片区，2004 年，建成区面积 12 平方千米，吸纳人口超 10 万人。全镇有 7 个自治区级文明单位，旗国税局薛家湾办税服务厅 2000 年 6 月被命名为全国青年文明号。薛家湾镇 2000 年 3 月被命名为内蒙古十佳文明示范城关镇，2004 年 3 月被建设部等六部委确定为全国重点镇。

二十七、榆树湾镇

榆树湾镇位于准格尔旗东南部，东邻魏家峁乡，南濒黄河，与河曲县楼子营乡隔河相望，西、北邻马栅乡。面积 13 平方千米。设 7 个居委会，有壕米圪坨、榆树湾、房塔沟 3 个居民点。镇人民政府驻壕米圪坨。辖区为准格尔旗规划建设的建筑材料、化学工业小区。建筑材料骨干企业国营榆树湾水泥厂，1994 年完成技改扩建，1995 年改建为国有控股企业龙泰水泥公司，注册“鲶鱼”牌商标，生产 425、525 号普通硅酸盐水泥，产能由 4.4 万吨扩大到 10 万吨。化学工业两家骨干企业因硫磺矿源枯竭，生产萎缩。国营榆树湾硫磺厂 1994 年更名为黄兴工业总公司，保留两个硫磺厂，转产办两家砖厂及煤矿、陶瓷厂、编织厂；国营房塔沟硫磺厂转产办煤矿，筹建高岭土项目。1994 年财政收入 7 万元，1995 年乡镇企业产值 279 万元。1997 年户籍人口 2050 户 4627 人，均为非农业户口。1998 年 7 月，撤榆树湾镇，7 个居委会划归马栅镇。

二十八、沙圪堵镇（1991—2000）

沙圪堵镇位于准格尔旗中南部，地处沙圪堵乡腹地，系旗人民政府驻地。面积 12.3 平方千米，辖 9 个居民委员会，镇人民政府驻第三居委会。民国初年建镇招商，每旬逢一集市，每年 8 月交流会。1993 年 12 月开通程控电话。1995 年 9 月开通有线电视。1996 年 12 月被评为内蒙古二星级文明镇，蝉联内蒙古卫生镇。1997 年 6 月 109 国道沙圪堵—纳林支线油路通车。1999 年 8 月旗人民政府迁离；10 月设准格尔旗沙圪堵经济技术开发区，2000 年 8 月更名为内蒙古沙圪堵经济技术开发区。2000 年人口 7293 户 17538 人，城镇居民人均可支配收入由 1991 年 1815 元增加到 2000 年 5400 元。2001 年 4 月，撤沙圪堵乡、敖斯润陶亥乡，沙圪堵乡 12 村，敖斯润陶亥乡 5 村、纳林镇敖靠塔村，划归沙圪堵镇。

第二节　调整乡级政区

1998 年 7 月，准格尔旗撤马栅乡、榆树湾镇，合并设马栅镇；撤准混兑乡，设东孔兑镇。

2000 年 1 月，撤纳林乡，设纳林镇；同年 4 月，撤魏家峁乡，设魏家峁镇；同年 7 月，撤乌兰哈达乡，设神山镇。

2001年4月，撤四道柳、乌日图高勒、布尔敦高勒、大路峁、羊市塔、暖水、德胜西、沙圪堵、海子塔、巴润哈岱、敖斯润陶亥、西营子12个乡，设暖水、川掌、西营子、海子塔、羊市塔5个镇。全旗21个乡、7个镇撤并为8个乡、12个镇。

2005年8月，8个乡12个镇撤并为1个苏木、2个乡、6个镇。撤布尔陶亥乡，设布尔陶亥苏木；蓿亥图乡并入十二连城乡；撤暖水镇、西营子镇，暖水镇整建制与西营子镇昌汉素村，合并设暖水乡；撤准格尔召乡、神山镇，合并设准格尔召镇；撤川掌镇、羊市塔镇，合并设纳日松镇；撤马栅镇、魏家峁镇、长滩乡，2镇整建制和长滩乡台子梁村合并，设龙口镇；撤大路乡、东孔兑镇，合并设大路镇；撤纳林镇，纳林镇整建制与西营子镇11个村、长滩乡2个村划归沙圪堵镇；撤窑沟乡、哈岱高勒乡、海子塔镇，2乡1镇整建制与长滩乡3个村，东孔兑镇3个村，划归薛家湾镇。

2008年11月，调整薛家湾镇、龙口镇、大路镇、十二连城乡行政区划。大路镇的东孔兑、二旦桥、何家塔、房子滩、前房子、城壕、大沟7个村和杨四圪咀居委会划归薛家湾镇；薛家湾镇的白大路村和十二连城乡的黑圪崂湾村划归大路镇；薛家湾镇的业林沟、长滩、哈拉敖包3个村划归龙口镇。为便于行政区划调整村和居委的管理，旗人民政府决定，继续由原乡镇代管所属各村和居委会。

2010年11月，旗人民政府所在地8个村、12个居委会划出，增设兴隆、蓝天、友谊、迎泽4个街道。全旗辖1个苏木、2个乡、6个镇、4个街道。

一、马栅镇

1998年7月，撤马栅乡、榆树湾镇，合并设马栅镇。马栅镇位于准格尔旗东南部。东邻魏家峁镇，南临黄河，与山西省河曲县楼子营镇、城关镇隔黄河相望，西邻陕西省府谷县墙头镇、麻地沟镇、古城乡，北邻长滩乡。面积297.5平方千米。辖马栅、关家梁、大口、台子墕、沙坪梁、张喜墕、韩家塔、苗家梁、公盖梁、麻地梁、柏相公墕、红树梁、大圐圙梁、南窑梁、二道沟、沙墕16个村，7个居委会。镇人民政府驻马栅村。2003年4月撤7个居委会，合并设腾飞居委会、龙口居委会。国有控股龙泰水泥公司1999年3月由伊东集团兼并组建黄河水泥分公司，2000年12月脱离伊东集团组建铸城水泥公司，2001年"鲶鱼"牌水泥被评为内蒙古自治区优质产品。2001年8月引进长河电石厂投产，至2004年高载能工业园区电石产能12万吨。2001年被命名为鄂尔多斯市文化乡。2004年人口8682户25265人。财政收入由1998年70万元增加到2004年409.2万元，农民人均纯收入由1998年2007元增加到2004年3910元。2005年8月，撤马栅镇，整建制划归龙口镇。

二、东孔兑镇

1998年7月，撤准混兑乡，设东孔兑镇，薛家湾镇杨四圪咀居委会划归东孔兑镇。东孔兑镇位于准格尔旗东部，东临黄河，与呼和浩特市清水河县喇嘛湾镇隔黄河相望，南邻窑沟乡、薛家湾镇、哈岱高勒乡，西邻海子塔镇，北邻大路乡。面积341.7平方千米。辖二旦桥、房子滩、榆树湾、帮浪太、王青塔、阿岱沟、东孔兑、何家塔、前房子、阿拉不拉10个村，杨四圪咀居委会。镇人民政府驻杨四圪咀居委会。种植优势产业大棚蔬菜，2001年划为城郊经济区，建阿岱沟、前房子蔬菜示范区，2002年建蔬菜大棚270栋；2000年禁牧舍饲，发展规模养殖，2004年形成小滩子、阿拉不拉肉牛，前房子奶牛，王青塔奶山羊，正大集团联合农户养猪。工业优势产业砂石建材。服务业优势产业煤炭物流，103省道1999年10月改造为二级油路，公路沿线煤炭物流应运而生，2004年煤场发展到53家。1998年村村通电，1999年开通有线电视，2001年开通移动通信，2004年接通互联网宽带。2004年人口3195户10702人。粮油产量由1998年5716吨增加到2003年6530吨；牧业年度牲畜由 1998 年 18076 头（只）增加到 2004 年 32541 头（只）；乡镇企业产值由 1998 年 8058 万元增加到 2000 年 11000 万元；财政收入 2004 年增加到 511 万元；农民人均纯收入由 1998 年 2046 元增加到 2004 年 4100 元。1998 年被评为全旗小康镇。2005 年 8 月，撤东孔兑镇，整建制划归大路镇。

三、纳林镇

2000 年 1 月，撤纳林乡，设纳林镇；2001 年 4 月，撤德胜西乡，寨子塔村、尔架麻沟村划归纳林镇，纳林镇敖靠塔村划归沙圪堵镇。纳林镇位于准格尔旗中部，东邻海子塔镇，南邻沙圪堵镇、西营子镇，西邻暖水镇，北邻布尔陶亥乡。面积 677 平方千米。辖纳林、胡家渠、刘家渠、速机沟、安家渠、乌拉素、任三窑、常胜店、榆树塔、贾浪沟、圪秋沟、寨子塔、尔架麻沟 13 个村。镇人民政府驻纳林村。2002 年 7 月退耕还林工程代表全旗接受国家林业局验收，累计退耕还林 6786.7 公顷，其中退耕地造林 2786.7 公顷，荒山荒地造林 4000 公顷。2002 年 2 月 11 日乌拉素村通电，全旗消灭无电行政村；2004 年 12 月，9 个村 69 个村民小组通电，全旗消灭无电自然村。2004 年总人口 4396 户 12549 人。农民人均纯收入由 2000 年 1664 元增加到 2004 年 4158 元。2005 年 8 月，撤纳林镇，整建制划归沙圪堵镇。

1999 年纳林镇政府驻地通沥青公路，杨玉铭摄

四、魏家峁镇

2000 年 4 月，撤魏家峁乡，设魏家峁镇。魏家峁镇位于准格尔旗东南部，东临黄河，与呼和浩特市清水河县单台子乡、山西省忻州市偏关县万家寨镇、天峰坪镇隔河相望，西邻马栅镇、长滩乡，北邻哈岱高勒乡。面积 260 平方千米。辖魏家峁、串草圪旦、老赵山梁、范家峁、罗家峁、黑湾、双敖包、郑峁梁、其子墕、庙沟、刘家壕、杜家峁、井子沟、四分 14 个村。镇人民政府驻魏家峁村。2000 年招商引资打造魏家峁高载能工业园区，2001 年引进社会资本建设魏家峁小城镇，2002 年魏家峁镇文化站晋升为一级文化站，2002 年新建蒙南市场，每旬逢五开市。2004 年人口 3313 户 10575 人。财政收入由 2000 年 65 万元增加到 2004 年 393.8 万元，农民人均纯收入由 2000 年 1857 元增加到 2004 年 4000 元。2005 年 8 月撤魏家峁镇，整建制划归龙口镇。

五、神山镇

2000 年 7 月，撤乌兰哈达乡、神山工业区办事处，设神山镇，准格尔召乡黄天棉图村划归神山镇。镇人民政府驻铧尖村，列为伊克昭

原神山镇党政办公楼，2010 年摄

盟示范镇。2001 年 4 月撤四道柳乡，张家圪台、忽沙图、忽鸡图 3 个村划归神山镇，镇人民政府迁黄天棉图村。神山镇位于准格尔旗西部，东邻暖水镇，南邻川掌镇、西邻准格尔召乡，北邻达拉特旗塔拉壕镇。面积 301 平方千米。辖铧尖、公沟、黄天棉图、乌兰哈达、神山、黑桥沟、沙蒿塔、腮不拉、张家圪台、忽鸡图、忽沙图 11 个村。2004 年人口 1926 户 5696 人，26 座煤矿产煤 242 万吨，黄天棉图镇区建成区 1.87 平方千米，“五保”户和孤寡老人 97 人全部入住敬老院。农村人均纯收入由 2000 年 2386 元增加到 2004 年 4712 元。2005 年 8 月，撤神山镇，整建制划归准格尔召镇。

六、海子塔镇

2001 年 4 月，撤海子塔乡、巴润哈岱乡，合并设海子塔镇；石家塔村并入沟门村。海子塔镇位于准格尔旗中部，东邻准混兑乡、哈岱高勒乡，南邻长滩乡，西邻沙圪堵镇、纳林镇，北邻布尔陶亥乡、大路乡。面积 553.3 平方千米。辖刘家塔、白大路、满忽图、西黑岱、满连沟、五色浪、樊家塔、海子塔、特布乌素、沟门、白家渠、宁格尔塔、淖尔塔、柳树湾、榆树塔 15 个村。镇人民政府驻海子塔村。2004 年人口 3441 户 11019 人，农民人均纯收入由 2001 年 1233 元增加到 2004 年 4089 元。2005 年 8 月，撤樊家塔、刘家塔、西黑岱、满连沟 4 个村，合并设巴润哈岱村；满忽图村并入白大路村；五色浪村并入沟门村；特布乌素村、榆树塔村并入海子塔村；淖尔塔村并入宁格尔塔村。2005 年 8 月，撤海子塔镇，整建制划归薛家湾镇。

七、暖水镇

2001 年 4 月，撤暖水乡，整建制与德胜西乡 8 个村，四道柳乡 1 个村，合并设暖水镇。暖水镇位于准格尔旗西部，东邻布尔陶亥乡、纳林镇，南邻西营子镇、川掌镇，西邻神山镇，东胜区潮脑梁乡，北邻达拉特旗敖包梁乡。面积 646.7 平方千米。辖 20 个村。2004 年人口 3583 户 11129 人。财政收入由 2001 年 115.9 万元增加到 2004 年 315 万元，农民人均纯收入由 2001 年 1308 元增加到 2004 年 3850 元。2005 年 8 月，勉盖图村并入暖水村，广生壕村并入德胜有梁村，贺家沟村并入水泉沟村，速机沟村并入榆树壕村，海力色太村并入哈必汉村，秦明圪台村并入肯木肯村，郝家阳塔村并入圪秋沟村，苏家塔村并入昌汉不拉村，王五沟村并入韩家塔村，酸刺沟村并入德胜西村。2005 年 8 月，撤暖水镇，整建制划归暖水乡。

八、羊市塔镇

2001 年 4 月，撤羊市塔乡，整建制与敖斯润陶亥乡 6 个村合并，设羊市塔镇。羊市塔镇位于准格尔旗西南部，东、南、西三面邻陕西省府谷县哈拉寨镇、赵五家湾乡、庙沟门乡、老高川乡、大昌汗乡，北邻川掌镇、西营子镇、沙圪堵镇。面积 387 平方千米。辖羊市塔、乌拉素、山不拉、羊市梁、花图沟、纳林庙、松树焉、不拉峁、大西沟、美连沟、奎洞沟、石同梁、石窑庙、二长渠、大什拉、老荒地、小什拉 17 个村。镇人民政府驻羊市塔村。2003 年 3 月，17 个村合并为 9 个村，花图沟村并入纳

原羊市塔镇党政办公楼，2008 年摄

林庙村，羊市梁村并入羊市塔村，不拉峁村并入松树墕村，美连沟村并入奎洞沟村，大什拉村、小什拉村并入老荒地村，石窑庙村、石同梁村并入二长渠村；保留山不拉村、乌拉素村、大西沟村。2004 年人口 3004 户 10008 人；原煤产量 500 万吨，焦粉产量 150 万吨。财政收入由 2001 年 199 万元增加到 2004 年 892.6 万元，农民人均纯收入由 2001 年 1610 元增加到 2004 年 5346 元。2005 年 8 月，撤羊市塔镇，整建制划归纳日松镇。

九、川掌镇

2001 年 4 月，撤大路峁乡、乌日图高勒乡，整建制与四道柳乡 2 个村合并，设川掌镇。川掌镇位于准格尔旗西南部，东临西营子镇，南邻羊市塔镇，西邻陕西省府谷县大昌汗乡、伊金霍洛旗新庙乡，北邻神山镇。面积 564.2 平方千米。辖圪秋沟、红进塔、勿图门、勿图沟、柳塔、哈拉沟、川掌、布尔洞沟，大路峁、敖劳不拉、乌兰不拉、哈达图、窑子塔、点灯湾、谄黏沟、谄黏梁、乌龙素、二道柳、五圪图 19 个村。镇人民政府驻勿图门村。2004 年人口 3483 户 10350 人；原煤产量 600 万吨，焦粉产量 100 万吨。财政收入由 2001 年 342 万元增加到 2004 年 2170 万元，农民人均纯收入由 2001 年 1500 元增加到 2004 年 5788 元。2005 年 5 月，谄黏沟村、谄黏梁村、点灯湾村合并，设阿贵庙村；圪秋沟村并入红进塔村；窑子塔村并入川掌村；布尔洞沟村并入勿图门村；五圪图村并入柳塔村；乌龙素村并入大路峁村；乌兰不拉村、哈达图村合并，设乌兰哈达村。2005 年 8 月，撤川掌镇，整建制划归纳日松镇。

十、西营子镇

2001 年 4 月，撤布尔敦高勒乡、西营子乡，合并设西营子镇。2003 年 4 月，忽昌梁村并入西营子村，黄家圪旦村并入打麻梁村，伙赖梁村并入布尔洞沟村，六道包村并入张家圪堵村，茉莉梁村并入石窑沟村，阳塔村并入大院村。西营子镇位于准格尔旗西部，东、南邻沙圪堵镇，西邻羊市塔镇、川掌镇，北邻暖水镇、纳林镇。面积 414 平方千米。辖西营子、打麻梁、哈拉沟、昌汉素、神山、乌素沟、布尔洞梁、张家圪堵、四道包、大院、石窑沟、布尔洞沟 12 个村。镇人民政府驻西营子村。2001 年 8 月“希望工程”逸夫教学楼在乡中心小学落成。2004 年，“五保”18 户、复转退伍军人 3 名入住神山敬老院。2004 年人口 3328 户 10184 人。农民人均纯收入 2001 年 957 元增加到 2004 年 3600 元。2005 年 8 月，撤西营子镇，昌汉素村划归暖水乡，西营子、打麻梁、神山、大院、布尔洞沟、布尔洞梁、四道包、石窑沟、张家圪堵、乌素沟、哈拉沟 11 个村划归沙圪堵镇。

十一、沙圪堵镇（2001—2004）

2001 年 4 月，撤沙圪堵乡、敖斯润陶亥乡，沙圪堵乡整建制与敖斯润陶亥乡 5 个村、纳林镇敖靠塔村，划归沙圪堵镇；敖斯润陶亥乡的石塔村并入五字湾村，三道包村、石板梁村并入二道包村。2003 年 4 月，1 居委会、2 居委会、8 居委会的部分合并设府欣社区，3 居委会、4 居委会的部分合并设迎宾社区，4 居委会的部分、5 居委会、6 居委会的部分合并设鑫鑫社区，6 居委会的部分、8 居委会的部分合并设开源社区，7 居委会设富民社区，9 居委会设育才社区；好赖湾村并入敖靠塔村，榆树塔村并入忽昌梁村，虎石沟塔村的部分并入双山梁村，二道包村并入五字湾村，虎石沟塔村的部分并入福路村，大什拉塔村、特拉沟村、什拉塔壕村的部分并入特拉沟门村，什拉塔壕村的部分并入安定壕村。沙圪堵镇位于准格尔旗中部，东邻海子塔镇、长滩乡，南邻陕西省府谷县古城乡、哈拉寨镇，西邻羊市塔镇、西营子镇，北邻纳林镇。面积 541.3 平方千米。辖不拉、忽昌梁、双山梁、福路、特拉沟门、安定壕、五字湾、敖靠塔 8 个村，府欣、迎宾、鑫鑫、开源、富民、育才6个社区。镇人民政府驻府欣社区。纳林川东建城郊经济区，2004年保护地蔬菜600多公顷；川西建生态经济区，2004年牧业年度牲畜有近5万头（只）。内蒙古沙圪堵经济技术开发区引进高载能企业36家，形成70万吨电石产能。镇区依托老街，拓展新区，2004年3月，被建设部等六部委确定为全国重点镇。2004年人口11445户29646人。农民人均纯收入由2001年1048元增加到2004年4316元；城镇居民人均可支配收入由2001年5400元增加到2004年8610元。2005年8月，撤西营子镇、纳林镇、长滩乡，纳林镇整建制与西营子镇11个村、长滩乡2个村划归沙圪堵镇。

十二、薛家湾镇（2005—2009）

2005年8月，窑沟乡、哈岱高勒乡、海子塔镇，与长滩乡哈拉敖包、业林沟、长滩3个村，东孔兑镇邦郎太、王青塔、阿岱沟3个村，划归薛家湾镇。2006年5月，草场村并入唐公塔村，庙阳坡村并入勉圪令村。薛家湾镇位于准格尔旗东部，东临黄河，与呼和浩特市清水河县喇嘛湾镇、窑沟镇隔河相望，南邻龙口镇，西邻沙圪堵镇，北邻大路镇。面积1364.4平方千米。辖36个村12个居委会。镇人民政府驻中心区居委会。2010年户籍人口4.1万户13.5万人，常住人口2.77万户9.7万人，流动人口1.38万户3.8万人。农民人均纯收入由2005年4761元增加到2010年8614元；城镇居民人均可支配收入由2005年10600元增加到2010年26000元。2010年11月，薛家湾镇市政区12个居委会、城郊8个村划出，增设兴隆、蓝天、友谊、迎泽4个街道。

薛家湾镇工业主导产业为煤炭、电力、高载能产业，2010年工业企业有55家，二产从业人员有7467人。有煤矿28座，其中黑岱沟、哈尔乌素为两大国家露天煤矿，小型露天矿5座，井田面积389平方千米，设计产能8835万吨；有5家电厂，装机容量3564万千瓦，国华电厂为国家西电东送骨干电厂；高载能聚集的友谊工业园区，因节能减排需要，逐步关停高污染的电石、硅钙项目。山区主导产业为小杂粮，2009年小杂粮种植基地被认定为内蒙古无公害农产品基地，“十里长香”小杂粮获内蒙古国际农业博览会金奖，2010年小杂粮种植5300多公顷。城郊主导产业规模养殖，2010年养殖肉羊和奶山羊7.27万只、养牛262头、养猪1.31万头、散养鸡5.28万羽。

薛家湾镇2010年有大准、准东、呼准3条铁路，通车里程94.82千米；形成城区枢纽、大饭铺村互通的公路网，公路通车里程482千米。有批发零售企业207户，住宿餐饮企业64户，个体工商户4866户；准格尔饭店是国家三星级旅游饭店，知名卖场是金安购物中心。城区向西拓建迎泽区，向南绿化南山区，塔哈拉川注水成河，2010年启动棚户区改造，开发北山片区。2010年城区建成区面积14平方千米，常住人口134011人。2009年1月，被评为全国创建文明村镇工作先进村镇。

第三节 2015年乡级政区

2015年，准格尔旗辖布尔陶亥苏木，十二连城乡、暖水乡，薛家湾镇、沙圪堵镇、龙口镇、准格尔召镇、纳日松镇、大路镇，友谊街道、蓝天街道、兴隆街道、迎泽街道，共13个乡级行政区。有3个嘎查、156个村、28个社区。

2015 年准格尔旗行政区一览表

表 1-1

乡级行政区	行政区代码	嘎查、村、社区
布尔陶亥苏木	150622206	达坝席利嘎查 蒿召赖嘎查 尔圪壕嘎查 铧尖村 李家塔村 腮五素村 孔兑沟村 公益盖村 植机壕村
十二连城乡	150622207	柴登村 董三尧村 脑包湾村 东不拉村 西不拉村 蓿亥图村 二道拐村 天顺圪梁村 蛮汉壕村 巨合滩村 黑圪崂湾村 广太昌村 康卜尔村 三十顷地村 兴胜店村 召梁村 五家尧村 杨子华村 西柴登村
暖水乡	150622208	暖水村 水泉沟村 韩家塔村 圪秋沟村 德胜有梁村 德胜西村 榆树壕村 昌汉不拉村 肯木肯村 昌汉素村 哈必汉村
薛家湾镇	150622114	巴润哈岱村 白大路村 白家渠村 沟门村 海子塔村 柳树湾村 宁格尔塔村 长滩村 业林沟村 哈拉敖包村 百草塔村 梁安窑村 勉圪令村 阳塔村 永胜壕村 牛光圪旦村 亭子塄村 不连沟村 城坡村 大塔村 点岱沟村 黑岱沟村 红台子村 柳青梁村 马家塔村 三宝窑村 阳窑子村 大饭铺村
沙圪堵镇	150622115	安定壕村 敖靠塔村 不拉村 布尔洞沟村 打麻梁村 福路村 哈拉沟村 忽昌梁村 贾浪沟村 刘家渠村 庙壕村 纳林村 神山村 石窑沟村 双山梁村 四道包村 速机沟村 特拉沟门村 乌素沟村 五字湾村 西营子村 榆树塔村 寨子塔村 长胜店村 张家圪堵村 乌拉素村 府欣社区 富民社区 开源社区 民乐社区 鑫鑫社区 迎宾社区 育才社区
龙口镇	150622116	大口村 大圐圙梁村 公盖梁村 韩家塔村 红树梁村 麻地梁村 马栅村 南窑梁村 沙坪梁村 沙塄村 台子梁村 魏家峁村 范家峁村 四分村 双敖包村 杜家峁村 柏相公村 井子沟村 郑峁梁村 龙口社区 祥和社区
准格尔召镇	150622117	乌兰哈达村 铧尖村 沙蒿塔村 炭窑渠村 四道柳村 忽吉图村 准格尔召村 黄天棉图村 民和社区
纳日松镇	150622118	敖劳不拉村 二道柳村 红进塔村 柳塔村 山不拉村 松树塄村 乌兰哈达村 勿图沟村 勿图门村 羊市塔村 大路峁村 奎洞沟村 纳林庙村 老荒地村 大西沟村 二长渠村 川掌村 乌拉素村 阿贵庙村
大路镇	150622119	常树梁村 城壕村 大沟村 东孔兑村 尔圪气村 二旦桥村 房子滩村 何家塔村 老山沟村 前房子村 乌兰不浪村 小滩子村 杨四圪咀社区
友谊街道	150622001	苏计沟村 长胜店村 张家圪旦社区 唐公塔村 和泰社区 御景社区
蓝天街道	150622002	阿岱沟村 白云社区 阳光社区 铁北社区 贾家湾社区 张家塔社区 关地塔社区
兴隆街道	150622003	邦郎太村 薛家湾村 王青塔村 中心社区 鑫凯社区 站北社区 周家湾社区
迎泽街道	150622004	巴汉图村 曙光社区 南山社区 湖西社区 南苑社区 湖东社区

一、布尔陶亥苏木

2005 年 8 月，撤布尔陶亥乡，设布尔陶亥苏木，以水得名，“布尔陶亥”系蒙古语，意为“褐色的河湾”。2006 年 7 月，撤黑召赖村，设蒿召赖嘎查；撤坝梁村、乌兰沟村，合并设达坝席利嘎查；撤可可利村、石家渠村，合并设腮五素村；圪条不拉村并入植机壕村；撤尔圪壕村，设尔圪壕嘎查。布尔陶亥苏木位于准格尔旗西北部，东邻大路镇，南邻薛家湾镇、沙圪堵镇、暖水乡，西邻达拉特旗吉格斯太镇，北邻十二连城乡。北纬 39°53′05″～40°06′18″、东经 110°34′59″～111°02′20″。面积 654.41 平方千米。辖达坝席利、蒿召赖、尔圪壕 3 个嘎查，腮五素、植机壕、李家塔、公益盖、铧尖、孔兑沟 6 个村。2009 年 12 月，苏木人民政府移驻公益盖村新建镇区，距旗人民政

布尔陶亥苏木党政办公楼，2021 年摄

府驻地 50 千米。2015 年年末人口 5271 户 10678 人，其中，少数民族 3277 人，占总人口三分之一强。农民人均纯收入由 2005 年 4527 元增加到 2015 年 13225 元。

布尔陶亥苏木地处库布齐沙漠南缘，呼斯太河向北汇入黄河；孔兑沟、乌兰沟向南汇入纳林川。建设“三北”防护林，利用世界银行贷款治理水土流失，2015 年有林地 4.7 万公顷、草地 2.3 万公顷，植被覆盖率 92%；耕地 5635 公顷，其中水地 1267 公顷。

布尔陶亥苏木主导产业为农牧业，农业种植区以公益盖、铧尖为中心，2015 年种植设施有 585 栋，种植无公害蔬菜 28.5 公顷。规模养殖区以尔圪壕、孔兑沟、蒿召赖为中心，形成肉羊、生猪、散养鸡三大产业。2006 年存栏肉羊 14.8 万只，2015 年存栏 6 万只；2010 年始建“四位一体”养猪小区，2014 年成立蒿召赖养猪合作社，注册“布尔陶亥”商标，2015 年养猪 9000 余头；2009 年扶持散养鸡 10 万羽，2014 年成立腮五素散养鸡合作社，注册“腮五素”商标，2015 年散养鸡 9 万羽。

布尔陶亥苏木公路干线 3 条，壕圪卜—托克托，宋二滩—布尔陶亥，布尔陶亥—水镜湖，2015 年公路通车里程 388.7 千米，其中油路 98.7 千米。2007 年起在公益盖村建 1.5 平方千米新镇区，2009 年 12 月苏木政府移驻新镇区，2015 年形成 3 横 3 纵街区，常住人口超千人。

布尔陶亥苏木有王爷府、点素敖包、水镜湖、尔圪壕 4 处景点，2015 年 7 月 13 日入围全国特色景观旅游名镇。水镜湖位于李家塔村，2011 年 9 月开园，2013 年 9 月评定为国家 AAAA 级旅游景区；王爷府坐落在公益盖村，始建于清同治元年（1862 年）；点素敖包位于孔兑沟村，2013 年农历五月十三日恢复祭祀点素敖包；2014 年始建百里长川西口文化长廊，尔圪壕嘎查成为长廊终点。

布尔陶亥苏木重视民族教育，2006 年 9 月撤职业中学、蒙古族小学，合并建民族小学，附设民族幼儿园；2007 年起蒙古族学生每人每年补助生活费 600 元；2010 年 9 月起开设蒙古族传统文化兴趣课；2015 年在校学生 182 名，入园幼儿 74 名。敬老院位于公益盖村，2008 年 8 月落成，建筑面积 1800 平方米，2015 年入住“五保”老人 56 人。2007 年 8 月，苏木党委、苏木政府被评为内蒙古民族团结进步先进集体。

二、十二连城乡（2005—2015）

2005 年 8 月，撤蓿亥图乡，整建制划归十二连城乡，因境内众多古城遗址得名。2006 年 6 月，焦红圪卜村并入柴登村，五兑沟村并入二道拐村。十二连城乡位于准格尔旗北部，北、东临黄河，与包头市土默特右旗将军尧镇、呼和浩特市托克托县双河镇隔河相望，南邻大路镇、布尔陶亥苏木，西邻达拉特旗吉格斯太镇。北纬 40°06′18″～40°19′11″，东经 110°38′11″～111°10′56″，面积 695.85 平方千米。辖柴登、兴胜店、康卜尔、三十顷地、东不拉、董三尧、西不拉、二道拐、广太昌、黑圪崂湾、巨合滩、天顺圪梁、蛮汉壕、召梁、五家尧、杨子华、西柴登、蓿亥图、脑包湾 19 个村。乡人民政府驻柴登村，距旗人民政府驻地兴隆街道中心社区 60 千米。2015 年年末户籍人口 10772 户 24381 人。农民人均纯收入由 2005 年 4327 元增加到 2015 年 14760 元。

十二连城乡北部、北部为黄河冲积平原，南部为库布齐沙漠。黄河由西流向东南过境 64 千米，上游与中游分界线在脑包湾村；呼斯太河由南流向北过境 29.5 千米，流域面积 180.5 平方千米。2006 年起引进龙头企业试行土地流转，为全旗现代农牧业破题，至 2015 年，建成以五家尧村为中心的示范园区，实现种植规模化、作业机械化、灌溉节水化、生产标准化、经营产业化，形成蔬菜、肉羊、水产等优势产业，培育多个绿色农产品品牌。

2008 年，建西瓜交易市场，西瓜种植扩大到 3300 多公顷，“树农”牌西瓜远销二连浩特，出口蒙古国。2008 年 2 月，蓿亥图西瓜协会被评为全国最具影响力农民合作组织。2014 年试种 5 公顷碱地稻获得成功，2015 年种植扩大到 34 公顷，农民种植碱地稻，企业加工稻米，电商打响“十二连城碱米”品牌。2006 年建养殖小区发展肉羊养殖，2007 年组建肉羊养殖合作社，建肉羊养殖园区，统一配种改良、疫病防治、饲喂配方，2015 年规模养羊 16.09 万只。2007 年 7 月成立惠农渔业合作社，2011 年建标准化水产养殖区，打造“巨合滩”黄河鱼品牌，2015 年养殖水面有 1300 多公顷，产量 200 万千克。

十二连城乡是准格尔旗社会主义新农村示范地，2006 年开始规划建设，到 2015 年建成以柴登为中心镇区，五家尧为农村新区，由西到东形成三十顷地、五家尧、蓿亥图、柴登、巨合滩 5 个示范点。五家尧村建成精品移民新村，配套小学、幼儿园、卫生院、敬老院，实现种植向基地集中，养殖向园区集中，人口向社区集中，建成区 1 平方千米，常住人口 3200 人，2008 年 1 月被评为内蒙古自治区新农村建设试点村。2014 年启动美丽乡村建设，“水电路讯房、文卫保教商”十项工程同步实施，建成石城圪梁、蓿亥图、兴胜店、三十顷地 4 个示范点。

库布齐沙漠神泉生态旅游景区位于黑圪崂湾村，2010 年 8 月开业，2010 年 10 月被评定为国家 AAAA 级旅游景区。新远旅行社 2008 年 5 月开通准格尔人游准格尔线路，乡大棚采摘园开门迎客，到 2015 年全乡有采摘园 8 个、农家乐和渔家乐 65 户，接待游客 30 万人次；同年 7 月兴盛店村入围第三批全国特色景观旅游名村录。隋唐榆林胜州古城遗址，2006 年 5 月入围第六批全国重点文物保护单位。2010 年 7 月起举办“西瓜节”暨绿色有机农产品展示会；到 2015 年连续举办 5 届。五家尧村 2007 年创办鑫宇艺术团，2010 年进京演出获首届中国农民艺术节最高奖“精粹奖”。十二连城乡 2010 年 5 月被评为内蒙古文明村镇，2015 年 2 月被评为全国文明镇。

三、暖水乡（2005—2015）

2005 年 8 月，撤暖水镇，整建制与西营子镇昌汉素村，合并设暖水乡。暖水乡位于准格尔旗西部，以暖水泉命名。东邻布尔陶亥苏木、沙圪堵镇，南邻纳日松镇，西邻准格尔召镇、东胜区铜川镇，北邻达拉特旗吉格斯太镇。北纬 39°34′03″～39°56′37″，东经 110°23′21″～110°42′20″。面积 639 平方千米。辖暖水、哈必汉、水泉沟、圪秋沟、肯木肯、榆树壕、德胜有梁、德胜西、韩家塔、昌汉不拉、昌汉素 11 个村。乡人民政府驻暖水村，距旗人民政府驻地兴隆街道中心社区 78 千米。2015 年年末人口 6948 户 14590 人。农民人均纯收入由 2005 年 4214 元增加到 2015 年 14459 元。2015 年 12 月被评为内蒙古自治区卫生乡。

暖水乡地处砒砂岩丘陵沟壑区，暖水川从北向南流经乡境 17 千米。109 国道、荣乌高速公路横穿东西，曹羊公路双线、德萨公路纵贯南北。地下藏有煤炭、高岭土、石英砂、地热矿泉水资源。地热矿泉水源自侏罗纪碎屑岩裂隙，检测鉴定每千克含锶 0.49 毫克，为富含微量元素锶的重碳酸钙镁型矿泉水。

暖水乡政府驻地牌楼，2016 年摄

暖水乡属砒砂岩裸露水土流失区，农牧业生产条件差，经暖水农民创造和市场选择，打造山地苹果和虫草鸡两个绿色品牌。德胜有梁村农民王在达 5 亩地嫁接栽培出个头大、水分多的苹果，消费者口口相传打响暖水山地苹果品牌，2015 年，全乡有 2 个果园专业合作社，种植苹果 8 公顷，产销 3.5 万千克，收入 300 多万元。暖水生态林散养鸡，鸡啄食林中虫草成就暖水山林美味，2008 年注册“暖水虫草鸡”商标，散养鸡 10 万羽。

暖水乡工业以煤炭开采为主，矿泉水加工、陶瓷加工为辅。经煤矿资源整合机械化改造，2011 年 6 家煤矿产销原煤达 878 万吨，2015 年 2 家煤矿生产原煤 240 万吨。樊家渠手工瓷窑久负盛名，后由于煤炭价格上涨，产业逐渐萎缩，2015 年 2 家瓷窑产日用瓷 10 万件。万和商贸公司“暖水山泉”商标，2010 年被认定为内蒙古著名商标，2015 年 3 家水厂生产地热矿泉水近 9000 立方米。

暖水乡是准格尔旗民国五大商镇之一，集市贸易每旬逢七开市，商业网点集中在中心镇区和 109 国道、曹羊公路沿线，2015 年有交通物流、批发零售、住宿餐饮企业 26 家，个体工商户 1038 户。2008 年建成暖水温泉度假村、暖水山庄农场 2 家旅游企业，2010 年开发砒砂岩地质公园，核心区 2.4 平方千米，2011 年 10 月 9 日至 11 日举办中蒙俄国际汽车摩托车场地越野赛；10 月入围第十一批国家水利风景区。

暖水乡以荣乌高速公路、109 国道、曹羊公路为城镇发展轴，以中心镇区为建设核心，规划建设生态型小城镇，建成 2 千米混凝土公路将市政新区和商镇旧街连为一体，商镇旧街恢复仿古商镇街，市政新区建牌楼，勒石立碑，2008 年正月廿五天仓节隆重举办内蒙古电视台《西口风》栏目“走进准格尔·暖水”大型演唱会。2015 年建成区有 1.5 平方千米，人口 4000 余人。

暖水乡 2007 年划为禁止发展区，移民 4 村 8 社 556 户 1400 人，退出土地 47.5 平方千米；2009 年整乡移民 10 村 55 社 4135 户 10121 人，退出土地 551.8 平方千米；2011 年完成移民，移民占总人口 84.3%；退出土地 599.3 平方千米，占总面积 93.8%。2015 年建成全国第一个生态自然恢复区，水保治理保存 333 平方千米，水土流失综合治理率 39.7%，森林覆盖率 49.3%，植被覆盖率由 25% 激增至 85%。

四、薛家湾镇（2010—2015）

2010 年 11 月，准格尔旗政府所在地设兴隆、迎泽、友谊、蓝天 4 个街道，薛家湾镇 8 个村、12 个社区划入街道。薛家湾以薛姓初居得名。薛家湾镇位于准格尔旗东部，东临黄河，与呼和浩特市清水河县喇嘛湾镇、窑沟镇隔河相望，南邻龙口镇，西邻沙圪堵镇，北邻大路镇，中心邻兴隆街道、迎泽街道、友谊街道、蓝天街道。北纬 39°36′54″～40°07′52″，东经 110°56′33″～111°26′33″。面积 1297 平方千米。辖哈拉敖包、业林沟、长滩、白大路、海子塔、柳树湾、白家渠、巴润哈岱、沟门、宁格尔塔、黑岱沟、马家塔、三宝窑、大饭铺、点岱沟、柳青梁、阳窑子、城坡、不连沟、红台子、大塔、永胜壕、牛光圪旦、梁安窑、百草塔、阳塔、勉圪令、亭子堳 28 个村。镇人民政府驻兴隆街道中心社区。2015 年人口 48713 户 111409 人。农民人均纯收入由 2011 年 10527 元增加到 2015 年 14800 元。

薛家湾镇地处鄂尔多斯高原东部，黄河从勉圪令村入境，向南流经 5 个村，到城坡村出境，镇境长 38 千米。十里长川源于白大路村，向南经 7 个村，到长滩村出境，镇境长 57 千米，控制流域 28.5 平方千米。探明煤炭储量 159 亿吨，分牛连沟终查区、黑岱沟终查区、长滩普查区、巴润哈岱普查区 4 块，井田面积 451.2 平方千米，属准格尔煤田，煤种长焰煤。

薛家湾镇农业主导产业为种养业。2015 年，粮油产量 1.03 万吨，肉类产量 1512 吨，果蔬产量 2557 吨，牧业年度牲畜 8.08 万头（只），均呈下降趋势，唯小杂粮种植 4667 公顷呈增长趋势，直接带动 6500 多户农民户均增收 500 多元，2011 年 11 月“十里长香”小杂粮合作社列入全国农民合作社示范社。工业主导产业煤炭、电力。2015 年，工业企业 83 家，从业人员 35000 人。有煤矿 29 座，包括黑岱沟、哈尔乌素两大国家露天煤矿，地方露天矿 7 座、井工矿 20 座，设计产能 10245 万吨；有准能矸电、京泰酸刺沟、蒙能大饭铺 3 家电厂，装机容量 2520 万千瓦。

薛家湾镇 2015 年有个体户 1615 户，从业 2250 人。辖区 3 处集贸市场，长滩每旬逢八开市，巴润哈岱每旬逢三开市，海子塔每旬逢五开市。2014 年，开发百里长川西口文化长廊乡村旅游，建长滩古镇晋商街区、海子塔农耕文化博物馆、巴润哈岱爱情博物馆、白大路花田观光园，2015 年接待游客 20 万人次；神华准能公司黑岱沟露天煤矿 2011 年 11 月成为国家级绿色矿山，是工业旅游目的地；黄河城坡码头因游客少 2014 年关闭。

薛家湾镇过境大准、准东、巴准 3 条铁路，巴准铁路 2013 年 10 月建成，铁路通车里程增至 118 千米。干线公路东西向有荣乌高速公路、国道 109 线、西营子—青春塔线，南北向有城壕—大饭铺高速公路、省道 103 线、薛家湾—魏家峁线、史家敖包—榆树湾线；长滩—白大路乡村旅游专线 2013 年通车；2015 年公路通车里程 175 千米。

薛家湾镇 2014 年起建设美丽乡村，到 2015 年年末，改造危旧房 1523 户，建饮水工程 45 处，硬化街巷和通村公路 422 千米，改造农网 81.8 千米，安装“户户通”7237 套，建卫生室 17 个、文化室 27 个、便民连锁超市 11 个。辖区两处供暖站，白大路 2013 年起供热，大塔 2009 年起供热。2014 年建成红台子村互助幸福养老院，可入住老年人 50 人。

五、沙圪堵镇（2005—2015）

2005 年 8 月，撤纳林镇，整建制与西营子镇 11 个村、长滩乡 2 个村划归沙圪堵镇；西营子镇的布尔洞梁村并入石窑沟村，大院村并入四道包村；纳林镇的安家渠村并入乌拉素村，尔架麻沟村并入寨子塔村，圪秋沟村并入贾浪沟村，胡家渠村并入刘家渠村，任三窑村并入长胜店村；长滩乡的官地壕村并入庙壕村。2005 年 11 月，内蒙古沙圪堵经济技术开发区更名为内蒙古准格尔经济开发区。2010 年 12 月，鑫鑫社区分出部分区域，设民乐社区。2013 年 12 月，镇人民政府迁驻鑫鑫社区。

沙圪堵镇因人因地得名。清末，汉民到蒙古人沙格都尔牧地开车马大店，周围多沙梁，得名“沙圪堵”。沙圪堵镇位于准格尔旗中部，东邻大路镇、薛家湾镇、龙口镇，南邻陕西省府谷县古城镇、

沙圪堵镇政府办公楼，2022 年杨磊摄

哈拉寨镇，西邻纳日松镇、暖水乡，北邻布尔陶亥苏木。北纬 39°26′23″～39°57′22″，东经 110°33′30″～111°07′23″。面积 1567 平方千米。辖庙壕、安定壕、忽昌梁、双山梁、特拉沟门、敖靠塔、不拉、福路、五字湾、纳林、榆树塔、速机沟、长胜店、刘家渠、乌拉素、寨子塔、贾浪沟、西营子、打麻梁、神山、四道包、石窑沟、布尔洞沟、张家圪堵、乌素沟、哈拉沟 26 个村，府欣、鑫鑫、迎宾、开源、富民、育才、民乐 7 个社区。镇人民政府驻鑫鑫社区，距旗人民政府驻地 39 千米。2015 年，户籍人口 26566 户 53229 人；其中，城镇人口 6337 户 13309 人，常住人口 78299 人。农民人均纯收入由 2005 年 5041 元增加到 2015 年 13800 元，城镇居民人均可支配收入由 2005 年 10120 元增加到 2015 年 39022 元。2011 年 12 月，被评为全国文明村镇。

沙圪堵镇地处纳林川两岸，沿川地势平整，梁峁沟壑纵横，属旱作农业区。2015 年农作物播种面积 1.02 万公顷，粮油产量 1.3 万吨，牧业年度牲畜由 2005 年 25.73 万头（只）下降到 2015 年 13.52 万头（只）。煤炭资源埋藏于西部，井田面积 20 平方千米。2007 年 10 座煤矿整合为 6 座，2008 年再次整合为 3 座露天煤矿、1 座井工煤矿，2015 年 2 家煤炭企业核定产能 544 万吨。

内蒙古准格尔经济开发区投产企业 128 家，主导产业为煤化工、高载能、陶瓷高岭土、农畜产品加工。2008 年 12 月，伊东东方能源化工公司被评为全国煤炭工业综合利用与多种经营先进企业；2012 年，内蒙古高原杏仁露公司产品获中国国际农产品交易会金奖；2015 年 11 月，鄂尔多斯国礼陶瓷公司多穆壶奶茶酒具获中国特色旅游商品金奖。2008 年，开发区入围内蒙古工业十强开发区。

沙圪堵镇集市贸易始于民国，每旬逢一开市，每年 8 月举办 10 天交流会；双满大酒店 2005 年 10 月开业，民达建材城 2008 年 1 月开业。2015 年批发零售企业 179 家，餐饮住宿企业 24 家，个体工商户 2855 家。

沙圪堵镇有准东铁路一期、一期增二线、巴准铁路 3 条铁路，通行里程 76 千米。2000 年 12 月，伊泰西营子站投运，年发运煤炭 2500 万吨。镇境公路纵横交错。2005 年 1 月，公共汽车开通；2006 年 6 月，出租车投运；2009 年 10 月，荣乌高速公路沙圪堵收费站开通；2011 年 8 月，沙圪堵客运站投运。

沙圪堵镇建有 35 千伏东郊、南郊 2 处变电站、杨四海—暖水 11 万千伏安输变电工程。伊东热电厂装机 10 万千瓦，2008 年 11 月发电供热。供水取自 2001 年投运的安定壕深井水和 2011 年 3 月供水的“引黄入沙”工程，日供水 4.38 万立方米。污水厂日处理污水 3 万立方米，2009 年 1 月投运；垃圾厂年处理垃圾 2.5 万吨，2014 年 9 月投运。

沙圪堵镇与内蒙古准格尔经济开发区产城融合，构建“十二横六纵”街区，建成区 12.2 平方千米，2015 年城区人口 5.49 万人。建成 5 处公园、4 处广场。1994 年 6 月，烈士陵园被列为县级文物保护单位；2007 年 5 月政府礼堂拆除，2010 年 11 月改建伊东广场；美稷公园绿地 0.17 平方千米，2013 年开放。

沙圪堵镇有 3 所中学、4 所小学、9 所幼儿园，2015 年在校学生 9920 名、入园幼儿 2850 名、教职工 1238 名。2013 年 5 月，旗第一中学被评为全国素质教育先进示范学校。2013 年 4 月起每年春举办杏花节；北宋烽燧线位于镇境西南，2014 年 9 月被列为内蒙古自治区文物保护单位；汉美稷城位于纳林村，2014 年 9 月成为自治区文物保护单位。沙圪堵敬老院 2009 年建成，入住“五保”老人 160 位，2010 年 11 月被评为全国模范敬老院。

六、龙口镇

2005 年 8 月，撤马栅镇、魏家峁镇、长滩乡，2 镇整建制和长滩乡台子梁村合并，设龙口镇，以国家重点工程龙口水电站命名。2006 年 6 月，苗家梁村并入公盖梁村，二道沟村并入沙墕村，张喜墕村并入沙坪梁村，关家梁村并入马栅村，台子墕村并入大口村，罗家峁村并入柏相公村，老赵山梁村、串草圪旦村并入范家峁村，黑湾村并入魏家峁村，其子墕村并入郑峁梁村，庙沟村、刘家壕村并入双敖包村；撤壕米圪坨、榆树湾、房塔沟 3 个居委会，设龙口社区。2015 年 12 月从马栅村划出部分区域，设祥和社区。

龙口镇党政办公楼，2017 年摄

龙口镇位于准格尔旗东南部，东、南临黄河，与呼和浩特市清水河县老牛湾镇，山西省忻州市偏关县万家寨镇、天峰坪镇，河曲县楼子营镇、文笔镇隔河相望，西邻陕西省榆林市府谷县皇甫镇、麻地沟镇，北邻沙圪堵镇、薛家湾镇，号称“鸡鸣三省”之地。北纬 39°20′55″～39°41′58″、东经 111°03′11″～111°27′37″。面积 570.71 平方千米。辖马栅、大口、沙坪梁、公盖梁、韩家塔、麻地梁、柏相公、红树梁、沙墕、南窑梁、大圐圙梁、台子梁、魏家峁、郑峁梁、四分、双敖包、范家峁、杜家峁、井子沟 19 个村，龙口、祥和 2 个社区。镇人民政府驻马栅村，距旗人民政府驻地 64 千米。2015 年年末户籍人口 18196 户 42625 人。农民人均纯收入由 2005 年 4503 元增加到 2015 年 13200 元。

龙口镇地处鄂尔多斯高原东南部黄土丘陵山地，最低点黄河大口村小占河谷海拔 823 米，为鄂尔多斯市最低点。黄河先由北南下，后向西拐，流经镇境 72.5 千米。地下埋藏煤炭、铁矿石、石灰石、高岭土等矿产资源，含煤面积 196.89 平方千米，储量 34.5 亿吨，属准格尔煤田。

龙口镇旱作农业区培育小杂粮、林瓜果两项特色产业。内蒙古重点龙头企业农乡丰公司，种硬梁地，施农家肥，精耕细作打造的“农乡丰”小杂粮品牌，2013 年 8 月被评为内蒙古名优特产品。2015 年全镇种植小杂粮 760 公顷，产销 2167 吨。西南部小气候温暖湿润，盛产杏、桃、枣等水果，西瓜蔬菜上市早，核果果实品质好，2013 年建沙坪梁村果品市场。2015 年全镇产水果 866 吨，瓜菜 2816 吨。

龙口镇是工业重镇，规划建设煤电产业集群。2015 年满世集团罐子沟煤矿产能 450 万吨、开滦集团串草圪旦煤矿产能 240 万吨、华能集团魏家峁露天煤矿产能 600 万吨、锦泰公司碓臼沟煤矿产能 180 万吨、恒东汇隆公司苗家梁露天煤矿产能 300 万吨，全镇煤炭产能 1920 万吨。境内建万家寨水利枢纽、龙口水电站 2 座水电站，装机容量 150 万千瓦；2015 年 3 月开工国家蒙西—天津南 1000 千伏输电通道，配套北方魏家峁电厂等 4 个电源点，装机容量 8×66 万千瓦。

龙口镇规划建设马栅中心区和魏家峁副中心区。中心区建成“两横三纵”街区，辟花园广场，立牌楼，2015 年建成区 2 平方千米，常住人口 7600 人；副中心区 2015 年建成区 4.2 平方千米，常住人口 5000 人。2015 年全镇有商业网点 5344 户，其中批发零售 830 户，住宿餐饮 244 户，其他服务业 4270 家；3 处集贸市场，马栅农村集贸市场逢一开市，魏家峁蒙南市场逢五开市，2014 年新建龙口集贸市场逢七开市。公路、铁路取代水旱码头，通达黄河两岸蒙晋陕三地，2015 年公路通车里程 83 千米。

2015 年 7 月 13 日，龙口镇入围中国特色景观旅游名镇，注册“黄河・长城风景道”商标。2014 年 11 月 25 日，长城太原镇边瞭望所包子塔崔成寨所在的杜家峁村，入围中国传统村落名录。古迹有砒砂岩地质奇观莲花辿、西口古渡大辿渡。2014 年 9 月，中共马栅地区革命活动展厅揭碑；2015 年 6 月，中共地下联络员周毛秃故居开放；2012 年 12 月，在此拍摄的农村医改电视剧《生死依托》获全国“五个一工程”奖。

七、准格尔召镇

2005 年 8 月，撤准格尔召乡、神山镇，合并设准格尔召镇，因准格尔召得名。2006 年 6 月，哈拉庆村并入黄天棉图村，奎洞沟村并入准格尔召村，碾房塔村并入碳窑渠村，忽沙图村、也来色太村并入忽吉图村，公沟村并入铧尖村，黑桥沟村并入沙蒿塔村，张家圪台村、腮不拉村合并设四道柳村，神山村并入乌兰哈达村。2015 年 8 月，黄天棉图村划出部分区域，设民和社区。

准格尔召镇位于准格尔旗西部，东邻暖水乡，南邻纳日松镇，西邻伊金霍洛旗纳林陶亥镇，北邻东胜区铜川镇。北纬 39°33′43″～39°46′42″，东经 110°06′40″～111°27′38″。面积 472 平方千米。辖黄天棉图、准格尔召、炭窑渠、忽吉图、铧尖、沙蒿塔、四道柳、乌兰哈达 8 个村，民和社区 1 个社区。镇人民政府驻民和社区，距旗政府驻地兴隆街道 125 千米。2015 年年末总人口 5768 户 13251 人，其中少数民族 1240 人。农民人均纯收入由 2005 年 5200 元增加到 2015 年 15600 元。

准格尔召镇地处鄂尔多斯高原中部隆起带，最高点神山位于乌兰哈达村，海拔 1584.6 米，为准格尔旗最高峰、鄂尔多斯第二高峰。源于神山的主要水系有四道柳川、哈拉庆沟。2007 年该镇被划为准格尔旗限制发展区，生态建设投入增加，农牧业生产萎缩，2015 年植被覆盖率提升到 65%。

准格尔召镇探明有煤炭、高岭土资源，煤炭储量 15.17 亿吨，矿区面积 347.8 平方千米，属东胜煤田。2007 年 46 座煤矿整合为 26 座，放炮采改为机械化综采，产能由 850 万吨提升到 5500 万吨。2008 年起实施煤矿火区治理，5 座井工煤矿改为露天煤矿，10 座井工煤矿生产，11 座煤矿停产，2015 年产煤 2560 万吨。2012 年，满世煤炭集团列中国煤炭企业百强第 42 位，2014 年列中国民营企业 500 强第 483 位。

包府公路由西侧过境 16 千米，荣乌高速公路贯通东西 30 千米，2015 年公路通车里程 23 千米，包府公路、荣乌高速公路日均煤车流量 2000 辆次；包神铁路由西侧过境 33 千米，准东铁路横贯东西 13 千米，两条铁路年发运煤炭 1.6 亿吨。全镇税收由 2011 年 30 亿元回落到 2015 年 7.7 亿元。

准格尔召明天启三年（1623 年）落成，建苏克沁大殿、弥勒佛殿、莲花僧殿、四大天王殿、大经堂 5 处庙宇；民国 11 年（1922 年）扩建，形成占地 133.33 公顷的建筑群；1991 年仅存 9 座建筑，系鄂尔多斯市存最大召庙建筑群。农历四月十三嘛呢会、七月初八查玛舞，两项宗教传承 2009 年 6 月被列入内蒙古非物质文化遗产名录。2004 年满世集团恢复性开发准格尔召，2013 年 3 月被核定为第七批全国重点文物保护单位，2014 年 12 月被评定为国家 AAAA 级旅游景区，至 2015 年恢复召庙建筑 13 处。

准格尔召镇 2006 年起实施矿区移民、生态移民，至 2015 年累计 945 户 3017 人整体搬迁。镇政府驻地黄天棉图，2008 年集中供热，2009 年引进物业公司清扫，至 2015 年建成区 3.65 平方千米，一纵二横街区吸纳人口 2308 人。2015 年 10 月，镇文化站被命名为内蒙古自治区十佳文化站。

八、纳日松镇

2005 年 8 月，撤川掌镇、羊市塔镇，合并设纳日松镇，以千年古松取名，“纳日松”系蒙古语，意为“松树”。纳日松镇位于准格尔旗西南部，东邻沙圪堵镇，南邻陕西省府谷县哈拉寨镇、庙沟门镇、大昌汗乡，西邻伊金霍洛旗新庙镇，北邻准格尔召镇、暖水乡。北纬 39°15′38″～39°24′02″，东经 110°19′15″～111°50′00″。面积 837.7 平方千米。辖红进塔、勿图沟、柳塔、大路峁、阿贵庙、川掌、乌兰哈达、勿图门、敖劳不拉、二道柳、羊市塔、山不拉、乌拉素、奎洞沟、大西沟、老荒地、二长渠、松树焉、纳林庙 19 个村。镇人民政府驻勿图门村，距旗人民政府驻地兴隆街道 90 千米。2015 年，户籍人口 10685 户 26835 人，流动人口由 2012 年 19304 人回落到 2015 年 6000 余人。农民人均纯收入由 2005 年 6986 元增加到 2012 年 13300 元，2015 年回落到 10640 元。

纳日松镇地处鄂尔多斯高原东南与黄土高原北缘接合部。黄河支流犊牛川从北向南流经镇境 30 千米，主要河流还有川掌沟、羊市塔川、大路峁沟，属梁峁山区旱作农业区。硬梁地植被多香料植物，跑坡放羊吃中草药，对牙去势长小鲜肉，成就纳日松山羯羊肉美味。2002 年起山羯羊肉售价从每千克 40 元涨到每千克 80 元，2015 年存栏山羊 24420 只。

纳日松镇探明煤炭储量 91 亿吨，井田面积 560 平方千米，属东胜煤田，煤种褐煤，俗称煨炭；大路峁村石英砂储量 3000 万吨。煤炭是全镇主导产业。2005 年产煤 3500 万吨；2009 年，97 座煤矿整合为 59 座，新建 2 座，产能 4305 万吨；2011 年产煤 9420 万吨，占全旗地方煤矿产量近一半；2015 年，59 座煤矿，其中井工矿 30 座，露采矿 29 座，25 座生产煤矿产煤 6604 万吨。

纳日松镇以曹羊、壕羊、边贾、边府 4 条运煤专线为骨架，连通各煤矿、旅游区、行政村，建成四通八达公路网，2015 年公路通车里程 450 千米，其中油路 360 千米。全镇有 3 处集贸市场，勿图门逢五开市，羊市塔逢九开市，大路峁逢六开市；有曹羊公路 32 千米处、46 千米处 2 处商品集散地；2015 年运输业企业 50 家、批发零售企业 52 家、住宿餐饮企业 2 家，个体工商户 5420 户。

纳日松镇按 4 条运煤公路，3 条水系，2 处镇区和油松王、阿贵庙 2 景区，规划建设矿区城镇。勿图门镇区拆平房建楼房，延伸为“井”字形街区布局，2015 年建成区面积 1 万平方米，常住人口 5000 人，外来人口 3000 人；羊市塔镇区边府公路两侧三产服务网点林立，2015 年有居民 6000 人，外来人口 3000 人。

2009 年 6 月，油松王祭祀列入内蒙古非物质文化遗产名录；2013 年 10 月，油松王被评定为国家 AAAA 级旅游景区；葫芦头梁党小组组长刘治衡故居“治源堂”，为 1929 年神府地下党葫芦头梁党小组活动中心，2011 年 3 月维修陈列布展立碑；四道柳川地下交通站位于二道柳村，1938 年桃力民根据地派员与东协理搭成统一战线，利用7处车马大店开辟交通线，2014年7月在尉满金店址建厅立碑。

2006年勿图沟村与驻村企业建立联合党支部，村两委成员与企业领导班子成员交叉任职。村里协助企业征地200公顷，搬迁130多户；企业优先安置村里劳动力和工程机械，200人实现本村就业。2008年全镇推广这一创举，煤矿安置农民装载机1172台，涉及3341户11232人，占全镇总人口49%。2008年6月全旗推广“村企共建”模式。

九、大路镇

2005年8月，撤大路乡，整建制与东孔兑镇10个村、1个居委会合并，设大路镇，以路命名，清朝准格尔旗王府官道经此渡喇嘛湾黄河。2006年4月，召沟村并入尔圪气村，阿拉不拉村并入何家塔村，榆树湾村并入房子滩村，捣劳窑村并入常树梁村；阿岱沟村、帮郎太村、王青塔村划归薛家湾镇。大路镇位于准格尔旗最东端，东临黄河，与呼和浩特市托克托县双河镇、清水河县喇嘛湾镇隔河相望，南邻薛家湾镇、蓝天街道、兴隆街道，西邻布尔陶亥苏木，北邻十二连城乡。北纬39°53′59″～40°12′27″，东经110°55′28″～111°20′40″。面积498平方千米。辖二旦桥、东孔兑、房子滩、前房子、何家塔、城壕、小滩子、大沟、尔圪气、乌兰不浪、常树梁、老山沟12个村，杨四圪咀1个社区。镇人民政府驻杨四圪咀社区，2011年5月迁驻前房子村，距旗人民政府驻地兴隆街道中心社区30千米。2015年人口10002户22650人。农民人均纯收入由2005年4608元增加到2015年14570元。

大路镇党政办公楼，2022年摄

大路镇地处库布齐沙漠南缘，黄河右岸，北部为黄河冲积平原，中部是库布齐沙漠，南部和东部为梁峁山地。黄河由北向南流经镇境25.5千米，黄河主要支流大沟、孔兑沟。探明煤炭储量225亿吨，属准格尔煤田，煤种长焰煤；前房子、榆树湾、何家塔有砂石资源。

大路镇2015年有耕地4466.7公顷，其中水地3266.7公顷，种植业优势产业有保护地蔬菜，大沟、尔圪气、东孔兑3村温室大棚460栋15.3公顷。牧业年度牲畜由2005年9.52万头（只）下滑到2015年3.56万头（只），忠明种养殖合作社2015年1月注册“乌兰不浪”商标，养鸡2万羽，养肉猪2000头。

大路镇2015年有工业企业15家，其中规模以上工业企业8家。鄂尔多斯大路煤化工基地征用土地82平方千米，2015年15个投产项目生产煤化工产品249.7万吨；蒙泰不连沟、三维集团小鱼沟、华兴能源唐家会3座煤矿，2015年产煤2300万吨；建材业随着开发大路煤化工基地兴起，2015年有砂石厂5家、预制板厂5家、搅拌站21处。

大路镇2015年公路通车870千米，其中高速公路61千米；干线公路有呼大高速公路、沿黄一级公路、省道 103 线、杨吉线。2006 年 11 月，呼准铁路建成通车，镇境长 31 千米；2008 年 5 月，官牛犋集装站建成投运。公路沿线煤炭物流兴起，2007 年有运煤车 1680 辆；清理公路煤场，2010 年 1280 户煤炭运销户入驻官牛犋煤炭物流园；2015 年入驻煤炭物流园煤炭运销户回落到 48 家。

大路镇政府驻地杨四圪咀，规划面积 1.8 平方千米，街区道路 4200 米，常住人口超万人。2011 年 5 月 18 日镇政府迁驻前房子村新镇区，以镇政府办公楼为轴心，前建休闲广场，后建文化活动中心，华蒙移民新村分列左右，2015 年建成区有 0.78 平方千米。服务业集中在杨四圪咀社区、大路煤化工基地、前房子村，2015 年有批发零售企业 3 家、个体户 85 户，住宿餐饮个体户 237 户。

前房子村民集资入股，收购个人采砂场集体经营，于 2000 年 4 月创办前隆商贸公司，当年集体收入 52 万元，村民人均分红 4000 元；后组织 220 多台工程机械、大货车从事物流运输；公路沿线建汽修厂、加油站、商场饭店；整合耕地建温室大棚，栽培苗木花卉。前房子村 2004 年 7 月被评为全国民主法制示范村，2005 年 12 月被评为内蒙古自治区十佳文明村。

十、友谊街道

2010 年 11 月，划出薛家湾镇唐公塔、苏计沟、长胜店 3 个村，友谊社区、张家圪旦 2 个社区，设友谊街道，以友谊区居委会命名；撤友谊区居委会，设和泰社区。2015 年 7 月，和泰社区划出部分区域，设御景社区。友谊街道位于旗人民政府驻地东南城郊，东、南、西邻薛家湾镇，西北角邻迎泽街道、蓝天街道、兴隆街道。北纬 39°45′26″～39°54′42″，东经 111°11′25″～111°19′59″。面积 94.5 平方千米。辖唐公塔、苏计沟、长胜店 3 个村，张家圪旦、和泰、御景 3 个社区。街道办事处驻和泰社区。2015 年末总人口 34752 人；户籍人口 3322 户 7968 人，其中城镇人口 1938 户 4415 人，乡村人口 1384 户 3553 人；常住人口 23087 人；流动人口 11665 人。

友谊街道以工业为主导产业，2015 年有工业企业 16 家。其中煤炭企业 3 家，黑岱沟露天煤矿为“八五”国家重点建设项目；电力企业神华准能煤矸石电厂；化工和建材企业 12 家，其中电石企业 6 家、高岭土企业 4 家。友谊工业园乙炔化工、建筑材料等高耗能产业一度集聚，经环保节能减排，淘汰落后产能，2015 年保留企业 8 家。市政区以 109 国道、103 省道 153 段、2 号公路等主干道为发展轴，商业贸易和运输物流聚集。2015 年建成区有 19 平方千米，从事商品销售的有 674 家、餐饮住宿有 438 家、汽配维修有 89 家，常住人口约 2.3 万人。

友谊街道设立群众事务代办处，整合水电暖维修、开锁、送水、送煤气、家政、医疗、理发、缴费、旅游、配送货 10 个行业资源，开展“1+10”代办服务，居民拨打专线电话，代办处通知 10 个行业上门服务。和泰社区通过爱心联系卡、调查问卷、百姓心声箱三种方式收集民情；开通群众事务代理和群众服务热线两个载体，组建暖心、文艺、党员、低保 4 支志愿服务队。长胜店村境内有金太阳老年公寓、福寿老年公寓两家社会养老服务机构。唐公塔村 2011 年被评为内蒙古自治区卫生村。

十一、蓝天街道

2010 年 11 月，划出薛家湾镇阿岱沟村，蓝天区、白云区、铁北区、贾家湾、张家塔、关地塔 6 个居委会，设蓝天街道，以辖区蓝天区居委会命名，撤蓝天区居委会，设阳光社区。蓝天街道分城区、城郊两个不相连片区。城区位于准格尔旗人民政府驻地城区东北部，东邻友谊街道，南与友谊街道以塔哈拉川为界，西与兴隆街道以乌兰苏木兔沟为界，北邻兴隆街道；城郊位于旗人民政府驻地城郊东北部，东邻友谊街道，南、西邻兴隆街道，北邻薛家湾镇。北纬 39°50′34″～39°55′38″，东经 111°13′07″～111°16′53″。面积 27.48 平方千米。街道办事处驻兴隆街道中心社区。

2015年末户籍人口17207户43100人；常住人口27900人，流动人口15200人。

蓝天街道城区是神华准格尔能源有限责任公司中心区，以公司办公大楼为中心向南放射状排列，构成三环四纵扇面形街区。2015年有3个工业项目，国华准格尔电厂是国家西部大开发西电东送骨干电厂，2007年9月30日达产。有商业网点1174家，城区商场、饭店集中；103省道“153”段，汽车城、汽配维修集中；商业中心白云商场，2000年6月被命名为内蒙古文明市场。公共绿地友谊公园，文化场馆神华准能公司文化体育活动中心。2011年9月，准格尔旗第九中学被命名为内蒙古自治区文明单位。2013年11月，准格尔旗中心医院晋升为国家三级综合医院。

蓝天街道党政办公楼，2022年摄

蓝天街道社区网格全覆盖，社区建设规范化。铁北社区团支部2011年5月被评为内蒙古自治区“五四”红旗团支部，2011年12月被评为全国妇联基层组织建设示范社区；白云社区2013年12月被评为内蒙古五好基层关工委先进集体；阳光社区2011年12月被评为鄂尔多斯市文明社区。街道依靠社会组织开展志愿服务，打造知居民冷暖的“蓝色天使”品牌。白云社区退休工人刘显亮，带病打工20多年，捐资30多万元，救助38名贫困学生，2014年7月入选“中国好人榜”。阳光社区居民吕海英2012年3月创办准格尔义工协会，建留守儿童驿站4所，让300多名留守儿童得到关爱，筹集善款500多万元，帮助弱势群体4万多人，2014年12月被评为全国五星级优秀志愿者。

十二、兴隆街道

2010年11月，划出薛家湾镇的薛家湾村、王青塔村、邦郎太村，中心区、兴隆区、站北区3个居委会，设兴隆街道，以兴隆区居委会命名；撤兴隆区居委会，设鑫凯社区。2015年8月，薛家湾村划出部分区域，设周家湾社区。兴隆街道城区位于街道东南部，东邻蓝天街道，南邻迎泽街道，是准格尔旗人民政府驻地。城郊东邻蓝天街道、友谊街道，南邻迎泽街道，西邻薛家湾镇，北邻大路镇、薛家湾镇。北纬39°51′08″～39°56′35″，东经111°06′01″～111°15′42″。面积79.56平方千米。辖薛家湾、王青塔、邦郎太村3个村，中心、鑫凯、站北、周家湾4个社区。街道办事处驻中心社区。2015年，户籍人口15600户39000人，其中，城镇人口14350户35875人，流动人口1.7万人。

兴隆街道城区地处塔哈拉川北岸，鑫凯社区、中心社区“四横三纵”直角三角形街区，是全旗政治文化、金融商务中心，2015年建成区有4平方千米，有金融保险网点17家、商业服务网点1680个，常住人口约2.19万人。准格尔广场周边分布旗直党政机关，是全旗政治文化活动主要场所；兴隆市场建于1993年，是辖区首家综合市场；准格尔饭店2008年6月1日被评定为三星级饭店，为全旗首家三星级饭店；兴源步行街品牌专营店林立，购物者川流不息。

兴隆街道城郊种养业为城区供应肉蛋奶、瓜果菜，2014年建蔬菜早市摊点，让市民享用到地产新鲜果蔬。1997年11月，大准铁路薛家湾站投运；2000年12月，准东铁路周家湾站投运；

2006 年 11 月，接周家湾站呼准铁路投运，是全旗铁路煤炭发运中心，2010 年 11 月划归街道后，持续保持运力，吸纳就业。

兴隆街道改造老旧小区，更新地下管网、安装监控设备，美化小区环境。2014 年对独栋楼合理划片，以社区为单位选出联合业主委员会，独栋楼选出楼长，实现物业自我管理；2015 年扩展到城郊平房区、背街小巷等无人管理区，辖区 76 个小区 622 个楼道 19 万平方米，实现垃圾清扫清运全覆盖。2011 年，永安小区被命名为鄂尔多斯市文明小区。

十三、迎泽街道

2010 年 11 月，划出薛家湾镇巴汉图村、迎泽区居委会，设迎泽街道，以迎泽区居委会命名；撤迎泽区居委会，设曙光社区。2011 年 7 月，曙光社区划出部分区域设南山社区、湖西社区。2015 年 8 月，湖西社区划出部分区域，设湖东社区；南山社区划出部分区域，设南苑社区。迎泽街道位于旗人民政府驻地西南城郊，东邻友谊街道，南、西邻薛家湾镇，北邻兴隆街道。北纬 39°49′15″～39°52′43″，东经 111°06′52″～111°14′18″。面积 31.94 平方千米。辖巴汉图 1 个村，曙光、湖西、南山、南苑、湖东 5 个社区。街道办事处驻曙光社区。2015 年，户籍人口 49317 人，流动人口 2696 人，常住人口 4.66 万人。

迎泽街道党政办公楼，2022 年摄

迎泽街道市政区在塔哈拉川以南银泽片区、南山片区，有准格尔西路、南外环路、开源南路、万通街、太和路、103 省道两横四纵主干道，建成集金融商贸、住宿餐饮于一体的综合商业区。至 2015 年，建成区有 16.8 平方千米，有银行、保险网点 24 家，综合卖场 11 家，大型酒店 11 家，常住人口 4.66 万人。生力民爆集团 2011 年位列内蒙古民营企业百强第 39 位；世纪中学 2011 年晋升为内蒙古示范高级中学；中蒙医院 2012 年晋升为国家三级甲等医院；南山公园 2014 年被评为内蒙古自治区重点公园。

迎泽街道实行社区网格化管理，街道一级网格管理村、社区 6 个二级网格，居民小区 40 个三级网格，居民楼 97 个四级网格，网格员细化到人，一岗多责，居民大事小情兜在网中，网格管理无缝对接，服务居民零距离。湖西社区日间照料中心 2013 年 1 月投用，为生活困难老年人提供一日三餐、订餐配送、午间休息、日间娱乐等日间托养服务，是准格尔旗首家老年人社区日间照料中心，解决了子女照料老人后顾之忧。2015 年 3 月，湖西社区被评为内蒙古民主法治示范社区。

第二篇

自然环境

地貌

气候

水文

植被

资源

灾害

暖水乡圪秋沟村砒砂岩地貌，2011年10月汤世光摄

准格尔旗地处内蒙古高原和黄土高原接合部，位于鄂尔多斯高原东部，素有“七山二沙一分田”一说，北部黄河南岸冲积平原，其南库布齐沙漠东缘，中西部砒砂岩丘陵区，东南部黄土丘陵区。黄河北、东、南三面环绕旗界197千米，主要支流“三川一河”，十里长川、纳林川、犊牛川、呼斯太河。准旗地表沟壑纵横，地下资源富集。煤炭保有资源储量854.42亿吨，占鄂尔多斯市煤炭资源储量近41%；含煤面积5965.25平方千米，占全旗面积的79%。

龙口镇杜家峁村黄河太极湾，2010年8月李根万摄

第一章　地质·地貌

第一节　地质构造

鄂尔多斯盆地基底，由太古界到震旦系古老变质岩，经历数次地壳升降和海陆变迁，形成相对完整稳定的地质构造单元。准格尔旗地处鄂尔多斯盆地东北部，构造带南北走向，微向北西倾斜，倾角 1°～5°；构造层起伏平缓，无明显褶皱和断裂，为一个整体的简单地质构造。按地层沉积的回旋特点和整合特征，分为加里东运动、印支运动、燕山运动、喜马拉雅运动 4 个构造层。

一、乌兰格尔隆起东缘

神山经暖水至坝梁的东西向隆起，为准格尔旗南北分水岭，属鄂尔多斯盆地北部乌兰格尔隆起的东缘。奥陶纪加里东运动抬升鄂尔多斯地台，海退陆现发育形成。

暖水乡肯木肯村点什敖包，2020 年陈文俊摄

二、山西地台背斜西延

东部黄河沿岸隆起，属山西地台背斜向西的延伸。三叠纪印支运动，使准格尔旗东部边缘翘起，形成鄂尔多斯盆地东盆沿，造成山西地台与鄂尔多斯盆地分离。

三、黄河地堑

布尔陶亥大营盘以北黄河冲积平原，微向黄河倾斜，属黄河地堑。侏罗纪末燕山运动，使大青山升起，导致鄂尔多斯盆地北部基底断裂，沉降形成黄河地堑。

四、东鄂尔多斯高原

准格尔旗东南、西南广大山区，属鄂尔多斯高原东部。第三纪开始的喜马拉雅运动，鄂尔多斯盆地抬升为高原，风蚀与水蚀反向作用，造就沟壑纵横的高原构造。

准格尔旗地层断裂构造，集中在东部黄河沿岸和神山至坝梁隆起，发育程度由中东部向西、南部逐渐减弱。断层多为较小正断层，断层方向多为北西及东西向，断距一般 10～30 米，个别达 35 米。断层长度一般 2～5 千米，个别达 10 余千米。断层倾角 60° 以上，形成地堑式高角度正断层。德胜西东北部断层，多在同层内移位。

第二节　地　层

准格尔旗地层沉积较全，各界地层从老到新由东向西依次布展，多为连续沉积的整合接触。整体属台型沉积，东部黄河沿岸为隆起沉积，神山经暖水至坝梁也为隆起沉积，北部平原为槽型沉积。多次海侵到晚石炭纪海退，呈陆相沉积。三叠纪后沉积回旋清晰，岩性由粗变细，色相由红变黄。受加里东运动影响，神山经暖水至坝梁隆起，缺震旦纪、寒武纪、奥陶纪沉积；全境缺奥陶纪后期及志留纪、泥盆纪及石炭纪早期沉积。

一、元古界

鄂尔多斯地处华北海，火山活动持续，火山岩焊接成结晶基底；到震旦纪形成稳定变质岩地台。下部石英砂岩，上部砾质灰岩，海相沉积。出露于东部窑沟黄河沿岸。

二、古生界

鄂尔多斯地台接受海相沉积，形成越来越厚盖层。

寒武系。海进海退浅海相沉积旋回，白云岩为主，碳酸钙质。出露于东南部黄河沿岸。中统徐庄组，紫红、灰色页岩，石英砂岩；与下伏地层不整合接触；出露于东南部黄河沿岸。张夏组，灰色鲕状灰岩，竹叶状灰岩；与下伏地层整合接触；出露于东南部黄河沿岸。上统崮山组，灰色石灰岩，铁钙质；与下伏地层整合接触；出露于南部马栅、榆树湾黄河沿岸。凤山、长山组，白云岩夹页岩、砾状石灰岩；与下伏地层整合接触；出露于南部马栅、榆树湾黄河沿岸。

奥陶系。加里东运动抬升乌兰格尔东西向隆起，形成海退剥蚀区，只有下奥陶系地层，风化沉积铝土矿，出露于东部黄河沿岸。下统冶里、亮甲山组，结晶白云岩夹泥质白云岩；与下伏地层整合接触；出露于东南部黑湾、榆树湾黄河沿岸。马家沟组，泥灰岩与石灰岩互层，夹钙质页岩；与下伏地层整合接触；出露于东南部城坡、黑湾黄河沿岸。

石炭系。陆陷海侵，沉积陆海交互相泥岩夹煤地层，矿产丰富，形成准格尔煤田；分布于纳林川以东旗境广大地区。中统本溪组，海陆交互相。页岩、石灰岩、石英砾砂岩，向下铝、铁富集成矿；与下伏地层不整合接触；出露于东部城坡、焦稍沟、龙王沟、房塔沟、榆树湾黄河沿岸，及五色浪、黑岱沟等地；龙王沟以北，覆盖于奥陶系、寒武系地层。上统太原组，海陆交互相；石英砂岩、煤层、铝土互层；岩性由上向下变粗，从东往西减薄，含5层长焰煤；与下伏地层整合接触；出露于东部榆树湾—黑岱沟广大地区。石炭系二叠系山西组，海陆交互相，富含有机质；石英砂岩为主，含4层长焰煤；由东向西变粗，厚度变薄，与下伏地层整合接触；出露于东部榆树湾—黑岱沟广大地区。

二叠系。发育河湖沼泽相含煤沉积；出露于黑岱沟、魏家峁以西，暖水川以东大部地区。中统石盒子组，河漫滩相沉积，砂岩与泥岩互层；夹薄煤、铝土；由下而上岩性变细；与下伏地层不整合接触；出露于长滩、大饭铺等地。上统孙家沟组，河流相沉积；泥质岩层，与下伏地层整合接触；榆树湾、马栅最厚，向西向北递减，还出露于海子塔等地。

三、中生界

从三叠纪的印支运动末期到侏罗纪末燕山运动，使山西西部褶皱成山，奠定鄂尔多斯古陆四周高，中间低的内陆盆地地形。

三叠系。印支运动使准格尔旗东部边缘翘起，形成鄂尔多斯盆地边缘，构造变动自东向西减弱；干燥气候条件下陆相沉积，以红色砂砾岩为主，多出露于黑岱沟、魏家峁以西到暖水川以东大部地区。下统刘家沟组，河湖相红色砂岩；由东往西，由下到上，岩性变细；与下伏地层整合接触；出露于长滩、纳林等地区。和尚沟组，河湖相红色砂岩与泥岩互层；由东向西厚度变薄，岩性由细变粗。与下伏地层整合接触，出露于五字湾、德胜西等地。中统纸坊组，含砾石砂岩与砂质泥岩互层；与下伏地层整合接触；出露于五字湾、大路峁、暖水、准格尔召等地。上统延长组，含砾砂岩夹泥岩互层；与下伏地层不整合接触；地层抬升，沉积被剥蚀。

侏罗系。地球又一个成煤地层。陆相沉积煤系地层，属东胜煤田，出露于纳林川以西，纳日松、沙圪堵西南、暖水、准格尔召广大地区。下统富山组，河流相沉积，杂色砂岩夹泥岩；与下伏地层整合接触，向北厚度减薄；出露于西部五字湾、暖水等地。延安组，河流相、湖沼相沉积，红色砂岩含煤地层，由南向北递减，含 2 ～ 11 层不粘煤；与下伏地层整合接触；出露于西部纳日松、沙圪堵、暖水、准格尔召。中统直罗组，河流相沉积；为砂岩和泥岩互层，夹煤 10 层；自上而下、由南向北从细变粗，由厚变薄；与下伏地层整合接触；出露于准格尔召、暖水。安定组，湖泊相沉积；红色泥岩夹砂岩；与下伏地层整合接触；出露于准格尔召。末期燕山运动，鄂尔多斯盆地上升为剥蚀区，侏罗系地层遭侵蚀；大青山升起使盆地北部基底发生断裂，有玄武岩沉积。

白垩系。初期鄂尔多斯盆地接受沉积形成志丹组，为河湖相红色泥岩；与下伏地层超覆不整合接触；前房子出露完整，往北十二连城遭剥蚀，有玄武岩侵入；往西经布尔陶亥、暖水、准格尔召有沉积；晚期鄂尔多斯盆地抬升为剥蚀区，无沉积。

四、新生界

第三系。鄂尔多斯盆地仅沉积上新统地层，河流、湖泊相，钙质红土，层理不显；与下伏地层不整合接触；断断续续分布全旗广大沟谷两侧，北至大营盘、大沟，南至五色浪。

第四系。鄂尔多斯盆地经喜马拉雅运动抬升为高原，整体处于剥蚀状态，仅北部黄河沿岸下降接受沉积；与下伏地层不整合接触。风蚀和水蚀使更早地层裸露于沟谷。更新统马兰黄土夹黏土，土粒均匀，垂直节理发育，覆盖东南部丘陵、西南部高原地带，厚度变化大。更新统和全新统冲洪积砂砾层分布于河谷。全新统风积沙遍布库布齐沙漠及低洼沟谷。

大地的年轮　龙口镇大口村砒砂岩地层，2009 年汤世光摄

准格尔旗地层分布一览表

表 2-1 单位：百万年

地层单位				时间	构造运动		生物进化		出露地域
界	系	统	组		构造	运动	动物	植物	
新生界	第四	全新			鄂尔多斯高原	喜马拉雅	哺乳动物	被子植物	北部沙漠　全境沟谷
		更新	马兰	3					东南丘陵　西南高原
	第三	上新		10					零星分布全旗沟谷
中生界	白垩	下	志丹	145	黄河地堑	燕山	爬行动物		布尔陶亥　准格尔召
	侏罗	中	安定	174	东胜煤田			裸子植物	纳林川以西旗境
			直罗						
		下	延安	200		印支			
			富山						
	三叠	上	延长	235	鄂尔多斯盆地山西地台背斜				黑岱沟　魏家峁以西，暖水川以东旗境
		中	纸坊	247					
		下	和尚沟	252					
			刘家沟						
古生界	二叠	上	孙家沟	260					
		中	石盒子		准格尔煤田		两栖和鱼	蕨类植物	
	石炭		山西	318					纳林川以东旗境
		上	太原						
		中	本溪						
	奥陶	下	马家沟	458	乌兰格尔隆起	加里东	海生无脊椎动物	藻类植物	东部　南部黄河沿岸
			冶里亮甲山						
	寒武	上	凤山长山	497					
			崮山						
		中	张夏	500					
			徐庄						
	震旦			635	鄂尔多斯地台		细菌		东部窑沟黄河沿岸

第三节　地　貌

准格尔旗地处内蒙古高原和黄土高原接合部，位于鄂尔多斯高原东部。地势总体西北高东南低，由西向东逐渐倾斜，神山经暖水到坝梁一线略有隆起。最高点位于准格尔召镇乌兰哈达村库仑沟掌神山顶，海拔 1584.6 米，为鄂尔多斯市次高点；最低点位于龙口镇大口村黄河底，海拔 820 米，为鄂尔多斯市最低点。大部地区沟谷发育明显，沟网纵横密布，地表支离破碎，属丘陵沟壑地貌。

准格尔旗素有“七山二沙一分田”之说。根据南北地形差异，分为 4 个地貌类型区。

一、黄河冲积平原区

地处准格尔旗北部边缘，介于黄河与库布齐沙漠之间，位于十二连城乡、大路镇黄河沿岸。东西长40千米，南北宽8千米，面积205平方千米，占全旗总面积3%；地势平坦，从西向东微倾，海拔987.4～1095.1米。中生代晚期坳陷形成黄河地堑，河床反复南北移动，持续冲积洪积作用，到第四纪初形成河漫滩冲积平原地貌，冲积物为原层细沙和粒状土，是河套平原的一部分，属堆积地形。土壤潮土为主，土质肥沃，水资源丰富，引黄河水与呼斯太河水灌溉，是准格尔旗主要农业生产基地，由于地势平坦，排水不畅，地下水位1～3米，灌溉含盐余水汇集，土壤次生盐渍化。

二、库布齐沙漠区

地处准格尔旗北部，介于黄河南岸平原与中部坝梁一线隆起之间，位于十二连城乡南部、布尔陶亥苏木、大路镇北部、薛家湾镇北部。地势微起伏，西南高东北低，海拔1027～1421米；东西平均长70千米，南北平均宽34千米，面积1746平方千米，占全旗总面积23%。第四纪全新统风积沙形成的流动、半固定、固定沙丘地貌，属风积地形，是库布齐沙漠东缘，多为新月形沙丘，成片沙丘高达20米以上。风成沙性母质上发育的幼年土壤风沙土，丘间洼地水资源丰富，土质较好，农田、林地、草地广布，是准格尔旗主要牧业生产基地。

三、砒砂岩沟壑区

龙口镇大口村砒砂岩地貌，2016年马海军摄

地处神山经暖水到坝梁隆起一线以南，准格尔旗中西部广大地区，南接黄土丘陵沟壑区，位于准格尔召镇，暖水乡、沙圪堵镇大部、薛家湾镇西部、纳日松镇北部、龙口镇西部零星分布。地势北高南低，海拔1038～1584.6米，东西长84千米，南北宽62千米，面积3061平方千米，占全旗总面积41%；暖水乡砒砂岩严重裸露区面积915平方千米。古生界二叠系、中生界三叠系、侏罗系和白垩系的砾岩、砂岩、泥岩互层，沉积呈平水层理，色杂呈红白相间，陆相碎屑松散岩系，埋藏是岩，水蚀如泥、风化成砂，属剥蚀构造地形，主要土壤为栗钙土。地下埋藏煤层，属东胜煤田井田范围。旗境主要河流十里长川、纳林川、犊牛川、呼斯太河及黄河其他支流发源于该区，造成地表支离破碎，沟谷纵横密布，水土流失严重，是准格尔旗重要煤炭产区和生态建设区。

四、黄土丘陵区

地处东北部库布齐沙漠区以南、中西部砒砂岩沟壑区以南，准格尔旗东部、南部广大地区，南接晋陕黄土高原，位于薛家湾镇东部、龙口镇、沙圪堵镇南部、纳日松镇南部。地势北高南低，海拔820～1403米，东西长74千米，南北宽60千米，面积2527平方千米，占全旗总面积33%。第四界更新统马兰黄土夹黏土层陆相沉积，地下埋藏煤层，属准格尔煤田井田范围。土壤主要是黄绵土，土质疏松，农民世代开荒，倒山种田，草原植被变成旱作农田，在水蚀、风蚀和人为影响共同作用下，造成严重水土流失，沟谷发育，沟网密布，形成黄土丘陵地貌，裸露黄土呈现塬、坪、梁、峁等地形，相互连接成鞍形地段，旗人称“塌”，属剥蚀构造地形。该区光热充足，土层深厚，是准格尔旗重要煤炭产区和旱作农业区。

第二章 气 候

准格尔旗属中温带大陆性半干旱气候，日照充足，无霜期长，四季分明。冬季漫长而寒冷；春季气温起伏较大，干旱多风；夏季短暂而炎热，雨水集中，易发生局地性短时强降水、冰雹、大风等强对流天气，诱发洪涝灾害；秋季凉爽宜人。受季风影响，冬春季多西北风，夏秋季多西南风。

第一节 气象要素

一、气 温

1991—2015 年，准旗年平均气温 8.0℃，受全球变暖影响，比 1990 年之前多年平均气温升高 0.6℃。1 月气温最低，月平均气温 -10.4℃，极端最低气温 -30.4℃（2002 年 12 月 26 日）；7 月气温最高，月平均气温 23.4℃，极端最高气温出现在 2005 年 6 月 22 日，薛家湾镇 38.9℃，沙圪堵镇 40.4℃。昼夜温差较大，夏季平均日较差 12.2℃，冬季平均日较差 12.7℃。因纬度差异和地势影响，气温由西北向东南逐渐升高。

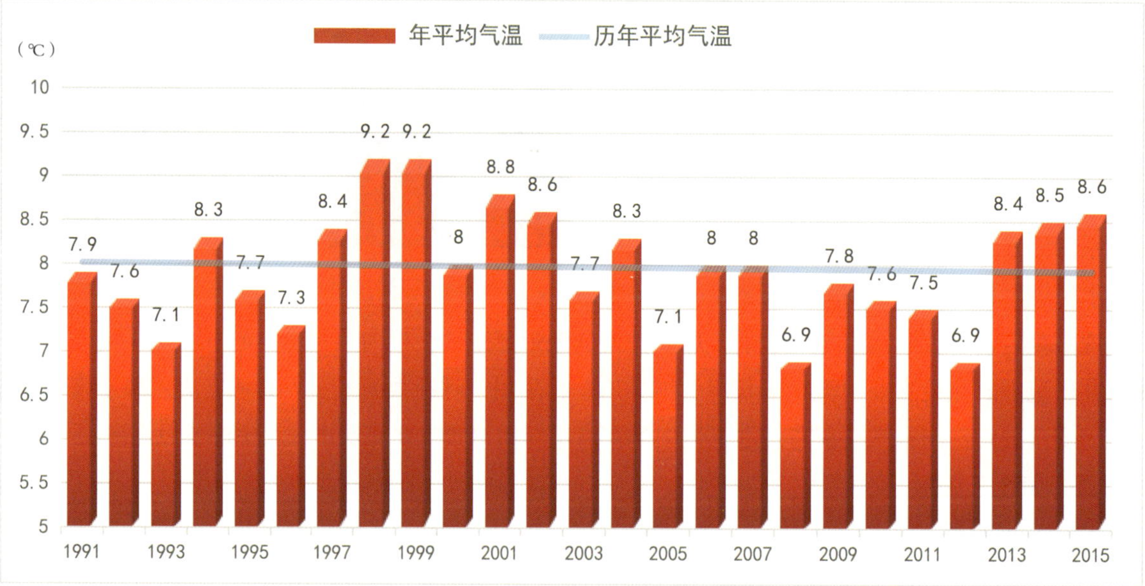

1991—2015 年准格尔旗年平均气温与历年平均气温对比图

二、气 压

1991—2015 年，准旗年平均气压 890.0 百帕；极端最高气压 922.3 百帕（2000 年 1 月 31 日），极端最低气压 858.8 百帕（2009 年 2 月 12 日）。

三、降　水

1991—2015 年，准旗年平均降水量 394.9 毫米，比 1990 年之前多年平均降水量减少 5.1 毫米。降水多在 4 月至 9 月，6 月至 8 月降水量占年降水量 60.8%；7 月至 8 月雨水最集中，历年平均雨量 191.7 毫米，占年降水量 48.5%，利于农作物生长，也会导致旱涝突出、旱涝急转成灾。年最大雨量 520.2 毫米（2003 年），年最小雨量 251.1 毫米（2000 年），日最大雨量 91.1 毫米（2012 年 7 月 21 日）。受地势影响，降水量自东南向西北递减。

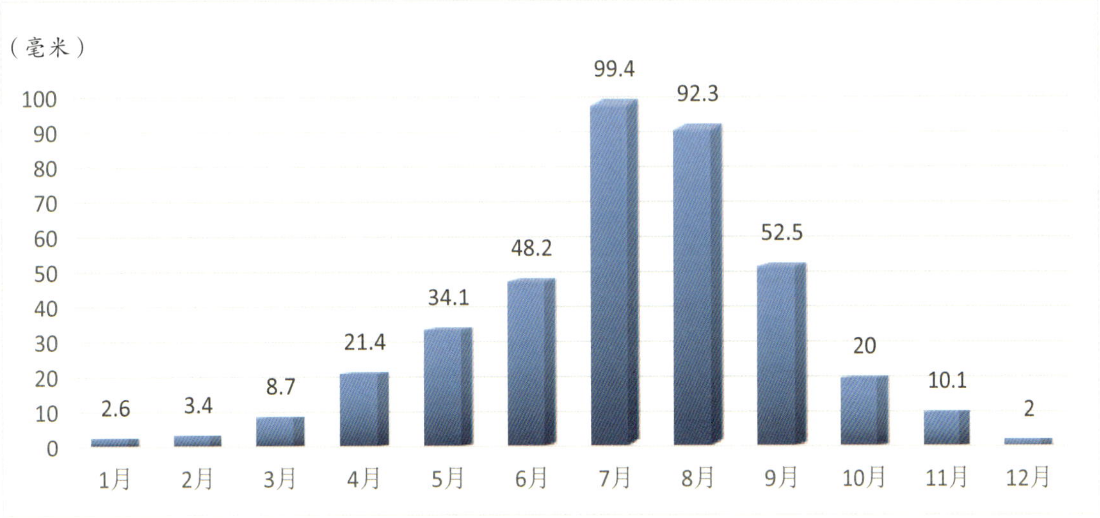

准格尔旗历年各月平均降水量

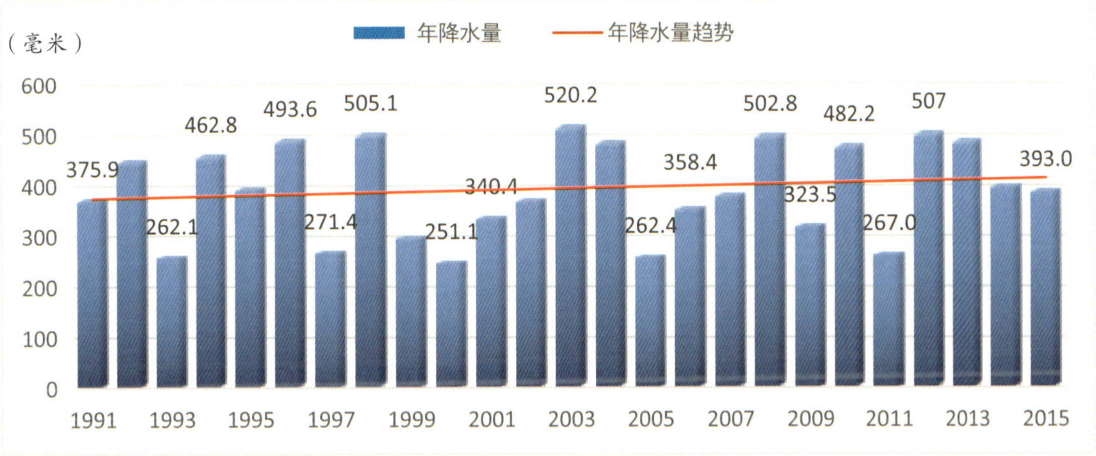

1991—2015 年准格尔旗年平均降水量与历年降水量对比图

四、湿　度

1991—2015 年，准旗年平均相对湿度 52%，最小相对湿度 0%（2010 年 11 月 17 日）。

五、日　照

1991—2015 年，准旗年平均日照时数 2881.98 小时，日照百分率 65%，年平均≥ 10℃的有效积温 3178.1℃，属日照充足地区。日照分布地区差异，西北部略多，东南部略少。

六、蒸　发

1991—2013 年，准旗年平均蒸发量 1974.56 毫米，是降水量的 5 倍。得益于植被生态改善，比 1990 年之前多年平均蒸发量减少 118.44 毫米。最大蒸发量 2284.7 毫米（2006 年），最小蒸发量 1617.7 毫米（2003 年）。中国气象局自 2014 年 1 月 1 日起，取消一般气象站蒸发观测。

七、风

准旗受季风影响，冬春季多西北风，夏秋季多西南风，多年风向西北风，最多风向频率 14%。风力地区分布不均，北部较大，中部次之，南部较小。1991—2015 年，多年平均风速 1.7 米 / 秒；极端大风 28.4 米 / 秒（2007 年 6 月 9 日）。历年平均大风日数 9 天。受地形起伏影响，常出现不定向风。

八、地　温

1991—2015 年，准旗 0 厘米平均地温 10.2℃，极端最高地温 66.6℃（2001 年 6 月 23 日），极端最低地温 -38.1℃（1998 年 1 月 7 日）。40 厘米平均地温 10.3℃，日平均最高地温 40.4℃（2000 年 7 月 20 日），日平均最低地温 -27.1℃（2002 年 12 月 25 日）。

九、冻　土

1991—2015 年，准旗冬季平均冻土深 111 厘米，最深冻土 140.0 厘米（2002 年 2 月 13 日）。

十、无霜期

1991—2015 年，准旗年平均无霜期 186 天，一般初霜日 10 月 2 日左右，终霜日 5 月 2 日左右。最长无霜期 232 天（2006 年），最短无霜期 156 天（1999 年）。

第二节　物　候

一、植物候

1991 年，准格尔旗气象局观测黄太平、小国光、苹果梨等 10 多种木本植物；1994 年调整为木本植物小叶杨、白榆、垂柳，草本植物苍耳、车前、蒲公英 6 种植物。多年观测结果显示：蒲公英 4 月 4 日进入萌芽期，4 月 14 日展叶盛期，5 月 10 日开花盛期，6 月 13 日种子全熟期，9 月 28 日黄枯期。小叶杨 4 月 5 日萌芽期，4 月 15 日花盛期，4 月 23 日叶盛期，10 月 8 日叶枯期，10 月 23 日落叶期。

1991 年，准格尔旗气象局观测糜子、春小麦、玉米 3 种农作物的气候生长规律，1998 年取消春小麦观测，增加马铃薯植物候观测。多年观测结果为农作物优化品种布局提供了依据。

准格尔旗部分农作物物候期一览表

表 2-2

作　物	播种（月 / 日）	出苗（月 / 日）	开花（月 / 日）	成熟（月 / 日）	生长期（天）
玉　米	4/29	5/15	7/25	9/25	150
土　豆	5/25	6/19	7/28	9/27	126
糜　子	6/8	6/16	8/6	9/11	96

多年观察结果显示，糜黍适应准旗气候特点。糜子芒种耕种，秋风收割，百余天生长期内，雨热同步，光照充足，满足生长需要。糜子干耕湿种，捉住青苗，就有一半；糜子干锄湿耧，顶如浇油。

二、动物候

1994 年，准格尔旗气象开始观测候鸟等动物候。多年观测结果显示，燕子清明谷雨间由南方迁来，营巢檐下繁殖，立秋后陆续南迁；大雁清明后由南方飞来，寒露后陆续南迁；豆雁通常 3 月 21 日始见，10 月 1 日绝见。

三、物候谚语

民间口口相传的农事谚语，是历代农耕实践的经验总结，其中不乏物候观察的基本规律。选录如下：

头九二九不出手，三九四九冰上走，五九六九消井口，

七九河开，八九雁来，九九加一九，耕牛遍地走。

三月三，柳毛干，牛牛圪虫往上钻。

清明前后，修剪果树；小满前后，安瓜点豆。

立夏杏花开，寒霜再不来。

五月小进，糜子早种；过了芒种，就给羊种。

大暑小暑，灌死老鼠。

处暑不出头，割谷喂老牛。

头伏耧地满灌油，二伏耧地半灌油。

立秋糜子四指高，出穗拔节到了腰。

秋分糜子寒露谷，霜降黑豆没生熟。

立秋天渐凉，处暑谷正黄。

白露雁南飞，糜子动镰开。

地冻车头响，蔓菁正才长。

十月寒冬蛇入地，腊月狐狸有盼啦。

第三章　水　文

第一节　黄　河

黄河环绕准格尔旗北、东、南三面，上游由西向东流到十二连城乡三十顷地村入境，东流到二道拐村为上游与中游地理分界点，对岸为呼和浩特市托克托县河口古镇；中游拐向由北向南流，流经大路镇、薛家湾镇，到龙口镇沙堧村拐向由东向西流，西流到大口村出境，流经准格尔旗197千米。北部、南部河道谷浅道宽，东部河道谷深道窄，两岸基岩裸露，呈“U”字形峡谷，河谷下切50～100米，河道宽500米左右。头道拐水文站实测水情，黄河干流准格尔旗段多年平均过境水量248亿立方米，年均流量606.92米^3/秒，年际最大平均流量1092.44米^3/秒（1976年），年际最小平均流量316.96米^3/秒（1997年），短时最大流量3020米^3/秒，出现在2012年汛期。平均年输沙量0.85亿吨，最大输沙量1.95亿吨（1967年），最小输沙量0.17亿吨（1987年）；年平均含沙量4.96千克/米^3，汛期7—10月含沙量6.13千克/米^3，非汛期含沙量1.94千克/米^3。

龙口镇杜家峁村九曲黄河，2010年汤世光摄

黄河准格尔旗段为封冻河段，封冻前有封河流凌，解冻时有开河流凌，凌汛最大流量3010米^3/秒。头道拐水文站实测冰情，封河流凌期一般为1月6日至27日；封冻期一般为11月26日至来年1月19日，平均河心冰厚0.99米，最大冰厚1.12米；一般每年开河期3月19日至31日，开河流凌期3月19日至4月9日。

黄河准格尔旗段月平均流量1954—1968年为847.83米^3/秒，汛期最大1839米^3/秒，非汛期最小305米^3/秒，凌汛期流量有所增加，最大流量是最小流量的6倍。上游刘家峡水电站1969年3月投运，龙羊峡水电站1986年10月投运，受水电站调节径流影响，黄河准格尔旗段月平均流量1987—2010年下降到502.83米^3/秒，夏季水电站蓄水，汛期流量最小231米^3/秒，冬季下泄发电，凌汛期流量最大826米^3/秒，最大流量是最小流量的3.6倍。丰水月由1945—1968年的雨季9月转为1987—2010年的开河3月；枯水月由1954—1968年封河前的1月转为1978—2010年开河后的5月。

第二节　黄河支流

准格尔旗大部分区域沟壑纵横，河网呈树枝状密布，地表水系属黄河流域，流域面积 7526 平方千米。地表水来自大气降水补给，7—9 月降水量占全年降水量 70% ～ 80%，个别年份高达 90%，年内和年际分配不均，只有呼斯太河、大沟长年流水，其他均为季节性河流。干流源于神山至坝梁隆起地带，向北、东、南三面汇入黄河，向北流入黄河的支流呼斯太河，向南流入黄河的支流从东到西分别为十里长川、纳林川、牸牛川。

呼斯太河发源于布尔陶亥苏木李家塔村鸡儿沟，向北流经十二连城乡，为准格尔旗与达拉特旗的界河，到董三尧村汇入黄河。干流长 65 千米，流域面积 406 平方千米，平均年径流量 1421 万立方米，出口断面设计 20 年一遇洪峰流量 1734 米 ^{3}/ 秒，平均流量 0.6 米 ^{3}/ 秒。

十里长川发源于布尔陶亥苏木孔兑沟村点素敖包，向南流经薛家湾镇、龙口镇，到长滩村出境，汇入黄河一级支流皇甫川，旗境干流长 76 千米，流域面积 673 平方千米，年平均径流量 3864 万立方米，最大洪峰流量 619 米 ^{3}/ 秒，最大清水流量 0.65 米 ^{3}/ 秒。

纳林川发源于布尔陶亥苏木达坝席利嘎查坝梁，向南流经沙圪堵镇，多条支流汇入，到特拉沟门村出境，汇入黄河一级支流皇甫川，旗境干流纵贯旗地 91 千米，流域面积 2142 平方千米，为旗境流域面积最大河流，年平均径流量 12924 万立方米，最大洪峰流量 6670 米 ^{3}/ 秒。

牸牛川由暖水川、四道柳川汇合而成。暖水川源于暖水乡榆树壕村暖水泉，四道柳川源于准格尔召镇乌兰哈达村神山沟，两川南流至纳日松镇二道柳村汇流后称牸牛川，南流到红进塔村出境，汇入黄河一级支流窟野河，旗境干流长 72 千米，流域面积 1593 平方千米，年平均径流量 8092 万立方米，最大洪峰流量 835 米 ^{3}/ 秒，最大清水流量 0.53 米 ^{3}/ 秒。

第三节　地下水

准格尔旗地下水以中部分水岭为界，南部为鄂尔多斯盆地地下水系统，北部为河套盆地地下水系统；根据含水介质类型，鄂尔多斯盆地地下水系统分为寒武—奥陶系碳酸岩岩溶裂隙水、石炭—侏罗系层状基岩裂隙水，河套盆地地下水系统分为白垩系碎屑岩裂隙孔隙水、呼包盆地第四系孔隙水。对照《生活饮用水卫生标准》（GB 5749—2006），准格尔旗地下水感观性状指标全部达标。

一、鄂尔多斯盆地地下水系统

位于中部分水岭以南广大丘陵山区，浅部为石炭—侏罗系层状基岩裂隙水系统，深部为寒武—奥陶系岩溶水系统，中间铝土质泥岩、页岩为隔水层。

东部岩溶水系统为天桥泉域一部分，含水层为寒武—奥陶系碳酸盐岩溶，东界黄河为补给侧，接受吕梁山西坡岩溶水和黄河渗漏补给，南界为排泄侧，形成南北向强径流带，为强富水区。总体水质良好，符合生活饮用水标准，可以满足各种用途。陈家沟门水源地，岩层挤压破碎，岩溶裂隙发育，径流通畅，补给充沛，是单斜断裂型蓄水构造。

石炭—侏罗系层状基岩裂隙水系统，沟谷纵横，切割强烈，大气降水补给条件差，地下基岩储水条件差，水量贫乏。水质总体较好，符合饮用水标准。束会川、牸牛川、沙梁川、清水川流域，储水层为侏罗系裂隙网格，沟谷切穿侏罗系地层，地下水由北向南径流，潜水受煤矿疏干水及矿渣溶滤水的影响，水质总体较差；纳林川流域储水层为三叠系裂隙网格，沟谷切穿三叠系地层，地下水由北向南径流，潜水径流不畅，水质易受蒸发影响变差；十里长川流域，三叠系地层分布川西，二叠系地层分布川东，地下水由北向南径流，下游潜水受煤矿疏干水或煤层淋滤水污染，pH 值超标率 31.58%，矿化度、硫酸盐超标率均为 21.05%；龙王沟、黑岱沟、罐子沟流域，储水层为二叠系—石炭系裂隙网格，地下水由西北向东南径流。

二、河套盆地地下水系统

位于中部分水岭以北沙漠和平原，包括白垩系裂隙孔隙水系统、呼包盆地第四系孔隙水系统。

白垩系裂隙孔隙水系统分布在分水岭至库布齐沙带之间，分布在大沟、孔兑沟、呼斯太河上游，接受大气降水补给，向北补给呼包盆地第四系孔隙水系统，水质偏碱性，符合生活饮用水标准。

大沟流域储水层为白垩系裂隙孔隙自流斜地，东胜组为含水层，泾川组为隔水底板，北侧下沉为排泄边，上新统地层为隔水顶板，接受大气降水补给，大沟切割东胜组含水层，接受补给和排泄。主要为潜水，局部为承压水，为富水区。孔兑沟流域和呼斯太河上游流域，孔兑沟流域为白垩系东南翘起自流盆地，呼斯太河上游流域为白垩系西部翘起自流盆地，上新统地层为隔水顶板，沟谷第四系孔隙水有常年性地表水补给，第四系潜水富水。

呼包盆地第四系孔隙水系统地势较低，受南部库布齐风积沙层地下水补给，潜水受地貌单元控制，承压水受地下构造控制，由于水位埋深较浅，蒸发强烈，pH 值超标率 40%，氟化物超标率 40%，水质较差，适用于农业和工业用水。湖积台地含水层为第四系地层，南界库布齐沙带为地下水侧向补给边，北界黄河为地下水侧向排泄边，西侧呼斯太河下游段切割潜水含水层，为排泄边，沙漠区潜水向北部湖积台地径流。冲湖积平原位于呼斯太河下游沟谷，南界鄂尔多斯北缘断裂为侧向补给边，北界黄河为侧向排泄边，含水层为第四系地层，上部为潜水，下部为承压水。

三、矿泉水

据内蒙古第一水文地质工程地质勘查公司对准格尔旗矿泉水的初步调查，全旗符合《饮用天然矿泉水（GB 8537—2008）》标准的矿泉水藏储地多达 10 处，主要分布在中部分水岭以南鄂尔多斯盆地深部寒武—奥陶系岩溶水系统和浅部石炭—侏罗系层状基岩裂隙水系统。水样含氟离子 0.33 ～ 1.4 毫克 / 升，矿化度 291.05 ～ 822.97 毫克 / 升，为低氟、低矿化淡水，酸碱度 7.74 ～ 8.24，为弱碱性水，水温 8 ～ 11℃，低温水。达到国家标准规定界限指标主要为锶，个别为锌和硒，锶元素含量 0.42 ～ 2.02 毫克 / 升，锌元素含量 0.42 毫克 / 升，硒元素含量 0.01 毫克 / 升。

特牛川支流暖水川源头暖水泉，侏罗系下统延安组裂隙中，地下水以泉群形式涌出地表。西泉暖水川源头有鱼流出，东泉圪秋沟源头有虾流出，四季长流，冬不结冰。经内蒙古地质科学研究所和北京市海淀区自然资源开发研究所检测，每升含锶 0.49 毫克，为富含微量元素锶的重碳酸钙镁型饮用天然矿泉水，泉水出露的主沟测得流量 3726 米 ^{3}/ 日。内蒙古第一水文地质工程地质勘查公司测定，剩余未开采流量 542.48 米 ^{3}/ 日，矿化度 0.33 ～ 0.57 克 / 升。全旗含锶矿泉水分布广泛，含锶含锌矿泉水分布在暖水乡哈必汉村，含锶含硒矿泉水分布在准格尔召镇炭窑渠村。

第四章　土壤·植被

第一节　土　壤

准格尔旗地处温带草原栗钙土地带，地带性土壤为栗钙土；受黄土母质影响，还有大面积地带性土壤黄绵土。还广泛分布沙土，零散分布潮土、盐土3类非地带性土壤。综合1985年第二次全国土壤普查资料、2009年第二次全国土地调查资料和2008年准格尔旗测土配方施肥项目7.7万公顷耕地数据，全旗耕地土壤有5类10亚类24属48种。

一、栗钙土

栗钙土属地带性土壤，准格尔旗地处温带草原栗钙土地带，栗钙土分布在库布齐沙漠以南，黄土丘陵以北广大丘陵侵蚀区，除中部地区成片分布外，西北部砒砂岩沟壑区、东南部黄土丘陵区，也与黄绵土、风沙土相间交错分布。栗钙土面积29438.3公顷，占全旗耕地面积38.23%，分为栗钙土、粗骨栗钙土、草甸栗钙土3个亚类，侵蚀结土、黄沙土、栗黄土、栗黑土、砒砂石土、栗淤土、栗红土和沙化栗钙土、洪淤土等10个土属21个土种。残积母质和洪积母质，通过腐殖质积累和钙化形成栗钙土。栗钙土土层薄，植物根系集中在5～15厘米表土层，大部分植物秋冬枯死，枯死植物残体一部分腐殖化，另一部分矿化。气温高、降雨少的气候条件，导致有机质的积累量大于分解量，形成8～20厘米的腐殖质层。栗钙土分布在半干旱地区，土壤淋溶较弱，表层残存的钙与植物残体分解释放的钙，在雨季以重碳酸钙形态向下淋洗，碳酸盐以斑块状、粉末状和核状在土壤剖面的中下部累积，在20～40厘米深处形成厚约20厘米的钙积层，碳酸钙含量5%～18%。栗钙土剖面分化成明显三层次，第一层为腐殖层，第二层为钙积层，第三层母质层，腐殖质层为栗色或灰色，厚度8～20厘米，结构为块状，质地为沙壤或轻壤，中壤。钙积层出现的栗钙土适宜农业生产，河谷阶地肥沃的草甸栗钙土为农业生产较好的土壤。

二、黄绵土

黄绵土分布于东部、南部黄土丘陵区，与栗钙土交错分布，面积22832.04公顷，占全旗耕地面积29.65%，分黄绵土、黄土、沙化黄绵土3个土属12个土种。黄绵土成土母质为黄土，土层深厚，平均厚度150厘米，质地从沙壤到轻壤，若有足够水分，能使植物根深叶茂，有利于有机质积累，由于黄土区水土流失严重，实际看到表土层厚仅20～30厘米，有机质含量小于1%；黄土从表层到心土层都有石灰反应，钙积层不明显，但有明显的碳酸盐形成的假菌丝，碳酸钙含量8%；黄绵土保水保肥性较好，垂直节理明显，疏松多孔，透水性较好。在水土保持工作和人为耕种过程不断加强的作用下，黄绵土的熟化过程就得到发展，形成肥沃的耕作层。

三、风沙土

风沙土主要分布在十二连城乡库布齐沙漠区，零星分布于丘陵缓坡，面积13929.06公顷，占全旗耕地面积18.09%，分为固定、半固定、流动风沙土3个亚类3个土属3个土种。成土母质主要是出露地表岩石风化颗粒物，其次是洪水冲刷沉积物，风是动力，沙是物质。由于植被稀疏，土壤侵蚀剧烈，沙源经风力的分选、搬运、堆积形成沙滩；随着时间的推移，植物的着生与繁殖，流沙逐渐被固定，有机质不断地积累，水热状况发生改变，逐渐形成风沙土。流动风沙土具备土壤肥力特征，处于成土最初阶段；半固定风沙土地表形成生草层，有机质积累增多，沙面变紧；固定风沙土地表生草层加厚，有机质积累更多，沙面紧密。气候条件适宜，人为利用合理，可以将流动风沙土改造成半固定风沙土。风沙土通体为沙质土，土壤肥力不协调，含量极低，漏水漏肥。

四、潮　土

潮土分布在十二连城乡黄河冲积平原、河谷阶地和丘间洼地，面积 8804.33 公顷，占全旗耕地面积 11.43%，根据成土过程分为浅色潮土、盐化潮土 2 个亚类，浅色的有沙土、沫土、两黄土、硬黄土、红泥、沙化潮土和白盐化土 7 个土属共 9 个土种。潮土成土母质是河流冲击物、洪积物，成土环境地下水位高，直接受地下水浸润，湿润和干旱交替影响，淤积大量铁锰结核氧化至还原层；潮土上的植物生长旺盛，根系层枯枝落叶密布，土壤水分充足，利于有机质积累，腐殖质层厚，含量高。潮土剖面分三层：腐殖质层，氧化还原层和潜育层。腐殖质层厚 40 厘米，暗褐色，团块状结构。氧化还原层 10 ～ 30 厘米，平均 15 厘米，黄褐色，有明显的锈纹锈斑和铁锰结核。经过耕作熟化或草甸植被腐化的潮土，地势平坦，土层深厚，水分养分充足，是准格尔旗水肥条件最好的土壤。但浅色沙土通体沙质土，表土层平均厚 20 厘米，地下水位 1 ～ 3 米，剖面有锈纹锈斑，漏水漏肥；黄河平原区潮土可溶性盐分含量高，形成盐化潮土，呈微碱性，盐分以氯化物为主。这两种潮土不利于作物生长。

五、盐　土

盐土零星分布于十二连城乡黄河冲积平原和库布齐沙漠的低洼地，面积 996.63 公顷，占全耕地面积 1.29%，只有草甸盐土亚类白盐土属白盐土种。封闭洼地排水不良，地下水位小于 1 米，可溶性盐类多为碳酸盐、重碳酸盐钙镁型水。由于降雨量少，蒸发量大，盐分淋溶弱，会上升至地表，结晶析出形成盐皮，土壤发生次生盐渍化，可溶性盐类含量大于 1%。盐土盐分集中于表层，盐分剖面呈漏斗形，中有锈纹锈斑，再下为潜育层。在干旱季节地表常潮湿或具有明显的盐霜、盐积壳，不适宜农作物生长。2014 年，清华大学华清农业公司在东不拉村试种碱地稻获得成功，打造出“十二连城碱稻米”品牌。

准格尔旗耕地土壤类型一览表

表 2-3　　单位：公顷

类	亚　类	土　属	土　种	面　积	分布地
栗钙土	栗钙土	强度侵蚀结土	强度侵蚀结土	37.10	暖水乡
		侵蚀黄沙土	轻度侵蚀黄沙土	5206.95	十二连城乡
			中度侵蚀黄沙土	5184.31	大路镇
		侵蚀栗黄土	轻度侵蚀栗黄土	209.82	十二连城乡
			中度侵蚀栗黄土	2775.01	十二连城乡
		侵蚀栗黑土	轻度侵蚀栗黑土	39.09	薛家湾镇
			中度侵蚀栗黑土	150.34	十二连城乡

续表 2-3

类	亚 类	土 属	土 种	面 积	分布地
栗钙土	栗钙土	侵蚀砒砂石土	强度侵蚀砒砂石土	530.09	布尔陶亥苏木
			耕种强度侵蚀砒砂石土	5095.58	大路镇
		侵蚀栗淤土	栗淤土	481.97	布尔陶亥苏木
			轻度侵蚀栗淤土	613.09	薛家湾镇
			中度侵蚀栗淤土	77.59	沙圪堵镇
		侵蚀栗红土	轻度侵蚀栗红土	462.66	沙圪堵镇
			中度侵蚀栗红土	2110.35	薛家湾镇
		沙化栗钙土	轻度沙化栗钙土	1.45	纳日松镇
			中度沙化栗钙土	740.80	十二连城乡
			严重沙化栗钙土	67.45	大路镇
			极重沙化栗钙土	306.13	大路镇
	粗骨栗钙土	粗骨栗钙土	粗骨栗钙土	2675.16	布尔陶亥苏木
	草甸栗钙土	洪淤土	沙质洪淤土	721.61	大路镇
			壤质洪淤土	1951.70	大路镇、准格尔召
黄绵土	黄绵土	黄绵土	黄绵土	457.92	薛家湾镇
			轻度侵蚀黄绵土	687.30	薛家湾镇
			中度侵蚀黄绵土	6977.00	布尔陶亥苏木
			强度侵蚀黄绵土	288.56	布尔陶亥苏木
			沙姜黄绵土	4373.17	布尔陶亥苏木
		黄土	黄土	55.41	薛家湾镇
			轻度侵蚀黄土	85.30	薛家湾镇
			中度侵蚀黄土	8488.63	薛家湾镇
			强度侵蚀黄土	15.35	纳日松镇
			剧烈侵蚀黄土	208.17	薛家湾镇
			砂姜黄土	1713.17	薛家湾镇
		沙化黄绵土	轻度沙化黄绵土	11.80	薛家湾镇
			中度沙化黄绵土	72.29	大路镇
			极重沙化黄绵土	397.97	薛家湾镇
风沙土	固定风沙土	固定风沙土	固定风沙土	5038.67	十二连城乡
	半固定风沙土	半固定风沙土	半固定风沙土	7839.42	十二连城乡
	流动风沙土	流动风沙土	流动风沙土	1050.97	十二连城乡

续表 2-3

类	亚 类	土 属	土 种	面 积	分布地
潮土	浅色潮土	浅色沙土	浅色沙土	1209.50	十二连城乡
		浅色沫土	浅色沫土	251.86	十二连城乡
		浅色两黄土	浅色两黄土	3342.17	十二连城乡
		浅色硬黄土	浅色硬黄土	431.34	十二连城乡
		浅色红泥	浅色红泥	5.86	十二连城乡
		沙化浅色潮土	中度沙化潮土	285.70	十二连城乡
			严重沙化潮土	142.25	十二连城乡
			极重沙化潮土	83.70	十二连城乡
	盐化潮土	白盐化土	白盐化土	3051.95	十二连城乡
盐土	草甸盐土	白盐土	白盐土	996.63	十二连城乡
合 计				77000.31	全旗

第二节 植 被

准格尔旗植被显示干旱草原景象。因地势起伏不大，植被群落垂直分布不甚明显，只是在水平分布上受局部环境的变异由南向北转移。木本植物，西南部以针叶林为代表，东北部以杨、柳、榆等阔叶林为代表。

一、自然植被

此类植被主要分布于准格尔旗西南部，代表地有纳日松镇阿贵庙村、山不拉村、准格尔召镇神山村。留存针叶次生林和林内原生草灌植物，是鄂尔多斯市植被保存最为完好的地区。树种以油松、侧柏、杜松为主群系，多与杨、柳、榆等阔叶树，沙棘、柠条等组成乔灌混交林。林地草本群丛有茭蒿、铁杆蒿群丛，多叶闭穗、羽茅、茭蒿、达乌里胡枝子、碱草群丛；伴生种有，芨芨草、沙芦草、碱草、狗尾草、马蔺、拟苇、野青茅、黄精、山丹、知母、山萝花、狼毒、麻黄、远志、二色棘豆、地椒、茵陈蒿、冷蒿、阿尔泰紫菀等 300 余种，覆盖度 80% 以上。自然植被由于受局部环境的支配，建群种呈现较大差异。主要有以下几类：

沙生植被群。准格尔旗北部区和西南部区因地处库布齐沙漠东缘和毛乌素沙地延伸地段，常受风沙影响，形成了以沙生植物为主的植物群落。在流动的沙丘上，因沙粒流动性大，植物难以适应这种恶劣的环境，偶见植物有沙竹、沙米、沙芥和沙蒿等。在半固定沙地上，沙粒基本停止移动，适应这种较剧烈变化环境的植物种略有增加，形成了以下一些群丛：沙蒿、沙米群丛；沙蒿、虫实（绵蓬）群丛；沙蒿、狗尾草群丛；沙蒿、沙竹群丛；沙蒿、碱草群丛；沙蒿、野青茅群丛等；在固定沙地上，因流沙被植物完全固定，常见的沙生植物也就长期定居下来，出现了群居的沙蒿，达乌里胡枝子群丛。覆盖度 40%～50%。伴生植物有狗尾草、金樱子、碱草等。

川塔植被群。这类植被主要分布在川塔沟畔的滩塔坡地上，常见植物群丛柠条群丛，还有狗尾草、小画眉草和虎尾草群丛。伴生种有：蒲公英、蒺藜、苍耳、臭蒿、太阳花、砂珍棘豆、猪毛菜、

沙圪堵镇神山村原始次生林，2019年陈文俊摄

赤心藜、灰绿藜、阿尔泰紫菀等，覆盖度50%以上。

草甸植被群。这类植被主要分布在一些下湿地和黄河沿岸，零星分布。主要的建群种有：寸草、扁穗草、海乳草、大车前、蒲公英、水葫芦苗、马蔺、芨芨草、碱草、苦豆子、黄鼠草等。

水生植物群仅分布于准旗小型水库，沙丘洼地，水海子及湖泊周围。主要的建群种有：蒲草、眼子菜、水毛茛、青萍、芦苇、荆三棱鹿草、沼泽兰、三尖草、泽泻、水蓼等，覆盖度在80%以上。

二、人工植被

防风固沙植被：此类植被以北部沙区西南部部分地区为代表。营造的主要树种有：小叶杨、加拿大杨、北京杨、河北杨、沙柳、榆树、白柠条、小柠条、柽柳等。林下植物群落以茵陈蒿、地丁为主，伴生植物有黄鼠草、细叶大戟、沙椒、泡泡草、达乌里胡枝子、多叶闭穗、羽茅、羊角蒿、芨芨草、草木栖状紫云英等，覆盖度50%以上。

水土保持植被：准旗黄土丘陵山区营造了多样化的水土保持林。缓坡地带以种植柠条为主，营造网格状或带状护坡林，梁峁和分水岭处多造块状林，主要以种柠条、柽柳、簸箕柳为主。大型林业生态工程实施以来，准旗大面积营造以油松、山杏、沙棘、柠条为主要树种的混交林，实行封山育林，野生的林地植被恢复了生机，增加了茭蒿、羽茅、铁杆蒿等群落。伴生植物有碱草、芨芨草、花米口袋、百里香、远志、泡泡草、阿尔泰紫菀、刺儿菜等近200种，覆盖度60%以上。

护岸植被：全旗境内被多条大川分割，东北部区又被黄河所绕，其岸边的农田常常被洪水冲毁淹没，群众沿川岸、沟、渠营造零星的护岸林。主要的树种为：小叶杨、旱柳、沙柳、乌柳、沙棘、簸箕柳、柽柳等，还栽种一些草本植物，如马蔺、芨芨草等。

第五章　自然资源

第一节　土地资源

准格尔旗土地资源有限。1991—2015 年，交通运输用地、城镇和农村居民点及工矿建设用地、林地面积增加，草地、耕地、湿地和水面减少。建设用地面积持续增加，农用地面积相对减少，土地供需矛盾加剧，土地成为紧俏资源。

一、耕　地

1991 年第一次全国土地调查，准格尔旗土地面积 75.30 万公顷，其中耕地 11.97 万公顷，占土地面积 15.9%。旱地 11.13 万公顷，水浇地 0.84 万公顷，分别占耕地的 92.98%、7.02%。

2010 年第二次全国土地调查，准格尔旗土地面积 75.51 万公顷，其中耕地 7.61 万公顷，占土地面积 10.08%。旱地 6.51 万公顷，水浇地 1.10 万公顷，分别占耕地面积的 85.55%、14.45%。

2015 年，准格尔旗耕地面积 7.43 万公顷，占土地面积 9.84%。旱地 6.31 万公顷，水浇地 1.12 万公顷，分别占耕地面积的 84.93%、15.07%。

25 年时间减少耕地面积 4.54 万公顷，减少了 37.93%。

二、林　地

1991 年第一次全国土地调查，准格尔旗林地面积 13.57 万公顷，占土地面积 18.02%。其中，灌木林 8.71 万公顷，有林地 4.05 万公顷，其他林 0.80 万公顷。

2010 年第二次全国土地调查，准格尔旗林地面积 22.04 万公顷，占土地面积 29.27%。其中，灌木林 11.63 万公顷，有林地 5.43 万公顷，其他林 4.98 万公顷。

2015 年，准格尔旗林地面积 21.61 万公顷，占土地面积 28.54%。其中，灌木林 11.40 万公顷，有林地 5.25 万公顷，其他林 4.96 万公顷。

25 年间增加林地面积 8.04 万公顷，增长了 59.25%。

三、草　地

1991 年第一次全国土地调查，准格尔旗草地面积 40.34 万公顷，占土地面积 53.57%。其中，人工牧草 0.62 万公顷。

2010 年第二次全国土地调查，准格尔旗草地面积 39.44 万公顷，占土地面积 52.14%。其中，天然牧草 35.46 万公顷，人工牧草 0.29 万公顷。

2015 年，准格尔旗草地 21.61 万公顷，占土地面积 28.62%。其中，天然牧草 35.40 万公顷，人工牧草 0.05 万公顷。

25 年间减少草地面积 18.73 万公顷，减少了 46.43%。

四、湿地和水面

1991 年第一次全国土地调查，准格尔旗湿地和水面 2.65 万公顷，占土地面积 3.52%。其中，内陆滩涂 1.96 万公顷，河流水面 0.52 万公顷，水库水面 0.02 万公顷，坑塘水面 0.10 万公顷，沟渠 0.03

万公顷，水工建筑用地 0.02 万公顷。

2010 年第二次全国土地调查，准格尔旗湿地和水面 1.93 万公顷，占土地面积 2.55%。其中，内陆滩涂 1.35 万公顷，河流水面 0.37 万公顷，水库水面 0.04 万公顷，坑塘水面 0.14 万公顷，水工建筑用地 0.02 万公顷。

2015 年，准格尔旗湿地和水面 1.93 万公顷，占土地面积 2.55%。其中，内陆滩涂 1.34 万公顷，河流水面 0.38 万公顷，水库水面 0.05 万公顷，坑塘水面 0.14 万公顷，水工建筑用地 0.02 万公顷。

25 年间减少湿地和水面 0.72 万公顷，减少了 27.17%。

五、其他土地

1991 年第一次全国土地调查，准格尔旗沙地 4.88 万公顷，交通运输用地 0.35 万公顷，城镇和农村居民点及工矿用地 0.99 万公顷。

2010 年第二次全国土地调查，准格尔旗沙地 1.16 万公顷，交通运输用地 0.81 万公顷，城镇和农村居民点及工矿建设用地 2.06 万公顷。

2015 年，准格尔旗沙地 1.13 万公顷，交通运输用地 1.07 万公顷，城镇和农村居民点及工矿建设用地 2.36 万公顷。

25 年间沙地面积减少 3.75 万公顷，减少了 67.84%；交通运输用地增加 0.72 万公顷，增长了 205.72%；城镇和农村居民点及工矿建设用地增加了 1.37 万公顷，增长了 138.39%。

第二节　水资源

准格尔旗黄河过境客水源源不断，但可用水指标仅 15890.06 万立方米 / 年；自产地表水资源总量年平均 36102.86 万立方米，但利用率不高；地下水资源贫乏，概算年可采量 21418.56 万立方米。准格尔旗年可用水资源 73411.48 万立方米。

2000—2015 年，准格尔旗供水总量由 2000 年的 5203 万立方米，增加到最高 2012 年的 15259 万立方米，增加了近 3 倍。2015 年下降到 14037 万立方米，其中，地表水源供水量 6514 万立方米，地下水源供水量 6309 万立方米，其他水源供水量 1214 万立方米。

一、黄河过境水

1987 年 9 月 11 日，国务院办公厅转发国家计委和水电部《关于黄河可供水量分配方案报告的通知》（〔1987〕61 号），内蒙古自治区分配给准格尔旗初始用水指标 4730 万立方米 / 年。为解决引黄灌溉费水，沿黄工业缺水的突出矛盾，水利部从 2003 年 4 月开始在内蒙古、宁夏实施水权转换，企业投资节水灌溉，节余出来的水用于工业发展，准格尔旗获得黄河水权转让指标 9047.66 万立方米 / 年，其中一期黄河水权转让指标 3819.17 万立方米 / 年，二期从黄河南灌区杭锦旗获得黄河水权转让指标 2205.26 万立方米 / 年。2014 年 1 月 20 日，内蒙古自治区政府批转盟市间黄河干流水权转让试点方案，把河套灌区巴彦淖尔市的农业用水，转换到呼包鄂地区，准格尔旗又获得跨盟市黄河水权转让指标 3023.23 万立方米 / 年。至此，全旗累计获得黄河水权指标 15890.06 万立方米 / 年。

二、自产地表水

2015 年 6 月 26 日，准格尔旗水务局发布《水资源管理工作“十三五”规划》，根据《内蒙古自治区水资源综合规划》成果，准格尔旗平均年自产地表水资源量 32194 万立方米。平均年地下水资源量 9714.05 万立方米，地下水可开采量 3214.73 万立方米。扣除地表水和地下水重复计算量 5805.19 万立方米，全旗平均年地表水资源总量 36102.86 万立方米。由于降水年内分配不均，降水后易形成洪水，拦蓄工程少，自产地表水利用率低。全旗年平均径流总量 4.30 亿立方米，库坝总库容 1.8 亿立方米，仅占地表水总量的 13%，除去基流量 14153.3 万立方米，年地表水净流量 28855.3 万立方米。

三、可用地下水

准格尔旗地下水资源较为贫乏。2015 年 6 月至 2016 年 6 月，内蒙古自治区第二水文地质工程地质勘查院对准格尔旗地下水资源进行勘查，2018 年 7 月提交《准格尔旗地下水资源勘查与区划报告》，圈定两个富水地段，岩溶区二旦桥村—龙口岩溶水富水地段、白垩系东胜组大路—乌兰不浪裂隙孔隙水富水地段；两个相对富水区，大沟下游第四系孔隙水相对富水区、呼包盆地库布齐沙带—黄河第四系孔隙水相对富水区。概算全旗地下水资源量 123.26 亿立方米，补给量 3.93 亿米^3/年，可采量 2.14 亿米^3/年。

鄂尔多斯盆地寒武—奥陶系岩溶水系统二旦桥村—龙口富水地段，位于岩溶区中部，东西宽 15 ～ 25 千米，南北长 65 千米，面积 1226.65 平方千米，含水层厚 105.8 ～ 290.91 米，接受来自黄河以东岩溶区侧向补给和黄河水渗漏补给，自二旦桥村向龙口方向形成强径流带，到龙口以地下径流方式向南排泄，该地段有多处水源地，供城镇生活用水、工业用水。

河套盆地白垩系裂隙孔隙水系统大路—乌兰不浪富水地段，东西宽 32 千米，南北长 5.5 ～ 9 千米，面积 259.45 平方千米，含水层厚 43.96 ～ 178.40 米，该富水地段位于白垩系东胜组承压水的强径流带上，隔水底板为白垩系泾川组泥质砂岩，含水层东胜组砂岩，孔隙发育，顶部覆盖风积沙接受大气降水补给，承压水农业灌溉，苗家滩水源地供城镇生活用水。

河套盆地白垩系裂隙孔隙水系统大沟下游第四系相对富水区，位于大沟下游大树湾—沟门一段，长 5 千米，宽 400 ～ 700 米，面积 2.5 平方千米，含水层厚 4.82 ～ 8.87 米，该富水区接受大沟中游地下水侧向补给，沟内常年性流水补给，孔隙水在沟口向下游排泄入沿黄河滩地。

呼包盆地库布齐沙带—黄河第四系孔隙水系统相对富水区，分布于库布齐沙带到北部黄河，东西宽 45 千米，南北长 17 千米，面积 718.52 平方千米，含水层厚 31.39 ～ 64.19 米，主要为潜水和半承压水，该富水区接受大气降水补给，地下水从南向北径流，主要排泄项为蒸发和人工开采，剩余北侧补给黄河，以农业灌溉为主。

准格尔旗地下水资源一览表

表 2-4

地下水系统				储存量（亿立方米）	年补给量（万立方米）	年可采量（万立方米）
河套盆地	白垩系裂隙孔隙水	沟谷第四系潜水	大　沟		3215.15	288.00
			孔兑沟		318.79	33.70
			呼斯太河上游		1788.59	16.45
			小　计		5322.53	338.15
			大沟下游相对富水区	0.03	288.00	288.00
		东胜组承压水	总　量	31.35	1008.79	907.91
			大路—乌兰不浪富水地段	2.50	821.25	739.13

续表 2-4

地下水系统				储存量（亿立方米）	年补给量（万立方米）	年可采量（万立方米）
河套盆地	呼包盆地第四系孔隙水		总　量	58.02	5204.06	3382.64
			库布齐—黄河相对富水区	57.14	5204.06	3382.64
	合　计			89.40	6551.00	4628.7
鄂尔多斯盆地	石炭—侏罗系裂隙水	沟谷第四系潜水	牸牛川		2016.91	165.23
			清水川		697.69	138.89
			纳林川		5680.71	442.18
			十里长川		1631.12	127.34
			小　计		10026.43	873.64
	寒武—奥陶系岩溶水		总　量	33.86	22737.46	15916.22
			二旦桥—龙口富水地段	26.51	22737.46	15916.22
	合　计			33.86	32763.894	16789.86
总　计				123.26	39314.894	21418.56

第三节　生物资源

2010 年 9 月到 2011 年 5 月，内蒙古自治区第二林业监测规划院对准格尔旗林业资源进行调查，2011 年 12 月提交《准格尔旗森林资源调查报告》，这一调查成果，全面系统展示了准格尔旗的野生植物和动物资源。

一、野生植物

准格尔旗植物兼有华北植物区系和蒙古植物区系的种类，该项目查明植物有 3 门 82 科 257 属 463 种。其中蕨类植物门有卷柏、木贼、中国蕨等 3 科 3 属 6 种，常见问荆、芨芨草、银粉背蕨等；裸子植物门有松、柏、麻黄 3 科 6 属 9 种，常见青海云杉、油松、草麻黄等；被子植物门有藜、蔷薇、豆、菊、禾本等 76 科 248 属 448 种，其中，乔木树种有油松、侧柏、垂柳、山桃、山杏等；灌木树种有北沙柳、沙棘、秦晋锦鸡儿、灰栒子、胡枝子等；草本植物种类繁多，有食用、药用、饲草、肥料、染料、观赏等，常见猪毛菜、白屈菜、瓦松、黄芪、红柴胡、山苦菜、芝麻菜、芨芨草等。

准格尔旗有国家重点保护植物 8 种。

白扦（别名红扦），裸子植物门松科云杉属，乔木，中生植物；生于山地阴坡、半阴坡或沙地，常组成纯林或与其他针阔叶树种成混交林；木材可供建筑、土木工程、枕木、家具、包装箱及木纤维工业原料等用材，亦可作为城市庭园绿化树种。

钻天杨（别名美国白杨），被子植物门杨柳科杨属，乔木，中生植物；喜光、耐寒、耐旱，材质松软，供造纸及火柴杆用；树皮含丹宁 3.3%，可作饲草，属于中等饲用植物；树干高大挺直，可作防护林及行道树用。

胡桃（别名核桃），被子植物门胡桃科胡桃属，乔木，阳性树种；喜生于排水良好、土层深厚的砂质壤土、石灰性土壤上；木材坚实、纹理美观、不翘不裂，为重要军工及家具用材；核桃仁含油率 60% ～ 74%，含蛋白质 17% ～ 27%，可作滋补食品；种子能入药，补肾、润肠，也入蒙药；外果皮及枝条含单宁，可作染料及鞣制皮革；外壳制活性炭。

芍药，被子植物门芍药科芍药属，多年生草本；生于山地和石质丘陵的灌丛、林缘；种子含油量约 25%，供制皂和涂料用，根和叶含鞣制，可提质栲胶；根入药，能清热凉血、活血散瘀，也作蒙药用；花大而美丽，可供观赏。

黄芪，被子植物门豆科黄芪属，多年生草本，中生植物；生于林间草甸及林缘灌丛；根入药，补气、固表、托疮生肌、利尿消肿，也入蒙药，止血、治伤；可作兽药，治风湿，根茎 10 倍水浸液对马铃薯晚疫病菌有 50% 的抑制作用。

蒙古黄芪（变种），被子植物门豆科黄芪属，多年生草本，旱中生植物；散生于山地灌丛及林缘，经济用途同黄芪。

猬实（别名千层皮），被子植物门忍冬科猬实属，灌木，喜光，有一定的耐阴性、耐寒、喜排水良好、湿润肥沃的砂质壤土，较耐干旱瘠薄；生于山坡、路边和灌丛中；花色鲜艳，果形奇特，著名观赏植物。

三叶犁头尖（别名半夏），被子植物门天南星科犁头尖属，多年生草本，中生植物；生于荒地或农田中；块茎可作半夏入药，燥湿化痰，降逆止呕，消痞散结，外用消肿止痛。叶可作猪、牛饲料，属劣等饲用植物。

二、野生动物

准格尔旗陆生野生动物区系的主体由中亚型的草原和荒漠动物群组成，属于古北界—中亚亚界—蒙新区—西部荒漠亚区。该项目查明全旗有野生动物 4 纲 23 目 56 科 120 属 540 余种。鱼纲有 3 目 5 科 25 种，常见鲤鱼、鲢鱼、草鱼、鲫鱼、鲶鱼等；两栖类有无尾目 2 科 4 种，花背蟾蜍、中华蟾蜍、中国林蛙、黑斑蛙；爬行纲有蜥蜴、蛇 2 目 3 科 3 属 8 种，主要有草原沙蜥、麻蜥、白条锦蛇等；鸟纲有雁形、隼形、雀形、鸮形等 17 目 41 科 149 种，常见麻雀、喜鹊、乌鸦、石鸡、家燕等，也见鸳鸯、环颈雉、啄木鸟、百灵鸟、猫头鹰等；哺乳纲有食虫、翼手、食肉、兔形、啮齿 5 目 10 科 22 属 30 种，常见鼠、兔、狐、獾、黄鼬、蝙蝠等；昆虫类有 14 目 100 余科 350 余种，种类数量繁多；软体类动物有蜗牛、河蚌、河螺等；环节类动物有蚯蚓、水蛭等；多足类动物有蚰蜒、蜈蚣等。

国家重点保护动物集中在鸟纲，其中国家一级保护动物 3 种，二级保护动物 28 种。

黑鹳（别名乌鹳），鸟纲鹳形目鹳科鹳属，体型大。栖息于河流、沼泽地；喜在沼泽地取食各种鱼类；多在河流两岸或沼泽地附近的悬崖峭壁上营巢；为旅鸟，国家一级保护动物。

东方白鹳（别名老鹳），鸟纲鹳形目鹳科鹳属，体型大。栖息于有稀树生长的河流、水渠岸边及其附近的沼泽地和草地，有时也到有稀树生长的农田活动；以鱼类为食；常在杨树、柳树、榆树顶端枝杈上营巢，雌雄亲鸟共同营巢；为旅鸟，国家一级保护动物。

环颈雉

草原雕

苍　鹭

赤麻鸭

大鸨，鸟纲鸨形目鸨科鸨属，体粗大。栖息于平坦或起伏的开阔低草平原；主要以植物性食物为食；营巢于地面，巢极简陋；为旅鸟，国家一级保护动物。

准格尔旗有国家二级保护动物 29 种，鸟纲鹈形目鹮科的白琵鹭，为旅鸟。雁形目鸭科的鸳鸯、大天鹅、小天鹅、疣鼻天鹅，为旅鸟。隼形目鹰科的苍鹰、雀鹰、松雀鹰、白尾鹞、白腹鹞、白头鹞、黑鸢，为夏候鸟；秃鹫、草原雕，为旅鸟；大鵟为留鸟；隼科的红脚隼、猎隼、燕隼、灰背隼，为夏候鸟；游隼为旅鸟；红隼、黄爪隼，为留鸟。鹤形目鹤科的蓑羽鹤、灰鹤，为旅鸟。鸮形目鸱鸮科的雕鸮、纵纹腹小鸮、短耳鸮、长耳鸮，为留鸟。

哺乳纲食肉目猫亚科猫属的草原斑猫，也属国家二级保护动物。

第四节　矿产资源

2018 年 12 月 29 日，内蒙古自治区人民政府《关于阿巴嘎旗等 73 个旗县（市、区）矿产资源总体规划的批复》（内政字〔2018〕122 号），批准《准格尔旗矿产资源总体规划（2016—2020 年）》。规划公布了准格尔旗 2015 年年底主要矿产资源保有量。

准格尔旗是鄂尔多斯市重要的矿产资源分布区，具有矿产分布较集中、资源储量规模大的特点。到 2015 年年底，全旗发现各类矿产 22 种。其中，能源矿产煤、煤层气、油页岩 3 种，金属矿产铁、铝、镓 3 种，化工原料非金属矿产硫铁矿、电石用石灰岩、化工用白云岩 3 种，冶金辅助原料矿产耐火黏土、铁矾土 2 种，建筑材料及其他非金属水泥用灰岩、制灰用石灰岩、水泥配料用黏土、砖瓦黏土、建筑石料、建筑用砂、玻璃用砂、石英砂、泥炭、高铝黏土 10 种及矿泉水。列入 2015 年内蒙古自治区矿产资源储量表的矿种有煤炭、耐火黏土、高岭土、铁矾土、硫铁矿、化工用白云岩、水泥用灰岩、铁矿、水泥配料用黏土共 9 种。资源储量列鄂尔多斯市首位的矿种有煤炭、耐火黏土、高岭土、铁矾土、化工用白云岩、水泥配料用黏土、硫铁矿共 7 种。优势矿产是煤炭、耐火黏土、高岭土。

2015 年准格尔旗主要矿产储量统计表

表 2-5　单位：万吨

矿产名称	保有储量	基础储量	资源量	资源储量	全市位次
煤　炭	—	1619763.90	6924475.40	8544239.30	1
耐火黏土	11.30	21.00	19728.90	19749.90	1
高岭土	175.60	274.60	409.90	684.50	1
铁矾土	23.70	48.30	1014.30	1062.60	1
化工用白云岩	—	—	474.10	474.10	1
水泥配料用黏土	945.00	2333.00	—	2333.00	1
硫铁矿	—	278.20	—	278.20	1
铁　矿	—	37.10	—	37.10	2
水泥用灰岩	572.20	672.80	4059.00	4731.80	2

一、煤　炭

煤炭是准格尔旗优势矿产，储量极为丰富。全旗煤炭资源勘查程度较高，已勘查面积达全旗面积的40%。具有煤质好、埋藏浅、煤层厚、地质构造简单、开采条件优越等优点。下限至1990年的《准格尔旗志》（内蒙古人民出版社1993年4月版）记载，全旗煤炭资源储量520亿吨；《准格尔年鉴（1992—2000）》记载，全旗探明煤炭资源储量544亿吨，自此，准旗长期号称煤炭资源储量544亿吨。至2015年年底，全旗煤炭上表矿区44处，其中大型矿区30处，中型矿区4处，小型矿区10处。保有煤炭资源储量854.42亿吨，占鄂尔多斯市煤炭资源储量近41%；含煤面积5965.25平方千米，占全旗总面积79.00%。

准格尔旗域地下埋藏石炭系—二叠系、侏罗系—白垩系的复合煤田。水平分布看，东部属准格尔煤田，西部属东胜煤田部分井田，两大煤田以纳林川为界；垂直切面看，上部为侏罗系—白垩系聚煤形成的东胜煤田部分井田，下部为石炭系—二叠系聚煤形成的准格尔煤田。

哈尔乌素露天煤矿采煤台阶，2010年朱庆懿摄

准格尔煤田地处纳林川以东，旗境内分布在布尔陶亥苏木东南部、大路镇南部、沙圪堵镇东部、薛家湾镇及4个街道全境，龙口镇大部，南北长73千米，东西宽56千米，面积约4472.41平方千米。地下为石炭系—二叠系特大型整装含煤盆地，含煤地层为石炭系上统太原组和二叠系下统山西组，为一套海陆交互相含煤沉积。太原组含煤5层，6、9号煤层为主要可采煤层，含煤系数56%；山西组为不稳定煤层，含煤系数7.88%。主要煤种为长焰煤，民间俗称“快炭”，水分5.1%，灰分22.9%，挥发分39.1%，硫1.51%，磷0.028%，发热量28.1焦耳/千克，具有低硫、高灰分的特点，是良好的动力用煤及民用煤。至2015年年底，准格尔煤田位于旗境内共有黑岱沟露天矿、哈尔乌素露天矿、红树梁煤矿、牛连沟煤矿、海子塔勘探区等32处上表矿区。其中大型矿区25处，中型矿区4处，小型矿区3处。保有煤炭资源储量297.76亿吨，为国家规划矿区。

东胜煤田东部边缘地处纳林川以西，旗境内分布在暖水乡西部、南部，准格尔召镇全境，沙圪堵镇西部，纳日松镇全境，南北最长75千米，东西最宽47千米，面积约1492.84平方千米。地下为侏罗系—白垩系特大型整装含煤盆地，主要含煤地层为侏罗系中统延安组，是一套陆相碎屑岩含煤沉积，平均厚度285米，分为3个岩段，含6、5、4、3、2五个煤组，可采煤层8～11层，累计厚度12.62～21.63米，平均厚度18.43米，其中6、4、3三个煤组连续性好、为主要可采煤层。主要煤种为不粘煤，民间俗称“煨炭”，水分4.63%，灰分9.56%，挥发分36.04%，硫0.88%，磷0.003%，发热量30.11焦耳／千克。具有低灰、低硫、低磷、高发热量、高挥发分的特点，享有“天然精煤”之美誉，是优质的环保出口精煤和化工用煤。至2015年年底，东胜煤田位于旗境内共有铜川煤矿、四道柳煤矿、准格尔召—新庙矿区等12处上表矿区，其中大型矿区5处，小型矿区7处。保有煤炭资源储量556.66亿吨，为国家规划矿区。

二、耐火黏土

耐火黏土为煤的同体共生矿产，主要分布在薛家湾镇沿黄河一带，包括高铝耐火黏土、硬质耐火黏土以及软质耐火黏土。至2015年年底，全旗含与煤共生耐火黏土上表矿区6处，其中大型矿区1处，中型矿区2处，小型矿区3处，不仅是冶金工业的辅助原料，绝大部分还是陶瓷工业原料。保有资源储量19750万吨，分别占内蒙古自治区和鄂尔多斯市的85.39%、95.20%。其中高铝耐火黏土上表矿区4处，保有资源储量541万吨；薛家湾镇窑沟露天精查区硬质耐火黏土矿，保有资源储量18671万吨；软质耐火黏土上表矿区1处，保有资源储量538万吨。

三、高岭土

高岭土原矿

高岭土为煤的同体共生矿产，赋存于上石炭统太原组上部或下二叠统山西组下部煤系地层中，构成煤的顶底板或夹层，主要分布在薛家湾镇、龙口镇及准格尔召镇部分地区。薛家湾镇高岭土属于煤系硬质高岭土，龙口镇属于软质高岭土，准格尔召镇属于砂质高岭土。准格尔召镇黄天棉图村高岭土矿石类型为陶瓷级高岭土，矿石成分中二氧化硅平均含量62.75%，氧化铝平均含量23.13%，氧化钾+氧化钠平均含量2.48%，三氧化二铁平均含量1.19%，二氧化钛平均含量1.06%，氧化钙+氧化镁平均含量1.00%，白度44.5%，烧失量7.93%，塑性指数12.995%。至2015年年底，全旗高岭土上表矿区4处，其中中型矿区3处，小型矿区1处，主要作为陶瓷工业原料开发利用。保有资源储量684.5万吨，占鄂尔多斯市高岭土资源储量96.18%。

四、铁矾土

准格尔旗铁矾土资源储量丰富，内蒙古自治区铁矾土资源全部在准格尔旗境内。至2015年年底，全旗铁矾土上表矿区2处，分别共生于薛家湾镇阳窑子村焦稍沟和城坡村的高铝矾土矿中，保有资源储量1062.6万吨，其中，焦稍沟储量899.3万吨，城坡储量163.3万吨。

五、化工用白云岩

化工用白云岩分布于薛家湾镇柳青梁村，此处上表矿区为鄂尔多斯市化工用白云岩主要矿产地，矿体为层状，层位稳定，品位较纯，含氧化镁 21%、氧化钙 30%、三氧化二铁与五氧化磷 2% 左右。至 2015 年年底，保有资源储量 474.1 万吨，占内蒙古自治区化工用白云岩资源储量的 77.38%。

六、水泥配料用黏土

水泥配料用黏土分布在龙口镇公盖梁村，这处上表矿区为大型矿床。至 2015 年年底，保有资源储量 2333 万吨，占鄂尔多斯市水泥配料用黏土资源储量的 92.99%。

七、硫铁矿

硫铁矿分布在龙口镇龙口社区、沙墕村、范家峁村一带，至 2015 年年底，保有资源储量 278.2 万吨，列鄂尔多斯市旗区第一位。3 处矿床两处因资源储量耗竭闭坑，仅沙墕村房塔沟矿保有资源储量 71.2 万吨。

八、水泥用灰岩

水泥用灰岩分布在龙口镇龙口社区、郑峁梁村黄草峁，至 2015 年年底，保有资源储量 4731.8 万吨，列鄂尔多斯市旗区第二位。

九、铁　矿

铁矿分布于薛家湾镇亭子墕村、黑岱沟村、城坡村等地，至 2015 年年底，保有资源储量 37.1 万吨，列鄂尔多斯市旗区第二位。

十、稀有金属镓

煤的伴生矿产镓，分布在准格尔煤田中部和北部。黑岱沟露天煤矿 6 号主采煤层中镓的平均含量 44.8 克／吨，煤的高温（550℃）灰化产物中镓的平均含量 89.2 克／吨。根据准格尔煤田国家规划区煤质化验资料预测，煤中镓的资源量 85.7 万吨。

十一、高铝黏土

高铝黏土伴生在煤系地层中，分布广泛。准格尔煤田测算资源储量 56 亿吨以上，分布在薛家湾镇亭子墕村、柳青梁村一带。准格尔召镇黄天棉图村也有一处矿区。

十二、泥　炭

泥炭主要分布在十二连城乡到大路镇一带黄河南岸第四系更新统中，发现矿产地有 5 处，预测资源量 2000 万吨，适于露天开采。

十三、其他非金属

石英砂，分布在暖水乡德胜西村、纳日松镇大路峁村；石灰岩，分布在龙口镇马栅村、魏家峁村，薛家湾镇黑岱沟村、亭子墕村等地；油页岩，分布在准格尔召镇；铝矾土，分布在薛家湾镇阳窑子村焦梢沟、城坡村洪水沟和亭子墕村等地；砖瓦用黏土，广泛分布于开阔平缓的山前地带。

第六章 自然灾害

第一节 气象灾害

准格尔旗气象灾害多发频发，个别年份多种灾害叠加，极端天气加重灾害程度，影响居民生产工作生活，危害居民生命财产安全。常见气象灾害，按受害程度由重到轻排序，为干旱、洪涝、冰雹、霜冻、凌汛、风沙等。

一、干 旱

准格尔旗因地处半干旱季风区，蒸发量大于降水量，旱象频现，有“十年九旱”之说；旗地丘陵山区，坡耕地多，降水径流量大，有效利用率低，旱情严重成灾；降水量在农作物生长期分布不均，常发生阶段性干旱。多见春旱，农作物无法下种；也见夏旱，影响农作物拔节出穗；少见秋旱，影响农作物籽实成熟；个别年份春夏连旱、夏秋连旱，造成农作物大面积减产，人畜饮水困难。

1994 年秋至 1995 年夏持续干旱，造成 1995 年罕见旱灾。准格尔旗 3.67 万公顷耕地有 2.33 万公顷无法耕种，50% 农作物缺苗断垄，20% 禾苗干枯，塘坝干枯 26 座，600 眼机电井出水不足。

1999—2002 年，准格尔旗遭受连续四年大旱。1999 年准格尔旗春夏秋连旱，一直没有降雨，遭遇近 60 年罕见旱灾。全旗水库、塘坝、水窖仅有 3% 左右正常运行，4 万多眼旱井成为枯井，5.2 万人 10.7 万头（只）牲畜饮水困难；农田粪土未动，绝收面积 5.25 万公顷，占总播种面积 91%，农民口粮和饲料用粮出现较大缺口，死亡牲畜 105 头（只）；全旗 20.4 万农业人口及 70.8 万头（只）牲畜全部受灾，因灾返贫 41188 人，因灾致贫 9058 人。2000 年，粮食局动用国家应急储备粮，供应 10 个乡镇 250 吨救灾粮。2001 年旱灾加剧，粮食局 10 月再次开仓借粮 320 吨，帮助农民度饥荒。

2015 年 5 月到 8 月无有效降雨，准格尔旗大部地区旱情严重，5.33 万公顷农作物有 2.11 万公顷绝收。受灾 8333 户 25000 人，1.5 万人 1.1 万头（只）牲畜临时饮水困难。

二、洪 涝

准格尔旗洪涝区分布在东南部、中西部丘陵沟壑区，洪涝多发生在夏、秋降水集中的雨季。旗地西北高、东南低，中部隆起，南流、东流众多沟川是洪水发源地，每到雨季必有山洪。当上游发生暴雨时，洪水冲刷泥沙倾泻而下，造成下游地势低洼地带洪涝成灾，威胁居民生命财产安全。

1996 年 7 月 21 日，大路乡大部分地区暴雨成灾，尔圪气、大沟、常树梁等 4 个村 14 个社 456 户 2429 人受灾。受灾农田 208 公顷，其中冲毁 9.13 公顷，淹没 14.5 公顷；漫顶决口塘坝 6 座，小型水库 1 座，倒塌棚圈 32 间，导致 110 只羊、5 头猪死亡。22 户 91 人生活生产无着落。

2004 年 7 月 14 日 21 时，勘察大饭铺—青椿山高速公路的 5 名勘察队员在纳林川麻黄塔过河时遇突发洪水，2 名队员遇难。

2006 年 7 月 13 日 13 时至 15 时 30 分，纳日松镇 2 小时内集中降雨 80 毫米，形成百年不遇的大洪水。乌拉素村金利煤矿发生山洪淹井事故，井下作业 12 名矿工被困，7 月 14 日下午 2 点 30 分成功救出 10 名被困矿工，7 月 19 日上午 11 点 40 分在主矿井 165 米处淤泥中找到 2 名遇难矿工。

2012 年 7 月 20 日至 21 日，准格尔旗出现大暴雨，平均降雨量 108 毫米，最大雨量大路峁村 157.4 毫米，小时最多雨量 49.8 毫米，降雨量刷新近 50 年日降雨量纪录。部分地区因暴雨受灾。这一年干旱和洪涝灾害叠加，造成全旗 8.13 万人受灾，受灾农田 4.59 万公顷，民政部门下拨的救灾资金高达 370 万元。

2013 年 7 月 1 日，薛家湾镇出现暴雨天气，日降水量为 87.6 毫米，创有气象记录以来单日降水量最大值，城区低洼地带出现严重内涝。

三、冰　雹

冰雹是准格尔旗危害严重的灾害，毁坏庄稼、大棚、果木，严重时打死打伤人畜，破坏建筑物。由于地处鄂尔多斯高原东部，夏季午后，暖湿气流上升，极易形成冰雹，出现频率列鄂尔多斯市之首。冰雹移动有一定线路，故有“雨打一条线”之说。发源地在地势较高的西北部准格尔召乡和中部隆起暖水乡、布尔陶亥苏木，向北打十二连城乡，向东打大路镇、薛家湾镇，向东南打沙圪堵镇、龙口镇，东南一线最严重。冰雹形成有一定时间，一年内 7 月至 9 月最多；一日内大气对流剧烈的 14 时至 17 时。

1998 年 6 月 1 日，准格尔旗 8 个乡镇 38 个村 171 个村民小组遭受特大冰雹袭击，砸伤 1 人，砸死小畜 40 只。

2000 年 8 月 9 日，蓿亥图乡、西营子乡受强冰雹侵袭；28 日，窑沟乡受强冰雹侵袭；3 乡受灾农田达 9 成。

2005 年、2007 年、2009 年，是冰雹受灾较重的三个年份。2005 年受灾人口 5.73 万人，受灾农田 2.933 万公顷，受灾牲畜 27.07 万头（只）；2007 年受灾人口 13 万人，受灾农田 2 万公顷；2009 年受灾人口 14 万人，受灾农田 5 万公顷，受灾牲畜 18 万头（只）。

2010 年 7 月 10 日，薛家湾镇出现短时局地强雷暴、强降水和冰雹灾害性天气过程，单位小时降水量 55.2 毫米，2 小时 40 分钟降水量 62.5 毫米，日降水量 68.7 毫米，造成城区内涝，低洼地带平房冲毁。

四、凌　汛

春季黄河开河，因低纬度来水被旗境高纬度冰坝所阻，曾导致凌汛泛滥成灾。

1994 年 3 月 25 日，黄河准格尔旗无设堤段马栅乡大口村发生凌汛灾害，黄河结冰、水位上升，导致 7 户民居被淹。

1998 年春季黄河准格尔旗段冰凌高峰期，蓿亥图乡杨子华村桩号 422+782 段，西不拉村桩号 423+382 段，蓿亥图村桩号 433+822 段 3 处堤防涵洞，由于冰凌袭击被冲毁。

1999 年 2 月 26 日，由于万家寨水利枢纽工程蓄水后，喇嘛湾大桥上 100 米处和小榆树湾下采石场两处卡冰结坝，水位上涨，使黄河孔兑沟出口至小榆树湾采石场受淹。3 月 1 日开河期流量达 1770 立方米 / 秒，黄河蓿亥图乡段郭二圪梁出现塌岸现象，3 月 12 日，主流开始冲淘堤防，出险长度达 180 米，其中 80 米冲淘严重。7 月 20 日，黄河准格尔旗段流量达到 1250 立方米 / 秒，黄河主

准格尔旗北部黄河开河流凌，2013 年春吴运生摄

流靠右岸贴堤运行，蓿亥图乡段邬二圪梁、李三壕、十二连城乡段张家圪旦出险，共计出险 1200 米。

2005 年 3 月 19 日上午，黄河凌汛通过东孔兑镇前房子、榆树湾村，由于凌期流速较快，造成冰块堆积，使黄河水位上涨，淹没耕地 20 公顷，树木 1.5 万棵，筒井 3 眼，小型石场 1 处，民房 4 间，猪圈 84 平方米，石厂办公房 13 间，其中 6 间被洪水冲走，1 间民房倒塌，损坏扬水站 1 处，高压线路 1300 米，四轮车 1 辆，水泵 6 台套，部分居民用品被冲走。

2010 年后，黄河准格尔旗段标准化堤防，提升防凌防洪能力。黄河开河及时炸毁冰坝，黄河平稳开河，再未出现险情。

五、霜　冻

准格尔旗初霜日 10 月 2 日，终霜日 5 月 2 日。果树花期在 4 月下旬到 5 月中旬之间，春霜晚结束年份，对果树生产危害明显；秋霜早出现年份，影响大田作物成熟。

六、风　沙

风沙曾是准格尔旗常见自然灾害，因植被稀疏，春季易发生沙尘暴。多年林业生态建设成效显现，最近一次沙尘暴出现在连续干旱两年的 2000 年春。

第二节　地质灾害

2006 年，内蒙古自治区地质环境监测院提交《准格尔旗地质灾害调查与区划报告》，将全旗地质灾害划分重点、次重点和一般 3 类防治区。

重点防治区地处准格尔煤田和东胜煤田，面积 3632.6 平方千米，查明地质灾害点 92 处，其中重大危害点 6 个。准格尔煤田地质灾害类型为地面塌陷、崩塌和滑坡，地面塌陷分布在集中开采区，威胁矿区公路、输电线路及矿井正常生产；崩塌和滑坡发生在公路、铁路沿线和黄河岸边，威胁公路、过往车辆、房屋和行人。东胜煤田地质灾害类型有地面塌陷、崩塌和滑坡。

次重点防治区地处中南部基岩丘陵区及北部黄河沿岸，面积 2288.2 平方千米，发现地质灾害点 18 处，其中崩塌 16 处，滑坡 2 处。丘陵区地质灾害类型为崩塌、滑坡、泥石流，威胁公路和过往车辆的安全；北部黄河沿岸灾害类型为黄河沿岸崩塌。一般防治区地处北部黄河冲积平原及风积沙地，面积 1771.3 平方千米。地质灾害类型为泥石流。

2010 年，准格尔旗国土资源局排查汛期地质灾害隐患，上报内蒙古自治区国土资源厅备案，全旗查出 120 处地质隐患点，集中分布在重点产煤乡镇，最多纳日松镇 58 处，其次准格尔召镇 23 处，再次薛家湾镇 22 处；地质灾害类型分布，最多地面塌陷隐患 107 处，其次崩塌隐患 12 处。

一、煤矿采空区塌陷

准格尔旗矿业开发引发的地质灾害主要表现为地面塌陷，分布在以井工开采为主的煤矿采空区。历史上小煤窑房柱式开采煤层形成的采空区数量较多，分布不集中，塌陷不稳定，危害性较大，地面塌陷多为不规则的塌陷坑及拉张裂缝；2007 年，准旗完成煤矿整合机械化改造后，井工开采煤矿大多采用综采，煤层开采后工作面上部岩层整体下沉，多数塌陷单坑连接成塌陷区，周围伴生拉长裂缝，裂缝延伸较长，多平行分布，往往引发次生灾害崩塌、滑坡，塌陷容易稳定，但房屋、交通设施和水利设施遭到破坏，威胁群众生命和财产安全。

煤层埋藏浅的井工煤矿，地下开采的炮声传到地面，吓得鸡犬不宁，惊得母猪流产，耕种的土地塌陷，居住的房屋开裂。2008 年 3 月，龙口镇郑峁梁村一处棚圈塌陷，毛驴被压死；煤矿和政府在安全地带搭建帐篷临时安置村民；2009 年 5 月，该村山坡崩塌，一处民居塌陷；同年冬天，一位捡柴村民随塌陷山坡滑落，被土埋困野外数小时。

2010 年 10 月公布的《鄂尔多斯市矿山地质环境保护和治理规划（2010—2015）》载，准格尔旗有 3 个矿区地面塌陷：黄天棉区矿区塌陷 0.04 平方千米，塌陷深度 0.5 ～ 5 米；羊市塔矿区塌陷 0.04 平方千米，塌陷深度 1 ～ 4 米；准格尔矿区塌陷 4.03 平方千米，塌陷单坑多为圆形，面积 200 ～ 1200 平方米，深度 2 ～ 8 米。地质环境影响严重 6 个矿区：窑沟—牛连沟矿区、黑岱沟—长滩矿区、沙圪堵—暖水矿区、纳日松矿区、黄天棉图矿区、龙口黄河沿岸石料矿区。

2015 年末，准格尔旗形成矿区地面塌陷约 5.86 万公顷，有 31 处地面塌陷，其中，中型规模 24 处，小型规模 7 处，塌陷总面积 2.146 平方千米，威胁人口 1663 人。

二、煤矿井田火区

2007 年，准格尔旗查明煤矿井田火区 35 处 222 个明火点，火区面积 4.02 平方千米，影响井田面积 207 平方千米，影响煤炭地质储量 13 亿吨，每年燃烧煤炭资源约 1000 万吨。主要分布在准格尔召镇、纳日松镇、薛家湾镇，其中准格尔召镇 16 处火区 157 个明火点，火区面积 2.59 平方千米，影响井田面积 49.8 平方千米，影响煤炭地质储量 6.5 亿吨。火区分为两类，一类是煤层露头自然形成的火区，另一类是小煤窑开采打通历史上形成的空采区，人为影响火区。火区造成耕地无法耕种；大气、植被和地下水不同程度受到污染，影响群众生产生活，受到直接影响的居民 1205 户 4982 人，受到间接影响的居民 1800 余户 5500 多人，破坏耕地面积 667 余公顷。

准格尔旗实施煤矿复垦绿化和火区治理工程，综合治理煤矿地质灾害，旗人民政府出台《煤炭采区居民搬迁补偿及补贴办法》（准政发〔2008〕180 号）文件规定，有下列情形之一的，都要实施搬迁：因煤炭开采造成房屋受损，无法居住的；因煤炭开采造成耕地沉陷，无法耕作，失去基本生产条件的；按照开采计划，居住地二年内成为塌陷区的；位于火区附近直接影响生产生活安全的。

三、滑　坡

1991—2015 年，准格尔旗发生 20 余处滑坡。造成滑坡的直接原因是强降雨引发山体松动滑坡；个别矿区地下煤层自燃、建筑工程地下漏水引发松动山体滑坡。滑坡体多为土体，5 处为岩体，造成农田、房屋、公路、通信设施毁坏。

1994 年，榆树湾镇地下煤层自燃引发 2.4 万立方米岩体小型滑坡，2 户居民被迫搬迁。

1995 年 7 月，德胜西乡苏家塔村 109 国道马家圪卜沿线因强降雨引发 480 万立方米岩体大型滑坡，毁坏房屋 6 间，损毁公路 200 米，直接经济损失 210.8 万元；沙圪堵乡双山梁村强降雨引发 22.5 万立方米土体中型滑坡，毁坏房屋 16 间，毁坏农田 3.3 公顷。

2009 年 8 月，薛家湾镇唐公塔村 103 省道 153 路段强降雨引发 6000 立方米土体小型滑坡，倒塌 7 间民房，10 余间房屋出现裂缝受损。

2013 年 4 月，友谊街道和泰社区景泰华府小区住宅楼南侧疑似地下供水管网渗漏，引发 5000 立方米山体小型滑坡，导致护坡受损。

四、泥石流

1998 年汛期，在纳林川和呼斯太河曾发生两起规模为巨型的泥石流灾害，冲毁农田、房屋；呼斯太河巨型泥石流还造成黄河河道淤积。

第三篇 人口

1991—2015 年，准格尔旗户籍人口由 67236 户 241857 人增加到 145268 户 324205 人；计划生育管理人口由 249478 人增加到 362291 人。从 1990 年全国第四次人口普查到 2010 年全国第六次人口普查，全旗总人口由 60293 户 235803 人增加到 123152 户 356501 人。三种人口数据综合，全旗人口规模由 24 万人增加到 36 万人。25 年间，人口总量稳定增长，家庭平均人口减少，城镇居住人口增加；人口结构变化趋势明显，出生人口性别比降低，身体素质提高，全民受教育程度提升，年龄结构老龄化，民族结构多元化，从业结构市场配置，遍及三次产业。

2016 年 8 月薛家湾镇区公园两个小家庭，赵刚摄

1991 年，准格尔旗没有完成计划生育任务，倒逼探索出“四定”妇检制度，实行孕前服务型管理，由孕后补救向孕前服务转变，靠服务赢得群众理解，扭转计划生育被动局面。跨入 21 世纪，准旗开展优生优育宣传、生殖健康服务、妇女“两癌”筛查，建设和谐幸福家庭，实现了稳定的低生育水平，促进了人的全面发展。准格尔旗两次被评为全国婚育新风进万家活动先进县；2006 年 12 月 20 日，被评为全国计划生育优质服务先进县。

2009 年 4 月送戏下乡走进布尔陶亥苏木，刘敏摄

第一章　人口规模

第一节　人口数量

一、总人口

准格尔旗人口数量有 3 种统计口径，公安户籍管理人口、计划生育管理人口和人口普查年度统计人口。

1991—2015 年，准格尔旗户籍人口由 67236 户 241857 人增加到 145268 户 324205 人。25 年净增 78032 户 82348 人，户数增长 116%，人数增长 34%，年均增 3294 人。户数增幅大于人数增幅，户数增长高峰出现在 2006—2008 年，年均增超万户，煤矿整合机械化改造和煤田火区治理，矿区大规模征地，为获取更多征地补偿款，移民拆大户分小户。1991—2015 年人口稳定增长；增长高峰出现在 2006—2011 年，人口大数由 27 万增加到 31 万，几乎年均增长近万人，这是人口出生高峰与人口迁入高峰叠加的结果；2012 年后增势趋缓。2004 年、2012 年，人口异常下降，这是整顿户口和身份证，清理一人多户多证的结果。

1991—2015 年，准格尔旗计划生育管理人口由 249478 人增加到 362291 人，25 年净增 112813 人，年均增 4513 人。流入人口纳入计划生育管理。1991—2015 年，流入人口保持在 39000 人左右，均未突破 4 万人；2006 年流入人口 77520 人，同比增加近 1 倍；2012 年流入人口高达 94572 人，此后持续居高，2015 年才回落到 84249 人。

1990 年 7 月 1 日零时第四次全国人口普查，准格尔旗总人口 60293 户 235803 人，户均 3.88 人。2000 年 7 月 1 日零时第五次全国人口普查，准格尔旗总人口 87251 户 271298 人，户均 3.10 人，比 1990 年净增 35495 人，年均增加 3550 人。2010 年 7 月 1 日零时第六次全国人口普查，准格尔旗总人口 123152 户 356501 人，户均 2.89 人，比 2000 年净增 85203 人，年均增加 8520 人。三次全国人口普查，准格尔旗总人口由 1990 年 60293 户 235803 人增加到 2010 年 123152 户 356501 人，20 年净增 62859 户 120698 人，户数净增超 1 倍，人数净增超 50%。

2015 年，准格尔旗户籍管理人口 324205 人，计划生育管理人口 362291 人，全旗总人口接近 37 万人。

二、家庭人口

1990 年 7 月 1 日、2010 年 7 月 1 日，全国两次人口普查统计，20 年间准格尔旗户均人数由 3.88 人下降到 2.89 人，三口之家占比由 19.96% 上升到 32.40%。1991—2015 年，25 年间户均人数由 3.60 人下降到 2.23 人。国家实行计划生育，家庭人口规模缩小，夫妻二人与独生子女组成两代同堂、三口之家的核心家庭越来越多，而三代同堂、四代同堂的传统家庭越来越少。2013 年 12 月，国家实行单独二孩政策，生育二孩的独生子女家庭并不多，个别年轻夫妻，鉴于抚养孩子的经济压力，甚至成为不要孩子的“丁克家庭”。

夫妻二人与独生子女组成的三口之家，面临教育独生子女、赡养双方老人两大社会问题。农来伸手、饭来张口的溺爱，望子成龙心切，课外排满补习班的过度教育，造成独生子女各种性格缺陷。夫妻忙于工作，无暇陪护老人，雇保姆陪护老人，养老院寄养老人，老人缺少亲情关爱。

1991—2015 年准格尔旗户籍人口统计表

表 3-1

年　份	户数（户）	人数（人）	户均人数（人）	人口密度（人 / 平方千米）
1991	67236	241857	3.60	32.03
1992	69575	244974	3.52	32.45
1993	71073	245788	3.46	32.55
1994	73453	249753	3.40	33.08
1995	74812	253307	3.39	33.55
1996	76599	255968	3.34	33.90
1997	76978	259114	3.37	34.32
1998	78169	260316	3.33	34.48
1999	80994	263092	3.25	34.85
2000	82318	265863	3.23	35.21
2001	85189	270491	3.18	35.83
2002	85911	271719	3.16	35.99
2003	87495	272157	3.11	36.05
2004	91285	269460	2.95	35.69
2005	94811	271623	2.86	35.98
2006	101127	277949	2.75	36.81
2007	114281	285433	2.50	37.81
2008	129445	291336	2.25	38.59
2009	125140	298663	2.39	39.56
2010	130694	307901	2.36	40.77
2011	134555	312632	2.32	41.41
2012	133631	308737	2.31	40.89
2013	137741	314673	2.28	41.68
2014	142529	320396	2.25	42.44
2015	145268	324205	2.23	42.94

第二节　人口分布

一、城乡分布

1991年，准格尔旗户籍人口241857人。其中，农业户籍人口212780人，占总人口的87.97%；非农业户籍人口29087人，占总人口的12.03%。2015年，准格尔旗户籍人口324205人。其中，农业户籍人口255999人，占总人口的78.96%；非农业户籍人口68206人，占总人口的21.04%。25年间，农业户籍人口占总人口比下降9.29个百分点，非农业户籍人口占总人口比上升9.01个百分点。

1990年7月1日零时第四次全国人口普查，准格尔旗农业人口201451人，占总人口85.43%；非农业人口32906人，占总人口13.95%。2010年7月1日零时第六次全国人口普查，准格尔旗农业人口269569人，占总人口75.62%；非农业人口85185人，占总人口23.89%。20年间，农业人口占比下降9.81个百分点，非农业人口占比上升9.94个百分点。

户籍管理人口与普查统计人口均显示，农业人口呈下降趋势，非农业人口呈上升趋势，实际农村人口向城镇转移规模远大于上述比例。国家改革开放带动人口有序流动，户籍登记地与实际常住地不符日趋普遍；准格尔旗工业化建设矿区、生态、库区系列移民工程，城镇化实施政府搬迁、扩镇移民、撤乡并镇系列措施，特别是农村居民为子女接受城镇优质教育自发的教育移民，大大加快了农村人口向城镇转移。

2003年，准格尔旗农村居住人口下降到11.8万人，城镇居住人口首次超过农村居住人口。2005年，全旗城镇常住人口16.43万人，农村居住人口11.17万人。2006年全旗常住人口城镇化率51.30%，2010年城镇化率上升到65%，2015年常住人口城镇化率68.22%。

1991—2015年准格尔旗人口户籍分布统计表

表3-2

年　份	农业户籍人数（人）	总人口占比（%）	非农户籍人数（人）	总人口占比（%）
1991	212780	87.97	29087	12.03
1993	210896	85.80	34892	14.20
1995	202468	79.05	50839	20.07
1997	203824	78.66	55290	21.34
2000	202647	76.22	63216	23.78
2002	199568	73.45	72151	26.55
2005	197303	72.64	74320	27.36
2007	209064	73.24	76369	26.76
2010	228327	74.20	79574	25.80
2011	232094	74.24	80538	25.76
2013	234432	74.50	80241	25.50
2015	255999	78.96	68206	21.04

二、人口密度

2015 年，准格尔旗户籍总人口 324205 人，国土总面积 7550.79 平方千米，人口密度接近 43 人 / 平方千米。人口密度最大的乡级行政区蓝天街道 1568 人 / 平方千米；人口密度最小的乡级行政区布尔陶亥苏木 17 人 / 平方千米。

2015 年准格尔旗乡级行政区人口密度表

表 3-3

序　号	乡级行政区	人口（人）	面积（平方千米）	人口密度（人 / 平方千米）
1	蓝天街道	43100	27.48	1568
2	迎泽街道	49317	31.94	1544
3	薛家湾镇	202947	308.00	659
4	兴隆街道	39000	79.56	490
5	纳日松镇	26835	311.00	86
6	友谊街道	7968	94.50	84
7	龙口镇	45674	570.71	80
8	沙圪堵镇	54967	1567.00	35
9	十二连城乡	24381	695.85	35
10	大路镇	22650	751.95	30
11	准格尔召镇	13251	471.80	28
12	暖水乡	14590	639.00	23
13	布尔陶亥苏木	10448	626.00	17
	全　旗	324205	7550.79	43

第三节　人口变动

一、自然变动

1991—2015 年，准格尔旗户籍管理人口，年均出生人口在 3755.96 人左右徘徊，出生率在 13.31‰上下波动，高峰 2010 年出生 7783 人，出生率 25.28‰，低谷 2003 年出生 2254 人，出生率 8.28‰。出生人口总体呈增加趋势。年均死亡人口在 1605.24 人左右徘徊，死亡率在 5.78‰上下波动，高峰 2012 年死亡 4991 人，死亡率 16.16‰，低谷 2007 年死亡 957 人，死亡率 3.35‰。死亡人口总体持平。年均人口自然增长率在 7.53‰上下波动，高峰 2015 年自然增长率 15.26‰，低谷 2012 年自然减少率 0.77‰。人口自然增长率总体呈上升趋势。

1991—2015年准格尔旗户籍人口自然变动统计表

表 3-4

年份	总人口（人）	出生落户（人）	出生率（‰）	死亡注销（人）	死亡率（‰）	自然增长率（‰）
1991	241857	2442	10.10	1023	4.23	5.87
1992	244974	2442	9.97	1214	4.96	5.01
1993	245788	2677	10.89	1395	5.68	5.22
1994	249753	2909	11.65	1432	5.73	5.91
1995	253307	3239	12.79	1455	5.74	7.04
1996	255968	3205	12.52	1307	5.11	7.41
1997	259114	3293	12.71	1841	7.10	5.60
1998	260316	2643	10.15	1316	5.06	5.10
1999	263092	2592	9.85	1514	5.75	4.10
2000	265863	2922	10.99	1614	6.07	4.92
2001	270491	2372	8.77	1372	5.07	3.70
2002	271719	2302	8.47	1349	4.96	3.51
2003	272157	2254	8.28	1283	4.71	3.57
2004	269460	4395	16.31	3360	12.47	3.84
2005	271623	4160	15.32	2020	7.44	7.88
2006	277949	3142	11.30	1203	4.33	7.00
2007	285433	4330	15.17	957	3.35	11.82
2008	291336	4911	16.86	1262	4.33	12.53
2009	298663	4874	16.32	1276	4.27	12.05
2010	307901	7783	25.28	1482	4.81	20.47
2011	312632	3987	12.75	1123	3.59	9.16
2012	308737	4753	15.39	4991	16.16	-0.77
2013	314673	4966	15.78	1163	3.70	12.09
2014	320396	4592	14.33	1412	4.41	9.93
2015	324205	6714	20.71	1767	5.45	15.26

二、机械变动

1991—1999年，准格尔旗一直属于人口流入地。“八五”国家重点建设项目准格尔项目一期工程、“九五”国家重点建设项目黄河万家寨水利枢纽工程相继开工建设，全国各地数万名建设大军会战在准格尔煤田与黄河峡谷，外来人口大量迁入准格尔旗；随着两大国家重点建设项目竣工投产，项目经营管理人员也迁入准格尔旗。2000—2015年，准格尔旗累计迁入人口114853人，迁出人口84967人，迁入人口比迁出人口多29886人。人口机械增长率是地区经济社会的晴雨表。16年间人口机械增长率在6.41‰上下波动，高峰2006年机械增长率15.79‰，低谷2004年机械减少率2.66‰，总体呈由低到高再到低的走势，这与准格尔旗从21世纪西部大开发带动高速度发展，到新时代应对发展新常态转入高质量发展的变迁基本吻合。

2000—2015年准格尔旗户籍人口机械变动统计表

表3-5

年　份	总人口（人）	迁入数（人）	迁出数（人）	机械增长率（‰）
2000	265863	7353	5805	5.82
2001	270491	8934	5301	13.43
2002	271719	5200	4927	1.00
2003	272157	6126	6654	−1.94
2004	269460	6535	7252	−2.66
2005	271623	10094	8587	5.55
2006	277949	19700	15311	15.79
2007	285433	8044	3934	14.40
2008	291336	13314	11060	7.74
2009	298663	6318	2589	12.49
2010	307901	6166	3702	8.00
2011	312632	3938	1985	6.25
2012	308737	3669	1755	6.20
2013	314673	3568	1954	5.13
2014	320396	3009	2242	2.39
2015	324205	2885	1909	3.01

第四节　人口结构

一、性别构成

联合国认定出生人口性别比正常值为103～107，超出正常值可能隐藏社会伦理风险。

1991年准格尔旗户籍管理人口男性132367人，女性109490人，性别比120.89；2015年户籍管理人口男性164155人，女性160050人，性别比102.56。25年间，户籍管理人口性别比呈下降趋势，1991—2013年高出正常值，2014年、2015年回落到正常值。

准格尔旗计划生育管理出生人口性别比，1995年114.76，一路攀升到1998年高峰值124，1999年起回落到正常值范围，只有2001年为116.91，高出正常值，2015年为105.28，在正常值范围内。出生性别比，一孩偏低，二孩偏高，二孩性别比最高出现在2006—2008年，2006年为111.16、2007年为134.73、2008年为124.60。

综合户籍管理、计划生育管理人口数，全旗人口性别比呈下降趋势，重男轻女的传统观念在改变。

1991—2015年准格尔旗户籍人口性别构成统计表

表3-6

年　份	总人口（人）	男性（人）	女性（人）	人口性别比（%）
1991	241857	132367	109490	120.89
1992	244974	134434	110540	121.62
1993	245788	134449	111339	120.76
1994	249753	136702	113051	120.92
1995	253307	137617	115690	118.95
1996	255968	139556	116412	119.88
1997	259114	141242	117872	119.83
1998	260316	141743	118573	119.54
1999	263092	143291	119801	119.61
2000	265863	143449	122414	117.18
2001	270491	145635	124856	116.64
2002	271719	146375	125344	116.78
2003	272157	145190	126967	114.35
2004	269460	143835	125625	114.50
2005	271623	144490	127133	113.65
2006	277949	146932	131017	112.15
2007	285433	150275	135158	111.18
2008	291336	151490	139846	108.33
2009	298663	155165	143498	108.13
2010	307901	158456	149445	106.02
2011	312632	158777	153855	103.20
2012	308737	157420	151317	104.03
2013	314673	159925	154748	103.35
2014	320396	162422	157974	102.82
2015	324205	164155	160050	102.56

二、年龄构成

联合国《人口学词典》定义：当一个国家或地区60岁以上人口所占比例达到或超过总人口数10%，或者65岁以上人口所占比例达到或超过总人口7%时，人口称为“老年型”人口，社会称为“老龄化社会”。

1990年7月1日第四次全国人口普查，准格尔旗15岁以下少儿占总人口29.41%，65岁以上老年人口占总人口 6.66%；2010 年 7 月 1 日第六次全国人口普查，准格尔旗 15 岁以下少儿占总人口 15.85%，65 岁以上老年人口占总人口 7.07%。20 年间普查人口中，65 岁以上老年人口占比上升 0.41%。

2003 年，准格尔旗户籍人口中，18 岁以下人口 54870 人，占总人口 20.16%；60 岁以上人口 37672 人，占总人口 13.84%。2015 年，18 岁以下人口 71851 人，占总人口 22.16%；60 岁以上人口 51521 人，占总人口 15.89%，其中百岁以上老人 3 人，最大年龄 109 岁。12 年间户籍人口中，60 岁以上老年人口占比上升 2 个百分点。

综合普查统计人口和户籍管理人口，准格尔旗老年人口占比呈上升趋势，人口趋向老年型人口，社会迈入老龄社会。人口老龄化是经济社会发展进步、医疗健康水平提高的积极表现，但老年人对医疗保健、生活服务的需求更加凸显，加重了社会养老负担。

2003—2015 年准格尔旗户籍人口年龄构成统计表

表 3-7　　单位：人、%

年　份	总人口	18 岁以下	18—35 岁	35—60 岁	60 岁以上	60 岁以上占比
2003	272157	54870	87478	92137	37672	13.84
2004	269460	57750	85472	92495	33743	12.52
2005	271623	57608	82681	97063	34271	12.62
2006	277949	56889	84114	101435	35481	12.77
2007	285433	58796	85507	100980	40150	14.07
2008	291336	58938	87987	108517	35894	12.32
2009	298663	80190	88379	110398	39696	13.29
2010	307901	64594	87106	111118	44810	14.56
2011	312632	66156	87629	112439	46408	14.84
2012	308737	67750	85483	114685	40819	13.22
2013	314673	68966	86129	116317	43261	13.75
2014	320396	69533	86976	114322	49565	15.47
2015	324205	71851	83653	117180	51521	15.89

三、民族构成

1990 年 7 月 1 日第四次全国人口普查，准格尔旗有 14 个民族。其中，汉族 216233 人，占总人口 91.70%；蒙古族 19116 人，占总人口 8.11%；还有满族 276 人、回族 101 人、壮族 46 人、达斡尔族 8 人、藏族 7 人、朝鲜族 4 人、彝族 4 人、苗族 2 人、鄂温克族 2 人、黎族 1 人、侗族 1 人、赫哲族 1 人。

2010 年 7 月 1 日第六次全国人口普查，准格尔旗有 35 个民族。其中，汉族 328115 人，占总人口 92.04%；蒙古族 25905 人，占总人口 7.27%；还有满族 1418 人、回族 494 人、藏族 88 人、苗族 85 人、彝族 77 人、朝鲜族 56 人、壮族 47 人、达斡尔族 26 人、土家族 26 人、水族 19 人、羌族 18 人、东乡族 14 人、土族 11 人、黎族 10 人、傈僳族 9 人、维吾尔族 8 人、哈尼族 8 人、鄂温克族 7 人、侗族 6 人、拉祜族 4 人、仡佬族 4 人、白族 3 人、鄂伦春族 3 人、赫哲族 3 人、哈萨克族 3 人、畲族 2 人、布朗族 2 人、瑶族 2 人、锡伯族 2 人、保安族 2 人、佤族 1 人、纳西族 1 人、撒拉族 1 人，其他少数民族 21 人。

准格尔旗 1991 年户籍人口中，汉族 222797 人，占总人口 92.12%；蒙古族 18680 人，占总人口 7.72%；还有满族 259 人、回族 71 人、壮族 26 人。2015 年户籍人口中，汉族 290055 人，占总人口 89.47%；蒙古族 32178 人，占总人口 9.93%；还有满族 1243 人、回族 333 人、朝鲜族 70 人、壮族 61 人、彝族 72 人、藏族 36 人、达斡尔族 27 人、其他民族 130 人。户籍人口 25 年间，汉族人口占比下降 2.65 个百分点，蒙古族人口占比上升 2.21 个百分点。

综合普查统计人口和户籍管理人口，准格尔旗民族种类呈增多趋势。准格尔旗地处游牧文明与农耕文明交融之地，历史形成汉族占多数，蒙古族等少数民族杂居区，造就准格尔人宽容不排外的性格；1990 年“八五”国家重点工程准格尔煤田上马，吸引全国各地建设者会战准格尔，准格尔旗由此成为全国各地多民族人口流入地。

1991—2015 年准格尔旗户籍人口民族构成表

表 3-8　单位：人

年份	总人口	汉族	蒙古族	回族	满族	朝鲜族	壮族	藏族	达斡尔族	彝族	其他民族
1991	241857	222797	18680	71	259	—	26	—	—	—	—
1992	244974	225242	19340	64	262	—	33	—	—	—	—
1993	245788	225765	19552	72	310	—	33	—	—	—	—
1994	249753	229273	19925	79	369	—	34	—	—	—	—
1995	253307	232466	20224	90	420	40	—	10	—	3	—
1996	255968	234516	20826	99	428	46	33	33	10	2	2
1997	259114	236806	21652	91	475	48	27	2	10	2	1
1998	260316	237077	22426	138	591	45	26	—	6	2	5
1999	263092	239098	23116	140	635	46	45	1	6	2	3
2000	265863	241699	23249	132	664	49	47	4	6	4	9
2001	270491	246228	23303	143	699	50	43	4	8	4	9
2002	271719	247152	23594	149	696	54	45	6	8	4	11
2003	272157	247211	23970	145	701	56	43	3	9	—	19
2004	269460	244898	23551	173	700	57	30	6	10	9	26
2005	271623	246597	23951	191	763	61	35	7	5	7	40
2006	277949	252130	24689	200	750	58	35	14	10	17	47
2007	285433	258322	25881	225	801	61	44	18	11	18	40
2008	291336	263117	26891	271	822	63	44	12	11	39	66

续表 3-8

年份	总人口	汉族	蒙古族	回族	满族	朝鲜族	壮族	藏族	达斡尔族	彝族	其他民族
2009	298663	269501	27799	243	865	64	46	17	12	41	75
2010	307901	277018	29097	266	940	68	52	20	14	51	102
2011	312632	281526	29489	278	988	69	56	25	16	61	124
2012	308737	277557	29518	294	1035	60	57	30	17	61	107
2013	314673	282046	30868	313	1097	62	59	35	23	65	104
2014	320396	286668	31841	329	1180	69	65	35	28	69	112
2015	324205	290055	32178	333	1243	70	61	36	27	72	130

四、文化构成

1990年7月1日全国第四次人口普查，准格尔旗6岁及以上人口208322人。其中，大学998人、中专和高中12339人、初中41178人、小学86280人，15周岁及以上不识字或识字很少人口67527人，文盲人口占总人口28.64%，高于内蒙古自治区平均水平。2010年7月1日全国第六次人口普查，准格尔旗6岁及以上常住人口330653人。其中，研究生324人、大学34621人、高中48015人、初中124258人、小学98565人，15周岁及以上文盲人口22530人，文盲人口占总人口7.51%。

普查人口20年间，准格尔旗文盲率下降21.13个百分点，文化普及率上升24.89个百分点。研究生从无到有，个别经济基础好的家庭还送子女出国留学。准格尔旗重男轻女、传宗接代观念根深蒂固，男孩享有优先读书权。这种观念到21世纪逐渐淡化，女孩入学率和升学率与男孩齐头并进，渐有超过男孩趋势。

五、职业构成

1990年7月1日第四次全国人口普查，准格尔旗就业人口128376人。按性别分布，男性占59.67%，女性占40.33%。按行业分布，第一产业占80.56%；第二产业占9.52%，其中工业11366人占8.85%、建筑业848人占0.66%；第三产业占9.93%，其中交通运输邮电业1457人占1.13%、批发零售住宿餐饮业2909人占2.27%。

2010年7月1日第六次全国人口普查，准格尔旗就业人口16629人。按性别分布，男性占71.83%，女性占28.17%。按行业分布，第一产业占24.58%；第二产业占35.77%，其中采矿业3489人占20.98%、建筑业1218人占7.32%；第三产业占39.64%，其中交通运输邮电业1890人占11.37%、批发零售住宿餐饮业1951人占11.73%。

20年普查统计就业人口，男性就业占比上升12.16%，女性就业占比下降12.16%，就业男女比例失衡，女性就业更加困难。第一产业从业占比下降55.98%，第二产业从业占比上升26.25%，第三产业从业占比上升26.71%，农村劳动力从守家在地务农，到进城打工谋生，向二、三产业大量转移。采矿业从业占比上升12.13%，建筑业从业占比上升6.66%，交通运输邮电业从业占比上升10.24%，批发零售住宿餐饮业从业占比上升9.46%，采矿业、交通运输业邮电业、批发零售住宿餐饮业成为就业创业的主渠道。

第五节　人口转移

一、政府搬迁移民

1999年8月，准格尔旗人民政府驻地由沙圪堵镇搬迁至薛家湾镇，旗直90余家单位1800多名干部职工随迁，3000余名职工子女到薛家湾入园就学。到2001年，随迁职工喜迁新居，家属子女搬迁到薛家湾生活、学习、工作。政府搬迁带动沙圪堵镇个体商户迁往薛家湾镇淘金，沙圪堵镇居民迁往薛家湾镇的规模保守估算在1.5万—2.5万人左右。

二、库区建设移民

1992年1月，旗人民政府成立支援万家寨水利枢纽工程办公室；1995年7月，更名为万家寨水利枢纽工程征地移民安置办公室，负责万家寨水利枢纽、龙口水电站两库区移民安置和后期扶持。

1995年12月9日，“九五”国家重点建设项目黄河万家寨水利枢纽截流，库区980米高程淹没线下，魏家峁、哈岱高勒、窑沟3乡13个村16个社搬迁移民495户1584人；淹没房屋、窑洞2.35万平方米、地上附属物1280处，土地179.43公顷、林地27.96公顷、树木3.1万株，工矿企业及道路、电力、水利等设施157处；共计补偿2973.27万元。建牛龙湾、果园梁、双敖包、西伙房和罗家峁5个安置点，集中安置495户1584人。

2007年4月14日，万家寨水利枢纽配套工程龙口水电站截流，898米高程淹没线下，龙口镇沙㘷、范家峁两村5社搬迁移民317户1093人；淹没土地167.03公顷，房屋2.94万平方米，树木4.78万株，工矿企业5座及道路、电力、水利等基础设施，共计淹没补偿5093.82万元；占用土地94.02公顷，房屋1.41万平方米，以及道路、电力、水利等设施，共计征地补偿3037.7万元。建马栅、魏家峁移民小区，集中安置317户1093人。

截至2015年，累计投入后期扶持资金1004.69万元，扶持库区移民2745人。其中，发放直补资金422.71万元扶持1186人，完成项目扶持资金581.98万元扶持1559人。库区移民基础设施建设及经济发展规划总投资8611万元，其中中央结余资金6226万元、库区基金2385万元；累计到位资金7560.4万元；2011—2015年，到位中央专项补助资金62万元。

截至2015年，累计实施后期扶持基础设施建设项目42个，涵盖基本口粮田建设及水利设施配套、生产开发和生态环境保护。改造移民小区2个，硬化乡村道路5千米，架设输电线路5.7千米，平整土地105.67公顷，灌溉面积82.67公顷，新建温室大棚37栋，养殖家畜800余头、家禽400余羽，受益移民2747人，年增收275万元。

三、矿区开发移民

2005年11月，准格尔旗煤炭管理局成立煤炭采区居民搬迁补偿及补贴工作领导小组办公室；2008年6月，升格为旗人民政府矿区居民搬迁补偿办公室；2012年6月更名为矿区发展协调服务中心，下辖薛家湾、大路、龙口魏家峁、准格尔召、纳日松5个工作站。

2005—2007年，准格尔旗实施鄂尔多斯市地方煤矿整合机械化改造三年攻坚战，井工煤矿采区搬迁2094户6510人。2008—2011年实施煤矿井田灭火工程，井工煤矿和露采煤矿矿区搬迁7987户25189人。2012—2015年，井工煤矿采区搬迁3774户9777人。截至2015年年底，全旗累计矿区移民13855户41476人，累计支付搬迁补偿款106亿元。

矿区移民安置以户为单位，达到法定结婚年龄的未婚或已婚未分户子女可单独计户，任选货币安置或房屋安置。2005—2008 年，到薛家湾镇、沙圪堵镇、大路新区统一购房，每户购房补贴 1.5 万元；2008—2011 年，出具城镇房产证明，每人购房补贴 3 万元；2012 年，每人购房补贴增加到 6 万元；2013—2015 年，每人补贴 35 平方米住房货币，每平方米补贴标准为购房地经济适用住房价格减去砖混结构主房征收标准。2008—2011 年，购买全旗统一规划建设住房，每人享受 30 平方米优惠价住房；2012 年，矿区移民按优惠价购买 30 平方米住房；2013—2015 年，可选择用拆迁主房等面积置换楼房，每人可置换 35 平方米楼房。

2012 年，矿区移民开始缴纳养老保险费，煤炭企业承担 80%，移民个人承担 20%，全年为 451 人缴纳养老保险费；2013 年，为 1664 人缴纳养老保险，135 位到龄人员享受养老保险待遇；2015 年，为 487 名矿区移民缴纳养老保险，189 名到龄人员享受养老保险待遇。

四、生态恢复移民

2007 年 5 月，准格尔旗划定农牧业发展“三区”，禁止发展区生态移民，建设自然生态恢复区，全旗确定 13 个自然生态恢复区，移民 367 户 1120 人。2008 年，自然生态恢复区 40133.33 公顷，涉及 8 个苏木乡镇 16 个村 29 个社 1475 户 3674 人，当年搬迁 1180 户 2940 人。

2009 年暖水乡生态移民迁离的旧居

2009 年，禁止发展区暖水乡实施整乡移民，一次性退出 552 平方千米，10 个村 55 个社 4691 户 11521 人整体移民，至 2011 年，退出土地 599.3 平方千米。

生态移民生活补贴标准，2007 年每人每年 3000 元，补贴期限 5 年；2008 年 9 月提高到每人每年 4000 元；2011 年提高至每人每年 6000 元；2013 年起补贴期限延长 3 年；2014 年起实行“一年一定”动态核定。

2008 年，生态移民以农民人均纯收入为缴费基数，按 20% 比例缴纳养老保险，个人缴纳 8%，旗财政代缴 12%，到龄每人每月领取 300 元；2011 年 1 月 1 日起，调整为每人每月领取 450 元；2015 年，全旗生态移民 10528 人缴纳养老保险费 222 万元，4692 人领取养老保险 3153 万元。

暖水乡整乡生态移民为全国首创。2007 年该乡被划为禁止发展区，当年移民 4 村 8 社 556 户 1400 人，退出土地 8653 公顷；2009 年，整乡移民 10 村 55 社 4135 户 10121 人，退出土地 551.8 平方千米。

安置房认购，搬迁一户认购一户；子女跟随父母、父母跟随子女、五保户跟随赡养人，合并认购一户，乡政府与户主签订赡养协议。楼层分配，低层优先 60 周岁以上老人和行动不便成员的家庭，其他层按村抓阄决定。

全乡移民认购安置房 2861 户 7578 人，占移民总人口 65.8%；薛家湾镇汇通小区 63 户 216 人，湖西小区1390户3436人，沙圪堵镇民乐小区878户2398人，暖水乡聚心小区530户1528人。移民自建房1822户3935人。

2011年完成整乡移民，共移出10村55社4691户11521人，占总人口84.3%；退出土地599.3平方千米，占总面积93.8%。12月29日，樊晓龙编导乡土电影《跟着幸福走》首映，反映了移民迁离难以割舍的故土，搬迁到陌生城市生活的故事。

2010年，乡政府买树苗、付工资，吸引移民返乡，按村组建生态造林绿化队，拆除房屋、清运垃圾、平整土地、造林绿化。全乡生态造林超1.33万公顷。在薛家湾、沙圪堵两地成立家政公司，吸纳移民200人搬家、保洁、当保姆。2013年，协调创业贷款30万元，在聚心小区成立百卉轩丝网花公司，妇女142人编织丝网花就业。至2015年，暖水乡青壮劳动力全部就业；到龄人口领取养老金，移民没有返乡回流。

暖水整乡移民，建成全国第一个生态自然恢复区。2010年开发砒砂岩地质公园，2011年10月14日入围第十一批国家水利风景区，2012年建成国家砒砂岩水保科技示范园。2015年，暖水乡水保治理保存面积333平方千米，其中沙棘133平方千米，沙棘郁闭成林，将80%的泥沙留在原地，水土流失综合治理率39.7%，森林覆盖率49.3%，植被覆盖率由25%激增至85%。

暖水乡133平方千米沙棘林，成为鄂尔多斯市高原圣果生态建设开发有限公司的原料基地，采收沙棘果叶成为暖水移民稳定的收入来源。

2015年生态移民社区沙圪堵镇民乐社区

第二章　计划生育

1991 年正是国家控制人口过快增长的关键时期，准格尔旗探索出“四定”妇检制度，实行孕前服务型管理，由孕后补救向孕前服务转变，靠服务赢得群众理解，终于爬坡过坎扭转计划生育被动局面。跨入 21 世纪，准格尔旗大力开展优生优育宣传教育、生殖健康技术服务、以奖励为主利益引导，集中开展妇女“两癌”筛查，建设和谐幸福家庭，实现了稳定的低生育水平，促进了人的全面发展。准格尔旗 2001 年 10 月 8 日、2005 年 11 月 10 日两次被评为全国婚育新风进万家活动先进县；2006 年 12 月 20 日被评为全国计划生育优质服务先进县。

第一节　机构队伍

准格尔旗计划生育领导机构是由旗委分管副书记或政府分管副旗长牵头的计划生育领导小组，办公室设在计划生育管理部门。1993 年乡镇配齐计划生育专职副书记或副乡镇长，村级配专职副村长或副主任。

准格尔旗计划生育管理部门是旗计划生育委员会，2002 年 6 月更名为计划生育局，2005 年 3 月再次更名为人口和计划生育局，2015 年 5 月与卫生局整合，组建卫生和计划生育局；乡镇设计划生育办公室，1993 年按 1500 人配 1 名的标准配齐计划生育助理员；1996 年企事业单位配齐专兼职计划生育工作人员。

准格尔旗计划生育技术服务机构是计划生育宣传技术指导站，1992 年 6 月更名为计划生育技术服务站；1993 年乡镇成立计划生育技术服务站，旗、乡两级从卫生专业学校和当地医院选调技术人员。2005 年 3 月增设旗计划生育避孕药具管理站。2006 年 11 月统一旗乡两级计划生育服务站标识，推行标准化建设；2006 年、2007 年连续 2 年招聘技术人员充实乡镇计划生育服务站；2009 年配齐乡镇计划生育服务站流动服务车；2012 年通过改建和扩建，苏木乡镇计划生育服务站面积都达到 100 平方米以上；2015 年乡镇计划生育服务站配齐 B 超、血球分析仪、尿液分析仪、乳腺诊断仪、心电图、自动手术床等设备。

准格尔旗计划生育群众组织是 1991 年 4 月成立的计划生育协会，协会组织向下覆盖到村级，推行计划生育群众自治。

全旗计划生育行政管理、技术服务、群众组织 3 支队伍，覆盖旗、乡、村 3 级，服务延伸到每个家庭。2015 年年底，全旗有计划生育工作人员 323 人；技术人员 107 人，其中高级职称 7 人；药具管理人员 12 人。

准格尔旗计划生育委员会 1993 年 3 月被评为内蒙古计划生育工作先进集体。1991 年以来，旗计生委主任赵萍、暖水乡计生办主任沈三厚、马栅乡党委计划生育专职副书记田二存先后被评为内蒙古计划生育先进工作者；薛家湾镇计生办主任闫蛇，2009 年 9 月被评为内蒙古人口和计划生育工作敬业奉献十佳个人，2010年9月获内蒙古人口和计划生育30年特殊贡献奖。

2007年起，准格尔旗苏木乡镇计划生育干部，每人每年享受津贴1800元；2011年起，全旗工作10年以上村计划生育干部和乡镇计划生育临时工，每人每年享受劳保补贴2000元；每年为旗、乡两级计划生育干部购买人身意外保险。

第二节 政策法规

准格尔旗贯彻《内蒙古自治区计划生育条例》。1991年6月2日，旗第十一届人民代表大会常务委员会第二次会议通过《准格尔旗计划生育管理办法》，这是本旗人口和计划生育工作的政策法规依据，也是伊克昭盟首个旗县计划生育地方性法规。

一、生育政策

实行计划生育基本国策，国家提倡一对夫妻只生育一个孩子，农村确有困难要求生育二胎，经过批准可有计划地安排生育第二胎。

《内蒙古自治区计划生育条例》规定，汉族公民一对夫妻只生育一个子女，符合条件经批准可生育第二个子女；蒙古族公民一对夫妻可生育两个子女，符合条件经批准可生育第三个子女。

《准格尔旗计划生育的管理办法》作出更为详细规定。一对夫妻只生育一个子女，夫妻双方均为非城镇户籍，已有一个子女为女孩的，经批准可生育第二个子女，不包括机关事业单位，国营、集体企业从业人员和弃农经商一年以上个体户。

为堵住单身收养、送人代养存在的偷生漏洞，《准格尔旗计划生育的管理办法》有专门规定。收养子女的公民必须经所在地乡镇人民政府核准，报旗计划生育委员会审核批准。

随着经济社会发展，人们生育意愿降低，低生育水平保持稳定，生育政策迎来重大调整。2013年12月28日，第十二届全国人大常委会第六次会议通过《关于调整完善生育政策的决定》，一方是独生子女的夫妇可生育两个孩子的“单独两孩”政策依法启动。2014年3月31日起，准格尔旗实施“单独两孩”政策，当年共为81对符合政策的夫妇发放了“再生育服务证”，当年出生43人，没有出现扎堆生育和生育反弹的现象。

二、奖励政策

准格尔旗认真贯彻落实《内蒙古自治区计划生育条例》各项奖励规定，不断拓展鼓励渠道，提高奖励标准。1991年的政策是，对晚婚者增加婚假15天，对晚育者增加产假1个月，并给男方10天护理假。领取“独生子女父母光荣证”的夫妻，至子女年满14周岁止，每月享受10元以上独生子女父母奖励费。

1995年，准旗在四道柳乡试点扶持计划生育“三结合”户发展经济。1996年9月，伊克昭盟计划生育“三结合”现场会在四道柳乡召开。国家计生委认为，四道柳乡计划生育“三结合”经验在全国具有典型意义，1998年《中国人口报》向全国推广四道柳乡计划生育“三结合”经验。1998年，旗委、政府出台《关于开展计划生育“三结合”工作的意见》，凡是涉及农牧林水到户的扶贫资金都向计划生育户倾斜，扶持计划生育家庭发展种植业和养殖业优先脱贫致富。至2015年，全旗累计投入资金1900万元，3.8万“三结合”户受益。

2002年8月12日，中共准格尔旗委办公室、准格尔旗政府办公室联合下发《关于落实计划生育奖励优惠政策的通知》，首次提出城镇独生子女母亲产假延长到1年，假期工资、福利待遇不变。

随着准格尔旗经济发展，对计划生育家庭的优惠政策与时俱进。截至2015年年底，独生子女父母奖励费由1991年60元/户，提高到2012年600元/户，并延长到子女满18岁止，2014年提高到800元/户，5050户受益。

2004年国家启动农村部分计划生育家庭奖励扶助制度，奖励标准由600元/人提高到2009年1000元/人，379人受益；伤残家庭和死亡家庭扶助标准由960元/人和1200元/人，2010年都提高到2000元/人，2014年提高到8000元/人，33人受益。

2004年开始，给计划生育家庭考入大学新生每人补助3000～10000元，累计投入2400多万元，8500名学生受益；2006年开始，给计划生育家庭小学、初中住校生高出同类学生1倍生活费补贴，累计投入资金800多万元，1100名学生受益。

2005年开始，农村计划生育家庭父母住院新型农村合作医疗报销比例提高15%，138人受益。

2007—2009年，实施计划生育培强扶弱“双百”工程，农村贫困计划生育家庭危房改造每户补贴5000元，120户受益；城镇计划生育家庭下岗职工再就业扶持资金5000元，60户受益。

2009年起，在鄂尔多斯市率先为农村45岁以上“独生子女”父母全额代缴养老保险金500元/人，5149人受益；2011年扩大到为城镇无职业计划生育家庭代缴养老金1500元/人，531人受益。

第三节　生育管理

一、计划生育宣传教育

准格尔旗计划生育宣传教育，既讲人口、资源和环境协调发展，有利于国家和民族的大道理，又讲家庭“少生快富达小康”的小道理；普及生殖健康、避孕节育、优生优育等科学知识。

1991年，魏家峁乡利用“四定”妇检的契机，采用讲课、放录像、面对面咨询等多种形式，对全乡育龄妇女进行集中教育，有效普及了避孕节育、优生优育、生殖保健知识。

1992年，准格尔旗乡村两级开办人口学校，各乡镇计划生育服务站普遍开展婚前教育和优生优育咨询，向育龄妇女宣传婚前、孕前、哺乳期保健知识，教育群众有准备地结婚和生育；在全社会普及了生殖健康、优生优育、避孕节育、出生缺陷干预等方面的知识，提高了广大育龄妇女的自我保健意识。

1998年，准格尔旗启动“婚育新风进万家”活动，乡镇配备电视机、DVD和录像机，旗电视台和报社开办专题栏目，利用现代传媒开展有声有色的宣传教育，到1999年，“婚育新风进万家”活动在全旗普遍展开，倡导男女平等、少生优生、生男生女顺其自然、计划生育丈夫有责等科学、文明、进步的婚育观念，传播青春期、新婚期、孕产期、育儿期、中老年期生殖保健、性健康和预防性病、艾滋病科学知识，提倡文明健康的生活方式，使人们的生殖健康自我保健能力进一步提高，取得良好社会效果。2001年10月8日，准格尔旗被中宣部、国家计划生育委员会评为全国婚育新风进万家活动先进县，神华准格尔能源有限公司被评为先进单位，准格尔旗计生委主任赵德荣被评为先进个人。2005年11月10日，准格尔旗被中宣部、国家人口和计划生育委员会等10部委再次评为全国“婚育新风进万家”活动先进县。

2007年，准格尔旗开始建设人口文化阵地，在人口集中地和主要路口建大型宣传牌，村、居

人口文化雕塑《幸福之家》，2009 年杨玉铭摄

委所在地设计划生育奖励政策宣传栏；薛家湾镇南山公园建成人口文化公园，通过“欢乐童年”“幸福家庭”“和谐家园”三大主题雕塑艺术作品，展示准格尔人口文化特色；塔哈拉路建成人口文化一条街，20 幅宣传画构成一道靓丽的风景；2009 年建成布尔陶亥人口文化广场和薛家湾镇柳青梁村、沙圪堵镇安定壕村两个人口文化大院。同年 8 月，鄂尔多斯市人口和计划生育宣传教育现场会在准格尔旗召开；2010 年，准格尔旗获鄂尔多斯市人口和计划生育宣传教育暨综合治理出生人口性别奖。

二、育龄妇女孕情管理

魏家峁乡探索出“定时、定点、定责任、定约束措施”的妇女健康检查“四定”制度，在缺医少药的农村，通过定期免费体检，妇女病得到及时有效治疗，提高了当地妇女的健康水平。这一办法吸引育龄群众积极参与计划生育，在一定程度上密切了党群干群关系，1991 年在全盟得到推广。

1992 年 3 月出台《准格尔旗计划生育孕前服务型管理实施方案》(以下简称《方案》),以落实“两年人口计划滚动”为核心、以落实长效节育措施为基础，以“四定”妇女健康检查为重点，以统计账卡为体现，对育龄妇女进行分类精细化管理。

1993 年 4 月，伊克昭盟出台《计划生育孕前服务型管理方案》，以乡镇为单位开展创建孕前服务型管理单位达标活动，每年检查评比命名一批。准格尔旗当年建成准格尔召、四道柳、暖水、西营子、羊市塔、敖斯润陶亥、大路、巴润哈岱、窑沟 9 个达标乡，1995 年建成马栅、榆树湾、魏家峁、海子塔、长滩、纳林、蓿亥图、沙圪堵、乌兰哈达 9 个达标乡镇，全旗 28 个乡镇中 18 个乡镇达到孕前服务型标准。达标乡镇妇检普查率达 80% 以上，妇科病普治率达 50% 以上。全旗计划生育实现由事后检查补救为主向预防为主转变，由重结果向重工作过程、重工作要素转变，由工作过程管理向全程质量控制转变，扭转了计划生育被动局面。

三、计划生育目标管理

20 世纪末为控制人口过快增长，各级党委、政府为完成计划生育目标任务，层层推行计划生育目标管理责任制，党政一把手亲自抓，负总责。

1992 年，准格尔旗在全旗推行巴润哈岱乡实行“党政一把手亲自抓负总责，副科以上干部包村责任制”的做法。当年准格尔旗获伊克昭盟计划生育目标责任制考核达标奖，旗委、政府被评为全盟计划生育先进集体。

1996 年 1 月 25 日，旗委、政府 1 号文件下发《关于进一步加强计划生育工作的意见》，进一步完善计划生育目标管理责任制，实行一般干部包户，副科以上领导干部包村、居委会，县级干部包乡镇、系统；横向扩展到旗、乡两级直属单位，纵向延伸到村、社。副科以上领导干部全部实行计划生育包村责任制。

2003 年 9 月 22 日，旗委、政府出台《关于人口和计划生育综合改革的意见》，实行党政一把手计划生育跟踪责任追究制，党政一把手离任三年内，仍对其任期内计划生育问题负责。

经过旗乡村三级干部艰苦努力，准格尔旗自 1992 年获全盟计划生育目标责任制达标奖后，始终走在鄂尔多斯市先进行列，2006 年 12 月被评为内蒙古自治区“十五”期间人口和计划生育工作先进旗县。

四、流动人口生育管理

“八五”国家重点建设项目准格尔项目一期工程上马，吸引全国各地人口涌入准格尔旗，流动人口计划生育管理压力倍增。

1992 年 3 月，旗计划生育委员会制定《流动人口房东包保协议》，实行以房管人；同年旗人民政府批转旗计划生育委员会《流动人口计划生育管理相关部门联合办公制度》和《城镇计划生育管理办法》两个文件，流动人口计划生育管理实行以流入地管理为主、多部门联管，一证管多证。

1996 年 1 月，旗委、政府将流动人口计划生育管理纳入相关部门计划生育目标责任制，要求相关部门主动配合计生部门共同做好流动人口计划生育管理。流动人口育龄人员必须持有暂住地“流动人口计划生育审验证”，公安、工商、劳动部门方可办理暂住户口、领取营业执照、签订劳务合同。旗内乡镇间流动人口实行流入地与流出地“双重管理、双向考核”。

全旗将流动人口计划生育管理重点放在城乡接合部，实行动态跟踪监控。薛家湾、川掌、羊市塔、魏家峁、神山等产煤乡镇，将流动人口计划生育管理任务分解落实到用人单位和租住房屋的房东，实行谁用人谁管理，谁受益谁承担，谁的地片谁管理；计划生育部门与相关部门建立联合办公制度，以流动人口婚育证明作为前置条件，办理暂住证、营业执照、务工许可证、健康证，一证管多证；对辖区房屋统一编号，以房管人，突破流动人口管理瓶颈。

1999 年出台的《准格尔旗流动人口计划生育管理办法》规定，流动人口已婚育龄妇女，免费享受国家规定的计划生育技术服务项目。2011 年 8 月创新流动人口服务管理体制，推行流动人口计划生育基本公共服务均等化，涉及宣传教育、技术服务、生殖健康、优生优育、便民维权、奖励优惠 6 个方面。

其间，为减轻流动人口返乡办婚育证明的负担，2006 年起定期派工作人员到流出人口集中的东胜区集中办证；2007 年起取消办证工本费，费用纳入财政预算。2008 年在薛家湾镇贾家湾社区建成流动人口综合管理服务示范点“流动人口之家”，2009 年在沙圪堵镇府欣社区建示范点。

2009 年，内蒙古与陕甘宁晋毗邻省建成流动人口计划生育管理跨地区协作机制，建成全国人口宏观管理与决策信息系统平台，流动人口计划生育管理实现跨省联网。

五、计划生育群众自治

准格尔旗各级计划生育协会组织，制定计划生育民主自治章程，积极推行计划生育村民自治，促进了计划生育工作由执行行政命令向群众“自我教育、自我管理、自我服务”转变。基层协会会员常年生活在群众之中，最了解群众的愿望和要求，他们既是管理者又是计划生育的主人，在会员大会上参与计划生育指标审定、节育措施落实、奖励优惠政策兑现、违法生育处罚的讨论和民主评议，带头实行计划生育并影响身边更多的人实行计划生育。

1991 年 1 月，巴润哈岱乡西黑岱村被评为内蒙古自治区计划生育协会先进集体；2001 年，哈岱高勒乡计划生育村民自治的做法在全市推广，得到内蒙古自治区人口计生委肯定；2007 年，准格尔煤田计生办主任赵文被评为全国计划生育协会先进志愿者；2009 年，薛家湾镇柳青梁村计生协会、沙圪堵镇安定壕村计生协会被评为全国计划生育协会先进集体。

第四节　技术服务

准格尔旗开展避孕节育、生殖健康和优生优育的常态化技术服务，降低了广大妇女妇科病的发病率，提高了妇科病的治疗有效率和治愈率，让广大育龄群众得到了实实在在的身体保健，“用服务换理解”，吸引群众主动参与计划生育其中，保障了人口计划目标的实现。2006 年 12 月 20 日，准格尔旗被国家人口和计划生育委员会评为全国计划生育优质服务先进县。

一、避孕节育服务

1991 年，避孕节育服务主要内容是落实长效节育措施。准格尔旗推广魏家峁乡妇检“四定”服务，同时对常见妇科病进行普查普治，并建立育龄妇女健康档案，使妇科病得到及时有效治疗，提高了广大育龄群众健康水平。

1992 年 3 月，准格尔旗实施计划生育孕前服务型管理，面向育龄妇女开展“二送二查三访视”常态化服务，“二送”“三访”的人文关怀与“二查”的技术服务相结合，妇检普查率达 80% 以上，妇科病普治率达 50% 以上。计划生育工作实现由事后补救向日常预防转变，让广大育龄群众得到实实在在的健康检查和身体保健。

跨入 21 世纪，准格尔旗持续推进避孕节育服务，为稳定低生育水平发挥了至关重要的作用。根据计划生育报表统计，从实行计划生育到 2015 年年底，全旗共有已婚育龄妇女 75937 人，有 70809 人采取各种避孕节育措施，综合节育率由 1991 年 87.21% 提高到最高的 2005 年 93.84%，2015 年回落到 93.25%。

二、生殖健康服务

1999 年，根据国家计生委提出的育龄群众享有生殖保健服务的目标，准格尔旗依托“四定”妇检和孕前服务型管理奠定的技术服务网络、锤炼的技术服务队伍，全面开展计划生育生殖健康优质服务，为所有育龄群众提供先进优质的生殖健康技术服务，满足生命周期各个阶段不同的生殖保健需要，创建国家级计划生育优质服务先进县。

截至 2015 年年底，全旗累计为 65764 名育龄妇女进行了生殖健康服务，查出患不同程度妇科病 28936 人，治愈 16400 人。建立规范的生殖健康档案，对患病者进行跟踪治疗，实行定期回访，大大提高了育龄妇女的健康水平，深受群众欢迎。2006 年 12 月 20 日，准格尔旗被国家人口和计划生育委员会评为全国计划生育优质服务先进县。

2011 年 8 月 25 日，准格尔旗与中国医学科学院肿瘤医院 / 肿瘤研究所、中国癌症基金会协作，启动中国少数民族地区子宫颈癌、乳腺癌综合预防研究项目。项目实施以来，每年邀请北京同仁医院、内蒙古自治区人民医院妇科专家，到准格尔旗开展“两癌”筛查。截至 2015 年年底，共筛查 46846 人，覆盖全旗同年龄段 61.7% 的服务人群，查出子宫颈癌前期病变 289 人、癌症 42 人，查出乳腺癌 19 人，当即做手术 320 人，其中邀请项目组专家在当地医院手术 208 人。这一项目的实施，使妇女易患的两大疾病得到早发现、早治疗，提高了治疗的有效率，减轻了她们的痛苦和经济负担。

2015 年，准格尔旗启动国家卫生计生委“适合中国农村地区的宫颈癌筛查技术与示范研究项目”，通过 HPV 检测、巴氏细胞学检测、VIA/VILI 检查，免费对 3000 名适龄妇女进行对比检测，探索农村偏远地区成本低、简单易操作且更有效的宫颈癌检测技术。

三、优生优育服务

1991 年，准格尔旗开始对育龄人群进行婚前生育教育和健康检查；1992 年，建立乡镇技术服务站，开办乡村两级人口学校，全面开展婚前教育和优生优育咨询。随着 20 世纪末孕前服务型管理和 21 世纪生殖健康服务全面实施，优生优育服务内容日益丰富，服务范围不断拓展，新生儿的健康有了更多的保障。

2009 年“一杯奶生育关怀”发放牛奶

2009 年 6 月 1 日起，准格尔旗实施孕妇“一杯奶”工程，为符合计划生育政策的孕妇每天免费提供 250 克牛奶；2011 年 5 月将流入半年以上的流动人口符合计划生育政策的怀孕妇女也纳入享受范围；至 2015 年年底，全旗累计有 21300 名孕妇在政府每天“一杯奶”滋润下，安然度过 10 个月的孕育期，此举有效提高了母婴健康水平。

2011 年，准格尔旗启动婴儿出生缺陷一级干预工程，建立优生检测实验室，面向待孕妇女免费开展国家孕前优生健康检查，面向妊娠早期妇女免费发放预防胎儿出生缺陷药品，并建档立卡，实行孕前、孕期、孕后全程跟踪检测，全程随访服务，将干预婴儿出生缺陷的关口前移，提高了出生人口素质。

子女致病、致残，夫妻想再生育，须经医学鉴定，批准后再生育。准格尔旗每年对病残儿定期鉴定。1991—2015 年，全旗累计对 202 名病残儿进行医学鉴定，批准 193 对夫妇再生育，建议 9 对夫妇抱养，既严格落实了生育政策，又体现国家对计划生育家庭的关怀。

2007 年“锅连炕”改造安上“爱心墙”

准格尔旗农村传统民居锅台连着土炕，儿童烧伤事故时有发生。2007—2009 年，实施锅连炕改造工程，全旗累计为 1800 余户农家在锅台与炕之间做了隔板，根除了婴儿烧伤事故的发生。

2009年,全旗首批人口早期教育示范基地在薛家湾镇第二幼儿园和十一幼儿园挂牌。至2015年,全旗建成人口早期教育示范基地5个，承担早教的5所幼儿园增配了人口早教设备和师资力量，开展幼儿早期智力开发和早期教育，深受新生儿家庭欢迎。

第五节 人口控制

准格尔旗计划生育控制人口过快增长。1991—2015年，全旗人口出生率由1991年17.22‰下降至2015年7.57‰；人口自然增长率由1991年6.63‰下降至2015年5.00‰；符合政策生育率由1991年79.41%上升到2015年91.52%；育龄妇女综合避孕节育率由1991年87.21%上升到2015年93.25%。

准格尔旗出生人口高位出现在1971年，人口出生率32.80‰。2000年人口出生率9.58‰，首次下降到10‰以下，只有2005年、2006年、2009年、2012年人口出生率突破10‰，2015年下降到7.57‰。

全旗家庭平均人口由1990年3.88人下降到2010年2.56人；三口之家占比由1990年19.96%上升到2010年32.40%，主要是独生子女所在的核心家庭。65岁以上老年人占比由1990年6.66%缓慢上升到2010年7.06%。

实行计划生育改变了人们“重男轻女”的传统观念，优化了人口性别构成。全旗出生人口性别比的峰值1998年124.00；出生人口性别比总体一孩偏低，二孩偏高，二孩性别比峰值2007年134.73。经过长期艰苦努力，出生人口性别比由1995年114.76下降到2015年105.28。

实行计划生育根除了近亲结婚的陋习，改变了早婚早育的传统。国家法定结婚年龄，女20周岁以上，男22周岁以上；推迟3年以上初婚为晚婚，推迟4年以上初育为晚育。准格尔旗初婚女性晚婚率由1991年49.59%上升到2015年81.59%。优婚、优孕、优生、优育提高了母婴健康水平，保证了出生人口质量。

1991—2015年准格尔旗计划生育人口统计表

表3-9

年份	总人口（人）	流入人口（人）	育龄妇女（人）	综合节育率（%）	出生人口（人）	出生率（‰）	计划生育率（%）	出生性别比（%）
1991	249478		42302	87.21	2744	17.22	79.41	
1992	255614	39026	41958	89.38	2949	11.68	88.27	
1993	264863	39028	44266	92.47	2804	11.00	98.75	
1994	288810	39031	49554	91.67	3285	11.86	96.41	
1995	293061	39032	54617	92.02	3565	12.25	98.77	114.76
1996	292624	39034	55506	92.71	3303	11.28	99.03	117.30
1997	288096		56995	92.02	3086	10.48	98.40	121.00
1998	295123		59299	92.09	3042	10.43	99.15	124.00

续表 3-9

年份	总人口（人）	流入人口（人）	育龄妇女（人）	综合节育率（%）	出生人口（人）	出生率（‰）	计划生育率（%）	出生性别比（%）
1999	307235		59641	92.02	3120	10.36	99.65	102.60
2000	290237	39014	59641	92.59	2816	9.58	99.54	106.90
2001	294950	39016	58009	92.32	2848	9.71	99.37	116.91
2002	291697	39018	59420	93.02	2617	8.93	99.27	101.31
2003	291236	39020	59031	93.19	2473	8.73	100.00	103.20
2004	292151	39022	61960	93.32	2801	9.80	100.00	106.87
2005	300646	39024	65695	93.84	3067	10.35	99.90	103.92
2006	346717	77520	70771	93.60	3381	10.45	99.65	104.04
2007	373606	86871	76205	93.31	3538	9.82	97.40	106.18
2008	367447	84940	76774	93.39	3392	9.15	97.46	104.83
2009	373000	69318	77684	92.94	3742	10.20	97.65	106.97
2010	349304	66196	74301	93.60	3509	9.81	97.72	106.90
2011	346889	84033	76155	92.73	3432	9.86	97.67	105.76
2012	371021	94572	80466	92.20	3647	10.16	98.00	106.86
2013	361154	91482	77692	92.70	3477	9.50	96.03	101.00
2014	366920	94081	77880	92.45	3108	8.54	96.81	106.24
2015	362291	84249	75937	93.25	2759	7.57	91.52	105.28

第四篇 综合经济

经济规模

经济结构

居民生活

2010年8月伊泰集团煤制油项目夜景

“八五”期间，准格尔旗经济处于伊克昭盟中下游水平，列为国家重点贫困县，地区生产总值亿元级，财政收入千万元级，城镇居民收入刚超千元，农村居民收入接近500元。支援准格尔煤田、承接西部开发战略，经济驶入快车道。1996年财政收入突破亿元，2005年县域经济跨入全国百强，2008年入围中国全面小康十大示范县，2012年跃居全国县域经济十强，摘掉国家贫困县帽子。2015年，地区生产总值千亿元级，财政收入百亿元级，城乡居民收入均超万元级。

2017年7月兴隆街道中心社区晚霞，李颖摄

第一章　经济规模

第一节　经济总量

1991 年，准格尔旗地区生产总值 4.51 亿元；1996 年突破 10 亿元，达到 11.74 亿元；2005 年突破百亿元，达到 137.84 亿元；2012 年突破千亿元，达到 1000.40 亿元。1991 年，准格尔旗财政收入 2600 万元；1996 年突破亿元，达到 1.01 亿元；2004 年突破 10 亿元，达到 12.52 亿元；2009 年突破百亿元，达到 100.01 亿元；2012 年达到峰值 242.93 亿元。

地区产值从十亿到百亿再到千亿，财政收入从亿到十亿再到百亿，准格尔旗经济体量实现几何级数增长，主要靠投资直接带动。固定资产投资“八五”累计 73.54 亿元，主要来自国家重点建设项目，“十五”累计 191.21 亿元，多是西部大开发引进项目，“十一五”累计 1245.88 亿元，集中在两大工业园区引进项目，“十二五”高达 2867.38 亿元。从“八五”国家能源战略西移，到 21 世纪准格尔旗开辟开发区，国家重点建设项目接二连三，地方招商引资项目成群结队，为县域经济打下雄厚的物质基础。

2013 年进入经济新常态，中国市场煤价跌入低谷，鄂尔多斯市遭遇民间借贷危机，准格尔旗财政收入一路下跌至 2015 年的 157.40 亿元。应对经济下行压力，准格尔旗进行供给侧结构性改革，打造县域经济升级版，经济运行稳中有进，地区生产总值维持到 2015 年的 1107.78 亿元。

1991—2015 年准格尔旗主要经济指标统计表

表 4-1

年　份	投资总额（亿元）	增长率（%）	消费总额（亿元）	增长率（%）	生产总值（亿元）	增长率（%）	人均产值（万元）	财政收入（亿元）	增长率（%）
1990	4.75		0.78		3.45			0.20	
1991	9.67	103.58	1.03	32.05	4.51	30.72	0.19	0.26	30.00
1992	14.47	49.64	1.22	18.45	5.41	19.96	0.22	0.37	42.31
1993	18.43	27.37	1.32	8.20	7.08	30.87	0.29	0.58	56.76
1994	13.69	-25.72	1.51	14.39	6.26	-11.58	0.25	0.53	-8.62
1995	17.28	26.22	2.01	33.11	8.06	28.75	0.32	0.74	39.62
1996	9.47	-45.20	2.50	24.38	11.74	45.66	0.46	1.01	36.49
1997	7.16	-24.39	3.06	22.40	13.56	15.50	0.53	1.39	37.62
1998	3.18	-55.59	3.88	26.80	17.15	26.47	0.66	1.70	22.30
1999	8.13	155.66	4.54	17.01	23.01	34.17	0.88	1.37	-19.41
2000	13.96	71.71	5.10	12.33	26.84	16.64	1.01	3.00	118.98

续表 4-1

年　份	投资总额（亿元）	增长率（%）	消费总额（亿元）	增长率（%）	生产总值（亿元）	增长率（%）	人均产值（万元）	财政收入（亿元）	增长率（%）
2001	19.06	36.53	5.70	11.76	32.49	21.05	1.21	3.61	20.33
2002	14.50	–23.92	6.35	11.40	40.80	25.58	1.50	4.89	35.46
2003	19.31	33.17	7.67	20.79	57.00	39.71	2.10	7.03	43.76
2004	60.44	213.00	21.02	174.05	95.01	66.68	3.51	12.52	78.09
2005	77.90	28.89	24.22	15.22	137.84	45.08	5.07	28.81	130.11
2006	112.57	44.51	28.08	15.94	200.00	45.10	6.76	43.33	50.40
2007	198.33	76.18	32.61	16.13	300.03	50.02	9.93	60.01	38.50
2008	214.47	8.14	40.00	22.66	412.51	37.49	12.44	73.92	23.18
2009	320.46	49.42	47.46	18.65	539.48	30.78	16.75	100.01	35.29
2010	400.05	24.84	57.00	20.10	671.14	24.40	20.15	146.50	46.49
2011	478.54	19.62	66.00	15.79	830.02	23.67	22.94	220.06	50.21
2012	550.12	14.96	78.00	18.18	1000.40	20.53	27.11	242.93	10.39
2013	620.48	12.79	84.00	7.69	1050.53	5.01	28.55	226.07	–6.94
2014	710.03	14.43	91.00	8.33	1106.72	5.35	29.88	167.04	–26.11
2015	508.21	–28.42	99.10	8.90	1107.78	0.10	29.90	157.40	–5.77

第二节　发展速度

1991—2015 年，准格尔旗生产总值年均增速 25.97%，财政收入年均增速 30.57%；峰值是 2004 年固定资产投资增长 213.00%，社会消费品零售额增长 174.05%，生产总值增长 66.68%，2005 年财政收入增长 130.11%。经济高增长，吸引高投资，刺激高消费；高投资直接带动，高消费逆向拉动，经济实现高速度发展。

“八五”属于启动期，准格尔旗综合经济实力处于伊克昭盟旗县中下游水平，是国家级贫困县，发展速度低于多年平均增速。“九五”进入加速期，在国家重点建设项目带动下步入快车道，发展速度开始高于多年平均增速，超越兄弟旗县，跑进伊克昭盟前列。“十五”进入高速期，跳起来承接西部大开发，跑进内蒙古旗县前列，跻身全国县域经济百强。生产总值年均递增 38.71%；财政收入由 3 亿元增加到 28.81 亿元，相当于再造了 9 个准格尔旗。“十一五”后进入惯性期，持续高速赶超，地区生产总值年均递增 37.24%，财政收入年均递增 39.05%。2012 年跃居全国百强县第 10 位，实现国家级贫困县摘帽。

2013 年踩了急刹车，准格尔旗发展速度跌入低谷，生产总值年均递增 3.46%；财政收入由 242.93 亿元减少到 157.40 亿元，年均递减 13.47%，在全国百强县排名回落到第 12 位。经济新常态，制动换挡速度慢下来，实施供给侧结构性改革，打造县域经济升级版，高速度发展转为高质量发展。

“十五”初期，准格尔旗经济综合实力还处于内蒙古自治区旗县中游水平，决策层大胆提出“翻两番、进前列”，奋斗十年跨入全国百强，通过全旗努力，提前5年实现这一目标。进入“十一五”，资源环境容量趋紧，节能减排保护生态环境，国家宏观调控频频发力。准格尔旗努力寻求大政方针与地区实际的结合点，壮士断腕，淘汰高耗能产业；不惜血本，培育煤化工产业；攻坚克难破解了发展困局。

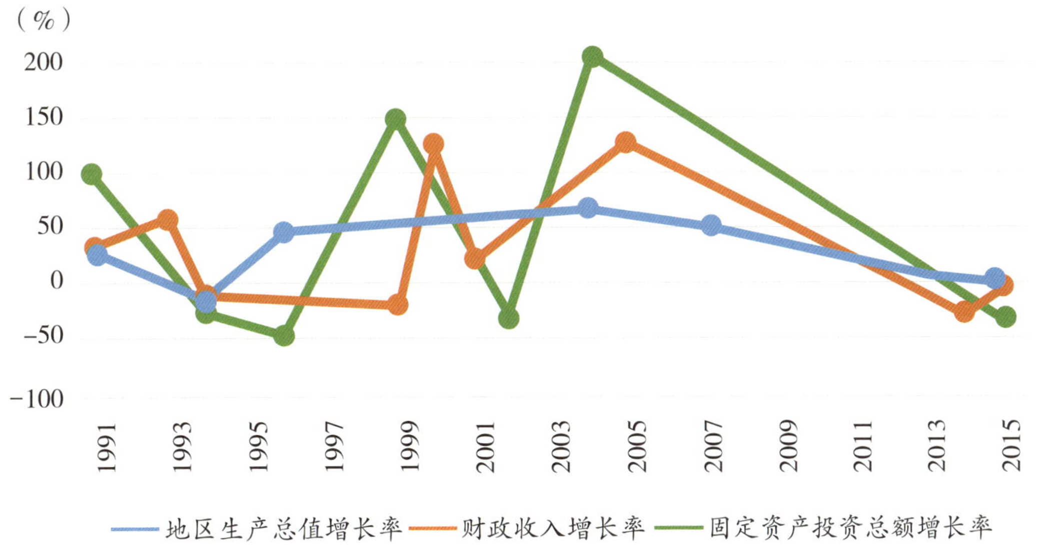

1991—2015年准格尔旗发展速度示意图

第三节　横向对比

“八五”初，准格尔旗综合经济实力，在内蒙古自治区、伊克昭盟的位次处于中下游水平；1995年上升到内蒙古自治区旗县第20位，跃居伊克昭盟7旗县前列；2000年实现经济发展速度、财政收入、城镇化水平全盟“三个第一”；2005年年底跨入全国县域经济百强。统计部门从2006年开始关注准格尔旗经济横向对比，与鄂尔多斯市各旗县、内蒙古自治区12个盟市、全国县域经济单位对比，营造前有标兵、后有追兵的竞争气氛。

一、在鄂尔多斯市旗区排名

准格尔旗地区生产总值稳居鄂尔多斯市8个旗区首位；固定资产投资2006年排首位，2008年下降到第2位，2014年回升到首位；财政收入2006年排第2位，2012年上升到首位，2014年回落到第2位；工业产值2006年居首位，2007年下降到第2位，2008年下降到第3位，2009年回升到首位。社会消费品零售总额一直保持在次位；牧业年度牲畜头数2006年居第7位，2008年上升到第6位，2009年上升到第5位，2010年回落到第6位；粮食产量2006年排第4位，2008年上升到第3位，2010年回落到第4位，2011年下跌到第7位；城镇常住居民人均可支配收入一直保持第2位；农民人均纯收入2006年排第5位，2007年上升到第4位，2009年上升到第3位，2010年上升到首位，2011年回落到第2位。

2015年，准格尔旗生产总值、固定资产投资、工业产值、第二产业增加值4项指标，均居鄂尔多斯市旗区首位；财政收入、社会消费品零售总额、三产增加值、市民人均收入、农民人均收入

5 项指标居次位；第一产业增加值、牧畜头数、粮食产量 3 项指标排名靠后。

2015 年鄂尔多斯市旗区主要经济指标统计表

表 4-2

经济指标	单位	东胜区	达旗	鄂前旗	鄂旗	杭锦旗	乌审旗	伊旗	准旗及排名	
生产总值	亿元	883.89	471.80	128.99	435.75	89.61	398.91	659.89	1107.78	1
固定资产投资	亿元	451.40	215.00	232.10	300.00	155.10	380.50	393.30	508.20	1
工业产值	亿元	501.29	634.82	200.38	601.67	27.86	708.74	832.10	1015.09	1
财政收入	亿元	80.90	21.40	16.00	35.40	12.30	28.10	77.30	79.00	2
消费品零售额	亿元	223.20	58.10	20.40	39.00	35.80	38.00	48.10	99.10	2
一产增加值	亿元	1.34	32.23	11.21	7.49	17.61	12.61	6.90	9.25	5
二产增加值	亿元	329.40	266.53	79.16	7.49	34.52	301.47	394.89	664.23	1
三产增加值	亿元	553.15	173.05	38.62	95.72	37.48	84.83	258.10	434.30	2
粮食产量	万吨	1.00	58.10	10.00	10.30	37.85	12.64	8.97	8.14	7
牲畜头数	万头	13.32	306.83	236.03	182.47	197.38	204.76	45.76	63.30	6
市民人均收入	元	38807	33863	35545	36832	33716	35717	38690	38698	2
农民人均收入	元	—	14341	14501	14418	14258	14418	14445	14459	2

二、与内蒙古自治区盟市比较

准格尔旗与内蒙古自治区 12 个盟市横向比较，地区生产总值由 2006 年的第 10 位逐步上升为 2009 年的第 7 位，连续 7 年保持第 7 位；固定资产投资由 2006 年第 10 位上升为 2007 年第 9 位，连续 5 年保持第 9 位，2012 年回落到第 10 位；工业产值一直保持第 3 位；财政收入由 2006 年第 6 位上升到 2009 年第 4 位，连续 5 年保持第 4 位，2014 年跌落到第 8 位，2015 年跌落到第 12 位；社会消费品零售总额一直排第 12 位；城镇常住居民人均可支配收入由 2006 年第 3 位逐步上升为 2009 年的第 1 位，连续 7 年居首位；农村人均纯收入 2006 年排第 1 位，2007 年下滑为第 2 位，之后连续 9 年稳居第 2 位。

2015 年，准格尔旗城镇居民人均可支配收入与农村居民人均可支配收入 2 项指标，分别为第 1 位和第 2 位；工业产值排第 6 位；生产总值、第二产业增加值、第三产业增加值 3 项指标排第 7 位；固定资产投资排第 10 位；财政收入、社会消费品零售总额、第一产业增加值 3 项指标排名靠后。

2015年内蒙古盟市与准格尔旗主要经济指标对比表

表4-3

	生产总值（亿元）	固定资产投资（亿元）	工业产值（亿元）	财政收入（亿元）	消费品零售额（亿元）	第一产业（亿元）	第二产业（亿元）	第三产业（亿元）	市民人均收入（元）	农民人均收入（元）
呼和浩特市	3090.50	1618.60	678.60	367.70	1353.50	126.20	867.10	2097.20	37362	13491
包头市	3780.90	2582.90	1610.10	400.00	1276.60	101.00	1830.60	1850.20	38098	13667
鄂尔多斯市	4226.10	2737.30	2131.20	578.40	660.30	99.00	2400.00	1727.20	37432	14420
呼伦贝尔市	1596.00	925.80	605.30	380.80	545.90	263.70	710.80	621.50	26844	11632
兴安盟	502.30	425.30	160.50	235.60	209.70	125.10	199.00	178.20	22397	7894
通辽市	1877.30	1288.70	865.60	369.90	469.30	269.70	948.70	658.90	25364	10757
赤峰市	1861.30	1272.10	747.60	425.30	637.10	277.00	882.60	701.70	25195	8812
锡林郭勒盟	1002.60	625.70	544.10	232.30	223.30	105.50	613.70	283.40	30409	12222
乌兰察布市	913.80	658.80	390.10	318.40	290.40	132.40	443.80	377.50	24597	8432
巴彦淖尔市	887.40	664.50	379.90	236.50	234.50	165.60	450.60	271.20	24314	13479
乌海市	609.80	398.60	326.70	123.10	139.10	4.70	367.80	237.30	33968	14402
阿拉善盟	322.60	348.20	197.80	86.90	68.10	12.00	219.30	91.30	32253	15563
准旗/排名	1107.80/7	508.20/10	1015.09/3	79.00/12	99.10/12	9.30/12	664.40/7	434.30/7	38698/1	14459/2

三、在全国县域经济单位排名

1994年，准格尔旗农村户籍人口年人均收入不足400元，1995年纳入全国重点扶持的592个贫困县。之后，能源战略西移、西部大开发，国家一系列政策措施把准格尔旗逐步推向发展的战略前沿。准格尔煤田、万家寨水利枢纽、国华准电三大国家重点工程投资超过200亿元，大项目大投资拉动，加快了准格尔从农业到工业、由国家贫困县向全国百强县的跨越。

2002年10月4日，第一届全国县域经济基本竞争力评价揭晓，准格尔旗排在全国2073个县域经济单位第320位。2005年12月1日，中郡县域经济研究所在《经济日报》第十版发布第五届全国县域经济基本竞争力评价结果，准格尔旗跻身全国2005个县域经济单位第89位、西部12省市区874个县域经济单位第3位，在内蒙古80个县域经济单位中首家跨进全国百强。

2006年6月，内蒙古人民出版社出版专著《西部热土准格尔》，对准格尔旗县域经济发展实践进行了系统剖析。从决策者如何超前谋划，媒体记者如何客观报道，权威机构如何系统评价，多角度解读准格尔旗发展的奥秘。借助国家能源战略西移的外力，集中开发得天独厚的资源；依靠资源开发积累的财力，加快农业和社会事业发展；凭借全面发展带来的实惠，激发人民勇创大业的干劲。该书在第四届漫瀚调艺术节首次发行，2007年7月又在准格尔旗举办的全市两个文明建设现场经验交流会再版发行，2010年12月获内蒙古党史研究成果著作类三等奖，2011年10月获鄂尔多斯市第二届哲学社会科学优秀成果三等奖。

2012年3月19日，国务院扶贫开发领导小组办公室发布《国家扶贫开发工作重点县名单》，准格尔旗不在其列，终于摘掉戴了17年国家级贫困县帽子。同年12月10日，中郡县域经济研究所发布第十二届全国县域经济基本竞争力百强名单，准格尔旗跃居全国百强县市第 10 位。2015 年 8 月 22 日公布第十五届全国县域经济基本竞争力评价结果，准格尔旗在全国百强县排名回落到第 12 位，仍居西部百强县第 1 位。

准格尔旗在中国县域经济百强历届评价排名一览表

表 4-4

届　次	排　序	县域经济基本竞争力			县域科学发展		公布日期
		中郡指数	动　态	等　级	富裕程度	绿色指数	
第一届	—	R320T2073	上　升	B 级	—	—	2002-01-04
第二届	—	R308T2052	相对稳定	B 级	—	—	2002-12-10
第三届	—	R234T2026	相对稳定	B 级	—	—	2003-11-23
第四届	—	R160T2012	相对稳定	A 级	—	—	2004-11-06
第五届	国 89	R89T2005	相对稳定	A 级	—	—	2005-12-01
第六届	国 67	R67T2008	相对稳定	A 级	—	—	2006-12-01
第七届	国 57	R57T2002	相对稳定	A 级	A+ 级	—	2007-12-01
第八届	国 47	R47T2001	相对稳定	A 级	A+ 级	—	2008-07-06
第九届	国 37	R37T2001	上　升	A 级	A+ 级	—	2009-07-26
第十届	国 20	R20T2001	上　升	A+ 级	A+ 级	A- 级	2010-08-15
第十一届	国 12	R12T2001	上　升	A+ 级	A+ 级	A- 级	2011-08-20
第十二届	国 10	R10T1993	相对稳定	A+ 级	A+ 级	A 级	2012-12-10
第十三届	国 10	—	—	A+ 级	A+ 级	A+ 级	2013-12-16
第十四届	国 12	—	—	A+ 级	A+ 级	A 级	2014-11-01
第十五届	国 12	—	—	A+ 级	A+ 级	A 级	2015-08-22

第二章 经济结构

第一节 产权结构

准格尔旗经济产权结构，经历了从国营、集体的单一公有制经济，到公有制为主体，个体私营、中外合资等多种经济成分共同发展的巨变。个体私营从小到大，由弱变强，公有制经济占比明显下降，仍保持主体地位。

2004年、2008年、2013年，三次全国经济普查资料显示，准格尔旗企业法人从619家发展到2906家。其中，内资企业由618家发展到2896家，港澳台商和外商投资企业由1家发展到10家。在内资企业8种登记注册类型中，国有企业由22家发展到28家，增幅排第6位，占比由第7位攀升到第6位；集体企业由26家减少到10家，减幅最大，占比由第5位滑落到第7位。私营企业由381家发展到843家，增幅排第4位，占比由第1位滑落到第2位；有限责任公司由83家发展到1722家，增幅最大，占比由第2位攀升到第1位。国退民进，公降私升趋势明显。中外合资经济从无到有，开始起步。

全国经济普查准格尔旗企业法人登记注册类型统计表

表4-5 单位：个、%

	2013年		2008年		2004年		9年增长率
	企业	占比	企业	占比	企业	占比	
总计	2906	100	1215	100.00	619	100.00	369.47
内资企业	2896	99.66	1211	99.67	618	99.84	368.61
国有企业	28	0.96	19	1.56	22	3.55	27.27
集体企业	10	0.35	15	1.23	26	4.20	-54.55
股份合作企业	36	1.24	43	3.54	44	7.11	-18.18
联营企业	5	0.17	5	0.41	1	0.16	400.00
有限责任公司	1722	59.26	234	19.26	83	13.41	1974.70
股份有限公司	61	2.10	35	2.88	24	3.88	154.17
私营企业	843	28.70	798	65.68	381	51.37	121.26
其他企业	191	6.57	62	5.10	37	5.98	416.22
港澳台外商投资企业	10	0.35	4	0.33	1	0.16	900.00

一、公有制经济

公有制经济始终是准格尔旗经济强大引擎。1991—1996 年，在准格尔煤田、黄河万家寨水利枢纽两大国家重点建设项目带动下，地方国营企业、集体企业迅速发展，国营企业由 267 户增加到 379 户，集体企业由 632 户增加到 828 户；最大的地方国营企业准格尔旗煤炭工业公司，资产总值 8200 万元，从业人员近千人，煤炭产能 250 万吨，发展成为内蒙古中型一档企业，伊克昭盟重点企业。中央企业、地方企业两支劲旅支撑的公有制经济主导全旗经济。

国家构建社会主义市场经济体制，准格尔旗从 1998 年开始企业产权制度改革，建立现代企业制度，地方国营、集体企业全部退出公有制经济序列，实行民有民营，全旗非私营企业由 1998 年 389 户锐减到 1999 年 52 户，中央企业开始独立支撑公有制经济大局，持续发挥强劲的辐射带动作用。

跨入 21 世纪，国家西部大开发重点建设项目国华准格尔发电厂上马，中央企业又添新成员；准格尔旗借助国家重点建设项目，开辟内蒙古准格尔经济开发区和鄂尔多斯大路煤化工基地两个工业园区，吸引国有控股资本抢滩准格尔旗，这些经济实体带动非公有制经济发展。

2004 年起，准格尔旗国有资产投资经营公司集中优势资本，投资开发资源、城市建设、房地产、文化旅游、现代农牧业、供水供热供气等领域，这批新型地方国有企业入市，通过资本运营实现国有资本增值。2015 年，准格尔旗国有资产投资集团旗下有 10 家全资子公司、4 家控股公司，参股 6 家股份公司，资产总值由 2004 年 2.85 亿元增加到 63.63 亿元。2015 年，全旗有非私营企业 729 户，中央大手拉地方小手，强化了公有制经济主导地位。

二、非公有制经济

“八五”初期，准格尔旗个体私营经济刚起步。1991 年，全旗有个体工商户 1344 户，从业人员 2144 人，固定资产原值 2138 万元，实现增加值 1835 万元，营业收入 3540 万元；1992 年，全旗有私营企业 44 户，从业人员 935 人，注册资本 245 万元，完成产值 300 万元，营业收入 65 万元。

从有计划商品经济到社会主义市场经济，非公有制经济也从有益补充升格为重要组成；准格尔旗从放宽限制到鼓励扶持，1999 年 3 月 1 日出台《加快发展个体私营经济若干意见》，让个体私营经济如鱼得水。年底全旗有个体工商户 4555 户，从业人员 7534 人，注册资金 4407 万元，营业收入 1.99 亿元；有私营企业 270 户，从业人员 3309 人，注册资本 4047 万元，实现产值 4046 万元。

“九五”末，准格尔旗地方国营、集体企业转制民营，全部退出公有制经济序列，加入个体私营经济大军；跨入 21 世纪又开辟内蒙古准格尔经济开发区和鄂尔多斯大路煤化工基地两个工业园区，吸引外来客汇入本土私营经济洪流。到“十一五”末，全旗有私营企业 2167 家、个体工商户 6919 户，实现增加值占全旗地区生产总值 70% 以上，税收占全旗财政收入 70% 以上，从业人员占全旗从业人员 80% 以上，个体私营经济成为全旗经济重要组成部分。

中共十八大以来，国家允许非公有制经济与公有制经济一样，平等进入负面清单之外的领域，准格尔旗非公有制经济迅猛发展，市场份额持续扩大，成为经济发展的主力军。2015 年，全旗有私营企业 4141 户，其中规模以上企业 113 户；个体工商户 17972 户，私营企业和个体工商户实现产值 819.2 亿元，占全旗地区生产总值 74% 以上；缴纳税金 59.25 亿元，占全旗财政收入 75% 以上，吸纳就业 7.88 万人，占全旗劳动力 80% 以上，宝平湾煤炭公司、生力资源集团、蒙南煤炭公司、恒东集团相继跻身内蒙古民营企业百强，伊东集团位列 2015 中国民营企业 500 强第 437 位。

第二节　产业结构

从有计划商品经济，到社会主义市场经济，再到全面建成小康社会，准格尔旗经济由资源开发、投资带动型，调整为投资正向带动、消费逆向拉动型。第二产业始终居主导地位，由资源原采原卖，转向多次转化综合利用；第三产业由生活性服务转向生产与生活服务并重，在全旗经济占比由末位上升到次位；第一产业由传统种养家庭式供给转向现代农牧业产业化经营，在全旗经济占比由次位降到垫底。

“八五”期间，国家重点建设带动地方经济产业结构转型，准格尔旗形成农业为基础、工业为支柱的产业体系。农业基础脆弱，靠天吃饭。国家建设项目投资大，对地方经济带动强劲；地方工业历史包袱沉重，是地方经济的拖累。第三产业份额微不足道。1991 年，准格尔旗三次产业占比 29.03：70.09：0.88。第二产业居首，第一产业其次，第三产业垫底。

“九五”期间，初建社会主义市场经济体制，市场开始决定生产要素配置，准格尔旗形成具有资源优势和地方特色的产业体系。第二产业份额稳居首位，第三产业超越第一产业升至次位，第一产业开始垫底，三次产业占比由 1995 年的 30.67：45.94：23.39 调整为 2000 年的 9.60：64.10：26.30。

“十五”期间，国家西部大开发惠及准格尔旗，外来生产要素带动准格尔旗产业结构调整，呈现一产优、二产强、三产快的特点，三次产业占比调整为 3.30：64.50：32.20。第二产业从规模扩张调向产业优化，由资源开发调向产品升级，由传统产业转向高新技术产业，主导地位强化；第三产业占比有所上升，房地产、保险、信息等新兴产业落地。第一产业由粮食生产转向草畜生产，由家庭经营转向产业化经营，养殖规模达到峰值。

“十一五”期间，准格尔旗围绕内蒙古准格尔经济开发区、鄂尔多斯大路煤化工基地，引进项目带动转型发展，加速提升产业层次，进入资源经济与非资源经济并举、传统产业与新兴产业比肩、投入与产出协同发展的黄金期，突破“一煤独大”产业格局，构筑了现代多元产业体系。三次产业占比调整为 2010 年 1.10：61.90：37.00。工业转型取得重大突破，以煤为母，多次转化、循环利用，新型煤化工产业落地；装备制造、高岭土等非煤产业兴起。现代服务业蓬勃发展，生产性服务业煤炭物流，生活性服务业连锁商超、电子商务落地。传统种养业体量萎缩，沿河沿川现代农牧业起步。

进入“十二五”，特别是中共十八大后，应对发展新常态，经济下行压力倒逼准格尔旗转型发展，打造县域经济升级版，形成传统产业新型化、新兴产业规模化、支柱产业多元化的现代产业体系，走出一条资源型地区转型发展的新路。工业化、城镇化、农牧业产业化良性互动，新型煤化工、现代服务业、现代农牧业协同带动，二产投资与三产消费反向拉动，产业结构调整为 2015 年 0.84：59.96：39.20。工业集中集群发展，建成内蒙古准格尔经济开发区陶瓷产业、鄂尔多斯大路煤化工基地煤基清洁能源产业两大工业园区，煤电、煤化工、陶瓷 3 大产业集群；现代服务业集聚高端发展，建成沿黄河、沿十里长川特色旅游带，公路铁路煤炭物流、北部沿河农产品电商、城镇金融商务快速发展；现代农牧业生态精品发展，建设北部沿黄河现代农牧业示范基地，沿川、城郊养殖区。

1991—2015 年准格尔旗三次产业构成统计表

表 4-6　　单位：亿元、%

年　份	地区生产总值	第一产业	第二产业	第三产业	三次产业比
1991	4.51	1.31	3.16	0.49	29.03：70.09：0.88
1992	5.41	1.25	3.96	0.70	23.16：73.10：3.74
1993	7.08	1.29	4.65	1.14	18.28：60.63：21.09
1994	6.26	2.53	2.29	1.44	40.42：36.58：23.00
1995	8.06	2.47	3.70	1.88	30.67：45.94：23.39
1996	11.74	2.82	6.24	2.69	23.99：53.17：22.84
1997	13.56	3.18	7.19	3.19	23.46：53.01：23.53
1998	17.15	3.50	9.25	4.40	20.40：53.90：25.70
1999	23.01	2.81	13.13	7.07	12.20：57.10：30.70
2000	26.84	2.59	17.21	7.04	9.60：64.10：26.30
2001	32.49	1.60	21.66	9.23	4.90：66.70：28.40
2002	40.80	2.59	25.18	13.02	6.30：61.70：32.00
2003	57.00	3.85	35.99	17.16	6.80：63.10：30.10
2004	95.01	5.10	61.48	28.43	5.40：64.70：29.90
2005	137.84	4.50	88.95	44.39	3.30：64.50：32.20
2006	200.00	4.68	129.62	65.70	2.30：64.80：32.90
2007	300.03	5.48	181.89	112.65	1.80：60.70：37.50
2008	412.51	6.08	243.57	162.86	1.47：59.05：39.48
2009	539.48	6.38	335.23	197.87	1.20：62.10：36.70
2010	671.14	7.55	415.56	248.32	1.10：61.90：37.00
2011	830.02	8.20	523.42	298.40	0.99：63.06：35.95
2012	1000.40	8.81	640.15	351.44	0.88：63.99：35.13
2013	1050.53	9.26	657.39	383.89	0.88：62.58：36.50
2014	1106.72	9.37	693.02	404.33	0.85：62.62：36.53
2015	1107.78	9.25	664.23	434.30	0.84：59.96：39.20

第三章　居民生活

第一节　收　入

准格尔旗推进工业化和城镇化，大力发展煤炭开采为主的第二产业，保证城乡居民收入来源；依托城镇发展商贸服务为主的第三产业，吸纳城乡居民充分就业，城乡居民收入大幅度增长。

城镇常住居民人均可支配收入由1991年的1165元上升到2015年的38698元，25年增长了33.22倍；多数年份以高于20%的速度一路猛增，最高增速1996年33.71%，这是国家重点建设项目和西部大开发引进项目高投入持续拉动的结果；到2013年出现负增长2.87%，之后增速下降到10%以下，这是以鄂尔多斯民间借贷危机为拐点，经济由高速度增长转向高质量发展的新常态反映。

农村常住居民人均可支配收入由1991年的486元上升到2015年的14459元，25年增长了29.75倍；农民收入增长速度年际变化较大，2000年、2001年出现连续负增长，这是1999年后连续3年遭受旱灾的结果；2003年出现创纪录的最高增速40.30%，来自免征农牧业税收释放的政策性红利；鄂尔多斯民间借贷危机对农民收入影响相对较小，2013年仍保持5.90%的增长。

跨入21世纪，准格尔旗实行工业拉着农业跑，乡村围着城镇转的扶助“三农”配套政策措施，统筹城乡协调发展，但城乡居民收入差距并未缩小，城乡居民收入比仍呈上升趋势，农业、农村、农民仍是全面建成小康社会的短板。

城乡居民家庭人均收入抽样调查显示，1991年农村家庭人均收入中，经营性收入占93.31%，主要来自种植和养殖业；工资性收入占4.35%，主要来自农民进城打零工；转移性收入占2.33%。2015年农村居民人均可支配收入中，经营性收入占55.59%，下降33.72个百分点，主要来自第三产业；工资性收入占20.24%，上升15.89个百分点，主要来自农民到工矿和城镇打工；财产性收入占14.08，上升14.08个百分点；转移性收入占10.08%，上升8.47个百分点。

1991年城镇家庭人均收入中，工资性收入占92.62%；经营性收入占1.03%；财产性收入占0.34%；转移性收入占6.01%。2015年城镇居民家庭人均可支配收入中，工资性收入占66.13%，下降26.49个百分点；经营性收入占13.92%，上升12.89个百分点，主要来自第三产业；财产性收入占12.49%，上升12.15个百分点；转移性收入占7.46%，下降1.45个百分点。

1991—2015年，准格尔旗在岗职工由24491人增加到56136人，在岗职工人数随经济环境好坏和产业结构调整有年际变化，最少为2004年20885人，最多为2013年62020人；但职工平均年工资一路上涨，由1689元增加到76482元，25年增长了45.28倍。

准格尔旗档案局主任科员许瑞芬从1988起，记录每次工资调整情况。1988年她的月工资55.5元，1991年突破百元，达到118.9元；到2000年突破500元，达到555.5元；跨入21世纪仅用3年时间，到2003年就突破千元，达到1045.5元；2007年她的月工资由上年的1933元一下子涨到2553.5元，从这年开始要缴纳个人所得税；紧接着2008年又涨到3465元，一年之内增资900多元；2010年她的月工资由上年3963.7元猛增到5294.5元，净增1330元；2014年月工资最高6700元，从这年开始要缴纳养老保险和住房公积金，因此 2015 年月工资下降至 6481.2 元。28 年间，许瑞芬的月工资翻了 116 倍多。

1991—2015 年准格尔旗城乡常住居民人均可支配收入统计表

表 4-7

年　份	城镇居民收入（元）	增长率（%）	农村居民收入（元）	增长率（%）	城乡居民收入比（倍）
1991	1165	17.80	486	-3.57	2.40
1992	1433	23.00	670	37.86	2.14
1993	1750	22.12	740	10.45	2.36
1994	2038	16.46	870	17.57	2.34
1995	2231	9.47	1215	39.66	2.03
1996	2983	33.71	1610	32.51	1.84
1997	3983	33.52	1911	18.70	1.85
1998	4485	12.60	2222	16.27	2.08
1999	4982	11.08	2371	6.71	2.02
2000	5405	8.49	2207	-6.92	2.10
2001	5918	9.49	1748	-20.80	2.45
2002	6425	8.57	2181	24.77	3.39
2003	7237	12.64	3060	40.30	2.95
2004	9010	24.50	3891	27.16	2.37
2005	11399	26.51	4705	20.92	2.32
2006	14032	23.10	5412	15.03	2.42
2007	17416	24.12	6287	16.17	2.59
2008	20419	17.24	7155	13.81	2.77
2009	23106	13.16	7945	11.04	2.85
2010	26699	15.55	8766	10.33	2.91
2011	30579	14.53	10093	15.14	3.05
2012	34604	13.16	11452	13.46	3.03
2013	33612	-2.87	12128	5.90	3.02
2014	36234	7.80	13450	10.90	2.77
2015	38698	6.80	14459	7.50	2.68

第二节　支　出

准格尔旗城乡居民消费水平呈现逐年增长趋势。抽样调查显示，城镇居民家庭人均生活消费支出由 1991 年 1105 元增长到 2015 年 27298 元，增长 24.70 倍；农村居民家庭人均生活消费支出由 1991 年 392 元增长到 2015 年 13383 元，增长 34.14 倍。农村居民消费水平提高快于城镇居民。城镇居民家庭消费占收入比由 1991 年 94.85% 下降到 2015 年 70.54%，城镇居民消费欲望在下降；农村居民家庭消费占收入比由 1991 年 80.66% 上升到 2015 年 92.56%，农村居民消费欲望在上升。城乡居民消费支出比由 1995 年的 4.38 缩小到 2015 年的 2.04，城乡之间的消费差距呈现缩小趋势，统筹城乡协调发展效果显现。

准格尔旗城乡居民家庭人均生活消费支出抽样调查表

表 4-8

年　份	城镇居民家庭			农村居民家庭			城乡消费支出比（倍）
	收入总额（元）	消费支出（元）	消费占比（%）	收入总额（元）	消费支出（元）	消费占比（%）	
1991	1165	1105	94.85	486	392	80.66	2.82
1995	2231	2249	100.81	1215	513	42.22	4.38
2001	5918	4712	79.62	1748	1392	79.63	3.39
2005	11399	9903	86.88	4705	4243	90.18	2.33
2010	26699	23016	86.21	8766	7077	80.73	3.25
2015	38698	27298	70.54	14459	13383	92.56	2.04

一、消费结构

准格尔旗城乡居民消费结构呈多元分化趋势。抽样调查显示，城乡居民衣着消费占比总体下降，城镇居民衣着消费占比一直大于农村居民；城乡居民饮食消费占比大幅度下降，城镇居民饮食消费占比由小于农村居民变为大于农村居民；城乡居民居住消费占比总体上升，农村居民居住消费占比总体大于城镇居民；城乡居民交通通信消费占比大幅度上升，农村居民交通通信消费占比上升幅度大于城镇居民；文化教育消费占比，城镇居民变化不大，农村居民总体上升；城乡居民医疗保健消费占比总体上升，农村居民上升幅度大于城镇居民。

居民饮食消费占比国际通称恩格尔系数，常用来衡量一个国家和地区人民生活水平，联合国粮农组织的标准是，恩格尔系数 59% 以上为贫困，50% ～ 59% 为温饱，40% ～ 50% 为小康，30% ～ 40% 为富裕，低于 30% 为最富裕。用这一标准衡量准格尔旗城乡居民生活水平，1991 年，城镇居民生活水平处于富裕阶段，农民居民生活水平尚在贫困阶段；跨入 21 世纪，城镇居民生活水平进入更富裕阶段，农村居民生活水平进入小康阶段；2015 年，城乡居民生活水平整体迈向更富裕阶段。

准格尔旗城乡居民家庭消费结构抽样调查表

表 4-9　　单位：%

年度	衣着		饮食		居住		交通通信		教育文化		医疗保健	
	城镇	农村	城镇	农村	城镇	农村	城镇	农村	城镇	农村	城镇	农村
1991	18.37	10.28	37.19	64.16	3.89	16.54	0.45	0.25	11.86	4.51	5.43	1.75
1995	21.39	10.59	38.37	25.08	2.85	16.82	16.76	8.72	6.76	7.17	4.27	4.36
2001	17.48	6.03	28.13	48.13	8.30	1.51	11.35	3.52	14.26	12.72	5.45	9.05
2005	15.99	6.74	25.76	36.08	10.45	7.94	10.04	18.62	19.67	17.37	4.87	5.40
2010	21.33	6.99	23.14	34.12	8.65	15.52	13.05	11.23	11.28	16.87	8.21	7.81
2015	9.80	6.22	25.29	20.14	18.68	21.83	17.31	22.51	10.38	10.10	7.20	10.65

二、消费变迁

“八五”初期，准格尔旗人量体裁衣，城里人到裁缝铺做衣服，需要排队等候；农村人家家都有缝纫机，自己动手缝制衣服。那时衣着打扮是身份象征，公职人员中山装，西装革履暴发户，打补丁是农村人。“九五”期间商品流通异常活跃，衣着消费进入成衣时代，服装店成衣花色款式新潮，衣着打扮已无城乡差别，年轻人引领时尚，沙圪堵镇青年男女爱给皮鞋钉上铁掌，行走在混凝土马路一路声响。跨入 21 世纪，衣着消费进入品牌时代，薛家湾镇兴源步行街云集众多品牌专卖店，央视头晚打出广告，兴源街次日就到货；皮草是高价位服装，薛家湾镇开通到集宁皮革城购物游大巴，趟趟满员。进入新时代，衣着追求穿出个性来，内衣外穿，夏衣冬穿，新衣烂穿；上班正装，锻炼运动装，旅游休闲装，一天换多套衣服、鞋，让衣柜、鞋柜不堪重负。

准格尔旗城镇居民吃不饱的记忆终止于 1993 年 4 月 1 日，国家取消粮油票，实行粮油敞开供应；“九五”末，准格尔旗农产品实现总量平衡、丰年有余，农民解决了吃饱问题。跨入 21 世纪，大街小巷都有餐饮店、小吃店、烧烤摊，天上飞的、地下跑的、水里游的，琳琅满目，准格尔旗人在家门口就能吃遍天下。进入新时代，准格尔旗人对饮食挑剔起来，果蔬要吃当天采摘的，粮食要吃不上化肥的，肉食要吃农家自养的，绿色有机食品备受青睐。从吃不饱，到吃得好，再到吃出健康来，老百姓的日子过得越来越有滋有味。

安居才能乐业。抽样调查显示，1991 年，准格尔旗农村居民人均住房面积 14 平方米，其中砖木结构住房面积仅 6 平方米。2006 年起建设新农村，2011 年起政府补贴危房改造，2014 年起集中改造危房，分散居住住瓦房，集中居住住楼房，农村再无土房。2015 年农村人均钢筋砖混结构住房面积 54.4 平方米，一进多开，卧厨浴卫分区，与楼房无区别。1992 年，城镇居民人均居住面积 7.6 平方米，多数为公房，砖木结构平房，厨卧一室，结构简单；设施配套的楼房只在薛家湾镇准煤公司的乌兰小区；1995 年国家住房制度改革到位，城镇居民能拥有产权住房；2000 年开发全旗首个房地产项目薛家湾镇康乐小区，租房户通过按揭贷款实现住房梦。之后从旧楼到新楼，从单层到跃层，从毛坯到精装，配套智能家电，2015 年城镇居民人均居住面积 38.1 平方米。

1991 年，准格尔旗人出行基本靠两条腿“猛蹬”。抽样调查显示，城镇百户有自行车 217 辆，农村百户有自行车 88 辆。城镇居民 1992 年开始有摩托车，2000 年开始有小汽车，因为稀罕，农村老乡戏称汽油摩托车“蚂蚁牛牛”、电动摩托车“电毛驴”、小汽车“匾蛤蟆”。公共汽车 1991 年 5 月在薛家湾镇开通，2004 年 11 月在准格尔经济开发区开通，2009 年 7 月在大路煤化工基地开通；出租车 1999 年薛家湾镇投运，2006 年 6 月在准格尔经济开发区投运；2006 年 12 月全旗第一条高速公路大饭铺—城壕高速公路通车；2014 年起实施“十个全覆盖”工程，城镇街巷硬化，乡村打通断头路，2015 年实现村村通水泥路。2015 年城镇居民百户拥有家用汽车 64 辆。准格尔旗人远行，自驾上高速，刷手机乘高铁，订机票飞云端，说走就走，朝发夕至。

1993 年 11 月 3 日开通程控电话，1999 年 9 月 16 日开通移动通信，准格尔旗人彻底告别“通信靠吼”时代。城镇居民百户耐用品抽样调查显示，1993 年开始有固定电话，2004 年固定电话达到峰值 92 部，几乎家家安装固定电话；1999 年开始有手机，2015 年有手机 281 部，三口之家几乎人手一部手机。最早的手机“大哥大”，机身大，天线长，因价格昂贵，只是个别有钱人身份的象征。通信技术飞速发展，从模拟手机到功能手机，再到 2013 年智能手机上市，BP 机早被淘汰，固定电话成了摆设，全面改变了人们的生活方式。交际有微信视频，远在天边近如眼前；购物上淘宝、京东，娱乐上快手……衣食住行都能通过手机银行支付。从听到看、到玩、再到购，手机成为生活的必需品。

1991—2015 年准格尔旗城镇居民百户耐用品抽样调查统计表

表 4-10

年份	摩托（辆）	小汽车（辆）	洗衣机（台）	冰箱（台）	微波炉（台）	彩色电视（台）	计算机（台）	摄像机（个）	固定电话（部）	手机（部）
1991	—	—	87	13	—	63	—	—	—	—
1992	3	—	90	20	—	80	—	—	—	—
1993	3	—	103	23	—	83	—	—	7	—
1994	13	—	93	30	—	80	—	—	7	—
1995	20	—	100	33	—	97	—	—	23	—
1996	39	—	99	66	—	105	—	—	33	—
1997	40	—	94	76	—	100	—	—	54	—
1998	50	—	106	76	—	100	—	—	54	—
1999	62	—	98	76	—	100	—	—	68	6
2000	76	2	98	92	2	108	—	—	82	20
2001	82	2	98	92	2	136	4	—	88	44
2002	70	2	94	96	8	109	7	—	83	105
2003	71	2	90	101	15	104	12	2	86	143
2004	80	8	94	108	34	110	16	2	92	176
2005	76	8	100	108	40	110	36	8	92	198
2006	76	10	108	116	42	118	42	10	86	226
2007	66	14	106	108	48	108	50	10	83	242

续表 4-10

年 份	摩托（辆）	小汽车（辆）	洗衣机（台）	冰箱（台）	微波炉（台）	彩色电视（台）	计算机（台）	摄像机（个）	固定电话（部）	手机（部）
2008	62	18	110	112	46	110	56	10	78	252
2009	44	26	116	122	56	126	68	12	72	276
2010	34	38	114	126	60	120	74	12	66	282
2011	18	40	114	118	64	120	82	12	60	280
2012	18	56	118	120	64	122	86	12	62	280
2013	18	62	120	120	62	124	90	12	62	281
2014	17	64	120	120	65	124	90	13	60	281
2015	17	64	120	120	64	124	90	13	60	281

三、人情消费

人情消费是亲朋好友礼尚往来的花费，传统名目有婚礼、寿礼、葬礼 3 大礼，准格尔旗俗称“搭礼”。随着生活水平提高，人际交往扩大，人情消费逐渐成为一项重要消费开支。请人由头越来越多，由婚丧嫁娶发展到子女考入名牌大学谢师，甚至乔迁新居贺房、购买豪车贺车。搭礼范围越来越广，由血缘亲情关系扩大到同学、同事、同乡之间的友情关系。礼金标准也水涨船高，友情关系相互搭礼，由 20 世纪 90 年代初 5 元左右个位数，21 世纪初 50 元左右十位数，上涨到 2010 年 500 元左右百位数，利益关系相互搭礼数千元、上万元。

准格尔旗科级干部王钧，2003 年起记录参加婚礼、寿礼、葬礼的搭礼账，他从旗直机关普通干部到任职乡镇科级领导，搭礼范围从机关扩大到乡镇，这本搭礼账从一个侧面反映了准格尔旗人情消费的发展变化。2003—2015 年，王钧累计支付礼金 106620 元，占同期全旗职工年人均收入的 17.04%；2012 年王钧搭礼消费 21000 元，占当年全旗职工平均收入的 31.97%，相当于三分之一的收入用于人情消费。礼金标准 2003 年 50 元居多，2004 年 100 元居多，2005 年个别为 200 元，2006 年个别为 300 元，2007 年个别为 500 元；到 2012 年 500 元居多，个别为 1000 元；2013 年后再未上涨。

第三节　理　财

20 世纪 90 年代初，准格尔旗多数家庭入不敷出，只有少数人存钱，储蓄存款是唯一的理财渠道。90 年代后期，手头宽裕的城里人开始购买商业保险。跨入 21 世纪，开发煤炭资源、加快城市建设，农村出现征地拆迁户，积累大量民间资本，城乡居民理财途径日趋多元化，储蓄存款和商业保险资金分流到其他投资领域。进入“十一五”期间，懂行的人炒股，不懂行的人炒房，胆大的人炒高利贷，诞生了一个个一夜暴富的神话。2012 年年底鄂尔多斯市民间借贷危机爆发后，人们的理财方式开始回归理性，财产性收入稳定增长。抽样调查显示，2001—2015 年，准格尔旗城镇居民家庭财产性收入占可支配收入比由 2001 年 0.53% 增加到 2015 年 12.49%；农村居民家庭财产性收入占纯收入比由 2001 年 3.59% 增加到 2015 年 14.08%。

一、储蓄存款

储蓄存款是城乡居民首选的传统理财方式。老一辈准格尔旗人苦日子过惯了，平时舍不得吃，舍不得穿，有点钱就存起来，精打细算，细水长流，积少成多，等到子女成家立业都能派上大用场，地地道道的圪细老财。改革开放以来，生活一天天好起来的准格尔旗人，储蓄存款成为全民的理财行为，全旗城乡居民储蓄存款余额一路高歌猛进，由 1991 年的 7584 万元增加到最高 2014 年 250.45 亿元，2015 年回落到 248.67 亿元；人均储蓄存款由 1991 年的 300 元增加到最高 2014 年 7.82 万元，2015 年回落到 7.67 万元。

二、商业保险

1991 年，购买商业保险是个别城镇居民尝试的新型理财方式，跨入 21 世纪在城镇居民家庭普遍盛行，开始向农村居民家庭发展。买保险既是变相的储蓄存钱，又多了一重风险保障，保人身健康，保财产安全，一旦生病或发生意外能够得到医疗费用和保险补偿，不会拖累家人，减少家庭风险。准格尔旗商业保险费收入由 2001 年的 2796 万元增长到 2015 年的 8.40 亿元，人均购买商业保险投资由 2001 年 1000 元增加到 2015 年 2600 元，呈现持续稳定增长趋势。

三、“炒股”

2009 年 6 月恒泰证券股份有限公司落户薛家湾镇，准格尔旗人有了一项新的理财方式“炒股”。炒股是城镇有闲钱且有闲暇有文化群体的特有的理财方式，证券公司反复提醒，股市有风险，投资需谨慎，股民还是前赴后继蜂拥入市。恒泰证券公司交易客户由 2009 年 3666 户发展到 2015 年 11871 户，证券交易额由 2009 年 1.10 亿元增加到 2015 年 162.36 亿元，户均交易额由 2009 年 3 万元增加到 2015 年 136.77 万元。受鄂尔多斯民间借贷危机影响，2011 年、2012 年，证券交易额出现连续两年负增长，2013 年回升到正常水平，2015 年出现爆发式增长。

四、“炒房”

准格尔旗商品房从 2000 年每平方米接近 800 元的均价上涨到最高 2013 年每平方米 4300 元的均价，巨大差价吸引投资者“炒房”赚钱。2010 年，准格尔旗工薪阶层家庭，平均一户有两套以上房产，多出那些住房不排除用来“炒”的。一夜暴富的征地户甚至走出家乡炒房，到市府康巴什新区、首府呼和浩特市、甚至到首都北京市购置房产，个别家庭甚至到海南购置房产，山东威海到薛家湾镇开行“到海边安个家”看房旅游大巴。2013 年国家调控房地产热，康巴什“鬼城”之名出现在主流媒体，准格尔旗炒房热开始降温。

五、“高利贷”

“十一五”期间，准格尔旗矿区改扩建与城区房地产开发征地，累积大量民间资本。银行利率低，股市低迷，民间资本开始流向民间借贷，借款利息高，还款期限短，借款范围由亲朋好友发展到左邻右舍，并不断多点辐射扩散，数以亿计的资金用于房地产等商业投资和集资人高消费挥霍。进入“十二五”，国家调控房地产热，民间借贷资金链条断裂，债务人有钱不还，以低价物品高价恶意抵顶债务，损害债权人利益，引发鄂尔多斯市民间借贷危机。

2012 年起，鄂尔多斯市民间借贷危机波及准格尔旗。审判机关受理民间借贷案件不断攀升，2014 年突破千件，结案标的额高达 5.83 亿元；2015 年受理 1834 件，占民商事案件 31.1%，结案标的额 4.67 亿元。据准格尔旗防范和处置非法集资工作领导小组提供的保守信息，2012 年到 2015 年产生民间借贷的诉讼逼近万件，立案标的额接近 50 亿元。按国家认定非法集资政策标准，公安部门立案侦查涉嫌非法吸收公共存款案件超 30 起，受害人超 2500 多人，涉案资金逼近 10 亿元。

1991—2015 年准格尔旗居民理财主要数据统计表

表 4-11　　单位：万元

年　份	居民储蓄	人均存款	商业保险	人均投保	证券交易	户均交易
1991	7584	0.03	—	—	—	—
1992	9608	0.04	—	—	—	—
1993	11240	0.05	—	—	—	—
1994	27201	0.11	—	—	—	—
1995	27142	0.11	—	—	—	—
1996	41081	0.16	—	—	—	—
1997	48009	0.19	—	—	—	—
1998	63666	0.24	—	—	—	—
1999	68713	0.26	—	—	—	—
2000	82288	0.31	—	—	—	—
2001	96335	0.36	2796	0.01	—	—
2002	112047	0.41	4049	0.01	—	—
2003	141980	0.52	5166	0.02	—	—
2004	205487	0.76	7325	0.03	—	—
2005	307179	1.13	8550	0.03	—	—
2006	403218	1.45	10549	0.04	—	—
2007	424237	1.49	11841	0.04	—	—
2008	630708	2.16	18450	0.06	—	—
2009	808949	2.71	21722	0.07	11005.11	3.00
2010	974390	3.16	37326	0.12	245215.42	47.39
2011	1347410	4.31	50410	0.16	148666.73	24.41
2012	1927530	6.24	63660	0.21	110502.61	16.11
2013	2298043	7.30	74291	0.24	267600.35	35.27
2014	2504491	7.82	79268	0.25	422981.03	51.44
2015	2486709	7.67	83993	0.26	1623576.70	136.77

第五篇

农业

种植业

林业

养殖业

渔业

2016年8月十二连城乡巨合滩村肉牛，赵鑫磊摄

准格尔旗志

（1991—2015）

准格尔旗属梁峁山区旱作农业区。“八五”开始建设水田、梯田、坝田3项基本田，改善生产条件；1998年延长土地承包期，让农民吃了“定心丸”；2000年起禁牧舍饲，发展“草畜林特”四大产业；2007年起集中到优化发展区，整合土地规模经营，发展现代农牧业。2015年，全旗有耕地7.6万公顷、草地39.44万公顷，粮食产量8.14万吨、牧业年度牲畜63.6万头（只）。黄河沿岸瓜果、蔬菜、水产，十里长川、纳林川林果、养猪，梁峁山区小杂粮、养羊，特色农产品遍地开花，丰富了城市的菜篮子，鼓起了农民的钱袋子。

2020年10月布尔陶亥苏木机收玉米，陈文俊摄

第一章　农业总情

第一节　农村经济体制改革

一、土地制度改革

国家实行农村集体土地家庭联产承包责任制度。1991 年，是第一轮 15 年土地承包期的第 9 年，准格尔旗推广暖水乡“三田”分离改革经验。把农户承包的耕地分为人人有份的口粮田、承担定购任务的责任田、村集体机动使用的机动田，实行土地租赁经营，机动田为发展壮大集体经济提供了保障。

1998 年，准格尔旗实施农村产权制度 4 项改革。一是延长土地承包期 30 年，承包期 1997 年 1 月 1 日至 2026 年 12 月 31 日。26 个乡镇人民政府与 5.47 万户农民签订二轮土地承包合同，承包土地 5.94 万公顷。二是拍卖“五荒”，荒山、荒坡、荒土、荒滩、荒水等未利用土地，只拍卖使用权，不含地下资源，谁购买、谁治理、谁受益。全旗“五荒”24 万公顷，16.93 万公顷拍卖到 5.47 万户，拍卖所得 105 万元，平均拍卖价 6.2 元 / 公顷。三是拍卖水利、水保、林业建设成果，谁购买，谁防洪，谁保护。全旗 233 处水利工程，拍卖 169 处；1.31 万公顷水保、林业成果，拍卖 1.15 万公顷；拍卖所得 132.73 万元。四是项目区推行禁牧舍饲，这项改革当年未开展，2000 年才付诸实施。

2007 年 4 月，十二连城乡划定为全旗优化发展区，在呼斯太河灌区 6 村试验土地流转，打破户与户地界，实行连片规模经营。鑫源种养公司率先承包五家尧、董三尧 2 村 6 组 406 户 1447 人土地 866.67 公顷，农民将土地流转给企业，既拿土地出租费，又领打工劳务费，人均年增收 1600 元。2010 年，灌区 6 村土地 5200 公顷，4000 公顷流转给 13 户农字号企业，建成以五家尧村为中心的现代农牧业示范园区，以家庭为单位的农民就地转化为企业的产业化工人。2015 年，全旗流转土地 1.03 万公顷，建成现代农牧业节水基地 9066.67 公顷、设施农业示范基地 1200 公顷。

2012 年，国家开始农村土地确权登记颁证，准格尔旗涉及 6.91 万户农民 7.5 万公顷土地，因土地面积不清，四至界限不明，征地补偿引发的土地纠纷愈演愈烈，成为上访反映的热点问题，阻碍发展的难点问题。2015 年 4 月 8 日，旗人民政府连发 3 个方案，选择土地纠纷较少的布尔陶亥苏木试点农村土地承包经营权确权登记、草原确权承包，划定基本草原，展开耕地、草原野外测量，获取耕地、草原基础地理信息。

二、税费制度改革

1991 年，准格尔旗农民要交农业税，乡统筹、村提留费用，出劳动积累工、义务工，农民负担从未超过上年人均纯收入 5% 的标准。2001 年起，国家逐步实施农村税费改革，取消乡统筹和村提留，取消劳动积累工和义务工。

2003 年，准格尔旗历经三年大旱，农业连年歉收，农民收入锐减。旗人民政府即征即返，将 370 万元农业税全额返还给 20 万农民，从此，全旗农牧业税改由旗财政代缴。2006 年起，国家取消农牧业税，同时实行良种推广补贴。准格尔旗先在 11 个村补贴良种推广示范区 600 公顷，2007

年扩大到北部 3 乡镇，2015 年良种补贴 3.01 万公顷，补贴资金 450 万元。

2004 年，国家实施粮食种植直接补贴，准格尔旗首先直补青贮玉米。2006 年补贴农作物扩大到玉米、大豆、小麦 3 种，补贴标准 10 元 / 亩，2009 年，直补玉米 2.32 万公顷、大豆 5886.67 公顷、小麦 86.67 公顷。2015 年，种粮直补面积 3 万公顷，直补资金 493.181 万元。

2011 年起，国家建立草原生态保护奖励补偿机制，以上年农民人均纯收入 2 倍标准，按退牧还草标准亩计补。涉及准格尔旗草原 39.4 万公顷，每亩中央财政补 6 元、市财政补 2 元，旗财政核定全旗配套补贴 4728.4 万元，连补 5 年。

农村税费改革一减一加惠及数万农民。旗人民政府捆绑农口资金直接补贴农户，人均政策性补贴由 2005 年 871 元增加到 2015 年上千元。

第二节　农村经济结构调整

一、农牧结合、多种经营

1991 年，准格尔旗第一产业产值构成中，养殖业产值占比 50.92%，种植业产值占比 34.12%，其次是林业，再次是水产业，体现了旗委、政府“农牧结合，多种经营”的农村产业结构调整方向。1997 年，提出种养并重，在保证粮食生产的同时，压缩口粮农业，大力发展养殖业。1999 年，第一产业产值构成中，种植业产值占比下降到 24.7%，养殖业产值占比上升到 61.4%。

二、“草畜林特”主导产业

2000 年，国家实施退耕还林工程，准格尔旗在全国率先禁牧，实行舍饲养畜，提出发展“草畜林特”四大主导产业，立草为业，为养而种，以种促养，用养赚钱。草产业广种优质牧草，青贮加工饲草；畜牧业发展舍饲养羊、养奶牛；林果业营造灌木防护林，核果类经济林；特色产业种植保护地蔬菜瓜果，养殖肉兔、獭兔、山鸡、蜗牛、金蝎等。以林草业拉动畜牧业，靠畜牧业转化增值，带动特色产业发展。到“十五”末，林草业拉动畜牧业进入黄金期，2006 年牧业年度牲畜创最高纪录 120.37 万头（只）。

三、农牧业“三区”划分

2007 年 4 月，准格尔旗将农牧业主体功能区划分为优化发展区、限制发展区和禁止发展区。总体布局收缩转移，集中发展。优化发展区面积 1029.5 平方千米，集中在北部沿黄河平原区，重点发展现代农牧业；禁止发展区面积 4362.9 平方千米，集中在东西两大矿区，实施人口转移，建设自然生态恢复区；介于两区之间的限制发展区面积 2290.6 平方千米，分布在十里长川、纳林川、犊牛川流域，发展特色种养殖业。

四、农牧业产业布局

“十二五”末，准格尔旗农牧业产业区域布局基本定型。北部沿黄河现代农业节水示范基地和设施农业种植园区，重点发展绿色瓜果蔬菜、食用菌和休闲旅游采摘等产业；其南库布齐沙区大力发展生猪、肉羊和奶牛等规模化养殖业；沿黄河湿地发展水产养殖、休闲垂钓旅游业；十里长川、纳林川、犊牛川流域，重点发展肉羊、绒山羊、生猪养殖业；梁峁山区重点发展小杂粮种植业和林沙产业。2015 年，准格尔旗第一产业构成中，种植业占比 50.04%，养殖业占比 41.39%，林产业在其后，水产业垫底。

第三节　农牧业开发

一、基本“三田”

1991年，准格尔旗耕地面积5.78万公顷，坡地多，旱地多，水地6095公顷，仅占总耕地10.54%。

1991年沙圪堵乡截伏流工程，那顺摄

“八五”期间，伊克昭盟在丘陵沟壑山区实施“两翼一体”战略，建设“3153”工程，以植被建设、水利水保为两翼，促进农牧业主体经济腾飞，实现人均3亩基本田，10亩林果树，人均5只羊，户均3口猪。1991年4月17日，准格尔旗党委、政府作出建设基本田的决定。旱地改水田，坡地改梯田，沟川淤坝田，建设水田、梯田、坝田三项基本田，展开以乡为单位的达标竞赛，规划“九五”末实现“3153”工程达标。

1991年，伊克昭盟委、行署在沙圪堵乡沟门村、伏路村、特拉沟村搞试点，同年8月在沙圪堵乡召开现场会，盟委奖励该乡3台推土机。1994年该乡在全旗率先达标，获全盟“3153”工程建设特等奖。实现人均3亩基本农田，保证粮食稳定增长；种草养畜，建设小经济沟和小经济园，促进群众收入增加；推广蓄水、保水、节水灌溉技术，建成一批示范区，培养一批示范户。

2000年，全旗建成基本田3.66万公顷，人均2.75亩，其中，水田1.73万公顷、梯田1.13万公顷、坝田4000公顷，建成高标准农田4000公顷；建设林果树10.67万公顷，人均8亩，其中果树8666.67公顷；羊存栏53.7万只，人均2.7只；猪存栏13.1万头，户均2.5头。

二、高标准农田

2001年，准格尔旗在北部沿河粮食主产区实施国家农业综合开发项目，至2003年，累计改造中低产田2000公顷。2004年4月，财政局成立农业综合开发领导小组办公室，专门改造中低产田，建设高标准农田。至2015年，累计完成投资1.56亿元，建成高标准农田1.03万公顷，其中，中央财政投资6293万元、自治区财政投资1927万元、市财政投资338万元、旗财政投资5586.38万元、受益市场主体自筹1440万元。

平整土地，治理盐碱土壤；清理零星树木，营造农田防护林；修筑机耕路网；疏浚渠道，埋设管道，衬砌灌溉渠系；埋设农电线路，打机电井；建取水泵船、强排站，布置喷灌机。项目区建成全旗现代农牧业节水示范区。农田标准达到林、田、路、沟、渠、桥、涵、井、电、闸十配套；生产标准达到种植规模化、灌溉节水化、作业机械化。

三、农牧业设施

“八五”期间，准格尔旗种植业设施建保护地蔬菜大棚，木质龙骨覆盖塑料膜，中小拱棚城郊星罗棋布。进入“九五”后推广日光温室，背风靠火墙，冬季生火保温，金属龙骨覆盖透光膜，外配草质卷帘，夜间放帘保温，实现反季节生产，沙圪堵、薛家湾两镇城郊集中连片建设。

2006年，十二连城乡五家尧村建成设施农业科技示范园100公顷，建有日光温室50栋、塑料大棚600栋，利用无土栽培技术，反季节生产瓜果蔬菜。2008年8月，国资公司成立现代农牧业开发公司，在十二连城乡建设万亩设施农业示范基地，至2012年累计完成投资2.88亿元，完成设施农业建设467.87公顷，其中，日光温室307.13公顷、塑料大棚158.13公顷、智能温室2.6公顷。2015年，全乡设施农业2933栋500公顷。

2016年十二连城乡设施农业

“八五”至“九五”期间，准格尔旗养殖业设施建羊圈、猪圈、鸡窝，用土木石材筑，遮风挡雨半封闭，猪圈多地坑，砌石防拱。进入“十五”后全面禁牧，发展舍饲养羊、养奶牛，养殖设施配套储草棚、青贮窖、加工机械。

2004年起，实施国债沼气“一池三改六配套”建设，建沼气池；改沼气，改厕所，改猪圈；配套高标准羊圈、草棚、草料房、青贮窖、铡草机、饲草料基地。实现种植业和养殖业、生产和生活结合。2005年起，按“六化”目标建设肉羊养殖小区，即绿色化、区域化、标准化、规模化、品牌化、产业化。

2010年，布尔陶亥苏木建成“四位一体”养殖小区5个，规模养猪7500口。在蔬菜温室一端，地下建沼气池，地上建猪舍，温室、沼气、猪舍、蔬菜四位一体，打造无害化生产的生态农业模式。

2015年，准格尔旗建成设施农业示范基地1200公顷，建成养殖园区12处、发展养殖大户71户，累计完成投资10.77亿元。

第四节　农村经济

一、农林牧渔产值

准格尔旗七山二沙一分田，十年九旱，靠天吃饭，是典型的梁峁旱作农业区。“八五”至“九五”期间，受当地条件限制和气候条件影响，农业发展相对缓慢。1991年农林牧渔总产值1.53亿元，1998年达到5.48亿元；1999—2002年，遭受连续四年大旱，出现明显负增长。2007年4月，准格尔旗划分农牧业主体功能区，农牧业退出禁止发展区，限制发展区发展生态农牧业，优化发展区发展现代农牧业；农牧业生产条件改善，降低自然风险，产业化规模经营，降低市场风险，农业得到稳定发展。2014年，农林牧渔总产值高达16.09亿元；2015年，农林牧渔总产值回落到15.84亿元。

1991—2015 年准格尔旗农林牧渔产值构成统计表

表 5-1　　单位：万元、%

年度	农林牧渔总产值	种植业		林业		养殖业		渔业	
		产值	占比	产值	占比	产值	占比	产值	占比
1991	15303	5222	34.12	2174	14.21	7792	50.92	115	0.75
1992	18143	8851	48.78	2822	15.55	6317	34.82	153	0.85
1993	20892	8064	38.60	1873	8.97	10789	51.64	156	0.79
1994	35669	17694	49.61	1051	2.95	16747	46.95	177	0.49
1995	37586	16435	43.73	2138	5.69	18808	50.04	205	0.54
1996	48098	26429	54.95	1922	4.00	19503	40.55	244	0.50
1997	49953	20626	41.29	2118	4.24	27139	54.33	70	0.14
1998	54781	30933	56.47	3048	5.56	20560	37.53	239	0.44
1999	44252	10930	24.70	5263	11.89	27171	61.40	888	2.01
2000	48700	19468	39.98	10443	21.44	18459	37.90	406	0.83
2001	26377	6101	23.13	4996	18.94	14881	56.42	567	2.15
2002	44013	22435	50.97	5454	12.39	15724	35.73	307	0.70
2003	58197	33767	58.02	3720	6.39	20418	35.08	292	0.50
2004	75902	37603	49.54	6537	8.61	31171	41.07	892	1.18
2005	75245	32339	42.98	6482	8.61	35709	47.46	1696	2.25
2006	71098	31487	44.29	5862	8.24	33066	46.51	2419	3.40
2007	90333	47882	53.00	4292	4.75	36382	40.28	4028	4.46
2008	100747	50895	50.52	4759	4.72	43230	42.91	3352	3.33
2009	105918	54039	51.02	4925	4.65	45055	42.54	4532	4.28
2010	118317	55422	46.84	7075	5.98	53690	45.38	3502	2.96
2011	135421	64030	47.28	5382	3.97	63123	46.61	4531	3.35
2012	144976	68949	47.56	5372	3.71	67887	46.83	4560	3.15
2013	152403	70771	46.44	8169	5.36	70234	46.08	5176	3.40
2014	160912	77852	48.38	9013	5.60	66136	41.10	4796	2.98
2015	158444	77096	48.66	9307	5.87	63781	40.25	5181	3.27

二、集体经济

准格尔旗首轮土地承包，农民将集体资产全部分光，集体经济“空壳村”占绝大多数。1991年全旗村集体经济产值仅 1491 万元。进入“九五”后，村级组织集体经济两极分化。坐拥煤矿的村以工补农，集体经济实力雄厚；城郊、路边的村以商补农，集体也有稳定收入；纯农牧业的村垫底，还是“空壳村”。2013 年农村集体经济清查，全旗 159 个村级组织集体经济规模 2.92 亿元，资产总值 4.73 亿元。2015 年全旗村级组织集体经济收入 1.76 亿元，3 个村超百万元，20 个村超 10 万元；农区村集体经济依然薄弱，“空壳村”清零行动在路上。

2000 年 4 月，东孔兑镇前房子村全民集资收购个体采砂场，1.6 平方千米砂资源收归集体经营，组建前隆商贸公司，当年集体收入 52 万元，村民人均分红 4000 元。后将全村 220 多台工程机械、大型货车组织起来，从事物流运输。2002 年 12 月 8 日，前隆商贸公司兑现分红，上至 80 岁老人，下至怀中婴儿，人均分红 3640 元。“十二五”期间，前隆商贸公司股民年人均分红上万元。

2006 年，纳日松镇勿图沟村摸索“村企共建”发展集体经济。村两委成员与企业领导班子成员交叉任职，合作共事，村里 200 人实现本村就业。2008 年，组织 30 多户村民投资成立民泰运输公司。2011 年吸收村民股金，安置本村劳动力 60 多人，户均分红近 10 万元。2004 年，全旗推广该村“村企共建”模式，解决了煤矿与村民的矛盾，至 2008 年，全旗 80 名村干部到企业兼职，93 名企业负责人到村挂职，创办共建经济实体 12 个。2015 年，全旗 71 个村与驻地 93 家企业结对共建集体经济实体 48 个。

2015 年纳日松镇勿图沟村运煤车队

三、乡镇企业

1993 年 2 月，准格尔旗乡镇企业局改建为政企合一的乡镇企业集团总公司；1996 年成立民营企业管理局，与总公司合署办公；2002 年 7 月挂靠经济贸易局；2005 年 3 月撤销乡镇企业局。

“八五”期间，准格尔旗借助国家重点项目带动，扶持乡镇企业异军突起。1991 年有乡镇企业 5058 家，从业人员 1.62 万人，实现产值 7199 万元。1992 年产值突破亿元。1995 年有乡镇企业 9087 家，从业人员 2.63 万人，实现产值 6.78 亿元，出现 3 个亿元乡镇、10 个千万元村，农民人均乡镇企业收入 525 元。

1995 年 9 月 10 日，旗委、旗政府出台《加快发展乡镇企业的若干规定》（准党发〔1995〕6 号），增加投入，优惠税收，进入“九五”后政策红利释放，乡镇企业迅猛发展，连年跻身内蒙古乡镇企业十强旗县。1999 年 1 月 21 日，准格尔旗荣获内蒙古发展乡镇企业先进旗县奖。

2001 年，全旗乡镇企业 9052 家，从业人员 7.16 万人，实现产值 44.22 亿元，其中工业产值 21.06 亿元，农民人均从乡镇企业获工资性收入超千元；乡镇企业产值超亿元 10 乡镇、超千万元企业 8 家。之后乡镇企业与乡村行政组织脱钩，转型发展为私营企业、个体工商户。

哈岱高勒乡发展以乡村两级煤矿为主的乡镇企业。1991 年乡镇企业产值 3160 万元，是全旗首家千万元乡镇；1993 年乡镇企业产值 5700 万元，创伊克昭盟最高纪录，被誉为鄂尔多斯高原第一乡。

1994 年有乡镇企业 322 家，其中，煤矿 70 多座、建材厂 30 多家、商业饮食网点 180 多家，运煤车辆和挖掘装载机具 700 余辆，乡镇企业产值 1.02 亿元，成为鄂尔多斯高原首个亿元乡镇；4 个村产值超千万元，阳窑子村办企业产值 3000 万元，人均收入 2000 多元，两项指标领跑全盟，被誉为鄂尔多斯高原第一村。1999 年实现乡镇企业产值 6.51 亿元。

1991 年 9 月，准格尔召乡居民刘满世承包内蒙古军区八一煤矿，带动乡镇企业发展；1997 年，被评为内蒙古优秀乡镇企业家；1997 年 6 月，创办满世煤炭运销公司；2000 年 2 月，被评为内蒙古乡镇企业功臣。

四、合作经济

准格尔旗乡镇企业分布二三产业多，真正拉动第一产业的少之甚少。跨入 21 世纪，农产品买方市场形成，农民专业合作社、产业协会等新型合作经济组织应运而生，合作经济组织上联龙头企业，下联个体农户，组织农户抱团开拓市场。

2002 年，十二连城乡创办全旗首家合作经济组织巨合滩渔业协会。之后陆续成立西瓜协会、肉羊协会、泰丰养猪研究会、城郊蔬菜协会、兴农绿色产业协会、农机协会等合作经济组织。2008 年，旗乡两级财政扶持合作经济投入达到 10 万元以上，全旗农民合作经济组织 31 家，其中，形成规模的合作经济组织 7 家，会员 4593 人，实现产值 6573 万元，会员人均增收 1091 元。

2006 年十二连城乡兴盛店村西瓜市场

2015 年，全旗农牧业产业化经营企业 37 家，其中销售收入超百万元企业 22 家，销售收入 4.76 亿元；12 家企业交易额 10.3 亿元，带动 2.75 万户农民人均增收 5000 多元；1041 家合作经济组织发展会员 5827 人，实现产值 2.6 亿元，人均产值达 4.46 万元。

第二章　种植业

第一节　机　构

一、管理机构

准格尔旗人民政府种植业工作部门农业局。1991 年下设沙圪堵果园、纳林果园、敖靠塔果园、纳林良种场、种子公司；指导乡镇农科站业务。1993 年 2 月转制为农工商开发服务总公司（农业局），隶属于农牧业经济委员会，下设农业技术服务推广中心。1996 年 5 月撤农工商开发服务总公司，保留农业局；2002 年 6 月，撤农牧业经济委员会，农业局与畜牧局合并设农牧业局，隶属于旗人民政府，2005 年 8 月撤销农业事业发展中心。2015 年，下设纳林果园，指导苏木乡镇农科站业务，全系统干部职工 347 名。

二、事业场站

沙圪堵果园位于沙圪堵镇不拉村，占地面积 19 公顷。1991 年果树 12 公顷 3560 株，苹果育苗 3 公顷，为全旗大苹果引种育苗；加工果脯、果酱、果丹皮，果品销往东胜、呼和浩特市、北京等地，42 名职工实行承包经营。2008 年 4 月，准格尔经济开发区征收果园土地，安置果园工人。

纳林果园位于沙圪堵镇纳林村。1991 年果树 25 公顷 3000 多株，职工 21 名，实行以株定产承包经营，水果产量 65 吨。果树专家傅天金利用有性繁殖技术嫁接出准格尔旗特有品种苹果梨，大果品种还有国光、黄元帅、秦冠、黄太苹、鸡冠等。2002 年接收纳林良种场。2008 年 4 月，接收敖靠塔果园。2011 年敖靠塔种羊场经鉴定，由市级种羊场晋升为自治区级种羊场。2015 年，经营土地 133.53 公顷，职工 62 名。敖靠塔羊场和麻黄塔农作物试验基地统一经营，存栏种羊 529 只；其他土地职工承包经营。

敖靠塔果园位于沙圪堵镇敖靠塔村。1991 年经营果树 48 公顷 9000 余株、耕地 14.67 公顷、养殖场，年产苹果 15 万千克、粮食 2.2 万千克，出栏猪牛羊 130 多只，职工 51 名。1998 年实行承包经营。2003 年果树枯死，停止果树生产。2006 年改建 3 万平方米种羊场，配套标准化羊舍、配种室、胚胎移植室。2007 年引进辽宁白绒山羊 63 只，出栏种公羊 100 多只、育肥羊 3000 多只，配种 1000 多只，移植胚胎 300 枚。2008 年 4 月，并入纳林果园。

纳林良种场位于纳林镇纳林村前坪。1991—1999 年，累计繁育糜黍品种 20 公顷，生产种子 7.75 吨。其中，“粮食自给工程”试验示范 5 公顷；繁殖脱毒马铃薯，育种 4 公顷，生产种薯 11.37 吨。1999 年，场部占地面积 1608.7 平方米，固定资产 11 万元，耕地 11.6 公顷，职工 17 名，停止育种试验，耕地分配职工自主经营。2002 年，该场并入纳林果园。

种子公司位于沙圪堵镇，负责全旗种子生产销售和其他农用物资销售管理。1999 年，职工 21 名，其中专业技术人员 13 名，生产种子 12.9 万千克，在全旗设销售网点 70 家，销售 35.34 万千克。2000 年，建成玉米制种基地 240 公顷，其中，对内制种 100 公顷，对外制种 140 公顷。2008 年 2 月，撤销种子公司。

第二节 耕 地

“八五”至“九五”期间，准格尔旗大搞基本田建设，耕地逐年增加，1991 年耕地 57806 公顷，其中水地 6093 公顷，占 10.54%；1999 年耕地达到顶峰 11.95 万公顷，其中水地 8870 公顷，占 7.42%。2000 年实施退耕还林工程，耕地开始逐年减少，2007 年禁止发展区建立生态自然恢复区，耕地持续减少。2015 年耕地 74293 公顷，其中水地 11240 公顷，占 15.13%。与 1999 年比，耕地减少 45247 公顷，水地增加 2370 公顷。

按地力等级分。一级地占 14.4%，分布在大路镇、十二连城乡，潮土占 82.6%，养分含量较高。二级地占 26.3%，分布在布尔陶亥苏木、薛家湾镇、龙口镇、沙圪堵镇和十二连城乡，主要是黄绵土、栗钙土和风沙土，养分含量比较高。三级地占 29.3%，分布在薛家湾镇、龙口镇、纳日松镇和布尔陶亥苏木，主要是黄绵土、栗钙土、风沙土，养分含量比较低。四级地占 19.5%，分布在准格尔召镇和暖水乡，栗钙土、黄绵土为主，养分含量比较低。五级地占 10.5%，分布在龙口镇、沙圪堵镇、暖水乡和准格尔召镇，主要是风沙土和栗钙土，养分含量低。

全旗农业人口人均耕地 4.35 亩，人均水地 0.66 亩。梁峁山区条件差，现代化生产手段运用得少，农业开发力度不大，土壤洁净度高达 99.9%，发展有机、生态农业条件好。北部沿河土质肥沃、水源充足，有利于发展现代农业。

第三节 农作物

全旗普遍种植大田作物，各地品种基本相同，北部沿河为灌溉农业区，其他地区为雨养农业区。因地形地貌、气候物候，北南差异明显，不同地区适宜种植的小宗作物明显不同，种类繁多，为典型的旱作农业杂粮区。“八五”至“九五”期间，粮食种植一元独大，1991 年，粮食作物、经济作物、饲料作物种植比 70.84∶14.84∶14.32。“十五”至“十一五”期间，立草为业，为养而种，转化增值，2006 年粮经饲种植比 50.63∶10.90∶38.50，形成粮食、经济、饲料 3 类作物三元结构。“十二五”期间，种植结构趋于定型，2015 年粮经饲种植比 57.70∶10.03∶32.21。

一、粮食作物

糜黍，准格尔旗传统粮食作物，梁峁旱地种植，小满、芒种播种，白露收割，生长期百日左右。籽粒分红黄白三色，米粒分软硬两种，糜子脱硬米，黍子脱软米。传统品种紫秆大红、黄秆大红、大白糜子，良种场培育内糜 4 号、内糜 2 号。1991 年播种面积 15699 公顷，为播种面积最多的准格尔旗第一农作物，2015 年下降到 1926 公顷。

谷子，准格尔旗传统粮食作物，梁峁旱地种植，谷雨播种，寒露收割，生长期 120 天左右。粮草兼作，脱粒产小米，秸秆为上等饲草。主要品种引进“辽东黄”“等身齐”，良种场培育“7412”号。1991 年播种面积多达 4047 公顷，2015 年下降到 1818 公顷。

玉米，准格尔旗发展最快粮食作物，水地露地种植，旱地覆膜种植。5 月播种，9 月至 10 月收割，生长期 120 天至 130 天。“八五”普遍种植“中单 2 号”，“九五”普遍种植“哲单 7 号”，“十一五”后品种繁多。1991 年播种面积 4227 公顷，2015 年发展到 2.53 万公顷，为播种面积最广的农作物。

薯类，准格尔旗既当粮又当菜作物，中上等地普遍种植马铃薯，串换脱毒品种，倒茬种植，防止品质退化。地温超10摄氏度播种，生长期90天至100天，早熟品种夏收，晚熟品种秋收。龙口镇、沙圪堵镇南部地区少量种植红薯。1991年播种面积6260公顷，1997年播种面积多达7500公顷，2015年下降到4264公顷。

豆类，准格尔旗主要杂粮类作物，中下等地普遍种植。小满前后下种，夏收品种豌豆、扁豆、蚕豆，秋收品种黑豆、黄豆、绿豆，大宗品种大豆。1991年大豆播种面积1807公顷，2013年播种面积多达3900公顷，2015年播种面积2799公顷。

小麦，曾是准格尔旗主要细粮作物。春小麦在北部沿黄河、中部纳林川上等水地种植，顶凌播种，入伏收割，生长期90天左右。秋小麦在西南部梁峁旱地种植，夏播秋收，生长期80天左右。1991年播种面积3627公顷，1992年播种面积多达3975公顷，因水肥要求高，生产投入大，2011年后不再种植。

荞麦，准格尔旗食药同源作物，梁峁旱地普遍种植。初秋播种，晚秋收获，生长期60天左右。春旱严重年份延误春耕，秋播荞麦生产自救。1991年播种面积1933公顷，1994年播种面积多达4400公顷，2015年播种面积268公顷。

2014年，清华大学华清农业公司在十二连城乡东不拉村盐碱地试种5公顷水稻，亩产400千克左右；2015年碱地稻种植面积扩大到30公顷，亩产500千克。从此，江南水乡的水稻扎根准格尔旗北河畔盐碱滩。

高粱、莜麦、草麦3种杂粮作物，零星种植，产量偏低，逐步被淘汰。

二、经济作物

准格尔旗经济作物以油料作物为主。普遍种植胡麻、油菜籽、麻子、葵花。胡麻四成、油菜籽四成、麻子两成，榨出的食用油，俗称“三条腿”素油；葵花分花葵、黑葵，花葵炒零食，黑葵榨油。花生、芝麻只在龙口镇种植；“八五”期间政府号召种植蓖麻，为油脂化工厂供原料，农民不积极，未形成规模。1991年油料作物播种面积8253公顷，1992年播种面积多达8356公顷，2015年播种面积3249公顷。

三、蔬菜作物

准格尔旗蔬菜露地种植为主，春种夏收，夏种秋收；城郊和现代设施农业示范基地保护地种植，秋种冬收，冬种春收，春种夏收，夏种秋收。蔬菜种类繁多。

叶菜类常见白菜、圆菜、菠菜等。白菜分秋储大白菜、夏收小白菜，圆菜俗称“茴子白”；保护地种植芹菜、蒜薹、油菜、菠菜；零星种植韭菜、香菜。

根茎类常见萝卜、蔓菁、葱、蒜。萝卜分红、黄、白三色，红萝卜俗称“水萝卜”，黄萝卜俗称“胡萝卜”；普通蔓菁一年生，洋蔓菁宿根多年生，甘蓝根茎俗称“玉头”；葱分红葱、白葱，蒜有紫皮与白皮、多瓣与独苗之分。

果实类常见黄瓜、豆角、茄子、辣椒、西红柿。黄瓜分上架、混蔓两种；豆角上架种植，有扁圆之分，西红柿分红、黄两色，茄子分长、圆两种，椒分青椒、尖椒、辣椒。

瓜类常见南瓜、冬瓜、西瓜、小瓜。南瓜俗称“葫芦”，冬瓜俗称“菜瓜”；西瓜瓤分红、黄两色，籽分黑、红、白三色；小瓜分香瓜、甜瓜两种，香瓜有“白皮脆”“灯笼红”“蛤蟆皮”等品种。“十一五”期间，全旗推广覆膜西瓜、十二连城乡现代设施农业示范区推广大棚香瓜，两类瓜种植面积超过其他蔬菜面积总和。

四、饲料作物

“八五”至“九五”期间，准格尔旗农民在“五荒”种植柠条、苜蓿、沙打旺等牧草，进入“十五”后，国家实施退耕还林草工程，准格尔旗在全国率先禁牧舍饲，发展“草畜林特”四大主导产业，开始推广农田种植饲料玉米、青贮玉米和优质牧草苜蓿。玉米品种有，哲单7号、陕单911号、陕单902号、农大108号；苜蓿引进加拿大和美国苜蓿，本土紫花苜蓿。

1991—2015年准格尔旗农作物播种面积统计表

表5-2 单位：公顷

年份	总 计	粮食作物	其 中							经济作物	其中	其他作物
			小麦	薯类	玉米	糜黍	谷子	荞麦	大豆		油料	
1991	57226	40540	3627	6260	4227	15699	4047	1933	1807	8493	8253	8193
1992	57065	41398	3975	6294	4558	15445	3847	2196	1792	8657	8356	7010
1993	50007	37671	2083	5764	5365	12663	3165	3316	1136	7179	5219	5157
1994	51000	39900	1900	6200	6700	13269	2900	4400	1500	6400	5100	4700
1995	49570	38280	1470	6240	7950	11610	2670	4240	1280	7100	5490	4190
1996	56690	43010	1820	7340	8810	14040	3000	3560	1640	9700	8210	3960
1997	58390	43990	1480	7500	10030	14000	3180	3400	2040	9560	8050	4840
1998	57717	46400	941	7485	10314	15323	2906	3001	2067	9874	8173	1443
1999	57802	43327	743	7452	12947	12040	2973	2250	2173	10096	8585	3879
2000	50248	40726	365	7328	10668	12510	2818	2263	1771	6557	4491	2965
2001	27555	19784	350	3591	7511	4236	876	1752	660	3447	2360	4324
2002	53931	38019	300	6666	12952	10212	2001	2004	1208	7995	5911	7917
2003	47300	33431	203	6707	12067	8425	1883	1333	1048	9089	5392	4780
2004	68555	37733	88	6411	17475	7760	1982	1287	848	7437	4959	23385
2005	66367	36327	43	6086	17321	7728	1693	509	1625	7752	4903	22288
2006	70622	35758	86	6468	17359	6774	1151	345	1659	7698	4836	27166
2007	71629	39019	27	6312	17814	8719	1157	528	1183	3742	1812	28868
2008	71923	39429	23	6457	18143	7717	1522	878	1186	5600	2961	26894
2009	71999	40596	246	6546	18733	6783	2870	947	1783	7311	3168	24092
2010	71995	40112	9	6179	19484	6431	2524	941	2657	5828	3130	26055
2011	69219	40617	3	7350	19971	5013	1367	895	3232	7223	4108	21379
2012	67964	38930	—	6096	18790	3812	1383	1685	3900	6845	3589	22189
2013	65123	37510	—	6252	19680	3224	1352	720	3900	6579	3484	21034
2014	65287	37587	—	6374	20180	3279	1295	726	3633	6637	3501	21063
2015	65154	37637	—	4264	25318	1926	1818	268	2799	6532	3249	20985

第四节　农用物资

1991 年，准格尔旗实行农用物资专营，销售主渠道为供销社网点，管理主体为种子公司，管理重点是种子和农药。2002 年 12 月，农牧业局成立种子管理站，与种子公司合署办公，允许个人经营农资，实行经营许可管理，向经营户核发种子、农药经营许可证，种子销售证，取缔无证经营。2015 年，全旗有 60 家农药经营商、56 家种子经营店。

准格尔旗建设种子工程，建有制种基地。1991 年生产种子 12.9 万吨，销售种子 38.15 万吨；1999 年生产种子 12.9 万吨，销售 35.34 万吨。2000 年建成玉米制种基地 240 公顷，其中，旗内制种 100 公顷，生产种子 580 吨，对外制种 140 公顷。2008 年起，不再生产销售种子。2015 年，全旗销售种子 1 万吨，玉米为大宗，豆类、菜类、瓜类兼有，品种近百个。

准格尔旗施肥，农家产有机肥料为主，工业产化学肥料为辅；化学肥料耕地施底肥为主，灌溉施追肥为辅；氮肥准格尔旗自产，磷肥、钾肥、复合肥需外地调入。1991 年，全旗化肥用量 1.65 万吨，化肥用量最高峰 2009 年 4.8 吨。“十二五”实行测土配方施肥，化肥使用量下降，2015 年化肥用量 4.6 万吨。

准格尔旗农用塑料薄膜，分厚度 0.01 毫米聚乙烯地膜、厚度不小于 0.08 毫米高压聚乙烯棚膜两种。1991 年，全旗农膜用量 45 吨，随着地膜覆盖技术的普及和保护地蔬菜种植面积的扩大，农膜使用量一直呈逐年增加趋势。2002 年农膜用量 250 吨，2015 年农膜用量 312 吨。

准格尔旗农药用于备耕时种子包衣、耕地时撒施颗粒杀虫剂、发生病虫害时喷施叶面。1991 年，全旗农药用量 46 吨，2002 年农药用量 41 吨，“十一五”开始无公害认证，严格控制农药使用量，2015 年农药用量 15 吨。

第五节　农艺技术

“八五”至“九五”期间，准格尔旗推广农业新技术 130 多项，科技增值占种植业产值 40%。“十一五”期间，推广农牧适用技术 40 余项，农牧业新技术覆盖率 95% 以上，实行机械化作业、节水化灌溉、保护地种植、标准化生产，北部现代农业示范区，实现多种技术集成的模式化栽培。

一、良种繁育

全国糜黍专家魏仰浩在纳林良种场培育的内糜 2 号是全国首个利用有性杂交技术育成的粳性糜子，内糜 5 号是全国品种审定委员会首批命名的品种。2008 年，内糜 2 号、内糜 5 号，被评为全国优质品种。

1992 年，种子公司利用沙圪堵乡沟门、特拉沟两村充沛的水源、肥沃的土质和独特的小气候，建设玉米制种示范基地，农民种植玉米种子，亩均收入超千元级，户均收入超万元。1996 年，全旗玉米良种产能达 1500 吨。1997 年 2 月，吕贵斌主持的玉米制种示范种植项目获内蒙古科技进步奖二等奖。

2002 年 3 月，吕贵斌主持脱毒马铃薯引进推广项目获鄂尔多斯市科技进步奖二等奖。

“八五”初，杂粮、瓜类作物，农家自己选种，其他大田作物、蔬菜作物，引进良种，主要农作物良种覆盖率 50% 左右。种子公司引进优良品种试验示范种植，筛选出大批适宜准格尔旗种植的优良品种；“十一五”全旗主要农作物良种覆盖率 95%；“十二五”全旗主要农作物全部良种化。

二、肥力涵养

准格尔旗重用地轻养地，长期粗放耕作，有的地方基本不施有机肥，有的地方施化肥品种单一；秸秆还田、合理轮作等培肥措施跟不上，造成耕地养分入不敷出，耕地肥力持续衰退。2007 年 3 月，内蒙古自治区农科院对准旗 4000 公顷耕地取样化验，土壤有机质含量属中等偏下水平，全氮、有效磷、速效钾含量分别处于中下、中等、中等水平，总体地力达不到有机农业生产需要。

2008 年，准格尔旗启动测土配方施肥项目，在十二连城乡、布尔陶亥苏木、薛家湾镇、沙圪堵镇 5 万公顷耕地取样化验 3600 份，建立土壤肥力数据库。制定施肥配方，确定不同区域不同作物单位面积施肥限量标准；优化化肥元素配比，大量元素与中微量元素搭配；改进施肥方式，由表施、撒施改为机械深施、水肥一体、叶面喷施；增施有机肥，减少化肥使用量，改善土壤结构。

2009 年，推广测土配方施肥 2.67 万公顷，推广施肥配方 2 个，在十二连城乡、布尔陶亥苏木、大路镇 3 地对比试验 20 处，玉米、西瓜对比试验 30 处，种植配方肥展示田 530 公顷。2012 年，推广面积扩大到 5.33 万公顷，使用配方肥 8000 吨，发放施肥建议卡 4000 份，惠及 111 个村 1.4 万农户。

三、耕作制度

准格尔旗普遍一年一熟。单种为主，套种为辅；连作为主，轮作为辅；南河畔龙口镇水地能一年两熟，小麦复种白菜、早玉米复种秋白菜。

“八五”至“九五”期间，推广粮粮套种、粮经套种，充分利用时间与空间、肥力和光热，提高单位面积产量。粮粮套种模式主要有，玉米—豆类、小麦—豆类、糜子—豆类、马铃薯—豆类；粮经套种模式主要有，玉米—萝卜、西瓜—豆类、谷子—黄芥、西瓜—芝麻。2000 年 12 月，张永来参与粮果间作立体生态农业综合项目，获全国农牧渔业丰收奖二等奖。

小麦和玉米套种，2009 年摄

准格尔旗注重换茬轮作，休养地力，防止病害。“八五”轮作，梁峁地围绕糜谷，糜子—谷子—油料—压青，川塔地围绕马铃薯，马铃薯—玉米—糜谷—豆类，过水地玉米—小麦。进入“十一五”围绕玉米，现代农业示范区玉米—瓜类、玉米—向日葵、玉米—马铃薯；农牧交错带玉米—牧草；梁峁旱地玉米—杂粮。

四、节水灌溉

准格尔旗十年九旱水地少，舍不得大水漫灌。“八五”至“十五”，普遍实施渠系引水畦灌；“十一五”至“十二五”，露地普遍实施管道提水喷灌，保护地实施毛管浅埋、膜下滴灌。灌溉条件最好的十二连城乡，2007 年呼斯太河灌区干、支、斗 3 级渠系自流灌溉 2600 多公顷，引进大型雷特蒙喷灌设备，中心支轴行走喷灌，因行走受地块限制，设备闲置；2013 年建高标准农田节水灌溉工程，采用半固定式小微喷灌和膜下滴灌，农民普遍认可，2015 年发展节水灌溉 1 万公顷。

五、模式化栽培

准格尔旗保护地栽培始于“八五”初推广地膜覆盖。“九五”至“十五”期间建设“菜篮子”工程推广节能日光温室。2009年在北部设施农业示范区推广模式化栽培技术。配套技术主要有，一年多茬，均衡生产；生物菌肥、无土栽培；寒保暑散，人为控温；水肥一体，精准滴灌；控制农药，有机生产。

准格尔旗露地栽培技术五花八门，各有优势。固定模式始于“十一五”土地规模经营，北部节水农业示范区推广玉米“一增四改”种植技术，引进耐密度品种增加种植密度，改粗放施肥为配方施肥，改人工种植为机械化作业，改匀垄种植为大小垄间隔种植，水肥管理、中耕松土配套，标准化生产。

六、清洁生产

2002年起，准格尔旗倡导蔬菜无公害种植。“十一五”推广无公害西瓜种植、保护地高效低毒低残留农药种植技术，“十二五”推广测土配方施肥，有机肥替代部分化肥，打造准格尔绿色无污染有机产品。

准格尔旗“八五”刚开始推广地膜覆盖技术，残留地膜少；1999年，地膜残留率70%，回收废旧地膜400公顷。2010年起，政府号召机械回收残膜，市场主体不积极，回收率不高。

准格尔旗农作物秸秆喂羊，抱进一捆，搂出一抱；残留部分作为燃料烧火，一点就着，一会儿就熄。2000年，准格尔旗选定11家社会组织回收秸秆，综合利用，因效益低下停业。2015年，全旗农作物秸秆综合利用量5114吨，利用潜力有待挖掘。

七、农业信息化

2011年12月，布设在十二连城乡农业示范园区的准格尔数字农业系统投运，投资655万元。总服务器安装在金霖花卉园区，链接6个设施农业园，安装视频监控摄像头8个，温度、湿度、光照、二氧化碳传感器27个。实时监控作物生长过程，精准监测水、肥、药灌溉量，温度、湿度、光照、二氧化碳等环境参数，为农产品生产从源头到消费终端反向追踪提供数据支撑。

第六节　农作物保护

准格尔旗农作物病害主要有，玉米大斑病、黑粉病，糜黍谷黑穗病，马铃薯环腐病、黑胫病，白菜软腐病、霜霉病，黄瓜角斑病，西红柿早疫病，青椒立枯病。通过机械深翻、耕地轮作、种子包衣、喷洒药剂、铲除病株，综合防治病害。

农作物虫害主要有，大田作物黏虫、草地螟、玉米螟、蝗虫；马铃薯小地老虎、蛴螬、蝼蛄；豆类食心虫、造桥虫、豆野螟；蔬菜幼虫菜青虫、菜蚜等，成虫小菜蛾、菜粉蝶等。通过激素诱、灯光诱，诱集捕杀；放养鸡，天敌啄食，控制地上虫害。深翻轮作、种子包衣，防治地下害虫。随着良种引进，新的农作物害虫有随之入侵的危险。

准格尔旗实行种子产地检疫和调运检疫，严防虫害传入；坚持田野调查，准确发布预报；及时组织人员，投放药械，综合农艺、生物、化学、物理措施防治。虽然每年都发生局部性农作物病虫鼠草害，所幸没有大害成灾。2015年，农作物病虫害预报准确率90%以上，农作物病虫害发生面积1.45万公顷，防治面积1.45万公顷，挽回直接经济损失近亿元。

黏虫属迁飞性害虫，准格尔旗6月至7月高温少雨，不利于黏虫害发生，历年黏虫害为中等偏轻。玉米螟害夏播玉米最重，雨水充足年份较重，历年危害中度偏轻。干旱引发蝗虫为害，2000—2001年，全旗投放农药1.8吨，实施灭蝗作业2500多公顷。

草地螟是准格尔旗暴发性害虫。2008年，历史罕见草地螟害波及全旗，虫害发生面积4.13万公顷，其中农田1.67万公顷。技术人员调查最严重的布尔陶亥苏木蒿召赖嘎查保龙沟，最高虫口密度每平方米350头，一株葫芦叶片多达1000～2000头。旗乡两级紧急调运农药12吨、药械280台，组织1.5万人投入防虫会战，实施化学防治作业1.33万公顷，及时控制虫情。

草原黄鼠是准格尔旗主要农田鼠害，干旱引发为害成灾。2000年发生鼠害，投放鼠药3500千克，灭鼠作业1300公顷。2001年，中央电视台农业频道摄制组深入鼠害严重的哈岱高勒乡拍摄科普片。2008年6月，调查十二连城乡兴胜店村鼠害，仅发现有效鼠洞4个，农田轻发生，草地中等偏轻发生。

第七节　种植业规模

准格尔旗种植业，经历自然风险和市场风险，一路曲折缓慢发展。1991年，全旗种植业实现产值5222万元，1994年首次突破亿元，1998年风调雨顺大丰收，达到3.09亿元；1999—2002年遭遇连年旱灾，2001年跌落到6101万元；进入“十一五”后加大建设投入和科技保障，实现稳定发展，2014年实现产值高达7.76亿元，2015年小幅回落到7.71亿元。

一、粮油产量

1991年，全旗粮食播种面积4.05万公顷，总产量4.02万吨；1998年，播种面积4.64万公顷，总产量13.02万吨，创25年粮食总产量次高值；2004年，播种面积3.77万公顷，总产量14.29万吨，创25年粮食总产量最高值；2015年，播种面积3.76万公顷，总产量8.14万吨。

主要农作物产量，糜黍最大产量1998年2.4万吨，最大亩产2007年122.21千克。玉米最大产量2004年10.31万吨，最大亩产1998年434.82千克。薯类最大产量2002年2.81万吨，最大亩产2015年326.06千克。油料最大产量1992年6863吨，最大亩产2007年84.69千克。

1999—2002年，准格尔旗连年大旱成灾，1999年、2001年，春夏连旱，夏秋连旱，粮食总产量出现25年间两个低值。1999年，粮食总产量出现次低值3.51万吨。其中，薯类亩产15.88千克，玉米亩产128.25千克，荞麦亩产2.84千克，大豆亩产3.04千克。2001年，粮食总产量出现最低值2.12万吨。其中，糜黍亩产12.07千克，谷子亩产6.47千克，油料亩产10.99千克。上述作物亩产均为25年间最低值。

跨入21世纪，准格尔旗在梁峁山区实施小杂粮工程。2003年成立长滩精品小杂粮协会，种硬梁地，施农家肥，不上化肥，不打农药，五谷杂粮成为市场抢手的营养食品；2007年6月成立小杂粮研发中心，引进豆类品种13个推广种植，小杂粮种植由十里长川6000公顷扩大到十里长川、纳林川2万公顷。2015年，全旗小杂粮种植面积回落到6811公顷，产量6040吨。

二、蔬菜产量

“八五”期间，全旗年均蔬菜播种面积接近1000公顷，其中保护地种植面积接近10公顷，年均产量万吨左右。

1994年，启动城郊“菜篮子”工程建设，至2000年，薛家湾、沙圪堵两镇城郊建成蔬菜基地

267 公顷，其中保护地蔬菜 30 公顷，全旗蔬菜产量 3.3 万吨。2003 年，组建薛家湾镇城郊蔬菜协会，首次推广无公害病虫害防治技术，全旗蔬菜产量首次突破 10 万吨，达到 10.9 万吨。

2006 年，十二连城乡五家尧村建成 100 公顷高标准设施农业示范园，反季节生产蔬菜。2009 年，全旗保护地蔬菜种植面积达到顶峰 1000 公顷，蔬菜产量达到顶峰 14.05 万吨。2012 年，十二连城乡建成设施农业示范基地 467.87 公顷，全旗设施农业 1200 公顷。2013 年，全旗蔬菜种植面积达到顶峰 4150.66 公顷。

2015 年，全旗蔬菜种植面积 3257 公顷，其中设施农业种植面积 533.33 公顷，集中在旗政府驻地和开发区城郊、北部现代设施农业示范基地，全旗蔬菜产量回落到 6.19 万吨。

大路镇苗家滩社区大棚黄瓜，2021 年路顺斌摄

沙圪堵乡福路村农家妇女段秀英，从一分塑料大棚种黄瓜起家，2000 年发展到 2 亩大棚，纯收入 5 万余元。2000 年 4 月，她发起成立福路村无公害蔬菜协会，全村发展蔬菜种植户 25 户，经营大棚 42 栋，村民靠种蔬菜，人均纯收入由 2000 年 2000 元增加到 2010 年 8756 元。

三、水果产量

准格尔旗果树由东南向西北递减。梁峁种植小核果，有仲夏熟的杏、初秋熟的桃、晚秋熟的枣；川塔种植大水果，以苹果为主，有国光、黄元帅、秦冠、鸡冠等品种。中小水果有海红、海棠、葡萄、黄太平，“123”小苹果为夏秋之交早熟品种。

果树有隔年结果周期律，正常年份产量分大小年；春季遇倒春寒影响坐果。1991 年，全旗栽培果树 8000 公顷。大水果集中在纳林川中下游 3 家国营果园和 300 多户果树专业户；小核果集中在南河畔马栅乡，分散在纳林川、十里长川梁峁山区。当年遇果树小年，全旗水果产量 580 吨；1992 年是大年，全旗水果产量 7080 吨。

沙圪堵果园栽培果树近 10 公顷 3000 多株，纳林果园栽培果树 25 公顷 3000 多株，敖靠塔果园栽培果树 50 公顷 9000 余株。果树专家傅天金在纳林果园利用有性繁殖技术嫁接培育的新品种苹果梨，“八五”期间大面积推广。进入“十五”果树枯死，果树生产停止，3 家国营果园转产其他农业项目。

1991—2000 年建设基本“三田”，全旗发展果树超 8000 公顷。1997 年，沙圪堵乡虎石塔村种果树 50 公顷，沟门村、特拉沟村苹果 50 公顷。纳林镇农户房前屋后种果树发展庭院经济，2000 年果树面积 50 公顷。

1994—2001 年建设核果类基地，东南部为枣区，中部为枣杏区，中西部为杏区，引进山西保德大枣、甘肃兰州大杏，嫁接更新本土小核果。至 2001 年枣保存 547 公顷，亩产 300 千克；杏保存 213 公顷，亩产 500 千克。

2002年，全旗果树面积达到顶峰1.16万公顷，其中核果5200公顷；水果产量达到顶峰1.43万吨。之后果树面积未明显减少，水果产量却逐年下降，“十一五”至“十二五”回落到1500吨左右。

2015年，准格尔旗形成南河畔龙口镇小核果、中西部暖水乡山地苹果、北河畔大棚油桃的布局。全旗果树面积2.05万公顷。其中，大苹果857公顷、杏1.87万公顷、海红388公顷、枣352公顷、桃198公顷；各类果树超50亩大户752户，苹果超50亩大户36户；全旗水果产量1611吨。

南河畔龙口镇，鄂尔多斯高原海拔最低，无霜期180天，最大昼夜温差26摄氏度，物候期比北河畔早15天左右，小气候温暖湿润，盛产葡萄、枣、桃、杏等水果。1999年果树面积1700公顷。2005年建成以沙坪梁为中心的万亩山地枣园。2008年成立马栅龙园果品专业合作社。2013年建沙坪梁果品专业市场。2015年全镇水果产量866吨。

中西部暖水乡德胜有梁村，年日照时间3000小时，最大昼夜温差15摄氏度。村民王在达1994年试种5亩苹果，2015年发展到2公顷，苹果个头大、水分多、糖量高，色泽口感俱佳，深受消费者青睐，年销售收入上百万元。2015年，该村10多户果农联合创办果树专业合作社，培育苹果8万余株，宁丰、宁酥、寒富为主，烟富、岳艳、岳阳搭配，苹果产量50吨。

暖水乡德胜有梁村山地苹果，2022年摄

进入“十二五”，北河畔兴起乡村采摘游，十二连城乡现代设施农业示范园、布尔陶亥乡水镜湖景区，塑料大棚种植油桃，初夏早熟，供游人采摘。

准格尔旗果树产业发展缓慢。栽植地段不适宜，栽植密度不合理；整形修剪、疏花疏果、病虫害防治不科学；施肥施药配方不精准；树龄偏大生产后劲不足。退耕还林工程保存山杏1.87万公顷，无人管理，不产生经济价值。

四、食用菌产量

准格尔旗食用菌栽培起起落落，星星点点，没有形成稳定产业。

1991年，准旗科学技术委员会在沙圪堵镇闲置厂房培育食用菌，生产平菇、香菇、猴头菇。2003年全镇栽培食用菌7户，年产量51.3吨，2004年产量120吨，2005年产量20吨。

2002年，布尔陶亥乡引种食用菌67栋2公顷，当年产量3.5吨，

蘑菇生物科技公司食用菌生产车间，2019年摄

2003 年生产 500 吨，2006 年项目中止。

2003 年，长滩乡打 30 孔窑洞栽培蘑菇获得成功，旗、乡两级政府出台扶持政策，每打一孔窑洞补贴 600 元，至 2005 年，建成蘑菇窑洞 506 孔，年产食用菌 1000 吨，实现经济收入 200 万元。同年 8 月撤长滩乡，取消打窑洞补贴，受此影响技术服务没有跟上，不能均衡出菇，窑洞蘑菇萎缩。2015 年坚持生产蘑菇窑洞 108 孔。

2005 年，全旗建成生产食用菌的温室 90 栋、窑洞 736 孔，试验栽培 10 余个品种，食用菌产量 1000 吨，这是 25 年间食用菌产量的顶峰。

2015 年 4 月，漠菇生物科技公司利用十二连城乡农产品物流园区闲置设施，改建的蒙根花食用菌产业园投入生产，建筑面积 6.46 万平方米，总投资 4.8 亿元，设计日产菌棒 4 万棒。

五、饲草料产量

准格尔旗饲草料来自天然牧草、农作物秸秆、粮食加工辅料、露天种植瓜菜。食草家畜以天然牧草为主，人工牧草和农作物秸秆及可食性林木枝叶为辅。猪和禽以瓜菜和粮食加工下脚料为主。

1991—1999 年，全旗年均“五荒”种植牧草 1.5 万公顷左右，农田种植饲草料 5000 公顷左右，饲草露天黄贮，粉碎粗加工。

2000 年起，国家实施退耕还林还草工程，准格尔旗实行禁牧舍饲，发展“草畜林特”四大主导产业，旗人民政府扶持人工种草，推广青贮、微贮、糖化、氨化等饲草料精加工技术，全旗青饲料种植面积猛增到 3.46 万公顷，年精加工饲草料 51 万吨。

2009 年鑫源种养公司机收甜高粱秸秆

2001 年，青贮饲草料 61 万吨，加工柠条粉 21 万吨，为历年饲草料储备最高峰。青饲料种植面积最高峰 2007 年 5.81 万公顷。2010 年，青饲料播种面积 5 万公顷，其中，种植牧草 2 万公顷，青贮玉米 6000 公顷，饲料玉米 2.39 万公顷；青贮饲草料 45 万吨。

进入“十二五”，牧草种植面积回落到年均 1 万公顷左右，饲草料玉米种植面积回落到 5000 公顷左右，青贮饲草料回落到 10 万吨左右。2015 年，青饲料播种面积 1.6 万公顷，青贮饲草料接近 10 万吨。

1999 年，水保试验站在海子塔乡海子塔村创办全盟首家开发秸秆资源的益农草业公司，收购农户秸秆，湿秸秆粉碎青贮、干秸秆揉碎氨化，配伍饲料添加剂，打捆压制成型，出售成品饲料，设计年产饲料万吨，其中外销 5000 多吨。2000 年，销售打捆饲草料收入一度突破 10 万元，2002 年停产。

1991—2015 年准格尔旗种植业产值和产量统计表

表 5-3 单位：万元、吨

年份	种植产值	粮食作物	其中							经济作物	其中	其他作物
			小麦	薯类	玉米	糜黍	谷子	荞麦	大豆		油料	
1991	5222	40200	4052	14057	16629	12181	1639	234	460		2712	
1992	8851	89023	6096	16247	32992	23960	4789	1054	956		6863	
1993	8064	52066	5391	13205	15410	12040	2117	1099	933		2340	
1994	17694	87975	2800	15042	42279	19272	2909	2784	712		3054	
1995	16435	74519	3845	14130	44239	8294	1543	635	403		2990	
1996	26429	125037	5420	22308	62333	22962	4395	2841	1380		5364	
1997	20626	90033	3616	17645	43092	20130	2104	753	1093		3856	
1998	30933	130241	2790	20058	70533	23885	4020	1715	1655		5880	
1999	10930	35113	2039	1775	24906	5014	859	96	99		1831	
2000	19468	37115	1403	6222	21875	5606	898	431	273		1095	
2001	6101	21244	719	2825	16342	767	85	381	37		389	
2002	22435	86441	591	28100	46480	7971	1308	376	344		4068	
2003		112998	902	19228	71609	14678	2871	1121	941		5392	
2004	37603	142882	390	18738	103100	13131	2885	1387	769		4852	
2005	32339	110934	248	18604	71998	13054	2384	634	1930		3770	
2006	31487	89741	511	16487	60477	8273	1134	129	1134	105588	3473	419784
2007	47882	107708	130	20727	56429	15983	6877	837	1486	53320	2302	554406
2008	50895	115061	103	27190	59578	14144	2528	1241	1482	88424	5005	731135
2009	54039	115501	1616	21135	70175	11439	4799	1163	1752	144890	3041	646086
2010	55422	114949	31	22379	71036	11720	3320	920	2878	81843	1941	326310
2011	64030	87106	20	18675	56296	4041	628	264	2793	97458	2589	278121
2012	68949	85000	—	13079	54440	4905	1446	3693	3800	67148	3032	315476
2013	70771	87669	—	15654	55190	4356	1450	1500	6871	59197	3012	173162
2014	77852	85429	—	20855	50000	4565	1184	879	5822	64390	3254	143897
2015	77096	81429	—	20855	52440	2510	892	280	2358	65632	3184	151887

第三章　林　业

第一节　机　构

一、管理部门

准格尔旗林业局是旗人民政府林业工作部门，下辖 5 个国营林场站，乡镇设林业工作站。1993 年 2 月，转体改建为林工商开发服务总公司（林业局），改属农牧业经济委员会；1993 年 12 月，任勇、武振岗获全国绿化奖章。1996 年 5 月撤销总公司，恢复林业局，2002 年 6 月撤农牧业经济委员会，归属人民政府；2005 年接管乡镇林业工作站。2015 年，内设森林公安局、天然次生林保护管理局、资源林政管理站、林业工作站、林木种苗站、森林草原防火指挥部办公室、森林病虫害防治检疫站、林权管理综合服务中心、退耕还林工程办公室、天然林保护工程办公室，下辖 5 个国有林场站、9 个林业工作站，全系统干部职工 308 名。

二、事业场站

准格尔旗 5 家国营林业场站，经营国有林地，从事营林生产。1991 年，经营面积 4 万公顷，有林面积 2.24 万公顷，职工 515 名。因作业区与集体土地插花式分布，国有林地长期遭周边农户蚕食。2015 年，经营面积 3.62 万公顷，有林面积 1.52 万公顷，职工 210 名。

乌兰不浪林场以营造用材林为主。2015 年下设新召、柴登、圪条不拉、大乌兰不浪、小乌兰不浪、城壕、黄羊圪卜 7 个作业区，经营面积 1.24 万公顷，有林地 8241 公顷，职工 51 名，场部驻十二连城乡柴登村。

沙圪堵林场以育苗和营造防风固沙林为主。2015 年下设准格尔召、薛家湾、沙圪堵 3 个作业区，经营面积 4238 公顷，有林地 3374 公顷，职工 34 名，场部驻沙圪堵镇。

乌兰沟林场以营造用材林为主。2015 年下设榆树壕、特拉沟、二道壕、乌兰沟 4 个作业区，经营面积 2107 公顷，有林地 1122 公顷，职工 38 名，场部驻沙圪堵镇。

神山林场管护天然次生林，采种育苗。2015 年下设坝梁、羊市塔、神山、阿贵庙 4 个作业区，经营面积 3125 公顷，有林面积 1684 公顷，其中天然林 1123 公顷，职工 29 名，场部驻纳日松镇羊市塔村。

布尔陶亥治沙站以营造防风固沙林为主。2015 年下设营盘、铧尖、庙滩 3 个作业区，经营面积 1.44 万公顷，有林面积 795 公顷，职工 51 名，站部驻布尔陶亥苏木公益盖村。

第二节　林业规划

1991 年年初，准格尔旗尚处于生态环境恶化期，森林面积 21.8 万公顷，活立木蓄积量 110 万立方米，森林覆盖率 13%。

1991—2000 年，准格尔旗在北部库布齐沙漠、十里长川、纳林川、犊牛川流域，营造“三北”防护林、水保治理等国家林业重点工程，累计造林 6.8 万公顷。至 2000 年，因“3153”工程砍伐零星树木，森林面积略减到 19.44 万公顷，活立木蓄积量上升到 164.57 万立方米，森林覆盖率 18.52%，植被覆盖度 27.34%，改善了项目区群众生存环境。

2001—2012 年，准格尔旗抢抓国家西部大开发机遇，国家、地方、社会三轮驱动，全面实施国家林业重点工程，启动地方生态建设工程，提出建设“绿色大旗”的奋斗目标。国家重点工程投入 3.19 亿元，造林 8.86 万公顷；2007—2012 年，地方财政和企业投入 16.4 亿元，造林 2.02 万公顷；全旗造林 10.88 万公顷，基本消除荒漠化，实现森林面积和森林覆盖率“双提高”。2011 年 3 月 29 日，旗人民政府被评为全国绿化先进集体。2012 年，森林面积 23.86 万公顷，活立木蓄积量 173.3 万立方米，森林覆盖率 31.6%，植被覆盖度 69.7%。

2013—2015 年，准格尔旗实践“绿水青山就是金山银山”理念，坚持生态优先原则，实施绿色发展战略，促进城乡林业生态一体化建设，上至国家，下至地方政府和企业，全旗累计投入 4.92 亿元，绿化造林 4.04 万公顷。全旗生态环境得到质的提升，城乡人居环境明显改善。2015 年，森林面积 25.97 万公顷，其中，防护林 17.74 万公顷、用材林 1.27 万公顷、经济林 2751 公顷；活立木蓄积量 188.6 万立方米，森林覆盖率 34.39%，植被覆盖度 73.4%。

第三节　育　苗

准格尔旗造林首选油松、樟子松、山杏、沙棘、柠条、沙柳等耐寒耐旱树种。营造防护林优势树种油松、侧柏、杨树等，营造用材林优势树种樟子松、杨树、柳树等，营造经济林优势树种杏、桃、枣、苹果、梨等。“八五”至“九五”在西部大面积营造沙棘水土保持林；进入“十五”大规模生态建设，淘汰榆树、雾柳等本土树种。进入“十一五”大规模园区绿化，引进驯化云杉、国槐、白蜡、火炬等乔木，紫叶矮樱、天目琼花、红王子锦带、四季玫瑰等花木。

乌兰不浪林场育苗基地，2011 年摄

准格尔旗是鄂尔多斯林木籽种主要采集地。西部神山、阿贵庙的天然侧柏、油松、杜松混合林，最高年采种量 2.5 万千克；东部巴润哈岱人工油松、山杏混交林，最低年采种量 3 万千克；全旗散布的沙棘、柠条等也是林木籽种资源。

1991—1999 年，育苗集中在 5 个国营林场站和水保实验站苗圃。针叶苗播种育苗，阔叶苗扦插育苗，灌木苗可播种育苗，也压条扩繁。2000 年实施退耕还林工程，大量使用容器育苗，提高造林成活率。2001 年建成沙圪堵林场苗圃、神山林场采种基地，年产苗木 7000 万株，采种 20 万千克。2005 年 1 月准格尔旗获内蒙古林业建设林木种苗奖。2008 年退耕还林工程转入后续产业发展，用 1—2 年生小苗市场萎缩，用 3—5 年生大苗走俏市场。

2007 年，林业局在乌兰不浪林场建成姑子壕现代化育苗基地，建四位一体温室 5 栋、日光大棚 50 栋，营养杯育苗，在内蒙古首家利用菌种培植油松大苗，2015 年育苗 150 万株，出苗 143.5 万株。2013 年 8 月，园林局在大路新区建苗圃。2015 年育苗 33.4 公顷，生产苗木 159.72 万株。

2015 年，全旗育苗 4000 公顷 1500 余万株，生产苗木 545.2 万株。

第四节　国家林业工程

一、“三北”防护林

准格尔旗是国家“三北”防护林体系建设重点县。1979—1985 年一期工程造林保存面积 9.87 万公顷。

1986—1995 年二期工程造林保存面积 5.6 万公顷。其中，人工造林 5.55 万公顷，封山育林 213 公顷，飞播造林 300 公顷；1992 年 1 月准格尔旗被评为全国“三北”防护林体系二期工程建设先进单位。1996—2000 年三期工程造林保存面积 3.94 万公顷。其中，人工造林 3.66 万公顷，封山育林 467 公顷，飞播造林 2800 公顷。2001—2010 年四期工程造林保存面积 2533 公顷。2011—2015 年五期工程造林 6000 公顷。因地制宜，因害设防，西南部和中部营造水土保持林，北部沿河和库布齐沙区营造农田防护林和防风固沙林，纳林川、皇甫川流域营造经济林、用材林。

十二连城乡黄河冲击平原农田防护林，2006 年摄

1979—2015 年，“三北”防护林体系建设五期工程，全旗累计造林 16.32 万公顷，其中，农田防护林 8000 公顷、水土保持林 9.44 万公顷、防风固沙林 4.21 万公顷。

二、退耕还林

退耕还林是国家西部大开发重点工程。2000 年 3 月，准格尔旗列入全国 174 个退耕还林试点县，首批东部 7 个乡镇、西部 4 个乡镇试点；旗人民政府发布禁牧令，5 月 1 日起在全国率先实行退耕还林项目区禁牧，推广舍饲养羊，项目区舍饲 1 只羊补贴 4 元，非项目区补贴 3 元。

2002 年，全面启动退耕还林工程，以乡推进，按村落实，整留整退整还，退出水蚀、风蚀严重的旱作耕地，引导农民改变倒山种田的传统，发展“草畜林特”四大产业。2004 年暖水镇王五沟村建成退耕还林精品工程。2008 年，沙圪堵镇代表全旗通过国家验收。2007 年 4 月召开的全旗农村工作会议，划分优化发展区、限制发展区和禁止发展区，禁止发展区人口整体退出，建设生态自然恢复区；2009 年，暖水乡实施整乡移民，一次性退出土地 5.52 万公顷，转出居民 9700 多人，建成全国首个生态自然恢复区。

国家对退耕还林农民实行“以粮代赈”政策，退耕地每亩每年原粮补助 100 千克，补助现金 20 元；还林地每亩每年苗木补助 50 元；2004 年起原粮补助折算为现金 140 元；2005 年增加封山育林投资，每亩投资标准 50 元至 70 元；2008 年苗木补助上调为 100 元，封山育林投资标准调整为 70 元；

2009年苗木补助调整为灌木造林120元、乔木造林200元。至2015年累计投入补助资金5.89亿元。

至2015年，全旗退耕还林累计完成投资8.06亿元，累计完成面积6.34万公顷。其中，2000—2006年退耕2.2万公顷；2000—2010年还林3.8万公顷；2008—2013年封山育林666.67公顷；2008—2014年后续产业造林1.47万公顷，建成山杏基地1.8万公顷、油松基地3920公顷。

三、天然林保护

2000年12月，准格尔旗纳入国家天然林保护范围，纳入保护森林面积11.27万公顷。实行全面封禁，封山育林，飞播造林；以国有林场站职工为骨干，招聘护林员，统一纳入养老保险统筹。2004年，建成大路乡大沟封育区1333.33公顷封沙育林精品工程，布尔陶亥乡4666.67公顷飞播造林精品工程。至2007年累计飞播造林3万公顷。2008年，划分14个管护片164个责任区，配备专兼职护林员332名，旗乡村组4级联动管护。至2010年完成一期工程，封山育林2.73万公顷。

2009年，国家实行公益林补偿制度，准格尔旗有国家级公益林8.91万公顷，获得国家补偿634.89万元，2010年补偿资金1253.43万元；2013年再次扩大到9.65万公顷，2015年补偿资金2026.96万元。全旗累计获得国家公益林补偿9921.85万元。

2011年启动二期工程，至2015年封山育林近万公顷。管护面积扩大到35.51万公顷。其中，国有国家级公益林3.18万公顷，集体国家级公益林8.63万公顷，集体地方公益林23.7万公顷。2013年为国家级公益林投受灾损失保险。2015年，发生鼠害1起、虫害2起、旱灾5起、火灾19起，受灾公益林2133公顷，获保险赔付323.06万元。

截至2015年年底，全旗天然林保护两期工程累计完成投资1.34亿元，其中，国家投资1.29亿元，地方配套496万元；森林管护支出8860.9万元，护林员政策性养老保险支出4032.31万元。配备护林员814名，保护森林面积35.51万公顷。

四、日元贷款风沙治理

日元贷款风沙治理项目，利用日本年息0.75%贷款治沙造林，改善中国黄河中游生态环境。2005—2007年，准格尔旗在库布齐沙区累计利用日元贷款0.63亿元，完成治理面积1.8万公顷，其中，营造防风固沙林1.23万公顷，建成苜蓿、柠条育种基地，苗木基地，药材基地3366.66公顷，项目区保存1.47万公顷沙柳、柠条资源。

五、京津风沙源治理

2013年，准格尔旗开始在库布齐沙漠实施京津风沙源二期治理工程。2014年起，实行草原生态保护奖励和牧草良种补贴政策，每年奖励47.47万公顷草原4728.4万元，2015年补贴牧草良种520万元。至2015年，完成生态建设面积8500公顷，其中，人工造林3000多公顷，封沙育林5000多公顷，工程固沙1000多公顷，累计完成投资3625万元，其中国家专项2160万元，地方配套1465万元。

第五节 地方林业工程

一、生态建设

1998年，四道柳乡在全盟率先打破村界，集中连片建设生态工程。山坡开水平沟，山腰挖鱼鳞坑，营造油松、沙棘混交林；川塔筑坝澄地建设高标准农田，发展林果粮药立体农业。至1999年，完成生态建设 3200 公顷。1998 年 8 月 18 日，伊克昭盟农牧业经济科技工作会议到四道柳乡生态项目区参观。1999 年 1 月，四道柳乡生态建设工程获伊克昭盟特别嘉奖。

1998 年四道柳乡生态建设大会战现场

2005 年，准格尔旗启动“一矿一企治理一山一沟，一乡一镇建设一园一区及绿色通道建设”工程；2010 年扩展为城镇园林绿化，交通长廊绿化，矿区回填复垦，生态区自然恢复。“一矿一企治理一山一沟”建设，乡级政府组织，企业出资，专业队造林，林业部门验收，林权归农户，2006—2008 年，西部东胜煤田井田完成矿区绿化 6000 多公顷，黑岱沟露天煤矿开采区植被覆盖率提高到 75% 以上，2011 年 11 月 20 日被命名为首批国家级绿色矿山。“一乡一镇建设一园一区”建设，乡级政府组织建设森林公园、绿色生态区，2005—2007 年，沙圪堵、纳日松两镇完成绿化接近 2500 公顷；2005—2013 年，大路煤化工基地营造绿化间隔带，绿化面积 6060 公顷。绿色通道工程，由苏木乡镇和路权企业建设，公路、铁路两侧 50 米范围内绿化美化，至 2013 年绿色通道绿化面积接近 5000 公顷。

2010 年，鄂尔多斯市提出煤炭企业营造 6666.67 公顷减碳林计划，每生产 10 吨煤捐植 1 棵树。准格尔旗精煤区每吨煤捐赠 1 元，半精煤区捐赠 0.7 元，煨煤区捐赠 0.4 元植树费，至 2012 年，煤炭企业累计捐赠植树费 3.87 亿元，营造减碳林 2000 公顷。2014 年启动“十个全覆盖”工程村庄绿化，至 2015 年年底，全旗村庄绿化 150 多公顷 13 万株。

二、义务植树

准格尔旗全民义务植树活动由林业局组织苗木，机关企事业单位组织干部职工劳动，每年参加义务植树超 10 万人次。2005 年起实行以资代劳，机关企事业单位职工每人缴纳绿化费 50 元。进入“十二五”，建成党员先锋林、团员青春林、民兵林等义务植树基地。1991—2015 年，累计 303.85 万人次植树 2362.42 万株，造林 2.48 万公顷，2015 义务植树 880 公顷。

三、“四旁”植树

准格尔旗农民习惯房前屋后、沟旁、渠旁、路旁，零星隙地植树造林，解决用材和薪炭。1991—2015 年，全旗“四旁”植树 1941.9 万株。1991 年，准混兑乡前房子村农民王俊生，以 8000 元价格承包村里“龙头圪旦”，梁上造防风固沙林，建设生态屏障；沟里植蓄水保土林，培育沙漠甘泉。2000 年，68 岁的王俊生老人累计投资上百万元，治理 3 条小流域近 1300 公顷荒沙，绿化保存面积 1000 公顷，护卫村里 60 公顷水地。

第六节　森林保护

一、森林植物检疫

准格尔旗严格实行苗木原产地检疫、调运跟踪复检，两道关口防范外来林业有害生物入侵。

1991—2015 年，检疫量呈增长趋势。2005 年，产地检疫苗木 109.8 公顷，复检调运苗木 875 万株、林木种子 8350 千克、白条切片 9600 千克、花卉 1230 丛；2015 年，产地检疫苗木 3660 公顷，调运检疫乔木 154.78 万株，灌木 173 万株，花卉 12 万株，复检乔木 10 万株，灌木 5.2 万株。

检疫发现带有外来有害生物，境内发现就地销毁，入旗路口发现依法退回。1994 年 5 月，检疫准煤公司 5000 多株新疆杨带有光肩星天牛，有虫株率 15.6%；2004 年 5 月首次在魏家峁镇黑湾村诱捕到红脂大小蠹；2008 年 5 月在大路新区查获携带芳香木蠹蛾的白蜡；2013 年，退回带有桑天牛新疆杨 500 株，销毁带有桑天牛新疆杨 980 株、携带吉丁虫国槐 230 株，总价值 19 万元；2014 年 5 月，销毁带有柳蛎盾蚧的速生杨 700 余株；2014 年 5 月 26 日，诱捕器捕获两只美国白蛾雄成虫，通过综合防控遏制了疫情。

二、林业病害防治

1992 年，准格尔旗在神山林场天然次生林设明纹侧柏松毛虫测报点，在巴润哈岱乡人工油松林设中华鼢鼠测报点。2000 年，森林病虫害防治检疫站被列为国家森林病虫害中心测报点，2001 年建成国家森林病虫害防治检疫标准站。2015 年全旗普查林业有害生物 53 种，其中，虫害 38 种、鼠兔害 3 种、有害植物 2 种，危害性较大的有鼠兔、明纹侧柏松毛虫、沙棘木蠹蛾、舞毒蛾。

1991—2015 年，全旗林业生物病害综合防治面积呈上升趋势。1998 年防治林业常见虫害 2350 公顷；2008 年实施防治 2.81 万公顷；2015 年，防治面积 1.43 万公顷，其中虫害 7466 公顷、鼠兔害 6800 公顷。

中华鼢鼠取食苗木根系，野兔啃食苗木嫩枝。2000 年发生鼠害 8000 公顷，受害率 21%；2002 年个别地方兔害幼林死亡率 16.5%。防治鼠兔林害，靠人工捕杀，地箭捕鼠，器械捕兔；靠药剂防治，不育剂防鼠，趋避剂防兔；投放天敌防鼠。2005 年，完成两期国家防鼠治理工程，防控面积 1.12 万公顷，捕杀鼢鼠 6300 只，鼠害面积减少到 600 多公顷，林木受害率降为 0.3%。

2003 年，神山林场天然次生林发生明纹侧柏松毛虫害，有虫株率 100%，平均虫口密度 210 头；综合采取人工捕捉、物理和生物措施，控制了虫害。2006 年，神山林场 1000 多公顷天然次生林明纹侧柏松毛虫暴发成灾，有虫株率 100%，平均虫口密度 2130 头，打病毒流行点控制了虫灾。

沙棘木蠹蛾幼虫钻蛀沙棘基干部，危害极大。2001 年起，沙棘木蠹蛾暴发成灾。2002 年准格尔旗发现沙棘木蠹蛾有白僵菌感染现象，2004 年与内蒙古林科院进行菌种扩繁试验，2005 年在全国率先用白僵菌粉剂防治沙棘木蠹蛾，2006 年首次用性信息素诱杀沙棘木蠹蛾成虫，2008 年人工饲养天敌狗獾控制沙棘木蠹蛾。多种技术措施综合无公害防治沙棘木蠹蛾，效果明显。

舞毒蛾繁殖力强、食量大、寄主多，幼虫借风力漂移。2008 年 6 月首次发生舞毒蛾害，2010 年扩大到 3000 多公顷，准格尔召镇、暖水乡、纳日松镇、沙圪堵镇暴发成灾，虫口密度针叶树最高 67 头，沙棘最高上百头，有虫株率 98%。2011 年应用舞毒蛾病毒和无公害农药综合防治，控制了虫灾蔓延。

三、森林草原防火

1992 年 6 月，准格尔旗成立森林草原防火指挥部，林业局设指挥部办公室。2002 年，神山林场发生火灾，烧毁人工油松 4 亩 140 株，这是“八五”以来首次记载的森林草原火灾；林业局在重点火险区制高点建首座瞭望塔，派驻 10 名专业扑火队员，配备 30 套风力灭火器。2003 年设首处防火检查站；发生 5 起火险都及时扑灭。

2005 年，准格尔旗被划定为一级森林火险区、二级草原火险区。旗人民政府规定，每年 11 月 15 日至次年 5 月 15 日为防火期，11 月 15 日至 12 月 31 日、3 月 15 日至 5 月 15 日，为两个戒严期；当年发生森林火警 6 起、草原火警 1 起，一般森林火灾 2 起。

神山次生林防火瞭望塔，2014 年摄

2006 年起在重点火险区修防火公路，开防火隔离带；2008 年在神山次生林区制高点建营房，武警森林部队 10 名官兵驻防；2009 年全旗重点火险区建成 7 处检查站。2009 年 12 月 5 日开通防火远程监控系统，大路、曹羊公路、山神庙、巴润哈岱、羊市塔 5 个远程监控点投运；2013 年 11 月 9 个监控点全部投运，每个监控点监控半径 10 千米，监控视角 270 度，监控面积 400 多平方千米，远程监控范围覆盖 3600 平方千米。2014 年购置开防火隔离带的拖拉机配套旋耕机 13 套，首次向农民发放祭祀用瓷质烧纸桶。

2015 年，全旗有 2 支专业扑火队，队员 20 名；86 支半专业灭火队，队员 430 名；重点火险区每村至少配备 2 名防火监督员。配备扑火工具 5400 把、风力灭火机 390 台、割灌机 34 台、摩托车 24 辆、旋耕机 13 套、1.5 吨水车 15 辆、8 吨水车 4 辆。重点火险区建成防火公路 4854.5 千米、防火隔离带 4861 千米，形成乡村道、林区道与隔离带组合的防火阻隔系统。累计向农民投放瓷质烧纸桶 2.5 万个，有效控制农民上坟祭祀引发的火灾。

1991—2015 年，全旗发生森林草原火灾 284 起，全部为人为原因造成的火灾，过火面积达 451.75 公顷，所幸无重大火灾，少有人员伤亡。火灾总体呈上升趋势，2014 年、2015 年，连续发生火灾 102 起，防火压力很大。

四、野生生物保护

2011 年 12 月调查成果显示，准格尔旗有野生植物 454 种，野生动物 192 种，其中国家二级以上保护动物 11 种。

阿贵庙森林公园天然植被，2007 年李根万摄

1991 年，伊克昭盟唯一的自然植物保护区，阿贵庙自然植物保护区，位于准格尔旗大路峁乡诒鞊沟村，划定核心保护区 1.07 公顷，有植物 66 科 197 属 300 余种，占全旗植物科 75%、属 74.8%、种 64%，其中，乔木 49 种、草本植物 275 种、药用植物 189 种；哺乳纲动物 20 余种、鸟纲动物 20 余种；是鄂尔多斯高原唯一保存较为完整以侧柏、杜松为主的天然次生林，植被覆盖率 95%。1999 年 3 月获批建内蒙古自治区级森林公园，保护范围扩大到自然

植物保护区周边的中国油松王、古城遗址及石窟庙，占地面积786.7公顷。

2015年，初步调查全旗有百年以上树龄古树120株，中国油松王，准格尔召、王爷府的文冠果，与古建筑一同纳入自治区级以上重点文物保护名录。中国油松王位于纳日松镇松树墕村，中国林科院测定，高26米，胸径1.34米，材积13.5立方米，为北宋元祐四年（1089年）天然落种而生，为中国树龄最长油松，1996年5月被列为内蒙古文物保护单位，2015年树龄927年。准格尔召位于准格尔召镇准格尔召村，始建于明天启三年（1623年），2013年5月被列为全国重点文物保护单位；测得西墙外1株文冠果，树高7米，胸径61.1厘米，树冠投影面积66.6平方米，树龄约300年。王爷府位于布尔陶亥苏木公益盖村，始建于同治元年（1862年），1996年5月被列为内蒙古文物保护单位；测得西院1株文冠果，树高8米，胸径46厘米，树龄140多年。

森林公安机关严厉打击猎捕、贩卖、加工野生动物的违法行为。春秋两季候鸟迁徙时，在沿黄河一线乡村巡查，保护候鸟安全迁徙。1991—2015年，森林公安机构查处野生动物案件35起，成功解救白天鹅、鸿雁、猫头鹰、环颈雉、赤麻鸭等国家重点保护野生动物120余只。2006年2月，准格尔旗获内蒙古林业建设野生动植物保护奖。

第七节　林沙产业

准格尔旗林业建设以改善生态为目标，林业经济效益并不显著。1991年实现林业产值2174万元；1994年林业产值仅有1051万元；2000年大面积实施国家退耕还林工程，政策性因素助推林业产值高达10443万元；之后林产业从小到大、从分散到集中，初步形成苗木生产、木材加工、林果加工等项目。2015年，全旗林业实现产值9307万元，农民人均林业收入886元。

一、苗木生产

“八五”至“九五”期间，准格尔旗育苗面积稳定在50公顷左右。进入“十五”实施退耕还林工程，全旗育苗面积猛增到200公顷以上，2008年接近400公顷。之后退耕还林工程转入后续产业发展，城镇园林绿化大规模展开，大苗走俏市场。薛家湾镇巴润哈岱村1.2万公顷人工油松间伐抚育，不少农户卖大苗收入超百万元。园林绿化催生花卉产业落户准格尔旗，十二连城乡五家尧村引进金霖农民专业合作社，建194栋大棚培育30多个品种100多个花色，高峰时出售花卉效益高出蔬菜4倍多。矿区移民掀起夜间“种树”运动，违规谋取征地附着物补偿，此种乱象东部矿区习以为常。“十二五”期间，全旗苗木产业持续发展，育苗面积达到4000公顷，年均生产苗木500多万株。

二、木材加工

“八五”至“九五”期间，准格尔旗木材加工多为家庭作坊，主要加工建筑用材、煤矿支护用材和家具用材。“十五”规范木材加工市场，2004年取缔无证非法木材加工点25家。随着建筑用木材被钢材取代，木制家具多由外地购进成品，到“十一五”仅剩煤矿支护用木材为准格尔旗加工。“十二五”期间，全旗用材林主要加工煤矿支护用材，加工量随产煤量同步增减。

2000年，布尔陶亥乡建成消化10万千克沙柳加工项目，销售沙柳白条、红条25万千克，出售圆木100万立方米；2015年，布尔陶亥苏木沙柳保存面积1.23万公顷，沙柳加工产品产量22万吨。

2012年，十二连城乡柴登村引进民信木业公司，以杨、柳、沙柳、柠条等乔灌木为原料生产刨花板，项目投资规模3890万元，建筑面积7028平方米，设计年产刨花板5万立方米；当年完成产量 2000 立方米；2013 完成产量 1500 立方米；至 2015 年始终未达产，处于半停产状态。

三、林果加工

准格尔旗林业生态建设和水土保持建设，开发山杏、沙棘两大林果加工产品，山杏加工产业链初具规模。

山杏在准格尔旗栽培历史悠久，21 世纪成为退耕还林工程首选还林种树，2015 年全旗山杏保存面积 5.67 万公顷，年产杏果 2000 万千克、杏仁 1000 万千克。国营果品厂 1991 年能产果脯、果酱、果丹皮、炒杏仁等杏产品，1995 年上马杏仁露生产线，2004 年重组为高原杏仁露公司，2008 年 12 月获评内蒙古林业重点龙头企业后，陆续开发有机杏仁露、杏仁牛奶、酸杏汤等新品。2015 年销售收入 7500 万元，创利税 750 万元。

2007 年暖水乡群众出售沙棘，刘敏摄

沙棘是准格尔旗治理水土流失的先锋树种。1998 年 5 月水利部在东胜区创办高原圣果沙棘制品公司，以准格尔旗沙棘生态项目区为原料基地，2007 年后陆续开发黄酮软胶囊、籽油胶囊、果油胶囊、籽油、果油和沙棘果汁、沙棘茶等产品，有的产品出口十多个国家。2015 年，全旗沙棘保存面积 8.67 万公顷，沙棘项目区暖水乡农民年人均沙棘收入 4500 元。

第八节　林业科技

“八五”至“九五”期间准格尔旗林业科技厚积薄发，进入“十五”后水到渠成，陆续结出丰硕果实。

2001 年 1 月，旗林业局社会林业工程项目研究与实施工作，获全国林业科技一等奖。2001 年 12 月，白玉峰主持“沙地井灌区农林业复合经营模式研究”，获鄂尔多斯市科学技术进步奖一等奖。2003 年，林业局主持“针叶树容器育苗技术推广应用”，获内蒙古农牧业丰收奖一等奖。2005 年 12 月，白玉峰参与“飞播林草种子处理配套技术研究”，获内蒙古农牧业丰收奖一等奖、内蒙古林业科技贡献一等奖，2007 年获内蒙古科技进步奖一等奖。同期白玉峰主编《城市森林抗旱建植技术及生态效益评价》由中国科学技术出版社出版。2006 年，刘在兵参与“卫星导航技术在林业重点工程中的应用研究”，获内蒙古农牧业丰收奖一等奖、全国林业工程咨询成果奖三等奖；2007 年获鄂尔多斯市科技进步奖二等奖。2007 年，白玉峰、韩志荣主持“飞机播种柠条造林技术研究与示范”，获内蒙古农牧业丰收奖一等奖。同年，李成福参与“森林资源可持续发展动态系统预测研究”，获内蒙古农牧业丰收奖三等奖，2009 年获鄂尔多斯市科技进步奖二等奖。2009 年，王瑛凯、靳嵘、刘三河参与国家“948”农业科技项目“沙棘木蠹蛾无公害防治研究”，获内蒙古科技进步奖二等奖。

2000 年起，准格尔旗大面积推广水平沟、鱼鳞坑等造林整地技术，应用保水剂、生根粉等抗旱造林技术，推广菌种育苗、容器苗植树等营养育苗技术。2000 年起在天然林封育区借助卫星导航技术，实施飞机播种造林；2004 年组建机械化造林队，投入退耕还林工程造林。至 2015 年，全旗累计推广各类林业技术面积100多公顷。其中，抗旱造林技术4500多公顷，机械化造林技术1700多公顷，封山育林3600多公顷，容器苗造林1200公顷，优良树种170多公顷。

2001年，林业局为国营林场站、林业工作站配备GPS机；2006年，林业工作站配备计算机；2012年，森林公安派出所配备计算机。2015年，准格尔旗林业信息管理系统有，森林草原防火远程监控系统、退耕还林地理信息系统、占用林地地理信息系统、林权地理信息系统，4系统林地信息共享。

第九节 林政管理

一、林地权属管理

1991年，准格尔旗林地分国营、集体、个人3类。国营林地与集体林地插花式分布，遭农户蚕食；集体与农户、农户与农户，林权纠纷突出。

1992年完成国有林地定权发证，全旗国有林地3.71万公顷。1998年实施农村产权制度4项改革，涉及林地改革2项，拍卖“五荒”，拍卖水利、水保、林业建设成果；改革后的2000年，全旗国有林地2.35万公顷，集体林地4.70万公顷，个人林地15.92万公顷。

2009年4月启动集体林权制度改革，采取家庭承包经营、联户合作经营、集体统一经营等方式，明晰林权。2013年，全旗5.7万户17.5万人，完成集体林地确权28.6万公顷，发放林权证2.03万本；农户取得林地使用权、林木所有权和经营权，可林权流转经营、林权抵押贷款。

二、占用林地审批

国家限制建设项目征占林地，收取林地补偿费、安置补助费和森林植被恢复费。因征占林地过快增长，1998年9月15日起，国务院曾通知冻结建设工程征占林地1年。2004年6月7日起，内蒙古暂停建设项目征占林地审批。2005年5月20日起，鄂尔多斯市严格执行不缴纳森林植被恢复费不报批。2006年，准格尔旗获批建设项目征占林地575.41公顷，2011年征占林地高达2981.84公顷，2015年征占林地回落到518.41公顷。2006—2015年，累计征占林地1.25万公顷。

三、林木采伐许可

国家实行林木限量采伐，采伐须持行政许可证。1991年，采伐量2立方米以下乡政府许可，2立方米以上林业局许可，国营林场站采伐报上级许可。2004年8月，准格尔旗试点省级核定商品林采伐量，当年核定采伐量8800立方米，实际采伐1914.7立方米。“十二五”期间，内蒙古下达准格尔旗年采伐限额5万立方米左右，准格尔旗历年采伐量2000立方米左右；2015年，准格尔旗采伐量1429.27立方米。

四、林业行政执法

1991年，准格尔旗公安局林业派出所有森林警察4名，与林业部门共同查处涉林案件。1997年5月组建林业公安分局，2001年更名为森林公安分局，2002年建乌兰不浪、沙圪堵、布尔陶亥、乌兰沟、神山5个派出所。2004年起，除检疫外，所有涉林案件交由森林公安查

乌兰不浪森林公安派出所，2013年摄

处。2008 年 10 月更名为森林公安局，2015 年有森林警察 21 名。

25 年间，这支森林警察队伍查办涉林行政案件 2309 起，处理违法人员 2336 人次，为国家挽回经济损失 2300 多万元。2001—2015 年，查办涉林刑事案件 32 起，涉及放火、占林地、伐林木，查处犯罪分子 32 人次。刑警队等 3 单位立集体三等功，李建平立个人二等功，刘国勋等 3 人立个人三等功。

1991—2015 年准格尔旗林业建设统计表

表 5-4

年度	林业用地	成林面积	天然林	人工林	当年造林	当年育苗	林业产值	活立木积蓄量	森林覆盖率
	公顷	公顷	公顷	公顷	公顷	公顷	万元	万立方米	%
1991	357140	64059	5384	58675	9700	33	2174	110.00	13.00
1992	357140	60479	5384	55095	11220	57	2822		
1993	303757	59180	5384	53796	2000	42	1873		
1994	306437	61142	5384	55758	1426	40	1051		
1995	306437	67847	5384	62463	6580	49	2138	102.00	
1996	317968	69066	5384	63682	9813	45	1922		
1997	638513	66494	5384	61110	1150	42	2118		
1998	638513	66984	5384	61600	7527	42	3048		
1999	638513	64556	5384	59172	9969	87	5263	140.99	
2000	638513	64675	5384	59291	9969	87	10443	164.57	18.52
2001	284731	52480	5384	47096	21820	93	4996	155.85	18.85
2002	290064	53413	5384	48029	14666	87	5454	165.51	18.85
2003	297057	53413	5384	48029	21380	110	3720	165.51	18.97
2004	316368	55330	5384	49946	9980	110	6537	151.99	19.37
2005	319168	58579	5384	53195	6466	133	6482	208.85	20.79
2006	319568	61379	5384	55995	16000	67	5862	215.90	22.72
2007	366958	61572	5384	51688	15733	32	4292	324.60	23.25
2008	366958	67088	5384	61704	10400	89	4759	334.10	25.23
2009	369024	68632	5384	63248	16666	156	4925	360.30	26.10
2010	368984	77556	5384	72172	21166	385	7075	365.10	27.88
2011	314887	75450	5384	70066	28233	160	5382	169.28	29.35
2012	314887	75824	5384	70440	33953	163	5372	173.30	31.60
2013	314725	76368	5384	70984	9040	172	8169	178.13	32.13
2014	314435	80185	5384	74801	8466	13468	9013	183.34	33.08
2015	314232	85707	5384	80323	11466	4596	9307	188.59	34.39

第四章　养殖业

第一节　机　构

一、管理机构

1991年，准格尔旗人民政府养殖业工作部门畜牧局，内设兽医工作站、兽医药械管理站、种畜禽改良站、草原管理站，乡级政府设畜牧综合服务站。1993年1月，转制为牧工商开发服务总公司（畜牧局），下设畜牧技术推广服务中心，上属农牧业经济委员会；1996年5月，撤牧工商开发服务总公司，保留畜牧局；1998年6月，成立种畜禽监督管理站，与种畜禽改良站合署办公；1999年全系统职工184名。2002年6月，撤农业局、畜牧局，合并设农牧业局，下设畜牧事业发展中心，2005年8月撤畜牧事业发展中心。2015年，农牧业局下设养殖业管理机构有兽医局、种畜禽改良站、草原管理站。

2007年4月，旗人民政府成立禁牧禁垦工作领导小组办公室（禁牧禁垦执法大队），下设乡级执法中队。2015年，内设2个执法中队，执法人员12名，下设13个苏木乡镇街道执法中队，聘用临时执法人员150名。

2008年10月，农牧业局成立兽医局，派驻9个乡级动物卫生监督站，辖内蒙古龙口公路动物卫生监督检查站。2011年，成立街道动物卫生监督站，监管4个街道业务。2014年，十二连城乡动物卫生监督站站长闫占兵被评为全国兽医工作先进个人。2015年，执法人员59名，其中，旗级26名、乡级33名；另有村级动物防疫员130名。

二、事业场站

1991年，畜牧局在蓿亥图乡办有种羊场、种猪场。种羊场经营土地800公顷，职工54名，繁育辽宁盖县绒山羊、鄂尔多斯细毛羊，年均出栏种羊600余只；种猪场经营土地34.67公顷，职工39名，繁育长白猪、大白猪、杜洛克瘦肉型猪，年均出栏仔猪800余头。2002年11月，种羊场与种猪场合并，建种畜场，经营土地834.67公顷，职工93名。2008年2月，种畜场并入农牧业综合服务管理中心。

牛奶场位于沙圪堵镇区，1991年经营土地10余公顷，饲养奶牛100余头，年产鲜奶170吨；分场位于薛家湾镇侯家阴湾，1991年经营土地1公顷多，饲养奶牛20余头，年产鲜奶35吨；全场职工56名。2015年，薛家湾分场征地拆迁，沙圪堵牛奶场饲养奶牛80余头，年产鲜奶172吨，在职职工15名。

养鹿场位于沙圪堵乡福路村石籽湾，1991年，经营土地8.67公顷，其中棚圈120间2公顷，饲草料基地6.67公顷，饲养梅花鹿百余只，年产鹿茸38千克，职工32名。2000年倒闭。

第二节　草　原

准格尔旗草原面积近40万公顷。其中，丘陵草原27.55万公顷，分布在库布齐沙漠以南梁峁山区；沙区草原 10 万公顷，分布在北部库布齐沙漠；湿地草甸草原 1.69 万公顷，分布在北部黄河沿岸。草原按“五荒”划拨到户，农户自主经营，鼓励种草、种树、种柠条。“八五”至“九五”期间，破坏草原事件频发，准格尔旗农民开荒、放牧，外地人搂发菜，挖黄芩、甘草。跨入 21 世纪，国家实施退牧还草，准格尔旗实行禁牧舍饲，草原得到有效保护。

一、退牧还草

2003 年起，准格尔旗实施国家天然草原退牧还草工程，分期分批，集中连片，封围草原，补播牧草，建设饲草基地。2009 年 12 月，侯三莹参加草原生态快速恢复技术试验项目，获内蒙古自治区农牧业丰收奖一等奖。至 2012 年，累计围栏草原 23 万公顷，补播牧草 6 万公顷，建设饲草基地 1800 多公顷；累计完成投资 7886 万元，其中国家投 5991 万元，地方配套 1895 万元。2013 年，国家天然草原退牧还草工程转入后续产业建设。

2011 年起，国家建立草原生态保护补助奖励机制，核定准格尔旗禁牧草原补奖面积 47.47 万公顷，每亩补奖 6.64 元，惠及全旗 5.73 万户 20.07 万人；核定准格尔旗草原管护员 159 名，年工资 4000 元。至 2015 年，累计发放草原补助奖励资金 2.36 亿元、草原管护员工资 318 万元。

二、禁牧舍饲

羊是准格尔旗饲养数量最多家畜，历史形成放牧养羊传统。夏秋两季，只放不喂，午后出坡，深夜归圈；冬春两季，上午饲喂，下午放牧。1999 年 3 月 12 日，旗委作出《推行舍饲养羊的决定》（准党发〔1999〕2 号）。1999 年 11 月 19 日，政府发布《禁止放牧的命令》，1999 年 12 月 31 日起，林业绿化区、水保治理区，禁止放牧；2000 年 5 月 1 日起，旗境全面实行禁牧。

2000 年，旗人民政府出台禁牧补贴政策，项目区每舍饲 1 只羊补 4 元，非项目区每舍饲 1 只羊补 3 元。农口部门各司其职，畜牧局督查退牧还草区，林业局督查退耕还林区，水保局督查水保治理区，世行办督查世行贷款水保区。乡镇雇用护林员禁牧，有的乡镇干部也禁牧，执行政策不平衡。让数千羊倌撂下牧羊铲，把 23 万只羊圈起来，“咩咩”叫的不只是羊。羊倌与禁牧执法人员捉迷藏，白天查，黑夜放，路边查，沟里放，禁牧遇阻。

布尔陶亥苏木肉羊小区，2017 年李建惠摄

2001 年 2 月 27 日，旗人民政府作出《加强禁牧舍饲养羊五荒治理退耕还林草等工作的暂行规定》（准政发〔2002〕4 号），统一禁牧禁垦政策。违反禁牧规定，每次每只羊罚款 5 元至 20 元；退耕还林草，应退不退按开荒处理，每亩罚款 50 元至 500 元，责令限期恢复植被。

2007 年 4 月，旗人民政府成立禁牧禁垦工作领导小组办公室（禁牧禁垦执法大队），统一执法。每年与养羊 10 只以上农户签订《禁牧禁垦责任书》，放牧每次每只羊罚款 10 元，开荒每亩罚款 500 元至 1000 元；建立《畜草平衡养殖台账》，根据饲草量核定饲养量，超出核定饲养量，限期出栏，购进饲草，保持草畜动态平衡。

禁牧禁垦执法奖罚并举。奖励舍饲养羊户，

2009年发放砖盐50吨，2010—2011年发放羔羊精饲料18吨。查处偷牧偷垦案件，2007年查处偷牧多达491件，2008年查处偷垦多达137件，持续禁牧禁垦执法，遏制明目张胆地滥牧乱牧、非法开荒现象，偷牧偷垦转入夜间，并未彻底禁绝。2015年，查处偷牧273起、偷垦3起。

第三节 畜禽品种

准格尔旗畜禽品种丰富。本土品种体质结实，便于饲养；但生长周期长，出栏周转慢。引进优良品种、改良本土品种，繁育大批适应性强、遗传性稳、生产性高的优良品种，纯本土品种逐步被淘汰。

一、小 畜

准格尔旗小畜普遍饲养山羊、绵羊，少量饲养兔，个别饲养梅花鹿。

山羊主要肉用，生产绒、毛、皮。土种蒙古黑山羊被淘汰，主要品种阿尔巴斯白绒山羊、内蒙古白绒山羊、辽宁盖县白山羊；少量品种裘皮用宁夏中卫山羊、乳用奶山羊、毛用澳大利亚安哥拉白山羊、内蒙古二狼山肉绒兼用白山羊；优势品种是畜牧局以土种肉用山羊为母本，引进阿尔巴斯白绒山羊父本，杂交改良培育的新品种内蒙古白绒山羊，肉绒兼用。1991年，山羊饲养量39.24万只，最少2000年12.28万只，最多2008年54.92万只，2015年40.94万只。

阿尔巴斯白绒山羊种羊，2009年摄

绵羊主要肉用，生产皮、毛。土种蒙古大尾绵羊被淘汰，毛用品种鄂尔多斯细毛羊、新疆细毛羊、美利奴羊，皮用宁夏滩羊、东胜三北羊，肉用小尾寒羊、无角陶赛特羊、萨福克羊。优势品种是畜牧局以土种绵羊为母本、引进新疆细毛羊、美利奴羊父本，杂交改良培育的新品种鄂尔多斯细毛羊。1991年，绵羊饲养量27.33万只，最少2002年8.8万只，最多2006年58.23万只，2015年绵羊饲养量15.55万只。

兔主要肉用、皮毛用。肉用塞北兔、毛用长毛兔、皮用獭兔。饲养梅花鹿，生产药用鹿茸。

二、大 畜

准格尔旗大畜有牛、马、驴、骡、骆驼。

牛乳肉役三用。肉用品种蒙古黄牛、陕西秦川牛、法国夏洛莱牛；乳用黑白花奶牛；乳肉兼用草原红牛、呼伦贝尔三河牛、阿尔卑斯西门塔尔牛。1991年，牛饲养量4575头，最多2006年9388头，最少2014年2216头，2015年饲养量2865头。

马是准格尔旗役畜，多数是土种蒙古马，少量为与高加索卡巴金马杂交的改良马。1991年2474匹，最少2014年12匹，2015年14匹。

驴是准格尔旗役畜，大多为土种，引进河南泌阳驴、山西广灵驴、陕西关中驴。1991年1.69万头，最多1999年1.81万头，2015年2569头。

骡由马与驴交配所产，马为父本产马骡，驴为父本产驴骡，集马的速度与驴的耐力于一体，是准格尔旗主要役畜。1991 年 1.4 万头，最多 1998 年 1.81 万头，2015 年 1526 头。

骆驼是库布齐沙区役畜，1991 年 21 头；2015 年 61 头，多为旅游景区役畜。

三、猪

猪主要肉用，生产鬃、毛。土种河套大耳黑猪、花猪已被淘汰，广泛饲养东北长白猪、大白猪，少量饲养瘦肉型杜洛克猪。1991 年，全旗猪饲养量 7.18 万口，最多 1998 年 15.02 万口，2015 年 6.13 万口。

四、家　禽

准格尔旗普遍饲养鸡，肉蛋兼用，品种有土种笨鸡、芦花鸡、意大利来航鸡、美国尼克鸡，引进美国肉鸡、蛋鸡、七彩山鸡。南北黄河沿岸湿地，少量饲养北京鸭、广东清远鹅。1991 年，全旗饲养家禽 21 万羽，最少 2002 年 14 万羽，最多 2004 年 81 万羽，2015 年 24 万羽。

五、畜种改良

1991 年，准格尔旗大小畜良种与改良种占比 44.52%。大畜以牛冷配为主，小畜以绒山羊、细毛羊杂交改良为主。

1998 年，启动国家贫困县良种推广体系建设项目，鉴定种畜，合格种畜建档立卡佩戴耳标，不合格种畜淘汰。2000 年，建成牛冷配站 8 个、羊人工授精站 10 个，种畜场和示范户纯繁群，生产肉用种羊 1000 只、绒山羊种羊 810 只，大小畜良种改良种占比 67.34%。

2001 年起，引进肉牛、奶牛、肉羊、绒山羊种畜，自然杂交为主，人工授精为辅，加快畜种改良。2002 年，在蓿亥图种羊场建盖县绒山羊纯种繁育场。2003 年 6 月，薛家湾武家渠奶牛养殖小区 4 头本地黄牛经过移植进口胚胎，成功产下荷斯坦牛犊 4 头。2004 年，全旗建人工授精站 260 处。2005 年，全旗大小畜改良率达 98.5%。

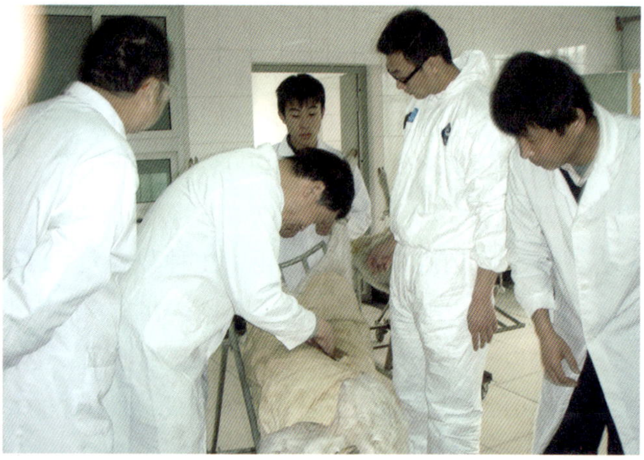

2017 年种羊场胚胎移植手术

2006 年，敖靠塔果园改建为种羊场。2008 年 8 月 6 日，鄂尔多斯市“宝林煤炭杯”肉用种公羊大赛，准格尔旗荣获二等奖。2015 年，引进产绒量 1250 克以上、绒细度 15 微米以下的绒山羊种公羊和优质肉羊种公羊，投放养殖大户杂交改良。全旗大小畜改良率 99.78%。

1991—2015 年准格尔旗畜禽饲养量统计表

表 5-5

年 份	家畜（头、只）	其 中						家禽（万羽）
		羊（只）	山羊（只）	牛（头）	奶牛（头）	猪（口）	役畜（头）	
1991	776832	665773	392442	4575	151	71834	31781	21
1992	705941	590423	354250	3890	148	76795	31181	21
1993	690147	550630	333277	3660	151	100795	29972	24
1994	705808	562429	326913	3871	172	114131	32090	29
1995	765735	599774	358648	4367	187	127291	31092	18
1996	806525	618187	365334	4410	191	146422		19
1997	810103	618789	374926	4073	196	150132		26
1998	831077	602474	354538	4183	204	150182		20
1999	707826	537417	320834	4030	195	131405		19
2000	363826	230397	122839	3771	255	98792		25
2001	348139	241805	143995	3215	598	77090		15
2002	351427	246496	158529	4018	972	76802		14
2003	561130	441853	258579	5234	2733	95093		78
2004	781575	652302	408277	8721	3227	103439		81
2005	1066886	936700	487716	7943	3443	105508	18264	75
2006	1203674	1073288	490971	9388	4331	106239		63
2007	1082142	988575	479962	7492	3538	72496		33
2008	1105449	1005890	549172	6830	3512	80254		32
2009	1004836	906840	513510	5132	1977	82096		32
2010	901279	803682	444736	5243	2140	82693		31
2011	808046	713036	409596	6249	3552	80359	8140	28
2012	737756	650918	392870	4321	3438	74709	7871	24
2013	783040	699197	421445	2677	2026	73904	7617	24
2014	679045	609317	423399	2216	2449	63294	4568	26
2015	632950	564878	409386	2865	2161	61337	3833	24

第四节　疫病防治

准格尔旗总结多年经验，形成防治疫病组合配方。集中预防，病体治疗；强制免疫，消毒灭源；流调监测，扑杀净化。综合多种措施，防治动物疫病。家畜死亡率由 1991 年 3.61% 下降到 2015 年 0.89%；有效控制人畜共患病，奶牛结核病感染率由最高 7.6% 下降到 0.5%；畜间布鲁氏菌病感染率由最高 1.74% 下降到 0.57%；2007—2015 年，连续九年零疫情。

一、畜产品检疫

1991 年，准格尔旗检疫活畜 8.1 万头（只），畜产品 6563 吨，消毒运输车辆 37 辆次，初步建立活畜产地检疫、畜产品运输检疫制度。1999 年，产地检疫 4.5 万头（只），屠宰检疫 0.82 万头（只），其中定点屠宰检疫 0.71 万头（只），形成从产地定期巡回检疫、到定点屠宰集中检疫、到运输物流查验检疫的检疫体系。

2002 年，准格尔旗特许首家定点屠宰场，位于薛家湾镇薛家湾村周家湾的泰丰屠宰厂，机械化屠宰，冷链车配送，具备国家 2A 级屠宰资质；2008 年在龙口镇龙口社区设立自治区级公路动物卫生监督检查站，开始省际畜禽产品调运检疫查验。2009 年起，实行畜禽产品市场休市制度，每年 3 月、9 月份休市，集中清洗、消毒场所和用具。2012 年设 14 处产地检疫报检点。2013 年将规模养殖户纳入产地检疫管理。2014 年，运输检疫实行调入检疫报告制度、调出检疫申报制度；屠宰场实行经检畜准入制、合格产品准出制、待宰巡查和宰前复查制。

2015 年，全旗产地定期巡回检疫活畜 1.37 万头（只），产地检疫覆盖率 100%；全旗 4 家定点屠宰场集中检疫宰畜 3.71 万头（只），出场畜产品合格率 100%；全旗运输检疫检查车辆 821 辆次，查验活畜禽 1.65 万头（只、羽）、畜禽产品 2300 吨。

二、常见病防治

准格尔旗家畜常见病有呼吸道感冒、消化道痢疾和寄生虫病等。冬季棚圈保暖预防感冒，春夏消食泻火预防痢疾，一旦个体发病，对症下药治疗。寄生虫病分吸虫、绦虫、线虫等体内寄生虫病和昆虫、蜘蛛虫等体表寄生虫病，集中冬春体内驱虫，春秋体外药浴，有效预防。1991—2015 年，年均体内驱虫 150 万例左右，体外药浴 50 万例左右，病体治疗百例左右。

三、传染病免疫

准格尔旗人畜共患传染病有布鲁氏菌病、结核病、口蹄疫、禽流感、包虫病等。猪传染病还有猪流感、猪瘟、猪肺疫、猪丹毒、猪蓝耳病、仔猪副伤寒；羊传染病还有羊痘、羊快疫、羊猝疽、羊黑疫、羊肠毒血病；牛传染病还有牛肺疫；马有传染性贫血；家禽传染病还有鸡瘟、鸡新城疫。口蹄疫、猪丹毒、羊痘发病率最高；狂犬病、猪瘟死亡率最高。防治强制免疫为主，消毒灭源为辅。

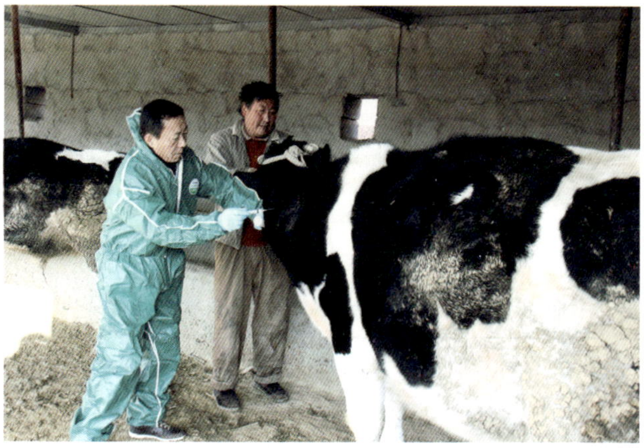

乡村防疫员，2015 年乔晓红摄

1991 年，实行统一时间、统一疫苗、统一接种，强制免疫接种猪三联、仔猪副伤寒、羊痘、羊三联、鸡新城疫、狂犬病共 6 种疫苗 23.18 万份，免疫密度 52%。

2000 年，口蹄疫纳入强制免疫，猪牛羊接种五号疫苗。2007 年，高致病性猪蓝耳病纳入强制免疫；在内蒙古率先取消免疫收费。2008 年，高致病性禽流感纳入强制免疫；建立春秋集中免疫与日常定期补免衔接的长效机制。2009 年，在全区率先普及“一畜一苗一针”免疫，免疫覆盖率首次达到 100%，免疫抗体合格率首次达到国家标准 70%。2014 年，小反刍兽疫纳入强制免疫。

2015 年，免疫接种口蹄疫、猪瘟、猪蓝耳病、禽流感、鸡新城疫、羊痘、羊三联、小反刍兽疫、狂犬病等疫苗 385.02 万份，免疫抗体合格率 85.64%。

四、疫情防控

1991—2015 年，准格尔旗发生三次动物疫情。1995 年，蓿亥图乡召梁村、十二连城乡焦红圪卜村发生狂犬咬伤人、猪事件。1996 年，海子塔乡、布尔陶亥乡发生羊痘，死亡 5 只羊。2006 年，十二连城乡、布尔陶亥苏木、大路镇、薛家湾镇暴发高致病性猪蓝耳病疫情，兽医部门两个月内扑灭疫情，挽回经济损失 1000 余万元。

2004 年年初，国内暴发高致病性禽流感疫情。2 月 3 日，准格尔旗首次启动突发动物疫情应急预案，入旗路口设卡，24 小时检查过往车辆，防堵疫区禽类产品进入。2005 年 10 月初，国内外高致病性禽流感大暴发，与准旗隔黄河相望的呼和浩特市出现禽流感疫情。准旗在 5 个交通路口设卡，对禽类产品严格检查消毒，沿黄河 10 千米范围内 100 只以上规模养殖户实行强制免疫，严禁来自疫区禽类产品市场流通。2012 年，宁夏、辽宁等地发生 H5N1 型高致病性禽流感疫情。准旗加快禽流感补免进度，全旗所有家禽无一漏免。2013 年 4 月初，上海等地发生人感染 H7N9 禽流感疫情，准格尔旗 4 月 3 日启动重大动物疫病应急预案，兽医系统 24 小时戒备，开展疫情监测和流行病学调查，5 月 31 日解除戒备。几次考验，准旗均未发生禽流感疫情。

2014 年 1 月，国内大面积暴发小反刍兽疫情，准格尔旗在龙口公路动物卫生监督检查站基础上，全面启用 3 个市级公路检查站，并在交通要道设立 9 个临时检查站，24 小时拦截查验运载动物产品车辆，紧急免疫易感动物 89.88 万只，经过 6 个月奋战，阻止小反刍兽疫情传入。

2008 年起，准格尔旗流调监测布鲁氏菌病、结核病、马传染性贫血、包虫病等重点疫病，实施扑杀无害化处理净化清零行动。2011 年净化布鲁氏菌病牛 102 头、结核病牛 8 头；2012 年净化布鲁氏菌病羊 2212 只；2014 年，实施“四个缩短”净化措施，缩短采样时间、缩短检测时间、缩短扑杀时间、缩短无害化处理时间；2015 年净化扑杀布鲁氏菌病畜 1510 头（只）。

第五节 畜牧医药

一、兽 医

1991 年，准格尔旗兽医诊疗由旗乡两级兽医站主导，村级兽医巡回诊疗补充，全旗畜牧兽医师 36 名。世纪之交，退休兽医创办门诊，村兽医巡回诊疗，个体兽医诊疗水平参差不齐。2001 年起，向兽医从业人员核发《兽医从业资格证》。2009 年实行兽医从业资格考试，2 人成为执业兽医师，4 人成为助理兽医师。2010 年在全区首家为乡村防疫员缴纳城镇职工养老保险、人身意外伤害保险。2012 年实行官方兽医资质认证，12 名检疫人员取得官方兽医资格。2015 年，全旗有动物诊疗机构

12家，从业人员27名；其中，助理畜牧兽医师16名、中级畜牧兽医师8名、高级畜牧兽医师3名。

二、兽　药

1991年，准格尔旗兽药由畜牧局专营，旗兽医站向乡级兽医站供应，分配给村级兽医使用。世纪之交，个体兽药店进入市场。2001年实行兽药经营许可管理，保障16种国家统控兽药主渠道经营，兽药店须持《兽药经营许可证》《购药证》两证方可经营，取缔无证经营，销毁假劣兽药。2012年实行兽药质量管理认证，建立兽药质量可追溯体系。2013年开始兽药购销记录备案，要求生物制品兽药冷链供应。2015年，全旗经营兽药店18家，其中3家通过兽药质量管理认证。

第六节　养殖业规模

1991年，准格尔旗牲畜饲养量77.68万头（只），出栏率42.38%，养殖业产值7792万元。产值随饲养量同步增减，1997年产值超2亿元；2001年受旱灾和禁牧双重影响，饲养量跌入低谷34.81万头（只），产值回落到1.49亿元；2006年，饲养量到达顶峰120.37万头（只），产值达到3.31万元。2007年划分农牧业“三区”后，饲养量开始下降，因出栏率猛增到70%以上，产值不降反升；2013年，饲养量下降到78.3万头（只），产值达到顶峰7.02亿元。2015年，饲养量63.3万头（只），出栏率65.7%，产值6.38亿元。养殖业实现由数量型到效益型的转变。

1991年与2015年主要畜产品产量对比。羊肉产量由3074吨增加到6321吨，增长1倍；猪肉产量由4699吨增加到5800吨，增长23%；牛肉产量由46吨增加到325吨，增长6倍；毛绒产量由608吨增加到762吨，增长25%；皮张产量由9.61万张增加到32.59万张，增长3倍多；奶类产量由142吨增加到2.29万吨，增长183倍多；禽蛋产量由421吨增加到3629吨，增长7倍多；出售家禽由2.5吨增加到8吨，增长2倍多。

一、绒山羊养殖

山羊全旗各地普遍放养，相对集中在纳林川、十里长川、犊牛川的梁峁山区。1991年，山羊饲养量39.24万只，产绒量79吨，平均个体产绒量201克；2000年，遭受严重旱灾，实行禁牧舍饲，山羊饲养量12.28万只，产绒量17吨，均为25年最低值。

2001年，实施白绒山羊舍饲养殖示范工程，引导绒山羊养殖转型，在大路、海子塔、长滩、纳林4地，选定70户示范户舍饲白绒山羊4550只，每户投放一只种公羊，落实10亩饲草料地、100亩人工草地，建青贮窖、氨化池、贮草棚，配套饲草料加工机具。以点带面，全旗调进阿尔巴斯白绒山羊母羊2万只，种公羊102只。2002年，引进辽宁盖县绒山羊种公羊170只投放全旗，引进母羊20只在种羊场建立纯种繁育基地，2004年，种

2007年大路镇舍饲养羊示范户

羊场繁育的绒山羊平均个体产绒量450克。2008年，山羊饲养量54.92万只，产绒量125吨，双双创25年最高值，平均个体产绒量228克。

2015年，全旗山羊饲养量40.94万只，产绒量79吨，平均个体产绒量193克，与2008年比，饲养规模下降，平均个体产绒量有所下降。

二、肉羊养殖

准格尔旗肉羊育肥，产量绵羊优于山羊，肉质山羊优于绵羊，利益驱动，绵羊主导肉羊产业。绵羊相对集中在北河畔和库布齐沙区。1991年，绵羊饲养量27.33万只；2002年，遭遇连年旱灾，实行禁牧舍饲，绵羊饲养量8.8万只，为25年最低值。

2001年起，在北河畔和库布齐沙区实施肉羊产业化项目，首次引进无角陶赛特种公羊、美利奴种公羊，开始肉羊改良。2002年肉羊生产能力测定，无角陶赛特肉羊与鄂尔多斯细毛羊杂交的第一代，优于鄂尔多斯细毛羊。2004年，以无角陶赛特肉羊为父本，小尾寒羊、鄂尔多斯细毛羊为母本，首次实施肉羊胚胎移植200枚。2006年，全旗绵羊饲养量达到顶峰58.23万只。

2012年，在北部沿河建设优质肉羊生产基地5处，养殖规模15万只。2015年，全旗绵羊饲养量15.55万只。

准格尔旗饲养肉羊，布尔陶亥苏木水草条件最优越。2005年建成肉羊养殖示范小区19个，肉羊存栏6.4万只。2006年，建成肉羊养殖示范小区24个，示范户480户，肉羊存栏14.8万只。2015年，全苏木肉羊存栏6万只。

准格尔旗山羊肉，西南部最地道。硬梁地植被多香料植物，跑坡放羊吃中草药。2002年后，山羯羊肉售价随煤炭价格一路走高，2013年煤价跌下低谷，山羯羊肉售价仍一路走高，从21世纪初每千克40元一路涨到2015年每千克90元以上。2015年，纳日松镇存栏山羊2.44万只，山羊肉产量267吨。

三、奶牛养殖

1991年，准格尔旗奶牛饲养量151头，牛奶产量126吨。主要集中在沙圪堵、薛家湾两镇城郊，为市民供应鲜奶。

2001年起，伊利、蒙牛2家乳业公司在呼和浩特市周边建奶站，抢奶源。旗人民政府规划，在десь蓿亥图、十二连城、东孔兑、薛家湾、沙圪堵、纳林5个乡镇，政府贴息，信用社贷款，扶持农民发展奶牛养殖。当年第一家奶站金丰奶站落户在薛家湾镇薛家湾村武家渠，配套奶牛养殖小区高峰时存栏660头。2003年，全旗购进奶牛多达2224头，有的农民受骗，春季买来黑白花奶牛，经夏季雨淋，秋季变成黄肉牛。2004年，全旗建成奶站18处，牛奶养殖户433户，存栏奶牛3317头，其中，基础奶牛2136头、育成牛668头、犊牛513头。

十二连城乡现代化奶站，2015年摄

奶牛存栏最高峰 2006 年 4331 头，牛奶产量最高峰 2007 年 3.2 万吨。

2008 年，三鹿毒奶粉案重创中国乳业，伊利、蒙牛撤并奶站，收缩奶源。准格尔旗奶牛养殖业开始逐年萎缩。2015 年，全旗保留奶站 7 处，存栏奶牛 2161 头，牛奶产量 2.29 万吨。

东孔兑镇前房子村 2002 年建 23 万平方米奶牛养殖基地，调进奶牛 617 头、肉牛 1070 头。高峰时养殖户 27 户，存栏奶牛 350 头。因鲜奶运送不及时，疫病防治没跟上，2006 年关闭。

2003 年，十二连城、蓿亥图两乡建 12 个奶站。2006 年，存栏奶牛 2726 头。2009 年，十二连城乡将 12 个奶站整合为柴登、董三尧、杨子华 3 个奶牛养殖园区，养殖奶牛 2150 头。2013 年引进恩和牧业奶牛养殖项目。2015 年，全乡存栏奶牛 805 头。

四、生猪养殖

准格尔旗农民传统养猪，户均年养两头，一头自食，一头出售。1991 年，全旗生猪饲养量 7.18 万头，猪肉产量 4699 吨，平均产肉量 65.41 千克 / 头。生猪饲养量最多 1998 年 15.02 万头，户均 2.87 头。猪肉产量最高 2006 年 1.47 万吨，平均产肉量 138.49 千克 / 头。2015 年饲养猪 6.13 万头，猪肉产量 5800 吨。

1996 年 6 月，全旗首家规模养猪厂泰丰养猪厂在哈岱高勒乡巴汉图村投入生产。引进优良种猪杂交繁育；猪舍大棚封闭保温；改单一饲料为配方阶段饲料；改稀食饲喂为干料饲喂，自由饮水；改先调架，后育肥为直线育肥；改季节性集中产仔为全年均衡产仔。与农户分散养猪比，缩短了生产期，提高了出栏率。2001 年在 9 个乡镇设立养殖服务部，向农户免费提供仔猪、饲料，收购肉猪统一销售。2002 年创办泰丰屠宰加工厂，机械化屠宰，冷链车配送，2003 年注册“准达康”放心猪肉商标。2015 年，生产仔猪 2000 头，出栏生猪 1000 多头，发展订单养殖户近千户，屠宰生猪 15 万头。

迎泽街道巴图汉村泰丰养猪场，2022 年摄

2010 年，布尔陶亥苏木成立养猪协会，会员 280 户，建“四位一体”养殖小区 5 个，养猪 7500 头。2012 年“四位一体”养殖小区 24 个，养猪户 300 户，养猪 8200 头。2014 年成立蒿召赖养猪专业合作社，30 户养猪 1800 头，注册“布尔陶亥”商标，在迎泽市场设布尔陶亥农村生鲜猪肉专营店。2015 年，全苏木“四位一体”养殖小区 30 个，950 户农民养猪 9000 余头。

五、家禽养殖

1991 年，全旗家禽饲养量 21 万羽，出售禽蛋 421 吨、家禽 2.5 吨；家禽饲养量最少 2002 年 14 万羽，最多2004年81万羽；2008年，出售禽蛋最多1.06万吨，出售家禽最多18吨；2015年，全旗家禽饲养量24万羽，出售禽蛋3629吨，出售家禽8吨。

准格尔旗家禽养殖，以农家散养鸡为主，鸡自啄取食，养殖成本极低。2003年，沙圪堵镇散养鸡高达11万羽，200羽以上养鸡户23户；薛家湾镇散养鸡2009年高达14万羽。

2001年起，暖水镇在生态林散养鸡，鸡啄食林中虫草，长成山林美味。2007年，在圪秋沟村建散养鸡孵化点；2008年，暖水山庄农场注册“暖水虫草鸡”商标，收购散养鸡肉、鸡蛋，全乡散养鸡10万羽，200羽以上养鸡户102户；2009年，暖水整乡生态移民，散养鸡萎缩，2015年饲养量5000多羽。

2009年起，布尔陶亥苏木政府出台奖励政策，养200羽以上散养鸡，每羽补助2元，全苏木散养鸡10万羽；2014年，成立腮五素散养鸡合作社，注册“腮五素”散养鸡商标；2015年，创办“腮五素”电商服务站，线上销售5000羽。全苏木散养鸡9万羽。

大路镇兴农种养殖专业合作社，2022年摄

“十五”期间，准格尔旗零星办过小型养鸡场，如薛家湾镇薛家湾村七彩山鸡、沙圪堵镇福路村大棚鸡。2004年国内出现禽流感疫情后，陆续关闭。2012年5月，兴农种养殖专业合作社在大路镇乌兰不浪村创办，2015年1月注册“乌兰不浪”商标，出售鸡蛋喷标，饲养蛋鸡2万羽。

六、特种养殖

“十五”期间，准格尔旗发展“草畜林特”四大产业，特种养殖遍地开花，昙花一现的多，坚持下来的少。准格尔召乡上马植桑养蚕项目，因水土不服，桑树枯死。巴润哈岱乡政府办过獭兔场，高峰时饲养2万多只；四道柳乡二道柳村青年刘三勇办过长毛兔养殖场，高峰时饲养上万只；2015年，大路镇大沟村集体创办肉兔场，饲养肉兔4000多只。

农村居民养牧羊犬，城镇居民养宠物犬，薛家湾、沙圪堵两镇城郊饲养肉狗，办狗肉餐厅。驴本是役畜，随着驴肉碗托走俏，薛家湾、沙圪堵、龙口城郊饲养肉驴。准格尔旗留守养蜂户零星分布在东南部；江南迁徙养蜂户，花季来，冷季回。

1991—2015 年准格尔旗养殖业产值和产量统计表

表 5-6

年份	养殖产值（万元）	羊肉（吨）	猪肉（吨）	牛肉（吨）	羊毛（吨）	羊绒（吨）	牛皮（张）	羊皮（张）	奶类（吨）	禽蛋（吨）	家禽（吨）
1991	7792	3074	4699	46	529	79	233	95842	126	421	2.5
1992	6317	1969	4210	27	417	55	356	174983	295	864	9.1
1993	10789	2176	4558	20	474	78	267	192706	1392	96	0.6
1994	16747	2073	6102	26	529	73	333	168558	1367	269	7.0
1995	18808	2543	7053	50	642	85	603	177829	1282	452	4.2
1996	19503	3334	9022	47	784	75	414	237464	1348	850	3.0
1997	27139	6048	13146	99	653	78	836	417830	2759	1175	7.0
1998	20560	2787	10545	60	560	72	514	199268	1806	1585	8.0
1999	27171	3223	11810	57	527	68	484	229570	2115	1610	6.0
2000	18459	3974	9134	41	153	17	350	280402	1042	1106	2.0
2001	14881	2097	5710	60	229	54	143	64229	377	510	5.6
2002	15724	1523	6907	152	230	36	1226	106878	2348	617	5.0
2003		3128	12009	79	1120	88	4132	173790	9884	958	5.0
2004	31171	3534	11872	190	481	117	1338	225768	10683	3201	6.0
2005	35709	5654	12079	556	438	117	3732	357383	12471	2400	6.0
2006	33066	9585	14713	2631	850	46	14646	568064	18786	2073	6.0
2007	36382	6303	4277	1344	738	124	8403	376772	32017	3255	8.0
2008	43230	7819	9265	496	734	125	3306	602300	24670	10637	18.0
2009	45055	7970	8066	241	637	114	1598	483022	19251	9022	13.0
2010	53690	7610	6560	311	747	102	1943	450257	20631	6772	5.0
2011	63123	5202	8066	237	529	97	1580	357121	20041	6588	
2012	67887	4819	7015	274	538	102	1824	283447	20192	4392	9.0
2013	70234	4634	6681	305	543	105	1908	276987	20000	4304	8.0
2014	66136	6235	5800	323	448	81	1919	283431	22800	4213	8.1
2015	63781	6321	5800	325	437	79	2058	323850	22858	3629	8.0

第五章　渔　业

第一节　机　构

准格尔旗农业局巨合滩渔种站位于十二连城乡巨合滩村，培育鱼种，养殖成鱼。1999 年，18 名职工承包经营水面 64 公顷，其中，天然“海子”53 公顷，人工池塘 11 公顷；生产鱼种 7.5 吨、销售成鱼 7.5 吨。2015 年，经营水面 100 公顷，其中，天然“海子”53 公顷，鱼种精养池 13 公顷，人工池塘 10 公顷，产卵池 300 平方米、孵化温室 600 平方米，生产鱼种 25 吨，在薛家湾、沙圪堵、大路新区设专销店 8 处，销售水产品 25 吨，职工 13 名。

1994 年 4 月，农业局成立水产管理站（水产公司），政企合一，推广水产养殖技术，管理渔政行业；经营示范养殖，经销水产品。在纳林乡刘家渠水库进行网箱养殖示范。1998 年在薛家湾镇、沙圪堵镇建水产批发经销部。1999 年，职工 15 名，承包经营刘家渠水库，示范网箱养殖 100 平方米，年均产量 8 吨。2011 年起，刘家渠水库因铁路施工阻断上游水源，造成库容不足，不再放置网箱。

第二节　养殖水面

准格尔旗养殖水面集中在北部黄河湿地的天然“海子”和人工池塘，水源引过境黄河水或井水；零星分布在南部纳林川中下游的库坝，水源蓄积降雨地表水。1991 年水产养殖面积 807 公顷，2002 年突破千公顷，2015 年达到 1473 公顷。

“八五”至“九五”期间，天然“海子”养殖面积 300 公顷左右；“十五”至“十一五”期间，天然“海子”几度干涸；进入“十二五”后，天然“海子”养殖面积恢复到 145 公顷左右，2015 年达到 205 公顷。

十二连城乡巨合滩村渔塘，2016 年摄

准格尔旗开发北部黄河湿地，建造人工池塘。“八五”期间，池塘养殖面积不足百公顷；2000 年，池塘养殖面积 268 公顷；2010 年建成 300 公顷健康养殖基地，2012 年建成国家大宗淡水鱼类产业技术体系高效示范片区 30 公顷，2014 年建成 130 公顷标准化水产养殖项目。2015 年，池塘养殖面积 803 公顷。

“八五”至“九五”期间，准格尔旗库坝养殖面积 400 公顷左右，进入“十五”后，水保治理建设骨干坝，“十一五”期间，库坝养殖面积突破 800 公顷；进入“十二五”后，部分库坝干涸，库坝养殖面积回落到 520 公顷左右。

第三节　鱼　苗

“八五”至“十五”期间，准格尔旗鱼种产量保持在 20 吨左右，大宗为鲤鱼，也有草鱼、鲢鱼、鲫鱼、鲶鱼等。“十一五”至“十二五”期间，鱼种产量猛增到 150 多吨左右，依然满足不了投放鱼苗需求，每年要调进鱼苗投放，引进生长周期短、抗病能力强的新品种，养殖品种日益丰富，鲤鱼有建鲤、超级鲤、福瑞鲤、松浦镜鲤，其他有长丰鲢鱼，中科三号鲫鱼，鳙鱼，武昌鱼，还引进泥鳅、螃蟹、观赏鱼和赤眼鳟。2015 年，鱼种产量 186 吨，投放鱼苗 300 万尾。

第四节　渔业生产

一、黄河捕捞

黄河流经准格尔旗鱼种曾有 100 余种，沿河群众捕捞为业。冬季封河，凿穿“亮子”诱捕；春季开河，乘船撒网捞捕；民间有“开河大鲶鱼，赛如活人参”“宁舍一头牛，不舍鲤鱼头”等说法。进入“九五”，南河畔先后建万家寨、龙口两大水电站，库区禁止网捕；2007 年准格尔旗首次开展黄河渔业资源增殖放流。进入“十二五”，黄河鱼种下降到 30 多种。

2013 年小滩子村民黄河岸边撒网，王玉科摄

二、天然粗养

准格尔旗北部黄河湿地天然“海子”、南部纳林川中下游库坝，水质优良、水体肥沃，只投鱼苗，不投饲料，自然生长，杂草丛生，不易捕捞，投入极少，产量不高，最高单产 100 千克 / 亩。

三、池塘精养

北部黄河湿地人工鱼塘，挖去污泥，清除杂草，平整池底，修补池埂，疏通注排水渠；配置增氧机、投饵机，定时通电作业；精选鱼种，多品种混养；不同鱼种、不同生长期，投放不同配方饲料，驯化投喂；控制密度，保证养分供给；经常巡塘，定期消毒；加注新水，调节水质，防治鱼病。“十一五”期间，推广种草养鱼、肥水养鱼，最高单产 1000 千克 / 亩。2014 年起，在碱地稻田投放鱼、蟹，放养鸭、鹅，农牧渔结合，生态立体养殖，效益倍增。

四、网箱密养

平静水面放置浮式网箱，高密度精养，规模化养殖，捕捞方便，最高单产 100 千克 / 米 ^{2}。1991 年，全旗网箱养鱼 320 平方米，沙圪堵乡沟门村放置网箱 100 平方米。1997 年，仅剩纳林乡刘家渠水库网箱 100 平方米。2006 年，万家寨库区放置网箱近 2 万平方米，全旗网箱养鱼猛增到 2.04 万平方米，2011 年在龙口库区放置网箱。后刘家渠水库水源不足，无法放置网箱；两库区泄洪，网箱散架沉底。

2012 年万家寨库区再次设置网箱 2000 平方米，后再次沉底。2015 年，全旗网箱养殖面积回落到 657 平方米。

2000 年沙圪堵镇刘家渠水库网箱养鱼

五、休闲渔业

进入“十二五”，准格尔旗乡村旅游兴起，休闲渔业迅速发展，凡养鱼都建鱼餐馆。北部黄河湿地十二连城乡巨合滩村、西不拉村，发展“渔家乐”垂钓、餐饮；十二连城乡黑圪崂湾村、大路镇小滩子村、何家塔村，建成几家垂钓、餐饮“旅游度假村”；纳林川下游沙圪堵镇庙壕村、福路村、特拉沟门村，发展小水库垂钓、餐饮。布尔陶亥苏木尔圪壕嘎查是库布齐大漠绿洲，有塘坝 86 座，养殖水面 100 公顷，2014 年挖掘地名文化元素，鄂尔多斯、准格尔、布尔陶亥、尔圪壕，推出“四尔鱼”特色餐饮。

第五节　渔业规模

1991 年，准格尔旗养殖水产品产量 320 吨，实现渔业养殖产值 115 万元。2005 年产值突破千万元，2006 年产量突破千吨，2011 年产量突破 2000 吨，2013 年产值达到最高峰 5176 万元。2015 年，全旗养殖水产品产量 2548 吨，捕捞水产品产量 52 吨；分品种产量，鲤鱼 1679 吨，草鱼 365 吨，鲢和鳙鱼 417 吨，鲫鱼 104 吨，鲇鱼 31 吨，其他 4 吨；渔业产值 5181.2 万元，从业人员 1492 人，人均渔业收入 1.35 万元。

2020 年大路镇小滩子村出售黄河鱼，张宪丽摄

巨合滩黄河湿地，偏碱性水体养鱼，鱼口感鲜嫩，是准格尔旗一大特产。2002 年 12 月 15 日，巨合滩渔种站发起，联合 56 户村民成立巨合滩渔业协会。2003 年 4 月，注册“巨合滩”黄河鱼商标，同年 240 公顷水产养殖基地被认定为内蒙古无公害水产品生产基地。2004 年 6 月，鲤鱼、鲫鱼被农业部质量安全中心认定为无公害水产品。2007 年 7 月，周边天顺圪梁、黑圪崂湾的村民加盟，协会更名为巨合滩惠农渔业农民专业合作社，社员 256 户。2008 年 10 月，巨合滩生态养殖示范区被农业部评定为第三批水产健康养殖示范场。2015 年，合作社养殖面积 1300 公顷，水产品产量 2000 吨，社员户均收入 2000 元左右；办渔家乐餐馆、接待旅游垂钓，社员户均收入万元。

1991—2015 年准格尔旗渔业统计表

表 5-7

年　份	渔业产值（万元）	养殖水面（公顷）	天然水面（公顷）	池塘水面（公顷）	库坝水面（公顷）	网箱水面（平方米）	鱼种产量（吨）	投放鱼苗（万尾）	养殖产量（吨）
1991	115	807	297	95	415	320	21		320
1992	153	675	170	93	412	280	20		300
1993	156	749	271	90	388	200	18		270
1994	177	754	289	89	376	180	13		265
1995	205	755	287	87	381	150	10		240
1996	244	755	329	88	338	150	9		260
1997	70	760	254	85	421	100	9		280
1998	239	851	341	83	427	100	10		262
1999	888	851	341	83	427	100	15		260
2000	406	840	120	268	452	200	26		179
2001	567	595	0	281	426	200	18	130	260
2002	307	1130	127	299	704	175	23	50	320
2003	601	1136	133	299	704	250	8	70	338
2004	892	1014	0	417	597	400	26	350	489
2005	1696	1097	0	370	727	650	97	110	978
2006	2419	1106	47	379	680	20355	130	200	1505
2007	4028	1275	0	426	849	20355	150	120	1808
2008	3352	1456	0	643	813	10777	95	253	1952
2009	4532	1393	145	709	539	1916	106	180	1969
2010	3502	1271	145	587	539	3015	83	200	1994
2011	4531	1377	145	707	525	3090	250	310	2170
2012	4560	1404	146	733	525	2455	163	500	2290
2013	5176	1467	142	800	525	3455	196	200	2421
2014	4796	1473	145	803	525	2400	158	310	2472
2015	5181	1473	205	803	525	657	186	300	2548

第六章　机械化

第一节　机　构

1991年，准格尔旗农牧业机械化管理局（简称农机局）隶属于旗人民政府，下设28个乡镇农机管理站，各配备1名农机管理员。1993年1月转体组建农牧业机械化服务总公司，隶属于农牧业经济委员会；1997年5月撤总公司，恢复农机局；同年7月农机局成立农牧业机械化技术推广服务中心；2001年6月撤乡镇农机管理站，人财物划归乡镇；2002年1月撤农牧业经济委员会，农机局隶属旗人民政府，撤技术推广服务中心。

第二节　农机装备

准格尔旗沟壑纵横，农机局向广大山区农民推广小型机具，在北部黄河冲积平原引进大型机具。全旗农机总动力由1991年10.20万千瓦增加到2015年28.88万千瓦，25年增加农机动力18.68万千瓦。同期耕畜由31781头减少到3833头，25年淘汰耕畜27948头。农机装备水平实现质的提升，农民耕地基本不用牛。

一、动力设备

准格尔旗使用柴油、汽油、电力3种发动机。1991年有柴油发动机4800台6.0万千瓦，2015年有柴油发动机13823台26.47万千瓦；1991年有汽油发动机229台1.88万千瓦，1995年多达1119台3.35万千瓦，2010—2015年保持在12台360千瓦；1991年有电力发动机1384台8674千瓦，2007年多达3284台2.49万千瓦，2011—2015年保持在2400台2.37万千瓦。柴油机总体增加，汽油机大幅减少，电动机相对稳定。机械动力代替人力和畜力。

二、运输车·拖拉机

准格尔旗使用农用运输车、牵引拖拉机两种农用机动车。1991年有农用运输车366台，2007年多达15695台，2009—2015年保持10824台；1999年引进小三轮车6409台，2007年多达12243台，

1998年传统畜力耕种，许云摄

2009年十二连城乡大面积拖拉机耕种

2009—2015 年保持 9642 台；机动车基本代替畜力车，更不用人背驮肩挑。1991 年有大中型拖拉机 224 台，2009 年多达 4153 台，2015 年回落到 1658 台；1991 年有小型拖拉机 2462 台，1996 年多达 3626 台，2011—2015 年保持 511 台；拖拉机牵引代替畜力牵引。

三、配套机具

准格尔旗传统耕作用畜力牵引铁铧木犁，人力步行扶犁。1991 年引进双向双铧犁，1992 年引进五铧犁，1994 年引进旋耕机，1997 年改制成功四铧气动翻转犁，2001 年推广双向单铧犁、双向双铧犁。全旗拖拉机牵引犁，1991 年 396 套，2001 年多达 2176 套，2014—2015 年保持 2100 套。

传统播种用畜力牵引两腿木耧，人力步行摇耧。1991 年引进玉米铺膜穴播机，1994 年引进气吸式精量播种机，1996 年引进坐水播种机，1997 年研制成功糜黍精量播种机，2005 年购进大型旋播机。全旗拖拉机牵引播种机，1991 年 14 套，2007 年多达 281 套，2015 年回落到 196 套。

传统收割用镰刀，脱粒用碌碡、连枷、木锨等。2005 年，准格尔旗引进自走式玉米联收机，一次作业完成收割、脱粒、饲草包膜打捆多项任务；2007 年购进背负式玉米收获机；2008 年购进跨行式方草捆打捆机、双圆盘割草机。机械代替人工，传统农具用得越来越少。

2003 年传统镰刀割糜子

2020 年暖水乡榆树壕村机收荞麦，武文杰摄

四、加工设备

准格尔旗传统粮食加工设备石制碌碡、碓杵、碾磨等。1991 年全旗有粮食加工机械 1687 套，2007 年多达 3692 套，2008—2015 年减少到 299 套。传统油料加工用泰山石油梁压榨“三条腿”油。1991 年全旗有油料加工机械 165 套，2001 年多达 353 套，2008—2015 年只有 9 套。减少原因是，农民出售原粮和油料，购买市场成品粮油。

准格尔旗传统饲草加工用铡草刀，禁牧舍饲后，饲草料加工机械发展迅速。1999 年引进饲草料加工机械 654 套，2003 年大批量投放多功能揉草粉碎机，2005 年引进自走式青贮机，2007 年多达 3227 套，2011—2015 年保持在 1596 套。

1991—2015年准格尔旗农牧业机械统计表

表5-8

年份	总动力（万千瓦）	柴油发动机（台）	电力发动机（台）	汽油发动机（台）	农用运输车（辆）	大中型拖拉机（辆）	小型拖拉机（辆）	配套犁（套）	旋耕机（套）	播种机（套）	粮食加工（套）	油料加工（套）	饲草料加工（套）
1991	10.20	4800	1384	229	366	224	2462	396	—	14	1687	165	—
1992	11.89	5237	1254	321	480	226	2422	27	—	14	1737	193	—
1993	12.32	6049	1284	303	465	224	3028	860	—	24	1712	184	—
1994	13.02	6419	1361	306	465	231	3028	567	1	37	1732	—	—
1995	14.50	6928	1501	1119	529	243	3152	1590	—	40	1775	218	—
1996	15.26	7468	1548	330	538	262	3626	1655	1	2	1803	238	—
1997	16.90	7969	1833	332	3721	253	3237	1805	1	42	1862	264	—
1998	18.56	8585	2247	258	737	205	3256	1910	—	110	2223	286	—
1999	23.27	13333	2338	267	774	227	3200	12	—	2	3351	297	654
2000	25.34	13753	2370	239	8463	232	3159	1958	—	109	3633	294	1581
2001	30.37	14924	2555	272	9384	244	3134	2176	—	111	3597	353	2357
2002	31.78	16264	2581	525	10115	246	3141	4	—	111	3608	258	2457
2003	33.75	17691	2608	534	11282	255	3134	5	—	112	3634	264	2806
2004	36.06	18627	2654	524	12694	257	2977	5	—	112	3659	269	3087
2005	40.51	19950	3167	244	15343	260	2964	5	1	125	3672	263	3172
2006	41.86	20211	3206	244	15623	268	2952	5	2	126	3672	265	3212
2007	42.34	20371	3284	244	15695	247	2959	5	2	281	3692	264	3227
2008	22.36	12782	2262	1	10769	1081	450	1920	135	129	299	9	1566
2009	26.70	13088	2338	10	10824	4153	505	1973	172	157	299	9	1607
2010	27.20	13319	2424	12	10824	1225	510	2013	207	163	299	9	1610
2011	27.45	13428	2400	12	10824	1276	511	2036	237	171	299	9	1596
2012	27.85	13513	2400	12	10824	1348	511	2069	281	172	299	9	1596
2013	28.11	13570	2400	12	10824	1405	511	2087	307	172	299	9	1596
2014	28.39	13654	2400	12	10824	1489	511	2100	354	176	299	9	1596
2015	28.88	13823	2400	12	10824	1658	511	2100	399	196	299	9	1596

第三节　农机作业

1991年准格尔旗播种面积57226公顷，其中，机耕2600公顷占4.54%，机播640公顷占1.12%，机收60公顷占0.10%。2015年播种面积65154公顷，其中，机耕5.6万公顷占99.73%，机播40667

2003 年传统碌碡碾场脱粒，陈文俊摄

2017 年新式脱粒扬场机，张富生摄

公顷占 62.43%，机收 10000 公顷占 15.35%。机械作业代替人工劳作，大大提高了劳动生产率。

准格尔旗普遍开展单项机械作业项目有：机械深耕、机械深松、免耕机播、精少量机播、机械深施化肥、机械铺膜、机械植保、机械收获、粮油加工、饲草料加工等，覆盖农业生产全过程。新开展的机械作业项目规模实施。1996 年开始机械秸秆还田，2012—2015 年保持在 1400 公顷左右；1999 年开始节水灌溉，2012—2015 年保持在 3300 公顷左右；2008 年开始秸秆捡拾打捆，2011—2015 年保持在 60 公顷左右。

第四节　农机推广

1991 年起，农机局配合“3153”工程建设，在东南部、西南部干旱梁峁山区，引进适宜山区机械作业的中小型农机具试验示范，先后推广机械深耕深松、化肥深施、秸秆根茎粉碎还田、地膜覆盖播种、精少量播种、残膜回收等新机具、新技术，初步提升山区农业机械化水平。

1995 年实施了内蒙古科技扶贫机械化旱作农业综合技术试验示范推广项目。1997 年 4 月准格尔旗被农业部列为全国农业机械化旱作农业示范县。2002 年实施了内蒙古机械化旱地耕作蓄水保墒项目、旱作农业机械化技术推广项目，2002 年 10 月，王军获内蒙古自治区农牧业丰收奖一等奖。

2007 年起，农机局在北部沿河十二连城乡、大路镇、布尔陶亥苏木开展玉米等大宗作物全程机械化作业，在各级政府农机购置补贴政策支持下，推广了大批大中型农机具，从耕、播、收、打捆、

1997 年巴润哈岱乡推广铺膜播种玉米

2020 年十二连城乡无人驾驶农机作业，乔玮摄

植保基本实现机械化作业，建设了一批农业农机化耕作示范园区。同年9月，准格尔旗被列为内蒙古自治区首批3个农机化建设示范旗县之一，十二连城乡脑包湾村、五家尧村被列为内蒙古农机化建设示范点；2008年3月，准格尔旗被评为内蒙古农机化先进旗县。至2015年，当地综合机械化作业面积接近1000公顷。

第五节　农机经销

一、市场销售

1991年，准格尔旗农机由国营农机供应公司独家经销，下设沙圪堵、薛家湾、羊四圪咀、柴登4个农机供应站，蓿亥图、川掌、羊市塔、黑岱沟、黄天棉图、马栅6个农机经销点，销售小四轮拖拉机、铡草机、粉碎机、磨面机、柴油机、水泵等农机设备及零配件。之后随着农机市场逐步放开，个体私营进入农机经销市场，打破垄断经营，公司效益下滑。1993年2月，旗农牧业机械化服务总公司创办综合服务公司，主营农用柴油，兼营农机配件及小四轮拖拉机。受个体私营经销户冲击，业务量逐年下滑。1997年7月停业，人财物划归农牧业机械化技术推广服务中心。1998年，公司资产总值692.86万元，负债542万元，72名职工分割净资产，各自谋生。1999年，全旗农机经销市场全部民营化，轻便农用三轮车一经问世，当年销售6400余辆。

1991年，准格尔旗农机售后修理业务由乡镇农机管理员和个体私营修配厂承担。2001年4月后，农机修理业务全部由个体私营农机修配摊点承揽。2015年。全旗约有23家个体农机修配摊点，主要分布在十二连城乡，从业人员约56人。

二、政府补贴

2004年起，国家实施农机购置补贴政策，同年7月颁布实施《中华人民共和国农业机械化促进法》，激发广大农民购买农业机械热情。补贴对象涵盖除财政供养人员外的所有从事农牧业生产经营的个人和组织；补贴机具包括耕整地机械、种植施肥机械、田间管理机械等11大类22小类49个品种，以及经济作物、畜牧饲养领域的大型、高科技、绿色环保机具；动力机具补贴30%左右，配套作业机具补贴20%左右。农民购机只需给农机经销商支付补贴金额的下差部分。准格尔旗购机补贴优先扶持北部沿河十二连城乡、大路镇、布尔陶亥苏木的农机专业合作社。

至2015年，全旗实施农机购机补贴政策11年，国家、自治区、市、旗4级政府累计发放购机补贴资金3844.10万元，1224户农民从中受益，累计补贴购置农机具2404台套。

第六节　农机管理

一、农户经营

1991年，准格尔旗农牧业机械归购买者农民个人所有，个人经营使用，单家独户买不起大型机具，农机经营户机具规模都很小。

2005年，准格尔旗在北部沿河规划建设现代农业示范基地，农机局摸索机械化种植玉米技术规程，扶持发展农机专业合作社，建设农机示范园区。当年7月26日，鄂尔多斯市首家农机行业协会玉泉农机协会在布尔陶亥乡铧尖村成立，协会拥有农机具55台套，总动力2300千瓦，开始整合土地机械化耕作。

2008 年，十二连城乡兴胜店村农民自发创办树兴农机专业合作社，实行农机具统一存放、统一维护、统一调配。合作社拥有 2 台 804 轮式拖拉机、2 台自走式玉米收获机、2 部五铧翻转犁、2 台幅宽为 2 米的旋耕机、2 台播种机，农机作业面积 600 多公顷，年收入近 2 万元。

2015 年，全旗发展农机专业合作社 23 家，拥有 275 台农业机械，总动力 8233 千瓦，建成农机化示范园区 23 处，机耕面积 4227 公顷、机播、机收面积 3727 公顷，机械综合作业面积 11181 公顷。

二、行业监理

1991 年，农机用平价柴油实行计划供应，以车定数，统一发票管理，农机局借助这一行政手段加强农机监理，办理拖拉机下户、驾驶证、行驶证检验、驾驶证审验，检验拖拉机行驶证 2085 台，检验覆盖率 68.32%。

1995 年，国家取消平价柴油，准格尔旗农机监理部门在拖拉机保有量较多的马栅、沙圪堵、纳林、薛家湾等乡镇和部分煤矿，集中开展拖拉机下户、驾驶证办理、检审验工作；路检路查违章操作行为，现场对驾驶员进行处罚和安全教育，检验拖拉机行驶证 1076 本，检验覆盖率下降到 27.42%。

1996 年 1 月 1 日，全国启用“九二”式拖拉机号牌，旧号牌 1997 年 7 月 1 日废止。准格尔旗 1997 年集中为 2561 台拖拉机核发新号牌，为 335 台拖拉机换新号牌，新号牌覆盖率 82.98%。

1998 年 5 月 30 日，《内蒙古自治区农机管理条例》颁布实施，准格尔旗规范农机监理收费标准、执法行为，公开办事制度，简化办事手续，转变工作方式，上门提供一条龙服务，农机监理及安全驾驶培训逐步走向规范化。检验拖拉机 1862 台，审验驾驶证 1862 本，审验覆盖率 53.80%。

2004 年 5 月 1 日，《中华人民共和国道路交通安全法》颁布实施，农用三轮车由农机监理部门移交道路交通管理部门管理。2006 年，准格尔旗完成农用运输车辆档案移交，农机监理工作量减少，拖拉机下户由 352 台减至 54 台，驾驶证办换证由 272 本降至 59 本。农机监理部门加强购机补贴拖拉机的下户和安全驾驶培训，补贴农机监理实现全覆盖。

2009 年 12 月 22 日，鄂尔多斯市出台免收农机监理费政策，准格尔旗农机监理业务量再次下降，拖拉机下户由 242 台降至 2010 年 77 台，驾驶证办换证由 199 本降至 2010 年 140 本。

2015 年，全旗拖拉机下户 68 台，拖拉机检验 353 台，拖拉机监理覆盖率仅 19.41%；驾驶证办换证 158 本，审验驾驶证 129 本，举办培训班 10 期，培训驾驶员 540 名。

第七章　产业化

1991年，准格尔旗从事农产品加工销售的乡镇企业实现产值1637万元；1998年起乡镇企业转制民营，至1999年农产品加工销售乡镇企业仅剩20余家。2005年7月，旗人民政府成立农牧业产业化办公室，培育产业化经营主体，当时有3家农字号企业。2007年4月旗人民政府制定农牧业产业化经营优惠政策，5月提出农民专业合作社组建指导意见，财政每年安排千万元专项资金，扶持农牧业产业化经营。2015年，全旗从事种植、养殖、加工、流通的产业化经营企业37家，销售收入超百万元企业22家，销售收入4.76亿元；12家流通企业、1041家农民专业合作社交易额10.3亿元，带动2.75万户农民人均增收5000多元；全旗有自治区级龙头企业7家、市级龙头企业14家。

第一节　生产龙头

一、种植龙头

库布齐沙漠以南广大梁峁山区是准格尔旗传统旱作农业区，种硬梁地，施农家肥，不上化肥，不打农药，精耕细作打造了“农乡丰”“十里长香”等小杂粮产业龙头，山区的五谷杂粮，成为市场抢手的营养食品。

“十里长香”是兴农绿色产业公司2006年3月注册的农产品商标，以生产基地在十里长川流域而命名，2012年2月被认定为内蒙古著名商标。2007年120吨“十里长香”荞麦出口日本；2009年十里长香小杂粮生产基地被认定为内蒙古无公害农产品基地；2011年11月十里长香小杂粮产业合作社被列入国家首批农民专业合作社示范社名录。2015年，十里长川流域种植小杂粮4600公顷。

农乡丰工贸公司2006年10月成立，总部设在薛家湾镇南山汽配城，种植基地和加工区设在龙口镇魏家峁村，2010年加工产能由500吨扩建到3000吨，发展梁峁山区1.33万公顷小杂粮种植基地。注册的“农乡丰”商标2012年2月被认证为内蒙古著名商标。主打产品农乡丰杂粮系列，高粱米、小米、糜米、黍米、绿豆、黄豆、豇豆、荞面、莜面、豆面、糕面、玉米渣、芝麻等。2010年10月被认定为内蒙古扶贫龙头企业；2011年12月被认定为内蒙古农牧业产业化重点龙头企业。2015年，公司资产1.37亿元，销售收入5087万元。

二、养殖龙头

准格尔旗引进过奶牛、肉牛、肉羊、奶羊、散养鸡等众多养殖项目，扶持过康源乳业公司、鑫源种养公司、恩河牧业公司等龙头企业，受市场影响和技术限制，大多未形成规模，有的甚至被淘汰退市。泰丰农牧业综合开发公司植根于本土传统养殖业，发展成为规模养殖代表性龙头企业。

泰丰农牧业综合开发公司前身是1996年在哈岱高勒乡巴汉图村创办的泰丰养猪厂，为全旗首家规模养猪厂。2002年3月注册成立公司。2010年10月注册成立天河肉业公司，注册资本1000万元。2001年在9个乡镇设立养殖服务部，向农户免费提供仔猪、饲料，收购肉猪统一销售。2008年发展订单养殖户 970 户。1997 年创办全旗首家饲料企业双效饲料厂，2005 年注册“双效”饲料商标，向养殖户供应猪、牛、羊各阶段浓缩、全价配方饲料和兽药、器械。2002 年创办泰丰屠宰加工厂，为旗人民政府首家特许定点屠宰厂，配备国家二级标准机械化屠宰设备和冷藏保鲜设施，冷链物流配送，在薛家湾、沙圪堵、大路 3 地办自营直销店。2003 年注册“准达康”“美添香”放心猪肉商标。2013 年 12 月被认定为内蒙古农牧业产业化重点龙头企业。2015 年，资产总值 8345.2 万元，营业收入 9950.4 万元，达到年产瘦肉型优质种猪和仔猪 2000 口、出栏生猪 1000 口、屠宰加工生猪 5 万口的能力，发展订单养猪农户 1000 多户。

2022 年天河肉联公司屠宰加工车间

三、食用菌龙头

2003 年，长滩乡村干部打 30 孔窑洞栽培蘑菇获得成功。旗、乡两级政府出台扶持政策，每打一孔窑洞补贴 600 元，全乡 120 户农民打窑洞 300 多孔，从福建省古田县引进菌种栽培，在薛家湾镇设立配送中心。2004 年 10 月 18 日，以长滩窑洞蘑菇为主打菜品的金锅涮火锅店在薛家湾镇开业，创造日营业额 1.8 万元的纪录。2005 年，长滩窑洞蘑菇打进呼包鄂市场，每孔窑洞平均获利 4000 多元，一位台商签订日供货 4 吨协议。这年 8 月撤销长滩乡，取消打窑洞补贴，受此影响，技术服务没跟上，不能均衡出菇，窑洞蘑菇产业萎缩，至 2015 年稳定在 120 孔窑洞的规模。

漠菇生物科技公司成立于 2013 年 7 月，注册资本亿元，利用十二连城乡杨子华村五家尧农产品物流园区闲置设施，改建食用菌园区，2015 年 4 月建成投产，建筑面积 6.46 万平方米，是国内面积最大食用菌产业园。引进日本液体菌种和瓶栽技术设备，从接种、培养、出菇，在全国首创半机械化生产；栽培灰树花菇、杏鲍菇、蟹味菇、白玉菇、灵芝、香菇等菌菇，生产鲜菇、干菇和菇酱、拌饭小菜、火锅底料等系列调味品。日产菌棒 4 万棒，吸纳农民就业 600 人。

四、十二连城乡龙头

十二连城乡是准格尔旗现代农牧业主战场，2006—2015 年，引进 25 家种植养殖企业，资产总值 30 亿元，从业人员 2000 余人。多数企业在这片绿色田园受益，有的成为市级以上龙头企业；个别企业受益后盲目投资房地产业，陷入鄂尔多斯民间借贷危机导致停业。

蒙绿有机农业公司，2007 年 6 月注册成立，注册资本千万元。承包兴盛店村土地 300 多公顷，建高标准日光温室 332 栋，生产有机绿色果蔬；建温室材料厂，生产温室钢架、保温被、保温板、自动卷帘。2011 年实现销售收入 225 万元。2013 年 12 月被认定为内蒙古重点龙头企业。2015 年，资产总值 5000 余万元，销售收入 1200 万元。

2009 年，金霂农副产品农民专业合作社租用五家尧村土地 122 公顷，吸收农民入股 300 多万元，建 194 栋大棚，引种 30 多个品种 100 多种花卉，高峰时出售花卉效益高出大棚蔬菜 4 倍多，带动农民 400 多人就业，户均增收 6 万多元。这个项目昙花一现，2015 年因经营不善停业。

五、特色龙头

准格尔旗各苏木乡镇街道，扶持产业化经营各打各的优胜仗，培育出十二连城碱地稻、暖水山地苹果等区域特色产业龙头。

2011 年 10 月，清华大学华清农业公司与十二连城乡东不拉村签订协议，实施盐碱治理规模种植项目。2014 年试种 4.67 公顷碱地稻成功，亩产 400 千克左右，“十二连城碱米”通过电商平台上市。2015 年，碱地稻种植面积扩大到 33.33 公顷，平均亩产 500 千克，公司提供技术，农民种植碱稻，公司回收产品，电商平台销售，打响“十二连城碱米”品牌，与种碱地稻前比，碱地稻亩均增收超 500 元。

2019 年华清农业公司碱地插秧种稻，张宪丽摄

暖水乡德胜有梁村农民王在达 1994 年从 5 亩苹果起步，多年嫁接栽培，培育出暖水山地苹果，经消费者口口相传，提前订货供不应求，卖出高出市场价数倍的好价钱。2014 年，王在达的苹果园发展到 2 公顷，销售收入 50 万元。2015 年 5 月，王在达组织德胜有梁村 10 户果农创办优良创汇绿色果园专业合作社，培育苹果树苗 8 万余株，带动全村 50 多户发展山地苹果 80 公顷。

第二节 加工流通龙头

准格尔旗农产品加工流通企业，相对集中在准格尔经济开发区，有多家杏仁露、白酒、海红果酒等饮料加工企业，典型龙头企业有高原杏仁露公司、名道纯酒业公司、蒙特农牧业公司。华粮粮食物流公司是鄂尔多斯市最大粮食流通企业，准露山野食品公司是内蒙古首家生产苦菜饮料企业。

2007 年 6 月，高原杏仁露公司启动原料基地“211”工程建设，2000 亩育苗基地、1 万亩杏林博览园、百万亩杏林原料基地，采用公司加基地，基地联农户模式，推进产业化经营。2015 年，杏林发展到 1.87 万公顷，直接带动 9 个乡镇 500 多户果农户均年增收 3000 多元。2008 年在十二连城乡西不拉村建 2000 亩育苗基地，2015 年免费为农户提供杏苗 1500 万株；2008 年在沙圪堵镇福路村、特拉沟门村建 1 万亩杏林博览园，2012 年 4 月 23 日举办首届鄂尔多斯市杏花节，至 2015 年成功举办三届杏花节。2006 年 12 月，公司被评定为内蒙古重点龙头企业；2013 年 9 月入围内蒙古 30 佳龙头企业。

久荣毯业公司，2003 年在准格尔经济开发区成立，引进高新技术改造传统手工地毯，研发的家居、高档车垫、艺术挂毯三大类地毯和高档羊绒被、驼绒被、久荣家纺系列产品。2004 年被评为自治区名牌产品。2006 年拥有资产 1500 万元，年生产能力 20 万平方尺，产销量 5 万平方尺，出口 2 万平方尺。2007 年销售 18 万平方尺，出口 9 万平方尺。2009 年销售收入 4500 万元。后跨行业投资房地产项目和番茄种植加工项目。2012 年遭遇鄂尔多斯民间借贷危机，拖累主营业务，2013 年 12 月被取消自治区级重点龙头企业资格。

易通酒业公司位于准格尔经济开发区，2001 年 3 月注册成立，注册资本 297 万元，占地面积 1.13

万平方米，总资产 560 万元。2002 年投产，年产白酒千吨，生产油松王、二妹子、喇嘛哥哥等品牌白酒，曾热销准格尔旗及周边地区。2004 年因经营不善停业，2011 年 3 月企业被注销。

宏盛肉联公司准格尔旗分公司是准格尔旗引进的畜产品加工龙头企业，2005 年 8 月注册成立，公司位于大路镇杨四圪咀居委会，占地面积 4.57 万平方米，建有肉食加工车间、冷库，设计年屠宰肉羊 60 万只，加工羊肉食品 1.5 万吨，总投资 3107 万元。2006 年建成投运，主打产品“龙盛”羊肉系列产品，营业收入一度突破 300 万元，2010 年因管理层陷入经济纠纷停业。

华粮粮食物流公司位于十二连城乡柴登村，2008 年 4 月注册成立，注册资本 2000 万元。从事粮油、饲料的购销、仓储中转、物流配送，建有钢结构平房仓、砖圆仓、罩棚仓、硬化晾晒场，日处理 500 吨烘干塔，仓储总容量 20 万吨。2015 年，收购国家临时储备玉米 3.80 万吨，销往伊品生物科技公司、健隆淀粉公司等内蒙古粮食加工企业。

第三节　休闲农业龙头

2015 年，准格尔旗有农家乐 15 户、渔家乐 20 户，休闲农庄度假村 10 处，累计接待游客 15 万人次，经营户 1000 多户人均增收 4500 多元。休闲农业龙头水镜湖农业旅游开发公司、警华实业集团。

水镜湖农业旅游开发公司位于布尔陶亥苏木李家塔村，成立于 2008 年 9 月，注册资本 500 万元。2011 年 9 月 28 日开门迎客。景区占地面积 240 万平方米，地处呼斯太河源头，开发库布齐沙漠甘泉，建成瓜果采摘区、农业观光园、绿化景观区、生态养殖区。游客在湖边悠然垂钓，乘船湖中戏水，登湖心岛品尝美味，来四季园观赏热带植物，到温室大棚采摘有机瓜果，赴百鸟园感受鸟语花香，亲临仿老北京四合院，入住原生木建情侣屋。2013 年 9 月 13 日评定为国家 AAAA 级旅游景区，是全旗首家国家 AAAA 级旅游景区；同年 12 月评定为全国休闲农业与乡村旅游示范点。2015 年，景区采摘大棚 100 栋，住宿床位 300 多张，酒店容纳 600 余人就餐；全年接待游客 5.08 万人次，主营业务收入 730.79 万元。

第四节　农业品牌

准格尔旗农畜产品，经历了从追求产量到提高质量的转变。2003 年开始无公害农产品认证，净化生产环境；2008 年启动无公害、绿色、有机 3 个体系认证，推行标准化生产；2010 年补贴 70% 费用扶持现代设施农业示范区有机认证；2014 年建成农畜产品质量安全检测中心，严把农畜产品安全上市关。

2003 年，“巨合滩”240 公顷水产养殖基地被认定为内蒙古无公害水产品生产基地；2004 年 6 月，“巨合滩”鲤鱼、鲫鱼被农业部认定为无公害水产品。2005 年 12 月，“准立”杏仁露在全国首获 AA 级绿色食品和有机食品双认证。2007 年，薛家湾城郊蔬菜基地和黄瓜、番茄、青椒 3 个品种，通过无公害产地和产品认证；天河肉业公司屠宰加工的“准达康”猪肉，获国家食品安全认证。2009 年，“十里长香”80 公顷小杂粮基地被认定为内蒙古无公害农产品基地。2010 年，“树农”牌西瓜获有机农产品认证。

2015 年，全旗发展 1041 家农民专业合作社，4 个产地 10 个合作社通过无公害产地认证；5 个品牌通过绿色认证；15 个品牌通过有机认证；全旗注册农畜产品商标 232 枚，其中，内蒙古著名商标 8 枚、鄂尔多斯市知名商标 15 枚。林果品牌有准立、高原露、准露，小杂粮品牌有农乡丰、十里长香，果蔬品牌有树农、蒙绿，肉食品牌准达康，水产品牌巨合滩。

第五节　土特产品

一、准格尔山杏

山杏，蔷薇科李属多年生落叶乔木，自古列入栗、桃、杏、李、枣五果之列，是准格尔旗丘陵山区栽培历史悠久的乡土果树。因半生半熟时果皮遍布茸毛且果肉汁酸，俗称酸毛杏，怀孕妇女爱吃酸毛杏、酸杏干，祖辈口口相传“酸儿辣女”的性别预测。因熟透时果皮由绿变黄且果肉多汁绵软，又名黄绵杏，民间广为流传“黄绵杏跌钵，尽想好事”的励志俗语。山杏是“不吃草的羊，不占地的粮”。高原杏仁露公司精选苦杏仁生产的杏仁露，苦尽甜来的休闲口味，润肺养颜的保健功效，被誉为“绿色大地的乳汁”。“准立”杏仁露 2004 年 12 月成为中国唯一获得有机食品和 AA 级绿色食品双认证的杏仁露，2008 年 11 月“准立”商标被认定为准格尔旗首枚著名商标，“高原露”有机杏仁露 2010 年 5 月获中国国际有机食品博览会金奖，2012 年 9 月获中国国际农产品交易会金奖。2015 年，全旗山杏保存面积 1.87 万公顷。

山　杏

二、准格尔糜子

糜子古称“稷”，列五谷之首，被子植物门禾本科黍属，一年生栽培草本作物，准格尔旗种植历史久远。糜米是蒙晋陕交界地带传统药用食材。汉族居民将糜米盛入浆米罐，置于灶台，利用灶台余温将糜米发酵变酸。蒙古族居民将糜子蒸煮半熟，垫沙炒全熟，碾压脱皮即成炒米。糜子专家魏仰浩在纳林良种场培育的内糜 2 号是全国首个利用有性杂交技术育成的粳性糜子，获内蒙古科学大会奖；内糜 5 号是全国品种审定委员会首批命名的品种，获内蒙古科技进步三等奖；伊糜 1 号、内糜 5 号，2008 年被评为全国优质品种。准格尔旗在栗钙土硬梁地上施羊粪种糜子，不上化肥，不打农药，精耕细作，打造出“十里长香”“农乡丰”两个绿色品牌。“十里长香”以产地十里长川流域命名，2011 年 4 月被认定为内蒙古著名商标；“农乡丰”2012 年 2 月被认定为内蒙古著名商标。2015 年全旗糜子播种面积 1926 公顷，产量 2510 吨。

三、准格尔沙棘

准格尔沙棘，俗称“酸刺”，被子植物门胡颓子科沙棘属，砒砂岩沟壑区天然落叶灌木。砒砂岩本坚硬如石，遇水松软如泥，裸露风化成沙，准格尔沙棘耐寒、耐旱，抗风沙，枝叶茂盛，根系发达，地上一把伞，地面一条毯，地下一张网，准格尔旗人工驯化为治理水土流失的先锋树种。水利部在准格尔旗暖水乡建设沙棘基地，治理砒砂岩水土流失成效显著。1999 年 11 月 8 日，准格尔旗被命名为全国沙棘生态建设示范县，所产沙棘果、叶销往蒙晋陕、京津冀及东三省。沙棘果实和叶片富含人体所需200余种营养成分，被国家医药局和卫生部公布为药食同源植物，收入《中国药典》。2007年水利部在东胜区创办高原圣果沙棘制品公司，以准格尔沙棘为原料，陆续开发出黄酮软胶囊、籽油胶囊、果油胶囊、籽油、果油和果汁、茶等产品，出口十多个国家。准格尔沙棘三年挂果，四年进入盛果期，防护林产果600千克/公顷。2015年，全旗沙棘保存面积8.67万公顷，暖水乡农民年人均沙棘收入4500元。

四、准格尔山羯羊

山羊，哺乳纲偶蹄目山羊属，适应沟壑山地和干旱气候，自古就是准格尔旗数量最多的家畜。准旗以蒙古山羊为母本，引进阿尔巴斯白绒山羊作父本，杂交改良培育出绒肉兼用的山羊新品种，1989年被命名为内蒙古白绒山羊。公山羊冬羔清明前后去势，入群混养，四季放牧，跑坡自由采食，对牙至四牙龄肉头厚时宰杀，就是准旗特产山羯羊肉。栗钙土草原植被有香料地椒，佐料泽蒙花、沙葱，补药甘草等88种药用植物，山羊胃口挑剔，吃到百样草；山泉源自地下岩层，远离污染源，为富含锶的重碳酸钙镁型天然矿泉水，山羊有洁癖，饮纯净水；山羯羊未曾婚配，所以肉少膻味，不像骚胡被性激素污染成老腊肉；山羯羊跑坡采食香草，跑出一身发达肌肉。山羯羊纯情小鲜肉，吃的是中草药，喝的是矿泉水，跑坡长成不膻不腻的五香肉。2015年全旗山羊饲养量40.94万只。

山羯羊

五、准格尔地毯

准格尔地毯始于1921年五字湾建首家毯坊，1949年沙圪堵建毯坊，1956年纳林建染坊兼做地毯。1972年，沙圪堵、纳林两地相继生产出口地毯。1978年建纳林地毯厂，1985年建民族地毯厂，准格尔地毯工艺日趋成熟。选本土羊毛纺线，防潮保温；用植物染料染色，色泽牢固；手工编织传统装饰图案，勾边浮雕效果逼真；出口30多个国家和地区，被外商誉为“东方地毯珍品”。纳林地毯厂定制的北京“天坛”地毯，1984年11月获中国工艺美术百花奖银杯奖；独创的“飞马”地毯，1990年9月获中国工艺美术百花奖金杯奖。民族地毯厂独创的“纳尔松”地毯，1987年9月获中国工艺美术百花奖创作二等奖。为完成出口任务，两厂发放毛线，委托2千多家毯坊编织。1996年，全旗产销地毯4.28万平方米，其中出口1.5万平方米。之后，国家取消地毯出口任务，两地毯厂转制民营，化整为零，准格尔地毯内销，热卖晋陕蒙周边，成为年轻人结婚必备第四大件。2003年，久荣地毯公司重振准格尔地毯，取得自营出口权。2004年，“久荣”地毯被评为内蒙古牌产品；2009年6月，准格尔地毯染色技艺，列入内蒙古非物质文化遗产名录。2015年，全旗产销地毯2万平方米，其中久荣地毯公司产销1.5万平方米，近千家毯坊产销0.5万平方米。

第八章 扶 贫

第一节 机 构

1991 年，准格尔旗人民政府扶贫工作部门为贫困地区经济开发领导小组办公室。1993 年 2 月转为经济实体贫困地区经济开发总公司，行政职能划归农牧业经济委员会；1997 年 5 月挂贫困地区经济开发领导小组办公室牌；2002 年 6 月更名为扶贫开发领导小组办公室（简称扶贫办）；2008 年 1 月增挂人口转移领导小组办公室牌；2010 年 11 月改属农牧业局。2015 年 4 月，撤扶贫办，职能划入中共准格尔旗委农村牧区工作部。

第二节 贫困状况

准格尔旗干旱缺水，曾经水土流失严重，经济发展迟缓，人民生活贫困。1991 年按照内蒙古农村牧区贫困标准，旗人民政府将未解决温饱的群众作为贫困对象，年纯收入低于 206 元的农村人口作为绝对贫困人口，致贫原因有因病致贫、因灾致贫。1994 年，准格尔旗列入《八七扶贫攻坚计划》592 个国家重点扶持的贫困县，全旗有 17 个贫困乡 174 个贫困村，有贫困人口 30249 户 11.15 万人。

1996 年，全旗还有 14 个贫困乡 109 个贫困村。1997 年，全旗有贫困人口 15448 户 55662 人，无电村 45 个、不通公路村 20 个，31915 人 11.13 万头（只）牲畜饮水困难，28 户 296 人需要异地安置。1999 年，准格尔旗遭遇近 60 年罕见旱灾，农田绝收 5.25 万公顷，占播种面积 91%，粮油减产 12.520 万吨，5.2 万人 10.7 万头（只）牲畜饮水困难，死亡牲畜 105 头（只），直接经济损失 4500 万元，农民人均减收 1000 多元，扶贫项目直接经济损失 910 万元；全旗有人均年纯收入 950 元以下人口 56721 人，人均年纯收入 635 元以下人口 36018 人。

2011 年 11 月，国家将农民人均年纯收入 2300 元定为新的贫困线，鄂尔多斯市上调至 4500 元。2013 年，准格尔旗按国家标准有贫困人口 2.2 万人，其中，有劳动能力贫困人口 1.5 万人，因病致贫占 33%，因灾致贫占 7.8%，因智障致贫占 5.6%，因上学致贫占 19%，因不会经营致贫占 13.2%，无劳动能力贫困人口 0.7 万人。2014 年，准格尔旗按鄂尔多斯市贫困线精准识别贫困人口 960 户 2351 人，录入全国扶贫信息网络系统。

第三节 扶贫开发

一、产业项目扶贫

准格尔旗扶贫开发项目主要靠财政扶贫资金、以工代赈资金和信贷扶贫资金投入。财政扶贫资金用于改善贫困地区生产条件，以工代赈资金用于贫困地区交通、通信等基础设施建设，信贷扶贫资金重点支持脱贫致富的产业项目。1991 年，全旗扶贫开发项目投资 518.5 万元，1997 年信贷扶贫资金高达 2055 万元，2007 年以工代赈资金高达 2799 万元，2013 年启动精准脱贫攻坚战，财政扶贫资金高达 1520 万元。2015 年全旗投入财政扶贫资金 479.45 万元。

准格尔旗贫困乡村集中在立地条件差的丘陵山区。1991 年起，伊克昭盟在丘陵山区建设“3153”工程，准旗作出建设水田、梯田、坝田 3 种基本田决定，地方财政安排，上级扶贫经费匹配，加上水保治理经费、乡镇企业利润，有偿投资，滚动发展。经过 10 年建设，人均基本田 2.75 亩，人均林果树 8 亩，小畜存栏人均 2.7 只，猪存栏户均 2.5 口，结束贫困山区靠天吃饭的历史，基本解决山区群众温饱问题，全旗消灭贫困乡。

2013 年大路镇乌兰不浪村精准扶贫送羊到户

2001 年 4 月，内蒙古启动“千村扶贫开发工程”；2002 年，准格尔旗首批对 6 个贫困村实施，国家财政以工代赈扶持 2 个村，财政扶贫资金扶持 4 个村；2003 年第二批对 42 个贫困村实施，种植业打井发展水浇地，养殖业建设肉羊、奶山羊养殖基地；2004 年，实施产业化扶贫项目 20 个，扶持贫困户从事订单式种养殖业生产，与农字号企业建立稳定的购销关系。2005 年，东孔兑镇、海子塔镇的奶山羊养殖基地，在贫困户中培育示范户 714 户。2011 年，争取 6 个贫困村实施该项目，十二连城乡天顺圪梁村平整土地覆盖贫困人口 24 户 70 人，纳日松镇二道柳村种养项目覆盖贫困人口 40 户 104 人。

2011 年 12 月发布的《中国农村扶贫开发纲要（2011—2020 年）》，将产业化扶贫列为重点扶贫模式。2012 年实施的薛家湾镇红台村苦菜深加工项目是内蒙古首家生产苦菜饮料企业；2015 年 4 月投产的十二连城乡食用菌园区吸收 600 多人就业，其中有贫困户近百人；2015 年 4 月成立的漫瀚农业科技公司，为贫困户绿色农产品打开销路；农乡丰公司在梁峁山区发展小杂粮种植基地，保护价收购农民生产的小杂粮，2010 年 10 月被认定为内蒙古扶贫龙头企业。

2014 年，内蒙古启动农村牧区“十个全覆盖”工程 3 年攻坚，准旗将该工程与扶贫等工作捆绑，“六位一体”统筹建设。至 2015 年，完成 111 个嘎查村 379 个自然村覆盖任务，累计投资 23.38 亿元，彻底改善了留守农村群众的人居环境，特别是危旧房改造、养老、医疗、低保的覆盖，雪中送炭，兜底保障了贫困人口的基本生活，全旗贫困人口 2630 人稳定脱贫。

二、科技引导扶贫

贫困乡村生产方式落后，贫困人口文化偏低。准格尔旗将扶贫扶智列为长久之计，1991 年确定 3 个科技扶贫示范乡，乡农科站供应种子、地膜、化肥、农药等农用物资。1992 年起，每年都要派科技人员深入生产第一线，建设示范项目，组织实地培训。1995 年，全旗 171 名科技人员下基层，建成示范村 154 个、示范户 1650 户，培训群众 8860 人次。

“九五”期间，科技扶贫推广适用技术主要有地膜覆盖、大棚蔬菜、畜种改良、短期育肥等，提高了贫困乡村的生产能力，增加了贫困人口的经济收入。1999 年，国家科技扶贫实行补贴资金直接到户，特困户补贴 200 元，相对贫困户补贴 150 元，特困人口补贴 50 元，用于发展科技增收项目。

跨入21世纪，准格尔旗科技扶贫投资集中在日光温室、舍饲棚圈、配套机具等项目，扶持贫困户发展规模化、产业化种养项目，2001—2002年，科技扶贫投资704.6万元。配合科技扶贫项目开展引导性科技培训，2005年培训肉羊养殖示范户4245人次；2007年在世行贷款水保项目区，整村推进扶贫项目开展种养技术引导性培训1.2万人次；之后每年科技引导性培训万人次。

三、劳力转移扶贫

跨入21世纪，准格尔旗进入大规模开发建设时期，扶贫办1999年起组织贫困群众，就近到城镇区、开发区、煤矿、交通工地、生态项目打工，当年输出贫困户劳动力0.9万人，2004年劳务输出高达3.1万人。

2004年起实施国家贫困劳动力转移培训“雨露计划”，在海子塔镇巴润哈岱村创办农民驾驶员培训基地，免费培训贫困家庭青年，至2005年建成3个扶贫培训基地，驾校培训1376人次，电脑培训376人次。2006年完成“雨露计划”培训2877人，其中，驾校培训6期1267人，煤矿作业技术培训3期632人，电脑培训706人，餐饮服务培训282人。

2014年湖西移民新村手工编织培训，陈文俊摄

2007年重新招标确定8个扶贫培训基地，培训机构6个，培训企业3家，完成“雨露计划”培训2038人，新增汽修培训249人、厨师培训68人，餐饮服务员培训96人，电焊工培训224人，保安培训152人，美容美发培训282人，参训人员就业率85%以上。2008年企业订单培训278人，其中，老年公寓培训护理人员40人，伊泰煤制油公司培训54人，保安公司培训92人。

2012年，“雨露计划”培训发展到家政服务、农村电商、园艺花卉、手工艺编织等14个专业，完成培训4160人；2014年完成培训1356人，贫困人口仅剩病残人员。2015年没有组织“雨露计划”培训。

四、异地搬迁扶贫

“八五”至“九五”期间，为解决吃水和出行问题，准格尔旗贫困群众自发从沟掌搬到沟门，从梁峁搬到川塔。跨入21世纪开始成建制组织异地搬迁扶贫，从山区搬到平原，从农村搬到城镇，一次搬离故土，永久告别贫穷。

2001年，准格尔旗扶贫移民3830人。2002年，实施内蒙古异地扶贫搬迁试点工程，搬迁移民359户1330人，其中，建移民新村安置174户645人，扩镇移民和插花式移民安置185户685人。2004年按照“以水定位、无水走人”原则，采取扩镇集中安置和插花式分散安置相结合的办法，扶贫搬

2016年异地搬迁扶贫集中安置地扶贫大棚

迁移民 184 户 720 人。西南部敖斯润陶亥、大路峁、川掌、羊市塔等缺水地区的群众，集中安置到生产生活条件较好的北部十二连城乡东柴登、天顺圪梁 2 个扶贫移民新村。

2014 年起，准格尔旗实施“六个一”精准脱贫措施，“异地搬迁脱贫一批”是措施之一，至 2015 年，全旗实施异地扶贫搬迁 565 户 1457 人；建安置点 19 个集中安置 216 户 527 人，分散安置 349 户 930 人。

五、社会定点扶贫

1997 年，中共准格尔旗委、旗人民政府作出单位包扶贫困村、副科以上干部包扶贫困户的决定，自治区、盟、旗、乡 4 级包扶单位 221 家 1302 名机关干部结对定点包扶贫困户 4384 户，投入扶贫资金 149 万元，投物折款 181 万元。

2002 年，准格尔旗遭受连续大旱第四年，西南部山区群众陷入缺水断粮的困境。市、旗两级扶贫 124 家单位定点帮扶 113 个贫困村 6091 户贫困户，投入扶贫资金 67.1 万元，为贫困群众调运口粮 10.5 万千克。

2005 年，社会定点扶贫在单位包村、干部包户的基础上，增加了行业包项目、“富帮贫”两种形式，每个重点贫困村有一名副处级以上干部蹲点，包扶贫困村发展肉羊产业，投入资金 136.24 万元，培育养殖典型示范户 310 户；2006 年投入资金 248.58 万元，建设养殖小区 52 处，培育典型示范户 343 户。

2015 年准能公司职工帮助村民剥玉米，赵乐摄

2013 年，准格尔旗打响精准脱贫攻坚战，全旗 76 个机关事业单位、155 家民营企业与 182 个嘎查村社区结成 3015 户帮扶对子，对症下药、因户施策，精准滴灌，当年投入包扶资金 2086 万元；2014 年投入帮扶资金 909 万元；2015 年选派 159 名后备干部开展驻村包扶，投入帮扶资金 610.8 万元。

六、金融信贷扶贫

1991—1999 年，全旗财政贴息，面向贫困户的扶贫贷款累计达 6706 万元，重点扶持贫困户发展种植、养殖、林果、农产品加工项目；2011 年为 21 户生态移民每户争取贴息创业贷款 3 万元。

2008 年起，准格尔旗实施扶贫互助合作社项目，向贫困户发放小额贷款，有偿使用，滚动发展；2010 年成立巴润哈岱村扶贫互助社，投放 20 万元互助资金；至 2015 年，全旗运行 6 个扶贫互助合作社，投放互助资金 413.5 万元，覆盖贫困人口 163 户 450 人。

2014 年 10 月 14 日，准格尔旗启动金融扶贫富民工程，农业银行开设风险补偿资金专户，市、旗两级到位风险补偿资金 600 万元，撬动银行发放“富农贷”6000 万元。2015 年“富

2018 年十二连城乡兴盛店村集体分红

农贷”发展到中国银行、内蒙古农村信用社，与中国银行联合中华财产保险公司合作，推出无须财产抵押，只需购买1.5%保险的“强农贷”，全年累计发放2688.5万元，覆盖贫困人口190户593人。

第四节 脱贫效果

“八五”初期,准格尔旗扶贫方式以救济“输血”为主,解决贫困人口的燃眉之急。1994年3月，国务院发布《八七扶贫攻坚计划》，提出7年解决8000万贫困人口的温饱问题；救济式扶贫开始向开发式扶贫转变。准格尔旗大力建设基本农田，稳定贫困地区温饱基础，发展多种经营，稳定贫困人口收入来源，到1995年，全旗脱贫3913户15248人，解决温饱2503户9906人。

“九五”期间,准格尔旗举全旗之力扶贫攻坚。1997年,旗委、旗政府作出《加大扶贫攻坚力度，尽快解决贫困人口温饱问题的决定》，实行全社会参与的定点扶贫，单位包贫困村、副科以上干部包贫困户；1998年，全旗85%以上贫困人口解决温饱；1999年，由于旱灾严重，只有11525人解决温饱，因灾返贫41188人，因灾致贫9058人。2000年，全旗还有贫困人口11.3万人，未能完成国家八七扶贫攻坚计划。

2001年6月，国务院发布《中国农村扶贫开发纲要（2001—2010年）》，新一轮扶贫开发攻坚目标是，从消除绝对贫困转变到解决相对贫困。准格尔旗借助国家产业化扶贫项目、内蒙古千村扶贫开发工程，实施产业扶贫、项目扶贫、科技扶贫、生态扶贫、社会扶贫、搬迁扶贫系列工程，全旗贫困人口由2001年90051人减少到2011年4121户10213人。2012年3月19日发布《国家扶贫开发工作重点县名单》，准格尔旗不在其列，整体摘帽脱贫。

扶贫手册一户一册，2018年乔玮摄

2011年11月29日，中央扶贫开发工作会议印发《中国农村扶贫开发纲要（2011—2020年）》，提出到2020年实现扶贫对象不愁吃、不愁穿，保障义务教育、基本医疗和住房。2013年，准格尔旗打响精准脱贫攻坚战，精准识别贫困人口，对症下药，精准滴灌，易地搬迁脱贫一批，产业扶持脱贫一批，教育资助脱贫一批，医疗救助脱贫一批，社保兜底脱贫一批。至2015年，社会扶贫带动422户1160人，金融扶贫带动189户590人，互助资金项目带动163户450人；“十个全覆盖”工程及其他项目带动152户430人，全旗贫困人口452户1234人实现“两不愁三保障”，稳定脱贫。

李柱小家住龙口镇麻地梁村，全家3口人，有耕地1公顷，妻子体弱不能从事重体力劳动，儿子正在上学，李柱小一人务农为业，收入微薄，一家人住在两孔旧窑洞。2014年他家被识别为建档立卡贫困户，驻村干部对李柱小精准施策。实施危房改造，全家人搬进宽敞明亮的砖瓦房；协调自来水入户工程，解决人畜饮水问题；通过教育扶贫，为其子减免学杂费，发放教育资助金；确定养羊为增收脱贫项目，申请金融扶贫贷款，修建80平方米羊圈。2015年养羊7只，全家收入12045元，超过脱贫标准光荣脱贫。

第五节　革命老区建设

准格尔旗属全国第三类革命老区，共产党组织落地于大革命时期，抗战时秘密建立县级组织，公开建立统一战线，解放战争率先创建伊克昭盟最早的民族自治旗政权。1987 年，经内蒙古自治区相关部门核定，全旗革命老区分布在马栅、魏家峁、四道柳、大路峁、长滩、羊市塔 6 个乡。2015 年，全旗革命老区涉及龙口镇全境，纳日松镇全境，沙圪堵镇五字湾、庙壕 2 村，薛家湾镇长滩、业林沟、哈拉敖包 3 村，暖水乡哈必汉、忽吉图 2 村，准格尔召镇四道柳村。革命老区面积 2200 平方千米，人口 7.4 万人，占全旗总面积 28.6%，占全旗总人口 23.6%。

准格尔旗革命老区分布在偏远山区乡村。党和国家对革命老区实行财政转移支付的倾斜扶持政策，促进革命老区经济建设社会发展。跨入 21 世纪，国家产业化扶贫项目、内蒙古自治区千村扶贫开发工程，惠及准格尔旗革命老区 8 个村，项目资金用于打井、打坝，解决人畜饮水困难，发展小规模种养殖业。至 2015 年，发展“一村一品”特色产业，培育出沙坪梁村小果类市场、魏家峁村小杂粮加工、长滩村窑洞蘑菇、大路峁村散养鸡等产业。

2009 年，旗妇联主席郭玉凤被中国老区建设促进会评为全国优秀老区妇女工作者；布尔陶亥苏木铧尖村妇女周玉莲被评为全国老区妇女创业创新标兵。

革命老区龙口镇大口村，抗战时建立晋西北抗日根据地中共河曲县委四区区委。中共马栅区委革命活动展厅自 2014 年 9 月 10 日开展后，门庭若市，车水马龙。大口村因红色展厅声名鹊起，发展成一项红色旅游产业。

2020 年龙口镇大口村红色旅游

第六篇

工业

煤炭工业

电力工业

化学工业

材料工业

酸刺沟煤电工业园区，2017年6月黄鑫摄

准格尔旗支援国家重点工程，开发煤炭资源起家；抢抓西部开发先机，西煤东运，西电东送，奠定现代工业基础。跨入新时代，打造工业升级版，准格尔经济开发区和大路煤化工基地两大工业园区初具规模,初步改变“一煤独大”的格局，形成以煤电为基础，以煤化工为延伸，以高岭土、陶瓷、机械制造、农畜产品加工等非煤产业为补充的现代工业体系，从傻大黑粗到高精尖细，脱胎换骨，建成国家绿色能源和新型化工基地。2015 年，凭借 4729 家工业企业 607.23 亿元工业增加值，跃居中国工业百强县第 8 位。

伊泰煤制油项目厂区，2010 年 9 月摄

第一章　工业总情

第一节　工业规划

一、国家项目带动

准格尔旗曾是以农业为主导产业的国家级贫困县，能够成为以工业为支柱产业的全国百强县，得益于国家重点建设项目带动。“八五”国家重点建设项目准格尔项目一期工程上马时，准格尔旗就提出“服务国家重点建设项目，带动地方经济发展”。开发准格尔煤田，带动地方煤炭、建材、化工等行业发展，煤炭实行保护国营、扶持乡镇、限制村办的政策；建材发展水泥、釉面砖、白灰、砖瓦等。之后，“九五”国家重点建设项目黄河万家寨水利枢纽、21 世纪初西部大开发重点项目国华准格尔电厂、新时代蒙西至天津南国家特高压输变电通道，国家重点建设项目纷至沓来，为准格尔旗地方工业发展提供了不竭的动力。

二、资源转换战略

准格尔旗坐拥得天独厚的煤炭资源和与煤伴生的高岭土等矿产资源，开发矿产资源，将资源优势转换为经济优势是工业发展的必然选择。“九五”初期，准格尔旗首次提出实施资源转换战略的工业发展计划。发展煤炭、建材、化工、农畜产品加工 4 大支柱产业，建设薛家湾综合、弓家塔煤炭、榆树湾建材、神山陶瓷、沙圪堵农畜产品加工 5 个工业小区。工业门类由煤炭独立支撑开始向电力、建材、化工、农畜产品加工扩展，2000 年，全旗煤炭生产能力超千万吨，电力装机容量超百万千瓦，资源转化为能源，又成为工业的动力。跨入 21 世纪，依托资源和能源双重优势，提出发展高耗能、高岭土、煤转化等产业，始终走的是一条依托煤、转化煤、延伸煤的工业发展之路；进入“十一五”期间提出发展非煤产业，走超越煤的新型工业化之路。

三、工业化战略

“十五”期间，准格尔旗抢抓西部大开发的机遇，实施工业化战略，由单纯依靠自然资源开发向产品升级换代转变，由传统产业向高新技术产业转变。主攻方向由“十五”前期的“两高一转一联”，即高耗能产业、高岭土产业、煤炭转化、与科研院所横向技术联合，调整为后期的“大煤炭、大煤电、大煤化、大能耗”四大产业；建设薛家湾煤电、魏家峁—榆树湾高耗能、弓家塔—羊市塔煤转化、沙圪堵开发区高岭土和农畜产品加工、神山陶瓷 5 大工业园区。

“十一五”期间，准格尔旗贯彻落实科学发展观，实施新型工业化战略，集中发展大路煤化工基地和准格尔经济开发区非煤产业园区，推动产业到园区集聚，以煤为母体产业，构建以煤为基础、多元发展、循环利用、互为一体的能源重化工产业体系。鄂尔多斯大路煤化工基地煤化工产业，准格尔经济开发区非煤产业迅速发展，2010 年，全旗煤化工产业落地产能 986 万吨，准格尔经济开发区 5 个陶瓷项目近 7 亿件产能落地。

四、工业升级版

2012 年年末，中国煤炭黄金十年因港口煤价跌入低谷结束；鄂尔多斯房地产资金链断裂引发民间借贷危机。新常态经济下行压力倒逼准格尔旗工业转型发展，打造县域经济升级版。2013年，旗委、旗政府出台工业升级版规划，围绕准格尔经济开发区和大路煤化工基地两大工业园区，打造现代煤电、新型煤化工、陶瓷、煤电铝一体化循环经济四大产业集群，建设国家绿色能源和新型煤化工基地。到“十二五”末，全旗改变“一煤独大”的工业格局，形成以煤电为基础，以煤化工为延伸，以高岭土、陶瓷、机械制造、农畜产品加工等非煤产业为补充的现代化工业体系。

第二节　工业规模

一、工业经济指标

1991年，准格尔旗有工业企业61家，工业增加值0.23亿元，工业资产0.25亿元，工业从业人员不足万人，农业总产值是工业总产值的3倍多。1995年，全旗有工业企业115家，工业增加值1.22亿元，工业资产1.22亿元，工业从业人员接近2万人，工业总产值2.44亿元，接近农业总产值2.47亿元。

“九五”期间，工业超越农业，成为准格尔旗新的主导产业。1998年起，国家统计规模以上工业，统计范围包括全部国有工业企业及年主营业务收入达到500万元及以上的非国有工业法人企业。当年，全旗工业增加值6.53亿元，工业总产值是农业总产值的3.79倍。

跨入21世纪，准格尔旗由工业大旗向工业强旗迈进。2001年，全旗工业总产值是农业总产值的9.13倍，2005年工业总产值是农业总产值的16.32倍。2007年起，规模以上工业统计范围调整为，年主营业务收入达到500万元及以上的工业法人企业。当年，全旗有工业企业2986家，实现工业增加值151.76亿元。其中，规模以上工业企业131家，规模以上工业实现增加值120.32亿元，占全部工业增加值79.28%；规模以上工业资产410亿元，规模以上工业从业2.45万人。

进入“十二五”期间，准格尔旗第三产业迅速发展，但始终没有撼动工业的支柱地位。2011年起，规模以上工业统计起点提高到年主营业务收入2000万元及以上。当年，全旗有工业企业4704家，实现工业增加值479.44亿元。其中，规模以上工业企业103家，实现工业增加值419.44亿元，占全部工业增加值的87.49%；规模以上工业资产1643亿元，规模以上工业从业4.47万人，形成规模以上顶天立地、规模以下铺天盖地的工业发展格局。

2015年，准格尔旗有工业企业4729家，实现工业增加值607.23亿元。其中，规模以上工业企业100家，实现工业增加值542.23亿元，占全部工业增加值89.30%；规模以上工业资产2633亿元，规模以上工业从业4.23万人，比1995年全部工业从业人员增加1倍多。

二、工业主要产品

原煤是准格尔旗大宗工业产品。1991年产销原煤180万吨；2000年产销原煤1188万吨，准格尔旗从此成为全国最大的产煤县。2005—2007年，准格尔旗完成鄂尔多斯市地方煤矿资源整合机械化改造三年攻坚战，关闭不符合安全生产条件煤矿102座，技改扩建煤矿106座，技术装备水平跨入全国先进行列，成国家西煤东运的骨干矿源地，至2011年产销原煤达到峰值26557万吨。2015年，产销原煤回落到22080万吨，继续领跑全国重点产煤县。

电力是准格尔旗清洁能源产品。1993年8月投运的准煤公司电厂是首座工业化火电厂，1995年发电量10.84亿千瓦时；1998年11月投运的黄河万家寨水利枢纽是首座水电站，2002年4月投运的西部大开发第一个火电项目国华准格尔发电厂是首座现代化火电厂。2007年，国华准格尔发电厂4×330万千瓦机组全部投产，准格尔旗成为国家西电东送的骨干电源地，2014年发电量达到峰值211.80亿千瓦时。2015年，全旗电力装机容量606.4万千瓦，发电量回落到185.44亿千瓦时。

化肥是准格尔旗传统化工产品。准格尔旗化肥厂1991年产量0.69万吨，1996年达到峰值1.28万吨，1998年12月转制民营，由呼和浩特市土左旗化肥厂兼并经营，2001年土左旗化肥厂撤走后倒闭。2013年11月，天润化肥项目在鄂尔多斯大路煤化工基地投产，2014年生产化肥22.32万吨，2015年回落到11.16万吨。

硫磺曾是准格尔旗优势化工产品。1991年有硫磺企业2家，因硫磺矿源枯竭，生产开始萎缩。全旗硫磺产量由1991年的万吨左右一路下降到1998年2家硫磺厂转制停产时的不足千吨。

电石是准格尔旗高耗能产业主要产品。1998年生产电石1.17万吨。从“九五”末主动引进到“十一五”环保限制，历经多次节能减排提升改造，从业主体减少，产能保持增长。2013年生产电石达到峰值129.44万吨，2015年回落到95.32万吨。

水泥是准格尔旗传统建材产品。1991年生产水泥2.74万吨。国营榆树湾水泥厂经过两次技改扩建，1994年产能达到10万吨，2000年12月转制民营组建铸城水泥公司，成为全旗仅存水泥企业，产能一度扩大到30万吨，2009年达到峰值39.52万吨，2013年后遭遇鄂尔多斯民间借贷危机减产。

陶瓷是准格尔旗工业产品。1994年6月组建神山陶瓷集团，产能釉面砖100万平方米、卫生陶瓷15万件。1997年上马1600万件日用陶瓷项目，1998年集团解体，日用陶瓷项目2000年1月引进山东美华瓷业集团兼并经营，2001年产销达到峰值1253万件，2005年倒闭。2009年准格尔经济开发区启动陶瓷工业园区，引进陶瓷项目到2015年陆续投产。

地毯曾是准格尔旗畜产品加工优势产品。1991年，纳林地毯厂和准格尔旗民族地毯厂生产地毯2.90万平方米，1998年转制民营后生产滑坡。2003年组建久荣毯业公司恢复生产，2009年生产地毯3万平方米，2012年遭遇鄂尔多斯民间借贷危机再次萎缩。

2015年，准格尔旗形成以煤电为基础，以煤化工为延伸，以高岭土、陶瓷、机械制造、农畜产品加工等非煤产业为补充的工业体系。产销原煤2.21亿吨左右，电力装机容量421.6万千瓦，新型煤化工产能482万吨，陶瓷产能8000万件、500万平方米，高岭土产能20万吨。未列入统计的工业产品有，机械制造生产的矿山机械设备和石油化工装备，农畜产品加工业生产的杏仁露、白酒、果酒。

1991—2015年准格尔旗主要工业产品产量统计表

表6-1

年　份	原煤（万吨）	发电（亿度）	炸药（万吨）	化肥（万吨）	电石（万吨）	甲醇（万吨）	硫磺（万吨）	水泥（万吨）	日用瓷（万件）	地毯（万平方米）
1991	180	—	0.15	0.69	—	—	1.05	2.74	—	2.90
1995	710	10.84	0.38	0.87	—	—	0.54	5.36	16	2.52
1996	722	12.02	0.45	1.28	—	—	0.30	9.87		4.28
1997	1117	11.00	0.61	0.52	—	—	0.30	8.94		3.35
1998	1101	11.16	0.29	0.24	1.17	—	0.10	5.09	109	—
1999	1003	11.50	0.39	0.37	1.44	—	—	7.40	105	—

续表 6-1

年　份	原煤（万吨）	发电（亿度）	炸药（万吨）	化肥（万吨）	电石（万吨）	甲醇（万吨）	硫磺（万吨）	水泥（万吨）	日用瓷（万件）	地毯（万平方米）
2000	1188	15.39	0.48	0.31	1.48	—	—	5.90	836	—
2001	2007	16.48	0.49	—	4.53	—	—	7.22	1253	—
2002	2946	35.72	1.10	—	12.83	—	—	7.17	1178	—
2003	3806	61.84	1.33	—	24.2	—	—	11.20	820	—
2004	6000	72.26	1.90	—	37.96	—	—	12.28	108	0.56
2005	7700	74.18	2.90	—	53.02	—	—	21.62	—	
2006	8522	88.89	3.02	—	63.6	—	—	18.11	—	
2007	9641	82.53	5.80	—	81.67	—	—	25.87	—	2.00
2008	10015	126.24	7.07	—	82.56	—	—	34.44	—	2.20
2009	13760	123.92	9.71	—	70.29	—	—	39.52	—	3.00
2010	20502	141.43	15.56	—	39.25	—	—	30.35		
2011	26557	172.93	22.28	—	59.48	—	—	33.91		
2012	26430	188.46	8.92	—	63.17	149.79	—	6.54		
2013	25757	204.73	12.69	—	129.44	178.84	—	3.45		—
2014	24182	211.80	12.60	22.32	111.74	221.08	—			—
2015	22080	185.44	9.15	11.16	95.32	248.24	—			—

三、工业横向排名

1995 年，伊克昭盟开始培育四个层面企业，创利税超亿元为巨龙企业、超 5000 万元为雄狮企业、超 3000 万元为小老虎企业、超 1000 万元为小巨人企业。准格尔旗只有 5 户利税超百万元骨干企业，无一户入围。在国家重点建设项目带动下，“九五”期间有了雄狮企业准格尔旗煤炭工业总公司、小老虎企业黑岱沟化工厂、小巨人企业果品厂，1997 年 3 月 25 日，准格尔旗捧回伊克昭盟工业经济争名升位竞赛“鄂尔多斯流动杯”。

“十五”末期，工业成为全旗支柱产业。2005 年全部工业增加值 73.4 亿元，占地区生产总值的比重由 2000 年的 44.5% 上升到 56%；2007 年，全旗实现工业增加值 151.76 亿元，其中规模以上工业实现增加值 120.32 亿元。2008 年 1 月 28 日，准格尔旗入围内蒙古工业十强旗县。

2011 年，内蒙古启动“双百亿工程”，提出用 3 年时间培育年营业收入超百亿元的工业开发区和骨干企业。2012 年，准格尔旗有 5 户企业实现超百亿，其中伊东集团、特弘集团、满世集团、恒东集团跻身“2013 中国民企 500 强”榜单；2013 年两大工业园区双双实现超百亿，准格尔经济开发区销售收入 351 亿元，大路煤化工基地销售收入 105 亿元。

2015 年 6 月 2 日，国家首次发布《中国工业发展报告》，准格尔旗凭借 4729 家工业企业 607.23 亿元工业增加值，跃居中国工业百强县第 8 位。

第二章　煤炭工业

1991年，全旗307座煤矿产销原煤182.7万吨，煤炭工业产值8662万元，占工业总产值61.94%，占地区生产总值19.19%；2000年，准格尔旗产销原煤1188万吨，从此成为全国产煤大县；2008年完成煤矿整合机械化改造，装备技术水平跨入全国先进行列；2011年产销原煤达峰值2.66亿吨；2015年，全旗135座煤矿核定产能3.43亿吨，产销原煤2.21亿吨，煤炭工业产值836.8亿元，占工业总产值82.44%，占地区生产总值75.55%。

第一节　管理机构

一、行政管理机构

1991年，准格尔旗人民政府煤炭管理机构是煤炭工业公司，政企合一，准县级建制，既是全旗最大的地方国营企业，又管理全旗国营、二轻、乡镇煤矿的生产销售、安全技术。同年5月设煤炭管理局，与煤炭工业公司合署办公；1993年2月撤销煤炭管理局；1995年7月成立煤炭工业管理局，与煤炭工业公司合署办公。1997年11月煤炭工业公司与煤炭工业管理局分设；煤炭工业管理局辖煤炭销售管理总站；2010年11月更名为煤炭局，辖煤炭销售管理总站、煤矿安全生产监督管理站。2015年在册人员820名，其中，行政事业人员456名，临时聘用人员364名。

二、销售管理机构

1996年3月，伊克昭盟煤炭销售市场管理总站成立伊准东部地区煤炭联合收费管理站，驻准格尔旗薛家湾镇。2015年下设11个分站13个检票点，其中龙口、魏家峁、柳青梁、小沙湾、小鱼沟、大路高速路、大饭铺与准格尔旗煤炭销售管理总站所属煤管站联合执法，乌兰不浪、杨四圪咀、薛家湾、沙圪堵4个分站独立执法。

1997年11月，准格尔旗煤炭管理局成立煤炭销售管理总站，与煤炭管理局合署办公。下设黄天棉图、哈岱高勒、玻璃圪旦、榆树塔、弓家塔5个煤炭销售管理站，管理全旗煤炭税费。2015年，下设玻璃圪旦、哈岱高勒、弓家塔、中部地区、西部地区、纳林庙、沙圪堵7个煤管站，35个煤管分站，36个检票点。驻守地点分布在运煤汽车从煤矿出发，途经的所有出旗路口。

三、安全管理机构

1991年，准格尔旗煤矿安全生产管理机构是煤炭工业公司、劳动人事局矿山安全检查站；1997年11月为煤炭工业管理局；2001年9月，伊克昭盟煤炭安全监察管理站成立东部安全监察管理分站，驻准格尔旗薛家湾镇；煤炭工业管理局2006年成立安全生产监督管理站，2007年3月成立煤矿安全生产监控调度中心，2010年11月安全生产监督管理站下设东部、西部、中南部3个分站。

第二节 煤矿建设

1991年，准格尔旗有煤矿307座，煤炭产量182.7万吨；其中，纳林沟、城坡、乌素沟、二道沟4座国营煤矿，产量65.7万吨；乡镇煤矿和个体小煤窑303座，产量117万吨；最大煤矿国营纳林沟煤矿，机械化程度50%，产能超20万吨。在建“八五”国家重点建设项目黑岱沟1200万吨露天煤矿配套选煤厂、地方重点项目唐公塔300万吨煤矿，拉开东部准格尔煤田开发序幕。

1996年9月，伊克昭盟煤炭公司75万吨纳林庙煤矿3个井口全部竣工，西部东胜煤田进入全面开发期。全旗有采矿许可证和生产许可证煤矿472座，产能超千万吨；其中，国营煤矿13座、国营单位办煤矿49座，集体单位办煤矿38座、乡镇办煤矿62座、村办煤矿155座，个体办煤矿129座；生产规模小、装备水平低、安全条件差；小煤窑挑肥拣瘦，乱采滥挖，资源极度浪费。1991—1996年，全旗关闭无证小煤窑230家。

1998年6月至1999年年底，准格尔旗按国家统一部署实施地方煤矿关井压产，关闭无采矿许可证和生产许可证，持有两证违反许可范围越界越层开采，不符合安全生产条件的煤矿302座，其中持有两证煤矿252座；保留煤矿170家，全旗煤炭产能压减到505万吨。

跨入21世纪，西煤东运列入国家西部大开发战略，准格尔旗实施大煤电战略，吸引各路财神前来圈地开办煤矿，煤矿数量回升到200多座。2005年1月5日，旗人民政府印发《煤矿推行机械化开采提高回采率实施方案》(准政发〔2005〕2号)，打响鄂尔多斯市地方煤矿资源整合机械化改造三年攻坚战。2006年9月8日，全市首座综采机械化放顶煤矿伊东集团120万吨窑沟扶贫煤矿投入试生产。2007年6月5日，全国煤矿整顿关闭工作现场会在准旗召开，来自全国100多个重点产煤县的500多名与会人员，参观伊泰集团纳林庙煤矿二号井和伊东集团东圪堵煤矿。

至2008年年底，全旗有124座地方煤矿，包括新建煤矿18座、单井技改煤矿47座、资源整合技改煤矿59座。三年关闭不符合安全生产条件煤矿102座；106座技改煤矿累计投资119.72亿元，包括综采矿井29座、高档普采矿井24座、普采矿井28座、露天煤矿25座；平均单井产能由不足9万吨提高到130万吨，机械化程度由不足10%提高到95%，回采率由不足15%提高到75%，井下人员每人每天劳动功效由6.7吨提高到38吨，劳动强度降低50%以上；91座煤矿实现双回路供电；

准格尔旗最大井工煤矿年产1500万吨蒙泰不连沟煤矿，2015年摄

所有井工煤矿监控系统实现24小时在线监控。煤炭装备技术水平、质量安全水平居全国前列。

2010年1月6日，旗人民政府印发《进一步淘汰落后产能促进煤炭产业优化升级实施细则》(准政发〔2010〕4号)，针对炮采和高档普采煤矿产业集中度低、安全保障能力弱的问题，30座煤矿当年全部完成综合机械化开采或露天开采改造，淘汰高档普采和炮采工艺。

2011年3月，内蒙古自治区开始新一轮煤炭企业兼并重组。全旗136座煤矿中，122座煤矿参与兼并重组，18家煤炭企业列为兼并重组主体企业；以资产为纽带，以股份制为主要方式，由大企业兼并小型企业。2014年，大型煤炭企业控股煤矿占全旗煤矿76.6%。通过兼并重组，形成5000万吨以上煤炭企业1家、1000万吨以上煤炭企业5家、500万吨以上煤炭企业4家，产能约占全旗总产能65.2%，煤炭生产集约化程度、安全生产技术水平大幅提高。

2015年，全旗有煤矿134座，井田面积1506.29平方千米，可采储量133.49亿吨，生产能力3.43亿吨。按采煤方法分，井工煤矿69座，井田面积825.70平方千米，可采储量72.74亿吨，生产能力1.72亿吨；露天煤矿65座，井田面积680.60平方千米，可采储量60.75亿吨，核定产能1.71亿吨。按建设性质分，建成煤矿127座，核定产能3.07亿吨，平均单井产能240万吨，大于千万吨煤矿4座，最大哈尔乌素3500万吨露天煤矿；在建煤矿5座，产能3500万吨；拟被整合煤矿2座，产能60万吨。

2015年准格尔旗120万吨以上产能生产煤矿一览表

表6-2

煤 矿	所属企业	所在乡村	井田面积（平方千米）	可采储量（万吨）	产能（万吨）	等级	投产年月	产量（万吨）	员工（人）
不连沟煤矿	华电煤业集团	大路镇房子滩村	33.2114	74570.000	1500	一级	2011-11	1140.00	1779
酸刺沟煤矿	伊泰集团	薛家湾镇马家塔村	44.8781	68969.000	1200	一级	2008-08	1155.53	685
黄玉川煤矿	中国神华集团	薛家湾镇柳树湾村	42.6400	92600.000	1000	一级	2014-05	396.00	574
纳林庙二号井	伊泰集团	纳日松镇纳林庙村	20.9600	12361.000	630	一级	2008-06	404.00	325
大饭铺煤矿	力量煤业公司	薛家湾马家塔村	9.6108	20516.330	510	一级	2012-12	404.22	651
宏景塔一矿	伊泰集团	纳日松镇勿图沟村	28.3951	7260.490	500	一级	2007-08	473.00	750
罐子沟煤矿	满世集团	龙口镇郑峁梁村	17.1670	20580.000	450	一级	2009-05	695.90	564
孙家壕煤矿	伊东集团	薛家湾镇阳塔村	10.2382	14086.000	300	一级	2011-02	296.00	307
小鱼沟煤矿	三维资源集团	大路镇房子滩村	3.9893	5432.000	300	三级	2010-07		50
布尔洞煤矿	汇能集团	纳日松镇勿图门村	12.3274	3700.000	240	一级	2002-10	237.37	300
公沟煤矿	汇能集团	准格尔召镇铧尖村	9.3199	2760.000	240	一级	2002-06	198.00	300
宏鑫煤矿	伊东集团	准格尔召镇乌兰哈达村	16.6104	11540.690	240	一级	2008-11	229.21	428
宝平湾煤矿	汇能集团	纳日松镇宝平湾村	13.2597	13224.980	240	一级	2011-12	238.00	288
官板乌素煤矿	河北冀中能源	友谊街道唐公塔村	3.4996	1414.300	240	二级	1994-04	120.11	325
扶贫煤矿	伊东集团	薛家湾镇阳塔村	5.4169	7502.010	240	二级	2006-09	221.00	278
羊市塔二矿	汇能集团	纳日松镇山不拉村	11.3748	9450.000	240	二级	2008-07	214.00	267

续表 6-2

煤 矿	所属企业	所在乡村	井田面积（平方千米）	可采储量（万吨）	产能（万吨）	等级	投产年月	产量（万吨）	员工（人）
串草圪旦煤矿	开滦投资公司	龙口镇范家卯村	7.0900	3428.100	240	二级	2008-11	240.00	460
宏测煤矿	伊东集团	准格尔召镇黄天棉图村	9.1610	6040.000	240	二级	2009-05	237.00	375
沙咀子煤矿	伊东集团	薛家湾镇牛光圪旦村	7.8482	8372.350	240	二级	2009-12	13.86	16
长滩阳圪愣煤矿	锦泰集团	薛家湾镇长滩村	5.4810	1051.150	240	二级	2010-03	222.30	457
阳塔煤矿	聚祥煤业集团	纳日松镇川掌村	33.7075	5650.000	240	二级	2010-08	161.57	292
羊市塔一矿	汇能集团	纳日松镇山不拉村	14.4700	5733.000	240	二级	2008-08	222.00	352
永智煤矿	满世集团	准格尔召镇黄天棉图村	5.7371	3662.200	180	一级	2009-06	21.62	200
东圪堵煤矿	伊东集团	纳日松镇川掌村	8.6040	3634.000	180	一级	2008-03		18
富民煤矿	汇能集团	准格尔召镇忽吉图村	12.5292	5989.600	180	二级	2008-01	124.47	383
唐公塔煤矿	东辰公司	友谊街道唐公塔村	8.4905	8587.030	150	一级	2010-08	149.60	374
宏亚煤矿	恒东集团	纳日松镇纳林庙村	20.6310	8485.580	150	一级	2010-10	94.47	185
兴隆黑岱沟煤矿		薛家湾镇三宝窑村	3.3960	7262.610	150	二级	2009-01	149.97	345
忽沙图一矿	伊东集团	准格尔召镇忽吉图村	16.8900	2523.000	150		2009-06	28.27	60
闫家沟煤矿		准格尔召镇黄天棉图村	9.4369	2325.620	120	一级	2008-12	21.84	234
山不拉煤矿	中煤集团	纳日松镇羊市塔村	6.3300	3192.080	120	一级	2014-04	114.53	393
三鼎煤矿		准格尔召镇乌兰哈达村	4.2640	1283.080	120	二级	2000-10	0.00	10
四道柳煤矿	满世集团	准格尔召镇忽吉图村	7.3100	2984.000	120	二级	2009-09	60.11	197
炭窑渠煤矿	伊东集团	纳日松镇松树焉村	4.2515	472.040	120	二级	2009-12	58.74	125
美日花图沟煤矿	恒东集团	纳日松镇纳林庙村	6.0716	2954.800	120	二级	2010-02	120.00	320
碓臼沟煤矿	锦泰集团	龙口镇沙焉村	5.0750	189.230	120	二级	2011-09		215
宝丰煤矿		纳日松镇松树焉村	4.1100	1559.000	120	—	2008-09	81.50	150
忽沙图二矿	恒东集团	准格尔召镇忽吉图村	16.5330	3950.420	120	—	2009-01		
西乌素煤矿	伊东集团	纳日松镇敖劳不拉村	4.1420	1697.580	120	—	2009-03	17.56	33
纳林庙一号井	伊泰集团	纳日松镇纳林庙村	9.3900	2357.000	120	—	2009-04	22.13	303
电力满都拉煤矿	西蒙悦达公司	准格尔召镇黄天棉图村	8.0150	4129.430	120	—	2011-05	5.20	150
怡和聚源煤矿		纳日松镇勿图沟村	3.7968	1741.000	120	—	2010-09	103.81	131
哈尔乌素露天煤矿	神华准能公司	薛家湾镇大塔村	61.4300	104609.000	3500	一级	2008-11	3364.96	
黑岱沟露天煤矿	神华准能公司	友谊街道张家圪旦社区	42.4000	125724.000	3400	一级	1999-11	3289.08	
魏家峁露天煤矿	中国华能	龙口镇魏家峁村	52.5932	68631.620	600	一级	2012-12	430.00	465
昶旭露天煤矿	满世集团	纳日松镇勿图门村	12.2558	1899.500	400	一级	2010-02	310.00	316
金正泰露天煤矿	山东能源集团	薛家湾镇牛光圪旦村	9.5800	6300.000	300	一级	2011-01	150.00	300

续表 6-2

煤 矿	所属企业	所在乡村	井田面积（平方千米）	可采储量（万吨）	产能（万吨）	等级	投产年月	产量（万吨）	员工（人）
铧尖露天煤矿	北联电公司	准格尔召镇沙蒿塔村	57.3910	10208.390	300	一级	2011-12	0.00	9
古城露天煤矿	伊东集团	纳日松镇二长渠村	28.3860	7925.000	300	—		237.18	500
乌兰哈达露天煤矿	呼能煤炭集团	准格尔召镇乌兰哈达村	12.3731	4927.000	210	二级	2013-07	60.41	305
柳林沟露天煤矿	大源煤炭公司	纳日松镇勿图门村	8.0720	3875.000	200	二级	2013-06	195.00	89
经纬露天煤矿		准格尔召镇忽吉图村	8.1565	3096.000	180	二级	2009-09	9.60	474
瑞德露天煤矿	瑞德煤化公司	纳日松镇乌兰哈达村	6.6280	1396.550	180	二级	2010-10	89.83	136
永利露天煤矿		准格尔召镇铧尖村	17.0000	13500.000	180	—	2010-06	145.00	110
壕赖梁露天煤矿	开远集团	纳日松镇勿图门村	5.5603	1550.250	150	二级	2006-07	131.49	278
远兴露天煤矿		纳日松镇勿图沟村	3.6241	3401.000	120	二级	2009-07	103.00	53
西梁露天煤矿	满世集团	准格尔召镇铧尖村	10.7454	2428.000	120	二级	2009-12	20.92	170
纳户沟露天煤矿		纳日松镇大路峁村	3.7860	1474.190	120	二级	2013-12	0.00	28
云凯露天煤矿		纳日松镇大路峁村	7.6980	2008.520	120	二级	2014-04	25.00	85
恒博露天煤矿	恒东集团	纳日松镇乌兰哈达村	6.2710	2517.650	120	二级	2014-04	0.00	35
新鑫露天煤矿	蒙泰集团	沙圪堵镇张家圪堵村	9.3706	2705.000	120	二级	2014-09	53.00	180
石圪图露天煤矿		纳日松镇敖劳不拉村	8.8446	2658.000	120	三级	2008-08	0.00	36
和泰露天煤矿		准格尔召镇黄天棉图村	8.4790	3262.840	120	—	2002-06	201.23	310
孙三沟露天煤矿	鸿远煤炭集团	准格尔召镇乌拉哈达村	2.7140	2372.618	120	—	2007-04		279
安家坡露天煤矿	伊泰集团	暖水乡昌汉素村	3.2460	445.580	120	—	2009-10	25.90	16
阳堡渠露天煤矿	恒东集团	纳日松镇松树焉村	2.4490	410.000	120	—	2013-11	31.99	20

第三节 井工采煤

1991年，准格尔旗有井工煤矿306座，其中有4座国营井工矿，乡镇和个体小煤窑302座，最大井工煤矿国营纳林沟煤矿，机械化程度50%，产能超20万吨。2008年完成煤矿资源整合机械化改造三年攻坚战，106座技改煤矿中有81座井工煤矿，建成综采矿井29座、高档普采矿井24座、普采矿井28座。

“十二五”期间，建成不连沟、酸刺沟、黄玉川等一批千万吨级综合机械化煤矿。2015年，全旗有井工煤矿69座，井田面积825.69平方千米，可采储量72.74亿吨，生产能力1.72亿吨。建成井工煤矿62座，生产能力1.36亿吨，平均单井产能220万吨，最大井工煤矿蒙泰不连沟煤矿，产能1500万吨。在建矿井5座，产能3500万吨。拟被整合矿井2座，均为最小产能30万吨。

一、开拓掘进

准格尔旗煤层埋藏浅，常露头，煤层起伏平缓，井工煤矿斜井开拓为主。1991年，国营煤矿多斜井＋平硐混合开拓，采用电钻打眼，爆破落煤掘进，布置主副双井，主井布局两翼工作面；小煤窑煤层露头处开口，沿煤层打立梯斜井，阶梯最多320阶，巷道较浅，独井采煤，采掘不分，爆破掘进；2000年完成关井压产，清除单井口通风的“独眼井”。

2008年，全旗完成机械化改造三年攻坚战，淘汰平硐开拓，普遍采用斜井集中开拓；改用综合机械化采煤设备掘进，落煤后通过自身刮板输送机转运到固定皮带输送系统外运，实现落煤、装运、行走一体连续作业；巷道布置由双巷改为三巷，主运大巷、辅运大巷及回风大巷；单一煤层矿井采用单水平开采，多煤层或特厚煤层采用多水平开采。

个别煤层埋藏较深矿井采用立井开拓。2009年，黄玉川煤矿建矿，采用斜井＋立井混合开拓，大巷条带式开采4号、6号两个水平煤层，4号煤采用一次采全高综采工艺，设计产能1000万吨。

二、井下采掘

1991年，准格尔旗煤矿实行留房柱前进式采煤。国营煤矿实现半机械化采煤，准混兑乡石圪咀煤矿采用残柱分层高落式采煤，截煤机采底煤，爆破落煤，回采率30%；小煤窑人工回柱放顶，挑肥拣瘦、采富弃贫，回采率10%左右，2000年全旗完成关井压产，小煤窑回采也改为爆破落煤，回采率提高到30%。

2000年开始推广壁式采煤。2003年伊泰集团新建240万吨宏景塔机械化矿井，率先由单巷前进式开采改造为“区段前进、工作面后退”开采，并向双巷边界后退开采过渡；新建长城煤矿实现单一走向长壁综合机械化采煤。

2008年，全旗完成井工煤矿机械化改造，淘汰柱式半机械化采煤，实行壁式综合机械化采煤，实现一矿一井一个工作面，回采率提高到75%。分层长壁炮采、综采综放、悬移整体顶梁开采、自移式液压支架开采、综合机械化放顶开采等先进技术广泛使用，2009年伊东集团东圪堵煤矿由短壁机械化采煤改造为综合机械化长壁开采，2010年彻底淘汰炮采工艺。

2009年汇能集团井工煤矿机械化综采工作面

至2015年，全旗井工煤矿机械开采以综合开采为主导、高档普采为补充，回采率提高到88%；中型煤矿机械化程度80%以上，大型煤矿采煤机械化程度95%以上，特大型煤矿机械化程度100%。

三、井下支护

三块石头夹一块肉，井下支护保障人身安全。1991年，小煤窑几乎没有支护，集体煤矿使用木柱支护，国营煤矿使用金属支柱支护；2000年，完成关井压产后，煤层厚度3米以下矿井推行摩擦式金属支柱支护；2003年，新建弓家塔布尔洞沟煤矿引进掩护式液压支架，运输巷及回风巷为单体液压支柱配金属铰接顶梁支护。

2008年，完成机械化改造后，长壁综采矿井全部采用移动液压支架支护，采空区实现自然垮落；巷道采用金属锚杆加端头支护，破碎顶板采用锚索＋金属棚＋锚索梁等形式联合支护，支护设备有锚杆机、锚索钻机、掘锚一体机，支护作业真正实现了机械化。

2015 年，井工煤矿多数建成长壁式一次采全采高矿井，掩护式液压支架支护，采空区顶板实现全部垮落；端头采用过渡支架和单体液压支柱配合金属铰接顶梁支护；上下顺槽超前支护采用单体液压支柱配合铰接顶梁支护，超前支护距离达到 20 米。支护方式完善，建成大批安全高效矿井。

四、提升运输

1991 年，井工煤矿普遍采用畜力车、四轮车下井拉运，人力装煤；高厚煤层矿井采用汽车拉运，装载机装煤；少数深井大矿采用电力绞车提升，电机车牵引轨道矿车运输。畜力车、四轮车、汽车属非防爆车辆，伊克昭盟煤炭工业处严禁非防爆车辆下井拉煤。

2000 年，完成关井压产后，普遍采用防爆装载机装车，防爆液压自卸车运煤；西南部纳林庙矿区大型煤矿，率先引进工作面刮板运输机、主运大巷胶带运输机，实现胶带连续运输；东部个别高厚煤层矿井使用提升设备，伊泰集团酸刺沟煤矿，井底原煤经箕斗提升至地面煤场。

2008 年，完成机械化改造后，井下提升运输环节实现连续机械化，工作面使用刮板运输机，通过顺槽转载机转至运输大巷，经胶带输送机提升运输至地面。伊泰集团所属煤矿，刮板机 + 转载机 + 顺槽皮带 + 主运巷皮带 + 主井皮带 + 地面连续运输系统，运输能力达 1 万吨 / 小时。

2012 年投产的黄玉川煤矿，建成中国第一个在副立井提升系统中采用大罐笼全无轨运输提升系统。长距离井下无轨煤炭运输系统，提升载荷 45 吨至 53 吨，为投运的提升系统最大载荷，两项创新设计荣获国家专利，获全国工程咨询成果二等奖，中国煤炭工业科技成果三等奖。

五、井下通风

1991 年，准格尔旗多数煤矿为独眼井，自然通风效果差；国营煤矿开拓双井，自然循环通风。1992 年，煤炭公司严禁矿井串联通风，煤岩层发现一次沼气，即定为报废矿井；工作面沼气浓度达到 2% 时，20 米内停止作业；强制煤矿配备风机，建立机械通风系统。

1996 年，国营煤矿配备新型节能风机、局部风扇等机械通风设备，实现中央并列抽出式通风；1997 年，关闭独眼井，扩大回风平硐、回风副井，配备主扇风机，全旗煤矿机械通风率 97%，全部为双井口循环通风；到 2000 年完成关井压产时全部实现中央边界式机械通风。

2008 年，完成机械化改造，采煤工作面普及风压通风系统，至少布置两个畅通风口，一个进风巷道，一个回风巷道，所有矿井达到“一通三防”标准，即通风、防尘、防瓦斯、防火。瑞德二矿主副斜井双筒进风，斜立井双筒回风；东圪堵煤矿回风立井装备通风机，一台工作，一台备用；工作面配备通风机，一台工作，一台备用。

2015 年，全旗井工煤矿全部建成机械循环通风系统。巷道布置进风大巷、回风大巷及采区进回风巷，一个进风井配套多个回风筒。井下配备主通风机、备用通风机、局部通风机，建有风门、风桥、风站等设施，安装瓦斯、一氧化碳、温度等空气质量传感器。

第四节　露天采煤

1991 年，伊克昭盟乡镇企业公司与准格尔召乡炭窑渠村联营 3 万吨露天煤矿，是准格尔旗最早的露天煤矿。在建黑岱沟露天煤矿是国家建设的现代化大型露天煤矿。

1996 年 9 月，黑岱沟露天煤矿投入试生产，设计产能 1200 万吨；2014 年 1 月核定产能 3400 万吨。2008 年 11 月，哈尔乌素露天煤矿投入试生产，设计产能 2000 万吨，2014 年 1 月核定产能 3500 万吨，是亚洲最大露天煤矿。2010 年 9 月 14 日，“神华杯”采煤技能国际邀请赛在黑岱沟露天煤矿开赛，7 个国家 9 家煤炭企业 43 名选手，展开穿孔机、单斗挖掘机、电动轮自卸卡车、履带式推土机、平路机 5 个项目比拼，这是全球采煤的奥林匹克运动会。

准格尔旗 2008 年完成地方煤矿机械化改造三年攻坚目标，井工煤矿整合改扩建 25 座露天煤矿。2009 年起治理煤田火区，18 处火区改建为露天煤矿。此后新建投产最大露天煤矿，是 2012 年 12 月投产的 600 万吨魏家峁露天煤矿。

2015 年，全旗有露天煤矿 65 座，产能 1.71 亿吨，其中 120 万吨以上露天煤矿 39 座，产能 1.53 亿吨，最小露天煤矿产能 30 万吨；在建最大露天煤矿汇能集团 2000 万吨长滩露天煤矿。

一、爆　破

1996 年 9 月，黑岱沟露天煤矿投入试生产，爆破穿孔使用老式冲击钻，2002 年更新为潜孔钻机、牙轮钻机。2007 年 3 月 1 日，成功实施中国第一次抛掷爆破，爆破岩石量 115 万立方米，使用炸药 700 吨，爆破区域长 450 米、宽 60 米、深 40 米，有效抛掷率 39%，创国内煤矿一次爆破体量、用药量新纪录。2010 年开始数码雷管抛掷爆破，爆破后沉降高度增加 4 ～ 6 米。

2008 年 1 月 18 日，准能公司哈尔乌素露天煤矿实施首次松动爆破，投入履带自行式柴油机驱动液压牙轮钻机，钻孔直径 187 毫米，单根钻杆标准孔深 8.65 米，机载最大钻孔深 45.23 米。后更新为矿用电动履带式牙轮岩石钻机，钻孔直径 311 毫米，单根钻杆标准孔深 11.77 米，机载钻孔最深 60.54 米。2013 年起，由人工布孔改为智能定位穿孔，提高钻机定位效率及穿孔精度。

2008 年，准能公司建成炸药混装车地面站生产线，两大露天煤矿爆破作业现场，混装车运装炸药，填塞机充填炮孔。主爆药多孔粒状铵油炸药，起爆药 2 号岩石炸药，水炮孔用乳化炸药。采用多排垂直深孔，分别对岩层台阶、煤层台阶，实施不同深度、不同药量的微差松动爆破，爆破部位更加精准。

地方露天煤矿起步晚，爆破技术装备起点高。2007 年 10 月，金阳露天煤矿首次爆破选用潜孔钻机，更换钻头，改变钻杆直径，岩石孔直径 150 毫米，煤层孔 100 毫米。2008 年，昶旭露天煤矿建矿，双螺杆移动式空压机配套履带式液压潜孔钻机穿孔。2010 年 2 月投产后，投运智能一体化液压潜孔钻机。地方露天煤矿普遍采用垂直多排炮孔，矩形布孔，串联与并联结合连接，非电导爆管毫秒微差起爆，实现从前排至后排依次起爆。

2007 年 3 月 1 日 12 时，准能公司黑岱沟露天煤矿实施国内首次抛掷爆破，许荣摄

二、采 掘

黑岱沟、哈尔乌素两大国字号露天煤矿，选用国内外最先进的采矿设备，实施综合开采工艺。上部黄土采用轮斗挖掘机 + 胶带输送机剥离工艺，岩石采用单斗挖掘机 + 卡车剥离工艺；下部岩层剥离采用抛掷爆破 + 吊斗铲倒堆工艺；下部煤层采用单斗挖掘机 + 自卸卡车 + 坑边半移动破碎站 + 胶带输送机半连续开采工艺。巨型露天坑口形成组合台阶采装运工作面。

2007 年 11 月 12 日，准能公司引进美国比塞洛斯公司斗容 90 立方米、回转半径 100 米的世界第一台采用交流变频速无齿轮传动技术的大型吊斗铲，首次下黑岱沟露天煤矿实施倒堆作业，配套挖掘机容量 23 立方米，创国内露天煤矿单斗容量最大新纪录。两矿采掘设备中，挖掘机最大斗容 60.4 立方米，电铲最大斗容 58 立方米。

地方露天煤矿普遍采用单斗挖掘机 + 自卸卡车开采工艺，坑口形成组合台阶露天开采工作面，采装设备一般为 4 立方米电铲、1.6 立方米单斗挖掘机。2012 年 2 月投产的魏家峁露天煤矿，剥离采用单斗 + 卡车间断工艺，自营剥离和外包剥离两种生产模式。采煤采用单斗 + 卡车 + 半固定破碎站 + 胶带运输机半连续工艺，主要采掘设备 35 立方米电铲、21 立方米进口液压铲。2013 年被评定为全国特级安全高效矿井，2015 年被评定为全国安全高效特级煤矿。

三、运 输

1992 年 7 月，黑岱沟露天煤矿投入第一代 108 吨自卸卡车运输矿煤、岩石，轮斗挖掘系统配套的半固定胶带输送系统排土。2002 年投入 154 吨自卸卡车；2010 年投入 220 吨自卸卡车。2011 年 6 月，黑岱沟露天煤矿二次扩能，购置 290 吨级自卸卡车。2015 年，哈尔乌素露天煤矿服役运输设备，是载重量 326 吨的巨型矿用汽车和载重量 236 吨自卸卡车。

2007 年 12 月开工的神山露天煤矿有 20 吨自卸卡车、30 吨宽体矿用车；2008 年开工的铧尖露天煤矿，自卸卡车载重 40 吨；2012 年 2 月投产的魏家峁露天煤矿，移动运输设备是额定载重 220 吨的自卸卡车和载重 91 吨的自卸卡车，非工作帮下部设有破碎能力每小时 2000 吨的半固定破碎站。坑下原煤由卡车运至破碎站破碎后，通过胶带运到地面洗煤厂，经洗煤厂洗选后的精煤外销，筛下沫煤经皮带输送系统运至电厂发电。

四、排 土

黑岱沟露天煤矿设东、北、西及东沿帮、阴湾 5 个外排土场，1 个内排土场。1 号、2 号轮斗剥离黄土初送东排土场，从 1146 米标高开始排弃，到 1180 米形成平台，到 1260 米分 5 个台阶，2007 年 10 月排满后改送内排土场。2013 年阴湾排土场排满，外排土场全部排满停用，坡面和顶面覆盖 2 米厚黄土，绿化复垦。内排土场从 1155 米标高开始排弃，2003 年启用 3 号、4 号轮斗剥离，排弃物送内排土场 1255 米平台，内排土场最高 1270 米平台，2015 年在排。

哈尔乌素露天煤矿外排黑岱沟排土场，设计标高 1260 米台阶，后增至 1275 米台阶，2012 年 2 月停用，全部改内排。2009 年 7 月采坑形成内排土场，2012 年形成 7 个台阶，最低标高 995 米，最高标高 1200 米，2015 年在排。

2007 年 12 月开工的神山露天煤矿，内排土场标高从 1390 米到 1430 米；外排土场从 1420 米到 1480 米；2015 年在 1460 米到 1480 米间作业。2009 年 4 月 27 日，旗人民政府针对地方露天煤矿乱堆乱放问题，发布实施《地方煤矿露天开采和火区治理及应急灭火监督管理办法》(准政发〔2009〕66 号)，鼓励露天煤矿回填绿化，要求排土堆覆土厚不低于 0.5 米。2015 年，全旗露天煤矿采坑面积 39.66 平方千米，外排土场面积 159.43 平方千米。

第五节　原煤洗选

1991 年，准格尔旗国营煤矿按煤质优劣，对原煤分采、分储、分装、分运；个体小煤窑原煤混装运销，没有选煤意识。1995 年，西南部犻牛川矿区大型煤矿建成简易筛选设施，采用土法选煤，对原煤筛选分级。

1996 年 9 月，全旗第一座选煤厂准煤公司黑岱沟露天煤矿选煤厂投入试生产，设计产能 1200 万吨。引进英国移动式破碎站，破碎最大粒度 1800 毫米，排料粒度小于 300 毫米；引进德国大型厚筛，筛孔 13 毫米，筛分效率 85% 以上；引进德国筛下空气式块煤跳汰机，处理物料最大 200 毫米。建成跳汰、旋流重介、浅槽重介 3 个洗选系统，全国首创跳汰 + 旋流重介 + 浅槽重介联合洗选工艺，生产不同热值混煤产品。2000 年，推出“准混”牌 1 号、2 号、3 号和“准末”牌等 7 个绿色煤炭产品，热销国内市场。2002 年 6 月，被评为全国十佳选煤厂。2008 年 12 月，准能公司哈尔乌素露天煤矿配套选煤厂投产，设计产能 2000 万吨，是亚洲规模最大的选煤厂。

地方煤炭洗选加工始于 2005—2008 年煤矿资源整合机械化改造三年攻坚战，配套建成一批选煤厂，普遍采取重介洗选工艺。2006 年 12 月 21 日，伊泰集团在犻牛川矿区实行优、劣煤分运、分储、分筛和混合入洗的方法，生产的出口洗精煤，被国家监督检验检疫总局认定为国家免检产品。2008 年起，伊东集团配套建设 6 座洗煤厂，设计洗选能力 1850 万吨，首座洗煤厂扶贫煤矿 300 万吨洗煤厂建成投运。2009 年，伊泰集团酸刺沟煤矿选煤厂投运，采用浅槽重介和旋流重介联合洗煤工艺，设计产能 1600 万吨，分选效率 99% 以上。2010 年 4 月，满世集团“满世”商标获评内蒙古著名商标，3 座选煤厂生产坑口煤种有水洗混块、水洗粉煤，港口煤种有“满世”牌 3 号、4 号、5 号煤。到“十一五”末，全旗地方煤炭洗选率 44%。

2012 年 5 月 25 日，旗人民政府印发《关于加快推进煤炭洗选工作的通知》（准政发〔2012〕31 号），要求设计产能 120 万吨以上煤矿，配套建设同等规模洗选煤厂；不具备条件的煤矿通过煤矿间共建群矿型洗选煤厂；鼓励大型煤炭企业并购小型洗选煤厂。

准能公司哈尔乌素露天煤矿选煤厂，2016 年刘杰摄

2013 年，黄玉川煤矿 1000 万吨选煤厂投产，细分原煤煤种，采用较为先进的综合洗选工艺。块煤采用重介浅槽分选工艺，沫煤采用脱粉旋流重介分选工艺，粗泥煤回收采用分级旋流 + 离心 + 高频筛联合工艺，细煤泥采用浓缩后快开隔膜式压滤 + 沉降离心联合工艺，稀介质回收采用直接磁选工艺。

2015 年，全旗有选煤厂 71 座，原煤入选能力 19835 万吨。按类型划分，矿井配套 35 座，群矿型 36 座；按洗选能力划分，300 万吨及以上大型选煤厂 20 座，入选能力 14800 万吨，小于 120 万吨小型选煤厂 23 座，入选能力 1135 万吨。各洗煤厂采取单一工艺或联合工艺进行洗选，全旗原煤洗选率提高到 50%。

第六节　煤炭运销

一、煤炭物流

1991 年，受交通落后制约，准格尔旗煤炭工业处于“以运定产”时期，全旗运销煤炭 182.7 万吨。以旗内短途运销为主，运煤车辆为拖拉机、畜力车；旗外长途运销为辅，向东运往呼和浩特市，向西运往东胜县，运煤车辆为解放牌载重 5 吨汽车。小煤窑产煤运不出去，窑主到路口给煤车司机塞烟，装煤时备酒食招待，想方设法吸引煤车。

1999 年 11 月 24 日，大准铁路投运。伊克昭盟煤炭公司购买一批蓝色东风牌 7 吨货车，承包给社会青年运煤，从西部纳林庙装煤，到东部大准铁路唐公塔集装站卸煤，驾驶员多是“二把刀”，跨越纳林川、十里长川砂石路，交通事故频发，人送外号“蓝鸟敢死队”。

伊泰集团 1996 年建成曹羊线，汇能集团 1998 年建成边贾线、边府线，伊东集团 2005 年建成指羊线，羊市塔、纳林庙矿区公路运煤通道与等级公路连通。1997 年 11 月 9 日，大同—准格尔铁路全线运营；2010 年 6 月 28 日，准格尔至东胜铁路两期工程全部投运，将东西两大煤田铁路运销体系联为一体。打通交通瓶颈，煤炭工业进入“以销定产”时期。

煤炭铁路外运按国家铁路规范管理，秩序良好。公路运煤车辆扬洒污染公路、超载事故频发，运煤效率大打折扣。1997 年 11 月起执行限长、限宽、限高的限载政策。1999 年 6 月起单车限载上限 18 吨。2000 年主挂运煤车辆最高限载上调为 22 吨。2005 年 7 月起煤矿、煤场安装电子汽车衡，从源头治理运煤车辆超载超限。2008 年运煤车辆载重限定在 55 吨以内。

伊泰集团呼准铁路运煤专列，2014 年王玉科摄

“十二五”期间，全旗建成准格尔召、暖水、西营子、虎石、肖家、唐公塔、南坪、点岱沟 8 座铁路集装站，伊泰酸刺沟煤矿、蒙泰不连沟煤矿 2 条运煤铁路支线。依托集装站规划建设煤炭物流园，具备运输、仓储、交易、加工、配送等综合服务功能，铁路运力大幅度提升。

准格尔旗煤炭物流主要由西向东流，坑口煤先由公路货运到铁路集装站，再经准东铁路由旗西运到旗东，到周家湾站分为南北两路，南路经大准线、大秦线运抵秦皇岛港口，航运华东、华南沿海缺煤省份，出口海外。北路经呼准线运抵蒙西电网火电厂。2015 年，全旗运销煤炭 2.64 亿吨，其中铁路运销 1.4 亿吨，占全旗煤炭运销量的 53%。

二、煤炭票证

1991 年，准格尔旗对煤炭销售实行旗级统一票证发运，盟旗两级联合路检，代征煤炭税费的管理制度。统一使用煤炭公司印制的三联复写收据式发票，一车一票，拉煤车司机在旗煤管站按吨位交费开票，途经盟煤管站过磅验票。1995 年 9 月起改用税务机关统一印制的《煤炭销售专用发票》。

1997 年 4 月，伊克昭盟统一发票、统一发运单，盟旗两级联合收费，统一管理煤炭市场。公路外运煤炭由盟税务部门监制、盟煤炭部门印制发票，加盖旗煤炭部门专用章。铁路外运煤炭由盟税务部门监制、经销单位印制发运单，加盖盟煤炭部门专用章。1998 年起，质量技术监督部门对年产 3 万吨以上煤矿进行质量检测，核发销售煤炭质量证书。1999 年 6 月 5 日起实行煤炭准销证管理制度，只向持有采矿许可证和煤炭生产许可证的煤矿发放煤炭准销证。2004 年，煤炭销售专用发票由三联撕扯式改为两联裁剪式，细分出煤矿、煤场两类原煤、煤泥、焦粉、矸石等不同产品专用票，实行精细化管理。

1999 年 6 月 22 日起实施《煤炭经营管理办法》，禁止经营无煤炭生产许可证煤矿生产、加工的煤炭产品，禁止经营无煤炭经营资格证企业的煤炭产品。2013 年 6 月 29 日修订的《中华人民共和国煤炭法》取消煤炭生产和经营事前许可审批，改为预知备案，事后抽查监管。1999—2013 年，准格尔旗境内经自治区煤炭工业管理局审发的煤炭生产许可证 881 个，最多的是 2004 年审发煤炭生产许可证 105 个；累计审发煤炭经营资格证 746 个，最多的是 2010 年审发煤炭经营资格证 105 个。

2006 年 7 月 1 日起，《准格尔旗煤炭税费征缴管理办法》（准政发〔2006〕58 号）实施，实行关口前移、人技结合的新办法。煤矿、公路和出旗路口，安装煤矿、煤管站、煤炭局三位一体煤炭生产销售电子信息监控系统，配备电子汽车衡和视频监控装置，由煤炭局管现场销售环节，代征代收煤炭税费。税务机关安装电子税控装置，控制税源，稽查煤矿和煤管站，管后台监督环节。

2009 年 5 月，鄂尔多斯市煤炭局印发《煤（井）田火区治理工程煤和煤矸石销售票证暂行管理办法》，煤田火区治理工程煤和煤矸石销售使用专用票证。

2010 年 9 月，煤炭局对销售票证实行限量供应，打击不按规定开具票证，串票、套票、假票、一票多用、转让票证等不法行为。2011 年煤矿销售数据实现及时上传全旗煤炭销售系统，开始使用电脑打印发票，堵塞发票造假漏洞。煤炭局纠察队 2013 年取缔无证煤场 8 家，没收无票煤 310 吨；2015 年查处违规案件 19 起，罚款 29.4 万元。

三、煤炭价格

1991 年，原煤销售价以国家计划管理为主，按发热量计价，发热量高则价高；以市场供求调节为辅，冬季取暖用煤量增加，冬季煤价高于夏季煤价。准格尔旗执行伊克昭盟不分煤种统一销售价，吨煤价国营煤矿 35 元，集体煤矿 25 元，以此为基础价，沫煤上调 103%，中块煤上调 140%，特大块煤上调 129%。个体煤矿参照邻近国营和集体煤矿，全旗吨煤平均价 25.5 元。

1992 年 6 月 10 日，内蒙古自治区物价局提高地方煤炭出厂价格，吨煤价提高 8 元。5 元用于地方煤矿发展基金，3 元用于维持简单再生产基金。2000 年 9 月 1 日，伊克昭盟实行煤炭销售最低保护价。准格尔旗吨煤价处于25年最低水平。纳林沟地区大块煤32元、混煤21元；弓家塔地区大块煤35元、混煤22元；羊市塔地区大块煤33元、混煤22元；黄天棉图地区大块煤38元、混煤27元。

2002—2012年是中国煤炭黄金十年，港口平均吨煤价由400多元一路上涨到800多元。而准格尔旗煤矿低价倾销，无序竞争，坑口吨煤平均价徘徊在50元。2003年，旗委、旗政府引导地方煤矿组建煤炭行业协会，与国字号煤企联手限产保价。此举为产煤地赢得话语权，准格尔旗煤价实现翻番，接近全国平均水平，开始分享煤炭黄金十年的红利。

2005年，国家对煤炭价格实行临时干预，实行最高销售限价，以煤炭企业2005年1月月底前实际销售的最高价格为最高限价。2006年全国重点煤炭产运需衔接会确定，电煤价格全面放开，供需双方协商确定电煤价格。这一政策宣告多年来煤矿直接供应电厂的电煤，不再由政府定价。当年，准格尔旗坑口平均吨煤价，精煤180元、煨煤90元。

2007年4月，准格尔旗吨煤坑口价，东部区原煤130～150元，块煤180～200元；中南部区原煤175～188元，块煤200～240元。年底，准格尔旗坑口价随港口价再次上涨，东部区原煤145～165元，块煤195～215元；中南部区原煤210元，块煤260元。

2008年春，南方冰冻灾害引发全国电煤价格疯涨。准格尔旗坑口平均吨煤价一度超过400元，李家渠煤矿高达510元，为25年来煤价的顶峰。国家发展和改革委员会2008年第46号公告，对电煤价格实行紧急干预。7月1日起，煤炭生产企业供发电用煤，均以2008年6月19日实际结算价格为最高限价；当日没有交易的，以此前最近一次实际结算价格作为最高限价。2008年12月，全旗坑口平均吨煤价格跌回400元以内。

2009年，准格尔旗煤价涨幅收窄，西部区原煤价维持在每吨280～290元。2010年9月30日起，煤炭局限量供应煤炭销售票，实行限产保价措施。2012年起，坑口价几乎与港口价同步涨跌，煤炭行业协会确定平均吨煤300元的参考价，煤炭企业根据市场变化，灵活操作适时调价。市场价大于300元时，按5%上调坑口价；市场价小于或等于300元时，按3%下调坑口价。

2013年，全国煤价跌至低谷，准格尔旗煤价一路下跌。2014年吨煤平均价227元。2015年8月，全国5500大卡电煤港口平均价410元，准格尔旗坑口价在165元上下波动。年底，东部区电煤80元，精煤区电煤137元，西部区电煤99元。2015年，全旗吨煤平均价170元，同比下降25.1%。

四、煤炭税费

煤炭行业是准格尔旗主要税源。1991年，全旗煤炭税费由旗煤炭公司代征。1994年征收煤炭税费2600万元，占全旗财政收入的38.50%；1996年征收煤炭税费5800万元，财政收入占比57.32%。

1998年，全旗煤炭税费改由煤炭工业管理局销售管理总站代征，征收税费7633万元，财政贡献率44.71%。2004年12月9日，旗人民政府发文（准政字〔2004〕15号）批复，煤炭销售管理总站受国税局委托，代征煤炭销售增值税；受地税局委托，代征煤炭销售所得税、资源税、运输税、城建税、教育费附加；受财政局委托，代征水保治理费、育林基金；受国土局委托，代征矿产资源管理费。2010年征收税费118.27亿元，财政贡献率高达80.73%；2011年征收税费高达159.65亿元，财政贡献率72.55%；2014年，征收税费回落到110.72亿元，财政贡献率回落到66.28%。

2015年4月24日，旗人民政府第五次常务会议决定，旗煤炭局不再为税务部门代征煤炭税款，改为协助税务部门征收涉煤税款。

准格尔旗根据煤炭市场趋势，落实国家税费政策，及时调整煤炭税费征收标准，煤炭税费负担始终保持在企业可承受的合理区间，调控煤炭行业淘汰落后产能，环保安全发展。

2000 年 10 月 20 日起，停止征收吨煤 1 元的煤炭销售管理费、0.2 元的矿山救护费，征收国税、地税、发展基金、维简费、水保治理费、资源补偿费、造林费、乡镇企业管理费、工会会费 9 项，综合税费标准为，东部区吨煤 20.22 元，中部区和西部区 12.96 元、焦粉 11.28 元。

2004 年 1 月 1 日起，征收项目核减为增值税、企业所得税、资源税、井下运输营业税、个人所得税、城建税、教育附加费 7 项，征收标准下调为吨煤东部区 9.2 元、西部区 8.2 元。2005 年 1 月 1 日起，征收标准上调为吨煤东部区 18 元、中部区 17 元、西部区 12 元。2008 年 5 月 1 日起上调为吨煤东部区 45 元、中部区 85 元、南部区 105 元、西部区 60 元。

2009 年 2 月 20 日起，煤炭行业预征税费核减为增值税、企业所得税、资源税、城建税、教育附加费 5 项，征收标准下调为吨煤东部区 42 元、中部区 80 元、南部区 98 元、西部区 55 元。

2014 年 9 月，国务院决定煤炭资源税由从量计征改为从价计征，内蒙古自治区将煤炭资源税适用税率确定为 9%。准格尔旗按吨煤东部区 175 元、中部区 150 元、南部区 190 元、西部区 160 元的标准代征。

2015 年 3 月 25 日起，煤炭行业代征税款核减到企业所得税、资源税、城建税、教育附加费 4 项，征收标准下调为，吨煤东部区 28 元、中部区 31 元、南部区 42 元、西部区 26 元。

代征煤炭规费，涉及规费种类多，征费单位多，费率变化大。

1991 年，准格尔旗征收水土流失防治费，按吨煤 0.5 元征收。2011 年 1 月 16 日起，露天采煤上调为每吨 1 元。2013 年，不再征收水土流失防治费。1998—2012 年，累计征收水土流失防治费 5.23 亿元。

1992 年 6 月 10 日起，内蒙古自治区吨煤提取 5 元地方煤矿发展基金，提取 3 元维持简单再生产资金（简称维简费）。1995 年 10 月起，调整为吨煤提取维简费 7.5 元、发展基金 5 元。1989 年 10 月 28 日起，吨煤提取维简费 9.5 元。2005 年 9 月 2 日，旗人民政府决定吨煤提取维简费 1.5 元。2013 年不再提取维简费。1998—2012 年，累计提取维简费和发展基金 63.2 亿元。

1994 年 2 月 27 日起，国家开征矿产资源补偿费，费率为销售收入的 1%。2007 年 1 月 1 日起，煤炭资源补偿费征收标准由 0.55 元 / 吨提高到 1.5 元 / 吨。2007 年 10 月 1 日起，煤炭资源补偿费改由国土资源局征收。1998—2007 年，累计征收煤炭资源补偿费 5.23 亿元。

1995 年 1 月 1 日起，内蒙古自治区吨煤提取 0.01 元造林费。2010 年 1 月 1 日起，鄂尔多斯市吨煤提取精矿区 1 元、半精矿区 0.7 元、煨煤区 0.4 元，用于营造节能减碳林。2013 年不再提取植树造林费。1998—2012 年，累计提取植树造林费 4.29 亿元。

2005 年 7 月 1 日起，鄂尔多斯市开征煤炭生产安全费，大中型煤矿企业吨煤提取 3 元，露天煤矿提取 2 元，达不到正规开采要求，资源回采率不符合国家技术规定标准的煤炭企业和小型煤矿提取 10 元。2005—2014 年，累计提取安全费 38.36 亿元。

1994—2014 年准格尔旗煤炭税费征收统计表

表 6-3 单位：万元

年 份	税 收		附加规费					合 计
	国 税	地 税	水保费	资源费	造林费	维简费	安全费	
1994	—	—			—		—	2600
1996	—	—					—	5800
1998	1680	1537	274	147	55	3941	—	7633
1999	1798	1471	274	144	55	3559	—	7302
2000	2108	1744	339	177	68	4228	—	8664
2001	3246	2731	535	271	107	6994	—	13884
2002	5675	3118	780	330	156	6374	—	16433
2003	6499	5618	1006	359	201	14071	—	27755
2004	13605	16272	1608	624	322	26575	—	59005
2005	57396	81147	2586	2286	517	35392	9500	188823
2006	76608	104315	2774	2367	555	30195	18502	235316
2007	131996	126842	3148	5393	630	35094	21112	324214
2008	252453	188821	3196	—	639	42783	21531	509423
2009	399618	227531	4792	—	958	68220	28900	730019
2010	659801	345456	7892	—	11120	110785	47633	1182687
2011	882670	470485	15095	—	17858	147214	63162	1596485
2012	910099	482080	7954	—	9683	96529	61294	1567639
2013	893822	424998	—	—	—	—	59158	1377978
2014	758939	295359	—	—	—	—	52852	1107150

第七节 煤矿安全生产

一、标准化建设

1991 年，伊克昭盟推行“一通三防”质量标准化考核评级，要求国营煤矿达到通风、防尘、防瓦斯、防火标准。1992 年，纳林沟煤矿、乌素沟煤矿由于生产能力不足评为丙级，忽吉图煤矿评为乙级。2008 年准格尔旗完成煤矿机械化改造，全旗煤矿达到“一通三防”标准。

1998 年，国家要求乡镇煤矿“五消灭”：消灭明火明电放炮、消灭刀闸开关、消灭明火明电照明、消灭打干眼、消灭独眼井；装备“四小件”：小绞车、水泵、煤电钻、局扇。准格尔旗 2000 年完成关井压产，所有煤矿达到“五消灭”“四小件”标准。

2006 年起，准格尔旗按照国家煤矿安全监察局《煤矿安全质量标准化标准及考核评级办法（试行）》（煤安监办字〔2004〕24 号），开始煤矿安全质量标准化考核评级，黑岱沟露天煤矿当年被评为质量标准化一级单位。2015 年，全旗建成投产煤矿 127 座，安全质量标准化达标煤矿 67 座，其中一级 21 座、二级 40 座、三级 6 座，达标率 52.75%。

2010 年 7 月，国务院印发《关于进一步加强企业安全生产工作的通知》(国发〔2010〕23 号)，实施煤矿生产技术装备标准，建设煤矿井下安全避险“六大系统”。准格尔旗 2008 年完成机械化改造，率先建成监测监控系统、通信联络系统，陆续建成压风自救系统、供水施救系统、人员定位系统，至 2015 年，五大系统建成率 100%，紧急避险系统建成率 90%。

全旗煤矿井下普遍设置永久避难硐室。2008 年，恒东美日煤矿建成两处避难硐室，配备 130 套隔离式自救器。5 号煤层避难硐室布置在辅运大巷与回风大巷之间，容纳 60 人避难。6 号煤层避难硐室布置在辅运大巷与主运大巷之间，有效面积 90 平方米，容纳 70 人避难。避难硐室与室外五大系统对接，在无任何外援的情况下，可供额定人数生存 96 小时。

二、救护队建设

准格尔旗煤矿救护队，1991 年隶属于煤炭工业公司；1997 年 10 月划归煤炭局；2008 年 7 月通过内蒙古质量标准化达标验收；2015 年下设两个中队和 6 个小队，分别驻沙圪堵镇、纳日松镇纳林庙、准格尔召镇黄天棉图、薛家湾镇哈拉敖包、亭子墕，在册人员 90 人。

矿山救护队配备救援车辆有矿山救护车、装备车、吊车、叉车等；处理火灾事故装备有惰气发生装置、高倍数泡沫灭火机、快速密闭、高压脉冲灭火装置等；处理水灾事故装备有多种型号水泵等；处理冒顶事故装备有液压千斤顶、液压剪切钳、液压扩张器等；检测仪器有红外线测距仪、热成像仪、生命探测仪、人体搜寻仪、四合一多种气体检测仪、红外线测温仪、氧气报警仪、爆炸三角形测定仪等装备，达到《矿山救护规程》要求。

2017 年伊东集团矿山救护队

1991—2015 年，矿山救护队经受数次有毒有害气体和烈火的考验，处理各类灾害事故数百起，成功救援遇险被困人员多名，挽回经济损失 10 多亿元。2006 年 7 月 13 日，处理金利煤矿山洪灌井事故，成功营救出 10 名遇险人员。2009 年 1 月 16 日，处理准能公司东沿帮边角煤回收井气体中毒事故，及时营救 7 名被困人员，2 人脱离生命危险。2013 年 9 月 16 日，处理黄玉川煤矿冒顶事故，及时营救 4 名被困人员，1 人脱离生命危险。

至 2015 年，伊泰集团、伊东集团、蒙泰不连沟煤矿、黄玉川煤矿和唐家会煤矿建有专职煤矿救援队，为企业所属 23 座煤矿提供救援服务，其余 111 座煤矿，由准格尔旗煤矿救护队负责救援服务。

三、安全教育

“八五”至“九五”期间，准格尔旗煤矿点多面广，从业人员数量众多，素质参差不齐。由于安全培训不到位，许多人无证上岗，违规作业，人为原因导致多起煤矿事故发生。

“十五”期间，煤炭局践行“管理、装备、培训”并重的安全理念，重点开展特种作业人员安全培训。考试合格，核发从业资格证，持证上岗。2001 年培训安全员、爆破工、瓦斯检测员 387 名。

2002年培训安检员、瓦斯检测员、爆破工、绞车工、电钳工，890名特种作业人员分赴210座煤矿持证上岗。

2005年起，煤矿特种作业人员从业资格证改由定点培训机构培训核发。矿级安全生产管理人员由内蒙古自治区煤矿安全培训中心培训核发。区队级安全生产管理人员、特种作业人员由自治区培训中心鄂尔多斯分校培训核发。

2010年，准格尔旗按照《国务院关于进一步加强企业安全生产工作的通知》（国发〔2010〕23号）规定，严格执行煤矿从业人员执证准入制度，开始对煤炭行业进行全员培训，先培训后上岗。要求煤矿招收人员必须参加有资质培训机构不少于72学时的安全培训，考试合格后持证上岗。

2012年起，实行培训和考试颁证分离。安全生产管理人员由内蒙古自治区煤炭工业局颁证，特种作业人员由鄂尔多斯市煤炭局颁证，其他从业人员由旗煤炭局颁证。鄂尔多斯煤炭技工学校获批开展煤矿从业人员培训。

2012年起，全旗煤炭行业从业人员培训实现全覆盖，每年参加培训2万人左右。2015年，全旗煤矿安全生产培训20225人。其中，矿级安全管理人员723名，区队级安全管理人员1742名，辅助救护队员255名，特种作业人员9052名，其他从业人员8453名。

四、煤矿事故

“八五”至“九五”期间，准格尔旗小煤窑遍地开花，处于煤矿事故高发期。1991年，煤矿事故遇难30人。10月30日，乌达矿务局劳保三处和柳青梁村联办煤矿发生冒顶事故，3人遇难。12月15日，乌兰哈达乡乡镇企业管理站煤矿平峒主巷与火区打通引起火灾，造成7人遇难。

1997年发生煤矿事故22起，遇难29人。12月9日，哈岱高勒乡虎石圪旦煤矿回采工作面空顶面积大，缺少支护，发生冒顶事故，4人遇难，1人轻伤。10月29日，准煤公司黑岱沟露天矿选煤厂送煤皮带摩擦，引发火灾事故，造成直接经济损失381.59万元。

1998年1月3日，煤炭公司西纳林煤矿发生一氧化碳中毒事故，4人遇难。1999年7月12日，哈岱高勒乡席麻庆煤矿发生冒顶事故，3人遇难。2000年8月13日，哈岱高勒乡不连沟村永红煤矿火雷管放炮，导火索燃烧引发瓦斯爆炸，遇难4人，3人轻伤。

2001年，准格尔旗完成关井压产，消灭独眼井，百万吨死亡率开始下降到1人以下。2006年7月13日，纳日松镇乌拉素村金利煤矿发生洪水淹井事故，井下被困12名矿工，成功救出10名矿工，2名矿工遇难。

2007年，全旗发生煤矿事故4起，遇难6人，百万吨死亡率0.1437人。2月20日，准能公司黑岱沟露天矿运输队维修组违章作业，导致154卡车轮胎轮辋迸出，造成3人遇难。3月6日，满世集团罐子沟煤矿发生井下突水事故，突水量24300立方米，被淹巷道1610米，最大水量水位差16.9米，2人遇难，直接经济损失约200万元。4月3日，东辰煤炭公司唐公塔煤矿对采空区和回采停产的半采空区封闭不及时，发生一氧化碳中毒事故，造成路过的2名运料工遇难，直接经济损失约200万元。

2008年，准格尔旗完成煤矿机械化改造，装备技术水平跨入全国先进行列，百万吨死亡率开始下降到一位小数以下。2009年1月16日，黑岱沟露天煤矿东沿帮边角煤回收掘进打通古窑，发生气体中毒事故，共救出被困的7人，5人送医院抢救无效死亡。3月9日，纳日松镇路鑫聚煤矿井下巷道与旧采区掘通后未及时封闭，未实现机械通风，发生一氧化碳中毒事故，遇难6人，受伤3人。

2011 年 1 月 25 日，蒙南煤炭公司川宏煤矿放炮员违章作业，起爆炮眼多达 23 个，一次起爆总装药量 552 克，放炮产生有毒有害气体严重超标，导致 2 人中毒遇难。2013 年 8 月 23 日，西蒙集团电力满都拉煤矿一名工人无特种工操作证和机动车驾驶证，驾驶不合格防爆无轨胶轮车入井运送材料，违章搭乘作业人员，行驶中操作不当，车辆失控撞在巷道帮，导致 4 人遇难。9 月 16 日，黄玉川煤矿运输顺槽综掘工作面接近断层，顶板出现破碎，没有及时加强支护措施情况下违章掘进，导致大面积冒顶事故，造成 3 人遇难，1 人受伤。

2015 年，准格尔旗昶旭煤矿发生运输事故，遇难 1 人，全旗煤矿百万吨死亡率 0.007 人。当年鄂尔多斯市百万吨死亡率 0.002 人，内蒙古自治区百万吨死亡率 0.013 人，全国百万吨死亡率 0.159 人。

1996—2015 年准格尔旗煤矿事故统计表

表 6-4　　单位：起、人

年份	顶板		水害		爆破		运输		其他		合计		百万吨死亡率
	事故	死亡	事故	死亡	事故	死亡	事故	死亡	事故	死亡	事故	死亡	
1996											18	21	2.9086
1997											22	29	2.5962
1998											10	15	1.3624
1999											9	8	0.7976
2000	0	0	0	0	0	0	0	0	8	11	8	11	1.7753
2001	0	0	0	0	0	0	0	0	4	4	4	4	0.4183
2002	0	0	0	0	0	0	0	0	7	8	7	8	0.7312
2003	0	0	0	0	0	0	0	0	9	11	9	11	0.4642
2004	5	7	0	0	0	0	1	1	0	0	6	8	0.2104
2005	5	6	0	0	1	1	1	2	1	3	8	12	0.2139
2006	0	0	0	0	0	0	0	0	4	5	4	5	0.0867
2007	2	2	1	2	0	0	0	0	1	2	4	6	0.1437
2008	0	0	0	0	0	0	0	0	0	0	0	0	0.0000
2009	0	0	0	0	0	0	0	0	2	11	2	11	0.0552
2010	1	2	0	0	0	0	0	0	0	0	1	2	0.0131
2011	1	1	0	0	1	2	1	1	1	1	4	5	0.0247
2012	2	2	0	0	0	0	1	1	0	0	3	3	0.0151
2013	2	4	0	0	0	0	2	5	0	0	4	9	0.0472
2014	0	0	0	0	0	0	1	1	0	0	1	1	0.0059
2015	0	0	0	0	0	0	1	1	0	0	1	1	0.0068

第八节　重点煤炭企业

一、伊泰集团

内蒙古伊泰集团有限公司（简称伊泰集团），1991 年为伊克昭盟煤炭公司，1996 年 8 月组建伊克昭盟煤炭集团公司，2001 年 12 月民营化重组内蒙古伊泰集团有限公司。改革开放发展成为以煤炭生产为主业，铁路运输、煤化工为产业延伸的大型现代化能源企业集团。拥有全资子公司 4 家、控股子公司 10 家、参股公司 12 家。伊泰煤炭股份公司为中国煤炭第一股，1997 年 8 月在上海 B 股上市，2012 年 7 月在香港 H 股上市。2015 年，销售收入 324 亿元，净利润 2.1 亿元，上缴税费 32 亿元；资产总值 1052 亿元，在册员工 7369 名；位列中国企业 500 强第 343 位，全国煤炭企业 100 强第 21 位，内蒙古自治区煤炭企业 50 强之首。1996 年 3 月获全国煤炭工业优秀企业金石奖，同年 6 月公司党委被评为全国先进基层党组织；2011 年 12 月被命名为全国文明单位；2014 年 9 月被评为全国民族团结进步模范集体，五次荣获"中华慈善奖"。1999—2015 年为准格尔旗公益事业投入 3197.8 万元，最大一笔 2011 年为准格尔召乡扶贫捐赠 1000 万元。

伊泰集团建成 13 座煤矿，产能超 5000 万吨，其中在准格尔旗建成 6 座煤矿。纳林庙煤矿一号井位于纳日松镇纳林庙村，1994 年 9 月始建，2009 年 4 月核定产能 120 万吨。纳林庙煤矿二号井位于纳日松镇纳林庙村，2008 年 4 月核定产能 630 万吨，2011 年被评定为特级安全高效矿井。凯达煤矿位于纳日松镇纳林庙村，2008 年 6 月完成技改，设计产能 60 万吨，2009 年 4 月被评定为安全质量一级矿井，2015 年 5 月停产。宏景塔一矿位于纳日松镇勿图沟村，2007 年被评为全国煤炭工业先进集体，2008 年被评定为安全高效特级矿井，2009 年核定产能 500 万吨，被评为全国煤炭工业双十佳煤矿。安家坡煤矿位于暖水乡昌汉素村，2014 年底完成火区治理开始露天开采，设计产能 120 万吨。酸刺沟煤矿位于薛家湾镇马家塔村，2008 年 8 月投产，设计产能 1200 万吨，为中国首座超千万吨地方煤矿，2012 年 4 月被国土资源部批准为国家绿色矿山试点单位，2014 年被评定为安全质量一级矿井。

伊泰集团建成 5 座选煤厂，采用重介洗选工艺，总洗选能力超 5000 万吨，其中准格尔旗建成 3 座选煤厂，洗选能力 3200 万吨。准格尔召、酸刺沟两选煤厂建成煤泥干燥系统，单套处理湿基煤泥 99 万吨。酸刺沟选煤厂位于薛家湾镇马家塔村，2009 年年底完成改扩建，采用浅槽重介和重介旋流洗煤工艺，设计产能 1600 万吨。准格尔召选煤厂位于准格尔召乡准格尔召村，设计产能 1000 万吨，2010 年 5 月建成投运。凯达选煤厂位于纳日松镇纳林庙村，设计产能 600 万吨，2011 年 12 月建成投运。

二、伊东集团

内蒙古伊东资源集团股份有限公司（简称伊东集团），1991 年为准格尔旗煤炭工业公司，政企合一。行政准县级建制，管理全旗国营、二轻、乡镇煤矿的生产销售、安全技术；企业为内蒙古自治区中型一档企业，伊克昭盟重点企业、全旗最大地方国营企业。1997 年 11 月与准格尔旗煤炭工业管理局分设。1998 年 3 月转制为国有控股股份制企业准格尔旗煤炭有限责任公司，总股本 5108.2 万元，国有控股 54.3%；498 名职工参与转制，437 名职工购股占比 45.7%。2000 年 8 月二次转制民营化，2002 年 9 月更名为内蒙古伊东煤炭集团有限责任公司。2009 年 1 月，被评为全国精神文明建设工作先进单位。2009 年 12 月创立内蒙古伊东投资集团有限公司，总资产 243 亿元，控股内蒙古伊东煤炭集团有限责任公司。2012 年 9 月更名为内蒙古伊东资源集团股份有限公司，2014 年 10 月被评为全国社会扶贫先进集体。

跨入 21 世纪，伊东集团抢抓国家西部大开发的机遇，率先实施了煤矿技改和循环经济产业基地建设，由一家煤炭企业发展成为综合能源化工企业集团。2012 年有 12 家一级子公司，分布在煤炭、化工、非煤 3 大产业板块，资产总值 320 亿元，负债额 209.38 亿元，员工近万名。主营业务收入 108.91 亿元，上缴税费 22.63 亿元，实现利润 13.19 亿元。位列中国煤炭企业百强第 33 位、中国煤炭产量 50 强企业第 17 位，居中国民营企业 500 强第 97 位，中国企业 500 强第 457 位。2013 年起经济持续下行，2015 年资产总值 364 亿元，负债额 251.18 亿元，主营业务收入 63.92 亿元，上缴税费 7.05 亿元，亏损 11.46 亿元。

伊东集团办公楼，2015 年摄

伊东集团 1998 年首次转制时有弓家塔、栗家塔、西乌素沟、乌素沟、酸刺沟、羊市塔、大沟 7 家直属煤矿，年产原煤 250 万吨。“十一五”期间，总投资超 40 多亿元，建设机械化综合开采矿井，配套新建洗煤厂，所属煤矿均建成现代化、标准化、高产高效矿井。首座技改扩建煤矿是 120 万吨窑沟扶贫煤矿，于 2006 年 9 月 8 日投入试生产，是鄂尔多斯市首座综采机械化放顶煤矿井，2007 年 9 月被评为全国煤炭工业先进集体；2008 年 12 月被评为中国煤炭工业“双十佳”煤矿；2010 年 11 月被评为全国一级安全高效矿井。首座洗煤厂是扶贫煤矿 300 万吨洗煤厂，于 2008 年 5 月建成投运。通过技改扩建，回采工艺由巷柱式、房柱式全部改为综采长壁式，回采率由 30% 提高到 75% 以上，采掘机械化程度由不足 10% 提高到 95% 以上。2007 年 6 月 5 日，全国煤矿整顿关闭现场会参观了伊东集团东圪堵煤矿。

2015 年，伊东集团有 15 座煤矿，核定产能 2670 万吨；配套建设 6 座洗煤厂，洗选能力 2300 万吨；形成窑沟、神山、古城 3 大矿区。窑沟矿区位于准格尔旗东部，属准格尔煤田，建有年产能 240 万吨窑沟扶贫煤矿、300 万吨孙家壕煤矿、240 万吨沙咀子煤矿、120 万吨玉川煤矿、120 万吨蒙达煤矿 5 座煤矿。神山矿区位于准格尔旗西北部，属东胜煤田，建有年产能 240 万吨宏鑫煤矿、240 万吨宏测煤矿、150 万吨忽沙图煤矿 3 座煤矿。古城矿区位于准格尔旗西南部，属东胜煤田，建有年产能 120 万吨炭窑渠煤矿、120 万吨西乌素煤矿、300 万吨古城煤矿、120 万吨栗家塔煤矿、180 万吨东圪堵煤矿、120 万吨石湾子煤矿、60 万吨大庙渠煤矿 7 座煤矿。2015 年 3 月，宏鑫煤矿被评为全国煤炭工业先进煤矿。

伊东集团 2004 年 5 月取得国家重点煤炭铁路发运计划；与呼铁局合作，在京包线建成全国一流的现代化、全封闭、环保型万吨煤炭装车基地，2008 年 10 月 21 日，包头古城湾装车基地投运。与华能、大唐、华电等 5 大电力集团建立稳定合作关系，在包头古城湾和官牛犋、秦皇岛、京唐港、曹妃甸设有转运站和销售机构，形成完整的集装、运输体系。销售煤炭由 2012 年峰值 3832.56 万吨下降到 2015 年 2180.7 万吨。

三、满世集团

内蒙古满世煤炭集团股份有限公司（简称满世集团），前身为 1991 年 9 月承包经营八一煤矿，通过自购运煤车辆和招揽社会车辆方式组建的煤炭运销车队。1997 年 6 月成立准格尔旗满世煤炭运销有限责任公司，注册资本 118 万元。经过多年打拼，逐步发展成为一家煤炭产运销为主业，房地产开发、百货商贸、金融服务、生态旅游多元化发展的股份制民营企业集团。2012 年 4 月组建内蒙古满世煤炭集团股份有限公司，注册资本 5 亿元，当年实现各项业务营业收入 106.8 亿元。2013 年进入中国民营企业 500 强。2015 年，集团旗下成员企业 35 家，资产总值 123 亿元，各项业务营业收入 53 亿元；位列内蒙古民营企业百强第 14 位。

满世集团 2002 年 12 月被内蒙古自治区人民政府列入 20 户重点支持煤炭企业；2011 年 5 月被列为内蒙古 5000 万吨级煤炭企业兼并重组主体，重点培育的营业收入“超百亿”企业。至 2015 年，通过新建和资源并购等方式，建成 8 座现代化煤矿，配套选煤厂 3 座。其中准格尔旗境内有 3 座井工煤矿，3 座露天煤矿。罐子沟煤矿配套选煤厂位于龙口镇郑峁梁村，2009 年 5 月投产。永智煤矿配套选煤厂位于准格尔召镇黄天棉图村、2009 年 6 月投产。四道柳煤矿配套选煤厂位于准格尔召镇忽吉图村，2009 年 9 月投产。西梁露天煤矿位于准格尔召镇铧尖村，2009 年 12 月投产。昶旭露天煤矿位于纳日松镇勿图门村，2010 年 2 月投产。川发露天煤矿位于纳日松镇川掌村，2014 年 1 月投产。

满世集团多年深耕煤炭物流，建立完善的公路和铁路运输网络。公路煤炭物流拥有运输车辆近 1000 台。参股建设新包神铁路、准朔铁路和呼准鄂铁路，2010 年 1 月被铁道部批准为大客户。在北京、上海、秦皇岛、天津等十几个地区设立销售网点，2013 年 5 月在天津市空港经济区注资 1 亿元设立天津市满世国际贸易有限公司。坑口销售煤种有原煤、块煤、粉煤和水洗混块、粉煤，港口销售煤种有“满世”牌 3 号、4 号、5 号煤，2010 年 4 月“满世”商标被评定为内蒙古著名商标。2012 年，生产原煤 1849 万吨，销售煤炭 2492 万吨。2015 年，生产原煤 1646 万吨，销售煤炭 1727 万吨。

四、汇能集团

内蒙古汇能煤电集团有限公司（简称汇能集团），2001 年 12 月注册成立，注册资金 600 万元。经过 14 年艰苦创业，发展成为以煤炭、电力、化工为主业，集金融、地产、路桥、物流等产业于一体的大型股份制企业集团，属内蒙古重点煤炭企业。2015 年有子公司 23 家，总资产 319 亿元，职工 1 万名；形成 3500 万吨煤炭、21 万千瓦电力、4 亿立方米煤制气、4 亿立方米液化天然气年生产能力；营业收入 72.46 亿元，上缴税费 16.74 亿元。

2005 年起，汇能集团累计投入 120 亿元对所属煤矿进行综采改造和安全技改，回采率提高至 80%，百万吨死亡率连续九年为零，安全管理水平走进全国前列。2015 年有煤矿 11 座，投产 10 座，其中准格尔旗境内有 6 座。布尔洞煤矿位于纳日松镇勿图门村，2002 年 10 月投产，2008 年 6 月完成技改，核定产能 240 万吨，安全技术等级一级。羊市塔一矿位于纳日松镇山不拉村，2008 年 8 月投产，核定产能 240 万吨，安全技术等级二级。羊市塔二矿位于纳日松镇山不拉村，2008 年 7 月投产，核定产能 240 万吨，安全技术等级二级。公沟煤矿位于准格尔召镇铧尖村，2004 年 1 月投产，2008 年 4 月完成技改，核定产能 240 万吨，安全技术等级二级。富民煤矿位于纳日松镇忽吉图村，2008

年 1 月投产，2015 年 10 月完成技改，核定产能 180 万吨，安全技术等级二级。泰山煤矿位于纳日松镇纳林庙村，2005 年 6 月投产，2010 年 3 月完成技改，核定产能 200 万吨，安全技术等级二级。上述矿井全部为机械化开采，总产能 3400 万吨，洗选能力 1500 万吨。

汇能集团于 2005 年成立通汇煤炭经营有限公司，负责全集团煤炭外销和铁路发运。至 2015 年，累计完成煤炭外运 3000 多万吨，通过铁路直达或港口中转等方式远销广东、上海、浙江、江苏、山东等地。汇能集团参股建设 2 条铁路，准格尔旗境内有准朔铁路。

五、特弘集团

内蒙古特弘煤电集团有限责任公司（简称特弘集团），前身为 1998 年 8 月成立的内蒙古特弘煤炭有限责任公司，2004 年 4 月组建民营股份制企业集团内蒙古特弘煤炭集团有限责任公司，2006 年 6 月更名为内蒙古特弘煤电集团有限责任公司。经过 17 年发展，成长为一家以煤炭开采、运销、供热、发电为主，以高新技术、光电信息、生物燃料、金融投资等项目为辅的多元化产业集团。2015 年旗下独资公司 7 家，控股公司 8 家，参股公司 10 家，资产近 30 亿元；员工 1000 多名；创产值 35 亿元，税费 1 亿元。2010 年连续五年入选全国煤炭工业 100 强企业。2012 年位列中国民营企业 500 强第 299 位。2013 年被评为全国就业与社会保障先进民营企业。

特弘集团建有 4 座煤矿，全部在准格尔旗境内。来叶沟煤矿位于纳日松镇勿图门村，始建于 1999 年，2012 年 4 月核定产能 120 万吨，2015 年 7 月资源枯竭停产。官板乌素煤矿位于友谊街道唐公塔村，前身为 1994 年建矿的内蒙古军区后勤部煤矿，1998 年 8 月转让给特弘公司，1999 年 6 月投产，设计产能 240 万吨，2008 年与张家口矿业集团重组整合，2010 年被评为全国煤炭工业先进煤矿，2012 年被评定为特级安全高效矿井，2014 年配套建成 150 万吨洗煤厂。协华煤矿位于友谊街道唐公塔村，1994 年投产，产能 6 万吨，2010 年产能扩至 90 万吨，2012 年 11 月特弘集团全资兼并后，处于停建状态。乌拉素煤矿位于纳日松镇乌拉素村，2002 年 9 月始建，产能 30 万吨，2012 年 9 月核定产能 60 万吨。

六、恒东集团

内蒙古恒东能源集团有限责任公司（简称恒东集团），2006 年 4 月在内蒙古准格尔经济开发区注册成立，注册资金 6.38 亿元，是煤炭生产、加工和销售为主的民营企业。2011 年被列入内蒙古重点培育的 53 户营业收入预期目标超百亿元的大型骨干企业，成为内蒙古煤炭兼并重组主体。2015 年有煤矿 6 座，井田面积 76.40 平方千米，地质储量 5.80 亿吨；产销煤炭 1162.45 万吨，纳税 1.89 亿元；员工 150 人；位列内蒙古自治区民营企业百强第 63 位。

美日煤矿位于纳日松镇羊市塔村，2009 年 4 月投产，核定产能 120 万吨；综合机械化采煤工艺，薄煤层开采技术创内蒙古西部煤炭开采先例；2012 年 4 月被国土资源部评为资源综合利用优秀矿山企业。宏亚煤矿位于纳日松镇羊市塔村，2010 年 2 月投产，核定产能 150 万吨；综合机械化开采工艺，配套洗选煤厂采用重介浅槽加重介旋流器工艺，年洗选原煤 120 万吨；安全生产标准二级煤矿。阳堡渠煤矿位于纳日松镇羊市塔村，设计产能 120 万吨，2012 年由井工开采变更为露天开采，单斗 + 卡车生产工艺。恒博煤矿位于纳日松镇乌兰哈达村，核定产能 120 万吨，露天采煤，单斗 + 卡车阶段生产工艺，2014 年 4 月投产。忽沙图二矿位于准格尔召镇忽吉图村，核定产能 120 万吨，综合机械化采煤工艺，2009 年投产。汇隆煤矿位于龙口镇公盖梁村，核定产能 300 万吨，露天开采，单斗 + 卡车阶段生产工艺，2012 年建矿，2015 年续建。

第三章　电力工业

1991年,准格尔旗用电靠旗外输入。1993年8月投运的准煤公司电厂是全旗首座现代化火电厂，1995年发电量10.84亿千瓦时。1998年11月投运的黄河万家寨水利枢纽是全旗首座水电站。2007年9月，国华电厂4×33万千瓦机组全部投产，通过宁格尔—永圣域500千伏超高压线路输入蒙西电网，准格尔旗成为国家西电东送骨干电源地。2011年7月，川掌—陕西省榆林市有色金属工业园区220千伏输电线路投运。2014年，全旗发电量达到峰值211.80亿千瓦时。2015年3月，蒙西—天津南1000千伏特高压线路开工，是准格尔旗第3条外输通道。2015年，全旗电力装机容量606.4万千瓦，发电量185.44亿千瓦时。

2015年准格尔旗发电厂一览表

表6-5

发电厂	所在地	装机量（万千瓦）	投运日	发电量（亿千瓦时）	供热量（万吉焦）
黄河万家寨水利枢纽	龙口镇四分村	6×18	1998-11-28	14.96	—
国华准格尔发电厂	蓝天街道关地塔社区	2×33+2×33	2002-04-25	63.84	358.52
准能煤矸石发电厂	友谊街道苏计沟村	2×15+2×33	2006-01-26	41.10	—
特弘准格尔热电厂	迎泽街道曙光社区	2×1.2	2006-10-15	1.32	53.63
蒙能大饭铺发电厂	薛家湾镇大饭铺村	2×30	2007-02-12	25.89	—
伊东开发区热电厂	准格尔经济开发区	2×50	2008-11-12	6.69	139.70
黄河龙口水电站	龙口镇沙墕村	4×10+1×2	2009-09-18	0.00	—
京泰酸刺沟发电厂	薛家湾镇大塔村	2×33	2010-02-08	30.64	—
蒙泰煤矸石热电厂	大路煤化工基地	2×30	—	—	—
北方魏家峁发电厂	龙口镇魏家峁村	2×66	—	—	—

第一节　火力发电

一、准能火电

1993年8月，“八五”国家重点建设项目准格尔项目一期工程三大主体工程之一坑口电厂，2×10万千瓦火力发电机组全部投产，为准格尔项目建设供电，为准格尔矿区供热，多余电能输入蒙西电网。2012年12月12日，根据国家电力上大压小政策和消减污染物要求整体退役关闭。

准能公司煤矸石电厂，消化煤矸石与劣质洗中煤生产清洁电能，输送蒙西电网。一期工程2台15万千瓦煤矸石发电机组，2006年1月23日并网发电；二期工程2台33万千瓦煤矸石发电机组，

2011 年 11 月 18 日并网发电。

准能公司自 1992 年坑口电厂首台机组发电，2001 年煤矸石电厂 4 台机组全部并网发电，截至 2015 年年底，24 年累计发电 365.54 亿千瓦时。

二、国华电厂

内蒙古国华准格尔发电有限责任公司（简称国华电厂）成立于 1999 年 4 月，由神华国际电力股份公司、内蒙古华能热电公司、神华准能公司按照 65：30：5 的比例出资。2015 年有员工 483 名；发电厂位于蓝天街道关地塔社区，占地面积 115.76 公顷，装机 4 台 33 万千瓦热电联产机组。

国华准格尔发电公司，2022 年王桂兰摄

一期工程 2×33 万千瓦火电机组总投资 23.78 亿元，是国家“十五”重点建设项目，2000 年 5 月 9 日开工，双机分别于 2002 年 4 月 25 日和 9 月 21 日投产，以一回 500 千伏超高压输电线路，经宁格尔——永圣域变电站向京津唐电网送电。实现一年双机投产，当年盈利，成为国家西部大开发“西电东送”工程第一个“可靠电源点”。2005 年 1 月 6 日，经国家工程建设质量奖审定委员会审定，获国家优质工程银质奖。

二期工程 2×33 万千瓦火电机组，2006 年 3 月 27 日开工，双机分别于 2007 年 9 月 26 日和 9 月 30 日投产，脱硫系统同步投运，完成投资 23.87 亿元。

2010 年 10 月 15 日零时，国华电厂供热改造工程投运，供水温度 60℃，回水温度 50℃，首次向薛家湾镇市政区供热。2011 年 4 月 15 日零点，实现首个供热周期安全稳定运行，完成供热量 174.86 万吉焦。公司蜕变为热电联产节能环保企业，列入国家发改委 2010 年第四批资源节约和环境保护项目，获国家节能投资 290 万元。

国华电厂从 2002 年首台机组发电，经 2010 年首个采暖期供热，到 2015 年底，累计发电 787.18 亿千瓦时，累计供热 1537.23 万吉焦。

国华准格尔发电厂生产经营情况统计表

表 6-6

年　份	发电（亿千瓦时）	供热（万吉焦）	收入（亿元）	资产（亿元）	利润（亿元）	纳税（亿元）
1999	—	—	—	0.47	—	0.00
2000	—	—	—	5.74	—	0.07
2001	—	—	—	17.37	—	0.18
2002	17.22	—	2.78	23.02	0.50	0.46
2003	41.91	—	6.94	21.91	2.19	1.11
2004	49.37	—	8.52	20.97	2.76	1.47
2005	48.56	—	9.10	22.83	–0.95	1.44

续表 6-6

年　份	发电（亿千瓦时）	供热（万吉焦）	收入（亿元）	资产（亿元）	利润（亿元）	纳税（亿元）
2006	46.26	—	8.78	33.64	1.66	1.51
2007	41.82	—	8.32	44.28	0.63	1.67
2008	65.23	—	13.60	41.72	0.64	2.19
2009	59.19	—	12.53	39.87	0.60	1.76
2010	71.75	80.73	15.43	37.77	1.39	2.04
2011	69.60	199.56	15.80	35.95	1.82	2.33
2012	66.05	256.54	16.28	34.75	1.99	1.88
2013	69.78	309.13	17.07	35.60	2.44	2.24
2014	76.60	332.75	18.23	34.73	2.81	2.63
2015	63.84	358.52	14.22	31.56	2.35	1.81

三、酸刺沟电厂

内蒙古京泰发电有限责任公司成立于 2007 年 11 月，由北京电力公司、伊泰煤炭股份公司、山西粤电公司按 51∶29∶20 比例投资，在薛家湾镇大塔村开发酸刺沟煤矿，建设酸刺沟发电厂，煤电联营。2×33 万千瓦火电机组投资 30.2 亿元，2010 年 3 月 9 日投产，经宁格尔—永圣域变电站向蒙西电网送电；2012 年 12 月成为全国首批获资源综合利用项目认证的 30 万千瓦级火电机组。配套烟气脱硝设施，2013 年 10 月 11 日通过环保验收；脱硫系统 2014 年 4 月 29 日投入运行。2015 年，发电 30.64 亿千瓦时，在册员工 178 名。

四、大饭铺电厂

内蒙古能源发电准大发电公司成立于 2004 年，蒙能集团、淮矿集团分别占股 51%、49%。发电厂位于薛家湾镇大饭铺村，装机 2×300 万千瓦燃煤发电机组，2007 年 7 月 30 日全部投产，总投资 28.71 亿元。2015 年，脱硝改造设施投运，执行国家脱硝电价和除尘补偿电价；节能降耗煤泥掺烧比例 55%，获国家退税补偿；在册员工 448 名，发电 25.89 亿千瓦时，累计发电 241.74 亿千瓦时。

五、魏家峁电厂

魏家峁电厂，2009 年 4 月 10 日开工，同年 7 月在龙口镇魏家峁村成立北方魏家峁煤电公司，注册资本 56.7 亿元，在册员工 729 名。2×66 万千瓦超临界燃煤发电机组，用煤由魏家峁露天煤矿 5 千米输运带直送，用水取自 9.6 千米万家寨水库，电能输入 1.5 千米蒙西—南津南特高压输电线路。2015 年，两台发电机组安装调试中。

第二节　热电联产

一、准格尔热电厂

2003 年 7 月 19 日，旗人民政府将薛家湾镇中心供暖站、康乐小区、东华市场 3 处小锅炉及分散供热 45 万平方米管网，转让给特弘集团，由特弘集团筹建热电联产项目，独家经营薛家湾镇地方市政区集中供热。

特弘集团准格尔热电厂位于迎泽街道曙光社区，装机容量 2×1.2 万千瓦，设计供热 180 万平方米。2006 年 7 月并网发电，同年 10 月投入供暖，首个供热期供热面积 116 万平方米。2008 年 10 月 15 日，关闭中心供热站、康乐小区、东华市场 3 处小锅炉。2010 年 10 月 15 日起，购进国华电厂热源。2015 年，建成中心片区、迎泽片区、南山片区、湖西片区、北山片区 5 个集中供热区，供热面积 680 多万平方米，供热主管网 60 千米；固定资产 2.78 亿元，员工 250 余名；累计供热 510.99 万吉焦，累计发电 11.94 亿千瓦时。

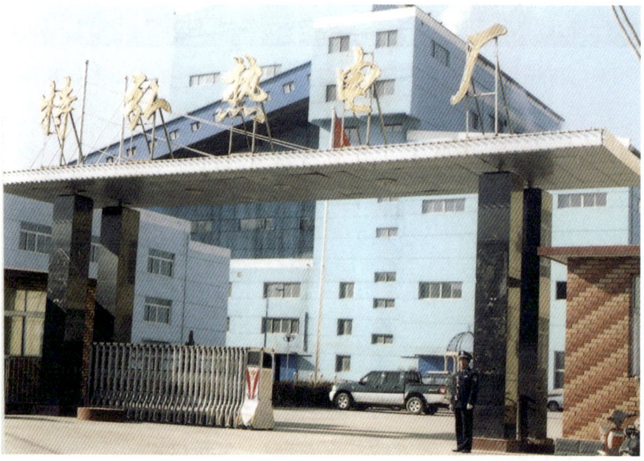

特弘集团热电厂，2010 年许云摄

2015 年，引进数字化管理系统，实现换热站远程控制，室温远程采集，全网自动平衡运行。每平方米耗热由 0.77 吉焦降到 0.48 吉焦，耗水由 88.3 千克降到 76.8 千克，耗电由 2.84 千瓦时降到 2.15 千瓦时。

二、开发区热电厂

伊东集团热电厂位于准格尔经济开发区伊东循环经济产业基地，装机容量 2×50 万千瓦；煤矸石发电，热电联产，电能输入杨四海 220 千伏变电站，热能输入开发区供热网。2009 年 5 月 28 日发电机组投运，2010 年 10 月 15 日向开发区供热，至 2011 年 4 月 15 日零点，首个供热期供热量 114.59 万吉焦。至 2015 年，固定资产 35 亿元，员工 235 名；累计发电 41.94 亿千瓦时，累计供热 763.06 万吉焦。

三、大路热电厂

内蒙古蒙泰不连沟煤业公司煤矸石热电厂，位于大路煤化工基地，为循环流化床锅炉、煤电一体、热电联产、低热值煤坑口电厂，总投资 27 亿元。装机 2×30 万千瓦亚临界直接空冷抽汽供热汽轮发电机组。2011 年 9 月 20 日主厂房浇注第一罐混凝土，2015 年两台机组安装调试中。

第三节　水力发电

黄河流经准格尔旗 197 千米干流，国家建有万家寨水利枢纽、龙口水电站，高峡蓄平湖，黄河水变清，发电、供水，成就一条黄金水道。

万家寨水利枢纽坝址右岸位于准格尔旗龙口镇四分村，是水利部、山西省、内蒙古自治区三方投资建设的“九五”国家重点工程。拦河坝为混凝土重力坝，最大坝高 105 米，坝顶长 443 米，坝顶高程 982 米，总库容 8.96 亿立方米；坝后电厂 6 台 18 万千瓦的发电机组，总装机容量 108 万千瓦。1994 年 11 月 3 日主体工程开工；1995 年 12 月 9 日实现二期截流。库区 980 米高程淹没线，准格尔旗魏家峁、哈岱高勒、窑沟 3 乡 13 个村搬迁 1584 人。1998 年 11 月 28 日首台机组并网发电；

2002 年 9 月 14 日通过国家竣工验收，总投资 48.92 亿元。

龙口水电站为万家寨水利枢纽配套工程，是水利部、山西省、内蒙古三方滚动开发的又一大型水利工程。坝址右岸位于准格尔旗龙口镇沙墕村，上距万家寨水利枢纽 25.6 千米。拦河混凝土重力坝，坝顶长 420 米，最大坝高 51 米，坝顶高程 900 米，总库容 1.96 亿立方米；河床式电站 4 台 10 万千瓦机组，一台 2 万千瓦机组，装机容量 420 万千瓦。2006 年 6 月 30 日进入全面施工阶段。2007 年 4 月 14 日二期围堰截流，右岸 898 米高程淹没线下，准格尔旗龙口镇沙墕村、范家峁村搬迁移民 1093 人。2009 年 9 月 18 日首台机组投产。投资总额 27 亿元。

运营两家水电站的黄河万家寨水利枢纽电站管理局驻山西省偏关县万家寨镇。1999 年 12 月被水利部评为全国水利系统水电先进集体；2005 年 1 月被中国电力企业联合会评为一流水力发电厂；2009 年 1 月被评为全国精神文明建设工作先进单位；2013 年 5 月被中华全国总工会命名为工人先锋号。2015 年在册员工 176 名。

1998—2015 年黄河万家寨水利枢纽电站管理局发电量统计表

表 6-7　单位：亿千瓦时

年份	万家寨水利枢纽			龙口水电站		
	山西侧	内蒙古侧	合计	山西侧	内蒙古侧	合计
1998	0.43		0.43			
1999	5.31	0.81	6.12			
2000	9.85	4.79	14.64			
2001	10.51	5.72	16.23			
2002	12.68	6.25	18.93			
2003	11.87	6.35	18.22			
2004	12.42	7.84	20.26			
2005	12.73	11.00	23.73			
2006	15.73	10.28	26.01			
2007	17.00	10.79	27.79			
2008	15.20	9.44	24.64			
2009	13.05	11.44	24.49	1.25	0.00	1.25
2010	15.40	13.25	28.65	12.62	0.00	12.62
2011	11.87	11.30	23.17	11.46	0.00	11.46
2012	16.80	16.57	33.37	16.66	0.00	16.66
2013	13.56	17.16	30.71	15.13	0.00	15.13
2014	8.24	17.20	25.44	12.72	0.00	12.72
2015	5.60	14.96	20.56	10.26	0.00	10.26

第四节　供　电

一、供电企业

1991年，伊克昭电业局驻准格尔旗两家供电机构，既经营供电，又管理农电。薛家湾供电局驻薛家湾镇，负责准格尔矿区及周边哈岱高勒、窑沟、准混兑、海子塔、巴润哈岱6乡镇供电；准格尔电力公司（准格尔旗农电管理局）驻沙圪堵镇，负责其他乡镇供电。全旗形成薛家湾、沙圪堵为中心两大供电区。

薛家湾供电公司，2022年摄

1992年7月，撤薛家湾供电局，成立准格尔矿区电力公司，升格为处级建制，脱离伊克昭电业局，直属内蒙古电管局，成为唯一直管旗县供电机构。1994年1月，准格尔矿区电力公司更名为准格尔矿区供电局，准格尔电力公司更名为准格尔供电局。1994年7月，准格尔供电局被命名为自治区级文明单位。1995年10月，准格尔矿区供电局被命名为自治区级文明单位。1996年6月，准格尔矿区供电局更名为薛家湾供电局。2008年，薛家湾供电局在册职工486名；准格尔供电局在册职工155名，聘用农村电工185名。2009年1月1日，准格尔供电局由鄂尔多斯电业局划归薛家湾供电局，改称准格尔供电分局。2010年11月26日，清水河县220千伏变电站直供负荷，由薛家湾供电局划归呼和浩特供电局。2011年12月，薛家湾供电局被命名为全国文明单位。

2015年年底，薛家湾供电局担负着鄂尔多斯东部、陕西省榆林北部部分工业园区、山西省万家寨水利枢纽、大准铁路沿线供电任务；承担着万家寨水电站、准能矸石电厂、伊东电厂等5家电厂电量输入蒙西电网的任务，是集输配变为一体的中型供电企业，基层设16个供电所、33个变电站，全局职工919名。

二、供电主网

1991年，准格尔旗用电从3个方向输入，薛家湾110千伏变电站由呼和浩特市110千伏线路输入，四道柳35千伏变电站由东胜县35千伏线路输入，色旺沟35千伏变电站由托克托县35千伏线路输入。

沙圪堵供电区有沙圪堵、长滩、榆树湾、四道柳、色旺沟5座35千伏变电站，东胜—四道柳、沙圪堵—榆树湾、榆树湾—刘家塔3条35千伏线路135.88千米，10千伏线路521.04千米。薛家湾供电区有矿区110千伏中心变电站，输电线路138千米。

1992年10月15日，伊克昭盟首座220千伏变电站薛家湾变电站投运，呼和浩特—薛家湾220千伏、薛家湾—沙圪堵35千伏、沙圪堵—榆树湾35千伏、东胜—四道柳35千伏、托克托—色旺沟35千伏，全部由蒙西电网供电。

1993年1月，沙圪堵110千伏中心变电站投运；1995年10月，黑岱沟露天煤矿110千伏变电站启用；1996年5月，黄天棉图35千伏变电站投运，同年11月川掌35千伏变电站投运；2004年

5月25日，友谊工业园区长胜220千伏变电站投运；2004年6月6日，准格尔经济开发区杨四海中心变电站增容220千伏投运；2007年12月12日，大路新区东孔兑110千伏变电站投运。全旗工业区全部实现稳定供电。

2005年9月1日，鄂尔多斯市最大变电站500千伏宁格尔变电站，在薛家湾镇宁格尔塔村建成投运，该站占地面积9.21公顷，供电容量750兆伏安变压器3组，500千伏出线12回，220千伏出线12回。至此，薛家湾供电区形成500千伏为骨干，220千伏和110千伏为主网，35千伏以下覆盖全域的供电网。

2008年，薛家湾供电区运行220千伏变电站3座，110千伏变电站10座，35千伏变电站1座；维护220千伏输电线路17回501.21千米，110千伏输电线路14条320.41千米，35千伏输电线路6条35.43千米。沙圪堵供电区运行220千伏变电站1座，110千伏变电站4座，35千伏变电站17座；维护35千伏线路36回404千米，10千伏配电线路92回2819千米。

2009年1月1日，包括宁格尔500千伏超高压变电站，大薛家湾供电区运行220千伏变电站5座容量1770兆伏安，110千伏变电站15座容量1010兆伏安；维护220千伏线路21回642.59千米、110千伏线路22回516.87千米。

2012年12月7日，薛家湾供电局召开成立20周年大会，20年输电线路从138千米发展到1915千米，拥有500千伏宁格尔变电站、5座220千伏变电站、14座110千伏变电站、输电线路1915千米。准格尔煤田、东胜煤田两大矿区，准格尔经济开发区、大路煤化工基地两大工业区，全部实现双回路供电。

2015年12月31日，大薛家湾供电区面积近万平方米，运行35千伏及以上级变电站33座容量4015.1兆伏安；其中，220千伏变电站5座2340兆伏安，110千伏变电站15座1430.5兆伏安，35千伏变电站13座244.6兆伏安；维护220千伏线路21回814.5千米，110千伏线路78回1180.2千米。

三、供电农网

1991年初，准格尔旗28个乡镇254个村中，德胜西、大路两乡和74个村未通电。旗委把乡乡通电、村村通电列入要办的实事。“八五”末如期实现乡乡通电；“九五”期间解决38个村通电问题。1999年，全旗行政村通电率86%，自然村通电率84%，7723户28686人未用上电。2002年5月，常胜店35千伏变电站投运，2003年2月11日，纳林镇乌拉素村通电，全旗实现村村通电。

2009年起，薛家湾供电局实施10千伏及以下农网升级改造工程；2014年启动农村“十个全覆盖”工程，实施电力村村通和农网改造工程。至2015年，全旗新建和改造10千伏线路127千米，低压线路812千米，配电变压器109台容量9125千伏安，完成村村通电及农网改造1222千米。

四、外输电网

薛家湾供电局承担着准格尔旗生产电能输入蒙西电网的任务，担负着为旗外清水河县、大准铁路、万家寨水利枢纽、陕西省榆林北部供电的任务。

1992年10月15日起，准煤公司坑口电厂1号10万千瓦机组向薛家湾220千伏变电站输电；2005年9月，宁格尔500千伏变电站建成投运，成为准格尔旗发电企业并网入口，生产电能输入蒙西电网主网；2008年，全旗4家发电企业上网电量76亿千瓦时；2010年2月8日，京泰酸刺沟发电厂2×33万千瓦机组并网发电，全旗8家发电企业为蒙西电网送电。

1993 年 1 月 10 日，清水河 110 千伏变电站建成投运，以薛家湾 220 千伏变电站为电源点，通过薛家湾—清水河 110 千伏线路，为清水河县供电，清水河县成为准格尔矿区电力公司唯一趸售旗县。2010 年 11 月 26 日，清水河县直供负荷，由薛家湾供电局移交呼和浩特供电局管理。

1997 年 7 月 1 日起，薛家湾 220 千伏中心变电站—外西沟段 110 千伏输电线路投入运行，为准格尔—大同电气化铁路供电。1999 年 6 月，万家寨—薛家湾 220 千伏线路投入使用，结束了蒙西电网无水电调峰的历史；2000 年 7 月，万家寨—昭君 220 千伏线路投入运行。至此，万家寨水电站 6 台机组全部投产发电，其中 3×18 万千瓦机组电力输入蒙西电网。

2011 年 7 月 26 日，川掌 220 千伏变电站投运，首开内蒙古电力南送通道；2012 年 5 月 4 日，川掌至陕西省榆林市有色金属工业园区线路正式送电；同年 12 月 16 日，川掌第二电源启动，送电最大负荷 18 万千瓦。

蒙西—天津南特高压电网鄂尔多斯站，2016 年摄

2015 年 3 月 27 日，蒙西—天津南 1000 千伏特高压输电工程在龙口镇魏家峁村开工，规划输送容量 4800 兆瓦；准格尔旗规划 5 个电源点容量 396 万千瓦，每年可为京津冀送电 700 多亿千瓦时，减少京津冀煤炭消耗 2016 万吨。

五、电力供应

准格尔旗中西部沙圪堵供电区，1991 年售电量不足 2500 万千瓦时，电费收入不足 400 万元；1999 年售电量 3893 万千瓦时，2000 年因旗政府驻地迁址薛家湾镇，售电量降至 3843.41 万千瓦时，电费收入 1007.01 万元；“十五”期间，准格尔经济开发区引进电石等高载能产业，2005 年售电量 11.36 亿千瓦时，电费收入 6852.99 万元，沙圪堵 220 千伏变电站增容至 2×18 万千伏安，跃居蒙西电网相同电压等级变电站之首；2008 年东胜煤田黄天棉图、特牛川两矿区实现双回路供电，用电负荷高达 34 万千瓦，售电量 21.2 亿千瓦时，电费收入 6.44 亿元。

准格尔旗东部薛家湾供电区，1991 年用电负荷不足 1 万千瓦。1992 年售电量 1657.32 万千瓦时，电费收入 346.14 万元；1995 年售电量突破亿千瓦时，达到 1.02 亿千瓦时。1999 年旗人民政府搬迁薛家湾镇，用电户达到 1.47 万户，用电负荷 34.97 万千瓦；2003 年电费收入 1.43 亿元；2004 年售电量突破 10 亿千瓦时，达到 12.12 亿千瓦时；2005 年接入友谊工业园区高载能用电户 43 户，装接容量 53210 千伏安；2008 年用电户增至 5.87 万户，用电负荷 56.31 万千瓦，售电量 28.1 亿千瓦时，营业收入 8.54 亿元。

2009 年 1 月 1 日起，大薛家湾供电区有用电户 8.74 万户，用电负荷 52.51 万千瓦，当年完成售电量 46 亿千瓦时，营业收入 13.15 亿元。2012 年 5 月 4 日，川掌至陕西榆林有色金属工业园区两条 220 千伏输电线路启动送电，最大供电负荷 18 万千瓦；供电区由此形成 5 大电力板块，准格尔煤田、东胜煤田两大矿区、准格尔经济开发区、大路煤化工基地两大工业园区、外送榆林有色金属工业园区，全年售电量超 70 亿千瓦时，领跑蒙西电网各旗县。2015 年，大薛家湾供电区用电户 16.67 万户，用电负荷 87.51 万千瓦，售电量 76.66 亿千瓦时，营业收入 25.89 亿元。

第四章　化学工业

“八五”期间，准格尔旗传统化工产业有硫磺、炸药、化肥。“九五”硫磺因资源枯竭淘汰；“十五”招商引资引进煤焦化、电石铁合金冶炼产业；“十一五”按照国家节能减排要求，逐步淘汰煤焦化、电石铁合金行业；“十二五”期间，大路煤化工基地初具规模，生产煤制油、煤制甲醇及下游深加工产品等洁净能源，能替代石油化工产品，新型煤化工产业走在全国前列。

第一节　硫　磺

硫磺生产曾是准格尔旗优势产业。1991 年有两家硫磺厂：国营榆树湾硫磺厂、国营房塔沟硫磺厂，因硫磺矿源枯竭，生产开始萎缩。1998 年，随着 2 家硫磺厂转制解体，硫磺产业退出市场。

一、榆树湾硫磺厂

准格尔旗榆树湾硫磺厂，1993 年摄

榆树湾硫磺厂位于榆树湾镇黄河岸边，1991 年，占地面积 11.73 万平方米，形成资产 5490 万元，工人 1488 名，其中离退休工人 498 名，是内蒙古自治区中型二档企业、化工行业重点企业，主要产品硫磺块、硫磺粉、焦亚硫酸钠，是内蒙古自治区优质产品。由于硫磺矿源逐步枯竭，企业历史负担沉重，经营出现连年亏损，硫磺生产处于半停产状况，转产机制红砖、陶瓷、原煤、塑料编织袋等。1994 年实行划小核算单位改革，组建黄兴工业总公司，下设两家化工厂，董家阳坡、魏家峁两家砖厂及布连沟煤矿、陶瓷厂、编织厂共 7 个分厂，分厂自主经营、自负盈亏，总公司产供销一条龙经营。1998 年 5 月，资产总额 2796 万元，负债总额 3044 万元，实有净资产 1042 万元，可量化资产 780.4 万元一次性量化到千余名职工，总公司破产解体，两家化工厂倒闭，重组旭阳制砖公司、鑫河塑化制品公司、金河陶瓷公司、山河煤炭公司 4 家民营企业。

二、房塔沟硫磺厂

房塔沟硫磺厂位于榆树湾镇与魏家峁乡交界处黄河岸边，主要产品硫磺块、硫磺粉，是内蒙古自治区优质产品，持有准格尔旗第一枚注册商标“金塔”商标。1991 年，在册工人 447 名。由于硫磺矿源接近枯竭处于停产状态，在沙圪堵镇投资 337 万元新建年产 4000 吨蓖麻油的油脂化工厂，没原料、没销路、没资金长期停产，1998 年 6 月被东胜龙翔公司兼并。该厂还到乌日图高勒乡办年产 6 万吨煤矿，到薛家湾镇筹建年产万吨煅烧高岭土项目，均未能让企业起死回生。1998 年转制民营，重组为蒙南煤炭公司。

第二节 炸 药

炸药是煤炭开采的火工产品，国家对炸药实行定点特许专营。1991 年，准格尔旗只有一家炸药生产企业准格尔旗化工厂，1996 年 6 月黑岱沟露天煤矿炸药厂投产。2002—2012 年中国煤炭黄金十年，炸药行业迅速发展壮大，产品走遍鄂尔多斯，走向蒙晋陕宁邻近省区。2015 年，全旗有两家炸药定点生产企业，炸药产能 27.7 万吨。

一、生力民爆

内蒙古生力资源（集团）有限责任公司（简称生力民爆），1991 年为准格尔旗化工厂，厂址在哈岱高勒乡黑岱沟村，是国家民用爆破器材定点生产企业，准旗国营企业。1994 年 12 月，股份制改造组建国有控股企业生力民爆有限责任公司；1997 年 7 月迁址哈岱高勒乡巴汉图村；2000 年 3 月转制为股份制民营企业；2007 年 12 月组建集团更名为内蒙古生力资源（集团）有限责任公司；2010 年 9 月位于薛家湾镇迎泽片区生力国际酒店和办公大楼落成，公司本部入驻。

1991 年，化工厂资产 345.5 万元，职工 83 名；生产炸药 1521 吨，销售收入 352.7 万元，纳税 36.3 万元；唯一粉状铵梯炸药生产线，设计产能 1000 吨，生产煤矿许用型、岩石型两个品种，含梯恩梯、木粉，有毒有害，粉尘污染严重，机械化程度低，劳动强度大。1992 年技术改造，产能扩大到 2000 吨，实现半自动化生产。1997 年 7 月，位于巴汉图村的生产本部引进 3000 吨膨化硝酸铵炸药生产线试生产，产品不含梯恩梯，配备全自动包装线，两条生产线总产能 5000 吨，当年销售收入 1518 万元，纳税 120 万元，成为全旗纳税百万元骨干企业。

生力集团办公楼，2010 年摄

跨入 21 世纪，生力民爆借助煤炭行业发展，迅速积累资本，更新技术装备，展开同业并购，抢占行业高地，走出一条生产、运销、爆破服务“一体化”创新发展之路。

2000 年 5 月，膨化硝铵炸药生产线 5000 吨技改投产，生产无梯炸药；2003 年新建 5000 吨粉状乳化炸药生产线投产；2006 年引进 1.2 万吨乳化炸药生产线，2008 年 10 月投产，实现自动装药、自动包装，生产工艺先进，无粉尘污染，配备视频监控系统，出现高温、高压、断流、震动等异常情况自动停机，实现安全高效环保生产。

2008 年 10 月 22 日，承办全国民爆行业一体化经营及技术交流会，全国 344 家民爆企业代表，见证了新建 1.5 万吨多孔粒状铵油炸药混装车地面站（以下简称地面站）投产，产运销一体化经营模式，代表了全国民爆行业的发展方向。该地面站 2011 年 7 月引进黑龙江省盛安公司产能，扩能

3.4 万吨投产；2012 年 9 月引进浙江省物力民爆公司产能，扩能 5.4 万吨投产；此后为降低安全风险、实现就地就近服务，向矿区分散产能，本部地面站产能一度消减至 2.6 万吨；2015 年收购黑龙江省永凯化工公司，置换转移产能 2.7 万吨，本部地面站产能回升到 5.3 万吨。

至 2015 年，生力民爆建成 5 处地面站。准格尔召镇黄天棉图矿区 5000 吨地面站，2010 年 12 月投产，2015 年 11 月扩能至 1.3 万吨；纳日松镇弓家塔矿区 5000 吨地面站，2012 年 2 月投产；生力民爆控股，与山西同德化工公司合作，在杭锦旗锡尼镇新建 1.5 万吨地面站，2012 年 12 月投产；龙口镇魏家峁矿区 5000 吨地面站，2015 年 5 月投产；纳日松镇纳林庙矿区 5000 吨地面站，2015 年 11 月投产。

2014 年 5 月，生力民爆收购伊金霍洛旗泰威化工公司部分股权，技改扩建 1.2 万吨乳化炸药生产线年底投产；2015 年 11 月，生力民爆淘汰膨化硝铵炸药、粉状乳化炸药，置换产能新建 1.2 万吨乳化炸药生产线。至此，公司旗下获批乳化炸药、多孔粒状铵油炸药、震源药柱、中继起爆具 4 种产品，许可产能 13.2 万吨；其中，乳化炸药 3.6 万吨、多孔粒状铵油炸药 9.2 万吨、震源药柱 0.3 万吨、中继起爆具 0.1 万吨。

2007 年，生力民爆收购中伟爆破公司，2010 年在鄂尔多斯市成立 6 家爆破子公司，组建中伟爆破集团，提供专业爆破服务；2011 年与危货运输企业准格尔旗环泰运输公司合作，配送民爆产品，75 辆危险品运输车辆年运力 22 万吨。生产、运销、爆破三位一体运营，牢牢占据民爆行业制高点。

生力民爆推进工业化和信息化融合，提升本质安全水平。所有生产线配备自动控制系统，设置安全联锁装置，异常情况自动报警停机；所有地面站混装车安装监控系统，产品数量、行驶位置等信息自动上传。公司 2010 年 1 月获评全国“安康杯”竞赛优胜企业；2010 年 5 月通过国际质量体系、环境体系、职业健康安全管理体系认证。

2002 年 10 月，生力民爆注册“巨龙”商标，2010 年 4 月获评鄂尔多斯市知名商标，产品遍及鄂尔多斯高原，走向蒙晋陕宁周边省区。2006 年开始领跑内蒙古民爆行业，2011 年进入内蒙古民营企业百强，2012 年进入内蒙古纳税企业百强；2013 年主营业务达到峰值，产品产量 12.70 万吨，销售收入 7.62 亿元，资产 32.81 亿元，利润 2.68 亿元，纳税 1.45 亿元。2015 年，员工约 2000 名，产量 9.26 万吨，销售收入 5.00 亿元，利润 1.62 亿元，纳税 7198 万元。

二、准能炸药

1996 年 6 月，准煤公司黑岱沟露天煤矿炸药厂建成投产，设计年产万吨铵油乳化炸药，负责黑岱沟露天煤矿爆破用炸药的生产、剥离现场爆破作业。2007 年 1 月从黑岱沟露天煤矿分离出来独立核算；2008 年 6 月扩建哈尔乌素分厂，两厂核准产能 11 万吨，总厂生产铵油炸药 4.5 万吨、乳化炸药 2 万吨，分厂生产铵油炸药 4.5 万吨。2015 年 11 月 12 日，工业和信息化部核准产能 14.5 万吨，成为全国最大炸药厂。

炸药生产分为地面生产系统和爆破现场装药两部分，生产散装铵油炸药、乳化炸药、重铵油炸药等品种。建厂初期，有一条乳化炸药地面站和多孔硝酸铵上料系统，使用混装车现场生产工艺，配备铵油炸药混装车 3 台，乳化炸药混装车 2 台；2004 年 8 月购进 2 台铵油炸药混装车，2007 年 9 月购进 3 台多功能混装炸药车，1 台铵油炸药混装车，1 台乳胶补给车。扩建分厂后，全厂有 3 条地面生产线，两条多孔粒状硝酸铵上料系统，一条乳胶基质制备系统；购置 27 台现场混装炸药车，其中铵油炸药混装车 16 台、多功能炸药混装车 9 台、乳胶基质补给车 1 台；2009 年 2 月购进 7 台铵油炸药混装车，2台多功能混装炸药车；2011年10月购进4台多功能炸药车，4台铵油炸药混装车。

2012年12月，清查设备282台套，资产2500万元。2014年12月，黑岱沟露天煤矿爆破作业划归炸药厂实施，时有职工309名。截至2015年年底，累计生产铵油炸药63.19万吨、重铵油炸药6.08万吨、乳化炸药6.59万吨。

三、九鼎化工

内蒙古伊东集团九鼎化工有限责任公司（简称九鼎化工），2008年6月在准格尔经济开发区伊东循环经济产业基地注册成立，注册资本3亿元，是鄂尔多斯市首家硝铵生产企业。年产20万吨硝酸铵项目占地面积41.37万平方米，2013年1月1日验收投产，完成投资12.66亿元。以煤为原料，采用合成氨、氧化、加氢等工艺，生产硝酸铵，年均转化原煤约30万吨。利用空气，压缩冷却分离出纯氮和纯氧，氧气通过管道输送到九鼎化工气化工段，硝铵生产原料全部实现本土化。2013年，完成产值3.11亿元，生产硝酸铵15.63万吨、合成氨8.5万吨，销售收入3亿元，实现税费423万元，职工459名。2014年3月取得自营进出口权，多孔硝铵出口蒙古国、马来西亚。2015年6月28日，净化车间换热器发生氢气泄漏造成闪爆，致使3人遇难、6人受伤。当年完成产值1.5亿元，生产硝酸铵9.95万吨、合成氨4.74万吨，销售收入1.53亿元，企业亏损。

伊东集团九鼎化工公司，2011年赵刚摄

第三节　化　肥

1991年，全旗一家小型化肥厂国营准格尔旗化肥厂，2001年倒闭。2012年，在大路煤化工基地引进天润化肥项目建成投产。

一、准格尔旗化肥厂

准格尔旗化肥厂位于沙圪堵镇，是内蒙古自治区化肥公司直属企业，受旗人民政府属地兼管。利用陕西省府谷的焦炭，准旗乌素沟煤矿的沫煤，经过造气、脱硫、压缩、变换、碳化、铜洗、合成等工序，生产碳酸氢氨，设计年产万吨合成氨。由于设备落后，管理松散，连年亏损。1991年产量0.69万吨，1996年达到峰值1.28万吨。

1998年7月15日，内蒙古石油化学工业厅将该厂下放准格尔旗人民政府管理。同年9月3日，旗人民政府引进土默特左旗化肥厂兼并经营该厂，接收全部资产2223.6万元、全部债务2646.3万元；该厂在册职工494名，只择优安排350人上岗，其余职工甩给旗人民政府。10月27日，完成设备检修，重新点火起机，恢复生产；到1999年7月，完成产量1.03万吨，销售收入388万元，仍亏损22.5万元，土默特左旗化肥厂撤走；1999 年 8 月，内蒙古化肥公司承包经营该厂，仍未扭亏。2001 年 4 月 22 日，化肥厂破产解体。

二、天润化肥

内蒙古奈伦集团到大路煤化工基地，投资 32 亿元新建 30 万吨合成氨、52 万吨尿素项目，2006 年 9 月注册成立内蒙古天润化肥股份有限公司（简称天润化肥），注册资本 8.5 亿元。项目占地面积 59.5 万平方米，主要设备有循环流化床锅炉、水煤浆气化炉、空分装置、变换炉、压缩机组、甲醇洗、液氮洗、氨合成塔、尿素合成塔、造粒塔。2007 年 7 月开工，2012 年 10 月 25 日点火，2013 年 11 月产出合格产品，日产合成氨 1070 吨、尿素 1850 吨，2014 年生产化肥 44.62 万吨，2015 年生产化肥 14.91 万吨。

天润化肥公司厂区，2018 年摄

天润化肥项目以煤炭为原料，通过空分、气化、变换、脱硫、甲醇洗、液氮洗、氨合成、尿素提取等主要工艺流程，生产合成氨、尿素。关键环节采用先进的低温甲醇洗工艺、液氮洗工艺，瑞士合成氨装置、意大利尿素装置、荷兰硫回收装置。所产尿素产品，2013 年 12 月，内蒙古自治区石油化工监督检验研究院检测为优等品，销售覆盖内蒙古、河北、东北等农区。

2015 年 3 月 3 日，天润化肥公司工人拆卸气化炉出口分离罐底部法兰时违章作业，造成高温高压气体喷出，工人被灼烫冲击从高处坠落，导致 3 人遇难，造成直接经济损失 608.4 万元。公司被吊销安全生产许可证，停产整顿半年。公司有员工 857 名。

第四节 煤焦化

准格尔旗煤焦化行业集中在西南部东胜煤田牸牛川矿区，煤质低灰、低硫、低磷，是煤焦化优质煤种。1993 年有焦化厂 12 家，年产焦炭 2.9 万吨，土法炼焦，污染严重。1994 年开始改造土炼焦，到 1997 年土炼焦全部取缔。

1995 年起，羊市塔乡开始引进焦化厂，到 1999 年有焦化厂 15 家，产焦粉 18 万吨；1998 年 6 月，伊东集团引进陕西省神木三江煤化工研究所技术，建成全旗首家机制炼焦厂。2001 年 3 月 14 日，准格尔旗人民政府发布《鼓励发展煤炭深加工项目有关政策》（准政发〔2001〕8 号），招商引资发展牸牛川矿区煤焦化产业。2002 年，伊东集团焦化厂技改扩建，新建 2 座立式焦化炉，形成焦粉 5 万吨、焦油 5000 吨的规模；2003 年，羊市塔镇投产焦化厂 28 家，产焦粉 150 万吨、焦油 10.5 吨；川掌镇投产焦化厂 21 家，产焦粉 100 万吨、焦油 6.2 万吨。牸牛川矿区成为全旗煤焦化生产基地。2005 年，煤焦化行业达到顶峰，有焦化厂 76 家，生销焦粉 193 万吨、焦油 19 万吨。

2005 年 2 月 3 日，《准格尔旗清理整顿电石铁合金焦化行业实施方案》（准政发〔2005〕36 号）

印发，根据晋陕蒙宁电石铁合金焦化行业清理整顿工作会议要求，焦油池和氨水池禁止渗漏，熄焦水不得外排，大气污染物达标排放；达不到上述要求的焦化企业，2005 年 4 月 30 日前关停。到 2007 年，纳日松镇关闭 76 户 126 台焦化炉，龙口镇关闭 1 户 2 台焦化炉；全旗 390 万吨产能焦化炉全部关闭。

第五节　电石铁合金

世纪之交，准格尔旗引进电石铁合金冶炼产业，美其名曰“高载能”，其实是高污染、高耗能产业。到“十五”末在沙圪堵经济技术开发区、薛家湾镇友谊工业园区、魏家峁榆树湾高载能工业园区 3 地野蛮生长，一时间处处点火、村村冒烟。2005 年媒体曝光晋陕蒙“黑三角”后，国家污染治理频频发力，准格尔旗壮士断腕，淘汰落后产能，电石铁合金企业减少，产能提升。2013 年，全旗生产电石达到峰值 129.44 万吨。

1998 年，准煤公司多种经营公司电石厂投产，生产电石 1.17 万吨，这是准格尔旗最早的电石厂。2001 年 3 月 14 日，旗人民政府发布《鼓励发展煤炭深加工项目有关政策》（准政发〔2001〕8 号），吸引晋陕两省环保限制的电石、硅钙等高耗能项目，落户沙圪堵经济技术开发区、薛家湾镇友谊工业园区、魏家峁榆树湾高载能工业园区。2004 年，开发区引进高载能企业 36 家，形成电石产能 70 万吨；薛家湾友谊工业园区引进 12 家电石厂 13 台炉；魏家峁榆树湾高载能工业园区自 2001 年 8 月长河电石厂 6 万吨电石项目投产以来，先后引进 10 余家电石厂，2004 年高载能产品产能超 150 万吨。

2005 年 2 月 3 日，《准格尔旗清理整顿电石铁合金焦化行业实施方案》（准政发〔2005〕36 号）印发，根据晋陕蒙宁电石铁合金焦化行业清理整顿工作会议要求，清理整顿全旗 48 家电石企业 19 家铁合金企业，关停小于 5000 千伏安的电石炉、小于 320 千伏安的铁合金矿热炉。2006 年，通过整改验收，全旗保留电石铁合金企业 44 家 58 台炉。

2007 年 8 月 7 日，全旗节能减排工作会议，痛下决心清理整顿高投入、高耗能，低效益、低产出产业，关闭硅钙炉 38 台、炼铁炉 9 台、电石炉 7 台。2010 年，按照内蒙古自治区、鄂尔多斯市两级政府节能减排紧急通知，再次取缔 37 户电石铁合金企业 42 台炉。2011 年 12 月 31 日，全旗 35000 千伏安以下电石矿热炉全部拆除，只保留 14 家电石铁合金企业 19 台炉，总容量 28.15 万千伏安。

2015 年，全旗生产电石 95.32 万吨。最大电石企业伊东集团东屹化工公司，年产 1.8 万吨电石项目 2004 年 6 月点火投产；2011 年 4 月完成改扩建，年产 45 万吨电石项目投产。第二大电石企业鼎华集团年产 10 万吨电石项目。

第六节　煤制油

“十一五”期间，大路煤化基地引进国家自主知识产权项目煤制油，伊泰集团年产 16 万吨煤制油项目，配套生产催化剂的中国科学院合成油项目。

一、伊泰煤制油

内蒙古伊泰煤制油有限责任公司（简称伊泰煤制油），2006 年 3 月在大路新区成立，注册资本 23.53 亿元。运营一期 16 万吨煤制油项目，筹建二期 200 万吨煤制油项目。2010 年 4 月、2013 年 4

月，两次荣获内蒙古自治区五一劳动奖状。2015 年，资产总值 40.22 万元，在册员工 996 名。

2006 年 5 月 11 日，一期年产 16 万吨煤制油项目在大路新区开工。主要生产装置有气化、变换、合成、油品加工装置，配套设备设施 3.38 万台，包括压力容器、压力管道、安全阀、调节阀门、电气设备、检测分析仪表、火灾报警器。占地面积 51.94 公顷，总投资 28.73 亿元。2009 年 3 月 27 日，产出中国煤间接液化工业化第一桶合格成品油，被内蒙古博物馆收藏。2012 年 12 月 4 日，提前 27 天达到设计产能，成为中国首个达到设计产能的煤制油示范项目。2013 年运行效益创新高，产品产量 18.17 万吨，销售收入 12.93 亿元，利润 1.74 亿元，纳税 2.72 亿元；2015 年效益回落，产品产量 20.22 万吨，销售收入 8.99 亿元，利润 0.15 亿元，纳税 1.35 亿元。

伊泰煤制油公司，2017 年摄

16 万吨煤制油工业化示范项目，是国家“863”高新技术项目、中国科学院知识创新工程，煤基液体燃料合成浆态床工业化技术的延伸。原煤制备煤浆，送气化炉发生气化反应，生成粗煤气；粗煤气送变换炉，调节碳氢比发生变换反应，净化生成合成气；合成气送浆态床反应器，催化剂作用下发生合成反应，生成轻质馏分油、重质馏分油；送油品加工装置生成柴油、石脑油；合成尾气送油洗装置生成液化气；调整工艺还可生成费托蜡、液体石蜡、稳定轻烃等。主要产品包括混合烯烃、费托重烃、费托蜡、液化石油气、稳定轻烃、硫磺等，既是清洁的液体燃料，又是石油基无法生产的优质化工原料。2014 年 4 月，国家能源局对项目 72 小时标定，结果表明，工艺技术先进，装置运行稳定，能源转化效率较高，是我国煤炭间接液化技术发展的里程碑。2014 年 11 月，北京 APEC 会议期间，北京市政府组织 26 辆环卫车，进行伊泰煤制柴油 21 天整车试验，车辆起步性能、怠速稳定性、提速性能优良，与京 V 柴油相比，油耗降低 6.1%，烟排放降低 34%，颗粒物排放明显降低。

伊泰煤制油研发中心完成费托合成系列催化剂、浆态床反应器、费托合成工艺等科技成果转化，实施重大技术改造 100 多项，拥有实用新型专利 55 件、发明专利 13 件。2007 年 3 月被认定为内蒙古自治区工程技术研究中心，2009 年 11 月被国家发改委认定为煤间接液化国家地方联合工程研究中心。2011 年 11 月，高温浆态床煤制油关键技术研发及工业化示范应用项目获国家能源科技进步奖一等奖；2011 年 12 月，16 万吨间接液化法煤基合成液体燃料成套技术开发项目，获内蒙古自治区科技进步奖一等奖；2012 年 2 月，煤基合成油研发及产业化项目获乌兰夫基金企业技术创新一等奖；2013 年 8 月，伊泰煤制油公司被科技部认定为国家高新技术企业。

2009 年 4 月 8 日 4 时 10 分，伊泰煤制油油品加工车间中间罐区重质油罐发生油品泄漏，引起火灾事故，经过消防人员近 12 小时扑救，明火被彻底扑灭。直接经济损失 450 万元。公司吸取教训，2009 年 10 月成立专职消防大队，有专职消防员 29 人，装备消防车 6 台、救护车 1 台，2012 年、2013 年，两次在全国“安康杯”竞赛中获优胜奖。

2013 年 12 月 16 日，国家发展和改革委员会发文（发改办能源〔2013〕3054 号）批复，伊泰煤制油年产 200 万吨煤炭间接液化示范项目核准立项，概算投资 290.72 亿元，占地面积 288.18 公顷，2015 年筹建中。

二、中科合成油

中国科学院山西煤炭化学研究所煤制油首席科学家李永旺团队研发的煤基液体燃料合成浆态床工业化技术，解决了困扰中国 20 多年的费托合成技术难题，2005 年 9 月通过科技部“863”专家组验收；2006 年 1 月通过中国科学院重大项目验收，成为世界第五代煤炭间接液化技术。

2006 年 4 月，伊泰集团投资 2.27 亿元，携手山西煤炭化学研究所煤制油研发团队以核心技术入股，组建中科合成油技术有限公司（简称中科合成油），注册资本 5 亿元；2007 年 8 月在大路煤化工基地设立鄂尔多斯市分公司，投资 2898 万元新建的 1500 吨煤制油催化剂项目，2009 年 3 月 13 日向伊泰煤制油销售首批催化剂 12 吨。

2012 年 11 月，成立中科合成油内蒙古有限公司，注册资本 2.76 亿元。2013 年 5 月 31 日，投资 11.3 亿元新建占地面积 31.88 公顷年产 1.2 万吨煤制油催化剂项目，以金属、硝酸、液氨及专用助剂为原料制备费托合成催化剂，整套系统包括原料配置及尾气吸收单元、合成洗滤单元、成型焙烧单元、副产物回收单元。2014 年 11 月 24 日一次性打通工艺流程，成功生产出成品催化剂，填补了国内煤化工催化剂生产的空白。2015 年，生产催化剂 1153.4 吨，销售收入 5963.68 万元，纳税 370.45 万元。资产总值 8.21 亿元，员工 261 名，其中，博士 2 名，硕士 21 名，高级工程师 5 名。

中科合成油公司生产装置，2022 年摄

中科合成油内蒙古有限公司联科清洁能源企业研究开发中心，2011 年 12 月被评定为内蒙古自治区企业研发中心；2012 年 1 月被评定为内蒙古自治区生产力促进中心；2014 年 8 月公司被认定为国家高新技术企业。

第七节　煤制甲醇

准格尔旗煤制甲醇项目集中在鄂尔多斯大路煤化工基地，经过“十一五”到“十二五”开发建设，久泰能源、东华能源、易高煤化、西北能化 4 个项目落地，3 个项目投产，形成煤制甲醇产能 180 万吨。

一、久泰能源

久泰能源内蒙古有限公司（简称久泰能源），2003 年 12 月在大路新区成立，注册资本 11 亿元，是山东久泰能源集团全资子公司。2010 年 10 月建成 100 万吨甲醇项目，2011 年 6 月建成 10 万吨二甲醚项目，2012 年 3 月新建 60 万吨烯烃项目。2015 年，资产总值 94.8 亿元，在册员工 1649 名，位列内蒙古民营企业百强第 38 位。

2007年8月14日，100万吨甲醇联产10万吨二甲醚项目开工，项目占地面积73.33公顷，总投资52亿元。100万吨甲醇装置是国内规模最大甲醇装置，以煤为原料，原煤制备煤浆，送气化装置燃烧，生成合成气；合成气送变换系统，调整一氧化碳和氢气比例，在低温甲醇洗系统脱酸性气体，生成净化气；净化气送合成装置，生成粗甲醇；粗甲醇送精馏装置提纯，产出优等甲醇。核心装置引进瑞士产合成精馏装置。2010年10月16日16时产出第一桶煤基甲醇。10万吨二甲醚装置采用久泰能源集团“液相复合酸脱水甲醇制二甲醚工艺”专利技术，生产新型替代能源二甲醚，2011年6月12日产出第一桶二甲醚。

久泰能源公司甲醇灌装台，2010年摄

2011年11月26日，甲醇日产量首次突破3000吨大关。2012年11月29日，年产销甲醇100万吨，提前1个月达产，销售收入25亿元，利税5.6亿元。2013年10月，与蒙古国客商签订出口供货协议，第一批110吨二甲醚发往乌兰巴托。2014年，生产甲醇106.13万吨、二甲醚10.22万吨，销售收入23.36亿元，实现利税5.61亿元；2015年生产甲醇108.40万吨、二甲醚3.54万吨，销售收入17.56亿元，纳税1.66亿元。

2012年3月23日，年产60万吨烯烃项目动工，项目占地面积69.67公顷，投资概算82.8亿元，是鄂尔多斯市第一个烯烃项目。以甲醇为原料，延伸产业链，生产深加工系列产品。2015年续建，累计完成投资27.56亿元。

久泰能源研发中心2012年12月被认定为内蒙古自治区企业研发中心，2014年1月被认定为内蒙古自治区企业技术中心；企业2014年8月被科技部认定为国家级高新技术企业。拥有液相复合酸脱水甲醇制二甲醚工艺专利技术9项，工艺达到国际领先水平。2005年5月获中国国际专利与名牌博览会金奖，企业被评为中国专利十佳企业，同年9月获第十五届全国发明展览会金奖，第八届山东省专利奖一等奖；2006年7月获国际专利金奖。2013年7月，“久泰”牌二甲醚被评为内蒙古自治区科技名牌产品。

久泰能源坚守安全红线。划分重大、较大、一般和低4级安全风险，依次用红、橙、黄、蓝4色标识警示；落实公司、部门、装置3级安全管理体系，配备3级管理人员44名，14人取得安全工程师资质；设置重大和一般两级安全隐患，逐级整改消除。2013年12月被评为内蒙古自治区安全文化建设示范企业。

久泰能源严守环保底线。锅炉系统炉内+炉外半干法二级脱硫，静电预除尘器+袋式除尘器二级除尘，投运环保设备还有脱硝、污水处理、中水回用、浓盐水回用、末端气硫回收等装置。2013年2月，通过质量管理体系、环境管理体系和职业健康安全管理体系“三体系认证”。

久泰能源实施工业化与信息化融合。数字光处理大屏幕中央监控端，分散式控制系统、安全仪表系统、可燃气体有毒气体检测报警系统联通生产装置监控端，管理人员手机、电脑监控端，安装视频监控795路，打造装备与人员、现场与远程高度融合的信息管理平台，对机组控制、安全联锁、可燃有毒气体报警等进行有效管控。2015 年 9 月，获全国石油化工行业两化融合优秀实践奖。

二、东华能源

伊东集团东华能源有限责任公司（简称东华能源），2008 年 11 月在大路煤化工基地成立，注册资本 5 亿元，伊东集团占股 55%，西蒙集团占股 45%。

2009 年 5 月 11 日，120 万吨煤制甲醇项目一期 60 万吨工程开工。项目占地面积 66.3 公顷。生产工艺主要有水煤浆加压气化、耐硫变换、低温甲醇洗净化、低压等温合成、三塔精馏提纯，引进丹麦合成、硫回收工艺技术。2012 年 10 月 23 日顺利产出第一批甲醇。完成投资 48.52 亿元，2013 年 5 月 20 日达产，日产 2000 吨。2014 年入围全国甲醇产量 30 强企业。2015 年，在册员工 810 余名，累计生产甲醇 504 余万吨，销售收入 89 亿元。

三、易高煤化

2005 年 6 月，内蒙古三维资源集团和香港 JB（中国）公司共同投资，成立内蒙古三维煤化科技有限公司，注册资本 4 亿元。2007 年 10 月，香港 JB（中国）公司所占 50% 股权及三维资源集团所占 20.1% 股权转让给香港中华煤气集团，香港中华煤气持股 70.1%，三维资源集团持股 29.9%，企业更名为内蒙古易高煤化科技有限公司（简称易高煤化），在大路煤化工基地建设甲醇、稳定轻烃、乙二醇项目，项目占地面积 50 公顷。2015 年在册员工 544 名，纳税超 1 亿元。

2006 年 9 月，年产 20 万吨甲醇项目开工，主要装置有煤储运装置、给排水装置、锅炉装置、空风装置、气化剂变换装置、净化及合成、甲醇精馏装置、稳定轻烃装置，生产工艺获 8 项实用新型专利。2012 年 4 月投产；2014 年通过技术改造，形成产能甲醇 20 万吨、稳定轻烃 14 万吨。12 万吨乙二醇项目，将甲醇合成装置技改为乙二醇合成装置，生产市场紧缺的乙二醇。至 2015 年，20 万吨甲醇生产线、14 万吨稳定轻烃生产线，运行稳定，12 万吨乙二醇生产线续建，累计完成投资 29.88 亿元。

四、西北能化

鄂尔多斯市西北能源化工有限责任公司（简称西北能化），2005 年 7 月在大路新区成立，注册资本 13 亿元，是安徽皖北煤电集团公司的全资子公司。2012 年 7 月在大路煤化工基地开工建设年产 20 万吨煤制甲醇项目，项目占地 18.13 公顷，投资概算 19.59 亿元，生产装置采用西北化工研究院多元料浆气化技术、国内开发的宽温耐硫变换工艺、低温甲醇洗技术、催化合成反应器、氨法脱硫脱硝和超滤加反渗透水处理等技术。到 2015 年年底，完成投资 19.59 亿元，在册员工 433 名。

第八节　伊东循环经济

伊东集团在准格尔经济开发区建设的循环经济产业基地，2007 年 12 月列为国家第二批循环经济试点示范单位。2003 年 2 月，全国首家超纯煤项目年产 3 万吨超纯煤项目投产，产品获国家重点新产品开发认证；2007 年 7 月扩建 10 万吨超纯煤项目投产，2009 年列入联合国清洁煤技术示范推广项目；2014 年因全国煤炭价格下跌，超纯煤产品滞销停产。2004 年，鄂尔多斯市首个活性炭项目年产 3000 吨活性炭项目投产；2009 年 11 月因全国煤炭价格开始下跌，产品滞销停产。2008 年 4 月，伊东循环经济产业基地核心项目东方能源化工公司年产 60 万吨干馏煤联产 10 万吨甲醇项目投产；同年 6 月引进外资，成为全旗首个中外合资项目，投资 29.04 亿元；2008 年 12 月被评为全国

伊东集团东方能源化工公司，2017 年摄

煤炭工业综合利用与多种经营先进企业；2011 年 9 月入围中国化工企业 500 强；2012 年 5 月获评国家重点环境保护实用技术示范工程；2014 年因市场原因停产。

伊东集团在乌兰察布市卓资县旗下营工业园区新建氯碱综合利用项目，投资 85.6 亿元建设年产 32 万吨烧碱、30 万吨 PVC、10 万吨糊状树脂、60 万吨电石、100 万吨水泥、3 万吨三氯乙烯项目，2013 年 12 月 28 日投入试生产。

2015 年，伊东集团煤化工产业累计投资 170 亿元，年转化原煤 700 多万吨、煤化工产能 440 万吨，煤化工产业销售收入 40.88 亿元。

第九节　准能煤电铝

准格尔煤田煤炭具有“高铝、富镓”的特性，煤炭经发电厂锅炉燃烧后，粉煤灰中平均含氧化铝 50%、氧化硅 38%、镓 82.5 克 / 吨，是提取氧化铝和金属镓的潜在资源。准能公司从 2004 年开始粉煤灰提取氧化铝研究，历时 8 年研发出世界首创“一步酸溶法”粉煤灰提取氧化铝工艺。

2006 年 3 月，准能公司“准格尔粉煤灰综合利用研究与开发”科技创新项目，获神华集团批准立项，展开循环流化床粉煤灰综合利用实验室研发，2009 年 5 月研发出循环流化床粉煤灰“一步酸溶法”提取氧化铝工艺技术。2011 年 8 月 27 日 21 时 20 分，年产 4000 吨氧化铝中试项目生产出用酸溶法提取的第一批氧化铝；2012 年 10 月 6 日至年底，中试装置连续运行 85 天，实现稳定达产；至 2013 年 3 月，实现连续稳定运行 158 天，并生产出金属镓。2015 年，中试第七次运行，形成循环流化床粉煤灰一步酸溶法生产氧化铝工艺包，为工业化氧化铝示范厂建设提供技术支持。

准格尔旗规划建设的煤电铝循环经济产业基地位于布尔陶亥苏木植机壕村。2011 年 12 月 18 日，准能公司 100 万吨氧化铝示范厂开工建设，这件事入选中国氧化铝行业年度十大新闻；煤电铝基地随即启动；2012 年两个铝项目开工；2013 年铝产业市场行情转差，基地开发建设停顿。

第五章　材料工业

准格尔旗生产砂石、砖瓦、白灰、水泥等建筑材料，满足本土建设需要。“九五”期间形成神山陶瓷工业小区、榆树湾建材工业小区，陶瓷、水泥产品开始销往周边地区；“十二五”期间形成准格尔旗经济开发区陶瓷、高岭土产业，礼品瓷走向全国，高岭土出口创汇，真正实现捏土成钱、点石成金。

第一节　砂　石

准格尔旗就地取材料，物理粗加工生产建筑砂石。石料开采点集中在东南黄河沿岸，建筑用砂取自库布齐沙漠东缘和三大川河道，国家打击私挖乱采，持有采矿许可证和生产许可证才能生产。1991 年，全旗批准采石场 31 家、采砂场 4 家，打钻采石，爆破碎石，人工生产；2006 年，砂石行业处于鼎盛时期，批准石场 72 家、砂场 7 家，实现爆破开采，机械加工，机械装运。2015 年，新常态建筑工程锐减，批准采石场 41 家，11 家停产；批准采砂场 4 家。

1991 年，薛家湾镇唐公塔石料厂，产碎石 7 万立方米，片石 10 万立方米，供应准格尔煤田开发，准格尔项目一期工程投产后，石料厂关闭；中型石料厂大路镇房子滩村小榆树湾砂石厂，年产碎石 3 万立方米、砂石 10 万立方米，2008 年销售收入 270 万元，2015 年回落到 60 万元。中型砂料厂神龙砂厂位于大路镇何家塔村，2004 年由社员入股，集体创办，2006 年投入 20 台挖掘机、装载机作业，销售收入 1000 万元，2015 年回落到 520 万元。2000 年 4 月，前房子村民集资入股，收购个人采砂场，1.6 平方千米砂资源收归集体经营，组建前隆商贸公司，当年销售收入 52 万元，2015 年回落到 10 万元。

第二节　砖　瓦

准格尔旗以黏土、煤渣为原料，加湿搅拌成糕，脱坯干燥定型，入窑高温烧制砖瓦。西部地区制坯不加煤渣，烧制青砖、青瓦为主；东部地区制坯加煤矸石，烧制红砖、红瓦为主。

1991 年，全旗批准砖瓦厂 17 家，年产青砖瓦 7912 万块、红砖瓦 8700 万块；大型砖瓦厂实现机械制坯，平窑烧制，小型砖厂还采用人工脱坯，立窑烧制。2008 年，进入工程建设高峰期间，全旗批准砖瓦厂多达 22 家，全部实行机械制坯，平窑烧制，根据建筑工程需要，

2016 年兴隆街道王青塔村烧制红砖，路顺斌摄

能定制生产异型砖瓦、古建砖瓦、空心砖等产品。2013 年起工程建设锐减，全旗批准砖瓦厂 17 家，多数处于停产半停产状态。等到 2014 年、2015 年“十个全覆盖”工程大规模改造危房时，全旗不得不长途调运外地生产的砖瓦。

全旗最大砖厂是榆树湾硫磺厂创办的董家阳坡砖厂，1991 年具有年产 500 万块机制红砖的能力。1998 年转制民营，更名为旭阳砖瓦有限责任公司，有职工 340 名。2005 年，生产的黏土烧结砖被评为内蒙古优质产品。2015 年，生产优质红砖 200 万块，销售收入 300 万元。

第三节 白 灰

准格尔旗开采碳酸钙含量高的石灰石矿，高温煅烧生产氧化钙为主要成分的胶凝建筑材料白灰。白灰窑集中在东部南黄河沿岸，马栅乡二道沟村杨家石畔白灰质量最佳。1991 年，全旗批准白灰生产企业 9 家，年产白灰 2.8 万吨；最大白灰厂哈岱高勒乡柳青梁村陈家沟门白灰厂，设计产能 3 万吨。

2001 年 3 月 14 日，旗人民政府发布《鼓励发展煤炭深加工项目有关政策》（准政发〔2001〕8 号），取缔土白灰窑，鼓励机制白灰落户魏家峁榆树湾高载能工业园区；2004 年是白灰产业鼎盛期，魏家峁榆树湾高载能工业园区白灰产能 120 万吨，仅马栅镇建成机制白灰企业 10 家 14 台炉，产能 70 万吨。

白灰生产污染严重，采石破坏地貌，烧制排放有害气体，产生废炉渣。2005 年 2 月 3 日，《准格尔旗清理整顿电石铁合金焦化行业实施方案》（准政发〔2005〕36 号）印发，根据晋陕蒙宁电石铁合金焦化行业清理整顿工作会议要求，清理不符合环保要求的白灰产业，到 2006 年龙口镇取缔土白灰窑 89 家。

2007 年 8 月 7 日召开的全旗节能减排工作会议，进一步提高节能减排门槛，龙口镇一次性关闭白灰企业 89 家白灰炉 212 台，淘汰落后白灰产能 100 万吨；通过环保部门验收，保留机制白灰企业 21 家白灰炉 46 台，保留白灰产能 20 万吨，这种状况一直持续到 2015 年。

第四节 水 泥

1991 年，准格尔旗有 2 家水泥厂，为国营榆树湾水泥厂、马栅乡办水泥厂；1993 年建魏家峁乡办水泥厂；2001 年提高环保门槛，两家乡办水泥厂关闭；2004 年魏家峁镇引进晋蒙水泥厂，2007 年在清理高污染行业中关闭；2006 年大路镇引进华祥水泥厂为鄂托克旗乌兰水泥厂加工原料，2008 年因运营成本高关闭。铸城水泥公司成为全旗硕果仅存水泥生产企业。

铸城水泥公司位于龙口镇龙口社区，1991 年为国营准格尔旗水泥厂，1995 年改建为国有控股企业龙泰水泥公司，1999 年 3 月被伊东集团兼并组建黄河水泥分公司，2000 年 12 月脱离伊东集团，组建独立法人股份制民营企业。

国营榆树湾水泥厂，1991 年 2 月注册“鲶鱼”商标，生产“425”“525”、两种强度硅酸盐水泥；当年完成技改，立式窑生产线产能由 2 万吨扩大至 4.4 万吨，生产水泥 2.15 万吨，销售收入 236.9 万元，创利税 41.13 万元，职工 200 余名。1992 年，新建东胜散装水泥粉磨站。1993 年，生产水泥 4.59 万吨，超过设计产能；销售收入 1042 万元，首次超百万元；创利税 153.3 万元，首次超百万元。1994 年，实施 10 万吨技改，新建旋转窑生产线，职工突破 300 名。

龙泰水泥公司，1995 年创利税 207 万元，首次超 200 万元。1997 年与山西保德县福利水泥公司协作，生产水泥超 7 万吨。1998 年两家协作单位陷入经济纠纷，龙泰水泥公司经营状况恶化，生产水泥 5.59 万吨，创利税 27.6 万元。1999 年伊东集团兼并后扭转局面，生产水泥 7.35 万吨，创利税 231 万元。

铸城水泥公司，2001 年开始引资扩建，扩建东胜粉磨站，新建薛家湾分公司，新建大路新区商砼混凝土搅拌站，新建准格尔经济开发区粉磨站，产能扩大到 30 万吨；水泥标号更新为“425”“325”，原料类型有通用、矿渣、复合、粉煤灰等；水泥产量由 2000 年 5.9 万吨增加到 2009 年最高峰 39.52 万吨，2012 年后受鄂尔多斯民间借贷危机影响，建设项目减少，经济效益下滑，2013 年生产水泥 3.45 万吨，2015 年生产工人 200 多人，销售收入 6500 万元。“鲶鱼”牌水泥 2001 年被评为内蒙古自治区优质产品，2005 年获国际标准产品认证；铸城水泥公司 2005 年位列全旗纳税企业第 61 位。

1992 年国营榆树湾水泥厂立式窑

第五节　高岭土

“八五”到“九五”期间，准格尔旗高岭土行业处于煅烧试验阶段。跨入 21 世纪，先后建成三禾高岭土、蒙盛新材料、维泰高岭土、柳安矿业、天之娇高岭土、鼎华高岭土、伊东高岭土、蒙西粉体材料、腾翔建材 9 家高岭土企业，产品国内销售为主，出口为辅，多数企业取得自营出口权。2015 年，全旗形成高岭土产能 20 万吨。

一、三禾高岭土

内蒙古三禾煅烧高岭土有限责任公司（简称三禾高岭土），位于友谊街道唐公塔村，2000 年 9 月成立，注册资金 600 万元，经营范围为高岭土收购、煅烧、加工、销售、出口业务。2000 年 9 月投入生产，设计产能 1 万吨，当年获得内蒙古自治区高新技术项目证书，列入国家“火炬计划”项目，2002 年通过国际质量体系认证，取得自营进出口权，2004 年被认定为内蒙古自治区民营高新技术企业。2006 年，承担着国家中小企业技术创新基金项目高纯新型非金属材料 MC-O 莫来石投入生产。利用优质高岭土合成莫来石材料 MC-0，产品成分和性能，与英国同类产品相同，迅速在国内得到应用，并且打入国际市场。

二、伊东高岭土

伊东集团在准格尔经济开发区建设高岭土项目。年产 1000 吨 1250 目煅烧高岭土试验生产线于 2004 年试产成功，2005 年试销 1224 吨；2006 年 6 月上马万吨煅烧高岭土项目，2009 年产销高岭土 0.1 万吨；扩建 4 万吨煤系超细煅烧高岭土项目于 2010 年 10 月投产，2012 年产销高岭土 1.36 万吨，2015 年处于停产状态，累计完成投资 1.12 亿元。

2011 年 7 月，伊东集团引进“蒙西”高岭土品牌，成立鄂尔多斯市蒙西高岭粉体有限公司，注册资本 3000 万元，与内蒙古蒙西高新技术集团共同投资，建设年产 10 万吨煅烧高岭土项目，项目占地面积 6.1 万平方米。开发区高岭土项目与蒙西高新技术工业园区蒙西集团本部配套，形成抱团发展优势。2015 年，项目累计完成投资近 8000 万元。

三、天之娇高岭土

内蒙古天之娇高岭土有限责任公司（简称天之娇高岭土），2004 年 3 月在准格尔经济技术开发区成立，注册资金 1000 万元，是上市公司包钢稀土高科技股份有限公司与内蒙古包钢和发稀土有限公司发起组建的新型科技企业。2004 年 10 月，10 万吨稀相悬浮态快速煅烧煤系高岭土项目投入试生产，应用稀相悬浮态快速煅烧新技术，配套新型高压立式磨、日本进口全自动包装机，生产涂料级高岭土、造纸级高岭土、分子筛用土。

天之骄高岭土公司煤气站，2009 年摄

2004 年 9 月，准格尔旗高岭土研发中心在天之娇高岭土公司揭牌成立。中心承担准格尔旗科技计划项目 3 项，其中，煤系高岭土合成 LSX 型沸石分子筛，高岭土插层剥离合成纳米级 Y 型分子筛的方法 2 项，获国家发明专利授权。2005 年，稀相悬浮态快速煅烧煤系高岭土项目生产出涂料级高岭土，这一重大突破入围当年内蒙古十大科技成果；2012 年 12 月，煤系高岭土基制备微米级 / 纳米级沸石分子筛吸附剂，获湖北省科技进步二等奖；2015 年，内蒙古煤系高岭土制备纳米级沸石分子筛产业化应用技术项目，通过国家科技成果鉴定。

2010 年 4 月注册“天之娇”商标，产品销往国内涂料企业聚集的上海、广州、成都等地，继 2012 年 7 月首次出口日本涂料级高岭土 30 吨后，相继出口韩国、土耳其、巴西、印度尼西亚等国家。至 2015 年，累计完成投资 1.3 亿元，建成煤气、高岭土煅烧、分子筛原料 3 个车间，年处理 10.3 万吨煤矸石。其中，高岭土煅烧车间 8 万吨，分子筛原料车间 2.3 万吨。累计处理煤矸石 40 余万吨，产销煅烧高岭土 20 万吨、催化剂产品 4 万吨。其中，国内销售 18 万吨，收入 3 亿元，出口 1000 余吨，创汇 30 余万美元。累计纳税 1000 余万元，年均吸收就业 120 人。

第六节 陶 瓷

陶瓷是准格尔旗传统产业，暖水乡肯木肯村樊家渠手工瓷窑生产的粗瓷久负盛名。“九五”初，以黄天棉图为中心，规划建设了神山陶瓷工业小区，“九五”末因神山陶瓷集团解体萎缩；2009 年国礼陶瓷项目落地准格尔经济开发区，开发区开始规划建设陶瓷产业园区，引进国礼瓷、大汗窑、广场砖等陶瓷项目陆续投产，至 2015 年形成 8000 万件、500 万平方米的产能。

一、神山陶瓷

准格尔旗黄天棉图陶瓷厂，位于准格尔召乡黄天棉图村，是集体创办二轻企业。1991 年能生产日用陶瓷、釉面砖和耐火材料 3 大类产品；1994 年 6 月组建神山陶瓷集团，直属分厂 8 家，包括当年投产的神鹿陶瓷厂 12 万件卫生陶瓷项目、神峰陶瓷厂 20 万平方米外墙砖项目和赛享陶瓷厂；1995 年，神奇釉料厂、耐火材料厂投产，集团当年生产釉面砖 76 万平方米、耐火砖 0.22 万吨，实现产值 1600 万元，销售收入 1200 元，创利税 160 万元，位列全旗工业企业第 3 位；1997 年 11 月 26 日晋升为内蒙古自治区中型一档企业。

准格尔召、乌兰哈达 2 个乡村办的手工作坊产粗瓷大瓮，因神山陶瓷集团风生水起，转产开采陶土和高岭土矿，供应神山陶瓷集团，带动众多乡村办小厂矿。1995 年，准格尔旗人民政府规划以神山陶瓷集团为中心，建设神山陶瓷工业小区，1996 年 6 月成立神山陶瓷工业区办事处，负责神山陶瓷工业小区 1.87 平方千米规划区管理，工业小区形成釉面砖 100 万平方米、耐火砖 3000 吨、卫生陶片 15 万件的产能。

1997 年，神山陶瓷集团投资 3700 万元上马 1600 万件日用陶瓷项目，因陶瓷市场由盛转衰，1998 年项目亏损 47 万元，集团公司解体，子公司民营；遗留 1600 万件日用陶瓷项目，1999 年 8 月引进山东美华瓷业集团兼并经营，成立内蒙古美华瓷业公司，项目 2000 年 1 月投产，2001 年产销达到峰值 1253 件，坚持到 2005 年倒闭，神山工业小区陶瓷产业整体萎缩。

二、国礼陶瓷

鄂尔多斯市国礼陶瓷有限公司（简称国礼陶瓷），2008 年 7 月在内蒙古准格尔经济开发区成立，注册资金 1.2 亿元。占地面积 16.56 万平方米，建筑面积 5.8 万平方米，建成 31 条半自动注浆生产线、1 条全自动注浆生产线，5 座梭式气窑、3 座辊道窑和 8 座电窑，购置数控成型、数控雕刻设备，总资产 2.67 亿元。设计年产高端礼品瓷、餐饮瓷、日用瓷和酒瓶瓷 1200 万件，2009 年 9 月 29 日建成投产；至 2015 年，累计销售收入 4856.3 万元，上缴税金 433.7 万元。

鄂尔多斯国礼陶瓷公司，2013 年摄

国礼陶瓷研发中心将陶瓷器皿的质感和美术作品的色彩融合，打造出“国礼瓷”民族文化陶瓷品牌，填补了内蒙古高端艺术瓷、日用瓷的空白，填补了国内蒙元文化主题陶瓷的空白。研制出利用本地高岭土生产陶瓷的配方体系，摸索出低温素烧、高温釉烧、多温烤花的烧成技术，掌握了高寒气候条件下高端陶瓷的烧制技术。引进现代数控技术，用于制作模具，多彩立体雕刻。为内蒙古大会堂鄂尔多斯厅定制的 6.4×2.4 米陶瓷壁画，微晶定点施釉技术为国内首创。

2013 年国礼陶瓷产品皮囊壶

国礼陶瓷当家品牌多穆壶奶茶具，以北京龙潭湖元代墓出土景德镇官窑青白釉多穆壶为原型，两道金属箍和铆钉设计圣火纹装饰，将元朝官帽元素植入壶盖，采用玉龙造型设计壶把，壶口与壶盖设计卡口连接。壶身挺拔，壶嘴刚毅，壶把飘逸。研发“国礼”1号高白强化原料，胎质精细，釉色晶莹。数控浮雕技术让《元世祖出猎图》再现壶体，用黄金、铂金等贵金属镶嵌烧成。这套奶茶具，2014年12月获中国工艺美术百花奖铜奖；2015年11月13日，在中国国际旅游交易会获中国特色旅游商品陶瓷类金奖。

三、大汗窑瓷业

内蒙古大汗窑瓷业有限公司（简称大汗窑瓷业），2011年8月在内蒙古准格尔经济开发区成立，由国瓷·深圳永丰源集团投资新建2.4亿件高档日用瓷项目，计划总投资25.29亿元。2014年6月22日，第一条生产线点火试生产，设计年产高档日用瓷1.2亿件。至2015年，累计投资7.07亿元，销售收入1.11亿元，纳税104.69万元。

2015年大汗窑定制庆祝西藏自治区成立50周年中央赠品

大汗窑项目占地面积13.8万平方米，原料车间17台球磨机、3台喷粉塔；成型车间24套等静压干粉成型设备；烧成车间6条智能控制节能隧道窑、2条节能梭式窑；技术部3台德国SAMA公司磨底机；注浆车间2条全自动压力注浆线、烧成车间4条智能控制节能隧道窑。大汗窑瓷业引进德国自动化干粉造粒生产线、全自动注浆生产线，采用智能控制节能窑炉与快烧工艺、超声波清洗技术处理抛光后素坯、超滤膜污水处理技术，实现节能环保绿色生产，是国内首家全工序流水线作业，产品不落地的日用瓷企业。

2015年，大汗窑瓷业生产西藏自治区成立50周年庆典国家礼品，酥油奶茶杯及吉祥八宝茶碗送达藏区千家万户。大汗窑瓷业研发中心，2015年12月通过内蒙古自治区科技厅认证，开发的高端日用瓷产品“元瓷·大汗玉”，填补内蒙古自治区空白。

四、伊东陶瓷

伊东集团建有两个陶瓷项目。伊东蒙粤瓷业公司采用煤矸石、高岭土、白泥等原材料生产高档日用陶瓷、高档骨质瓷、陶瓷酒瓶，2012年8月年产600万件日用瓷项目点火试生产，当年销售礼品瓷1740个，2015年处于停产状态，累计投资0.76亿元。

伊东力弘瓷业公司，2010年6月成立，注册资金1.5亿元，占地面积26万平方米，投资6.5亿元。2012年5月，300万平方米陶瓷广场砖项目投产；2014年年底，200万平方米超薄瓷板项目投产。广场砖利用砒砂岩、高岭土，经高压成型、高温烧结而成，填补内蒙古自治区空白。至2015年，累计销售收入2440万元，上缴税金128万元。

五、骏马玻璃

伊东集团骏马玻璃制品公司，2011年6月在准格尔经济开发区成立，注册资金5000万元，占地面积15.33公顷。建成38.5平方米和60平方米生产窑炉，采用机械成型，离心浇铸，自动喷釉，配套3条玻璃瓶、玻璃器皿生产线，总投资4.8亿元。2013年11月投产，设计年产高档轻量化异形白酒瓶5000万只，高档轻量化烤花、喷涂玻璃瓶1000万只。2013—2015年，累计生产酒瓶2000万个，销售收入3000万元，在册员工150余名。

第六章　机械制造

“八五”期间，准格尔旗4家机械厂告别铁匠铺挂马掌生产模式，利用机床、模具等设备，生产小型机械、工具，实现半机械化生产，处于微利经营状态；“九五”期间，随着4家机械厂转制解体，又倒退回家庭作坊生产阶段。“十一五”期间，化工装备、矿山机械落户准格尔旗，机械制造业通过生产线流水作业，实现自动化批量生产。

第一节　小型机具

准格尔旗矿山机械厂位于沙圪堵镇中心，占地面积4.08万平方米，建筑面积5074平方米，加工设备29台、修理检测设备8台、自制设备5台，分金钳、铸工、锻工、修理、铆焊等车间，生产矿山井下运输工具，承揽机械制造、机动车辆维修等业务，主要产品有翻斗矿车、马槽矿车、万能磨粉机、玉米脱粒机，农用水车、民用火炉、暖气片。1991年，固定资产净值108万元，职工113名；1992年，销售收入97.4万元，利润1.1万元。1996年5月被神山陶瓷集团兼并经营，1998年10月解体，职工140人量化资产325.93万元。

榆树湾炼铁铸造厂占地面积2万平方米，固定资产8.9万元。生产日用铁制品，铸造火炉。1995年，销售收入33.2万元，利润0.7万元，固定资产12.0万元，职工35人。1996年被龙泰水泥公司兼并，1998年5月解体，在册职工96人量化资产71.86万元。

长滩金属制品厂厂区面积2万平方米，固定资产71.78万元。制作石渣叉、糖菜叉、钢镐等工具、铸铁火炉等用品。1993年销售收入93.6万元，利润1.5万元，净资产78.4万元，职工125人；1998年7月解体，职工68人量化资产13.8万元。

准格尔旗建筑公司金属修配厂，建筑面积1200平方米，固定资产74万元，分金工、钳工、锻工、铸工4个组，安暖气、钢屋架，焊钢门、钢窗、地毯钢机架，卷炉筒。1991年，职工34人创造产值10万元。1998年6月解体。

第二节　化工设备

内蒙古锦化机石化装备有限责任公司，2006年10月在大路新区成立，注册资本5270万元，由锦西化工机械集团控股，伊泰煤制油公司、中科合成油公司参股，建设大型化工设备制造项目。2007年10月15日投产，产品直供大路煤化工基地，降低运输成本，关键设备替代进口，远销华北、西北多地。公司取得A1级特种设备（压力容器）设计、制造许可，三体系质量管理体系认证。2012年销售收入高达3.49亿元；至2015年，累计完成投资2.7亿元，销售收入15.65亿元，纳税5251.22万元，员工294名。

项目占地面积 20.05 公顷，总建筑面积 6.04 万平方米，其中，容器车间 2.77 万平方米，机加工车间 8840 平方米，重型容器露天组焊场地 5400 平方米。是内蒙古自治区规模最大、加工能力最强的现代煤化工压力容器制造企业。一期年产 1 万吨大型压力容器生产线，2007 年 10 月 15 日建成投产，是大路新区第一个投产项目，填补内蒙古自治区大型化工设备制造的空白，主要设备有：双梁桥式起重机、双梁门式起重机、单丝窄间隙埋弧焊机。

2011 年锦化机石化装备公司产品气化炉

二期 6 万吨生产线，2013 年 6 月投产，具备制造特大型、特重型化工设备的能力，生产设备多是“巨无霸”。桥式吊车总起重 828 吨，最高起吊 26 米；数控水平下调式三辊卷板机，最大卷板能力，冷卷钢板厚 200 毫米，热卷钢板厚 300 毫米；数控高速龙门二轴钻床，钻孔直径 12 毫米至 50 毫米，最深 350 毫米；电加热台车式热处理炉规格 30×6.5×5.5 米，台车最大载重 350 吨；大型焊接机焊接最大直径 12 米；转罐机最大载重 1600 吨。

第三节 矿山机械

2007 年 9 月，伊东集团在准格尔经济开发区成立内蒙古铁煤伊东煤机制造检修公司，2008 年 10 月 16 日投产，完成投资 5200 万元，制造检修煤矿综采机械设备，填补鄂尔多斯市行业空白。

2012 年 5 月，天津金地矿业集团兼并煤机制造检修项目，与伊东集团共同投资组建美森工业技术公司，注册资金 1 亿元，项目占地面积 7.13 万平方米，配套大型加工设备 360 多台，2012 年 10 月投产，建成年产 80 台高效分级筛、800 节刮板机中部槽、6000 块筛篮筛板、10 万根托辊 4 条生产线。2015 年，投资 1.49 亿元改扩建煤炭洗选设备制造生产线，引进消化进口设备技术，新增烘干回转窑生产线、综采设备维修生产线，形成制造检修煤矿机械化综采、煤炭洗选成套设备的生产规模，解决了煤矿综采、原煤洗选和干燥的备品备件的制造及设备的检修维修的难题，自动化程度、设备技术水平跨入全国煤机制造行业前列，获 6 项国家实用新型专利授权。至 2015 年，公司有职工 85 名，累计实现销售收入 8063.61 万元，纳税 192 万元。

2014 年美森公司液压支架出厂

第七章　其他工业

第一节　地　毯

“八五”期间，准格尔旗地毯产业辉煌一时。纳林地毯厂、民族地毯厂辐射带动2000多户家庭毯坊，织毯女工超4000人；年产地毯3万多平方米，大部分出口欧美，年销售收入超2000万元，利税超百万元。

纳林地毯厂位于纳林乡纳林街，是国家出口地毯骨干厂家和民族特需用品定点生产企业，固定资产2000多万元，年产地毯万平方米。定制“天坛牌”仿古地毯，是中国工艺美术品百花奖银奖产品；研发“飞马牌”仿古地毯，是中国工艺美术品百花奖金奖产品，1991年8月获外经贸部优质产品奖。下设6家分厂，总厂发放毛线，委托分厂组织女工编织；女工编织半成品，分厂验货收购，总厂生产成品出口。1992年与美国中东公司签订出口地毯协议，1995年销售收入597.3万元。

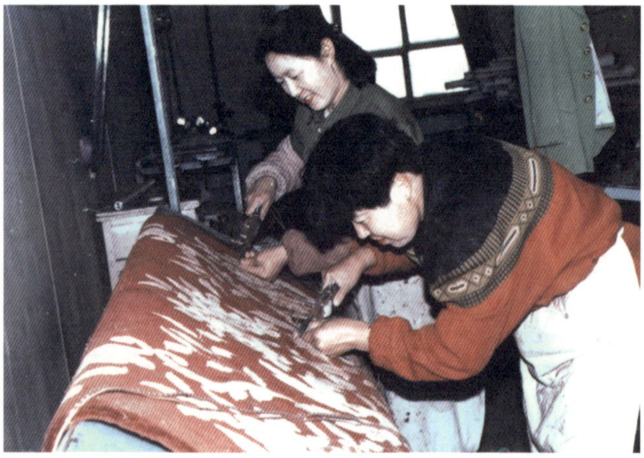

1995年民族地毯厂投勾工艺

民族地毯厂位于沙圪堵镇，也是国家出口地毯骨干厂家和民族特需用品定点生产企业，固定资产1500万元，年产地毯接近1万平方米。“乾隆”牌仿古地毯，内蒙古独创立体浮雕地毯；“纳尔松”牌地毯采用主花纹多层次浮雕工艺，获中国工艺美术品百花奖创作设计优质奖。应日本客商函邀，巡回日本列岛展演地毯编织技艺，1993年12月22日获1.2万平方英尺订单。1995年销售收入219.2万元，因羊绒大战引发绵羊毛价格上涨，盈利仅2.6万元。

1996年9月23日，纳林地毯厂兼并民族地毯厂，组建纳林民族地毯公司，职员1011名，固定资产986万元，年出口地毯1.5万平方米，创汇100多万美元。1997年6月17日，与美国中东公司签订5万平方英尺合同。

1998年6月，纳林地毯厂与民族地毯厂分家，组建纳林地毯公司。2000年取得产品自营出口权；2002年销售地毯2万平方尺；2004年10月，凭借纳林地毯金字招牌，获得土耳其经销商3万平方尺签单，销售地毯6万平方尺。此后业务由出口转内销，生产规模逐年萎缩。

民族地毯厂组建沙镇民族地毯公司，年产量0.6万平方米。2003年，民族地毯公司重组为久荣毯业公司，研发家居、车垫、艺术挂毯3大类地毯和羊绒、驼绒家纺产品。2005年，手工打结羊毛地毯被评为内蒙古名牌产品。2006年拥有资产1500万元，年生产能力20万平方尺；2007年销售18万平方尺，其中出口9万平方尺；2009年销售收入4500万元。后跨行业投资房地产项目和番茄种植加工项目，2012 年遭遇民间借贷危机，拖累主业地毯，从此一蹶不振。

准格尔旗还办过两家羊绒衫加工厂。2000 年，东胜龙翔公司准格尔羊绒衫厂，利用沙圪堵镇旗人民政府迁走后的大院新建年产 10 万件羊绒制品项目；2002 年 10 月，鄂尔多斯市福瑞羊绒制品公司，在薛家湾镇新建年产 5 万件羊绒制品项目。2004 年 5 月，两家羊绒衫厂因市场原因先后倒闭。

第二节 印刷·包装

一、印 刷

1991 年，准格尔旗只有一家印刷厂，为准格尔旗第一中学校办印刷厂，职工 20 余名，固定资产 30 多万元，铸铅活字，人工排版，承印作业本、考试卷等学习用品和财务票据、办公用品及商业广告包装印刷业务。由于技术设备落后，在电脑打字复印冲击下，2013 年倒闭。

1992 年，有億印刷厂在薛家湾镇成立，凸版铅印设备 7 台、工人 7 名，产值不足 10 万元；随着业务发展，引进电脑打字排版，激光照排制版；2015 年，印刷厂房占地面积 700 平方米，办公文化用品商场 120 平方米，印刷设备 15 台，产值 50 多万元，集生产与销售于一体。

1993 年 7 月，准煤公司成立报社印刷厂，采用铅字人工排版印刷。1996 年起，准煤公司对印刷厂实行定额补贴，每年补贴约 18 万元。1999 年起，该厂划归准能多种经营公司，自负盈亏。2001 年引进激光照排技术印刷，承揽社会印刷业务，实现收入 75 万元，首次盈利 4 万余元；2002 年，实现收入 92.56 万元，利润 5.8 万元。2003 年后该厂化整为零，拆分为几个印刷车间。

2015 年，全旗有印刷企业 20 家。

二、包 装

1994 年，黄兴公司在榆树湾镇创办编织厂，生产塑料编织袋；1998 年 12 月转制民营，成立鑫河塑料制品公司，注册资本 107 万元；2007 年 5 月注销。

1999 年 1 月，准能多种经营公司投资 48 万元在薛家湾镇建成塑料编织厂，年产塑料编织袋 300 万条。2001 年生产塑料编织袋 220 万条，产值 190 多万元，利润 8.5 万元。2003 年倒闭。

2007 年 7 月，九圆塑料编织公司沙圪堵分公司成立，是伊东循环经济产业基地包装袋生产企业，注册资本 600 万元，占地面积 2.29 万平方米。一期拉丝车间、圆织车间，2007 年 8 月投产，二期纸塑复合印染车间，2012 年 8 月投产，生产塑料编织袋、纸塑复合袋，设计年产 1000 万条包装袋。2010—2015 年，产量从 279.75 万条发展到 1037.24 万条，销售收入从 264.16 万元增长到 1489.8 万元，职工近百人。

2014 年 5 月，伊东力沣包装制品公司 5000 万平方米纸制包装箱项目，在伊东循环经济产业基地投产。占地面积 3.34 万平方米，投资 6204.35 万元。产品符合瓦楞纸箱标准（GB/T 6543-2008），满足开发区日用陶瓷、食品加工纸质包装需求。2015 年，销售收入 399 万元，缴税 6.5 万元。

第三节 食品加工

准格尔旗食品加工业涉及粮油、肉食等副食品、饮料等行业，多分布在沙圪堵、薛家湾两镇城乡接合部，点多面广，今年关门，明年开业，难以准确计数。2015 年 11 月，准格尔旗经网络投票评选出 5 个本地绿色农产品，分别为开发区高原杏仁露公司的有机杏仁露、腾丰杏仁露公司的海红果汁，兴隆街道帮郎太村金农公司的石磨杂粮，龙口镇魏家峁村农乡丰公司的杂粮，薛家湾镇红台子村准露山野食品公司的苦菜花饮料。

一、粮油加工

1991 年，准格尔旗有 3 个国营粮油加工企业，粮食加工厂日处理 50 吨小麦“150 小钢磨”生产线，饲料公司日生产 20 吨混合饲料生产线；12 家国营粮站加工杂粮、油料；乡村有米面加工点 240 多家、油坊 140 多家，农户不再家家推碾脱粒、户户围磨磨粉。

1992 年，粮油加工厂年产 24 吨小钢磨生产线投产，准格尔旗首次自产等级面粉。1993 年，粮油加工厂和饲料公司由职工承包经营。1994 年国家实行粮油敞开供应，受个体粮油加工作坊的冲击，国营粮食加工开始走下坡路，维持到 2000 年解体。

1997 年，泰丰养殖场在哈岱高勒乡巴汉图村建成全旗首家私营饲料企业双效饲料厂，2005 年注册“双效”饲料商标，专业生产猪、牛、羊各阶段浓缩、全价配方饲料。

跨入 21 世纪，农村人口向城镇集中，城镇粮油店经销外地产成品粮油，乡村粮食加工点大多倒闭，不再生产泰山压顶、油梁压榨的“三条腿”素油。2015 年，全旗有 40 余家小型粮食加工点。

消费者口口相传的粮食加工厂有，兴农绿色产业公司在薛家湾镇哈拉敖包村的小杂粮加工厂，生产“十里长香”小杂粮；金农绿色产品公司在薛家湾镇帮郎太村的粮食加工厂，传统石磨加工本土绿色杂粮。2015 年龙口镇新建麻地梁小杂粮加工厂，生产“麻地梁”牌小杂粮；规模较大的是农乡丰公司建在龙口镇魏家峁村的粮食加工厂。

2006 年，农乡丰公司建成年产 500 吨的粮食加工厂，2010 年产能扩建到 3000 吨，注册“农乡丰”商标，2012 年 2 月被认证为内蒙古著名商标。主打产品农乡丰杂粮系列，高粱米、小米、糜米、黍米、绿豆、黄豆、豇豆、荞面、莜面、豆面、糕面、玉米渣、芝麻等。2015 年销售收入 5087 万元。

二、副食制作

1991 年，准格尔旗有 3 家国营副食品加工厂，商业食品公司、副食品加工厂、粮油食品加工厂；有近 200 家副食品家庭作坊，主要分布在沙圪堵、薛家湾、榆树湾 3 镇。副食品主要包括，肉类分割生品、酱制熟品，烤制包馅、混糖面点干货，酿造醋、酱油等调味品。

食品公司屠宰加工活畜，供应市民肉食；副食品加工厂生产豆腐、酱、醋、酱油；粮油食品加工厂生产挂面、馒头和麻花、月饼、马蹄酥等面点。受家庭作坊群起挤压，经营状况每况愈下。到 2000 年全部破产解体。

宏盛肉联公司准格尔旗分公司是准格尔旗引进的畜产品加工龙头企业，2005 年 8 月在大路镇杨四圪咀社区成立，占地面积 4.57 万平方米，建有肉食加工车间、冷库，设计屠宰肉羊 60 万只，加工羊肉食品 1.5 万吨，总投资 3107 万元；2006 年建成投运，主打产品“龙盛”羊肉系列产品，营业收入一度突破 300 万元；2010 年因管理层陷入经济纠纷倒闭。

2002 年，泰丰养殖场在薛家湾镇薛家湾村，创办全旗首家政府特许屠宰点泰丰屠宰加工厂，2003 年注册“准达康”猪肉商标；2010 年 10 月成立天河肉业公司，注册资本 1000 万元，建成国家二级标准机械化屠宰设备和冷藏与保鲜设施，配备冷链物流配送车辆，在薛家湾、沙圪堵、大路 3 地设自营直销店；2015 年，资产总值 4852.6 万元，屠宰生猪 1.5 万头（只），营业收入 9950.4 万元。

在众多个体食品加工作坊中，刘志文、刘志坚兄弟在沙圪镇租房创办的蒸蒸蛋糕加工厂有口皆碑。“八五”初期，兄弟俩制作的双喜字心形蛋糕，每袋装12个蛋糕，一袋批发价1元，深受年轻消费者欢迎。1994年，兄弟二人分家，哥哥刘志文经营蒸蒸蛋糕加工厂，弟弟刘志坚新办誉欣饼屋；2001年，誉欣饼屋搬迁薛家湾镇，兄弟二人坚持用好油、好面、好馅，用心制作每一个面点，赢得两地消费者好评。

2015年，全旗有5家定点屠宰场，定点屠宰量3.71万头（只），其中，猪2.17万头、羊1.53万只；全旗许可副食品加工18家，其中，沙圪堵镇8家、大路镇4家、薛家湾镇2家、友谊街道2家、暖水乡2家、龙口镇2家、十二连城乡1家、蓝天街道1家、兴隆街道1家。

三、饮料生产

1991年，准格尔旗有两家饮料厂，即国营果品加工厂、集体啤酒厂。2015年，全旗有6家饮料企业，生产白酒、果酒和杏仁露等饮料，集中在准格尔经济开发区，高原杏仁露公司规模最大。2009年3月在薛家湾镇红台子村创办的准露山野食品公司，是内蒙古首家苦菜饮料企业。

啤酒厂位于沙圪堵镇，集资百万元建设，设计年产啤酒700吨，生产“松王”牌12度啤酒，销售不畅，连年亏损。1994年，净资产81.7万元，库存货值19.9万元，销售收入20.6万元，亏损9.5万元；1995年5月破产。

2018年名道纯酒业公司白酒酿造车间

易通酒业公司，2001年3月在准格尔经济开发区成立，注册资本297万元，资产总值560万元；2002年投产，年产白酒千吨，主打产品准格尔酒、油松王酒、二妹子酒、喇嘛哥哥酒、沙漠人参酒，曾热销一时；2004年倒闭。

蒙特农牧业公司，2009年3月在开发区成立，注册资金3000万元，占地面积6.22万平方米。主要产品海红果蒸馏酒、海红果白兰地酒。2014年3月，海红果酒及其制造方法，获中国高科技产业化研究会颁发的科学技术成果证书。至2015年，累计销售收入586.7万元，纳税61.9万元。

名道纯酒业公司，2011年6月在开发区成立，注册资金1000万元，建筑面积2.42万平方米，设计年产纯粮食白酒300吨，主打品牌“名道纯”“准旗王”。2015年，生产成品酒200吨。

王道酒业公司，2014年8月在开发区成立，投资1.2亿元，设计年产1000吨原浆白酒，主打“盈天下”牌清香型白酒。2015年有职工114名。

2018年高原杏仁露公司易拉罐生产线

高原杏仁露公司，前身为国营准格尔旗果品厂，是国家“星火计划”项目，生产果脯、果酱、果丹皮、罐头，设计年产果品2000吨。1991年产品获内蒙古首届那达慕大会蒙交会“优特新”产品铜奖，1992 年“天骄”商标获内蒙古著名商标提名奖，1993 年加入北京果脯蜜饯集团，1995 年开发“准立”牌杏仁露新品，当年固定资产 133.7 万元，员工 50 余名，销售收入 110.4 万元，利润 20.7 万元。1998 年民营组建天源果品公司，1999 年上马净水生产线，2002 年因市场和管理双重原因停产。2003 年 10 月重组绿华果品公司，同年 12 月获评内蒙古创新型星火龙头企业，2004 年 7 月更名为高原杏仁露公司，2006 年 6 月获评全国乡镇企业创名牌重点企业，2007 年 12 月获评内蒙古民营科技企业，2010 年 12 月新建年产 5 万吨杏仁露生产线投产。2015 年，资产总值 2.78 亿元，员工近百人，累计产量 2.63 万吨，销售收入 2.05 亿元，缴税 489 万元。2015 年 6 月首次跻身内蒙古企业成长百强。

高原杏仁露公司打造了一个走出高原、享誉全国的绿色品牌。2005 年 12 月，“准立”杏仁露成为全国首款获得 AA 级绿色食品和有机食品双认证的杏仁露；2006 年 12 月，与中国农业大学合作创办准格尔旗果品研发中心，以本土小果类为原料，采用温控鲜榨防蛋白聚合工艺，不添加防腐剂、香精，研发出有机杏仁露等系列饮品，杏仁牛奶实现植物蛋白和动物蛋白融合，干果萃取冰糖海红和酸杏汤技术，填补内蒙古空白。2008 年 11 月“准立”商标成为准格尔旗首枚内蒙古著名商标；2010 年 5 月“高原露”杏仁露获第四届中国国际有机食品博览会金奖，2012 年 9 月获第十届中国国际农产品交易会金奖，2015 年 3 月获中国森林食品交易博览会金奖。

2021 年高原杏仁露公司产品家族

四、矿泉水生产

准格尔旗矿泉水产地分布在暖水乡、大路镇两地。2015 年有瓶装、桶装矿泉水生产企业 5 家，年产矿泉水约 1.6 万立方米。

暖水乡主打暖水山泉品牌。巴隆矿泉水公司位于暖水村，2000 年 7 月投产，设计产能 1000 立方米；2002 年 2 月被伊克赛矿泉水公司兼并，产能扩大到 10 万立方米；2015 年生产矿泉水 3000 立方米。暖水山泉饮业公司位于德胜西村，2006 年投产，设计产能 3000 立方米，2015 年生产矿泉水 2920 立方米。万和商贸公司位于暖水村，2009 年 11 月开始加工暖水山泉，持有“暖水山泉”商标，2010 认定为内蒙古著名商标；2015 年生产矿泉水 3000 立方米。

大路镇主打沙漠甘泉品牌。漠海清泉饮业公司位于乌兰不浪村，2007 年投产，年产 18.9 升大桶水 8 万桶、小瓶水 50 万瓶，2013 年因销售不畅停产。凯曼饮业公司位于乌兰不浪村，2008 年投产，年产 18.9 升大桶水 10 万桶、小瓶水 60 万瓶，2015 年“凯曼”商标被认定为鄂尔多斯知名商标，生产矿泉水 3000 立方米。万昌山泉水公司位于何家塔村，1999 年手动灌装设备投产，日产能 720 桶；2002 年更新设备，日产能 1440 桶；2008 年采用半自动水处理及洗桶灌装设备，日产能 2880 桶；2015 年生产矿泉水 4000 立方米。

第八章　国家煤电路一体重点项目

“八五”国家重点建设项目准格尔项目一期工程，集煤炭开采、坑口发电、铁路运输于一体，1991 年 5 月 9 日，三大主体工程黑岱沟露天煤矿、大准铁路、坑口电厂全部开工。1999 年 11 月 24 日，项目建成验收移交神华集团投产，累计完成投资 92.65 亿元，打破计划经济煤炭单一经营模式，首创煤电路一体化发展模式，成为中国煤炭工业最大项目。跨入 21 世纪，市场经济条件下二次创业，2000 年完成债转股，2001 年完成公司制改造，2004 年实施主辅分离、辅业改制，轻装上阵，打响“准格尔绿色煤炭，还世界碧水蓝天”品牌。进入新时代，争创“世界一流”梦想，砥砺“你能、我能、大家能，准能”精神，发展成为集煤炭开采、洗选，废弃矸石发电，铁路运输，煤炭循环经济产业一体的国有控股特大型现代化综合能源企业。

负责项目开发建设的煤炭部准格尔煤炭工业公司，厅级建制；1998 年 9 月划归神华集团，2005 年 6 月随着中国神华能源股份公司上市，更名为神华准格尔能源有限责任公司（简称准能公司），注册资本 71.21 亿元，时有员工 8431 名；2008 年 8 月受神华集团委托，开发建设“十一五”国家重点建设项目哈尔乌素露天煤矿。2003 年 12 月 19 日，被评为 2002 年度全国煤炭工业优秀企业；2004 年 4 月 28 日，荣获全国“五一”劳动奖状；2005 年 9 月 27 日，再次获评全国民族团结进步模范集体；同年 10 月 26 日，荣获全国精神文明建设工作先进单位。公司总部驻蓝天街道白云社区。

2015 年，准能公司拥有年产 3400 万吨黑岱沟露天煤矿及配套选煤厂、装机容量 96 万千瓦煤矸石发电厂、正线 264 千米运力 2.2 亿吨大同—准格尔电气化铁路、粉煤灰提取氧化铝中试厂；托管年产 3500 万吨哈尔乌素露天煤矿及配套选煤厂及 16.19 千米大准铁路运煤支线。管理资产总值 614 亿元，利润总额 169 亿元，税费总额 199 亿元；劳动用工总量 16487 名，其中合同制 8925 名，劳务派遣制 7562 名。

1992—2015 年准能公司生产经营情况统计表

表 6-8

年　份	产煤量（万吨）	铁路运煤（万吨）	发电量（亿千瓦时）	收入（万元）	利润（万元）	税费（万元）
1992	—	—	0.41	—	—	—
1993	—	—	3.99	—	—	—
1994	—	—	7.28	—	—	—
1995		68.00	10.84	—	—	—
1996	18.10	103.98	12.01	—	4325.65	1716.33
1997	102.89	161.34	11.16	—	8738.56	3561.85
1998	263.71	425.23	11.21	—	3082.20	6892.42

续表 6-8

年　份	产煤量（万吨）	铁路运煤（万吨）	发电量（亿千瓦时）	收入（万元）	利润（万元）	税费（万元）
1999	452.17	705.12	11.50	—	5461.00	9856.79
2000	604.93	850.50	10.60	—	141.30	11624.08
2001	725.22	1142.15	10.86	—	3482.74	14827.49
2002	1014.03	1539.47	12.31	—	4662.75	20698.92
2003	1399.94	1963.10	135742.40	239900.08	6725.79	22389.20
2004	1709.48	2580.90	150991.90	345421.94	51471.60	37791.07
2005	2001.22	3102.36	147819.70	467050.47	112880.60	63755.04
2006	2489.36	4103.58	307122.75	582104.05	160229.58	79105.25
2007	2695.90	4804.33	286138.46	688391.95	190640.51	101066.13
2008	3052.65	5499.24	234303.92	852045.73	213697.02	116431.90
2009	3920.01	6550.31	215221.80	955651.62	279949.48	140842.61
2010	4854.14	7129.28	215127.70	1041831.16	284476.10	176276.54
2011	5933.70	7652.66	203387.49	1124669.44	300197.23	241449.85
2012	6383.08	7769.08	439792.78	1958400.00	460400.00	467200.00
2013	6141.50	8402.00	475702.44	1862600.00	479500.00	450800.00
2014	6176.00	9552.00	432998.40	1617800.00	279500.00	392800.00
2015	6101.00	11138.00	410997.06	1374500.00	82400.00	275200.00

第一节　黑岱沟露天煤矿

黑岱沟露天煤矿地处准格尔煤田中部，矿部位于友谊街道张家圪旦社区。是国家“八五”重点建设项目准格尔项目一期工程三大主体工程之一，是我国自行设计、自行施工建设的特大型露天煤矿及配套选煤厂，设计生产能力 1200 万吨。按 1999 年国家颁布《固体矿产资源 / 储量分类》新标准，2004 年国土资源部（国土资储备字 2004〔105〕号）备案：黑岱沟露天煤矿井田面积 42.36 平方千米，可采原煤储量 14.98 亿吨，设计产能 2000 万吨，服务年限 75 年。2014 年 1 月 29 日，国家煤矿安全监察局（煤安监行管〔2014〕1 号）批复，黑岱沟露天煤矿核定产能 3400 万吨，成为亚洲单坑产量最大的露天煤矿。2015 年有员工 1343 名，其中劳务派遣工 717 名，专业技术人员 102 名。

黑岱沟露天煤矿选用国内外最先进的采矿设备，采用综合开采工艺。上部黄土层平均厚 49 米，采用轮斗挖掘机—胶带输送机—排土机连续开采工艺；中部岩石平均厚 56 米，上层采用单斗挖掘机—自卸卡车间断开采工艺，下层采用抛掷爆破吊斗铲倒堆开采工艺；下部煤层平均厚 28.8 米，采用单斗挖掘机—自卸卡车—坑边半移动破碎站—胶带输送机半连续开采工艺。选煤厂设计采用跳汰洗选工艺，原煤分采、分运、分储、分洗或混洗；矸石排出，资源再利用。

1990 年 4 月 21 日，黑岱沟露天矿矿建剥离工程开工，采煤设备和剥离设备分别于 1992 年 7 月和 1993 年 2 月投入使用。1996 年 9 月 28 日，煤炭工业部批准投入试生产，项目完成投资 33.46 亿元。2003 年生产煤炭 1399.94 万吨，达到设计产能；同年 12 月 19 日，被评为全国煤炭工业双十佳煤矿、特级高产高效矿井。

2003 年 7 月，黑岱沟露天煤矿吊斗铲工艺技术改造项目开工建设，投入 5700 万美元从美国比塞洛斯公司引进 8750–65 型、斗容 90 立方米、回转半径 100 米的世界第一台采用交流变频调速无齿轮传动技术的大型吊斗铲，2007 年 11 月 12 日首次下坑作业，成功实施抛掷爆破加吊斗铲倒堆新工艺，当年生产煤炭 2648.15 万吨，超过 2500 万吨设计产能。

2011 年 6 月，黑岱沟露天煤矿开始二次扩能建设，新增剥离用斗容 55 立方米单斗挖掘机、290 吨级卡车 18 台，采煤用斗容 49 立方米单斗挖掘机、220 吨级卡车 9 台等设备；当年生产原煤 3122 万吨，成为全国首个突破 3000 万吨露天煤矿，被评为国家级安全质量标准化煤矿；11 月 20 日列入首批 37 家国家级绿色矿山名单。2012 年 11 月 1 日竣工验收，完成投资 16.37 亿元，其中设备投资 14.20 亿元，设计产能增加到 3100 万吨。2015 年生产煤炭 3289.08 万吨，投产近 20 年，累计生产煤炭 37050.85 万吨。

黑岱沟露天煤矿从 2003 年开始，逐年更新采矿设备。2010 年，停用 WK10B 电铲，投用 WK–35 电铲；报废第一代 24 台 108 吨卡车，投入第一批 220 吨自卸卡车 10 台。2011 年 6 月投入 290 吨自卸卡车 14 台。

至 2015 年，服役主要设备有德国克虏伯公司轮斗挖掘机系统 2 套、牙轮钻机 5 台；美国英格索兰公司钻机 2 台，中德合资阿特拉斯公司钻机 9 台；瑞典山特维克集团型钻机 1 台；美国 BE 公司大型吊斗铲 1 台、电铲 6 台；美国卡特公司履带推土机 20 台、胶轮推土机 8 台、装载机 5 台；美国小松·德莱赛公司 154 吨级自卸卡车 58 台，185 吨自卸卡车 5 台、220 吨自卸卡车 10 台、290 吨自卸卡车 21 台、履带推土机 12 台、胶轮推土机 2 台。国产大型设备有太原重型机器厂、湖南湘潭电机厂的重型装备，货值约 37.52 亿元。

第二节　哈尔乌素露天煤矿

哈尔乌素露天煤矿地处准格尔煤田中部，北邻黑岱沟露天煤矿，矿部位于薛家湾镇大塔村。井田面积 67.2 平方千米，可采原煤储量 17.8 亿吨，主要开采 6 号煤层，平均厚度 23.84 米，采区宽度 2000 米，设计服务年限 79 年，国土资源部〔国土资储备字 2006（293）号〕文件备案。列为国家“十一五”重点建设项目，建设年产 2000 万吨露天煤矿，配套同等规模选煤厂，为中国最大露天煤矿。2014 年 1 月 29 日，国家安全监察局批复核定生产能力 3500 万吨。由中国神华能源股份公司投资，神华准格尔能源有限公司代管。2015 年有职工 1224 名，其中，合同制职工 398 名，派遣劳务工 826 名。

哈尔乌素露天煤矿，采用单斗挖掘机追踪开采以及单斗卡车与吊斗铲倒堆作业的露天采矿工艺。主要设备有钻机、电铲、自卸卡车、推土机、平路机、洒水车、装载机等，通过严格的招投标程序选定世界范围内具有强大实力的国际公司所提供的采掘、运输设备。在引进、吸收、消化国内外露天煤矿先进开采技术经验的基础上，坚持科技领先、优质高效发展的理念，应用现代最新科技手段提升生产工艺，积极探索走新型工业化道路，形成以生产规模最大化、技术装备现代化、职工队伍专业化、管理手段信息化为特征的哈尔乌素露天煤矿新模式。

2006年5月18日，哈尔乌素露天煤矿开工建设，2007年3月1日，首次成功实施抛掷爆破—单斗—卡车新工艺，在全国首创这种采煤工艺并获得国家专利。2008年11月底建成投产，完成投资82.02亿元。2010年生产原煤2167.97万吨，达到设计产能。2011年通过神华集团竣工验收，正式移交生产，并顺利通过国家能源局竣工验收，被评定为安全质量标准化一级煤矿。

哈尔乌素露天煤矿和黑岱沟露天煤矿，2012年陈文俊摄

2011年5月，哈尔乌素露天煤矿开工建设扩能改造工程，设计生产能力3100万吨，2012年生产原煤3126.84万吨，达到扩能改造产能，总投资30.37亿元，成为全国第一个5年内单坑产量达到3000万吨的特大型露天煤矿，打造“中国第一、世界一流”高产高效样板露天煤矿；2013年生产原煤3393.7万吨，超越黑岱沟露天煤矿，成为全国单坑产量最大的露天煤矿、亚洲最大露天煤矿；2015年生产原煤3364.96万吨，建矿9年累计生产原煤20368.94万吨。

哈尔乌素露天煤矿在全球范围内招投标采购采掘、运输设备，引进大型装备有美国比赛洛斯公司生产的电铲7台，美国勒图尔勒公司生产的前装机4台，日本日立跨国集团生产的液压反铲2台、推土机18台，美国特雷克斯跨国集团生产的大型卡车55台，日本小松株式会社生产的卡车30台，瑞典山特维克集团生产的钻机6台、中德合资企业生产的钻机6台，美国卡特公司生产的推土机14台。设备总投资约48.68亿元。

第三节　坑口电厂

坑口发电厂是“八五”国家重点建设项目准格尔项目一期工程三大主体工程之一，火力发电机组装机容量2×10万千瓦，1991年5月9日开工建设，1号机组和2号机组分别于1992年12月和1993年8月投产，总投资5.11亿元。所产电能优先保障准格尔项目一期工程开发建设生产生活用电，使薛家湾镇成为全旗最早整体告别煤油灯照明的乡镇；多余电能输入蒙西电网，参与电网电量交易，1号、2号机组多年平均利用小时数分别达到5863.7小时、5763.9小时。

准能公司发电厂利用电力生产余热为准能公司中心区集中供热。到2007年，准能公司中心区供热面积130万平方米，热电比26.67%；2008年开始为薛家湾镇地方市政区集中供热，由于机组供汽量不足，改造供热设施，从主蒸汽管抽取新蒸汽，通过降压降温，使集中供热面积增加到240万平方米，2009年达到270万平方米。2010年，准能发电厂2号机组关停，1号机组继续为准能公司中心区集中供热，国华电厂开始接带薛家湾镇地方市政区集中供热；2012年准能公司发电厂供热面积减少为180万平方米，热电比达到71.78%；2012年12月1号机组关停，准能公司中心区由国华电厂集中供热。

2010年，根据国家电力“上大压小”政策，内蒙古自治区发改委将准能发电厂列入关停小火电机组名单。同年6月12日，准能发电厂关停2号机组，1号机组继续运行，为两个露天煤矿生产供电，供暖期内为准能公司中心区集中供热；2012年年初，准格尔旗政府与鄂尔多斯市政府签订《主要污染物消减目标责任书》，要求准能公司关停1号机组，同年12月12日，准能公司关停1号机组，至此，准能公司发电厂整体停产，退役固定资产净值2.14亿元。

第四节　矸石电厂

准能公司矸石发电有限责任公司位于友谊街道苏计沟村。2003年10月，由准能公司发起，与鄂尔多斯市国有资产投资经营公司、三维资源集团公司按4∶3∶3比例共同出资3亿元注册成立；2008年1月1日，准能公司收购两家合作企业全部股权，矸电公司成为准能公司独资下属企业。建设运营4台煤矸石发电机组，装机容量96万千瓦，消化煤矸石与劣质煤生产清洁电能，输送蒙西电网。

黑岱沟露天煤矿、哈尔乌素露天煤矿投产后，大量煤矸石露天堆积，排出二氧化硫、一氧化碳及烟尘等有毒有害气体。2004年7月3日，准能公司开工建设一期2×15万千瓦煤矸石水冷循环流化床发电机组，总投资13.88亿元；1号、2号机组分别于2005年12月12日、2006年1月23日并网发电；2006年10月，一期工程获内蒙古自治区"草原杯"工程质量奖金奖。

2008年6月22日，准能公司开工建设二期2×33万千瓦煤矸石空冷循环流化床发电机组；主设备采用两台1177吨/小时亚临界循环流化床锅炉、直接空冷式汽轮机、水氢冷却式发电机。4号机组于2011年9月30日并网发电，3号机组于同年11月18日并网发电，总投资23.56亿元。

矸石发电公司生产燃煤利用准能公司自产煤矸石，混合外购劣质原煤，工业用水由准能公用小沙湾水厂提供。2014年完成一、二期脱硫及二期脱硝改造，脱硫采用炉外湿法脱硫工艺，脱硝采用炉内干法脱硝技术，实现电力清洁生产。

准能矸电公司在3号、4号机组投产后，蒙西电网流通电量处于供大于求的状况。矸电公司发电运行部设立营销团队，实时了解电量分配方式，外抓协调，内抓管理，多渠道争取上网电量，机组平均利用小时数达4359小时，实现机组负荷高于蒙西电网平均水平，争取脱硫脱硝电价补贴，实现电力高效生产。2012年，公司发电44亿千瓦时，一举扭转电力亏损局面，实现利润1.36亿元；2015年，公司发电41.09亿千瓦时，售电36.31亿千瓦时，售电收入8.59亿元。

准能公司煤矸石发电厂，2012年李根万摄

第五节　大准铁路

1990年7月17日，"八五"国家重点建设项目准格尔项目一期工程三大主体工程之一丰镇—准格尔铁路开工；1992年1月决定向东延伸至大同站，改称大同—准格尔铁路（简称大准铁路），

是内蒙古自治区第一条电气化铁路。

大准铁路，东起山西省大同东站，接北京铁路局大同至秦皇岛铁路，向西经山西省大同市，内蒙古自治区乌兰察布市丰镇市、凉城县，呼和浩特市和林格尔县、清水河县，到鄂尔多斯市准格尔旗薛家湾站。正线全长264.65千米，一级单线电气化铁路。准格尔旗境内长29千米，建有7座大桥，黄河特大桥为三跨连续式拱梁结构，单孔跨度132米，为黄河单孔跨度最大桥梁；打通11处隧道，最长隧道脑包上隧道长2109米；设有窑沟站、龙王渠站、点岱沟站、唐公塔站、薛家湾站，货运站薛家湾站，唐公塔站、点岱沟站。

准能公司大准铁路运煤专列，2006年摄

大准铁路公司驻蓝天街道白云社区。2015年在册员工5019人，其中，合同制员工2651人，派遣劳务工2368人。

一、铁路建设

大准铁路，1997年6月28日全线通车，设计运力1500万吨，投资31.65亿元；1999年11月24日，国家验收合格投入运营。

点岱沟至南坪专线，正线长13.71千米，设计运力3900万吨，2008年11月通车运营，投资9.23亿元。

2006年3月25日，大准铁路开行国内单线铁路首列万吨列车。在两台韶山4型电力机车牵引下，一列长1548米由104节C70型货车组成的万吨运煤专列，从点岱沟车站缓缓驶出，驶向大同方向。开行万吨列车扩能改造，投资6.32亿元，运输能力提升到4000万吨。

增二线二道河至点岱沟段，东起二道河站，西经清水河站、老牛湾站、龙王渠站，至点岱沟站，全长59.14千米，准格尔旗境内长25.2千米，设计运力2.2亿吨。2013年12月19日建成通车，投资17.88亿元。

唐公塔集运站，上行方向与龙王渠站、点岱沟站连接，下行方向与薛家湾站连接，设计运力300万吨，是唐公塔煤矿装车站。为伊泰集团投资，1995年3月建成投运。

点岱沟集运站，上行方向相邻龙王渠站，下行方向相邻唐公塔站。有正线3条、到发线13条、牵出线1条、煤台线3条、油库专用线2条、装车环线2条、安全线7条；配备双环线自动漏斗装车设备，1号装车漏斗设计年装车能力2000万吨，2号装车漏斗设计年装车1500万吨，煤台年装车能力5000万吨，是黑岱沟露天煤矿煤炭集装站。1996年7月建成运营。

南坪集运站，正线1条，到发线10条，装车环线3条、牵出线2条、机待线1条、边修线1条、存车线1条，设计装车能力4500万吨，是哈尔乌素露天煤矿装车站，为大准铁路最大装车站。2008年12月17日建成投运。

肖家集运站，上行方向与点岱沟站连接，下行方向与南坪站连接，设计运力500万吨。2013年8月建成运营，准能公司和力量煤业公司合资建设，投资1.8亿元。

龙王渠集运站，与龙王渠站并列布置，新增两条到发线、一条装车线，配套建设煤炭集运系统，

1 级双线，设计运力 1000 万吨。概算投资 5.66 亿元，2014 年 3 月开工，2015 年续建。

二、货运·客运

大准铁路是国家西煤东运通道大秦铁路向西的延伸，承担准能公司和地方煤矿的煤炭外运任务。1997 年 11 月 9 日开行首列运煤专列；2002 年货运量突破设计运能，达到 1546.44 万吨；2008 年运量突破 5000 万吨大关，完成 5499.2 万吨，开始保持单线铁路全国纪录；2011 年创造月运量 675.5 万吨、年运量 7630 万吨的全国同行新高。

2015 年，大准铁路完成运量 11161.5 万吨，首次突破 1 亿吨大关，开启铁路运输亿吨时代。继续保持国内单线电气化铁路首开万吨重载列车、安全运行周期、年月日货运量 5 项纪录，载入中国企业新纪录。22 年间货运量由 68.02 万吨到 11161.5 万吨，单位成本由 0.24 元降到 0.08 元；1995—2015 年，累计发送货物 8.5 亿吨，完成收入 302.7 亿元，实现利润 121.2 亿元。

薛家湾站是货运为主客运为辅三等站，设计客运量 300 万人次。1994 年 7 月 20 日首开到丹洲营站通勤客车，每日一对，当日折返，硬座客车，运价 0.15 元 / 人·千米；1996 年开行到点岱沟站通勤客车；2000 年 5 月通勤客车与货车混合开行；2002 年停开到点岱沟站通勤客车；2005 年通勤客车隔日开行；2008 年 7 月 29 日新型空调客车开行，运价 0.28 元 / 人·千米；2011 年起改为隔三日开行；2011 年 4 月 1 日起运价下调为 0.26 元 / 人·千米。

第六节 科技创新

准能公司实施现代露天煤矿重大关键技术研究与应用等科技创新项目。2005 年引进的抛掷爆破—吊斗铲倒堆工艺，形成了连续工艺、单斗—卡车工艺、抛掷爆破—吊斗铲倒堆相结合的综合露天采煤工艺，开创了国内多种工艺露天采煤的先河。两大露天煤矿资源回采率达到 98.73%，较设计回采率提高 2.73 个百分点，在同一煤田范围内比井工煤矿高出 30% 以上；选煤厂选矿回收率达到 92% 以上，高于设计选矿回收率五个百分点。

2011 年，准能公司在世界首创循环流化床粉煤灰“一步酸溶法”制备冶金级氧化铝工艺，获国家 10 项专利授权；高铝粉煤灰高效循环利用技术研究，被科技部列为“十二五”科技支撑计划项目；神华准格尔矿区煤炭绿色开采及伴生资源综合利用示范基地，被列为首批 40 个国家级矿产资源综合利用示范基地，获得 8.4 亿元资金支持；神华准格尔矿区 30 万吨高铝粉煤灰综合利用工业化示范项目获批立项。

2015 年，准能公司构建“数字矿山”总体应用架构，“智慧准能”建设迈出坚实步伐。“准格尔矿区块煤智能干选技术应用研究”项目取得阶段成果，正式投入使用，实现国际领先水平的产品分选，年创经济效益可达 1 亿元；进口采矿设备电控系统、电动轮等关键部件实现自主研发，与进口部件相比节约成本约 4000 万元 / 年。

至 2015 年，准能公司取得经济技术创新成果 676 项，其中，取得国家级科技成果 2 项，省部级科技成果奖 18 项，授权专利 299 项。

第九章　内蒙古准格尔经济开发区

内蒙古准格尔经济开发区（简称开发区）前身为1999年10月7日自治区人民政府（内政字〔1999〕188号）批复设立的准格尔旗沙圪堵经济技术开发区，为自治区级经济技术开发区、伊克昭盟首个省级开发区。2000年8月16日，自治区人民政府批复更名为内蒙古沙圪堵经济技术开发区；2005年11月8日，自治区人民政府规范命名为内蒙古准格尔经济开发区，2006年1月26日获国家发改委核准备案。开发区位于沙圪堵镇，东至指羊公路外迁线，南至忽鸡图沟，西至纳林川，北至109国道，规划控制面积102.6平方千米；其中，工业区65.9平方千米，市政区36.7平方千米。按照"产城融合"的发展思路，形成能源化工循环经济产业链、陶瓷和高岭土等非金属材料产业群、农副畜产品加工业、配套物流等现代服务业。2006年7月20日被列入自治区20个重点工业开发区；2008年1月28日被命名为内蒙古工业十强开发区；2010年起成为内蒙古销售收入超百亿元园区；2014年12月29日被评定为自治区级承接产业转移示范园区。

第一节　规划定位

1999年8月17日，准格尔旗人民政府驻地迁至薛家湾镇后，旗委、旗政府专题研究沙圪堵持续发展问题，提出利用搬迁留下的国有资产，制定优惠政策招商，建设沙圪堵经济技术开发区，开发区和沙圪堵镇统一规划、开发、建设、管理。

2000年6月编制的《沙圪堵镇(经济开发区)总体规划(2000—2020)》，将沙圪堵镇区纳入开发区统筹规划，规划区东至电视发射台，南至准东铁路，西至纳林川，北至变电站，包括沙圪堵镇建成区、拟建开发区，控制面积11.5平方千米，定位为全旗对外开放的窗口，中部经济文化中心；预计2010年人口规模4万人。

内蒙古准格尔经济开发区招商办公楼，2006年摄

2004年3月，沙圪堵镇被确定为全国重点镇。2005年10月修编的《沙圪堵镇城镇（开发区）总体规划（2005—2020）》，向北拓展工业新区，规划东至安定壕、电视差转台，南至准东铁路，西至纳林川，北至高岭土城、布尔洞沟，控制面积33.43平方千米，其中工业新区22.36平方千米，南市政区、北工业区，一城两区空间布局，工业发展轻纺和食品加工、煤化工和矿产加工，预期2010年人口规模6万人。

2006年7月，开发区列入内蒙古20个重点工业园区。2008年8月批准实施的《内蒙古准格尔经济开发区总体规划（2007—2020）》，定位为全国重要的高岭土开发基地、全国最大的电石基地、准格尔旗西部最大的煤炭深加工基地。规划东邻安定壕村，南抵过境路，西至纳林川，北起布尔洞沟北、敖靠塔村北，面积94.34平方千米，布局北部片区高岭土经济组团，中部片区煤系循环经济组团、装备制造组团，南部片区电石循环经济组团。2010年，建成工业区3纵4横、市政区5纵6横框架，形成“一城两区、北工南居”的空间格局。

2012年5月批准实施的《沙圪堵镇总体规划（2010—2030）》，将沙圪堵镇确定为准格尔旗的经济副中心、西部的物流中心、中南部核心增长极，发展能源重化工，轻纺产业及农畜产品加工业为主。规划面积102.6平方千米；其中，工业区东至安定壕，南至公益盖沟，西临纳林川，北至109国道，面积65.9平方千米；市政区东至指羊公路外迁线，南至忽鸡兔沟，西临纳林川，北起污水处理厂及公益盖沟，面积36.7平方千米。规划用地面积68.1平方千米，其中工业区42.3平方千米，市政区25.7平方千米。依托纳林川水体城镇景观轴，布局6横3纵9条绿化隔离带，建设物流、汽车服务、商务、行政、商业服务、文化娱乐6个中心，建设市政区4个居住小区、工业区6个小区10个片区，预计2015年人口规模9.8万人。

第二节 开发建设

开发区建设之初，配套基础设施实现“五通一平”，即通给水、通排水、通电、通路、通信、平整土地；2007年增加通排污、供热管网“七通一平”；2010年增加通天然气、通铁路“九通一平”；2015年配套污水处理厂、消防站，达到鄂尔多斯市“九通一平一厂一站”工业园区配套标准。2000—2015年，开发区累计投资20.99亿元用于基础设施建设，撬动社会资本参与开发建设。开发区建成区19.7平方千米，其中工业区建成7.5平方千米，市政区建成12.2平方千米；总人口8.06万人，其中常住人口6.96万人，暂住人口1.1万人。

一、土地开发

至2015年，开发区累计报批农用地转建设用地22批次976.73公顷；征收集体土地2247.66公顷，收储土地4宗963.33公顷，出让国有土地162宗545.12公顷。建成建设用地面积917.95公顷，其中，工矿仓储用地664.58公顷，公共服务用地258.1公顷，交通运输用地49.27公顷。办理国有土地使用权登记3534宗1053.08公顷。

二、基础建设

2000年，开发区市政道路13千米，硬化面积3.8万平方米，主干道准格尔路、八一路、迎宾路。2015年，开发区建成10横3纵、2条过境路、1条外环路的路网框架，形成“一城两区、北工南居”空间格局。其中，工业区4横3纵，市政区6横3纵。工业区建成高耗能工业园区、循环经济工业园区、陶瓷工业园区和农产品加工园区和高岭土工业园区。市政道路总长66.9千米，硬化面积184.5万平方米，安装路灯3534盏。

2000年，开发区由110千伏变电站10千伏线路供电，电能来自蒙西电网，电源准煤公司坑口电厂。2004年杨四海变电站投运，保证开发区高载能工业用电。2015年，开发区有4座变电站，220千伏变电站、110千伏变电站、35千伏变电站2座，装机容量95万千伏安，用电负荷84万千伏安。

2000年，开发区自来水日供水能力千吨左右，自来水普及率不足30%。2009年12月29日，长滩—沙圪堵应急供水工程通水，年供水能力1600万吨；2011年3月5日，“引黄入沙”供水工程通水，年供水能力2500万吨。至此，开发区有祁家梁、陈家沟、龙口3处生活用水水源地，供水能力4600万吨；工业供水有马栅、万家寨2处黄河取水口，供水能力3400万吨。2015年，开发区供水管网34千米，供水普及率95%。

开发区集中供热源来自伊东集团2×50万千瓦热电厂，2010年10月15日供热系统投运；3家供热企业分片供热，金泰换热站自建供热源，2006年投运；宝润换热站2010年投运；永兴源物业公司换热站2010年投运。2015年，开发区有供热一级管网双线32.61千米，二级管网103.258千米，供暖面积230万平方米，供热用户近1万户，集中供热普及率70%。

2011年11月28日，鄂尔多斯市新圣天然气管道公司苏格里—东胜—准格尔天然气输气管道沙圪堵分输站投运，铺设支线管道39千米，年供气能力6亿立方米。主要用于工业供气，部分用于车辆燃气。

第三节　招商引资

一、招商政策

2000年1月9日出台的《准格尔旗沙圪堵经济技术开发区招商引资优惠政策》（准政发〔2000〕14号）规定，凡与现有企业实行联合的企业，投资比例达到企业资产25%以上，享受税费先征后投按比例返还，土地出让优惠政策。开发区管委会对引进项目实行一站式管理、一条龙服务，项目从立项到领取营业执照，15个工作日内完成。

2005年4月27日出台的《准格尔旗招商引资优惠政策》（准政发〔2005〕44号），废止开发区招商引资优惠政策，提高招商门槛，新建、扩建项目必须符合国家产业政策，达到环保要求，履行劳动安全卫生“三同时”手续。开发区开始择优招商。

2010年4月15日，准格尔旗人民政府出台《支持陶瓷产业发展的有关规定》（准政发〔2010〕33号），为开发区陶瓷工业园量身制定优惠政策，投资3000万元以上的陶瓷产业项目和投资500万元以上的陶瓷配套项目，享受出让土地优惠、行政事业收费减免、企业用工优惠、专项发展基金扶持等配套政策。

二、引资成果

2000年，开发区首批引进投产项目8家，包括易通酒业千吨白酒、龙翔公司10万件羊绒制品、福泰公司稀土金属加工项目，这些项目多数昙花一现，停产倒闭。

2000年9月29日，中国泰邦集团与开发区在东胜市签署协议，泰邦集团投资50亿元在开发区建设210万吨高岭土高科技环保项目，这是伊克昭盟最大的招商引资项

开发区陶瓷产业园区，2018年摄

目，开发区投入大量人力物力跟进服务。泰邦集团在镇区南郊一处煅烧高岭土小炉窑开展前期试验，2003 年底泰邦集团撤资。

2003 年，开发区引进 7 家电石项目投产，年产量 17.85 万吨，电石乙炔产业电能消耗大，被命名为高耗能产业。2004 年引进高耗能企业 36 家，电石产能 70 万吨，形成首个专业化产业基地高耗能产业园区。至 2015 年，开发区煤炭深加工循环经济产业用电容量 18.7 亿千瓦，年产量 80.50 万吨。

“十一五”期间，开发区建成伊东循环经济产业基地，该基地 2007 年 12 月被列为国家第二批循环经济示范单位。核心项目东方能源化工公司 60 万吨干馏煤联产 10 万吨甲醇项目 2008 年 4 月投产，2008 年 12 月被评为全国煤炭工业综合利用与多种经营先进企业，2012 年后因市场原因停产。

2009 年，开发区引进国礼陶瓷 3200 万件日用瓷、礼品瓷和中高档酒瓶项目，启动陶瓷园区建设，到“十二五”初期，相继引进蒙粤 300 万件日用瓷 300 万件酒瓶、力弘 300 万平方米广场砖、大汗窑 2.4 亿件高档日用瓷、酒瓶等项目，陶瓷产业初具规模。2012 年后因市场原因处于半停产状态。

至 2015 年，开发区累计引进项目 206 个，协议引进资金 1038.05 亿元，其中，落地项目 109 个。

第四节　经济产业

截至 2015 年年底，开发区建成企业 75 家，其中规模以上企业 17 家；进入经济新常态，东方能源等 45 家企业停产。主导产业煤炭深加工循环经济产业、陶瓷高岭土非金属材料产业、农畜产品加工产业，配套机械制造、现代物流、传统商贸。开发区 2005 年财政收入 11022 万元；2010 年销售收入 113.46 亿元。2015 年工业产值 296.01 亿元，销售收入 261.27 亿元，固定资产投资 20.2 亿元，财政收入 5.99 亿元，社会消费品零售额 35.9 亿元，税收 19.19 亿元，利润 19.05 亿元，吸收就业 1.2 万人。

一、煤炭加工循环经济

开发区规划 10 平方千米煤炭加工循环经济产业基地，依托伊东国家级循环经济示范试点基地，发展煤炭高效清洁利用转化项目，通过干馏、气化和液化等方式，延伸煤炭产业链。2015 年建成 6 平方千米，建成投产 9 个重点项目，为东方能源 60 万吨干馏煤联产 10 万吨甲醇、伊东 2×50 万千瓦热电联产电厂、东屹 45 万吨电石、九鼎 20 万吨硝酸铵、科宇 30 万吨超纯煤、励泰绿能 12 万吨型焦、1.2 亿块粉煤灰砖、2 万吨活性炭。

开发区循环经济产业基地，2018 年摄

二、陶瓷高岭土加工

开发区规划 10 平方千米陶瓷产业园区，发展陶瓷、高岭土等无机非金属材料产业，生产陶瓷、煅烧高岭土、建材、耐火材料、玻璃等产品。2015 年建成 2 平方千米。投产 2 个高岭土项目，即天之娇 10 万吨煅烧高岭土、伊东 5 万吨煅烧高岭土，续建蒙西高岭土；投产 4 个陶瓷项目，即国礼瓷 3200 万件日用陶瓷、礼品瓷和中高档酒瓶，蒙粤 600 万件日用陶瓷、酒瓶，力弘 300 万平方米广场砖，大汗窑 4000 万件日用瓷；投产两个其他非金属材料项目，即伊东 6 万吨石油支撑剂、骏马 5000 万件玻璃制品。

三、农畜产品加工

开发区规划 10 平方千米农副产品加工园区，发展劳动密集、技术创新、精小特色农副产品加工业，产品有杏仁露、酸杏汤、海红果汁饮料、白酒、海红果酒、苦荞茶、炒杏仁、炒米、小杂粮等。2015 年建成 1 平方千米，投产项目 5 个，即高原杏仁露 5 万吨、腾丰杏仁露 2000 吨、亿荣泰苦荞茶 3000 吨、名道纯白酒 3000 吨、蒙特海红酒 5000 吨，续建王道酒业 1000 吨白酒项目。

四、生产性服务业

开发区配套生产性服务业和战略性新兴产业，形成以矿用机械设备制造与维修、物流配送为主的现代生产性服务业板块。2015 年，建成两个装备制造项目，即美森煤炭洗选设备制造、创异 200 台环保设备；两个包装项目，即力沣 5000 万平方米包装箱、九圆千万条包装袋。规划 5.6 平方千米的铁路物流园，1.2 平方千米汽车服务区；投运 2 个物流企业，即福鑫物流公司、诚德利运输公司。在建高科技项目兴洋科技年产 3000 吨硅烷项目，投资规模 2 亿元，产品替代进口，用于电子显示器、复合功能材料等。

五、传统商贸业

1999 年，沙圪堵镇商贸流通企业 463 家，增加值 7528 万元；2015 年，开发区商品批发零售企业 2357 家，营业额 94.36 亿元。1999 年，沙圪堵镇餐饮住宿企业 146 家，增加值 7528 万元；2015 年，开发区餐饮住宿企业 550 家，营业额 2.7 亿元。开发区房地产企业从无到有，2015 年发展到 18 家，建成小区 69 个，面积 140.8 万平方米。

2000—2015 年准格尔经济开发区主要经济指标统计表

表 6-9

年　度	资产投资（亿元）	生产总值（亿元）	工业产值（亿元）	销售收入（亿元）	消费总额（亿元）	财政收入（亿元）	就业人数（万人）
2000	0.20	2.02	1.11	1.00	1.36	—	
2001	0.40	2.21	1.30	1.15	1.41	—	
2002	1.20	3.20	2.15	1.99	1.59	0.18	
2003	4.52	5.60	5.42	5.27	1.62	0.28	
2004	2.40	8.02	9.11	7.11	1.72	0.80	
2005	2.30	13.97	15.61	22.77	2.69	1.10	
2006	5.30	21.21	26.15	25.84	3.73	1.46	
2007	10.00	40.21	56.76	55.52	5.96	3.05	
2008	14.38	61.69	82.82	81.34	9.25	3.93	
2009	18.00	70.00	91.00	91.97	10.20	4.28	0.87
2010	23.98	91.31	113.77	113.46	13.30	6.25	1.01

续表 6-9

年　度	资产投资（亿元）	生产总值（亿元）	工业产值（亿元）	销售收入（亿元）	消费总额（亿元）	财政收入（亿元）	就业人数（万人）
2011	20.00	130.50	170.00	166.00	16.00	7.65	1.04
2012	25.00	229.00	369.00	368.00	25.00	8.38	1.10
2013	25.00	226.20	355.00	351.00	31.90	8.96	1.13
2014	18.00	199.52	304.40	306.80	34.20	8.52	1.20
2015	20.20	207.70	296.01	261.27	35.90	5.99	1.20

第五节　科技创新

开发区依靠科技创新，加快产业转型升级，煤炭深加工技术、高岭土深加工技术、陶瓷研发技术，属于内蒙古领先水平。2015 年，开发区企业拥有授权专利 111 项，其中国家新型专利 71 项，外观设计专利 31 项，发明专利 9 项，科技成果奖 46 项，建成 2 家自治区级研发中心。开发区高层次人才创新创业基地，2014 年获评“草原英才”工程内蒙古高层次人才创新创业基地。

准格尔旗煤转化研发中心，2001 年在伊东集团成立。研发超纯煤产品，2003 年获国家重点新产品认证；水煤浆制备超纯煤设备，2008 年获国家专利；10 万吨超纯煤项目，2009 年被列入联合国清洁煤技术示范推广项目。循环经济产业基地，2007 年 12 月被列为国家第二批循环经济试点单位，核心项目 60 万吨干馏煤联产 10 万吨甲醇项目，2012 年 5 月被列为国家重点环境保护实用技术示范工程。2014 年，伊东集团与中科院山西煤炭与化学研究所共同组建自治区重点工业研究院东科煤炭研究院。

准格尔旗高岭土研发中心，2004 年 9 月在天之娇高岭土公司成立。煤系高岭土合成 LSX 型沸石分子筛、高岭土插层剥离合成纳米级 Y 型分子筛，获国家发明专利；稀相悬浮态快速煅烧生产涂料级高岭土，2005 年入选内蒙古十大科技成果；煤系高岭土制备纳米级沸石分子筛产业化应用技术，2015 年通过国家科技成果鉴定。

准格尔旗果品研发中心，2006 年 12 月在高原杏仁露公司成立，研发干果萃取冰糖海红和酸杏汤填补内蒙古空白。公司 2003 年 12 月获评内蒙古创新型星火龙头企业，2007 年 12 月获评内蒙古民营科技企业。果品研发中心创新团队，2013 年获评内蒙古自治区县域创新创业人才团队。

国礼陶瓷研发中心，成立于 2008 年，2013 年认定为自治区级企业研发中心。研制出利用本地高岭土生产陶瓷的配方体系，摸索出低温素烧、高温釉烧、多温烤花的烧成技术，掌握了高寒气候条件下高端陶瓷的烧制技术。为内蒙古大会堂鄂尔多斯厅定制的 6.4 × 2.4 米陶瓷壁画，微晶定点施釉技术为国内首创。

大汗窑瓷业研发中心，成立于 2014 年，2015 年 12 月认定为自治区级企业研发中心，开发的高端日用瓷产品“元瓷 · 大汗玉”，填补内蒙古空白。

第十章　鄂尔多斯大路煤化工基地

鄂尔多斯大路煤化工基地（简称大路煤化工基地），前身为2004年3月准格尔旗规划建设的大路新区，2008年1月9日内蒙古机构编制委员会（内机编发〔2008〕9号）批复更名。大路煤化工基地坐落在黄河西岸、库布齐沙漠东缘，位于布尔陶亥苏木、大路镇、薛家湾镇境内。东至沿黄河一级公路，南至孔兑沟，西至壕赖河，北至大沟西2千米处。规划控制面积350平方千米、建设面积170平方千米，其中，北部市政区30平方千米，东工业基地20平方千米，南煤化工基地40平方千米，西工业基地18平方千米，煤电铝循环产业基地62平方千米。2010年9月28日，列入《内蒙古以呼包鄂为核心沿黄河沿交通干线经济带重点产业发展规划2010—2020年》（内政发〔2010〕97号）的9个工业集中区，是“大路—托克托—清水河”工业集中区的骨干园区；2012年3月1日，列入《内蒙古自治区呼包鄂城市群规划（2010—2020）》的呼包鄂井字型城市群支点城市，是准格尔旗中心城市“薛家湾镇—大路新区”的城市新区。2011年12月17日获2011年中国产学研合作促进奖；2012年4月、2013年3月、2014年3月三次获评内蒙古沿黄河沿交通干线经济带优秀工业园区；2012年4月被评为内蒙古模范劳动关系和谐工业园区；2013年起成为内蒙古销售收入超百亿元园区。

第一节　规划定位

2004年12月23日，鄂尔多斯市人民政府批复《关于薛家湾镇城市总体规划（2004—2020年）》（鄂政函〔2004〕355号），将大路新区纳入其中。大路新区东靠黄河、南邻孔兑沟、西接呼大高速公路、北至大沟；开发新型工业园区，发展煤—电—粉煤灰和煤化工产业，打造准格尔旗新的经济增长极；建设与薛家湾镇互为补充、一城双星的生态新城，成为全旗未来的政治与文化中心。

2005年9月14日至15日，内蒙古自治人民政府大路煤化工基地建设领导小组办公室第一次会议确定，大路煤化工基地建设国际一流绿色煤化工产业园。北部市政服务区建设产学研基地、行政办公区、金融商务区和为企业配套的生活服务区；南部工业基地为煤化工基地，发展煤制油、煤制气、煤制甲醇、二甲醚、煤制烯烃、煤制乙二醇及下游煤基精细化工产业；东部工业基地规划为精细化工及“三废”综合利用产业基地；西部工业基地规划为煤制天然气及下游产品深加工产业基地。

2012年10月14日，鄂尔多斯市人民政府发函（鄂府函〔2012〕539号）明确，大路煤化工基地规划控制面积350平方千米、建设面积170平方千米，北市政服务区30平方千米，东工业基地20平方千米，南工业基地40平方千米，西工业基地18平方千米，煤电铝循环产业基地62平方千米。

2013年7月获批实施的《薛家湾镇城市规划（2012—2030）》，将大路市政区并入准格尔旗城市中心区，打造一城两区，大路新区西至锦绣西街，北至沿黄高速公路，东至锦绣东路，南至市政

大路煤化工基地管委会办公楼，2017 年摄

区纬五路。薛家湾镇部分文化、金融、管理等职能向大路新区疏解，加快薛家湾镇与大路新区一体化发展。

2012 年，大路煤化工基地开始规划建设煤电铝循环经济产业基地。同年 12 月 29 日，确定薛家湾镇—大路新区一体化城市建设和管理方案，大路煤化工基地市政区由旗人民政府管理和建设；大路煤化工基地东、南、西工业和煤电铝一体化循环产业园区由大路煤化工基地管理和建设。

2015 年 3 月，鄂尔多斯市人民政府批复《关于大路工业园区总体规划（2014—2030 年）》（鄂府发〔2015〕35 号），规划控制范围东至东工业基地东侧沿黄河高等级公路，南至煤电铝循环经济产业基地南侧孔兑沟、南煤化工基地南侧沙卜图沟、东工业基地南侧孔兑沟，西至煤电铝循环经济产业基地西侧壕赖河，北至煤电铝循环经济产业基地北侧牛场圪卜、南煤化工基地北侧 1.4 千米处快速路、东工业基地北侧大南沟。控制面积 223.36 平方千米，建设用地面积 140 平方千米。东工业基地 20 平方千米，重点发展新材料、精细化工及“三废”综合利用产业；南煤化工基地 40 平方千米，西工业基地 18 平方千米，重点发展煤制油、煤制气、煤制甲醇、二甲醚、煤制烯烃和煤制乙二醇等煤化工及下游产品深加工产业；煤电铝循环产业基地 62 平方千米，重点发展煤—电—铝及下游产品深加工等产业。

第二节　开发建设

一、土地开发

大路新区从 2005 年 3 月开始征收农村集体土地；截至 2013 年年底完成土地征收，累计征收集体土地 103.68 平方千米，安置移民 1029 户。大路镇 8 个村，征收城壕村 26.66 平方千米、老山沟村 0.57 平方千米、乌兰不浪村 0.25 平方千米、何家塔村 42.28 平方千米、大沟村 22.77 平方千米、尔圪气村 7.89 平方千米、老山沟村 1.53 平方千米、小滩子村 0.15 平方千米、常树梁村 0.18 平方千米；城壕、何家塔 2 村整建制搬迁。2011 年 9 月开始在布尔陶亥苏木植机壕村为煤电铝园区征地，到 2013 年征地 1.4 平方千米，支付了补偿款，但未搬迁移民。

2010 年，大路煤化工基地水红花小区一期工程建成住宅楼 12 栋 424 户，建筑面积 4.34 万平方米，征地移民陆续入住。至 2015 年，共安置移民 609 户，其中，水红花小区安置 420 户，市政西区回迁楼小区安置 189 户。

2007 年 2 月，准格尔旗人民政府首次公开拍卖大路新区国有土地。2006 年 9 月出让首宗工业用地，为伊泰集团 48 万吨煤基合成油项目出让土地 51.94 公顷，收取土地出让金 1402.25 万元，2007 年 12 月出让最大一宗工业用地，为久泰能源 100 万吨甲醇 10 万吨二甲醚项目出让土地 696.63 公顷，收取出让金 5015.76 万元。到 2015 年底，大路煤化工基地累计供应建设用地 44 宗 1067.76 公顷。按用途分，工业用地 819.23 公顷，交通运输用地 193.59 公顷，公园绿地 21.20 公顷，科教用地 33.74 公顷；按出让方式分，无偿划拨 248.52 公顷，有偿出让 817.76 公顷。

二、基础建设

大路新区基础设施建设通过引进外资得以启动。2005 年 9 月 2 日，鄂尔多斯市人民政府与印度尼西亚三林集团、浙江包杭集团签署协议，鄂尔多斯市配置煤炭、土地和水资源，三林集团提供资金、技术、管理等要素，共同组建中外合资公司，建设煤化工基地核心项目、市政公用基础设施和超大型煤矿 3 部分。同年 11 月 21 日中外合资 2 亿元，注册内蒙古大路煤化工基地发展有限公司，准格尔旗国资公司、包杭集团、三林集团 3 方股权结构为 5：30：65。2006 年 5 月 20 日，大路煤化工基地基础设施工程开工。2007 年起，国家不再向外资企业配置煤炭资源，国资公司回购包杭集团 25% 的股权，三方股权结构调整为 30：5：65；截至年底，三林集团、包杭集团投入基础设施建设资金 1.3 亿元，按照持有 49% 股权不再投入，国资公司按持有 51% 股权扩资。2008 年 8 月引进东方路桥集团出资 7000 万元，成立准格尔旗大路煤化工基地开发有限责任公司，2009 年 9 月东方路桥集团撤资，国资公司全部回购接盘。

2005 年，大路新区首个基础设施项目，呼大高速公路进入新区主干道建成，双向 6 车道，长 8.273 千米，宽 37.5 米，中央绿化分隔带宽 10 米；2006 年建成快速路进入南工业基地 2.68 千米主干道；2008 年建成市政区 24 千米主干道和 12 千米支线道路；2010 年，大路煤化工基地实现道路、雨水、污水、给水、中水、天然气、电力、电信、热力管线九通，累计投资近 1.3 亿元。

截至 2012 年年底，大路煤化工基地累计投资 70 亿元，地上工程建成新区管委会办公楼、内蒙古工业大学矿业学院、博物馆、图书馆、体育场、产学研中心、企业公寓；地下给水、雨水、污水、中水、浓盐水、电力、电信、路灯、供热、燃气全部一次下地，管材有球墨铸铁管、钢管、PE 管、双壁波纹管、塑料管等，管网埋深 8.5 米至 0.8 米。

2012 年 11 月 20 日，薛家湾市政区至大路新区 16 千米快速通道建成通车，两地免费公交客车投入运营，旗直机关搬迁大路新区办公；大路煤化基地管委会将北市政区移交旗人民政府。到 2015 年底，46 个机关 2200 多人搬迁到大路新区办公。

至 2015 年，大路煤化工基地累计完成投资 104 亿元，建成区面积 14.83 平方千米，道路通车里程 160 千米，吸纳人口 1.2 万人。北市政区建成区 6 平方千米，形成 5 横 6 纵街区；东工业基地形成 2 横 1 纵 1 环路网，北环路与准兴重载高速公路互通，东环路与沿黄河高等级公路互通，打通两个货运东出口；南煤化工基地工业区建成道路 112 千米，形成 3 横 3 纵路网框架，主干道快速路与呼大高速公路互通，打通货运西出口；西工业基地建成 1 横 1 纵主干道，与煤电铝连接线形成互通，煤电铝基地建成煤电铝连接线及主干道，与其他 3 个基地互通，打通园区西出口；南侧建成薛家湾镇—大路新区快速通道，两地连为一体。伊泰煤制油 7.8 千米自备铁路，接呼准铁路何家塔站，年货运能力 1 亿吨。

生产用水水源为地表水，2010 年建成投用黄河柳林滩取水口，库容 858 万立方米大南沟水库，年供水能力 1.8 亿立方米；日处理 16 万立方米的净水厂一期工程投入使用；生活给水水源为黄河侧渗水地下水，水源地位于苗家滩。2007 年 12 月 12 日，大路新区首座变电站东孔兑 110 千伏变电站启动送电；2009 年 7 月 10 日大路 220 千伏变电站投运，大路煤化工基地实现双电源、双回路供电。2010 年，在建蒙泰 2×300 兆瓦煤矸石热电厂临时供热站投运，供热面积 50 万平方米；2015 年建成供热管网 60 千米，换热站 41 座，供热面积 170 万平方米，市政服务区供热全覆盖。

第三节 招商引资

大路新区开发初期，旗人民政府投石问路，招商涉及行业较广。煤炭深加工、煤电铝及其下游产业项目，煤基新材料及电子类高科技产业项目，太阳能光伏产业项目，机械加工制造项目，整体煤气化联合循环发电示范项目、精细化工项目等。2004 年 11 月 8 日鲁能大路发电厂奠基，是第一个开工项目；2007 年 10 月 15 日锦化机石化装备公司投产，是第一个投产项目；2007 年 8 月 24 日开工的久泰能源内蒙古公司 100 万吨甲醇、10 万吨二甲醚项目，以 52 亿元投资额成为规模最大的项目。

2009 年 3 月 23 日，国内首家拥有自主知识产权的煤间接液化项目伊泰集团 16 万吨煤制油项目开车出油；2010 年 10 月 16 日，国内最大煤化工装置久泰能源 100 万吨甲醇项目产出甲醇；2012 年 10 月 17 日，东华能源 60 万吨甲醇项目投入试生产；2013 年 9 月，国电内蒙古晶阳能源公司 1350 兆瓦硅片项目建成，是入驻大路煤化工基地第一个太阳能光伏项目。随着引进项目落地达产，产业定位越来越精准化，招商引资开始向择优选商转变，只引进产业链延伸中增链、补链、强链的优势项目。

大路煤化工基地引进项目享受国家西部大开发和内蒙古、鄂尔多斯市优惠政策；落户项目按实际用煤量 1∶2 比例配置煤炭资源；装备制造项目，高新技术项目固定资产投资每 20 亿元配置 1 亿吨煤炭资源；一个项目配置煤炭资源最多不超过 10 亿吨，煤炭就地转化率要达到 50% 以上。

到 2015 年年底，大路煤化工基地累计引进 59 个工业项目，建成投产项目 15 个，在建项目 2 个，开展前期工作项目 31 个；引进资金 3878.42 亿元，实际到位资金 524.46 亿元。

2005 年 6 月 9 日，内蒙古三维资源集团和香港 JB（中国）公司共同投资，建设年产 20 万吨甲醇项目，成立内蒙古三维煤化科技有限公司，注册资本 4 亿元人民币。2007 年 10 月，香港 JB（中国）公司所占 50% 股权及三维资源集团所占 20.1% 股权转让给香港中华煤气集团，香港中华煤气持股 70.1%，三维资源集团持股 29.9%，企业更名为内蒙古易高煤化科技有限公司。年产 20 万吨甲醇项目，2012 年 4 月投产；14 万吨甲醇制稳定轻烃项目，2014 年建成投产；至 2015 年，完成投资 29.88 亿元人民币。

2011 年 3 月 9 日，内蒙古自治区人民政府、中国电力投资集团公司和法国道达尔股份有限公司签署《煤制烯烃项目战略合作框架协议》，项目总投资 238 亿元，中法双方出资比例分别为 51% 和 49%，2013 年 11 月 11 日国家发改委核准立项。截至 2015 年年底，完成投资 4.1 亿元。

大路煤化工基地企业总部，2012 年王晓明摄

截至 2015 年年底，大路煤化工基地在建项目 2 个，2010 年 9 月开工的蒙泰 2×300 兆瓦煤矸石综合利用电厂，完成投资 27.56 亿元；2012 年 3 月开工的久泰能源二期 180 万吨甲醇深加工项目，完成投资 73.6 亿元。

因技术或市场等原因，大路煤化工基地累计停工项目 11 个。鄂尔多斯市天瑞物流公司国际陆港项目，2010 年 8 月 10 日开工，建设与天津港无缝对接的国际物流平台；2014 年停工，投资 3.48 亿元。2011 年 4 月 25 日启动的特弘众普新光源科技公司 500 万块导光板项目，至 2014 年停工时累计投资 6.63 亿元。

煤电铝循环经济产业基地位于布尔陶亥苏木植机壕村。准能公司全球首创粉煤灰一步酸溶法提取氧化铝技术，2011 年 12 月 18 日在基地开工建设 100 万吨氧化铝示范厂，该项目入选中国氧化铝行业年度十大新闻；煤电铝基地随即启动，2012 年两个铝项目开工剪彩，2013 年铝产业市场行情转差，基地开发建设停顿。

第四节　现代煤化工产业

2013 年 2 月 5 日，内蒙古发展和改革委员会《关于大路工业园区产业发展规划的批复》（内发改产业字〔2013〕406 号）确定，大路煤化工基地构建煤炭深加工、粉煤灰提取氧化铝以及铝加工、建材和综合利用三大产业链。南工业基地为煤化工基地，重点发展煤制油、煤制气、煤制甲醇、二甲醚、煤制烯烃、煤制乙二醇等煤化工及下游精细化工产业；西工业基地为煤电铝循环产业基地，重点发展煤—电—铝及下游产品深加工产业。

规划培育 10 条产业链。煤制天然气及产品、副产品深加工产业链，煤制油及副产品深加工产业链，煤制烯烃、石脑油为原料的烯烃产业链，煤制甲醇、甲醇制二甲醚产业链，煤制合成氨、尿素等氨氮化工产业链，煤制合成气、甲醇及其他产品的碳化工产业链，煤干馏多联产及深加工产业链，煤化工产业废弃物的综合利用产业链，高铝煤炭区域供应—发电—高铝粉煤灰—氧化铝、电解铝产业链，铝材—副产品及建材一体化循环经济产业链。

至2015年，成型3条产业链。煤制油产业链有伊泰集团16万吨煤制油项目；煤制甲醇产业链有4家企业，久泰100万吨、东华60万吨、三维20万吨、西北能化20万吨，现实产能210万吨；煤制合成氨产业链有天润30万吨合成氨52万吨尿素项目。现代煤化工产能332万吨，其中煤间接液化16万吨，煤制甲醇210万吨、二甲醚10万吨，合成氨30万吨、尿素52万吨，稳定轻烃14万吨。

2015年，大路煤化工基地完成固定资产投资47.32亿元，其中工业完成投资44.12亿元；实现工业总产值96.27亿元；销售收入106.31亿元；上缴税金21.11亿元；实现企业利润1.95亿元；生产各类化工产品249.7万吨。

2006—2015年大路煤化工基地主要经济指标统计表

表6-10

年　份	资产投资（亿元）	工业投资（亿元）	工业产值（亿元）	销售收入（亿元）	利润总额（亿元）	上缴税金（亿元）	产品产量（万吨）
2006	15.70	7.00	—	—	—	—	—
2007	24.90	17.83	—	—	—	—	—
2008	36.46	23.28	0.85	—	0.08	0.07	—
2009	63.43	50.39	2.00	—	0.10	0.12	—
2010	70.65	60.69	8.19	9.59	1.92	1.88	18.62
2011	52.60	47.73	28.30	28.05	0.96	1.79	71.90
2012	64.73	59.02	77.01	72.98	10.83	14.69	157.80
2013	125.97	119.01	91.97	105.30	17.67	13.03	209.00
2014	126.02	115.69	101.53	113.97	1.88	15.08	273.40
2015	47.32	44.12	96.27	106.31	1.95	21.11	249.70

第五节　科技创新

2012年9月，大路煤化工基地被命名为内蒙古高层次人才创新创业基地。至2015年，基地企业全部从业人员7586人中，专业技术人员6300人，其中，高学历人才博士后2人、博士3人、硕士71人；高级职称185人，国家级研究员2人。孙俊明、李永旺、杨勇、齐亚平先后获内蒙古“草原英才”奖。

2013年伊泰煤制油公司被认定为国家级高新技术企业，是准格尔旗首家国家级高新技术企业，之后久泰能源、中科合成油、国电晶阳相继被认定为国家级高新技术企业。

中国科学院山西煤炭化学研究所煤炭间接液化工程实验室，研发团队近400人，拥有80余项专利，1套工艺软件，2008年7月被认定为国家级工程实验室。大唐国际发电公司高铝煤开发利用实验室 2011 年 9 月被国家能源局认定为国家能源重点实验室。伊泰煤制油公司煤间接液化工程研究中心，2009 年 8 月被认定为国家地方联合工程研究中心；煤间接液化工程技术研究中心、煤炭高效利用工程技术研究中心，被认定为自治区级工程技术研究中心；公司建成国内完全自主知识产权第一个煤间接液化工业化示范项目，煤基合成液体专利技术，包括费托合成系列催化剂、大型浆态床费托合成反应器、浆态床费托合成工艺等成套技术，授权专利 47 项、工业软件著作权 1 项。久泰能源研发中心拥有液相复合酸脱水甲醇制二甲醚自主知识产权实用技术专利技术 9 项，两家研发中心与国电晶阳能源公司技术研究开发中心，被认为自治区级企业研发中心。锦化机石化装备公司在压力设备制造业拥有国家专利 20 余项。

2011 年 12 月，大路煤化工基地被评定为内蒙古高新技术特色工业产业化基地；12 月 17 日，获科技部颁发的 2011 年中国产学研合作促进奖。

国家级高新技术企业久泰能源内蒙古有限责任公司，2019 摄

第七篇

城乡建设

中心城镇

美丽乡村

园林绿化

环境卫生

房地产业

建筑业

薛家湾镇塔哈拉川城市滨水景观，2010年8月黄帅摄

准格尔旗打造中心城镇。1999年旗人民政府驻地迁址薛家湾，沙圪堵设立开发区；2005年开辟大路新区。准格尔旗2011年获评中国宜居宜业典范，2012年被列为国家呼包鄂城市群节点。2015年，全旗建成以薛家湾—大路新区为中心，沙圪堵、龙口为重点，辐射其他乡镇的城镇体系，常住人口城镇化率68.2%，纳入国家新型城镇化试点地区。以城带乡建设美丽乡村。2007年，十二连城乡五家尧村被列为内蒙古新农村试点村；准格尔旗2008年成为全国新农村建设示范县。2014年起改造农村危房，通水通电通路，人居环境焕然一新。

2010年夏季准格尔旗中心城镇热火朝天的建设工地

第一章　城乡规划

1991 年，准格尔旗人民政府城乡规划部门为城乡建设环保局；2005 年 7 月单设规划局；2015 年 6 月并入住房和城乡规划建设局。规划部门由最初执行《中华人民共和国城市规划法》到 2008 年 1 月 1 日起执行《城乡规划法》，编制实施城乡规划，管理建设用地和建设项目，实现了从混乱到有序，从粗放到精细，从追求建筑造型到注重城市品位，从加快城市建设到促进城乡协调发展。2006 年 9 月 19 日，准格尔旗规划展览馆落成，按 1：800 比例写实展示薛家湾城市规划建设成就，2010 年 5 月闭馆改造为“数字准格尔”服务大厅。2013 年，《薛家湾镇总体规划（2012—2030）》《沙圪堵镇总体规划（2010—2030）》《薛家湾镇旧城改造规划（2009—2015）》，均获内蒙古自治区城市规划编制成果二等奖。

第一节　城镇体系规划

城镇体系规划，是以区域生产力合理布局和城镇职能分工为依据，确定不同人口规模等级和职能分工的城镇的分布和发展规划，是编制城镇总体规划的基础依据。

一、1994 年版城镇体系规划

1994 年，准格尔旗首次提出“两极、两轴、三级、四区、八城”城镇体系。薛家湾为主极，沙圪堵、榆树湾、羊市塔为副极。呼准公路、109 国道、大准铁路、准东铁路为主轴，薛魏公路、纳沙榆公路、沙梁线为副轴。薛家湾为一级城镇，沙圪堵、窑沟、纳林、哈岱高勒、魏家峁、马栅、榆树湾、黄天棉图、准格尔召为二级城镇，其他乡集镇和工矿区居民点为三级城镇。布局 4 个城市经济区，北部沙地沿河区，以粮、农、牧、果生产为主；东部工业区，以煤炭、电力、建材等工业为主；中部丘陵区，以粮、农、果生产和农副产品加工为主；西南丘陵区，以粮、材、牧生产和煤炭开发、建材为主。规划 8 个城镇，薛家湾为全旗政治、经济、文化中心，沙圪堵为旗域南部中心，羊市塔为旗域西南部中心，大饭铺为旗域东部交通枢纽中心，魏家峁为旗域水利枢纽中心，纳林为旗域中部农贸、集贸、专业市场中心，榆树湾为旗域东南部建材、化工中心，黄天棉图为旗域西南部陶瓷工业中心。

二、2004 年版城镇体系规划

2004 年 12 月，准格尔旗提出“两核、三级、四轴、七镇”旗域城镇体系规划。布局两个核心区，以薛家湾中心城区、大饭铺、前房子、黑岱沟、哈尔乌素露天矿为点，109 国道、103 省道以及薛家湾镇至露天矿道路为线，组成内核心区；以薛家湾规划区、大路新区、沙圪堵、马栅—魏家峁组团为点，以呼大高速公路、109 国道、呼准河铁路为线，组成外核心区。三级城镇结构，一级中心城市薛家湾—大路，二级重要建制镇大路镇、沙圪堵镇、马栅、魏家峁组团、川掌、神山，三级其他集镇。两个主要发展轴和两个次级发展轴，大路—薛家湾—沙圪堵—神山、薛家湾—魏家峁、马栅，为主要发展轴，大路—十二连城、蓿亥图，沙圪堵—川掌、羊市塔，为次级发展轴。7 个主要城镇，薛家湾为核心城市和重要服务基地，大路新区以电力、煤化工、载能工业为主的新型城区，沙圪堵镇以载能、轻纺、商贸服务产业为主的城镇，魏家峁以电力、高载能、煤化工及旅游为主的城镇，马栅镇以建材、新材料、农畜产品加工、旅游为主的城镇，川掌镇以煤炭资源开采及深加工为主的工矿型城镇，神山镇以陶瓷和煤炭工业为主的工矿型城镇。

三、2012 年版城镇体系规划

2012 年，准格尔旗提出“一个中心、两带三区、点轴发展”的城市总体规划。一个中心，薛家湾镇和大路新区一体化发展，构建多组团式中心城区。两条发展轴带，以呼大高速、沿黄一级公路为带，以薛家湾、大路新区、龙口为点的纵向发展轴；以荣乌高速公路、109 国道、大准铁路、准东铁路为带，以薛家湾、沙圪堵、准格尔召为点的横向发展轴。三大功能区，以大路新区、大路、薛家湾、龙口为城镇化建设和工业化发展的优先区；以沙圪堵、准格尔召、纳日松为主的西南工业发展和城市建设优化区；以十二连城、暖水、布尔陶亥为主的西北农牧业发展和生态涵养区。三级城镇结构，一个中心城镇，薛大一体化中心城区；两个重点城镇，沙圪堵镇、龙口镇；6 个一般城镇和 1 个开发区。

四、上位规划中的准格尔旗

《鄂尔多斯市城市总体规划（2011—2030）》，将薛家湾镇定位为鄂尔多斯市的副中心城市，与中心城区、树林召镇，共同打造鄂尔多斯市“增长三角”。《内蒙古自治区呼包鄂城市群规划（2010—2020）》，将准格尔旗纳入“呼包、包鄂、鄂准、呼准”构成的“井”字形廊道，将薛家湾镇建成华北地区重要的煤炭能源基地和电力供应基地，鄂尔多斯市副中心城市；将大路新区规划为呼包鄂城市群重点建设园区。2011 年 6 月 8 日公布的我国首个国土空间开发规划《全国主体功能区规划》，明确 18 个国家重点开发区域，“呼包鄂榆”区位于全国“两横三纵”城镇化战略格局中的包昆通道纵轴的北端，包括内蒙古自治区呼和浩特、包头、鄂尔多斯三市和陕西省榆林市。2013 年 12 月 10 日至 14 日召开的全国城镇化工作会议，确定新型城镇化将着力打造“呼包鄂榆”等 10 个区域性城市群，准格尔旗属“呼包鄂榆”城市群核心区域。

第二节　中心城区规划

1999 年 8 月，准格尔旗中心城市由沙圪堵镇变为薛家湾镇；2005 年起规划建设薛家湾—大路新区，围绕两个镇一新区，编制了不同发展时期的中心城市规划，为中心城市建设管理提供了依据。

一、沙圪堵镇城市规划

1991 年，准格尔旗中心城区沙圪堵镇，规划区东至栗家圪旦、西至纳林川、北至公益盖沟、南至忽鸡图沟，南北长 6.5 千米，东西宽 3.23 千米，总面积 20 平方千米。

2000 年 6 月编制的《沙圪堵镇（经济开发区）总体规划（2000—2020）》，将沙圪堵镇区与经济开发区统筹规划，规划控制区东至电视发射台、南至准东铁路、西至纳林川、北至变电站以北约 300 米，包括沙圪堵镇建成区、新开发区，总面积 11.5 平方千米，定位为准格尔旗中部的经济文化中心，规划以南北向八一路、准格尔路为大动脉，由北向南联系一个新区、两个老城区，至 2010 年人口规模为 4 万人，至 2020 年达 6 万人。

2005 年 10 月编制的《沙圪堵城镇（开发区）总体规划（2005—2020）》，规划向北发展工业园区，一城两区空间布局，规划用地面积增至 33.43 平方千米，其中工业新区用地面积 22.36 平方千米，人口远期增至 10 万人。

2008 年 3 月获批实施的《准格尔经济开发区总体规划（2007—2020）》，将开发区定位为全国重要的高岭土开发基地、全国最大的电石基地、准格尔旗西部最大的煤炭深加工基地；划定开发区东邻安定壕村，南抵过境路，西至纳林川，北至布尔洞沟北—敖靠塔村北，规划区面积 53.41 平方千米，布局“三片区、四组团”，即北部片区、中部片区、南部片区，高岭土组团、煤系循环经济组团、装备制造组团、电石循环经济组团。

2012 年 5 月获批实施的《沙圪堵镇总体规划（2010—2030）》，将沙圪堵镇定位为准格尔旗副中心、中南部经济区的核心增长极，通过北进、南挖、东扩、西优，规划面积 102.6 平方千米。开发区东至安定壕，南至公益盖沟，西临纳林川，北起 109 国道，控制面积 65.9 平方千米；镇区东至指羊公路改线，南至忽鸡图沟，西临纳林川，北至污水处理厂及公益盖沟，控制面积 36.7 平方千米，布局“一轴九带六心十片区”，依托纳林川水体形成城镇生态景观轴，六横三纵九条生态绿化隔离带，建设物流、汽车服务、商务、行政、商业服务、文化娱乐 6 个中心，建设镇区 4 个居民小区、开发区 6 个工业小区，2015 年总人口 8 万人，2030 年总人口 15 万人。

二、薛家湾镇城市规划

1991 年正在实施的《薛家湾城市规划》，将准混兑乡薛家湾村，窑沟乡唐公塔村，哈岱高勒乡张家圪旦村、苏计沟村苏计沟社纳入规划区，总面积 98 平方千米。

1993 年编制的《薛家湾城市建设总体规划（1994—2010）》，将薛家湾定位为内蒙古西部重要能源基地，准格尔旗的政治、经济、文化中心，以煤炭、电力、建材工业为主的区域性工业城市，规划区东至黄河，南至哈尔乌素露天煤矿，西至王青塔，北至杨四圪咀，控制面积 600 平方千米，到 2010 年人口规模 15 万人。

2004 年 12 月获批实施的《薛家湾镇城市总体规划（2004—2020）》，将薛家湾定位为国家能源基地和晋陕蒙接壤区能源化工基地，以煤炭、电力、高载能为主的现代化新型工业城市。规划区东至黄河，南至哈岱高勒乡南界，西至哈岱高勒乡西界，北至大路新区北界，控制面积 1100 平方千米；主城区东至唐公塔工业园东界，南至南环路，西至高速公路，北至北山公园北界，规划用地 40 平方千米，人口规模 2010 年 12 万人，2020 年 20 万人。南扩、北缓、西延、东联，新辟银泽片区、南山片区，适度开发西片区，形成“一带五区”布局，“一带”指依塔哈拉川建设城市滨水生活景观带，“五区”指塔哈拉川以北的北片区、以南的南山片区、小巴汉图沟以西的银泽片区、城西综合片区、城东工业片区。

2012 年编制的《薛家湾镇城市总体规划（2011—2030）》，将中心城区薛家湾—大路新区定位为晋陕蒙交会处的区域新区、国家重要的能源化工及循环经济产业基地，以游牧文化与农耕文化融合为特色的生态旅游城市，到 2015 年人口规模为 25 万～ 32 万人，其中薛家湾镇区 18 万～ 22 万人，大路新区 7 万～ 10 万人，2030 年为 40 万～ 47 万人。规划区控制面积 1805 平方千米，包括薛家湾镇、大路镇、煤电铝园区涉及的布尔陶亥苏木部分、通勤机场涉及的十二连城乡部分。中心城区包括两大片区，薛家湾镇南区东至东环路，南至南环路、北至北环路、西至呼大高速西 1000 米，大路新区东至锦绣东路，南至市政区纬五路，西至锦绣西街，北至沿黄高速，规划建设用地 66.22 平方千米，打造薛家湾和大路一体化中心城区。近期为薛大一体化发展，远景建设乌兰不浪新城。

三、大路新区城市规划

2004 年 12 月 30 日批准实施的《薛家湾镇城市总体规划（2004—2020）》中，大路新区作为城市新区，规划 300 平方千米控制区，布局“一区三基地”，北部市政服务区、南工业基地、东工业基地、西工业基地。

2013 年 7 月获批实施的《薛家湾镇城市规划（2012—2030）》，确定大路新区范围西至壕托公路，东、北至黄河，南至 103 省道，控制面积 600 平方千米。布局“四区四基地”，最北端 13 平方千米沿黄旅游休闲区、中部 28.85 平方千米大路城区、南部 28.02 平方千米南煤化工基地、最南端 2 平方千米南煤化工基地物流园区、东部 13 平方千米东工业基地、东南部 4 平方千米前房子综合物流园区、西部 15.19 平方千米西工业园区、呼大高速公路最西端 62.2 平方千米煤电铝循环产业基地。远景发展乌兰不浪区。

第三节　建制镇规划

1993 年 11 月 1 日，国务院《村庄和集镇规划建设管理条例》施行，准格尔旗开始对旗府驻地以外的纳林乡、榆树湾镇、魏家峁乡等乡镇进行规划建设。1995 年 7 月 1 日，国务院《建制镇规划建设管理办法》施行，开始全面规划乡镇驻地，马栅、东孔兑、羊市塔、窑沟、准格尔召、哈岱高勒等乡镇建设初具规模。

1999 年 11 月 29 日，内蒙古自治区发布《小城镇规划建设管理条例》，准旗随后实施两次撤乡并镇，2001 年 10 月由 27 个乡镇撤并为 12 个镇、8 个乡；2005 年 8 月再次撤并为 1 个苏木、2 个乡、6 个镇。在此期间编制了准格尔召、东孔兑、神山镇、马栅镇的总体规划和暖水乡、十二连城乡的集镇建设规划；完成自治区试点镇魏家峁镇和鄂尔多斯市示范镇沙圪堵、纳林、马栅、神山、羊市塔的规划。

2010 年 10 月 13 日，旗人民政府办公室印发《关于切实加强苏木乡规划管理工作的实施意见》，龙口镇、准格尔召镇、纳日松镇、暖水乡、十二连城乡先后展开修编总体规划。2007 年 8 月 20 日，龙口镇总体规划（2007—2020）获旗人民政府批准实施，根据总体规划编制了龙口、魏家峁两地控制性详细规划、两地市场建设规划、龙口行政中心片区景观设计；2013 年 12 月 7 日，龙口镇第二轮城市总体规划（2013—2030）获旗人民政府批复实施。

第四节　村庄规划

1997 年 7 月，准格尔旗对 8 个中心村建设进行规划，魏家峁乡的其子堨、黑湾，暖水乡的榆树壕、暖水新村，准格尔召乡的新村、奎洞沟，东孔兑镇的王青塔、沙圪堵乡的好赖湾。2007 年 12 月，结合社会主义新农村建设，编制完成全旗村庄布点规划，规划到 2020 年，将全旗 159 个行政村整合为 41 个行政村，规划居民点 64 个，其中农村居民点 53 个；到 2009 年，编制完成薛家湾镇湖西新村、沙圪堵镇民乐新村、十二连城乡五家尧村、暖水乡暖水村 4 个鄂尔多斯市精品移民小区，大路镇新农村、大路新区水红花小区、龙口镇景苑小区、魏家峁矿区移民小区，纳日松镇移民小区 6 个旗级精品移民小区规划，同年 5 月，五家尧社会主义新农村建设示范小区规划获批。2013

年，开始实施“一村一规划，一户一张图”的改造农村危旧房、建设集中居民点规划，先后规划大路镇老山沟村、小滩子村，沙圪堵镇西营子村，薛家湾镇白大路村的改造方案和十二连城乡石城圪梁、巨合滩初步改造方案。2015 年，编制完成全旗“十个全覆盖”工程 111 个村庄整治规划。

第五节 规划管理

城市总体规划、详细规划批准后，要对规划实施情况进行严格管理，城市规划实施管理主要包括建设用地规划管理、建设工程规划管理和规划实施的监督检查。

一、建设用地规划管理

1991 年，准格尔旗建设用地规划管理较为粗放。2005 年开始对城乡规划区内使用国有土地或征用集体土地进行严格规划审查，核发选址意见书和建设用地规划许可证，方可使用土地。2005 年，核发建设用地规划许可证 59 份，审批土地 16 万平方米。2015 年，核发建设项目选址意见书 19 份，建设用地规划许可证 19 份、审批用地面积 21.91 万平方米。

准格尔旗规划局，2006 年摄

二、建设工程规划管理

1991 年，准格尔旗建筑工程规划管理处于探索阶段，2005 年开始，严格审查新建、扩建、改建工程的建设位置和面积，给符合规划的工程核发建设工程规划许可，方可建设。2005 年，核发建设工程规划许可证 147 份，审批建筑面积 61 万平方米。2015 年，核发建设工程规划许可证 22 份，审批建筑面积 101.11 万平方米。

三、规划监督检查

1991 年，准格尔旗规划实施监督检查，集中在竣工验收时，补齐建筑档案；施工阶段实行随机抽查。2005 年起，实行施工全程监督检查，包括定位验线、垫层验线、基础验线、建筑立面造型色彩，景观效果和天际线，工程竣工前组织实地勘验核实，符合规划核发建设工程规划验收合格证。2006 年，检查建设项目 29 项，单体楼房 95 栋，拆除违反规划建筑 4 处，取缔违法建筑 2 处，纠正改变建筑外观造型建筑 2 栋。2015 年，从开工验线、中期跟进到竣工验收，按图纸检查，看证件审核，查处违反规划建筑工程 23 处 1669.76 平方米，拆除违反规划建筑工程 1 处 20 平方米。

第二章　城市建设

1991 年，准格尔旗人民政府城乡建设管理部门为城乡建设环境保护局；1993 年，撤区划办公室、土地管理局、城乡建设环境保护局，合并设建设土地局；撤薛家湾矿区土地分局、薛家湾城乡建设分局，合并设薛家湾城乡建设土地分局，分管薛家湾镇、准混兑乡、窑沟乡、哈岱高勒乡土地管理、城乡建设工作；1999 年 7 月，薛家湾城乡建设土地分局撤销。成立准格尔旗环卫园林局，8 月，组建薛家湾供暖站；2002 年 7 月，组建准格尔旗建设环境保护局，2005 年 7 月，单设住房和城乡建设局。2008 年 8 月，该局被内蒙古自治区人民政府评为全区小城镇建设先进集体。2015 年 6 月，撤住房和城乡建设局、规划局，合并设立住房和城乡规划建设局。

“八五”期间，准格尔旗农村常住人口远大于城镇常住人口。1999 年，旗人民政府迁址薛家湾镇，沙圪堵镇设立省级开发区，两镇人流物流聚集，城镇化步伐明显加快，2003 年，全旗城镇常住人口首次超过农村。2004 年开辟大路新区，2005 年再次撤乡并镇，2010 年设立 4 个街道。2011 年 12 月，准格尔旗被中国民族建筑研究会民族建筑环境与居住文化专业委员会命名为中国宜居宜业典范旗。2012 年薛家湾与大路新区联为一体，全旗建成薛家湾—大路新区为中心，沙圪堵、龙口为重点，外围有其他苏木乡镇的城镇体系。至 2015 年，全旗城镇建成区面积 42.6 平方千米，常住人口城镇化率 68.2%。

第一节　中心城镇

1991 年，准格尔旗中心城镇是旗人民政府驻地沙圪堵镇。煤海新城薛家湾镇在准格尔煤田开发带动下，超越沙圪堵镇，成为全旗经济文化中心。1999 年 8 月，薛家湾镇凭旗人民政府迁驻，取代沙圪堵镇，成为全旗中心城镇；10 月，沙圪堵镇设省级开发区，打造全旗对外开放窗口。2004 年 3 月起，规划建设大路新区；2012 年 12 月，薛家湾—大路新区快速通道开通免费公交，两地开始一体化发展，拉大中心城镇发展空间。2015 年，中心城镇薛家湾—大路新区建成区 26.77 平方千米，常住人口 17.72 万人，获全国县级文明城市提名。

一、薛家湾镇

1991 年，准煤公司整理出 3 平方千米生活区建设用地，薛家湾镇争取到 0.66 平方千米市政区建设用地；1993 年，建成区 5.79 平方千米，人口 3.6 万人。1999 年 8 月，旗人民政府入驻，对接准煤公司生活区规划建设 0.66 平方千米市政中心区；2000 年 3 月被命名为内蒙古十佳文明示范城关镇，2004 年 3 月被建设部等六部委确定为全国重点镇。2005 年起开发银泽片区，2009 年 1 月被评为全国创建文明村镇工作先进村镇。2010 年起改造南北两山棚户区，开发南山片区、北山片区。2012 年纳入呼包鄂城市群节点城市，与大路新区一体化发展，开发城东片区；2013 年 12 月建成国家卫生县城，2015 年 2 月 28 日入选首届全国县级文明城市提名城市；2015 年年末，形成 10 横 8

纵 1 外环街区框架，建成区 19.32 平方千米，人口 16.52 万人。

准煤生活区是薛家湾镇最早的街区，1991 年，建成办公及住宅楼宇 16 栋，安置开发准格尔煤田上万名建设者，2010 年划为蓝天街道城区，驻街道国有企业，神华准能公司、国华准格尔电厂，以准能公司办公大楼为中心向南放射状排列，构成 3 环 4 纵扇面形街区，分布多个以“里”为名的住宅小区，皓月里、浪花里、河滨里、雪梅里、烟波里、映碧里、翠微里、腾飞小区等。

市政中心区是 1999 年旗人民政府入驻后建设的薛家湾镇中心街区，2010 年划为兴隆街道城区，在塔哈拉川北岸形成 4 横 3 纵直角三角形街区，是全旗政治文化、金融商务中心。行政区主要建筑党政办公楼、会商中心、2.9 万平方米准格尔广场；主要金融商务区兴源步行街；主要住宅小区东信小区、永安小区、康乐小区；塔哈拉川架准格尔大桥通银泽片区，架金川桥通南山片区。

银泽片区是 2005 年西扩的薛家湾镇新区，2010 年划为迎泽街道城区，是薛家湾镇集金融商贸、住宿餐饮、教育卫生于一体的综合商业区。主要酒店凯旋门酒店、生力国际大酒店、天泽岛大酒店；主要商圈华峰批发市场、银钻商业广场；教育医疗机构有世纪中学、中蒙医院等；住宅小区有和谐小区、满世花园、湖西移民小区等。

兴隆街道中心社区准格尔广场，2020 年赵刚摄

准格尔广场位于中心区主干道准格尔中路南侧，与路北准格尔旗党政办公楼相对，2000 年建成，总面积 2.9 万平方米，其中绿地 3400 平方米，成为全旗露天大型集会、文艺演出的主要场所，居民休闲娱乐首选场所。主要建筑中央喷泉、四角喷泉、升旗台、廊柱式舞台。中央喷泉中心三色帆船三根支柱主雕塑，代表准格尔旗地处呼包鄂、蒙晋陕两个“金三角”腹地；红色代表煤炭，蓝色代表化工，黄色代表建材，三根镀银支柱代表三大支柱产业；三柱间镶花栏，象征科技创新，三柱顶托圆球，象征民族团结；围绕三支柱飞翔 27 只鸿雁，代表 27 个乡镇，2005 年 8 月第二次撤乡并镇后拆除。

二、沙圪堵镇

1991 年，旗人民政府驻地沙圪堵镇南北向路 3 条，东西向街 3 条，纵横交错呈网格状街区，八一路与迎宾路会合处，居民以俗为雅叫“裤裆街”；镇区人口不足 1.5 万人；1996 年 12 月被命名为内蒙古卫生镇、二星级文明镇；1999 年 8 月，旗人民政府驻地迁离时，建成区 4.5 平方千米，人口 2.5 万人。同年 10 月设立自治区级开发区后，依托老街、拓展新区，市政区与工业区统筹规划建设；

2003 年 3 月被建设部等六部委确定为全国重点镇，2011 年 12 月被评为全国文明村镇。2015 年，工业区和市政区形成 12 横 6 纵格网形街区布局，其中市政区建成区面积 12.2 平方千米，人口 7.8 万人。

1991 年，沙圪堵镇标志性建筑是旗人民政府礼堂，占地面积 1500 平方米，与革命烈士纪念塔，构成一处规模宏大的建筑群景观，是准格尔旗政治集会、文化活动的主要场所。2007 年 5 月 14 日，开发区拆除礼堂，改建占地 4500 平方米的伊东休闲广场；2010 年 11 月，扩建为占地 19200 平方米的准格尔民族文化广场，由文化长廊、凉亭、灯饰等组成，是开发区户外集会演出场所，居民休闲娱乐去处。

三、大路新区

2004 年 3 月，准格尔旗开始规划建设大路新区。北部市政服务区 30 平方千米，建设产学研基地、行政办公区、金融商务区和为企业配套的生活服务区。2012 年 11 月 20 日，薛家湾市政区—大路新区 16 千米快速通道建成通车，两地免费公交客车投入运营，46 个机关 2200 多人由薛家湾镇搬迁到大路新区办公。至 2015 年，形成 5 横 6 纵街区，建成区 7.45 平方千米，吸纳人口 1.2 万人。标志性建筑有煤化工基地管委会办公楼、内蒙古工业大学矿业学院、博物馆、图书馆、体育场、建业大厦等；教育医疗机构有大路医院、职业中学、大路小学等；最大住宅小区为水红花小区。

大路新区市政区，2016 年赵刚摄

体育场位于大路新区市政区东，4 层可同时容纳 3 万名观众，内设 8 条 400 米椭圆形跑道，10 条直道，是一个标准足球场；周边为露天看台，设贵宾接待室、包厢、运动员休息室、新闻发布室、兴奋剂检测室等附属用房；建筑外观为钢结构金属屋面，整体造型似马鞍，是大路新区标志性建筑。建筑面积 3.67 万平方米，总投资 4.17 亿元，2008 年 10 月 12 日开工建设，2014 年 8 月竣工。2015 年 8 月 24—28 日承办内蒙古自治区“主席杯”校园足球小学联赛。

第二节　市政设施

1991年，沙圪堵镇市政区基础设施由城乡建设环境保护局建设管理，1999年8月实施政府驻址迁移，政府举债1.5亿元，在薛家湾镇新建了党政办公大楼、广场、会议中心、三星酒店等重点工程。2000年起，开发区市政设施建设由开发区管委会负责。

2004年4月，准格尔旗国有资产公司注册3000万元成立城市基础设施建设投资公司，负责城市基础设施建设项目的投资运营；2010年3月与国有资产公司分离，独立运营；2010年7月注册资金增至5亿元，下设城兴新型建筑材料公司、城汇商贸公司、城安劳务公司、南山宾苑公司。先后投资建成薛家湾镇—大路新区中心城市的市政道路、给排水、供热、供气、强弱电管网，旧城改造等城市基础设施项目。2015年，资产总值40.67亿元，负债总额17.88亿元。

2009年4月，准格尔旗成立政府投资工程基本建设领导小组办公室，代行旗政府投资项目法人和项目业主权利，管理政府投资工程建设。至2015年，建成政府投资基本建设项目12项，建筑面积37.69万平方米，完成投资23.77亿元。

建筑体量、工程造价最大的项目建业大厦，位于大路新区市政中心区，9栋办公楼建筑面积11.26万平方米，总投资6.78亿元，2012年10月1日竣工。建业大厦南图书馆建筑面积2.01万平方米，总投资9502万元；博物馆包括博物馆和档案局两个办公区，建筑面积2.01万平方米，总投资1.96亿元。2012年10月25日，旗直机关46个单位2200多人搬迁到大路新区办公。

一、道　路

薛家湾镇1993年10月建成中心区准格尔中路等6条道路，1999年以准格尔路为主干道，形成4横1纵1环路网，2002年打通中心区外围环线路，2005年开工建设准格尔西路、开源路、金川路、水晶路；2012年建成北出口和薛家湾—大路新区快速通道。2015年形成10横8纵1外环路网，龙王沟、开源路、准格尔、银泽4座大桥13座中小桥梁，联通塔哈拉川南北街区。

1996年和2008年的薛家湾镇准格尔路

准格尔路是贯通旗人民政府驻地薛家湾东西的主干道，东连准能生活区，中穿旗府中心区，西通城西银泽区，长4713米。1993年10月建成准格尔东路，长1240米，宽26米，植垂柳为行道树；2005年10月建成准格尔西路，长3431米，宽35米，引植外地乔灌木绿化。主干道两侧从东到西标志性建筑有中国建设银行准格尔分行、准格尔旗党政办公大楼、准格尔广场、凯旋门大酒店、生力国际大酒店、世纪中学、中蒙医院等。

沙圪堵镇 1991 年有迎宾路、八一马路、三马路 3 条南北向路，育才街、文化街、公园街 3 条东西向街，迎宾路、八一路、公园街铺设水泥路面。1999 年道路硬化 13 千米；2003 年规划建设镇区和开发区路网。2015 年建成 10 横 3 纵、2 条过境路、1 外环路网，形成“一城两区、北工南居”空间格局，工业区 4 横 3 纵，市政区 6 横 3 纵。

八一路南联忽鸡图沟沙榆公路，北通荣乌高速公路收费站，纵贯沙圪堵镇区南北，全长 4.7 千米，两侧标志性建筑从南到北有第一中学、第七中学、美稷公园、沙圪堵镇政府、警华商务酒店、亿鸿国际花园酒店、天禧大酒店等。

大路新区 2005 年建成呼大高速公路进入新区长 8.27 千米快速路，2006 年建成快速路进入南工业基地 2.68 千米主干道，2008 年建成市政区 24 千米主干道和 12 千米支线道路。至 2015 年，大路煤化工基地北市政区形成 5 横 6 纵街区，东工业基地形成 2 横 1 纵 1 环路网，南煤化工基地工业区形成 3 横 3 纵路网框架，南侧薛家湾—大路新区快速通道将两地连为一体。

世纪大道南接薛大快速通道，北通呼准鄂铁路客运站和大城高速公路，纵贯大路煤化工基地南北。南工业基地段长 2760 米，宽 74 米；中绿化隔离段长 2700 米，宽 74 米；北大路新区段 1800 米，宽 60 米；两侧乔木行道树、灌木绿化带，四季常青、三季花开；两侧主要建筑从南到北有东华能源、久泰能源、大路煤化工基地管委会、大路公园、档案馆、博物馆、建业大厦等。

2015 年，全旗城镇建成区市政道路 166.4 千米，铺装面积 467 万平方米，人均道路 18.16 平方米。其他苏木乡镇驻地、人口集中的居民点都建有硬化街巷道路。

二、亮　化

薛家湾镇 1991 年只有准煤公司南区到北区 800 米道路安装路灯；1994 年，地方市政区准格尔路安装路灯 17 盏；1995 年准格尔路、开源路安装路灯 92 套，照明道路 1.5 千米，结束了有路无灯、有灯不亮的历史。2006 年在市政主干道沿街建筑实施夜景亮化工程，2007 年在银泽片区迎街建筑物实施夜景亮化工程，2008 年在塔哈拉川两岸实施夜景亮化工程，完成河道堤岸，水晶路、通达路、昭君路、开源南路，银泽桥、开源桥、龙王沟大桥、昭君桥、腾飞桥、金川桥，部分楼体亮化工程，2009 年招投标确定红旗广告公司负责薛家湾镇市政区路灯日常管理。2015 年，薛家湾市政区路灯 2601 基 5178 盏。

塔哈拉川两岸夜景，2018 年摄

沙圪堵镇1991年主要街道安装路灯175盏，其中高压钠灯67盏，白炽灯108盏，照明道路5450米。1993年在准格尔路安装路灯76盏；2004年开发区安装八一路、准格尔路、工业园区路、交通街路灯；2005年完成准格尔路、八一路、工业园区路亮化工程。2015年，开发区市政道路有路灯2060基3534盏。

大路新区2005年第一个基础设施项目,呼大高速公路进入新区主干道建成,路灯同步安装到位。2007年12月12日,大路新区首座变电站东孔兑110千伏变电站启动送电,完成市政道路亮化工程。2015年，大路新区市政道路有路灯2124基5886盏。

2015年，全旗其他苏木乡镇驻地市政道路都安装路灯，有的人口集中居民点安装太阳能与风能互补的节能路灯。

三、供　水

薛家湾镇1991年准煤公司生活区由陈家沟门龙王沟南深井集中供水，地方市政区沿用打井分散供水。1992年建成陈家沟门龙王沟北深井，南北两水源地日供水量2.5万立方米，地方市政区开始集中供水。1994年3月建成小沙湾黄河取水口，向准格尔项目一期工程提供工业用水，日供水量10.368万立方米。2004年成立准格尔旗供水公司，使用准能公司水源，向地方市政区生活供水，日供水量2000立方米。2005年建成苏计沟深井水源地，向地方市政区增供生活用水，日供水量2万立方米。2012年7月供水公司改制重组为准格尔旗泰禹水务有限责任公司（简称泰禹水务），2013年10月建成北山供水工程，2014年扩建南山供水工程，2015年，泰禹水务公司向地方市政区供水335.9万立方米；准能公用事业公司向准能公司生活区供水1564.24万立方米，薛家湾集中供水普及率98%。

沙圪堵镇1991年打深井供生活用水，日供水量800立方米；1994年，新增3眼深井水源，日供水量增至1000立方米，自来水普及率接近30%。2005年开发区改造供水管网，日供水量达到2400立方米；2009年12月长滩至沙圪堵应急供水工程通水，生活用水深井水源地祁家梁、陈家沟、龙口，年供水能力4600万立方米；2011年3月“引黄入沙”工程通水，工业供水水源马栅、万家寨黄河取水口，年供水能力3400万立方米。2015年，沙圪堵镇及开发区供水管网总长34千米，集中供水普及率95%。

大路新区2008年12月建成苗家滩生活用水水源地，日供水能力2.48万立方米；2009年12月建成柳林滩黄河取水口工业用水水源，日供水能力10万立方米，日净水能力8万立方米，年供水能力6026万立方米，集中供水普及率100%。

2015年，全旗城镇供水管网长219.3千米，日供水能力5.57万立方米，供水普及率96.5%。

四、供　暖

薛家湾镇1991年只有准煤公司安装小锅炉供暖。1993年10月改用发电厂2×10万千瓦火电机组余热为南北两区集中供热，这是准格尔旗集中供热起点。2007年准能生活区供热面积120万平方米；2008年开始为地方市政区供热，2009年供热面积270万平方米。2010年10月15日，准能电厂2号机组关停，国华电厂2×15+2×33万千瓦火电机组开始向薛家湾市政区供热，到2011年4月15日，首个供热周期供热量174.86万吉焦。2012年12月12日，准能电厂1号机组关停，准能生活区全部由国华电厂供热。2015年，国华电厂供热量139.70万吉焦，累计供热量358.52万吉焦。

1997 年 11 月 8 日，薛家湾矿区集中供热一期工程投运，薛家湾中心供暖站安装 20 吨锅炉，铺设管道 11 千米，供热面积 3.5 万平方米，薛家湾镇成为内蒙古首家实现集中供热乡镇。2001 年建康乐小区、东华市场两处小锅炉分散供热，供热面积增至 45 万平方米。2003 年 7 月 19 日，旗人民政府将供暖站转让给特弘集团，由特弘集团筹建热电厂；2006 年 10 月 15 日，特弘热电厂 2×1.2 万千瓦热电联产机组投运供热，首个供热周期供热面积 116 万平方米，供热量 56.32 万吉焦。2008 年 10 月，薛家湾中心供热站、康乐小区、东华市场 3 处锅炉关闭。2010 年 10 月 15 日起，购进国华电厂热源向地方市政区供热。2015 年，建成供热管网 61 千米、换热站 59 个，供热面积 682.58 万平方米；其中特弘热电厂供热面积 140 万平方米，供热量 53.65 万吉焦。

2015 年，旗政府驻地建成供热一次管网 112.50 千米、换热站 78 个，集中供热面积 789.45 万平方米，其中住宅供热面积 680 万平方米，住宅供热用户 57375 户，集中供热普及率 95%。供热企业特弘热力公司为地方市政区供热 682.58 万平方米；准能公用事业公司为准能片区供热 106.87 平方米。热源电厂国华电厂供热 653.45 万平方米，特弘热电厂供热 136 万平方米。

沙圪堵镇 1991 年只有部分机关办公楼小锅炉分散供暖。2006 年 10 月，开发区引进金泰实业集团建成 2 处锅炉供暖站，铺设供热管道 10 余千米，镇区部分区域实现集中供热。2010 年 10 月 15 日，伊东热电厂 2×50 万千瓦热电联产机组开始向开发区集中供热，至 2011 年 4 月 15 日，首个供热期完成供热量 114.59 万吉焦；金泰实业集团关闭两处锅炉热源，接换伊东热电厂热源，宝润供热公司、永兴源物业公司接入伊东热电厂热源，三家供热企业分区向开发区供热。2015 年，开发区铺设供热管网 63.5 千米，建换热站 21 个，集中供热 232.03 万平方米，其中住宅供热 149.4 万平方米，住宅供热用户 12935 户，集中供热率 72%；伊东热电厂累计供热量 763.06 万吉焦。

大路新区 2005 年首批开发建设单位采用小锅炉分散供暖。2010 年 10 月在建蒙泰不连沟煤矿 2×30 万千瓦煤矸石热电厂临时建锅炉供热站投运，供热面积 50 万平方米；2014 年 7 月国资燃气热力公司接管；2015 年建成供热一次管网 45.6 千米、换热站 31 个，供热 116.86 万平方米，其中住宅供热 60.55 万平方米，住宅供热用户 2711 户，集中供热普及率 100%。

大路新区煤矸石热电厂，2018 年摄

其他苏木乡镇驻地由区域燃煤锅炉生产热水供热。2015 年建成供热一次管网 41.93 千米、换热站 18 个，集中供热面积 169.74 万平方米，其中住宅供热面积 124.49 万平方米，住宅供热用户 9998 户。十二连城乡五家尧、薛家湾镇白大路等村也实现集中供热。

每年供热期自 1997 年薛家湾中心供暖站成立定为当年 10 月 15 日到次年 4 月 15 日；2012 年起调整为当年 10 月 1 日到次年 4 月 30 日。每个供热期价格住宅 10 元 / 米 ^{2}；2003 年后调整为住宅 20.5 元 / 米 ^{2}，政府补贴 5 元；商业 29.5/ 米 ^{2}。2015 年，旗政府驻地、大路新区、准格尔经济开发区三地建成供热一次管网201千米，换热站122个，集中供热面积1096万平方米，其中住宅供热面积750万平方米，住宅供热用户71297户，集中供热普及率84%。其他苏木、乡镇集中供热1271万平方米。

五、燃　气

1995年9月，准煤公司煤气厂投产，是准格尔旗首家煤气厂，年产煤气490万立方米，首批为准煤生活区供应786户；2005年9月，煤气厂停产，准能公司5223户职工改用石油液化气罐。

1998年，准格尔旗出现石油液化气经营户。2008年6月薛家湾镇成立准发天然气销售公司、中意燃气销售公司，2012年3月沙圪堵镇成立远赫加油加气站，为加油改装加气车供气；2008年10月沙圪堵镇成立安信气站，2009年3月薛家湾镇成立蓝天石油液化气公司，2013年3月沙圪堵镇成立大中液化气充装供应站，为家用罐装石油液化气供气。2015年，全旗有3家车用压缩天然气加气站、3家瓶装石油液化气供气站；全年石油液化气用量1100多吨，车用压缩天然气用量315立方米。

2011年11月28日，新圣天然气管道公司苏格里—东胜—准格尔天然气输气管道沙圪堵分输站投运，向准格尔经济开发区供气，铺设支线管道39千米，年供气能力6亿立方米，主要用于工业供气，部分用于车辆燃气；苏—东—准天然气输气管道大路末站，向大路煤化工基地及旗人民政府驻地供气管道工程，2013年开工建设，至2015年，完成薛家湾部分住宅小区管道铺设，续建大路末站到薛家湾输气管道。

六、排　水

薛家湾市政区1991年靠塔哈拉川自然排水，低洼处雨后积水严重。1992年铺设2800米排水工程。1994年11月准煤污水处理厂投运，2003年污水处理厂不堪重负，处理污水204.44万立方米；2005年铺设银泽片区到污水处理厂排污管道5.4千米；2009年，扩能改造后的准能污水处理厂处理污水542.46万立方米，中水回用218.55万立方米；2015年处理污水769.36万立方米，中水回用395.69万立方米。

沙圪堵镇市政区多开放排水沟，少地下排水管，暴雨后泥沙淤积街道。2009年，修建6.8千米排水地下管网。2010年12月科源污水处理厂投运，日处理污水3万立方米。2011年11月伊东污水处理厂投运，日处理污水4800立方米，日排中水回用4000立方米，外排蒸发塘日处理浓盐水800立方米。2015年，开发区排水管道长7.4千米，日处理污水0.4万立方米。

大路新区地势平坦，排水负担较轻。2008年两个4万立方米雨水收集池投用；2010年9月天河水务公司综合污水处理厂投运，日处理污水2.5万立方米，2011年、2014年分别建成日处理1万立方米浓盐水处理系统，日处理浓盐水能力达到2万立方米。

2015年，全旗城镇排水管道长358.48千米，3家污水处理厂日污水处理9.5万立方米，污水集中处理率94.68%。

第三章　园林绿化

第一节　城镇绿化

准格尔旗城市园林绿化事业起点是1995年准煤公司生活区绿化建成准煤公园。1999年旗人民政府驻地迁址薛家湾镇，全旗园林绿化事业步入专业化建设养护阶段。2000年，准格尔经济开发区开始园林绿化建设；2006年，大路新区开始园林绿化建设。2013年9月，准格尔旗建成内蒙古园林县城，开始以道路为线、公园为点、街区为面，创建国家园林县城。至2015年，全旗城市建成区绿化覆盖面积超1000公顷，绿化覆盖率40.16%。

一、准格尔经济开发区绿化

1991年，沙圪堵镇市政区绿化成果主要有烈士陵园绿地、准格尔路绿化带、沙圪堵林场苗圃；1999年10月设立自治区级开发区时，市政区绿化面积5公顷。2000年6月，开发区成立公用事业管理局，开始道路、广场、公园、工业园区、居民区的绿化建设。2008年10月，设立开发区城市管理局，开始专业化养护；2009年9月，建成美稷民俗风情园，占地面积17.3公顷，其中绿地面积7.63公顷。2013年12月，建成区绿化面积100公顷；设立开发区园林环卫局，养护绿地面积75公顷；2014年建成2.38公顷育苗基地，接收工业区绿地9.4公顷。2015年，建成区绿化面积110公顷，绿地养护面积78公顷，其中公园绿地20.32公顷，人均公园绿地3.37平方米；街道绿化带19.3公顷；工业园区绿地31.28公顷；雇佣季节性园林工人70余名，配备作业机械9台。

二、薛家湾地方市政区绿化

1993年，矿区办事处开始绿化薛家湾镇地方市政区准格尔大道和商业街。1999年7月，准格尔旗成立环卫园林局，接管薛家湾地方市政区绿地养护面积1964平方米，矿区办事处绿化保存面积8公顷。2004年2月，接管准能公园等准能公司公共绿地，从准能片区到地方片区，从迎泽片区再到南山片区，2008年建成南山公园，占地面积23.8公顷，其中绿地面积19.15公顷。2012年12月，撤环卫园林局，分设环境卫生事业局和园林绿化事业局，园林绿化事业局接管大路煤化工基地市政区211.07公顷园林绿地；2014年建成北山片区带状公园，实现薛家湾—大路新区园林一体化建设管理。2015年，准格尔旗中心城市薛家湾—大路新区，建成区绿地养护面积986公顷，绿地率36.83%；绿化覆盖面

2016年园林工人绿化养护，赵刚摄

积 1075 公顷，绿化覆盖率 40.16%。其中，公园 15 处，绿地面积 339 公顷，人均公园绿地 16.65 平方米；附属绿地 385 公顷，防护绿地 262 公顷。旗园林绿化事业局有园林工人 397 名，配备园林施工机械 147 台，包括水车、打药车、打药机，油锯、绿篱机、割灌机、草坪机、风力灭火机等。

三、大路煤化工基地绿化

2006 年春，大路新区开始双向道路中间隔离带、两侧行道树和红线范围内绿化建设；2007 年 4 月，成立环卫园林绿化局，开始园林绿地建设和专业养护。2012 年 12 月，按照薛家湾与大路新区一体发展要求，市政区 211.07 公顷园林绿地移交旗园林绿化事业局，大路环卫园林局负责工业区 286.72 公顷园林绿地养护。2015 年，大路煤化工基地规划区绿化面积 1985.06 公顷，绿地覆盖率 42.09%，基本建成“城在林中，林在城中”的生态工业新城。道路绿化带 256.25 公顷，其中市政区 167.62 公顷，工业区 88.63 公顷；防护绿地 1608.93 公顷，其中市政区 1487.27 公顷，工业区 121.66 公顷；公园 2 处，绿地面积 34.95 公顷；企业厂区、住宅小区绿地面积 64 公顷。大路环卫园林局绿地养护面积 105 公顷，有季节性园林工人 43 名，绿化作业机械 4 台。

四、薛家湾准能生活区绿化

1992 年 1 月，准煤公司成立林业处，开始公司生活区绿化建设；1995 年建成准格尔旗第一个公园准煤公园，占地面积 6.81 公顷。2002 年，准煤公司生活区园林绿地面积 39.3 公顷。2004 年 2 月，准煤公园等公共绿地划归准格尔旗，准能生活区 16 个住宅小区的绿化由物业公司园林绿化队负责。2015 年，园林绿化队有员工 36 名，配备施工作业机械 41 台，绿化养护面积 42 公顷，实现三季有花、四季常绿。

第二节　园林工程

2015 年，准格尔旗建成 51 处各类绿地，人均公共绿地 17.39 平方米，实现 300 米见绿、500 米见园；中心城区薛家湾—大路新区建成公园、广场 15 个，公共绿地面积 339 公顷。道路绿化普及率 95.28%，道路绿地达标率 88.36%，基本实现“一街一景、一路一品”，形成“春花、夏荫、秋景、冬青”四季园林景观。实施自然岸线河道整治，建成塔哈拉川、巴汉图沟河道绿色长廊；建成大路市政区南侧隔离带等防护绿地，防护绿地面积 262 公顷；居民小区绿地达标率 96.34%。

一、友谊公园

友谊公园位于蓝天街道白云社区。前身为 1995 年 10 月建成的准煤公司公园，是准格尔旗最早的公园；2004 年 2 月划归准格尔旗环卫园林局，企业和地方共同出资拆墙透绿，于 2005 年改建为友谊公园；2008 年建成廉政文化主题公园。公园占地面积 6.8 公顷，其中绿地面积 4.2 公顷。主入口广场建有花坛和音乐喷泉；左右设廉政文化长廊；长廊左边开辟儿童乐园；东南边是老年活动区；

友谊公园，2011 年摄

东南部建有人工假山，景观亭是公园最高建筑；滨河休闲区位于西侧，是城市道路与景观河之间的带状区域。绿化乔灌花草相结合，重点景区种植季节性开花的树种。夜景照明有各种庭院灯、地灯、水下彩灯、草坪灯、台阶灯、槐花灯、荷花灯、多彩柱灯、宫廷灯等 160 多盏。

二、南山公园

南山公园位于迎泽街道南山社区，2005 年开工建设，2007 年建成欢乐童年、幸福家庭、和谐社会 3 组人口文化主题雕塑；2008 年 10 月，公园建成开放，占地面积 23.81 公顷，绿地面积 19.15 公顷；2013 年，陈列 2 门 37 高炮和一架歼 5 飞机，建国防教育基地；2014 年 12 月，被命名为内蒙古自治区重点公园。南山脚下河滨南路主入口广场，建假山跌水，造飞瀑流泉，吸引游人登山游览。沿石台阶、木栈道迂回登山，2015 年开辟登山健身标准 1 千米循环步道；沿途以道路为界，各板块常绿和落叶相结合、乔灌花草相结合，实现三季有花、四季常青。山顶标志性建筑煤海明珠观景塔，塔高 36 米，其中塔尖 9 米，塔身蒙古包造型，玻璃幕材质，登旋转观景塔，俯瞰公园全貌，远眺城市天际。西侧开源路“多彩的土地”主题浮雕墙，展示工业腾飞、农牧业变迁、民族风情三个板块。山南入口广场，布荔枝根雕“孔雀开屏”，寓意着吉祥如意。

内蒙古自治区重点公园南山公园，2019 年王晓明摄

三、美稷公园

美稷公园位于沙圪堵镇鑫鑫社区，2009 年 9 月 29 日建成开园。由一洼臭水打造成一处公园绿地，占地面积 17.3 公顷，其中绿地面积 7.63 公顷，当地人称水上公园。因沙圪堵镇纳林村有汉代美稷城址，得名“美稷民族风情园”，仿建美稷古城墙，雕塑君子津、西口古渡小品，二少爷骑马圆雕及同仁学校、操练新兵浮雕，隐雕长卷《悠悠美稷城，盛世沙圪堵》，展示了 2000 多年的历史文化。雕塑小品展示民间游艺有弹豆儿、摔跤、踢毽子、跳山羊，展示民间手艺有钉碗、补锅、吊线、碗托、剪鞋样。标志性建筑“二月二”灯游园的九曲黄河阵，展示了准格尔旗特有的民俗风情。

四、大路公园

网红公园大路公园，2020 年王晓明摄

大路公园地处大路新区南北中轴线与东西生态轴线的交会处，管委会办公楼坐落其中，2009 年 3 月堆砌人工山体，2010 年 3 月建设绿化景观，2013 年 7 月工程验收竣工。占地面积 21.2 公顷，绿地面积 16.8 公顷，其中水域面积 3.3 公顷；人工山顶海拔 1123 米，人工湖水深 1.8 米。总体布局南北向景观轴，从北向南依次串联山体、湖面、广场。山体西侧山地景观区展示绿色生态，东侧登山台阶步道、慢跑径及休憩空间，山顶设景观塔，塔周以马头琴为元素建设，寓意“马头琴思、世纪乐章”。湖面中央水景区设滨水看台和湖中长堤，中央大型柱状喷泉可演示水幕电影。南侧城市文化广场，蒙古文化特色再现草原文明。

五、塔哈拉川景观河

塔哈拉川位于黄河一级支流龙王沟中游，横穿薛家湾镇区。薛家湾建镇之初，向河道倾倒垃圾污水，阻塞行洪，滋生蚊虫，好似“龙须沟”；1999 年旗人民政府迁址薛家湾镇后，疏浚河道，防渗护底，注水成湖，加固堤防，两岸绿化，于 2007 年建橡胶坝 8 座，2012 年再建橡胶坝 4 座，2012 年 10 月上游建钢坝闸 5 座，最终形成上游西起王青塔村准东铁路大桥，下游东至东华菜市场南门 7.7 千米城市景观水系，蓄水面积 67.8 公顷。塔哈拉川建成亮丽的城市景观河，让北国山城平添江南水乡灵秀。

六、大路新区隔离带

大路煤化工基地隔离绿化带位于大路煤化工基地市政区与南煤化工基地、东工业基地之间，2009 年开始实施，2010 年完成绿化建设，建成防护绿地 77.28 公顷。绿化树种有油松、樟子松、国槐、新疆杨、河北杨、旱柳、火炬、山桃等，道路两侧以乡土树种与彩叶树种相搭配，防风固沙为主，兼顾美化效果。以世纪大道及环岛为界，西侧市政区与南煤化工基地隔离绿化带，长 6500 米，宽 80 米至 100 米，绿化面积 61.78 公顷；东侧市政区与东工业基地隔离绿化带，长 3000 米，宽 51 米，绿地面积 15.5 公顷。

七、大路新区苗圃

2013 年起，旗园林绿化事业局在大路新区新建苗圃示范基地 13.5 公顷。建有帘棚 3 栋 3200 平方米，日光温室 5 栋 4000 平方米。通过移栽、扦插，扩繁野生乡土植物，引种驯化外来植物，丰富宿根类地被花卉品种，培育种植园林植物 20 多种 30 多万株。先后引种扩繁 20 多个花卉品种，花卉种植面积 2.05 公顷，年出圃草花 50 万株以上。2015 年，苗圃示范基地发展到 33.4 公顷，中心城市园林绿化苗木自给率 80% 以上。

第四章　环境卫生

1991年，准格尔旗只有沙圪堵、薛家湾、榆树湾3地有环卫工人清扫转运垃圾。1996年12月，沙圪堵镇蝉联内蒙古自治区卫生镇。1999年10月,薛家湾镇34名环卫工人统一着橘黄色工装上岗。2007年10月26日，薛家湾地区数百名环卫工人欢度全旗首届环卫工人节。2013年3月6日，环卫工人免费早餐工程在兴隆街道中心片区试运行，每人10元标准；到2015年底免费早餐惠及1229名环卫工人。2013年12月29日，准格尔旗被全国爱国卫生运动委员会命名为国家卫生县城。2014年起新建环卫工人休息亭，至2015年中心城市建有休息亭40个。2015年，以中心城市和两大工业园区为核心，辐射带动其他乡镇，延伸到人口集中的村，全旗初步形成城乡一体化环境卫生体系，中心城区机械化清扫率73%，生活垃圾无害化处理率98%。2015年10月，环境卫生事业局环卫工人张喜林被评为内蒙古自治区首届最美环卫工人。

第一节　薛家湾地方市政区环卫

1991年7月薛家湾镇人民政府成立环卫所，雇用临时工负责准格尔路、开源路、水晶路、通达路清扫，每天清扫一次，垃圾清运到远郊低洼处填埋。1995年，新建第一座公共厕所，投放垃圾容器，划定责任区，实行门前包环境卫生，无垃圾、粪便、污水，无污迹，无渣土，无蚊蝇滋生地。

1999年8月，准格尔旗环卫园林局成立，接管薛家湾镇环卫所，雇佣34人自备扫帚，清扫保洁面积12.7公顷，实行“一次清扫、全天保洁”制度，月工资245元；雇佣4人开自家三轮车清运垃圾，月工资700元。在市政区新建7个垃圾池，在哈岱高勒乡苏计沟村新建垃圾集中处理场，日均处置垃圾55吨。薛家湾镇环境卫生步入正轨。

环境卫生的重点是清扫保洁。随着薛家湾镇区扩容，清扫保洁面积2005年扩大到58.68公顷，2006年起实行“两次清扫、全天保洁”制度，2008年8月起有路灯的主干道实行“两班倒”制度。2009年6月，接管城乡接合部，清扫保洁面积增加到2246.79公顷，环卫工人增加到901名。2011年起清扫保洁月工资上涨到1500元，垃圾一级清运月工资上涨到3000元。

2013年3月环卫工人免费早餐，刘敏摄

2012年12月，准格尔旗撤环

卫园林局，成立环境卫生事业局（简称环卫局），管理准格尔旗中心城市的环境卫生。2013 年接管大路新区市政区、薛家湾—大路新区快速通道，清扫保洁面积增加到 2854.97 万平方米，环卫工人增加到 1006 名，日均清运生活垃圾突破 300 吨，开始实现垃圾日产日清，定时定点收运。

为减轻环卫工人劳动强度，实施机械化作业。2008 年起配备破冰除雪车，冬季实施清除道路积雪作业；2010 年购置 2 台 4 吨位吸尘车投入街区清扫，2013 年购置 8 吨位干式扫路车投入道路清扫；2015 年起配备洒水车，夏秋实施城区洒水降尘作业。

环境卫生的难点是垃圾处置。2005 年在薛家湾镇大饭铺村新建生活垃圾场，在市政区建东信小区、乌兰小区两座垃圾中转站，一级清运由三轮车收集到中转站，二级清运投入摆臂式垃圾车清运到垃圾场，日均处置垃圾 145 吨，2007 年 8 月投入压缩式垃圾车二级清运。

2010 年 3 月，鄂尔多斯市东胜区传祥垃圾处理公司在大饭铺垃圾场新建生活垃圾资源化综合处理厂投运，机械分选系统分拣出废纸、塑料、金属等回收再利用，固态惰性物质进行卫生填埋，达到无害化处理标准，日均处置生活垃圾 302 吨、污泥 56 吨、粪便 21 吨，政府每吨补贴传祥公司 80 元，2013 年 1 月起提高到每吨补贴 90 元；2015 年垃圾处理厂渗滤液处理系统建成投用，采用碟管式反渗透技术工艺，渗滤液排放达到国家二级标准，日处理渗滤液 100 吨。

2009 年 10 月，鄂尔多斯市东胜区传祥垃圾处理公司在薛家湾镇唐公塔村新建粪便处理厂投运，设计日处理 200 吨。2013 年 1 月，传祥垃圾处理公司利用粪便处理厂扩建的餐厨垃圾厂投运，投放餐厨垃圾桶覆盖市政区，派餐厨垃圾专用车上门收集，设计日处理餐厨垃圾 50 吨，政府每吨补贴传祥公司 200 元。两套系统均采用联合厌氧发酵工艺，产生沼气、液态和固态有机肥，实现垃圾减量化处理，回收再利用。

2022 年街道机械洗扫作业

2015 年，准格尔旗环卫局有环卫工人 921 名，清扫保洁月工资 1500 元，垃圾一级清运月工资 3400 元；配备机械设备 28 台，吨位 131 吨，其中，摆臂式垃圾车 4 台、压缩式垃圾车 7 台、自卸式垃圾车 6 台，餐厨垃圾车 2 台、洒水车 2 台、破冰除雪车 2 台、吸尘清扫车 2 台、干式清扫车 1 台、装载机 1 台。负责薛家湾镇中心片区、迎泽片区、南山片区、贾家湾区片、玻璃沟片区、外围道路片区及大路新区市政区、快速通道 7 个片区环境卫生，清扫保洁面积 2854.97 公顷，机械化清扫率 32.19%；管理垃圾处理厂两家、垃圾中转站 10 处；管理公共厕所 66 座，其中达到二类以上标准水冲式厕所 17 座；投放果皮箱 1014 个、垃圾桶 1201 个、餐厨垃圾桶 386 个、垃圾箱 2187 个。处理生活垃圾 11.02 万吨、餐厨垃圾 6205 吨，粪便 5145 吨、垃圾无害化处理率 95.42%。

第二节　准格尔经济开发区环卫

1991 年，准格尔旗人民政府驻地沙圪堵镇的环境卫生由旗城乡建设环境保护局环卫所负责。雇佣环卫工人 10 余名清扫主街，日均清运垃圾 36 吨；市政区有公共厕所 165 座，全部为旱厕，城郊农民自行清理厕所，拉运粪便为菜地追肥。

1999 年 8 月，准格尔旗人民政府迁往薛家湾镇，旗城乡建设环境保护局环卫所移交沙圪堵镇政府。环卫所雇佣环卫工人 25 名，清扫街道面积 7 公顷，清运车辆为四轮车；市政区 150 座公共厕所，开始派专人清扫保洁。2007 年清扫保洁面积扩大到 45.5 公顷，环卫工人增加到 66 名，公共厕所增加到 180 座，清理露天垃圾点 124 处，投放垃圾箱 60 个、垃圾桶 260 个，日均清运垃圾 71 吨。

2008 年 10 月，准格尔经济开发区成立城市管理局，接管沙圪堵镇环卫所，开始对环卫工人实行定地段、定标准管理考核，清扫实现全覆盖，保洁实现全天候。2009 年，配置污水清运车和挂桶式垃圾车，在地税小区路东建成东垃圾场中转站，在不拉村建成西垃圾场无害化处理厂，日处理生活垃圾 350 吨，在富民社区建成污水处理厂，日处理污水能力 3 万吨，基本实现生活垃圾无害化处理。

2013 年 12 月，准格尔经济开发区设立园林环卫局，下辖 2 个环卫所。到 2015 年有环卫工人 257 名；配备餐厨垃圾车 1 台、垃圾清运车 5 台、吸污车 2 台，农用车 1 台，雇佣三轮车 18 辆，垃圾清运车辆总吨位 38 吨。管理公共厕所 257 座，其中水冲式厕所 20 座、旱厕所 237 座；建成垃圾回收站 2 个，投放垃圾箱 350 个、垃圾桶 433 个、果皮箱 99 个。清扫保洁面积 360.65 公顷，清运处置垃圾 7.2 万吨，其中，生活垃圾 3.7 万吨、粪便 2.92 万吨、餐厨垃圾 5840 吨。

2015 年 1 月 1 日，鄂尔多斯市城市矿产研究开发公司在沙圪堵镇忽昌梁村建设的生活垃圾无害化综合处理厂投运，设计日处理生活垃圾 100 吨、粪便 100 吨、餐厨垃圾 20 吨、污泥 30 吨，生活垃圾无害化处理率 90%。

第三节　大路煤化工基地环卫

2005 年 7 月，大路新区成立环卫园林局，负责大路新区的环境卫生管理，新区进入开发建设高潮，主要任务清理建筑垃圾。到 2012 年，鄂尔多斯大路煤化工基地各项基础设施建设接近尾声，主要任务转为街区、主干道清扫保洁，生活垃圾清运，有环卫工人 113 名，负责 170 公顷面积清扫保洁，年均清运垃圾 4000 吨。

2013 年 1 月，大路新区市政区环境卫生划归旗环卫局管理，新区环卫园林局负责东工业基地和南工业基地建成道路及人行道的环境卫生，清扫保洁面积减少到 85.3 公顷，其中，人行道 24.2 公顷、流动清扫面积 30 公顷。环卫工人减少到 51 人，每天 8 小时值守责任路段清扫保洁；每月安排环卫工人配合清扫车机械作业，集中清扫新增道路、厂区运煤路及无人值守道路。年均清运垃圾 6000 吨。

2015 年，大路新区环卫园林绿化局配备清运机械 7 台，除雪车、压缩垃圾车、摆臂垃圾车、吸污车、三轮车各 1 台，道路清扫车 2 台，放置各类垃圾箱 100 个。

第四节　薛家湾准能生活区环卫

1991年，准格尔煤炭工业公司中心区的环境卫生由生活服务公司环卫组负责，1993年3月成立公用事业公司环卫队，1999年7月组建行政环保处环卫城管所，2001年2月环卫城管所划归物业公司。2015年物业公司环卫城管所有职工212名，其中环卫工人46名，下设清运部、清扫部、车辆维修保养部和压缩站等5个班组。配备清扫清运车辆21台，其中，压缩式垃圾车5台、吸尘车4台、东风翻斗车3台、四轮除雪车5台，还有封闭式转运车、洒水车、装载机、皮卡车。承担准能公司生活区16个小区庭院、671个楼道、16条道路和3座公厕的清扫保洁、垃圾清运任务，清扫保洁面积90万平方米，年均清运生活及建筑垃圾6.5万立方米。

第五节　其他乡镇环卫

1991年，准格尔旗其他乡镇人民政府驻地环境卫生，建简易垃圾池，雇佣临时人员清扫清运。农村环境卫生由农民自发清扫，垃圾用于沤制农家肥，总体西南部好于东北部，南河畔好于北河畔，十二连城、蓿亥图两乡环境卫生状况较差。

2006年社会主义新农村建设拉开序幕，十二连城乡在公路沿线安装网围栏，规划垃圾点；柴登镇区设垃圾箱，雇环卫工人清扫。2007年针对柴草乱垛、棚圈乱搭、垃圾乱扔、畜禽乱跑现象，集中清理垃圾、塌墙破房、淤泥污水，实施改圈、改厨、改水、改厕，2009年五家尧、蓿亥图、柴登，摆放移动花池、垃圾箱，展示新农村新面貌。

2014年十二连城乡兴盛店村群众清扫道路

2014年启动“十个全覆盖”工程三年攻坚，清理塌墙破院、断壁烂圈和粪土堆、柴草堆、垃圾堆。十二连城乡生活垃圾“户清扫、村收集、乡清运”乡村一体化处理模式，2015年在全旗范围推广，试行农村垃圾“户清扫、村收集、乡清运，旗处理”一体化管理，为自然村投放垃圾容器，在重点村建设垃圾中转站，引进准格尔旗康洁环卫工程公司清运处理垃圾，覆盖全旗所有苏木乡镇和55%以上的行政村，服务农村人口达4.5万人。整体改变了全旗农村脏乱差状况，农村环境面貌焕然一新。

第五章　村镇建设

第一节　乡级驻地

2005年8月，准格尔旗经历撤乡设镇和两次大规模撤乡并镇，调整生产要素空间布局，撤销了一些经济基础薄弱、人口居住分散的乡级行政区，集中社会资源，让一批经济实力雄厚、基础设施配套、城镇功能完善、吸纳人口聚集的乡级驻地脱颖而出，成为全旗城镇发展体系的重要组成部分。

一、布尔陶亥苏木驻地

1991年，布尔陶亥乡人民政府驻公益盖村大营盘，1995年通自来水，建占地千平方米的中心集贸市场；到1999年，建成区面积0.5平方千米，居民400多户近千人。2005年8月成为苏木人民政府驻地。2007年开始规划建设新市政区，王爷府为旅游中心、市政新区为城市功能中心，布局王爷府保护区、旅游服务区、综合服务区、东部居住片区和西部居住片区，规划面积2.24平方千米。2009年12月6日，苏木政府移驻市政新区。2013年，列为鄂尔多斯市小城镇建设示范点、园林绿化示范城镇。2015年，建成区面积1.5平方千米，形成3横3纵街区，市政道路21.34千米，绿化面积40万平方米；入驻12家机关单位、5家企业；有8个居民小区，常住人口约1000人。

二、十二连城乡驻地

2005年8月，撤蓿亥图乡，整建制划归十二连城乡，乡人民政府驻柴登村，是全旗规划建设现代农牧业和新农村示范区。2007年6月编制柴登总体规划和控制性详细规划，规划市政区4.3平方千米，2010年拓宽旧街4500平方米，安装路灯173盏，建农业广场2万平方米；2012年铺供热、给水、排污等管网16千米，建行政区办公楼宇1.2万平方米；2014年开发住宅380套1.5万平方米。2015年，建成区面积1.8平方千米，市政道路长4.1千米，绿化面积8万平方米，常住人口3600人。十二连城乡2010年5月被评为内蒙古文明镇，2015年2月被评为全国文明镇。

十二连城乡政府驻地柴登，2014年陈文俊摄

三、暖水乡驻地

暖水乡人民政府驻地，1991年在暖水古镇，两条主街长千余米；2000年8月16日迁驻常家梁市政新区；2001年4月成为暖水镇人民政府驻地；2005年8月恢复乡建制后，以荣乌高速公路、109国道、曹羊公路为城镇发展轴，规划建设全旗生态型小城镇。2008年，完成旧街硬化、亮化、美化，建成商镇文化街；市政新区建生态公园、休闲广场、集贸市场、建牌楼，勒石立碑。2011年，

完成整乡生态移民，建成鄂尔多斯市精品移民小区聚心小区530户5.2万平方米。2015年，建成区面积1.5平方千米，市政道路长3.5千米，安装风光互补路灯141盏，供水管道2千米，日供水量100立方米，供暖站供热面积10万平方米。常住人口4200人。

四、大路镇驻地

2005年8月设立的大路镇，镇人民政府驻杨四圪咀社区，2011年5月18日迁驻前房子村，是鄂尔多斯市的东大门、全旗城镇化建设的优先区，规划建设煤炭物流散地、矿区移民新农村。2012年编制的《前房子新农村建设规划》，规划面积2.4平方千米，由蒙泰不连沟煤矿和旗人民政府共同开发建设。以镇政府办公楼为轴心，楼前建音乐喷泉、休闲广场，楼后建文化活动中心、卫生计生办公楼、前房子村2栋30余间连体商铺。左有公安派出所办公楼、右有职工宿舍楼，华蒙移民新村10栋600套3.78万平方米住宅楼分列左右。市政区配套给水、排水、电、路、讯、排污、供热，实现硬化、绿化、亮化。2015年建成区面积0.78平方千米，常住人口近3000人。

大路镇政府驻地前房子，2016年摄

五、龙口镇驻地

2005年8月设立的龙口镇，镇人民政府驻马栅村，1991年是马栅乡人民政府驻地，1998年7月成为马栅镇人民政府驻地，全旗城镇体系规划的重点镇。市政区规划面积4.3平方千米，双峰山—榆树湾组团依山傍河，打造宜居宜业的文旅小镇，先期开发的双峰山组团控制面积2.5平方千米。至2015年，形成“2横3纵”街区布局，建成党政大楼、幼儿园、龙口小学、龙口卫生院、敬老院、国土资源所、法庭和信用社等办公楼宇。3万平方米景观步行街盛龙街花园广场，地标建筑龙口镇牌楼；建成职工公寓楼、景苑东区、瑞龙小区、佳苑B区、恒裕大酒店、农贸中心、华河商苑、保障性住房小区等商住项目，建筑面积近20万平方米。建成区面积2平方千米，市政道路6.86千米，常住人口7600人。

六、准格尔召镇驻地

2005年8月设立的准格尔召镇，镇人民政府驻黄天棉图村，1991年属准格尔召乡，1995年规划为神山陶瓷工业小区，2000年7月成为神山镇人民政府驻地，是全旗城市建设的优化区。市政区规划面积3.65平方千米，按照行政办公、金融商贸、教育文化、旅游和景点住宅的功能分区，打造西部矿区新型生态小城镇。2015年，市政区水、电、路、讯、暖等基础设施相继投用，改造旧城30万平方米，新建政府社区服务中心、职工公寓、派出所、国土所计生办公楼和小学幼儿园等项目。建成区面积2平方千米，形成1纵2横街区布局，市政道路长6千米，安装路灯120基，园林绿地12平方千米，公共厕所8座，垃圾处理厂日处理垃圾4.5吨。常住人口约1万人。

七、纳日松镇驻地

2005年8月设立的纳日松镇，镇人民政府驻勿图门村，1991年为乌日图高勒乡人民政府驻地，一条“C”形主街两侧，散布200多处土房，居民2000人；2001年4月成为川掌镇人民政府驻地，按“口”字形街区布局，拆土房建砖房，2004年约有居民3000人；成为纳日松镇政府驻地后，纳入全旗西南工业发展和城市建设的优化区，规划市政区面积3万平方米，建设新型矿区城镇。拆平房建楼房，拓展南北向主街2条、东西向主街3条，延伸为“井”字形街区布局，标志性建筑假日酒店、聚鑫广场。2015年，城镇建成区面积1万平方米，街道长1万米，硬化面积1000米，绿地面积100亩，日供水量1950立方米，日排水量500立方米，集中供暖面积2万平方米。常住人口5000人，外来人口3000人。

第二节　撤并乡驻地

一些撤并乡级行政区驻地，行政职能虽降为村级，但借助交通区位优势，依托经济产业支撑，继续聚集人流物流，辐射带动周边发展，成为实事上的小城镇。

一、魏家峁

魏家峁村1991年为魏家峁乡政府驻地，2000年4月成为魏家峁镇政府驻地，有偿转让城镇公用设施，转让资金用于小城镇建设，2000年8月1日破土动工，硬化街道，建宾馆、市场、建镇移民安置房，小城镇建设初具规模。2005年8月撤魏家峁镇后，成为龙口城镇建设的副中心区，规划建设煤电、水电能源基地，黄河峡谷旅游城镇，规划面积14.3平方千米，5.4平方千米核心区，薛魏公路从西北穿过市政区，公路两侧有序分布行政机关、学校、医院、商业网点。2015年，建成区面积4.2平方千米，市政道路长6千米，常住人口5000人。

龙口镇魏家峁村，2016年摄

二、羊市塔

羊市塔村1991年为羊市塔乡政府驻地，2001年4月成为羊市塔镇政府驻地，2005年8月撤羊市塔镇后，成为全旗西南部精煤生产地和旅游目的地，借助公路煤炭物流和旅游餐饮接待，市政区由旧街延伸到过境运煤公路两侧，水电路讯暖同步配套，三产服务网点扎堆落地，银行保险、物流快递、批发零售、餐饮住宿、汽配维修等服务业门类齐全。2015年，建成区面积0.5平方千米，居住人口1万人。

三、杨四圪咀

杨四圪咀1991年为薛家湾镇的居民委员会，是全旗最大商品集散地，国营商业批发货站驻一号公路边，吸引百余家商铺云集。1998年7月成为东孔兑镇政府驻地，2001年杨吉公路通车，成为全旗东部交通枢纽，驻地拉煤车500多辆，人口超万人。2005年8月成为大路镇政府驻地，建成区扩大到1.8平方千米，建成两条公路交会的丁字形街道4200米。2011年5月镇政府迁驻前房子村后，常住人口不足5000人。

四、纳　林

纳林村 1991 年为纳林乡政府驻地，2001 年 10 月成为纳林镇政府驻地，2005 年 8 月撤纳林镇，划归沙圪堵镇。109 国道纵贯街道南北千余米，两侧机关单位、商业网点密布。“八五”期间，地毯厂生产的出口地毯获中国工艺美术品百花奖金奖，拥有职员上千人。纳林撤乡设镇时，任老婆儿烹饪的纳林风味，餐饮连锁店遍布全旗。2014 年起改造沿街商铺，建成集商贸古镇、生态乡村、休闲文化于一体的村镇。

五、长　滩

长滩村 1991 年为长滩乡政府驻地，2003 年发展窑洞蘑菇产业。2005 年 8 月撤乡划归薛家湾镇，引进煤炭企业阳圪楞煤矿，打造“十里长香”小杂粮品牌，2012 年 2 月被认定为内蒙古著名商标；2014 年启动百里长川西口文化长廊乡村文化旅游建设，长滩为必经参观地，建 500 米长仿古商业街。2015 年，有邮政、快递、通信、农村信用社等服务网点，商业门店 26 家；同时有村卫生室、幸福养老院。

第三节　新农村

2007 年 4 月，准格尔旗人民政府成立建设社会主义新农村领导小组办公室。2015 年 4 月，撤人口转移领导小组办公室和建设社会主义新农村领导小组办公室，组建农村牧区工作部，隶属于中共准格尔旗委员会。

2007 年起，准格尔旗在优化发展区规划建设 15 个试点村，发展现代农牧业，建设社会主义新农村。2011 年起，结合新农村建设实施危房改造，分散改造每户补贴 5 万元，集中新建居民点，在 5 万元基础上补贴 1.5 万元，新建房为起脊砖瓦房，砖混结构，外墙抹灰，内墙刮白、地铺瓷砖，内设卫浴。到 2013 年，全旗累计改造危房 6017 户，补贴政策延续到“十个全覆盖”工程。2014 年起，实施内蒙古“十个全覆盖”工程，至 2015 年，累计改造危旧房 8132 户，建成安全饮水工程 80 处，通村道路街巷硬化 643 千米，村村通电改造农网 1222 千米，安装数字电视“户户通”3.34 万户，建成卫生室 62 个、文化室 60 个、便民连锁超市 61 个，农村人居环境显著改善。十二连城乡五家尧村、黑圪崂湾村、脑包湾村、宿亥图村，大路镇老山沟村，沙圪堵镇榆树塔村，薛家湾镇海子塔村，布尔陶亥苏木尔圪壕嘎查，先后建成内蒙古自治区新农村示范点。2014 年杜家峁村进入中国传统村落名录。

一、五家尧

十二连城乡五家尧村，2014 年陈文俊摄

五家尧村位于十二连城乡西部，地处黄河冲积平原，总面积 12 平方千米，辖 5 个村民小组。有耕地 700 公顷，草牧场 226.67 公顷。2006 年，引进农业企业试水土地流转规模化经营，建成现代农牧业示范园区，温室大棚种植果蔬，养殖园区舍饲猪牛羊。2008 年 1 月成为内蒙古新农村建设试点

村。精品移民小区建住宅楼 66 栋 903 户 9.5 万平方米，配套小学、幼儿园、卫生院、敬老院、供热站；农村社区服务中心组织生产经营，提供便民服务，开展文化活动。实现种植向基地集中，养殖向园区集中，人口向社区集中。2010 年 5 月，被评为内蒙古自治区文明村。2015 年建成区 1 平方千米，市政道路 5 千米，户籍人口 283 户 1054 人，农民人均纯收入 32034 元；常住人口 3200 人。

二、黑圪崂湾

黑圪崂湾村位于十二连城乡东部，拥有黄河湿地、库布齐沙漠等旅游资源，总面积 24.6 平方千米，辖 5 个村民小组，有耕地 368 公顷、草牧场 1340 公顷、鱼塘 69.33 公顷。2009 年引进神泉园林公司开发的库布齐沙漠神泉旅游景区，2010 年 10 月被评定为国家 AAAA 级旅游景区。发展渔业乡村旅游，建 2000 亩标准化鱼池，造 12 处渔村景观和 4 处水系观景，开办渔家乐 9 家；建设黄河新渔村，危旧房改造 289 户，硬化街巷 20 千米，安装路灯 100 盏，建旅游公厕 8 个。2015 年，总人口 381 户 1049 人，农民人均纯收入 13553 元，建成全旗“十个全覆盖”工程示范村。

三、海子塔

海子塔村 1991 年为海子塔乡政府驻地；2001 年 4 月为海子塔镇政府驻地，2005 年 8 月划归薛家湾镇。海子塔村位于薛家湾镇西部，总面积 76 平方千米，辖 12 个村民小组，有耕地 1031.07 公顷、林地 1160.53 公顷、草地 96.93 公顷。以农业为主导产业，发展规模养殖场 14 家，小型养殖户 210 多家，舍饲羊和猪，建温室大棚 11 栋 8 亩，种植果蔬。驻村企业 3 家。2014 年启动百里长川西口文化长廊建设后，硬化主街两侧巷道 442 米 1547 平方米，村民小组道路 14.7 千米，配套供水、排污、绿化、供电；建文化活动中心和 3330 平方米的农耕文化博物馆。2015 年总人口 1139 户 2624 人，农民人均纯收入 14100 元。

四、蓿亥图

蓿亥图村 1991 年为蓿亥图乡政府驻地，2005 年 8 月撤蓿亥图乡，划归十二连城乡。蓿亥图村位于十二连城乡中部，总面积 28 平方千米，辖 13 个村民小组。2014 年建成东圪卜、石城圪梁 2 个“十个全覆盖”示范点。硬化街巷 5 千米，安装路灯 80 盏，建成村内道路 12 千米；新建改造危旧房 171 户，其中建成 6 户农家乐建成垃圾回收中心，配套垃圾存放设施，建设公共厕所 2 个；实施道路绿化、庭院绿化。2015 年，总人口 368 户 1803 人，农民人均纯收入 12904 元。

五、尔圪壕

尔圪壕嘎查位于布尔陶亥苏木东部，总面积 66 平方千米，辖 8 个村民小组。保护生态环境，治理水土流失，这里成为大漠绿洲，有耕地 213.33 公顷，塘坝 86 座，养殖水面 100 公顷，植被覆盖率 90% 以上。2014 年启动百里长川西口文化长廊建设后，规划为长廊的终点，打造乡村旅游胜地，建成 11.4 千米入户沥青路。常住人口 218 户 392 人，其中蒙古族 185 户 329 人，设计建设蒙元建筑风格农家乐；挖掘鄂尔多斯市准格尔旗布尔陶亥苏木尔圪壕嘎查特产，推出“四尔鱼”特色餐饮。

布尔陶亥苏木尔圪壕嘎查，2017 年摄

第六章　房地产

1991 年，准格尔旗城建土地局房产管理所负责房地产管理。1996 年 9 月，城建土地局成立房产管理局；同年 11 月，成立住房资金管理中心，负责住房公积金管理，与房产管理局合署办公。2007 年 4 月，房产管理局隶属于旗人民政府。2007 年 10 月，住房公积金上划鄂尔多斯市垂直管理，更名为鄂尔多斯市住房公积金管理中心准格尔旗管理部。

1992 年，城镇居民人均居住面积 7.6 平方米，绝大多数为公房，砖木结构平房，厨卧一室，结构简单；设施配套的楼房只有薛家湾镇准格尔煤炭工业公司的乌兰小区；1993 年开始住房制度改革，城镇居民能拥有产权住房；2000 年开发全旗首个房地产项目薛家湾镇永安小区 13 号楼，租房户通过按揭贷款实现住房梦。之后从旧楼到新楼，从单层到跃层，从毛坯到精装，城镇居民人均住房面积由 2000 年 13.5 平方米增加到 2015 年 38.1 平方米。

第一节　住房制度改革

1991 年，准格尔旗城镇职工实行公有住房实物福利分配，因为房少人多，年轻职工只能租民房。1992 年 6 月，出台《建房维修分配管理办法》，通过私建公助、公建私助等方式，弥补公有住房不足，但难以从根本上解决城镇居民住房问题。

1993 年 6 月，准格尔旗制定《城镇住房制度改革方案》，将公房实物分配改为商品房货币分配，鼓励居民购买住房；1996 年 9 月起，试行住房公积金制度，通过国家补贴、个人众筹，弥补职工购房资金不足。1998 年 7 月起，停止公房实物分配。到 2000 年，全旗 11987 套 66 万平方米公有住房全部出售，变为职工私有住房，沿袭多年的福利性公房被个人消费的商品房所取代，彻底实现住房商品化、分配货币化。

2000 年后，准格尔旗房地产业兴起，商品房价格持续上涨；住房制度改革的重点转向调控市场商品房的价格，加快政府保障房的建设。2006 年面向困难职工出台住房补贴办法，2007 年面向困难居民出台廉租住房实施意见，2009 年面向生态移民建设经济适用住房，2015 年实行廉租房与公租房并轨。多项改革措施综合发力，全旗形成面向中高收入家庭的商品房和面向中低收入家庭的保障房两类住房。

第二节　房地产开发

一、房地产项目

2000 年，准格尔旗房地产公司开发的薛家湾镇永安小区 13 号楼 4763.6 平方米，成为全旗第一个获得商品房预售许可的房地产项目；建成薛家湾镇东信小区 1.1 万平方米住宅的鄂尔多斯新厦房地产公司，是第一家入驻准格尔旗的埠外房地产企业；2002 年，雄鹏房地产公司建成薛家湾镇康乐小区 7.08 万平方米。永安 13 号楼、东信小区、康乐小区是全旗早期的商品房。

2022 年国立房地产公司开发的新苑小区

2003 年起，房地产业纳入国民经济统计范围，准格尔旗房地产完成投资 0.5 亿元，竣工面积 2.36 万平方米，销售面积 2.27 万平方米。2010 年，房地产销售面积高达 79.98 万平方米，超过竣工面积 79.27 万平方米；2011 年，房地产业发展到顶峰，完成投资高达 51.48 亿元，竣工面积高达 155.05 万平方米。2012 年，受国家宏观调控影响和鄂尔多斯民间借贷危机拖累，准格尔旗房地产业断崖式下跌，至 2015 年仍未回暖，这一年完成投资 1.75 亿元，竣工面积 44.06 万平方米，销售面积 31.19 万平方米。

2000 年，准格尔旗商品房平均售价 850 元 / 米 ^{2}；2012 年、2013 年，房价达到顶峰，平价售价 4500 元 / 米 ^{2}；2014 年下降到 3750 元 / 米 ^{2}，2015 年回升到 3900 元 / 米 ^{2}。2013 年，国立房地产公司在迎泽街道曙光社区开发的和谐花园小区 16371.24 平方米复式楼大面积户型高档住宅，每户面积 180—500 平方米，是镇小学、世纪中学的学区房，以每平方米 10000 元均价，成为全旗最贵住宅小区。

2000—2015 年，累计有 58 家房地产企业在准格尔旗开发建设 191 个房地产项目，累计完成投资 93.8 亿元，开发面积 766.37 万平方米，销售面积 556.96 万平方米。2007 年，国立房地产公司在薛家湾镇河滨南路开发的银钻广场，6 栋 11 层以上高层住宅楼，建筑面积 3.06 万平方米，是全旗第一个加装电梯的房地产项目。2011 年，伊泰置业公司在大路新区开发的府利美佳苑，17 栋住宅楼建筑面积 11.12 万平方米，地理位置优越，配套设施齐全，突出以人为本的设计理念，注重环保、节能、通风、采光和日照的创新性，是全旗较好的高档住宅小区之一。2012 年，嘉烨房地产公司在兴隆街道周家湾社区开发的世纪嘉城小区，3000 户建筑面积 33.52 万平方米，为全旗开发面积最大的住宅小区。

2000—2015 年准格尔旗房地产业统计表

表 7-1

年　份	完成产值（万元）	完成投资（万元）	竣工面积（平方米）	销售面积（平方米）	平均房价（元 / 米 ^{2}）	销售额（万元）
1999	—	216	—	—	—	—
2000	—	1850	—	—	850	—
2001	2596	2920	—	—	900	—
2002	2896	5590	—	—	950	—
2003	3038	5032	23649	22680	1000	2176

续表 7-1

年　份	完成产值（万元）	完成投资（万元）	竣工面积（平方米）	销售面积（平方米）	平均房价（元/米²）	销售额（万元）
2004	4557	2880	23347	17564	1380	2307
2005	8900	37813	219389	190365	1500	29297
2006	13476	47698	474423	443232	1600	69385
2007	22362	95176	485925	414119	1700	78827
2008	35814	90470	696239	498367	2400	54253
2009	42576	130685	801572	726195	3200	192993
2010	49844	228875	792670	799777	4200	436868
2011	55225	514779	1550524	520972	4200	272151
2012	58876	139716		332631	4300	169168
2013	61868	131512	677636	332917	4300	180224
2014	65600	56121	142200	340987	3750	180609
2015	66400	17506	440590	311885	3900	141963

二、房地产企业

2000—2015 年，入驻准格尔旗房地产开发企业 58 家。按开发资质分，二级企业有大诚、鸿峰、新厦、亿泰、满世、万通、鑫源、东源、金天 9 家，三级企业 19 家，四级企业 30 家；按注册地点分，本旗企业 25 家，埠外企业 33 家。开发面积最多的 5 家房地产企业是，国立房地产公司开发 101.86 万平方米，生力房地产公司开发 71.36 万平方米，大诚房地产公司开发 69.99 万平方米，中正房地产公司开发 37.35 万平方米，新巨业房地产公司开发 32.99 万平方米。

2015 年，准格尔旗房地产开发企业有大诚、中正、鑫旺、玺凤、银达、丽泰 7 家。按开发资质分，二级企业 1 家，三级企业 2 家，四级企业 4 家；按注册地点分，本旗 4 家，外埠 3 家。

准格尔旗第一家房地产企业是 1992 年成立的地方国营企业薛家湾房地产公司，专门建设政府公有住房；1998 年更名为准格尔旗房地产开发公司，房地产开发四级资质；2002 年转制民营，更名为大诚房地产公司，晋升为房地产开发二级资质。主要建设项目有大路新区商住项目水红花小区、薛家湾大诚祥云小区、大诚祥瑞小区、贾家湾商住小区棚户区改造一期项目，沙圪堵永昌住宅小区、民乐新村社区一期、锦兴苑商住小区等。至 2015 年，累计开发商业住宅 69.99 万平方米，完成投资 9.83 亿元，实现销售收入 6.77 亿元，实现利税 4.06 亿元。

准格尔旗大诚房地产开发公司，2012 年摄

准格尔旗国立房地产公司成立于 2004

年 9 月，注册资本 100 万元，国有资产投资公司与城市基础设施建设投资公司各占 50%，为国有企业。2011 年 8 月，取得房地产开发四级资质。2014 年 6 月注册资本增加到 5000 万元。2015 年，累计建成保障性住房等房地产项目 9 个，完成建筑面积 133.86 万平方米，实现销售收入 1.66 亿元。

准格尔旗中正房地产公司成立于 2005 年 9 月，注册资金 2000 万元，房地产三级开发资质。至 2015 年，累计完成房地产开发投资 50 多亿元，开发建筑面积 37.35 万平方米，销售面积 31.53 万平方米，累计纳税 8403 万元。

第三节　保障房建设

一、经济适用住房

1998 年，国家安居工程与经济适用住房并轨。准格尔旗首批在薛家湾镇永安小区预售经济适用住房 364 套 3.17 万平方米，总投资 2282 万元，解决政府迁址随迁职工住房。2006 年出台《行政事业单位职工住房补贴办法》，对无房职工和住房面积未达到住房面积标准的职工按级别补贴；2008 年开始货币化发放补贴，每人每月 400 元，随工资发放。2008 年，准格尔旗把生态恢复区移民和矿区移民搬迁户纳入经济适用住房保障范围。2009 年，在薛家湾镇开工建设规模最大的经济适用住房项目湖西精品移民小区，建经济适用住房 2352 套 17.6 万平方米，投资 2.73 亿元。至 2015 年，全旗开工经济适用住房项目 35 个，累计建设经济适用房 16528 套 167 万平方米，总投资 43.6 亿元，解决生态恢复区移民、矿区搬迁移民、低收入家庭约 4.6 万人的住房。

迎泽街道湖西移民小区住宅楼，2010 年摄

二、廉租住房

2007 年 4 月，准格尔旗出台《城镇最低收入家庭廉租住房租金补贴和实物配租实施意见》（准政发〔2007〕94 号），开始建设廉租住房，解决城镇最低收入家庭基本住房。在薛家湾镇汇通小区配建 200 套，沙圪堵镇民乐小区配建 190 套，两地建廉租住房 390 套 2.6 万平方米，户均建筑面积 65 平方米，简单装修可直接入住。2010—2011 年，在迎泽街道大诚祥云小区，沙圪堵镇荣华小区、锦丽苑小区，配建 966 套 5.4 万平方米。2009 年，在薛家湾镇湖西精品移民小区新村配建 708 套 3.74 万平方米。2011 年 6 月，旗人民政府出台《城镇廉租住房保障实施方案》（准政办发〔2011〕52 号），将城镇住房困难家庭纳入廉租住房保障范围，并允许廉租住房出售。2013 年在迎泽街道广泽小区新建 400 套 2.1 万平方米。至此，全旗实施廉租住房项目 7 个，累计建设廉租房 2464 套 13.93 万平方米，总投资 3.16 亿元。

2008 年，首次为城镇低保家庭 465 户 927 人发放廉租住房租金补贴 71.13 万元，至 2015 年，累计为 1003 户 10273 人次发放廉租住房租金补贴 1278.57 万元。

三、公共租赁住房

廉租房保障覆盖范围小，商品房价格上涨过快，中低收入家庭无力解决住房。2010 年，全旗第一个企业投资建设的公租房项目伊泰煤制油公司职工公寓在大路新区建成公租房 402 套 1.6 万平方米；2011 年，第一个政府投资公租房项目配建到迎泽街道桃园胜景小区，配建公租房 200 套 1.2 万平方米，总投资 3617 万元。2014 年，政府投资在迎泽街道广泽小区配建公租房 800 套 4.2 万平方米。2015 年 4 月，旗人民政府制定《公共租赁住房管理实施细则》（准政发〔2015〕10 号），实行廉租住房与公共租赁住房并轨，把城镇住房困难家庭、新就业职工家庭、进城务工农民家庭、环卫工人、创业园区大学生等住房困难家庭纳入公租房保障范围。久泰能源公司在大路新区建设职工公寓 306 套 1.7 万平方米。至此，全旗建设公租房项目 4 个，累计建设公租房 1708 套 8.7 万平方米，总投资 2.44 亿元；累计配租公租房 3430 套，含廉租房，其中出售 901 套，解决近万人住房困难。

大路煤化工基地企业生活区，2017 年摄

四、棚户区改造

城区开发商品房住宅楼，改善了居住条件；城郊还是棚户区旧平房，出现新的住房困难。2010 年 3 月，准格尔旗制定《薛家湾南山片区北山片区拆迁实施方案》（准政办发〔2010〕19 号），对薛家湾镇南北两山片区 1665 户集中实施城镇棚户区改造，采取原址新建安置，到 2012 年 10 月，完成回迁安置，政府投资 13.5 亿元。至 2015 年，全旗通过政府主导、企业开发，改造城镇棚户区 5121 户 67.6 万平方米，总投资 22 亿元。

第四节　住房公积金

住房公积金由单位补贴、职工众筹，弥补职工购房资金不足。准格尔旗自 1996 年实行住房公积金制度，到 2015 年全旗住房公积金制度覆盖面达 90% 以上，累计归集住房公积金 18.58 亿元，发放住房公积金贷款 9.24 亿元，提取个人住房公积金 4.12 亿元，发挥了公积金住房保障功能，改善了职工居住条件。

一、公积金归集

1996 年，准格尔旗在行政事业单位试行住房公积金制度，单位自行收集，缴存住房资金管理中心统一管理；缴存基数为职工基本工资，缴存比例为单位 3%、个人 2%，323 家单位 5665 名职工缴存住房公积金 20.42 万元。2003 年，个人缴存比例、单位缴存比例上调为 3%；2007 年缴存比例增长到单位 6%、个人 6%；从 2008 年开始，个人缴存比例每年增长 2%，到 2010 年增长到

12%；2011 年缴存基数调整为职工全额工资减 900 元。

针对企业自行归集使用，不缴、少缴或超标准缴纳等现象，管理部门按照有关规定予以纠正。2008 年，自行归集使用住房公积金的农业银行和农村信用社，收缴回住房公积金管理中心统一管理。随着地方经济发展，很多大型企业入驻，缴存人数大量增加，2003 年突破万人，2011 年突破 2 万人，2015 年达到 24566 人；缴存额同步增长，2004 年突破千万元，2010 年突破亿元，2015 年达到 34750.54 万元。

二、公积金贷款

在职职工连续足额缴存住房公积金 6 个月以上，购买、建造、翻建、大修自住住房，可申请住房公积金贷款。1997 年，准格尔旗开始发放住房公积金贷款，贷款最高额度 0.5 万元，贷款期限多为一年，为 92 人审批住房公积金贷款 40.50 万元。2001 年，准格尔旗房地产业兴起，为 399 人审批住房公积金贷款 516.20 万元。

随着商品房价格上涨，住房公积金归集总量增加，单笔贷款限额不断提高，贷款期限不断延长。2007 年，单笔贷款额度增加到 5 万元，期限延长到 10 年。2013 年，贷款最高额度提高到 50 万元，贷款期限延长到 30 年。2015 年，贷款最高额度提高到 80 万元；在鄂尔多斯市范围内购买自住住房，可持市外缴存地住房公积金管理中心出具的缴存与贷款证明材料，向购房所在地住房公积金管理部申请异地购房贷款；7 月 20 日，准格尔旗发放首笔异地购房住房公积金贷款，贷款金额 45 万元。

2009 年是准格尔旗房地产高峰期，1236 人申请住房公积金贷款 10997 万元，创申请贷款人数最高峰。2011 年起，国家遏制房价过快上涨，严禁使用住房公积金贷款投机性购房，停止向购买第三套及以上住房的职工家庭发放住房公积金贷款。2014 年，全旗只有 350 人申请住房公积金贷款。2015 年，为 601 人审批住房公积金贷款 23614 万元。

1997 年，住房公积金贷款由住房资金管理中心严格审批发放，保障专款专用。2010 年，准格尔旗与鄂尔多斯市住房公积金管理中心联网，实行分级审核，审贷会审批，规范贷款管理，提高审批效率。准格尔旗加大逾期贷款催收力度，实现无 3 个月以上逾期贷款，多年来没有形成呆账。

三、公积金提取

1997 年，职工只有离职或退休，才可以提取本人住房公积金。9 人提取住房公积金 9000 元。随着住房公积金归集量扩大，提取条件相应放宽。2007 年，职工购买、建造、翻建、大修自住住房可以提取本人及配偶住房公积金；职工一次性偿还住房公积金贷款也可以提取本人及配偶住房公积金。243 人提取住房公积金 584.25 万元。2010 年，职工因重大伤病造成家庭生活困难，也可提取住房公积金。439 人提取住房公积金 889.56 万元。2015 年，无房户租房可提取本人及配偶的公积金。偿还银行住房贷款可提取本人及配偶的公积金，低保户支付房租可提取公积金，从未使用过住房公积金的职工装修房屋可提取住房公积金。住房公积金提取额迅速增长，3918 人提取住房公积金 23686.77 万元。

四、公积金核算

住房公积金核算保证住房公积金保值增值，增值收益主要指利息收入与利息支出、归集支出的差额部分，用于提取贷款风险准备金、管理费用和廉租住房建设补充资金。贷款风险准备金由住房公积金管理中心提取，专项用于处理住房公积金贷款呆账；住房公积金管理费用由财政预算拨付；廉租住房建设补充资金由政府安排使用。1996 年，准格尔旗的住房公积金由准格尔旗住房资金管理部门核算，增值收益由1500元增长到2006年最高41.16万元。2007年底上划鄂尔多斯市住房公积金管理中心统一核算，2008年住房公积金增值收益突破百万元，达到148.76万元，2013年突破千万元，达到1790.67万元，2015年增长到2107.27万元。

1996—2015年准格尔旗住房公积金统计表

表7-2　　单位：万元

年　份	缴存额	提取额	贷款额	业务收入	业务支出	增值收益
1996	20.42	—	—	0.18	0.03	0.15
1997	136.67	0.90	40.50	3.68	1.96	1.72
1998	195.50	35.00	56.60	9.77	5.99	3.78
1999	260.57	52.30	41.30	11.29	7.82	3.47
2000	300.95	15.08	161.30	13.30	11.89	1.41
2001	420.96	82.88	516.20	22.42	16.93	5.49
2002	694.80	100.39	455.00	29.10	22.10	7.00
2003	743.59	113.00	379.30	36.46	29.69	6.77
2004	1314.91	104.92	573.70	66.61	42.62	23.99
2005	1710.16	65.44	563.30	64.02	62.61	1.41
2006	2175.36	109.89	793.00	132.32	91.16	41.16
2007	2980.36	584.25	3400.50	201.06	167.27	33.79
2008	5681.17	250.50	5912.00	464.39	315.63	148.76
2009	6679.74	299.01	10997.00	552.21	237.38	314.83
2010	13191.00	889.56	5544.00	863.55	236.50	627.05
2011	18069.50	1217.85	2458.00	1317.11	890.58	426.53
2012	24372.13	1762.80	9692.00	1887.00	1327.98	559.02
2013	35383.83	3816.67	14787.00	3305.76	1515.09	1790.67
2014	36735.72	8050.02	12426.00	3617.20	2629.23	987.97
2015	34750.54	23686.77	23614.00	4182.93	2075.66	2107.27

第五节　房地产管理

一、房屋产权管理

1991年，准格尔旗沙圪堵、薛家湾、榆树湾3镇普及房屋所有权登记，沙圪堵镇实行房屋交易登记，初步建立全旗城镇房屋产权档案。1998年，换发全国统一房屋权属证书；2000年，完成出售公有住房的住房制度改革，开始核实房屋结构、面积、用途，明确房屋产权；1991—2002年，全旗累计核发集体《房屋所有权证》21本、个人《房屋所有权证》1875本、房改《房屋所有权证》

6686 本、国有《房屋登记证》87 本；到 2002 年年底，全旗累计登记房屋产权 8669 件。

2003 年起，实行房地产交易与房屋权属登记一体化管理，规范房屋产权初始登记、变更登记、转移登记、注销登记、他项权利登记 5 大类房屋产权管理业务，全旗建立起统一房屋产权数据库。2015 年，全旗集体土地上建造的房屋停止所有权登记，国有土地范围内的房屋权属登记集中在薛家湾、沙圪堵、大路新区。全旗办理商品房初始登记 14 件，转移登记 1911 件，变更登记 87 件，补证登记 57 件、限制登记 562 件、他项权利登记 2554 件。2003—2015 年，全旗累计登记房产 7486 件 253.53 万平方米；其中，住宅 5466 件 184.49 万平方米，商业 2020 件 69.04 万平方米。

房产转移登记是二手房交易的晴雨表。2003 年，全旗二手房交易 212 笔 1.36 万平方米，住房困难家庭买二手房解决了住房刚性需要。2007 年，二手房交易量突破千笔十万平方米，卖旧房买新房，步梯换电梯，小面积换大面积，从单层到跃层，从毛坯房到精装修，满足了住房改善性需求。2011 年，二手房交易量达到顶峰，交易 6156 笔 68.52 万平方米，薛家湾、沙圪堵两地求学就医便捷、生活设施完善的黄金地段，是二手房的主要房源，带有明显投机性炒房倾向。2012 年开始，二手房交易随房地产热降温回归理性，卖方解决改善性需求，买方解决刚性需求，2015 年，二手房交易量回落到 1911 笔 17.81 万平方米。

2003—2015 年准格尔旗房产登记统计表

表 7-3　　单位：件 / 万平方米

年　份	初始登记 住　宅	初始登记 商　业	转移登记 住　宅	转移登记 商　业	变更登记	注销登记	他项权利 登　记
2003	1460/9.49	365/2.37	170/1.09	42/0.27	8/0.05	170/1.36	807/6.51
2004	1175/44.61	504/19.12	364/3.13	91/0.78	16/0.23	508/4.06	1099/7.55
2005	1189/16.85	509/7.22	550/4.73	138/1.18	23/0.43	755/7.91	1089/11.42
2006	930/24.82	399/10.64	798/6.86	200/1.72	11/0.51	387/6.97	1094/13.13
2007	143/20.14	62/8.60	1250/11.02	467/4.12	964/16.01	8/0.41	1022/15.33
2008	243/29.63	104/12.7	1669/18.60	624/6.95	1379/24.08	19/0.32	3099/47.39
2009	46/4.98	11/1.24	2162/34.11	808/31.67	1125/5.52	2139/32.00	3340/48.96
2010	82/6.25	20/1.56	2404/39.11	1744/5.58	62/53.09	3594/47.96	3668/57.13
2011	47/8.70	12/2.18	4088/49.58	2068/18.94	173/9.31	306/27.33	4644/72.41
2012	64/3.43	16/0.86	882/9.94	1060/12.44	100/9.21	42/0.46	2542/61.46
2013	62/2.93	15/0.73	1848/20.76	619/8.57	87/7.93	42/1.09	2640/49.22
2014	11/7.30	3/1.82	1200/13.62	634/6.10	93/3.12	305/5.11	2165/46.29
2015	14/5.36	—	1412/13.53	499/4.28	87/4.23	522/25.77	2554/61.05

二、物业服务管理

2001 年，旗人民政府出台《城镇物业管理办法（试行）》（准政发〔2001〕2 号），房管局拟定业主委员会章程、物业管理委托合同、业主公约等配套文本，验收薛家湾镇永安小区前期物业服务，并组建业主委员会。3 月 8 日，组建全旗首家物业服务企业惠民物业公司，进驻永安小区、西苑小区开展物业服务，物业费每平方米 0.2 元；2005 年，该公司停业，由生力物业公司接管，物业费上调到每平方米 0.5 元。

2006 年 7 月 13 日，旗人民政府出台《物业管理暂行办法》（准政发〔2006〕97 号），房管局规范新建住宅前期物业服务，指导业主委员会通过招投标选聘物业公司。2013 年，出台《住宅小区物业管理考核办法》和《住宅小区物业管理实施意见》，考核管理有物业服务的住宅小区，发放物业补贴奖励资金，激励物业企业提升物业服务品质。2015 年 7 月 22 日，准格尔旗成立物业管理协会，本土 31 家物业企业为会员单位，通过行业自律，促进物业管理行业健康发展。

2015 年，全旗有物业企业 33 家。其中，引进外埠 2 家，本土注册 31 家。深圳明喆物业公司为一级资质物业企业，鄂尔多斯市烽升物业公司和鄂尔多斯市鹏泰物业公司为二级资质物业企业，三级资质物业企业 21 家，暂定三级资质物业企业 9 家。服务对象以住宅小区为主，涉及办公楼、医院及商场，服务内容有保洁、保安、绿化及餐饮、会务、维护等；物业服务面积 396.6 万平方米，物业从业人员 1200 余人；覆盖薛家湾、大路、沙圪堵三地 82 个住宅小区、74 个业主委员会。

2006 年，鄂尔多斯市北方兴物业公司进驻全旗最大多层住宅小区景泰华府，物业服务面积 28 万平方米，物业费每平方米 0.55 元；2009 年，中义物业公司进驻全旗第一个电梯住宅小区明泰阳光小区，物业服务面积 4.18 万平方米，物业费每平方米 1.7 元。2012 年 11 月，鄂尔多斯市青峰物业公司接管银钻住宅小区，物业服务面积 4.4 万平方米，物业费每平方米 1.9 元，是全旗物业费最贵的住宅小区。

全旗接管物业项目最多、物业服务面积最大的物业企业是鄂尔多斯市鹏泰物业公司，至 2015 年，接管薛家湾、大路新区、开发区三地 22 个住宅小区物业，接管公安局、湖西社区 2 个行政办公楼物业及易高煤化科技公司职工餐厅物业，物业服务面积 142.44 万平方米，物业服务人员 300 余名。

2012 年 6 月，准格尔旗引进深圳明喆物业公司，接管全旗最大行政办公项目大路新区建业大厦 10.45 万平方米物业服务；引进鄂尔多斯烽升物业公司，接管图书馆 1.63 万平方米、博物馆 1.56 万平方米、档案馆 0.45 万平方米物业服务。2015 年 1 月，建业大厦物业被评为 2014 年度内蒙古物业管理示范项目；2015 年 12 月，博物馆物业被评为内蒙古自治区 2015 年度物业管理示范项目。

第七章　城市管理

沙圪堵镇的城市管理，1991 年由城乡建设部门负责，2000 年后由开发区管委会负责。薛家湾镇的城市管理，1991 年由矿区办事处负责，2000 年后由城乡建设部门负责。

2004 年 4 月，准格尔旗城乡建设部门成立城市管理综合执法大队。2006 年 11 月，旗人民政府在鄂尔多斯市率先成立城市管理局。2009 年 10 月，城市管理执法权下移，在苏木乡镇成立综合执法大队；2011 年 12 月，在街道成立综合执法队。2012 年 7 月，城市管理局更名为城市管理行政执法局。2013 年 5 月，旗人民政府成立城市管理委员会，构建多部门联动执法“大城管”格局。

2006 年 11 月成立的大路新区综合执法局，2008 年 8 月成立的开发区城市管理局，行使两大工业园区城市管理行政执法职能。

2004 年 4 月，准格尔旗城市管理综合执法大队配备执法人员 32 名。2006 年 11 月，城市管理局行政执法大队配备执法人员 28 名；陆续招聘协管员，配备照相机、摄像机、GPS 定位仪等执法取证设备和执法用车，实行准军事化管理；2012 年，城管执法人员统一着装，持证上岗。2013 年 4 月 16 日，旗人民政府印发《城市管理实施方案》(准政发〔2013〕18 号)，明确城市管理的职责和权限。2015 年，城市管理行政执法局在册人员 267 名，其中协管员 170 名；配备执法车辆 24 台。

第一节　市容管理

准格尔旗市容管理，规范中心城区薛家湾—大路新区和开发区的流动商贩、户外广告、静态车辆，城管部门教育为主，处罚为辅，疏堵结合，治脏治乱，美化市容。

一、流动商贩管理

1994 年，薛家湾镇开始清理马路市场；1997 年取消流动摊点，查禁店外摊点。2001 年，将脏乱差的爱民巷蔬菜批发市场整体迁移到东华蔬菜批发市场。2008 年，取缔腾飞桥、育才街等多处马路市场，引导商贩到 3 处自产自销经营点统一摊位经营。2009 年，投放 30 辆便民服务车、10 辆放心餐饮车，供生态移民、流动摊贩使用。2013 年，在民族小学东侧打造 5000 平方米“季节性、节日性”农产品便民市场，107 家流动商贩入驻便民市场经营。2015 年，在人流密集街区投放 20 余辆便民农产品服务车、6 辆便民餐饮服务车、5 辆

2009 年城市管理局投放便民服务车

便民修理服务车，城管惠民，方便市民，占道经营店外摊点自行入店归市。

2008 年，开发区开始治理商铺乱摆乱放，占道经营，与沿街商铺签订门前三包责任状，设立农贸建材市场，引导流动商贩入市经营，至 2015 年，累计清理占道经营和流动摊点 1.05 万次。

二、户外广告管理

“八五”至“十五”期间，准格尔旗城镇户外商业广告杂乱无章，影响城市整体形象。2006 年起，城管部门按街道建筑环境，规划了每条街道实行同一款式、同一材质的户外广告、门楣牌匾。2010 年 12 月 28 日，旗人民政府印发《城镇户外广告管理若干规定》（准政发〔2010〕98 号），开始打造“一店一牌，一街一景、一区一品”户外广告，城管执法白天查牌匾，夜晚看街景，规划户外广告。2014 年 7 月，城管执法人员进驻政务服务中心，开办“一站式”审批商业广告牌匾业务。通过几年努力，薛家湾、沙圪堵两镇主要街区，商铺牌匾统一铝塑材质，店面广告引人注目，橱窗广告主题鲜明，成为城市一道亮丽的风景。

2008 年城市管理局拆除不规范的广告牌

乱张贴、乱悬挂、乱涂写的小广告，特别是办假证的外地手机号码，白天清理，夜里出现，被城管执法人员称之难以根治的“牛皮癣”。准格尔旗规范与清查结合，综合治理市容“牛皮癣”。2009 年起，设置便民信息栏、便民电子信息屏，便民服务网站，为公众发布广告提供固定场所和便捷媒体，2013 年建成便民信息栏 16 块 110.4 平方米，2015 年在兴源步行街设便民信息亭，填补广告室内发布空白。2009 年起，搭建小广告短信警示系统，联合多部门查处小广告，2012 年处罚小广告多达 1294 起，2013 年清除小广告高达 1.93 万处，2015 年清除小广告减少到 3900 余处。2013 年，启动移动短信下行平台，追呼办假证手机号码 532 个，2014 年追呼外地号码多达 1148 个，2015 年追呼外地号码减少到 528 个。

三、静态车辆管理

薛家湾市政区早晚交通拥堵，车多位少停车难。城管执法部门疏堵结合，规范停车秩序。2006 年首次划定停车位；2007 年开辟工程机械停车场；2009 年，在主干道两侧设置隔离带、隔离桩；在商业街、学校门口两侧设自行车、电动车、摩托车停车地轮。2012 年，根据人流、车流密集程度，统一规划，重新划定停车泊位 1.5 万个，首次为非机动车划停车位。2015 年，中心城市薛家湾—大路新区停车泊位增加到 2.3 万个；建 20 个公共自行车棚，IC 卡锁车器与“数字城管”指挥调度系统联网，投放自行车 400 辆，供市民低碳出行，缓解交通压力。开发区划定停车泊位近万个。

违规停车包括占用非机动车停车位、不按箭头停车、占用盲道、一车占用多位、停车压线，无停车位停放车辆等。城管部门教育为主，处罚为辅。现场劝阻，纠正违章停车，进线定点，归位停放；贴《初次违章告知单》温馨提示；二次违章贴单启动处罚程序，轻微违章城管部门处罚，严重违章交警部门处罚。2008 年，处理违章停车 599 起；2013 年，贴单处罚违章停车高达 14651 起。2015 年，车辆停放秩序好转，处理违章停车回落到 708 起。

第二节　建设管理

一、建筑工地管理

准格尔旗城市建筑工地现场管理始于 2006 年 10 月，管理施工扰民、工程车辆道路遗撒，严禁偷倒乱倒建筑垃圾。2008 年起，实行《建筑工地进场通知书制度》，责成施工单位清运建筑垃圾。2009 年，办理建设工程进场通知书 28 份，设置建筑围挡 5160 平方米，清理建筑垃圾 9 万立方米。工程建设 2011 年进入高峰期，清理建筑垃圾多达 200 万立方米，2013 年，设置建筑围挡多达 51 处、6.74 万平方米。2015 年，专项整治建筑工地围挡，集中清理和更换建筑工地围挡 22 处 9465 平方米。

二、违章建筑查处

建设项目取得土地使用许可、建设规划许可，方可施工。自“八五”国家重点建设项目准格尔煤田征地起，准格尔旗随之出现违章建筑，中心城区临时搭建，城乡接合部占地违建，到“十一五”井工煤矿改扩建露天煤矿，煤矿井田违章抢建，违章建筑一直屡禁不绝，征地区居民将“种房子”视为生财之道。

薛家湾镇区，1993 年开始拆除违章建筑，1994 年查处违法用地 14 起 222.7 平方米。2001 年，拆除兴隆市场铁皮房 87 个、塔哈拉路临建房 17 处、市政区主干道电话亭 52 个。2011 年，城市管理行政执法局人力巡查，强制拆除 15 处 0.69 万平方米；运用 GPS 定位、数码影像监察，强制拆除 99 处 0.9 万平方米，自行拆除 23 处 0.46 万平方米；全年共拆除违章建筑 2.05 万平方米。2013 年 3 月，城市管理行政执法局接管规划局规划监察职能，依规、按图、看证监管建筑工程，从开工验线、到竣工验收，按图纸检查，看证件审核，手续不全一律停工。2015 年，查处违章建筑 23 处 1669.76 平方米，拆除 1 处 20 平方米。

沙圪堵镇区，1991 年拆除违章建筑 78 处 800 平方米；2008—2015 年，拆除城乡接合部违章建筑 6 处 13557 平方米，临时搭建彩钢房 47 处 2875 平方米。

大路新区，从 2004 年规划建设起，严格土地使用许可、建设规划许可，至 2015 年，实现多年零违章建筑的纪录。

三、城市管理信息化

2007 年 4 月 12 日，准格尔旗城市管理局开通城市管理网站和“12319”服务热线电话，受理市政规划区举报投诉。2011 年 5 月，旗人民政府建设的“数字准格尔”子项目“数字城管”系统投运，将薛家湾镇 19.32 平方千米建成区划分为 20 个网格，各配 1 名监督员利用手机移动终端，现场采集、定位与传送信息，实现城市管理精细化、数字化；2012 年，依托“数字城管”处理市容案件 1.22 万起，结案率 95%。2013 年 6 月，城市管理行政执法局接收“数字准格尔”指挥大厅，将 4 个街道市容管理纳入数字城管系统，服务热线电话号码升级为“4705319”，启动移动短信下行平台，下发收费短信，追呼办假证手机号码，建立全天候、无死角的城市管理智能网。2015 年，依托“数字城管”处置城市管理事件 1.3 万件，结案率 99.18%。

第八章　征地拆迁

第一节　准格尔煤田征地

薛家湾矿区办事处负责“八五”国家重点建设项目准格尔项目一期工程征地拆迁、移民安置、被征地农民转非农业户口和劳动力就业安置。

准格尔项目一期工程建设用地，涉及准混兑乡薛家湾村，窑沟乡唐公塔村，哈岱高勒乡张家圪旦村、苏计沟村、柳青梁村共15个社。1988年，旗人民政府与煤田筹建处商定征地拆迁安置补偿标准，伊克昭盟行政公署印发《关于准格尔矿区征用土地补偿标准有关问题的通知》(伊政发〔1988〕91号)，1989年再发《关于准格尔矿区征用土地补偿标准有关问题的补充通知》(伊政发〔1989〕36号)；双方于1990年议定，征地拆迁安置补偿费用总包干，被征地农民转为非农业户口，劳动力由征地单位和地方政府安排就业，完成主体项目征地拆迁安置；1992年完成配套项目征地拆迁安置。

准格尔项目一期工程征用3乡5村15社土地1613.32公顷，其中，耕地576.31公顷、草地865.1公顷、荒地168.85公顷。总包干费8588.38万元，包括土地补偿费、安置补助费、青苗补偿费、地面附着物补偿费。拆迁514户2761人6.87万平方米，转非农业户口2761人，建集中安置移民新村27573平方米。安排劳动力就业1554人，其中准煤公司就业1100人，地方安排就业458人，从事农业就业6人。

第二节　工业园区征地

一、开发区征地

2000—2015年，内蒙古准格尔经济开发区累计报批农用地转建设用地22批次976.73公顷；征收集体土地2247.66公顷，收储土地4宗963.33公顷，出让国有土地162宗545.12公顷。建成建设用地面积917.95公顷，其中，工矿仓储用地面积664.58公顷，公共服务用地面积258.1公顷，交通运输用地49.27公顷。办理国有土地使用权登记3534宗1053.08公顷。

二、大路新区征地

大路新区从2005年3月开始征收农村集体土地；截至2013年年底完成土地征收，累计征收集体土地103.68平方千米，安置移民1029户。涉及大路镇8个村，城壕、何家塔2村整建制搬迁。从2011年9月开始在布尔陶亥苏木植机壕村为煤电铝园区征地，至2013年征地1.4平方千米，支付补偿款，未搬迁移民。2010年，大路煤化工基地水红花小区一期工程建成住宅楼

大路新区水红花移民小区，2009年摄

12 栋 424 户，建筑面积 4.34 万平方米，征地移民陆续入住。至 2015 年，共安置移民 609 户，其中，水红花小区安置 420 户，市政西区回迁楼小区安置 189 户。截至 2015 年年底，大路煤化工基地累计供应建设用土 44 宗 1067.76 公顷。按用途分：工业用地 819.23 公顷、交通运输用地 193.59 公顷、公园绿地 21.20 公顷、科教用地 33.74 公顷；按出让方式分：无偿划拨土地 248.52 公顷、有偿出让土地 817.76 公顷。

第三节　生态移民安置

2007 年起，准格尔旗实施农业发展“三区”划分，禁止发展区居民整体迁出，建设生态自然恢复区。旗人民政府先后投资建薛家湾镇湖西精品小区、沙圪堵镇民乐精品小区、暖水聚心精品小区，集中安置生态移民 4693 户，其中，湖西小区安置 2352 户，民乐小区安置 1757 户，聚心小区安置 530 户。政府还以每平方米不超过 3800 元的价格，回购薛家湾镇汇通小区、天骄华府小区、风和日丽小区，沙圪堵镇锦丽苑小区、丽锦家园小区的商品房，分散安置生态移民 496 户。

第四节　城市房屋拆迁

2004 年 4 月，准格尔旗建设环保局成立城市房屋拆迁管理办公室，根据 2001 年 6 月 13 日发布的《城市房屋拆迁管理条例》（国务院令第 305 号），监督管理城市房屋拆迁。

2004 年 6 月实施第一个拆迁项目，位于薛家湾镇贾家湾片区欣园住宅小区，拆迁 29 户，拆迁占地面积 2.94 万平方米，拆迁建筑面积 5823 平方米，回迁房建在欣园小区。2008 年 4 月实施薛家湾镇 2 号公路改造，拆迁户数 205 户。2009 年 1 月实施薛家湾镇—大路新区快速通道项目，拆迁占地面积多达 49.40 万平方米。到 2009 年 6 年间累计在薛家湾、沙圪堵两镇拆迁 45 项，其中房地产项目 26 项，市政建设项目 15 项，拆迁 1891 户，拆迁占地面积 220.2 万平方米，拆迁建筑面积 41.5 万平方米。

2010 年 3 月，准格尔旗开始实施薛家湾镇南山片区和北山片区棚户区改造，两处拆迁 1574 户，拆迁占地面积 88.39 万平方米，拆迁建筑面积 32 万平方米。根据 2011 年 1 月 21 日发布的《国有土地上房屋征收与补偿条例》（国务院第 590 号令），兑现征收国有土地房屋补偿，支付拆迁补偿费用 13.53 亿元。

南山棚户区拆迁 673 户，拆迁占地面积 28.95 万平方米，拆迁建筑面积 14.6 万平方米，在南苑小区建回迁安置房 971 套，2012 年完成回迁；拟在南山金融商务区建商业回迁房 58 套，2012 年因普泰房地产公司资金链断裂停建。北山棚户区拆迁 901 户，拆迁占地面积 59.44 万平方米，拆迁建筑面积 17.4 万平方米，在北苑小区建回迁安置住宅 850 套，2012 年底完成安置。

2011 年，准格尔旗实施薛家湾镇东西川棚户区改造，拆迁 1467 户，拆迁建筑面积 32.8 万平方米，支付拆迁补偿费用 16.92 亿元，建设回迁安置住宅 1738 套，2015 年正在回迁安置中。2013 年 5 月，实施兴隆街道中心社区华翼大厦征收项目。同年 7 月，实施准朔铁路龙口镇榆树湾老工矿区房屋征收项目，拆迁房屋 620 处，拆迁占地面积 11.22 万平方米，拆迁建筑面积 4.3 万平方米。之后房地产热降温，到 2015 年再未实施新的国有土地房屋征收。

第九章　建筑业

第一节　建筑业规模

准格尔旗工业化、城镇化，带动建筑业长足发展。“八五”期间，准格尔项目一期工程开发建设，建筑业迎来发展小高潮，1991 年建筑业产值 2.76 亿元；进入“九五”期间，准格尔项目一期工程投入试生产，建筑业产值回落到千万元级。跨入 21 世纪，政府迁址薛家湾加快城镇化，沙圪堵设立开发区加快工业化，建筑业产值回升到亿元级，2004 年建筑业产值 2.2 亿元；“十二五”初，建成两大工业园区，煤矿机械化改造遍地开花，中心城镇薛家湾—大路新区一体化发展，2011 年建筑业产值达到顶峰 8.98 亿元。2012 年起进入经济发展新常态，建筑业产值再次回落，2015 年下降到 4.78 亿元。

2004—2015 年准格尔旗建筑业统计表

表 7-4

年　度	完成产值（万元）	建筑产值（万元）	安装产值（万元）	完成投资（万元）	施工面积（平方米）	实现利润（万元）	上缴税金（万元）	从业人数（人）
2004	22000	21589	420	190	56400	1558	708	1720
2005	38600	38266	350		110000	841	1193	2804
2006	53000	53264			132936	1156	1305	2663
2007	43000	40681	1220	1620	208241	2432	1658	2777
2008	36000	30076	1299		144117	217	1755	2403
2009	54000	51833	2043	551	240796	8152	2876	2892
2010	61100	58904	1343		339894	4600	3510	3507
2011	89804	46847	4066	38576	247861	9244	3810	5102
2012	86161	72601	9860	13361	14600	9073	3826	3498
2013	72368	69368	3000	14382	33466	5800	2800	1214
2014	75141	72341	2800	11049	30000	617	2916	1767
2015	47775	44975	2800	39590	205500	295	14100	2010

25 年间，全旗建筑业技术装备水平，建筑物材料结构水平也发生了深刻变革。从肩扛手抬的劳力生产方式，到施工设备机械生产方式，加快了施工速度，降低了劳动强度，保障了施工安全。1991 年，全旗房屋建筑多为砖木结构平房，坐落在沙圪堵镇的旗委办公楼为砖混结构 3 层建筑；2000 年在薛家湾镇投入使用的党政办公大楼，主体建筑是钢筋混凝土结构 11 层建筑。从砖木结构

单层建筑，到砖混结构低层建筑，再到钢筋混凝土结构高层建筑，建筑群越来越高，标志性建筑越来越漂亮，建筑材料轻型节能化，工程技术高度集成化，保障了工程质量性能。

截至 2015 年，全旗体量最大单体建筑是位于大路新区的建业大厦 1 号楼，建筑面积 4.22 万平方米，总投资 8111.43 万元，建设单位旗人民政府城市基础设施建设投资公司、基本建设领导小组办公室，施工单位兴泰建筑公司，2009 年 6 月开工，2010 年 6 月竣工，具备使用条件。

大路新区建业大厦，2018 年杜星明摄

第二节　建筑施工管理

1991 年，准格尔旗建筑工程实行项目承包管理，建设方选择施工单位，派驻代表现场管理，承建方派驻项目经理现场管理，建设局监管工程质量。全旗开工建筑工程 60 项，施工面积 5.57 万平方米，投资 2153 万元；竣工验收 28 项，建筑面积 8800 平方米，投资 441 万元。1998 年 3 月起，建筑工程实行限额分级管理，以工程造价 300 万元、建筑面积 3000 平方米为限，以下归县级核实施工许可，以上由上级管理；引进第三方监理工程质量，分建设、施工、监理三方，按设计、施工、竣工三个环节，全程监管建筑工程。2000 年起，实行建筑工程招投标许可与竣工验收备案制度。2012 年 10 月起，旗人民政府投资的建筑工程交由公共资源交易中心招投标。2015 年，全旗许可施工建筑工程 45 项，建筑面积 55.95 万平方米，工程概算 10.89 亿元，竣工验收备案 3 项，建筑面积 1.57 万平方米，建筑投资 0.19 亿元。

进入“十五”后，准旗进入建设高峰期，建设管理部门加强工程质量管理，施工安全管理，创建多项优质工程。至 2015 年，全旗建成内蒙古优质样板工程 5 项，为迎泽街道的南山宾苑、生力酒店，大路新区的博物馆、图书馆、大唐公司高铝煤实验楼；获内蒙古“草原杯”工程质量奖 2 项，为开发区的伊东集团办公楼、大路新区的建业大厦。2005 年 4 月，国华电厂一期工程 2 × 33 万千瓦火电机组，获国家优质工程奖银奖。2012 年 4 月，大路新区体育场钢结构工程，获住建部、中国建筑金属结构协会颁发的国家优质工程 2011 年中国钢结构金奖。2013 年 11 月 25 日，中煤第三建设集团施工的蒙泰不连沟矿井及选煤厂工程，荣获2012—2013年度第一批中国建设工程国家优质工程奖“鲁班奖”，这是鲁班奖创立25年来，全国首个煤矿整体项目获此殊荣。

第三节　建筑施工企业

从“八五”准格尔项目一期工程上马，到世纪之交政府搬迁薛家湾城市建设、沙圪堵开发区建设，再到“十一五”大路煤化工基地建设，又到进入新常态四大产业集群建设，准格尔旗建设项目越来越多，建筑工程体量越来越大，专业技术要求越来越高，准格尔旗这个大工地一直是外来大型建筑施工企业大显身手的舞台，本土建筑施工企业因承包资质所限，只能分包大项目小工段和民用建筑小工程。全旗建筑行业有口皆碑的外来建筑施工企业是兴泰建筑公司。

1991年，准格尔旗有建筑企业11家，多是包工头带领的小工程队，较大建筑企业是集体企业准格尔旗建筑公司，1992年准煤公司成立的建筑安装公司，规模超过旗建筑公司。1999年，全旗建筑企业13家，其中三级企业3家，四级企业5家，预制构件企业7家；从业人员2000多人，其中，工程技术人员200多人。跨入21世纪，国营、集体建筑企业转制民营，民营建筑企业参股国营、集体建筑企业，形成施工总承包、专业化承包、劳务分包的建筑企业组织结构。2015年，全旗有建筑企业12家，其中具有施工总承包资质二级企业4家，天邦建筑集团、同力建筑公司、大正电业公司、腾飞建设公司；三级5家，蒙晟工程公司、生力中伟爆破集团、阿尔斯伦工程公司、宏峰建筑公司、恒峰建筑公司；专业承包一级资质企业阿尔斯伦公司，专业承包二级资质企业3家，阿尔斯伦工程技术公司、腾飞建设公司、大正电业公司。全行业从业人员2010人，其中工程技术人员350人。

2022年熙泰房地产公司都市雅园B区工地

一、兴泰建筑公司

内蒙古兴泰建筑公司，具有国家房屋建筑工程施工总承包一级、市政公用工程二级、预拌商品混凝土二级、机电安装二级、钢结构工程二级、消防工程二级、建筑幕墙工程二级、公路工程二级8项资质，是鄂尔多斯市建筑行业的龙头企业。1998年，承建薛家湾镇中心区的旗党政办公楼、准格尔广场、会议中心、三星级宾馆等政府搬迁重点工程。2015 年，公司注册资本 30 亿元，总资产 11 亿元，各类专业人员 433 名，具备年完成施工产值 10 亿元，年产高性能商品混凝土 20 万立方米的生产能力。在准格尔旗设分部，承建准格尔旗工程中，获 3 项内蒙古优质样板工程，3 项“草原杯”工程质量奖。2012 年 4 月，承建大路新区体育场钢结构工程，获 2011 年中国钢结构金奖。

二、天邦建筑集团

内蒙古天邦建筑集团，前身为 1996 年 1 月成立的准格尔旗城乡建设环保局市政工程公司；2011 年 1 月转制民营，组建建筑企业集团，下设市政工程、混凝土、房地产、商贸 4 个子公司，注册资本金 1.48 亿元。具有市政公用工程施工总承包二级、房屋建筑工程施工总承包三级、公路工程施工总承包三级、公路路基路面专业承包三级、房地产开发经营四级、预拌商品混凝土专业承包暂三级、混凝土预制构件专业承包暂三级、地质灾害治理工程施工丙级等资质，通过质量管理体系、环境管理体系和职业健康安全管理体系认证。先后建设 60 多条市政道路、12 万平方米房地产开发和 200 项工程混凝土供应。2015 年，固定资产 1 亿元，员工 230 名，其中工程技术人员 96 名，拥有施工机械、检测设备 150 余台，年施工能力 6 亿元以上。

三、同力建筑公司

内蒙古同力建筑工程有限公司成立于 2006 年 4 月，注册资金 3000 万元，房屋建筑工程施工总承包二级、水利水电工程施工总承包三级、预拌混凝土专业承包三级、市政公用工程施工总承包三级资质。2011 年 6 月通过质量、职业健康、环境三体系认证。承建的大诚祥云小区六标段 2012 年 4 月被评为鄂尔多斯市级安全质量标准化工地，承建的薛家湾第九小学工程 2013 年 12 月被评为鄂尔多斯市级建筑安全标准化示范工地。2015 年，资产总值 1.28 亿元，员工 150 名，其中工程技术人员 51 名，营业收入 1.05 亿元，利税 493.6 万元。

四、阿尔斯伦公司

内蒙古阿尔斯伦工程技术有限公司成立于 2007 年 6 月，注册资本 1500 万元。照明设计一级、城市及道路照明施工一级、智能化施工一级资质，是内蒙古首家照明与智能化行业“三甲”企业，通信、机电、电力、市政、建筑等工程总承包三级资质，消防、装饰、环保等工程专业承包资质，合同能源管理服务认证资质，通过质量体系、环境管理体系、职业健康安全管理体系认证。2008 年实施薛家湾亮化工程、准格尔路夜景照明工程。2011 年、2012 年、2013 年连续被评为中国照明工程行业百强企业。2015 年，资产总值 1.58 亿元，工程技术人员 50 余名，营业额 2.6 亿元，利润 6000 万元，纳税 2500 万元。

五、准格尔旗建筑公司

1991 年，准格尔旗建筑公司属集体企业，当年完成 5 项工程，建筑面积 2204 平方米，投资 66.66 万元，产值 380 万元。1998 年，成为建筑三级企业，下设薛家湾分公司、机械厂、两个砖瓦厂、两个建材门市部、宾馆旅店，在册员工 276 名，净资产 242.37 万元。1999 年转制民营更名为恒峰建筑公司，2009 年将薛家湾镇新村开发建设成为鑫凯盛商业街后，建筑工程业务萎缩。

第八篇

国土资源管理·环境保护

准格尔旗严格建设用地总量控制和用途管制。打击非法用地，规范土地市场；收回闲置土地，盘活土地存量；制定基准地价，调控市场地价；耕地“占一补一”，保持总量动态平衡。1991—2015年，全旗建设用地由1.34万公顷增加到3.43万公顷。严格执行国家矿产资源规划。整合矿产资源，优化开发布局；打击非法采矿，治理乱采滥挖；实行有偿开采，培育矿产市场；保护了矿产资源，实现了科学开发。2015年，全旗有采矿权262个，建成矿山249座，其中大型矿山40个、中型矿山78个、小型矿山131个，矿业总产值309.84亿元。

2004年6月航拍准格尔山区梯田构成的天坛

“八五”至“十五”世纪之交的15年，准格尔旗处于工业化、城镇化大规模开发建设期间，特别是跨入21世纪引进高耗能产业，处处点火，村村冒烟，环境质量总体恶化。“十一五”至“十二五”的10年，准格尔旗工业节能减排，淘汰落后产业，治理大气、水、土壤等环境突出问题，打响蓝天、碧水、净土三大保卫战，生态优先，绿色发展效果显现，环境质量监测数据显示，环境恶化的势头得到遏制，环境质量总体趋稳向好。2015年，全旗饮用水源地水质达标率100%，旗人民政府驻地空气质量达标率74.5%。

2017年7月水镜湖休闲农业旅游度假区湖面

第一章　国土资源管理

第一节　管理机构

1991 年，准格尔旗人民政府国土资源管理部门是土地管理局、计划委员会矿产资源管理站，土地管理局与农业区划办公室合署办公。同年 9 月，在薛家湾矿区设土地管理分局。1993 年 2 月，撤土地管理局、农业区划办公室、城乡建设环境保护局，设城乡建设土地管理局；撤薛家湾矿区土地管理分局、城乡建设分局，设薛家湾城乡建设土地管理分局；在乡镇设土地管理站。1995 年 3 月撤矿产资源管理站，设地质矿产管理局，隶属于旗人民政府。1999 年 8 月，撤薛家湾城乡建设土地管理分局。2002 年 7 月，城乡建设土地管理局的土地管理职能与地质矿产管理局合并，成立国土资源局；在乡镇设国土资源所。2006 年 3 月，在准格尔经济开发区、大路新区设国土资源管理分局。2012 年 5 月，设矿区环境恢复治理中心、矿产资源补偿费征收管理所。2015 年 11 月，设不动产登记中心。全系统干部职工 221 名。

第二节　国土资源规划

一、建设用地规划

1991 年，准格尔旗建设用地 1.34 万公顷，占全旗面积 1.76%，尚无建设用地规划。1999 年 8 月，完成首个土地利用总体规划，规划到 2010 年建设用地控制在 2.23 万公顷内；2010 年，建设用地 2.87 万公顷，突破规划 0.55 万公顷。

2008 年，全旗建设用地规模 2.05 公顷，逼近规划面积；2009 年，编制完成 2009—2020 年土地利用总体规划，规划到 2020 年建设用地规模控制在 4.15 公顷内，新增建设用地 2.1 万公顷。2015 年，全旗建设用地 3.43 万公顷。

二、矿产资源规划

2001 年，国家出台首轮矿产资源规划，准格尔旗开始治理矿产开发小、散、乱问题。

国家第二轮矿产资源规划（2008—2015 年），准格尔旗 2011 年 6 月编制实施《矿产资源总体规划（2008—2015 年）》，规划至 2015 年，煤矿产量 1.75 亿吨，其中地方煤矿产量 1 亿吨；以闭坑和关闭矿山的生态环境恢复治理及生产矿山植被恢复和防治污染为重点，全旗矿山恢复治理率达到 70%，土地复垦率达到 40%，闭坑和历史遗留问题矿山治理率达 50%，新建矿山达 75%。

2015 年年底，全旗有采矿权 281 个，建成矿山 249 个，其中大型矿山 40 个、中型矿山 78 个；主要开采煤，高岭土，建筑用砂、石、黏土，矿泉水等 12 个矿种；矿业总产值 309.84 亿元。依托煤炭、耐火黏土、高岭土等优势矿产资源，构建现代煤炭、现代煤化工、煤电铝、陶瓷四大产业集群，形成煤炭洗选能力 1.98 亿吨，现代煤化工产能 482 万吨，陶瓷产能 8000 万件、500 万平方米，高岭土产能 20 万吨。建成矿山地质环境恢复治理示范区和连片治理区。

第三节　土地资源管理

一、土地调查

1991—2015 年，准格尔旗按国家统一部署，开展过两轮土地调查。

以 1991 年为现状的全国第一次土地调查，查清全旗土地总面积 753011.76 公顷。其中，耕地 119707.17 公顷，林地 135721.05 公顷，草地 403376.57 公顷，湿地和水面 26470.05 公顷，沙地 48815.22 公顷，盐碱地 3.51 公顷，裸地 689.92 公顷，交通运输用地 3481.7 公顷，居民点及工矿用地 9962.84 公顷。

以 2010 年为现状的全国第二次土地调查，查清全旗土地总面积 755078.76 公顷。其中，耕地 76100.32 公顷，林地 220447.26 公顷，草地 393679.3 公顷，湿地和水面 19273.32 公顷，沙地 11628.99 公顷，盐碱地 87.64 公顷，裸地 2943.67 公顷，交通运输用地 8780.46 公顷，居民点及工矿用地 18540.74 公顷。

二、地籍登记

全旗城镇地籍调查始于 1992 年，开始核发国有土地使用证；1993 年完成薛家湾城镇地籍调查，1995 年完成沙圪堵镇地籍调查，1997 年完成榆树湾镇地籍调查。2001 年开始核发集体土地使用证。2007 年开始土地利用他项权登记。登记管理国有、集体土地使用权和土地抵押质权，明确地籍产权。至 2015 年，全旗累计核发“国有土地使用证”9890 宗，核发“集体土地使用证”2304 宗，登记土地利用他项权 592 宗。

三、地价调控

“八五”初，准格尔项目一期工程征用土地 1613.32 公顷，征地包干费 8588.38 万元，综合地价 5.32 元 / 米 ^{2}；全旗其他地区土地零星开发，地价更低。1994 年，试点评估薛家湾地价；1997 年，旗人民政府首次发布城镇国有土地基准地价，按地段划分土地等级，测定商业、工业、住宅 3 类用地法定价格，市场交易地价围绕基准地价标准上浮或下调。

2003 年起，薛家湾镇地价明显高于其他地区。2008 年薛家湾镇基准地价，商业用地一级地价每平方米 490 元，四级地价 52 元；住宅用地一级地价 210 元，四级地价 30 元；工业用地一级地价 190 元，四级地价 28 元。

2009 年起，全旗土地价格飙升，薛家湾土地价格高位运行。2010 年薛家湾镇基准地价，商业用地一级 700 元，四级 400 元；住宅用地一级 450 元，四级 150 元；工业用地一级 300 元，四级 75 元。沙圪堵镇基准地价，商业用地一级 260 元，四级 175 元；住宅用地一级 110 元，四级 65 元；工业用地一级 105 元，四级 60 元。

2015 年，薛家湾镇基准地价，商业用地一级 616 元，四级 275 元；住宅用地一级 650 元，四级 180 元；工业用地一级 405 元，四级 85 元。沙圪堵镇基准地价，商业用地一级 570 元，四级 234 元；住宅用地一级 330 元，四级 104 元；工业用地一级 274 元，四级 85 元。大路新区基准地价，商业用地一级 550 元，二级 450 元；住宅用地一级 307 元，二级 250 元；工业用地一级 95 元，二级 84 元。其他地区基准地价，商业用地一级最高 275 元，二级最高 135 元；住宅用地一级最高 95 元，二级最高 84 元；工业用地一级 90 元，二级 84 元。

准格尔旗城镇国有土地基准地价起止对比一览表

表 8-1　单位：元 / 米²

地　区	起止年份	土地等级	商业用地	住宅用地	工业用地
薛家湾镇	1998—2015	一级	490 ～ 616	210 ～ 359	191 ～ 300
		二级	230 ～ 479	130 ～ 270	130 ～ 220
		三级	110 ～ 399	80 ～ 193	75 ～ 130
		四级	52 ～ 275	52 ～ 99	47 ～ 85
沙圪堵镇	1997—2015	一级	148 ～ 570	50 ～ 330	47 ～ 274
		二级	113 ～ 408	38 ～ 241	33 ～ 201
		三级	77 ～ 302	23 ～ 166	20 ～ 119
		四级	45 ～ 234	14 ～ 104	13 ～ 85
大路新区	2010—2015	一级	452 ～ 550	253 ～ 307	70 ～ 95
		二级	370 ～ 450	207 ～ 250	65 ～ 84
其他地区	2003—2015	一级	80 ～ 275	40 ～ 95	36 ～ 90
		二级	38 ～ 135	20 ～ 84	17 ～ 84

四、土地交易

准格尔旗大规模土地交易从“八五”初期准格尔项目一期工程征地拆迁始。1999 年政府驻地迁址薛家湾，开始盘活存量，有偿收回闲置土地，收储国有土地，出让国有土地，推动紧俏的土地资产通过市场交易“以地生金”。

2000 年，首次清理闲置土地 13 宗 35.68 公顷，收回土地使用权 7 宗。至 2015 年，全旗累计清理闲置土地 28 宗 105.47 公顷。其中，住宅用地 21 宗 97.59 公顷，商业用地 7 宗 7.88 公顷。累计收回闲置土地 25 宗 97.87 公顷。其中，无偿收回国有土地使用权 12 宗 57.81 公顷，有偿收回国有土地使用权 13 宗 40.06 公顷。

2001 年起，准格尔旗开始有偿出让国有土地使用权 1.89 公顷，收取土地出让金 214.67 万元，首次采用拍卖方式有偿出让世界银行项目办公室培训中心建设用地 3500 平方米。2005 年首次采用挂牌有偿出让国有土地使用权；2011 年，有偿出让国有土地面积高达 794.62 公顷。至 2015 年，累计出让国有土地 3143.29 公顷，土地使用权有偿出让收益 64.69 亿元。

2004 年起，准格尔旗开始收购储备国有土地。2005 年 6 月，国土资源局成立土地储备交易中心，负责土地储备、招标拍卖挂牌出让；2013 年 3 月列入国土资源部土地储备机构名录。至 2015 年，累计收购储备土地 12831.52 公顷。其中，大路新区收购储备 9153.71 公顷，龙口镇收购储备 60.96 公顷，薛家湾镇收购储备 367.4 公顷，布尔陶亥苏木收购储备 3249.45 公顷。

五、用地报批

1991 年，准格尔旗出台《建设用地管理若干规定》，对建设用地实行总量控制，按上级下达用地指标审批；“三参三查”全程管理建设用地工程。参与可行性研究，审查用地是否合理；参与现场踏勘选址，审查用地是否符合规划；参与工程验收，审查面积是否符合批准文件。1995 年，出台《土地征用费收取使用管理暂行办法》，实行“三公开一分离一监督”，征地办法公开、标准公开、兑付公开，补偿费分离，实行监督。1998 年，迎接政府搬迁，薛家湾城市规划区内停止审批建设用地。

跨入 21 世纪，全旗工业化、城镇化进程加快，用地供需矛盾加剧。准格尔旗开始按 1999 年 3 月 2 日发布的《建设用地审查报批管理办法》(国土资源部令第 3 号)，实行建设用地用途管制和建设项目用地预审报批制度；农用地改变用途，集体土地征用，改由自治区国土资源厅、国土资源部审批。为保护失地农民长远利益，2005 年 1 月，旗人民政府发布第 6 号令，在内蒙古率先实施失地农民养老保险制度；2015 年，6299 人缴费 761 万元，2040 人领取失地养老保险金 1155 万元。2007 年 6 月，准格尔旗报请上级批准，改革煤矿火区治理露天开采项目临时用地审批，占用农村集体土地，不再征收，不转变土地用途，集体土地所有权性质不发生改变；2015 年，批准火区治理项目 43 个临时用地 3357.38 公顷。

2012 年国家经济步入新常态，建设用地随之进入减量化时代。2014 年，准格尔旗在暖水乡试点城镇建设用地增加与农村建设用地减少挂钩，以乡村用地减量换城镇用地增量，至 2015 年，试点范围扩大到薛家湾镇，试点面积扩大到 483.6 公顷，置换新增建设用地指标 483.6 公顷，节约建设用地有偿使用费 6770.4 万元。

1991 年至 2015 年，准格尔旗累计获得批准建设用地 14550.97 公顷。“八五”至“九五”期间，全旗累计获批建设用地 3000 多公顷，年均获批建设用地 300 多公顷。2007 年获批建设用地首次突破千公顷，达到 1181.84 公顷；2013 年获批建设用地高达 2130.36 公顷；2015 年，获批建设用地 549.6 公顷。

六、耕地保护

1998 年，准格尔旗查清全旗农田 72884 公顷。1999 年国家施行《基本农田保护条例》，全旗初定基本农田保护面积 59200 公顷，一级、二级保护各占一半，树立保护标牌，分解到户保护。2008—2009 年，调整空间布局，全旗补划基本农田 139.21 公顷。2009 年 12 月，国土资源部、农业部印发《关于划定基本农田实行永久保护的通知》，全旗划定永久保护基本农田 72889.07 公顷，其中，一级保护 43733.44 公顷，二级保护 31155.67 公顷。2015 年，全旗耕地保有量 74321.78 公顷，其中永久保护基本农田 48100 公顷，按“落地块、明责任、设标志、建表册、入图库”要求永久保护。

薛家湾镇白大路村绿色田园，2020 年李颖摄

国家对占用耕地实行动态管理，占一补一，占优补优，补充耕地数量，提升耕地质量，保持耕地总量动态平衡。1993 年，准格尔旗开始复垦造地，占用土地补偿造地 415.93 公顷。1997 年，准格尔旗按国家统一部署，冻结审批占用耕地的建设用地，占用耕地建设用地项目必须补充耕地。2012 年，准格尔旗实行更

严格的先补后占政策，建立补充耕地储备制度，首次实施异地补耕，到杭锦旗补充耕地 133.33 公顷，全年补充耕地 333 公顷。2013 年，全旗占用耕地补充耕地高达 4742.6 公顷。2015 年，占用土地补偿 190.87 公顷。1993—2015 年，累计占用耕地补充耕地 1.64 万公顷。

第四节　矿产资源管理

一、矿产勘查

准格尔旗矿产资源，由国家、自治区专业机构分区域、分批次实施勘查，在勘查优势矿产煤炭过程中，也发现多种与煤伴生矿产。

“八五”初，完成东部准格尔煤田普查，“九五”初，完成西部东胜煤田预查和部分矿床普查，两大煤田相继进入大规模开发建设的详查阶段。1998 年起，国家实施《矿产资源勘查区块登记管理办法》，矿产资源实行精准化勘查，两大煤田煤炭资源勘查不断取得新突破。

2001—2007 年，国家实施首轮矿产资源规划期间，两大煤田优化勘查布局，治散治乱，查明一批大型矿床，建成一批大型煤矿；2007 年 11 月 28 日，鄂尔多斯市如期纳入国家核准煤炭规划矿区目录，建成国家战略性煤炭生产基地。

2008—2015 年，国家实施第二轮矿产资源规划，统筹规划矿产勘查、科学合理利用矿产资源。准格尔旗完成 1：25 万区域地质调查，包括地球化学调查 749.39 平方千米、地球化学测量 5926.70 平方千米、重力测量 6654.63 平方千米；完成 1：5 万区域地质矿产测量 571.71 平方千米，覆盖全旗可测区范围。全旗查明准格尔煤田海子塔井田、玻璃沟矿区、长滩煤矿、龙王沟详查区、圪柳沟矿区、青春塔煤矿等 11 处矿产地，新增煤炭资源储量 536 亿吨。2014 年 12 月，中央地质勘查基金投资的准格尔煤田布尔陶亥—田家石畔地段煤炭普查完成野外验收，新探获 380 亿吨煤炭资源量。

2015 年，全旗有煤炭探矿权 19 个，勘查面积 1592.12 平方千米，其中预查 3 个、普查 5 个、详查 1 个、勘探 10 个，查明煤炭资源储量 854.42 亿吨。准格尔煤田查明黑岱沟露天矿、哈尔乌素露天矿、红树梁煤矿等 32 处上表矿区，保有煤炭资源储量 297.76 亿吨。东胜煤田准旗境内查明铜川煤矿、四道柳煤矿、准格尔召—新庙矿区等 12 处上表矿区，保有煤炭资源储量 556.66 亿吨。查明全旗耐火黏土储量 1.97 亿吨、高岭土储量 684.5 万吨，连同铁矾土、硫铁矿、化工用白云岩、水泥用灰岩、铁矿、水泥配料用黏土共 9 种矿产列入 2015 年内蒙古矿产资源储量表。

二、矿产开发

1991 年，准格尔旗持有采矿许可证国营矿山 24 座，集体、个体矿山 70 座，无证开采、越界开采现象突出，乱采滥挖矿产，资源浪费严重。矿产管理部门检查矿山开采回采率、采矿贫化率和选矿用利率，向符合开采条件的矿山核发采矿许可证。1996 年，全旗持证矿山一度高达 424 座。1998 年，国家实施《矿产资源开采登记管理办法》和《探矿权采矿权转让管理办法》，开始首轮煤炭关井压产，全旗关闭不符合开采条件煤矿 252 座。2000 年，全旗 272 座矿山“三率”年检全覆盖。

2003 年，国土资源部实施《探矿权采矿权招标拍卖挂牌管理办法》，准格尔旗在东孔兑镇、魏家峁镇试点砂石采矿权有偿出让 15 个，开始收取采矿价款，到“十一五”期间，采矿权全部有偿处置，新设矿业权全部竞争出让。2005 年，采矿许可证交由上级国土资源部门审批，全旗开始新一轮矿产资源整合，到 2007 年，煤矿由 237 座整合为 135 座，非煤矿山由 215 座整合为 135 座。

2012 年，准格尔旗非煤矿产矿业权设置方案通过内蒙古国土资源厅备案，2013 年，准格尔煤炭国家规划矿区矿业权设置方案通过国土资源部批复，新增矿业权按上述方案设置。2015 年，全旗有采矿权 262 个，建成矿山 249 座，其中大型矿山 40 个、中型矿山 78 个、小型矿山 131 个，矿业总产值 309.84 亿元。有能源矿山 135 个，矿业产值 309.74 亿元；有非金属矿山 114 个，矿业产值 0.10 亿元，其中建筑用砂石黏土矿山 84 个，矿业产值 979.72 万元。

2007 年国土资源管理部门永久封闭无证小煤窑

矿产资源归国家所有，社会开发矿产资源，国家征收矿产资源补偿费。1991 年，准格尔旗与矿产品销量挂钩，征收矿产资源补偿费 9.5 万元，分中央、自治区、盟、旗 4 级纳入财政收入。2007 年 9 月 30 日，旗人民政府印发《煤炭资源补偿费征收管理实施方案》（准政发〔2007〕218 号），与回采率挂钩征收矿产资源补偿费；2008 年，征收矿产资源补偿费首次突破亿元大关，2012 年高达 5.79 亿元。2014 年 12 月 1 日起，全国统一不再征收煤炭、原油、天然气的矿产资源补偿费。2015 年全旗征收矿产资源补偿费回落到 1.16 亿元。

第五节　地质环境保护

准格尔旗矿山地质环境问题非常严重，矿业开发引发矿山地质灾害、矿业开发占用土地资源，破坏原有地貌，破坏地下水系统，废水废渣污染环境。2015 年，全旗矿业开发占用破坏土地资源 10188.42 公顷。其中，井工煤矿地面塌陷区面积 5855.07 公顷，煤矸石堆放场面积 367.47 公顷；露天煤矿采坑占地 3965.88 公顷，外排土场占地 15942.88 公顷。榆树湾、房塔沟两硫磺厂矿渣长年露天堆放，雨水冲刷形成含硫磺的黄色水流，对黄河水生态环境造成毁灭性污染。黄河西岸采砂、采石废弃场地，破坏黄河沿岸旅游景观。

一、地质灾害治理

2005 年起，准格尔旗实施“一矿一企治理一山一沟”工程，政府组织，企业出资，复垦绿化矿山。2006 年，完成首次地质灾害调查，全旗划分重点防治区 3632.6 平方千米，查明地质灾害点 92 处，其中重大级危害点 6 个，曾造成 2 人死亡，直接经济损失 8382.4 万元。2008 年起，实施煤矿井田火区治理工程，组织塌陷区、火区居民搬迁。至 2015 年，实施火区治理项目 43 个 3357.38 公顷，复垦面积 1233.12 公顷。其中黄天棉图火区集中连片综合治理面积 317.61 公顷，永利煤矿 1 家矿山企业复垦绿化 10.7 公顷。准能公司黑岱沟露天煤矿 4 个排土场全部封闭，完成复垦 1182.41 公顷，绿化 126.7 公顷，植被覆盖率达 75% 以上，将原本“鸡爪子”丘陵地貌改造成为千顷良田，2011 年被命名为首批国家级绿色矿山。

2008 年，内蒙古自治区实行矿山地质环境治理保证金制度。2015 年，全旗 241 家矿山企业，全部缴纳矿山地质环境恢复治理保证金；135 家煤矿，全部编制矿山地质环境恢复治理方案，113 家非煤矿山企业，85 家编制了矿山地质环境恢复治理方案；全旗矿山企业累计储存矿山地质环境治理恢复保证金 11.88 亿元，其中，115 家非煤矿山企业缴存 718 万元地质环境治理保证金。

2015 年，准格尔旗开始编制第二轮矿山地质灾害防治规划，全旗划分为黄天棉图矿区西部、东部，纳日松矿区西部、东部，薛家湾矿区中东部，暖水矿区，龙口矿区 7 个严重区 936.79 平方千米；黄天棉图矿区中部，纳日松矿区中部，薛家湾矿区北部，薛家湾矿区南部 4 个较严重区 324.58 平方千米。

神山矿区火区治理建成绿色矿山，2012 年李根万摄

二、化石遗址保护

准格尔旗哺乳动物化石分布广泛，布尔陶亥乡孔兑沟村、窑沟乡阳塔村、大路峁乡大路峁村较为集中；化石种类众多，奇蹄类三趾马、大唇犀，偶蹄类萨摩兽、中华羚，长鼻类嵌齿象、轭齿象，食肉类剑齿虎、美洲獾，啮齿类鼠、兔；化石肢体有头、角、牙、肱、掌、股、胫等，俗称“土龙骨”。

1999 年 6 月 30 日，旗人民政府建立哺乳动物化石地质遗迹自然保护区；2003 年 4 月 20 日，内蒙古自治区人民政府（内政字〔2003〕111 号）批复准格尔古哺乳类动物化石自然保护区为自治区级自然保护区。总面积 17.39 平方千米。布尔陶亥分区 10.45 平方千米，位于孔兑沟村碾房渠；神树沟分区 2.56 平方千米，位于窑沟乡阳塔村；大路峁分区 4.38 平方千米，位于大路峁村杨家梁。

保护区哺乳动物化石遗迹赋存于新近系地层。保护性采集布尔陶亥分区，经中科院古脊椎动物专家鉴定，确定为鼠兔、美洲獾、鼬鬣狗、巨恐鬣狗、环齿三趾马、安氏大唇犀、羚羊、萨摩兽等 8 属。保护对象为新近系哺乳动物化石，化石地层沉积标志也是重要保护对象，三个分区建立保护标志，落实保护措施。

第六节　测绘管理

准格尔旗测绘事业起步晚，发展慢。至 2015 年仅有 5 家私营测绘公司，均不具备开展基础测绘和重大工程测绘资质。华准工程监理公司，2000 年 8 月成立，乙级资质；北方测绘公司，2004 年 9 月成立，丙级资质；中意房地产测绘公司，2005 年 10 月成立，丁级资质；光大工程地籍测绘公司，2005 年 11 月成立，丙级资质；经纬测绘公司，2011 年 2 月成立，丁级资质；宏锦测绘公司，2013 年 12 月成立，丙级资质。本土测绘公司开展土地、建筑物、构筑物和其他附着物权属的界线测绘，城乡建设工程测量、房屋面积测量等不动产测绘。国土资源局随机抽查本土测绘公司，规范其测绘业务；实行信用管理，公示其信用信息。

第七节　国土资源执法

准格尔旗违法用地出现在“八五”后期薛家湾镇城区临时搭建，“九五”期间城乡接合部违建占地，“十五”期间蔓延到公路沿线临建占地，“十一五”发展到井工煤矿采区违章抢建。凡征用土地区域，违法用地多发，居民将“种房子”视为生财之道。非法采矿“八五”至“九五”期间，多无证偷采、有证越界采、违规野蛮采，小打小闹；“十五”至“十一五”期间，煤炭价格上涨，偷挖露头明煤居多，夜间机械作业，白天销声匿迹，这种现象持续到 2009 年彻底改变。

2009 年，准格尔旗开始借助“卫片”土地执法；2011 年覆盖到土地、矿产两种资源，执法方式向“发现在初始，解决在萌芽”转变。国家卫星遥感技术拍摄的照片分辨率在 1 米到 2.5 米之间，同一地域不同时期照片叠加对比，土地和矿产利用变化一览无遗，国土资源部分季度下发变化图斑，如同“火眼金睛”帮助执法人员及时发现违法用地、用矿。2015 年，下发准格尔旗图斑 786 个，核实违法用地 91 宗 2764.21 公顷，违法用地占比 11.26%，低于国家问责红线 15%。

2007 年依法拆除违法占地建筑

1991—2015 年，全旗累计查处违法用地建筑 1589 处，拆除违法用地建筑 17.83 万平方米；查封非法开采煤矿 763 座次、非煤矿山 483 座次，查处矿山违法案件 217 宗。

第二章　环境保护

第一节　管理机构

1991 年，准格尔旗人民政府环境保护管理部门是城乡建设环境保护局。1997 年 12 月单设环境保护局，隶属于城乡建设土地管理局；2010 年 11 月升格为旗人民政府工作部门，下设环境监测站、环境监察大队，在工业重镇设环境保护站和环境监察中队。

2000 年 6 月，开发区设立规划建设土地环保局；2008 年 10 月单设环境保护局。2009 年 4 月，旗环境保护局设大路煤化工基地分局；2013 年 6 月改属于鄂尔多斯大路煤化工基地环境保护局。

2015 年，全旗有 3 家环境保护管理部门，即旗环境保护局、开发区环境保护局、大路煤化工基地环境保护局。

第二节　环境监测

1997 年，准格尔旗城建土地局环境监测站联合准煤公司环境监测站，成立准格尔旗环境监测站。依托准煤公司技术设备，为地方培养了第一代环境监测人员，全旗环境监测结束靠“闻”的历史。

2008 年，环境监测站新建 1200 平方米实验室，陆续购进仪器设备 49 台套，配备监测人员 26 名，2010 年 3 月投入使用，开展 39 项监测认证，达到国家西部区三级站标准，2010 年 12 月通过内蒙古环境保护厅标准化验收。

2015 年，环境监测站实验室面积 1500 平方米，配备仪器设备 100 余台，技术人员 19 名，持专业资质上岗，具备水 50 项、生物 3 项、空气 9 项、噪声与振动 7 项共 4 类 69 项监测能力。累计出具有效数据 6 万多个、监测报告 350 余份。

2005 年 12 月，准格尔经济开发区开始筹建环境监测站；2010 年 12 月，通过国家环境监测标准化建设三级达标验收；2015 年，具备水、空气、噪声、生物 4 类 53 项检验能力。2009 年 4 月，大路煤化工基地开始筹建环境监测站；2015 年，具备水、空气、噪声 3 类 47 个参数 56 个方法检验的能力。

环境保护局环境监测实验室，2022 年摄

准格尔旗环境保护信息化建设始于 2007 年，开通重点污染源视频监控系统，15 家电石厂、4 家白灰厂安装排气监测装置，大饭铺电厂、碓臼沟煤矿、准能公司污水处理厂安装排水

监测装置，24 小时在线监测；2008 年，所有高载能企业和重点排污企业接入在线监控系统。

2011 年 12 月，“数字准格尔”项目环境保护子系统建成投运，全旗电厂排放主要污染物、污水处理厂排放主要污染物纳入 24 小时在线实时监控；2015 年，建成辐射重点排污企业的污染物在线监控中心，实时向上级传输监测数据，传输率和数据有效率均达到 80% 以上。

第三节　环境质量

“八五”至“十五”世纪之交的 15 年，准格尔旗处于工业化、城镇化大规模开发建设时期，特别是跨入 21 世纪引进高耗能产业，处处点火，村村冒烟，虽无权威监测数据支撑，仅凭人体也能感受到，环境质量总体恶化。“十一五”至“十二五”的 10 年，准格尔旗工业节能减排，淘汰落后产业，生态优先，绿色发展效果显现，环境质量监测数据显示，环境恶化的势头得到遏制，环境质量总体趋稳向好。

一、空气环境质量

2003 年，上级监测机构首次对准格尔经济开发区、薛家湾友谊工业园进行大气质量检测；2005 年起，每季末对薛家湾镇空气质量进行为期 5 天监测，薛家湾镇空气质量符合《环境空气质量标准》(GB 3095—1996) 二级标准。

2007 年 12 月，薛家湾空气质量自动监测站投运，2008 年，空气质量优良 300 天，达标率 82.19%；2012 年起，监测二氧化硫、二氧化氮和可吸入颗粒物 3 项污染因子，空气质量优良 345 天，达标率 94.25%；2014 年，升级空气质量自动监测站，监测二氧化硫、二氧化氮、一氧化碳、臭氧、可吸入颗粒物、细颗粒物 6 项污染因子，空气质量优良 320 天，达标率 91%。2015 年，空气质量监测有效 365 天，其中优良 272 天，达标率 74.5%；轻度污染 73 天，臭氧 34 天、可吸入颗粒物 14 天、细颗粒物 25 天；中度污染 17 天，臭氧 12 天、细颗粒物 5 天；重度污染 3 天，可吸入颗粒物 1 天、细颗粒物 2 天。

2014 年 6 月，大路煤化工基地空气监测站投运。2015 年，监测有效 361 天，其中优良 315 天，达标率 87%；主要污染物是可吸入颗粒物、细颗粒物。2015 年 9 月，准格尔经济开发区空气监测站投运，监测有效 92 天，优良 63 天，达标率 60.8%；主要污染物可吸入颗粒物、细颗粒物。

2015 年准格尔旗环境空气质量监测年均值一览表

表 8-2

监测物	单　位	薛家湾	大路新区	开发区	国家二级标准
二氧化硫	微克 / 米 ^{3}	15	18	7	≤ 60
二氧化氮	微克 / 米 ^{3}	16	26	24	≤ 40
一氧化碳	毫克 / 米 ^{3}	1.2	1.1	3.7	日均≤ 4
臭氧	微克 / 米 ^{3}	117	114	84	最大 8 小时均≤ 160
可吸入颗粒物	微克 / 米 ^{3}	88	90	110	≤ 70
细颗粒物	微克 / 米 ^{3}	45	39	63	≤ 35

二、水环境质量

2005年，上级监测机构首次对薛家湾镇陈家沟门、沙圪堵镇安定壕两处饮用水源监测，水质均达到《生活饮用水卫生标准》（GB 5749—2006）二级标准。2012年起，全旗集中式饮用水水源地每半年进行一次水质取样监测，送上级监测站检验，达标率100%。此后历年抽查普查，全旗12处集中式饮用水源地水质稳定，全部达到国家二级标准。

全旗承载人口最多的水功能区是薛家湾镇黄河一级支流龙王沟流域。2005年，上级监测机构监测龙王沟入黄河口断面水质，为《地表水环境质量标准》（GB 3838—2002）四级，未达到国家要求标准。2009年，上级监测机构监测，龙王沟入黄河口断面水质提高到三级，达到国家要求标准。2013年起，该水系被列入内蒙古自治区重点监测地表水河流断面，水质一直稳定在三类优良标准。

三、声环境质量

2009年，上级监测机构首次对薛家湾镇声环境功能区定点测定，夜间噪声超标，声源主要是交通噪声，其次是生活噪声，2类声环境功能区昼间超标29%，夜间超标44%。

2011年起，准旗监测薛家湾镇区域声音环境质量，布设城区监测点120处、道路监测点26处、功能区监测点3处。城区昼间平均58.4分贝，夜间平均48.1分贝；交通干线昼间平均63.3分贝，夜间平均54.4分贝。达到《城市区域环境噪声标准》（GB 3096—1993）2类标准。

2012年监测结果为，城区昼间平均58.5分贝、夜间平均53.4分贝；交通干线昼间平均64.2分贝、夜间平均52.9分贝。2013年，城区昼间平均58.4分贝，夜间平均48.1分贝；交通干线昼间平均63.3分贝、夜间平均54.4分贝。两年均达到2类区域声环境标准。

第四节　环境污染

1991年，准格尔旗存在局部性环境污染，污染来自个别工业企业。榆树湾镇空气污染严重，两个硫磺厂二氧化硫超标排放，废弃矿渣露天堆放，水泥厂有粉尘污染；沙圪堵镇化肥厂废水超标排放。

跨入21世纪，引进煤焦化、高耗能两大产业，开采准格尔、东胜两大煤田资源，开发准格尔开发区、大路煤化工基地两大工业园区，废气、废水、废渣排放量增加。2008年，全旗首次污染源普查，查清工业污染源278个、生活污染源606个、农业污染源662个，集中式污染治理设施2个，污染物主要来自工业源，其次来自生活源，再次来自农业源。

“十二五”期间，开采煤炭资源，发展煤电、煤化工等产业，形成以煤为基的产业结构、燃煤为主的能耗结构，对准格尔旗造成结构性环境污染。

工业污染源遍布准格尔煤田、东胜煤田的煤矿，集中在准格尔经济开发区、大路煤化工基地的企业。废水主要污染物有化学需氧量、氯化物、氨氮、总砷、总氮等；废气主要污染物有颗粒物、挥发性有机物、氮氧化物、二氧化硫、氨等；固体废物主要有煤矿煤矸石、燃煤锅炉灰渣、采石场废料等；危险固体废物主要是煤化工产业的有毒有害、易燃易爆产品，环境风险源集聚。

生活源集中在城镇，生活锅炉排放废气主要污染物有颗粒物、二氧化硫、氮氧化物；入河排污口废水主要污染物有化学需氧量、总氮、氨氮、动植物油。农业源规模化畜禽养殖场，粪便主要污染物氨气，污水主要污染物化学需氧量。移动源加油站和机动车，排放主要污染物挥发性有机物。

空气污染“八五”主要是生态环境恶化导致的单纯沙尘型污染；“十五”至“十一五”，煤炭为主的能源消费带来的煤烟型污染日益严重，新增机动车尾气污染问题；“十二五”，形成煤烟型污染、城镇型污染、沙尘型污染交织的混合型污染，集中在薛家湾—大路新区、开发区和东西两大煤田矿区，主要影响人体的呼吸器官。

水体污染“八五”只有沙圪堵镇化肥厂排放污水；“十五”羊市塔、川掌煤焦化行业排放污水严重超标；“十一五”大路煤化工基地、准格尔经济开发区煤化工产业污水；主要污染物悬浮物、化学需氧量，影响人畜饮水。2005 年起，煤矿产生煤矸石，燃煤机组产生粉煤灰，占用大量土地，影响农作物生长。

1999 年 12 月，内蒙古准格尔旗经济技术开发区引进包头福泰稀土金属加工项目，空气污染严重，排放的氯气让人刺鼻难耐。2002 年 12 月 10 日，准格尔旗第一中学千余名学生围堵福泰稀土公司，不久有关部门关停稀土项目。典型污染事件还有：2000 年薛家湾镇河南湾豆腐作坊污染地下水事故，2003 年 6 月川掌镇三阳焦化厂污染事故，2009 年大饭铺电厂停运脱硫装置违法排污事故，准格尔热电厂堆灰扬尘污染事故。

第五节　工业节能减排

自国家 1996 年提出“一控双达标”环境保护目标，准格尔旗严格按照上级要求，以工业节能减排为重点，淘汰落后产能，发展循环经济，实施结构性减排，建设治污设施，综合资源利用，确保达标排放。“十五”至“十二五”的 15 年，全旗工业万元产值能耗显著下降，削减排放量超越“三废”排放量增长趋势，主要污染物排放量控制在国家规定总量指标内，工业污染源达到规定污染物排放标准，空气和水达到国家规定环境质量标准。

国华电厂单位电量煤耗由 2003 年 340.03 克降到 2015 年 312.14 克；按 2015 年发电量计算，年节约标准煤 16.31 万吨，减少二氧化碳排放量 46 万吨。废水回收处理，循环再利用；灰渣运填埋厂集中处理；安装脱硫除尘装置，消减大气污染物。烟囱不冒烟，厂房不冒气，废水不外排，噪声不扰民，灰渣再利用。2005 年 8 月 19 日获 NOSA 五星级认证，成为全国首家通过国际职业健康、安全、环保体系认证的火电厂。

伊东集团 10 万吨超纯煤项目，2009 年列入联合国清洁煤技术示范推广项目。循环经济产业基地，2007 年 12 月列为国家第二批循环经济试点单位，核心项目东方能源化工公司 60 万吨干馏煤联产 10 万吨甲醇项目，2012 年 5 月列为国家重点环境保护实用技术示范工程。

2001—2015 年准格尔旗工业节能减排统计表

表 8-3

年份	万元产值能耗（吨标准煤）	万元产值电耗（千瓦时）	排放废水（万吨）	达标排放（万吨）	排放废气（万立方米）	消减二氧化硫（万吨）	消减烟粉尘（万吨）	排放固废（万吨）	利用固废（万吨）
2001			268.28	266.47	123.66		11.77	161.89	161.89
2002			106.65	101.20	329.12		10.23	270.35	80.82
2003			221.70	221.70	252.48		28.76	90.29	27.50
2004			210.30	210.15	286.38		61.48	110.06	17.88

续表 8-3

年份	万元产值能耗（吨标准煤）	万元产值电耗（千瓦时）	排放废水（万吨）	达标排放（万吨）	排放废气（万立方米）	消减二氧化硫（万吨）	消减烟粉尘（万吨）	排放固废（万吨）	利用固废（万吨）
2005			239.60	204.30	295.82		57.57	101.46	81.00
2006			1529.00	1289.00	866.29	0.02	61.00	857.73	226.02
2007	1.45	1833			747.37	0.37	61.70	341.58	289.01
2008	1.05	1297	42.29	42.29	668.60	4.33	126.16	533.67	476.41
2009	0.80	970	31.23	30.52	853.83	6.02	148.79	696.00	106.00
2010	0.55	570	111.97	87.36	1254.70	6.85	162.38	635.00	683.00
2011	0.52	530	387.73	387.73	778.47	7.35	751.19	1637.00	1342.00
2012	0.55	480	793.61	793.61	965.70	6.94	336.58	917.00	1509.17
2013	0.60	510	734.50	734.50	1126.52	10.19	328.22	2557.00	1306.00
2014	0.68	541	715.75	715.75	1570.26	11.02	341.06	2954.00	1353.09
2015	0.67	588	315.26	315.26	929.17	36.30	302.43	4087.00	1975.00

一、环境影响评审

准格尔旗实行建设项目环境影响评价审批和环保设施“三同时”制度，环保设施与主体工程同时设计、同时施工、同时投产，源头控制新增污染源。

2000 年起，对建设项目环境影响竣工验收；2002 年起，不再评审高耗能、重污染项目；2003 年起，实行建设项目从立项设计，到施工竣工全程环境影响监管；2006 年起，提高环境保护准入门槛，杜绝不符合国家产业政策的项目落户；2007 年起，严禁没有环境容量项目落户。

“十二五”期间，根据资源承载力、水和大气容量、环境功能区划，严格环保准入标准；煤化工、电石、火电、水泥等重污染行业，实行强制清洁生产审核，推动产业结构转型，发展循环经济。期内累计审批建设项目 1538 个，出具初审意见 330 份，验收项目 38 个。

二、淘汰落后产能

“十五”期间，准格尔旗开始淘汰不符合国家产业政策的土法炼焦、小白灰、小水泥、小炼铁、小火电项目，关闭羊市塔、川掌两镇的土炼焦 21 家，马栅、魏家峁、薛家湾 3 镇的小白灰 79 家、小水泥 2 家、小炼铁 11 家、硅钙 23 家。

2011 年铸成水泥公司拆除高污染高耗能设备

“十一五”期间，淘汰落后产能力度加大，关闭开发区高载能园区、薛家湾友谊工业园区、龙口高载能园区、纳日松镇煤焦化基地的高污染、高耗能项目，拆除小炼铁 9 家 9 台炉、土白灰 89 家

212 盘炉、小电石 6 家 7 台炉、铁合金 17 家 38 台炉、煤焦化 76 家 126 台炉。每年可降低能耗 121 万吨标准煤，按设计产能 70% 核算，年降能耗 84.7 万吨标准煤。

2012 年 12 月 13 日，关停准能公司发电厂。

三、控制排放总量

1998 年，全旗工业废气排放量 504.8 亿立方米，其中，二氧化硫排放量 0.05 万吨，烟尘排放量 0.36 万吨；工业废水排放量 236.8 万吨；固体废物生产量 28 万吨，综合利用率不到 10%，绝大多数贮存，累计贮存量 69 万吨。2000 年如期实现“九五”环境目标，主要污染物排放量控制在国家规定总量指标内，工业污染源达到规定污染物排放标准，空气和水达到国家规定环境质量标准。“十五”期间，加大工业节能减排力度，巩固“一控双达标”成果。“十一五”期间，重点行业污染物排放强度降低，二氧化硫排放量较 2005 年降低 64%，化学需氧量排放量降低 34.2%，主要污染物排放总量得到控制。

“十二五”期间，国家污染物减排考核指标由二氧化硫和化学需氧量 2 项，增加氮氧化物和氨氮 2 项；化学需氧量减排由工业源、生活源扩大到农业源，氮氧化物减排考核增加机动车尾气治理。两大工业园区统一热源、统一污水处理、统一固废处置；东西两大煤田复垦绿化；火电行业脱硫脱硝。全旗五年累计削减二氧化硫 4.6 万吨、削减氮氧化物 3.76 万吨、削减化学需氧量 1863.3 吨、削减氨氮 262.6 吨；2012 年起，化学需氧量、氨氮排放量实现零增长；2015 年，二氧化硫排放 5.39 万吨，氮氧化物排放 5.24 万吨，化学需氧量排放 4089.44 吨，氨氮排放 525.06 吨，实现主要污染物减排目标。

四、超标排污收费

国家实行“谁污染、谁治理”原则，向排污企业征收超标排污费，建立环保基金，用于治理污染项目。准格尔旗依法征收排污费，以收促治，1998 年征收排污费 35 万元；2008 年首次为减排企业核减排污费 49.96 万元。2009—2015 年，累计征收排污费 2.64 亿元；2011 年为 164 家煤炭企业核减排污费 2780.63 万元，征收排污费高达 4607.98 万元；2015 年，征收排污费 3105.25 万元。“十二五”期间，全旗累计争取上级环保专项资金 6570 万元，拨付企业治污 5560 万元。

第六节　大气污染防治

准格尔旗首个大气污染防治项目，是 1998 年榆树湾水泥厂投运的尘降室和电除尘装备。“十五”重点防治高耗能行业大气污染，“十一五”重点防治火电行业大气污染，“十二五”大气污染防治面扩大到相关多行业。

1999 年起，薛家湾市政区治理燃煤炉灶大气污染，到 2001 年，薛家湾市政区拆除供暖小锅炉 19 台、燃煤炉灶 182 台；2006 年 9 月 30 日，旗人民政府发布通告，供热管网覆盖区内自建供暖锅炉至 2007 年 8 月 30 日，禁止燃用原煤；2007 年 10 月 9 日再次通告，取缔燃煤炉灶，改用清洁燃料；2010 年，198 家燃煤炉灶中，改造 151 家、取缔 25 家。开发区随后实行同样政策治理燃煤炉灶。2011 年，两城区清洁能源利用率 80% 以上。2014 年起，全旗淘汰 10 蒸吨以下燃煤锅炉，市政区禁止新建 10 蒸吨以下燃煤锅炉，工业区禁止新建 20 蒸吨以下燃煤锅炉；至 2015 年，取缔燃煤锅炉 37 台，保留 48 台脱硫改造。

“十一五”期间，燃煤发电机组成为治理大气污染重点，开始脱硫、脱硝、除尘改造。2007 年 9 月 30 日，国华电厂二期 2×33 万千瓦火电机组投产，脱硫系统同步建成投运，是全旗首个火电厂大气污染减排项目；2013年10月11日，酸刺沟电厂脱硝设施投运，脱硫系统2014年4月29日投运；2015年，全旗6座火力发电厂，全部投运脱硫、脱硝装置，袋式、电袋复合式除尘器。

2007年6月14日，旗人民政府发布通告，至7月5日集中清除薛家湾—喇嘛湾公路沿线煤场，鼓励煤炭经营企业整合，进入煤炭物流园区封闭经营，拉开全旗治理煤尘污染序幕。到2010年，所有煤矿配套洗选煤厂建成储煤筒仓自动化装车系统，全部安装固化风尘喷洒设施、干雾抑尘系统，储煤厂、破碎站加装防风抑尘网，输煤系统加装密封罩，汽车运煤盖布防扬散，火车运煤喷洒抑尘剂。“十二五”期间，全旗取缔煤炭露天堆场，新建煤炭堆场全封闭，清理煤场209家，建成全封闭煤场21家；煤矿井下综合降尘、露天网围防尘、运输固化封尘，采储运全过程实现“采矿不见煤、煤品不落地”。

燃煤发电厂安装脱硫装置，2011年摄

2014年起，治理机动车尾气污染，严格机动车环保检验，强制淘汰老旧机动车，发展公共交通，投放共享自行车，鼓励绿色出行。至2015年，淘汰黄标车246辆，更新老旧公交车16台；2014年起，推行绿色施工，工地设围挡，硬化路面，洒水降尘，渣土密闭运输；2015年清理建筑垃圾5558吨。

第七节　水体污染防治

一、流域污染治理

“八五”初期，全旗尚未建成污水处理厂，污水直接排入河道。化肥厂的污水筑坝贮存，形成了沙圪堵镇有名的臭水坝。1994年11月准煤公司污水处理厂建成投运后，直接排入龙王沟的污水明显减少。“十五”初期，羊市塔、川掌两镇煤焦化行业，焦油池设施简陋，污水直排犊牛川。2010年12月科源水务公司污水处理厂投运后，开发区的污水不再直排纳林川。龙王沟2009年封堵上游7处排污口，2014年治理乌兰苏木图沟等6条支沟污水，封堵景观河等7个排污口，全流域清除直接排污口。2015年，全旗4家污水处理厂，日处理污水9.5万立方米，污水集中处理率94.68%。

“十二五”期间，全旗累计投资1.1亿元用于重点流域水污染防治。两工业园区8家污水生产企业，开发区2家停产，大路煤化工基地6家企业均建成高盐水回用中水处理设施，中水回用率60%，剩余的高盐水先排放至园区污水处理厂集中处理，回用率60%，未回用高盐水排至晾晒池最终处理。犊牛川流域29家废水排放企业建

2018年黄河河道清洁工，张国柱摄

成污水处理设施，宝平湾、布尔洞沟、宏景塔一矿 3 家煤矿矿井水实现零排放。电厂均建设工业废水处理系统，中水用于冷却、清洗、绿化等，出水达标排放。煤矿全部配备污水处理设施，矿井水、回用水、外排水分区收集、三级处理、三类循环、三种利用，矿井水综合利用率达到 68%。

二、饮用水源保护

准格尔旗集中式饮用水采自深层地下水，水源地流域水体污染会影响到深层地下水水质。2008 年，按照国家《饮用水水源保护区划分技术规范》（HJ/T 338—2007），全旗首次划定薛家湾镇苏计沟、永兴店、窑沟、陈家沟门、唐公塔，开发区栗家圪旦、安定壕，大路煤化工基地大南沟、三拉沟、苗家滩 10 处水源地保护区。2012 年，重新划定苏计沟、陈家沟门城镇集中式饮用水源地保护区，开始水源地规范化建设，设置保护区围栏，硬化保护区道路，清除保护区污染。2014 年，划定十二连城乡五家尧村、布尔陶亥乡水镜湖 2 处农村集中式饮用水源地保护区。2015 年，全旗 12 个集中式饮用水水源地保护区，管水单位派员昼夜轮流值守，安装视频实时监控，涉水设施封闭管理。

第八节　固体废物处置

准格尔旗一般工业固体废物主要是煤矿产生的煤矸石、发电企业、煤化工企业燃煤锅炉产生的灰渣。“八五”至“九五”期间，煤矸石处置率极低，更谈不上综合利用。“十五”至“十一五”期间，准能公司率先开始煤矸石综合利用，露天煤矿煤矸石大部分排入排土场，掩埋压实用于复垦绿化，小部分用于矸石电厂动力燃料；小鱼沟煤矿大巷产生煤矸石全部用来充填井下采空区，达到《一般工业固体贮存处置场控制标准》一类场标准。“十二五”期间，全旗井下开采产生煤矸石，普遍不用外排，直接回填采空区，减轻地面沉降；洗选产生矸石及中煤直接用于发电，无法利用煤矸石，建排矸场集中处置，掩埋压实，复垦绿化。2015 年，全旗煤炭系统煤矸石综合利用率 69%。

工业燃煤锅炉产生的灰渣，最初运往生活垃圾场集中处置。1998 年，准煤公司建贮灰坝，填埋电厂灰渣。2007 年，准格尔经济开发区工业固体废物处置场建成投运，年处置灰渣 30 万吨，填埋无害化处理。大路煤化工基地工业灰渣填埋场，按《一般工业固体贮存处置场控制标准》二类标准设计，总库容 1200 万立方米，存储量 1400 万吨。一区库容量 300 万立方米，存储量 390 万吨，2010 年 5 月建成投运，2014 年 10 月满负荷封场，覆土封存，压实绿化；二区 2014 年 11 月投运，占地面积 49.8 万立方米，库容量 900 万立方米，设计存储量 1005 万吨。

准格尔旗医疗废物最初由医疗单位自行焚烧处理，1998 年，准煤公司建医院焚烧炉。2008 年，全旗统一销毁中小学校和医院储存的危险剧毒化学品。2012 年，旗直医疗单位产生的医疗废物统一运至鄂尔多斯市医疗废物处置中心集中处置，产生的废水消毒处理后排入污水厂集中处理；乡镇卫生院产生医疗废物焚烧，不能焚烧的消毒集中填埋。

准格尔旗无危险废物集中处置设施，由危险废物产生企业自行收集处置，设立危险废物警示标志，建有危险废物处置台账。2015 年，全旗有危险化学品生产企业 2 家，涉重金属生产企业 3 家。

准格尔旗放射源、电磁辐射源集中在医疗单位和煤化工行业。2005 年起，对放射源和电磁辐射统一监管。2008 年起，开始规范放射源、电磁辐射源存放、使用。2015 年，全旗涉放射源单位 10 家放射源 121 枚。

第九节 集中治污设施

一、垃圾处理场

薛家湾垃圾处理场，1999年在哈岱高勒乡苏计沟村建成投运，日均处置垃圾55吨。2005年在薛家湾镇大饭铺村新建垃圾处理场，日均处置垃圾145吨；苏计沟垃圾场关闭。2010年在大饭铺垃圾场建成垃圾综合处理系统，机械分拣出废纸、塑料、金属等回收再利用，固态惰性物质卫生填埋，日均处置垃圾302吨、污泥56吨、粪便21吨，垃圾分选率70%，无害化处理率85%以上。2009年10月在薛家湾镇唐公塔村建成粪便处理系统，设计日处理200吨；2013年1月在唐公塔村扩建餐厨垃圾处理系统投运，设计日处理餐厨垃圾50吨。两套系统采用联合厌氧发酵工艺，产生沼气、有机肥。2015年大饭铺垃圾处理场渗滤液处理系统建成投运，采用碟管式反渗透技术，渗滤液排放达到国家二级标准，日处理渗滤液100吨。2015年，薛家湾两处垃圾处理场3套垃圾处理系统，处理生活垃圾11.02万吨、餐厨垃圾6205吨、粪便5145吨，无害化处理率95.42%。

准格尔经济开发区垃圾处理场，2009年在沙圪堵镇城区东建成垃圾场中转站，在城郊不拉村建成垃圾处理场，日处理生活垃圾350吨。2015年1月在忽昌梁村建成垃圾处理厂，设计日处理垃圾100吨、粪便100吨、污泥30吨、餐厨垃圾20吨。2015年，处置垃圾7.2万吨，其中，生活垃圾3.7万吨、粪便2.92万吨、餐厨垃圾5840吨，无害化处理率90%。

准格尔经济开发区垃圾处理厂，2015年摄

二、污水处理厂

准能公司污水处理厂，1994年11月在薛家湾镇唐公塔村建成投运，设计日处理污水1.25万吨。2008年8月28日，扩能深度处理改造工程建成投运，采用循环式活性污泥工艺，设计日处理污水2万吨，中水供国华电厂循环冷却补水，污水排放符合《城镇污水处理厂污染物排放标准》（GB 18918—2002）一级标准。为解决长远污水处理能力不足，2015年8月10日开工二期扩建工程，增加污泥处置系统、除臭系统。

天河水务公司污水处理厂，2010年9月在大路煤化工基地建成投运，日处理污水2.5万立方米，采用厌氧+缺氧+好氧的二级生物处理工艺及混凝砂滤深度处理。配套7座浓盐水蒸发晾晒池，容积132万立方米，蒸发面积33万平方米，采用高密度聚乙烯+土工布防渗，2010年

大路煤化工基地污水处理厂，2018年摄

10 月投用，日处理浓盐水 2 万立方米。

科源水务公司污水处理厂，2010 年 12 月在准格尔经济开发区建成投运，采用多段厌氧 + 生物接触氧化法水处理工艺，设计日处理污水 3 万立方米，出水水质达到《城市污水处理厂污染物排放标准》（GB 18918—2002）一级标准，中水回用于企业循环冷却水、地面浇洒、厂区消防等。

伊东集团污水处理厂，2011 年 11 月在准格尔经济开发区伊东循环经济产业基地投运，日处理污水 4800 立方米，中水回用 4000 立方米，配套外排蒸发塘，日处理浓盐水 800 立方米，实现污水“零”外排。

第十节　生态环境保护

准格尔旗“十五”开始矿区环境治理，“十一五”根据环境承载能力划定生态主体功能区，“十二五”开始农村环境治理，严格落实生态保护红线。

一、矿区环境治理

准格尔旗 2004 年出台《矿区环境治理实施方案》,2005 年起实施“一矿一企治理一山一沟”工程，绿化矿区。

2008 年起实施煤矿井田火区治理工程，组织塌陷区、火区居民搬迁，综合治理矿区环境。灭火工程露天开采，排土场复垦绿化；清理矿区临时建筑、堆煤、矸石、垃圾，硬化绿化矿区道路，防风抑尘网围封工业广场；建设封闭式储煤筒仓，运煤车辆配备密实篷布，洒水降尘作业；建设生活污水、矿井污水一体化处理设施，中水回用，达标外排。

至 2015 年，全旗实施火区治理 43 项 3357.38 公顷，复垦绿化 1233.12 公顷。煤炭企业中，52 家建成筒仓，78 家建成防风抑尘网，88 家建成生活污水处理设施，49 家建成矿井水处理设施，62 家完成工业广场硬化，全部配备洒水车辆。

准能公司累计完成复垦面积 2449.28 公顷，黑岱沟露天煤矿内排土场完成复垦 109 万平方米，工业广场绿化 212 万平方米，绿化率 89.5%。2007 年 12 月 25 日，准能公司被评为中国环境保护示范单位；2011 年 11 月 20 日，黑岱沟露天矿被命名为首批国家级绿色矿山。

二、农村环境治理

2009 年起，准格尔旗实施《农村环境治理规划》，污染治理由工业源、生活源向农业源延伸，农村禁止焚烧秸秆,收集农业废弃物、人畜粪便、生活垃圾、生活污水等废弃物集中处理。到“十一五”末，全旗农村新建垃圾池 114 个、公厕 59 个、垃圾填埋场 3 座。

“十二五”期间，在十二连城乡和布尔陶亥苏木建设畜禽养殖业污染综合利用和处理示范工程。布尔陶亥苏木建设“四位一体”养殖小区，在蔬菜大棚一端，地下建沼气池，地上建猪舍，“温室、沼气、猪舍、蔬菜”四位一体，发展无害化生态养殖业。2015 年，全苏木建“四位一体”养殖小区 30 个。两地 9 家规模化畜禽养殖场中,8 家畜禽养殖场,建成粪便、污水处理设施、生产沼气、农家肥。牲畜粪便全部得到综合利用。在布尔陶亥苏木公益盖村实施农村环境综合整治示范项目，新建垃圾池 5 个，购买垃圾桶 35 个、三轮垃圾车 1 辆，租用吸污车，清运生活垃圾、生活污水集中处理。

第九篇

交通运输

公路交通

铁路交通

水路交通

荣乌高速公路黄河特大桥、109国道黄河特大桥，2019年11月陈文俊摄

准格尔旗沟壑纵横，曾经交通闭塞，晴通雨阻，漫漫无期。公路从黏土路、砂石路，到沥青路、高速路，2015年建成以大饭铺立交互通为枢纽，东通首府，南下晋陕，西通市府，北上包头，形成高速路2小时经济圈，公路通车里程3500.87千米。铁路从无到有，大准线，准东线，呼准线，巴准线，2015年形成以薛家湾火车站为枢纽的放射状电气化双轨铁路运输网，铁路通车里程478千米。煤炭物流短途公路运输，长途铁路运输，畅通全旗的经济命脉。今日准格尔旗，人便于行，货畅其流，朝发夕至。

和谐号动车组列车行驶在呼准鄂铁路黄河特大桥，2021年6月陈文俊摄

第一章　公路交通

1991 年，准格尔旗人民政府交通行业主管部门是交通局；2010 年 12 月更名为交通运输局；2015 年，下设路政大队、农村公路养护管理所、海事处 3 个二级单位。

第一节　公路建设

一、公路规划

“八五”期间，准格尔旗主要建设黏土路、砂石路，满足运输所需。“九五”期间，坚持少开新路，建设黑色路面，提高公路标准；东西横向干线 2 条，109 国道、魏家峁—西召公路；南北纵向干线 2 条，榆树湾—前房子公路、羊市塔—蓿亥图公路；建设其他旗县路、乡村路，构成纵横交错的公路网。“十五”至“十一五”，提高公路等级和路网密度，努力打通煤炭物流通道，实现主干线高速化、国省道高级化、县乡道黑色化、通村路网络化，构建与经济社会发展相适应，与其他运输方式相协调的公路网。

2012 年 9 月编制的《准格尔旗“十二五”交通规划》，建设“五横五纵”高等级公路网。五横指沿黄河一级公路前房子—呼斯太河段、大路新区—马场壕公路、109 国道一级公路小沙湾—东胜段、荣乌高速公路十七沟—康巴什段、纳日松—龙口高速公路；五纵指前房子—龙口高速公路、31 省道城壕—龙口高速公路、巨合滩—壕圪卜—羊市塔一级公路、西不拉—布尔陶亥—纳林—沙圪堵—古城高速公路、敖包梁—庙沟门一级公路。

二、建设投资

1991 年，准格尔旗公路建设完成投资 1.32 亿元，主要靠政府投资和公路沿线群众投工投劳。1998 年 1 月，伊泰集团运煤专线曹羊公路投运，是全旗第一条采用“BOT”模式建设的公路，贷款修路，收费还贷。之后，汇能集团、伊东集团也以“BOT”模式建设运煤专线；东达集团、鑫隆公司、泰宝公司、明大集团以“BOT”模式建设经营干线。2004—2006 年，全旗以“BOT”模式建成经营性公路 539.5 千米，累计完成投资 77.9 亿元。“十二五”期间，通过银行贷款、企业自筹、“BOT”模式、产权置换，多渠道筹集资金，全旗完成公路建设

2022 年布尔陶亥苏木营林防火公路施工

投资 127.76 亿元，其中，上级专项 1.27 亿元，企业自筹 109.43 亿元，地方自筹 17.06 亿元；非偿还性公路建设投资占比下降到 35% 左右。

三、建成路网

1991 年，准格尔旗公路通车里程 1731 千米，其中沥青路 29 千米，其余为砂石路。全旗第一条二级沥青路准格尔矿区“一号公路”东通呼和浩特，109 国道三级砂石路西通东胜，其他干线公路南通山西河曲、陕西府谷，北通包头，形成以沙圪堵镇为中心的公路网，旗内实现乡村两级通公路。

2006 年 12 月 20 日，全旗第一条高速公路呼和浩特—大饭铺段建成通车；2009 年 10 月 26 日，荣乌高速公路大饭铺—东胜段通车；2012 年 7 月 5 日，鄂尔多斯市沿黄河高等级公路建成通车；2013 年 12 月 14 日，109 国道大饭铺—东胜段升级山岭重丘区一级沥青路通车。至此，以薛家湾为枢纽，高速公路、一级公路为骨架，杨吉线、壕托线和史榆线等出境公路为辅助，乡村公路为补充的公路网基本形成，建成外通呼包鄂周边城市，内通苏木乡镇政府驻地的“两小时经济圈”。

鄂尔多斯沿黄河一级公路与呼大高速公路互通，2017 年赵鑫磊摄

2014 年起实施“十个全覆盖”通村道路及街巷硬化工程，两年 109 个嘎查村道路及街巷硬化 662.43 千米。2015 年，全旗公路通车里程 3500.87 千米。按技术等级分，高速公路 192 千米，一级公路 135.98 千米，二级公路 647.20 千米，三级公路 351.82 千米，四级公路 2033.67 千米，等外公路 140.20 千米；按行政等级分，国道 217.27 千米，省道 169.67 千米，县道 508.97 千米，乡道 217.72 千米，村道和街巷硬化 2037.65 千米，专用公路 349.59 千米；按路面材质分，沥青路 1773.08 千米，水泥路 784.80 千米，砂石路 942.99 千米。公路密度 45.50 千米 / 百平方千米。

四、干线公路

国道 18 荣城—乌海。准格尔旗境分十七沟—大饭铺、大饭铺—东胜 2 段。大饭铺—东胜段东起薛家湾镇呼大高速公路大饭铺立交，经沙圪堵镇、暖水乡、西至准格尔召镇炭窑渠村碌碡墕互通出境，通东胜南立交，全长 113.8 千米，途经准格尔旗 92.96 千米，双向四车道高速公路，2009 年 10 月 26 日建成通车，鄂尔多斯市泰宝投资公司采用 BOT 方式投资 50 亿元建设，设大饭铺、大路墕、沙圪堵、暖水、公沟、碌碡墕 6 个收费出口。十七沟—大饭铺段 2010 年 9 月开工，2015 年续建。

国道 109 北京—拉萨。1991 年，准格尔旗段东起哈岱高勒乡城坡村 701 黄河大桥，西经海子塔乡、纳林乡、德胜西乡、西至暖水乡榆树壕村樊家渠出旗，途经旗境 112 千米，三级砂石路。1997 年 10 月，大饭铺—东胜段改建山岭重丘区三级沥青路通车，伊克昭盟交通处贷款建设，在大饭铺设收费站。1998 年 5 月，黄河万家寨水利枢纽蓄水，炸毁 701 大桥，城坡—大饭铺段改线；同年 8 月，城坡—大饭铺段改建山岭重丘区二级沥青路通车，伊克昭盟交通处贷款建设，初在史家坪设收费站，黑岱沟露天煤矿扩大采区占路，改在三保窑设收费站。2009 年 12 月，小沙湾黄河大桥—大饭铺段 19.8 千米改建山岭重丘区二级沥青路通车，呼和浩特市天虹公路建设公司以 BOT 方式投资 3.8 亿元建设，在小沙湾设收费站。2013 年 12 月 14 日，大饭铺—东胜段改建山岭重丘区一级沥青路通车，鄂尔多斯市泰宝投资公司以 BOT 方式投资 24.72 亿元建设，升级改造后准格尔旗段长 98.63 千米。

省道 31 呼和浩特—大饭铺。准格尔旗段北起大路镇城壕村浦滩拐黄河特大桥，南至薛家湾镇大饭铺村出口，全长 46.57 千米，山岭重丘区双向四车道高速公路，2006 年 12 月 20 日建成通车，鄂尔多斯市泰宝投资公司采用 BOT 方式投资 13.95 亿元建设，设大路东、大路、薛家湾、大饭铺 4 个出口，为准格尔旗第一条高速公路。

省道 103 呼和浩特—河曲。1991 年为喇嘛湾黄河大桥—薛家湾段 39.1 千米二级、三级沥青路和当年新建的大饭铺—榆树湾 57 千米等外黏土路。1994 年 8 月，薛家湾—魏家峁 48.9 千米三级沥青路建成通车。1995 年，建成太子滩黄河浮桥，呼和浩特—河曲贯通。1999 年 10 月，喇嘛湾—大饭铺山岭重丘区二级沥青路建成通车，内蒙古鑫隆公司采用 BOT 方式投资 8400 万元修建，设前房子收费站。2001 年 10 月，史家敖包—榆树湾 32 千米山岭重丘区二级沥青路建成通车，内蒙古鑫隆公司垫资 9600 万元建设，旗人民政府组织收费，设榆树湾收费站。2005 年 9 月，黄河龙口公路大桥建成，设龙口大桥收费站，拆除太子滩黄河浮桥，至此呼和浩特—河曲省道准格尔旗段 95.5 千米公路成形。2008 年 3 月 5 日，旗人民政府出资 5050 万元，收回史家敖包—榆树湾 32 千米经营权。

呼准公路喇麻湾黄河大桥，2008 年摄

省道 24 大路新区—巴拉贡。东起准格尔旗大路新区，接准兴重载高速公路，西至杭锦旗巴拉贡镇，又称鄂尔多斯市沿黄河高等级公路，主线长 424 千米，途经准格尔旗大路镇、十二连城乡 57.15 千米，双向四车道沥青一级公路，2012 年 7 月 5 日建成通车，鄂尔多斯市沿黄高等级公路公司投资 128 亿元建设。准格尔旗设大路新区、柴登、五家尧 3 个出口，设十二连城服务区。

县道 618 杨四圪咀—巴拉贡。鄂尔多斯市沿黄河公路准格尔旗段，1991 年为杨四圪咀—吉格斯太 80 千米等外黏土路，穿越库布齐沙漠沙阻严重。2001 年 10 月 20 日，杨四圪咀—吉格斯太山岭重丘区二级沥青路建成通车，东起东孔兑镇杨四圪咀居委会，经大路乡、十二连城乡、到蓿亥图乡三十顷地村出旗，西至达拉特旗吉格斯太乡，全长 78 千米，途经旗境 77.12 千米，内蒙古东达集团垫资 1.28 亿元建设，旗人民政府组织收费，设东孔兑、兴盛店 2 处收费站。

县道 601 纳林—榆树湾。1991 年，北起纳林乡 109 国道纳林叉道，途经沙圪堵乡、沙圪堵镇、跨省经陕西省府谷县古城乡、又回准旗马栅乡，南至榆树湾镇，全长 65 千米，22 千米四级黏土路，其余为等外路。1997 年 10 月，109 国道纳林叉道—沙圪堵 17 千米改建为山岭重丘区三级沥青路。2004 年 10 月，沙圪堵—榆树湾 50 千米改建山岭重丘区二级沥青路通车，达拉特旗万通公司以 BOT 方式投资 1.3 亿元建设，设石籽湾、马栅 2 个收费站。改建后全线缩短为 65.19 千米。

县道 614 壕圪卜—托克托县。1991 年为沙圪堵—蓿亥图 98 千米等外黏土路其中一段，1997 年改建为三级砂石路；2004 年 11 月，壕圪卜—托克托县山岭重丘区二级沥青路建成通车，南起纳林镇刘家渠村壕圪卜，接 109 国道，经布尔陶亥乡，北至十二连城乡巨合滩浮桥，全长 53.52 千米，明大集团以 BOT 方式投资 1.47 亿元建设，设神山、巨合滩浮桥 2 个收费站；2011 年 6 月又投资 1.6 亿元建成巨合滩黄河大桥，浮桥拆除。

县道 603 指雨房—羊市塔。1991 年，沙圪堵—羊市塔 62 千米为等外黏土路。2005 年 10 月，指雨房—羊市塔山岭重丘区二级沥青路建成通车，北起沙圪堵镇刘家渠村指雨房，接 109 国道，南至纳日松镇羊市塔村，全长 75.88 千米，伊东集团以 BOT 方式投资 2.7 亿元建设，设安定壕、榆树塔、松树焉 3 个收费站。

县道 605 西营子—青春塔。1991 年分两段，沙圪堵—乌素沟 31 千米等外黏土路，沙圪堵—长滩 42 千米四级黏土路。2006 年 10 月，青春塔—西营子山岭重丘区二级沥青路建成通车，西起沙圪堵镇西营子村，东至龙口镇叶林沟村青春塔，全长 71.78 千米，鄂尔多斯市明大集团以 BOT 方式投资 2.6 亿元建设，设忽昌梁、青春塔 2 个收费站。

专道 003 曹家石湾—羊市塔。北起暖水乡榆树壕村曹家石湾，接 109 国道，经西营子、大路峁、乌日图高勒 3 乡，南至羊市塔乡纳林庙村，全长 58.6 千米，山岭重丘区二级、三级砂石路。1998 年 1 月投入收费运营。复线北起达拉特旗敖包梁乡敖包梁村，接 109 国道，经暖水镇、西营子镇、川掌 3 镇，南至羊市塔镇，全长 64 千米，山岭重丘区二级沥青路，2005 年建成通车。2010 年，曹羊公路及复线、专线 152.49 千米全部改建为山岭重丘区二级沥青路，伊泰集团采用 BOT 方式累计投资 3.9 亿元建设，设暖水、32 千米、复线 3 个收费站。2010 年 9 月，32 千米收费站在内蒙古率先开通 ETC 不停车收费系统。

乡道 325 薛家湾—大路新区。薛家湾市政区至鄂尔多斯大路煤化工基地快速通道，全长 19.87 千米，双向四车道沥青高速公路标准，旗人民政府投资 9.5 亿元建设，2012 年 11 月 20 日建成，两地开通城际免费公交。

薛家湾至大路新区快速通道，2016 年赵刚摄

村道 139 边家壕—贾家湾。起点伊金霍洛旗纳林陶亥镇边家壕，接包府公路，终点准格尔旗乌日图高勒乡贾家湾，接曹羊公路，全长 36.7 千米，准格尔旗境内 18.64 千米，途经准格尔旗乌日图高勒乡、羊市塔乡，山岭重丘区二级沥青路，1999 年 9 月建成通车，汇能集团按 BOT 模式投资 1.33 亿元建设，设东、西两收费站。

村道 142 边家壕—庙沟门。起点伊金霍洛旗纳林陶亥镇边家壕，途经准格尔旗川掌镇、羊市塔镇，终点陕西省府谷县庙沟门镇，全长 68.78 千米，准格尔旗境内 26.80 千米，山岭重丘区二级沥青路。2005 年 4 月建成通车，汇能集团按 BOT 模式投资 2.3 亿元建设，设羊市塔南、北两收费站。

2015 年准格尔旗干线公路一览表

表 9-1　单位：千米

编号	起点—终点	旗内起止乡村	里程	等级	通车年月
G18	荣成—乌海	薛家湾镇大饭铺村—准格尔召镇炭窑渠村	92.96	高速	2009–10
G109	北京—拉萨	薛家湾镇柳青梁村—暖水乡榆树壕村	78.83	一级	2013–12
			19.80	二级	2009–12
S31	城壕—大饭铺	大路镇城壕村—薛家湾镇大饭铺村	46.57	高速	2006–12
S103	呼和浩特—河曲	大路镇前房子村—龙口镇龙口社区	95.50	二级	2005–09
S24	大路新区—巴拉贡	大路镇前房子村—十二连城乡三十顷地村	57.15	一级	2012–07
X618	杨四圪咀—巴拉贡	大路镇杨四圪咀社区—十二连城乡三十顷地村	77.12	二级	2001–10
X601	纳林—榆树湾	沙圪堵镇纳林村—龙口镇龙口社区	65.19	二级	2004–10
X614	壕圪卜—托克托县	纳林镇刘家渠村—十二连城乡巨合滩村	53.52	二级	2004–11
X603	指雨房—羊市塔	沙圪堵镇刘家渠村—纳日松镇羊市塔村	75.88	二级	2005–10
X605	西营子—青春塔	沙圪堵镇西营子村—薛家湾镇业林沟村	71.78	二级	2006–10
Z003	曹家石湾—羊市塔	暖水乡榆树壕村—纳日松镇纳林庙村	58.60	二级	2010–09
Y325	薛家湾—大路新区	薛家湾—大路新区	19.87	高速	2011–11
C139	边家壕—贾家湾	乌日图高勒乡、羊市塔乡	18.64	二级	1999–09
C142	边家壕—庙沟门	川掌镇、羊市塔镇	26.80	二级	2005–04

五、公路桥梁

准格尔旗山大沟深，有隔河千里远之说。交通人逢山开路，遇水搭桥，架设许多公路桥梁，让天堑变通途。

1991 年，准格尔旗有两座黄河公路大桥：位于窑沟乡城坡村的 109 国道 701 黄河大桥，1998 年 5 月因万家寨水利枢纽工程蓄水炸毁；呼和浩特市通往准格尔矿区“1 号公路”喇嘛湾黄河大桥。1993 年 4 月，黄河万家寨水利枢纽附属工程万家寨黄河大桥建成通车，蒙晋两地有了第一条跨黄河通道；2001 年 1 月通车的杨四圪咀—吉格斯太公路，建有东孔兑、大沟、呼斯太河等多座桥梁；2006 年 12 月 20 日通车的呼和浩特—大饭铺高速公路，控制性工程海生不浪黄河大桥是全旗第一座跨黄河特大桥；2009 年 10 月 26 日通车的荣乌高速公路，跨越十里长川、纳林川、特牛川等大小河道，沿线建成十几座大桥。

2015 年，准格尔旗干线公路建有桥梁 114 座，桥梁长 24.26 千米。其中跨黄河大桥 8 座，特大桥 5 座。1853.80 米的准兴重载高速公路柳林滩黄河大桥是最大桥梁。2015 年 9 月 1 日，荣乌高速公路黄河特大桥合龙，双塔双索混凝土斜拉桥主跨 440 米，为内蒙古主跨最长斜拉桥。呼和浩特—大饭铺高速公路塔哈拉川大桥也属特大桥。

2015 年准格尔旗公路桥梁选录一览表

表 9-2　　单位：米

桥梁名称	桥　长	桥　宽	跨径级	荷载级	跨越物	建设单位	通车日期
G109 小沙湾黄河大桥	820.15	11.00	特大桥	Ⅰ级	黄河	鄂尔多斯市泰宝投资公司	2014-07-30
G109 永兴店大桥	418.78	10.00	大桥	Ⅰ级	准东铁路	鄂尔多斯市泰宝投资公司	2014-07-30
G109 纳林川大桥	331.30	24.50	大桥	Ⅰ级	纳林川	鄂尔多斯市泰宝投资公司	2014-02-26
G18 荣乌高速小沙湾黄河大桥	1277.00	28.40	特大桥	Ⅰ级	黄河	鄂尔多斯市交通运输局	2015-12-22
G18 荣乌高速海子塔大桥	768.00	24.50	大桥	Ⅰ级	十里长川	鄂尔多斯市泰宝投资公司	2009-02-01
G18 荣乌高速特牛川大桥	928.00	24.50	大桥	Ⅰ级	特牛川	鄂尔多斯市泰宝投资公司	2009-02-01
S24 准兴高速柳林滩黄河大桥	1853.80	27.75	特大桥	Ⅰ级	黄河	准兴重载高速公路公司	2013-11-21
S24 沿黄公路大沟大桥	488.00	26.00	大桥	Ⅰ级	大沟	鄂尔多斯市交通运输局	2012-10-10
S24 沿黄公路呼斯太河大桥	157.20	26.00	大桥	Ⅰ级	呼斯太河	鄂尔多斯市交通运输局	2012-10-10
S31 呼大高速塔哈拉川大桥	1049.00	27.00	特大桥	Ⅰ级	塔哈拉川	鄂尔多斯市泰宝投资公司	2006-12-20
S31 呼大高速海生卜浪黄河大桥	1682.20	23.00	特大桥	Ⅰ级	黄河	内蒙古鑫达公路公司	2006-12-20
S103 龙口黄河大桥	624.00	12.00	大桥	Ⅱ级	黄河	黄河万家寨水利枢纽公司	2005-08
S103 喇嘛湾黄河大桥	416.62	11.00	大桥	Ⅰ级	黄河	乌兰察布盟交通局	1986-01-01
X603 沙圪堵大桥	144.00	9.00	大桥	Ⅱ级	纳林川	准格尔旗交通运输局	1999-01-01
X605 沙圪堵大桥	145.50	8.00	大桥	Ⅱ级	纳林川	准格尔旗交通运输局	2008-11-29
X614 巨合滩黄河大桥	930.00	12.00	大桥	Ⅱ级	黄河	鄂尔多斯市亨顺路桥公司	2011-03-01
X618 杨吉公路大路大桥	164.40	9.00	大桥	Ⅱ级	大沟	准格尔旗交通运输局	2001-01-01
X639 龙王沟桥	164.00	8.00	大桥	Ⅱ级	龙王沟	准格尔旗交通局	1993-01-01
万家寨黄河大桥	250.00	12.00	大桥	Ⅱ级	黄河	黄河万家寨水利枢纽公司	1994-04

第二节　公路管理

一、公路养护

公路三分建设，七分养护。准格尔旗公路养护，从上级包养干线公路到县级及以下公路旗里养护，从养护黏土路到养护沥青路。2015 年，全旗有两家公路养护单位，鄂尔多斯市公路管理局派驻准格尔旗公路管理工区，负责国道、省道养护；准格尔旗交通运输局农村公路养护管理所，负责县道、乡村道养护，监管县级及以下经营性道路养护。

准格尔旗公路管理工区，1991 年为准格尔旗公路段，驻沙圪堵镇；养护 109 国道 115.7 千米，103 省道 45 千米，6 条县道 284 千米；24 个道班 253 名工人分驻各路段，配备小四轮 13 辆、小型翻斗车 16 辆、小型刮路机 3 辆，机械集中调度，道班养护人工作业，完成养护投资 400 多万元。

1996 年，国家实行公路分级管理改革，县级及以下公路下放准格尔旗交通局，50 多人分流到旗公路管理段。1997 年 9 月，派驻公路段更名为公路管理工区，养护 109 国道 115.7 千米，103 省道 29 千米；代国家重点建设项目养护薛家湾—魏家峁 60.7 千米、龙王桥—张家圪旦 9 千米。

1998 年，公路管理工区撤小道班，设 6 大道班，109 国道设纳林、海子塔、薛家湾 3 大道班；职工集资入股，购置推土机、压路机、装载机、翻斗车，开始专业化集中养护，实现半机械化作业。2000 年，内蒙古启动“好路杯”竞赛；公路管理工区撤 6 大道班，设 7 个公路管理站；海子塔公路管理站在全国公路大检查中脱颖而出，2001 年 3 月获评内蒙古十佳公路管理站，站长王培业 2001 年 9 月评为全国交通系统劳动模范。

2022 年公路管理工区养护公路灌缝作业

2002 年，公路管理工区建成纳林沥青拌和站，配套沥青路施工机械，开始“一低四化”养护建设，建筑设施地面排水系统标高低于路面标高，路宅分离化、路肩硬化、路容路貌美化、管理规范化。到 2005 年，樊家渠集市、纳林岔道相继实现“一低四化”，109 国道大饭铺—东胜段建成内蒙古文明样板路。

进入“十二五”时期，公路管理工区消灭差等路，改造危旧桥涵，改造老旧沥青路，2013 年养护投资高达 1800 万元。2015 年下设 4 个公路管理站，在册职工 133 名，养护机械 15 台；养护国道荣乌高速公路 24 千米，109 国道 20 千米，省道兴巴高速公路 63 千米，省道史榆线 32.7 千米，省道喇大线 40 千米；代伊泰集团养护曹羊公路及复线 145 千米，养护投资 790 多万元。

准格尔旗交通运输局农村公路养护管理所，1991 年为交通局公路管理站。1996 年，接管沙榆、沙羊、榆乌、史榆 4 条县道，开始管养沙蓿、沙西、沙长、魏房等乡道，设立 9 个道班，每个道班配备一辆四轮车、一辆小型刮路机，配合人工养护作业，道班工人劳动强度大。1998 年 1 月更名为准格尔旗公路管理段，开始实行道班承包养护，晴天一身土、雨天两脚泥的县乡两级公路，路况开始改善，通行能力提高，2000 年好路率 55.7%。

2001 年，设立史榆线榆树湾管理站、杨吉线大路管理站、柴登管理站，配备沥青撒布车、振动夯、切割机等沥青路养护机械，工人劳动强度降低。2004 年起，县级以下经营性公路养护质量纳入旗公路段考核，经营单位均落实养护人员，配备沥青路养护机械。2005 年 4 月，旗公路管理段生产负责人丁三晓被评为内蒙古自治区劳动模范。他曾任沙榆线蔺家圪卜道班班长，靠一辆四轮车、一把镐、一把锹精心养护，将晴通雨阻的“泥水”路建成全旗的样板路；升任旗公路管理段生产负责人后，研制出牵引式压路碳，解决了土路肩松软问题。2006 年，旗公路管理段公路好路率 90.6%。

2008 年，撤销旗公路管理段及下设公路管理站、驻路道班，成立农村公路养护管理所。县道养护推向市场，发包专业养护企业；经营性公路由企业养护，农村公路养护管理所考核路况；苏木乡镇成立公路养护站，配备养护人员，负责乡村公路日常养护，乡村公路养护经费列入旗财政预算，1266 千米农村公路安排养护经费 200 万元，公路好路率 90.2%。

2015 年，农村公路养护管理所继续将 508.97 千米县道发包专业公司养护；217.72 千米乡道由苏木乡镇公路养护站养护；2037.65 千米村道中，沥青路以每千米 200 元至 300 元的价格承包给沿线农民 28 人。上述公路完成养护投资 1340 万元。349.59 千米经营性公路，经营企业投入养护资金约 1.1 亿元。

二、路政管理

路政管理查处破坏公路案件，维护公路产权，包括路面、路基和护栏、绿化、交通标志等附属设施，保护公路路权，包括交通参与者上路行驶权、通行权、先行权、占用权。1991 年，伊克昭盟公路管理局派驻准格尔旗公路段负责全旗国道、省道、县道路政管理。1996 年，国家实行公路分级管理，县道下放旗公路管理段。2005 年，国家实行农村道路管养分离，准格尔旗 2008 年成立路政大队，负责县级以下道路路政管理。

1991 年，派驻准格尔旗公路段实行管养一体，所管公路发生破坏公路案件 72 起，破案 63 起，结案 38 起，收缴赔偿 2150 元；主要有黏土路雨天压路、沥青路肇事划痕、链轨车损坏路面。1994 年成立路政中队，配备 6 名专职路政员、34 名兼职路政员，发展 20 名义务路政员，每星期上路巡查 4 次，每次不少于 4 小时。1996 年发案高达 190 起，查处 183 起。1997 年，针对占用公路用地的违章建筑、商业摊点，设立纳林、海子塔、薛家湾、魏家峁 4 个路政分队，制止 4 处违章建筑，拆除 7 处违章建筑，收取赔偿 10.79 万元。1999 年起实行 12 小时巡查、24 小时监控，案件随发随破。2003 年 12 月，针对运煤车超载破坏公路的突出问题，启动大饭铺超限运输检测站，车辆超出核定吨位部分收费。2004 年治理超载超限，收取补偿费 97.4 万元，罚没款 63.5 万元，罚没物拍卖 124.7 万元，专项治理取得阶段性成果。进入“十二五”，破坏路产案件明显下降，2015 年查处损坏路产案件 10 起。

1996 年实行公路分级管理后，旗公路管理段接收县道路政管理，2001 年设立路政队，开始上路巡查。2003 年交通局撤公路管理段路政队，单设路政大队，2004 年开始超限超载专项治理，收取超限超载罚没款 24.82 万元。2005 年成立 9 个路政中队，接管经营性公路，经营性公路业主配协管员，查处案件 31 起，收取索赔 5.8 万元，收取超限超载罚没 51.76 万元。2008 年成立路政大队，9 个中队合并为 5 个，设立 2 处超限检测站，查处案件 195 起，收取路产赔偿 58 万元、超限罚没 100 多万元。2011 年收取赔偿高达 237.7 万元。2015 年执法人员 34 名，管理县乡公路及专用公路 900 多千米，查处案件 64 起，收取路产赔偿及超限罚款 16.9 万元。

第三节　公路收费

一、政策性收费

1991—2008 年，国家征收的公路政策性规费有 3 类，省级交通监理部门派驻准格尔旗两家交通征费稽查所，征收公路养路费、车辆购置附加费；地市运输管理部门派驻准格尔旗两家运管所，征收运输管理费、附加费；准格尔旗交通局征收地方小额养路费。2009 年 1 月 1 日起，国家销售环节开征成品油税，公路环节取消上述政策性收费。

交通征费稽查所，按核定吨位和运营时间计征养路费，用于交通基础设施建设，被誉为交通建设的“粮草官”。1991 年，准格尔旗交通征费稽查所驻沙圪堵镇，有 27 名执法人员，稽查区除薛家湾镇、准混兑乡、窑沟乡以外全旗其他乡镇；薛家湾交通征费稽查所驻薛家湾镇，有执法人员 27 名，稽查区薛家湾镇、准混兑乡、窑沟乡；两稽查所在籍车辆均不足千台，征收养路费不足百万元。2007 年，准格尔旗稽查所有执法人员 12 名，稽查区准格尔召镇、纳日松镇、暖水乡、沙圪堵镇、龙口镇、布尔陶亥苏木，在籍车辆 9986 台，征收养路费 3240 万元；薛家湾稽查所有执法人员 28 名，稽查区薛家湾镇、大路镇、十二连城乡，在籍车辆 90026 台，征收养路费 4038 万元。2008 年 12 月稽查所撤销。

运输管理所征收的客运管理费、客运附加费，1991 年交通运输管理费按营业额的 1% 征收，社会零散车辆采用定额包交征收。1995 年后调整为长途客运按客运周转量计征，即按座位分运营里程征收；出租车和旅游车按基本票价计征。货运管理费、货运附加费，货运公司按营业收入计征，营业额难以计量，按载重吨位定期定额征收。征收规费自收自支，用于建设客货运基础设施，更新行业管理技术，运输管理队伍建设。派驻两运管所实行收支两条线，收费上交，支出报账。“八五”期间，两运管所年收费均不足百万元，维持收支平衡；2008 年，第一运管所收费 835 万元，第二运管所收费 606.09 万元。

准格尔旗交通局征收的地方小额养路费，为财政预算外资金，返还用于县道、乡道养护。“八五”至“九五”期间，交通局给征费站下达任务，完成任务奖励，完不成任务扣工资。1996 年下达任务 70 万元，完成收费 72.53 万元；1998—2000 年，因自然灾害未完成任务。2001 年实行总承包，完成任务提留 30%，支付收费人员工资，下达任务 110 万元，完成 180 万元。2003 年停止总承包，恢复下达任务，减少收费人员，倒逼收费人员加强流动稽查。2004 年，收费标准调整为三轮、四轮每月每吨 150 元，一次性交清全年费用核减为 450 元，从事农田作业的三轮、四轮车免征。2006 年征费高达 290 万元，2008 年征费 278 万元。

二、经营性收费

1991 年，准格尔旗仅有喇嘛湾黄河大桥一处公路收费站，收过桥费用于归还建桥贷款。1997 年 5 月，109 国道大饭铺收费站开始收过路费，用于归还建路贷款。1999 年，全旗有 6 处公路收费站，沙榆线路桥通行收费所、109 国道收费站、大城线收费站、薛魏线收费站、曹羊线收费站、边贾线收费站。2015 年，经内蒙古自治区人民政府批准，全旗有收费公路 18 条，2 座独立黄河大桥收费站，批准收费里程 1121.56 千米，收费站点 43 处。其中，“BOT”公路 13 条 814.29 千米，政府收费还贷公路 5 条 302.63 千米。

各经营性公路收费标准略有差别，大致相同。1998 年，内蒙古自治区物价局、交通厅《关于曹羊公路收取车辆通行费收费标准的批复》（内价费字〔1998〕90 号）：2 吨以下客货车、2 吨以上挂车，每车次 5 元；2 吨至 8 吨客货车，每车次 10 元；8 吨至 15 吨客货车、汽车挂车，每车次 20 元；超 15 吨以上部分，每超 1 吨加收 1 元。两轮摩托、14.71 千瓦级以下拖拉机、畜力车，免费通行。

2015 年，《内蒙古自治区发展改革委、财政厅、交通运输厅关于调整统一收费公路车型分类和整合车辆通行费收费标准的通知》（内发改费字〔2014〕1684 号）：19 座及以下客车、2 吨以下货车，每车次 10 元；2 吨至 5 吨（含 5 吨）货车，20 座至 39 座客车，每车次 15 元；5 吨至 10 吨（含 10 吨）货车，每车次 25 元；40 座及以上客车，每车次 20 元；10 吨至 15 吨（含 15 吨）货车，20 英尺集装箱车，每车次 35 元；15 吨至 25 吨（含 25 吨）货车，40 英尺集装箱车，每车次 45 元；大于 25 吨，每增加 1 吨加收 1 元。

伊泰集团建设曹羊公路运煤双线，1998 年单线通车，收费 10.08 万元；2005 年复线通车；2010 年 9 月在内蒙古公路收费站率先投运 ETC 不停车收费系统，收费首次突破亿元大关，达到 1.4 亿元，2011 年达到最高峰 1.41 亿元，2015 年回落到 1.03 亿元。汇能集团建设边贾线 1999 年 9 月通车，建设边府线 2005 年 4 月通车；2015 年，两条矿区公路收费 7.55 亿元。伊东集团建设壕羊线 2005 年 10 月通车，2012 年收费达峰值 1.28 亿元。

2015 年准格尔旗收费公路一览表

表 9-3　　单位：千米

收费公路	起点—终点	里程	收费单位	收费站点	收费时限
薛魏公路	薛家湾—魏家峁	61.00	鑫泉路桥公司	薛家湾　万家寨	1998.04.20—2023.04.20
曹羊公路	曹家石湾—羊市塔	61.19	伊泰路桥公司	6 公里　32 公路　11 公里	1998.11.01—2026.11.01
边贾公路	边家壕—贾家湾	36.70	汇能路桥公司	东站	1999.10.01—2027.10.01
103 省道	喇嘛湾—大饭铺	39.84	内蒙古鑫隆公司	前房子	1999.10.01—2021.10.01
杨吉公路	杨四圪咀—吉格斯太	77.13	准格尔旗交通局	东孔兑　兴盛店	2001.11.01—2023.11.01
纳榆公路	纳林—榆树湾	62.50	准格尔旗交通局	石籽湾　马栅	2004.11.01—2025.11.01
壕托公路	壕圪卜—巨合滩	54.53	鄂尔多斯明大集团	壕圪卜　巨合滩	2004.11.01—2029.11.01
边府公路	边家壕—庙沟门	61.19	汇能路桥公司	南站　北站	2005.04.01—2035.04.01
指羊公路	指雨房—羊市塔	80.83	伊东路桥公司	安定壕　榆树塔　松树墕	2005.09.20—2033.09.20
德萨公路	德胜西—萨拉齐	89.00	万通路桥公司	德胜西	2005.09.20—2033.09.20
龙口黄河公路大桥		3.70	黄河万家寨公司	龙口黄河大桥	2005.12.01—2020.12.01
阳玻公路	阳窑子—玻璃圪旦	40.28	生力路桥公司	柳青梁　玻璃圪旦	2006.10.01—2034.10.01
城大高速	城壕—大饭铺	46.13	泰宝投资公司	大路北　杨四圪咀匝道　薛家湾	2006.12.01—2036.12.01
西青公路	西营子—青春塔	72.04	鄂尔多斯明大集团	忽昌梁　青春塔	2006.12.15—2034.12.15
荣乌高速	大饭铺—东胜	114.00	泰宝投资公司	大饭铺　大路墕　沙圪堵　暖水公沟　碌碡墕	2009.09.18—2039.09.18
巨合滩黄河公路大桥		0.94	亨顺路桥公司	巨合滩黄河大桥	2011.06.20—2037.06.19
沿黄公路	大路新区—巴拉贡	411.00	鄂尔多斯市交通局	大路　柴登　五家尧	2012.09.17—2027.09.17
109 国道	大饭铺—东胜	104.20	泰宝投资公司	小沙湾　大饭铺　刘家渠　纳林壕圪卜　昌汉不拉　曹家石湾	2013.12.10—2039.10.26

第四节　公路运输

1991 年，伊克昭盟运输管理处派驻准格尔旗运输管理所，驻沙圪堵镇；1995 年 7 月，成立薛家湾运输管理所。2000 年 3 月，薛家湾运输管理所更名为准格尔旗第一交通运输管理所，准格尔旗运输管理所更名为第二交通运输管理所，2014 年 10 月，分别更名为鄂尔多斯市道路运输管理局准格尔旗第一、第二分局。一分局驻迎泽街道，管理区蓝天、友谊、迎泽、兴隆 4 个街道，薛家湾、大路 2 镇，十二连城乡，2015 年在册员工 45 名；第二分局驻沙圪堵镇，管理区布尔陶亥苏木，暖水乡，准格尔召、纳日松、龙口、沙圪堵 4 镇，2015 年在册人员 34 名。

1991—2015 年，运输管理部门狠抓安全生产，培育集团运力，促进公平竞争，保障全旗公路运输迅猛发展。客运量由 1991 年的 50 万人次增加到 2015 年的 856 万人次；货运量由 1991 年的 51.4 万吨增加到 2015 年的 24903 万吨。

2000—2015 年准格尔旗运输业统计表

表 9-4

年份	货物运输				旅客运输			
	投运货车（辆）	核定吨位（吨）	货运量（万吨）	周转量（万吨千米）	投运客车（辆）	核定座位（座）	客运量（万人次）	周转量（万人千米）
2000	1348	11698	491	13712	82	2594	87	7720
2001	1460	12600	3618	501600	83	2631	175	17132
2002	1551	13353	3972	540750	83	2631	197	19260
2003	1698	14634	4362	583000	85	2705	203	19900
2004	1913	16540	4790	628400	103	3129	256	25250
2005	2480	21601	5258	677250	111	3425	282	27725
2006	2984	25966	6857	822856	156	4983	334	32837
2007	3648	31694	7053	987427	172	5570	357	41703
2008	5076	55050	8470	1200500	194	6790	396	49900
2009	5836	64653	10450	1440000	194	6790	459	57900
2010	5990	66426	12753	1760000	202	7109	571	68600
2011	7040	79698	18768	2590000	215	7449	731	87700
2012	7238	82488	21482	3325600	220	7649	747	107300
2013	6750	76080	24770	3837700	216	7547	842	122600
2014	5790	64668	24830	4413400	215	7507	847	139610
2015	4587	50313	24903	4726700	207	7332	856	148130

一、长途旅客运输

1991 年，准格尔旗投运长途客运班车不到 30 辆，客运量 50 万人次左右，客运周转量 3000 万人千米左右，主运客车多为 19 座车型。伊克昭盟汽车运输总公司垄断经营干线长途客运；个体客运不足 10 户 10 辆车百余座，在批准的短途支线运营。

长途客运高峰出现在“十一五”期间，车流、人流、物流汇流全旗各大建设工地，干线公路长途客运班车几乎没有空座，运输管理部门严查超员；个体私营客运车辆穿梭各大建设工地之间，填补干线客运空白。2012 年年底，鄂尔多斯市民间借贷危机导致多数建设项目急刹车，外来务工人员大量返乡。干线公路客流减少，鄂尔多斯市汽车运输集团被迫将大客车改为小客车；个体私营客运停运。

2015 年，全旗载客汽车 2731 辆，客运量 856 万人次，客运周转量 14.81 亿人千米；有客运站 3 处，客运公司 5 家，开通 87 条客运班线，其中，跨省区 22 条、跨盟市 23 条、跨旗县 10 条、旗内线 32 条，投运客车 194 辆 8030 座；日发客运班车 271 次；主运客车多为 55 座空调大巴。

薛家湾汽车站，1991 年位于通达路火车站西，国家二级客运站，伊克昭盟运管处多种经营公司薛家湾公汽公司驻站经营，投运 3 台客车，开通呼和浩特、东胜、沙圪堵 3 条班线。1996 年 5 月，伊克昭盟汽车运输总公司收购薛家湾公汽公司，成立客运十四公司，开通客运线路 10 条，投运客车 17 辆。1997 年成为内蒙古首家旗县公用型汽车站，经营线路 17 条，日发班次 67 个，日发送旅客 800 人次。2006 年 11 月 8 日迁址滨河南路新汽车站，占地面积 13300 平方米，建筑面积 2230 平方米，停车场面积 4000 平方米，经营线路 43 条，日发班次 120 个，日发送旅客 1300 人次；鄂尔多斯市汽车运输集团客运十公司、十四公司、十五公司驻站经营。2015 年，营业收入 1550 多万元。

沙圪堵汽车站，1991 年位于沙圪堵镇八一北路，国家三级客运站，伊克昭盟汽车运输总公司客运五公司驻站经营；2011 年 8 月 26 日迁入沙圪堵镇美稷北路新汽车站，占地面积 38779 平方米，建筑面积 7490 平方米，停车场面积 13000 平方米，候车室 986 平方米，设有 12 个发车位。2015 年，日发送旅客 350 人次，日发班次 33 次，客车 39 辆 1189 座。

羊市塔汽车站，位于纳日松镇羊市塔村，国家四级客运站，2008 年 7 月投入营运，鄂尔多斯市正道运输集团客运四公司驻站营运，开通呼和浩特、包头、太原、虎石—榆林 4 条长途客运线路。

二、出租车

准格尔旗出租车行业诞生于“九五”期间，国营、集体企业下岗职工，将货运三轮摩托车加装布篷，在沙圪堵、薛家湾两地短途载客，起步价 1 元；后来车型更新为红色客运三轮摩托车，起步价 2 元，人称“摩的”。

1999 年 5 月，凯通出租车公司在薛家湾镇投运出租车 63 台，车型有面包、奥拓，吉利等，受“摩的”挤压，维持保本经营。2003 年 7 月 18 日，琛胜出租车公司 50 台红色奥拓出租车在薛家湾镇投运，起步价 3 元，在 2600 多辆“摩的”挤压下赔本经营；2003 年 12 月，大立出租车公司 100 台出租车在薛家湾镇投运。2006 年 6 月 6 日，兴发出租车公司 35 台出租车在准格尔经济开发区投运。

“摩的”载客存在交通安全隐患。2005 年 4 月 19 日，旗人民政府发布《关于取缔载客三轮摩托的通告》，7 月 1 日起，薛家湾镇水晶路、开源路、金川路、准格尔路禁止载客三轮摩托车通行；12 月 31 日起，薛家湾镇区禁止载客三轮摩托车通行；2006 年 12 月 31 日起，全旗范围内禁止三轮摩托车载客营运。

2014 年薛家湾出租车雷锋车队爱心送考

取缔“摩的”后，准格尔旗出租车起步价由 3 元上调到 5 元，2011 年上调到 7 元；车型由奥拓系列逐步更新为大众系列，薛家湾镇出租车统一为深蓝色，沙圪堵镇出租车统一为橙黄色，车顶统一安装电子屏，滚动播放商业广告和公益广告。2015 年，全旗有 4 家出租车公司 517 台出租车；其中，琛胜出租车公司 254 辆，凯通出租车公司 142 辆，大立出租车公司 86 台，兴发出租车公司 35 辆。

出租车是城市的第一张名片。2007 年起，琛胜出租车公司成立爱心车队，免费接送高考学生；同年 7 月，在薛家湾镇举办的鄂尔多斯两个文明建设现场会上，公司员工统一着装提供服务。2011 年 12 月 30 日，公司被评为内蒙古自治区第二届交通安全百强示范单位。

2013 年 4 月 1 日，由薛家湾镇出租车司机赵春雨发起，20 余名出租车司机响应，自发成立的准格尔旗雷锋车队，开始见义勇为、拾金不昧、爱心送考、爱心捐助公益行动。2014 年 10 月 18 日，准格尔旗雷锋车队加入全国雷锋车队大联盟。2015 年，雷锋车队发展到 50 多辆出租车、百余名出租车司机。

三、城市公共交通

准格尔旗最早的城市公共交通是 1991 年 5 月开通的薛家湾镇 3 路公交，1 路往返薛家湾—露天矿，2 路镇区循环，3 路往返薛家湾—杨四圪咀，运营里程 38 千米，设 47 个站点，伊克昭盟运管处多种经营公司薛家湾公汽公司投运 19 座九通车 5 辆，票价 0.4 元至 3 元，年客运量 18 万人次。1996 年 5 月，伊克昭盟汽车运输总公司收购薛家湾公汽公司，成立客运十四公司。到 2006 年，陆续开通 4 路、5 路、6 路、7 路公交 5 条线路，4 路、5 路、6 路往返，7 路分东、西两条线循环，投运 19 座、25 座少林车；2007 年，开通 8 路往返。2015 年，运营 8 路公交 9 条线路 103 千米，沿途站点 196 个，投运公交车 66 辆 2500 余座，主要车型 19 座少林、50 座亚星，票价 1.5 元至 5 元，运营里程 377.7 万千米，客运量 471 万人次。

2018 年呼准鄂铁路准格尔站开通公交车

1997 年，公路管理工区投运 3 辆公交车，开通沙圪堵镇公交，下岗职工凭再就业优惠证免费乘坐，后因客流少停运。2004 年 12 月 14 日，明源公共汽车公司开通开发区 4 路公交，1 路党校—林场往返，2 路镇区循环，3 路党校—电石厂往返，4 路党校—高岭土厂往返，沿途站点 102 个，投运 19 座少林车 6 辆，票价 1 元至 2 元，客运量 5.3 万人次。2007 年投运 36 座山西车；2015 年 3 月，开通 5 路杏仁露广场—新车站往返；5 条公交线路沿途站点 143 个，投运 19 座少林、36 座山西公交车 10 辆，1 路、2 路、3 路票价上调为 2 元；4 路、5 路票价上调为 3 元，客运量上涨到 32 万人次。

2009 年 7 月 2 日，正道运输集团新宇公交公司投入 8 辆公交车，主车型 23 座亚星，开通大路煤化工基地 4 路往返公交，1 路建业大厦—水红花小区，2 路职业中学—中国税务，3 路易高科技—职业中学，4 路锦化机—建业大厦，运营里程 56 千米，沿途站点 32 个，票价 3 元。2015 年，投运公交车 9 台 243 座，票价 2 元至 5 元，客运量 8.17 万人次。

2003 年 9 月 1 日，新远汽车运输公司开通准能公司通勤公交，起点薛家湾镇区，终点哈尔乌素露天煤矿，沿途设高家渠、唐公塔、黑岱沟露天矿 3 个站点，全程 30 多千米。2015 年，投运公交车 130 多辆 5000 多座，日发 360 班次，日客运量 1.5 万人次。

2012 年 10 月 9 日，准通交通投资公司投运 12 辆公交车，开通薛家湾—大路新区免费公交，设准格尔广场、北区、伊东东华、久泰能源、管委会、建业大厦 6 个站点，全程 30 千米。2015 年，投运公交车 15 台 1224 座，工作日发 35 班次，日客运量 5000 人次左右。

2015 年，全旗开通 3 地收费公交、2 条免费公交线路，有 17 路公交 18 条线路 312 个站点 323

千米公交里程，投运公交车 218 辆 8792 座。

四、普通货物运输

1991 年，准格尔旗普通货物运输，运量需求大于运力装备，全旗投运货车不足千辆，完成货运量 51.4 万吨，货运周转量 5325 万吨千米。运出货物以煤炭、硫磺为主，个体货车承运为主；运进货物日用消费品，国营车队联运为主；主力车型东风牌载重 5 吨厢式货车。

“九五”期间，煤炭外运量开始超过日用消费品调进量，国营联运车队解体，煤炭外运市场活跃着两支较大的民营车队，伊泰集团车队向东往大准铁路唐公塔集装站运煤，满世煤炭运销车队向西往包神铁路运煤，主力车型 7 吨主车加 6 吨挂车，返程普遍空载。个体拉煤车多、小、散、乱，安全事故频发，扬尘撒煤污染严重。

进入“十五”，特别是 2002 年后，港口煤价上涨，煤炭外运需求激增，加快运煤车辆更新换代，半牵引重型货车成为主力车型，前四后八，主挂一体，拉煤车司机称“拖头”，核定吨位 21 吨。运输管理部门整合运力，个体拉煤车挂靠大型运煤车队承运，货运市场仍处于需求大于运力阶段，旗外运力大量涌入，造成公路严重拥堵。

2003 年短途运煤主力车型东风牌带挂车

进入“十一五”后，路政部门将主挂运煤车辆最高限定在 55 吨以内，运管部门推行货运集团化运营，禁止个体拉煤车挂靠承运。2012 年，全旗投运货车高达 7238 辆 82488 吨，完成货运量 2.15 亿吨、货运周转量 332.56 亿吨千米；2015 年投运货车回落到 4587 辆 50313 吨，完成货运量 2.49 亿吨、货运周转量 472.67 亿吨千米。

2015 年，全旗运煤车集散地主要有，薛家湾镇大饭铺村、曹羊公路 32 公里路段、103 省道杨四圪咀路段。杨四圪咀 1995 年有货车 130 辆，2007 年有煤炭运销户 890 户，运煤车 1680 辆。2008 年 5 月 1 日，官牛犋集装站建成发运，旗人民政府引导煤炭运销户入驻官牛犋煤炭物流园区，2015 年煤炭物流园区有煤炭运销企业 48 家。

全旗大型货运企业主要有，投运 27 辆半挂牵引重型货车的天亿运输公司、投运 39 辆半挂牵引重型货车的顺兴汽车运输公司。最大货运企业准格尔旗巴运汽车运输公司，位于沙圪堵镇乌素沟村，2010 年 9 月成立，注册资本 500 万元，2015 年投运半挂牵引重型货车 84 辆，驾驶人员 106 名，完成运输量 70 万吨。

五、危险货物运输

1991 年，准格尔旗危险货物运输，投运油罐车为加油站运入汽油、柴油；投运封闭厢式货车运输炸药。1998 年，投运厢式货车加篷布运出电石。运管部门 2004 年重新认定危货运输企业，取缔安全生产不达标企业，2005 年推行危险货物运输本地化，严禁挂靠经营，2008 年安装动态监控设备，对危险货物运输车辆在线监控。2009 年，准格尔经济开发区、大路煤化基地煤化工项目相继投产，投运罐式货车长途外运液体煤化工产品。2013 年，危险货物运输车辆动态监控设备升级为视频监控。

2015 年，全旗危险货物运输，运出大路煤化工基地、准格尔经济开发区煤化工产品为主，运入成品油、液化气为辅。全旗危险货物运输企业 7 家，专用运输车 278 辆，总吨位 7873 吨，标准化安全运输等级全部达到三级。德利鑫运输公司投运车 22 辆，运输电石、柴油；远通运输公司投运车 18 辆，运输电石；世正工贸公司投运车 13 辆，运输甲醇；远赫清洁能源公司投运车 12 台，运输天然气。

六、机动车维修

准格尔旗机动车维修分布在城郊和公路沿线。“八五”期间以轮胎充气、电瓶充电、定期保养为主。进入“十五”期间，汽车售后保养 4S 店落地，汽车装具美容兴起，具备整车维修能力；“十二五”期间，诞生汽车综合性能检测、公路救援行业。2015 年，全旗有机动车维修企业 320 家，其中一类资质 4 家、二类资质 70 家、三类资质 244 家，从业人员近千名。

鑫源汽贸公司位于沙圪堵镇八一南路，2008 年 4 月成立，一类机动车维修企业，占地面积 5600 平方米，长春一汽授权特约维修服务中心，员工 20 余名，有举升机、烤漆房、大梁校正平台、电脑解码仪、里程表解码仪、氮气机、超声波清洗机、自动变速箱换油清洗机、外形修复机、四轮定位仪、轮胎平衡仪等，配备救援车辆和专用拖车。

德力汽车销售公司位于蓝天街道 153 路段，2008 年 9 月成立，一类机动车维修企业，占地面积 3000 平方米，员工 30 名，满足中高档、进口、国产、合资轿车维修、钣金、烤漆、美容、救援、发动机、自动变速箱修理、配件供应、投保定损理赔等业务。每月进厂维修车辆 200 ～ 500 台次，提供 24 小时抢修救援服务。

一路平安机电服务公司位于蓝天街道 153 路段，2008 年 2 月成立，一类机动车维修企业，占地面积 2200 平方米。主营小型汽车总成修理、整车修理、道路救援、工程机械和矿山机械维修。配置 12 台举升设备，1 台车身校正仪，四轮定位设备、环保打磨及喷涂等专用设备，具备日接待 30 台次维修能力。

鑫安恒业汽贸服务公司位于蓝天街道 153 路段，2006 年 7 月成立，二类机动车维修企业，占地面积 5000 平方米，注册资金 60 万元，员工 52 名，专业技术人员 24 名。是交通事故快处快赔指定企业，一汽大众汽车准格尔旗一级 4S 店，长安轿车准格尔旗直营店，一汽奥迪、进口大众、长安福特、一汽轿车准格尔旗唯一二级代理商。

2015 年，全旗有机动车综合性能检测企业 5 家，即：2005 年 5 月成立的诚信发汽车服务公司，2009 年 4 月成立的通宝机动车检测公司，2010 年 5 月成立的众鑫机动车检测公司，2011 年 6 月成立的聚欣机动车检测公司，2014 年 3 月成立的恒安万达环保科技公司。

七、驾驶员培训

进入“十五”，准格尔旗私家车猛增，驾驶员培训行业应运而生，首家驾校是 2004 年 6 月旗人民政府创办的巴润哈岱农民驾驶员培训基地。2015 年，全旗有 7 家驾校，其中二级驾校 3 家，三级驾校 4 家，有教练车 127 台，教练员 150 多名，年培训机动车驾驶员近万人。

2009 年薛家湾镇巴润哈岱村国安驾校

国安驾校前身为 2004 年 6 月旗人民政府在海子塔镇巴润哈岱村创办的农民驾

驶员培训基地，全国首创农民学车、政府买单。2006 年 7 月由国有资产投资经营公司出资成立，二级驾校资质，承办 C1、C2、C3、B2 驾照培训业务，拥有教练车 40 辆，训练场 3 万多平方米。2011 年获批开展科目二、科目三考试，2014 年 6 月承办出租车、客运、货运 3 种驾照培训及考试。

永安驾驶员培训公司位于迎泽街道巴汉图村，2005 年 7 月成立，二级驾校资质。拥有教练车 27 辆、教练员 36 名，建有科目二、科目三训练场 2.3 万余平方米。2013 年获批开展科目二、科目三考试。至 2015 年，累计培训学员 3 万余名，合格率 90% 以上。

三级驾校有 2006 年在准格尔经济开发区成立的安通驾校，2012 年在开发区创办的保杰驾校、在大路新区创办的荣安驾校，2015 年在开发区成立的慧通驾校。

第五节　汽车服务区

2009 年起，准格尔旗以招商引资方式建设公路干线汽车服务区，提升交通服务水平和运输能力。2015 年，建成汽车服务区 3 个，续建汽车服务区 2 个。

大饭铺汽车服务区，地处 109 国道、103 省道、呼大高速公路交会处，2010 年 8 月建成投运。服务区占地面积 2.47 万平方米，其中公共服务区 5500 平方米，汽车维修服务区 6400 平方米，汽车配件服务区 7400 平方米，仓储服务区 4400 平方米，铸城房地产公司投资 7500 万元建设运营。开展汽贸、物流、汽车修理、汽车清洗、汽车停放、商业办公、餐饮住宿、洗浴和临时仓储等服务。

十二连城服务区，位于大路新区—巴拉贡一级公路十二连城乡巨合滩村段，2012 年 6 月建成投运。建筑面积 1.43 万平方米，场地硬化 11.04 万平方米，公共服务区 5556.21 平方米，汽车维修服务区 806.18 平方米，其他设施 4619.61 平方米，沿黄高等级公路公司投资 1.1 亿元建设，开展餐饮、超市、卫生间、热水提供、车辆停放等服务。

准格尔召镇补龙壕汽车服务区，位于包府公路重车道 40 千米处，2014 年 6 月建成投运。服务区规划占地面积 42 万平方米，建筑面积 7 万平方米，准格尔召镇人民政府投资 4747.81 万元建设。开展餐饮、超市、汽车维修、加油等服务。

沙圪堵汽车服务区，2014 年 7 月开工建设，规划占地面积 3.52 万平方米，2015 年续建。

前房子汽车服务区，2011 年 4 月开工，规划占地面积 19.67 万平方米，2015 年续建。

第二章　铁路交通

1998年6月，准格尔旗人民政府成立支援准东铁路建设领导小组办公室；2004年3月，更名为支援铁路建设领导小组办公室；2008年10月，更名为铁路项目管理办公室。

第一节　铁路建设

一、铁路规划

2008年，准格尔旗铁路项目管理办公室完成《准格尔地区铁路建设与发展咨询报告》；2011年对干线、专支线和物流园、集运站进行规划和设计，并纳入鄂尔多斯市铁路发展规划，为“十二五”铁路建设提供依据。2012年，铁路项目管理办公室编制《准格尔旗铁路集疏运规划》(2012—2030年)。全旗铁路网总体布局为“三横一纵”，东西向三横为北部沿河铁路、呼准鄂铁路，中部准东铁路、巴准铁路至大准铁路，南部准朔铁路；南北向一纵为呼准铁路、大马铁路。以国家铁路、地方铁路为干线，连接专线、支线、集运站，形成产、集、运、疏铁路网。

二、建成铁路

到2015年年底，准格尔旗建成铁路干线8条，大准铁路、大准铁路复线，准东铁路一期、准东铁路一期复线、准东铁路二期，呼准铁路、呼准铁路复线，巴准铁路。建成专线3条，点岱沟—南坪专线、酸刺沟煤矿专线、不连沟煤矿专线。建成集运站9个，大准铁路有唐公塔、点岱沟、肖家、南坪4个集运站，准东铁路有虎石、西营子、暖水、准格尔召4个集运站，呼准铁路官牛犋集运站。8条干线与3条专线连接形成准东铁路—呼准铁路、巴准铁路—大准铁路两条煤炭外运通道，铁路通车里程478千米，铁路外运能力3亿吨。

大同—准格尔铁路。1991年为续建丰镇—准格尔铁路，1992年1月决定修新线直接引入大同站，改称大准铁路。东起山西省大同枢纽站，接北京铁路局大秦铁路，途经丰镇市、凉城县、和林格尔县、清水河县，西至准格尔旗薛家湾站，正线全长264.65千米，国家单线一级电气化铁路，设计运力1500万吨/年。准格尔旗境内长29千米，黄河特大桥为三跨连续式拱梁结构，单孔跨度132米，为黄河单孔跨度最大桥梁。1994年10月25日，终点站薛家湾站投运，为以货运为主与客运为辅的三等站，设计货运力1500万吨/年、

大准铁路运煤专列，2016年乔玮摄

客运力 300 万人次 / 年。1995 年 3 月，唐公塔站投运，设计运力 300 万吨 / 年。1996 年 7 月，黑岱沟露天煤矿装车站点岱沟站投运，设计运力 3500 万吨 / 年。1997 年 11 月 9 日，全线开通运营，完成投资 31.65 亿元。2006 年 3 月 25 日，开行国内单线铁路首列万吨列车，万吨列车扩能改造投资 6.32 亿元。2008 年 11 月 8 日，点岱沟—南坪专线投运，正线 13.71 千米，投资 9.23 亿元。2008 年 12 月 17 日，哈尔乌素露天煤矿装车站南坪站投运，设计运力 4500 万吨 / 年，为全线最大装车站。2013 年 8 月，肖家站投运，设计运力 2000 万吨 / 年，投资 1.8 亿元。2013 年 12 月 19 日，复线二道河—点岱沟段投运，起自二道河站，经清水河站、老牛湾站、龙王渠站，至点岱沟站，全长 59.12 千米，准格尔旗境内长 26.3 千米，设计运力 2.26 亿吨 / 年，投资 17.87 亿元。

准格尔—东胜铁路。一期工程薛家湾—西营子段，从大准铁路薛家湾站向西引出，设周家湾站，经海子塔站、福兴城站、郭家梁站、沙圪堵站、虎石站，终点西营子站，正线 72.6 千米，单线地方一级铁路，预留电气化条件；2000 年 12 月 16 日建成通车，伊泰集团投资 8 亿元建设，包括科威特政府贷款 3000 万美元，开创国家利用外资建设地方铁路先河；西营子站，设计运力 300 万吨 / 年。

伊泰集团准东铁路酸刺沟煤矿运煤专线，2012 年摄

2005 年 4 月 23 日，周家湾—西营子段 68.74 千米电气化改造投运，设计运力 3100 万吨 / 年，投资 2.7 亿元；2005 年 12 月 16 日，虎石站投运，设计运力 1500 吨 / 年，投资 1.4 亿元；2008 年 9 月 20 日，酸刺沟煤矿专线 26.85 千米投运，设计运力 2000 万吨 / 年，投资 5.59 亿元。二期工程虎石—准格尔召段，东起虎石站，经狮子岭站、暖水站、公沟站，终点站准格尔召站，正线 60.10 千米，国家单线一级电气化铁路，设计运力 6600 万吨 / 年，准格尔召站设计运力 2500 万吨 / 年；2010 年 6 月 28 日投运，投资 18.65 亿元。一期工程复线周家湾—虎石段，由周家湾站向西引出，经巴润哈岱站、沙圪堵北站，至虎石站，正线 59.35 千米，国家一级电气化铁路，设计运力 9500 万吨 / 年；2011 年 12 月 31 日投运，投资 22.63 亿元；2014 年 12 月，暖水站投运，设计运力 1500 万吨 / 年，投资 2.7 亿元。

呼和浩特—准格尔铁路。北起京包铁路呼和浩特西站，南经回民区、玉泉区、土默特左旗、托克托县，过黄河进入准格尔旗，南接准东铁路周家湾站，正线 124.18 千米，地方一级电气化铁路，部分采用国家二级铁路标准，设计运力 2670 万吨 / 年；准格尔旗境内长 36 千米，设何家塔站、官牛犋站。2006 年 11 月 12 日开通试运营，伊泰集团控股投资 15.5 亿元建设。2009 年 8 月 18 日，电气化开通运营，设计运力 3300 万吨 / 年，投资 16.23 亿元。官牛犋站设计运力 1000 万吨 / 年，2009 年 9 月 8 日投运。不连沟煤矿专线 5.28 千米，设计运力 2500 万吨 / 年，2012 年 8 月 16 日投运，投资 7.14 亿元。复线托克托—周家湾段 55.47 千米，自托克托车站向南引出，经耿庆沟站、何家塔站，终点周家湾站；准格尔旗境内36.53千米，设计运力1.5亿吨，国家一级单线电气化铁路；总投资18.4亿元，2014年8月8日通车。

巴图塔—准格尔铁路。西起包神铁路巴图塔站，东至大准铁路点岱沟站，正线128.10千米，准格尔旗境内112千米，国家一级复线电气化铁路，设计运力2.27亿吨/年。2014年11月15日建成通车，神华新准铁路公司投资96.7亿元建设。

2015年准格尔旗铁路运输系统一览表

表9-5　　单位：千米、万吨

铁路线	旗境站	旗境长	通车日	运力	设计标准	产权单位
大准铁路	点岱沟　唐公塔　薛家湾	29.00	1997-11-09	22600	国家I级单线电气	准能公司
大准复线	点岱沟	26.30	2013-12-19		国家I级双线电气	准能公司
点南支线	点岱沟　肖家　南坪	13.71	2008-11-08	4500	国家I级单线电气	准能公司
准东一期	周家湾　虎石　西营子	72.60	2000-12-16	9500	地方I级单线电气	伊泰集团
准东复线	周家湾　虎石	59.35	2012-12-31		国家I级单线电气	伊泰集团
准东二期	虎石　暖水　准格尔召	60.10	2010-06-28	6600	国家I级单线电气	伊泰集团
酸刺沟专线	周家湾　酸刺沟煤矿	26.85	2008-09-20	2000	工业企业I级单线电气	伊泰集团
呼准铁路	官牛犋　何家塔　周家湾	36.00	2006-11-12	15000	地方I级单线电气	伊泰集团
呼准复线	何家塔　周家湾	36.53	2014-08-08		地方I级单线电气	伊泰集团
不连沟专线	何家塔　不连沟煤矿	5.28	2012-08-16	2500	工业企业I级单线电气	不连沟煤矿
巴准铁路	暖水　点岱沟	112.00	2014-11-15	22700	国家I级双线电气	新准铁路公司

三、续建铁路

2015年，准格尔旗续建铁路项目9个，即准神铁路、准朔铁路、沿河铁路、呼准鄂铁路、大马铁路，大路煤化工基地专线、青春塔煤矿专线，红进塔集运站、龙王渠集运站。

准神铁路，北起纳日松镇红进塔村，南下伊金霍洛旗、陕西省榆林市府谷县，至神木县红柳林站，正线61.7千米，准格尔旗境内3.7千米，设计运力1350万吨/年，2007年1月开工，准神铁路公司建设，概算投资15亿元。

准朔铁路，北起同蒲铁路大新站，经山西省朔州市、忻州市，跨黄河进入内蒙古鄂尔多斯市准格尔旗，穿越陕西府谷县北缘，再次回到准格尔旗红进塔站，全长214.50千米，设计运力5200万吨/年，准格尔旗境内63千米。2009年5月开工，准朔铁路公司建设，概算投资76.5亿元。

沿河铁路，东起呼准铁路何家塔站，西到呼准鄂铁路大院东站，全长43千米，设计运力3000万吨/年，国铁一级单线电气化铁路，准格尔旗境内28.7千米，2009年11月25日开工，沿河铁路公司建设，概算投资18.7亿元。

呼准鄂铁路，东起呼和浩特枢纽站，经托克托东、大路、大路西、大院东、布尔陶亥、点石沟，终点站东胜东站，正线245千米，设计旅客列车时速160千米，准格尔旗境内85.57千米；2012年10月26日开工，呼准鄂铁路公司建设，投资概算187.95亿元。

大马铁路，北起准东铁路大饭铺段，南至准朔铁路马栅站，全长 58.89 千米，设计运力 5000 万吨 / 年，2013 年 7 月 5 日开工，大马铁路公司建设，概算投资 32.95 亿元。

大路煤化工基地专线，呼准铁路何家塔站—大路煤化工基地，长 7.99 千米，设计运力 2400 万吨 / 年，2009 年 8 月开工，呼准铁路公司建设，概算投资 1.53 亿元。

2017 年 12 月 31 日特快列车开进准格尔站

青春塔煤矿专线，起自准朔铁路马栅站引出，经罐子沟站，至青春塔煤矿沙咀子站，线路长 39.64 千米，设计运力 1320 万吨 / 年，2011 年 9 月 29 日开工，珠江投资公司建设，概算投资 39.64 亿元。

准朔铁路红进塔集运站，线路长 7 千米，设计运力 1200 万吨 / 年，2011 年 10 月开工，鼎峰商贸公司建设，概算投资 6.98 亿元。

大准铁路龙王渠集运站，设计运力 1000 万吨 / 年，2014 年 3 月开工，准能公司建设，概算投资 5.66 亿元。

第二节　铁路运输

1995 年 10 月 30 日，地方 300 万吨唐公塔煤矿首趟运煤列车驶离大准铁路唐公塔车站，运往锡林郭勒盟查干诺尔碱矿，这是准格尔旗铁路运输的起点。1997 年 11 月 9 日，黑岱沟露天煤矿首趟运煤专列驶离大准铁路点岱沟站，运往大秦铁路大同站。大准铁路货运量 2002 年突破设计运力，达到 1546.44 万吨；2008 年突破 5000 万吨大关，达到 5499.20 万吨；2015 年首次突破 1 亿吨大关，完成货运量 11161.50 万吨。1995—2015 年，累计发送货物 8.50 亿吨，完成收入 302.70 亿元，实现利润 121.20 亿元。

2000 年 12 月 16 日，准东铁路投运，当年运煤 1.5 万吨。2001 年完成货运量 163.50 万吨。2003 年首次实现利润 1023.26 万元；2006 年货运量突破千万吨，达到 1336.55 万吨；2008 年利润突破亿元，达到 1.59 亿元；2014 年货运量突破 5000 万吨，达到 5518.61 万吨，实现利润达 8.73 亿元；2015 年货运量再创新高，达到 5518.61 万吨，利润回落到 4.26 亿元。

2007 年 8 月 12 日，呼准铁路投入运营，首趟运煤专列从周家湾站始发，当年货运量 7.77 万吨；2009 年货运量突破千万吨，达到 1222.2 万吨；2010 年首次实现利润 6746.57 万元；2011 年利润突破亿元，达到 11998.60 万元；2014 年货运量高达 3660.92 万吨，利润高达 2.59 亿元；2015 年，货运量回落到 2832.84 万元，利润回落到 1.42 亿元。

2015 年，全旗完成铁路货运量 1.95 亿吨，其中外运量 1.40 亿吨。

第三章　水路交通

第一节　黄河水运

黄河准格尔旗段曾是黄河中上游黄金水道，每年4月至11月通航。关外的皮毛、粮食顺流而下，途经黄河准格尔旗段，南下河曲、保德，到碛口；关内的大炭、陶瓷逆流而上，途经准格尔旗段，北上托县、包头，到磴口。1994年，黄河万家寨水利枢纽开工，黄河水运停航。

第二节　黄河渡运

一、黄河渡口

1991年，准格尔旗黄河沿线有渡口24处，分布在北部蓿亥图、十二连城、大路3乡，东南部魏家峁、马栅2乡和榆树湾镇，投运柴油机动力渡船26艘，总吨位400吨，可渡运小吨位机动车。进入“九五”期间，大吨位运煤货车渡运量增加，渡船运力限制，被黄河浮桥取代。2013年，全旗撤销渡口15处，仅存龙口镇大口渡口，历史上最后的“西口古渡”。

二、黄河浮桥

准格尔旗首座黄河浮桥，是1995年8月28日通车的太子滩浮桥，位于榆树湾镇黄河岸边，长364米，宽7.2米，由3排12组180节战备浮箱组成，设计荷载10吨，总投资500万元。2005年9月，黄河龙口公路大桥建成，浮桥拆除。

十二连城浮桥位于十二连城乡脑包湾村，1996年10月1日通车。由3组6排共36节浮箱和2组4块跳板组成的286米组合桥，设计荷载10吨，车辆过桥间距30米，限速5千米，昼夜通行720辆次，十二连城乡人民政府建设经营，2007年因车流量少拆除。

城坡黄河浮桥位于哈岱高勒乡城坡村，2001年由对岸清水河县架设。2003年准格尔旗建设万家寨库区城坡客货运码头，浮桥拆除。

巨合滩浮桥位于十二连城乡巨合滩村，桥长330米，宽6米，由13条驳船组成，载重40吨。2004年11月建成通车，明大集团修建。2009年建成巨合滩黄河大桥，浮桥拆除。

将蓿浮桥南岸位于十二连城乡西不拉村，北岸位于包头市土默特右旗海子乡将军尧村，由对岸包头市2005年10月建成，桥长280米，由7艘驳船组成，吨位197吨，配1艘拖船，满载排

十二连城乡西不拉村将蓿黄河浮桥，2019年陈文俊摄

水 72.2 吨。

二道壕浮桥南岸位于十二连城乡三十顷地村，北岸位于包头市土默特右旗海子乡二道壕村，由对岸包头市 2012 年架设，桥长 280 米，宽 9 米，由 7 艘驳船、1 艘拖轮组成，设计荷载 20 吨，限速 5 千米，昼夜通行 1400 辆 / 次。

2015 年，全旗有将蓿浮桥、二道壕浮桥两座黄河浮桥。

第三节　水上游乐

1998 年，黄河万家寨水利枢纽建成后，库区形成 75 千米深水航道。

1999 年 10 月 21 日，准格尔旗人民政府打造“黄河风情游”品牌，旅游局投运 1 艘 40 座大游船，开通城坡—四分子码头航运，年客运量千人次左右，营业收入 5 万元左右。2007 年 7 月，大游船航运转让通德利旅行社。2007 年 6 月，旗人民政府投资 6600 万元，建成城坡、包子塔、四分子 3 个码头。2009 年，万家寨库区 2 艘快艇、3 艘豪华游轮下水。2010 年 1 月，旗人民政府成立文化旅游投资公司，接管上述水上旅游资产。2015 年，文化旅游投资公司投运 10 艘快艇、客运量 3 万人次，营业收入 60 万元。

黄河万家寨库区豪华游轮，2010 年杨玉铭摄

2000 年，万家寨水上娱乐中心投运快艇 2 艘，客运量不足千人次，收入 7 万元；2001 年，投运快艇 3 艘，收入 10 万余元，2002 年，投运快艇 5 艘，2007 年，客运量万人次，各项收入 22 万元。2009 年 4 月，成立万家寨鑫河旅游公司，注册资金 100 万元。2015 年，投运快艇 5 艘，客运量 4 万人次，收入 120 万元。

2002 年 4 月 26 日，位于纳林镇胡家渠村的正阳湖开门迎客，投运游艇 3 艘共 24 座；2006 年，因客流量少停航。

2014 年 5 月，位于布尔陶亥苏木的水镜湖开始经营水上娱乐项目，投运观光画舫 1 艘 28 座，脚踏船 10 艘共 40 座，电动船 10 艘共 40 座，快艇 2 艘共 16 座，2015 年客运量 11860 次。

2015 年，全旗水上旅游船舶 34 艘 328 座，其中，文化旅游公司 5 艘 163 座，万家寨鑫河旅游公司 6 艘 41 座，水境湖公司 23 艘 124 座。

第十篇

邮政·通信

中国邮政

中国移动

中国联通

中国电信

内蒙古广电网

信息化

1991 年，准格尔旗通信告别“靠吼”的历史，通信渠道有寄书信、发电报。改革开放后通信互联，从车马邮路到即时通信，从见字如面到万物互联，从单位有电话，到自家有电话，再到人人有手机，人们生活在“地球村”。2015 年，全旗开通邮政投递线路 4132 千米、通信光缆线路 9691 千米；固定电话用户 3.38 万户，手机用户 52.38 万户，宽带用户 4.9 万户。网络通信业成为国民经济基础性和先导性产业。2010 年 4 月准格尔旗开启“数字准格尔”工程建设，2015 年信息化应用到社会管理主要领域。

伊泰煤制油公司中央监控大厅，2009 年 7 月摄

第一章　邮电总情

第一节　邮电体制改革

1991 年，准格尔旗只有一家邮电机构准格尔旗邮电局。1992 年 1 月一分为二，增设薛家湾矿区邮电局。

1998 年 9 月，邮电分营改革，二分为四，设准格尔旗邮政局、电信局，薛家湾矿区邮政局、电信局，邮政业陷入困境，电信业突飞猛进。

1999 年 9 月，电信一分为三改革，拆分出移动通信，内蒙古移动通信设准格尔旗营业部、薛家湾营业部；拆分出无线寻呼，中国联合通信设薛家湾营业部，2000 年 11 月设沙圪堵营业部；拆分后电信局只有程控电话，仍是行业龙头。

2002 年 10 月，电信南北分家改革，北方建中国网络通信，准格尔旗电信局更名为中国网络通信准格尔旗分公司，2007 年 3 月设沙圪堵分局；南方为中国电信，北上跨地域竞争，2004 年 4 月设准格尔分公司，2008 年 10 月设沙圪堵分公司；全旗出现移动、联通、网通、电信 4 家通信运营商 8 家分支机构。电信和网通在固定电话和宽带业务上领先，移动和联通在移动电话上领跑。

2008 年 10 月，中国联合通信与中国网络通信合并重组为中国联合网络通信，准旗合四为二，合并重组中国联合网络通信准格尔旗分公司、沙圪堵分局。至此，移动、联合网络、电信在准旗“三足鼎立”。移动经营神州行、全球通、动感地带 3 大品牌，联合网络经营“沃”品牌，电信经营“天翼”品牌。2014 年，第四代通信技术投入商业应用，中国移动一家独大。

邮电业经历 4 次拆分重组，最终打破行业垄断，形成市场竞争。

第二节　通信技术创新

一、固定通信技术

1991 年，准格尔旗固定电话是磁石“摇把子”电话，通过机房话务员一站站人工转接，叫人接听，实现通话，接连电话的中继线为金属电缆。

1993 年 9 月 12 日，沙圪堵镇、薛家湾镇两地同步开通 2000 门程控电话，摇把电话华丽转身

手摇人工转接电话

程控直拨摁键电话

无线寻呼机

为按键电话，全国自动直拨，固定电话进入程控交换时代。

1994 年 6 月，沙圪堵、薛家湾两地同步开通无线寻呼台，第一代寻呼机显示数字，查号码簿才能掌握呼叫内容，找固定电话回复；随后上市显示汉字呼机。2004 年 1 月，中国联合通信无线寻呼关网。

1994 年，旗邮电局设首个公用电话亭，派人值守收费；2000 年，电信局开办 IC 卡电话业务，公用电话插入充值卡自助拨打电话；2001 年，薛家湾、沙圪堵两镇主街道电话亭陆续拆除；2009 年起，3G 智能手机普及，长年受冷落的室内壁挂 IC 卡电话退市。

1995 年，东胜—沙圪堵镇干线光缆开通，开始光缆传输通信信号。2000 年准旗开办数据增值业务，开通首批互联网用户。2014 年，中国联合网络实施互联网通村工程、城镇光缆通小区工程，中国移动、中国联合网络积极响应。2015 年，全旗通信光缆 9691 千米，光纤宽带入户率，城镇 99%、乡村 77%。

二、移动通信技术

1997 年，薛家湾、沙圪堵两镇同时开通模拟基站，第一代模拟手机“大哥大”上市，这是准旗移动通信的起点。1998 年 8 月，薛家湾、沙圪堵两镇同时开通数字基站。2001 年 7 月，中国移动两营业部同时关闭模拟基站，全旗移动通信步入数字 2G 时代。

2002 年 1 月 8 日，中国联通通信两营业部开通本地通网、全球通网，两网手机放号，移动通信走向宽频领域。同年 10 月，中国网络通信准格尔旗分公司手持市内无线电话放号，人称本地通“小灵通”手机；2006 年开办“大灵通”手机，功能介于本地通和全球通之间。2012 年 12 月，中国联合网络通信关闭“小灵通”网，移动通信整体进入全球通时代。

“大哥大”手机

“小灵通”手机

智能彩屏手机

2009 年 1 月，移动、联合网络、电信获得 3G 牌照，无线上网速度 3.1 兆每秒，是 2G 网的 20 倍；2013 年年底，三大通信运营商获准 4G 牌照；2014 年 4 月 15 日，中国移动两公司率先在全旗开通 4G 网。2015 年，全旗移动通信基站 1835 座，其中 4G 基站 1289 座，4G 信号覆盖率接近 80%。

第三节　邮电业规模

1991 年，准格尔旗邮电业务总量 79.89 万元。其中，邮政业务总量 29.18 万元，占比 36.53%；通信业务总量 50.71 万元，占比 63.47%；邮政与通信四六开。2015 年，全旗邮政通信业务总量 17.12 亿元，增长 2000 多倍。其中邮政业务总量 1311 万元，增长 44 倍多，占比 0.77%；通信业务总量 16.99 万元，增长 3000 多倍，占比 99.23%。邮政与通信业务量悬殊。

程控电话、智能手机、光纤宽带几波爆发式增长，拉动通信业迅猛发展。1991 年，全旗通信业务总量 51.71 万元，1993 年突破百万元，2000 年突破千万元，2004 年突破亿元，2013 年突破十亿元，2015 年达到 16.99 亿元。2015 年，三大通信运营商业务收入 4.19 亿元，其中，中国移动 2.94 亿元、中国联合网络 0.71 亿元、中国电信 0.54 亿元。

1991 年,全旗市话用户 695 户。1997 年模拟手机上市,2000 年开办数据业务,互联网用户问世。2001 年，全旗固定电话 2.37 万户，手机 2.86 万户，手机用户首次超越固定电话。2012 年，固定电话达到顶峰 6.03 万户，住宅电话出现拆除潮。2015 年，全旗固定电话 3.38 万户，最多的运营商是中国联合网络；手机 52.38 万户,其中有效用户 31.7 万户,最多的运营商是中国移动；宽带用户 4.9 万户，最多的运营商是中国联合网络。

中国邮政肩负普遍服务社会责任,为改革付出巨大牺牲。1991 年全旗邮政业务总量 29.18 万元,1998 年邮电分营陷入政策性亏损困境,邮政代理金融走出困境,2006 年突破千万元,达到 1104.0 万元。受金融业、快递业挤压，坚守邮政普遍服务，实现平稳发展，2015 年邮政业务总量 1311 万元。

1991—2015 年部分年度准格尔旗邮政通信业统计表

表 10-1

年份	业务总量（万元）	邮政业务（万元）	投递邮件（万件）	发行报刊（万份）	集邮销售（万元）	代理金融（万元）	速递物流（万元）	通信业务（万元）	固定电话（户）	移动电话（户）	上网用户（户）
1991	80	29	47.87	178.10	2.30	176.30	—	51	695	—	—
1995	533	87	38.74	293.40	8.20		—	446	3437	—	—
2000	1808	569	49.20	418.20	95.49	150.65	—	1239	17735	9500	287
2005	18002	725	25.90	362.50			—	17277	57644	195921	4812
2010	45000	1004	3.66	335.59		767.28	87.82	43996	60200	255000	15000
2015	171200	1311	4.10	453.70	84.00	1375.23	80.55	169889	33800	523800	49000

第二章　邮政业

邮政通政通商通民，是国民经济服务行业。1991 年，准格尔旗邮电局位于沙圪堵镇。1992 年 1 月，成立薛家湾矿区邮电局。1998 年 9 月，国家实行邮政与电信分营改革，邮电机构一分为二。1999 年 12 月，因旗政府搬迁至薛家湾镇，沙圪堵镇设自治区级开发区，薛家湾矿区邮政局更名为准格尔旗邮政局；2000 年 1 月，旗邮政局更名为准格尔经济技术开发区邮政局。2015 年 5 月，因邮政实行政企分开改革，两邮政局分别更名为准格尔旗分公司、准格尔开发区分公司。中国邮政在准旗各项业务收入 1904.13 万元。

第一节　邮政服务体系

准格尔旗邮政营业网点、邮路网络遍布城乡，邮递员常年四季风雨无阻，奔波在城乡之间。历经多年规范化信息化建设，初步建成线上线下一体的服务平台，城乡居民获得价格合理、服务优质的邮政普遍服务。2009 年，旗邮政局获评内蒙古自治区邮政规范化服务窗口。

一、邮政网点

1991 年，准格尔旗邮电局下设纳林、榆树湾、东孔兑、海子塔、暖水、薛家湾 6 个邮电支局，五字湾、羊市塔、布尔陶亥、窑沟、黑岱沟、长滩、马栅、柴登、四道柳、准格尔召、大路、魏家峁、大路峁、蓿亥图、牛连沟 15 个邮电所，川掌、铧尖、西营子 3 个邮电代办所；全系统职工 183 名。

1992 年 1 月，薛家湾矿区邮电局成立后，东部 2 个邮电支局、9 个邮电所划归矿区邮电局。1998 年 9 月，邮政与电信分营改革后，基层分设邮政机构。2000 年起，陆续将撤并乡镇的邮政所并入保留乡镇的邮政所，组建农村邮政所，旗政府驻地、开发区、大路新区 3 地设立城镇邮政支局。

中国邮政开发区分公司八一中路支局，2022 年摄

2015 年，中国邮政在准旗 2 家县级分公司，下设 7 家城市邮政支局、14 家农村邮政所，员工 185 名。邮政网点覆盖乡级行政区和人口密集城镇社区。

旗分公司下设准格尔路、通达路、迎泽路、滨河南路、大路新区 5 个城市邮政支局，十二连城、布尔陶亥、东孔兑、大路、长滩、魏家峁 6 个农村邮政所，13 个特许加盟邮政便民服务站，员工 111 名。开发区分公司下设八一中路、准格尔北路 2 个城市邮政支局，准格尔召、黄天棉图、暖水、乌素沟、“曹羊公路 32 公里”、纳日松、羊市塔、龙口 8 个农村邮政所，员工 74 名。

二、邮路交通

1991 年，准格尔旗邮政投递线路 3206 千米。委托客运班车代办邮路，日班到暖水、纳林，2 ～ 3 日班到羊市塔、五字湾、马栅、东孔兑、蓿亥图、布尔陶亥；自办小四轮邮路，2 日班到大路、窑沟，摩托车邮路，2 ～ 3 日班到黑岱沟、魏家峁、准格尔召、西黑岱、大路峁、川掌、布尔洞沟、西营子、铧尖、四道柳、德胜西；自行车邮路 2 日班，到沙圪堵、十二连城、长滩。城镇投递员 5 名，乡村投递员 25 名。通邮率乡到村 70%、村到户 20%。

当时邮政投递员一人一车一邮包，夏季晴通雨阻，冬季大雪封山，要重新启用畜力邮班通邮。1997 年，准旗干线公路陆续由砂石路面改扩建为沥青路面，邮政投递才实现及时准确。

2015 年，全旗开通邮政投递线路 4132 千米。旗政府驻地、开发区、大路新区 3 城区自办投递段道 43 条，投递员 29 名，一日 1 班，一日一投；3 地到乡村委托农村客运班车代办邮路 8 条，旗政府驻地—东孔兑—大路镇、旗政府驻地—海子塔—长滩、旗政府驻地—魏家峁、大路新区—布尔陶亥、大路新区—十二连城、开发区—暖水—黄天棉图—准格尔召、开发区—乌素沟—“曹羊公路 32 公里”—纳日松—羊市塔、开发区—龙口，投递员 12 名，一周 5 班，一周 5 投。配备运邮车 32 辆,其中厢式货车 11 辆、摩托车 2 辆、电动自行车 19 辆。旗到乡、乡到村、村到户，三级通邮全覆盖。

2022 年中国邮政开发区分公司集装箱邮车

三、邮政信息化

1991 年，准旗邮政业务靠人工操作，分拣报刊、邮件，算盘核算收支。

1994 年 1 月开通邮件跟踪查询网，迈开信息化步伐。1995 年实现邮政储蓄电脑处理。1999 年，旗邮政局投资 284 万元建成 1724 平方米邮政通信大楼，实现邮政综合网和邮政储蓄网内蒙古自治区联网。2000 年与全国实物运递网、邮政综合网和邮政金融网“三网合一”。2006 年报刊发行系统上线，实现电脑录入。2007 年 9 月邮政储蓄系统和电子汇兑系统“两网”互通，实现异地汇款、转账即办即达。2011 年 2 月邮政金融中间业务平台上线。

2015 年，全旗邮政建成 10 个综合营业厅、12 个电子化网点。旗分公司，开发区分公司，运行邮政综合网、邮政金融网两大系统，智慧邮政网络提升邮政供给能力和运行效率。

第二节　邮政业务

1991 年，准格尔旗邮电局办有《中华人民共和国邮政法》规定的邮政普遍服务 4 项业务，邮件寄递、邮政汇兑、邮票发行、报刊发行。2005 年国家出台《邮政体制改革方案》，将邮政主业分拆为普遍服务业务和竞争性业务，准旗两家邮政局巩固普遍服务业务，大力发展代理金融、快递物流等竞争性业务。2015 年，准旗邮政业务扩大到邮政普遍服务、代理金融、速递物流三大板块 190

余种，成为信息传递、资金流通、商品配送的重要渠道。

一、邮件寄递

邮件寄递业务属邮政普遍服务业务，随着互联网快速发展，邮件寄递业务呈下降趋势。2001年，旗邮政局邮件寄递收入 138.93 万元，总收入占比 45.78%。2002 年，开发区邮政局邮件寄递收入 29.63 万元，占总收入比 23.3%。2015 年，旗邮政分公司邮件寄递收入 299.39 万元，总收入占比 22.46%；开发区邮政分公司邮件寄递收入 177.11 万元，总收入占比 31%。

2022 年中国邮政开发区分公司分拣包裹

1991 年，寄递函件包括信函、明信片、印刷品，分普通、挂号、航空等保价信函，全旗寄递信函 47.6 万件。2000 年开办银行与企业账单业务；2015 年，公务函、商务函成为函件主打产品，全旗寄递信函下降到 2 万多件。

国家实行邮政资费城乡同价。信函首重 20 克内邮资，1991 年本埠 0.1 元、外埠 0.2 元；1996 年 12 月不分本外埠，统一为 0.5 元；1999 年 3 月上调为本埠 0.6 元、外埠 0.8 元；2006 年 11 月上调为本埠 0.8 元、外埠 1.2 元。这一邮政资费标准执行到 2015 年。

1991 年，包裹分普通包裹、保价包裹、脆弱包裹，全旗寄递包裹 0.27 万件。1998 年邮政、电信分营后，包裹寄递受到社会快运公司冲击，邮政推出家乡特色产品包裹，发展校园、军营包裹，包裹业务稳中有升。2012 年，旗邮政局被评为全国“爱心包裹”寄递先进单位。2015 年全旗寄递包裹 2.1 万件。

1993 年，旗邮电局开办邮政特快专递业务。2000 年开办直递邮购、邮政广告业务，代销手机、酒类。2001 年开办快递包裹业务，2004 年开办企业拜年卡业务，2008 年邮政特快专递业务整合到邮政速递物流业务。

二、报刊发行

报刊发行业务分单位征订、个人订阅、邮政零售 3 种。每年 4 季度面向机关征订党报党刊，宣传部下达任务，邮电局上门征订，准旗每年都能完成征订任务。个人订阅杂志较报纸多，家有学龄前儿童订少儿画报，迎接中考、高考订辅导资料，年轻人订阅大幅影视明星照的时尚杂志。邮政报刊零售业务，“八五”时在报刊亭零售，“九五”时电话亭也零售，“十五”后，薛家湾、沙圪堵两镇的报刊亭、电话亭逐渐淡出人们的视野。

2003 年准格尔旗邮政局报刊零售亭

1991 年，全旗订销报刊 178.1 万份，报刊流转额 34.1 万元。1998 年旗邮政局报刊发行收入 14.7 万元，2000 年开发区邮政局报刊发行收入 11.37 万元。2006 年，旗邮政局报刊流转额高达 191.6 万元，其中个人订阅 66.6 万元。2009 年，全旗订销报刊多达 516.30 万份。2014 年，旗邮政局报刊发行收入 116.7 万元。2015 年，全旗订销报刊 453.7 万份；旗邮政分公司报刊发行收入 111 万元，开发区邮政分公司报刊发行收入 30.5 万元。

进入“十一五”，传统报刊受网络媒体冲击，网络浏览有余，阅读报刊不足，机关堆放的报纸翻看者寥寥无几。报纸投递到机关，原封不动进了废品收购站，报纸成“废纸”，没有发挥报刊作用，浪费编印报刊的人力、物力。

三、集　邮

1991 年，全旗集邮收入 2.35 万元。1995 年开办有奖明信片业务。1999 年，旗邮政局借政府搬迁庆典，集邮促销收入 44.12 万元。2000 年，全旗邮集收入达到最高 95.49 万元。2002 年开发区邮政局制作油松王、准格尔召邮资门票 7 万枚，实现收入 8.4 万元。2004 年开办企事业单位形象宣传邮品，2007 年推出定制邮政贺卡、邮资封片等邮品。2014 年，旗邮政局成立准格尔集邮协会，发展会员 304 名。2015 年，旗邮政分公司集邮收入 58 万元；开发区邮政分公司集邮收入 26 万元。

2022 年中国邮政准格尔旗分公司邮品展销

准旗公务员赵雷是位集邮爱好者。至 2015 年，集成专题邮品 60 多集，获全旗集邮展一等奖、全市专题集邮展三等奖、内蒙古首届现代邮展优秀奖、“粤港澳”小康之家集邮联展金奖；举办 6 次个人邮展，设计投用明信片 10 多种、纪念邮戳 30 多枚；撰文《我的集邮路》入选《中华收藏集锦录》(陕西星光印务有限公司 2007 年 11 月版)，加入中华全国集邮联合会。

四、代理金融

1991 年，邮政汇兑属邮政普遍服务业务，普通汇兑投递汇款单，4 天至 7 天寄到；电子汇兑发送电报，2 天至 4 天发到。2001 年，中国邮政电子汇兑系统上线，淘汰投递汇款单业务，开办密码实时 2 分钟汇款、2 小时实时汇款、24 小时汇款业务。2007 年，中国邮政汇兑系统升级，普通汇款 1 日到达、入账汇款实时到账，邮政汇兑完全融入邮政代理金融业务。

1991 年，邮政代理人民银行储蓄业务，办理定期、活期存款，全旗邮政储蓄存款余额 176.3 万元。1999 年 7 月，中国邮政绿卡系统上线，全国通存通兑。2000 年，伊克昭盟邮政局提出“人人揽保 3000 元”，准旗两所邮电局开始代理保险业务。2004 年，旗邮政局代理金融收入 203.19 万元，总收入占比 61.64%；开发区邮政局代理金融收入 95.1 万元，总收入占比 79.06%。2006 年，旗邮政局储蓄余额突破亿元，达到 1.07 亿元。2007 年，邮政代理金融业务新增结算、贷款、理财，代收费、代发工资等中间业务，俨然现代商业银行规模。2010 年 1 月，邮政储蓄业务分离，成立邮政储蓄银行，两所邮政局开始代理邮政储蓄银行业务。2015 年，中国邮政旗分公司代理金融收入 974.23 万元，总收入占比 73.10%；开发区分公司代理金融收入 401 万元，总收入占比 72%。

五、速递物流

2000 年，中国邮政开办邮购直递业务，进军物流市场。2001 年，旗邮电局与海尔集团、伊利集团签订物流配送协议，开办海尔专卖店同城配送海尔家电，城区到户日配送鲜奶 2300 袋，赚到物流配送第一桶金 4.4 万元。

2005 年国家出台的《邮政体制改革方案》划分邮政快递与非邮快递业务；2007 年中国邮政开办电子商务速递业务，准旗两家邮政局开始配送工业消费品下乡，特色农产品进城。2008 年中国邮政整合速递与物流资源，正式开办速递物流业务。旗邮政局速递物流收入 73.67 万元，总收入占比高达 12.10%；开发区邮政局速递物流收入 16.25 万元，总收入占比 7.12%。

2009 年新修订的《中华人民共和国邮政法》赋予非邮快递企业合法身份，非邮快递业于“十二五”后期迅速抢滩准旗市场，成为两家邮政局最强大的竞争对手。2015 年，顺丰、韵达、圆通、申通等国内快递巨头相继入驻准旗，设立分支机构 20 家，全旗注册本土快递企业 5 家。

中国邮政与快递公司相比，快递公司收投迅速，收费低廉，邮政经营成本高，不能打价格战。准旗邮政速递物流发展缓慢。2015 年，旗邮政分公司速递物流收入 59.15 万元，总收入占比 4.44%；开发区邮政分公司速递物流业务收入 21.4 万元，总收入占比 3.75%。

第三节　邮政业规模

1991 年，准格尔旗邮电局业务收入 158 万元，亏损 17.2 万元。1993 年，准旗开通程控电话，信函被长途直拨电话代替。1998 年，邮政与电信分营，造成邮政全行业政策性亏损，国家特许邮政代理储蓄业务，以维持邮政普遍服务。1998 年旗邮政局仅收入 119.03 万元，2000 年开发区邮政局仅收入 156.2 万元。准旗两邮政局卧薪尝胆，艰苦创业。邮政普遍服务板块稳定发展；与金融业竞争，代理金融成为邮政支柱板块；先后开办邮政礼仪、邮购直递、电子商务、速递物流等业务，与快递业竞争，速递物流成为邮政第三板块。2013 年，旗邮政局实现收入 1364.82 万元，实现利润 232.5 万元，雄居鄂尔多斯市旗区之首；开发区邮政局实现收入 571.36 万元，被评为邮政内蒙古经营发展领军旗县局。2015 年，旗分公司收入 1332.77 万元；开发区分公司收入 571.36 万元。

第三章　通信业

第一节　邮电局通信

1991年，准格尔旗邮电局经营邮政、通信两类业务。下设6个邮电支局、15个邮电所、3个邮电代办所，职工183名。1992年1月一分为二，分设薛家湾矿区邮电局，辖东部区2个邮电支局、9个邮电所。邮政、电信合营持续到1998年9月邮政与电信分营。

一、通信业务

1991年，准格尔旗邮电局开办长途电话、市内电话、农村电话、电报4项通信业务，电报分普通电报、加急电报、汇款电报、公务电报4种，同年6月电报业务进入全国自动转报网，中英文电传打字机和自动转报机联网投用。全旗市内电话交换机容量1900门，电话695部，磁石“摇把子”电话，通过机房话务员人工转接才能实现通话。全年通信业务量50.71万元。

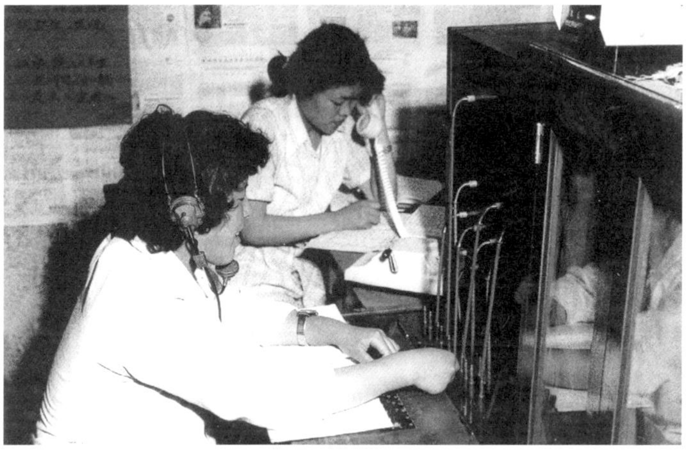
1991年邮电话务员转接长途电话，汤世光摄

1991年，中共准格尔旗第十次代表大会将实现通信自动化列入关系全旗发展的12件实事。1992年，书记与旗长联席会议落实这件大事时有3种选择，即纵横交换投资80万元，模拟通信投资180万元以内，数字通信至少投资200万元，最终决定选择第三种方案，一步到位自动化。

1993年9月12日，旗邮电局筹集近500万元，新建1952平方米通信综合大楼落成，沙圪堵镇、薛家湾镇两地同步开通2000门程控电话，实现全国自动直拨，摇把电话蜕变为按键电话，准旗通信业一跃进入数字程控交换时代，当年安装程控电话370部。

1994年6月，沙圪堵、薛家湾两地同步建成无线寻呼台，首批放号寻呼机BP机91部。1994年，哈岱高勒乡阳窑子村开通程控电话，成为伊克昭盟第一个程控电话村；通信综合大楼门前设一部公用电话，建成全旗首个公用电话亭，派人收费，服务居民拨打电话。

程控电话初装费5000元，月租费25元，通话费长途0.8元/分钟，市话3分钟外0.2元，3分钟内0.1元。人们常看着手表打电话，每月通话费数百元，电话成为继电视机、电冰箱后第三大家电奢侈品。为控制电话费，机关的电话多装箱上锁。1995年5月1日起，准旗执行《公费住宅电话费管理办法》，许可公费安装，实行定额补贴，副县级以上干部每人每月50元，科级干部30元，离退休县级干部20元。1996年，准旗市话号码由3位升到7位，初装费降到1000元；2001年7月1日取消初装费，月租费降为15元。程控电话开始跃下枝头，进入寻常百姓家。

1997 年，薛家湾、沙圪堵两镇移动通信模拟基站相继投用，结束准旗没有手机历史。第一代模拟手机状如黑砖头，头带长天线，售价上万元，入网费 6000 元，月租费 54.1 元，双向收费每分钟 0.4 元，俗称“大哥大”，能用得起手机的人非常少。旗邮电局开通市内电话 406 部、农村电话 325 部、BP 机 503 部、模拟手机 171 部。全年通信业务收入 640.33 万元。

二、通信线路

1991 年，准格尔旗通信线路 33 条 1159.4 千米，电报线路 2 条，电话线路 19 条，中继线路 12 条。长途电话线路 2 条，沙圪堵—东胜 91 千米，沙圪堵—呼和浩特 221.2 千米；沙圪堵镇市内电话标准线路 23 杆千米，架空明线 52 千米，电缆载波线路 10 千米；农村电话载波线路 17 条，标准线路 450 杆千米。发旗内电报由农村电话线路传输，发旗外电报由专用线路传输。

1996 年准格尔旗邮电局程控电话交换机房

1995 年，东胜—沙圪堵镇干线光缆铺设完成投运。与铜缆、铝缆相比，光缆采用国际先进的玻璃纤维光导技术，容量大，速率高，可传输数字电话、屏幕电话、有线电视、互联网、多媒体等多种信息。1998 年 5 月，准格尔旗各界大力支援，解放军某部建成国家一级干线呼和浩特—西安光缆工程内蒙古段 365.5 千米，准旗近水楼台先得月，极大改善通信信息传输条件。

第二节　电信局通信

1998 年 9 月，因邮政与电信分营，准格尔旗两家邮电局撤销，分设准格尔旗电信局、薛家湾矿区电信局。1999 年，移动通信业务划归中国移动，2000 年 2 月，准格尔旗电信局搬迁薛家湾镇，两电信局合并。

1998 年，旗电信局程控电话交换机容量 3488 门，程控电话 2030 部，程控电话普及率城镇 19.94 部 / 百人、农村 0.94 部 / 百人。新开通市内电话 381 部、农村电话 336 部、BP 机 641 部；同年 8 月薛家湾、沙圪堵两镇建成更为先进的数字移动通信基站，首批开通数字手机 294 部；全年通信业务收入 695.8 万元。

1999 年，薛家湾电信局为 90 余家政府搬迁单位优先安装程控电话，旗人民政府赠送锦旗《鼎力协助搞搬迁、团结协作创伟业》感谢。全旗累计开通程控电话 12049 部，其中住宅电话 4806 部，在全盟率先实现乡镇电话交换程控化、信息传输数字化。

2000 年，电信局新开办数据增值业务，全旗首批开通互联网用户 287 户，通网资费标准 880 元 / 年；新开办 IC 卡电话业务，全旗首批开通 IC 卡电话 115 部，公用电话实现无人值守，插入充值卡自助拨打电话。全年通信业务收入 1699.13 万元，因电话收费标准高，出现欠缴电话费 1.46 万元。

2001 年，薛家湾程控交换机扩容至 7000 门，沙圪堵扩容至 5000 门，全旗固定电话用户 2.37 万户，互联网用户 805 户，新办来电显示业务，发展全旗首批用户 2430 户。全年通信业务收入 2146 万元。

第三节　中国移动通信

1999年9月，准格尔旗两电信局的移动通信业务划归内蒙古移动通信公司，伊克昭盟分公司在沙圪堵镇设准格尔旗营业部、在准格尔矿区设薛家湾营业部；2000年10月因旗人民政府迁址薛家湾镇，沙圪堵镇设立开发区，准格尔旗营业部更名为沙圪堵开发区营业部，薛家湾营业部更名为准格尔旗营业部；2004年12月中国移动通信集团接收内蒙古移动通信公司，两营业部再次更名为准格尔旗分公司、沙圪堵分公司。2008年5月中国移动接收中国铁通，成为移动、互联网、固定3类通信全业务运营商。2015年，全旗有中国移动基站487座，其中4G基站363座；光缆线路3953千米；移动电话35.15万户、互联网3271户，业务收入2.94亿元。

一、移动网点

1999年9月16日，准格尔旗两移动通信营业部同时挂牌开业，从唯一的自办营业厅起步，辐射发展社会渠道。2005年，准格尔旗分公司自办营业厅2个,社会渠道50个；沙圪堵分公司自办营业厅2个，社会渠道20个。2008年起，全旗移动自办厅、合作厅、代办点，统一建成中国移动的形象标识。

中国移动准格尔旗分公司，2022年摄

2010年，两分公司同时引入24小时自助终端，自助开户、自助缴费，开辟电子营销渠道,2011年8月开通中国移动“1008611”自助服务电话，电子渠道随后开辟网上营业厅、短信营业厅，办理业务，以指代步，足不出户。

2015年，准格尔旗分公司自办迎泽街道和谐小区、兴隆街道通达路、迎泽街道都市生活广场3个营业厅，员工112名；委托加盟店2家、手机专卖店47家、授权代理点11家；覆盖蓝天、友谊、兴隆、迎泽4个街道，薛家湾、大路2个镇，十二连城乡，布尔陶亥苏木。沙圪堵分公司自办公园路、文化街2个营业厅，员工61名；委托加盟店4家、手机专卖店48家、授权代理点2家；覆盖沙圪堵、龙口、准格尔召、纳日松4个镇和暖水乡。

二、移动网络

1999年，准格尔旗两移动通信营业部各开通一座模拟基站，模拟手机“90”打头7位号码，用户容量1000户；各开通一座数字基站，数字手机“135、136、137、139”号段11位号码，用户容量1700户。2001年7月，两营业部同时关闭模拟基站，全旗移动通信步入数字2G时代，到2007年，两分公司2G无线网络实现全旗城乡全覆盖。2009年，两分公司开始布设3G无线网，建设光纤宽带通小区、通村工程。2014年12月，两分公司开始在3G基站加装4G设备，新建独立4G基站。

2015年，准格尔旗分公司基站324座，其中4G基站297座；沙圪堵分公司基站163座，其中4G基站66座；中国移动信号全旗3G全覆盖，4G覆盖城镇和干线公路沿线。准格尔旗分公司接入光纤宽带64个小区，光缆线路2138千米；沙圪堵分公司接入光纤宽带5个小区、2个村，光缆线路1815千米。

三、移动业务

1999 年，移动通信提供语音业务，入网费 500 元，月租费 50 元，本地通话双向收费 0.6 元 / 分钟，国内长途 0.7 元 / 分钟，国际长途 0.8 元 / 分钟，国内漫游 0.8 元 / 分钟，国际漫游 1.6 元 / 分钟。手机为按键的功能机，售价最低上千元，大众买不起手机，两营业部开办过租机业务。

中国移动沙圪堵城区通信基站，2022 年摄

2000 年，向商务人士推出全球通标准资费。向大众群体推出神州行套餐，无须缴纳月租费，支持全国漫游，国内长途 0.6 元 / 分钟基础上每 6 秒 0.07 元，国际长途在 0.6 元 / 分钟基础上每 6 秒 0.08 元。“神州行”客户最终成为两营业部最基本客户群体，客户占比均超 70%。2004 年向年轻群体推出的语音与短信、彩铃、音乐等增值业务组合的动感地带套餐，诞生流量新业务，中国移动由此确立神州行、全球通、动感地带 3 大品牌。2008 年推出流量包月套餐，5 元包 30M，10 元包 70M。

2009 年 1 月开通 3G 信号，智能手机上市，新品琳琅满目，陆续推出动漫、网游、手机支付、电子商务等新业务，手机成为继互联网后的第五媒体。两分公司执行长途一费制，神州行 10 元月租接听，拨出 0.06 元 / 分钟；流量由 0.03 元 /KB 下调到 0.01 元 /KB，流量业务增长到 2013 年，传统语音业务首次负增长。

2010 年，两分公司推出光纤宽带接入，发展数据业务和智能业务。2014 年开通 4G 信号，两分公司开始免费更换手机 4G 卡，发展 4G 用户室内无线宽带上网新业务。实行自选搭配套餐资费，每月最低话音套餐 8 元 30 分钟，流量套餐 10 元 100M，数据套餐 5 元 30M。

2008 年 9 月，准格尔旗分公司成为旗人民政府信息化建设唯一运营商，在全市移动首家承担信息化建设。2010 年，两分公司推出光纤宽带接入，发展数据业务和智能业务。2015 年，准格尔旗分公司开通政务网专线 150 条，其他数据专线 38 条，互联网专线 126 条；沙圪堵分公司开通政务网专线 117 条，其他数据专线 26 条，互联网专线 106 条。

四、移动效益

1999 年 9 月，全旗移动通信用户 941 户，其中模拟用户 430 户、数字用户 500 户。2000 年，准格尔旗营业部通信用户 5000 户，通信业务收入 80 万元；开发区营业部通信用户 4500 户，通信业务收入 70 万元。

准格尔旗分公司，2012 年通信用户达到顶峰 26.7 万户，通信业务收入达到顶峰 2.15 亿元，同城市场份额 77.36%。沙圪堵分公司，2010 年通信用户达到顶峰 18 万户，2011 年通信业务收入达到顶峰 1.41 亿元，占同城市场份额 78%。

2015 年，准格尔旗分公司通信用户回落到 22.86 万户，其中 4G 用户 8.2 万户，宽带用户 2204 户；通信业务收入回落到 1.82 万元。沙圪堵分公司通信用户回落到 12.29 万户，其中 4G 用户 3.6 万户，宽带用户 1067 户；通信业务收入回落到 1.12 亿元。

第四节　中国联合通信

1999年9月，中国联合通信公司成立薛家湾营业部，2000年11月成立沙圪堵营业部。2002年起，两营业部发展CDMA网本地通和GSM网2G全球通手机用户。2004年，无线寻呼台因手机普及关网。2007年，薛家湾营业部更名为准格尔分公司，拥有C、G两网基站186座，手机用户突破3万户，业务收入4100万元，获评联合通信内蒙古十强旗县分公司、内蒙古青年文明号，经理史小飞获评中国联合通信总部劳动模范；沙圪堵经营部C、G两网基站12座，手机用户突破1万户，业务收入1100万元。

第五节　中国网络通信

2002年10月因中国电信南北分拆，准格尔旗电信局更名为中国网络通信集团准格尔旗分公司，下设沙圪堵分局；建本地通基站108座，开办手持市内无线电话业务，接听不收费，人称“小灵通”；固定电话达到顶峰27554户，住宅电话普及率26.11部/百户；全年通信业务收入2044万元。

2005年，中国网络通信在准旗交换机容量35000门，固定电话2万户，小灵通达到顶峰2.46万部。2006年，开通“大灵通”手机1600部，这种手机界于本地通和全球通之间，比小灵通更为先进。

2007年3月，中国网络通信负责沙圪堵、准格尔召、纳日松、暖水“3镇1乡”的沙圪堵分局，与准格尔旗分公司分营。准格尔旗分公司固定电话1.85万部、移动电话1.25部、宽带用户7000户，业务收入2000万元；沙圪堵分局固话电话8000部、移动电话4100部、宽带用户1300部，业务收入685万元。

第六节　中国电信通信

2002年，中国电信从南方北上内蒙古，落地鄂尔多斯，与联合通信、网络通信、移动通信竞争；2004年4月在薛家湾镇设准格尔分公司，2008年10月设沙圪堵分公司。2008年10月1日接收中国联合通信移动通信网，成为固定通信、数据通信、移动通信全业务运营商。2015年，全旗有中国电信光缆838.5千米，光纤入户通95个小区、14个村；基站206座，其中4G基站52座；移动电话8.2

中国电信沙圪堵分公司，2022年摄

万户，固定电话 1834 户，互联网 17766 户；业务收入 5424 万元。

一、电信网点

2004 年，中国电信准格尔分公司成立时，11 名员工租赁办工地白手起家创业。2005 年在沙圪堵镇设营业部，员工 7 名；2008 年沙圪堵营业部另设沙圪堵分公司。

2015 年，准格尔分公司下辖大路支局，旗政府驻地自办准格尔东路、佳禾家美、滨河南路、银河手机卖场 4 个营业厅，员工 56 名；沙圪堵分公司下辖纳日松支局、龙口支局，沙圪堵镇区自办准格尔北路营业厅、双满酒店营业厅、八一路北路手机卖场 3 个网点，员工 20 多名。

二、电信网络

2004 年 9 月，中国电信准格尔分公司购买准格尔广场到鼎华加油站 2.6 千米电缆线路；10 月，在旗党政办公楼西附楼建机房。2007 年，拥有同城 70% 一级干线光缆，建成薛家湾镇为中心的光缆网。2009 年 7 月开通薛家湾镇到黄玉川煤矿 27 千米光缆，2010 年 7 月开通黄玉川煤矿到魏家峁电厂 37 千米光缆；2010 年，拥有同城 80% 一级干线光缆，建成光纤宽带城域网。2013 年，沙圪堵分公司一级干线光缆化；2014 年光纤入户城镇小区全覆盖。

2008 年 10 月，中国电信准格尔分公司接收中国联合通信准格尔分公司基站 15 座，新建 3G 基站 48 座，开通 3G 网；2009 年 4 月，中国电信沙圪堵分公司接收中国联合通信沙圪堵营业部基站，新建 3G 基站，开通 3G 网。

2015 年，准格尔分公司通信光缆 476.5 千米，光纤入户通 36 个小区、12 个村；移动通信基站 136 座，其中 4G 基站 32 座。沙圪堵分公司通信光缆 362 千米，光纤入户通 59 个小区、2 个村；移

2016 年 8 月十二连城西瓜节手机拍客，黄鑫摄

动通信基站 70 座，其中 4G 基站 19 座。

三、电信业务

2004 年，中国电信准格尔分公司成立初，只经营固定通信业务，在旗党政办公大楼西附楼开通固定电话 102 户，业务收入 5 万元。

2005 年，推出拨打长途前面加拨“190”，免收本地通话费，国内长途 0.07 元 /6 秒，港澳台 0.20 元 /6 秒，国际长途 0.80 元 /6 秒；5 月开通首部家庭宽带；7 月开通星火网享互联网专线；全年业务收入 221.08 万元。

2008 年，中国电信面向个人、家庭、企业 3 大用户群体，分别推出天翼飞、天翼 e 家、天翼领航品牌；准格尔分公司收购中国联合通信准格尔分公司移动电话用户 1.2 万户。

准格尔分公司，2013 年固定电话用户达到顶峰 5000 户，2014 年业务收入达到顶峰 4235 万元。2015 年，准格尔分公司移动电话 6.5 万户、固定电话 1100 户、互联网用户 1.5 万户；业务收入回落到 4130 万元。沙圪堵分公司移动电话 1.7 万户、固定电话 734 户，互联网 2766 户；业务收入 1294 万元。

第七节　中国联合网络通信

2008 年 10 月，中国联合通信公司与中国网络通信集团合并，组建中国联合网络通信集团；中国网络通信准格尔旗分公司、沙圪堵分局，中国联合通信准格尔分公司、沙圪堵营业部，合并组建中国联合网络通信准格尔分公司、沙圪堵分局，经营固定电话、移动电话、互联网全部通信业务。2015 年，全旗中国联合网络固定电话交换机容量 6.5 万门、互联网接入端口 6.86 万个，光缆通信线路 4900 千米；基站 968 座，其中 4G 基站 411 座，4G 信号城区覆盖率 77.5%；固定电话 3.2 万户、移动电话 8.7 万户、互联网 2.8 万户，业务收入 7063.43 万元。

一、联通网点

中国联合网络通信全业务经营初，自办、合作办网点遍布城乡。2009 年，准格尔旗分公司下设 12 个支局，自办营业厅 4 个、手机专场 2 个，员工 95 名；有合作营业厅 24 个、便利店 200 余个。沙圪堵分局下设 6 个支局、自办中心营业厅，员工 43 名；有合作营业厅 17 个。

中国联通准格尔旗分公司，2022 年樊钱摄

中国联合网络通信抢抓 3G 时代商机，及时推出全业务品牌“沃”。优化经营网点布局，撤销客源较少的乡镇支局，减少服务不规范的便利店，精心打造城镇社区沃店，为个人用户、家庭用户、集团用户提供专业化的品牌服务。

2015 年，准格尔旗分公司自办营业厅 6 个、社区沃店 3 个，员工 89 名；有合作营业厅 39 个，服务东部 4 街道 3 镇 1 乡 1 苏木。沙圪堵分局下设 3 个支局、自办 4 个营业厅，员工 43 名，服务西部 3 镇 1 乡。

二、联通网络

2009 年，中国联合网络通信准格尔旗分公司固定电话交换机容量 3.2 万门、宽带接入端口 1.3 万门、移动通信基地 133 座，其中 3G 基站 21 座；沙圪堵分局固定电话交换机容量 2.2 万门、宽带接入端口 0.8 万门，移动通信基站 57 座，其中 3G 基站 31 座。

中国联通移动通信基站，2022 年杨玉铭摄

2012 年 12 月，准旗小灵通基站关网，小灵通风靡市场整整十年，最终退市为 4G 让出频道，移动通信整体进入全球通时代。

中国联合网络在准旗实施乡村互联网通村工程、城镇光缆通小区工程，2015 年，行政村互联网普及率 100%，城镇小区光缆普及率 80%。先后布局建设 3G、4G 基站，2015 年，2G、3G 信号城乡全覆盖，4G 信号城镇覆盖率 77.7%。准格尔旗分公司重点实施“数字准格尔”工程，沙圪堵分局重点实施煤矿安全监控工程，两地“互联网 +”业务迅速应用到政务、商务等社会各行业。

2015 年，准格尔旗分公司市话交换机容量 4.5 万门，宽带端口 4.86 万个，光缆通信线路 3000 千米；基站 576 座，其中 4G 基站 275 个，4G 信号城区覆盖率 85%。沙圪堵分局市话交换机容量 2 万门，宽带端口 2 万个，光纤通信线路 1900 千米；建成基站 392 个，其中 4G 基站 136 个，4G 信号城区覆盖率 70%。

三、联通业务

2009 年，中国联合网络通信准格尔旗分公司固定电话 1.8 万户、移动电话 10.2 万户、互联网 0.9 万户，业务收入 4780 万元；沙圪堵分局固定电话 4.3 万户、移动电话 8.9 万户、互联网 0.12 万户，业务收入 1880 万元。

2022 年中国联通准格尔旗分公司营业厅，樊钱摄

2009 年 1 月，中国联合网络通信获得 3G 牌照，推出全业务“沃”品牌，联合网络通信在准旗迅速发展，2013 达到顶峰，准格尔旗分公司业务收入 6605.2 万元，沙圪堵分局业务收入 2891.44 万元。2014 年 3 月 18 日推出“沃 4G”全业务，进入 4G 高速发展时代，但受鄂尔多斯民间借贷危机影响，准旗联合网络通信业务收入有所下降。

2015 年，固定电话、移动电话通话费 0.1 元 / 分钟，互联网宽带最低资费 720 元 / 年。准格尔旗分公司固定电话 2.3 万户、移动电话 6.8 万户、互联网 1.9 户，业务收入回落 4750 万元。沙圪堵分局固定电话 0.9 万户、移动电话 1.9 万户、互联网 0.9 万户，业务收入回落到 2313.43 万元。

第四章　内蒙古广电网

准格尔旗有线电视始于1993年，薛家湾矿区开通有线电视；1994年10月沙圪堵镇开通有线电视；同年12月准煤公司开通有线电视。3个有线电视网接收模拟电视信号。2015年建成以旗政府驻地为中心的有线电视主网和以开发区为中心的有线电视副网，两网光缆线路922千米，入网数字电视用户6.17万户。

第一节　广电网点

1993年，薛家湾矿区办事处成立有线电视管理站。1995年3月，准格尔旗广播电视服务中心成立准格尔有线电视台，自收自支、企业化管理，员工25名。1998年，薛家湾矿区有线电视管理站划归广播电视服务中心，改称有线电视二台。1999年10月，准格尔有线电视台迁址薛家湾镇，接收有线电视二台，沙圪堵镇重设有线电视二台。2000年10月，广播电视服务中心成立微波发射台。

内蒙古广播电视信息集团沙圪堵分公司，2022年摄

2003年10月，准格尔有线电视台、二台、微波发射台，上划内蒙古广播电视信息网络公司，在薛家湾镇设准格尔分公司；分公司下设沙圪堵网络部，2008年7月增设大路有线电视工作站。2007年8月，内蒙古广播电视信息网络公司在准格尔开发区设沙圪堵分公司。2011年，内蒙古广播电视信息网络公司转企改制，更名为内蒙古广播电视网络集团，准格尔分公司、沙圪堵分公司为这家内蒙古直属国有独资企业二级旗县分公司。2015年，准格尔分公司下设兴隆街道、迎泽街道2个营业厅，员工27名；沙圪堵分公司职工16名。

第二节　广电网络

1993年，薛家湾矿区在全旗率先开通有线电视。1994年10月，沙圪堵镇开通有线电视，机房配卫星电视信号接收锅，发射台配直径6.5米卫星电视信号接收锅，两锅中继线为杆路架空电缆，受外界电磁信号干扰明显，电视画面多雪花点。同年12月，准煤公司开通有线电视。一旗之内3个有线电视网。

2003年，准格尔旗落实内蒙古自治区党委办公厅、自治区政府办公厅《非行政区域性有线电视网必须与当地行政区域性有线电视网联网的意见》（厅发〔2002〕34 号），接收准能公司有线电视网，一地一网一前端，统一信号，统一管理。全旗形成旗政府驻地为中心的主网和开发区为中心的副网。

旗政府驻地主网，2005 年建成到鄂尔多斯市干线光缆，在全市率先光缆传输数字电视信号。2006 年干线光缆由 550 兆赫升级为 860 兆赫，在薛家湾镇永安小区试点电视信号由模拟向数字整转；首次远距离传输数字电视信号，开通酸刺沟煤矿有线电视。2008 年整体实现电视信号数字化，2012 年开通大准铁路沿线有线电视。2015 年，传输光缆 826 千米，其中管道光缆 97 千米、架空光缆 729 千米；传输网络覆盖兴隆、友谊、蓝天、迎泽 4 个街道，薛家湾、大路、龙口、准格尔召 4 个镇，十二连城、暖水 2 个乡和布尔陶亥苏木，及东部 20 多家企业，延伸到山西省境大准铁路沿线。

内蒙古广播电视信息集团微波发射台，2022 年摄

开发区副网，2006 年建成 2000 多平方米广播电视楼，450 兆赫电缆升级为 860 兆赫光缆。2007 年 1 月 18 日，模拟电视信号切换为数字电视信号，开通内蒙古首家旗县数字有线电视网。2014 年，开通纳日松镇有线电视。2015 年，传输光缆 96 千米，其中管道光缆 42 千米、架空光缆 54 千米，传输网络覆盖沙圪堵镇、伊东工业园、纳日松镇及西南 12 家煤炭企业。

光缆闭环网排除电磁干扰，传输高清数字电视信号。旗政府驻地主网机房建在兴隆街道旗党政办公大楼西附楼，主信号源由东胜—薛家湾干线传来，备用信号源由呼和浩特—薛家湾干线传来，两种信号自动切换，保障不间断播出；光机站前端接收上级电视信号，添加本旗自办电视节目信号，传输到终端有线电视用户；开发区副网机房建在沙圪堵镇广播电视楼，信号源由东胜—沙圪堵干线传来，光机站前端接收上级电视信号，添加开发区自办电视节目信号，传输到终端有线电视用户。

第三节　广电业务

一、有线电视节目

1993 年，薛家湾矿区转播 6 套有线电视节目。1994 年 10 月，沙圪堵镇转播 14 套有线电视节目。1996 年 10 月 20 日，沙圪堵镇在全旗率先开通中央 5、6、7、8 四套加密频道电视节目，转播有线电视台节目增加到 18 套。1998 年，沙圪堵镇有线电视加播《准格尔新闻》，自办电视频道每天播出 9 小时。

2002 年，准格尔有线电视台开办电视与电话互动视频点播业务。2003 年，准格尔有线电视台转播有线电视节目 36 套。2005 年，开通到鄂尔多斯市数字电视信号，转播有线电视节目 80 套；新开办“准格尔图文电视”，为观众提供便捷信息服务。2006 年，用户免费领取数字电视机顶盒，模拟电视信号转换为数字电视信号，电视画面没有雪花点。

2012 年，准旗开办有线电视双向互动业务，用户免费领取双向互动机顶盒，可开通宽带互联网，具备电视节目回放、影视剧点播、互联网信息查询等功能，实现由看电视到用电视的转变。转播 119 套电视节目、10 套广播节目，播出本旗自办广播、电视节目，接收新华网新闻、内蒙古阳光政务资讯；个性定制 100 多套付费电视节目，向高端客户提供 12 套境外电视节目。

二、有线电视用户

1993 年，薛家湾矿区在全旗率先开通有线电视，首批入网 200 户。1994 年 10 月，沙圪堵镇开通有线电视，首批入网 2000 户。同年 12 月，准煤公司开通有线电视，首批入网近千户。1999 年，薛家湾镇、沙圪堵镇两网有线电视用户 5868 户，准煤公司有线电视用户 6000 户，均接收模拟电视信号。

2005 年，准旗在鄂尔多斯市率先开通数字电视信号，发展首批数字电视用户 150 户。2007 年，准格尔分公司有线电视用户 10524 户，其中数字电视用户 5472 户；沙圪堵分公司有线电视用户 4952 户，全部为数字电视用户。2015 年，准格尔分公司有线电视用户 50001 户，沙圪堵分公司有线电视用户 11664 户。

三、广电网效益

内蒙古广播电视网络信息公司实行年费制。2004 年，有线电视模拟信号基本收视费 156 元 / 年，2006 年起升级为数字信号，上调为 312 元 / 年。2011 年开播双向互动电视节目，网络费及双向互动电视收视费 880 元 / 年，2013 年上调为 960 元 / 年。2011 年开播高清数字电视节目，高清节目收视费 480 元 / 年，2012 年起下调为 300 元 / 年。付费节目收看电视节目不同价格不等。

2004 年，全旗有线电视业务收入 176.5 万元。2009 年，准格尔分公司业务收入 748.99 万元；沙圪堵分公司业务收入 268.88 万元。2011 年，准格尔分公司业务收入 1073.1 万元，跃居全市 8 个二级分公司之首。2013 年，沙圪堵分公司业务收入达到顶峰 345.5 万元。2015 年，准格尔分公司业务收入 1496.7 万元；沙圪堵分公司业务收入 306 万元。内蒙古广播电视网络在准格尔旗两个广播电视信号传输网，业务总收入 1802.7 万元。

第五章　信息化

准煤公司堪称准格尔旗信息化建设先驱。早在 1991 年就配备“长城”计算机单机。1995 年，准煤公司初步搭建计算机联机网，地方政府才配备计算机单机。2000 年电信局开办互联网业务，准旗开通首个联机网暂住人口信息管理平台，2004 年开通社保卡养老金发放系统。2007 年 7 月旗人民政府办公室成立电子政务中心，2010 年 4 月更名为准格尔旗信息化工作办公室，开启政府主导的“数字准格尔”工程建设，至 2015 年，先后建成数字城管、电子警务、数字医疗、数字环保、安全生产监管平台，信息化应用到社会管理主要领域。

第一节　电子政务

准格尔旗电子政务始于 2001 年旗人民政府门户网站上线。2008 年 9 月招标鄂尔多斯市首家旗县政务信息化运营商中国移动准格尔旗分公司。2011 年开通办公自动化系统、视频会议系统，2012 年启用准旗公文交换系统。2015 年开通政务专线 150 条，搭建成上至市级、下至乡级的电子政务网。

2011 年起，电子政务网络租费实行政府统一支付，年租费以 10 兆宽带为例，2011 年 2 万元，2014 年降为 8 千元，2015 年降为 3 千元。2011 年接入网线 855 条，租费 70.6 万元；2013 年接入网线 984 条，租费高达 1278.9 万元；2015 年接入网线 1072 条，租费降为 752 万元。五年累计支付租费 4153.1 万元。

一、政府网站

2001 年，准格尔旗人民政府门户网站上线，域名“http：//www.zge.gov.cn/”，中文名“准格尔之窗”，实行集中化部署、分布式管理。2012 年全旗开办 43 个部门行业官网。2015 年，“准格尔之窗”完成最新一次改版，设有走进准格尔、信息公开、办事服务、政民互动、专题聚焦 5 个一级栏目，全年发布信息 5909 条，日均点击量 4000 次。

二、公文流转

2008 年，鄂尔多斯市开通公文交换系统，准旗联网开始公文流转审批。2012 年 4 月 16 日，公文交换系统下放旗区后，准旗正式启用新公文交换系统，入网单位 138 家。2014 年 8 月，公文交换系统由磁盘阵列升级为备份双机，主应用系统出现故障，备份系统继续支撑系统运行。2015 年，公文交换系统入网单位 185 家，累计收文 10.49 万件，发文 4885 件。

2011 年，准旗开通办公自动化系统，实现无纸化办理公文。2014 年办公自动化系统推广至 105 家。2015 年 7 月 1 日，办公自动化系统启用新的登录页面，全年累计收文 41896 件，发文 1037 件、信息 3254 条。

三、视频会议

2011 年 7 月，准旗视频会议系统建成投运。旗级的南山宾苑、会商中心、“数字准格尔”指挥大厅，与2个工业园区、9个乡级政区，建成18个视频会议点，传输高清视频和高清音频信号，旗级会议传输乡级，发起单点对话和多点对话，应用于行政会议、应急指挥、远程培训，提高会议效率。2015年，16个嘎查、村、社区开通视频会议系统，旗级会议开始传输到村级。

第二节　数字工程

2010年6月，为提升城市建设管理水平，准格尔旗启动“数字准格尔”城市信息化工程建设。至2015年，先后完成三期项目建设，投用信息化应用项目14项，累计完成投资1.45亿元。

一、首期项目

一期项目薛家湾镇建成多功能指挥大厅、中心机房、配套3DGIS系统、应急指挥系统、数字城管系统、无线视频监控系统，总投资8205万元。

治安视频监控系统2010年11月投运，投资2842万元，整合公安、交警、学校900多个视频监控摄像头，在主要路段、公共场所、人员密集区布放视频监控摄像头2000多个，形成覆盖城区的全天候、可视化监控网络。2015年，建成高清治安卡口16处、电子警察71处，布放视频监控摄像头5660个。

“数字准格尔”工程指挥大厅，2009年摄

多功能指挥大厅2011年1月落成，投资854万元，由多功能会议室、指挥中心、控制室3个功能区构成，建筑面积315平方米，多功能会议室与指挥中心由光电玻璃幕墙分隔，未通电时是两个功能区，通电后扩展为280平方米的应急指挥中心。中心机房购置服务器64台、应用软件97个，投资2920万元，为全旗信息资源数据中心。应急指挥系统投资239万元，包括应急指挥平台软件、应急指挥业务系统、应急指挥终端系统。3DGIS系统投资810万元，建成70平方千米高精度航拍地图，绘制薛家湾主城区14平方千米3D模型。

数字城管系统2011年5月投运，投资540万元，以网格化技术、数字化手段管理城市。2014年5月引进20部“城管通”终端系统升级改造投运。

二、中期项目

2011年启动二期项目建设，新建数字医疗系统、数字农业系统、数字环保系统和建业大厦核心机房，总投资3082万元。

数字医疗系统2011年12月投运，投资1401万元，联动4家二级医院、1家妇幼保健所和22家社区及乡镇卫生院，整合资源、信息共享，统一实时监管，全旗医保实现实时结算。2013年1月11日，在全国“智慧城市创新应用”成果评选中，荣获2013年智慧城市创新应用奖。

数字农业系统布设在十二连城乡农业示范园区，2011 年 12 月投运，投资 655 万元，精准监测水、肥、药灌溉量，温度、湿度、光照、二氧化碳的种植环境参数，为农产品从源头到消费跟踪及反向追踪提供数据支持。

数字环保系统 2011 年 12 月投运，投资 559 万元，在线实时监控全旗 6 家燃煤电厂排放的二氧化硫、氮氧化物、烟尘，3 家污水处理厂排放的化学需氧量、氨氮化合物。

建业大厦核心机房位于大路新区，2012 年 7 月投用，投资 467 万元，网络接入设有 9 台机柜、4 台路由器、4 台核心交换机、21 台汇聚交换机、4 台万兆防火墙、5 台服务器，保障建业大厦互联网、电子政务网运行。

三、终期项目

2012 年启动三期项目，至 2015 年，完成投资 3170 万元，建成公共资源交易平台、数字便民信息亭、数字社区、安全生产监管平台。

公共资源交易平台位于大路新区，2012 年 11 月投运，投资 529 万元，建成视频监控、信号屏蔽、专家身份识别、专家及代理商随机抽取系统等，为公共资源公开交易搭建信息操作平台，发挥市场配置资源的基础性作用。

2013 年 1 月，16 台数字便民信息亭在旗政府驻地悄然亮相，市民在街头共享“数字准格尔”信息带来便利，投资 221 万元。

2013 年 5 月，投资 1492 万元，建成迎泽街道湖西社区、十二连城乡五家尧村、沙圪堵镇民乐社区、大路镇大沟村、大路新区水红花小区 5 个数字社区，建社区网站通移动终端和触摸屏，布视频监控探头、呼叫救援设备，应用惠民服务、党建、物业、上访等系统，综合为网格化管理提供技术支撑。

安全生产监管平台位于大路新区，2015 年 12 月投运，投资 928 万元，软件包括基础信息管理、重大危险源动态监管、隐患排查与应急治理、安全级别评定、应急救援等系统，与煤矿安全监控、化工企业报警系统对接。

第十一篇

水利·水保

准格尔旗水旱灾害频发，可利用水资源结构性短缺。水利部门打旱井蓄积天上水，建水库拦截地表水，钻机井开发地下水，科学开发水资源；通过市场机制拍卖水利工程，让用水者管护水利工程；引进水务公司开发水资源，让供水者收取供水收益；通过水权转换，获得异地黄河用水指标。2015 年，全旗有水库 18 座、旱井水窖 45122 眼、大口井 100 眼，蓄水量 6447.61 万立方米；规模以上机电井 6117 眼、人畜饮水工程 341 处、截伏流井 214 眼；水浇地 1.69 万公顷；总供水量 1348 万立方米。

黄河万家寨库区高峡平湖，2019 年 7 月王建中摄

准格尔旗92.5％的国土面积曾是水土流失区。1983年国家重点治理皇甫川流域，到1993年治理64条小流域1028平方千米，1999年11月建成全国沙棘生态建设示范县。1996年国家利用世界银行贷款专项治理呼斯太河、大沟两流域，到2005年治理面积238.78平方千米。2005年起准旗实施“一矿一企治理一山一沟”；2007年4月实行农牧业“三区”划分，禁止发展区整体移民建设生态自然恢复区；2011年9月30日建成全国首家水土保持生态文明县。2015年，全旗水土流失治理面积3983.5平方千米，植被覆盖率73.4%。

准格尔山区绿染砒砂岩，2004年6月航拍

第一章　水　利

1991 年，准格尔旗人民政府水利工作部门为水利局；1993 年 1 月改建为水利开发服务总公司（水利局），改属于农牧业经济委员会；2002 年 6 月，撤水利开发服务总公司（水利局），设水利局，重属于旗人民政府；2010 年 11 月，撤水利局，设水务局（水土保持局）。

第一节　水利工程

一、黄河堤防

黄河准格尔旗段过境总长 197 千米，其中，东南部峡谷段 116 千米，北部平原段 81 千米，平原段有 19.98 千米高台地无须设防，剩余 61.02 千米需设堤防。1991 年，北部沿河列入国家管理的国堤仅 47858 米，险工险段多，防洪标准低，其余为准旗自建民堤。

十二连城乡黄河大堤，2018 年陈文俊摄

每年凌汛期，北部沿河都会出现不同程度溃堤塌岸险情，一遇险情，立即抢修，枯水期加固，保护黄河大堤。年年出险，岁岁抢修，留下“岁修”一说，岁修投资难以详记。淘堤塌岸多发河岸有三十顷地、郃二圪梁、李三壕、张家圪旦、丁家圪堵、官牛犋、巨合滩、小滩子。多年经验总结，形成硬护、软护两种护堤办法。迎水侧建钢管铅丝石笼硬护，固定建筑物有坝垛、隔堤、连坝、护坡；背水侧回填淘土，埋压柴草，培高加厚，无固定建筑物，称为软护。

跨入 21 世纪，中央和地方财政加大投资力度，多次加高培厚黄河大堤，建设国家标准化堤防工程。2000 年 10 月 24 日完工的黄河堤防及穿堤涵洞工程，投资 1168 万元，土方填筑 113.18 万立方米，加固堤防 48 千米，建成穿堤涵洞 13 座。2002 年 11 月 15 日建成的黄河堤防工程，投资 521.15 万元，上堤土方 32.16 万立方米，加固堤防 5.4 千米，具备抗御流量 6000 立方米 / 秒洪水的能力，这是全旗最早的三级标准化堤防。2004 年 12 月 10 日竣工的黄河应急抢险堤防工程，完成投资 3676.86 万元，加高培厚堤防 29.99 千米，新建标准化堤防 14.08 千米。

2011 年 6 月 20 日完工的黄河应急抢险堤防工程，投资高达 12737.95 万元，全线加培堤防 46.834 千米，临河侧填塘固基 11.6 千米，背河侧填塘固基 12.2 千米，重建穿堤建筑物 17 座，堤间绿化 30.5 千米，达到国家三级堤防标准。2013 年 11 月 1 日竣工的黄河标准化堤防工程，投资 6603.46 万元，大堤加高，临河侧护坡，背河侧堤坡绿化，堤顶硬化巡堤公路，建成五家尧村—小滩子村标准化堤防 16.34 千米；同步完工的黄河防洪加宽工程，总投资 7286 万元，治理险工 2220 米，回水堤加培 1 千米，堤防加培 14.19 千米。

至此，全旗北部黄河沿岸建成国家三级标准化大堤 6 段 61024 米，穿堤涵洞 35 处，堤上泵站 13 处，保护着沿岸 3.4 万人、6933 公顷耕地的安全。

2015 年黄河准格尔旗段大堤一览表

表 11-1

序　号	堤防桩号	堤长（千米）	设计水位（米）	水闸（个）	泵站（处）
1	406+870 ～ 412+982	6112	994.4	3	1
2	413+455 ～ 433+406	19951	992.4	8	2
3	436+170 ～ 440+482	4312	992.0	3	0
4	443+726 ～ 450+646	6920	990.0	3	2
5	453+028 ～ 467+218	14190	989.3	14	6
6	471+770 ～ 481+309	9539	988.5	4	2
	合　计	61024	—	35	13

二、人畜饮水

准格尔旗梁峁山区干旱少雨，吃水贵如油。深沟挖泉打水井，一条扁担两只桶，羊肠小道挑水吃；天旱井干没水挑，十几里外拉水吃。缺水逼得当地群众养成一水多用的习惯，先喝后洗再浇灌；也逼出一项民间创新，打没有泉眼的旱井，利用屋面、院面、坡面，汇集降雨径流，澄清后供人畜饮用。1991—1994 年，全旗群众自发打旱井 7301 眼，解决 2.43 万人、3.47 万头（只）牲畜饮水问题。

这项民间创新引起上级重视。1995 年，内蒙古在半干旱丘陵山区建设“112”集雨节水工程，1 户打 1 眼旱井，发展 2 亩节水灌溉农田；准格尔旗建设“136”集雨节水工程，户均打 3 眼干旱井，发展 6 亩节水灌溉农田。1996 年，内蒙古启动“380”人畜饮水工程，“九五”要解决 380 万人、1020 万头（只）牲畜饮水困难问题。旱井是准格尔旗的首选，五年间打水旱井 5 万多眼，解决了 8 万人、15 万头（只）牲畜饮水问题。1998 年 9 月 11 日，魏家峁乡打出 440 米深井，为内蒙古最深机电井，日出水量 480 立方米，解决乡政府驻地人畜饮水问题。1999 年，布尔敦高勒

1998 年 9 月 11 日魏家峁镇打出 440 米内蒙古最深机电井

乡达到户均3眼旱井、人均1眼旱井的普及率。乌日图高勒乡鼓励村民打旱井，政府配套电力提水设备，2000年分散供水自来水普及率90%。

2001年，全旗有人畜饮水工程56处，专项调查缺水地区16个乡镇163个村，还有7.9万人15.36万头（只）牲畜严重缺水，解决人畜饮水问题，在打旱井基础上，转入建设集中供水工程。“十五”期间，新建人畜饮水工程96处，解决4.20万人、5.31万头（只）牲畜饮水问题。2005年，全旗有旱井6.64万眼、人畜饮水工程181处。“十一五”期间，人畜饮水工程建设由解决饮水困难转向保障饮水安全，全旗建成饮水安全工程19处，解决7.33万人、6.54万头（只）牲畜安全饮水问题。2010年，全旗旱井多达8.02万眼，有人畜饮水工程206处。

“十二五”时期，全旗投资3772万元，新建人畜饮水工程274处，解决4.63万人、3.94万头（只）牲畜安全饮水问题。2014年启动内蒙古“十个全覆盖”的安全饮水工程，至2015年新改建80处安全饮水工程，其中禁止开发区50处，留守当地群众全部吃上安全自来水，有水靠天力、吃水靠人力成为历史。2015年，全旗保留旱井4.51万眼，人畜饮水工程增加到341处。

三、蓄水工程

1991年，准格尔旗运行水库44座，总库容4568万立方米。这些水库设计标准低，大多无排沙设施，多年运行，库区淤积严重，库容逐渐淤满，失去防洪能力，陆续接近报废期。

1998年9月，沙圪堵乡建成大纳林沟2号水库，设计防洪标准300年一遇洪水，淤积年限20年，淤积库容270万立方米，总库容499万立方米，工程量18.1万立方米，总投入27万元，受益群众自筹资金3万元。2001年，全旗有水库18座，蓄水量3850万立方米。2004年，新建大南沟水库、四台沟水库。2005年，新建三浪沟水库。2010年，全旗有水库23座，蓄水量7218万立方米。2013年，鲁家沟水库、昌汉沟水库、喇叭沟一库、喇叭沟二库和饭铺沟水库，库容淤满，失去防洪能力，依据水利部《水库降等与报废管理办法》（第18号令）报废处理。

2015年，全旗在册水库18座。小（1）型水库17座，西沟门水库、大南沟水库、大纳林沟水库、布尔洞沟一库、刘家渠水库、布尔洞沟二库、四台沟水库、保劳图水库、壕赖河水库、海湾水库、公益盖水库、葫芦头水库、三浪沟水库、壕口水库、石兰会水库、朝克图水库、公益盖三库；小（2）型水库沟门水库。全部是均质土坝，总库容6447.61万立方米。

西沟门水库位于沙圪堵镇刘家渠村，坐落在黄甫川一级支流布尔洞沟上，1983年建成。水利局2010年完成除险加固。防洪、拦沙、灌溉、生态综合利用小（1）型水库。控制流域面积38.62平方千米，设计坝高25.96米，坝顶宽4米，坝顶长202米，坝顶高程1116.96米。总库容994万立方米，全旗库容最大水库。调洪库容309万立方米，洪水位以下库容639万立方米，兴利库容

沙圪堵镇纳林村葫芦头水库，2018年摄

40.43 万立方米，正常蓄水位以下库容 296 万立方米。设置有溢洪道和泄洪洞，最大泄量 1346 米 ^{3}/ 秒。灌溉面积 100 公顷，下游有耕地 600 公顷，人口 1300 多人。

葫芦头水库位于纳林乡纳林村与圪秋沟村之间，坐落在皇甫川上游纳林川葫芦头“S”形主河道，巧妙利用两个河湾，筑一座拦洪坝，改河取直行洪，筑一座清水坝、管道控制取水，实现长期利用。1996 年纳林乡自筹资金开工建设；1997 年建成拦洪坝，完成取直改河，最大行洪能力达到 5715 米 ^{3}/ 秒；1998 年建成清水坝，接水管通水。总投资 200 多万元，动用土石方 70 万立方米，其中砒砂岩 40 多万立方米。灌溉利用小（1）型水库，工程控制流域面积 882.80 平方千米，为全旗控制流域面积最大水库。清水坝设计坝高 9.27 米，坝顶宽 5 米，坝顶长 235 米，坝顶高程 1043.27 米。总库容 204.08 万立方米，其中死库容 12.6 万立方米、兴利库容 38.36 万立方米。发展水浇地 333.33 公顷，惠及纳林乡纳林、圪秋沟、敖靠塔 3 个村。

四台沟水库位于沙圪堵镇西营子村，坐落在皇甫川一级支流虎石沟上。伊泰集团 2004 年 8 月建成，供水利用小（1）型水库。控制流域面积 17.8 平方米，设计坝高 26.5 米，坝顶宽 30 米，坝顶长 256 米，坝顶高程 1151 米。总库容 333.09 万立方米，其中死库容 127.2 万立方米、兴利库容 97.65 万立方米。设置开敞式溢洪道和斜卧管放水洞，最大泄量 237.14 米 ^{3}/ 秒。主要用于西营子集装站的工业供水。下游耕地 133.33 公顷，居民 5000 多人。

大南沟水库位于大路镇城壕村，坐落在黄河一级支流大南沟上，天河水务公司 2014 年完成竣工验收。供水利用小（1）型水库。控制流域面积 38.0 平方米，设计坝高 45 米，坝顶宽 7 米，坝顶长 430 米，坝顶高程 1091 米。总库容 858 万立方米，其中死库容 103 万立方米、兴利库容 593 万立方米。主要为大路煤化工基地提供工业用水，下游耕地 80 公顷，居民 500 多人。

大路镇何家塔村三浪沟水库，2017 年摄

三浪沟水库位于大路镇何家塔村，坐落在黄河一级支流孔兑沟上。2005 年建成，供水利用小（1）型水库。控制流域面积 10.5 平方米，设计坝高 35 米，坝顶宽 8 米，坝顶长 195.37 米，坝顶高程 1091 米。总库容 203.51 万立方米，其中死库容 51.26 万立方米、兴利库容 80 万立方米。主要用于补充大路煤化工基地工业供水。下游有耕地 53.33 公顷，居民 80 多人。

2015 年准格尔旗水库一览表

表 11-2

水库名	所在乡村	建成年份	控制流域（万平方米）	设计库容（万立方米）	汛限水位（米）	设计供水（万立方米）
西沟门水库	沙圪堵镇刘家渠村	1983	34.32	994.00	1110.10	165
大南沟水库	大路镇城壕村	2005	20.00	858.00	1045.95	80
大纳林沟水库	沙圪堵镇纳林村	1999	17.80	596.43	1015.21	25

续表 11-2

水库名	所在乡村	建成年份	控制流域（万平方米）	设计库容（万立方米）	汛限水位（米）	设计供水（万立方米）
布尔洞沟一库	沙圪堵镇敖靠塔村	1990	6.00	570.00	1070.40	31
刘家渠水库	沙圪堵镇刘家渠村	1983	38.00	350.00	1153.00	108
布尔洞沟二库	薛家湾镇宁格尔塔村	1982	7.65	335.00	1100.20	38
四台沟水库	沙圪堵镇西营子村	2004	32.00	333.09	1146.07	135
保劳图水库	薛家湾镇海子塔村	1994	8.80	315.96	1118.80	38
壕赖河水库	布尔陶亥苏木公益盖村	1979	51.00	307.42	1167.17	132
海湾水库	沙圪堵镇长胜店村	2003	15.00	280.96	1168.22	89
公益盖水库	布尔陶亥苏木公益盖村	1971	10.00	238.66	1158.05	31
葫芦头水库	沙圪堵镇纳林村	1999	882.80	204.08	1040.20	340
三浪沟水库	大路镇何家塔村	2005	8.00	203.51	1049.03	37
壕口水库	布尔陶亥苏木铧尖村	2000	20.00	200.00	1145.00	140
石兰会水库	薛家湾镇业林沟村	1979	12.47	193.70	1084.01	22
朝克图水库	沙圪堵镇安定壕村	1979	20.00	150.76	1062.00	45
公益盖三库	布尔陶亥苏木铧尖村	1975	10.00	100.14	1154.48	50
沟门水库	沙圪堵镇特拉沟村	1970	10.00	80.87	966.00	36

四、塔哈拉川治理

塔哈拉川地处龙王沟中游，横穿薛家湾市政区东西。枯水期好似“龙须沟”，山洪暴发淹没低洼街区。2006 年起，旗人民政府先后对主河道及支沟进行综合治理，累计投资 5.2 亿元，河道疏浚，防渗护底，注水成湖，加固堤防，两岸绿化，让北国山城平添江南水乡灵秀，成为准格尔旗亮丽的城市景观河。7.2 千米主河道，2.04 千米支沟，达到抵御 50 年一遇防洪标准。

2007 年 10 月，塔哈拉川橡胶坝景观、防洪护岸、支流乌兰苏木兔沟河道整治 3 项工程竣工。塔哈拉川干流建 8 座橡胶坝，坝体长 120 米，高 2.5 米，采用充水式坝袋注水体橡胶坝，两岸绿化美化，建成 2 米宽景观道；支流大巴汉图沟、邦朗太沟、乌兰苏木兔沟汇入口处建石拱桥；支流乌兰苏木兔沟建橡胶坝 3 座。

2012 年 6 月，上游主河道整治、支流大巴汉图沟整治、小巴汉图沟水库防护 3 项工程竣工。2013 年 11 月，主河道周家湾段整治、景观供水 2 项工程竣工，引准能公司净水厂水源，为上游周家湾 5 号钢坝、小巴汉图沟水库供水，枯水期为水库补水，水库水量充沛时，为景观河道生态供水，供水管线长 9.52 千米。

第二节　农田灌溉

1991 年，准格尔旗耕地面积 5.78 万公顷，其中有效灌溉面积 0.6 万公顷，主要集中在北部呼斯太河自流灌溉区、沿黄河引水灌溉区、机电井提水灌溉区，零星分布在中南部库坝蓄水灌溉区；

整地分畦，大水漫灌，浪费严重。

北部黄河平原灌溉条件优越。2004年建成黄河取水口19处，获黄河上中游局取水许可3处，获鄂尔多斯市、准旗两级取水许可16处，许可取水量475万立方米/年。2006年启动呼斯太河农业综合开发节水灌溉工程，到2007年，建干、支、斗3级渠系48千米，渠道衬砌64.8千米，打机电井95眼，配套机电井138眼，铺设各类管道209.7千米，建成灌溉区4000公顷，其中，有效灌溉1733公顷，自流灌溉2667公顷。2015年，建成灌溉渠道83千米，渠道衬砌50千米，灌溉面积3.7万公顷。

1997年纳林乡十椇牛塔村大水漫灌，杨玉铭摄

中南部山区灌溉条件恶劣，吃新鲜蔬菜是奢望，视水浇地为珍宝。

1995年，内蒙古在半干旱丘陵山区建设“112”集雨节水灌溉工程，1户打1眼容积80立方米水窖或旱井，种2亩玉米1分菜；准格尔旗升格为“136”集雨节水灌溉工程，户均打3眼旱井或水窖，发展6亩集雨节水灌溉农田。1眼旱井储水30立方米至80立方米，雨季储水旱季用，户均3眼旱井基本解决人畜饮水，配套滴灌设施，滴灌一次相当于降雨30毫米。流传顺口溜“旱井虽小实在好，省钱省功不用跑”。1997年，全旗22个丘陵乡216个村建成旱井、水窖3.62万眼，集水灌溉面积5453.33公顷，受益1.8万户5.6万人。布尔敦高勒乡到达户均3眼旱井1亩菜园的普及率，解决了人畜饮水难和吃新鲜菜难。该项目为干旱山区农业非充分灌溉找到突破口，1999年11月获内蒙古科学技术进步奖一等奖。

2008年十二连城乡移动喷灌作业

2002—2005年，准格尔旗实施科技部“863”项目“北方半干旱集雨补灌旱作区节水农业综合技术体系集成与示范项目”，示范区沙圪堵、西营子两乡7个村建成集雨工程4682处，年可集雨水21万立方米，采用膜下滴灌、微喷灌、坐水补种等技术800公顷，集雨生态养畜2.9万头（只），形成高效种植、生态畜牧、庭院经济3种集雨补灌节水农业生产模式。在12个乡镇推广集雨节水灌溉6866.67公顷，建成集雨工程8.52万处，年可收集雨水145.8万立方米，发展节水灌溉1.5万公顷，成为北方半干旱集雨补灌旱作区节水农业的典范。入水口可调式水窖沉沙池获发明专利授权，蓄水防渗旱井获实用新型专利授权；编制标准6项，有国家和行业标准《雨水集蓄利用工程技术规范》，地方标准4项；出版专著5部，发表论文40余篇。

该项目 2005 年 11 月通过科技部验收，入选 2005 年内蒙古十大科技新闻；2009 年 1 月，获内蒙古自治区科技进步奖一等奖。

2015 年，全旗耕地面积 7.43 万公顷，有效灌溉面积 1.69 万公顷，节水灌溉面积 1.66 万公顷，其中，喷灌 6560 公顷，滴灌 340 公顷，低压管灌 2453 公顷，渠道衬砌 7267 公顷。

第三节　集中供水

一、供水水源

准格尔旗集中供水水源，取自地表水和地下水。地表水主要集中在黄河，黄河客水取水工程建有柳林滩、小沙湾、万家寨、马栅 4 处取水口，获黄河取水指标 1.92 亿立方米 / 年。

小沙湾黄河取水口位于薛家湾镇柳青梁村，准煤公司 1994 年 3 月建成，向准格尔项目一期工程提供工业用水。1998 年，下游黄河万家寨水利枢纽蓄水，淹没固定取水设施，2002 年 3 月，改建斜坡式移动取水设施投运，设计取水 1.5 立方米 / 秒，供水 1.2 立方米 / 秒，日供水 10.37 万立方米，年供水 4000 万立方米。获批黄河取水量 4700 万立方米 / 年。

柳林滩黄河取水口位于大路镇城壕村，天河水务公司 2009 年 12 月 30 日建成通水，向大路煤化工基地供应工业用水。建浮箱式取水泵船站，输入大南沟水库，蓄水容量 858 万立方米，经水库竖井泵站、净水厂，铺设供水管线 3×10.8 千米。设计取水 50 万立方米 / 日、供水 16 万立方米 / 日，获批黄河取水量 1.19 亿立方米 / 年。

天河水务公司柳林滩黄河取水口，2017 年摄

龙口黄河取水口位于龙口镇马栅村，科源水务公司 2011 年 3 月 5 日建成，向“引黄入沙”工程沿线提供工业用水。建黄河取水口，管道引至薛家湾镇长滩村康家圪旦配水厂，建加压泵站 4 座、蓄水池 4 座，铺设直径 400 毫米、500 毫米、600 毫米、800 毫米输水主管 120 千米，设计供水 3200 万立方米 / 年，获批黄河水取水量 1060.6 万立方米 / 年。

万家寨黄河取水口位于龙口镇四分子村，天河水务公司 2010 年 12 月初步建成，拟向魏家峁煤电工业园区提供工业用水。在万家寨库区建斜井 6 眼，经一级加压泵站、二级加压泵站，提至 4000 立方米高位蓄水池，经 21 千米供水管送至长滩岔道主管。设计取水 2000 万立方米 / 年，供水 1818 万立方米 / 年，获批黄河取水量 1451 万立方米 / 年。

2015 年，全旗建成 18 处集中式地下水水源地，获批日供水量 17.91 万立方米。多采用集中深井群开采裂隙岩溶型承压水，电力提水，铺设暗管复合输水，提供生活用水，水质稳定达到《地下水质量标准》（GB/T 14848-93）Ⅲ类标准。服务 10 万以上人口水源地有陈家沟门、苏计沟永兴店、奇家梁、苗家滩。

陈家沟门水源地位于友谊街道唐公塔社区，准煤公司建设，向准格尔项目一期工程及薛家湾镇提供生活用水。1991 年，龙王沟南 8 眼深井向薛家湾提供生活用水；1992 年，建成龙王沟北 8 眼深井供水。南北两水源地，设计供水 3.5 万立方米 / 日，核定供水 2.5 万立方米 / 日，服务人口 14 万人。

苏计沟、永兴店水源地位于友谊街道苏计沟村和张家圪旦社区，科源水务公司 2005 年建成，向薛家湾镇提供生活用水，建成深井 18 眼，设计供水能力 4.5 万立方米 / 日，批复供水量 2 万立方米 / 日，服务人口 10 万人。

奇家梁水源地位于薛家湾镇长滩村，科源水务公司 2009 年 12 月建成，向沙圪堵镇提供生活用水；建成深井 13 眼，设计供水能力 1600 万吨 / 年，核定供水能力 1.50 万立方米 / 日，服务人口 6 万人。与陈家沟、榆树湾 2 处水源地联网，向西部纳日松、暖水、准格尔召 3 镇提供生活用水；3 处地下水源打井 18 眼，设计供水能力 16.5 万立方米 / 日，批复供水量 4.5 万立方米 / 日，服务人口 21 万人。

天河水务公司净水厂，2017 年摄

苗家滩水源地位于大路镇大沟村，天河水务公司 2009 年 12 月建成，向大路新区、大路镇区提供生活用水。建深井 13 眼，设计供水 2.48 万立方米 / 日，获批供水 2.48 万立方米 / 日，服务人口 15 万人。

2015 年准格尔旗饮用水水源地一览表

表 11-3　　单位：万立方米 / 日、万人

水源地	所在乡村	供水范围	供水量	饮水人	建成年	经营单位
陈家沟门南	友谊街道唐公塔社区	薛家湾	1.50	10.00	1989	准能公司
苏计沟永兴店	友谊街道苏计沟村 张家圪旦社区	薛家湾　国华电厂	2.00	10.00	2005	科源水务
魏家峁	龙口镇魏家峁村	魏家峁　电厂　周边村	21.50	0.68	2009	天河水务
永兴店	友谊街道张家圪旦社区	大饭铺　大塔　长滩	2.50	10.00	2004	科源水务
官板乌素	友谊街道唐公塔社区	薛家湾北山片区	1.50	5.00	2010	科源水务
草　场	友谊街道唐公塔社区	大路镇　杨四圪咀 玻璃圪旦	0.16	1.80	2004	科源水务
奇家梁	薛家湾镇哈拉敖包村	沙圪堵镇	1.50	6.00	2009	科源水务
龙　口	龙口镇龙口社区	龙口水电站小区	0.03	0.20	2006	黄万公司
榆树湾	龙口镇龙口社区	龙口镇区	2.00	10.00	2012	科源水务

续表 11-3

水源地	所在乡村	供水范围	供水量	饮水人	建成年	经营单位
东营子	布尔陶亥苏木公益盖村	布尔陶亥	0.01	0.20	2007	苏木政府
卜尔洞壕	布尔陶亥苏木	新区 大营盘 铧尖	0.20	0.40	2015	苏木政府
十二连城	十二连城乡	十二连城乡	0.10	0.12	2011	乡政府
大 塔	薛家湾镇大塔村	长滩 马家塔 京泰电厂 酸刺沟煤矿	0.70	5.00	2010	科源水务
陈家沟	友谊街道唐公塔社区	龙口 沙圪堵 准格尔召 纳日松 暖水	1.00	5.00	2012	科源水务
苗家滩	大路镇城壕村	大路新区	146.65	1.60	2009	天河水务
陈家沟门北	友谊街道唐公塔社区	张家圪旦 柳青梁 黑岱沟露天煤矿	2.00	4.00	1988	准能公司
五家尧	十二连城乡五家尧村	五家尧村	0.03	0.11	2008	村委会
水镜湖	布尔陶亥苏木李家塔村	水镜湖景区	0.05	0.12	2012	景区

注：1. 陈家沟、奇家梁、榆树湾 3 处水源地联网，向中西部供水。

2. 东营子水源地为截潜流水源。

二、“引黄入沙”

准格尔旗集中供水水源多分布在十里长川以东地区，中部纳林川流域、准格尔经济开发区，西部犊牛川流域、东胜煤田矿区，长期结构性缺水。2008—2011 年，准格尔旗采用市场化运作，建设了“引黄入沙”调水工程。

在薛家湾镇哈拉敖包村奇家梁水源地打 6 眼深井，在沙圪堵镇庙壕村康家圪旦建加压泵站配水厂，在沙圪堵镇安定壕村栗家圪旦建高位蓄水池，沿途铺内直径 315 毫米和内直径 600 毫米双输水管线 33.06 千米，年供水能力 1600 万立方米，总投资 1.52 亿元，2009 年 12 月 29 日竣工通水。

在龙口镇龙口社区榆树湾取黄河水，管道引至薛家湾镇长滩村康家圪旦配水厂，建加压泵站 4 座、蓄水池 4 座，铺设内直径 800 毫米输水主管线 27.5 千米，年供水能力 1800 万立方米，总投资 1.93 亿元，2011 年 3 月 5 日竣工通水。

在龙口镇四分子村万家寨库区取黄河水，管道经长滩岔道，在康家圪旦配水厂建高位蓄水池，铺内直径 600 毫米输水管道 33.7 千米，年供水能力 1100 万立方米，总投资 2.17 亿元。2011 年 6 月 30 竣工通水。

至此，总投资 5.62 亿元的“引黄入沙”工程竣工。东起龙口镇万家寨库区，途经薛家湾镇、沙圪堵镇，西至准格尔召镇、暖水乡、纳日松镇，铺设压力输水管线 169 千米，建成高位蓄水池 5 座，加压泵站 4 座，实现东部与西部水源大联通。年供水能力 4500 万立方米，其中，向开发区供水 2500 万立方米，向西部供水 2000 万立方米。

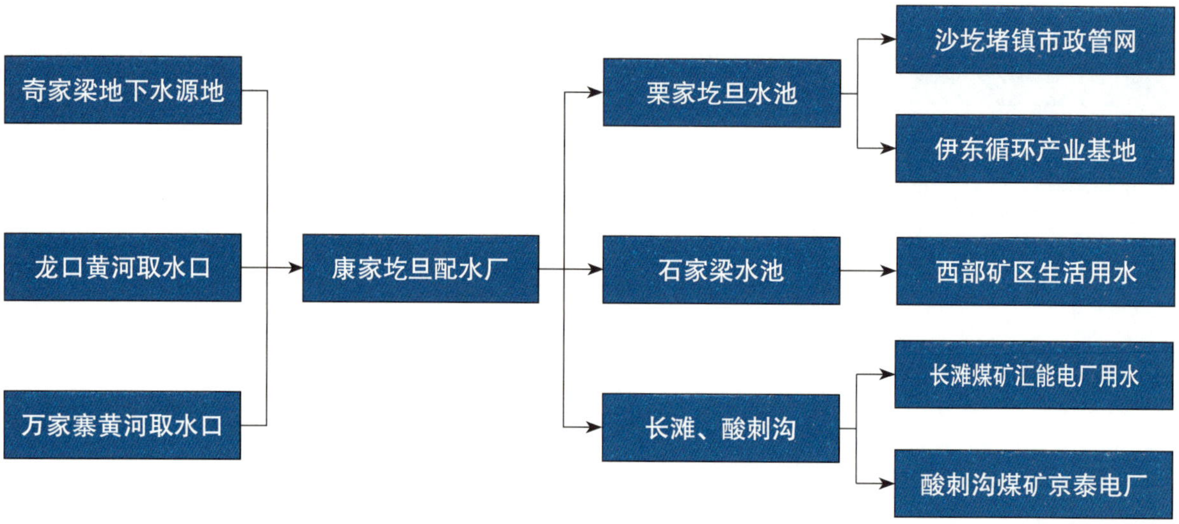

准格尔旗“引黄入沙”调水工程示意图

三、供水企业

2015 年，准格尔旗有 4 家集中供水企业。科源水务公司负责旗政府驻地部分片区、准格尔经济开发区和准格尔旗西部供水；准能公用事业公司负责旗政府驻地准能片区供水；天河水务公司负责大路煤化工基地、魏家峁电力工业园和龙口镇区供水；泰禹水务公司经营旗政府驻地地方片区、准格尔经济开发区生活用水。

供水价格按立方米计量。沙圪堵镇供水价，1991 年 1.2 元；1996 年，非居民用水上涨到 2.5 元；2001 年，居民用水 1.5 元，非居民用水 2.5 元；2010 年，居民用水 2.2 元，非居民用水 4.3 元；2015 年，居民用水 2.9 元，非居民用水 5.2 元。薛家湾镇供水价，2009 年，居民用水 2.3 元，非居民用水 4.2 元；2015 年，居民用水 2.9 元，非居民用水 5.3 元。

准格尔旗泰禹水务有限责任公司（简称泰禹水务），1991 年为准格尔旗供水公司，负责沙圪堵镇生活供水，日供水量 800 立方米。2004 年起，负责薛家湾镇地方市政区生活供水，日供水量 2000 立方米。2010 年起，购买准能公用事业公司、科源水务公司的水源，向旗政府驻地地方片区、开发区生活供水。2012 年 7 月，供水公司实行政企分开，组建国有独资企业泰禹水务公司，注册资本金 11.28 亿元，下设旗政府驻地、开发区 2 地供水站。2015 年，资产总值 6.16 亿元，负债 3.53 亿元；供水支出 1703.72 万元，供水收入 1849.6 万元。

准能公用事业公司负责准能公司、国华电厂、薛家湾镇准能片区供水。2003 年采水量 1994.74 万立方米，供水量 1983.10 万立方米；2015 年采水量 1838.48 万立方米，供水量 1564.24 万立方米。

准格尔旗科源水务有限责任公司（简称科源水务），2004 年 4 月成立，注册资本 1.77 亿元。2004 年 6 月，获全旗主要沟川流域地表水、地下水统一开采经营权，开始实施东部地下水源工程、中部供水工程和西部供水工程；2006 年 6 月，更名为内蒙古科源水务有限公司。建龙口黄河取口水、11 处地下水源工程、6 处地表水源工程，打深井 66 眼，建大口井及蓄水池 7 座 5.88 亿立方米，配套加压泵站 57 座，铺供水管线 1000 多千米，管网配水能力 1.42 亿立方米 / 年，供水范围覆盖 10 个乡级行政区，2 个开发区，服务面积 4800 平方千米，解决 20 万人口安全饮水，保障西部 90% 的企业生产用水。2015 年，资产总值 6.64 亿元，在册员工 140 名，供水量 1981 万立方米。

内蒙古天河水务有限公司（简称天河水务），前身为2004年12月成立的准格尔黄河水务有限公司，水利部综合事业局与准格尔旗人民政府签订供水项目协议，由中国水务投资有限公司、黄河万家寨水利枢纽有限公司、科源水务有限公司共同出资1.2亿元成立，负责准格尔旗水资源开发和供水市场的经营。2012年6月，业务扩展更名为天河水务有限公司。运营大路煤化工基地工业供水、生活供水和污水处理，魏家峁、龙口镇区供水。2015年，固定资产8亿元，员工129名。供水总量2156万立方米，其中工业用水量1817万立方米（含中水）、生活用水量339万立方米。供水收入10479.78万元。

2015年准格尔旗供水企业供水统计表

表11-4　　单位：万立方米

供水企业	取水量				供水量			
	地表水	地下水	再生水	合　计	工　业	生　活	其　他	合　计
泰禹水务公司	—	497.00	—	497.00	—	400.00	97.00	497.00
科源水务公司	983.40	501.85	88.52	1573.77	1328.77	145.00	100.00	1573.77
天河水务公司	1525.14	367.22	419.32	2311.68	1816.92	250.02	90.00	2156.94
准能公用事业公司	2007.13	1016.53	454.41	3478.07	2983.17	331.90	163.00	3478.07
合　计	4515.67	2382.60	962.25	7860.52	6128.86	1126.92	450.00	7705.78

第四节　防汛抗旱

一、防　汛

黄河防凌，除冰坝，保大堤，防漫堤；黄河防汛，保大堤，防漫堤。飞机、大炮炸毁阻水冰坝，畅通水流；加高加厚堤防，抢修水毁堤段。1991—2015年，黄河准格尔旗段几乎每年都会出现不同程度险情。防汛指挥部及时组织人力、物力投入抢护，确保大堤安全。

唯一的漫堤出现在2008年3月17日9时，开河水漫出三十顷地丑人圪旦堤外滩地，在距堤不足50米处冲开新的主河道，主流直冲黄河大堤，630米堤岸塌至堤脚。防汛指挥部立即组织抢险队伍和抢险物资抢护，向河中抛投塑土枕、柴草埽棒、铅丝石笼，加高培厚400米出险大堤。截至3月22日下午4时，组织人员650人次，出动装载机2台、农用车6辆、翻斗车15辆，动用小编织袋4万条、大编织袋3000条、铅丝15吨、沙柳3万千克、软柴2万千克、椽木2000根，抛投铅丝石笼3160立方米、散石650立方米、塑土枕2100立方米，拉运土方2.25万立方米，控制了漫堤，排除了险情。

2012年7月24日，黄河防总启动黄河上游防汛三级应急响应。9月8日，黄河准格尔旗段流量达到3020立方米/秒，创近三十年来最大流量，出现淘堤塌岸4段1453米。防汛指挥部指挥长进驻现场蹲点指挥，组织人员巡堤查险，投入人员、机械、物料抢护。向垮塌险工段投抛铅丝石笼、散石、塑土枕，加高培厚险段，有效控制险情。加固险工连坝7.2千米，修筑抢险道路3千米，拉运土方11.4万立方米，备石料1.38万立方米，动用编织袋18000条，出动人次1260次，机械5443台次。应对3次洪峰过境，再未发生大的险情。

其他水系防汛，防溃坝。每年汛期前，都要对病险库坝除险加固，25年间，个别塘坝发生溃坝，在册水库实现安全度汛。2008—2015 年，全旗累计列入全国规划除险加固水库 12 座，完成除险加固投资 9039.23 万元。

二、抗　旱

准格尔旗素有“十年九旱”一说，旱灾先保障人畜饮水，其次发展农田灌溉，多为应急措施；长久之计仍是秋冬农田水利建设。

2007 年黄河堤防险段软护施工，刘敏摄

1994 年秋至 1995 年夏持续干旱，造成 2.33 万公顷耕地无法下种，10 万人、18 万头（只）牲畜饮水困难。旗人民政府实施“6112”抗旱增收计划，人均种好 6 分玉米、1 分夏山药，户均出售 1 头猪、2 只羊；水利局建立抗旱服务队，拉水送水上门，开展应急临时供水服务，救急人畜饮水；送小型灌溉设备上门，开展水泵巡回租赁服务，发展小片水地。1996 年，这支抗旱服务队晋升为国家级抗旱服务队。

1999—2002 年，准格尔旗遭受 60 年罕见旱灾，大面积出现农田绝收、人畜饮水困难。抗旱服务队再显神威，1999 年购进 380 多台提水设施，配套梁峁山区旱井灌溉；2001 年，送水上门，水泵租赁，解决了 1.22 万人、1.45 万头（只）牲畜饮水，发展水浇地 101.4 公顷。2002 年旱灾持续到第四年，西营子镇提前预拨退耕还林补助款、粮，解决张家圪堵、六道包、阳塔 3 个村农民吃饭问题。

2011 年，旗人民政府印发《抗旱工作指导意见》，提出建设“五小水利”水源工程，小水窖、小水池、小塘坝、小泵站、小水渠。2013 年，争取国家抗旱资金 200 万元，新建应急抗旱水源井 7 眼；拉水车辆为梁峁山区送水 2000 立方米，2014 年上门送水上亿立方米。

2015 年 5 月到 8 月，全旗无有效降雨。水利局实施应急抗旱项目 54 处，上门送水 2 万立方米；购置设备配套，新增抗旱灌溉面积 300 多公顷。

第五节　水务管理

一、水资源管理

准格尔旗水资源一直处于过量开采，无偿使用状态。1992 年 7 月 2 日，旗人民政府出台《水资源管理和水资源费征收使用暂行规定》，开始核发取水许可证，征收水资源费，实行适量开采，有偿使用。1994 年 7 月，国家出台新的取水许可管理办法，准旗开始换发新的取水许可证，按新办法征收水资源费。北部黄河灌区有黄河取水口 19 个，2004 年，黄河上中游管理局核发取水许可证 3 个，旗水务局核发取水许可证 16 个，核准取水总量 475 万立方米 / 年。2015 年，黄河水利委员会对准格尔旗沿黄规模以上的 19 个农业取水口重新核发取水许可证，核准取水量 865 万立方米 / 年，另外 11 个小泵站由鄂尔多斯市水利局统一代管，批准取水总量 285 万立方米 / 年。

2014 年 5 月 6 日，《准格尔旗实行最严格水资源管理制度实施方案》（准政发〔2014〕15 号）印发，划定水资源开发利用控制红线，控制用水总量；划定用水效率控制红线，遏制用水浪费；划定水功能区限制纳污红线，控制排污总量。2015 年近期目标是，全旗用水总量控制在 2.16 亿立方米以内；万元工业增加值用水量控制到14立方米以下，农田灌溉水有效利用系数提高到0.48以上；重要河流水功能区水质达标率提高到75%以上，其中饮用水水源区水质达标率达到95%。2015年度全旗实际用水量、用水效率、排污量，均未突破红线。

引进市场机制统一开发水资源。2004年6月，准格尔旗人民政府决定对水资源统一开发利用，赋予科源水务公司主要沟川流域地表水、地下水开采经营权。2004年12月26日，准格尔旗水利局、中国水务投资公司、万家寨水利枢纽公司三方共同出资3000万元注册的黄河水务公司挂牌，旗人民政府将黄河过境水和万家寨库区2亿立方米黄河取水指标的开发经营权授予黄河水务公司。

旗内用水不足置换旗外水权。1991年，准格尔旗获得黄河初始水权指标5880万立方米/年。2003年4月开始，水利部实施内蒙古、宁夏沿黄农业灌区水权转让工程，准格尔旗获得黄河水权转让指标9047.66万立方米/年，其中一期转让指标3819.17万立方米/年，二期从黄河南岸灌区杭锦旗获得转让指标2205.26万立方米/年。2014年1月20日，内蒙古试点盟市间黄河干流水权转让，准旗又获得转让指标3023.23万立方米/年。截至2015年，全旗累计获得黄河水权指标1.795亿立方米/年。

2008—2015年准格尔旗用水统计表

表11-5 单位：万立方米

年　度	生活用水	一产用水	二产用水	三产用水	生态用水	总用水量
2008	517	4656	7584	100	19	12876
2009	477	4156	9275	246	29	14183
2010	661	4347	9369	103	29	14509
2011	811	4182	9395	108	694	15190
2012	835	4241	9535	104	544	15259
2013	713	4603	8922	388	544	15170
2014	1017	4539	8620	239	454	14869
2015	1135	4315	7905	228	454	14037

二、水利工程管理

准格尔旗水利工程一直由政府建设管理，社会无偿使用。1995年，水利局将蓿亥图乡5眼机电井拍卖给农民，由农民经营管理。1998年，农村产权制度改革拍卖水利成果，全旗233处水利工程中，169处水利工程拍卖给农民，由农民经营管理。

2006年3月，旗人民政府出台《水利工程管理体制改革实施意见》（准政发〔2006〕60号），旨在解决水利工程重建轻管、权责不清的问题，甩掉政府维护水利工程的负担，实现以水养水，公益性水利工程仍由政府管理。2008年，21座在册水库和60.78千米黄河堤防所在乡镇，成立水利管理站，落实了水利工程管理人员、水利工程管理维护费、管理人员经费。

2014年10月，实施小型水利工程管理体制改革，明确工程产权，落实管护责任。全旗1135处小型水利工程中，15座国有水库、591座水保骨干坝，由所在地乡级水利服务站管理；3座企业自建自管自用水库由企业管护；215处小型农田水利工程、312处农村饮水工程，由受益村集体管护；7处跨乡镇农村饮水工程，委托科源水务、天河水务两家供水公司管理。全旗颁发水利工程所有权证1088本。政府管理水利工程，落实了维修养护专项经费。2015年7月6日，内蒙古自治区小型水利工程管理体制改革现场会在准格尔旗召开。

三、水利普查

第一次全国水利普查标准时间2011年12月31日。准格尔旗划分13个乡级普查区、179个村级普查区，以村级为基础清查登记，以乡级为单元填报复核、以旗为整体汇总审查。2012年4月27日，召开普查数据专家审查会，并将普查数据成果上报鄂尔多斯市水利局。

全旗有水库20座库容11.58亿立方米，其中，大（2）型水库2座、小型水库17座、小（2）型水库1座。水闸6座，橡胶坝11座坝长1045米。堤防61.02千米，全部为三级堤防。泵站37座水泵115台，其中，中型泵站7座、小（1）型泵站16座、小（2）型泵站14座。农村供水工程45307处受益23.89万人，其中，集中式供水工程285处，分散式供水工程45022处。塘坝420处容积696.96万立方米；窖池28092处容积100万立方米。灌溉面积17360公顷，耕地灌溉16480公顷，非耕地灌溉880公顷；灌区10个面积6333.33公顷。地下取水井35499眼，2011年取水量7955万立方米；地下水水源地13个，2011年取水量3236.9万立方米。

2011年，全旗用水量7597.64万立方米。其中，生活用水0.73万立方米，农业用水2313.9万立方米，工业用水4886.69万立方米，建筑用水2.17万立方米，第三产业用水93.51万立方米，生态环境用水298.3万立方米。

全旗河流取水口89个，其中，规模以上取水口10个，规模以下取水口79个；2011年取水量5755万立方米。河流22条长度1143.53千米，有防洪任务河段68.5千米，已治理河段68.5千米，治理达标河段67.9千米。

全旗有水利行政机关3个从业人员77人，水利事业单位9个从业人员231人、水利企业2个从业人员160人、水利社会团体1个从业人员4人，乡镇水利管理单位4个从业人员37人。

第二章　水土保持

1991年，准格尔旗人民政府水土保持工作部门为水土保持局（简称水保局）。1993年2月转制为水保开发服务总公司，2002年6月恢复为水保局，2010年11月归口水务局（水保局），仍独立运行。2015年辖工作站、监测站、世行办、监督执法局4个二级单位，全系统职工165名，其中高级职称1名、副高职称32名。

第一节　水土流失

一、水土流失程度

准格尔旗属黄土高原丘陵沟壑区第一副区，水土流失面积7114平方千米，占全旗面积92.5%，其中被国内外专家喻为“地球癌症”的裸露砒砂岩区占全旗面积15.8%。平均每平方千米每年流失土壤1.88万吨，每年向黄河输送泥沙超亿吨，约占黄河上中游入黄河泥沙1/16，成为黄河流域42个水土流失重点县。

全旗按水土流失强度可分为5个区域。轻度流失区位于黄河南岸平原区，年侵蚀模数小于0.2万吨/平方千米，是粮食主产区；中度流失区分布于库布齐沙漠北部边缘与黄河南岸平原的过渡区；强烈流失区分布于库布齐沙漠和中部片沙覆盖区，年侵蚀模数0.8万吨/平方千米；极强烈流失区分布于纳林川干流以东至库布齐沙漠以南，土层大多厚一米以上；剧烈流失区分布于纳林川上游以南以西地区，平均侵蚀模数1.8万吨/平方千米，有效土层厚20～30厘米。

二、自然成因

准格尔旗的地势、气候、土壤、植被等自然元素，均呈现由东南向西北规律性变化的特点，在水力侵蚀、风力侵蚀、重力侵蚀、冻融侵蚀的综合作用下，大自然因素造成人为力量难以逆转的水土流失。全旗按水土流失自然成因主要可分为水蚀、风蚀两大类型，水力侵蚀4723万公顷，占总面积67.9%；风力侵蚀2233万公顷，占总面积32.1%；未侵蚀3.77公顷，占总面积4.4%。

按区域分布可分为风沙区、黄土丘陵区、砒砂岩区3个区域。风沙区位于黄河南岸到库布齐沙漠，以风力侵蚀为主；黄土丘陵区分布在库布齐沙漠以南大部，包括十里长川全流域、纳林川和犊牛川流域南部，是全旗水土流失严重地区，水土流失面积5000.33平方千米，占全旗面积65%，以水力侵蚀为主，兼有风力侵蚀，伴随冻融侵蚀；严重裸露砒砂岩区位于旗境中西部，水土流失面积915平方千米，占总面积12%，以水力侵蚀为主，兼有风力、重力、冻融的复合侵蚀。

三、人为原因

古木参天、水草丰美的准格尔旗，自清代放垦“走西口”起，乱垦滥伐，倒山种田，过度放牧，引起草场严重退化，土壤严重沙化，植被严重破坏，暴雨和大风双重侵蚀，导致严重的水土流失。2015年，除库布齐沙漠和沿黄河平原外，全旗大部千沟万壑、支离破碎，梁峁切割密度大、土壤侵蚀基面深。

滥垦开荒，倒山种田，到“八五”初，全旗80%以上的土地被开垦过，原生植被遭到毁灭性破坏。滥牧放养，践踏植被，追求牲畜数量，草场严重超载，导致草场退化，土地沙化。准旗民居多为木结构平房，大兴土木，乱砍滥采，掠夺森林植被，到“八五”初，油松王护卫下的阿贵庙成为硕果仅存的原始森林；北部地区群众常年采集沙蒿、沙柳作燃料，造林的速度赶不上砍伐的速度。单一经济结构破坏生态平衡，人为因素助长自然因素，造成了严重的水土流失。

自“八五”国家重点建设项目准格尔项目一期工程开工起，工业项目从单体落地到集群发展，准格尔旗原始地貌、生物植被经历了新一轮“走西口”式的蚕食。征用土地最大的煤炭行业，“十一五”期间实施煤田火区灭火工程，全旗百余家井工开采煤矿，半成改为露天开采，开采地下资源彻底改变了地上原貌，恢复原始生态环境几乎没有可能，治理矿区水土流失，需要更多投入、更长时间努力。

四、水土流失危害

准格尔旗平均每平方千米每年流失土壤1.88万吨，每年向黄河输送泥沙超亿吨，约占黄土高原输入黄河泥沙1/16，且多为粗砂，流入黄河下游后，大部分沉积于河床，是导致“地上悬河”的罪魁祸首。黄土高原每年流失地表土1厘米厚，输入黄河泥沙16亿吨，造成黄河下游河床每年淤高10厘米，形成高出地面近10米的“地上悬河”，时刻威胁着黄河下游人民的生命财产安全。

可利用土地逐年减少。全旗沟壑面积21.56万公顷，占丘陵区面积34.8%，平均每年扩大沟壑面积3400公顷；全旗流沙、半固定沙地面积16.28万公顷，占全旗总面积21.16%，也呈逐年扩大趋势。土地生产力不断降低。侵蚀沙化使植被减少，土壤土层变薄、养分含量降低。地表平均每年下降1.45厘米，相应的土壤含水率、毛细管持水量和饱和持水量也在减少，农作物产量呈下降趋势。

危害生产生活设施。流失土壤淤积在水库塘坝中，增加了死库容，减少了有效库容，最终导致水库塘坝报废，水浇地又变为旱地；全旗公路大部分受水蚀、沙埋危害，暴雨过后路面出现大量侵蚀沟，大风过后公路被沙埋压阻断交通，未通沥青路前的穿越库布齐沙漠的公路，每年春季数日不能通车；山洪常冲毁房屋、偶尔也冲走人畜，危及生命财产安全。

“八五”期间的准格尔旗生态环境异常恶劣，严重的水土流失使准格尔旗变成典型的干旱缺水区，生态环境急剧恶化，经济发展迟缓，人民生活贫困，进入越垦越贫、越贫越垦的恶性循环。中西部砒砂岩裸露区甚至到了无地可种、无水可饮、无草可牧、无法生存的地步，成为内蒙古最贫困的地区之一，长期戴着国家贫困旗县的帽子。

第二节　水土保持重点治理

准格尔旗自1983年被列为全国水土保持重点治理县，全面展开以小流域为单元的集中连片综合治理后，经过30多年坚持不懈奋斗，到2015年累计完成水土流失综合治理保存面积3983.5平方千米，占水土流失总面积的56%。建成点状工程5536座（处）、线状工程762千米。建成淤地坝800多座，其中治沟骨干工程267座，坝控流域面积2000多平方千米，总库容5.66亿立方米，其中拦泥库容3.26亿立方米，可淤积坝地5000多公顷，可开发坝地40%以上。累计动用土石方

4484.45 万立方米。各项水土保持措施累计投资 7.18 亿元，其中国家投资 3 亿元，占总投资 42%。集中连片治理，有效遏制了水土流失，明显改善了生产生活条件，生态环境逐步好转。

一、皇甫川重点治理

皇甫川流域总面积 3246 平方千米，其中准格尔旗境内 2798 平方千米，占全旗总面积 36.78%。流域内沟壑纵横，地形支离破碎，属黄河流域水土流失最严重的地区之一。1983 年准格尔旗皇甫川流域被列为全国八片水土流失重点治理区，开始以小流域为单元，分期分批实施山水林田路综合治理，一期接着一期干，一张蓝图绘到底，经过 30 多年的坚守，2015 年正在实施第四期治理工程。累计治理小流域 87 条，完成治理面积 1677.43 平方千米，投入治理经费 13760.24 万元，其中国家经费 8323.45 万元。

第一期 1983—1992 年，治理小流域 38 条，流域面积 1376.81 平方千米，其中，水土流失面积 1358 平方千米，集中分布在十里长川上游。经过 10 年的集中连片综合治理，新增治理面积 777.1 平方千米，治理保存面积 653.3 平方千米，总投资 2618 万元，其中国家投资 1245 万元，单位治理面积投资 6.22 万元 / 千米 ^{2}。

国家级绿色村庄薛家湾镇巴润哈岱村，2019 年摄

川掌沟流域是一期治理的重点流域，地处十里长川上游，位于巴润哈岱乡境内，流域面积 147 平方千米，占该乡总面积 67%，扶犁开荒、提耧种地，倒山种田导致水土流失日趋严重，到“六五”期间，全乡植被覆盖率不到 7%，农牧业产出率低，部分群众面临温饱问题。1983 年开始实施皇甫川流域国家重点治理项目，山顶挖鱼鳞坑种松树，半坡建水平梯田种果树，沟底缩河造地打大坝，探索出“山上戴帽子、山腰系带子、沟底穿靴子”的小流域治理模式。通过十年努力，涵养生态的坝系农业初见成效，川掌沟流域综合治理保存面积 11480 公顷，十里长川上游再未发生一次泥石流，家家户户林茂粮丰。到 21 世纪大规模生态建设时，松林密闭成荫，需要间伐抚育，不少农户卖松树收入超百万元。

第二期 1993—2002 年，治理小流域 37 条，流域总面积 651.69 平方千米，其中水土流失面积 621.77 平方千米，集中分布在纳林川上游。经过 10 年集中连片综合治理，完成治理面积 565.95 平方千米，总投资 3203.86 万元。

第一阶段 1993—1997 年，完成治理面积 421.07 平方千米，治理保存面积 300.50 平方千米。总投资 2157.24 万元，其中国家投资 641.5 万元，地方配套 59 万元，群众投工投劳 142 万工日。单位面积投资 5.12 万元 / 千米 ^{2}。

第二阶段 1998—2002 年，完成治理面积 144.88 平方千米，治理保存面积 120.74 平方千米，总投资 1046.62 万元，其中国家补助投资 483.5 万元。单位面积投资 7.22 万元 / 千米 ^{2}。

第三期 2003—2012 年，治理小流域 9 条，流域总面积 402.30 平方千米，其中水土流失面积 394.27 平方千米，零散分布在纳林川上游。经过 10 年集中连片综合治理，完成治理面积 270.49 平方千米，总投资 5783.38 万元。

第一阶段 2003—2007 年，治理上乌兰沟、下乌兰沟、清堂王 3 条小流域，流域总面积 147.3 平方千米，其中水土流失面积 144.37 平方千米。5 年治理完成面积 100.39 平方千米，总投资 824.54 万元，其中国家投资 639 万元，单位面积投资 8.21 万元 / 千米 ^{2}。

2016 年十里长川连环坝拦洪，陈文俊摄

第二阶段 2008—2012 年，治理干擦板沟流域的五花子沟、王五沟、酸刺沟、西尔架麻沟、榆树塔、东尔架麻沟 6 条小流域，流域总面积 255 平方千米，其中水土流失面积 249.9 平方千米。5 年治理完成面积 170.10 平方千米，建成基本农田 363 公顷，水保林 15162 公顷，经济林 850 公顷，种草 635 公顷，打谷坊 400 座，淤地坝 32 座。总投资 4958.84 万元，其中国家投资 3581.45 万元，单位面积投资 29.15 万元 / 千米 ^{2}。

第四期第一阶段 2013—2017 年，规划治理圪秋沟流域的水泉沟、贺家沟、郝家阳塔、贾浪沟、苏布尔嘎 5 条小流域，流域总面积 225.7 平方千米，其中水土流失面积 196.4 平方千米。截至 2015 年底，完成郝家阳塔、贺家沟、苏布尔嘎 3 条小流域治理，完成治理面积 63.89 平方千米，建设谷坊 529 座、截伏流大口井 2 处、沙棘柔性坝 112 处，修作业路 58 千米、沟头防护 106 千米。完成投资 2155 万元，其中国家投资 1733 万元，单位治理面积投资 34 万元 / 千米 ^{2}。

1987—2003 年，准格尔旗配合皇甫川流域国家重点治理项目，在黄土丘陵沟壑区实施了水土保持治沟骨干工程，累计建成治沟骨干工程 84 处，控制流域面积 508.41 平方千米，总库容 13907.58 万立方米，拦泥库容 8134.75 万立方米，淤地面积 1717.10 公顷。动用土石方 992.25 万立方米，总投资 2350.02 万元，其中国家投资 1409.16 万元。骨干工程有效提高了小流域的防御洪水标准，有效拦蓄径流泥沙，减少了输入黄河的泥沙，提高了皇甫川水土保持重点治理项目效果。

皇甫川国家水土保持重点治理统计表

表 11-6

工期	小流域（条）	流域面积（平方千米）	水土流失面积（平方千米）	治理面积（平方千米）	造田（平方千米）	造林（平方千米）	淤地坝（座）	土石方（万立方米）	总投资（万元）	国家投资（万元）	地方投资（万元）
1	38	1376.81	1358.00	777.10	2680.00	54820.00	343	—	2618.00	1245.00	—
2	37	651.69	621.77	565.95	2915.76	27048.04	54	227.13	3203.86	1125.00	59.00
3	9	402.30	394.27	270.49	744.30	24794.90	32	145.80	5783.38	4220.45	1475.79
4	3	134.24	111.48	63.89	88.30	2946.96	—	—	2155.00	1733.00	422.00
合计	87	2565.04	2485.52	1677.43	6428.36	109609.90	429	372.93	13760.24	8323.45	1956.79

二、黄土高原淤地坝

2003 年，水利部启动黄土高原地区水土保持淤坝项目，建设沟道工程，调蓄汛期洪水，减少入黄泥沙。准格尔旗有乌兰沟、暖水沟、老山沟、西黑岱沟、忽吉图沟、西五色浪沟、特拉沟、虎石沟、周家沟、速机沟、乌拉素沟、公益盖沟、塔哈拉川 13 条小流域被列入规划范围。到 2015 年底，13 条小流域建成各类淤地坝 320 座，其中骨干坝 128 座，中型坝 131 座，小型坝 61 座。坝控面积 852.34 平方千米，其中骨干坝控制面积 667.86 平方千米。总库容 26315.94 万立方米，拦泥库容 16993.81 万立方米，可淤坝地 3006.06 公顷。总投资 15166.54 万元，其中国家投资 12721.49 万元，动用土石方 2056.62 万立方米，单位工程量投资 7.37 元 / 米 ^{3}。每座工程竣工验收后，移交所在地苏木、乡、镇人民政府和街道办事处管护，保证淤地坝安全运行，淤积坝地最终分配给所在地群众耕种，提高淤地坝生态经济效益。

淤地坝上下游“串联”，汛期控制性骨干坝排泄压力大，对坝体本身和下游居民点、工矿企业有安全隐患。准格尔旗从 2012 年开始实施淤地坝除险加固工程，维护中型以上淤地坝土坝体、放水涵卧管“两大件”，增建溢洪道“第三件”。到 2015 年底，完成薛家湾镇市政区上游李家房、大独利沟、圪驼店沟门等 4 座骨干坝和速机沟、乌拉素、特拉沟 3 条小流域沟门 3 座骨干坝实施除险加固，动用土石方 37.58 万立方米，完成投资 1061 万元，其中国家投资 848 万元。

2008 年淤地坝工程建土质坝体

川掌沟流域修建大、中、小淤地坝 71 座、治河造地 7 处，形成较完整的防御体系，控制面积 129.3 平方千米，占全流域 88%，拦蓄库容 4813.2 万立方米。2015 年，淤出耕种坝地 443.4 公顷，拦泥总量 2591.6 万立方米。坝系工程最终可淤出坝地 724.59 公顷，实现控制区径流泥沙流而不失，变害为利。随着以坝地为主的基本农田增多，坡耕地退耕还林还草，恢复生态，土地利用率由 1983 年的 16% 提高到 2015 年的 79.3%。

黄土高原水土保持坝系工程统计表

表 11-7

流　域	面　积（平方千米）	流失面积（平方千米）	建设总规模			其中骨干坝			总投资（万元）	国家投资（万元）
			坝（座）	坝控面积（平方千米）	淤地面积（平方千米）	坝（座）	坝控面积（平方千米）	淤地面积（平方千米）		
暖水沟	50.07	47.61	18	36.61	145.46	6	25.70	118.77	625.79	625.79
西黑岱沟	32.00	32.00	18	24.94	98.61	2	6.95	50.60	316.00	316.00
乌兰沟	98.00	92.50	77	131.03	570.00	18	76.07	412.52	1381.00	1381.00
老山沟	76.00	76.00	38	47.18	96.71	6	25.29	55.02	1711.69	817.00
忽吉图沟	44.55	44.55	15	25.90	76.56	4	16.00	53.39	326.00	326.00
西五色浪	76.93	76.93	25	57.39	199.78	10	42.34	160.04	915.00	915.00
公益盖沟	27.12	27.08	4	16.80	58.38	3	15.44	55.01	445.00	372.00
特拉沟	128.30	128.16	17	86.46	293.40	11	79.51	275.30	664.84	664.84
虎石沟	124.30	121.86	19	87.93	294.88	14	80.50	270.48	1827.66	1514.64
周家沟	105.80	103.68	21	67.67	228.15	13	56.69	184.56	1661.56	1464.22
速机沟	105.20	105.16	18	105.60	366.23	14	99.66	349.71	1375.26	1321.26
乌拉素沟	95.70	92.12	16	97.44	376.35	13	92.52	358.12	1729.74	1533.74
塔哈拉川	92.60	92.60	34	67.39	201.65	14	51.19	164.07	2187.00	1470.00
合　计	1056.57	1040.25	320	852.34	3006.16	128	667.86	2507.59	15166.54	12721.49

三、㹀牛川生态建设

㹀牛川地处黄河一级支流窟野河流域上游，位于准格尔旗西部准格尔召镇、纳日松镇。2001 年 3 月黄河水利委员会批准实施黄河水保生态工程窟野河流域综合治理项目，自 2000—2009 年展开两期治理，第一期 2000—2004 年 5 年，第二期 2005—2009 年 5 年，准格尔旗完成 16 条小流域综合治理。

第一期完成 10 条小流域治理，流域面积 488.05 平方千米，其中水土流失面积 409.72 平方千米；完成治理面积 83.05 平方千米，其中水土保持造林 16.01 平方千米，建成骨干坝 35 座、小型淤地坝 105 座，小型蓄水塘坝 11 座，各类水源井 96 眼；动用土石方 403.16 万立方米，总投资 3724.56 万元，其中国家投资 1973 万元，单位治理面积投资 44.85 万元 / 千米^2。

第二期完成 6 条小流域治理，流域面积 194.5 平方千米，其中水土流失面积 186.3 平方千米；完成综合治理面积 33.71 平方千米，其中治河造地 48.8 公顷，水土保持林 2439.4 公顷，建成骨干坝 3 座，中型淤地坝 10 座，动用土石方 62.75 万立方米，总投资 739.92 万元，其中国家投资 400 多万元，单位治理面积投资 21.95 万元 / 千米^2。

四、暖水川生态治理

暖水川地处㹀牛川上游，位于暖水乡，流域面积 108.7 平方千米，全部为水土流失区域。1997 年黄河中游局将暖水川流域定为黄河中游十个示范流域之一，2000 年再度被列为黄河中游重点小流域。1997—2008年年底，准格尔旗实施暖水川生态治理项目，完成治理面积54.29平方千米，建成小型蓄水保土工程72处，其中，淤地坝5座，水井29眼，谷坊38座；建设生产道路27千米，改造基本农田555.5公顷；新增水土保持林3670公顷，其中乔木林380公顷，灌木林3290公顷；新增人工草地889公顷，经济林315.4公顷，流域林草覆盖度70.9%，治理度72.9%；总投资814.72万元，其中国家投资253.12万元。

2016年暖水乡生态治理油松林

五、国家财政水保治理

1998年国家财政预算内专项资金水土保持项目启动，准格尔旗自2000年开始实施。项目涉及可可利沟、万胜壕、邬家沟、龙王沟、沟门5条小流域，截至2004年，完成综合治理面积74.76平方千米，其中，建成基本农田223.2公顷，水保林5846.1公顷，经济林225.4公顷；建成各类小型水保工程81处；动用土石方35.28万立方米，总投资754.42万元，其中国家投资457.26万元，投工投劳29.7万工日，单位治理面积投资10.11万元/千米^2。

六、京津风沙源二期治理

京津风沙源治理工程，构筑北方生态屏障，减轻京津地区风沙危害。准格尔旗从2013年开始实施“京津风沙源治理二期工程规划”，规划期2013—2022年10年。至2015年，完成风水梁、水泉沟、贾浪沟、武当沟4条小流域治理任务，治理区总面积144.66平方千米，新增治理措施38平方千米，其中造林2781.82公顷，线性工程61.96千米，各类水源工程129处，节水灌溉34处，谷坊132座，完成投资2073.54万元，其中国家投资1744万元。单位面积投资54.57万元/千米^2。

七、沙棘造林生态减沙

落叶灌木沙棘，因具有耐旱、抗风沙特性，成为准格尔旗水土保持的乡土树种。以沙棘这种树单独立项治理水土流失始于1998年，准格尔旗开始实施“两片一带”生态环境建设和础砂岩区沙棘建设工程，“两片”指东部塔哈拉川中上游片、西部犊牛川中上游朱亥沟片，“一带”指109国道前房子—樊家渠段道路两侧。1999年11月8日，准格尔旗被水利部命名为全国沙棘生态建设示范县。2000年，水利部沙棘开发管理中心开始实施础砂

2016年暖水川沙棘育苗基地

岩区沙棘生态建设项目；2000 年 10 月，张占全被水利部评为全国沙棘生态建设与开发先进个人。2001 年，水利部沙棘管理中心立项，在准格尔旗实施窟野河流域沙棘减沙重点建设项目、中国和加拿大水土保持科技示范合作项目德胜西础砂岩沙棘生态工程、十大孔兑沙棘减沙工程等一大批沙棘项目。最初组织群众大会战种沙棘，“十一五”期间组织专业队承包种沙棘，“十二五”期间由农民沙棘协会种植开发沙棘资源。截至 2015 年底，全旗累计种植沙棘 8 万公顷，保存面积 6.5 万公顷，其中沙棘原料林 1300 公顷，沙棘生态林 6.37 万公顷。累计投资 5000 多万元，其中国家投资约占 70% ～ 80%，单位保存面积投资 767.7 元 / 公顷。

2011 年 12 月，准格尔旗土保局被水利部沙棘开发管理中心评为“晋陕蒙础砂岩区窟野河流域沙棘生态减沙工程”生态建设先进单位。

八、其他水保治理

圪驼店小流域位于薛家湾镇市政区塔哈拉川上游左岸，内蒙古自治区水利厅对圪驼店小流域水土保持综合治理工程初步设计批复，2009—2011 年，完成治理面积 7 平方千米，完成投资 202 万元，其中国家投资 180 万元、自治区配套 22 万元。

2004—2006 年，实施黄河上中游管理局黄河水土保持生态工程生态修复项目，项目区地处塔哈拉川上游左岸，位于大路镇和薛家湾镇境内，项目区总面积 99.8 平方千米，完成封育 8480 公顷，其中补种灌木 120 公顷、补播人工牧草 80 公顷。林草覆盖率由 30% 提高到 61.3%。总投资 123 万元，其中国家投资 70 万元。

2009 年 9 月 15 日，全旗生态建设动员大会拉开生态建设三年攻坚战大幕。水保局三年完成治理面积 77180 公顷，累计投资 2.38 亿元。

第三节　世行贷款水保治理

国家在黄土高原 4 省 7 地 21 县利用世界银行贷款治理水土流失。准格尔旗相继实施了呼斯太河流域、大沟流域两期项目。准格尔旗人民政府负责项目管理的非常设机构是 1994 年 8 月成立的世行贷款项目办公室（简称世行办），2007 年 4 月改属水土保持局，负责治理成果后期管护。在实施项目过程中，世行办两次被水利部黄河水利委员会评为黄土高原水土保持世行贷款项目先进集体，6 人被评为先进个人。

一、呼斯太河流域治理

黄河一级支流呼斯太河流域位于布尔陶亥乡、蓿亥图乡，是伊克昭盟北部十大孔兑之一，流域面积 406 平方千米，其中水土流失面积 385.7 平方千米，每年输入黄河泥沙 240 万吨，上游水土流失，中游风沙危害，下游河床泥沙淤积形成“地上悬河”。1989 年洪水出岸，沙埋良田 1 米厚，淹塌房屋 100 多户，5 人遇难、236 头（只）牲畜淹死。由于国内财力不足，国家把呼斯太河流域列入黄土高原水土保持世行贷款项目区，1994 年 5 月得到世界银行执行董事会批准实施。

1996 年 6 月，准格尔旗人民政府出台世行项目实施管理办法，5 万元以下工程由乡村组织，5 万元以上工程由项目技术服务中心实施，验收合格后交贷款建设方管理、使用、受益。谁建设管护谁受益，谁还款产权归谁所有。世行办工程技术人员与项目区干部群众艰苦奋斗，历时 8 年全面完成规划任务。

到2001年年底，累计完成投资8889万元，其中，世行贷款5553万元，国内配套3336万元，农民自筹和投劳折款1948.5万元。累计完成治理面积238.78平方千米，其中，开发基本农田2027公顷，造林种草21851公顷，建成库坝等工程670处。治理度由24.3%提高到74.1%，植被覆盖度由22%提高到72%，累计拦蓄径流量2480万立方米，拦泥沙495万吨，减少风蚀量1200万吨。项目区人均纯收入由628元增加到1550元，贫困发生率由38%下降到2%。

2001年7月，呼斯太河流域尔圪壕、营盘塔、公益盖、黑召赖4条小流域被命名为全国水土保持生态环境建设示范小流域；2002年9月12日，呼斯太河流域水土保持世行贷款一期工程顺利通过世界粮农组织、世界银行验收团的终期验收，验收团盛赞，呼斯太河水土保持世界银行贷款项目是“中方借用外资搞生态环境建设的一次有效的探索和尝试”。2004年8月，呼斯太河流域哈麻界、敖包壕、兴胜店3条小流域也被命名为全国水土保持生态环境建设示范小流域。

2020年布尔陶亥苏木尔圪壕流域

二、大沟流域治理

大沟流域地处黄土丘陵沟壑区与风沙区接合部，位于大路乡、布尔陶亥乡，流域面积282平方千米，其中水土流失面积267.9平方千米。大沟流域水土保持世界银行贷款项目二期工程，1999年12月16日通过世界银行执行董事会批准实施，实施期1999—2004年；2001年8月调整规划，新增库坝工程12座，由于连续3年干旱，经世行同意治理期顺延1年。

实行1万美元以下项目由乡村实施，1万美元以上项目招投技术力量雄厚的施工单位实施；项目采取大项目集体联户办，小项目户包干的做法建设。以小流域为单元，因害设防，坡面整地造林，沟道库坝工程，生物措施与工程措施结合，多层次治理，一体化防护，拦泥减沙，蓄水保土，改善区域生态环境。

至2005年年底，累计完成投资5713.17万元，其中，世行贷款3427.9万元，各级配套2285.27万元。开发基本农田1217.8公顷，造林种草11948.41公顷，建成蓄水保土工程152处，动运土石方234.12万立方米。植被覆盖率由22%增到61%，治理度由25%增到70%，累计拦蓄径流量1414.8万平方米，累计拦泥沙601.2万吨。项目区农民人均收入由780元增长到7589元。

2004年9月23日至24日，世行官员阿斯瑞德·海勒先生、玛瑟·贾瑟韦德·侯德女士，带领东尼罗河流域世行项目考察团专程前来考察准格尔旗两期世行项目，准格尔旗世行项目在国际上赢得了声誉。2005年底，世行二期项目终期验收，世界粮农组织对大沟流域免除验收。

第四节　水土保持监测

水土保持监测是水土流失的“侦察兵”，运用多种技术手段动态监测水土流失，为水土保持工作提供科学依据。1991年，准格尔旗只有长滩水文卡口站，2003年建圪坨店监测基站，2007年建西五色浪、特拉沟、尔架麻沟3个监测基站；为整合监测技术力量，2008年2月成立全旗水土保持监测站；2012年建永利露天煤矿水土流失监测基站，2013年建二老虎沟监测基站。至2015年，全旗7个水土保持监测站，监测流域面积793.1平方千米，初步建立覆盖不同地理单元、不同流失类型、不同监测类型的水土保持监测体系。

一、长滩水文监测站

长滩水文监测站位于十里长川干流，距皇甫川入河口25.7千米，控制流域523.77平方千米，依托“六五”国家水土保持科研项目而建，观测降水、水位、流量、输沙率、含沙量等数据；2004年对40年监测数据进行抢救性整理汇编；2015年监测1处河流断面，2处雨量观测点。

二、圪坨店监测基站

圪坨店监测基站位于塔哈拉川上游左岸支沟圪坨店小流域，控制面积7平方千米，建沟道量水堰，沟道监测点15个，植被样方2处，小区监测3组5°、10°、15°坡6个不同治理典型18个，配套集流桶、分流桶进行径流泥沙监测。2005年列入全国水土保持监测网络和信息系统，2013年确定为全国水土流失动态监测与公告项目，新建气象园。

圪坨店水土保持监测基站，2017年摄

三、西五色浪监测基站

西五色浪监测基站位于十里长川右岸支沟西五色浪沟，建有固定断面卡口站，控制面积74.4平方千米，2处自然侵蚀坡面径流场控制面积340.42平方米，自然沟道径流场控制面积842.04平方千米，设雨量观测点2处。2007年建站开始小流域和淤地坝监测，2013年被列入全国水土流失动态监测与公告项目。

四、特拉沟监测基站

特拉沟监测基站位于纳林川左岸支沟特拉沟，固定断面卡口站布设在主河道下游，控制面积128.2平方千米，建坡面径流小区4个，设土壤含水量观测点、雨量观测点2处，淤积坝拦蓄监测点22处、坝系工程安全监测点14处、坝地利用效益监测区2处。2007年建站开始动态监测，2014年列入全国水土流失动态监测与公告项目。

五、尔架麻沟监测基站

尔架麻沟监测基站位于纳林川右岸支沟尔架麻沟，固定断面卡口站布设在主沟道下游，控制面积47.2平方千米，设雨量观测点2处。2007年建站开始动态监测，2014年列入全国水土流失动态监测与公告项目。

六、永利露天煤矿水土流失监测基站

永利露天煤矿水土流失监测基站位于窟野河支流牸牛川流域，监测面积30公顷，设20组40个径流监测小区，建18个作物观测小区、48个牧草监测小区，气象园采集温度、湿度、风速、风向、降水5个参数，建弃土场35°坡面径流泥沙监测小区3个，40°坡面径流监测小区10个。2012年建站，是中科院水利部杨陵水保研究所的煤矿弃土复垦区科研基地，也是准格尔旗第一个煤矿水土保持科研监测项目。

七、二老虎沟监测基站

二老虎沟监测基站位于纳林川上游右岸圪秋沟一条小支沟，“三角槽”固定断面卡口站控制面积 10 公顷，40° 砒砂岩坡面径流观测期 2 年。2013 年建站，承担“十二五”国家科技支撑计划项目“黄河下游砒砂岩抗蚀促生技术集成与示范”动态监测课题，负责课题监测项目的野外监测。

第五节　圪秋沟水保示范园

圪秋沟水保科技示范园，是内蒙古筹建的首个国家级水土保持科技示范园。以圪秋沟小流域为单元，以水调控生态，拦蓄天然降水和地表径流，采用多种整地模式和多种林草配置模式，构成一个从梁峁到沟道的立体治理防护体系。

圪秋沟水土保持示范园，2017 年摄

纳林川右岸一级支沟圪秋沟，位于暖水乡圪秋沟村，流域面积 35.18 平方千米，其中水土流失面积 33.07 平方千米。2012 年 7 月，鄂尔多斯市立项新建砒砂岩区生态优化模式集成示范项目，总投资 3068 万元，规划新增水土保持综合治理面积 2026.21 公顷。植被建设项目有，乔木 223.57 公顷、灌木 1187.55 公顷、乔灌混交林 167.68 公顷、经济林 176.65 公顷，实施封育治理 270.76 公顷，其中补植补种 108.30 公顷；工程建设项目有，沙棘柔性坝 329 处，控制面积 15.21 公顷，沟头防护工程 4.37 千米；附属工程开通项目区作业道路 19.91 千米。

2012 年 7 月 11 日，鄂尔多斯市发展和改革委员会（鄂发改发〔2012〕505 号）批复，在鄂尔多斯砒砂岩生态治理示范项目核心区，建设国家水土保持科技示范园，规划占地面积 70 公顷。重点建设水土保持监测研究区，标准径流小区监测气象要素、土壤要素，开展植物抗旱试验研究、人工模拟降雨观测；两个对比监测研究小流域布设卡口监测站，未治理流域面积 8.7 公顷，治理流域面积 25.5 公顷；扩展功能区建科技馆、小型植物展示区、优质苗木繁育区、科普教育区。

叠加在圪秋沟流域的鄂尔多斯市项目和水利部项目合计，总投资 6533.16 万元，其中，工程措施投资 4690.78 元，生物措施投资 173.07 万元，封育治理投资 52.69 万元。至 2015 年年底，累计完成投资 6248.18 万元，建成砒砂岩区生态优化模式集成示范区，建成核心区水土保持科技示范园基础设施。

第六节　水土保持科研

皇甫川流域水土保持试验站是准格尔旗水土保持科研机构，1991 年在沙圪堵乡福路村办果树试验站，在纳林乡麻黄塔村办草籽试验场，在海子塔乡贺家湾村办五分地沟试验场；1997 年草籽场改建为苗圃；2002 年撤苗圃、果树站，在福路村办种苗站；2007 撤福路种苗站、贺家湾五分地沟试验场；2008 年 2 月撤试验站。

1991 年，试验站承担国家“八五”科技攻关项目《准格尔旗丘陵沟壑区综合治理农林牧持续发展研究》,1995 年 8 月通过中科院组织的专家鉴定；1997 年 12 月获内蒙古科学技术进步奖二等奖。

1996 年启动的国家“九五”科技攻关课题《黄土高原水土流失区农业综合发展技术研究准格尔旗试验区专题之北部多沙丘陵区风蚀水蚀防治与农牧业综合开发研究》，由内蒙古水利科学研究院主持，伊克昭盟水利科学研究所和准格尔旗皇甫川水土保持试验站参与。1998 年 7 月通过由国家科学委员会组织的中期检查评估。1999 年 3 月续签 1999—2000 年专题研究合同，专题攻关目标调整为重点治理的砒砂岩区，突出“以砒砂岩为重点、以林草措施为主的水土流失综合治理技术”和“以林草秸秆资源为主的高效舍饲畜牧业发展技术”研究。为了加强攻关研究力量，准格尔旗邀请内蒙古大学、北京师范大学等单位的教授、学者参与协作指导，2000 年完成专题研究合同全部内容。2001 年 8 月通过中国科学院专家组验收。

2001 年 10 月，皇甫川流域水土保持试验站会同内蒙古水利科学研究院、鄂尔多斯市水土保持研究所，确定“十五”期间水土保持项目试验研究总课题“内蒙古砒砂岩区植被快速恢复建设与生态畜牧业发展技术研究”，分两个子课题，即“植被稳定恢复快速建设创新技术研究”和“生态畜牧业持续发展创新技术研究”，主要研究农牧耦合生态建设途径与调控技术、草畜产业的高效草地与畜牧业发展关键技术、草畜产业开发与高效舍饲技术，2005 年完成总课题的技术总结，课题研究培育养殖示范户 15 户、家庭生态农牧场示范户 1 户、公司 + 农户肉牛养殖示范户 1 户；出版专著《砒砂岩水土保持与农牧业发展研究》（黄河水利出版社 2003 年 3 月版）。

准格尔旗皇甫川流域五分地沟科研基地，是皇甫川水土保持试验站的科研、治理、示范综合性试验基地，总面积 7.7 平方千米，其中，1 平方千米试验区，6.7 平方千米示范区。1992 年 12 月，获内蒙古自治区科技进步奖一等奖、内蒙古自治区星火科技一等奖，出版《黄河皇甫川流域土壤侵蚀系统模型和治理模式》（海洋出版社 1992 年 8 月版）、《皇甫川十年科研成果论文集》（中国农业出版社 1993 年 8 月版），1994 年 7 月，以皇甫川流域水土流失治理成果为支撑的国家“七五”科技攻关项目“黄土高原综合治理定位试验研究”，获 1993 年国家科学技术进步奖一等奖。

第七节　水土保持监督

1991 年，准格尔旗水土保持监督检查站负责全旗生产建设项目的水土保持监督；1992 年 7 月成立薛家湾矿区水土保持监督检查局，负责准混兑乡、窑沟乡、哈岱高勒乡、薛家湾镇生产建设项目水土保持监督检查；1999 年 9 月，监督检查局并入监督检查站；2012 年 6 月，撤销监督检查站，成立准格尔旗水土保持监督执法局。

一、水保监督体系

1996 年，准格尔旗水土保持执法部门根据水利部《黄河上中游地区水土保持预防监督体系规范化建设》（水保监〔1996〕18 号）要求，从制定地方配套法规、管理制度、统一着装、执法文书、执法程序、执法装备等方面进行了规范化建设。2000 年 3 月发布《实施“中华人民共和国水土保持法”细则》《水土保持违法案件查处办法》《水土保持监督员管理细则》《生产建设项目水土保持方案审批办法》等规范性文件，划分了水土流失重点防治区，向重点防治区发布《水土保持生态环境管理保护公约》，形成一个自上而下、健全完整的监督执法体系。通过规范化建设，准格尔旗水土保持执法部门的人员综合素质和业务水平明显提高，避免和减少了错案的发生，维护了法律的尊严，也维护了执法人员的形象。

2009 年 9 月 2 日，准格尔旗水保局根据水利部、内蒙古自治区水利厅《关于开展水土保持监督管理能力建设的通知》精神，修改并通过了《准格尔旗水土保持监督管理能力建设实施方案》，从水保监督管理制度、监督执法文书制作、水保违法案件受理及查处、方案审批、规费征收、监督检查、执法取证设备及装备等方面进行了建设，完善了水土保持监督检查规定，将水土保持监督检查制度化、规范化，全面规范了现场监督检查的各项工作。

二、项目水保管理

准格尔旗是全国水土保持重点治理区和重点监督区，为防止生产建设项目造成水土流失，严格执行《中华人民共和国水土保持法》规定，对可能造成水土流失的生产建设项目、生产建设单位的水土保持方案进行审批，验收水土保持设施。1991—2015 年，共审批水土保持方案 865 个，验收生产建设项目水土保持设施 116 个。

三、水保规费征管

1991 年 4 月起，准格尔旗水土保持监督检查站根据上级水土保持规定，对易于造成水土流失的各工矿、乡镇企业和个体户征收水土流失防治费和水土保持补偿费。按涉及范围面积，每平方米一次性缴纳 0.3 ～ 0.5 元的水土流失防治费；不便于使用面积的，按废弃固体物的实际排放量，每立方米一次性缴纳 5 ～ 10 元的水土流失防治费；不便于以面积和固体物质排放量计算的，按实际销售的矿产品数量，煤每吨交纳 0.5 元，硫磺每吨交纳 1 元。严禁开荒种地，违者每年每亩征收 50 元补偿费；毁坏水保设施，占用水土保持治理区的，除按水保设施的价值赔偿外，征收原造价 10% ～ 15% 的补偿费。煤炭生产系统的水土流失防治费，由旗煤炭公司代收。收缴的水土流失防治费、补偿费作为水土保持专项基金，用于原矿区或矿区所在流域的水土流失治理。1991—1995 年全旗征收水土流失防治费、补偿费 495 万元。

水土保持补偿费返还治理项目矿区复垦绿化，2016 年摄

1995 年 11 月起，按照《内蒙古自治区水土流失防治费征收使用管理办法》（内政发〔1995〕163 号）规定，有水土保持方案不能自行治理的，按批准方案确定的数额缴纳水土流失防治费；没有水土保持方案的，按下列标准缴纳水土流失防治费：破坏地貌植被，按采挖面积每平方米一次性缴纳 0.3 ～ 0.4 元；弃土渣按实际排放量每立方米一次性缴纳 2 ～ 3 元；无法或不便计算破坏面积和废弃固体物实际堆放量大的，按照产品产量或产值的一定比例缴纳，井下采煤每吨 0.5 元；露天采煤每

吨 1 元；生产水泥、石膏每吨 1 元；烧制砖瓦每千块 1 元；生产硫磺每吨 10 ～ 15 元；淘金、采石、采矿产值的 5% ～ 10%。破坏侵占水土保持生物措施，按征地面积每平方米一次性缴纳 0.5 元补偿费；破坏塘坝、护坝等水土保持工程设施，按恢复同等标准的工程造价计收补偿费。2010 年 12 月新的《中华人民共和国水土保持法》出台后，只征收水土保持补偿费，不再征收水土流失防治费。

准格尔旗水土保持监督执法部门征收的水土保持补偿费，1991—2000 年 962 万元，2001—2008 年 838.18 万元，2009—2015 年 4618 万元。累计征收补偿费 6418.18 万元。

从 1993 年开始水土保持返还治理，返还治理经费主要来源于水土保持补偿费。从 1993—2013 年累计返还治理面积 2759.87 公顷，投入资金 694.69 万元。治理成果保存率 90% 以上。2014 年、2015 年，再未实施水土保持返还治理。

2012 年实施的准格尔旗乌素沟矿区生态治理示范工程，水土流失综合治理面积 363 公顷，治理总投资 367.56 万元。实施乔木林 75.32 公顷，经济林 31.88 公顷，灌木林 255.8 公顷，经过治理，水土流失治理度由 37.06% 提高到 81.43%，林草覆盖率由 36.3% 提高到 79.77%，年保水 4.5 万立方米，年保土 0.6 万吨。

四、水保案件查处

1991—2015 年，全旗共查处毁林毁草案 84 起，查处人为水土流失案 75 起，责令停止水土保持违法行为 102 起，调解水土流失纠纷 23 起，查处偷牧、滥牧事件 63 起，查处破坏水土保持工程案 2 起，查处陡坡地开荒案 3 起，针对违法行为累计罚款 11.93 万元。1991—2008 年，共清理河道违法弃土、弃渣 14.61 万立方米。

第八节　水土保持普查

第一次全国水利普查标准时间 2011 年 12 月 31 日，水土保持专项普查是水利普查重要组成部分。准格尔旗完成 17 个风力侵蚀类型区野外调查单元、17 个水力侵蚀类型区野外调查单元、10 条侵蚀沟道野外调查单元和全旗水土保持措施的普查任务，对 267 座骨干坝进行重点详查。查清全旗有淤地坝 778 座，已淤地面积 1836.4 公顷，小型蓄水保土工程点状 5292 个、线状 700 千米；梯田 7326.1 公顷、坝地 3287.6 公顷、其他基本农田 13868.6 公顷；水土保持乔木林 10.96 万公顷、灌木林 13.7 万公顷、经济林 6514 公顷；种草 34051 公顷、封禁 27743 公顷。

第十二篇

商业

批发零售

餐饮住宿

对外贸易

迎泽街道生力集团银钻商圈，2016年9月赵刚摄

1991年，准格尔旗市场商品尚不充裕，紧俏商品实行计划限量供应，居民需要凭票购买。新时期从有计划商品经济到社会主义市场经济，国营集体商业逐步融入个体私营商业大军；新时代电子商务、移动支付、快递配送等商业新业态问世，线上线下融合，城乡之间互联，流通领域实现结构性提升，2015年，准格尔旗市场异常活跃，商品极为丰富，足不出户，买遍天下。25年间，全旗社会消费品零售总额由1.03亿元增长到99.11亿元；批发零售业零售额由0.97亿元增长到70.02亿元；住宿餐饮业零售额由175万元增长到29.08亿元。

大路新区伊泰集团超五星级萨瓦纳酒店，2012年8月摄

第一章　商业总情

1991 年，准格尔旗市场商品尚不充裕，紧俏商品实行计划限量供应，居民需要凭票购买。国家发展有计划商品经济，逐步放开市场价格。个体私营商业迅速发展壮大；国营集体商业受到冲击，被迫改革谋求生存，到 1998 年，国营集体商业破产解体，最终汇入个体私营商业大军。

跨入 21 世纪，市场经济体制初步形成，市场在资源配置中开始发挥基础性作用。西部大开发惠及准格尔旗，工业化、城镇化步伐明显加快，工业化积累的资本和外来社会资本源源不断涌入第三产业，让现代流通业迅速崛起，真金白银打造一批现代商业实体，商厦酒店拔地而起，连锁超市落地开张。

2013 年进入新时代，电子商务抢滩准格尔旗市场，以移动支付为终端，快递配送为渠道，线上线下融合，城乡之间互联，流通领域实现结构性提升。2015 年，准格尔旗市场异常活跃，供求决定价格，只有成品粮、成品油、食盐等战略性物资，政府调控价格；商品极为丰富，足不出户，买遍天下。

第一节　流通体制改革

1991 年，准格尔旗流通领域以国营集体商业为主，个体私营商业为辅；国营商业由商业、物资、粮食 3 大局管理，集体商业由供销社管理。到这些单位“站蓝柜”是令人羡慕的职业，结婚“四大件”凭票供应，批条子才能买到。

国家建立社会主义市场经济体制，国营集体商业受到个体私营商业冲击，风光不再，门庭冷落，境遇每况愈下，被迫实行改革。1992 年，百货公司、土产公司实行经营范围、商品价格、收益分配、劳动用工“四开放”试点，一个单位出现三种人员身份：干部聘任制、劳动合同制、内部待业制。

1993 年 2 月，准格尔旗撤商业局、粮食局、物资局和供销社，组建商业、粮食、物资、供销 4 大集团总公司，下属企业改革方向是，划小核算单位，自主经营，自负盈亏。有的实行承包制，有的实行租赁制，有的实行股份合作制，个别企业转制民营、破产拍卖。

改革攻坚到 1998 年，全旗 48 家商贸流通企业资产流失严重，成了政府填不满的无底洞，丢不下的“拖油瓶”，政府将这些资不抵债的企业破产解体，量化资产，债务一次清算，资产一次拍卖，工龄一次买断，人员一次分流。商业集团总公司解体，人员量化资产到各个门店，自谋生路。1999 年，盐业公司转制为政企合一的专卖专营机构，盐业公司实行专营，盐务管理局实行专卖管理。

这次改革付出沉重的代价。全旗累计出现下岗职工 6883 名，“4050”人员上有老下有小，长期依赖企业而无生存自救能力，一下子被逼到社会的边缘；青年职工则被迫沦为新的私营业主的打工仔。1998 年，全旗成立下岗职工基本生活保障和再就业领导小组及再就业服务中心，财政为转制企业职工代缴养老金，发放生活补助每人每月 200 元，当年旗再就业服务中心托管下岗职工 2499 名，发放生活补助 114.48 万元，代缴养老保险金和失业保险金 53.51 万元。2012 年生活补助增加到每人每月 400 元。这项救助政策一直持续至 2015 年，旗财政每年支出 8000 多万元。

此后的流通体制改革，国家始终掌控国有粮食企业，保障粮食安全；供销网络得到重建，保障农村流通；烟草、盐业等实行国家专营，全旗流通领域形成国家专营商业为主导，个体私营商业为多数的格局。

第二节　市场体系建设

准格尔旗以传统的集市和交流会为基础，政府规划建设的有形市场搭骨架，社会资本打造的商业网点是血肉，信息技术武装的电子商务拓展时空，上联城市工业消费品，下联乡村绿色农产品，构建了一个活跃的市场流通体系。

一、有形市场

1991 年，准格尔旗商业批发货站驻薛家湾镇杨四圪咀，负责全旗商业、供销系统的商品供应，吸引商铺、饭馆聚集，自发形成全旗最大商品集散地。最大有形市场准格尔市场位于沙圪堵镇迎宾路，建筑面积 1730 平方米，容纳摊位 105 个，年交易额上百万元。最大集贸市场马棚市场，占地面积 9912 平方米，容纳摊位 300 个。其他乡镇以街为市、以路为市。

薛家湾镇 1992 年建乌兰农贸市场，1994 年建白云农贸市场，1994 年 4 月建兴隆市场，1997 年建东孔兑菜篮子市场。沙圪堵镇又建美稷市场、车站市场。其他乡镇建集贸市场，不再以街为市，海子塔市场规模较大；1997 年暖水乡樊家渠村建农贸市场，不再以路为市。1998 年曹羊公路通车，32 千米、46 千米两处以路为市，发展成为西南部商品集散地。1999 年，全旗注册 9 处有形市场，占地面积 2.82 万平方米，建筑面积 1.52 万平方米，容纳摊位 718 个，年成交额 2630 万元；有集贸市场 20 处，其中村级集贸市场 3 处。

跨入 21 世纪，半封闭市场升级为全封闭市场。建材市场、机电市场、汽车市场等专业市场相继落户薛家湾、沙圪堵两镇。2000 年 6 月，白云市场被命名为内蒙古自治区文明市场。2009 年 6 月建成的万通食品物流中心，是全旗首家集交易、仓储、物流、配送于一体的全封闭食品批发市场；乡村也出现专业市场，2008 年十二连城乡兴胜店村建西瓜交易市场，2013 年龙口镇沙坪梁村建果品专业市场。2015 年，全旗有大型市场 26 处，其中工业品市场 12 处，农贸市场 14 处；形成以薛家湾、沙圪堵两地为中心，专业市场、综合市场和农贸市场结合，覆盖旗、乡、村的市场体系。

蓝天街道白云购物中心，2008 年摄

兴隆市场位于兴隆街道鑫凯社区。1995 年 5 月 4 日，147 户业主集资 284 万元新建半封闭 3 层环形市场开业，有商铺198间，营业面积5676平方米；2000年10月1日又投资800万元改造成封闭市场开业，建筑面积7000平方米，经营日杂百货、土产五金、农副产品，鼎盛时入驻商户200余户，日均客流量数千人次，年交易额上亿元，为全旗最大的有形市场。2015年入驻商户60余家，年交易额回落到千万元左右。

万通食品物流中心位于迎泽街道湖东社区。2009年6月投资7300万元建成，建筑面积1.36万平方米，经营场所面积1.28万平方米，容纳摊位80个，主体建筑为4层全封闭框架结构，主营瓜果蔬菜、烟酒副食、海鲜水产、生熟肉、粮油、调料、地方特产，兼营五金土产，是全旗首家集交易、仓储、物流、配送功能于一体，全封闭综合性食品批发市场。

二、集贸市场

准格尔旗有每旬定日集市的传统，俗称“赶买卖”。

1991年，全旗有集市20处。乡镇集市17处，沙圪堵、马栅、黑岱沟逢一，德胜西逢二，西黑岱逢三，纳林、布尔洞梁逢四，魏家峁、勿图门、海子塔、柴登逢五，大路峁、蓿亥图逢六，五字湾、暖水逢七，长滩逢八，羊市塔逢九。村集市3处，马栅乡张喜塄村逢一，暖水乡樊家渠村逢四，羊市塔乡松树塄村每月初一、十五集市。

1993年大营盘立集逢六，1994年西营子立集逢八，1995年准格尔召立集每月初二、十六，2001年大沟立集逢九。2001年4月，五字湾、布尔洞梁、大路峁、德胜西4地集市因撤乡关闭；2005年8月，大沟、黑岱沟、西营子3地集市因撤乡关闭；2006年，龙口镇张喜塄村集市因撤村关闭；2009年，暖水乡樊家渠集市因移民关闭；2014年，龙口镇建综合集贸市场，逢七集市；准格尔召集市由每月初二、十六改为每旬逢二。

2015年，全旗有17处集市。乡级集市10处，沙圪堵、龙口旧市场逢一，黄天棉图、准格尔召逢二，西黑岱逢三，纳林逢四，勿图门逢五，大营盘逢六，暖水逢七，柴登逢八。村级集市7处，海子塔、魏家峁逢五，蓿亥图逢六，龙口新市场逢七，长滩逢八，羊市塔逢九，松树塄每月初一、十五。

2017年暖水乡集市，路顺斌摄

每年夏秋之交，瓜果飘香时节，多地举办的物资交流大会，俗称“赶交流”。日期多在七月十五至八月十五，会期5天到10天不等，请文艺团体登台唱戏，吸引游商集中交易，城乡居民集中选购，是一年一度规模最大的展销会，文化搭台、经济唱戏，生意异常火爆。沙圪堵、纳林、马栅、长滩、海子塔、西黑岱、五字湾、羊市塔、暖水等地，每年都要举办交流会；2013年，友谊街道在湖西便民市场也举办交流会。2015年，1个乡镇举办两场以上交流会的有：薛家湾镇举办长滩、海子塔、西黑岱交流会，十二连城乡举办柴登、蓿亥图交流会，准格尔召镇举办黄天棉图、准格尔召交流会；全旗举办14场交流会。

规模最大当属沙圪堵物资交流大会，请过山西省晋剧团演出，名角领衔，吸引杂技、魔术等文艺团体到会助兴，日均人流量上万人次。2015 年 7 月 24 日至 8 月 2 日，沙圪堵交流会吸引餐饮、零售商 300 多家，日均人流量 3 万人次，交流会商品交易额超 1500 万元。

三、商业网点

1991 年，准格尔旗商业网点千余个，国营商业网点百余家，包括百货 30 家，粮站 16 家、农机销售 12 家、物资供应 10 家，还有石油、烟草、盐业、医药等专营网点；集体商业网点 306 家，包括基层供销社 25 家、零售网点 155 个、收购点 43 个、代销点 83 个；个体商业 600 余个。

兴隆街道兴源步行街，2009 年摄

1992 年，国营资本新建两处商业楼。沙圪堵镇商业大楼，建筑面积 3400 平方米；薛家湾镇商业大楼，建筑面积 4000 平方米。此后国家开放市场，国营集体商业受到个体私营商业冲击，经济效益每况愈下，1998 年起陆续破产解体，转制民营，国营集体商业再无力投资商业。

跨入 21 世纪，民间资本成为商业投资主体。2003 年 10 月 17 日，雄鹏房地产公司建设的雄鹏商厦开业，五层建筑营业面积 1.3 万平方米，全旗首家安装滚动电梯；2011 年 4 月更名为金峰商厦；2013 年 4 月 3 日，突发火灾烧成烂尾，从此封围闲置。2008 年 12 月 12 日，鼎华资源集团开发的金安购物中心开业，11 层建筑营业面积 1.5 万平方米，100 多个品牌商入驻。2012 年 12 月 21 日，生力资源集团打造的生力购物中心开业，22 层建筑营业面积 1.6 万平方米，高端消费，品牌众多，成为新的城市商务区和城市地标。

城市建设也打造了商业步行街，规模大者兴源步行街 2000 年开业，进驻商户 278 户，品牌专营店林立，购物者川流不息。2010 年 8 月 18 日，全旗首家汽车卖场大运汽贸物流园区开业。五金机电知名卖场金岸国际五金机电城。建筑材料知名卖场鸿鑫建材城。珠宝行业代表军英珠宝店，1993 年创办于薛家湾镇，2015 年发展到 4 家店面。

2001 年 8 月，全旗首家超市阳光超市开业，商品开放陈列，顾客自由选购，统一收银结算，这种零售模式自助消费体验充分，受到居民欢迎。薛家湾镇 2003 年 3 月引进人人家超市，2009 年 9 月引进易购生活超市，2014 年引进浙加都超市；沙圪堵镇 2014 年引进欧德福超市。

迎泽街道阳光新生活超市，2022 年摄

阳光超市前身是 2001 年 8 月租赁 200 平方米商铺创办的华峰超市，2006 年 5 月更名为阳光超市华峰店，2008 年 11 月创办 3000 平方米的和谐旗舰店，为当年全旗最大零售卖场。2009 年 3 月创办首家社区超市北区店，2012 年 12 月进军开发区创办沙圪堵店。2015 年 10 月 5 日，“阳光乐购”电子商务平台上线，直连农村便民连锁超市 63 家，对接农民专业合作社 4 家，下乡送工业品到村，执行同城批发价，返程送农产品进城，实行同城市场价。到 2015 年底，阳光超市拥有 8 家连锁店，营业面积 2 万平方米，常年员工 440 名，销售收入超亿元，成为准格尔旗零售商业的领头雁。

2015 年，全旗有各类商业网点 9132 家，其中，商场 8 家、商店 1967 家、超市 368 家，2000 平方米以上大型商场 7 家。

四、电子商务

2014 年 5 月 18 日，首家网络商城“淘不出手”在兴隆街道鑫凯盛步行街开业，成功将准旗散养鸡、跑坡羊远销杭州、广东等地，健康粗粮、无公害果蔬配送周边呼包鄂等地，准旗特有的酸浆米、糕圈等也在网上热销。2015 年 4 月成立的漫瀚农业科技公司，主营碱地农产品，将黄河碱地稻、黄河碱滩羊，高原散养鸡，利用生鲜电商平台营销配送，销往北京、山东、上海、深圳、湖北等地。2015 年，全旗有电子商务 7 家，电子商务销售额 2310 万元。

2016 年“淘不出手”电商蔬菜基地

支撑电子商务的快递业，从年轻人网购时尚衣服等小件商品，迅速发展到成年人主力消费群体。2015 年，顺丰、韵达、圆通、申通等国内物流快递企业相继入驻，注册快递企业 5 家，快递企业分支机构 20 家。

第三节　消费零售规模

准格尔旗社会消费品零售额呈快速增长趋势。1991 年社会消费品零售总额 1.03 亿元，2005 年突破 10 亿元大关，以同比 168.57% 的增幅达到 24.22 亿元；2009 年在国家家电下乡补贴政策拉动下，社会消费品零售总额 47.46 亿元；2012 年汽车、住房、旅游、美食成为消费热点，社会消费品零售总额 78 亿元，同比增长 18.19%；2013 年起进入发展新常态，增幅下降到个位数；2015 年社会消费品零售总额 99.11 亿元，增长 8.1%，城镇消费品零售额 66 亿元，增长 8.6%，农村消费品零售额 33 亿元，居民人均消费 2.29 万元。

25 年间，社会消费品零售总额由 1.03 亿元增长到 99.11 亿元，增长了 96 倍。购买消费占比呈下降趋势，服务消费占比呈上升趋势。批发零售业零售额由 0.97 亿元增长到 70.02 亿元，增长了 72 倍，消费总额占比由 94.13% 下降到 70.66%；住宿餐饮业零售额由 175 万元增长到 29.08 亿元，增长了 1662 倍，消费总额占比由 1.70% 上升到 29.34%。

1991—2015年准格尔旗社会消费品零售总额构成统计表

表12-1　　　　单位：万元、%

年份	零售总额	增长率	批发零售	占比	增长率	住宿餐饮	占比	增长率	其他消费
1991	10280	32.07	9677	94.13	80.71	175	1.70	18.24	428
1992	12218	18.85	11631	95.20	20.19	212	1.74	21.14	375
1993	13249	8.44	10879	82.11	-6.47	946	7.14	346.23	434
1994	15102	13.99	11502	76.16	5.73	1030	6.82	8.88	2453
1995	20082	32.98	13692	68.18	19.04	1500	7.47	45.63	3390
1996	25025	24.61	20095	80.30	46.76	1430	5.71	-4.67	
1997	30620	22.36	24794	80.97	23.38	4826	15.76	237.48	
1998	38800	26.71	24100	62.11	-2.80	5500	14.18	13.97	
1999	45400	17.01	25500	56.17	5.81	8800	19.38	60.00	6600
2000	51000	12.33	28700	56.27	12.55	9990	19.59	13.52	5122
2001	56986	11.74	38159	66.96	32.96	13020	22.85	30.33	5807
2002	63498	11.43	42736	67.30	11.99	14299	22.52	9.82	6463
2003	76727	20.83	55037	71.73	28.78	16844	21.95	17.80	4846
2004	210172	173.92	156240	74.34	183.88	47902	22.79	184.39	6030
2005	242206	15.24	177219	73.17	13.43	53186	21.96	11.03	11801
2006	280801	15.93	201460	71.74	13.67	66402	23.65	24.85	12761
2007	326075	16.12	229021	70.24	13.68	79274	24.31	19.38	17781
2008	400006	22.67	267160	66.79	16.65	107028	26.76	35.01	25840
2009	474622	18.65	302774	63.80	13.33	142718	30.07	33.35	29130
2010	570000	20.10	446131	78.27	47.35	123869	21.73	-13.21	
2011	660000	15.79	495874	75.13	11.15	164125	24.87	32.50	
2012	780026	18.19	557435	71.46	12.41	222590	28.54	35.62	
2013	840374	7.74	602269	71.67	8.04	238105	28.33	69.70	
2014	916823	9.10	652831	71.21	8.40	263718	28.76	10.76	
2015	991086	8.10	700259	70.66	7.26	290827	29.34	10.28	

第二章　国营百货物资

第一节　国营百货

1991 年，准格尔旗人民政府百货商业工作部门商业局，政企合一，负责大宗百货、生活必需品、重要消费品供应，调节市场物价，维护流通秩序；下辖百货公司、五金公司、糖酒公司、食品公司、饮食服务公司、薛家湾商业大楼、杨四圪咀批发公司、榆树湾综合公司 8 家企业，经营网点 30 个，职工干部 500 多名，实行包承经营，全系统年销售额 2000 万元，利税 70 万元。

1996 年百货公司布料柜台

1993 年 2 月，商业局改制为商业集团总公司，行政职能划归经济贸易委员会，集团总公司年营业额下降到 500 多万元，直接经营的薛家湾商业大楼，1993 年销售额 232.9 万元，1994 年销售额 135 万元，1995 年销售额 53.9 万元，呈现逐年下降趋势。在此期间，1994 年，五金公司、糖酒公司、食品公司、百货公司、杨四圪咀批发公司，实行股份合作制；商业集团总公司实行承包制；饮食服务公司实行租赁制；榆树湾综合公司实行民有民营；1995 年，百货公司实行民有民营；饮食服务公司实行承包制。

1998 年，商业集团总公司转制解体，清产核资，总资产 88 万元，总负债 114 万元，净负债 26 万元；在册职工 79 名，8 名提前退养，交社保部门发放养老金；71 名职工一次性量化资产到人，56 名职工带资自谋职业，工龄最长 20 年的职工带资 1.4 万元；15 名职工量化薛家湾商业大楼资产，开始个体经营。

商业集团总公司下属各企业相继转制解体。资产分为三块，一块还银行和债权人债务，一块交离退休和遗属抚恤人员社保，剩余那块量化给在职职工。五金公司 49 名职工量化资产 32.6 万元；糖酒公司 65 名职工量化资产 30 万元；百货公司 69 名职工量化资产 65.72 万元。

1982 年五金公司家电柜台

至此，国营百货商业整体退出历史舞台。

食品公司是全旗唯一经营活畜屠宰加

工和肉食品的国营企业，沙圪堵镇有第一门市部、第二门市部、招待所、屠宰场，下设薛家湾、榆树湾、海子塔 3 个食品站，办有柴登牧场，1991 年净资产 85.58 万元，职工 131 名，其中离退休职工 27 名。1994 年实行股份合作制，各门店承包给职工经营，有的卖下水、有的卖熟肉，有的卖鱼，自谋生路。1998 年转制解体，56 名职工量化资产 92.65 万元，职工每人基础带资 2000 元，一年工龄带资 700 元，工龄最短 7 年的职工带资 6900元，工龄最长 31 年的职工带资 25900 元。有 28 年工龄的副经理陈少友量化资产 2.48 万元，他从 2003 年开始开摩的跑出租，早上 6 点出车，晚 9 点回家，一天收入不足百元，一直干到 2009 年再也跑不动了才收车。

1982 年食品公司门市部

第二节　国营物资

1991 年，准格尔旗人民政府统配物资供应部门物资局，政企合一，负责国家计划调配的木材、水泥、钢材等物资和机电、轻工、化工、火工管制产品的供应，直属金属建材公司、木材机电公司，下设薛家湾供应公司、马栅物资供应站，经营网点 10 个，物资库面积 1315 平方米，固定资产 44 万元，流动资金 240 万元，职工 135 名，销售额 600 万元以上。

1993 年 2 月，物资局转制组建物资集团总公司，行政职能划归经济贸易委员会，下设木材公司、机电公司、建材公司、轻化公司、薛家湾物资公司、装潢公司、废旧金属回收公司、马栅物资供应站。随着国家全面放开生产资料市场，宏观调控压缩基本建设规模，销售额大幅度下降，亏损额不断增加，严重资不抵债，1994 年 4 月 9 日首次破产。为盘活 94.14 万元资产，维持 186 名职工生计，1996 年 6 月组建亨利物资公司，注册资本 95 万元，其中国有股本 94 万元，伊盟荣祥物资轻化公司 1 万元，创办装潢公司、木器厂、美容厅、沙乐园饭店等新的经营项目。

1998 年，亨利物资公司再次破产，164 名职工量化净资产 348.2 万元，部分职工带资合伙组建民爆器材股份公司、废旧物资回收股份公司，实行民有民营；其他职工带资分流，自谋职业，其中薛家湾物资供应公司每人基础带资 1000 元，工龄每年带资 500 元。

至此，国营统配物资商业整体退出历史舞台。

第三章　供销合作商业

第一节　供销社机构

准格尔旗供销合作联合社是农民集资创办的集体商业组织，实行社员代表大会制度，由理事会领导，受监事会监督。1993 年 2 月，转体改建为供销集团总公司（供销合作联合社），隶属于经济贸易委员会；1996 年 5 月，撤供销集团总公司，保留供销合作联合社；2000 年 10 月，更名为供销社，成为旗人民政府直属事业单位，行使供销社资产出资人代表职能，监督社有资产保值增值。2012 年 6 月 29 日，被评为全国供销合作社系统先进集体。2015 年 12 月 22 日，获中华全国供销合作总社“金扁担”奖。

第二节　供销社改革

1991 年，准格尔旗供销合作联合社对直属企业、基层供销社实行承包经营，直属企业、基层供销社按柜台对职工实行承包经营。1993 年 3 月，实行利润一包三年，包死基数，定额上交，超收全留，歉收自补。

准格尔旗供销合作社银河商厦，2022 年摄

1994 年 3 月，选择魏家峁、暖水、纳林、布尔洞沟、巴润哈岱 5 家基层社、土产公司，试点“租壳卖瓢”改革，将库存商品按零售价折价卖给职工，一次性收回库存商品资金，按年度收取经营场所租金；1997 年全系统处于瘫痪状态。

1998 年 5 月，供销系统实施转制民营，划资到人，一次性买断。25 家基层社、7 家直属企业，只保留银河商厦。参与转制的职工 1394 名。退休人员 270 名、抚恤人员 82 名，由社会保险管理局发工资；940 名职工量化资产；102 名职工不参与量化，2006 年 1 月 1 日起，由政府代缴养老保险，每人每月发放生活补贴 200 元，2008 年生活补贴增至 400 元。

第三节　供销社网点

1991 年，准格尔旗供销合作社联合社直属 7 家下属企业，驻沙圪堵土产公司、畜产公司、盐业公司、批发公司，驻薛家湾综合公司、盐业分公司、副食品加工厂；下辖 25 家乡级供销社，83 家村级分销店、43 个收购点，入社社员 2.4 万人，股金 222.9 万元；供销商业网点覆盖旗乡村，发展经济，保障供给，涌现出黑岱沟供销社、暖水供销社、土产公司等先进单位。

1994 年 1 月，在薛家湾镇成立废旧物资回收公司，同年新建银河商厦，建筑面积 3400 平方米。1995 年 9 月，在薛家湾镇成立民贸公司。1996 年 5 月，盐业公司、分公司划归经济贸易委员会。1997 年 3 月，民贸公司更名为银河商厦。1998 年 5 月，6 家直属企业、25 家基层供销社破产。

供销社靠 380 万元资产的银河商厦起家，出租商厦，收取租金，滚动发展，重建供销商业网点。1999 年 7 月 26 日，德胜西供销社在伊克昭盟首家试点重组，入股社员 430 户，固定资产 56 万元。2002 年，重建马栅、暖水、川掌、四道柳 4 家供销社，5 家基层供销社吸纳社员 55 户，吸收股金 28 万元；开始参与农牧业产业化经营，成立魏家峁、德胜西、海子塔、杨四圪咀 4 个农民专业合作社。2003 年，重建纳林供销社。

2006 年起，实施新农村现代流通服务网络工程，重建龙口供销社恢复营业；2007 年，新建十二边城乡五家尧供销社开业；开始发展商务部资助“万村千乡”农家店。2009 年，拍卖暖水、纳林、德胜西 3 家供销社资产 26 万元。2010 年，重建布尔陶亥供销社恢复营业。2013 年 11 月 23 日，成立农兴生产资料公司；参股经营泰丰、天河肉业、丰凯商贸、美添鲜 4 家公司，争取项目资金扶持创亿养猪、雨润农牧业、富民丰种养殖、苗丰种养殖、高原露沙产业 5 个农民专业合作社。2015 年 10 月，注册成立布尔陶亥、龙口两家供销合作社有限公司。

至此，全旗供销社系统直属 2 家全资企业、4 家参股企业、4 家独资基层供销合作社、39 家村级综合服务社、22 家农民专业合作社，供销社资产总值达 1.68 亿元，走出一条“破茧重生”之路，自下而上联合，自上而下服务，初步建成农业生产资料现代经营服务网络、农副产品市场购销网络、日用消费品现代经营网络，办成农民自己的新型合作经济组织。

龙口供销社，2000 年为重建的马栅供销社，2006 年恢复营业更名，2007 年销售额 540 万元，利润 10 万元，发展两家村级服务社，发展社员 500 户，吸收股金 20 万元。2008 年被评为内蒙古先进基层供销社。2015 年 10 月注册成立龙口供销社有限公司，营业面积 1318 平方米，固定资产 832.80 万元。

第四节　供销社业务

1991 年，供销合作联合社建干果基地、药材基地、养羊基地，收购羊绒、羊毛、羊皮、杏核、杏干、海红干、白瓜子、葵花子、荞麦等，完成销售额 6973.5 万元，实现利润 30.2 万元。1993 年净利润仅 2000 元，1994 年盈亏相抵亏损 37 万元，1995 年亏损额增加到 268 万元，1997 年销售额仅 1980 万元，全系统瘫痪。1998 年，全行业除银河商厦外，全部破产解体，为保证生产资料供应，引进伊克昭盟供销公司经营农用物资。

跨入 21 世纪，供销社靠出租银河商厦维持，2004 年完成销售 3500 万元，实现利润 50 万元。2006 年争取国家新农村流通网络工程投资，逐步重建供销网点，稳定生产资料供应，恢复日用消费品销售和农副产品收购，新增烟花爆竹经营。2010 年销售额突破亿元，2014 年利润高达 1401 万元。2015 年，销售额 2.4 亿元，其中，农用生产资料 1735 万元、日用消费品 1.03 亿元、烟花爆竹 448 万元、农副产品 1.05 亿元；实现利润 1380 万元。

第四章 粮食商业

第一节 粮食机构

一、粮食管理机构

1991年，准格尔旗粮食局驻沙圪堵镇，政企合一，伊克昭盟粮食局直统。1992年4月划归旗人民政府，9月增设薛家湾矿区粮食分局。1993年2月改建为粮油集团总公司（粮食储备局）。1996年8月粮食储备局改称粮食管理局。1998年10月政企分开，撤粮油集团总公司。2001年5月撤粮食分局，粮食管理局搬迁薛家湾镇。2002年7月撤粮食管理局，成立粮食总站，隶属于经济贸易局；2010年4月划归发展改革局。

二、国有粮食企业

1991年，全旗有沙圪堵、薛家湾、榆树湾、纳林、海子塔、暖水、蓿亥图、东孔兑、五字湾、黑岱沟、房塔沟、布尔陶亥12家国营粮站，粮油议购议销公司、饲料公司，粮油加工厂、粮油食品厂，16家国营粮食企业职工420名。

1992年8月撤房塔沟粮站，建魏家峁粮站；1992年9月增设薛家湾矿区粮油分公司；1993年5月新建薛家湾粮贸饭店，12月粮油议购议销公司改称粮油贸易公司；1994年10月新建准旗第二建筑公司。

1998年10月，黑岱沟粮站、魏家峁粮站、粮油贸易公司、粮油分公司、粮油加工厂、粮油食品厂、薛家湾粮贸饭店、第二建筑民营化改革，分流职工377名，人均量化资产2万元。保留沙圪堵、榆树湾、海子塔、纳林、暖水、布尔陶亥、蓿亥图、东孔兑、五字湾9家粮站，薛家湾粮站改建军粮供应站，饲料公司改建粮油批发市场，11家国营粮食企业职工123名。2015年，职工88名。

三、个体私营粮商

1993年11月，准格尔旗首家个体粮油店陈优训开办的粮油议价门市部在沙圪堵镇开业，之后个体粮油店一度发展到百余家。2005年，兴农绿色产业公司率先收购小杂粮，农乡丰工贸公司紧随其后，金龙公司、绿园种养殖专业合作社也参与其中。2008年8月在十二连城乡柴登村注册的华粮粮食物流公司是鄂尔多斯市最大原粮经销商。2015年，全旗私营粮食企业7家，从业人员80名；个体粮油店47家，从业人员百余人。

内蒙古华粮粮食物流公司，2011年摄

第二节 原粮购销

1991 年，国家实行合同定购与市场收购“双轨制”，准格尔旗国营粮食企业收购原粮 9280 吨，其中，合同定购 150 吨，市场议购 9130 吨，大宗为玉米、小麦；1993 年，玉米定购价 150 元 / 吨，小麦定购价 205 元 / 吨。1998 年，实行粮食敞开收购，顺价销售，收购资金封闭运行，国有粮食企业在收购价基础上加价 10% 顺价销售，特定年份保护价收购，2001 年小麦保护价 265 元 / 吨、玉米保护价 227.5 元 / 吨。

2003 年 4 月 1 日起，内蒙古取消粮食定购任务，允许各类粮商随行就市购销原粮。2007 年，蓿亥图、沙圪堵、纳林 3 家国有粮站收储原粮，其他国有粮站歇业，私营粮食企业成为原粮收储主体。2012 年、2013 年原粮市场疲软，销售价比收购价低，造成国有粮食企业政策性亏损。2015 年，以蓿亥图、沙圪堵、纳林 3 家国有粮站和华粮粮食物流公司、乐宇商贸公司 2 家私营企业为主，全旗收购玉米 7.39 万吨，玉米收购价 2360 元 / 吨。

2011 年华粮粮食物流公司原粮机械化烘干作业

2009 年，华粮粮食物流公司承接中央 2000 吨和准旗 1500 吨玉米储备任务，成为内蒙古西部首家国家挂牌承储粮企。2014 年 10 月被认定为内蒙古自治区扶贫龙头企业。2015 年收购国家储备玉米 3.8 万吨，销售玉米 11.06 万吨。

第三节 成品粮销售

一、限量供应

1991 年，准格尔旗成品粮油计划调拨，从呼和浩特市调入，供应东部国营粮站，伊克昭盟驻包头粮食转运站调入，供应中西部国营粮站，执行平价、议价两种价格。城镇居民核定口粮每人每月 12.5 千克，农村居民缺粮按计划返销，持《城镇居民粮油定量供应证》《农村返销粮供应证》平价供应，品种粗细搭配，地产粗粮能敞开供应，调进大米、白面等细粮仍限量供应；不买成品粮，可兑换全国通用粮票、内蒙古自治区地方粮票，用于流通。议价销售随行就市，调剂余缺，国营粮食企业用白面、大米兑换农户自产杂粮，1 千克大米兑换糜米 1.5 千克，议价销售品种全，价格高，中等白面平价 0.36 元 / 千克、议价 0.8 元 / 千克。全旗销售成品粮油 1.63 万吨。

二、敞开销售

1993 年 4 月 1 日起，国家结束 40 年的粮食统销制度，取消粮本、粮票，粮油商品敞开供应，调入渠道不受限制，准旗从东北、安徽、宁夏等地调入大米，从巴彦淖尔盟、河北、山东等地调入白面，从山东、山西调入食用植物油。当年全旗人口接近 25 万人，销售成品粮油 4.7 万吨。2015 年，全旗常住人口 36 万人，年均消费成品粮 6.57 万吨、食用植物油 6570 吨；自产成品粮油仅 20%，外调成品粮 5.26 万吨、食用植物油 5256 吨，连锁超市从全国各地调入，品种更丰富。中等大米 2.6 元 / 千克，中等白面 2.3 元 / 千克，地产杂粮更贵。

准格尔旗流通过的粮票，蒲德功收藏

三、特种供应

1999—2002 年，准旗连续 4 年大旱成灾，梁峁山区农民口粮和饲料用粮缺口较大。2000 年，粮食部门紧急供应 250 吨救灾粮；2001 年 10 月，再次开仓放粮 320 吨，帮助灾民度灾荒。

2000 年起，准旗实施国家退耕还林工程，退耕 1 亩每年补贴原粮 100 千克；2003 年起，实施国家退牧还草工程，退牧 1 亩补贴饲料粮折合原粮 0.88 千克。到 2004 年，全旗退耕 1.89 万公顷，累计补贴原粮 8.58 万吨；退牧 4 万公顷，补贴饲料粮折合原粮 528 吨。2005 年起，补助粮改为补现金。

第四节　粮食储备

准格尔旗农民正常年份储粮可维持半年口粮，丰年多备余粮，以备灾年救急。粮食部门储备维持 3 个月销量的成品粮油。国家储备足够 50 万人 6 个月食用的备战粮“506”粮，无战不用；储备应对灾荒和各种意外的“甲子粮”，无荒不动。

2002 年，国家停止“506”粮、“甲子”粮储备，建立中央、自治区、市三级专项原粮储备。准旗开始储备国家专项原粮和地方应急成品粮油，原粮推陈储新，成品粮常储常新，保证储备粮质量。储备粮利息费用由各级财政负担。2006 年，全旗国有粮食企业政策性亏损挂账 633 万元、挂账利息 554 万元，财政从粮食风险基金中列支。

2015 年，全旗储备应急成品粮油 1006.5 吨，临时储备粮 11.27 万吨，7 家承储企业领取国家粮油储备补贴 969.03 万元。

第五节　粮食仓储

1991 年，全旗国有粮食企业仓储面积 1.95 万平方米，仓容量 1.90 万吨，多为砖木结构。因仓容不足，露天存放万吨储备粮。1997 年 1 月 2 日，沙圪堵第一粮站发生火灾，烧掉露天存放玉米，直接经济损失 1.31 万元。

华粮粮食物流公司圆筒仓，2011 年摄

国有粮食企业仓储设施重点建设了萻亥图粮站。2000 年建 550 吨平房仓，2002 年建容量 2600 吨罩棚。2015 年建成标准化平房仓两幢，仓容量 2.5 万吨，配备日处理 300 吨烘干设备，配套粮食质量检测设备，粮情电子检测系统，库区监控系统，粮食输送、通风、环流熏蒸等设备。

2005 年开始，农乡丰公司、金龙绿色公司、绿园种养殖专业合作社、华粮粮食物流公司等私营企业建设仓储设施。华粮粮食物流公司建成平房仓 5 座、砖圆仓 8 座、罩棚库 9 座、简易仓 3 座，日处理能力 800 吨烘干塔，仓储设施面积 4 万平方米，仓容量超 10 万吨，是鄂尔多斯市仓容量最大粮食企业。

准旗农民存储原粮，淘汰挖地坑衬秸秆的地窖，建砖木结构地上简易粮仓，返潮，虫蛀，仓储损耗大。2010 年起，建设农户钢架结构科学储粮仓，各级财政补贴 90%，农户自筹 10%。到 2013 年，在十二连城乡、大路镇、龙口镇建成农户科学储粮仓 4000 个，提高防潮、防虫、通风效果。

2015 年，全旗粮食仓储设施面积 11.7 万平方米，仓容量 28.2 万吨，其中，国有粮食企业仓储面积 2.9 万平方米，仓容量 11.8 万吨；私营粮食企业仓储面积 8.8 万平方米，仓容量 16.4 万吨。

第六节　粮食监管

1991 年，国家实行粮食计划管理，全旗粮油由粮食局统一调拨；1998 年政企分开后，粮食管理局监管国有粮食企业的政策性业务、个体粮油店的经营性业务；2004 年 5 月 26 日《粮食流通管理条例》发布实施后，粮食总站监管重点转向原粮收储政策性业务。2008 年 2 月成立粮食行政监察大队后，监管范围由原粮市场扩大到成品粮市场。2011 年起创建“放心粮油店”，统一标识，明码标价，规范台账，服务承诺，每创建一家“放心粮油店”，市、旗两级财政每年补贴 10 万元。2015 年，全旗建成“放心粮油店”23 家，质优价廉，示范经营，引领市场健康发展。

迎泽街道万通粮油批发部，2012 年摄

第五章 专卖商业

第一节 盐 业

一、盐业机构

1991年，准格尔旗盐业专卖机构是供销合作联合社下属的盐业公司和薛家湾盐业分公司；1996年5月划属经济贸易委员会，盐业分公司并入盐业公司，1999年1月上划内蒙古自治区盐业公司垂直管理，设准格尔旗支公司（盐务管理局），政企合一，盐业公司负责各类盐批发供应，普及加碘食盐，盐务管理局负责盐业行政执法。

二、盐业专卖

准旗销售食用、牧业用、工业用3类盐，有榆林食盐、吉兰泰食盐、额吉淖尔大青盐、吉兰泰再生工业盐、黑河牧业盐砖、盐粉等品种。1991年，驻沙圪堵镇盐业公司、驻薛家湾镇盐业公司分公司向国营商业、供销商业网点批发，商业网点向城乡居民零售，全旗销售量近1500吨。

1999年，批发范围扩大到个体私营商业网点，每个乡镇设立2个零售网点，销售量达到1658吨。2001年新设薛家湾和沙圪堵2个专营仓库，全旗设836个零售网点，2003年销售量达到2017吨。2007年，全旗分为东、西两个销售区，人口集中地设立4个配送总店，实行食用盐网络配送销售，在苏木乡镇设牧业用盐经营网点，通过兽医门诊向养殖大户推销牧业用盐，与工业用盐户订立供货合同，推销工业用盐。2011年销售各类盐4166.51吨，为历年最高峰。

2015年，销售各类盐2995.8吨，其中，食用小包装盐1247.7吨、工业用盐1503.5吨、畜牧用盐190.6吨、肠衣盐44.8吨、食品工业盐7吨、果蔬盐2.2吨。

三、盐政管理

国家实行盐业专卖，禁止个人走私贩卖。盐务管理局重点打击来自榆林方向的私盐和假盐。1999年处理一般案件470起，简易案件83起；2005年处理一般案件37起，简易案件21起，2015年查处案件10起，没收盐0.36吨，罚款500元，私盐、假盐案件逐年减少。

2011年3月17日，日本大地震核泄漏事故引发的中国抢购食盐潮波及准旗。谣传海水核污染吃不上盐，食用加碘盐可预防核辐射，碘盐价格暴涨，300多人涌入盐业支公司抢购食盐。公安部门疏散群众，支公司紧急调运200吨食用盐投放市场，平抑了食盐价格，平息了抢购风潮。

第二节 烟 草

一、烟草机构

1991年，准格尔旗烟草专卖局（烟草公司），直属内蒙古自治区烟草专卖局（烟草公司），受旗人民政府属地管理，政企合一，专营卷烟，专卖管理。

1995年1月，分设薛家湾烟草专卖局（烟草公司），负责准格尔旗东部地区卷烟专营专卖；准格尔旗烟草专卖局（烟草公司）负责准格尔旗中西部卷烟专营专卖。2005 年 1 月，取消两机构独立法人资格，分别更名为准格尔旗烟草专卖局（卷烟营销部）、薛家湾矿区烟草分局（卷烟营销部）。2007 年 9 月，旗烟草专卖局（卷烟营销部）更名为鄂尔多斯市烟草专卖局准格尔经济开发区直属分局（卷烟营销部）；薛家湾矿区烟草分局（卷烟营销部）更名为准格尔旗烟草专卖局（卷烟营销部）。2009 年，旗烟草专卖局（卷烟营销部）被命名为鄂尔多斯市文明单位；2011 年，鄂尔多斯市烟草专卖局准格尔经济开发区直属分局（卷烟营销部）被命名为内蒙古自治区文明单位。

2015 年，准格尔旗烟草专卖局（卷烟营销部）负责十二连城乡、薛家湾镇、大路镇和迎泽、蓝天、兴隆、友谊 4 个街道专营专卖。鄂尔多斯市烟草专卖局准格尔经济开发区直属分局（卷烟营销部）负责布尔陶亥苏木、暖水乡、准格尔召镇、纳日松镇、沙圪堵镇、龙口镇专卖专营。

二、卷烟专营

1991 年，准格尔旗烟草公司销售卷烟 3275 箱，销售收入 654.2 万元，实现利润 49.1 万元。卷烟专营网络初建中，专卖管理体系尚未建立，受旗外走私外国烟和假冒国产烟冲击，卷烟专卖专营业务发展缓慢。

2000 年，准旗两专卖机构启动卷烟配送网络建设，统一由鄂尔多斯市烟草公司配送，准格尔旗烟草公司建沙圪堵镇配送中心，联网暖水、马栅 2 个卷烟批发部；薛家湾烟草公司建薛家湾镇配送中心，联网魏家峁、蓿亥图、杨四圪咀 3 个卷烟批发部。2002 年，两公司实现电脑联网管理，卷烟专营业务迅速发展。薛家湾烟草公司销售量 5355 箱，销售额 3020 万元，利润 105 万元；沙圪堵烟草公司销售量 3651.4 箱，销售额 1866 万元，利润 50.2 万元。

2005 年，两卷烟营销部实现电话订货、电子结算、物流配送。2006 年，全旗卷烟销售量 1.03 万箱，销售额 1.92 亿元，实现利润 3053 万元，其中，薛家湾卷烟营销部利润 1719 万元，沙圪堵卷烟营销部利润 1294 万元。2007 年，实现一库配送，打码到户，完成部分下市品牌置换，培育符合当地吸食口味和消费习惯的畅销品牌卷烟。2008 年，一条龙配送网络经营模式成型，统一货源、集中配送、控量供货、电话访销、电子结算，两营销部既培育高端品牌，又加强低档烟销售，促进卷烟专营业务长足发展。

2011 年，两卷烟营销部创建优秀县级营销部，全旗卷烟销售量达到顶峰 2.6 万箱，利润达到顶峰 1.61 亿元。其中，旗营销部销售量 1.49 万箱，实现利润 0.95 亿元；开发区营销部销售量 1.11 万箱，实现利润 0.66 亿元。2012 年，全旗卷烟销售额达到顶峰 7.29 亿元。其中，旗营销部销售额 4.26 万元；开发区营销部销售额 3.03 亿元。

2013 年，鄂尔多斯市民间借贷危机拖累准旗经济下行，流动人口锐减，消费水平下降，两营销部应对危机，以"保牌、稳价、促销、增效"为目标，保障主要经营指标平稳上升。2015 年，全旗卷烟销售量 2.1 万箱，销售额 6.27 亿元，实现利润 1.51 亿元。其中，旗营销部销售量 1.34 万箱，销售额 4.12 亿元，利润超 1 亿元；开发区营销部销售量 0.76 万箱，销售额 2.15 亿元，利润 0.51 亿元。

三、烟草管理

1991 年，准旗烟草专卖局发展卷烟零售户 715 户，其中个体 554 户，集体 85 户，国营 76 户。1992 年 1 月 1 日起实施《中华人民共和国烟草专卖法》，1997 年 7 月 3 日国务院发布《烟草专卖法实施条例》，卷烟专营实行许可证管理制度，核发《烟草专卖零售许可证》，查处无证非法经营。2005 年起，《烟草专卖零售许可证》由准旗两专卖局审核，鄂尔多斯市烟草专卖局核发。

准格尔旗烟草专卖局，2012 年摄

2013 年 7 月，两专卖局控制卷烟零售户总量，调整布局，发展现代卷烟零售终端，配备收银系统，全店铺管理、全烟品扫码，配备双屏机，内屏触摸操作，外屏展示给消费者，账目一目了然。全旗卷烟零售户达到最高峰 1523 户。其中，旗烟草专卖局 848 户，开发区烟草专卖分局 560 户。2014 年，开发区烟草专卖分局零售户达到顶峰 656 户。2015 年，全旗卷烟零售户下降到 1405 户，现代卷烟零售终端 146 户。其中，旗烟草专卖局零售户 920 户，现代零售终端 96 户，开发区烟草专卖分局零售户减少到 485 户，现代零售终端 50 户。

1991 年，旗烟草专卖局查处违法贩烟案 135 起，罚没款 8518 元。当时走私外国烟、假冒国产烟大行其道，烟草专卖管理重点打击“假、私、非”三种违法经营活动，其中主要包含假冒他人注册商标卷烟、走私进口外国卷烟、出口回流烟、其他非烟草专卖渠道卷烟等。查处卷烟走私贩私、制假售假、无证运输、无证经营等违法行为，取缔了卷烟自由批发市场，维护了烟草专卖专营渠道。

2001 年，两烟草专卖局力争创建无假烟、无走私烟、无非法购入卷烟的卷烟消费环境，积极取缔无证经营的商店、商户；2003 年，针对“南烟北进”新情况，围追堵截由明转暗的违法经营行为；2009 年，挂牌成立烟草治安警务室。2011 年，设立烟草举报电话“12313”，持续治理整顿卷烟体外循环，卷烟入网销售率、持证零售户入网率、网点平均送货率提升。

2010—2012 年，是查处烟草违法案件的高峰期。2010 年，旗烟草专卖局查处 10 万元以上大案，移交司法机关批捕 1 人；开发区烟草专卖局查处 2 万元以上案件 12 起，5 万元以上案件 1 起。2011 年，旗烟草专卖局查处 5 万元以上案件 4 起，批捕 2 人，1 人判有期徒刑 3 年；开发区烟草专卖分局查处违法案件多达 124 起，涉案金额高达 131.52 万元，其中 2 万元以上大案 8 起。2012 年，旗烟草专卖局查处违法案件多达 227 起，涉案金额高达 170.6 万元，其中 2 万元以上大案 5 起，移送司法机关 1 起；开发区烟草专卖局查处各类违法卷烟案件 76 起，其中 2 万元以上大要案 16 起，查获违法卷烟 171.2 万支，案值合计 125.05 万元。

2015 年，全旗查处烟草违法案件 50 起，涉案金额 58.81 万元。其中旗烟草专卖局查获违法案件 29 起，涉案金额 39.95 万元；开发区烟草专卖分局查处违法案件 21 起，涉案金额 18.86 万元。

第三节 成品油·天然气

一、经营网点

1991 年，准格尔旗石油支公司独家专营成品油，下辖 6 座加油站和纳林战备油库、杨四圪咀油库，直属内蒙古石油公司伊克昭盟分公司；1996 年 4 月，东部区网点划出，分设薛家湾石油经销处。

1998 年 6 月，支公司、经销处上划中国石油天然气集团（简称中石油），由三级法人变为一级法人，由中国石油内蒙古销售公司管理；1999 年 7 月，随中国石油上市，更名为准格尔旗经营部、薛家湾经销处；1999 年 9 月，经营部迁址薛家湾镇，经销处并入经营部；2000 年 9 月，资产上划重组，统一中石油行业标识，推广便利店业务；2003 年 9 月，西部区网点划出，分设沙圪堵零售片区；2012 年 6 月改称客户维系中心，2015 年 12 月改称经营部。至此，中国石油在准旗设两个经营部，逐步形成“资源统一配送，价格统一制定，财务统一核算，外观统一包装，服务统一规范”的零售模式，加油站管理系统与主管公司中心机联网，实现图像信息化管理。

1992 年 7 月，国家开放成品油市场，各路财神开始抢占准旗成品油市场，陆续在交通路口、城乡接合部创办加油站。准能公司、伊泰集团、满世集团等大企业自办加油站。1998 年 5 月成立的汇丰石油集团，发展到 2015 年有加油站 9 座，成为全旗规模最大的成品油民营商。

1998 年，中国石油行业改革，布局中国石油天然气集团在北方，中国石油化工集团（简称中石化）在南方。2001 年，中石化到本旗建加油站，成立薛家湾营业部，2006 年成立准格尔旗销售片区。

2015 年，全旗注册加油站 153 座，正常运营 128 座。中石油在准旗有加油站 33 座，员工 277 名，其中旗经营部加油站 16 座，沙圪堵经营部加油站 17 座；中石化在准旗有加油站 8 座；全旗有民营加油站 112 家。准旗成品油市场，中石油、中石化、民营商三足鼎立。

二、经营油品

1991 年，准格尔旗石油支公司独家经营成品油，实行统购统销，定量供应。执行平价、议价两种售价，平价油按国家计划供应，汽油平均价 1 元 / 升，议价油根据供求灵活售价，平均价 2 元 / 升。大宗品种有机动车汽油、农用柴油，少量照明用煤油、润滑油，油品质量执行国家第一阶段标准。

1992 年 7 月，国家放开成品油市场，价格并轨，随行就市，议价销售，汽油平均价迅速上涨到 3 元 / 升，集体、个人纷纷涌入成品油市场，薛家湾镇周边 15 千米范围内有 26 座加油站，呼和浩特市到薛家湾 130 千米公路沿线有 51 座加油站，就此形成多方竞争的局面。1994 年，国家开始整顿成品油市场，准旗石油支公司同有关部门联合行动，打击土炼油、劣质油。

跨入 21 世纪，国内自产油满足不了市场需求，开始进口国际原油，油价再次上涨，汽油平均价进入 4 元 / 升，汽柴油实行政府指导价，中石油、中石化上下浮动 5% 的零售价。2006 年 3 月，中国与国际市场油价接轨，建立油价调节机制。到“十一五”后期，汽油平均价一路上涨到“6 元时代”。2013 年 6 月起，国内汽柴油价格根据国际市场原油价格变化，每 10 个工作日调整一次。

2015 年，准格尔旗销售的成品油分汽油、柴油、润滑油 3 大类，汽油有 93 号、95 号、98 号，柴油有 0 号、-10 号、-20 号、-35 号，润滑油有汽油机油、柴油机油等，油品质量属国家第四阶段标准。受国际原油价格震荡下跌影响，汽柴油零售价在波动中回到“5 元时代”。

三、成品油销售

1991 年，准格尔旗石油支公司销售成品油 7555 吨，其中平价销售 2377 吨，实现利润 87.24 万元。1992 年，销售成品油 8620 吨，实现利税 129 万元，跻身全旗四大百万元利税大户企业行列。

1992 年 7 月，国家开放成品油市场，受系统外各类加油站冲击，支公司丧失垄断地位，业务量骤降。1993 年，销售成品油 3828 吨，实现利润 11.9 万元。1997 年利润跌入低谷 693.4 元，1998 年销售量跌入低谷 2167 吨。1999 年，业务量回升，销售成品油 1.8 万吨，实现利税 235 万元。

这一时期，薛家湾石油经销处也难以维持，1996 年销售成品油 9230 吨，实现利润 46.7 万元。1997 年销售成品油 1.28 万吨，实现利润 120 万元。1998 年销售成品油 6677 吨，亏损 66 万元。

跨入21世纪，准旗大规模开发煤炭资源，运煤车持续增加，地区经济发展，私家车持续增加。中国石油在准旗两家经营机构抓住机遇，加快发展，在激烈的竞争中捍卫了主渠道地位，迎来2011年高光时刻。

2011年，全旗成品油销售达到顶峰33.23万吨。其中，中石油22.6万吨，占68%；中石化4.65万吨，占14%；民营加油站5.98万吨，占18%。中石油准格尔旗经营部销售成品油高达13.98万吨，滨河、迎泽、杨四圪旦、大饭铺、高速路口5座加油站成为万吨级加油站；中石油沙圪堵客户维系中心销售成品油高达8.62万吨。

中国石油准格尔旗荣恒加油加气站，2022年摄

进入新时代，地区经济下行，成品油供大于求，业务量下滑。2015年，全旗成品油销售总量下滑到16.5万吨。其中，中石油7.76万吨，占47%；中石化2.53万吨，占15.3%；民营加油站6.21万吨，占37.6%。中石油旗经营部销售成品油5.63吨。同比下降41.2%；沙圪堵经营部销售成品油2.13万吨，同比下降24.2%。中石化销售成品油2.52万吨，同比下降53.47%。

四、天然气销售

2015年，全旗有3家石油液化气供应站。2008年10月成立的安信气站位于沙圪堵镇敖靠塔村，2009年3月成立的蓝天石油液化气销售公司位于友谊街道苏计沟村，2013年3月成立的大中液化气充装供应站位于沙圪堵镇不拉村。3家供气站发展居民用户8500户，商业用户480户，销售量1100多吨，销售收入938万元。

另有3家压缩天然气加气站。2008年6月成立准发天然气公司位于友谊街道苏计沟村，同年6月成立中意燃气公司位于兴隆街道周家湾社区，2012年3月成立远赫加油加气站位于沙圪堵镇区。3个加气站发展油改气机动车客户1600余户，销售量349万立方米，销售收入1400万元。

第四节　药　品

1991年，准格尔旗医药公司（医药管理局），政企合一。医药管理局与卫生局药政机构配合，共同管理医药市场。医药公司下辖杨四圪旦、马栅、羊市塔3家医药批发站，办有石籽湾鹿场，面向公办医疗机构、个体诊所批发药品，是全旗药品供应的主渠道。全年购进额400多万元，销售额近500万元，实现利税6万元，职工76名。

1992年6月，内蒙古自治区为全国试点医药商品专营，药品批发由国营药品批发企业专营，从事药品零售的国营、集体、个体统一到国营药品批发企业进货，禁止自行采购药品。医药管理局在药品零售行业实行面向顾客“质量、价格、服务”三项承诺服务，取缔无证经营，打击个体药贩，治理市场乱象。

1992 年 9 月，医药公司在薛家湾镇设准格尔药店；1994 年，杨四圪咀医药批发站与准格尔药店合并，建薛家湾医药批发站；1996 年，增设魏家峁、黄天棉图 2 家医药批发站。1996 年，增设马栅、羊市塔 2 家医药批发站。1997 年销售额 500 万元，1999 年销售额 700 万元，而同期全旗药品零售额在 2000 万元左右，准旗大块业务外流大型药品批发企业。

1999 年，医药公司实行转制民营，量化资产到人，大部分职工带资自谋职业，留守 10 多名职工组建股份制民营药品批发企业，于 2001 年 3 月在薛家湾镇注册成立宏大医药批发公司，注册资金 300 万元。2003 年 12 月，设沙圪堵医药批发站。2007 年，宏大医药公司营业额 680 万元，沙圪堵医药批发站营业额 300 万元。2013 年 4 月，沙圪堵医药批发站注销。2015 年，公司药品销售收入 2100 万元，从业人员 20 名。

进入“十五”后，准旗零售药店迅速发展。2002 年零售药店 29 家，2011 年零售药店发展到最高峰 230 家，2012 年零售药店新业态连锁药店落户准旗。恒瑞医药连锁公司，2012 年 3 月在迎泽街道注册成立，注册资金 1200 万元；2015 年从业人员 60 名，连锁药店 62 家。回春堂医药连锁公司，2014 年 6 月在迎泽街道注册成立，注册资金 300 万元；2015 年从业人员 16 名，连锁药店 46 家。

2015 年，全旗药品批发企业宏大医药公司；零售药店 197 家，其中恒瑞、回春堂两家医药连锁企业，加盟连锁药店 108 家。

伊克昭大药房薛家湾二分店，2017 年摄

第六章　住宿餐饮

第一节　住宿餐饮规模

住宿餐饮业行话“四六饭馆对半店”，从业者诚信勤劳足以养家糊口。1991 年，居民很少外出就餐和住宿，全旗住宿餐饮业 400 家左右，从业人员 700 名左右，营业额 175 万元。沙圪堵镇有旗人民政府宾馆，薛家湾镇有准煤公司招待所；私营个体多搭凉棚路边摊，也有租门店小店面。

国家 1995 年 5 月实行双休日，1999 年 9 月实行黄金周，让大众有时间消费；准旗 1996 年财政收入超亿元，居民可支配收入持续增长，大众有能力消费；进入“十五”后，准旗招商引资、参观考察活动频繁，企业老板成为高端消费主力，消费额度令人咋舌；“十一五”加快城镇化，发展旅游业，消费人群扩容，“80 后”“90 后”成为大众消费的主力，消费频次也令人咋舌；到“十二五”初，大众快餐人满为患，要排队等候，招待午宴要提前半日预定，婚庆喜宴提前半年预定。

中共十八大后，中央出台八项规定，公款消费叫停；2013 年国家提出餐饮节约，高端消费萎缩。准旗住宿餐饮业转型，2013 年 4 月引进国际快餐品牌“肯德基”，2014 年上线外卖平台“大叔外卖”“微智服务 e 外卖”，年轻人实现在家门口吃遍天下的愿望。

2015 年，全旗有住宿餐饮业 2887 家，零售额 29.08 亿元，从业人员近万名。大众成为住宿餐饮业的主流消费者，住宿有星级酒店、商务酒店、连锁旅店、旅游民宿，餐饮有外卖快递、大众快餐、酒店正餐，各种业态多元发展。

第二节　特色餐饮

2015 年 11 月 25 日，准格尔旗通过网络投票评选出系列特色餐饮品牌。特色餐饮店 14 家，生力饭店、晶晶宴会、草根兄弟、菜之锅草原羔羊、草原熙来顺、鸿鑫商务酒店、香满楼、易铜厚酒店、新一岁羊火锅、双喜酒家、天泽岛酒店、湖西餐饮、家乡厨艺、泰丰酒店；特色菜品 10 种，焖肉、豆腐丸子、山羯子蘸素糕、纳林炒猪黑肉、准格尔小炒、家炖黄河鲶鱼、黑猪肉砂锅子、马栅酥鸡、干崩纳日松羊肉、准格尔什锦火锅；特色小吃 10 种，驴肉碗托、炒酸粥、马栅麻花、沙圪堵刀扒荞面、山药丸子、手擀豆面、肉炒猪灌肠、荞面煎饼、糕圈粉汤、红腌菜拌汤。

一、纳林风味

“纳林风味”由纳林街任福喜老汉的老伴儿邓云女独创。这位目不识丁的家庭妇女，让儿子买回《中国菜谱》，让老汉念给她听，她学做炒菜，品尝味道好，就卖给食客。邓云女精选农家猪瘦肉烹饪的主打菜炒肉、焖肉，吸引南来北往的食客，口口相传成就“纳林风味”的美名。1997 年任老汉买下 300 多平方米地基，新建摆 10 张桌子的“任邓饭店”；2001 年注册“任邓饭店”商标开始连锁经营，2008 年将饭店交给子女经营，自己告老回家。长子经营 8 家加盟连锁店，长女创办多家“任秀丽饭店”，她的学徒也挂出十几家“纳林风味”招牌。

二、草原熙来顺

2002 年 10 月 8 日，呼和浩特市餐饮连锁企业“草原熙来顺”薛家湾镇一分店开业，特色传统火锅。2004 年 9 月香满楼店开业，以粤菜、东北菜、地方菜为特色，招牌菜炝炒手撕菜。2006 年 11 月二分店开业，特色麻辣香锅。2009 年 1 月玉泉锦足店开业，经营地方特色菜宴会。2009 年 4 月尚品豆捞店开业，特色牛制品高端火锅。2010 年 5 月三分店开业，特色传统火锅。2010 年塞上江南店开业，特色鲁菜、湘菜。“草原熙来顺”先后获评内蒙古美食名店、中国绿色餐饮企业。2015 年在旗人民政府驻地经营 8 家连锁店，员工 1000 余名，营业额上亿元。

三、晶晶宴会城

呼和浩特市“晶晶宴会城”是内蒙古十佳宴会连锁品牌。2014 年 9 月 18 日，位于迎泽街道南山社区的晶晶宴会城开业，占地面积 1.5 万平方米，建筑面积 8000 平方米，宴会厅 6 间，餐位 1800 座，客房 27 间，床位 60 余个，员工 132 名，年客流量 15 万人次，营业额 1800 万元。

晶晶宴会城薛家湾店，2020 年王晓明摄

四、大叔外卖

2014 年 1 月 1 日，准旗首家外卖平台“大叔外卖”上线。食客通过手机微信点餐，平台向距离最近配送员下单，半小时内送达，这种消费方式很快吸引了宅家青年。2015 年，平台有员工 25 名，其中配送员 20 名，配备摩托车 20 辆；果木烤鸭、德克士、香满楼、大叔美食、乡巴佬焖面等 70 多家餐饮店入驻平台；发展粉丝 4.5 万人，完成配送 15 万单，营业额 300 万元。

第三节　星级酒店

2015 年，全旗备案旅游住宿主体 146 家。其中，四星级旅游饭店 1 家、三星级 4 家、达到三星级标准 10 家；五星级乡村旅游接待户 2 家、四星级 1 家、三星级 2 家，市级农家乐示范户 6 户、旗级示范户 10 户、农家乐 110 户。

一、准格尔饭店

准格尔饭店位于兴隆街道中心社区，旗人民政府驻地迁移重点建设项目之一，集住宿、餐饮、会议、娱乐于一体，承担会议食宿，公务接待，2004 年 11 月开业。占地面积 2 万平方米，三层建筑面积 1.6 万平方米；客房 134 间，床位 260 个；会议室 3 间；宴会厅、包间餐位 1500 座。2008 年 6 月 13 日被评定为鄂尔多斯市旗区首家三星级旅游饭店。2015 年，员工 50 多名，营业额 500 多万元。

二、凯旋门酒店

凯旋门酒店位于迎泽街道曙光社区，2007 年开业，民间投资建设的住宿、餐饮、娱乐一体高端商务酒店，占地面积 2600 平方米，建筑面积 1.6 万平方米，两个宴会厅、12 个雅间，餐位 1000 座；

客房165间，床位300个。2009年12月23日评定为全旗首家四星级旅游饭店。2015年，员工120名，营业额1000多万元。

三、天泽岛酒店

天泽岛酒店位于迎泽街道曙光社区，2008年11月开业，民间投资按四星级标准建设的集餐饮、住宿、娱乐于一体高端商务酒店。占地面积1.11万平方米，建筑面积3.44万平方米，主楼16层，附楼8层。宴会厅5个、雅间18个，餐位1000座；客房197套，床位315个。2015年，员工150名，营业额1500多万元。

迎泽街道天泽岛酒店，2008年杨玉铭摄

四、鸿鑫酒店

鸿鑫酒店位于迎泽街道南山社区，2008年12月开业，民间投资建设的集住宿、餐饮、娱乐于一体的高端商务酒店。占地面积4000多平方米，建筑面积1.49万平方米；客房105间，床位160多个；宴会厅餐位350座，12个雅间，最大雅间餐位30座。2009年5月评定为三星级旅游饭店。2015年，员工120名，营业额400万元。

五、生力酒店

生力酒店位于迎泽街道曙光社区，2010年9月开业，是生力集团按五星级标准建设的集会议、餐饮、住宿、娱乐于一体的高端酒店。占地面积4844平方米，建筑面积3.9万平方米，主楼24层，附楼8层。宴会厅6个，餐位1500座；客房165间，床位256个。地下设游泳馆、健身房等康乐设施。2015年，员工200余名，营业额2000多万元。

六、萨瓦纳酒店

萨瓦纳酒店位于大路新区，是伊泰集团建设的超五星级酒店，2012年6月试营业。占地面积199.8万平方米，建筑面积3.7万平方米。中餐厅12个雅间餐位600多座，宴会厅餐位240座，西餐厅自助餐位200座。总统套房、豪华套房、标准间共118间，会议室8000平方米，配套KTV歌厅、棋牌室、游泳馆、沙地公园、高尔夫球场娱乐健身设施。2015年，员工213名，营业收入619.75万元。

大路新区伊泰集团萨瓦纳酒店，2012年摄

另外还有，旗人民政府公务接待酒店，三星级旅游饭店南山宾苑。开发区有伊东酒店、蒙南酒店、易铜厚酒店、双满酒店等。

第七章　对外及对港贸易

准格尔旗对外及对港贸易依靠外贸机构出口多，自营出口少，进口交易多，出口交易少，尚未形成大宗商品走出去的规模效益。2015 年，全旗完成外贸进出口总额 2.36 亿美元。其中，进口交易额 2.35 亿美元，出口交易额 131.7 万美元。

第一节　利用外资及港资

准格尔旗 1997 年首次引进外资 191.25 万美元，1998 年引进外资 100.2 万美元，1999 年引进外资 80.8 万美元，2000 年引进外资 301 万美元，2001 年引进外资 482 万美元，2002 年引进中国港资 2600 万港币，2005 年引进外资 3632 万美元，2006 年引进外资 9971 万美元。2011 年与芬兰科研中心、法国道达尔公司、比利时矽比科公司、中国香港天大集团达成合作协议。这些协议真正落地的少。

1994 年 5 月，呼斯太河流域被列入黄土高原水土保持世界银行贷款项目一期工程，到 2001 年，累计利用世行贷款折合人民币 5553 万元。1999 年 12 月，大沟流域列入世界银行贷款项目二期工程，到 2005 年，累计利用世行贷款折合人民币 3427.9 万元。2005 年，库布齐沙区被列入日元贷款风沙治理项目，利用日本年息 0.75% 贷款治沙造林，到 2007 年，累计利用日元贷款折合人民币 0.63 亿元。

2000 年 12 月建成通车准东铁路一期工程，伊泰集团投资 8 亿元建设，其中利用科威特政府贷款 3000 万美元。

2005 年 11 月，大路煤化工基地发展公司成立，中外合资注册人民币 2 亿元，准格尔旗国资公司、浙江包杭集团、印度尼西亚三林集团三方股权 5∶30∶65，到 2007 年，三林集团、包杭集团投入煤化工基地基础设施建设资金 1.3 亿元。2007 年底，三林集团、包杭集团撤资。

2005 年 6 月，三维资源集团和香港 JB（中国）公司共同投资，成立三维煤化科技公司，注册资本 4 亿元。2007 年 10 月，香港 JB（中国）公司 50% 的股权、三维资源集团 20.1% 的股权转让给香港中华煤气集团，香港中华煤气持股 70.1%，三维资源集团持股 29.9%，企业更名为易高煤化科技公司。

易高煤化科技公司，引进香港投资合建，2022 年摄

第二节 进 口

准格尔旗进口商品分工业消费品和生产设备两类。进口机动车、家用电器，由国家宏观指导，市场调节供应；进口煤矿开采机械、化工特种装备，由行业审核批准，企业招标选购。

1996年9月，黑岱沟露天煤矿投入试生产，2008年11月，哈尔乌素露天煤矿投入试生产，准能公司招投标选购国际先进的采掘、运输设备，产品来自美国、德国、日本、瑞典、英国等国。2007年11月12日首次下黑岱沟露天煤矿作业的世界首台交流变频速无齿轮传动巨型吊斗铲，美国比塞洛斯公司特制。

2007年11月12日准能公司引进美国产吊斗铲

2010年10月投产的久泰能源100万吨甲醇项目，核心装置引进瑞士合成精馏装置；2012年10月投产的东华能源60万吨甲醇项目，引进丹麦合成、硫回收设备；2014年6月投入试生产的开发区大汗窑陶瓷项目，引进德国自动化干粉造粒生产线、全自动注浆生产线。

2015年，全旗完成工业品、生产设备进口交易额2.35亿美元。

第三节 出 口

“八五”期间，准格尔旗主要出口仿古地毯、畜产品、精煤，转手贸易出口，年均出口产品交易额5000万元左右；“十二五”期间主要出口煤化工、高岭土材料、日用陶瓷，企业自营出口；2015年出口商品交易额131.7万美元。

榆树湾硫磺厂、房塔沟硫磺厂生产的硫磺，曾是伊克昭盟传统出口产品，销往苏联、朝鲜等社会主义阵营国家，进入“八五”期间后，因矿源枯竭转产。准格尔旗畜产公司收购绒毛皮张，经伊克昭盟外贸公司出口，“七五”后期绒毛大战积压掺杂使假绒毛，经营从此陷入困境，1997年破产。

纳林地毯厂主打“飞马牌”仿古地毯，1991年8月获外经贸部优质产品奖，1992年与美国中东公司签订出口地毯协议。民族地毯厂主打产品“纳日松”仿古地毯，1993年12月，应日本客商函邀，巡回日本列岛展示地毯编织技艺，获得1.2万平方米订单。1996年，两厂合并组建纳林民族地毯公司，年出口地毯1.5万平方米，创汇100多万美元；1997年6月，与美国中东公司签订5万平方米地毯购货合同，货值300多万元。

1998年6月，纳林民族地毯公司分家。纳林地毯公司2000年取得产品自营出口权，出口仿古地毯1.5万平方米，创汇100多万美元；2004年10月获土耳其经销商3万平方米订单。民族地毯厂2003年重组为久荣毯业公司，2006年出口地毯2万平方米，2007年出口地毯9万平方米。“十一五”后期，鄂尔多斯民间借贷危机爆发，准旗出口地毯风光不再。

“十五”期间，薛家湾友谊工业园区是准旗出口高岭土材料重要产地。蒙盛新材料公司煅烧高岭土出口东亚、欧美。亚矿资源公司的硅锰合金作为重工业辅助剂出口韩国、日本。三禾煅烧高岭土公司，2002年取得自营进出口权，2006年高纯新型非金属材料莫来石投入生产，产品成分和性能可与英国同类产品媲美，迅速打入欧洲及东南亚市场。

“十二五”期间，出口高岭土新材料产地转移到准格尔经济开发区陶瓷工业园区。永丰源瓷业公司生产的日用陶瓷，出口中东及欧美。天之骄高岭土公司，2012年7月首次出口日本涂料级高岭土30吨后，相继出口韩国、土耳其、巴西、印度尼西亚等国，2015年，出口高岭土、催化剂1000余吨，创汇30余万美元。伊东集团九鼎化工公司，2014年3月取得产品自营进出口权，多孔硝铵出口蒙古国、马来西亚。

高岭土产品出口企业天之骄高岭土公司，2009年摄

准格尔旗东部准格尔矿区生产优质化工煤，2000年12月，准煤公司与摩纳哥一家公司签订1.25万吨煤炭出口合同。西南部犊牛川矿区生产高发热量精煤，运到秦皇岛码头出口海外，2006年12月，伊泰集团犊牛川矿区生产的出口洗精煤，被认定为国家免检产品。大路煤化工基地新型煤化产品是清洁的绿色能源，2013年10月，久泰能源公司与蒙古国商客签订出口供货协议，首批110吨二甲醚发往乌兰巴托。

准格尔旗优质农产品偶有出口，订单不多。2007年，兴农绿色产业协会“十里长香”小杂粮120吨荞麦出口日本。2008年，十二连城乡“树农”牌西瓜远销二连浩特，出口蒙古国1000吨。

2015年，全旗有7家企业获自营出口权，久荣毯业公司、天之骄高岭土公司、三禾煅烧高岭土公司、荣盛新材料公司、亚矿资源公司、伊东集团九鼎化工公司、永丰源瓷业公司。

第十三篇

财政·税务

准格尔旗经济发展创造出雄厚财政实力，财政部门精打细算管理出高效财政活力。1991 年全旗财政收入 2614.2 万元,财政支出 4413.5 万元,差额部分靠上级补贴。1995 年财政收入 7428 万元，财政支出 7371 万元，基本实现财政自给。1996 年财政收入首次突破亿元大关，成为内蒙古自治区首个亿元财力旗县。1999 年财政收入突破 2 亿元，首次上划中央 6436 万元，开始为上级财政做贡献。从 21 世纪初搞建设到新时代保民生,财政部门为经济社会提供有力资金保障,2012 年财政收入高达 242.93 亿元。2015 年财政收入下跌为 157.4 亿元，财政支出 92.72 亿元。

准格尔旗财政局，2021 年 1 月摄

1991年，准格尔旗税务局征收各项税费2100万元，当时靠人征税，上门催缴，税务征管成本高。1994年9月实行分税制改革后，国家税务机构与地方税务机构实行以票管税，有效堵塞税费跑冒滴漏；“十五”期间电算化系统取代人工计税，提高精细化管税水平；“十一五”后普及大数据应用，国地两税实现信息管税，保障税收均衡入库。2015年，全旗有5家税务机构，其中有2家国税机构、3家地税机构；全旗征收各项税费134亿元，其中国家税务征收61亿元，地方税务征收73亿元。

准格尔旗地方税务局，2000年5月摄

第一章　财　政

第一节　财政机构

一、行政机构

准格尔旗财政局是旗人民政府主管财政工作部门。1991 年内设综合、企财、预算、农财、会计、财政监督等业务机构。2015 年内设预算、国库、行政政法、社会保障、涉外、综合经济建设、教科文、工业交通、农牧业、会计、监督检查、税政、信息中心等业务机构。25 年财政业务呈现精细化发展趋势，业务机构越分越细。

二、事业单位

1992 年 9 月，财政局成立国有资产管理局；2002 年 7 月，改称国有资产管理委员会办公室。1996 年 8 月，设立预算外资金管理局；2008 年 4 月，改称非税收入管理局。2000 年 3 月，成立政府采购中心；2004 年 6 月，改称政府采购管理办公室。2002 年 11 月，成立工资发放中心。2004 年 4 月，成立农业综合开发办公室。2004 年 4 月，成立建设工程造价审定中心。2013 年 10 月，成立农村牧区综合改革领导小组办公室。2015 年，准格尔旗财政局下设 7 个二级事业单位。

三、基层财政所

1991 年，准格尔旗有 28 个乡镇财政所，乡干部戏称所长为“财粮”；2005 年乡镇机构改革，财政所挂靠党政综合办公室，2015 年全旗苏木、乡、镇、街道设 13 个财政所。

第二节　财政收入

准格尔报

ZHUN GE ER BAO

中共准格尔旗委员会机关报

准印证号：0232

第1期（总第26期）

1997 年 1 月 1 日

捷报

新年到来之际，我旗传出喜讯：全旗财政总收入首次突破亿元大关，达到了10118万元，较上年增加2690万元，增长36.2%。这是准旗财政史上开创的新的历史纪录。“九五”伊始，我旗财政首创开门红，这不仅为振兴全旗经济做出了贡献，同时也为我旗实现五个翻番目标、走进自治区先进行列迈出了可喜的一步。这是自治区党委、政府，伊盟盟委、行署正确领导的结果，是上级财税及有关部门大力支持的结果，是我旗各级党政组织带领全旗25万各族人民开拓进取、艰苦创业的结果。

一年来，我旗积极推进“两个转变”，围绕实现“两个提高”的奋斗目标，以“团结拼搏、求真务实、抢抓机遇、创业争先”的准格尔精神为动力，大力发展经济，加速资源转换，积极构筑财源体系，全旗经济社会各项事业蓬勃发展，财政经济出现了前所未有的良好运行态势，在经济发展的基础上，各级财税部门及全体财税干部，同心协力，顽强拼搏，大力加强税收征管，积极组织财政收入，确保了各项收入的及时足额入库，掀开了创纪录的历史扉页。

1996年即将过去，新的一年已经来临。展望未来，任重道远。我们一定要继续加大“两个转变”、“两个提高”统揽经济工作全局的力度，团结奋进，再接再厉，推动“两个提高”再上新台阶

中共准格尔旗委员会

准格尔旗人民政府

一九九六年十二月三十日

1991 年，准格尔旗财政收入 2614.2 万元，财政支出 4413.5 万元，财政自给率 59.23%，差额部分靠上级财政补贴。收入构成排前三位的是，工商税收入 1892.8 万元，耕地占用税收入 431.7 万元，农牧业及特产税收入 109 万元；70% 的收入来自全面开工的国家重点建设工程准格尔矿区。在国家重点工程带动下，地方财政收入高速增长。1995 年，财政收入 7428 万元，财政支出 7371 万元，基本实现财政自给。

1996 年，全旗财政收入突破亿元大关，达到 10118 万元，同比增长 36%，成为内蒙古自治区首个亿元财力旗县，旗委、旗政府发布捷报庆贺。“九五”前三年平均每年以 3000 多万元基数增长。1999 年财政收入 21427 万元，剔除准煤公司政策性退税 1423 万元后，财政收入净入库突破 2 亿元，首次上划中央财政收入 6436 万元，开始为上级财政做贡献。2000 年财政收入突破 3 亿元，上划中央财政收入 1.26 亿元。

“十五”期间，全旗财政收入进入高速增长期。2001 年财政收入同比

增长 20%；上划中央收入同比增长 23%，本级收入同比增长 18%。2004 年财政收入突破 10 亿元，达到 125180 万元，同比增长 80%；上划中央收入同比增长 80%，本级收入同比增长 82%。2005 年增速达到最高峰，财政收入同比增长 133%，上划中央收入同比增长 165%。本级收入同比增长 103%。

2006 年起，全旗财政收入增速放缓，在高基数稳健运行。2009 年突破 100 亿元大关，2010 年达到 146.5 亿元，其中来自煤炭行业税费收入 118.27 亿元，占比高达 80.73%。2011 年突破 200 亿元，2012 年达到 242.93 亿元，同比增长 10.4%，为 1991—2015 年的峰值。这一年，国税部门完成 140.7 亿元，地税部门完成 94.6 亿元，财政部门完成 7.7 亿元。总收入中，上划中央 128.63 亿元，增长 4%；上划省级 22.98 亿元，增长 23%；上划市级 23.95 亿元，增长 7%；本级收入 67.4 亿元，增长 21%。

2013 年受国内煤价下跌和鄂尔多斯金融危机拖累，全旗财政收入下跌为 226.07 亿元，同比下降 6.94%；上划中央、省级、市级收入均下降，只有本级收入增长 9.6%。2014 年财政收入下跌为 167.04 亿元，降幅高达 26.1%，本级收入只增长了 3.9%。2015 年财政收入下跌为 157.4 亿元，降幅收窄为 5.8%；上划中央收入下降 24.9%，上划省级收入增长 36.1%，上划市级收入下降 11.3%，本级收入 79 亿元，增长 3%。

第三节　财政支出

“八五”时期，准格尔旗财政支出大于本级收入，靠上级补贴过紧日子。必须保证年度略有结余，备不时之用；个别月份财力紧张，工资暂按月记账，财力允许时一次性补发。1991 年财政支出 4413.5 万元，结余 72.7 万元；1994 年分税制改革，除保证人员工资和机关运转外，无其他可用财力；1995 年财政支出 7371 万元，地税收入缺口影响到机关运转，财政没有结余。

“九五”期间，全旗维持“吃饭”财政局面，依靠自身可用财力，实现收支平衡，保证略有结余。实施政府驻地迁移，1998 年支出猛增到 11.59 亿元，超预算 1 个百分点，造成寅吃卯粮；1999 年新增政策性调资因素，财政支出 1.57 亿元，略大于预算，保证了人员工资发放和机关工作运转。

“十五”期间，全旗财力实现既保吃饭，又保建设，新增建设支出集中在准格尔经济开发区和筹建大路新区，2005 年财政支出 12.78 亿元。“十一五”期间，财力允许实施普惠性民生保障政策，在内蒙古自治区率先实施新型农村合作医疗、农村基本养老保险，在全国率先实现义务教育免费教育，上级发布的民生保障政策，旗财政同步兑现。2008 年 8 月 1 日，开通国库集中支付系统，财政资金直接拨付到用款单位；同年 11 月 5 日，开通惠农补贴资金“一卡通”支付系统，首笔 21 户 28 人 15500 元的长寿补贴通过“一卡通”发放到位。2008 年、2009 年财力预期良好，支出分别完成预算的 126%、136%，再次寅吃卯粮。2012 年，基础设施建设，社会事业投入，民生保障提标扩面，3 大块支出为主的财政支出完成 69.4 亿元。

2009 年发放“一卡通”金牛卡

2013 年起出现经济下行，收支矛盾加剧，大幅压缩一般性公共支出，全力保障民生政策性支出，到 2015 年的 3 年间，每年压缩公务旅差、公务购置、公务招待支出 20% 左右，战胜财政总收入持续减少的困难，实现了预算支出有增无减，经济社会平稳运行。2015 年，全旗财政支出 92.72 亿元，增长 6.0%；排前 4 位支出项目是，资源勘探电力信息支出 15.23 亿元，教育支出 8.47 亿元，农林水务支出 7.89 亿元，社会保障和就业支出 7.03 亿元。

1991—2015 年准格尔旗财政收支统计表

表 13-1 单位：万元

年 份	财政收入	划中央	划省级	划市级	本级收入	预算收入	财政支出
1991	2614	—	—	—	2614		4414
1992	3664	—	—	—	3664		5446
1993	5775	—	—	—	5775		7043
1994	6754	—	—	—	6754		7517
1995	7428	—	—	—	7428		7371
1996	10118	—	—	—	10118		10165
1997	13859	—	—	—	13859		14795
1998	17018	—	—	—	17018		115923
1999	13658	6436	—	—	13568		15643
2000	30060	12585	—	—	17475		21606
2001	36059	15437	—	—	20622	20341	33495
2002	48880	23978	—	—	24902	23170	37280
2003	70338	33555	—	—	36783	34817	50656
2004	125180	60681	—	—	64499	63791	86537
2005	288088	157993	—	—	130105	128907	127833
2006	433298	231642	—	—	201656	196399	158269
2007	600088	307820	—	—	246940	230183	249933
2008	739238	397765	55981	76338	209154	285492	279552
2009	1000100	532604	79380	103540	284576	388116	354269
2010	1465000	784296	122242	152803	406000	558462	449013
2011	2200600	1232547	186522	223825	782000	781531	578281
2012	2429299	1286277	229753	239462	674000	673807	694543
2013	2260676	110.9532	200577	211988	739000	738579	726677
2014	1670384	622485	142656	138134	767100	767109	874444
2015	1573958	467260	194116	122577	790000	790005	927213

第四节　工业园区财政

一、准格尔经济开发区财政

2000 年，开发区运作之初，由准格尔旗财政局预算拨款，开发区财政局支付报账；2003 年 3 月，开发区财政开始独立运行，设立金库，制定收支预算；2004 年起，向准格尔旗人大常委会报告年度财政预算和预算执行情况。

开发区财政收入，来自驻开发区国税、地税部门和开发区财政局政策性收入。2004 年完成财政收入 8018 万元；2005 年突破亿元，达到 1.1 亿元；2013 年完成 89270 万元，达到最高峰；2014 年完成财政收入 85073 万元，减少 5%；2015 年完成 59883 万元，减少 29.6%。

开发区财政收入上划中央、自治区、市三级后，留开发区本级入库，加上旗财政专项补助，为开发区可用财力，根据可用财力安排支出预算。2004 年支出 4912 万元，2013 年支出达到峰值 2.93 万元，2014 年下降到 2.2 亿元，2015 年回升到 2.31 亿元。支出主要项目有开发区基础设施建设、管委会人员工资和机关运行，2014 年起压缩机关运行费用，保安全、环境和民生，保基础设施建设重点项目。

2004—2015 年准格尔经济开发区财政收支统计表

表 13-2　　　　单位：万元

年　份	总收入	国税收	地税收	财政收	划中央	划省级	划市级	留本级	总支出
2004	8010	5839	1914	257	4389	—	—	3621	4912
2005	11022	7733	3004	285	6140	—	—	4882	6516
2006	14638	8101	5534	1003	7943	1021	—	5674	7978
2007	30525	12847	15343	2335	15076	2436	—	13013	15659
2008	39266	21482	15875	1909	20155	3137	—	15974	12720
2009	42783	17834	23204	1745	20451	3851	5024	13457	15370
2010	62475	26209	33355	2911	27007	6575		28893	23034
2011	76549	35763	40747	39	35183	8740	7884	24742	24742
2012	83827	41827	41749	251	40687	7272	11060	24808	27111
2013	89567	45212	43840	515	41391	7391	11194	29591	29321
2014	85073	37353	41578	6142	31267	5127	7878	40801	21963
2015	59883	34194	24663	1026	27448	3890	5447	23098	23098

二、大路煤化工基地财政

大路新区第一笔收入是 2004 年 8 月旗财政局拨付 10 万元大路新区筹建费。2006 年 11 月成立财政局，管理旗财政预算拨款收支。2013 年 6 月起单独设立金库，财政独立运营，年度财政预算及预算执行情况报请准格尔旗人大常委会批复，财政收入开始为上级财政做贡献；财政支出主要有基础设施建设投资、节能环保支出、安全监管支出、行政运行费用等。

大路煤化工基地财政收入增长迅猛。2005 年只有 644 万元，2007 年突破千万元大关；2008 年随首批工业项目建成投产，财政收入突破亿元大关，达到 1.48 亿元；2013 年完成财政收入 7.4 亿元，其中本级财政收入 2.6 亿元；2014 年完成财政收入 6.8 亿元，其中本级财政收入 2.4 亿元；2015 年完成财政收入 3.96 亿元，其中本级财政收入 1.74 亿元；纳税超千万元企业 5 家，超亿元企业两家，内蒙古伊泰煤制油公司纳税 1.35 亿元，久泰能源公司纳税 1.66 亿元。

大路煤化工基地财政支出随着落地企业的增加和招商引资的力度加大，配套基础设施建设投资随之增加。2005 年支出 561 万元，2015 年支出 2.26 亿元，包括旗财政拨款支出，本级财政支出 1.7 亿元。财政局按计划化解开发建设形成的债务，截至 2015 年，基地管委会总资产 8.70 亿元，总负债 3.22 亿元。

2013—2015 大路煤化工基地财政收支统计表

表 13-3　　单位：万元

年　份	总收入	国税收	地税收	财政收	划中央	划省级	划市级	本级收	总支出
2013	74088	41795	32267	26	32920	5765	9341	26062	39392
2014	116434	39807	76402	225	31656	5059	7965	71754	108526
2015	204929	18202	186349	378	15566	2548	3990	182825	187951

第五节　乡级财政

1991 年，准格尔旗乡级财政实行“核定基数，收支包干，超收分成，超支自负”的运行体制。1992 年，28 个乡镇财政收入 654.92 万元，占全旗财政收入的 17.87%；总支出 1233.52 万元，占全旗财政支出的 27.95%，总体支大于收。乡级财政贫富不均，哈岱高勒乡、准格尔召乡、窑沟乡、薛家湾镇实现财政自给，超收上缴旗财政；其他乡镇靠旗财政补助，维持收支平衡。

1995 年 2 月 16 日，旗人民政府出台《乡镇财政体制改革实施方案》（准政发〔1995〕18 号），划分收支范围，核定收支基数，定额上缴或补贴，超收全留，短收不补，让乡级财政“分灶吃饭”。1996 年设立 5 个乡镇中心国库，承办 8 个乡镇国库业务；哈岱高勒乡财政收入突破百万元大关，达到 446.2 万元，成为鄂尔多斯高原第一乡。1997 年设立 7 个乡镇中心国库，全旗 12 个乡镇中心国库办理 28 个乡镇国库业务，形成乡镇一级实体财政。“分灶吃饭”激励乡镇稳定农牧业基础财源，发展乡镇企业主体财源，到“九五”末，三分之一乡镇能做贡献，三分之一乡镇收支持平。

2006 年 1 月 21 日，旗人民政府印发《准格尔旗乡财旗管实施方案》（准政发〔2006〕6 号），以苏木乡镇为独立核算主体，实行“预算共编、账户统设、集中收付、采购统办、票据统管、会计委派”的管理方式。乡财旗收，乡钱旗发，乡级财政只管支出，向旗财政报账，乡镇“财粮”再也不用异地违规套税，解决职工干部的工资问题。

2015 年，准格尔旗 1 苏木 2 乡 6 镇 4 街道共 13 个乡级财政支出 65368 万元，占全旗财政总支出的 7.05%。

1991 年和 2000 年准格尔旗乡级财政收支统计表

表 13-4　　单位：万元

乡镇名称	1991 年			2000 年		
	财政收	上级补	财政支	财政收	上级补	财政支
马栅乡（镇）	20.91	30.33	52.64	116.00	179.80	295.80
魏家峁乡	11.04	14.43	25.47	70.70	174.20	244.90
哈岱高勒乡	120.11	-53.07	65.64	334.80	-143.70	191.10
长滩乡	12.97	12.46	26.15	61.40	97.60	159.00
海子塔乡	15.67	9.18	24.85	53.80	68.80	122.60
巴润哈岱乡	10.24	15.52	25.90	81.30	38.10	119.40
窑沟乡	41.80	-6.46	22.28	138.50	-0.60	137.90
准混兑乡(镇)	27.42	6.94	34.77	100.70	138.80	239.50
大路乡	10.41	59.34	73.38	85.70	79.40	165.10
十二连城乡	9.58	21.42	32.67	75.40	40.80	116.20
蓿亥图乡	17.32	40.28	57.83	48.20	82.20	130.40
布尔陶亥乡	16.76	25.31	43.28	36.20	87.90	124.10
纳林乡	21.38	19.13	40.54	57.80	86.80	144.60
德胜西乡	10.84	12.45	24.37	16.50	101.10	117.60
暖水乡	12.34	19.40	33.51	57.30	98.50	155.80
四道柳乡	7.25	13.11	20.41	63.40	50.40	113.80
乌兰哈达乡	18.71	-0.61	19.13	—	—	—
神山镇	—	—	—	92.50	21.20	113.70
准格尔召乡	36.47	-8.07	31.52	149.20	-15.70	133.50
大路峁乡	7.11	15.16	23.88	48.00	87.80	135.80
布尔敦高勒乡	7.96	18.27	26.94	43.70	63.20	106.90
西营子乡	7.24	10.78	18.61	51.50	58.30	109.80
敖斯润陶亥乡	7.82	16.88	25.18	30.00	57.20	87.20
羊市塔乡	13.52	6.65	19.34	156.40	50.60	207.00
乌日图高勒乡	10.71	9.40	20.11	355.20	61.50	416.70
沙圪堵乡	35.23	40.67	71.21	76.70	121.00	197.70
薛家湾镇	27.20	-3.25	23.94	333.40	200.30	533.70
榆树湾镇				—	—	—
沙圪堵镇	30.74	18.99	41.10	—	—	—

2001 年和 2004 年准格尔旗乡级财政收支统计表

表 13-5　单位：万元

乡镇名称	2001 年			2004 年		
	财政收	上级补	财政支	财政收	上级补	财政支
马栅镇	140.80	311.00	451.80	409.20	77.50	486.70
魏家峁镇	160.40	356.50	516.90	393.80	154.40	548.20
哈岱高勒乡	385.10	-82.40	302.70	2306.40	-1315.50	990.90
长滩乡	54.00	142.20	196.20	128.90	175.60	304.50
海子塔镇	138.40	220.50	358.90	488.70	461.90	950.60
窑沟乡	110.90	114.20	225.10	374.80	41.30	416.10
东孔兑镇	112.90	153.10	266.00	550.70	208.80	759.50
大路乡	68.70	146.10	214.80	76.10	211.80	287.90
十二连城乡	117.30	100.00	217.30	231.50	229.20	460.70
蓿亥图乡				245.90	193.50	439.40
布尔陶亥乡	39.50	133.20	172.70	329.70	249.40	579.10
纳林镇	48.80	216.80	265.60	218.30	589.50	807.80
暖水镇	115.90	251.50	367.40	315.40	623.50	938.90
准格尔召乡	169.30	64.50	233.80	358.60	159.50	518.10
神山镇	217.00	188.20	405.20	609.70	-179.00	430.70
西营子镇	95.20	240.70	335.90	641.10	206.80	847.90
羊市塔镇	199.30	41.80	241.10	982.50	-440.20	542.30
川掌镇	341.40	249.30	590.70	2175.00	-1363.60	811.40
薛家湾镇	488.60	180.80	669.40	1367.90	-323.40	1044.50
沙圪堵镇	135.90	543.60	679.50		1055.90	1055.90

2015 年准格尔旗乡级财政支出统计表

表 13-6　单位：万元

乡镇名称	总支出	公共类	文化类	社保类	卫生类	社区类	农业类	保障房
布尔陶亥苏木	5835	1115	110	291	48	2235	640	1396
暖水乡	2594	1157	15	431	17	506	310	158
十二连城乡	9467	1402	116	637	32	2277	1713	3290
准格尔召镇	3244	1288	15	293	76	1020	290	262
龙口镇	5325	1690	—	1105	76	978	395	1081
纳日松镇	4396	1450	50	611	46	654	763	822

续表 13-6

乡镇名称	总支出	公共类	文化类	社保类	卫生类	社区类	农业类	保障房
大路镇	5545	1451	—	539	70	1400	1009	1076
沙圪堵镇	10483	2570	677	1097	197	1918	675	3349
薛家湾镇	10934	2711	590	1194	119	1357	544	4419
迎泽街道	1385	815	20	23	71	243	128	85
蓝天街道	2435	878	45	20	70	1208	83	131
友谊街道	1920	1288	—	110	50	269	95	108
兴隆街道	1805	956	—	76	63	520	116	74

第六节　非税收入

预算外资金是机关事业单位动用公权力和影响力取得的收入，逃脱财政部门管理就成为灰色收入。1991 年，准格尔旗预算外资金被挤占挪用，专项资金不能及时到位，财政入库预算外收入仅 137 万元。

1996 年 8 月，财政局设立预算外资金管理局，对行政事业性收费和罚没收入实行收支两条线管理，实现预算内外资金统管并用，当年预算外收入突破千万元，达到 1230 万元。2001 年实行预算外收入专户储存，收费罚款票据交旧领新，防止预算外收入流失，2006 年专户存储行政事业单位 27 户，专储率 93.1%，预算外收入突破亿元，达到 19857 万元。

2008 年，预算外资金管理局改称非税收入管理局，将预算内外非税收入统一纳入管理范围，实行“收支两条线”管理。当年完成预算外非税收入 2.04 亿元，预算内非税收入 4.9 亿元。2010 年非税收入突破 10 亿元，达到 17.77 亿元，其中纳入国库收入 13 亿元，纳入财政专户收入 4.77 亿元。

2011 年起，取消和停止征收 208 项行政事业性收费，允许收费项目源头控收、以票管收。2014 年非税收入高达 33.3 亿元。2015 年，取消涉及企业收费 4 项，免征小微企业 5 项费用；非营利性养老和医疗机构免征 4 项收费，营利性养老和医疗机构减半收取。全年完成非税收入 30.3 亿元。

第七节　政府采购

“八五”至“九五”期间，市场价格逐步放开，同一种货物出现不同价格。行政事业单位资产实行自主采购，集中报账，存在低采高报漏洞。1992 年，准格尔旗成为内蒙古自治区控购改革试点，财政局实行控购审批，管理行政事业单位采购行为，避免了非生产性盲目采购。

2001 年 1 月，准格尔旗在旗直部门试行政府采购制度，制定采购目录，要求按目录采购，当年按目录采购率 88.9%。2002—2005 年，组织采购 275 次，采购支出超 1 亿元，节约资金 1059 万元。2006 年，规范政府集中采购流程，公开采购需求，让供货商公平竞争，全年组织政府采购 212 次，服务、货物、工程 3 类采购支出 9858.8 万元，节约资金 864.1 万元。2007—2010 年，组织采购 895 次，支出 9.58 亿元，节约资金 1.07 亿元。

2011年起实行“采管分离”，建立供应商信用体系，专家评定考核制度，服务、货物、工程3类采购306次，支付28293万元，节约资金3056万元。2012年起，政府采购资金实行国库集中支付，2013年支付10840.2万元，国库集中支付率99%。2014年，政府采购信息平台投运，采购活动全程接受社会监督，2014—2015年，政府集中采购支付2.1亿元，节约资金2770万元。

第八节 国有资产

一、国有资本运营

1998年1月，准格尔旗实行国有资产管理与运营分离，国有资产的资本运营与国营企业的生产经营分离，注册资本3612.6万元成立国有资产经营公司（简称国资公司），其中货币资金529.8万元，实物资产3027.7万元，无形资产55.05万元。2003年12月更名为国有资产投资有限公司。2015年，公司旗下全资子公司10家、控股公司3家、参股公司6家；资产总值63.63亿元，负债总额45.11亿元，经营收入2453.50万元，纳税177.74万元，亏损4198.22万元。

国资公司全资子公司。2004年4月出资3000万元成立的城市基础设施建设投资有限公司（简称城投公司），建设薛家湾镇—大路新区中心城市的市政道路，供热、供气管网，旧城改造；2015年资产总值40.67亿元，负债总额17.88亿元。2004年9月出资100万元成立的国立房地产公司，2011年8月取得房地产开发四级资质；2015年，累计建成8个房地产项目，建筑面积89.60万平方米，建成住宅5331户、商铺344户，销售收入1.66亿元。2005年11月参股5%，与印度尼西亚三林集团、浙江包杭集团，中外合资2亿元成立的大路煤化工基地公司，建设市政基础设施；2009年9月回购合作方全部股份；到2015年累计完成投资104亿元。2006年7月接管准格尔旗农民驾驶员培训基地，注册50万元成立的国安驾驶员培训公司，二级驾校资质；2015年收入749.13万元，盈利190.08万元。2008年8月出资2000万元成立的现代农牧业开发公司，至2015年，累计建成日光温室307.13公顷、塑料大棚158.13公顷、智能温室2.6公顷；资产总值2.88亿元，负债总额7552.09万元。2008年10月出资2000万元成立的南山宾苑公司，南山宾苑是准格尔旗政务接待饭店，2009年3月开业。2010年1月出资5000万元成立的文化旅游投资公司，整合资源投融资打造黄河旅游带、油松王旅游区、准格尔召景区和内蒙古砒砂岩风景区；2015年累计投资9.86亿元，其中公司投资2.42亿元。2011年9月出资5000万元成立的国资燃气热力公司，经营大路新区、暖水乡集中供热；2013年参股20%建设薛家湾—大路新区天然气项目；2015年资产总值8.57万元，负债总额4.75亿元。2012年7月注册资本11.28亿元成立泰禹水务公司，国资公司货币资产1亿元，薛家湾、沙圪堵两地供水站、薛家湾景观河等实物资产9.7亿元，国家开发银行发展基金0.58亿元；2015年资产总值21.48亿元，负债2.2亿元。2012年10月9日，薛家湾—大路新区免费公交投运；同年11月，国资公司出资3000万元成立准通交通投资公司。

国资公司控股公司。2010年10月与新巨业房地产公司、高原杏仁露公司、东联建筑集团共同出资，注册众祥担保公司，国资公司出资1亿元，持股50%。2011年7月与伊东集团以6∶4的股权比例，共同投资1亿元，组建国伊高岭土公司。2011年8月，国资公司、城投公司、国立房地产公司共同出资1000万元，注册国翔混凝土公司，国资公司持股48.8%。

国资公司参股企业。众志粉体技术公司、伊东集团沙咀子煤矿、国能煤炭物流园区、中小企业信用担保公司、官牛犋煤炭物流园区、融资担保公司。

国资公司收储土地矿产资源，2013 年收储薛家湾镇、暖水乡两地 3.2 平方千米 600 万吨高岭土资源，收储旗政府驻地市政区土地 82.27 公顷。国资公司为地方经济建设融资，2011 年 5 月 17 日成功发行市政建设债券 20 亿元，2014 年 12 月 30 日成功发行第二期企业债券 17 亿元。

二、国有资产管理

1993 年全国第三产业普查，查清 1991 年准格尔旗行政事业单位固定资产总值 6935.9 万元。

财政部门每年对行政事业单位资产登记年检，隔几年全面清产核资，及时折旧处置，报废核减。1996 年对 61 家旗直机关清产核资，占全旗行政事业单位 61%，盘清固定资产 7709 万元，盘盈 741 万元，盘亏 460 万元，报废 49 万元。1999 年清产核资，盘清全旗事业单位资产总值 1.61 亿元，其中固定资产 1.3 亿元，负债 865 万元，净资产 1.52 亿元。1999 年旗直单位搬往薛家湾镇，腾出办公用房等固定资产，移交沙圪堵开发区筹建单位，部分可移动资产折价抵顶搬迁费用。

2002 年，接收 32 个撤并单位资产总额 2340.4 万元，其中房屋建筑物 765.3 万元，一般资产 1575.1 万元。2003 年处置资产 342 万元，清收转制企业拖欠养老金 26.6 万元。2004 年，接收准能公司移交的学校、医院、居委会；拍卖沙圪堵粮站、纳林地毯厂，抵顶企业所欠社保基金。

2007 年，完成全旗行政事业单位资产全面清查，清查 2003 年 12 月 31 日前批准成立的各类行政机关、事业单位、社会团体资产总额 10.47 亿元，其中固定资产 6.8 亿元。

2009 年，处置撤点并校后 28 所闲置学校，公开拍卖 16 所，收入 695.4 万元，7 所留作教育局勤工俭学基地，5 所调拨所在地乡级政府。2010 年处置国有资产 28 宗，收入 89 万元。2014 年年底，拍卖报废公务用车 111 辆，收入 1928.9 万元，腾退办公用房出租收入 350.3 万元，国有资源有偿使用收入 1680.7 万元，其他资产处置收入 12.8 万元。

2015 年，国有资产管理委员会对全旗行政机关、事业单位、社会团体进行全面清产核资，全旗行政事业团体资产总值 146.37 亿元；负债总额 61.57 亿元；净资产 84.8 亿元。

第九节　政府债务

1992 年，财政局成立国债服务部，负责国债业务，国债按样式分有券面式国债、凭证式国债，按用途分有普通国债、定向国债、特种国债，年最大发行规模 200 万元，年最大兑付规模 300 多万元。2000 年，国债业务移交中国工商银行驻准旗分支机构。

“八五”至“九五”前期，准格尔旗执行收支平衡，略有节余的财政预算，量入为出，防止形成债务。1999 年政府驻地迁址薛家湾镇，举债 1.5 亿元建设薛家湾搬迁重点工程，政府分 5 年向垫资承建方还本付息，如期履约。2000 年启动沙圪堵开发区，2005 年开发大路新区，引进开发商投资基础设施建设，两大工业园区财政年度预算，安排专项资金按计划消减工程类债务。

2012 年，鄂尔多斯市政府实施化解债务三年行动，准格尔旗列入全市化解任务 60.55 亿元，当年化解 30.11 亿元；2013 年政府性债务 103.94 亿元，化解 29.88 亿元；2014 年政府性债务 85.79 亿元，化解 18.97 亿元；2015 年政府性债务 116.8 亿元，化解债务 41.46 亿元，新增债券转贷 29.96 亿元，政府性债务余额 105.3 亿元。

第二章　税　务

第一节　机　构

一、税务机构

1991 年，准格尔旗税务局（简称税务局）隶属于伊克昭盟税务处，驻沙圪堵镇；直辖准格尔矿区税务分局，驻薛家湾镇；下设沙圪堵、榆树湾、纳林、暖水、五字湾 5 个税务所。1992 年撤暖水所，设黄天棉图所。1992 年被内蒙古自治区人民政府评为先进单位、经济建设服务先进单位。1994 年 9 月在册职工 101 名，撤税务机构，分设国家税务、地方税务两套机构。

二、国税机构

1994 年 9 月成立伊克昭盟国家税务局直属薛家湾矿区征收分局（简称薛家湾国税分局），驻薛家湾镇。1999 年 3 月更名为准格尔旗国家税务局（简称旗国税局）。2000 年 6 月，薛家湾办税服务厅被命名为全国青年文明号。2015 年直辖稽查局，下辖城区分局、大路煤化工基地分局，在册职工 93 名，征管区兴隆、蓝天、友谊、迎泽 4 个街道，薛家湾、大路 2 个镇，十二连城乡。

准格尔旗国家税务局，2008 年摄

1994 年 9 月成立准格尔旗国家税务局（简称旗国税局），驻沙圪堵镇。1996 年 12 月，黄天棉图国税所被国家税务总局命名为全国税务系统文明服务所。1997 年 12 月被评为内蒙古自治区国税系统先进单位。1999 年 3 月更名为伊克昭盟国家税务局直属沙圪堵征收分局。2001 年 9 月更名为鄂尔多斯市沙圪堵经济技术开发区国家税务局。2002 年 3 月被命名自治区级文明单位。2006 年 5 月更名为鄂尔多斯市准格尔经济开发区国家税务局（简称开发区国税局）。2015 年直辖稽查局，下设准格尔召分局、龙口分局，在册职工 93 名，征管区布尔陶苏木，暖水乡，准格尔召、纳日松、龙口、沙圪堵 4 个镇。

三、地税机构

1994 年 9 月，成立准格尔旗地方税务局（简称旗地税局），驻沙圪堵镇。1999 年 8 月迁址薛家湾镇，2002 年 7 月向开发区地税分局移交西部征管区，接管薛家湾征管局管区。2012 年设大路煤化工基地分局、社会保险费征收管理分局；辖煤炭价格调节基金管理分局、稽查分局，地方企业、准能公司、地方煤炭企业、薛家湾镇个体、房地产企业 5 个税务所。2015 年在册职工 107 名，征管区兴隆、蓝天、友谊、迎泽 4 个街道，薛家湾、大路 2 个镇，十二连城乡。

1995 年成立伊克昭盟地方税务局薛家湾直属征收管理局（简称薛家湾征管局），驻薛家湾镇；

1996年5月与准格尔旗地税局分设；2002年3月被评为内蒙古自治区先进集体；2002年7月撤销，征管区移交旗地税局。

2002年7月，成立鄂尔多斯市地方税务局沙圪堵经济技术开发区分局（简称开发区地税分局），驻沙圪堵镇，接管地税局西部征管区。2012年4月更名为鄂尔多斯市地方税务局准格尔经济开发区分局，下辖沙圪堵、龙口、准格尔召、工业园区4个税务所。2015年在册职工39名，征管区布尔陶亥苏木，暖水乡，准格尔召、龙口、沙圪堵3个镇。

2006年3月，成立鄂尔多斯市地方税务局纳日松分局（简称纳日松地税分局），驻纳日松镇，下辖羊市塔、川掌2个税务所，征管区纳日松镇。2009年12月被评为全国税务系统先进集体。2015年在册职工39名。

第二节 税 制

一、税务机构税制

1991—1994年，准格尔旗税务局主要征收营业税、工商统一税、国营企业所得税、屠宰税、筵席税、农业税、产品税、增值税。产品税应税产品除“大型电力”采用定额税率外，其他产品实行产品差别比例税率，税率最低3%，最高6%；增值税采用比例税率，分11档；营业税按行业设计税率，起征点200元。

二、分税制改革

1994年9月，国家实行分税制改革，将税种划分为中央税、地方税、中央与地方共享税，税源大而集中的税种为中央税，税源分散、收入零星、涉及面广的税种为地方税，介于二者之间税种为中央与地方共享税。中央地方共享税分成比例，增值税中央75%，地方25%；所得税中央60%，地方40%。分设中央与地方两套税收机构分别征管，国税机构主要征收中央税、中央与地方共享税，地税机构主要征收地方税。

国税机构征收，营业税（除地税机构征收部分）、企业所得税（除地税机构征收部分）、个人所得税（除地税机构征收部分）、房产税、城市维护建设税、城镇土地使用税、车船税、耕地占用税、土地增值税、契税、印花税（除证券交易）、资源税。

地税机构征收，营业税、城市维护建设税（除国税机构征收部分），地方国有企业、集体企业、私营企业缴纳的所得税、个人所得税（除储蓄存款利息），资源税，城镇土地使用税，耕地占用税，土地增值税，房产税，城市房地产税，车船使用税，车船使用牌照税，印花税（除证券交易），契税，屠宰税，筵席税，农业税、牧业税及其地方附加，地方税的滞纳金、补税、罚款。

2007年开发区国家税务局税法宣传

2002年，企业所得税由按行政隶属关

系征收改为按属地原则征收。不再执行中央企业所得税由国税征收，地方企业所得税由地税征收；实行中央和地方共享税，由企业所在地国税与地税共同征收，各得50%。2008年统一合并征收企业所得税，各类企业税负公平。2013年8月1日试行营业税改增值税。

三、国税机构税制

1994年9月税制改革后，国税增值税税率分3档，17%的基本税率、13%的低税率以及小规模纳税人6%税率；消费税税率从3%～45%；营业税税率分3档，3%、5%、20%；车辆购置税税率10%；企业所得税税率33%的比例，小型企业分18%和27%两档低税率；个人所得税税率5%～45%。

1998年7月1日，小规模纳税人增值税率由6%调减为4%。1999年11月1日，开征居民储蓄存款利息个人所得税，税率20%。2013年8月1日，准格尔旗交通运输业和部分现代服务业试点营业税改增值税，适用税率3%～17%。

四、地税机构税制

地税机构征收税种多，征收附加规费多，税种费种征收率、直征点庞杂。主要税费征收变化有，2006年废止《农业税条例》，农民不再缴农业税、农业特产税和牧业税；2008年废止《筵席税暂行条例》；2009年4月1日起，营业税起征点提高到每月5000元；同年9月1日起，营业额5000元以下个体工商户，不再附加征收个人所得税，暂不征收水利建设基金。2014年，煤炭资源税由从量定额征收改为从价计征。

第三节　税费征收

一、税务机构征收

1991年至1994年9月，准格尔旗税务局多按年度计划超额完成税费征收任务，唯1992年中央级工商税只完成年度计划的65.05%。1991年征收各项税费2100.37万元。其中，中央级工商税入库34.16万元，地方级工商税入库1892.84万元，国营企业所得税入库65.38万元，能源交通重点建设基金和预算调节基金入库108万元。1994年累计征收各项税费4642.16万元。其中，中央级工商税入库1502.71万元，完成年计划的100.2%；地方级工商税入库588.1万元，完成年计划的125%，能源交通重点建设基金和预算调节基金入库2002.95万元。

二、国税机构征收

从1994年9月实行分税制到1999年，沙圪堵、薛家湾两国税机构税收稳步增长，均能超额完成年度计划。1995年，薛家湾国税完成税收2419万元，沙圪堵国税完成税收768.1万元。1996年起，沙圪堵国税收入一直大于薛家湾国税收入，1999年准格尔旗政府驻地由沙圪堵迁址薛家湾，历史巧合，两地国税机构均完成税收7991万元。2000年，沙圪堵国税收入下跌至3181万元，同比减少61.19%；薛家湾国税收入突破亿元，达到13987万元，同比增长75.03%，薛家湾国税收入开始反超沙圪堵国税收入。

“十五”期间，国税收入高速增长，旗国税局、开发区国税局超额完成年度任务后，再加压力完成上级追加的任务。2001年，旗国税局完成税收14528万元，同比增长3.87%；开发区国税局完成税收6585万元，同比增长107%。2005年，旗国税局完成税收86650万元，同比增长

2008 年准格尔旗国家税务局办税厅

102.09%；开发区国税局完成税收 85821 万元，同比增长 214.84%。开发区国税收入高速追赶，逼近薛家湾国税收入。

“十一五”期间，国税收入持续稳定增长。2006 年，旗国税局税收突破 10 亿元，达到 10.31 亿元，同比增长 19.03%；开发区国税局税收也突破 10 亿元，达到 12.26 亿元，同比增长 42.84%。开发区国税收入反超薛家湾国税收入，这种态势一直保持到 2012 年。2010 年，旗国税局完成税收 32.01 亿元，同比增长 14.44%；开发区国税局完成税收 56.84 亿元，同比增长 74.33%。

“十二五”期间，煤炭企业进入寒冬，国税收入大跳水。2011 年，开发区国税局税收达峰值 90.5 亿元，同比增长 59%；其中增值税 77.6 亿元，企业所得税 12.9 亿元；2012 年开始出现连续 4 年负增长，2015 年完成税收 22.18 亿元，降幅高达 47.7%。2013 年，旗国税局税收达峰值 69.44 亿元，同比增长 11.42%，其中，增值税 53.85 亿元，企业所得税 14.4 亿元；2014 年断崖式下跌至 36.20 亿元，下降 52.13%；2015 年回升到 39.11 亿元，增长 8.03%。

三、地税机构征收

准格尔旗地税局 1994 年 9 月组建当年，征收税费 4277.8 万元，1995 年因东部征管区划归薛家湾征管局，征收税费减少为 1247.7 万元，1998 年恢复到 4266.3 万元，1999 年因政府搬迁税源减少和遭受严重旱灾，征收税费减少为 3848 万元，2001 年征收税费 6550 万元。伊克昭盟地税局薛家湾征管局征收税费一直保持稳定增长，1995 年征收税费 1956 万元，2001 年征收税费 6520 万元。

2002—2012 年赶上中国煤炭黄金十年，准格尔旗地税机构征收税费进入高速增长期。旗地税局 2002 年征收税费 8890 万元；2003 年突破亿元，达到 1.78 亿元，同比增长 100.45%；2008 年突破 10 亿元，达到 12.13 亿元，同比增长 34.58%；2012 年达到 48.98 亿元，同比增长 26.68%。开发区地税分局 2002 年征收税费 8305 万元；2004 年突破 2 亿元，达到 2.56 亿元，同比增长 156.7%；2009 年突破 10 亿元，达到 14.63 亿元，同比增长 56.25%；2012 年达到峰值 45.55 亿元，同比增长 15.35%。纳日松地税分局 2006 年成立，征收税费 3.58 亿元，2009 年突破 10 万元，达到 12.56 亿元，同比增长 35.05%；2012 年达到峰值 35.07 亿元，同比增长 20.10%。

2013 年，港口煤价跌入低谷，主体税源煤炭企业陷入困境。开发区、纳日松两分局同时出现三连降，旗地税局 2014 年下降，2015 年开始回升。开发区地税分局 2013 年下降 23%，2014 年降幅达 42.66%，2015 年征收税费 11.47 亿元，降幅收窄为 39.16%。纳日松地税分局 2013 年下降 21%，2014 年降幅达 42%，2015 年征收税费 10.80 亿元，降幅收窄为 33%。旗地税局 2013 年征收税费达峰值 56.0 亿元，增长 14.51%；2014 年下降 18.29%，2015 年征收税费 50.62 亿元，增长 10.45%。

第四节 税收优惠

“八五”期间，税收优惠政策主要有，免收安置残疾人就业福利企业税费，减收效益不好地方企业工商税。1991年税务局减免地方工商税92万元，1992年减免地方工商税150万元。促进残疾人就业税收优惠政策一直延续下来。2003年开发区国税局为福利企业退税742万元；2006年旗地税局为福利企业退税85万元；2010年开发区地税局为福利企业减免税64万元；2015年，开发区国税局减免残疾人就业企业增值税147.10万元。

“九五”后期，增加扶持小微企业和下岗职工再就业税收优惠政策。2004年，旗国税局为持有下岗优惠证191户纳税人免税，旗地税局为下岗再就业人员减免费2.23万元；2006年，旗地税局减免下岗再就业5户税费13万元，368户下岗再就业人员免征个人所得税6.74万元，368户减免营业税4.74万元；2010年，旗地税局为76名下岗再就业人员减免税费17余万元。2015年，旗地税局减免小微企业营业税678.23万元，开发区国税局减免小微企业所得税6.57万元。

21世纪实施西部大开发战略，西部地区鼓励的产业企业减收企业所得税。2003—2005年，开发区国税局减征企业所得税3426万元；2004年，旗地税局减征2家企业所得税3161万元；2013年，纳日松地税分局减免4家煤矿所得税1.62亿元；2015年，旗地税局减免9户企业所得税2.1亿元，开发区地税分局减免3户企业所得税0.67亿元，开发区国税局减免5户企业所得税2.57亿元。

历经三年大旱，农业连年歉收，农民收入锐减。2003年，准格尔旗即征即返，将370万元农业税费全额返还给20万农民，早于全国3年免征农业税。2004年，旗地税局、开发区地税局共免收农业税600多万元。2004年，自产自销农副产品开始享受税收优惠政策，旗国税局办理农副产品税收优惠116户。2012年，开发区地税局农副产品减免个人所得税30万元。

开发区国家税务局，2005年摄

进入“十一五”后，实行节能环保、安全生产税收优惠政策。2008年，旗国税局减免14户资源综合利用企业所得税3.71亿元。2010年，旗国税局减免1户资源综合利用企业所得税3.5亿元。2011年，旗地税局抵免购进环境保护设备、安全生产专业设备、节能节水专用设备企业所得税57.49亿元。2015年，开发区国税局为2户资源综合利用企业退税22.75万元，旗地税局抵免3户购进环保节能和安全生产设备企业所得税44.54万元。

第五节　税源管理

一、税务机构税源

1991 年，准格尔旗有纳税人 1651 户；其中，个体户 1349 户、国营企业 78 户、集体企业 174 户、私营企业 37 户、其他企业 13 户；税务局要求纳税人主动申报，上门纳税。1993 年，全旗有纳税人 2022 户；其中，个体户 1585 户、国营企业 124 户、集体企业 276 户、私营企业 37 户；税务局执行《中华人民共和国税收征收管理法》和《发票管理办法》，依法管理税源，主要靠人管税。

二、国税机构税源

1994 年 9 月分税制改革后，国税机构尚处于靠人管税阶段，摸清税源家底，推行纳税申报制度，打响国税征管第一炮。1997 年启用计算机电算系统，取代人工计税，构建“以纳税申报为基础，以计算机网络为依托，集中征收，重点稽查”的新征管模式。

2001 年国税系统金税工程运行后，利用增值税防伪税控开票、防伪税控认证、增值税稽核、发票协查 4 个子系统，严密监控增值税专用发票，以票管税有了科技支撑；2002 年设立银税一体化办税服务厅，启用发票发售软件，将个体户也纳入“银税一体化”申报纳税，全面实现“以票管税”。

2003 年，国税机构建立重点税源台账，实行分类管理，纳税额 50 万元以上重点税源划片监管，纳税额 500 万元以上企业实行派驻监管，税源大户企业实行重点监控；2005 年税收综合征管软件上线运行后，开始评定纳税人纳税信用等级，2006 年，旗国税局评出 A 级纳税户 1 户、B 级纳税户 189 户、C 级纳税户 23 户，分类分级管理的征管体制基本形成。

2009 年，国税机构推行网上纳税申报制度，应用电子申报和远程认证。2013 年，开发区国税局审批增值税一般纳税人 68 户；纳入防伪税控企业 44 户，千元版防伪税控系统 29 户，万元版防伪税控系统 12 户，十万元版防伪税控系统 2 户，百万元版防伪税控系统 1 户。2015 年，开发区国税局审批增值税一般纳税人 66 户，纳入防伪税控企业 177 户，其中，货运税控系统 44 户，增值税专用发票增版 44 户。至 2015 年，金税工程升级到三期，为纳税人提供便捷、高效服务，国税机构全面实现“信息管税”。

三、地税机构税源

1994 年 9 月分税制改革后，地税税源分散，地税机构狠抓办税厅建设，旗地税局在沙圪堵镇率先开办银税一体化办税服务厅。1999 年，全旗地税办税厅全部实现银税一体化，沙圪堵、薛家湾两镇纳税申报率 96%，其他乡镇申报率 90%。2003 年，地税综合征管软件上线，“大集中系统”全区联网，电算化网络取代人工记账。应用数据大集中系统，实现对外来经营户、减免税户、季节性经营户、非正常户的动态管理。

2005 年，地税机关实行分类分级“户籍式”管理，建立全新税收管理员制度。管理员管理一般企业和个体户，所长管理纳税额 50 万元以上企业，局长管理重大项目工程。远离办税服务厅的个体户，按月申报有困难的，2006 年改为上门一次性征收全年定税，2008 年改为每年 3 月、8 月两次申报。尤其大集中系统自动核定税额，公平了税负，避免了“人情税”“关系税”。2010 年推行纳税信息等级评定，开发区国地两税联合评定 A 级纳税人 9 户、B 级纳税人 62 户、C 级纳税人 34 户。

信息化建设助推地税精细化管理不断升级。2010年集中开通管理员平台、纳税服务平台、纳税评估系统、微机定税系统、代开发票系统、部门信息比对系统、在线开票系统、预登记系统；2011年启用机打通用发票、网络在线发票，规范企业冠名发票，通用发票开始取代定额发票；2012年开通服务业移动开票系统。2014年，开发区地税办税厅增设国税办税窗口，试行国地两税联合办税，进一家门，交两家税。2015年，金税三期税收征管系统上线，纳税人“三证合一、一照一码”，与工商、国税实现信息共享。企业纳税人网上自动申报，个体纳税人移动盘自动开票，实现以票控税向信息管税转变。

开发区地方税务分局，2004年摄

第六节　税务稽查

1991年，税务局清理欠税45万元；查处绒毛等偷漏税案6起，查补税金和罚款7.3万元。1992年，查处偷漏税8户，补税款5.3万元，罚款200元。1993年9月27日，准格尔矿区发生一起暴力抗税案件，个体户王某殴打税务干部，治安行政处罚拘留10天。1994年，查补税款206.18万元。

1994年9月分税制改革后，国税机关以票管税，严格查处大头小尾发票、上下联日期不符、开票超过定额、“白头条”入账、发票填写不规范等发票违法行为。1995—1999年，旗国税局查处偷逃案80多起，累计补税、罚款入库240万元；薛家湾国税分局稽查累计补税、罚款入库1200多万元。2002年，旗国税局查处春节期间请假歇业暗地营业12户纳税人，补税、滞纳金、罚款入库20.64万元。“十二五”期间，国税机关以企业所得税汇算为重点，企业自查、受托协查，清缴欠税。2014年，开发区国税局税款、罚款、滞纳金入库2.19亿元。2015年，旗国税局稽查税收入库3611.11万元，开发区国税局稽查税收入库1822万元。

纳日松地方税务分局，2022年摄

1994年9月实行分税制改革后，地税机关税务稽查实行选案、稽查、审查、执行4分离，清理漏征漏管，清缴拖欠税费。1995—1999年，旗地税局累计稽查税款、滞纳金、罚款入库669万余元。2001年，薛家湾征管局清理漏征漏管，税费、滞纳金、罚款入库66.7万元。进入“十五”以来，地税机关重点稽查煤矿及买卖、建筑房地产、高消费行业、高收入群体。2006 年，旗地税局治理买卖煤矿偷税，税款、滞纳金、罚款入库 326.28 万余元。2011 年，开发区地税分局企业汇算清缴，增加税收 1.44 亿元。2014 年，旗地税局清理欠税 5.39 亿元，纳日松地税分局稽查煤炭企业税收入库 4612 万元。2015 年，旗地税局稽查税收入库 3961.56 万元，开发区地税分局稽查税收入库 6949 万元。

1994—2015 年准格尔旗税务机构征收税费统计表

表 13-7　　单位：万元

年　份	国家税务机关			地方税务机关				合　计
	薛国税分局	旗国税局	小　计	薛征管局	旗地税局		小　计	
1994	—	—	—	—	4278	—	4278	4278
1995	2419	768	3187	1956	1248	—	3204	6391
1996	3193	4004	7197	2707	2210	—	4917	12114
1997	3534	4667	8201	4056	2362	—	6418	14619
1998	5154	6633	11787	4276	4266	—	8542	20329
	旗国税局	开发区国税局						
1999	7991	7991	15982	4619	3848	—	8467	24449
2000	13987	3181	17168	6500	4512	—	11012	28180
2001	14528	6585	21113	6520	6550	—	13070	34183
				旗地税局	开发区分局			
2002	20312	10252	30564	8890	8305	—	17195	47759
2003	29950	13397	43347	17820	9985	—	27805	71152
2004	42876	27246	70122	28967	25631	—	54598	124720
2005	86650	85821	172471	45382	71017	纳日松分局	116399	288870
2006	103136	122584	225720	64997	68659	35800	169456	395176
2007	135222	181537	316759	90105	84701	45700	220506	537265
2008	157093	276705	433798	121261	93601	93000	307862	741660
2009	279700	326026	605726	185609	146254	125600	457463	1063189
2010	320096	568371	888467	314585	262400	190700	767685	1656152
2011	515479	905361	1420840	386678	394888	292000	1073566	2494406
2012	623196	796528	1419724	489829	455496	350700	1296025	2715749
2013	694373	601219	1295592	560887	328793	277800	1167480	2463072
2014	362039	424422	786461	458286	188530	161800	808616	1595077
2015	391096	221803	612899	506168	114697	107986	728851	1341750

第十四篇

金融

金融监管

银行业

保险业

证券业

准格尔煤田信用合作联社，2022年3月摄

1991年，准格尔旗有3家国家专业银行的6家分支机构，各项存款余额1.14亿元，各项贷款余额1.22亿元。2015年，全旗银行机构20家网点百余处，各项存款余额399.86亿元，各项贷款余额285.04亿元。1991年，准旗唯一保险机构中国人民保险公司准格尔旗支公司，保费收入234.82万元，支付保障92.6万元；2015年，全旗保险公司机构28家，保费收入8.4亿元，支付保障1.46亿元。2002年10月内蒙古恒泰证券公司分支网点落户薛家湾，2015年，证券客户11871户，托管资产3.5亿元，交易量162.36亿元。

中国建设银行准格尔分行，2022年11月樊钱摄

第一章　金融监管

中国人民银行准格尔旗支行独立履行中央银行职能，1991 年监管全旗金融机构。1993 年 12 月 25 日，国务院发布《金融体制改革的决定》（国发〔1993〕91 号），开始建立独立执行货币政策的宏观调控体系。1998 年 11 月，保险业监督管理委员会上级机构成立，接管保险机构。2004 年 4 月，中国银行业监督管理委员会设准格尔办事处，接管银行机构；人民银行准格尔旗支行转向金融宏观调控。2011 年 10 月，旗人民政府办公室设立金融工作办公室，监管小额贷款公司和担保机构，全旗金融业开始“一行两会一室”分业市场化监管。

第一节　直接监管

一、人民银行监管

1991 年，中国人民银行在沙圪堵镇设准格尔旗支行。1992 年 9 月，在薛家湾镇设准格尔煤田矿区支行，1998 年 10 月，撤销准格尔煤田矿区支行，业务并入准格尔旗支行，准格尔旗支行迁址薛家湾镇。此间审批金融机构设置，审查高级管理人员任职资格，通过现场检查和非现场监测，指导金融机构合法合规经营。1997 年，人民银行准格尔旗支行被命名为内蒙古自治区级文明单位。2000 年被天津分行首批命名为“双文明单位”。2004 年 4 月，银监会准格尔办事处成立，直管银行机构，人民银行准格尔旗支行对银行业的监管职能分离，转为金融宏观调控。2012 年后，集中应对鄂尔多斯民间借贷危机，协调处理非法集资，维护金融运行秩序，坚守不发生系统性金融风险底线。

二、银监会监管

2004 年 5 月，中国人民银行准格尔旗支行对银行业的主要监管职能被分离，中国银行业监督管理委员会设立准格尔办事处，遵循审慎监管原则，按照“管法人、管风险、管内控、提高透明度”理念，严格银行网点市场准入审批和退市后续监管，严格高级管理人员任职资格审查和履职考核；现场检查和非现场监测结合，指导银行网点完善公司治理结构，加强内部管理，清收不良贷款、提高资本质量，降低支付风险，合法合规经营，维护金融稳定，支持地区经济发展。

三、金融办监管

2011 年 10 月，准格尔旗人民政府办公室成立金融工作办公室，负责驻旗金融管理部门和金融机构的沟通协调，指导地方性金融机构的改革和发展，促进金融机构合理布局和金融资源优化配置。初步审核小额贷款公司的筹建、开业、股权变更、注销，监督管理小额贷款公司经营活动；审核和监管融资性担保机构的设立、变更、关闭。2012 年，鄂尔多斯民间借贷危机爆发，部分小额贷款公司、担保机构陷入困境，金融工作办公室跟踪行业动态，开展非法集资专项排查，参与打击恶意逃债专项行动，配合相关部门协调解决民间借贷纠纷，至 2015 年，守住了不发生系统性金融风险的底线。

第二节　宏观调控

1991—2015年，经济体制由计划经济向市场经济转轨，金融监管由直接监管转向宏观调控，1994年起，银行负债规模管制变为负债比例调控，向宏观调控迈出第一步。人民银行运用基准利率、存款准备金率、支农再贷款等货币政策工具，逆周期调控，经济过热时减少货币供应总量，经济衰退时增加货币供应总量，始终坚守不发生系统性金融风险底线。

一、执行货币政策

“八五”期间，人民银行准格尔旗支行、准格尔煤田矿区支行，贯彻中央银行适度从紧的货币政策，治理通货膨胀，领导银行机构严格控制货币信贷总量，把有限信贷资金倾斜投向“3153”工程等重点建设和地方企业等薄弱环节，有效抑制物价过快上涨。

1997年，亚洲金融危机爆发后，人民银行准格尔旗支行执行央行稳健的货币政策，扩大货币供应量应对经济衰退风险。重点支持了国营集体转制民营，在维护银行债权的同时，按政策核减企业贷款呆账；引导银行机构扩大个人住房按揭贷款规模，支持政府搬迁城市化建设。

跨入21世纪，人民银行准格尔旗支行调研稳健货币政策执行效果，建立金融形势联席会议通报制度，精准支持地方经济发展。在央行多次上调存贷款基准利率、存款准备金率的政策环境下，支持地方城市建设、中小企业和下岗失业人员。2004年扩大消费领域信贷投入，各类信贷支持13.36亿元；2005年，引导银行机构发放下岗失业人员小额担保贷款，在农村信用社全面推行农户小额信用贷款，各类信贷支持16.94亿元。2006年启动金融生态环境建设，2009年11月28日，准格尔旗将国际金融危机影响降到最低，保持金融稳定，被命名为中国金融生态县。

中国人民银行准格尔旗支行，2000年摄

2008年，国际金融危机爆发，国内经济面临衰退，央行开始实行积极的财政政策和适度宽松的货币政策，连续下调存贷款基准利率、存款准备金率，引导商业银行扩大贷款总量，扩大内需刺激经济增长。2009年，人民银行准格尔支行及时调研提出《支持扩大内需促进经济发展》《支持建设现代农牧业》《支持中小企业发展》3个指导意见；当年全旗小额担保贷款360万元，中小企业贷款39亿元。

2012年，鄂尔多斯民间借贷危机爆发，人民银行准格尔旗支行跟踪调研积极财政政策和适度宽松货币政策的后续效果，定期召集金融形势通报会、银行企业对接洽谈会，优化地方信贷结构，支持地方农业发展，解决小微企业融资难。至2015年，完成17户工业企业景气指数适时监测；评估9家金融机构涉农信贷政策导向效果，2家优秀、1家良好、5家中等、1家勉励。

二、支持涉农信贷

“八五”至“九五”期间，准格尔旗涉农贷款有两项，扶贫贴息贷款、购买农用物资和收购农副产品的短期贷款，年均规模千万元左右，满足不了农业发展实际需要。1991 年，发放扶贫贴息贷款 748 万元、涉农贷款 711 万元。

1999 年起，中国人民银行准格尔旗支行运用货币政策工具支农再贷款，向农村信用社发放支农再贷款 800 万元，支持农村信用社扩大涉农信贷规模。2000 年发放支农再贷款 2740 万元，2003 年增加到 6200 万元，2008 年达到 1 亿元。2009 年，向农村信用发放支农再贷款 1 亿元，农村信用社涉农信贷规模达到 21 亿元，货币政策工具的放大效应超 20 倍。2015 年发放支农再贷款 1.9 亿元。

1999—2015 年，累计发放支农再贷款 11.47 亿元，支持农村信用社改进支农信贷服务，壮大支农资金实力。农村信用社面向农户发放贷款，重点解决种植业、养殖业、农副产品加工储运等合理资金需求，支持农村经济持续发展。

三、助学旗籍大学生

2006 年 2 月 28 日，内蒙古自治区人民政府办公厅印发《生源地财政贴息助学贷款管理办法》(内政办字 2006〔62〕号)，人民银行准格尔旗支行协调财政、教体、信用社等部门，开办生源地财政贴息贷款业务，当年发放生源地助学贷款 30 万元。2009 年生源地助学贷款突破百万元，达到 103 万元。至 2015 年，累计向 9416 名旗籍大学生发放生源地助学贷款 6026.22 万元。

四、倾斜中小企业融资

地方企业多为中小企业，一直融资难。1991 年全旗工商业短期贷款仅有 150 万元。2004 年中小企业信贷达到 13.36 亿元。2009 年中小企业贷款余额 39 亿元。2010 年 6 月 21 日，央行出台《做好中小企业金融服务若干意见》(2010〔193〕号)，完善中小企业金融服务，缓解中小企业融资困难。人民银行准格尔旗支行及时落实到位，当年全旗中小企业贷款余额 105 亿元。2013 年中小企业贷款 200.04 亿元，2014 年中小企业贷款 134.79 亿元。

五、防范金融风险

2003 年 9 月，人民银行增加反洗钱职能，准格尔旗支行建立反洗钱协调机制和受理涉嫌洗钱行为举报制度，督促金融机构健全客户身份识别制度、客户身份资料和交易记录保存制度、大额交易和可疑交易报告制度；核实辖区发生的大额可疑资金交易信息；涉嫌犯罪的，及时移交司法机关，协助司法机关查处了涉嫌洗钱犯罪案件。

2015 年 5 月 1 日，国务院《存款保险条例》实施，存款保险最高偿付限额 50 万元，能够为 99.63% 的存款人提供全额保护。准格尔旗支行面向公众宣传普及存款保险知识，有序实施《存款保险条例》，提振了公众对金融业的信心，缓解了鄂尔多斯民间借贷危机引发的公众恐慌。

第三节　金融服务

一、支付清算

1991 年，人民银行准格尔旗支行手工同城清算和联行清算，工作效率低，资金在途时间长，风险大。1997 年，会计核算启用会计、国库、货币发行 3 个专业、1 个事后监督系统，开通同城票据交换和电子联行业务，结束手工核算历史。2001 年，改为集中会计核算、集中事后监督、集中账务查询，取消电子联行。

2002 年，开通大额支付平台集中核算系统。2005 年 4 月 11 日，大额会计集中核算支付系统上线运行；6 月 6 日，银行结算账户管理系统上线运行；6 月 16 日，实现同城票据交换实时清算。人民银行核算主体从旗县支行上收到地市中心支行，畅通了资金汇划渠道。之后陆续上线人民银行二代支付系统、会计核算数据集中系统，建成遍布全国的现代化支付系统，银行卡全国联网通用，移动支付业务也应运而生。

二、经理国库

人民银行准格尔旗支行设国家金库，经理财政收支业务，1991 年设在沙圪堵镇。1993 年，在薛家湾镇新增准格尔煤田支行金库，办理涉及准格尔矿区收支业务。1996 年设 5 个乡镇中心金库，1997 年设 7 个乡镇中心金库，12 个乡镇中心金库办理全旗 28 个乡镇财政收支业务。1999 年，撤销沙圪堵镇金库。2003 年 3 月，沙圪堵经济技术开发区设金库，建设银行准格尔旗支行代理财政收支业务。2005 年 3 月 14 日，人民银行国库信息处理系统上线。2006 年，准格尔旗实行乡财旗管，撤销 12 个乡镇中心金库，只设人民银行旗支行国家金库。2010 年，建设银行准格尔银泽支行代理总金库财政收支业务。2013 年，大路煤化工基地设立金库，建设银行准格尔大路支行代理煤化工基地财政收支业务。

2015 年，全旗设 3 个金库，为人民银行旗支行国家金库，准格尔经济开发区金库、大路煤化工基地金库 2 个乡金库，办理预算收入 11.46 万笔 148.35 亿元，财政支出 1.25 万笔 85.59 亿元；办理预算收入退库 107 笔 2.31 亿元。

三、货币管理

人民银行发行人民币，收缴假币，回收残币。“八五”至“九五”期间实行计划管理，按年度计划和季度计划，调度货币投放与回笼。年均投放与回笼量均达到亿元级，净投放量达到千万元级。跨入 21 世纪，银行卡和网上支付应运而生，现金流通量减少，货币管理转为宏观调控收支总量，保持动态平衡。2004 年、2005 年，净回笼量分别为 1.2 亿元、2245 万元；“十一五”后，年均投放与回笼量均攀升到十亿元级，净投放量攀升到亿元级。2015 年，投放货币 26.21 亿元，回笼货币 8.89 亿元，净投放 17.32 亿元。

进入“十五”后，大额假币有所抬头，2003 年，支行牵头建立全旗反假货币联席会议制度，每年开展反假币宣传，组织财会人员反假币培训，专业银行、商品流通场所配备假钞鉴别仪器，遏制假币流通。2005—2015 年，累计收缴假币 1.05 万张 90.63 万元。

四、征信体系建设

1999 年，人民银行试行银行信贷登记咨询管理办法，启动征信系统建设。2001 年，实行个人存款账户实名制规定。2005 年 6 月，银行账户管理系统一期全国上线，实行单位银行账户实名制。2006 年 1 月，开通全国个人信用信息基础数据库，实行个人账户实名制。凡有金融活动的企业法人和自然人，信用状况记录到“经济身份证”。2007 年，启动中小企业信用等级评定，初步建立企业信用信息共享平台。2010 年将农村信用社纳入个人征信系统。2013 年 3 月 15 日，施行《征信业管理条例》，借助银行机构对严重失信行为实施联合惩戒，协同监管。2014 年 3 月，全旗开始农村信用体系、小微企业信用体系建设，评定信用镇、信用村、信用户。2015 年，发放机构信用代码证 845 户；个人信用查询 2576 次，企业信用报告查询 66 次，司法查询 2 次。

第二章　银行业

1991年处于计划经济体制，准格尔旗有3家国家专业银行6家分支机构，依靠国家信用实行行业垄断经营。工商银行承办工商信贷、城镇储蓄和结算汇兑业务；农业银行管理农村信用合作社，筹集农村资金，承办农村信贷、结算业务；建设银行承办基本建设拨款转贷款业务。

1996年8月，两家农村信用合作联合社与农业银行脱离行政隶属关系，自主经营。1996年12月，成立国家政策性银行中国农业发展银行准格尔旗支行，剥离农业银行政策性业务，保本经营；国有专业银行转型为国有商业银行，允许业务交叉竞争，自负盈亏。2005年后，国有商业银行陆续股份制改造，转型为国有股份制商业银行，市场配置金融资源，农行进城，工行下乡，建行进厂，以现代化的服务手段和多样化的服务品种赢得客户，银行效益大幅提升。

2015年，全旗有银行机构20家网点百余处，有1家政策性银行机构，6家国有商业银行机构，2家全国性股份制银行机构、5家地方性银行机构、3家地方法人金融机构、1家邮政储蓄银行机构、2家代理邮政储蓄的邮政公司，形成以国有股份制商业银行机构为主体，多种银行机构并存的银行服务体系。

第一节　银行机构

一、国家政策性银行机构

中国农业发展银行准格尔旗支行，1997年1月在沙圪堵镇开业。接管农业银行的粮、油、肉等主要农副产品的国家专项储备贷款，粮、棉、油等主要农副产品的收购、调销、加工贷款，和国务院确定的扶贫和农业综合开发贷款共计6641万元；投放粮食收购贷款189万元、扶贫贴息贷款2165万元、农业综合开发贷款150万元。1998年5月，开始专营全旗13家粮食企业购、销、调、存的贷款业务，粮食收购实行敞开收购、顺价销售、封闭运行的政策。2001年11月，迁址薛家湾镇。1998—2004年，累计发放贷款1.5亿元。2005年起，业务拓展到支持农副产品生产和加工贷款、支持农业和农村发展中长期贷款，2009年向高原杏仁露公司发放农业小企业林业短期贷款485万元，2010年发放农业发展银行在鄂尔多斯市首笔县域城镇建设中长期贷款6543万元，发放农业发展银行在内蒙古自治区首笔教育基建项目贷款7270万元。2005—2015年，累计发放贷款14亿元。2015年有员工17名。

中国农业发展银行准格尔旗支行，2022年摄

二、国有商业银行机构

1991 年，中国建设银行在准格尔旗设有两家分支机构，分别为设在沙圪堵镇的准格尔旗支行和设在薛家湾镇的准格尔煤田专业支行。准格尔旗支行隶属于伊克昭分行，下设迎宾路、八一路两个储蓄所，1999 年 11 月被命名为自治区级文明单位；2001 年下设两个储蓄所和黄河水利办事处，各项存款余额 1.81 亿元，各项贷款余额 1.03 亿元，利润 459 万元；2002 年 3 月划归准格尔煤田专业支行，更名为准格尔经济开发区支行。准格尔煤田专业支行隶属于内蒙古分行，服务于“八五”国家重点建设项目准格尔项目一期工程，县级建制；1991 年有乌兰小区储蓄专柜、矿区储蓄所 2 个网点，职工近百名，各项存款余额 9290 万元，各项贷款余额 2.53 亿元，利润 700 多万元；1994 年被命名为自治区级文明单位；2003 年 4 月更名为准格尔分行，2005 年 2 月随建设银行股份制改造更名为中国建设银行股份有限公司准格尔分行；2009 年各项贷款余额高达 107.68 亿元；2013 年 12 月被命名为内蒙古文明单位标兵；2014 年实现利润高达 4.72 亿元。2015 年，分行下设本部营业室和银泽、经济开发区、白云、兴隆东街、电厂、乌兰、大路、南苑 8 个支行，员工 275 名；各项存款余额 114.51 亿元，各项贷款余额 89.84 亿元，亏损 5.19 亿元。

中国工商银行股份有限公司准格尔支行，1991 年为中国工商银行设在沙圪堵镇的准格尔旗支行，在沙圪堵、榆树湾、纳林三地设 10 个储蓄所、1 个分理处、1 个办事处，职工 80 名，各项存款余额 3752 万元，各项贷款余额 4052 万元，利润 90 万元。1996 年 1 月，推行全国统一法人授权制，转为国有商业银行机构。2005 年 10 月完成股份制改造，2006 年 10 月随中国工商银行股份有限公司上市更名为准格尔支行，成为国有控股商业银行分支机构。2011 年各项存款余额高达 12.09 亿元；2013 年各项贷款余额高达 16.16 亿元，利润高达 6067 万元。2015 年，经营网点有本部和三马路二级支行，合同制员工 36 名，各项存款余额 11.62 亿元，各项贷款余额 12.08 亿元，利润 2235 万元。

中国工商银行准格尔煤田专业支行，2022 年摄

中国工商银行股份有限公司鄂尔多斯准格尔煤田矿区支行，1991 年为准格尔煤田矿区专业支行，下设薛家湾储蓄所，职工 31 名，各项存款余额 713 万元，各项贷款余额 412 万元。1996 年 1 月，推行全国统一法人授权制，变为国有商业银行机构。2005 年 10 月，随中国工商银行股份有限公司上市更名，成为国有控股商业银行分支机构。2011 年，各项贷款余额高达 20.66 亿元，2012 年各项存款余额高达 33.26 亿元。2015 年，下设薛家湾、商业街、白云路、河滨路 4 个二级支行，合同制员工 84 名，各项存款余额 32.52 亿元，各项贷款余额 14.99 亿元。

中国农业银行股份有限公司准格尔旗支行，1991 年为中国农业银行设在沙圪堵镇的准格尔旗支行，管理农村信用合作社准格尔旗联合社；设在薛家湾镇的准格尔煤田专业支行，管理农村信用合作社准格尔煤田联合社。两支行下设乡村营业所、城镇储蓄所 17 个，职工 152 名；各项存款余额 5316 万元，贷款余额 6739 万元，利润 8 万元。1996 年 12 月，不再管理农村信用合作社，新设农业发展银行办理政策性农业金融，两支行转型为国有商业银行机构。1999 年 11 月，两支行合并在薛家湾镇设准格尔旗支行。2009年，入围农业银行全国百强县域支行、内蒙古20家重点县域支行；2010年7月随中国农业银行股份制改造上市，成为国有控股商业银行机构。2013年，各项存款余额高达45.56亿元，获农业银行内蒙古分行五一劳动奖状；2014年，各项贷款余额高达41.57亿元，实现利润1.76亿元。2015年，下设沙圪堵镇三马路，兴隆街道准格尔路，蓝天街道白云路、关地塔4个储蓄所；龙口镇马栅、沙圪堵镇五字湾、准格尔召镇黄天棉图3个营业所，合同制员工108名。各项存款余额39.65亿元，各项贷款余额34.76亿元，亏损13.5亿元。

中国农业银行准格尔旗银河支行，2022年摄

中国银行股份有限公司，2006年5月在薛家湾镇设准格尔旗分理处，2009年6月设准格尔旗支行。2010年，公司贷款余额6.94亿元。2013—2014年获评中国银行内蒙古分行“青年文明号”。2015年，下设经二路、和谐两个二级支行，员工56名；各项存款余额21.73万元，各项贷款余额600万元，利润4645万元。

交通银行股份有限公司，2011年3月在兴隆街道设准格尔旗支行。至2015年，员工近30名，各项存款余额9.97亿元，累计投放贷款17.5亿元，连年被评为中国银行业百佳示范单位。

三、全国性股份制银行机构

中信银行，2013年3月在迎泽街道设准格尔支行，当年各项存款余额2.92亿元。2014年被内蒙古自治区银行业协会评为四星级服务网点。2015年，员工20余名，各项贷款余额3.72亿元。

华夏银行，2015年7月在迎泽街道设准格尔支行，员工14名。当年储蓄存款余额0.9亿元，理财销售3.2亿元，亏损157.8万元。

四、地方性银行机构

鄂尔多斯银行股份有限公司，2004年4月在薛家湾镇设准格尔旗支行。2013年，各项存款余额11.85亿元，各项贷款余额1.98亿元，利润1133万元。2015年，下设薛家湾、银达、银池、银潭4个二级支行，员工64名，各项存款余额5.01亿元，各项贷款余额1.71亿元，利润142万元。

鄂尔多斯银行股份有限公司，2010年3月设沙圪堵支行。2012年实现利润250万元。2014年6月在纳日松镇设二级支行银湾支行。2015年，员工21名，各项存款余额2.51亿元，各项贷款余额1904万元，亏损190万元。

包商银行股份有限公司，2012年8月在兴隆街道设准格尔支行。2013年，各项存款余额1.6亿元，各项贷款余额8378万元。2015年，下辖沙圪堵、贾家湾2个社区支行，员工20名。

鄂尔多斯农村商业银行股份有限公司，2012年12月在迎泽街道设薛家湾支行。2015年，员工21名，各项存款余额8.67亿元，各项贷款余额8.74亿元，亏损1149.2万元。

乌海银行股份有限公司，2015年12月在迎泽街道设准格尔支行。

五、地方法人金融机构

准格尔旗农村信用合作联社位于沙圪堵镇。1991年为准格尔旗农村信用社联合社，隶属于中国农业银行准格尔旗支行，下辖 21 个农村信用社、1 个分社、2 个储蓄所，职工 140 名，股金 187 万元、各项贷款 3651 万元、各项存款 3408 万元、亏损 8 万元。1996 年 12 月与农业银行脱离行政隶属关系。2007 年 4 月成立统一法人准格尔旗农村信用合作联社后，业绩排名由内蒙古农村合作金融系统 50 多位，跃升至 2010 年第 6 位，2009 年被评为中国最具成长力农村金融机构，2010 年获内蒙古农村信用社业绩考核特别贡献奖。2011 年，资产 103.46 亿元、各项存款 98.44 亿元、净利润 1.22 亿元。2015 年，下辖营业部及准格尔、沙圪堵、西营子、龙口、魏家峁、海子塔、长滩、薛亥图、十二连城、纳林、布尔陶亥、准格尔召、神山、暖水、纳日松、羊市塔 16 个信用社，头道街一分社、育才街二分社、八一路、八一南路、工业园区、榆树湾、弓家塔、金鑫、南坪、聚元、兴融、头道街 12 个分社，沙圪堵、薛家湾两家小微企业信贷服务中心，合同制员工 375 名，股本金 2.65 亿元，各项贷款 85.44 亿元，各项存款 78.97 亿元，净利润 99.55 万元。

准格尔煤田农村信用合作联社位于迎泽街道，1991 年为农村信用合作社准格尔煤田联合社，上属中国农业银行准格尔煤田支行，下辖东孔兑、大路、黑岱沟、窑沟 4 个信用社，职工 44 名，股金 55 万元，各项存款 999 万元，各项贷款 460 万元。1996 年年底与农业银行脱离行政隶属关系。2007 年 4 月统一法人更名为准格尔煤田农村信用合作联社。2009 年获评全国县域经济最具潜力十佳银行。2011 年利润总额高达 2.2 亿元，获内蒙古农村信用社业绩考核特别贡献奖。2013 年各项存款余额高达 70.27 亿元，2014 年各项贷款余额高达 41.25 亿元。2015 年，下辖营业部，哈岱高勒、东孔兑、窑沟、大路、天利 5 个信用社，金丰、兴隆东街、滨河路、金桥、准格尔路、万通、腾飞桥、银泽、乌兰小区、薛家湾、通达路、西苑路、昭君路、汇宾路、东华区、中山 16 个分社，合同制员工 272 名；股本金 2.77 亿元，各项存款余额 57.17 亿元，各项贷款余额 40.23 亿元，利润总额 658.67 万元。

2010 年 6 月，包商银行发起，联合 5 位自然人成立全旗首家村镇银行，准格尔旗包商村镇银行在薛家湾镇开业。2011 年利润高达 839.44 万元。2014 年资产 6.09 亿元。2015 年，有本部和乌兰支行两个网点，员工 46 名，各项存款余额 2.85 亿元，各项贷款余额 2.6 亿元，资产 3.72 亿元，利润 404.73 万元。

六、邮政储蓄银行机构

中国邮政储蓄银行，2011 年 12 月在友谊街道设准格尔旗景泰华府支行，中国邮政集团准格尔旗分公司、开发区分公司代理的中国邮政储蓄银行金融业务，开始直接划归景泰华府支行账务。2015 年，景泰华府支行员工 12 名，个人存款余额 4846.85 万元。

第二节　渠道建设

“八五”初，准格尔旗银行机构，前台储蓄、后台会计出纳，算盘计算利息，手工清点现金，算不完的账，数不完的钱，造就了行业精英“铁算盘”“金手指”。经历计算机电算告别手工操作，大数据联网畅通资金流动，综合柜员制优化业务流程。“十二五”末，网点柜面科技赋能安全便捷，自助银行无人值守分流客户，电子银行足不出户汇通天下，三大渠道支撑全旗银行机构华丽转型。

一、网点柜面

1991 年，工商银行准格尔煤田矿区专业支行在全旗银行机构率先为储蓄、会计柜台配备计算机，解放了“铁算盘”；随后建设银行准格尔煤田专业支行为会计柜台配备计算机。1992 年，农业银行两家支行各试运行一个计算机储蓄柜网点。1994 年，建设银行准格尔煤田专业支行率先为出纳、储蓄配备点钞机，解放了“金手指”。1996 年，两家农村信用社在沙圪堵、薛家湾两镇城区网点，也投用计算机单机业务处理系统。

1994 年年初，工商银行两家支行在全旗银行机构率先实现同城储蓄通存通兑；2002 年 10 月，工商银行建成南、北数据处理中心，实现工商银行全国业务联网。1994 年 8 月，建设银行准格尔煤田专业支行建成中心数据机房，实现同城通存通兑，1999 年 5 月实现建行内蒙古自治区联网，2007 年 3 月实现建行全国联网。1998 年，农业银行伊克昭盟分行建成 4 个计算机网络中心，准格尔煤田支行是其中之一，储蓄实现全盟通存通兑；2006 年，农业银行综合业务系统全国联网，个人储蓄全国通存通兑，单位存款全区通存通兑。2007 年 9 月，农村信用社核心业务系统上线，实现全区通存通兑；2008 年 3 月实现全国通存通兑。

2005 年，工行银行两支行在全旗银行机构率先实行综合柜员制，一名综合柜员办理储蓄、会计、出纳、代收等面向客户全部业务。2008 年 12 月，建设银行准格尔分行零售网点服务系统上线，也实行综合柜员制，综合柜员办理基础业务，释放柜面人员充实到客户经理岗位，由经营产品向经营客户转型；2012 年 6 月 25 日，建行银行业务集中处理系统上线，网点柜面、自助银行、电子银行全渠道业务实现后台集中处理。2013 年，农业银行柜面业务综合处理系统上线，综合柜员将柜面业务一网打尽。

2022 年中国农业银行白云路储蓄所大堂经理

实行综合柜员制，商业银行网点形象大变脸。统一行名、行徽等视觉识别标志；员工统一着装，早开晨会，整理仪容，挂牌上岗；从综合柜员、到大堂保安、到客户经理，来有迎声、问有答声、走有送声，方便让给客户、实惠留给客户，营造了文明的银行服务窗口。

二、自助银行

1997 年 4 月，建设银行准格尔煤田专业支行率先在全旗银行机构配置自动取款机；至 2015 年，建行准格尔分行有附行式自助银行 9 处、离行式自助银行 20 处，投放自动柜员机 92 台，自助银行交易量超柜面交易量 6 倍。2003 年，工商银行准格尔矿区煤田专业支行投放首批自动取款机，自动柜员机投放量一度高达 38 台，2015 年有附行式自助银行 2 处、离行式自助银行 5 处，布放自动柜员机 16 台。2006 年，农业银行准格尔旗支行投用第一台自动柜员机。2009 年 9 月，农村信用社两联社也安装附行式自助柜员机。

2005 年，建设银行准格尔分行在全旗银行机构率先投放零售商业非现金结算工具 POS 机，向首家特约零售商温馨大酒店安装固定台式 POS 机，刷磁条卡结算；2009 年，向零售商超投放移动手持 POS 机，刷芯片卡结算；到 2013 年，市场饱和不再投放 POS 机具。2010 年 8 月，农村信用社零售商业非现金结算间连系统上线，向特约零售商布放台式连线 POS 机；2013 年 12 月零售商非现金结算直连系统上线，布放移动手持 POS 机；至 2015 年，准煤联社布放 POS 机 996 台，交易额 18.3 亿元；旗联社布放 POS 机 393 台，交易额 1.69 亿元。

自助银行无须员工值守，昼夜面向客户开放，客户体验交易操作，明显分流柜面客流，极致放大业务流量。

三、电子银行

2000 年 2 月，工商银行两家支行在全旗银行机构率先开通企业网上银行，2003 年 12 月推出个人网上银行，2011 年 11 月 22 日，工商银行在国内首家推出手机银行。2015 年，工商银行准格尔旗支行电子银行交易额 89.83 亿元，其中网上银行交易额 81.33 亿元。

2003 年 12 月，建设银行准格尔分行签约第一位个人网上银行客户。2005 年 5 月，分行唯一使用 C 网手机的员工杨晓慧率先开通手机银行；12 月发展第一位企业网上银行客户神华准能运销分公司。2014 年在全旗首批发展微信银行客户 6091 户。2015 年，分行个人网上银行活跃客户 2.53 万户，个人手机银行活跃客户 1.55 万户，企业网上银行活跃客户 968 户，微信银行客户 1.21 万户；电子银行渠道账务性交易量 483 万笔，网点替代率 85.89%。

2006 年，农业银行推出网上银行业务，2008 年，推出手机银行业务。2015 年，准格尔旗支行电子银行活跃客户 7667 户。

2011 年 9 月，内蒙古农村信用社网上银行系统上线，2014 年 5 月手机银行系统上线，2015 年也推出微信银行。2015 年，准煤联社网上银行 1950 户交易 1.43 万笔 11.53 亿元；手机银行 9247 户交易 76794 笔 11.74 亿元；旗联社个人网上银行 2448 户交易 1.81 万笔 7.08 亿元，企业网上银行 116 户交易 2.25 万笔 12.95 亿元；手机银行 5419 户交易 7.41 万笔 10.14 亿元。

2011 年，央行发放第三方支付牌照，支付宝、微信支付等互联网金融产品上线，跨越时空飞入寻常百姓家，准格尔旗手机银行客户足不出户，便捷消费，互联网金融赢得广大消费者青睐。

第三节　信贷业务

“八五”期间，国家开发准格尔煤田，准格尔旗多数年份贷款余额大于存款余额，处于资金流入期。“九五”期间，煤田投产，投资减少，存款余额大于贷款余额，转入资金流出期。21 世纪初，西部大开发，“十五”初又转入资金流入期，贷款余额大于存款余额。2004 年起又转入资金流出期，存款余额大于贷款余额，从准格尔旗外溢资金支持了国家经济发展。

一、存款业务

银行机构存款业务，分居民储蓄和对公存款两大类；居民储蓄分活期存款、定期存款两小类，定期存款又分整存整取、零存整取、定活两便等种类。各银行机构推出各具特色储蓄产品吸引储户，如工商银行的教育储蓄、建设银行的住房存贷款、农业银行的惠农存款等。

准格尔旗各项存款余额，1991 年 1.14 亿元，1998 年突破十亿元大关，达到 11.23 亿元；2008 年突破百亿元大关，达到 130.99 亿元；2014 年达到最高峰 415.24 亿元，2015 年回落到 399.86 亿元。年均增长超 30%，2012 年起，受鄂尔多斯民间借贷危机影响，增速急剧下降，2015 年负增长 3.70%。

全旗信贷资金主要来自储蓄，储蓄存款占比多数年份保持在60%以上，1993年、2003年，占比高达78%、71%。只有2007—2011年经济上升期，对公存款占比超储蓄存款。2012年后，鄂尔多斯民间借贷危机爆发，储蓄存款占比有幸能逆势上涨，有力保障信贷资金没有发生系统性风险。

金融市场化改革后，各家银行机构掀起吸引存款激烈竞争。“九五”国家重点建设项目黄河万家寨水利枢纽投资规模近50亿元，两岸众多金融机构都在竞争这个大项目的金融业务主办权。早在1993年筹建之际，建设银行准格尔旗支行就在魏家峁乡设办事处，4名职工租房办公，为建设施工单位就近送款上门服务，后新建营业场所，购置电脑设备，开办全国联网业务，吸引两岸建设施工单位前来开户；1997年，员工增加到8名，开户单位55家，存款余额6397万元；1998年4月，支行与工程业主单位银企协作，创办黄河水利办事处，年均吸收存款上亿元。2000年，该行存款余额2.45亿元，实现利润649万元，列同城银行之首、建行内蒙古旗县支行首位。

1998年10月20日中国工商银行准格尔旗支行存款超亿元

2015年，全旗各项存款余额超十亿元的银行机构，建设银行准格尔分行114.51亿元、准格尔旗农村信用合作联社76.89亿元、准格尔煤田农村信用合作联社57.17亿元、农业银行准格尔旗支行39.65亿元、中国银行准格尔旗支行21.71亿元、工商银行准格尔支行11.62亿元。

二、贷款业务

银行机构贷款业务，分企业项目贷款和个人消费贷款两类。企业项目贷款分为企业经营性贷款和项目投资性贷款，经营性贷款成为流动资金，投资性贷款成为固定资产；个人消费贷款主要投向购房、购车，一次贷款，分期还款。

准格尔旗各项贷款余额，1991年1.22亿元，2001年突破十亿元大关，借国家西部大开发的政策利好，以同比136.34%的增速，猛增到21.4亿元；2008年突破百亿元大关，达到109.35亿元；2014年达到最高峰302.6亿元；2015年回落到285.04亿元。平均年增长超30%，2012年起，受鄂尔多斯民间借贷危机影响，增速急剧下降，2015年负增长5.8%。

银行业市场化，评定企业信用等级，提高好企业授信额度，让市场配置信贷资产。建设银行从服务国家项目准格尔项目一期工程，到支持地方煤炭、电力、煤化工等优势行业，累计投入780多亿元信贷资金，造就了“哪里有建设，哪里就有建行”的口碑。工商银行的工业企业投资性贷款和商业企业经营性贷款，面向地方中小企业，多为流动资金经营性贷款。农业银行和农村信用社面向农户发放贷款。为规避贷款风险，农业银行除农户小额联保贷款、公务员担保贷款外，全部是抵押贷款；农村信用社主要发放小额信用担保一年期短期贷款，很少发放一年期以上贷款。市场法则造成涉农业和小企业融资难问题。

为解决涉农业和小企业融资难问题，工商银行2006年开办个人经营性贷款，2009年开办小企业贷款。农业银行2011年开办农户联保小额经营贷款，2015年实施金融扶贫富民工程，建成惠农通服务点 93 个。农村信用联社 2013 年 8 月发行惠农资金一卡通，布设金牛卡助农取款服务点，2015 年给予单户最高 50 万元授信支持，准格尔旗农村信用联社发放助农贷款 3.7 亿元，惠及 20 多万农民。2009 年 7 月 6 日，建设银行同城率先开办第一笔个人创业贷款，11 月 20 日办理首笔小企业贷款，2011 年 10 月发放一笔流动资金贷款 4000 万元，为单户额度最高贷款，到 2015 年累计向 40 多户小企业发放贷款 16.10 亿元。

住房贷款是个人消费贷款的大头。1993 年住房制度改革起，工商银行、建设银行就开办个人住房贷款。2000 年房地产业兴起，其他商业银行也相继开办住房贷款。1998 年 7 月 20 日，建设银行准格尔煤田专业支行在全旗银行机构率先开办个人住房按揭贷款，向准格尔旗房地产公司集资住宅楼发放首批 12 笔个人住房按揭贷款，第一笔贷款金额 3 万元，期限 10 年；2003 年率先开办商业用房贷款，2011 年率先开办二手房交易住房贷款；至 2015 年，累计发放个人住房按揭贷款 13.50 亿元，支持 70 多个房地产项目。

随着居民生活水平提高，私家车个人消费贷款应运而生。2003 年，工商银行在全旗银行机构率先开办购车消费贷款；2009 年，农业银行等多家银行机构开办购车消费贷款。2010 年 7 月，建设银行办理第一笔汽车分期消费贷款 10 万元，2012 年，8 户汽车二级经销商成为建行购车分期消费贷款合作商，销售 25 个汽车品牌，2015 年，汽车分期消费贷款交易额 1.18 亿元。

2015 年，全旗各项贷款余额超十亿元的银行机构，建设银行准格尔分行 89.84 亿元、准格尔旗农村信用合作联社 46.98 亿元、准格尔煤田农村信用合作联社 40.23 亿元、农业银行准格尔旗支行 34.76 亿元、工商银行准格尔煤田矿区支行 14.99 亿元、工商银行准格尔支行 12.08 亿元。

1991—2015 年准格尔旗银行业信贷业务统计表

表 14-1　　　　单位：万元、%

年　份	存款余额	增长率	储蓄余额	增长率	贷款余额	增长率	存贷差额
1991	11434	16.48	7584	19.41	12230	16.47	-796
1992	13967	22.15	9608	26.69	14842	21.37	-875
1993	14461	3.54	11240	16.99	14352	-4.09	226
1994	41835	189.30	27201	142.00	44352	211.57	-2517
1995	47081	12.54	27142	-0.22	46662	5.21	419
1996	62454	32.65	41081	51.36	58545	25.47	3909
1997	85772	37.34	48009	16.86	67137	14.68	18635
1998	112346	30.98	63666	32.60	69593	3.66	42753
1999	131051	16.65	68713	7.93	72214	3.77	58837
2000	128465	-1.97	82288	19.75	90257	25.36	37938
2001	144700	12.64	96335	17.07	213956	136.34	-69256
2002	175465	21.26	112047	16.31	232465	8.65	-57005
2003	199399	13.64	141980	26.71	227898	-1.96	-28499

续表 14-1

年 份	存款余额	增长率	储蓄余额	增长率	贷款余额	增长率	存贷差额
2004	324718	62.85	205487	44.73	214809	-5.74	109909
2005	594078	85.95	307179	49.49	330600	53.90	263478
2006	779035	31.13	403218	31.26	594014	79.68	185021
2007	857347	10.05	424237	5.21	776435	30.71	80912
2008	1309854	52.78	630708	48.67	1093511	40.84	216343
2009	1995557	52.35	808949	28.26	1850448	69.22	145109
2010	2379621	19.25	974390	20.45	2069708	11.85	309913
2011	3353176	40.91	1347410	38.28	2395403	15.74	957773
2012	3864172	15.24	1927530	43.05	2700197	12.72	1163975
2013	4118269	6.58	2298043	19.22	3015902	11.69	1102367
2014	4152359	0.83	2504491	8.98	3025964	0.33	1126395
2015	3998646	-3.70	2486709	-0.71	2850354	-5.80	1148292

三、利率杠杆

1991 年，专业银行存贷款利率执行人民银行法定存贷款基准利率。1993 年，人民银行调整基准利率，允许商业银行存款利率在规定幅度内自由浮动。1996 年 6 月 1 日，人民银行放开银行间同业拆借利率，利率市场化迈出重要一步。2008 年国际金融危机爆发后，人民银行分步有序扩大存贷款利率浮动范围，2013 年 7 月，全面放开银行贷款利率管制，2015 年 10 月，放开 1 年期及以上存款利率浮动上限，利率市场化改革取得重大突破。

驻准格尔旗的全国银行机构完全执行上述利率政策。准格尔旗地方性银行机构，根据人民银行贷款基准利率，按市场变化和风险管控需要，灵活上浮交易贷款利率。两家农村信用联社贷款利率，明显高于其他银行的贷款利率。

2015 年，人民银行存款基准利率，活期 0.35%、三个月期 1.1%、半年期 1.3%、一年期 1.5%、二年期 2.1%、三年期 2.75%；工商银行、农村信用联社的存款利率，执行人民银行的基准利率。人民银行的贷款基准利率，六个月至一年 4.35%，一年至五年 4.75%，五年以上 4.9%；工商银行执行人民银行贷款基准利率；农村信用联社贷款利率上浮为，半年期 8.4%、六个月至一年 9%、一年至三年 9.23%、三年至五年 9.6%、五年以上 9.83%。

1991—2015 年中国工商银行利率一览表

表 14-2　　单位：%

年 份	存款利率				贷款利率		
	活 期	1 年	2 年	3 年	半 年	1 年	1～3 年
1991	1.50	6.30	6.60	6.90	8.10	8.64	9.00
1992	1.50	6.30	6.60	6.90	8.10	8.64	9.00
1993	1.80	7.65	8.25	9.00	9.00	10.98	12.24
1996	1.98	7.47	7.92	8.28	9.18	10.08	10.98
1997	1.71	5.67	5.94	6.21	7.65	8.64	9.36
1998	1.44	4.77	4.86	4.95	6.12	6.39	6.66
1999	0.99	2.25	2.43	2.70	5.58	5.85	5.94
2002	0.72	1.98	2.25	2.52	5.04	5.31	5.49
2004	0.72	2.25	2.70	3.24	5.22	5.58	5.76
2006	0.72	2.52	3.06	3.69	5.58	6.12	6.30
2007	0.72	4.14	4.68	5.40	6.27	7.47	7.56
2008	0.36	2.25	2.79	3.33	4.86	5.31	5.40
2010	0.36	2.75	3.55	4.15	5.35	5.81	5.85
2011	0.50	3.50	4.40	5.00	6.10	6.56	6.40
2012	0.35	3.00	3.75	4.25	5.60	6.00	6.15
2014	0.35	2.75	3.35	4.00	5.60	5.60	6.10
2015	0.35	1.50	2.10	2.75	4.35	4.35	4.75

第四节　中间业务

银行机构依托业务、技术和人才优势，以中间人的身份代理客户承办收付和其他委托事项，提供各种金融服务。跨入 21 世纪，准格尔旗银行机构中间业务收入占比逐年加大，继信贷业务存贷利息差额后，成为银行机构第二收入来源。工商银行准格尔旗支行中间业务收入，2000 年只有 13 万元，2005 年达到 68 万元，2010 年猛增到 5556 万元，2015 年回落到 447 万元。

一、支付结算

从“八五”到“十二五”，准格尔旗银行支付结算业务发生历史巨变。从算盘核算到电脑核算，从票据跑腿到信息跑腿，从同城同行到跨城跨行，从几天到账到实时到账。

1991 年，银行机构支付结算业务，使用算盘人工核算，带银行汇票、账户支票等结算工具，同城同行网点之间跑来跑去。1997 年，开通同城票据交换和电子联行业务，结束手工核算历史。2005 年 4 月 11 日，人民银行集中核算支付系统上线，同城票据实时清算。2013 年 10 月 6 日，人民银行第二代支付系统投运，核心是清算账户管理系统，业务应用系统包括大额支付系统、小额支付系统和网上支付跨行清算系统，形成以人民银行跨行支付系统为基础，以银行机构行内支付系统、票据支付系统、银行卡支付系统为补充的全国性支付体系，支付结算步入电子支付时代。

2021年准格尔煤田信用合作联社营业厅

1991年年初，农村信用合作社准格尔旗联合社只能在信用社之间办理支付结算业务；同年9月，获准在其他银行机构开立结算账户，办理同城票据交换业务。2007年7月，内蒙古农村信用社核心业务系统上线，信用社系统结算实现实时到账。2008年12月，准格尔旗农村信用合作社联社接入农信银全国支付清算系统，实现了全国农村信用社系统内清算。2014年7月，内蒙古自治区农村信用合作社联社接入人民银行二代支付业务系统。2014年11月26日，准格尔旗农村信用合作社联社所有营业网点接入人民银行清算账户管理系统。

二、代理业务

商业银行接受客户委托，代客户办理经济事务，提供客户定制的金融服务。25年来，准格尔旗银行机构代理渠道不断拓展，代理产品不断丰富，满足机构和个人多样化金融服务需求。

银政合作，代收行政事业性收费，代发工资，这是各银行机构最早的代理业务，也是最为普遍的代理业务。代理业务发展较晚的两家农村信用合作社联社，2005年12月，代理发放全旗最低生活保障金，2008年11月5日，代理发放全旗财政惠农补贴资金，开通金牛卡“一卡通”支付系统。建设银行准格尔分行，2013年独家代理准格尔旗公务卡，2014年8月独家代理准格尔旗社保卡。

银证合作，代理国债、基金、股票等有价证券；银保合作，代理销售保险产品，支付保险赔付。这两类代理业务是银行机构业务量最为庞大的中间业务。2002年，建行准格尔分行开办代销基金、代理保险、代理体育彩票资金、代理证券转账等业务，2015年，代理销售国债1.59亿元，销售基金7.35亿元，销售保险1.64亿元。

银银合作，代理其他商业银行收付资金的业务。2005年，工商银行准格尔旗支行，代理准格尔经济开发区建设银行、邮政储蓄银行货币接送和寄库业务。有的银行机构为特定客户量身定制，开办专享代理业务。2011年，建设银行准格尔分行在内蒙古工业大学矿业学院开通“校园一卡通”；2012年，农业银行准格尔旗支行为伊东集团办理6亿元融资租赁业务；2014年9月20日，建设银行准格尔分行在中心医院开通“银医通”系统。

三、银行卡工具

1991年，准格尔旗银行存款媒介是纸质存折和存单，交易记录手工填写，加盖公章有效。1994年，工商银行率先在全旗开办磁条存折，交易记录计算机打印，能同城工行通存通兑。1999年，工商银行在全国率先发行银行卡牡丹卡，能异地工行存取现金。牡丹卡分储蓄卡、信用卡两类，储蓄卡先存后支，不能透支；信用卡先刷卡支付，后还本付息，不能逾期。

2002年3月，中国银联成立，银行卡从此能跨行支付，银行卡这一非现金支付工具，迅速进入大众日常生活。同年，建设银行发行龙卡，农业银行发行金穗卡。2003年，工商银行开办磁条存折换发磁条银行卡业务。2006 年，邮政储蓄银行发行绿卡；2008 年 3 月，内蒙古农村信用社发行金牛卡。全旗银行卡还有，中国银行长城卡、交通银行太平洋卡、华夏银行华夏卡、包商银行雄鹰卡、鄂尔多斯银行天骄卡、乌海银行狮卡。

2015 年，银行卡在全旗得到普及，银行机构不再发行磁条卡，开始换发芯片卡，按额度分为普通卡、金卡、白金卡，面向企业发行商务卡，面向各机关发行公务卡。持卡人随身带少量现金和银行卡，小额现金支付，大额刷卡支付，方便又安全。两家农村信用联社累计发行金牛卡 45.92 万张，全旗 18 岁至 60 岁人口人均两张金牛卡。建设银行准格尔分行龙卡信用卡贷款余额 3.42 亿元，信用卡交易额 19.69 亿元。

四、个人理财

1991 年，准格尔旗正在销售国债，分储蓄式、记账式、凭证式 3 种国债，这是全旗最早的个人理财产品。1998 年 7 月，建设银行准格尔煤田专业支行率先代销分红型人寿保险产品，这是全旗第二类个人理财产品。2002 年，建设银行机构开始代销基金、证券、彩票，推出投资风险型个人理财产品。2008 年 1 月建设银行准格尔分行首次销售贵金属。2009 年 9 月工商银行在旗机构也开始销售贵金属，贵金属理财分实物黄金、白银，账户贵金属两类。

2012 年，邮政储蓄银行在旗机构推出创富、天富、财富三个系列个人理财产品，开发“金种子”个人理财特惠业务。落户准格尔旗的包商银行机构，推出夜间特惠理财夜市，每晚 20：00—24：00 时段，通过网络足不出户轻松理财。2013 年，农业银行准格尔支行开办私人银行个人理财业务。落户准格尔旗的中信银行全旗唯一开办保管箱业务。2015 年，准格尔旗农村信用合作社联社代理兴业银行理财产品。

2012 年 9 月 5 日，建设银行准格尔分行在银泽支行设立的私人银行开业，为高端客户提供专享理财服务。9 月 6 日办理第一张私人银行财富卡。2013 年 1 月销售第一套熊猫金币，11 月销售第一笔“财富通”信托理财产品，12 月签约第一笔“金管家”业务；2014 年 4 月办理第一笔“财富易”业务，9 月办理第一笔“财富保”业务。2015 年，管理 500 万元至 1000 万元资产 211 户 18.77 亿元，1000 万元以上资产 68 户 12.24 亿元。

五、外币业务

1991 年，准格尔旗银行机构只能办理汇入外币兑换人民币和汇出人民币业务。1996 年 1 月，建设银行准格尔煤田专业支行率先开办外币储蓄业务，工商银行、农业银行机构紧随其后，1999 年工商银行准格尔旗支行外币储蓄余额折合 2.1 万美元。2006 年农业银行与西联公司合作全国独家推出特快国际汇款；同年 5 月落户准格尔旗的中国银行，开办个人外汇实盘买卖业务。2008 年 12 月，建设银行准格尔分行率先开办个人国际结算业务，2012 年 8 月个人国际结算量突破 1 亿美元。2013 年 3 月落户准格尔旗的中信银行是全国赴美签证缴费唯一指定银行。2014 年 3 月，建设银行准格尔分行办理第一笔“留学鑫”业务。至 2015 年，中国银行、交通银行、邮政储蓄等全国性商业银行，相继开办个人国际金融业务。

2008 年 9 月，建设银行准格尔分行在全旗率先开办企业国际金融业务，为伊东东方能源化工公司汇入外商投资资本金 3495 万美元；2009 年，为高岭土出口企业蒙盛新材料公司、亚矿资源公司开立外币结算账户。2012 年 3 月，汇入资本金 8.8 亿元港币，这是全区建行单笔最大外币业务。2015 年，汇入资金折合 131 万美元，汇出资金折合 273 万美元。

第五节　风险管理

一、治理结构

1991 年，国家专业银行在准格尔旗的分支机构，实行上级直管下一级体制。2005 年，随国有商业银行股份制改造上市，国有股份制商业银行普遍建立股东大会、董事会、监事会、高级管理层“三会一层”现代金融企业管理体制，成立全国统一法人，准格尔旗银行机构受上一级行直管、上两级行监控。

1991 年，准格尔旗乡级农村信用社，是农民入股的集体合作金融组织，具有独立法人资格；旗级联合社由农村信用社联合组成，管理服务乡级法人，为旗县级法人。实行“三会”制民主管理，社员代表大会是最高权力机构，理事会是常设执行机关，监事会是监督机构，理事会和监事会由社员代表大会选举产生。2007 年 4 月，全旗建立旗县级统一法人两家联社，农村信用社成为联社分支机构，取消独立法人资格。

准格尔旗信用合作联社，2020 年摄

这种地方银行治理结构，源于农村信用合作社资本来自农民入股，参与经营管理，从中分红收益。1991 年，农村信用合作社准格尔旗联合社股金 187 万元，准格尔煤田联合社股金 55 万元；1996 年与农业银行“脱钩”后股金减少；2007 年 4 月建立旗县级统一法人后，股本金增加。2015 年，旗农村信用合作联社股本金 2.65 亿元，煤田农村信用合作联社股本金 2.77 亿元。

二、不良贷款

贷款拖延还本付息三个月后为逾期贷款；逾期贷款尚未确定无法收回为呆滞贷款，呆滞贷款确定无法收回为呆账贷款。“九五”期间国营集体企业转制民营导致多数企业破产解体，“十二五”后期鄂尔多斯民间借贷危机导致房地产资金链断裂，准格尔旗银行机构两次出现大面积不良贷款。

建设银行准格尔煤田专业支行 1999 年不良贷款余额 2404 万元，不良贷款率 8.35%。唐公塔煤矿是准格尔项目一期工程配套建设项目，1993 年投放政策性贷款 2486 万元成为呆账贷款，1999 年按政策核减本息 4299 万元。工商银行准格尔煤田专业支行 1998 年实行贷款新老划段，到 2000 年，收购粮贸饭店、哈岱高勒乡阳坡沟煤矿、焦稍沟煤矿不良资产 215 万元，清收利息 32 万元，向人民法院起诉 33 户，清收本金 84 万元、利息 18 万元。工商银行准格尔旗支行 2001 年核定“一逾两呆”不良贷款余额 4783 万元，不良贷款率高达 31.89%，到 2005 年才实现不良贷款清零。农业银行准格尔旗支行在商业银行机构中历史包袱相对最重，利用上级行历年提取贷款呆账准备金，1996 年核销不良贷款 29.66 万元，1999 年核销不良贷款 176 万元；2000 年农业银行总行大股东财政部长城资产管理公司，剥离不良贷款 5263 万元，2008 年再次剥离不良贷款本金 7071 万元、利息 5014 万元。

2012 年，鄂尔多斯民间借贷危机资金链断裂后续连锁反应，全旗银行机构几乎无一幸免受到冲击。建设银行准格尔分行当年产生个人不良贷款 4000 万元，至 2015 年，个人不良贷款余额下降到1601万元，不良贷款率0.41%。工商银行准格尔支行当年出现个人不良贷款979万元，2015年不良贷款高达4877万元，不良贷款率4.04%。农业银行准格尔旗支行当年大部分法人贷款也进入不良状态，2013年停止放贷，通过依法清收、处置抵押资产，收回贷款23.3亿元，2014年只收回贷款485万元，2015年参加建设银行准格尔分行牵头组成的债权人委员会，对伊东集团贷款重新确定还款期限，维护支行15.9亿元贷款债权。两家农村信用联社不良贷款率更高，累积到2014年不良贷款率均超10%，被迫提取贷款专项损失准备金来应对信贷风险，准格尔煤田农村信用合作联社2015年计提贷款损失准备金1.19亿元，年末贷款损失准备金余额达到5.54亿元。

三、安全保卫

“八五”期间，准格尔旗银行机构安全保卫主要靠人防、物防；进入“十五”后，转为技防、人防、物防相结合。多年来全旗银行机构实现连年安全无事故。

物防方面，“八五”期间，银行柜台为开放式柜台；进入“九五”后，设金属栅栏与外界隔离；“十五”期间，改用防弹玻璃防护，“十一五”期间，安装防尾随防盗门防护现金区；“十二五”期间，自动柜员机安装智能防护舱。

技防方面，“九五”期间，银行网点安装录像设施，实行回放监控，接通公安“110”报警语音电话；“十五”期间，录像监控范围扩大到自助银行；“十一五”后，引进高清视频监控系统，全天候实时监控；“十二五”期间，银行网点安装防抢劫催泪系统。

人防方面，“八五”期间，银行机构自建安保队伍，配备枪械，金库24小时双人武装守卫，配备专车，武装押运现金。进入“十一五”后，金库安保，现金押运外包给专业公司，社会化运营，西部地区银行机构由鄂尔多斯金盾守押护卫公司负责，东部地区银行机构由内蒙古威信保安押运公司负责。

四、经营效益

1991年，国家专业银行行业垄断经营，都能盈利，建设银行准格尔煤田专业支行利润700万元，工商银行准格尔旗支行利润90万元，农业银行准格尔旗两家支行合计利润8万元。两家农村信用合作社联合社处于亏损状态，准格尔旗联合社亏损8万元。

1994年起，国有专业银行向国有商业银行转型发展，自负盈亏。两家建设银行机构利润保持稳定增长，两家工商银行机构、两家农业银行机构，均出现连年亏损。1996年起，农村信用合作社与农业银行脱离行政隶属关系后，也进入连年亏损期。

2005年后，商业银行股份制改造建立全国统一法人，准格尔旗商业银行机构利润水平大幅上升，建设银行准格尔分行2006年利润突破亿元大关，2014年利润高达4.72亿元；农业银行准格尔旗支行2014年利润高达1.76亿元；工商银行准格尔支行2013年利润高达6067万元。2007年，农村信用社建立联社统一法人后，也进入辉煌发展期，2011年，准格尔旗联社利润高达2.51亿元，准格尔煤田联社利润高达2.2亿元。

2012年起，受鄂尔多斯民间借贷危机影响，银行利润开始下滑，2015年，工商银行准格尔支行利润下滑至2235万元，准格尔煤田农村信用合作联社利润下滑至658.67万元，准格尔旗农村信用合作联社亏损1312万元，建设银行准格尔分行亏损5.19亿元，农业银行准格尔旗支行亏损13.5亿元。

第三章　保险业

1991年，准格尔旗有一家保险机构，为中国人民保险公司在沙圪堵镇设准格尔旗支公司，职工19名，保费收入234.82万元，承担风险保障92.6万元。1993年1月，按地域一分为二，准格尔旗支公司留守沙圪堵镇，薛家湾镇设立准格尔煤田支公司。1996年8月，人身保险与财产保险分业经营，又二分为四，财产保险公司设准格尔旗、准格尔煤田两家支公司，人寿保险公司设准格尔旗、准格尔煤田两家营业部。2005年1月，中华联合财产保险公司设准格尔煤田支公司，率先打破财产保险市场独家经营的局面，各大保险公司纷纷抢滩准格尔。“十二五”时期，打破分业经营的行业壁垒，出现人寿财产保险、人民人寿保险的分支机构。从跨地区竞争到跨行业竞争，从比产品保障能力到拼理赔服务水平，保险业在竞争中发展壮大。2015年，全旗有保险公司机构28家，保费收入8.4亿元，承担风险保障1.46亿元，吸纳2500多名保险代理人就业，初步形成与经济社会发展相适应的现代保险业服务体系。

第一节　保险机构

一、财产保险机构网点

1991年，中国人民保险公司准格尔旗支公司在沙圪堵镇自建二层楼办公，建筑面积1345.7平方米，固定资产12.67万元；开办综合保险业务；同年5月在薛家湾镇设准格尔煤田办事处；当年职工19名，保费收入234.82万元，理赔支出92.6万元；12月27日，被命名为内蒙古自治区级文明单位。1992年9月，在乌兰哈达乡设立黄天棉图办事处。1993年1月，分出7名职工在薛家湾镇设准格尔煤田支公司；准格尔旗支公司留守12名员工，全年保险费收入减少到98.29万元，理赔支出44.52万元。1996年8月，分出4名员工设中保人寿保险公司准格尔旗营业部；留守6名员工设中保财产保险公司准格尔旗支公司，专营财产保险业务，保费收入301.2万元，理赔支出196.53万元。1999年1月，撤销黄天棉图办事处。2000年，大量客户随旗人民政府搬迁薛家湾镇，保费收入由1999年290万元锐减到199.53万元。2003年7月，随总公司股份制改革，注册更名为中国人民财产保险股份有限公司准格尔旗支公司。2010年11月，设立羊市塔营销部。2011年11月，新建商住一体办公大楼投入运营，建筑面积3108.52平方米，固定资产988.41万元，当

中国人民保险准格尔旗支公司，1991年摄

年保费收入达到最高峰 4213 万元。2012 年 7 月，在十二连城乡、纳日松镇、布尔陶亥苏木、龙口镇、准格尔召镇设 5 个营销部，受鄂尔多斯民间借贷危机影响，业务量逐年下滑。2015 年，员工 29 名，营销代理人 82 名；保费收入 2709.89 万元，理赔支出高达 3157.60 万元。

1993 年 1 月，中国人民财产保险公司，从准格尔旗支公司分出 7 名员工，成立准格尔煤田支公司，负责薛家湾、哈岱高勒、窑沟、准混兑 1 镇 3 乡综合保险业务，在薛家湾镇准格尔路自建 3 层楼办公，建筑面积 898.55 平方米，总投资 347 万元。当年保费收入 380 万元。1996 年 8 月，分出 4 名员工设中保人寿保险公司准格尔煤田营业部；留守 6 名员工设中保财产保险公司准格尔煤田支公司，专营财产保险业务，当年保费收入 460 万元；1998 年保费收入突破千万元大关，人均保费收入居内蒙古人保财险 4 级支公司第一。1993—1999 年，累计理赔支出 1800 万元。2003 年 7 月，随总公司股份制改革，注册更名为中国人民财产保险股份有限公司准格尔煤田支公司。2012 年，业务量达到顶峰，保费收入 8917 万元，理赔支出 5824 万元。之后受鄂尔多斯民间借贷危机影响，业务量开始下滑；2015 年，员工 29 名，保险代理人 95 名，保费收入 6929.46 万元，理赔支出 2830.15 万元。

2015 年，保费收入上千万元的财产保险公司分支机构还有：中华联合财产保险公司 2005 年 1 月设准格尔煤田支公司，2015 年保费收入 2986 万元。中国大地财产保险公司 2006 年 6 月在薛家湾镇设准格尔旗支公司，2011 年 4 月设大路营销部，2015 年保费收入 2600 万元。中国太平洋财产保险公司 2007 年 8 月在薛家湾镇设准格尔支公司，2015 年保险费收入 1394.58 万元。中国平安财产保险公司 2008 年 10 月在薛家湾镇设准格尔支公司，2015 年保费收入 3476 万元。中国人寿财产保险公司 2012 年 1 月在友谊街道设准格尔旗煤田支公司，2015 年保费收入 1421.48 万元。中国人寿财产保险公司 2012 年 6 月在沙圪堵镇设立准格尔旗支公司，2015 年保费收入 2428.43 万元。

2015 年，保费收入低于千万元的财产保险公司分支机构有，中国大地财产保险公司 2007 年 8 月设沙圪堵支公司，安华农业保险公司 2007 年 8 月在薛家湾镇设准格尔旗支公司，都邦财产保险公司 2008 年 2 月在薛家湾镇设准格尔旗营销部，阳光财产保险公司 2009 年 4 月在薛家湾镇设准格尔旗支公司，中国太平洋财产保险公司 2011 年 6 月设沙圪堵支公司，中华联合财产保险公司 2013 年 5 月设准格尔经济技术开发区支公司，中华联合财产保险公司 2015 年 2 月设大路新区支公司。

二、人身保险机构网点

中国人寿保险公司准格尔旗支公司，前身为 1996 年 8 月设立的中保人寿保险公司准格尔旗营业部，与中保财产保险公司准格尔旗支公司在沙圪堵镇二层楼合署办公，专营人身保险业务，拥有使用面积 1957.2 平方米；职工 4 名，代办员 2 名；保险费收入 122 万元，理赔支付 78.7 万元。1999 年 5 月，更名为中国人寿保险公司准格尔旗支公司。2001 年 4 月 1 日，上级公司委托准格尔煤田支公司管理准格尔旗支公司两年。2003 年 6 月，在沙圪堵镇、羊市塔镇设营销部。2003 年 9 月更名为中国人寿保险公司准格尔旗支公司。2006 年 11 月 28 日，在沙圪堵镇准格尔路建成二

中国人寿保险准格尔旗支公司，2022 年摄

层办公楼投运，建筑面积315.2平方米。2010年，获内蒙古人寿保险系统突出贡献奖。2015年，员工10名，保险代理人267名，保费收入4965.75万元，理赔支出228.84万元，拥有长期客户3.4万户、短期客户3.8万户，占全旗西部人身保险市场份额93%。

中国人寿保险股份有限公司鄂尔多斯市准格尔煤田支公司，前身为1996年4月设立的中保人寿保险公司准格尔煤田营业部，与中保财产保险公司准格尔煤田支公司在薛家湾镇准格尔路三层小楼合署办公，分业经营；正式职工4名，保险代办员3名；保险费收入160万元，理赔支出43.4万元。1997年，推行保险代理人个人营销制度。1999年5月，更名为中国人寿保险公司鄂尔多斯市准格尔煤田支公司。2001年11月28日，搬迁到东华小区新建三层楼办公，建筑面积1000平方米。2002年，启动银行中介代理保险业务，陆续在乡镇驻地设立营销服务部。2003年3月，在鄂尔多斯市人寿保险系统率先实行无假日柜面客户服务。2003年9月，更名为中国人寿保险股份有限公司鄂尔多斯市准格尔煤田支公司。2005年，被评定为AAA级保险公司分支机构；同年7月，被评为内蒙古自治区级文明单位。2006年6月，被评为全国人寿保险系统先进集体。2007年12月，被评为全国人寿保险系统青年文明号；2008年11月，被评为全国金融系统职工职业道德建设先进单位。2009年6月，被评为全国保险系统精神文明建设先进单位。2015年，运营支公司本部、大路镇营销服务部两个网点；合同制员工15名，营销团队8个，保险代理人418名；各项保费收入11878.63万元，各项赔付支出1993.54万元。

中国平安人寿保险公司，2005年4月在薛家湾镇设立准格尔旗营销部，2015年，员工6名，保险代理人430名，保费收入6959万元。新华人寿保险公司，2007年12月在薛家湾镇设准格尔旗支公司，2015年，职工8名，保险代理人354名，保费收入3974万元。泰康人寿保险公司，2007年12月在薛家湾镇设准格尔旗营销部，2014年受鄂尔多斯民间借贷危机影响歇业。合众人寿保险公司2008年5月在薛家湾镇设准格尔旗营销部。富德生命人寿保险公司2013年7月在迎泽街道设准格尔旗营销部。中国人民人寿保险公司2015年1月在兴隆街道设准格尔旗支公司。新华人寿保险公司2015年2月设沙圪堵支公司。

第二节　保险产品

1991年，中国人民保险公司独家经营综合保险业务，同年7月在准格尔矿区开办的征地农民家庭财产和人身意外伤害综合保险产品，兼有财产保障与人身保障功能。1996年8月，国家实行财产保险与人身保险分业经营，中保人寿保险公司率先开办分红型人身保险，中保财产保险公司随后推出机动车商业保险。2006年，国务院发布《保险业改革发展若干意见》后，保险市场竞争日趋激烈，保险产品更加丰富，保险费率越来越低，保障范围日益扩大。

一、财产保险产品

1991年，准格尔旗财产保险产品有，国营集体企业财产保险、城镇家庭财产保险、机动车保险、货物运输保险、农业牲畜保险等，企业财产保险占大头。1995年，中国人民保险公司开办家庭财产综合保险，保障房屋及附属建筑损失、家用物品损失，家庭财产保险业务从城镇拓展到乡村。

1996年8月，财产保险与人身保险分业经营，中保财产保险公司获准经营企业财产保险、家庭财产保险、机动车辆保险、货物运输保险、雇主责任保险、住房抵押贷款保险等财产保险业务。

2022 年中国人民财产保险准格尔煤田支公司营业厅

2007 年 7 月 1 日起，全国统一开办机动车第三者责任强制保险；2008 年 8 月起，所有新车和保险到期的车辆续保必须购买车辆交强险，6 座以下机动车一年期基础保险费，私家车 950 元，企业非营业汽车 1000 元，机关非营业汽车 950 元，营业出租车 1800 元。机动车辆保险开始成为财产保险市场大头。机动车辆商业保险的险种由损失险、第三者责任险、盗抢险逐步扩增到近 20 个险种，为车主提供多方位的风险保障。2015 年 6 月起，国家下调商业车险费率浮动下限，驾驶习惯良好的车主享受到更低的商业车险折扣。

2008 年，中国人民财产保险股份有限公司准格尔旗支公司承保全旗政策性农业保险，旗财政补贴农民保费 30%，补贴品种从玉米开始，覆盖大宗农产品。2013 年，中华联合财产保险公司准格尔煤田支公司与林业局签下全旗林业保险第一单。

2015 年，各大财产保险公司不断推陈出新，开办各类责任保险及各类保证保险、信用保险等新型保险业务。中国人民财产保险股份有限公司财产保险产品，涵盖农业保险、企业财产保险、家庭财产保险、工程保险、责任保险、意外保险、信用保证保险、机动车保险、货物运输保险、健康保险、综合保险 11 大类近 400 个险种。

二、人身保险产品

1991 年，准格尔旗人身保险产品有，子女教育婚嫁保险、校园人身意外伤害责任保险、汽车附座人身意外保险等。1992 年，开办少儿年金保险。

2022 年中国人寿保险准格尔煤田支公司营业厅

1996 年 8 月，人身保险与财产保险分业经营，中保人寿保险公司获准经营 4 大类 11 种人身保险产品。寿险类有简易人身保险、福寿安康保险、团体人身保险、团体人寿保险、子女教育婚嫁保险、独生子女两全保险，意外伤害险类有人身意外伤害保险、团体人身意外伤害保险，年金保险类有个人养老金保险、集体养老金保险，健康保险类疾病医疗保险。

1997 年，中保人寿保险公司首推“鸿”字系列分红型保险，寿险类 88 鸿利、99 鸿福、66 鸿运 3 种保险，年金险类鸿寿养老保险。1999 年，中国人民银行规定 2.5% 的人身保险预定费率上限。2000 年，中保人寿保险公司推出千禧理财保险。2004 年，再次推出鸿鑫、鸿瑞、鸿寿、鸿宇 4 种两全保险。

2006 年，国务院出台《关于保险业改革发展的若干意见》，商业养老保险和健康保险迅速发展，各类风险保障、储蓄投资、养老医护等新型人身保险产品相继推出。新华人寿保险公司营销“吉”系列分红保险，满足客户养老规划、教育规划和健康保障需求。2010 年 7 月，国家放开人身保险预定费率，普通型人身保险产品爆发式增长，改变分红型保险“一险独大”局面，保障程度高的普通寿险、健康险、意外险更受消费者欢迎。

2015 年，各人寿保险公司险种更加丰富，保障范围涉及民生诸多领域。中国人寿保险公司承保短期、中期、长期、终身 4 种时段，寿险、意外伤害险、年金险、健康险、储蓄性养老险、教育险、医疗险 7 大类 140 多个品种。

第三节 营销展业

一、营销渠道

“八五”期间，保险产品全靠保险公司网点柜面团体直销。

1997 年，中保人寿保险公司率先引进个人营销制度，准格尔煤田、准格尔旗两家支公司开始录用保险代理人。1998 年 3 月 1 日起，国家实行保险代理人持证上岗管理，中保财产保险公司准格尔煤田、准格尔旗两家支公司也开始录用保险代理人。“十二五”初期，全旗保险代理人一度接近 3 千人。2012 年，受鄂尔多斯民间借贷危机影响，保险代理人开始减少。2015 年，国家取消保险代理人资格考试，全旗有保险代理人 2500 多人。

保险代理人群体，90% 以上为女性，70% 以上只有初中、高中学历，50% 来自零就业家庭。保险代理人个人营销制度，为广大就业困难妇女搭建广阔创业平台，创造一个个营销传奇。石生华是一名裁缝，2000 年入职中国人寿保险公司准格尔煤田支公司，开始二次创业，迅速成长为公司销售精英，2003 年以新单保费近百万元的优异成绩，入选中央电视台“同一首歌走进中国人寿”晚会现场嘉宾。保险代理人素质良莠不齐，个别代理人死缠烂打攻关客户、诚信缺失误导销售，为广大客户所诟病。

1997 年，中保财产保险公司准格尔旗支公司，率先与农村信用联社合作，代理保险销售业务。2000 年 10 月 23 日，中国人民保险公司内蒙古分公司下发《保险兼业代理管理暂行办法》，银行代理保险业务合法化。2002 年，中国人寿保险公司准格尔煤田支公司启动银行代理保险业务。2008 年 1 月 16 日，银监会与保监会签署深层次合作谅解备忘录，银行与保险联姻成为保险第三大营销渠道。

2000 年，人寿保险公司准格尔旗两家支公司实现电脑操作，结束手工操作纸质办公。2002 年，财产保险公司两家支公司实现电脑办公。2009 年，中国人民保险公司电话车险上线。进入“十二五”，保险与互联网深度融合，云计算、大数据、智能化、移动互联等技术充分应用，降低经营成本，提升客户体验。2013 年，中国人民保险公司营销管理系统上线，开通网络营销渠道。2015 年，中国人民保险公司开通手机视频自助营销系统，网络营销进入自助时代。

二、展业案例

1991 年，准格尔旗唯一的保险机构保费收入 234.82 万元。1993 年，两家支公司保费收入 478.29 万元。1996 年 6 月，4 家保险分支机构保费收入 1043.2 万元。2006 年，全旗保费收入首次突破亿元大关。2012 年，受鄂尔多斯民间借贷危机影响，保费增速由两位数下降到个位数。2015 年，全旗保费收入 8.4 亿元。保险人抓住地方经济发展机遇，用一个个艰苦打拼的展业案例，成就了准格尔旗迅猛发展、体量庞大的保险业。

准格尔煤田以百亿元投资规模，成为各家保险公司争夺的黄金客户。1995 年 10 月，中保财产保险公司准格尔煤田支公司承保黑岱沟露天煤矿进口设备龙斗财产损失险，单体设备保费收入高达 290 万元；1998 年 3 月，承保准煤公司财产损失保险，一单保费收入 800 万元；2004 年，与准能公司签订 131 万元的企业财产险保单。受惠于准能公司的保险机构还有中国人寿保险公司准格尔煤田支公司，2008 年 2 月 29 日，业务员王三板承保准能公司团体意外伤害险 50 万元，为支公司设立以来最大保单。

中国人民财产保险准格尔煤田支公司，2022 年摄

第四节 风险保障

1991 年，准格尔旗保险业承担风险保障 92.64 万元。2003 年，承担风险保障突破千万元大关；2012 年，承担风险保障突破亿元大关；2015 年，承担风险保障 1.46 亿元，其中财产安全保障 1.15 亿元，人身安全保障 3075 万元。25 年间，风险保障能力提升了百倍多。

一、理赔服务

与人身保险理赔服务相比，财产保险需要到出险现场查勘，确定损失原因和损失程度，客户对财产保险理赔服务要求更高。“八五”至“九五”期间，交通通信条件限制，抢险救援慢在路上。2000 年 7 月 4 日，中国人民财产保险公司开通服务热线电话“95518”，无论何时何地，只要拨打电话，就可以受理报案、事故救援，开通机动车辆保险交通事故生命“绿色通道”，抢救费由财险公司担保。2003 年 3 月，中国人民保险郑重承诺，异地出险，就地理赔，现场定损，及时赔付，5000 元以下案件一天一次性定损快速结案。2015 年，推出限时服务，交通事故现场查勘，市区内 15 分钟内达到，100 公里内 120 分钟内到达，现场查勘拍照，直接上传至公司理赔系统。阳光财产保险公司准格尔旗支公司，借助手机网络理赔车险，实现闪赔闪付。

中国人民财产保险准格尔旗支公司，2022 年

二、理赔案例

2015 年 8 月，一位客户确诊卵巢癌，她在新华人寿保险公司准格尔旗支公司购买了 3 份保单：健康福享险保障额 14676 元，附加精选 2 号保障额 5 万元；康健吉顺定期防癌医疗险保障额 3 万元；吉祥至尊险保障额 6 万元，附加定期重病医疗保障额 6 万元。她凭 3 份保单 5 种保障获得新华人寿

保险公司 28.82 万元赔付，成为全旗人身保险保障额度最大案例。

2009 年 4 月 8 日，伊泰煤制油公司发生火灾，中国人民财产保险股份有限公司准格尔旗支公司一次性赔付 565.34 万元，创事故理赔数额最高纪录。

2002 年 12 月 8 日，喇嘛湾黄河大桥发生遇难 27 人、伤 21 人特大交通事故，中国人民财产保险股份有限公司准格尔煤田支公司，第一时间赶赴现场和公安交警一道投入现场救助，事故发生不到 10 小时，支公司带来 20 万元预付赔款，迅速展开善后理赔，抚慰了伤亡人员家属的心灵。

2015 年，全旗遭受严重旱灾，农作物受灾面积 3563 公顷，中国人民财产保险股份有限公司准格尔旗支公司最终赔付 2596.86 万元。当年该公司保费收入 2709.89 万元，理赔支出 3157.60 万元，造成历史上首次亏损，保险人用实际行动践行了保险行业"守信用、担风险、重服务、合规范"的核心价值理念。

2001—2015 年准格尔旗保险业统计表

表 14-3　单位：万元

年份	综合保险		财产保险				人身保险			
	收入	理赔	收入	理赔	车险收	车险赔	收入	理赔	健康险收	健康险赔
2001	2796	726	1182	572	646	299	1614	154	47	34
2002	4049	813	1525	623	861	405	2524	190	48	32
2003	5166	1047	1772	886	934	599	3394	161	130	102
2004	7325	1707	3364	1508	2239	902	3961	199	138	122
2005	8550	1587	3363	1397			5187	190	156	115
2006	10549	1693	4001	1475	2852	1251	6548	218	151	141
2007	11841	2621	5196	2445	3314	1656	6645	376	202	132
2008	18450	3289	9058	2721	3977	1809	9392	568	290	246
2009	21722	3631	12681	3028	5568	2013	9041	603	299	241
2010	37326	6808	22927	5030	13208	3402	14399	1778	845	251
2011	50410	8638	33909	6650	19535	4498	16501	1988	945	288
2012	63660	10545	45020	8118	26785	5466	18640	2427	1214	988
2013	74327	12038	54654	9549	28077	5907	19637	2493	1346	1232
2014	79268	13330	58627	10347	31074	6320	20641	2983	2153	1634
2015	83993	14583	62320	11508	34230	6977	21673	3075	2601	1640

第四章　证券·融资

第一节　证　券

准格尔旗证券业起步较晚，发展迅猛。2002 年 10 月，中国证券业监督管理委员会批准，内蒙古证券公司薛家湾服务部在兴源步行街设立。2008 年 6 月，经证监会批准，服务部更名为恒泰证券公司薛家湾营业部，2009 年 12 月 13 日，在准格尔路建设银行准格尔分行二楼开业，旗人民政府与恒泰证券公司签署战略协作协议，营业部成为全旗唯一的证券公司分支机构。

2022 年恒泰证券薛家湾营业部

营业部经营证券经纪、融资债券、理财产品 3 大类业务。2009—2015 年，各项业务迅速发展。证券客户由 3666 户增加到 11871 户，托管资产由 1.75 亿元增加到 3.5 亿元，证券交易量由 1.1 亿元增加到 162.36 亿元，销售理财产品由 98 万元增加到 1.4 亿元，保证金余额由 0.3 亿元增加到 0.96 亿元，营业收入由 26.53 万元增加到 0.22 亿元，5 年间增长 83 倍。

2009—2015 年恒泰证券公司薛家湾营业部业务统计表

表 14-4　　　　单位：户、万元

年　份	证券客户	托管资产	交易总额	理财交易	保证金余额	营业收入
2009	3666	17514.94	11005.11	98.00	3087.29	26.53
2010	5174	16226.68	245215.42	520.00	1707.89	682.26
2011	6090	12294.57	148666.73	860.00	6579.63	415.28
2012	6858	350.62	110502.61	1320.00	14589.00	300.74
2013	7588	16881.15	267600.35	2150.00	2673.01	554.32
2014	8223	22765.89	422981.03	3682.00	4501.75	754.32
2015	11871	34992.53	1623576.70	14017.00	9577.62	2206.90

第二节 融 资

一、政府融资

准格尔旗人民政府融资以引进工业项目带资居多，向资本市场融资的成功案例少见。2011 年 5 月 17 日，国家发改委核准，准格尔旗国有资产投资经营公司发行 20 亿元企业债券，从浦发银行呼和浩特分行取得 20 亿元 2 年期融资债券。2014 年 12 月 30 日，第二期 17 亿元企业债券获国家发改委核准发行，2015 年 1 月 8 日，募集资金全部到位。

2013 年 3 月 1 日，内蒙古融资服务网开通，服务中小微企业融资；年末，准格尔旗注册登录企业 55 家，融资项目 52 项，申请融资 383.48 亿元，23 家企业成功融资 27.36 亿元。2015 年，生力集团、特弘集团、伊东集团 3 家公司进入全国资本市场融资项目库。

2014 年，内蒙古自治区启动“助农金融服务点”全覆盖工程，准格尔旗在十二连城乡试水联户担保支农信贷，包商银行、农业银行、中国银行 3 家驻旗机构发放支农信贷资金 2700 万元。2015 年，全旗建成助农金融服务点 143 个，覆盖率 90%；布尔陶亥苏木尔圪壕嘎查成立金融资金互助社，152 户农民投入互助资金 202 万元，发放 500 余笔低息贷款 197 万元。

二、贷款公司

各级政府金融工作办公室批准设立的小额贷款公司，吸收社会游资，服务经济发展，填补银行业涉及不到的空白。融晶小额贷款公司成立于 2008 年 6 月，注册资本 5000 万元，是准格尔旗首家小额贷款公司。2009 年，陆续成立昌信小额贷款公司、生力小额贷款公司、博菲特小额贷款公司，注册资金均超亿元。2011 年，成立浩丰银通小额贷款公司、森茂源小额贷款公司，注册资金均为 5000 万元，2014 年 6 月，科源小额贷款公司成立，注册资金 5000 万元，至此全旗有 7 家小额贷款公司。

2012 年，全旗 6 家小额贷款公司从业人员 39 人，资产总值 6.15 亿元，营业收入 0.40 亿元，交纳税费 0.02 亿元，贷款余额 5.04 亿元，负债额 1395 万元；年度发放贷款 275 笔 3.71 亿元，收回贷款 3.73 亿元，贷款利率 14.4% ～ 24%。受鄂尔多斯民间借贷危机影响，小额贷款公司开始陷入困境。2013 年，全旗小额贷款贷公司发放贷款 152 笔 4.13 亿元，回收贷款 4.25 亿元，营业收入 0.35 亿元，净利润亏损 5896.5 万元，不良贷款 5404 万元。2014 年，全旗有 7 家小额贷款公司，两家歇业，5 家坚持营业，业务规模持续下降。

2015 年，全旗 7 家小额贷款公司，从业人员 29 人，总资产 6.75 亿元，营业收入 0.02 亿元，交纳税费 16.28 万元，贷款余额 5.28 亿元，负债总额 0.99 亿元。发放贷款 40 笔 1.09 亿元，仅回收贷款 0.47 亿元。

三、担保公司

2012 年，全旗有批准设立的融资性担保公司 4 家。融桥中小企业信用担保公司成立于 2008 年 5 月，注册资本 1.1 亿元，2013 年起歇业；联龙担保公司成立于 2009 年 8 月，注册资金 5100 万元，2013 年注销。2014 年，全旗只有众祥担保公司坚持营业，因为背后有国有资本支撑；另有 13 家未取得经营许可的担保公司，受鄂尔多斯民间借贷危机影响也全部退市。

众祥担保公司成立于 2010 年 10 月，注册资金 1 亿元，旗国有资产投资经营公司控股 50%，2011 年 3 月取得融资性担保机构经营许可，当年完成担保业务 4500 万元，委托贷款业务 1.6 亿元。

2013 年完成担保业务 5500 万元，委托贷款业务 1.3 亿元。2014 年，完成担保业务 3 笔 5368 万元，委托贷款 3 笔 5300 万元。2015 年，完成担保业务 3 笔 5368 万元，注册资本增至 2 亿元。

四、民间借贷

2012 年 6 月 5 日，鄂尔多斯市人民政府公布《规范民间借贷暂行办法》（鄂府发〔2012〕40 号），打击非法集资、恶意逃债。准格尔旗审判机关受理民间借贷案件急增，2014 年突破千件，结案标的高达 5.83 亿元；2015 年受理 1834 件，结案标的 4.67 亿元。按国家非法集资政策，准格尔旗公安机关侦查非法吸收公众存款案件超 30 起，受害人 2500 多人，涉案资金逼近 10 亿元。

准格尔旗五字湾人民公社出生的苏某某，再婚定居东胜区泊江海镇。2006 年向亲友借钱创办美容美发店，生意平平，就以月息 3 分至 5 分吸收公众资金。2009 年开办火锅城，生意火爆，很快还清借款，于是出具统一借据，扩大融资额。2011 年 4 月开始，她停止支付利息，全部转为利滚利的空头支票，利息涨至 5 分。经东胜区经济犯罪侦查大队查实，此人非法集资 12 亿余元，涉及直接受害人 351 人。2013 年 1 月 25 日，鄂尔多斯市中级人民法院一审宣判，苏某某犯集资诈骗罪被判处死刑，剥夺政治权利终身。此案为鄂尔多斯市非法集资第一大案。

第十五篇

经济管理

旗域调控

审计监督

统计调查

市场管理

价格管理

安全生产

2012年9月准格尔旗薛家湾镇滨水城市景观

准格尔旗志

（1991—2015）

1991—2015年，国家从改革开放新时期到全面小康新时代，从有计划商品经济到社会主义市场经济。准格尔旗经济管理部门由直接管理生产经营活动，代行企业和市场职能，转向提供公共产品和公共服务。发展改革部门由直接管理转向间接调控，引导项目投资，淘汰落后产能，发展优势产业；市场管理部门由办市场转向管市场，平抑市场价格，监管质量计量，保障公平竞争；统计部门正向调查经济社会活动；审计部门反向监督经济违规行为；安全管理部门坚守不要“带血的GDP”。各部门通力协作为微观市场主体创造了良好发展环境。

2009年9月准格尔旗党政办公大楼绿化带

第一章　旗域调控

第一节　调控机构

1991年，准格尔旗人民政府规划经济社会发展、经济结构调整、经济体制改革、招商引资的工作部门有4家，为计划委员会、经济委员会、体制改革委员会、经济技术协作办公室。

计划委员会，2002年7月更名为发展计划局，接收招商引资职能；2005年3月更名为发展和改革局；2010年4月接收价格管理职能；2015年6月划出招商引资职能。

经济委员会，1993年2月更名为经济贸易委员会，接收商业、粮食、物资、供销、化学工业、建材工业、二轻工业、煤炭工业管理职能；2002年7月改建为经济贸易局（粮食局、乡镇企业局），接收乡镇企业管理、经济体制改革职能；2005年3月更名为经济商务局；2010年11月更名为经济商务和信息化局，接收信息化管理职能；2015年6月接收招商引资职能。

体制改革委员会，1993年2月更名为经济体制改革委员会，2002年7月撤销，职能划入经济商务局。

经济技术协作办公室，1996年改建为经济技术协作办公室（对外开放办公室），1998年3月改建为经济技术协作办公室（对外开放办公室、项目前期办公室），2002年7月撤销，职能划入发展计划局。

第二节　发展规划

一、战略规划

1994年，计划委员会启动旗人民政府驻地迁址规划，先后编制薛家湾市政区规划、塔哈拉川防洪堤规划、市场规划、教育规划、医疗卫生规划、粮食蔬菜和肉蛋类基地规划、饮水和排水规划。经过几年不懈努力，1998年1月，民政部批复，同意准格尔旗政府迁移薛家湾。1999年8月28日，旗人民政府驻地正式迁址薛家湾。

1999年，根据旗人民政府驻地迁址薛家湾镇后的实际，规划在沙圪堵镇设立经济技术开发区。1999年10月7日，内蒙古自治区人民政府批准设立准格尔旗沙圪堵经济技术开发区。市政区控制面积65.9平方千米，规划常住人口6.5万人；规划10平方千米煤炭深加工循环产业基地，10平方千米高岭土、陶瓷产业区，10平方千米中小企业创业区。

2004年，启动薛家湾镇—大路新区一体化城市核心区旗域体系规划，城市核心区控制面积70平方千米、市政区常住人口16万人、建成区绿化覆盖率37.6%。规划在大路新区建设体育场、文化艺术中心、新闻会展中心、在薛家湾镇建设综合活动中心等公共服务项目；核心区实行网格化、法制化、数字化、精细化和规范化"五化"管理模式。2015年基本完成规划设计内容。

2008年，规划建设"引黄入沙"供水工程，解决准格尔经济开发区和西部矿区工业用水问题。

建设两个黄河取水口，经康家圪旦配水厂会合后，由长滩至沙圪堵应急供水工程315毫米和600毫米双输水管道输至沙圪堵镇栗家圪旦高位蓄水池，接入开发区市政用水管网，全长48.7千米，年供水能力2400万立方米，总投资1.52亿元。2013年，工程建成供水。

二、区域规划

1996年，规划建设五大工业小区，以黄天棉图陶瓷厂为中心的神山陶瓷工业园，以弓家塔、纳林庙为中心的出口煤工业小区，以沙圪堵为中心的轻工业小区，以榆树湾为中心的建材、化工工业小区，以薛家湾为中心的综合工业小区。规划区在土地使用、税收收费、劳动用工等方面实行优惠政策。2005年，完成五大工业小区规划建设内容。

2007年，规划农牧业“三区”，即优化发展区、限制发展区和禁止发展区。优化发展区集中在北部沿河十二连城、布尔陶亥、大路和南部沿河龙口4个苏木乡镇29个行政村。限制发展区分布在北部沿河沙地和十里长川、纳林川、犊牛川。禁止发展区分布在矿区、丘陵沟壑区和梁峁山区。规划矿区搬迁1563人，禁止开发区转移3674人，建设生态自然恢复区土地4.16公顷，植被覆盖率和森林覆盖率分别提高68.6%和25.9%。2010年，完成移民规划。

三、专项规划

1994年，编制《1994—2000年第七批“以工代赈”修建交通道路扶贫规划》。续建史家敖包—榆树湾公路，新建羊市塔—指雨房公路，改造孔兑沟—布尔陶亥公路、壕圪卜—蓿亥图公路、沙圪堵—榆树湾公路、宋二滩—大路乡政府公路，公路建设里程259千米，投资规模1656万元，其中以工代赈839万元。2000年完成“以工代赈”规划建设内容。

2009年，规划暖水整乡生态移民10个村55个社4145户9898人，新增生态自然恢复区533平方千米。规划5个生态移民安置点，薛家湾湖西小区安置房2352套、汇通小区安置房63套，沙圪堵民乐新村安置房1650套，暖水移民小区安置房530套，准格尔召安置房29套。2010年完成生态移民。

2009年，编制《森林草原防火中长期发展规划》。规划至2015年，在5个国有林场站建视频监控系统，在重点火险区建防火瞭望塔3座，配备定位仪6个，望远镜6个，配备摩托车38辆，巡护定位仪2个；在重点防火区实施机耕带20千米，防火线40千米；配备刑事勘查车，勘查箱，建专业队营房5间，配备专业队防火队员25名，建机动防火队。2015年完成规划。

2010年，编制《“十二五”扶贫移民规划》。规划到2015年建扶贫移民住房1.25万套99.61万平方米，将禁止开发区103村298社12451户33560人全部转移到城区、工矿区、旅游区和新农村，从事二、三产业。2015年完成扶贫移民。

2010年，编制《农田水利建设规划（2010—2020）》。规划到2020年，改善农田灌溉面积6040公顷，新增粮食产量453万千克；新建机电井900眼，新增保灌面积2000公顷，新增喷灌面积4600公顷，新增粮食产量1500万千克。至2015年，规划正在实施中。

2010年，编制《准格尔经济开发区陶瓷集聚区产业规划》。规划建设占地面积10平方千米陶瓷产业集聚区，日用陶瓷和建筑陶瓷为主，煅烧高岭土为辅，形成西部陶瓷生产基地。2015年，陶瓷集聚区建成区2平方千米。

2010年，编制《生态建设与产业配置规划》。规划到2020年，在城区周边、乡镇政府所在地周边、旅游景点周边、工矿区周边、主要公路两侧、河滩河岸等地带，完成生态建设35万公顷，其中，山杏 5.47 万公顷、沙棘 4.67 万公顷、沙柳 1.8 万公顷、柠条 1.8 万公顷，开发杏系列产品、沙棘果系列产品、沙柳柠条深加工产品，总投资 6.44 亿元。2015 年，规划还在实施中。

四、五年规划

1991 年，编制《国民经济和社会发展十年规划和第八个五年计划》，提出到 1995 年实现地区生产总值 2.45 亿元，财政收入 4000 万元，社会消费品零售总额 9500 万元，城镇居民人均收入 1365 元，农民人均纯收入 768 元。实现上述目标，计划重点发展煤炭、建材、化工；支持准格尔煤田和地方 300 万吨煤矿建设。1995 年，基本实现计划目标。

1995 年，编制《国民经济和社会发展第九个五年计划和 2010 年规划》。提出实施资源转换战略，重点发展煤炭、建材、化工、农畜产品加工四大支柱产业，到 2000 年，实现地区生产总值 15.3 亿元，财政收入 1.5 亿元，城镇居民年人均收入 4800 元，农民人均纯收入 2500 元。因 1999 年起连年遭受旱灾，农民人均纯收入及农牧业指标，未能完成计划目标。

2000 年，编制《国民经济和社会发展第十个五年计划和 2010 年远景规划纲要》。抢抓国家西部大开发战略，加快发展煤炭及其深加工、电力、农畜产品加工三大支柱产业，化工、冶金、建材、旅游业为四大重点产业，计划到 2005 年，地区生产总值 56 亿元，财政收入 6 亿元，固定资产投资累计 100 亿元，实际利用外资 2 亿美元，其中争取外商直接投资 5000 万美元，外国贷款 1.5 亿美元。城镇居民人均可支配收入 1 万元，农民人均纯收入 5000 元。实现乡乡通油路、乡乡通动力电、户户通照明电、乡乡通无线寻呼、村村通程控电话。2005 年，因利用外资目标提得过高，没有实现计划目标。

2005 年，编制《国民经济和社会发展第十一个五年规划纲要》，首次将指令性计划目标改为指导性规划目标。总体发展目标建设国家能源重化工基地，基本实现全面小康。2010 年，地区生产总值 450 亿元，财政收入 65 亿元，固定资产投资累计 700 亿元，社会消费品零售总额 40 亿元，城镇居民人均可支配收入超 2.2 万元，农民人均纯收入超 1.1 万元。五年间赶上风调雨顺，国家政策利好，2010 年，各项规划目标全部超额完成。

2010 年，编制《国民经济和社会发展第十二个五年规划纲要》，提出打造中国西部县域科学发展先行区。2015 年，地区生产总值 1600 亿元，财政收入 400 亿元，固定资产投资累计 2000 亿元，社会消费品零售总额 120 亿元，城乡居民人均可支配收入达到 5 万元、2 万元。实现上述目标，规划依托产业，重点发展新型煤化工、日用陶瓷、人文生态旅游、绿色有机农业。由于在高速度背景下制定规划，2013 年遭遇鄂尔多斯民间借贷危机，准格尔旗经济持续下行，到 2015 年跌入低谷，地区生产总值、财政收入、消费品零售总额、城乡居民收入，均未实现规划目标，特别是财政收入不到规划目标一半。

2015 年，编制《国民经济和社会发展第十三个五年规划纲要》，顺应高质量发展新常态，立足欠发达地区资源型经济结构性短板，坚持问题导向，底线思维，规划经济社会发展目标趋于理性和可预期。

第三节 经济体制改革

“八五”至“九五”期间，是市场经济体制建立阶段。准旗农村稳定家庭联产承包责任制和统分结合的双层经营体制，实行口粮田、责任田和机动田三分离，1998 年实行农村产权制四项改革，延长土地承包期，拍卖“五荒”和水利、水保成果，促进了乡镇企业发展。城镇实行承包经营责任制，开放经营范围、商品价格，推行劳动、用工、分配三项制度改革，1998 年实行国营、集体企业民营化改革，鼓励兼并，规范破产，减员增效，下岗分流，实施再就业工程，促进了个体私营经济发展。国家 1994 年实行分税制改革，废除农产品统购统销制度，后逐步放开竞争性商品和服务价格，初步建立社会主义市场经济体制。

“十五”至“十一五”期间，是市场经济体制完善阶段。政府对经济管理由直接行政命令转向间接宏观调控，综合应用计划、金融、财税手段，保障经济发展。国家改革投资体制，政府投资范围缩小，企业投资自主权扩大，允许社会资本进入未明令禁止的行业。准旗改革税费体制，2003 年在全国率先取消农业税；改革财政体制，2006 年推行乡财旗管；引进市场机制，2004 年组建水务公司；经营国有资产，2004 年成立城市基础设施建设投资公司，2005 年成立土地储备中心。政府调控市场，市场引导企业，企业发展经济。

中共十八大后，国家应对经济新常态，实行供给侧结构性改革，去产能、去库存、去杠杆、降成本、补短板。准格尔旗密集实施改革项目 473 项。改革金融体制去杠杆，建立中小企业信用担保基金，发展小额贷款公司和中小企业投资公司；简政放权降成本，2013 年建成旗乡两级政务服务中心。2015 年试点国家城镇基础设施投融资体制改革、内蒙古“多规合一”改革、鄂尔多斯资源型经济创新发展综合改革。

第四节　固定资产投资

在“八五”国家重点建设工程准格尔项目一期工程带动下，准格尔旗固定资产投资由 1991 年 9.58 亿元上升到 1993 年 18.43 亿元。1998 年遭遇亚洲金融危机，固定资产投资一度回落到 3.18 亿元。“十五”期间迎来西部大开发利好，2005 年上升到 67.44 亿元。这一时期，市场经济体制初步确立，投资指令性范围逐步缩小，指导性领域逐步扩大，公益性项目由政府投资建设，基础性项目以政府投资为主，经营性项目企业投资建设。

进入“十一五”期间后，全旗固定资产投资持续保持百亿元高位运行，2014 年达到顶峰 710.03 亿元。这一时期，市场经济体制得到完善，企业投资主体地位确立，形成市场引导投资、企业自主决策、政府宏观调控的投资体制。政府引导民间资本投向产业政策鼓励的领域，政府投资限定在市场不能有效配置资源的经济和社会领域。

2015 年，全旗固定资产投资 508.21 亿元，下降 28.4%。直接原因是鄂尔多斯民间借贷危机导致民间投资锐减；宏观原因是国家进入经济发展新常态，围绕供给侧结构性改革，高质量发展，优化投资结构，淘汰落后产能，政府投资增加公共产品有效供给，调结构、补短板、保民生。

从投资来源看，国家投资项目少，投资额度大；民间投资项目多，投资额度小。从投资去向看，第二产业投资最多，第三产业其次，第一产业最少。

1991—2015年准格尔旗固定资产投资统计表

表 15-1　　　　　　　　　　　　　　　　　　　　　　　　　　　单位：万元、个

年份	投资总额	建设项目	资金来源			资金投向		
			中央	地方	其他	一产	二产	三产
1991	96678	55	—	—	—	188	54741	40095
1992	144681	49	—	—	—	160	98457	46064
1993	184311	43	178665	5456	190	226	181300	2641
1994	136867	30	126737	9825	305	10	131526	5329
1995	172827	28	164405	8024	298	—	170423	2404
1996	94720	21	92205	2515	—	—	44160	50560
1997	71601	22	65159	5866	576	—	23847	47754
1998	31761	32	19278	12483	—	800	21786	9175
1999	81072	48	22756	56100	2216	800	25932	54340
2000	105951	43	46546	59216	189	780	49996	55175
2001	190628	40	128697	59405	—	5115	136524	46463
2002	144956	64	73625	51423	—	7364	80406	37278
2003	193131	158	18203	152248	—	4686	113520	52245
2004	604420	185	51868	425729	—	4063	242155	231379
2005	779034	190	78736	642263	—	10434	400104	310461
2006	1125734	260	183669	942065	—	24988	600671	500075
2007	1983327	182	510378	1472949	—	11050	1505844	457684
2008	2144661	201	410291	1734370	—	8348	1786647	349666
2009	3204595	441	476092	2728503	—	137751	2068724	998120
2010	4000523	415	180774	3819749	—	123061	2520031	1357431
2011	4785443	486	41710	4743733	—	156528	2245945	2382970
2012	5501237	436	206252	5294985	—	182748	3094601	2223888
2013	6204832	316	261085	5943747	—	17888	4317469	1869475
2014	7100265	354	140094	6960171	—	130507	5399524	1570234
2015	5082124	377	733725	4348399	—	114293	3612888	1354943

第五节　重点建设项目

准格尔旗重点建设项目，国家项目多，地方项目少，引进项目多，本土项目少。顶天立地的重点项目支撑起全旗经济大厦。

1999 年 11 月竣工投产的“八五”国家重点建设项目准格尔项目一期工程，总投资 92.65 亿元，2006 年 5 月续建“十一五”国家重点建设项目哈尔乌素露天煤矿。2015 年，准能公司资产总值 614 亿元，为全旗最大国家项目。

2002 年 9 月竣工验收的“九五”国家重点建设项目黄河万家寨水利枢纽，总投资 48.92 亿元；2009 年 9 月投产的枢纽配套工程龙口水电站，总投资 27 亿元。2007 年 9 月全部机组投产的国家“十五”重点建设项目国华准格尔发电厂，总投资 49.78 亿元。2015 年 3 月开工的国家“十二五”重点建设项目蒙西—天津南特高压输变电工程，总投资 175 亿元。

1995 年上马的榆树湾水泥厂 20 万吨特种水泥扩建项目，总投资 1.25 亿元，实际未完成投资，该厂 1998 年转制民营时，产量未超过 10 万吨。1997 年上马的神山陶瓷集团 1600 万件日用陶瓷项目，总投资 3700 万元，号称地方投资最大工业项目，实际未完成投资，2000 年转让山东美华瓷业，2005 年倒闭。

2007 年 8 月开工的久泰能源 100 万吨甲醇、10 万吨二甲醚，总投资 52 亿元；2012 年 3 月续建 60 万吨烯烃，投资概算 82.8 亿元，2015 年完成投资 73.6 亿元。2015 年，久泰能源资产总值 94.8 亿元，为全旗最大引进项目。

2005—2015 年准格尔旗 50 亿元以上建设项目一览表

表 15-2　　　　单位：亿元

批复年	投资方	建设项目	建设内容及规模	投资额
2005	地方	蒙华能源公司	200 万吨甲醇　60 万吨烯烃	100.00
2007	地方	久泰能源公司	100 万吨甲醇　10 万吨二甲醚	60.00
2009	地方	精峰石头纸公司	72 万吨环保纸	64.60
2011	地方	中地煤矸石公司	500 万吨高铝煤矸石	105.00
2012	地方	久泰能源公司	甲醇深加工	82.00
2013	国家	魏家峁电厂	2×60 万千瓦	61.00
2013	国家	北京能源投资集团	煤制油 200 万吨　煤灰提铝 100 万吨	500.00
2014	地方	久泰能源公司	50 万吨乙二醇	74.00
2015	地方	汇能长滩露天煤矿	2000 万吨	131.99
2015	国家	蒙西至天津南输变电	2400 万千伏安　2×608 千米	175.00

第六节 招商引资

一、招商政策

1992年，准格尔旗被列为全国对外开放旗县。1993年6月26日出台首个招商引资政策《薛家湾经济技术开发区发展横向经济联合及鼓励外商投资优惠政策规定》，吸引全国各地投资者为国家开发准格尔煤田搞配套服务，带动了薛家湾地区发展。

2000年1月，准格尔旗抓抢国家西部大开发机遇，相继出台《外引内联优惠政策》（准政发〔2000〕1号）和《沙圪堵经济技术开发区招商引资优惠政策》（准政发〔2000〕14号），2001年3月又出台《鼓励发展煤炭深加工项目有关政策》（准政发〔2001〕8号）。政策更加优惠，建设期免交土地使用费，投产五年内免交税费。开发区利用政府搬迁腾出的资产招商引资，吸引来首批投资者，迅速带动开发区发展。发达地区淘汰的落后产能也引进准旗，羊市塔的炼焦，开发区和友谊工业园的电石、硅钙，马栅的白灰。请神容易送神难。2005年媒体曝光晋陕蒙“黑三角”后，政府出巨资补贴才清理完这些高污染项目。

2005年4月27日，旗人民政府出台《招商引资优惠政策》（准政发〔2005〕44号），废止《外引内联优惠政策》和《沙圪堵经济技术开发区招商引资优惠政策》，明确规定，引进项目符合国家产业政策，达到环保要求，履行劳动安全卫生“三同时”手续，才能享受优惠政策。自此提高门槛选商招商。鄂尔多斯大路煤化工基地没有重走开发区招商的老路，按现代煤化工产业定位高端招商，只引进产业链延伸中增链、补链、强链的项目，实行循环一体化发展。

之后还出台过3个产业招商优惠政策，2007年4月出台《农牧业产业化经营优惠政策》，2010年4月出台《支持陶瓷产业发展的有关规定》，同年5月出台《重点旅游项目招商引资优惠政策》，促进了相关产业发展。

二、引资成果

1997年，准格尔旗首次协议引进资金1.27亿元。1998年，协议引进项目21个，引进资金7211.1万元。1999年，协议引进项目11项，引进资金1.53亿元，其中8项落户刚设立的开发区。2000年，协议引进项目60个，引进资金79亿元；其中36个项目落地开工，到位资金9.5亿元。这些招商引资项目只是纸上谈兵，真正落地开花结果的少之又少。

2001年，协议引进项目22个，引进资金4.28亿元。2002年，引进项目78个，引进资金11.05亿元，到2002年年底，引进项目110多个，引进资金20多亿元，比新中国成立以来政府投入企业建设资金的总和还多。2004年起，准旗招商引资工作考核实际到位资金，协议引进项目88个，协议投资1100亿元，实际到位29亿元。2010年，引进项目12个，到位资金78.2亿元。进入“十二五”期间，准旗招商引资引进项目资金，主要投向准格尔经济开发区陶瓷产业项目和大路煤化工基地煤炭深加工项目。

2015年，全旗招商引进资金272亿元，利用旗外资金超500亿元。2001—2015年，全旗累计引进重点项目85项，引进资金2377亿元。准格尔经济开发区累计引进项目206个，引进资金1038亿元，孵化企业109家，建成陶瓷等非煤产业集群；大路煤化工基地累计引进项目59个，引进资金3878.42亿元，实际到位资金524.46亿元，建成国家煤化工清洁能源输出基地。

第二章　审计监督

第一节　审计组织

准格尔旗审计组织体系以旗人民政府设立的国家审计机关为主体、机关企事业单位设立的内部审计机构为基础，自然人设立的社会审计组织为补充，内部审计机构、社会审计组织受国家审计机关指导监督。

一、国家审计机关

准格尔旗审计局是旗人民政府的国家审计机关，在旗长和上级审计机关领导下，依法独立行使审计监督权，业务以上级审计机关领导为主，对旗人民政府负责，向旗人大常委会报告审计问题整改结果。2015 年有审计人员 33 名。

准格尔旗审计局，2010 年摄

二、内部审计机构

1991 年，准格尔旗 20 家机关企事业单位内设审计机构，有审计人员 39 名，其中专职审计 29 名。1997 年内部审计机构发展到 30 个，专兼职审计人员 55 名；煤炭公司内审科获评内蒙古自治区内部审计工作先进集体。2002 年起内部审计机构撤并缩编，到 2006 年仅有金融机构内部审计机构 5 个，审计人员 5 名。

三、社会审计组织

1992 年 12 月，审计局创办准格尔审计事务所，面向社会有偿服务；1998 年 3 月更名为伊克昭盟天骄审计事务所准格尔分所。2000 年 1 月与审计局脱钩，改制为独立经营的社会审计组织。2011 年起，审计局委托社会审计组织审计政府投资项目，保障政府投资项目审计全覆盖。

第二节　财政审计

一、旗级财政审计

1995 年 1 月起实施的《中华人民共和国审计法》，赋予审计机关本级预算执行情况审计的法定职责，审计结果向本级人大常委会、人民政府报告。

1996 年起，审计局对旗级财政预算执行情况“同级审”，实行“账户入手、下审一级”，源头审计财税部门为主，延伸审计预算执行单位为辅；2007 年，改变重财税轻单位的做法，凡是政府应该管的钱都是国家财政，财政资金运用到哪里，审计就跟进到哪里，跟踪资金运行末梢，将涉及财政资金的项目全部纳入监督，构建“大财政”审计格局；2010 年，采取“三结合”模式审计，财政预算执行审计同重点专项资金审计、政府债务风险防控、资金使用效益评估相结合，综合监督财政资金使用效益。

1996—2000 年，旗级预算执行情况审计，查出违规资金 1962 万元，存在主要问题，应缴未缴财政收入，虚列支出，违规多提手续费，违规减免税收；落实审计处意见，上缴财政 25 万元，罚款 18.49 万元；采纳审计报告建议，旗人大、政府相继制定《预算外资金管理办法》《完善地方税制强化税收征管实施意见》《行政性收费票据管理规定》等制度，保证财政收入增长。

2001 年，鄂尔多斯市审计局对准旗旗、乡两级预算执行情况审计，上审下两级，查出违规资金 3336 万元。2002—2004 年，准旗同级审查出违规资金 3600 万元；落实审计处理决定，上缴财政 311 万元，罚款 15 万元。

2005—2007 年，全旗同级审查出违规资金 2.4 亿元，审计局向旗人民政府提交《同级财政审计问题原因建议报告》，建议改革财税体制，实施综合预算、部门预算，实行国库集中支付；建议跟踪审计问题整改，解决年年审、年年有的问题；建议加强非税收入征管，旗财政将未纳入预算管理的行政性收费、政府性基金，实行票款分离，遏止了非税收入坐收、坐支、乱收费、少缴费等现象，2007 年未纳入预算管理的非税收入 2.23 亿元；建议清理往来款项，杜绝不规范暂付，清理历年往来款项 2.26 亿元。

2008—2013 年，重点监督政府性债务、民生保障资金、公务接待和公车运行支出，累计查出违规资金 6.79 亿元，管理不规范资金 9.79 亿元，落实审计处理决定，上缴财政 725 万元，对屡查屡犯的问题予以警告。

2014—2015 年，国家进入经济发展新常态，党风廉政建设落实新要求，准旗审计监督密切关注中央八项规定精神落实情况、“三公经费”执行情况，政府性债务化解情况，两年查出违规资金高达 28.82 亿元。2015 年的审计报告建议旗人民政府，严格执行预算，依法调整预算；财政资金投资项目，招投标管理；管理融资资金，防止债务风险。

二、乡级财政审计

“八五”至“九五”期间，准格尔旗有 28 家乡级财政，审计局业务力量不足，只能抽查审计个别乡级财政。跨入 21 世纪，经历几次撤乡并镇，全旗乡级财政 9 家，“上审下”逐步形成“两年审一次，一次审两年”的审计制度。2007 年“乡财旗管”步入正轨后，不再审计乡级财政。

与旗级财政相比，乡级财政更为混乱。1998—1999 年，审计 20 个乡镇 1997 年、1998 年度财政发现，3 个乡镇会计、出纳一人担任，个别乡镇会计不记账，形成“包包账”；3 个乡镇挤占挪用专项资金 49.3 万元，1 个乡白条抵库 241 万元；1 个乡债权、债务不清，形成大量呆账、死账，糊涂债务 420 万元。1999 年 12 月 3 日，旗人民政府向各乡镇批转《部分乡镇财政决算和其他财务收支审计的报告》，提出四条整改意见，健全财政内控制度，建立固定资产管理制度；预算执行按照《中华人民共和国预算法》规范管理；管理票据，防止“账外账”；将预算外资金纳入预算管理，截断“体外循环”。

2001 年 2 月，鄂尔多斯市审计局组织市、旗两级审计人员对全旗 27 个乡镇财政全面审计发现，普遍存在预算外收入不专户存储，固定资产不记账，债务清理不及时。这次大清查为撤乡并镇提供了决策依据。

2003 年审计 6 个乡镇 2001—2002 年财政决算和其他财务收支情况，查出违规金额 240 万元，乡镇严格预算约束，严格支出审批，实现收支平衡，财政管理状况总体好转。2006 年审计 3 个镇财政财务收支，查出违规金额 40 万元，上缴财政 40 万元，发现招待费支出逐年增长，不规范票据列支、白条抵库的老问题依然存在。

三、政府债务审计

2001 年，审计局首次调查政府欠债，到 2000 年底，政府欠债 4.3 亿元，其中，旗级欠债 3.4 亿元，乡级欠债 0.9 亿元。债务资金投向城镇基础设施、道路、生态环境、水土保持、黄河堤防、电网改造等建设。

2010 年，审计局专项审计政府性债务，到 2009 年，政府性债务 28.94 亿元，其中，公益事业项目贷款 6.21 亿元，工业园区基础设施贷款 12.96 亿元，历年形成政府性欠款 9.77 亿元。

2011 年，审计局审计政府性债务。截至 2010 年年末，政府负有偿还责任债务 80.27 亿元，政府负有担保责任债务 30 万元。债务主要来自银行贷款、工程项目欠款。旗级综合财力 69.37 亿元，当年还本息 14.32 亿元，政府债务率 115.71%，偿债率 20.65%。国际公认债务率 100%，偿债率 20%。审计报告指出，政府债务风险水平偏高，重点行业债务风险突出。

2014 年，财政部将地方政府存量债务纳入预算管理，部署债务清理甄别。审计局甄别结果显示，截至 2014 年 12 月 30 日，全旗政府性债务 122.74 亿元，其中，信贷融资 63.99 亿元、工程欠款 58.75 亿元，财政债务率 165.86%，财政偿债率 32.93%，政府债务风险水平再次增加。

第三节　行政事业审计

1991 年，执行财政预算的行政事业单位实行财务收支定期审计。1992 年，改为经常性审计，水利、农业、扶贫、工商物价、劳动人事和土地管理 6 部门必审，并延伸到所属二级单位，其他行政事业单位不定期抽审。2000 年起，结合经济责任审计、专项资金审计，审计频率持续增加，审计发现行政事业单位普遍存在挪用专项资金、截留上缴财政收入、不规范票据列支、私设“小金库”等问题。

1997 年，查出计划生育委员会违规金额 22 万元。1998 年，查出征地移民安置办公室违规出借移民资金 878 万元。2001 年，查出薛家湾征费所挪用征收养路费 404.6 万元用于办公楼建设，养路公区挪用 45 万元公路养护费购买办公楼。2005 年，查出妇幼保健所截留变卖沙圪堵办公楼 52 万元。

2006 年，查出质量技术监督局违规 10.63 万元。2007 年，查出人民医院违规 244.2 万元；查出交通局虚假发票列支招待费、小额征费稽查超收分成 26.35 万元。2008 年，查出民族事务局挪用奖学金、困难学生补助金 19.5 万元购置办公设备；查出安全生产监察局未上缴罚没收入 30.05 万元；查出工会违规列支劳务公司注册资本金 40 万元。2009 年，查出广播电视台违规 35.6 万元；查出卫生局滞留医疗卫生服务费 33 万元，中心医院违规 166.6 万元，中蒙医院违规 108.1 万元。2010 年，查出人防办违规 144.75 万元；查出民政局挤占挪用专项经费 127.43 万元。

2012 年，查出矿区搬迁补偿办公室无收款人委托手续大额代领搬迁补偿费 3921.5 万元，违规出借搬迁补偿费 2.56 亿元。2013 年，查出铁路项目管理办公室违规金额 30.4 万元；查出教育系统违规资金 1183.26 万元；查出人民法院违规 2554.14 万元，人民检察院违规 631.13 万元。2014 年，查出公安局违规 1333.61 万元；查出煤电铝一体化循环基地指挥部违规报销伙食补助费 144.08 万元。2015 年，查出旗委宣传部大额提现、不规范票据列支 1278.24 万元。

第四节　农业资源环保审计

农业涉及上级专项资金多，地方配套不到位和挤占挪用现象较为普遍。国土资源与环境保护，截留上缴收入和下拨专项资金也较突出。

一、农牧林业审计

2003年，查出农业综合开发办挪用小杂粮基地建设资金抵顶地方配套资金60万元。2008年，查出农牧业局用材料票列支远洋新农业公司建塑料大棚工程款50万元，2007年预付该公司塑料大棚工程款425万元一直挂账；农牧业局牧草种子库拆迁补偿费152.6万元未收回，下属牛奶场薛家湾分场征拆补偿费52.3万元未上缴。2013年10月，查出林业局向9个苏木乡镇林工站和4个街道办事处多拨付天然林管护工资254.5万元。

二、水利水保审计

1995年，查出水保局挤占挪用支援农村生产支出资金15.38万元用于单位行政支出和办公室维修。2004年6月，发现水利局人畜饮水、黄河治理、窟野河治理、龙王沟治理4项工程的地方及群众自筹资金2875.69万元未到位。2008年，查出水利局应缴未缴河南湾办公楼及附属设施征用补偿款427.32万元。2013年，发现水利、水保个别项目未按规定招投标。

三、扶贫项目审计

1992年，查出羊市塔、乌日图高勒两乡分别将扶贫贴息贷款偿还以前贷款本息。1993年9月，抽查哈岱高勒乡以粮代赈资金，从外地调粮按当地粮价算损失16.72万元，用出售玉米收入补贴调进大米运杂费损失5.84万元，调入大米降价出售损失34.53万元。1996年，查出畜牧局挪用以工代赈资金130.14万元用于畜牧服务楼建设。1998年11月，查出扶贫办向下属实体焦粉厂出借专项资金2.4万元；挤占挪用专项资金7.88万元用于单位经费支出。2013年，查出民族事务局挤占挪用专项资金127.9万元，少数民族危房改造补助标准不统一涉及金额519.5万元。

四、国土环保审计

1991年，查出土地局截留坐支应上缴土地管理费36.91万元。1999年，查出财政局将上缴排污费19.1万元用于平衡预算。2003年，查出国土局应缴未缴财政收入199.02万元。2010年，查出国土局应缴未缴耕地占用税7193.7万元；查出大路煤化工基地土地招拍挂出让金3.05亿元未收回。2014年4月，查出环保局未及时拨付环保专项治理资金324.06万元。

第五节　固定资产投资审计

1991年进行开工前审计，防止盲目建设；1993年，开始竣工决算审计，节约建设资金。2007年，旗人民政府印发《政府投资建设项目审计管理办法》，政府投资建设项目审计制度化。2009年印发《政府重大投资建设项目跟踪审计实施意见》，审计贯穿项目建设全程，监督工程设计变更、原材料价格变化。2011年印发《政府投资项目审计办法实施细则》，审计制度更加完善，落实国家宏观调控政策，规范固定资产投资行为，至2015年，固定资产投资审计累计核减工程款18.57亿元。

1999年，审计壕圪卜—蓿亥图公路改建工程，收缴多付工程款9.85万元，核减返工项目工程款 10.39 万元。2009 年，审计准一中教学楼、黄天棉图油路、薛家湾银泽小区市政工程、世纪中学体育馆、职业中学宿舍楼、南山宾苑楼等 12 项工程，审减工程款 1.48 亿元，核减率高达 28%。2014 年，审计第八小学、布尔陶亥苏木镇区二期工程等 78 个项目，审减工程款高达 3.68 亿元。2015 年，审计 141 个项目，审减工程款 3.68 亿元，核减率 14.01%。

第六节　社会保障审计

社会保障基金是城乡居民的养老钱、看病钱，为弱势群体雪中送炭、遮风挡雨的保护伞，审计重点由查处违规向完善体制、弥补漏洞延伸，审计手段也由人工审计向计算机辅助审计相结合，审计效率和质量大幅提高。

一、就业审计

1996 年，查出就业局占用失业保险基金 20.68 万元，其中购销站借款 2.68 万元，已倒闭无法收回。1998 年，查出就业局将 20 万元转业培训费、生产自救费虚列支出转存到私人名下。2004 年，查出就业局以培训费发票从就业补助资金和国有企业下岗生活保障资金中支付购买小汽车款 12.74 万元，工商银行从就业和国有企业下岗生活保障资金扣除就业饭店借款本息 33.4 万元。2007 年，查出就业局 1999 年向昌盛地毯厂出借 15 万元，11.8 万元形成呆账。

二、社会保险审计

1999 年，查出企业转制实物资产抵交养老保险金 2169 万元，评估拍卖价 1072 万元，损失 1097 万元，由于企业转制无法收回。2007 年，查出养老保险基金和医疗保险基金存入商业银行，没有执行规定的三个月整存整取优惠利率，按活期利率计息，致两项基金少计利息 65.26 万元。2008 年，查出将个人账户利息列入统筹金利息，损害个人利益。2011 年，查出农村社会养老保险支大于收，2010 年基金亏损 174.58 万元。

三、最低生活保障审计

2010 年，查出低保办现金支付各乡镇城市低保金及临时救助金 42 万元；龙口镇、布尔陶亥苏木临时救助购买大米、白面，无正式发票。2010 年，查出财政实际投入的农村最低生活保障金占地方一般预算比例较小，建议财政根据本级预算可用财力的增长，同步增加低保资金投入。

四、保障房审计

1998 年，查出财政局违规出借售房收入 204.96 万元。2013 年，查出城镇保障性安居工程，个别不符合条件家庭获得住房补贴。2014 年，查出 844 套工矿棚户区改造房、350 套廉租房建成后空置。2015 年审计 2014 年城镇保障性安居工程时，对前两年度查出问题落实情况进行跟踪检查，746 套保障房分配到户入住，追回违规享受廉租房租赁补贴 0.59 万元。

第七节　企业审计

准格尔旗企业审计跟踪改革热点问题，“八五”期间关注国营集体企业承包经营效益，“九五”期间加强转制企业清产核资，回应下岗职工关切；“十二五”期间应对经济发展新常态，关注国有资本投资效益。

一、工业企业审计

1991年，审计全旗最大地方国营企业煤炭公司及所属11个二级单位，查出违纪违规金额575.3万元，涉及截留收入、乱列成本、转移利润、截留生产发展基金、长期不清理挂账资金等问题。1996年，审计国有控股企业陈城能源集团，查出违规违纪金额198.3万元，审计决定补缴税金34.5万元，罚款3万元；审计自治区重点亏损企业黄兴公司，因市场原因，企业利润下降191.1万元。1997年，查出国有控股企业生力民爆公司多转成本25.5万元。

二、粮食企业审计

1993年，发现粮食企业亏多少，财政就补多少，企业钻粮食改革漏洞，损失浪费严重，查出粮油集团违规资金78.2万元，审计核减补贴3.53万元，罚款2.1万元。1995年，查出粮食行业违规资金91.85万元，审计决定将利润58.9万元作减亏处理，罚款2.94万元。1998年，查出农业发展银行和粮食系统违规金额508.7万元，问题线索移交司法机关处理。2012年，发现粮食局收据列支成品粮储备费用，虚增负债等问题金额270万元。

三、国有资本投资审计

2009年，查出国资公司600万元借款逾期没有收回。2010年，查明国资公司对外投资2.46亿元，全部没有收益。2011年，发现国资公司账面长期股权投资3.17亿元，无投资收益。2013年，查出国资公司应缴未缴收入1406.21万元，违规出借资金6.95亿元，长期股权投资1800万元没有收益，因信用担保代偿本息损失2293.98万元，违规购置车辆155.21万元；查出城投公司应缴未上缴财政收入261.25万元。

第八节　经济责任审计

领导干部任期经济责任审计，1991年只对国营企业领导承包经营责任离任审计。1997年开展乡镇、部门领导离任审计；2005年起，审计范围扩大到事业单位领导，审计形式离任审计和任中审计相结合，监督范围全覆盖。审计查出最普遍问题有，公务接待费、交通费超支。

一、部门领导审计

2010年，任中审计2名部门领导，离任审计11名部门领导，查出违规金额107.2万元；其中，挪用专项资金68万元，未经批准购置国有资产28.2万元，不规范票据列支10.7万元。2012年，任中审计2名部门领导，离任审计3名部门领导，查出违规金额707万元，管理不规范金额4.32亿元。2015年，离任审计9名部门领导，查出违规金额8535万元，管理不规范金额7215万元，落实审计处理决定，上缴财政47万元。

2010年审计局干部风采

二、乡镇领导审计

2010年，任中审计6名乡镇领导，离任审计3名乡镇领导，查出违规资金459.9万元，管理不规范资金 5929 万元，其中截留应缴财政收入 47.3 万元，未经批准处置固定资产 234.5 万元，不规范票据列支 214.1 万元。2013 年，离任审计 7 名乡镇领导，查出违规金额 2322.5 万元。2015 年，任中审计 2 名乡镇领导，查出违规金额 1.8 亿元，管理不规范金额 1.34 亿元，落实审计处理意见，上缴财政 13 万元，主要问题拆分工程规避招投标。

三、企业领导审计

1991 年，对 15 名国营企业领导承包经营责任审计，9 家工业企业违规金额 105.6 万元，5 家商业企业违规金额 2.6 万元，审计决定上缴财政 6 万元。1992 年，审计 21 名国营企业领导，查出违规资金 716.8 万元，审计决定上缴财政 131.5 万元，移送监察部门处理 3 人。2013 年，离任审计供水公司经理，查出违规金额 1860 万元。2015 年，离任审计国立房地产公司经理，查出管理不规范金额 5228 万元，审计决定上缴财政 13 万元。

第九节　审计信息化

1991 年，审计局购进首台计算机及打印设备。1999 年，组织全局 17 名审计人员参加计算机培训。2000 年，实现每个股室一台电脑。2003 年，24 名职工获审计署计算机考试合格证书。2006 年，计算机辅助审计在固定资产竣工决算项目审计中运用，快捷准确遏制工程领域违规行为。2011 年，审计局开通审计署“金审工程”会商系统，可以在单位会议室参加审计署的视频会议和业务培训。2013 年，全局电脑操作系统、办公软件及杀毒软件实现正版化。2015 年，计算机辅助审计在社会保障“五项基金”审计、保障房跟踪审计中运用，海量数据检索计算机完成，减少人工操作漏洞，极大提高审计效率和质量。

第十节　审计问题整改

经过改革开放多年实践，准格尔旗审计由财政预算执行审计，向综合财政审计发展；行政事业单位经常性审计，与专项资金审计、经济责任审计相配合；揭露问题与促进整改相结合，扩大审计覆盖面，增加审计频率，提高了审计效果。审计监督维护了经济秩序，提高了资金使用效益，促进了廉政建设，保障了国民经济和社会健康发展。

1991—2015 年，全旗审计项目 1796 个，查出违规资金 32.44 亿元、管理不规范资金 76.75 亿元。落实审计决定，上缴财政资金 9.27 亿元，归还原渠道资金 5.43 亿元，核减财政拨款 3.66 亿元。涉及审计问题人员，移送司法机关处理 2 人，移送纪检监察机关处理 12 人。2015 年，审计项目 58 个，查出违规金额 13.63 亿元，不规范金额 12.25 亿元；审计决定上缴财政 104.4 万元，其中罚款 84 万元，审计决定落实率 100%，处理资金入库率 100%。

第三章　统计调查

第一节　统计机构

准格尔旗统计局是旗人民政府统计工作部门，1991年直辖27个乡镇统计站。1993年8月，成立薛家湾矿区统计站；1996年12月，成立城乡社会经济调查队；2005年2月，撤薛家湾矿区统计站；2005年9月，基层统计站划归所在乡级政府，统计局指导基层统计业务；2012年9月，成立准格尔经济开发区统计站。2015年，统计局统计人员30名，全旗14家基层统计站专职统计人员27名。

准格尔经济开发区统计站，2013年摄

第二节　统计基础建设

1991年，准格尔旗统计数据靠人工核算，“1234567，一个算盘一支笔”，一个数字出了问题，要将成百上千个数据重新核算；统计报表靠电话语言传输，常常延误按时上报统计报表。

1999年，旗、乡两级统计配齐计算机，统计数据告别人工核算。2000年，旗、乡两级实现传真报送统计报表。2004年，借助第一次全国经济普查，初建统计基本单位名录库、基础信息数据库、统计电子地理信息系统，开始利用信息化手段统计。2007年，统计局获评内蒙古统计基层基础建设先进集体。

2010年，启动基本单位名录库、企业一套表、数据采集处理软件系统、联网直报系统全国统计“四大工程”建设。2011年，实现“企业一套报”联网直报，结束“一个算盘一支笔”核算和电话传真报表，实现调查单位向国家统计局数据采集与处理平台报送电子报表，统计专网由国家到旗县，延伸到乡镇。2013年，统计局建成内蒙古统计基层基础建设“五星级达标”单位。

准格尔旗统计局云计算机房，2022年摄

2015年，全旗主营业务收入2000万元以上规模工业企业、2000 万元限额以上批发企业、500 万元限额以上零售企业、200 万元限额以上住宿和餐饮业企业、具有资质等级建筑企业和房地产企业 221 家，全部实现联网直报。

第三节　国情国力普查

1991—2015 年，准格尔旗按国家统一部署，先后开展第三产业普查、工业普查、基本单位普查、农业普查、人口普查、经济普查、R&D资源清查、水利普查、1% 人口抽样调查共 14 项国情国力调查，精准普查，摸清了家底。

一、人口普查

1991 年 1 月，统计局公布第四次全国人口普查准格尔旗人口，1990 年 7 月 1 日零时，全旗总人口 60293 户 235803 人，其中，男性 127142 人，女性 108661 人，人口性别比 117.01%。1991 年 4 月，统计局被评为内蒙古自治区第四次全国人口普查先进集体。

2000 年，进行第五次全国人口普查，普查标准时点 2000 年 11 月 1 日零时。普查结果显示，全旗总人口 87251 户 271298 人，其中，男性 146399 人，女性 124899 人，人口性别比 117.21%。

2010 年，进行第六次全国人口普查，普查标准时点 2010 年 11 月 1 日零时。普查结果显示，全旗总人口 123152 户 356501 人，其中，男性 203975 人，女性 152526 人，人口性别比 133.73%。

二、经济普查

2005 年，进行第一次全国经济普查，普查标准时点 2004 年 12 月 31 日，调查第二产业、第三产业发展规模。普查结果显示，2004 年，全旗从事第二产业和第三产业法人单位 1173 个，产业活动单位 1895 个，个体经营户 9096 个。

2009 年，进行第二次全国经济普查，普查标准时点 2008 年 12 月 31 日。普查结果显示，2008 年，全旗从事第二产业和第三产业法人单位 1613 个，产业活动单位 2148 个，个体经营户 7984 个。统计局相继被评为内蒙古自治区第二次全国经济普查先进集体、全国第二次全国经济普查先进集体。

2013 年，进行第三次全国经济普查，普查标准时点 2012 年 12 月 31 日。普查结果显示，2012 年，全旗从事第二产业和第三产业法人单位 3339 个，产业活动单位 3765 个，个体经营户 9477 个。

三、农业普查

1997 年，进行第一次全国农业普查，普查标准时点 1996 年 12 月 31 日。普查结果显示，1996 年，全旗农村人口 48195 户 189797 人，农业用地面积 57475.35 公顷，家畜总数 634453 头（只）。1997 年 7 月，统计局被评为第一次全国农业普查先进集体。

2007 年，进行第二次全国农业普查，普查标准时点 2006 年 12 月 31 日。普查结果显示，2006 年，全旗农村人口 49602 户 164870 人，农业用地面积 81123.73 公顷，家畜总数 709769 头（只）。2008 年 7 月，统计局被评为第二次全国农业普查先进集体。

四、R&D 资源清查

2001 年，进行全国第一次 R&D 资源清查，清查标准时点 2000 年 12 月 31 日，清查研究与试验发展活动经费支出及其占地区生产总值比重。清查结果显示，2000 年，全旗科技事业经费支出 128 万元，占地区生产总值 4.77%。

2009 年，进行第二次全国 R&D资源清查，清查标准时点 2009 年 12 月 31 日。清查结果显示，

2009年，全旗科技事业发展经费支出3389万元，占地区生产总值比重6.28%。2010年，统计局被评为内蒙古自治区第二次全国R&D资源清查先进集体。

五、第三产业普查

1993年,准格尔旗进行全国第三产业普查,普查年度1991年和1992年。普查结果显示,1991年,全旗第三产业经营收入17269.6万元,其中,企业营业收入7274.7万元,事业单位经营收入6455万元,个体户营业收入3539.9万元；1992年，全旗第三产业经营收入22820.5万元，其中，企业营业收入9529.7万元，事业单位经营收入8216.8万元，个体户营业收入5074万元。1995年2月，统计局获评内蒙古自治区全国第三产业普查先进集体。

六、工业普查

1996年，统计局开展第三次全国工业普查，1996年1月1日登记。普查结果显示，1996年，全旗有工业企业和生产单位115家，工业产值49708.2万元，工业从业人员21717人。1997年，统计局获评内蒙古自治区第三次全国工业普查先进集体。

七、基本单位普查

统计局开展过两次全国基本单位普查，以1996年12月31日为普查时点进行了第一次全国基本单位普查，以2001年12月31日为普查时点进行了第二次全国基本单位普查。遗憾的是，两次普查没有留下准旗普查结果。

第四节　国民经济核算

1991年，统计局统计业务分农牧、工业、劳资、商业、投资、物价、社会调查7个专业，为国民经济核算服务。2003年细化到24个专业，建立统计基础台账。2004年成立综合数据评估组，多部门会商，挤干水分，统一口径。乡镇统计站1991年只统计农牧业，2000年增加工业、商业、投资、劳动工资、物价调查。旗、乡两级统计范围不断拓展，统计数据不断细化。

以城乡居民收入统计为例。1991年，分城镇居民调查户人均收入、支出、月均存款，农村居民调查户人均纯收入。2013年，进行城乡一体化住户调查改革，统一城乡居民收入核算方法，新增全体居民可支配收入指标；统计局被评为内蒙古自治区城乡一体化住户调查先进集体。2014年起，收入统计指标改为城镇常住居民主要收支、农村常住居民主要收支、居民家庭可支配收入。

2015年，准旗初步构建多种方式并行的国民经济核算数据调查体系。全国统一的定期国情国力普查、规模以上企业统计数据从源头网络直报统计局，规模以下统计单位抽样调查，三种统计数据综合，保证源头数据的真实可靠。

第五节　统计信息服务

改革开放的春风吹开统计大门，全社会对统计信息需求与日俱增。统计局开发统计信息，开展专题研究，服务内容由窄向宽，服务方式由少向多，科学运用统计数据，看实情、找短板、谋发展，为决策建言献策。

1996年，统计局编印《准格尔旗国民经济统计资料（1991—1995）》。2001年起，每年发布国民经济和社会发展统计公报，每月为党政领导提统计信息简报。2006 年，编印《辉煌准格尔 2001—2005》，这一年起与内蒙古重点培育的 50 个旗县和区外全国县域经济百强县交流统计信息，开始横向比较分析，拓宽决策视野，营造前有标兵、后有追兵的竞争气场。2011 年编印《准格尔旗统计年鉴（2006—2010）》。2015 年，全旗人大会议、政协会议期间，统计局印发 220 册《准格尔旗 2013 年统计年鉴》、450 份《2014 年准格尔旗国民经济和社会发展统计公报》；全年印发《统计月报》10 期、《季度经济运行分析》3 期，撰写调研文章 18 篇。

第六节　统计执法监督

“八五”至“九五”期间，准旗个别单位以权定数，以数谋私，肆意篡改统计数据，严重影响统计结果准确性。2000 年，统计局首次“带电”统计执法，在全旗范围内通报纳林沟煤矿拒报、黄河水泥公司和唐公塔煤矿迟报的问题。

跨入 21 世纪，统计执法频频发威，2001 年通报 7 家单位统计违法行为，2002 年处罚 27 家迟报限额以上工业企业，2005 年发出统计问题整改通知 108 次，立案查处统计违法案件 26 件，通报批评 23 家统计违法企业。2006 年，查处统计法违法案件 11 起，其中拒报 3 起，迟报 8 起，罚款 1.3 万元。

进入“十一五”后，统计信息化提升效率，大大减少拒报、瞒报、迟报等统计违法行为，全社会参与统计，统计服务全社会，统计违法案件零星偶发，统计事业步入健康发展轨道。

第四章　工商行政管理

第一节　工商管理机构

1991 年，准格尔旗人民政府工商管理部门是物价工商行政管理局，派驻薛家湾矿区分局和基层所。1993 年 2 月，撤技术监督局、物价工商行政管理局，合并组建工商物价管理局。1999 年 6 月上划省级垂直管理。2002 年 3 月更名为工商行政管理局（物价局）。2005 年 8 月被命名为内蒙古文明单位。2006 年 12 月鄂尔多斯市工商局（物价局）在准格尔经济开发区设分局。2010 年 4 月撤物价局，职能划归发展和改革局，工商局派驻 7 个基层工商所，下设个体劳动者、私营企业和消费者 3 个协会。

准格尔旗市场监督管理局，2022 年樊钱摄

2012 年 7 月张绥新被评为全国工商系统先进工作者。2015 年 6 月，撤工商行政管理局，食品药品监督管理局、质量技术监督局，合并组建市场监督管理局，派驻 11 个市场监督管理所、13 个监管中队，职工 217 名；开发区工商行政管理分局职工 23 名。

第二节　准入管理

1991 年，准格尔旗工商局对市场主体实行“事前审查登记，事后年度检查”的管理制度。2001 年首次实行企业免检，电力公司、大准铁路公司、国华电厂 3 家企业免检。2002 年开通“一门受理，抄报相关，并联审批，限时办理”的注册登记绿色通道，让个体私营企业快速准入。2007 年实施“小老板创业”工程，登记一人公司 41 家。2013 年鼓励个体工商户转型升级为小微企业，14 户个体工商户升级为小微企业。2014 年 3 月 1 日起放宽注册资本登记条件，优化营商环境。同年 10 月 1 日起施行《企业信息公示暂行条例》,将企业年度检验制度改为年度报告公示制度，2015 年首次实行网上年报公示制度，694 户企业列入经营异常名录，抽查 82 户企业年报信息、70 户企业出资信息、36 户企业即时信息。同年 10 月 1 日起，实施商事制度改革，持工商营业执照、组织机构代码证、税务登记证，换发加载社会信用代码的营业执照，全年办理“一照一码”企业 1232 户。

1991 年,全旗有注册市场主体 1643 户,注册资金接近 2 亿元。其中,企业 299 户,注册资金 1.83 亿元;持证个体工商户 1344 户,固定资产原值 2138 万元。2015 年年末,全旗有市场主体 23883 户，增长了 14 倍之多；注册资本 896.28 亿元，增长了 448 倍。其中：内资企业 4870 户，注册资本 811.67 亿元；个体工商户 17972 户，注册资金 22.04 亿元，农民专业合作社 1041 户，出资额 62.57 亿元。

1991 年，全旗 299 户企业中，国营集体企业 267 户，私营企业 32 户，国营集体企业是私营企业的 8 倍多。1999 年，389 户国营集体企业经过转制民营、破产解体，仅存 52 家国营集体企业，私营企业发展到 270 家，首次超过国营集体企业。2015 年,全旗非私营企业 729 户,私营企业 4141 户，私营企业是非私营企业的 5.68 倍。

1992 年，全旗个体工商户 2392 户，私营企业 44 户。国家建立市场经济体制，为市场主体拓展广阔的舞台。1999 年 3 月 1 日，旗委、政府出台《关于加快发展个体私营经济的若干意见》(准党发〔1999〕3 号)，持续释放扶持政策红利。工商部门 2002 年开通注册登记绿色通道，实现个体私营企业快速准入，2007 年实施“小老板创业”工程，登记一人公司，洞开个体私营经济入市之门，个体私营经济如鱼得水，迅猛发展，成为准旗经济社会发展的最大贡献者。2015 年，全旗私营企业 4141 户，增长了 128 倍；个体工商户 17972 户，增长了 12 倍多。个体私营经济财政收入贡献率超 70%，固定资产投资贡献率超 90%，吸纳城乡就业贡献率超 90%。

进入“十一五”,准旗建设新农村,发展现代农牧业,一种新型市场主体农民专业合作社应运而生。2007 年 7 月 1 日起施行《中华人民共和国农民专业合作社法》，工商部门注册登记农民专业合作社 5 户。2015 年，农民专业合作社 1041 户，出资总额 62.57 亿元，成为现代农牧业的主力军。

1991—2015 年准格尔旗市场主体统计表

表 15-3　　单位：个

年份	非私营企业	私营企业	个体工商户	农民合作社	合计
1991	267	32	1344	—	1643
1992	267	44	2392	—	2703
1993	267	42	2948	—	3257
1994	204	49	1862	—	2115
1995	219	64	2160	—	2443
1996	199	90	2488	—	2777
1997	212	128	2891	—	3231
1998	389	196	3760	—	4345
1999	52	270	4555	—	4877
2000	129	280	5730	—	6139
2001	174	332	6200	—	6706
2002	257	347	6050	—	6654
2003	258	375	7639	—	8272
2004	298	548	7938	—	8784
2005	320	713	8165	—	9198
2006	353	904	7854	—	9111
2007	409	1105	6505	5	8024
2008	455	1345	7271	22	9093
2009	488	1678	7920	64	10086
2010	523	2167	6919	119	9728
2011	560	2667	7984	310	11521
2012	607	3060	10214	444	14325
2013	649	3368	11197	648	15862
2014	697	4004	17557	880	23138
2015	729	4141	17972	1041	23883

第三节　市场管理

“八五”至“九五”期间，准格尔旗多方兴办，工商监管，建设集贸市场，工商局筹集资金 51.3 万元，在沙圪堵镇相继建成准格尔市场、车站市场、美稷市场、教育市场。国家 1995 年年初提出工商行政管理机关与所办市场脱钩，1997 年起不准党政机关经商办企业。1998 年，准格尔旗党政机关与 48 家企业脱钩。2001 年，工商行政管理局与所办准格尔市场脱钩。

沙圪堵镇准格尔市场，1993 年摄

1991 年，工商部门向市场主体征收工商管理费，向上市交易商品征收市场管理费，按比例上缴财政用于市场建设，提留部分弥补工商部门经费；1999 年起，工商部门收费全额上缴财政。2008 年 9 月 1 日起，停止征收工商管理费和市场管理费。1991—2008 年，全旗累计征收市场管理费 1400.93 万元、工商管理费 3779.93 万元。至此，工商部门成为不经营、不收费的市场管理者。

1991 年，市场管理以事前管理为重点，沙圪堵工商所驻准格尔市场，实行驻站式管理，核准入市经营主体和上市交易商品。1997 年实行市场巡查制度，由驻站式静态检查转向巡回式动态检查，管理重点转向事中事后。2004 年评定信用等级，实行量化分级管理，管理有的放矢，有针对性集中到差评对象。2015 年 8 月推行“双随机、一公开”监管，随机抽取检查对象，随机选派执法人员，查处结果向社会公开，进一步简政放权、放管结合、优化服务。

1991 年，市场管理主要管理集贸市场，重点打击“投机倒把”。1992 年开始建立市场经济体制，管理重点转向查处“假冒伪劣”。1993 年 9 月《中华人民共和国反不正当竞争法》实施，打击假冒混淆、虚假宣传、回扣贿赂、垄断强制 4 类违法交易。1995 年起开展“百城万店无假货”活动。2000 年，准煤公司白云市场被命名为内蒙古自治区文明市场。

进入“十五”后，整顿规范市场经济秩序，市场管理范围由生活资料市场扩展到生产资料市场，逐步向生产要素市场延伸。农资市场、文化市场、食品市场成为管理重点，持续开展“红盾护农”“扫黄打非”“放心食品”专项行动。2007 年，旗工商行政管理局被评为全国“红盾护农”先进单位和全国流通环节产品质量和食品安全专项整治先进单位。

2008 年起，打击传销，规范直销；打击商业贿赂，维护公平交易。进入“十二五”后，国家将商业诚信建设摆上前台，引导市场各行业自律。2012 年，工商行政管理局组织辖区 100 家企业参与“万家企业诚信承诺联盟”签字仪式，集中销毁假劣商品货值 60 万元。2014 年，白云购物中心被评为鄂尔多斯市文明诚信市场。2015 年，全旗表彰文明诚信市场 2 家、文明诚信经营户 20 户，兴隆街道中心社区兴源步行街命名为全旗百城万店讲诚信示范一条街，成为展示准格尔文明经商的重要窗口和亮丽名片。

第四节　合同管理

1999 年 10 月 1 日起《中华人民共和国合同法》施行，赋予工商部门经济合同监督职责，2000 年起全国推行《合同示范文本》。2001 年起，准格尔旗工商部门监督经济合同，鉴证合同 20 项，标的 2935 万元；2002 年起，开办动产抵押登记，登记动产抵押 11 项，抵押标的 3630 万元，获抵押债权 1600 万元；2012 年起，开办股权出质业务，登记股权出质 18 项，出质标的 6.38 亿元，获出质债权 30.11 亿元。2015 年，市场监督管理局动产抵押 13 项，抵押标的 29.48 亿元，获抵押债权

19.89 亿元；股权出质 68 项，出质标的 47.78 亿元，获出质债权 177.99 亿元。开发区工商分局出质股权 11 项，出质标的 3.23 亿元，获出质债权 18.96 亿元。

第五节　商标管理

1991 年，准格尔旗有效注册商标 11 件，纳林地毯厂“飞马”牌地毯、民族地毯厂“纳尔松”牌地毯，由国内市场拓展到国际市场，是全旗名声远扬的地方名牌。1997 年，全旗有效注册商标发展到 14 件。1999 年，受企业转制民营影响，全旗注册商标减少到 9 件。2000 年，全旗有效注册商标 13 件。

2001 年，绿华果品公司的“准立”商标被认定为全旗首件鄂尔多斯知名商标。2003 年 4 月，巨合滩渔业协会注册全旗首件集体商标“巨合滩”鱼，同年蓿亥图西瓜协会注册“树农”西瓜集体商标。2005 年，全旗有效注册商标 22 件，正常使用 13 件，因企业停产破产等原因闲置 8 件。

“十一五”至“十二五”期间，工商部门实施商标战略，每年“4・26”世界知识产权日，宣传《中华人民共和国商标法》及《商标法实施条例》，持续打击假冒名牌的商标侵权行为，举办商标知识培训班，逐步建立申请注册商标信息库，扶持龙头企业、农民专业合作社，注册使用特色农产品商标，打造优势农产品品牌。培育了高原杏仁露、久荣地毯、农乡丰和十里长香小杂粮、五家尧果蔬、暖水山泉等绿色品牌，产生良好的品牌效应。2008 年 11 月，高原杏仁露公司持有的“准立”商标被认定为全旗首件内蒙古著名商标。2011 年，准格尔旗工商行政管理局被评为内蒙古自治区推进商标战略实施工作先进单位。

2015 年年底，全旗有效注册商标 762 件，其中农畜产品商标 232 件，占商标总量 30.45%；认定内蒙古著名商标 10 件、鄂尔多斯知名商标 16 件。

工商部门严厉查处商标侵权案。2000 年查处全旗首件商标侵权案，一个体户加工销售仿“李宁”牌运动衣货值 2.66 万元。2001 年查处“醉春秋”酒侵权案。2008 年工商局查扣侵权“脑白金”15 盒、“黄金搭档”20 盒，仿冒“乌海二锅头”酒 2988 瓶。2009 年开发区工商分局查扣假冒“水井坊”“五粮液”“茅台”“剑南春”“老白汾”等名酒 298 瓶，罚没款 6.39 万元。

2015 年准格尔旗名商标一览表

表 15-4

商标名	商品类	持有人	名牌级	认定年	延续年
高原露	饮料	高原杏仁露公司	著名商标	2015	2018
鸿远水镜湖	旅游	水镜湖农业旅游公司	著名商标	2015	2018
准露	饮料	准露山野食品有限公司	著名商标	2013	2018
五家尧	谷类制品	远洋新农业任公司	著名商标	2012	2015
沙米	谷类制品	同远绿色食品公司	著名商标	2012	2015
十里长香	谷类制品	兴农绿色产业公司	著名商标	2011	2018
农乡丰	谷类制品	农乡丰工贸公司	著名商标	2011	2018

续表 15-4

商标名	商品类	持有人	名牌级	认定年	延续年
暖水山泉	矿泉水	万和商贸公司	著名商标	2010	2018
红旗人	广告设计	红旗广告装饰公司	著名商标	2009	2012
准立	饮料	高原杏仁露公司	著名商标	2008	2015
凯曼	纯净水	凯曼饮业公司	知名商标	2015	2018
金霂	花卉	金霂农副产品合作社	知名商标	2015	2018
苦菜花	饮料	准露山野食品公司	知名商标	2014	2018
特弘众普	电子元件	特弘众普新光源公司	知名商标	2014	2017
生力	炸药	生力资源集团公司	知名商标	2013	2016
准利	地毯	王引利	知名商标	2012	2019
奇二	谷类制品	奇二命	知名商标	2010	2013
新帝永良	饼干	新帝食品加工厂	知名商标	2011	2018
黄河木兰湾	设计	远洋新农业公司	知名商标	2009	2011
绿色楼兰	木器加工	远洋新农业公司	知名商标	2009	2011
神华准能	煤	神华集团准能公司	知名商标	2008	2011
巨龙	炸药	生力资源集团公司	知名商标	2006	2012
准末	煤	神华集团准能公司	知名商标	2005	2008
准块	煤	神华集团准能公司	知名商标	2005	2008
准混	煤	神华集团准能公司	知名商标	2005	2008
准优	煤	神华集团准能公司	知名商标	2005	2008

第六节 广告管理

1994 年，全旗有广告经营单位 3 家，准格尔旗广播电视台、准煤公司电视台兼营广告业务，准格尔矿区广告公司是伊克昭盟首家广告公司。1995 年 2 月 1 日起《中华人民共和国广告法》实施，为广告市场管理和广告业发展提供了法律保障。

工商部门对广告经营单位实行“广告经营许可证”年检制度，发布户外广告实行审查登记制度，审查是否有虚假夸大、误导消费、不良社会影响的内容，统一规范店堂牌匾广告，鼓励发展公益广告，创建户外广告示范街，严禁未经审查擅自发布广告。1999 年广告经营单位开始发布公益广告。2000 年查处小肥羊连锁站“天下第一涮”内容夸大的违法广告。2002 年旗人民政府制定《户外广告管理办法》，开始清理到处乱贴的小广告，门缝乱塞的小广告，设置户外广告张贴牌 5 处，治理城市“牛皮癣”。2008 年查处夸大疗效，损害健康的医疗违法广告 8 件，罚没款 3.4 万元。2013 年起，薛家湾市镇区主干道、公交车乘降点、出租车和门店的 LED 显示屏滚动发布公益广告 180 余条，宣传社会主义核心价值观，助力创建全国文明县城。

2015年，全旗广告经营单位138家，其中企业27家、媒体4家、个体工商户107户。准格尔旗电视台、准格尔报社、准能集团新闻中心获广告经营资格。旗政府驻地大型广告公司红旗广告、金帆广告、北峰广告，开发区有大型广告公司警华广告、有缘广告、金色广告。

红旗广告公司前身为1994年12月成立的准格尔矿区广告公司，印发纸质广告宣传单起家。1997年租赁取得薛家湾镇主街道路灯杆广告发布权。1999年5月更名为红旗广告公司。1999年8月8日在第三届漫瀚调艺术节选出十名准旗礼仪小姐。2000年12月创办印刷品广告《红旗广告》。2003年4月代理准格尔旗电视台、准能公司电视台商业广告。2003年6月创办准旗首家劳务公司蓝旗劳务公司，先后介绍千余名旗籍青年到准能公司稳定就业。同年7月认定为二级广告企业。2004年5月注册“红旗人”广告商标，2008年6月被认定为内蒙古著名商标。2006年6月创办准旗首家综合门户网站“准格尔在线”。2007年6月成立阿尔斯伦景观照明工程公司，建设薛家湾镇城市亮化工程，煤海山城夜景令外地访客叹为观止。2007年7月开通薛家湾楼宇液晶电视联播网，受众最多户外电视屏矗立在准格尔广场。到2008年连续6年被评为鄂尔多斯市十佳广告公司。2014年12月成立电子商务公司，涉足农产品电商销售。2015年，红旗广告公司起家的红旗人企业群，员工发展到数百人，年产值数千万元，缴税超百万元，资产过亿元。

第七节　消费维权

改革开放初，准格尔旗消费者维权意识差，缘于上当受骗投诉无门。1994年1月1日起《中华人民共和国消费者权益保护法》施行后，这种状况逐步得到改变。同年5月13日，准格尔旗召开首届消费者代表大会，成立消费者协会，开始宣传消费权益，普及打假常识，畅通投诉渠道，调解消费纠纷，挽回经济损失，得到消费者认可。2014年召开第6次消费者代表大会，选举成立第六届消费者协会。

1997年起，消费者协会每年开展“3·15”国际消费者权益日集中宣传，现场宣传识辨假货知识，集中销毁假冒伪劣商品。2000年，开通“12315”举报电话，工商所设投诉站。2007年，建29个农村“12315”消费投诉站、15个“12358”价格投诉站，聘请89名消费投诉价格举报联络员，初建覆盖旗、乡、村三级消费投诉价格监督网络。2010年，建立消费者协会基层分会。2011年，乡级设消费者投诉站、社区设维权联络站，商超设消费维权岗，“一会两站一岗”打通消费维权“最后一公路”，使“3·15”消费者权益日活动成为“月月3·15”经常性维权活动。全年受理消费者申诉案件93件、投诉案件228件、举报案件37件，为消费者挽回经济损失多达436万元。

2015年7月，市场监督管理局整合工商管理“12315”、食品药品监督“12331”、质量技术监督“12365”热线电话系统，在4个AAA级景区设消费者维权服务站。全年受理投诉举报案件48起，调解消费纠纷40起，挽回经济损失24.72万元；开发区工商分局调解消费投诉38起，挽回经济损失6.50元。2000—2015年，全旗累计受理消费投诉申诉举报案件1347件，投诉解决率90%以上，为消费者挽回经济损失759.59万元。

第五章　价格管理

第一节　价格管理机构

1991 年，准格尔旗人民政府价格管理部门是物价工商行政管理局，下设薛家湾矿区分局。1993 年 2 月更名为工商物价局；1999 年 6 月实行省以下垂直管理，上划伊克昭盟工商物价局，9 月撤矿区分局；2002 年 3 月改组为工商行政管理局（物价局）。2010 年 4 月撤物价局，职能划入准格尔旗发展和改革局，设立价格办公室、价格监督检查所、价格认证中心，2012 年 3 月增设准格尔经济开发区价格监督检查所。

第二节　价格调控

价格决定市场资源配置，国家建立市场经济体制，从放开价格入手。“八五”期间是政府调控价格到市场形成价格的过渡期。准格尔旗实行最高限价和差率控价，发放价格补贴，打了一场平抑价格疯涨的遭遇战。

粮价是百价之基，国家放开粮价引发价格上涨。1991 年，准格尔旗定量供应的平价粮油每千克白面 0.36 元、大米 0.39 元；市场议价粮油上涨到大米 0.7 元、白面 0.8 元。粮价上涨带动市场价格上涨，零售价格指数涨幅 7.72%，消费价格指数涨幅 6.28%。9 月 16 日，旗人民政府决定向城镇居民发放肉票补贴，减轻涨价影响；首次公布最高限价白面 0.7 元、牛奶 1.16 元、胡油 2.02 元。1993 年 4 月 1 日起，国家取消平价粮油，粮油敞开供应，准格尔旗零售价格指数 113.5%，消费价格指数 116.6%，均创历史最高值，价格涨幅超过城镇家庭承受能力。

1994 年 5 月 10 日，旗人民政府公布最高限价，每千克猪肉去骨带皮 6 元、精瘦肉 11 元、山羊肉 8 元、绵羊肉 7 元、鸡蛋 4 元，青椒 6 元、黄瓜 3 元、西红柿 4 元，白面 1.28 元、精粉 1.44 元、粳米 1.8 元、籼米 1.4 元、小米 1.2 元、胡油 7.2 元。8 月 1 日起牛奶最高限价由 1.4 元上调为 1.8 元。9 月 9 日，旗人民政府发布《抑制物价上涨的指示》（准政发〔1994〕15 号），要求商业部门以低于市场价格或保本销售；提价实行备案和申报制度；实行最高限价和差率限制“双控价”。9 月 15 日起执行最高限价猪肉腰条 10 元、前肿后座 11 元、瘦肉 14 元、羊肉 13 元、牛肉 10.4 元、胡油 10 元，糜米 1.2 元、精荞面 2 元。9 月 21 日起执行成品粮最高限价，白面 1.84 元、玉米面 1.34 元。10 月 18 日，因生猪和胡油价格上涨，最高限价调整为猪肉 11 元、胡油 11 元。

一年之内公布最高限价 7 批次，最高限价执行率 95% 以上；40 多种商品及服务实行提价申报备案和差率控价，明码标价执行率 98% 以上。消费价格指数首次负增长 0.51%，零售价格指数止涨跌停。1995 年，旗财政列支 30 万元，面向人均收入 90 元以下城镇居民发放涨价补贴；猪肉、羊肉继续最高限价，粮油实行政府指导价，医药实行差率控价。消费价格指数、零售价格指数双双负增长。

“九五”期间，商品由短缺到丰富，价格由政府调控到市场形成。准格尔旗价格指数进入低于

100% 的运行期。1996 年 9 月 1 日，开征副食品价格调节基金，涉及提价的商品和服务收费，征收新增收入的 3% 用于“菜篮子”建设和副食品限价临时补贴。1997 年，餐饮业、娱乐业实行分等定级，差率控制经营性价格。1999 年 1 月起，恢复每人每年 93 元的烤火费、菜金补贴，这项补贴 1993 年工资改革时曾被冲销。

跨入 21 世纪，市场形成价格机制逐步完善。农副产品价格随行就市；短缺商品实行最高限价，农副产品实行最低保护价，造成的政策性亏损政府补贴。政府直接调控价格仅限于公益性服务价格，准旗价格保持温和上涨。

2010 年起，准格尔旗推出“相知价格”，蔬菜价格由市场采集定期公布改进为价比三家的“今日菜篮子价格”，通过媒体和手机及时发送消费者。2011 年起，政府实行经营收费减免、经营投资补贴、开通绿色通道等一系列扶持政策，吸引企业建设平价直销商店，稳定“菜篮子”，到 2012 年，挂牌运营平价商店 48 家，出售副食蔬菜低于市场价 20%，年让利 23 万元。2013 年 6 月至 11 月，向城乡特困群众发放临时价格补贴 281.88 万元。2015 年，全旗消费价格指数 100.5%，零售价格指数 100.3%，农资价格指数 97.8%。

1991—2015 年准格尔旗价格指数涨幅与居民收入增幅对照表

表 15-5　　单位：%、±%

年份	消费价格		零售价格		农资价格		人均收入增幅	
	指数	涨幅	指数	涨幅	指数	涨幅	城镇	农村
1991	108.3	+6.28	108.9	+7.72	—	—	+17.80	-3.57
1992	111.3	+2.70	111.1	+2.02	—	—	+23.00	+37.86
1993	116.6	+4.76	113.5	+2.16	—	—	+22.12	+10.45
1994	116.0	-0.51	113.5		—	—	+16.46	+17.57
1995	111.9	-3.53	111.2	-2.03	—	—	+9.47	+39.66
1996	106.2	-5.09	105.6	-5.04	—	—	+33.71	+32.51
1997	102.7	-3.30	99.2	-6.06	—	—	+33.52	+18.70
1998	96.8	-5.74	96.7	-2.52	—	—	+12.60	+16.27
1999	95.5	-1.34	94.2	-0.59	—	—	+11.08	+6.71
2000	102.6	+7.43	97.1	+3.08	—	—	+8.49	-6.92
2001	100.3	-2.24	97.9	+0.82	—	—	+9.49	-20.80
2002	98.4	-1.89	97.0	-0.92	—	—	+8.57	+24.77
2003	101.5	+3.15	98.5	+1.55	100.5	—	+12.64	+40.30
2004	104.2	+2.67	101.6	+3.15	110.2	+9.65	+24.50	+27.16
2005	102.7	-1.44	100.8	-0.79	110.8	+0.54	+26.51	+20.92
2006	102.5	-0.19	100.3	-0.50	100.7	-9.12	+23.10	+15.03
2007	104.3	+1.76	102.8	+2.49	103.6	+2.88	+24.12	+16.17

续表 15-5

年份	消费价格		零售价格		农资价格		人均收入增幅	
	指数	涨幅	指数	涨幅	指数	涨幅	城镇	农村
2008	104.8	+0.48	104.2	+1.36	113.0	+9.07	+17.24	+13.81
2009	100.0	−4.58	99.6	−4.41	96.2	−14.87	+13.16	+11.04
2010	103.5	+3.50	103.2	+3.61	103.1	+7.17	+15.55	+10.33
2011	105.7	+2.13	103.8	+0.58	105.4	+2.23	+14.53	+15.14
2012	102.2	−3.31	101.9	−1.83	105.3	−0.09	+13.16	+13.46
2013	102.3	+0.10	102.2	+0.29	100.6	−4.46	−2.87	+5.90
2014	101.5	−0.78	100.6	−1.57	99.0	−1.59	+7.80	+10.90
2015	100.5	−0.99	100.3	−0.30	97.8	−1.21	+6.80	+7.50

第三节　价格监测

物价部门常年监测市场价格，为政府调控价格提供决策服务；1995 年起，到周边地区采价，明确粮油、肉食、蔬菜暴利的界限，为价格执法提供依据。历年价格监测结果显示，准格尔旗价格年际变化总体呈上涨趋势，25 年居民收入增长跑赢了物价上涨。四季物价涨跌规律明显。蔬菜价格热季跌，冷季涨；肉食价格春季涨，秋季跌；粮油价格四季平稳；一年价格高峰出现在春节前夕。

跨入 21 世纪，旗政府驻地薛家湾镇物价明显高于蒙晋陕周边旗县和呼包鄂周边城市。2014 年，物价部门回应社会关切展开专题调研。薛家湾房租高，商业经营成本高；薛家湾蔬菜靠外运，流通层层加价售价高；薛家湾居民收入高，高消费助长高物价。多种因素造成薛家湾物价高于周边。

2015 年 2 月 12 日，准格尔旗采价每千克羊肉 80 元、猪肉 29.6 元、牛肉 60 元，鸡蛋 11.72 元、牛奶 6 元，大米 6 元、白面 4.76 元，黄瓜 7.96 元、西红柿 8.36 元、青椒 9.36 元。地产农副产品价格至少高出市场价格 10%，纳日松镇的山羊肉，从 21 世纪初每千克 40 元一路涨到 2015 年 90 多元。

1991—2015 年部分年份准格尔旗几种消费品价格调查表

表 15-6　单位：元 / 千克

采价时间	羊肉	猪肉	牛肉	鸡蛋	牛奶	大米	白面	黄瓜	西红柿	青椒
1991					1.16	0.70	0.80			
1994	13.00	11.00	10.40	4.00	1.80	1.80	1.28	3.00	4.00	6.00
2005-05	18.00	14.40	17.50	6.40		3.00	2.24	1.60	1.60	1.40
2007-05	20.00	13.00		8.00						
2012-12-06	51.60	33.60	38.00	9.80	4.00	6.00	4.40	5.00	4.40	3.60
2015-02-12	80.00	29.60	60.00	11.72	6.00	6.00	4.76	7.96	8.36	9.36

注：1991 年、1994 年为最高限价，其余年份为市场采价。

第四节　收费管理

准格尔旗收费实行许可证年审管理。1991 年开展乱收费、乱罚款、乱摊派专项治理，查处擅自提高收费标准、巧立名目收费、超越审批范围收费等违法行为。清理整顿后，向 131 家收费单位核发“收费许可证”，核准收费项目 294 项。1998 年 5 月 1 日《中华人民共和国价格法》施行后，依法逐步取消不合法收费，降低收费标准，持续减轻企业、农民和社会负担。1999 年，核准 163 家行政事业性收费单位收费项目 237 个、标准 830 个，24 家经营性收费单位收费项目 88 个、标准 260 个。

2012 年进入发展新常态，受鄂尔多斯民间借贷危机拖累，准格尔旗经济下行，企业陷入困境。物价部门加大“清费治乱减负”力度，取消行政事业性收费 3 项，降低标准收费 14 项，为企业和农民减负 846.3 万元；停收幼儿园保育费、高中择校费，为家长减负 334 万元。2013 年取消收费 4 项，免征收费 2 项，降低标准收费 1 项，为企业和社会减负 9536.3 万元。2014 年取消收费 7 项，免征收费 1 项，为企业减负 4346 万元。2015 年取消收费 10 项，免征收费 7 项，为企业减负 5.98 亿元。

2015 年 6 月 1 日起，国家取消收费许可证制度，加强事中事后监管，建立收费单位报告制度，收费项目和标准公示清单制度。准旗收费项目和标准公示清单，列入 88 家行政事业性收费单位，全年行政事业性收费 3.42 亿元，纳入 79 家经营性收费单位，全年经营性收费 56.66 亿元。

2001 年 11 月 30 日，物价部门组织全旗首次价格听证会，听取调整自来水价格意见。之后事关群众切身利益的经营性收费定价，都组织价格听证会，征求消费者、经营者意见，根据成本监审结果调整价格。

准格尔旗供水价格，每立方米 1991 年居民用水 1.2 元，建筑用水 4 元。1997 年 5 月 1 日起上调为居民用水 1.5 元、建筑用水 6 元。2002 年起执行分类用水价格，居民用水 2 元、机关用水 3 元、工业用水 2.38 元、经营用水 3.5 元、特殊行业用水 10 元、绿化用水 2 元、基建用水 5 元。2007 年上调为居民用水 2.30 元、机关用水 4.20 元、工业用水 3.50 元、经营性用水 4.50 元、市政绿化用水 4.00 元、基建用水 7 元、特殊行业用水 15 元。2014 年再次上调为家庭用水 3.00 元、集体用水 5.50 元、特种行业用水 18 元。

准格尔旗供热价格，2002 年每供热季每平方米居民 10 元、行政事业单位 19.5 元、工业企业 25 元。2005 年上调为居民 12.2 元、行政事业单位 22.6 元、企业 20.5 元。2009 年再次上调为住宅 20.5 元，政府补贴 5 元；非住宅 29.5 元。

第五节　价格认证

1995 年，准格尔旗首次价格认证，为百货公司抵押农村信用社贷款评估库存商品 22 万元；从银行借贷抵押物，到刑事案件涉案物，当年受理价格认证案件 35 起，标的金额 71.76 万元。1999 年，价格认证业务拓展到建设领域，测算薛家湾镇基准地价、沙薛两镇房屋重置价格，5 月 20 日准政发〔1999〕2 号文件公布执行。2011 年，首次开展交通事故车辆损失价格鉴定，逐步发展到车载物品和车辆停运损失认证。2012 年，价格认证业务扩大到非法吸收公众存款案件，8 月 20 日对苏某非法吸收公众存款案资产进行价格鉴定。

2015 年，受理价格认证案件 207 起，标的金额 6512.1 万元；其中刑事涉案物价格鉴定 133 起，标的金额 4305.7 亿元；民事纠纷涉案物价格鉴定 14 起，标的金额 242.4 万元；其他价格认证案件 60 起，标的金额 1964 万元。20 年间，累计受理各类价格认证案件 2300 多起，标的金额 19.8 亿元。

第六节　价格执法

1991 年，准格尔旗价格检查由城镇延伸到乡村，全旗基层供销社落实明码标价要求，制止了农村乱涨价歪风。1994 年，粮油价格乱象突出，囤积居奇，哄抬物价，掺杂使假，缺斤少两。全年查处价格违法案件 485 件，上缴违法所得 11.06 万元，退还消费者 3.62 万元，罚款 1.85 万元。1998 年 5 月 1 日起施行《中华人民共和国价格法》，价格执法检查走上法制化轨道。

“十五”至“十一五”期间，是全旗价格违法案件高发期。2001 年收缴罚没款高达 84.93 万元，2005 年责令退还非法所得多达 210 万元，2007 年办理价格违法案件多达 1364 起。针对教育乱办班、乱收费现象，2001 年查处教育乱收费，退还学生 2.53 万元；2008 年退还教育违规收费 3.6 万元。

“十二五”期间，常态化检查市场物价，重点检查涉企、涉农收费和房地产、教育、医药、旅游价格。五年累计查处价格违法案件 2231 起，收缴罚没款 501.93 万元。2015 年查处价格违法案件 286 起，收缴罚没款 2.78 万元。

2012 年 2 月，煤炭局违规向煤炭企业收取居民搬迁补偿赞助费 3 元 / 吨，属“依据越权设定收费的文件实施收费”的价格违法行为。内蒙古自治区价格监督检查局委托准格尔旗价格检查所，依法责令煤炭局退还所收赞助费。

2015 年，检查打折、积分、赠品等促销活动中的价格欺诈行为，49 户商家被行政处罚。

第六章　质量技术监督

第一节　质量技术管理机构

1991 年，准格尔旗技术监督局是旗人民政府工作部门，下设产品质量监督检验所、计量测试所，1992 年 9 月派驻薛家湾矿区分局。1993 年 2 月并入准格尔旗物价工商局，下设计量质量检验测试中心、薛家湾计量质量检验测试所。1999 年 6 月实行省以下垂直管理，两中心上划伊克昭盟技术监督局；2000 年 1 月更名为准格尔旗质量技术监督局，同时成立准格尔旗质量技术监督稽查队；2002 年 1 月下设产品质量计量检测所。2002

准格尔旗产品质量计量检测所，2022 年樊钱摄

年3月鄂尔多斯市质量技术监督局派驻准格尔开发区分局，2015年职工14名。2015年7月，撤质量技术监督局，55名职工划归市场监督管理局，下设产品质量计量检测所。2015年底，全旗有2家质量技术管理机构，即准格尔旗市场监督管理局、鄂尔多斯市质量技术监督局准格尔经济开发区分局。

第二节 标准化

一、生产标准

1990—1999年，准格尔旗制定农业标准13个、企业标准35个，1997年被内蒙古自治区技术监督局列为全区首批消灭无标生产旗县之一。1996年12月，水土保持小流域综合治理标准通过验收，填补内蒙古西部行业标准空白，1997年获自治区科技进步三等奖；此间准旗首批采用国际标准生产的工业产品有，神陶集团白瓷釉面砖、化肥厂碳酸氢铵、龙泰水泥公司和马栅水泥厂的硅酸酸盐水泥。

2000年，生产标准实现微机管理。2002年，全旗29家工业企业生产煤炭、建材、化工、轻工、食品等54种产品，执行国际标准4种、国家标准21种、行业标准9种，企业标准24种，生产标准覆盖率98%以上。2009年投产的伊泰煤制油公司，先后颁布8个企业标准，2015年获评国家安全生产标准化二级企业。

2000—2015年，全旗各类产品执行国家、行业标准283个。2015年，市场监督管理局和市质量技术监督局准格尔经济开发区分局，备案登记34家企业91个标准，其中国家标准56个、行业标准27个、企业标准8个；政务大厅建成内蒙古公共服务综合标准化示范点，将高原杏仁露公司万亩标准化山杏林列为鄂尔多斯市农牧业标准化示范基地。

二、机构代码

1993年，准格尔旗执行强制性国家标准《全国企业、事业单位和社会团体代码编制规则》（GB 11714—1989），开始核发组织机构代码证，办理组织机构全国通行“身份证”。1996年将组织机构代码纳入国家税务系统，首次在全国范围内强制应用。1998年全国统一组织机构代码证书，分为正本、副本和电子副本（IC）卡3款。到1999年全旗办理统一代码证书1103套。

2000年，组织机构代码信息全国联网，2005年开通全国组织机构代码基本信息检索系统。2008年，质量技术监督局年检组织机构代码证608家，新办组织机构代码证341家，电子证456家，换证143家，变更69家，建立组织机构代码电子档案，获评内蒙古自治区组织机构代码工作先进集体。2014年6月，质量技术监督局被命名为全国组织机构代码工作文明服务窗口。

2015年10月1日起，实施强制性国家标准《法人和其他组织统一社会信用代码编码规则》（GB 32100—2015），法人和其他组织的组织机构代码换发统一社会信用代码。2000年至换发时，全旗办理组织机构统一代码证4627套，2015年年底全旗核发加载统一社会信用代码营业执照1232家。

三、商品条码

1992年6月，国家推广使用商品条码。准格尔旗生产商品注册条码始于2000年，天源果品公司生产的准立杏仁露注册登记商品条码。2001年，易通酒业公司生产的喇嘛哥哥、二妹子两款白酒，注册登记商品条码。2005年商品条码广泛应用，2006年，全旗29家企业生产的31种产品全部注册登记条码。之后商品标码标准化应用覆盖流通市场，本土产品上市必备条码，外来商品销往准旗，消费者扫描条码查商品产地、厂家、价格等信息。

第三节　计量监督

准格尔旗质量技术监督部门对社会公用计量标准器具和工作计量器具，实行强制检定管理。“八五”至“九五”期间，核准流量计、压力表、血压计、三等砝码、四等砝码、直尺、量提 7 项社会公用计量标准，25 种计量器具的量值传递。2000 年，强制检定计量器具 9064 台（件）。随着经济社会发展，社会公用计量标准不断增加，计量标准器具和计量工作器具越来越多。2015 年，市场监督管理局核准社会公用计量标准 18 个，强制检定计量器具 2.14 万台（件）。

2022 年电子计价秤计量检定，樊钱摄

准格尔旗祖辈流传“戥秤不哄人”，但不法商贩常用杆秤作弊，欺骗消费者。1996 年 7 月 1 日起，沙圪堵、薛家湾两镇集贸市场淘汰杆秤，使用电子秤、双面托盘秤等台案秤。1997 年 7 月 1 日起，其他乡镇逐步淘汰杆秤，年底杆秤这一原始计量器具退出历史舞台。集贸市场计量监督，2002 年没收不合格杆秤 45 支、台案秤 3 台、增铊和游铊 37 个，配备公平秤。成品油计量监察，2005 年查处 4 家单位使用超检定周期加油机，2008 年查处 1 家单位使用未经检定加油机。光明计量监察，2008 年查处 5 家眼镜店计量器具超检定周期。2011 年起开展能源计量监督，促进企业节能降耗，2015 年，质量技术监督局为 11 家企业建立能源计量工作档案，开发区分局为 3 家电石企业建立能源计量档案。

第四节　质量管理

准格尔旗以质量为中心，标准化、计量为基础，标准化、计量、质量三位一体管理。“八五”至“九五”期间，以标准化和计量为重点，2000 年产品质量管理职能由经济贸易委员会划转到技术监督局，质量管理走向前台。生产准入实行工业产品生产许可和强制性产品认证，市场监管实行商品质量抽检，推荐评选名牌产品，打击假冒伪劣产品。

一、生产准入

2002 年，生力民爆公司获全旗首张工业产品生产许可证。2003 年，生力民爆公司、铸城水泥公司、三禾煅烧高岭土公司，全旗首批获国家质量管理体系认证。2004 年，国华准格尔电厂在全旗率先获 ISO9000 质量体系和环境体系双认证。2007 年，全旗 14 家企业工业产品生产许可证通过年检，包括 6 家建筑外窗生产企业、3 家普通硅酸盐水泥生产企业、3 家眼镜配制店、1 家溶解乙炔气生产企业、1 家有机无机混合肥生产企业。2009 年，工业产品生产许可企业建立电子档案。2015 年，全旗许可工业生产企业 26 家，其中市场监督管理局许可 11 家，开发区质量技术监督分局许可 15 家。

2015 年准格尔旗工业产品生产许可一览表

表 15-7

生产企业	许可产品	许可时间	有效期至	许可证号	生产地
铸城伊东水泥公司	水泥	2015-12-31	2020-12-30	XK08—001—04928	准格尔开发区
暖水山泉暖水分公司	塑料容器	2015-12-01	2020-11-30	（蒙）XK16—204—00526	暖水乡
东华能源公司	危化品	2015-06-17	2020-06-16	（蒙）XK13—014—00079	大路煤化工基地
东华能源公司	硫酸	2015-06-17	2020-06-16	（蒙）XK13—015—00018	大路煤化工基地
鑫盛预制厂	排水管	2015-06-17	2020-06-16	蒙 XK08—002—00055	兴隆街道
旺明化工公司	碳化钙	2015-02-03	2020-02-02	XK13—019—00051	准格尔开发区
中铁二十三局龙口制梁场	混凝土梁	2015-01-19	2020-01-18	（蒙）XK17—004—01037	龙口镇
天隆化工公司	碳化钙	2014-12-16	2019-12-15	XK13—019—00049	准格尔开发区
鑫德化工公司	碳化钙	2014-12-16	2019-12-15	XK13—019—00048	准格尔开发区
三维化工公司	碳化钙	2014-10-29	2019-10-28	XK13—019—00041	准格尔开发区
祥和化工公司	碳化钙	2014-10-29	2019-10-28	XK13—019—00044	准格尔开发区
利源冶炼公司	碳化钙	2014-10-29	2019-10-28	XK13—019—00043	准格尔开发区
准鑫化工公司	碳化钙	2014-10-29	2019-10-28	XK13—019—00045	准格尔开发区
恒业化工公司	碳化钙	2014-10-29	2019-10-28	XK13—019—00046	准格尔开发区
宏鑫化工公司	碳化钙	2014-10-29	2019-10-28	XK13—019—00041	准格尔开发区
宏利化工厂	碳化钙	2014-10-29	2019-10-28	XK13—019—00040	准格尔开发区
伊克赛矿泉水公司	塑料容器	2014-09-23	2019-09-22	（蒙）XK16—204—00506	暖水乡
铸城水泥薛家湾分公司	水泥	2014-09-23	2019-09-22	（蒙）XK08—001—05858	友谊街道
聚能冶化公司	碳化钙	2014-09-16	2019-09-15	XK13—019—00039	准格尔开发区
三维煤化科技公司	工业用甲醇	2013-11-04	2018-11-03	（蒙）XK13—014—00052	大路煤化工基地
创异机械环保设备公司	起重设备	2013-06-19	2018-06-18	XK06—005—00797	准格尔开发区
东屹化工公司	碳化钙	2013-04-21	2018-04-22	XK13—019—00012	准格尔开发区
九鼎化工公司	液体无水氨	2013-03-01	2018-02-28	XK13—016—00006	准格尔开发区
凯达气体制造公司	危化品	2012-06-25	2017-06-24	（蒙）XK13—005—00029	友谊街道
久泰能源内蒙古公司	工业用甲醇	2012-04-12	2017-04-11	（蒙）XK13—014—00025	大路煤化工基地
浩渊水业公司	塑料容器	2012-01-12	2017-01-11	（蒙）XK16—204—00037	龙口镇

二、质量抽检

1991—2000 年，准旗产品质量监督检查合格率稳定在 70% 左右。2002 年，质量技术监督局完成全旗首次产品质量普查，29 家主要企业生产的 54 种产品，质量等级品率 98.39%。2005 年，久荣毯业公司生产的手工打结羊毛地毯获评内蒙古名牌产品。2007 年，两家质量技术监督部门抽检全旗原煤生产企业 51 家产品 73 个批次，烧制普通砖企业 47 家产品 92 个批次，合格率 81%；电石生产企业 11 家产品 11 个批次，合格率 100%。2008 年，高原杏仁露公司生产的杏仁露产品获评内蒙古名牌产品；2014 年 3 月 18 日，高原杏仁露公司生产的蛋白饮料获鄂尔多斯市市长质量奖。2015 年，全旗工业产品质量抽检合格率 100%。

三、质量打假

1996 年，山西省发生震惊全国的假酒中毒案，准格尔旗首次质量打假，查获假冒名酒 36 瓶、散白酒 100 千克。2000 年取缔薛家湾镇唐公塔村的土炼油，查获成品 20.5 吨、废机油 12.8 吨。2002 年集中销毁假冒伪劣商品货值 8.13 万元。2005 年查处假冒伪劣商品货值 29.22 万元，罚没款 11.16 万元。2008 年发生震惊全国的三聚氰胺毒奶粉案，食品安全成为打假的重点。

进入“十二五”，质量技术监督部门的“利剑”执法行动趋向专业化，加工食品、农用物资、汽车配件、名烟名酒、下乡家电、建筑材料和强制性认证产品成为打假重点，开通“12365”质量投诉举报热线电话。2014 年，质量技术监督局打假 129 起，罚没款 15.6 万元；开发区质量技术监督分局打假 103 起，罚没款 27.96 万元。2015 年，市场监督管理局工商行政管理、质量技术监督和食品药品监督三大职能综合执法办案 320 起，罚没款 44.36 万元；开发区质量技术监督分局打假 49 起，罚没款 10.12 万元。

第五节 特种设备监察

1991 年，准格尔旗特种设备仅有锅炉 47 台。1995 年 8 月，准煤公司职工总医院启用 2 部电梯，成为全旗首家电梯使用单位。1998 年 9 月，该医院 1 台高压氧舱全华北地区率先投用。2001 年，全旗首家液化气充装站在薛家湾镇开业。2009 年后，大路煤化工基地和伊东循环经济园区的压力容器、压力管道陆续安装运行。2011 年，水镜湖景区在全旗率先投运大型游乐设施。2015 年，全旗特种设备有，锅炉 409 台、压力容器 3553 台、压力管道 340.52 千米、压力罐车 35 辆、电梯 1056 部、起重机械 1100 部、场内专用车 88 辆、大型游乐设施 7 套、客运索道 1 条、石油液化气充装单位 15 家、液化气瓶 2.6 万只。

水镜湖景区大型游乐设施，2015 年摄

1991 年，特种设备归口人事劳动局矿山安全监察站监察，定期检测在用锅炉，验收检测新安装锅炉，核发“特种设备使用登记证”，亮证运行；培训特种设备作业人员，核发“特种设备作业人员上岗证”，持证上岗。

2000 年，特种设备监察划归质量技术监督局，开始请鄂尔多斯市特种设备检验所定期检验特种设备。2002 年完成特种设备注册登记，实现微机化管理。开始整顿石油液化气市场乱象，严禁擅自充装超期和报废气瓶，报废超期液化气瓶 319 只，2004 年报废液化气瓶 105 只，端掉两家翻新报废液化气瓶窝点。

2006 年起，质量技术监督部门与特种设备重点使用单位签订安全生产责任状，与气体充装站签订安全生产责任状，气体充装站与送气员签订托管协议，在日常监管基础上，开展节日、春季、采暖期三大安全检查。2008 年，5 台压力表和安全阀超检验周期的锅炉责令停止使用，限期整改，强制拆除一台私自制作安装使用的小型蒸汽锅炉。2009 年，吸取伊泰煤制油“4·08”火灾事故教训，成立特种设备事故救援和调查小组，6 家企业建立重大危险源档案，实行动态管理，拆除私自改造小蒸气锅炉 3 台，强制报废锅炉 4 台。

2015 年，市场监督管理局和开发区质量技术监督分局吸取天润化肥“3·03”灼烫和九鼎化工“6·28”爆炸事故血的教训，与重点特种设备使用单位签订安全责任状，落实单位法人、特种设备管理操作人员的安全责任；建立重点特种设备使用单位档案和压缩天然气电子监管系统，一家一档，动态监管；分类强制现场检查特种设备，发现安全隐患，责令限期整改，有严重隐患的，停止使用相应设备。

第六节　技术检测

1991 年，准格尔旗产品质量监督检验所可以开展化工、建材、粮油、副食五大类 15 个品种的产品质量检验。准旗计量测试所分压力室、天平室、衡器室、流量室，建立 7 项社会公用计量标准，可以开展 25 种工作计量器具的计量检定，获内蒙古自治区技术监督局有效期为 5 年的计量认证。

1996 年 1 月，产品质量监督检验所与计量测试所合并为计量质量检验测试中心，购置量程为 100 吨的万能材料试验机、氧弹量热仪等设备，通过内蒙古自治区质量技术监督局质量检验认证。2002 年 1 月，按国家统一要求，计量质量检验测试中心更名为产品质量计量检测所，新建定量包装商品检验室，开展大米、面粉、液化石油气、饮料、水泥、小食品、茶叶、白酒、小包装饮用水 9 大类定量包装商品计量检测。2003 年，新建电石计量检验室。2007 年、2008 年，该所接受国家质检总局抽查，获抽查专家组好评。

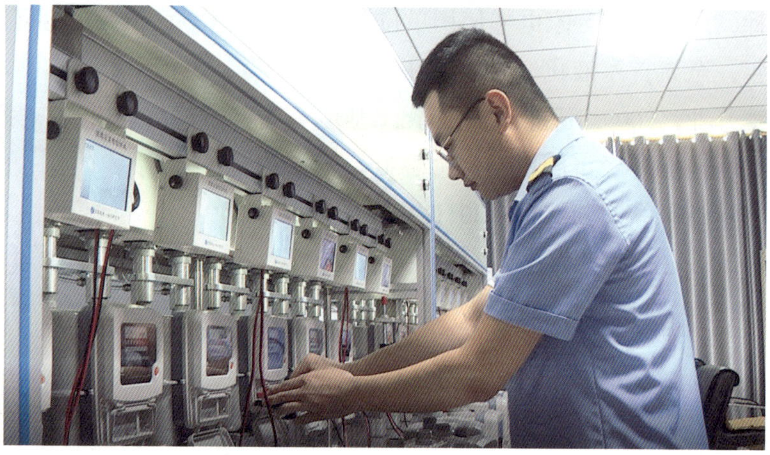

2022 年燃气表计量检定

2013 年，产品质量计量检测所通过技术升级改造，具备食品、煤炭、建材、建筑外门窗、化工 5 大类产品 38 个质量参数的检验能力，通过内蒙古质量技术监督局扩展检验项目评审。2014 年，该所通过鄂尔多斯市质量技术监督局有效期为 4 年的法定计量检定机构计量授权，建立压力表、M1 等级砝码、F2 等级砝码、血压计、水泥软链、0.3 级测力仪、水表、二等标准金属量器、气体报警仪等 18 项计量标准。

第七章　食品药品监管

第一节　食品管理

1991 年，准格尔旗食品生产、流通、餐饮三个环节由卫生防疫部门全程监管。1994 年，《准格尔旗食品卫生管理办法》经十三届人大常委会第二次会议审议通过，将食品管理纳入法制化轨道。跨入 21 世纪，质量技术监督部门协管食品生产，工商行政管理部门协管食品流通。2008 年发生震惊全国的三聚氰胺毒奶粉案后，质量技术监督部门和工商行政管理部门全面介入卫生防疫部门的食品管理。2011 年 6 月，卫生防疫部门食品监管职能划分到三个部门，质量技术监督部门管食品生产环节，工商行政管理部门管食品流通环节，食品药品监督管理局管食品餐饮环节。2015 年 6 月，全旗的食品生产、流通和餐饮由准格尔旗市场监督管理局监管，结束了一旗食品多头分段交叉监管的历史。

一、食品生产管理

准格尔旗食品生产实行许可年检制度，强制食品安全认证，取缔无证加工食品。2008 年 7 月 17 日，工商、质监、食药监、公安、卫生联合开展"午夜打黑"行动，取缔制售不符合标准和卫生条件的食品加工作坊、私屠乱宰点 22 户，停业整顿 12 户，查扣薛家湾镇贾家湾村 1 户屠宰点无检疫证明猪肉 570 千克、羊肉 300 千克，查获 1 户月饼作坊不合格月饼 310 千克。2009 年，查获用于熏蒸馒头的工业硫磺 12 千克，待售熏蒸馒头 950 个。2011 年，取缔 1 户地沟油窝点，查获半成品 12 桶 2.25 吨；取缔 1 户滥用添加剂豆芽作坊。2012 年，查处以羊油和鸭肉为原料加工羔羊肉片窝点，扣押 1500 千克假羊肉片。2013 年，全旗有食品加工户 178 户。其中，质量技术监督局辖区 98 户，开发区分局辖区 80 户。2015 年，全旗许可食品生产企业 18 户，量化分级管理均评定为 B 级。

二、食品流通管理

准格尔旗食品流通实行卫生许可制度，禁止无证经营，禁止无生产日期、无质量合格证、无生产厂家的"三无"食品和超保质期食品上市。2003 年防控"非典"，查处问题食品 890 千克，货值 8000 元。2008 年查处毒奶粉，下架"三鹿""蒙牛""伊利"等品牌乳制品 1212.9 千克。2010 年集中销毁问题食品标价 76.5 万元。促进食品流通行业技术进步，2008 年为地产食品"穿衣戴帽"，加贴标签包装上市，厂商挂钩、批发与零售对接，建立购销台账，实行食品可追溯"一票通"制度。2009 年商超安装购销台账电子软件，配备食品信息自助查询机。2010 年实行食品批发户、食品配送车登记备案，散装食品配备离地存储架，地产食品配备冷藏保鲜柜。2010 年，全旗许可食品经营户 1785 户，评定食品安全示范户 67 户。其中，工商行政管理局辖区经营户 1496 户，示范户 52 户；开发区分局辖区经营户 289 户，示范户 15 户。2015 年，全旗许可食品流通户 3762 户，分级量化管理，评定 A 级 108 户、B 级 3457 户、C 级 197 户。

三、餐饮消费管理

准格尔旗餐饮服务实行卫生许可制度，餐饮服务单位持许可证经营，餐饮从业人员持健康证上岗。1991 年，卫生防疫站核发食品卫生许可证 747 户，体检从业人员 1365 名。2004 年起，推行食品卫生量化分级管理，食品经营单位卫生状况分为优、良、合格 3 个等级，评定 A、B、C 级，首次评定大型餐饮单位 A 级 1 户、B 级 16 户。2009 年，鄂尔多斯市创建食品安全城市，准旗在食品消费环节重点落实餐具消毒制度，严防食物交叉污染和中毒，重点检查单位食堂、工地食堂，集中治理流动小吃、露天烧烤，保障节假日、重大活动食品安全。当年在薛家湾镇银泽区打造小餐饮卫生示范一条街，2010 年建成示范小餐饮店 50 家。2011 年 8 月，食品药品监督管理局接管卫生局疾病预防控制中心监管的餐饮单位 1794 户，从业人员 7560 名。2012 年 6 月 14 日，食品药品监督管理局首次颁发《餐饮服务食品安全等级公示牌》，5 户餐饮单位评定为 A 级，10 户餐饮单位评定为 B 级。2013 年，全旗建成鄂尔多斯市餐饮服务食品安全示范街 4 条、示范店 58 户；评定全旗示范街 13 条、示范店 116 户。2015 年 7 月推广餐饮“明厨亮灶”工程，1688 户餐饮单位完成“明厨亮灶”改造。全旗许可餐饮单位 1986 户，量化分级管理，评定 A 级 311 户、B 级 1105 户、C 级 480 户。

职业中学“明厨亮灶”食堂，2022 年摄

四、食品安全检测

1991 年，准格尔旗食品检测由卫生防疫站抽检，检测食品经营单位合格率 44.29%。开发区工商分局 2008 年启用食品检测箱，2009 年配备食品检测车，开展食品快检和抽检。2009 年 12 月，食品检验检测中心在迎泽街道湖西食品加工园区建成投运，配备检验检测设备 54 台，具备 35 类食品 130 多个参数的检验检测能力，为西部地区首家县级食品检测机构；2010 年 4 月通过内蒙古自治区质量技术监督局有效期为 3 年的资质认定，食品检测开始覆盖生产、流通、消费全环节；2014 年 4 月再次获有效期为 3 年的资质认定。2015 年，全旗食品快检抽查合格率 96%。

第二节　药品医疗器械管理

1991 年，准格尔旗医疗单位临床用药由卫生局药政部门管理；1991 年 11 月成立医药管理局，专管市场药品经销；2002 年 1 月卫生局药政管理与医药管理局医药市场管理整合，划归鄂尔多斯市药品监督管理局准格尔旗分局；2004 年 9 月改称鄂尔多斯市食品药品监督管理局准格尔旗分局。2010 年 11 月下放地方成立食品药品监督管理局，2015 年 6 月并入市场监督管理局。

准格尔旗药品和医疗器械经售实行许可年检和强制认证。2005 年开启农村药品供应网和监督网建设与药品经营质量管理规范认证，遏制农村假劣药横行和药价虚高。2008 年全旗农村药品供应网、监督网全覆盖。2013 年，查获假药案 10 起，基本药物抽检 148 个批次，上报药品和医疗器械不良反应 203 例，86 户药品经营户获药品经营许可、医疗器械经营许可，55 户首批录入国家基本药物经营中国药品电子监管网，创建旗级药品经营示范店 30 户。

2014年起，准格尔旗按照新版《药品经营质量管理规范》规定评定药品零售企业信用等级，2015年全旗许可药品经营企业197户，评定为A级79户，B级109户，C级9户；许可医疗器械经营企业137户。

药品医疗器械不良反应监测中心位于迎泽街道。2015年，监测信息网络与4家医疗机构、14家乡镇卫生院、7家社区服务中心、23家中西医诊所、3家医药连锁企业、3家口腔门诊、3家民营医院共57家药品医疗器械使用单位联网。

第三节　保健食品化妆品管理

跨入21世纪，化妆品、保健食品落户准旗城镇，美容店兼营化妆品，药店兼营保健食品，由兼营起家，逐步发展到专营。2004年9月鄂尔多斯市食品药品监督管理局准格尔旗分局成立后，对保健食品、化妆品经营使用单位实行备案登记管理，接受质量安全抽检，2007年，全旗备案登记38户保健食品经营单位。

2010年11月准格尔旗食品药品监督管理局成立后，全面普查保健食品和化妆品市场，2011年，备案登记保健食品专营店20家、兼营店76家；化妆品专营店76家，兼营店64家。2012年，抽检保健食品5批次，化妆品40批次，没收违法经营的保健食品76种、化妆品16种，货值8579元，罚款2.57万元。2015年6月，撤食品药品监督管理局，职能并入市场监督管理局，市场监督管理局组织117户保健食品和化妆品专营单位参加诚信、守信、警示、失信四个信用等级评定，保健食品专营店评定A级9户、B级10户，化妆品专营店评定A级13户、B级73户、C级12户。

2015年，全旗有保健食品经营单位189家，其中，专营店24家、兼营店165家，备案登记173家；化妆品经营单位190家，其中，专营店162家，兼营店28家，备案登记166家；化妆品使用单位442家，其中，美容院79家、理发店293家、美甲店19家、超市47家、洗浴中心4家，备案登记152家。

第八章　生产安全监察

第一节　安全管理体制

准格尔旗安全生产监察，在旗人民政府安全生产委员会领导下，安全生产监察机构实施。1991年矿山安全监察站属人事劳动局，2002年7月划归经济贸易局。2005年5月，准格尔旗成立安全生产监督管理局，开始依法行使安全生产综合监管职权，直接监管非煤矿山、危险化学品、烟花爆竹行业，综合监督其他行业管理。2008年成立乡级安全生产监察站，设准格尔经济开发区分局，2009年设大路煤化工基地分局，健全旗、乡两级安全生产监察机构。2009年任建国被评为全国安全生产监察先进个人。2015年，全系统监察执法人员54名。

1992年5月30日，准格尔旗十一届人大常委会第七次会议批准《安全生产管理办法》，坚持“安全第一、预防为主”方针，实行政府监察、行业管理、群众监督“三结合”管理体制，层层签订安全生产目标管理责任状。2001 年 7 月 10 日，旗人民政府印发《安全生产责任制》（〔2001〕64 号），实行单位负责、行业管理、政府监察、群众监督“四位一体”管理体制，坚持管生产必须管安全，谁主管谁负责原则，政府主要领导、部门行政主要领导、企事业单位法人代表是安全生产第一责任人，安全生产目标管理责任状开始实行对其他工作“一票否决”。2015 年修订《安全生产责任制》，实行“党政同责、一岗双责”责任体系，坚守不要“带血的 GDP”的发展底线。

第二节　安全生产准入

“八五”至“九五”期间，安全监察站重点监察非煤矿山企业和压力容器的安全生产条件，核发《安全条件合格证》。2002 年 6 月 29 日实施《中华人民共和国安全生产法》，安全监察站直接监察非煤矿山企业、危险化学品、烟花爆竹行业生产经营单位的安全生产条件，核发有效期为 3 年的《安全生产许可证》。2004 年 1 月 9 日国务院印发《进一步加强安全生产工作的决定》（国发〔2004〕2 号），新建、扩建、改建的建设项目，主体工程和安全措施同时设计、同时施工、同时竣工验收，核发《安全生产许可证》；鄂尔多斯市规定，500 万元以下项目由旗区“三同时”审查，500 万元以上项目由市级审查。

2005 年，安全生产监督管理局按“三同时”制度审查生产经营单位的安全生产条件，许可 42 家电石生产企业、33 家非煤矿山企业、3 家烟花爆竹经营企业安全生产。2006 年关闭逾期未重新申办安全生产许可证石厂 14 家，2007 年吊销 8 家危险化学品生产企业安全生产许可证，2013 年关闭 5 家逾期未重新申办安全生产许可证企业。2015 年，全旗有 250 家持安全生产许可证企业，其中，非煤矿山企业 70 家，危险化学品生产企业 50 家、经营企业 126 家，烟花爆竹经营企业 4 家。

第三节　安全标准建设

2008 年，准格尔旗首先在非煤矿山企业开始安全标准化建设；2010 年扩大到危险化学品生产企业；2011 年细化到企业班组安全建设，在伊泰煤制油公司召开企业班组安全建设经验交流现场会。2012 年，2 家危险化学品生产企业、108 家加油站、36 家非煤矿山企业达到三级标准，伊泰煤制油公司达到二级标准，东方能源化工公司、久泰能源公司成为内蒙古危险化学品生产企业班组安全建设示范企业。

2015 年，非煤矿山行业，依法取缔 20 家企业；保留 70 家企业采用台阶式开采工艺、中深孔爆破技术、机械化铲装作业，全部达到三级标准。危险化学品行业，责令 35 家开放式电石生产企业停产，实施自动化整改；正常生产 47 家企业中，43 家企业达到三级标准，2 家企业达到

准格尔旗安全生产视频监管平台，2022 年摄

二级标准，12 家企业实现自动化控制，6 家企业完成危险与可操作性分析，易高煤化科技公司完成功能安全仪表评估。

2015 年 12 月，准格尔旗安全生产信息化监管平台投运，整合 10 个部门 2705 路视频探头，对接煤矿监控系统，接入企业监控报警系统，将 8 家危险化学品生产企业、40 家煤矿纳入监管，实现在线监测报警处置、大数据存储分析、应急演练指挥、远程视频会议 4 大功能。隐患不排查，系统能觉察；上报不及时，系统有提示；整改不到位，系统会警示；责任不落实，系统来考核。

第四节　安全风险整治

安全生产监察的重点是安全隐患能否及时排除，难点是无法排除的重大危险源能否有效监控，危险化学品生产企业是准格尔旗的重中特重，难中艰难。“八五”至“九五”期间，安全隐患靠人力排查，组织全旗性执法大检查、行业性专项检查、常规性企业检查。进入“十五”后，依靠技术手段完善管理制度，逐步实现由普遍性监察向针对性、专业性监察转变。

2005 年，全旗检查危险化学品生产经营企业 234 家、非煤矿山企业 72 家、烟花爆竹经营企业 3 家；停产整顿 1 家氧气厂、1 家造纸厂、3 家焦化厂，关闭 15 家硅钙厂、8 家炼铁厂。2006 年，53 家加油站、2 家民爆物品生产企业、1 家气体制造厂列入重大危险源重点监控。

2007 年起实行安全风险抵押金制度，企业提取，专户储存，用于安全整改；2010 年，48 家非煤矿山企业交纳风险抵押金 144.5 万元，14 家危险化学品生产企业交纳风险抵押金 42 万元。2009 年起向危险化学品生产企业派驻安全监察员，率先向伊泰煤制油公司、东方能源化工公司派驻安全监察员；2015 年，向 15 家危险化学品生产企业派驻 30 名安全监察员。2010 年起实行安全隐患分类建档，分类管理；2015 年，建档 11 家企业 39 处重大危险源，其中一级 5 处，二级 4 处，三级 14 处，四级 16 处。2012 年，旗人民政府聘用危险化学品行业专家 11 名，实行危险化学品生产企业安全问题专家会诊制度；2015 年全年共组织专家会诊 3 次，共检查企业 22 家次，排查出安全隐患 476 次，全部完成整改。2014 年起实行危险化学品生产企业安全风险分级动态管理，安全风险分 A、B、C 三级，一年一评，全旗 34 家危险化学品生产企业中，评定 A 级 6 家、B 级 27 家、C 级 1 家；2015 年，这家 C 级企业晋升为 B 级，2 家发生安全生产事故企业取消评级，从零开始整改，申报 C 级风险企业。

2015 年，全旗安全生产监察危险化学品生产经营企业 50 家、非煤矿山企业 70 家、烟花爆竹经营企业 4 家。大路煤化工基地招标聘请中国化学品安全协会专家组进驻，会诊评估出重大危险源 24 处、重点监管危险工艺 4 种、重点监管危险化学品 13 种。准格尔经济开发区危险化学品生产企业 7 家，监控 7 处重大危险源，其中一级 2 处、二级 1 处、三级 2 处、四级 2 处。

第五节　安全教育培训

1991 年起，国家每年 6 月开展“安全生产周”集中宣传活动，2002 年起将“安全生产周”改为“安全生产月”。准格尔旗在历年集中宣传期间，开展媒体宣传，印发宣传资料，举办专题讲座，用事故案例提高全民安全生产意识。2014 年安全生产月，在 300 辆出租车顶电子屏投放滚动宣传标语。

术业有专攻，人员要培训。“八五”至“九五”期间，安全监察站主要培训特种作业人员，专业涉及矿山爆破、瓦斯检测、锅炉司炉，每年培训数百人。安全生产监督管理局成立后，培训范围扩大到生产经营单位主要负责人、安全管理员、特种作业三类人员，要求三类人员持证上岗。2008年，危险化学品行业培训负责人115人、安全员115人；非煤矿山行业培训负责人85人、安全员85人、特种作业人员80人；从业人员全部持证上岗。

2015年，因特种作业人员未持证上岗，对33家企业下达限期整改通知；全旗培训“三项岗位”人员2656人。9家危险化学品生产企业还培训电气操作人员345人、检修操作人员580人、仪表操作人员271人。

第六节　应急救援体系

“八五”至“九五”期间，准格尔旗有消防中队和矿山救护队2支救援队。2006年，安全生产监督管理局编制全旗安全生产事故总体应急预案和非煤矿山、危险化学品、烟花爆竹3个专项应急预案，组织应急预案演练，评审备案地区、行业、企业应急预案。2009年，全旗有消防大队、准能公司消防队、开发区消防队3支专职救援队，救援车辆不到20辆、救援人员70余名。

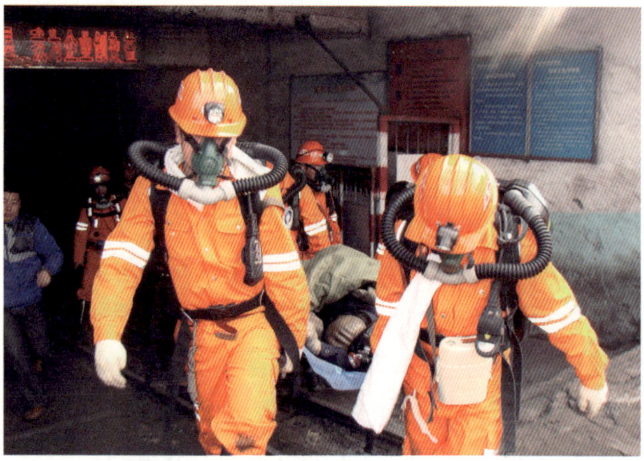

2010年应急救援队伍在官板乌素煤矿演练

2010年，国家将每年6月第三个星期定为应急预案演练周。6月28日，大路煤化工基地消防特勤站承办内蒙古旗县应急救援队伍建设现场会，21家应急救援单位代表观摩了交通事故、建筑火灾、危险化学品泄漏的救援演练。2011年，全旗评审备案应急预案240个；2支矿山救护队与179家矿山企业签订救援协议，消防大队与开发区、大路煤化工基地47家危险化学品生产企业签订救援协议。

2014年，重新修订备案139家企业应急预案，组织35家企业开展应急预案实战演练，参加演练1200余人。2015年，全旗有专职救援队7支，救援车8辆，救援人员265人；兼职救援队18支，救援车487辆，救援人员1738人；社会救援组织1家，救援人员212人。初步建立分工明确、常备不懈的应急救援体系。

第七节　安全生产事故

“八五”至“九五”期间，准格尔旗安全生产事故多发生在煤矿，1991年煤矿事故死亡30人，1997年煤矿事故死亡29人。2004年，国家建立安全生产事故控制指标体系，总量指标事故总死亡人数，绝对指标包括工矿商贸企业、生产经营性道路交通、火灾死亡人数，相对指标为亿元GDP死亡率、工矿商贸行业十万从业人员死亡率，重特大事故起数控制指标为一次死亡3人以上事故。

2005年，全旗发生安全生产事故43起，死亡59人，比市对旗区下达控制指标多11人，亿元GDP死亡率0.4280。工矿商贸行业死亡10人，十万从业人员死亡率0.9407。重大事故5起，比市对旗区下达控制指标多3起。2013年，全旗安全生产事故死亡20人，比市对旗区下达指标多2人；工矿商贸行业事故死亡11人，比市对旗区下达指标多3人。

2015年，全旗发生安全生产事故51起，死亡17人，亿元GDP死亡率0.0153。其中，工矿商贸行业事故4起，死亡8人，十万从业人员死亡率0.4991；生产经营性道路交通事故14起，死亡9人；消防火灾事故33起；较大事故2起，死亡6人。均未超出市对旗区下达控制指标。

2005—2015年准格尔旗安全生产事故统计表

表15-8　单位：起、人

年份	生产经营性交通		工矿商贸行业		消防火灾	总计	
	事故	死亡	事故	死亡	事故	事故	死亡
2005	35	49	8	10	21	64	59
2006	95	35	4	4	128	99	39
2007	48	33	8	11	23	79	44
2008	46	35	2	2	27	75	37
2009	43	30	5	10	56	104	40
2010	32	33	7	11	52	96	52
2011	22	21	6	8	58	86	29
2012	20	29	5	6	51	76	35
2013	28	9	6	11	80	114	20
2014	20	10	4	6	60	84	16
2015	14	9	4	8	33	51	17

第八节　安全事故案例

一、黄河大桥“12·8”交通事故

2000年12月8日上午10时45分，个体驾驶员汪玉文驾驶解放牌143带挂大货车，由西向东行驶到呼大公路喇嘛湾黄河大桥西侧第一孔桥面时，与前方同向行驶的伊克昭盟运输公司五队驾驶员崔存良驾驶的长白山上大客车追尾相撞后，造成载有48名乘客的大客车撞出桥面，从17米高的大桥坠落桥下，致使崔存良和车上乘客27人死亡，21人受伤。

二、伊泰煤制油“4·8”火灾事故

2009年4月8日4时10分，伊泰煤制油公司4号重质油罐发生泄漏，在导油过程中产生静电发生爆炸，导致发生火灾，火势迅速向邻近罐蔓延。内蒙古消防总队启动跨区域灭火救援预案，调集59台消防车316名消防员集中攻坚，16时扑灭大火，保住罐区8个油罐价值27亿元。火灾面积1400平方米，直接经济损失464.71万元。伊泰煤制油公司未经消防验收擅自投用，罚款11万元，

5 名直接责任人各罚款 1000 元。

三、大路热电厂“4·1”施工事故

2014 年 4 月 1 日 18 时 10 分，内蒙古第一电力建设工程公司承建的大路煤化工基地热电厂锅炉安装工地，在吊装并调整锅炉中段水冷壁过程中，悬挂长 9 米、高 8 米、重 21 吨的水冷壁失控，从 37 米高空坠落，造成 4 人遇难，2 人受伤，直接经济损失 729.97 万元。

四、天润化肥“3·3”灼烫事故

2015 年 3 月 3 日 22 时 40 分，大路煤化工基地天润化肥公司发生高温高压气体灼烫冲击高处坠落事故，造成 3 人遇难，直接经济损失 608.4 万元。导致事故的直接原因是，在气液分离器压力 3.75 兆帕、温度 211℃条件下，违规指挥检修作业，拆开底部盲法兰，大量高温高压原料气瞬间喷出，致使检修工 2 人灼烫遇难，操作工 1 人坠落遇难。

五、九鼎化工“6·28”爆炸事故

2015 年 6 月 28 日 10 时 4 分，准格尔经济开发区九鼎化工公司发生爆炸，造成 3 人遇难、6 人受伤，直接经济损失 812.4 万元。三气换热器爆炸前，脱硫气入口联箱两侧人字焊缝处 4 次出现裂纹泄漏，设备存在质量问题；由于前 4 次未修焊过的脱硫气进口封头角焊接缝处存在贯通陈旧型裂纹，引发低应力脆断导致脱硫气瞬间爆出，瞬间引起氢气爆炸着火，引起连环爆炸，致使附近检修及保温作业人员伤亡。

2015 年九鼎化工“6·28”爆炸事故现场

2015 年 6 月 30 日，国务院安委会办公室致函内蒙古自治区人民政府（安委办函〔2015〕75 号），对这起事故挂牌督办，要求提级查处。调查认定，这是一起由于压力容器质量缺陷泄漏爆炸及使用单位未按特种设备管理导致的较大生产安全责任事故。事故设备生产厂家 2 人，设备使用企业 3 人涉嫌犯罪，追究刑事责任。

第十六篇

中共地方组织

组织工作

宣传工作

统战工作

政法工作

准格尔旗党政办公大楼，2009年2月杨玉铭摄

从新时期围绕经济抓党建，到21世纪统筹城乡抓联建，再到新时代全面从严治党，中共准格尔旗委员会始终以思想建设为先导，用党的创新理论凝心铸魂；以组织建设为基础，锻造基层战斗堡垒；以作风建设为主线，保持党同人民群众的密切联系。2015年，旗委下辖28个党委、34个党总支部、596个党支部，有15968名共产党员，团结带领广大党员干部，总揽全局，协调各方，推动全旗改革、发展、稳定各项工作。

2011年6月蓝天街道唱红歌庆祝建党90周年

第一章　党代表

中国共产党准格尔旗代表大会代表，在每次代表大会召开期间，听取和审议上届中共准格尔旗委员会（简称旗委）工作报告、中共准格尔旗纪律检查委员会（简称旗纪委）工作报告和党费收缴使用情况报告；选举中共准格尔旗委员会委员、候补委员，选举出席上级党代表大会代表。党代表大会闭会期间开展考察调研，负责向本届旗委提交提案、提议。

第一节　党代表选举

准格尔旗党代表的产生，采取自下而上、上下结合、反复酝酿、逐级遴选的办法进行。代表名额一般为 200 名至 400 名，由旗委全体会议，按照有利于充分发扬党内民主、有利于讨论决定问题和代表具有广泛性的原则确定，报上级党组织批准。1991 年选出中共准格尔旗第十次代表大会代表 334 名，1995 年选出中共准格尔旗第十一次代表大会代表 294 名，2000 年选出中共准格尔旗第十二次代表大会代表 320 名，2006 年选出中共准格尔旗第十三次代表大会代表 339 名。2011 年 5 月，旗委划分 24 个选举单位，由这些选举单位召开党代表会或党员大会，选出中共准格尔旗第十四次代表大会代表 344 名。

第二节　党代表资格审查

每次代表大会召开前，旗委要对代表资格进行审查。旗党代会成立代表资格审查委员会，听取旗委审查情况报告后，提出代表资格审查报告。经大会预备会议或者大会主席团通过的代表，获得正式代表资格。2011 年 5 月，中共准格尔旗第十四次代表大会代表资格审查委员会，听取旗委换届工作领导小组代表选举工作组关于代表资格初步审查情况的汇报，对本次代表大会 344 名代表进行资格审查，确认了代表身份。

第三节　上级党代表

旗委按照上级党代会代表分配名额、代表构成要求，对出席上级党代会代表候选人进行充分酝酿协商，初步提名代表候选人预备人选，经党代表大会选举产生。1994 年 10 月，中共准格尔旗代表会议选举出席中共内蒙古自治区第六次代表大会代表 5 名，夏日、赵子华、辛丽萍、王存柱、杨二喜。2001 年 9 月，中共鄂尔多斯市第一次代表大会选举出席中共内蒙古自治区第七次代表大会代表，准格尔旗的张贵、生格都仁、王生亮 3 人当选。之后中共鄂尔多斯市历次代表大会选举出席自治区党代会代表，准旗的白智*、段秀英当选自治区第八次党代会代表，潘志峰*、王桂英当选自治区第九次党代会代表。2011 年 5 月，中共准格尔旗第十四次代表大会选举出席鄂尔多斯市党代会代表 38 名。其中，领导干部 26 名，专业技术人员 7 名，先进模范人物 5 名。

*：违法违纪处理人员。

第二章 党代表大会

第一节 旗级党代会

一、中共准格尔旗第十次代表大会

1991年8月28—30日，中共准格尔旗第十次代表大会在沙圪堵镇召开。大会审议中共准格尔旗第九届委员会题为《团结建设，开拓奋进，为实现兴旗富民的宏伟目标而奋斗》的报告，报告提出“八五”奋斗目标：发展教育、科技、文化事业；改善交通、能源、通信条件；社会总产值达到5亿元，财政收入达到2500万元；农民人均收入达到768元，城镇居民人均收入达到1365元。审议中共准格尔旗纪律检查委员会工作报告。选举中共准格尔旗第十届委员会和纪律检查委员会，选出第十届委员会委员28名、候补委员4名，选出第十届纪律检查委员会委员15名。

二、中共准格尔旗第十一次代表大会

1995年11月22—24日，中共准格尔旗第十一次代表大会在沙圪堵镇召开。出席大会代表294名，其中少数民族代表65名，占22%；妇女代表32名，占11%。大会审议了中共准格尔旗第十届委员会题为《同心同德，开拓前进，为实现兴旗富民达小康的宏伟目标而奋斗》的报告，报告提出实施政府驻地搬迁，带动全旗经济跨越的战略设想；审议了十届纪律检查委员会工作报告。选举中共准格尔旗第十一届委员会和纪律检查委员会，选出第十一届委员会委员30名、候补委员6名；选出第十一届纪律检查委员会委员17名。

1995年11月24日准格尔旗第十一次党代会代表在政府礼堂合影

三、中共准格尔旗第十二次代表大会

2000年12月15—17日，中共准格尔旗第十二次代表大会在薛家湾镇召开。出席大会代表320名，其中少数民族代表56名，占17.5%；妇女代表41名，占12.8%。大会审议了中共准格尔旗第十一届委员会题为《跨入21世纪，抢抓新机遇，为把准格尔旗全面推进小康社会而努力奋斗》的报告，报告提出今后五年到十年奋斗目标：到2005年，国内生产总值达到56亿元，力争突破60亿元；财政收入达到5亿元，力争突破6亿元；城乡居民收入分别达到10000元和5000元，四项主要经济指标翻一番，走进自治区先进旗市前列。到2010年，国内生产总值突破100亿元，力争

达到120亿元；财政收入突破10亿元，力争达到12亿元；城乡居民收入分别达到2万元和1万元。四项主要经济指标再翻一番，跨入全国百强县市行列。审议了第十一届纪律检查委员会工作报告。选举中共准格尔旗第十二届委员会和纪律检查委员会；选出第十二届委员会委员31名、候补委员5名；选出第十二届纪律检查委员会委员15名。

2000年12月15日准格尔旗第十二次党代会在会商中心开幕

四、中共准格尔旗第十三次代表大会

2006年9月27—29日，中共准格尔旗第十三次代表大会在薛家湾镇召开。大会审议了中共准格尔旗第十二届委员会题为《以人为本，科学发展，为建设富庶文明和谐的准格尔而努力奋斗》的工作报告和十二届纪律检查委员会工作报告。十二届委员会报告提出，到2010年地区生产总值超500亿元，财政收入超80亿元，固定资产投资超700亿元，县域经济基本竞争力跨入全国五十强；城乡居民人均收入分别超2万元和1万元。选举中共准格尔旗第十三届委员会和纪律检查委员会，选出第十三届委员会委员33名、候补委员6名；选出十三届纪律检查委员会委员19名。

五、中共准格尔旗第十四次代表大会

2011年5月17—19日，中共准格尔旗第十四次代表大会在薛家湾镇召开。应到会代表344名，实到代表339名。其中，领导干部代表195名，专业技术人员代表75名，先进模范人物代表67名，解放军、武警部队代表7名，妇女代表66名，少数民族代表62名。45岁以下代表200名，占58.14%；大专以上学历代表282名，占81.98%。大会审议了中共准格尔旗第十三届委员会题为《凝心聚力，乘势而上，为率先迈进基本现代化建设美好幸福准格尔而奋斗》的报告，纪律检查委员会题为《全面构建准格尔特色惩防体系、着力推进反腐倡廉建设的科学化水平》的报告。委员会报告提出“十二五”实现地区生产总值、财政一般预算收入、城镇居民人均可支配收入、农民人均纯收入四大核心指标翻一番；主要经济指标跻身全国县市前十强，主要民生指标赶超全国一流县市水平。选举中共准格尔旗第十四届委员会和纪律检查委员会，选出第十四届委员会委员31名、候补委员6名；选出十四届纪律检查委员会委员19名；选举出席中共鄂尔多斯市第三次代表大会代表38名。

第二节　基层党代会

基层党代表大会在旗党代表大会前3个月内召开，会期1天至2天，主要任务是听取审议基层党委工作报告，选举新一届基层党委和纪委，选举出席旗党代会代表。

第三章　组织机构

第一节　中共准格尔旗委员会

一、中共准格尔旗第十届委员会

中国共产党准格尔旗第十届委员会第一次全体会议，选举中共准格尔旗第十届委员会常务委员会委员 8 名。赵德英*当选旗委书记；布仁巴雅尔（蒙古族）、赵子华、郗玉田（蒙古族）当选旗委副书记；常务委员会委员有，赵德英*、布仁巴雅尔（蒙古族）、赵子华、郗玉田（蒙古族）、祁占海（蒙古族）、刘智、王玉成（蒙古族）、杨凤鸣（蒙古族）。

二、中共准格尔旗第十一届委员会

中国共产党准格尔旗第十一届委员会第一次全体会议，选举中共准格尔旗第十一届委员会常务委员会委员 10 名。赵子华当选旗委书记；杨占林（蒙古族）、郭永光、生格都仁（蒙古族）当选旗委副书记；常务委员会委员有，赵子华、杨占林（蒙古族）、郭永光、生格都仁（蒙古族）、王玉成（蒙古族）、安文英（蒙古族）、杨锁成（蒙古族）、李占年、辛利平（女）、郝健君*（蒙古族）。

三、中共准格尔旗第十二届委员会

中国共产党准格尔旗第十二届委员会第一次全体会议，选举中共准格尔旗第十二届委员会常务委员会委员 11 名。张贵当选旗委书记；云喜顺（蒙古族）、武社平、郭成信*、阿木（蒙古族）当选旗委副书记；常务委员会委员有，张贵、云喜顺（蒙古族）、武社平、郭成信*、阿木（蒙古族）、乔礼文、傅玉栋、辛利平（女）、刘振华、李银成、刘翔。

四、中共准格尔旗第十三届委员会

中国共产党准格尔旗第十三届委员会第一次全体会议，选举中共准格尔旗第十三届委员会常务委员 11 名。白智*当选旗委书记；阿木（蒙古族）、尚志强当选旗委副书记；常务委员会委员有，白智*、阿木（蒙古族）、尚志强、王占荣、郭银泉*、王建民、白永平、尚凤岐、王源（蒙古族）、周贵荣、张银银（女，蒙古族）。

五、中共准格尔旗第十四届委员会

中国共产党准格尔旗第十四届委员会第一次全体会议，选举中共准格尔旗第十四届委员会常务委员会委员 10 名。潘志峰*（女）当选旗委书记；祁毕西勒图*（蒙古族）、高耀伟*当选旗委副书记；常务委员会委员有，潘志峰*（女）、祁毕西勒图*（蒙古族）、高耀伟*、王占荣、李银成、王源（蒙古族）、张银银（女，蒙古族）、王雪峰、万世斌、鲁占清。

1991—2015 年中国共产党准格尔旗委员会领导名录

书　记　赵德英*（1991.01—1993.11）　　赵子华（1993.12—1996.06）
杨占林（蒙古族，1996.06—1997.02）　　王玉成（蒙古族，1997.02—1998.11）
张　贵（1998.11—2003.09）　　贺　隽*（蒙古族，2003.09—2006.06）
白　智*（2006.09—2009.03）　　潘志峰*（女，2009.03—2012.02）

书　记　祁毕西勒图*（蒙古族，2012.05—2014.10）　麻永飞*（2014.12—2015.12）

副书记　布仁巴雅尔（蒙古族，1991.01—1993.11）　赵子华（1991.01—1993.12）

郗玉田（蒙古族，1991.01—1995.08）　刘惊海*（挂职，1991.09—1992.10）

王选龄（挂职，1992.03—1992.12）　党金荣（挂职，1992.03—1992.12）

杨玉昆（挂职，1993.03—1993.11）　付　礼（挂职，1993.04—1994.04）

杨占林（蒙古族，1993.11—1996.06）　刘继成（1994.08—1995.08）

郭永光（1995.07—1997.01）　生格都仁（蒙古族，1995.08—2000.03）

杨　玺（挂职，1996.04—1998.11）　王玉成（蒙古族，1996.09—1997.02）

郭金树（1996.10—1997.02）　张　贵（1997.04—1998.11）

武社平（1997.11—2003.11）　李占年（1997.08—2001.01）

潘永明（挂职，1998.05—1999.12）

阿　木（蒙古族，1998.09—2003.11，2006.09—2009.03）

郭成信*（1998.11—2003.11）　云喜顺（蒙古族，1999.01—2002.10）

淡　憨（2000.02—2000.09）

吴铁鸿（女，满族，挂职，2003.02—2004.04）

乔礼文（2003.06—2003.11）　白　智*（2003.09—2006.09）

尚志强（2003.11—2007.05）　郝建忠（蒙古族，2003.11—2006.09）

杨殿明*（2003.11—2005.01）　敖正宜（2003.11—2006.09）

李银成（2005.07—2006.09）　杜存良（蒙古族，2007.05—2007.11）

王建民（2007.11—2010.11）　祁毕西勒图*（蒙古族，2009.03—2012.05）

高耀伟*（2010.11—2012.01）　李　东（2012.01—2013.04）

麻永飞*（2012.03—2014.12）　高怀京（2012.04—2015.12）

额登毕力格（蒙古族，2014.12—2015.12）

常　委　赵德英*（1991.01—1993.11）　布仁巴雅尔（蒙古族，1991.01—1993.11）

赵子华（1991.01—1996.06）　郗玉田（蒙古族，1991.01—1995.08）

祁占海（蒙古族，1991.01—1994.08）　贾忠厚（1991.01—1991.04）

刘　智（1991.01—1993.11）　杨凤鸣（蒙古族，1991.01—1992.11）

王玉成（蒙古族，1991.05—1993.12，1995.09—1998.11）

刘惊海*（挂职，1991.09—1992.10）　王选龄（挂职，1992.03—1992.12）

党金荣（挂职，1992.03—1992.12）　杨玉昆（挂职，1993.03—1993.11）

郝建忠（蒙古族，1993.03—1994.10，2003.11—2006.09）

武力生（1993.10—1996.03）　李占年（1993.10—2001.01）

付　礼（挂职，1993.04—1994.04）　刘海荣（1994.06—1994.08）

杨占林（蒙古族，1993.11—1997.02）　牛　明（挂职，1994.04—1996.04）

安文英（蒙古族，1994.08—1998.12）　刘　铸*（1994.11—1995.05）

刘继成（1994.08—1995.08）　郭永光（1995.07—1997.01）

生格都仁（蒙古族，1995.08—2000.03）　杨锁成（蒙古族，1995.11—1999.12）

辛利平（女，1995.11—2003.11）　郝健君*（蒙古族，1995.11—1997.12）
杨　玺（挂职，1996.04—1998.11）　郭金树（1996.10—1997.02）
范镇宇（1996.10—2000.03）　张　贵（1997.04—2003.09）
曹志荣（1997.12—2000.10）　武社平（1997.11—2003.11）
潘永明（挂职，1998.05—1999.12）
阿　木（蒙古族，1998.10—2003.11，2006.09—2009.03）
云喜顺（蒙古族，1998.12—2002.09）　郭成信*（1998.11—2003.11）
乔礼文（1998.12—2003.11）　傅玉栋（1999.12—2004.08）
淡　憨（2000.02—2000.09）　李银成（2000.03—2006.09）
刘振华（2000.03—2006.09）　刘　翔（2000.10—2003.11）
云宗元（挂职，2001.04—2002.02）
吴铁鸿（女，满族，挂职，2003.02—2004.04）
贺　隽*（蒙古族，2003.09—2006.06）　白　智*（2003.09—2009.03）
尚志强（2003.11—2007.05）　杨殿明*（2003.11—2005.01）
敖正宜（2003.11—2006.09）　谢东平（2003.11—2006.09）
白志明（2003.11—2006.09）　尚风岐（2004.08—2006.09）
李秉福（2005.07—2006.06）　王占荣（2006.09—2015.12）
郭银泉*（2006.09—2011.04）　王建民（2006.09—2010.11）
白永平（2006.09—2010.12）　尚风歧（2006.09—2010.07）
王　源（蒙古族，2006.09—2015.12）　周贵荣（2006.09—2007.05）
张银银（女，蒙古族，2006.09—2012.11）　杜存良（蒙古族，2007.05—2007.11）
李银成（2007.11—2012.11）　潘志峰*（女，2009.03—2012.02）
祁毕西勒图*（蒙古族，2009.03—2014.10）　杨　勇（2008.06—2009.12）
鲁占清（2009.12—2015.12）　李　渊（2010.07—2011.10）
高耀伟*（2010.11—2012.01）　王雪峰（2011.04—2015.07）
万世斌（2011.04—2015.12）　武永平*（2011.10—2015.11）
李　东（2012.01—2013.04）　麻永飞*（2012.03—2015.12）
韩　涛（2012.11—2015.12）　贾广华（2012.11—2015.12）
李　冬（2012.03—2013.04）　高怀京（2012.04—2015.12）
额登毕力格（蒙古族，2014.12—2015.12）　弓建强（挂职，2015.06—2015.06）
查干东（蒙古族，2015.11—2015.12）　王志敏（2015.11—2015.12）

调研员　李占年（2001.01—2003.12）　郝建中（蒙古族，2006.09—2009.06）
李　靖（2007.11—2012.06）　贾其林（蒙古族，2010.08—2015.06）
范镇宇（2012.12—2015.06）　杜存良（蒙古族，2012.12—2015.06）

第二节　工作机构

1991 年，中共准格尔旗委员会有 6 个工作部门，分别是办公室、组织部、宣传部、统战部、政法委员会、老干部局；有精神文明委员会办公室、督查室、机要科、保密委员会办公室、社会治安综合治理办公室和党校 6 个直属事业单位。1993 年 1 月机构改革，撤销老干部局，将党校列为旗委直属事业单位；1996 年 3 月，成立旗委、旗政府非常设机构干部目标责任考核领导小组办公室（简称考核办）；2002 年 1 月机构改革，将机构编制委员会办公室（简称编制办）列入旗委工作部门序列，考核办并入组织部；旗委设 7 个工作部门，办公室、组织部、宣传部、统战部、政法委、编制办、党校，延续到 2015 年年底。

第三节　派出机构

一、薛家湾矿区办事处党委

薛家湾矿区办事处党委成立于 1994 年 11 月，1999 年 4 月撤销。

薛家湾矿区办事处党委领导名录

书　记　李　靖（兼，1994.11—1996.10）　卢在柱（1996.10—1999.04）

副书记　郝建忠（蒙古族，1994.11—1996.10）　卢在柱（1994.11—1996.10）

　　　　刘凤荣（1997.07—1999.04）

二、内蒙古准格尔经济技术开发区党委

中共准格尔旗沙圪堵经济技术开发区工作委员会 2000 年 2 月设立，2000 年 9 月改建为中共沙圪堵经济技术开发区委员会，之后随开发区更名而更名为中共内蒙古准格尔经济开发区委员会。

中共内蒙古准格尔经济技术开发区委员会领导名录

书　记　生格都仁（蒙古族，2000.02—2007.11）

　　　　杜存良（蒙古族，2007.11—2012.11）　辛宏亮（2012.11—2015.12）

副书记　张中飞（2000.02—2008.06）　杨　勇（2012.11—2015.12）

　　　　吕　平（兼纪委书记，2012.11—2015.12）

三、鄂尔多斯大路煤化工基地党工委

2006 年 11 月，中共大路新区工作委员会成立。2008 年 12 月，更名为中共鄂尔多斯大路煤化工基地工作委员会。

中共鄂尔多斯大路煤化工基地工作委员会领导名录

书　记　李银成（2006.10—2007.11）　贾其林（蒙古族，2007.11—2010.7）

　　　　潘志峰*（女，兼，2010.7—2011.4）　赵银柱*（兼，2011.4—2014.11）

　　　　李　冬（2014.12—2015.12　）

副书记　杨颖新（蒙古族，兼纪工委书记，2012.11—2015.12）

四、其他派出机构

2002 年 2 月，旗委撤机关党委，设机关工作委员会。2011 年 1 月，设立蓝天、兴隆、友谊、

迎泽4个街道工作委员会。2012年1月，成立非公有制企业工作委员会。

第四节　基层委员会

一、苏木乡镇党委

1991年，旗委辖28个乡镇党委，2001年4月撤并为20个，2005年8月撤并为9个。

二、直属机关党委

1991年，全旗有5个直属党委。2015年，全旗有8个机关党委、4个非公有制企业党委。

第四章　思想政治建设

1991—2015年，旗委先后开展社会主义思想教育、市场经济理论大学习大讨论、“三个代表”重要思想学习教育、学习实践科学发展观和党的群众路线教育实践活动等主题教育，引导党员干部投身改革开放和现代化建设事业，投身新时代中国特色社会主义圆梦实践。

第一节　社会主义思想教育

1991年11月25日，旗委印发通知，在农村开展社会主义思想教育。坚持以思想教育、正面教育、自我教育为主，提高干部群众社会主义觉悟。1992—1993年，农村社会主义思想教育分两批进行，区、盟、旗、乡4级干部500多人下乡驻村，帮助干部群众换脑子、闯路子、强班子，用社会主义思想占领农村阵地。政策教育讲社会主义的优越性，目标教育讲达小康的致富梦，典型教育讲发家致富的身边事。引导群众种植业起步，养殖业致富，发展农村经济；定村规民约，破陈规陋习，净化村风村貌；通过清理村级财务，整顿村级班子，重塑农村党员干部的形象。

第二节　市场经济理论学习讨论

1995年1月开始，旗委按照内蒙古自治区党委部署，开展为期半年的社会主义市场经济理论大学习、大讨论。分宣传动员、具体实施、检查总结3个阶段，抓旗乡领导、机关干部、企业职工、乡村群众4种类型；强化中心组、旗委党校、巡回党校、基层党校、党员活动室5级阵地；突出深化改革，非国有经济、经济效益、资源开发、对外开放、选人用人6个重点问题，用“三个有利于”标准解放思想，增强发展意识、机遇意识和竞争意识。在发展经济上，不再等别人示范做样子，靠国家投资铺路子，要上面救济过日子，抢抓机遇，大干快上；在资源开发上，不再担心肥水外流，多渠道引进联合，放水快流；在工作方法上，打破地区封锁、条块分割，拧成一股绳，全旗一盘棋，出现了能人创企业、干部创事业、百姓创家业的生动局面。

第三节　“三讲”教育

1997年开始，旗委以县级领导班子和领导干部为重点对象，以“讲学习、讲政治、讲正气”为主要内容，开展为期两年的党性党风教育。全旗各级党政领导干部学习邓小平理论，剖析党性党风的问题，开展批评和自我批评，解决党性党风方面存在的突出问题：执行民主与集中相结合的组织制度，服从和服务于全旗经济建设和改革开放的大局；实践全心全意为人民服务的宗旨，保持清正廉洁，密切同人民群众的联系；弘扬求真务实、言行一致的优良作风，推进机关良好形象工程建设。

第四节　“三个代表”重要思想学习教育

“三个代表”重要思想是指，中国共产党始终代表中国先进生产力的发展要求、始终代表中国先进文化的前进方向、始终代表中国最广大人民的根本利益。2001年，旗委开始“三个代表”重要思想学习教育，坚持正面教育、自我教育为主，分学习培训、对照检查、整改提高3个阶段。旗委组织干部返租承包培养典型示范户。农民贷款、干部担保、政府贴息；干部搞示范、做给农民看、领着农民干。1007名副科级以上干部为1038户农民担保贷款710.87万元，发展1026个返租承包项目，典型示范户人均增收707元。逐步形成了单位包村、干部包户、结对帮扶的城乡联结机制。干部进村入户结干亲，与群众同吃同住同劳动，为群众办好事、办实事、解难事，真情架起了连心桥。

2001年沙圪堵乡信用社办理干部为农民担保贷款，耿晨摄

第五节　先进性教育

2005年、2006年，旗委分两批开展以实践“三个代表”重要思想为主要内容的保持共产党员先进性教育活动。每期集中6个月时间，先学习“三个代表”重要思想，自我对照检查；接着开展批评和自我批评，评议存在问题；最后制定措施，限定时限，整改存在问题。边学边改、边议边改，一批群众反映强烈的热点难点问题得以解决，建立了一套让党员经常受教育、群众长期得实惠的制度。全旗普遍设立“党员示范岗”，争创“党员先锋岗”，县级班子党员干部带头谋大事、

2008年暖水乡党员户挂牌亮身份，刘敏摄

抓大事、干大事、成大事，做跨越式发展决策的表率；旗直部门党员干部带头履行职责、创新服务，做跨越式发展服务的表率；乡镇党员干部带头抓落实、办实事，做跨越式发展落实的表率。广大党员在各自不同的岗位上，掀起经济发展、社会进步、招商引资、工作创新、服务效能“五杯”竞赛。

第六节　学习实践科学发展观

2009 年 3 月至 2010 年 2 月，旗委分县级机关、基层党组织两批，在全旗党员中开展学习实践科学发展观活动。每批分学习调研、分析检查、整改落实 3 个阶段。学习实践落实到发展上，抓项目、促投资，力保经济增长；调结构、促升级，力推产业转型；惠民生、促统筹，力求社会稳定。实施了一批基础设施项目、改善民生项目和促进转型升级的高端产业项目，解决了影响和制约科学发展的突出问题，保障了民生。

第七节　创先争优活动

2010 年 5 月至 2012 年 11 月，旗委开展创建先进基层党组织、争当优秀共产党员活动。创建五好基层党组织，领导班子好，党员队伍好，工作机制好，工作业绩好，群众反映好；争当五带头党员，带头学习提高，带头争创佳绩，带头服务群众，带头遵纪守法，带头弘扬正气；打造准格尔特色的“先锋”品牌。农村党组织带领群众发展现代农牧业，建设社会主义新农村；社区党组织建在楼宇，党员驻地管理，服务共建和谐社区；机关党组织访民情，解民困，增感情，树新风；非公有制经济组织和新社会组织，扩大党建覆盖面，推进党建规范化；事业单位党组织强化技能提高，强化优质服务，树立良好形象。全旗树立一批争先创优典型。

第八节　群众路线教育

2014 年，旗委在全体党员中开展党的群众路线教育实践活动。以“为民、务实、清廉”为主题，按照“照镜子、正衣冠、洗洗澡、治治病”的总要求，贯彻落实中央八项规定精神。全旗压缩会议，精简文件，简化公务接待，减少评比检查，清理超标准公务用车和办公用房，“三公”经费大幅下降；查处违反规定问题 21 起，15 人被追究责任；打通联系服务群众“最后一公里”，取消行政审批事项 48 项，政务服务中心进驻部门 55 个，进驻行政审批和服务事项 560 余项，方便了群众办事；苏木乡镇“去机关化”，1076 名党员干部进村入户开展帮扶；推行“流动办事大厅”“干部领办代办”等制度，在偏远乡村设立便民支付点，把服务延伸到群众家门口。

第九节　“三严三实”专题教育

2015 年 4 月起，全党在县处级以上领导干部中开展“严以修身、严以用权、严以律己，谋事要实、创业要实、做人要实”专题教育，抓专题党课、专题学习研讨、专题民主生活会和组织生活会、整改落实和立规执纪等 4 个规定动作。2015 年 5 月 25 日，旗委印发方案，落实 4 个方面专题教育规定动作。专题教育培思想之源，补精神之钙，知行合一见成效，纪检监察机关高悬监督执纪利剑，严肃查处了国土、教育两系统的塌方式腐败和薛家湾镇大塔村的“小官大贪”，营造风清气正的政治生态环境。

第五章　决策举要

第一节　组织建设决策

1996年4月，旗委决定，抽调旗直机关干部到贫困村挂职，抽调乡干部到村挂职。1997年2月25日，旗委印发《加强基层组织建设的决定》，60岁以上村党支部书记退居二线，选派年轻干部担任。2008年，旗委启动“一村一名大学生”计划，选聘大学生担任村级书记助理、主任助理。2010年，旗委推广“四权四制”民主自治模式，党支部履行决策权，村民代表会履行表决权，村委会履行实施权，村民监督委员会履行监督权。2015年6月11日，旗委制定《深入贯彻落实全面从严治党各项要求的实施意见》，在思想建党、制度治党、选任干部、基层组织、作风建设、廉政建设等方面，落实中央全面从严治党要求。

第二节　经济建设决策

1991年4月17日，旗委作出《建设基本田的决定》（准党发〔1991〕第7号），旱地改水田，坡地改梯田，沟川淤坝田，建设水田、梯田、坝田3项基本田，目标是建设“3153”工程。1994年1月15日，旗委决定由旗人民政府上报《迁址薛家湾镇的请示》（准政发〔1994〕2号）；1996年8月30日，民政部（民行批〔1996〕64号）批复将旗政府驻地由沙圪堵镇迁至薛家湾镇；1999年8月28日，旗委、旗政府在薛家湾镇隆重举行政府驻地迁移庆典。1995年9月10日，旗委、旗政府制定《加快发展乡镇企业的若干规定》（准党发〔1995〕6号），增加投入，税收优惠，促进乡镇企业发展。1997年12月25日，旗委、旗政府实施《农村产权制度四项改革》（准党政字〔1997〕41号），延长土地承包期30年，拍卖“五荒”，拍卖水利水保林业成果，项目区禁牧未实施。1998年1月18日，旗委、旗政府提出《深化企业改革的指导意见》（准党发〔1998〕2号），困难企业破产解体，量化资产，分流人员；骨干企业配购国有股，法人代表持大股，管理人员多入股，普通员工都参股，重组民营企业。1999年3月1日，旗委、旗政府印发《关于加快发展个体私营经济的若干意见》（准党发〔1999〕3号），让个体私营经济与国有经济同一起跑线竞争。1999年8月，旗委、旗政府研究决定，在沙圪堵镇建设经济技术开发区，同年10月7日，内蒙古自治区人民政府（内政字〔1999〕188号）批复，设立准格尔旗沙圪堵经济技术开发区，为自治区级经济技术开发区。2003年12月，旗委常委会决定，拉大薛家湾镇城市框架，在大路乡城壕村开发建设大路新区；2006年5月20日，鄂尔多斯大路煤化工基地基础设施工程全面开工。2005年10月14日，旗委、旗政府作出《关于加快旅游产业发展的决定》（准党发〔2005〕2号），开发沙圪堵福地、阿贵庙禄园、油松王寿树、准格尔召禧庙的吉祥文化旅游产品带；后拓展为开发黄河峡谷风情度假游，准格尔召、油松王民俗祭祀游，库布齐沙漠探险运动游，黑岱沟露天煤矿国家绿色矿山、大路煤化工基地现代工业游，百里长川、西口古渡美丽乡村游。2007年，旗委决定，将全旗划分为优化发展区、限制发展区和禁止发展区。5月25日旗人民政府出台“三区”划分方案（准政办发〔2007〕37号），禁止发展区整体移民，腾出生态自然恢复区，优化发展区土地规模经营，发展现代农牧业，农牧业收缩转移，集中发展。2009年，旗委、旗政府首提创建全国文明县城，2012年2月2日，旗委第十四届二次全委（扩大）会议提出，创建国家卫生县城、国家园林县城、全国文明旗县城“三城联创”，全面提升全旗中心城镇功能。2013年4月15日，旗委第十四届26次常委扩大会议决定，打造“六大基地”县域经济升级版，即现代化煤炭生产输出基地、现代煤化工生产示范基地、煤电铝一体化循环经济产业基地、陶瓷生产基地、沿黄现代农牧业示范基地、特色文化旅游基地，应对经济发展新常态，谋求资源型地区高质量发展。

第三节　社会发展决策

1993年11月24日，旗委决定实行《计划生育孕前型管理》（准党发〔1993〕12号），此举从源头管起，扭转了计划生育被动局面。1996年11月，准旗被文化部命名为中国漫瀚调之乡后，旗委决定每三年举办一届漫潮调艺术节，1997年举办首届漫瀚调艺术节。2002年，旗委、旗政府决定实施教育惠民工程，当年免收中小学教科书费；2004年春季开学，免杂费、课本费，补寄宿生活费；2006年秋季开学，实行免杂费、课本费、住宿费、作业本费，补助寄宿生活费；2012年，在全国率先实行从学前教育到高中教育的15年免费教育。2005年，旗委、政府决定，在内蒙古率先实施失地农民养老保险；2008年在内蒙古率先实施农村基本养老保险；2012年，将城镇职工和无业居民，农民和矿区生态移民全部纳入养老保险统筹。2007年，旗委、政府决定，在全国率先开展两年一轮成年人免费体检；2011年实行城镇职工、城镇居民、农村居民“三保合一”；2015年实行旗直医院直管基层卫生院，分级诊疗，双向转诊，建设覆盖城乡的医疗卫生服务网络。

第四节　社会管理决策

1991年，旗委决定，社会治安综合治理实行一票否决制，“严打”刑事犯罪分子，严治黄赌毒等社会丑恶现象。2011年4月18日，旗委、政府提出《加强社会建设创新社会管理工作的实施意见》（准党字〔2011〕26号），建街道党委、社区党支部、楼栋党小组、党员中心户四级网格，统筹行政组织、志愿者组织和行业自治组织，党支部、居委会、业主委员会、物业公司、片警“五位一体”，建成标准化社区。2015年，旗委建立依法治旗协调联动工作机制，依法行政、公正司法、普法教育、法治队伍建设和党内规范性文件建设5个方面，全面推进依法治旗。

第六章　组织工作

第一节　组织工作机构

中共准格尔旗委组织部是旗委主管组织工作的部门。1993 年 2 月，机构编制委员会办公室、老干部服务所划归组织部。2002 年 2 月成立中共准格尔旗直属机关工作委员会，与组织部合署办公；6 月干部目标责任考核领导小组办公室并入组织部。2011 年，成立党代表大会代表联络办公室、企业工作委员会；2012 年，旗委成立非公有制企业工作委员会，2015 年 4 月企业工作委员会更名为非公有制经济组织和社会组织工作委员会。

1991—2015 年中共准格尔旗委组织部部长名录

贾忠厚（1991.01—1991.06）　　王玉成（蒙古族，1991.06—1993.12）

李占年（1993.12—1998.02）　　阿　木（蒙古族，1998.09—2000.02）

刘振华（2000.03—2006.09）　　白永平（2006.09—2010.11）

王雪峰（2011.05—2015.11）　　查干东（蒙古族，2015.11—2015.12）

第二节　党员管理

一、党员构成

1991 年，准格尔旗有中共党员 8703 名；其中，妇女党员 740 名，占 8.5%；少数民族党员 764 名，占 8.78%；高中以上文化程度党员 2169 名，占 24.92%。1995 年，全旗中共党员突破万名。2015 年，全旗中共党员 15968 名；其中，妇女党员 3776 名，占 23.65%；少数民族党员 1490 名，占 9.33%；高中、中专以上文化程度党员 10819 名，占 67.75%；大学及以上学历党员 4168 名，占 26.1%。

二、党员发展

1991 年，准旗坚持标准、保证质量、改善结构、慎重发展党员；把政治标准放在首位，严把党员入口关；注重发展生产一线妇女、少数民族党员，注重发展年轻党员和文化水平相对较高的党员。2006 年起，实行发展党员公示制、预审制和责任追究制，严格按照程序发展党员。

2014 年，发展党员程序细化为 5 个阶段 25 个步骤，递交申请阶段，递交入党申请书，党组织派人谈话；确定为入党积极分子阶段，推荐和确定入党积极分子，上级党委备案，培养教育考核；确定为发展对象阶段，确定发展对象，上级党委备案，确定入党介绍人，进行政治审查，集中培训；发展为预备党员阶段，支委会审查，上级党委预审，填写入党志愿书，支部大会讨论，上级党组织派人谈话，上级党委审批，再上级党委组织部门备案；预备党员转正阶段，编入党支部或党小组，入党宣誓，继续教育考察，提出转正申请，支部大会讨论，上级党委审批，材料归档。当年打开不合格党员“出口”，处置不合格党员 1 名。

2015 年，组织部出台不合格党员认定及处置办法，处置不合格党员 6 名。

三、组织生活

20 世纪 90 年代，全旗各领域党组织都能严格落实“三会一课”制度，一般每 3 个月召开一次党员大会，每月召开一次支部委员会，每月至少召开一次党小组会；一般情况下党支部组织党员每三个月上一次党课。进入“十五”以后，“三会一课”制度出现走形式、完成任务的现象，中共十八大后这一状况明显改观。

相比之下，批评与自我批评为中心内容的组织生活制度流于形式，一般年底一次民主生活会，批评与自我批评往往变成自我批评和互相表扬，很少互相批评。中共十八大后严肃组织生活制度，增加半年组织生活会，年底的组织生活会请入党积极分子和服务对象代表列席。在党的群众路线教育实践活动和“三严三实”专题教育组织生活会上，各级党组织力求能做到互相批评，打破情面交流思想，同时开展民主评议党员。

四、党费收缴

1991 年，准格尔旗机关和事业单位的中共党员，以基本工资为基数按比例交纳党费，100 元以下按 0.5% 交纳，101 ～ 200 元 1%，201 ～ 301 元 5%，301 ～ 500 元 2%，500 元以上 2.5%。农村党员每月交纳 0.05 元。1993 年，党员 9034 人交纳党费 32064.48 元，人均 3.54 元，上交党费 6869.4 元。

1994 年，按中央党费收缴新规定，党费收缴基数提高，收缴比例降低。每月工资收入 400 元以下按 0.5% 交纳，400 ～ 600 元 1%，600 ～ 800 元 1.5%，800 ～ 1500 元 2%，1500 元以上 3%。在乡镇机关和乡镇企业工作或者外出务工的农民党员，村干部和民办教师中的党员，凡有固定收入的，按照每月固定收入，参照上述规定比例交纳党费。其他农民党员每月交纳党费 0.2 元。1995 年，全旗党员 10086 人，交纳党费 116713.63 元，人均 11.57 元。

2008 年 4 月 1 日起执行《关于中国共产党党费收缴使用和管理的规定》，在职党员交纳党费的档次和比例调整为 4 个档次和比例，每月工资收入 3000 元按 0.5% 交纳，3000 ～ 5000 元 1%，5000 ～ 10000 元 1.5%，10000 元以上 2%。离退休人员中的党员，以离退休费总额或养老保险金总额为基数，按 5000 元及以下 0.5%、5000 元以上 1% 比例交纳党费。农民党员每月交纳党费 0.2 ～ 1 元。学生党员、领取最低生活保障金等低收入党员每月交纳党费 0.2 元。

党员自愿多交党费不限。每到国家危难之机，全旗许多党员自发交纳“特殊党费”。2008 年 6 月 2 日，旗委在中心组学习会上，号召全旗党员交纳抗震救灾“特殊党费”，全旗 2682 名党员交纳特殊党费 101.20 万元。

2015 年，全旗党员 15968 人，交纳党费 356.09 万元，人均 223 元。

五、流动党员管理

进入 21 世纪，农村党员外出、进城逐年增多，造成农村党组织召集党员集中学习难、决议事项难。旗委组织部于 2013 年 10 月建立旗、乡、村三级流动党员信息库。2014 年 6 月设立流动党员工作站，对流动党员统一持证管理，由流出地党组织向流动党员发放流动党员证，流动党员持证向流入地党组织报到。利用党员 QQ 群、微信群、电子信箱、手机短信等平台，定期发送党的政策，方便流动党员随时随地学习；流动党员借助互联网，在千里之外参与村级事务表决。

第三节　基层组织建设

1991 年，全旗有党组 6 个、党委 34 个、14 个党总支部、594 个党支部。其中，农村党支部 258 个，机关企事业党支部 317 个，乡镇企业党支部 21 个。

1992 年，成立沙圪堵镇街道党支部。1998 年，撤销黄兴工业公司、房塔沟硫磺厂、纳林沟煤矿 3 个党委，设宏塔、纳林沟、准格尔旗煤炭公司党总支部；设物价工商局党委，接管商贸、供销系统党组织和个体户党员；设经贸委党委，接管工业企业党组织党员。1999 年 10 月设沙圪堵经济技术开发区党委。经过 2001 年、2005 年两轮乡镇撤并，全旗辖 9 个基层党委，159 个农村党支部。2006 年 11 月设大路新区党工委。2010 年 11 月增设 4 个街道党工委。

2015 年，全旗有党组 13 个，党委、党工委 28 个，党总支部 37 个，党支部 595 个。其中，农村党支部 159 个，社区党支部 28 个，非公有制企业党组织 142 个。

一、农村党建

1997 年，全旗农村党支部升级晋档，231 个村党支部一类达标，25 个党支部二类达标，三类党支部全部转化。1998 年 6 月，准格尔旗被评为内蒙古农村牧区基层组织建设先进旗县。

跨入 21 世纪，大批农村青年外出打工、进城打拼，村干部年龄偏大、文化偏低问题凸现。为解决“有人办事”问题，采用过乡干部下挂落后村党支部书记的办法，村级换届吸收有文化的年轻人进入村级班子。2003 年村级“两委”换届后，村党支部书记、村民委员会主任平均年龄 49.9 岁，高中以上文化占 42.7%。2008 年选聘 193 名大学毕业生到村级组织任职；2012 年村级“两委”换届后，132 名大学生村官进入班子，高中及以上文化程度占 73%。2015 年 8 月村级换届，村级组织由“两委”变成“三委”，村党支部委员会、村民委员会、监督委员会，选举“三委”正职 369 人、成员 799 人，144 名大学生村官进入村级班子，当选正职 39 人、副职 86 人、委员 19 人。

十二连城乡五家尧村农牧民培训服务中心，2008 年摄

准格尔旗包产到户将集体经济分光，连大队部也作价分给社员，村干部家成为村委会，家属怨声载道：“给下乡干部做饭常流水，铁打的机器也顶不住连轴转。”为解决“有地方办事”问题，1993 年旗财政投资，乡村自筹，建成农村党员活动室 150 多个、党员活动场所 210 处；1997 年启动村级党员活动阵地规范化、标准化建设，旗财政投入、乡村自筹、包村单位帮扶，新建 138 个、扩建 41 个、维修 38 个，配套建设 35 个，全旗实现村村有阵地。2006 年，撤并村基本完成，全旗建成功能齐全的村级活动场所 21 处，维修改扩建活动阵地 33 处；到 2007 年，累计投入 2720 万元，新建、改扩建村级阵地 103 处 12.15 万平方米。进入“十一五”期间，村级阵地开始配套互联网和现代远程教育设备，到 2010 年全旗建成农村社区 5 个、村级综合服务大厅 10 个，十二连城乡还建成 6 个村 1 家企业的五家尧农村社区党总支部联合办公阵地。2015 年结合“十

个全覆盖”工程，打造全旗159个村级阵地，一村一特色，村村有亮点。

1997年，准格尔旗争取国家扶持贫困地区发展经济专项经费51万元，旗财政匹配40万元，扶持20个贫困村发展集体经济。2001年制定村级集体经济发展5年规划，实施“凝聚力工程”。2006年全旗159个嘎查村中，有集体经济收入的64个，占比40.1%。到2015年，14个村实现集体经济零的突破，35个嘎查村实现集体经济收入1042万元，初步解决了“有钱办事”的问题。

1998年普遍推行村务公开，还干部清白，让群众明白。2010年推广“四权四制”民主自治模式，党支部履行组织权，村民代表会履行表决权，村委会履行实施权，村民监督委员会履行监督权，村级重大事项决策，按照决策启动、民主表决、组织实施、监督评议4个机制规范运作，阳光操作，矛盾化解在基层。2015年设立监督委员会，保障了4权中的监督权，保障了“有制度办事”。

哈岱高勒乡不连沟村党支部，带领群众艰苦创业发展集体经济，建成一座村办煤矿、两座村集体控股的联办煤矿，村集体拥有固定资产2300万元，年收入100万元。村领导换了好几届，艰苦奋斗的传统始终没有变，万元以上的开支都要集体定，就连干部个人用车费用，每月发工资也及时扣除。1998年6月27日，不连沟村党支部被评为全国农村先进党支部。

纳日松镇勿图沟村党支部，与驻村3家煤矿组建联合党支部，村“两委”班子成员与企业领导班子成员交叉任职，通过联合议事，处理征地、污染、用工纠纷。村里协助煤矿征地200公顷，搬迁村民130多户；煤矿优先安置村民工程机械，200人家门口充分就业。2004年勿图沟“村企共建”经验全旗推广；2005年通过资源参股、合作经营等方式，共建联合党支部31个；2008年，全旗80名村干部到企业兼职，93名企业负责人到村挂职，创办共建经济实体12个；2015年，全旗71个村与驻地93家企业结对共建48个联合党支部。

二、社区党建

1992年，全旗仅有沙圪堵镇1个居委会党支部，按农村党支部考核办法管理。1999年，旗委出台城镇党组织建设规划，居委会党的建设步入正轨。

2005年，准格尔旗开展“在职党员进社区、我为社区做贡献”活动，13个社区党组织与辖区135个单位党组织“结对共建”。2006年在沙、薛两镇选择3个社区与窗口单位“结对共建”、与周边行政村“村居共建”。2007年新建薛家湾镇张家塔、白云、迎泽3个社区活动阵地，改建铁北社区活动阵地。2008年开展“一帮双服务”活动，单位帮助社区，党员干部服务社区、社区服务居民，全旗94个机关单位帮扶20个社区。2009年“两委”换届时，吸纳辖区退休离岗干部进社区党支部班子。

沙圪堵镇开源社区和育才社区联合阵地，2016年摄

2011年新建4个街道后，按“三有一化”标准新建社区活动场所15处，社区有人管事、有钱办事、有场所议事，开展区域化党建，建设数字社区、创建爱心超市困难党员帮扶站、设一站式服务大厅。

2012年，推行社区党建“网格化”管理，以社区党组织为核心，居民委员会、业主委员会、物业公司、辖区单位共同参与的“五位一体”管理模式，建成社区办公阵地3处，日间照料中心3个，社区活动室3个，社区“一站式”服务大厅将公共管理、社会服务职能向住宅小区延伸，方便居民办事。

2015年，建立以街道党工委为核心、社区党组织为基础、辖区单位党组织共同参与的城镇网格化管理体系，全旗划分为4个街道一级网格，28个社区二级网格，385个小区三级网格，机关单位在职党员走进社区，建立志愿服务工作站22个，孵化志愿服务队152支，实施服务项目2163个，落实帮扶户354户，协调帮扶资金52.6万元，解决了一批事关群众切身利益的问题。

三、机关党建

准格尔旗机关党建较为规范，机关党员干部下基层服务群众常态化。2001年，组织干部返租承包培养典型示范户，使机关党员干部经常受教育，逐步形成了单位包村、干部包户、结对帮扶的城乡联建机制。2007年，机关干部下基层载体是“心系农村、服务百姓”主题实践活动。2008年起，全面开展机关党员进社区、进企业、进农村活动，通过机关融入农村、党员融入群众，转变机关作风。机关党组织与村党支部结对，机关事业单位与社区结对，形成互帮互学的党建新格局。

2013年，探索“横向合建共享、纵向联建共用”双联互动，联建机关党组织，试点区域化党建，8月13日党群部门12个党支部联合组建全旗首个机关联合党委，到2015年，将全旗机关党组织全部纳入党群部门、经济政法、社会事业、城建国企、综合部门5个非建制联合党委，联合党委行业党建一体化运行，走出一条机构联合、资金联筹、活动联谊、帮扶联助、阵地联建、工作联动的联建互动新路子。2015年9月，准格尔旗机关融合式党建，被全国党建研究会评为贯彻落实《机关基层组织工作条例》全国最佳案例。

四、企业党建

1991年，准格尔旗地方国营企业榆树湾硫磺厂、房塔沟硫磺厂、纳林沟煤矿建有党委。1998年地方国营企业改制民营，设立物价工商局党委，接管商贸、供销系统党组织和个体户党员；设立经贸委党委，接管工业企业党组织。

2001年成立兴隆市场个体工商户党支部，到2002年全旗有非公有制企业137个，建立1个党委、20个党总支部，有党员1180人。2003年，沙圪堵开发区的企业党组织划归开发区党委管理；成立社保局党委，接管企业退休职工党员。

2004年起，成立企业党建联络站，向非公有制企业派驻党建指导员和联络员。2008年起，在规模以上非公有制企业中，采取单独建、联合建、挂靠建等方式，建立党组织，不具备建立党组织条件的企业派驻党建指导员，到2010年，全旗非公有制企业实现党组织全覆盖。

2011年，旗委成立非公有制企业工作委员会，强化非公有制企业和新社会组织的党建，引导大企业单独建、依托行业联合建、依靠属地挂靠建、创造条件委派建，条件成熟提升建，全面推广伊东集团“四位一体”党建模式。

伊东集团将企业党建和企业文化融合，延伸出“四位一体”党建模式，董事会管决策，监事会管监督，经营管理层管经营，党委管思想政治、企业文化、考核验收；集团将党组织建到生产一线，使党组织的战斗堡垒作用和党员的先锋模范作用作为连接四个轮子的传动轴，四轮驱动发挥各自作用，助推企业发展成为一家现代化企业集团。2011年6月，集团被评为建党90周年全国企业党建工作先进单位；2012年3月21日，伊东集团成为全国19家非公有制企业党建典型，在全国非公有制企业党建工作会议上交流工作经验。

2015 年底，全旗有非公有制企业党组织 163 个，其中党委 4 个、党总支部 17 个、党支部 134 个，联合党组织 8 个；有党员 1959 人，占全旗党员 12%。

第四节　干部管理

一、领导班子建设

准格尔旗结合换届选举，配备乡级党政领导班子。配合历次机构改革，配备旗直科级领导班子。落实少数民族干部、妇女干部、青年干部和党外干部的比例。

1992 年乡镇配备科技副乡长，选聘 12 名村干部任乡镇党委计生专职副书记、计生办主任。2000 年，调整提拔妇女干部 13 人、少数民族干部 34 人、党外干部 3 人，35 岁以下年轻干部 99 人。2008 年从青年干部中选拔科级领导干部 15 名。2012 年提拔 1 名大学生村官进入乡镇班子，2 名社区干部进入街道班子。2013—2015 年，累计消化超职数配备干部 158 人。

准格尔旗注重干部任用制度建设。1995 年制定科级领导干部任免程序和调整不胜任现职领导干部的规定。1997 年首次“一推双考”公开选拔 6 名村党支部书记上挂乡镇副科级领导。2002 年实行旗直单位科级领导干部竞争上岗，2003 年公开选聘人民医院院长和世纪中学校长。2005 年，采用双推双票决的办法，选派苏木乡镇党政正职和旗直单位正职；通过双测双选的办法，选派乡镇副职、旗直单位副职。2008 年，准旗试点内蒙古科学规范和有效监督旗县委书记用人行为，旗委常委会以无记名投票方式表决干部任免。2009 年试点公推直选基层党委书记，公推直选布尔陶亥苏木党委书记、文化局党总支部书记。2010 年公开选拔博物馆馆长、图书馆馆长。

二、干部队伍建设

1991 年，旗委抽调 94 名机关干部赴乡镇、厂矿挂职。1992 年选派 34 名副科级干部到基层挂职。1993 年选派 13 名青年干部下基层锻炼。1996 年 4 月从旗直机关抽调 92 名干部到贫困村挂职，从乡镇抽调 100 名干部到村挂职 3 年；2010 年从旗直机关后备干部中选派 179 名干部到对口包扶村挂职。2015 年选派机关党员下挂任驻村第一书记历练。下挂基层单位，经受艰苦环境磨炼；上挂发达地区，学习先进开拓思维，让一批批干部迅速成长起来。

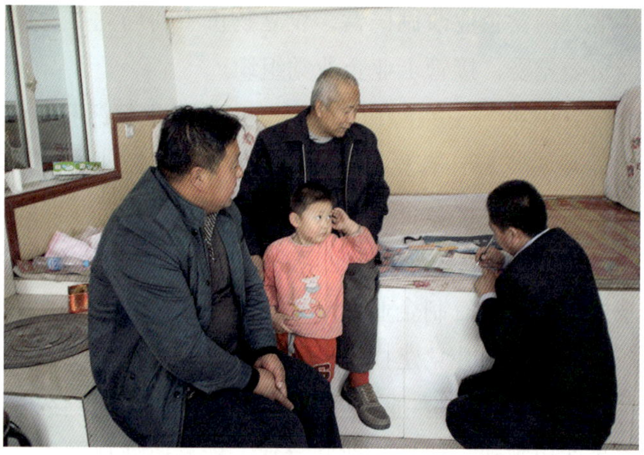

2014 年布尔陶亥苏木驻村干部入户调查，刘敏摄

1994 年健全后备干部培养考核档案。1995 年根据科级干部队伍建设三年规划，培养科级后备干部 150 名。1998 年制定后备干部队伍建设三规划。2001 年，新列入后备干部 32 人，调整出干部 11 人，实配县级后备干部 42 人；调整出科级后备干部 109 人，新列入干部 81 人，实配科级后备干部 324 人。2003 年，确定科级领导班子后备干部人选 407 人。2006 年，确定少数民族后备干部 84 名，妇女后备干部 94 名。2008 年，制定科级领导班子后备干部管理办法。2011 年，确定 515 名科级后备干部，其中正科级 219 名，副科级 296 名。2012 年起建立干部动态储备制度，每年补充选拔一批

高素质后备干部，为干部选任储备人才。

三、参照管理公务员

1993 年 10 月 1 日，《国家公务员暂行条例》施行。1999 年，旗委组织部完成乡镇和党群机关以及人大、政协工作人员参照国家公务员制度过渡考试。

2006 年 1 月 1 日《中华人民共和国公务员法》施行，组织部管理参照公务员法管理有 26 家单位 300 人。2012 年，按照《全国公务员管理信息系统》，旗委组织部采集 32 家单位 526 名参照管理公务员个人信息，其中，县处级正职 25 人，县处级副职 38 人，乡科级正职 121 人，乡科级副职 289 人，科员级以下 50 人。

2015 年，国家在县以下机关建立公务员职务与职级并行、职级与待遇挂钩制度，提高基层公务员经济待遇。旗委组织部考察审批 463 名公务员工资待遇提高一个级别。其中，晋升正处级 1 人，晋升副处级 138 人，晋升正科级 211 人，晋升副科级 114 人。职级并行后，旗委组织部管理 31 家单位 353 名公务员，其中，县处级正职 9 人，县处级副职 14 人，乡科级正职 127 人，乡科级副职 103 人，科员级以下 100 人。

四、大学生村干部

2008 年，准格尔旗启动“一村一名大学生村官”计划，3 月 15 日，近 600 名大学生参加笔试，竞选首批百名大学生村官，到嘎查村社区任党支部书记、居民委员会主任助理职务。当年全旗两批选聘 187 名，自治区选聘分配 6 名；2009 年，准旗选聘 76 名，市级选聘分配 99 名，自治区选聘分配 37 名。2010 年准旗选聘 50 名；2011 年自治区选聘分配 9 名；2012 年自治区选聘分配 9 名；2013 年自治区选聘分配 12 名，全旗累计选聘 490 名大学生到嘎查村社区任职。

2011 年大学生村官亮相庆祝建党 90 周年文艺晚会

2012 年村级“两委”换届，132 名大学生村官进入村级班子，其中当选党支部书记 8 人、居民委员会主任 9 人、副职 70 人；旗级以上换届，4 人当选旗人大代表，1 人推举为旗政协委员，2 人候选市人大代表，1 人候选市政协委员。2014 年 9 月 22 日，反映准格尔旗大学生村官新农村创业的故事片《回乡种田》，入选新闻出版广播电影电视总局公布的中华人民共和国成立 65 周年重点推荐国产影片。

2015 年，全旗 182 个嘎查村社区，164 个配备大学生村官 187 名，144 人进入村级“两委”班子，其中当选正职 39 人、副职 86 人、委员 19 人；择优选拔 135 名到苏木乡镇街道工作，115 名大学生村官进入储备人才库分配到旗直部门工作；39 名大学生村官考录到旗外工作。

第五节　党员干部培训

“八五”至“九五”期间，准格尔旗党员干部教育培训，以旗委中心组、党校和基层党校、农村实用技术培训基地为平台，以学习邓小平建设有中国特色社会主义理论和市场经济知识为重点，党员干部培训率 90% 以上。

“十五”至“十一五”期间，创建学习型党组织和学习型领导班子，外出培训与知名院校合作效果明显。2006—2007 年，与内蒙古工业大学合作，举办工业经济管理高级研修班，选派百余名优秀中青年干部分两期进行为期 1 年的脱产学习。2011 年，与中央党校、北京大学、中国人民大学合作，举办 3 期科级干部能力提升高级研修班，苏木乡镇、旗直机关一把手 181 人接受短期培训。

中共十八大以来，依托党校培训、远程教育、手机平台、网络课堂，确保党员干部应训尽训。教育培训重点内容是习近平重要讲话精神，重点抓科级干部的集中轮训，严格实行学时制管理，普通党员每年不少于 32 个学时，领导干部不少于 56 个学时，至少参加 1 次集中培训。

2005 年起，准旗建设党员干部远程教育基站，到 2013 年累计建成远程教育卫星模式基站 205 个、实践训练基地 8 个、建成海子塔、羊市塔、五家尧 3 个农村党员培训中心，实现远程教育全覆盖。除接收上级节目外，自办“煤海党旗红”栏目受到党员干部欢迎。

2014 年，淘汰卫星模式远程教育基站，建设“互联网 + 党员教育”信息站点，建成互联网站点 41 个、“视频会议”站点 16 个。2015 年，创办“准格尔党建网”和“准格尔先锋”微信公众号，全旗各级党组织建立微信群，开启党员干部网上学习新模式。

第六节　实绩考核

1991 年，旗委对基层党委、基层党支部两级领导班子实行目标责任制管理，每年层层签订责任状，年度考核结果，领导班子分实绩突出、比较突出、一般、差 4 级，领导干部分优秀、称职、基本称职、不称职 4 种。

1996 年 3 月，旗委成立干部目标责任考核领导小组办公室，年度考核分全旗中心工作大目标和基层组织建设、精神文明建设、计划生育、社会治安综合治理、党风廉政建设、科技、教育、初级卫生保健和民兵工作 9 个单项目标，领导班子考核结果分实绩突出、比较突出、一般 3 种，领导干部考核结果分优秀、称职、不称职 3 种。2000 年起，年度考核结果简化为，领导班子分实绩突出和比较突出两档，领导干部分优秀、称职两档。2007 年起取消单项目标考核，开展“千人评议机关”活动，将群众评议结果纳入实绩考核内容。2008 年起，将旗直单位分为党群口、社会事业口、经济口 3 类，实行归口分类考核。2009 年，大目标考核突出民生、环境保护、矿区移民等事关群众利益的工作。2012 年起，考核领导干部的生活圈、社交圈。

2013 年起，推行差异化考核，分苏木乡镇、街道、旗直部门、国有企业 4 大类，25 个独立的一级事业单位、二级单位列为考核对象，增设领导班子工作实绩进步奖，暖水乡、检察院、法院、统战部、公安局、科协、经济商务局、体育局获工作实绩进步奖。2014 年，将领导班子和科级干部平时考核结果纳入年度实绩考核。

2015 年，建立小康社会、依法治旗、法治建设、从严治党、党风廉政建设“五位一体”考核体系。全旗考核 105 个领导班子。苏木乡镇 6 个实绩突出，3 个比较突出；街道 2 个实绩突出，2 个比较突出；党群部门 13 个实绩突出，8 个比较突出；综合经济部门 19 个实绩突出，20 个比较突出；社会事业单位 13 个实绩突出，11 个比较突出；国有企业 4 个实绩突出，4 个比较突出。领导干部考核 415 名优秀外，全部称职。

第七章　宣传工作

第一节　宣传工作机构

中共准格尔旗委宣传部是旗委主管意识形态工作的部门。1991 年 5 月成立旗委讲师团。1993 年 2 月，精神文明建设委员会办公室并入宣传部；撤销广播电视局，行政职能划归宣传部；成立准格尔旗广播电视台。1996 年 1 月，成立准格尔报社。2010 年 10 月，广播电视台归口旗委宣传部管理。2011 年 8 月，成立互联网信息办公室。

1991—2015 年中共准格尔旗委宣传部部长名录

杨凤鸣（蒙古族，1991.01—1992.12）　郝建忠（蒙古族，1993.01—1995.02）
辛利平（女，1996.01—2003.11）　谢东平（2003.11—2006.09）
张银银（女，蒙古族，2006.09—2012.10）　韩　涛（2012.10—2015.12）

第二节　理论宣传

旗委宣传部坚持用科学理论武装人。1991—1992 年，开展社会主义思想教育，旗委讲师团组织千人宣讲队，巡回乡、村、社宣讲社会主义制度的优越性；创建旗委理论学习中心组，每月开展一次集中学习，重点学习邓小平南方谈话和江泽民“七一”讲话的精神。1993—1994 年，宣传邓小平建设有中国特色社会主义理论；1994 年与中共伊克昭盟委宣传部共同举办全盟发展旗市经济理论研讨会。1995—2000 年，开展社会主义市场经济理论大学习、大讨论，旗委在中心组学习、讲师团巡回宣讲基础上，举办了读书会、研讨会，巩固学习成果。2001—2003 年，宣传“三个代表”重要思想，结合全国科技、文化、卫生“三下乡”，开展送理论、送科技、送文化、送卫生、送法规“五送连心”宣传。2005 年，开展保持共产党员先进性教育巡回宣传，编印《保持共产党员先进性教育理论时事问答》。2009 年 7 月 14 日，“魅力准格尔·文化大讲堂”开讲，会聚名家名师，办成高端智库开放式讲堂。2013—2015 年，宣传习近平系列重要讲话精神，编印《践行十八大迈向新小康》《中心组学习笔记》《农牧民理论政策一本通》《点点通》等通俗易懂的理论读物。2014 年开设新农村讲堂、公交车巴士讲堂、空中道德讲堂。2015 年，魅力准格尔大讲堂、诗书画讲堂、大路镇水红花社区惠堂，被评为内蒙古自治区示范讲堂。

2018 年迎泽街道南苑社区学习影吧

第三节　新闻宣传

旗委宣传部坚持正面宣传为主，舆论监督为辅，指导新闻媒体严守宣传纪律，用正确的舆论引导人。1991 年，全旗只有广播电台一家新闻媒体；1996 年 4 月 22 日，旗委机关报《准格尔报》创刊；1996 年 8 月 1 日，电视台试播新闻；2001 年，政府门户网站“准格尔之窗”上线；2003 年 12 月 7 日，准格尔经济开发区电视台首播；2008 年 8 月，开通“新华网·中国准格尔网”，随后开通“人民网·中国准格尔网”；2013 年 5 月 25 日，全市首家政务公众微信平台“准格尔旗发布”开通。至此，新闻宣传进入广播、电视、报纸、网络的全媒体时代。

“八五”至“九五”期间，旗委宣传部每年举办宣传思想工作例会，培训乡镇宣传员、新闻单位记者和通讯员。2004 年 11 月 8 日，庆祝第五个中国记者节，准格尔旗新闻工作者协会成立，会员超百人，形成 200 余名通讯员队伍，首次隆重表彰优秀新闻工作者；布尔陶亥乡李家塔村农民任海明，是内蒙古新闻界资深通讯员，准格尔旗家喻户晓“土记者”，成为唯一的业余新闻工作者会员。2008 年，落实网络通讯员 210 名，进行 2 期集中培训。2011 年 8 月，成立互联网信息办公室，建设传播先进文化的网络平台。2012 年 12 月 27 日，准格尔旗获评全国网民留言办理工作先进单位。2013 年，快速处置鼎华集团虚假疫情信息，获评鄂尔多斯市舆情引导示范案例。

旗委宣传部每年组织新闻单位开展战役性宣传。1993 年重点宣传税利创百万元大企业，1998 年重点宣传国营集体企业转制和农村产权制度改革。2001 年集中宣传机关干部返租承包培育乡村典型示范户。2008 年重点宣传改革开放 30 年、建设社会主义新农村。2015 年，全旗形成工业经济、现代农牧业、文化旅游、民生建设、生态环境保护 5 条采访线；《准格尔报》发行 135 期，刊发新闻 1751 篇；准格尔广播电视台播发新闻 4472 条；“准格尔旗发布”每周阅读量突破 25 万次，一度排名全国政务类微信发布第二名，稳居内蒙古微信平台第一位，获“今日头条”最具区域影响力县级政务头条号奖；制作《小苹果》版《美丽准格尔》，上线一周网络视频点击量突破 20 万次。

第四节　对外宣传

旗委宣传部对外宣传资源优势、投资环境，为招商引资服务。1992 年，编印《可爱的准格尔》一书，介绍丰富的矿产、海海漫漫的粮田、迷人的花果园、望而生津的风味小吃。1996 年，旗委主要领导在内蒙古电视台发表 15 分钟电视讲话，宣传“八五”成就和“九五”规划。1997 年，参加内蒙古自治区成立 50 周年大庆，印发《资源富饶的准格

2004 年 6 月 25 日俯瞰准格尔大地全国航拍大赛开镜，聂鹏举摄

尔》《投资指南》和《旅游指南》，播放电视专题片《腾飞的准格尔》。1999 年，准格尔旗政府驻地迁址薛家湾镇，在《人民日报》开设专版、《经济日报》用 4 个整版，进行集中宣传。2004 年 6 月，举办“神华准能杯”俯瞰黄河准格尔大地首届全国航拍摄影大赛，吸引 13 个省市自治区的 52 位摄影家参加航拍和地拍，拍摄 2000 余幅作品，精选百余幅作品参加第二届都匀国际摄影博览会展出。2009 年，制作风光片《印象准格尔》、画册《印象准格尔》、专题片《跨越藩篱——准格尔旗统筹城乡发展之路》等宣传品，三集系列片《风起高原》在内蒙古电视台《蔚蓝的故乡》播出。2012 年，编印画册《和美准格尔》，制作风光片《黄河拥抱的地方——准格尔》。

漫瀚调艺术是对外宣传重要内容。2003 年，中央电视台 12 套和中央人民广播电台《新闻联播》报道了准格尔旗第三届漫瀚调艺术节盛况。漫瀚调传承人奇附林先后到中央电视台《朋友》《魅力12》《小崔说事》栏目畅谈漫瀚调，2007 年 6 月 13 日，他被命名为“中国民间文化杰出传承人”后，偕妻子、儿子、儿媳走进中央电视台《艺术人生》栏目，接受 32 分钟的访谈。

准格尔旗在全国具有典型意义的亮点工作、先进事迹，逐步进入国家级媒体视野。1993 年，中央电视台播出《准格尔皇甫川流域十年成果》。1997 年，中央电视台 2 套和 4 套报道世行贷款项目建设成就；2000 年，《人民日报》刊发《准格尔旗——绿色铺就致富路》，中央电视台第 7 套介绍准格尔旗《林草上山，人畜下山》。2001 年，中央电视台《新闻联播》和《农民日报》报道了准格尔旗干部返租承包培养典型示范户。2004 年，《新华每日电讯》头版头条以《10 公里能上农民走多远》为题报道了准格尔旗回购收费公路的创举。“十二五”期间，《人民日报》刊发《准格尔旗跨越式发展纪实》《准格尔旗科学发展纪实》；中央电视台《新闻联播》报道准格尔旗《创新乡土文化惠及各族群众》。2015 年，《人民日报》、中央电视台《新闻联播》深度报道准旗产业转型升级、乡风文明大行动。

第五节　社会宣传

1991 年，革命烈士陵园是全旗唯一的爱国主义教育基地，人武部新建国防教育展厅。1997 年，文物展厅命名为全旗爱国主义教育基地。2012 年 4 月，神府苏区葫芦头梁党小组遗址“治源堂”揭碑开展；2014 年 9 月，晋西北抗日根据地马栅区委展厅揭碑首展；2015 年 6 月，晋绥边区河府县蒙汉游击区公所旧址修缮工程落成开展。至此，全旗新增 3 处红色教育阵地。

准格尔旗社会宣传阵地与时俱进。从“八五”期间的黑板报、橱窗，到“十一五”更新为广场、楼道的电子显示屏，播放公益广告；2013 年 7 月，在旗政府驻地市政区人流密集地建 16 个数字信息亭，电子屏触摸浏览公益信息，深受外来人口欢迎。

准格尔旗爱国主义教育基地烈士陵园，2021 年陈文俊摄

旗委宣传部突出宣传改革开放典型，用高尚的精神塑造人。工业战线典型有，地方企业利税大户煤炭工业公司、黑岱沟化工厂、榆树湾水泥厂，国家建设重点项

目准格尔煤田、万家寨水利枢纽、国华准格尔电厂，两大工业园区准格尔经济开发区、大路煤化工基地；农业农村典型有，发展乡镇企业的哈岱高勒乡阳尧子村，发展集体经济的东孔兑镇前房子村、建设新农村的十二连城乡五家尧村；个人先进典型有，勤劳致富的全国劳动模范周玉莲、全国“三八红旗手”段秀英，舍己救人的聂春荣、杨勇、王云，全国公安系统一级英模郝万忠。2011 年发起寻找身边好人活动，发现退休打工捐资助学的中国好人刘显亮，推出义工做到云贵的全国五星级志愿者吕海英。

第六节　文艺宣传

旗委宣传部繁荣文化艺术事业，1993 年成立专业文化团体文化艺术工作团，2011 年创办诗书画院。21 世纪开始组织科技、文化、卫生三下乡活动，指导文艺单位创作文艺精品，弘扬主旋律，传播正能量，用优秀的作品鼓舞人。2001 年，漫瀚调歌剧《纳林河畔》获内蒙古自治区“五个一工程”入选作品奖；2009 年，歌曲《准格尔之恋》获全区第十届“五个一工程”优秀作品奖；2012 年，舞蹈《白泥窑记忆》、长篇小说《风生水起》（内蒙古人民出版社 2010 年 1 月版），双获内蒙古自治区第十一届精神文明建设“五个一工程”奖。2015 年，准格尔旗投资摄制的电影《漫瀚调》，6 月 25 日在第 12 届内蒙古草原文化节首映，9 月 14 日入选第 24 届中国金鸡百花电影节展映，参加 2015 中法文化交流法国戛纳电影节展映；摄制新农村建设题材电影《回乡种田》入选建国 65 周年献礼影片展。

2007 年乌兰牧骑送戏下乡到大路镇演出，刘敏摄

第八章　统一战线工作

第一节　统战工作机构

中共准格尔旗委员会统一战线工作部门是统战部。1991 年 5 月起，旗委统战部部长兼任旗政协副主席。1993 年 2 月，统战部与工商业联合会合署办公；1994 年 7 月，工商业联合会单设。2008 年 7 月，统战部成立侨务工作联合会。

1991—2015 年中共准格尔旗委统战部部长名录

白百岁（廉，蒙古族，1991.05—2002.06）　　王　源（兼，蒙古族，2002.06—2007.12）
郝千福（兼，蒙古族，2007.12—2012.11）　　万明盖（兼，蒙古族，2012.11—2015.12）

第二节　党外人士工作

1991 年，准格尔旗有党外干部 1539 名，党外知识分子 922 名；2015 年，有党外干部 2122 名，党外知识分子 1963 名。旗委统战部团结党外人士，培养党外后备干部，推荐党外后备干部担任旗、乡两级机构领导干部，当选各级人大代表、政协委员，发挥党外人士参政议政作用。1999 年，旗人大、旗政府、旗政协班子配备党外副县级干部；2001 年，全旗有党外县级干部 4 名、党外科级干部 46 名；2015 年有党外县级干部 4 名、党外科级干部 97 名。每届政协准格尔旗委员会，党外政协委员都占 60% 以上，2007 年，政协准格尔旗第十二届委员会 179 名委员中有 89 名党外委员，其中，16 人当选旗政协常委，10 人当选鄂尔多斯市二届政协委员。每届准格尔旗人民代表大会，党外人大代表占比在 24% ～ 34% 之间。2015 年，全旗有民革、民盟、民进、农工党、九三学社 5 个民主党派成员 12 名。

第三节　民族工作

一、培养少数民族干部

旗委统战部注重培养少数民族后备干部，推荐少数民族后备干部担任各级领导干部。1993 年，全旗有科级干部 1038 名，其中少数民族科级干部 151 名；有县级干部 32 名，其中少数民族县级干部 8 名。2015 年，全旗有科级干部 1162 名，其中少数民族科级干部 168 名；有县级干部 66 名，其中少数民族县级干部 22 名。

二、扶持少数民族发展

1991 年，准格尔旗只有一项扶持少数民族发展专项资金：少数民族寄宿学生生活补贴，扶持少数民族发展，多靠争取上级投资，旗财政临时配套。旗委统战部建言献策，争取旗委、旗政府对少数民族发展实行倾斜扶持政策。2003 年设立少数民族大学生助学金。2005 年设立少数民族困难学生补助金。2007 年设立少数民族发展基金，实施少数民族系列民心工程。创业工程，补贴少数民族养殖户棚圈建设；就业工程，补贴少数民族驾驶员考取机动车驾驶证；安居工程，补贴少数民族新建改建房屋；教育工程，发放少数民族中小学寄宿生生活补贴、大学生助学金、贫困学生救助金；健康工程，为少数民族群众代缴合作医疗个人统筹金。

三、民族团结进步创建

准格尔旗持续开展民族团结进步创建活动。每年 9 月内蒙古“民族团结进步活动月”，旗委统战部都要开展民族团结教育，宣传民族团结进步先进集体、先进个人的事迹；2001 年学习宣传新修订的《中华人民共和国民族区域自治法》；2004 年，旗委、政府以《民族区域自治法》颁布实施 20 周年为契机，实施扶持少数民族发展系列民心工程。2015 年学习中共中央、国务院《关于加强和改进新形势下民族工作的意见》，宣传习近平民族观，铸牢各族干部群众的中华民族共同体意识。1991—2015 年，全旗民族团结进步创建活动结硕果，全旗表彰民族团结进步先进集体 233 个，先进个人 513 名；2012 年 6 月 23 日，准格尔旗被命名为全国民族团结进步创建活动示范旗；2014 年 9 月 29 日，中共准格尔旗委员会被评为全国民族团结进步先进集体。

第四节　宗教工作

1996年起，准格尔旗实行宗教活动场所依法登记制度，准格尔召为藏传佛教活动场所，松王庙为藏传佛教临时活动点。1998年取消油松王藏传佛教临时活动点，登记沙圪堵、薛家湾2处基督教临时活动点。2000年，统战部牵头，与民委、公安局建立宗教工作联席会议机制，严禁基督教私设聚会点家庭聚会，7月14日，依法拆除沙圪堵镇非法基督教堂。从2002年起，实行宗教活动场所年检制度，严禁跨地区传教，防范境外宗教势力渗透。2011年，建立旗、乡、村三级宗教管理网络。2015年，全旗依法登记宗教活动场所4处，藏传佛教准格尔召、松王庙，共常住喇嘛17人，信教群众约3.2万人；基督教堂，有教职人员1名，信教群众约2500人；天主教堂，有教职人员1名，信教群众约300人。实行宗教活动场所负责人月报告制度，所在乡分管领导季报告制度。

统战部加强爱国宗教力量建设。举办教职人员和信教群众培训班，学习党的宗教政策和国家法律法规，进行爱国主义教育；2005年，专门学习国务院颁布的《宗教事务条例》，引导宗教界人士和信教群众爱国爱教，争创文明宗教活动场所，争做文明宗教教职人员。推荐宗教界代表人士当选人大代表和政协委员，加强党和政府与宗教界的联系。关心宗教界人士的生活。对藏传佛教喇嘛实行定期生活补贴，1991年每人每月补贴25元，1996年最低补贴108元，最高补贴135元；2012年最低定补600元，最高定补1200元，养老保险参保率100%；2015年最低定补700元，最高定补1400元，养老保险参保率81.25%。2012年9月，全国宗教界发起“慈爱人间，五教同行”宗教慈善周活动，得到准格尔旗宗教界积极响应，2013年捐款22641元，2014年捐款10万元，2015年捐款13648元，救助旗内重大病患者。

第五节　非公有制经济人士工作

旗委统战部为非公有制经济发展牵线搭桥。2000年成立非公有制经济法律服务所，2010年促成中小企业创业大厦在大路新区开工建设，2011年邀请经济学家郎咸平到旗作能源经济发展专题讲座，2013年为企业融资召开银企座谈会，2015年组织非公有制企业参加鄂尔多斯创新创业大会。

旗委统战部组织非公有制经济代表人士参政议政。1998年推荐旗人大代表1名、政协委员16名；2003年推荐政协委员15名；2013年推荐市人大代表2名、政协委员3名，推荐旗人大代表5名、政协委员17名。2015年，全旗非公有制经济代表人士中，有市人大代表7名、政协委员5名，旗人大代表12名、政协委员33名。进入21世纪开始在非公有制企业培养入党积极分子，建立党组织；2015年，全旗建立非公企业党委4个、党总支部17个、党支部108个，发展党员1908名。

旗委统战部引导非公有制经济人士投身“光彩事业”。1996年成立光彩事业工作委员会，2001年引进光彩事业项目24个，引进资金2.72亿元，其中实施项目14个，到位资金2.36亿元。2003年为抗击“非典”捐款近百万元；2007年为包扶村投资800万元。2010年，106家非公有制企业与143名老军人、老党员、老模范结对，每名“三老”人员享受不低于1万元感恩待遇。2015年，组织19家企业为尿毒症、白血病患者捐款12.5万元。

第六节　侨务工作

“八五”初，全旗有侨属侨眷110户452人，其中，归侨6户20人，侨眷40户160人，眷属24户102人，港澳属8户47人、台属22户123人。为侨属侨眷22人办理农转非户籍，6人享受残疾待遇，30人安排工作，6户新建住宅，8户维修住房，投资8万元扶持兴办华侨商店；投资2万元扶持发展养殖、运输、商业、饮食。

2007年，全旗有侨务工作对象429人，其中归侨4人、侨眷425人。旗委出台相关政策，重视侨胞的政治安排，为10名侨眷落实低保、廉租房。侨胞为招商引资牵线搭桥，成功引进国礼陶瓷、易高煤化2家侨资企业。2015年，全旗侨务工作对象中，有1名旗政协常委、1名市政协委员。

第九章　政法工作

中共准格尔旗委政法委员会（简称旗委政法委）是旗委领导和管理政法工作的部门。1996年4月起，政法委书记进入旗委常委会。1996年11月，成立社会治安综合治理委员会办公室，与政法委合署办公；2004年2月，成立维护社会稳定工作领导小组办公室，与政法委合署办公；2012年创新社会管理，社会治安综合治理委员会办公室更名为社会管理综合治理委员会办公室；2015年全面依法治国，成立推进依法治旗领导小组，办公室设在政法委。

1991—2015年中共准格尔旗委政法委员会书记名录

马占海（1992.01—1996.04）　　郝健君*（蒙古族，1996.04—1997.12）

曹志荣（1997.12—2000.11）　　刘　翔（2000.11—2003.11）

白志明（2003.11—2006.09）　　王　源（蒙古族，2006.09—2015.12）

第一节　政法队伍建设

1991年，公安局、检察院、法院、司法局4单位干部归口政法委管理，政法委从思想建设、执法教育和作风整肃3方面，加强政法队伍建设。“八五”期间，公安局对照十不准规定自查自纠；法院查处原告被告两头吃法官；检察院开展岗位练兵。1996年，贯彻《中华人民共和国人民警察法》《中华人民共和国检察官法》《中华人民共和国法官法》，提高公正执法水平。2000—2002年，公安机关开展全心全意为人民服务的宗旨教育、实事求是思想路线教育和法制教育“三项教育”。2004年，旗委出台《加强政法干部队伍建设的意见》，形成党管政法，依法管理、规范管理机制。2007年，公安民警开展岗位大练兵，增强政治素质、业务素质、体能素质。2009年，政法部门创建“团结、素质、管理、执法、服务”5星级单位，政法干警争当“忠诚、品绩、公正、爱民”五星级干警。2015年，政法系统开展为基层服务专项活动，法院设立流动法庭，检察院把监督触角延伸到基层；

公安局简化程序、优化流程，方便居民；司法局建成法律援助工作站 26 个、法律援助联络点 183 个。

1997 年在政法机关实行领导干部岗位轮换；2001 年开展取保候审、保外就医、减刑、假释大检查，促进司法机关公正执法；2005 年建立定期通报制度；2006 年建立“见义勇为奖励”制度，首次对布尔陶亥职业中学 9 月 5 日抗洪抢险见义勇为给予奖励；2009 年制定维护社会稳定责任倒查规定；2015 年制定政法系统联合办公制度，政法各部门各司其职、齐抓共管、整体联动。

1994 年，准格尔旗乡级成立社会治安综合治理办公室。1996 年，乡级党委配备专职政法副书记，加强派出所、法庭、法律服务所建设。2007 年，乡级配齐社会治安综合治理办公室主任。2009 年，乡级全部建成社会治安综合治理工作中心，部分嘎查、村、社区、规模以上企业也建成社会治安综合治理工作站。2010 年，乡级党委政法书记兼任社会治安综合治理中心主任，村级社会治安综合治理工作站长由村党支部书记担任，规模以上企业社会治安综合治理工作站长由企业分管领导担任。2013 年，乡级成立综合执法大队，乡、村两级组建民生服务队，化解社会矛盾。

第二节　目标管理考核

从 1991 年开始，准格尔旗实行社会治安综合治理目标管理考核，实行属地管理原则，谁主管、谁负责，政法委考核乡镇、旗直单位、属地单位；考核结果与单位领导政绩、经济奖罚、职务升降挂钩；对出现重大问题的地区单位，实行“一票否决”，严肃依法依纪追究责任，受“一票否决”的地区和单位，取消评选综合性荣誉称号和奖励资格，命名文明单位的，摘除牌匾。1995 年起，考核向下延伸到村一级，层层落实责任制。1996 年，3 个乡被“一票否决”。1998 年，准格尔召乡发生“6·10”特大雷管被盗案被“一票否决”。2007 年，准能公司设备维修中心发生死亡责任事故被“一票否决”，连带准能公司黑岱沟露天矿被黄牌警告。2010 年，考核内容扩大到维护社会稳定、社会管理综合治理、信访工作 3 个方面。

第三节　社会治安综合治理

社会治安综合治理，维护社会稳定，促进社会公平正义，保障居民安居乐业。“八五”至“九五”初，重点以打为主，严厉打击各种违法犯罪活动；1997 年起，转入“打防结合、预防为主”，建立和完善社会治安防控体系，预防和减少违法犯罪。2004 年起，工作重点转入平安创建阶段。“十二五”期间创新社会管理，在打、防、建的同时，突出社区网格化管理，建设和谐社会。

一、“严打”斗争

“八五”期间，准格尔旗保持严厉打击刑事犯罪的高压态势。1993 年，集中开展“反盗窃、破大案、追逃犯”和“禁毒”“打拐”“扫黄”专项斗争。1994 年，重点打击严重刑事犯罪和地痞、村霸等流氓势力，法院召开 3 次公捕公判大会，有力震慑了犯罪。在此期间“打拐”战果突出，1991 年打掉拐卖 14 名妇女的跨省犯罪团伙；1993 年查处 50 起拐卖妇女案件，解救多名拐卖到旗外地妇女。

“九五”至“十一五”期间，准格尔旗对严重刑事犯罪露头就打。1999 年严打危害公共安全的暴力性犯罪和带有“黑社会”性质犯罪，抓获犯罪嫌疑人 24 人，协助北京警方抓获 1 名在逃犯。2000 年整顿农村治安秩序，破获农村刑事案件 30 余起，抓获犯罪嫌疑人 30 多人。2002 年整治学校、企业、铁路周边地区治安，清除“黄”“赌”“毒”等社会丑恶现象，“三边”地区治安环境好转。2003 年，破获刑事案件 154 起，挽回经济损失 36.86 万元，抓获犯罪嫌疑人 140 人。2004 年开展禁毒“春雷行动”，破获制贩毒品案多起，查处一批吸注毒品案；法院“百日行动”执行积案 400 多件，执行标的 700 多万元；检察院打击侵犯知识产权和制售假冒伪劣产品专项行动。2005 年“两抢一盗”专项行动，打击抢劫、抢夺、盗窃 3 类多发性侵财案件。治爆缉枪行动，2008 年侦破涉爆刑事案件 1 起，刑事拘留 2 人，清理涉枪单位 11 家、涉爆单位 175 家，收缴民用枪支 4 支、子弹 174 发。扫黑除恶行动，2001 年将 1998 年以来在呼准公路拦抢煤车司机的路霸乔某抓捕归案，2010 年取缔操控煤车司机阻断西营子集装站交通的恶势力团伙。

“十二五”期间，针对社会治安突出问题“雷霆”出击，重点打击经济领域严重犯罪。2011 年“雷霆一号”行动，破获刑事案件 576 起，其中命案 13 起，查处治安案件 2995 起。2012—2015 年，严厉打击合同诈骗、职务侵占、非法集资等严重经济犯罪活动，仅 2012 年受理经济案件 218 起，立案 215 起，抓获犯罪嫌疑人 247 人，涉案金额 3.3 亿元，挽回经济损失 2.13 亿元；法院受理非法吸收公众存款案 20 件，涉案标的 1.6 亿元，涉及被害人 1427 人。2013 年扫黄专项行动，查处卖淫嫖娼案多达 49 起 567 人，取缔提供色情陪侍的娱乐场所 3 家。2014 年禁毒专项行动，缴获海洛因、冰毒和咖啡因等毒品。

二、群防群治

“八五”后期，准格尔旗组建群防群治队伍，预防和减少违法犯罪。到 1995 年，建成专业性联防队 17 支 250 人，季节性联防队 254 支 2032 人，重要单位安装防盗报警器、防盗门锁。到 1999 年，重要单位群防群治组织实现全覆盖。

2002 年起，准格尔旗构建刑警、巡警、交警、派出所民警联动防控体系，2009 年，形成薛家湾、开发区、大路新区 3 个警务区，徒步、机动、便装巡逻结合，开展重点部位全天候巡逻防控。2012 年，全旗建成社会管理一级网格 13 个、二级网格 215 个、单元网格 1267 个；建成综合执法大队 15 支 176 人，下沉干部 1463 人建成 70 支民生服务队。2013 年，完成单元网格人员信息采集，按照人口管理、市政管理、便民服务、扶贫帮困等类别，展开网格管理服务。兴隆、蓝天、友谊、迎泽 4 个街道，畅通网格社情民意，统筹网格服务资源，将居民大事小情兜在网中，无缝对接面向网格居民提供零距离服务。

2005 年，准格尔旗启动技防监控网建设，2007 年建成内蒙古首家旗县城市综合监控系统，通过“电子警察”侦破刑事案件 1 起、治安案件 24 起。到 2015 年，全旗建成 11 个技防乡镇；金融单位、学校幼儿园、网吧、商业网点，全部安装技防设备，住宅小区技防设施安装率 52%，12 个出入口安装视频监控系统，24 小时抓拍出入车辆人员。

1995—2005 年，政法委建立矛盾排查化解制度、防范处置群体性事件制度。其中 1995 年全旗建有调解组织 834 个 3401 人，调解民事纠纷 1389 件，调解成功 1362 件。2007 年，实行县级领导定点接访、带案下访、重点约访，化解征地拆迁突出的纠纷。2011—2015 年，先后成立交通事故、医疗事故、婚姻家庭 3 个专业调解委员会。2015 年，全旗有调解委员会 202 个调解员 717 名，调解纠纷 1514 件，调解成功 1473 件。

三、平安创建

1998 年，旗委制定《基层安全创建活动规划意见》，将全旗 27 个乡镇划分为 510 个安全文明创建单元，创建“安全文明村”“安全文明单位”“安全文明小区”。开展全民普法宣传教育，安置刑释解教人员回归社会，清除“黄”“赌”“毒”社会丑恶现象，营造居民安居乐业的社会环境。2000 年，全旗创建安全小区 460 个，其中城镇 217 个，覆盖率 90%；农村 223 个，覆盖率 72%。通过安全文明创建活动，全旗刑事案件、治安案件大幅度下降，民间纠纷明显减少，警民关系更加融洽。2001 年 11 月，准格尔旗获内蒙古自治区社会治安综合治理“长安杯”。

2004 年，全旗开展党员承包创建“平安户”活动，年底创建率、达标率分别达到 96.4% 和 87.5%。2005 年，旗委制定《建设“平安准格尔”实施方案》；2007 年，制定《“三调联动促和谐”工程实施方案》，全旗中小学配备法制副校长，组建护校队，护校队员达 450 人。当年起，政法委每年都要评选平安单位。2015 年，全旗苏木、乡、街道、学校全部建成安全文明单位，平安单位创建覆盖率 90%、平安嘎查村创建覆盖率 70%、平安社区创建覆盖率 75%、规模以上企业平安创建覆盖率 60% 以上。

第十章　机构编制管理

1991 年，准格尔旗机构编制委员会办公室（简称编委办）隶属于旗人民政府，1993 年 2 月改属旗委组织部，2001 年 2 月新增事业单位登记管理局，与编委办合署办公。2002 年 6 月改属旗委。

第一节　机构改革

1991 年，准格尔旗有行政机构 76 个、事业单位 196 个。适应市场经济，统筹城乡发展，创新社会管理，先后实施两次党政机构改革，1 次政府机构改革，3 次乡级机构改革，适时进行零星机构改革。历次机构改革，报请上级机构编制委员会审定机构职能、人员、编制三定方案，严格按批复设置机构，实行机构编制总量控制，核发行政机关、事业单位两类机构编制证。2015 年，全旗有行政机构 56 个、事业单位 357 个。

一、党政机构改革

1993 年 1 月，准格尔旗按照简政放权、转变职能、发展经济的原则，完成党政群机构改革，构建“小机构、多实体、大服务”格局。旗委一级机构由 6 个改为 5 个，撤销老干部局，设办公室、组织部、宣传部、统战部、政法委员会，纪律检查委员会不计入旗委工作部门，党校为旗委直属事业单位。政府职能部门经撤、并、转，由 51 个改为 20 个。撤销 15 个部门；设立农牧业经济委员会，农业局、畜牧局、水利局、水保局、林业局改建为服务总公司，农机局、乡镇企业局、扶贫开发办转为经济实体，行政职能划归农牧业经济委员会；化学工业局、建材工业局、煤炭工业局、二轻工业局、商业局、粮食局、物资局、经济协作办转为实体经济，行政职能划归经济贸易委员会；改革后政府职能部门有，办公室、计划委员会、经济贸易委员会、农牧业经济委员会、科学技术委员会、计划生育委员会、民族宗教事务委员会、经济体制改革委员会、财政局、民政局、人事劳动局、交通局、工商物价局、审计局、城乡建设土地局、教育局、文化体育局、卫生局、统计局、公安局。群众团体3个，总工会、团委、妇联。

2002年1月，准格尔旗再次改革党政机构，转变职能，减少内部服务机构及单一专业性机构，裁撤职能交叉机构，归并职能相同或相近机构，清理和整顿非常设机构。旗委设工作部门7个，纪律检查委员会（监察局）、办公室（"610"办公室）、组织部（直属机关工作委员会）、宣传部（精神文明建设委员会办公室）、统一战线工作部、政法委员会（社会治安综合治理委员会办公室），机构编制委员会办公室（事业单位登记管理局）。旗政府设工作部门23个，办公室、发展计划局、经济贸易局、农牧业局、林业局、水利局、水保局、科学技术局、计划生育局、民族事务局、人事劳动和社会保障局、国土资源局、建设环境保护局、教育体育局、文化广播电视局、公安局、司法局、民政局、财政局、审计局、统计局、交通局、卫生局。

2010年4月，准格尔旗实施政府机构改革，构建权责一致、分工合理、决策科学、执行顺畅、监督有力的行政管理体制，更好地履行经济调节、市场监管、社会管理和公共服务职能。旗政府工作部门调整为24个，政府办公室（信访局）、发展和改革局（经济商务和信息化局、安全生产监督管理局）、财政局、人力资源和社会保障局、交通运输局、住房和城乡建设局、文化广播电影电视局（旅游局）、农牧业局（扶贫开发办公室）、水务局（水土保持局）、科学技术局、环境保护局、煤炭局、统计局、卫生局（食品药品监督管理局）、教育局（体育局）、人口和计划生育局、民政局、规划局、审计局、林业局、国土资源局、公安局、司法局、民族宗教事务局。

二、事业单位改革

1993年，准格尔旗党政机关改革，同步开始事业单位改革。实行政事分开，推进事业单位社会化，减少全额拨款和定额拨款事业单位，扩大自收自支事业单位，实行企业化管理。1997年完成首次事业单位改革，重新批准设置事业单位47个；2000年10月建立事业单位法人登记年检制度，登记具备法人资格事业单位131家，核发《事业单位法人证书》79家，2010年起实行事业单位网上登记。

2012年，准格尔旗实施事业单位分类改革。将事业单位分为承担行政职能、从事公益服务、从事生产经营三类，实行政事分开，事企分开，管办分离，大力发展公益事业。2015年，全旗369个事业单位，其中，承担行政职能事业单位1个、公益一类事业单位289个、公益二类事业单位66个、从事生产经营活动事业单位1个，撤销事业单位12个；年检事业单位合格339家，设立登记20家，变更登记131家，注销登记1家。

三、乡级机构改革

1993年5月，准格尔旗在4个乡镇试点理顺乡镇行政与事业和企业关系改革。1994年，全旗乡镇统一设置党政综合办公室、计划生育办公室、文教卫生办公室、财税所、综合技术服务站；党政综合办公室为行政机构，其他机构属事业单位；统一成立农工商开发服务公司；教育、文化、广播、计划生育、农业、林业、农机部门设在乡镇的机构和人员移交乡镇管理；公安、工商、银行、税务、粮食、供销、财政、卫生、畜牧在乡镇的机构和人员，实行双重管理。

2001年6月，准格尔旗实施撤乡并镇改革，撤12个乡，设5个镇，由27个乡镇撤并为20个乡镇。2005年8月，全旗8个乡、12个镇撤并为1个苏木、2个乡、6个镇。苏木乡镇普遍内设3个综合办事机构，党政综合办公室（财政所、综治办）、经济发展办公室、社会事业办公室，只有薛家湾镇增设计划生育办公室；普遍下设 3 个综合事业服务机构，农牧水服务中心（劳动和社会保障中心）、文化广电服务中心、计划生育服务中心，唯薛家湾镇增设劳动和社会保障事务所；国土资源所、林业工作站、畜牧兽医站上划行业部门管理。

2010 年 11 月，在旗人民政府驻地薛家湾镇市政区设立蓝天、友谊、兴隆、迎泽 4 个街道。街道内设 3 个行政机构，党政办公室、社会事务办公室（社会治安综合治理领导小组办公室）、城市管理办公室（综合执法队）；内设 3 个事业单位，计划生育服务中心、劳动保障服务中心、社区建设服务中心；旗直部门派驻街道司法所、文化站、统计站，实行双重管理，派驻人员旗直部门管理。

第二节　人员编制

1991 年，全旗核定行政人员编制 1486 人，实有 1690 人，超编 204 人；核定事业人员编制 4572 人，实有 4522 人，空编 50 人。国家改革开放，准旗事业迅猛发展，行政事业人员随之增加，人多编制少，矛盾一直持续，每次机构改革分流超编人员，改革间隙实际需要又增配人员。2000 年清退乡镇机关事业单位超编人员 224 人，2002 年成立世纪中学时及时向上申报增编。编委办严格执行上级核定的人员编制限额，坚持不超编进人，建立人员编制、实有人员台账，配发人员编制卡，实行实名制管理。2015 年，全旗核定行政人员编制 1339 人，实有 1391 人，超编 52 人；核定事业人员编制 7522 人，实有 9862 人，超编 2340 人；行政机关超编人员比例减少，事业单位超编人员比例增加。

第三节　车辆编制

准格尔旗公务用车编制管理始于 1997 年，全旗在编公务用车 198 辆。旗级领导机关按规定标准配车，科级单位原则上只配备一辆公务用车，个别单位工作需要获批适当增加，如公、检、法 3 个机关。编委办建立纪检、车编、财政、车管、国资等部门协同审批公务用车制度。2011 年起，公务用车审批更加规范，一般公务用车配备排气量 1.8 升以下、价格 18 万元以内轿车，党政机关原则上不配备越野车，不得将配备的越野车和警卫车作为领导干部固定用车。2015 年，全旗在编公务用车 774 辆。

1991—2015 年准格尔旗机构人员车辆编制统计表

表 16-1

年　份	机构编制（个）		人员编制（人）					领导职数（人）				车辆编制（辆）
	行政	事业	行政人员		事业人员		工勤人员	行政领导		事业领导		
			核定	实有	核定	实有		核定	实派	核定	实派	
1991	76	196	1486	1690	4572	4522	195	—	425	—	192	—
1992	80	250	1727	1752	4842	4804	205	—	411	—	347	—
1993	60	180	1544	1695	3011	3317	205	—	382	—	226	—
1994	60	216	1676	1739	3474	3745	200	—	373	—	242	—
1995	60		1699	1875	4300			281	58	—		—
1996	60	227	1699	1781	5598	5611	93	281	229	149		400
1997	60	198	1699	1769	4300	4511	93	281	237		183	198
1998	68	232	1661	1474	4300	4324		310	443	208	255	112
1999	66	232	1661	1499	4600	4259		310	444	208	249	
2000	66	223	1628	1620	4648	4846		416	463	205	239	
2001	79	293	1761	1600	4608	5070		383	419	—		
2002	62	355	1181	1244	4780	4761		171	171	66		265
2003	57	371	1187	1213	4842	4959		171	171	124	168	
2004	62	371	1188	1206	4879	4860		171	171	128	170	
2005	50	256	984	1038	5096	5170		166	169	128	170	
2006	51	231	1083	1112	4885	5634		236	236	224	147	
2007	52	206	1088	1071	5560	6192		236	236	112	157	
2008	54	222	1129	1150	6278	6284	57	167	193	139	190	
2009		244	1295	1346	6039	6001	95	—		—		
2010	57	286	1208	1211	6730	7289	70	248	233	—		452
2011	57	286	1337	1291	7043	7679	75	184	195	80	80	901
2012	53	307	1346	1361	7402	8009	102	—		—		970
2013	53	336	1355	2107	7486	9850	102	214	265	—		637
2014	68	367	1253	1320	7500	9920	102	342	409	97	125	774
2015	56	357	1339	1391	7522	9862	111	—	248	—	104	774

第十一章　老干部工作

1991 年，中共准格尔旗委老干部局服务离休老干部 197 名。1993 年 1 月撤老干部局，设老干部服务所，隶属于旗委组织部。1995 年 7 月恢复老干部局。2000 年下设沙圪堵老干部服务中心，2007 年下设薛家湾老干部服务中心。1999 年、2006 年和 2012 年，老干部局三次被评为内蒙古离退休干部工作先进集体。2015 年，老干部局服务 53 名离休干部和 36 名县级以上退休干部，间接管理全旗所有退休干部。

第一节　老干部待遇

一、政治待遇

1991 年，老干部局建有离休退休干部党组织，方便老干部就近过组织生活，2000 年 3 月设立老干部局党委，下辖 1 个机关党支部，5 个老干部生活支部。旗委、政府重大决策，虚心听取老干部的意见，每年召开老干部座谈会，为经济社会发展把脉建言。每逢重要节日，旗党政领导登门慰问看望老干部。从 2005 年开始，免费为老干部订阅报刊，为离退休干部订阅《中国老年报》《老年世界》杂志；2007 年免费赠阅《准格尔报》，老干部局订阅《人民日报》《内蒙古日报》《鄂尔多斯日报》等 12 种报刊供老干部学习。2015 年，为担任过副科以上实职退休干部订阅《老年世界》杂志。

二、生活待遇

1991 年，旗人民政府在沙圪堵镇建有老干部活动中心，1996 年成立老干部医疗保健中心，配备医务人员 6 名，2000 年撤销该机构。老干部局每年至少走访慰问易地安置的离休干部一次。2000 年，为全旗老干部办理《老干部社会优待证》，持证享受保健和文体活动优待。2003 年，核定离休干部特需经费每人每年 500 元。2005 年，薛、沙两镇老干部活动场所，配备文体活动器材，开展门球、台球、乒乓球、麻将、扑克、象棋等文化体育活动。2006 年，为 118 名离休干部发放住房补贴 190 万元。2012 年为离休干部报销医疗费 200 余万元。2014 年，离休干部护理费标准由原来的每人每月 300 ～ 600 元提高到 1000 ～ 1500 元。

第二节　老干部团体

老干部局先后组织老干部成立 6 个涉老组织，为老干部发挥余热提供平台，让老干部就近学习、就近活动、就近得到关心照顾、就近发挥余热，为社会做贡献。

一、关心下一代工作委员会

准格尔旗关心下一代工作委员会成立于 1992 年 3 月。组织老干部、老战士、老教师、老专家、老模范“五老关爱工作团”，常年深入中小学开展教育、关爱、服务青少年的活动。为家长学校义务讲授红色家风、新生第一课、隔代家庭教育、农村留守儿童监护等专题讲座；参与“净网”护苗行动，2011 年 1 月，准旗关心下一代工作委员会获评内蒙古营业性网吧社会监督工作先进集体。2015 年，全旗乡、村两级全部建立关心下一代组织。

二、老科学技术工作者协会

准格尔旗老科学技术工作者协会成立于 1994 年 8 月，内设农牧林水、文化卫生、工商财贸、社会法律 4 个分会。至 2015 年，老科协累计参与指导建设科技园 8 个，推广新品种 25 个，引进新品种 19 种，联系个人门诊、旗内知名医生为偏远贫困村农民义诊 4700 多人次，免费发放常用药价值 6 万多元。

三、老年人文化体育协会

1991 年，准格尔旗老干部老年人文化体育协会成立。1992—1996 年，在沙圪堵镇、薛家湾镇建老年门球场，组建老年门球队参加伊克昭盟第四届门球赛。1997—2004 年，在薛家湾镇建老年文体健身活动场地 20 多处，安装健身器材 200 余件。2004 年起，苏木乡镇相继建立老年人文化体育协会，老年体育活动覆盖旗、乡两级。2007 年，准旗老年人文化体育协会被评为内蒙古老年体育工作先进集体。2013 年 6 月选派代表队参加鄂尔多斯市老年人门球赛，获团体第二名。同年 8 月，选派两支中老年舞蹈代表队，参加全国中老年“冰城杯”舞蹈邀请赛，双获金奖。

四、老年书画研究会

准格尔旗老年书画研究会 2000 年 5 月成立。2007 年 1 月编印《准格尔书画集》。2015 年发展会员 25 名，其中，内蒙古书画协会会员 6 人、鄂尔多斯书画协会会员 8 人。

五、老年大学

准格尔旗老年大学创办于 2001 年 4 月。2007 年秋在薛家湾镇举办开学典礼正式招收老年学员。选聘退休老同志和在职中小学教师，开设养生保健班、计算机初级班、音乐班，招收老年学员 100 人。2008 年增办文史、书画、电子琴班。2015 年有专兼职教师 5 名，开设书画班、文史班、电子琴班、音乐班和养生保健班，学员 80 多人。2007—2015 年，累计招收老年学员 1500 多名，学员来自退休干部、职工、教师及有一定文化程度的居民。

六、延安精神研究会

准格尔旗延安精神研究会成立于 2009 年 12 月。2010 年创办《延安精神》会刊，每年编印一期至两期。2014 年协助有关单位为陕甘宁边区中共准旗工委、四道柳川交通站立碑，建晋绥根据地中共马栅区委革命活动展厅；2015 年协助有关单位建晋绥边区中共魏家峁党总支部遗址教育基地。

第十二章　党校教育

中共准格尔旗委员会党校是全旗党员干部的教育培训机构，在基层党委办有基层党校，每年组织党校教员巡回基层党校宣讲，以旗级党校带动基层党校，开展全旗党员干部教育培训。1995 年 3 月成立准格尔旗行政学校，与旗委党校合署办公。2015 年，旗委党校（行政学校）有教职工 21 名，其中教师 12 名。

第一节　校舍建设

1991 年，旗委党校位于沙圪堵镇区南，忽鸡图沟北，占地面积 3 万平方米。1999 年 9 月搬迁原财政局楼办公。2007 年 4 月，旗人民政府投资 1000 万元新建党校教学办公综合楼在薛家湾镇落成投用，主体六层建筑总面积 6414 平方米，报告厅可容纳 130 人，多媒体教室可容纳 120 人，3 间普通教室各容纳 100 人，学员宿舍、餐厅面积 3000 平方米。2009 年，旗委组织部为党校配备远程教育设施，远程教育网覆盖旗、乡、村 3 级。2010 年 6 月，旗委党校建成全旗勤政廉政集中教育基地。

第二节　师资队伍

1991 年，旗委党校有教师 10 名，1995 年以后，通过函授、自学考试都取得大学本科学历；到 2002 年，先后有 6 名教师取得高级讲师职称。2009 年 8 月，党校聘请 15 位实践经验丰富、理论水平较高的领导干部担任客座教授。2015 年，党校有教师 12 名，其中高级讲师 7 名、讲师 3 名、助理讲师 2 名。

1995 年 11 月，李贵达被评为内蒙古自治区党校系统先进工作者。1999 年 9 月，高凤兰被评为内蒙古自治区党校系统优秀教师。2004 年 9 月，刘克河被评为内蒙古自治区党校系统优秀教育工作者。2006 年 7 月，武学敏被评为内蒙古自治区党校系统优秀科研管理工作者。

第三节　干部培训

旗委党校的主体培训对象是在职党员干部，为解决工学矛盾，党校通常采取办短期班、以会代训等形式培训。几乎每年都要举办青年干部、妇女干部、少数民族干部、党外干部、新任科级领导干部等主体培训班，对主体培训班学员实行学时管理。初期纸质签到签退计算学时，中共十八大以后采用刷卡、人脸识别等方式签到签退，系统智能统计学时。1991—2015 年，累计举办各类培训班 296 期，培训党员干部 2.9 万人次。

1991—2002 年，举办各类培训班 145 期，培训党员干部 1.44 万人次。培训内容主要有邓小平理论、

“三个代表”重要思想、农牧业实用技术、计算机知识等。1997年举办2期党的“十五大”精神理论辅导员培训班，1999年开展了讲学习、讲政治、讲正气的“三讲”教育专题培训，2001年举办了“三个代表”重要思想理论骨干培训班。1996—2002年，先后选派369名干部参加上级党校培训。2001年，选派乡镇干部远赴苏州市农村干部学院进行培训。

2003—2012年，举办各类培训班98期，培训党员干部9145人次；选派34名干部参加了上级党校的培训。培训内容主要有科学发展观、统筹城乡发展、全面小康建设、创新社会管理等。培训对象涉及公务员、农村干部、社区干部、大学生村官、下挂干部、党代表、人大代表、政协委员。2008年举办统筹城乡发展工业化、城镇化、产业化培训班。2011年12月23日，旗委党校（行政学校）在全国县级行政学校校长论坛上作题为《创先争优抓培训，服务大局促发展》的经验介绍。

2013—2015年，举办各类培训班43期，培训党员干部6300余人次。培训内容主要有中共十八大精神、群众路线教育、“三严三实”专题教育，突出了全面从严治党的时代主题。特邀全国知名学者、上级党校名师来旗授课。2015年举办习近平总书记系列重要讲话精神培训班3期。

第四节　巡回宣讲

准格尔旗巡回基层宣讲活动始于1992年的农村社会主义思想教育，旗委组织党校、讲师团巡回各乡镇宣讲社会主义的优越性、宣讲发家致富的身边事，依托基层党校，与基层干部群众面对面交流，受到基层欢迎。在1995年的社会主义市场经济理论大学习、大讨论活动中，巡回基层集中宣讲了邓小平建设有中国特色社会主义理论。

2002年起，党校参加全旗科技、文化、卫生“三下乡”，以“理论下乡”优势，开展“三讲”教育、“三个代表”重要思想教育巡回宣讲。2004—2008年，在旗委“一心为民、科学发展”“心系农村、服务百姓”主题实践活动中，巡回宣讲了社会主义新农村建设等内容。2009年，党校举办“学习实践科学发展观活动赴基层理论讲座”46场，覆盖第三批参学单位9个苏木乡镇机关党支部、66个事业单位党支部、52个企业单位党支部、19个社区党支部和159个农村党支部。

中共十八大后，党校围绕党的群众路线教育实践活动、“三严三实”专题教育展开巡回宣讲。宣讲习近平总书记系列重要讲话精神，激励干部群众为实现中华民族伟大复兴的中国梦尽责履职；宣讲新常态转型发展新国策，推动准旗经济社会高质量发展。2014年起，配合组织、宣传部门开展“乡风文明大行动”巡回宣讲活动。2015年，旗委组织部与党校在十二连城乡联合筹建农民党校。

第五节　函授教育

准格尔旗工农干部多，学历层次低，不适应发展市场经济需要。1991年起，旗委党校与伊克昭盟委党校、内蒙古自治区党委党校、中央党校联办大学学历函授教育。2002年起，与山西省偏关县党校、河曲县党校联办函授教育，实现跨省区招生。到2012年停办党校函授教育，累计帮助4025名干部圆了大学梦。大学专科学制3年，1991—2008年，累计招收13届学员2045名。其中，经济管理专业13届学员1656名，法律专业5届学员313名，农村牧区经济管理专业1届学员76名。大学本科学制2.5年，1993—2012年，累计招收11届学员1980名。其中，经济管理专业8届学员

786 名，行政管理专业 2 届学员 230 名，法律专业 11 届学员 964 名。每学期末统一组织学业考试，开卷考试课程由旗委党校老师授课，闭卷考试课程聘请上级党校老师授课。学员所有科目考试合格，通过旗委党校统一组织的论文答辩，方可毕业。

准格尔旗党校函授教育毕业生质量得到社会公认，培养了一支知识化、专业化的干部队伍，促进学员本人成长进步，推动学员所在单位事业发展。因开办函授教育，旗委党校在内蒙古和周边晋、陕两省声名鹊起。

第六节　理论研究

旗委党校注重理论应用实践研究。1991—2002 年，在省部级以上报刊发表论文 8 篇，3 篇获省部级奖。其中，《对党校函授教学贯彻理论联系实际方针的几点体会》录入《中国教育与教学理论与实践》；《浅谈领导者的素质》获内蒙古少年儿童出版社 1999 年度优秀科研论文一等奖。

2003—2012 年，旗委党校在省部级以上报刊发表研究论文 16 篇。2006 年，武学敏的论文《试论准格尔文化资源开发》获内蒙古自治区首届哲学社会科学政府奖三等奖；论文《漫瀚调艺术审美刍议》收入《漫瀚调艺术研究》（内蒙古人民出版社 2006 年 5 月版）。2007 年 10 月 13—15 日，承办首届鄂尔多斯及周边旗县区经济社会发展论坛，蒙晋陕 5 市 18 个旗县区党校 160 多人参加论坛，出版《鄂尔多斯及周边旗县区经济社会发展研究》（内蒙古大学出版社 2007 年 9 月版）。《鄂尔多斯循环经济发展研究》一文获内蒙古自治区党校系统 2009—2010 年度课题评比良好等级；《加快转变准格尔旗经济发展方式，着力提高发展的质量和效益》在“全面深化改革推动内蒙古持续健康发展”理论研讨会暨科研工作会上获二等奖。2006 年 7 月，党校获内蒙古自治区党校（行政学院）系统科研工作组织奖。

第十七篇

地方人民代表大会

批准地方政策

决定重要事项

选任工作人员

监督法律实施

大路新区市政区，2018年9月杜星明摄

准格尔旗志

（1991—2015）

准格尔旗人民代表大会（简称旗人大）是准格尔旗的国家权力机关，常设机构人民代表大会常务委员会（简称旗人大常委会）。准格尔旗人大常委会，在中共准格尔旗委领导下，监督人民政府、人民法院和人民检察院。批准地方政策，决定重要事项；选举地方国家机关领导人员，任免地方国家机关工作人员；开展依法审查、执法检查和民主评议。保障了法律实施，保障了代表履职，体现了党的领导、人民当家作主和依法治国的有机统一，促进了民主法治建设，促进了依法治旗，服务于全旗经济社会发展。

黄河太极湾，河水映蓝天，2019年9月李颖摄

第一章　人大代表

第一节　人大代表选举

准格尔旗人民代表大会代表由登记选民直接差额选举产生。1991 年 2 月，旗乡两级人大代表直接选举，选举第十一届人大代表 195 人。2012 年 9—11 月，农村与城市实现居民选举“同票同权”，参加选举选民 239579 人，选举第十六届人大代表 171 人。其中，工人农民代表占 54.4%，专业技术人员代表占 19.3%，党政干部代表占 35.6%，少数民族代表占 29.8%，妇女代表占 34.5%，非中共党员代表占 33.9%，保留上届代表占 38.8%。

2020 年沙圪堵镇民乐社区选举旗人大代表

第二节　人大代表活动

人大代表是代表选民参加人民代表大会会议的，要审议工作报告，提出议案和建议、批评、意见；人民代表大会闭会期间，代表联系选民调查研究，沟通党和政府与群众的联系。

2001 年起，旗人大常委会培训人大代表。2004 年 8 月 31 日，第十四届人大常委会通过《联系人大代表制度》，到 2015 年，人大常委会组成人员联系代表 500 余人次，督促人民政府、人民法院、人民检察院解决代表反映问题近百件。2009 年 2 月，创建乡镇“人大代表之家”，为人大代表履职搭建平台。2010 年 1 月 12 日，第十五届人大常委会通过《邀请代表列席常委会会议制度》，到 2015 年，邀请代表列席人大常委会会议 210 人次。2015 年起，人大常委会评选优秀履职代表和优秀议案建议。

第三节　上级人大代表

2003 年 2 月，准旗首位全国人大代表准能公司董事长马军赴京参加第十次全国人民代表大会第一次会议。

1991—2015 年，准格尔旗人大选举内蒙古自治区人大代表 16 名。旗第十一届人大选举刘金玲（女）、赵德英*、杨亚民（蒙古族）、杨瑞花（女）为自治区八届人大代表；旗第十二届人大选举张贵、杨亚民（蒙古族）、张其祥、焦学岱为自治区九届人大代表；旗第十三届人大选举杨亚民（蒙古族）、王秀花（女）为自治区十届人大代表；旗第十四届人大选举阿木（蒙古族）、王晓铃（女）为自治区十一届人大代表；旗第十五届人大选举麻永飞*、张凤英（女）为自治区十二届人大代表；旗第十六届人大选举王晓铃（女）、张凤英（女）为自治区十三届人大代表。2001—2012 年，准旗人大选举鄂尔多斯市人大代表 148 名。

第二章　人民代表大会会议

第一节　旗级人民代表大会会议

一、第十一届人民代表大会会议

1991 年 3 月 21—28 日，准格尔旗第十一届人民代表大会第一次会议在沙圪堵镇召开。审议通过人民政府工作报告，人大常委会工作报告，法院、检察院工作报告，计划和财政书面报告。选举第十一届人大常委会主任 1 名、副主任 3 名、委员 13 名；选举第十一届人民政府旗长 1 名、副旗长 6 名；选举人民法院院长、人民检察院检察长。该届人大任期 3 年，举行代表大会 3 次，收到议案 50 件，建议、批评、意见 597 件；审议工作报告 18 个，作出决议、决定 18 个。第十一届人大第二次会议补选人大常委会副主任 1 名。

二、第十二届人民代表大会会议

1994 年 3 月 27 日至 4 月 1 日，准格尔旗第十二届人民代表大会第一次会议在沙圪堵镇召开。会议选举第十二届人大常委会主任 1 名、副主任 5 名、委员 13 名；选举第十二届人民政府旗长 1 名、副旗长 6 名；选举人民法院院长、人民检察院检察长。从本届人大起，每届人大任期 5 年。十二届人民代表大会有代表 197 名，举行人代会 6 次；收到代表议案 8 件，建议、批评、意见 484 件；听取审议工作报告、规划 31 个，作出决议 31 个。十二届人大第三次会议批准《准格尔旗国民经济和社会发展第九个五年计划和 2010 年远景规划纲要》；补选人大常委会副主任、委员各 1 名；补选人民法院院长、人民检察院检察长。第四次会议补选人大常委会副主任 1 名。第五次会议补选人大常委会主任；补选人民政府旗长 1 名、副旗长 1 名。

三、第十三届人民代表大会会议

1999 年 1 月 23—27 日，准格尔旗第十三届人民代表大会第一次会议在沙圪堵镇召开。会议选举第十三届人大常委会主任 1 名、副主任 4 名、委员 13 名；选举第十三届人民政府旗长 1 名、副旗长 7 名；选举人民法院院长、人民检察院检察长。第十三届人民代表大会有代表 170 名，举行人代会 7 次；收到代表议案 7 件，建议、批评、意见 305 件；听取和审议工作报告、纲要 31 个，作出决议 31 个。十三届人大第三次会议补选人大常委会副主任 1 名，补选旗人民政府副旗长 1 名；第四次会议审议通过《准格尔旗国民经济和社会发展“十五”计划和 2001 年规划纲要》。

四、第十四届人民代表大会会议

2004 年 1 月 1—4 日，准格尔旗第十四届人民代表大会第一次会议在薛家湾镇召开。会议选举第十四届人大常委会主任 1 名、副主任 5 名、委员 15 名；选举第十四届人民政府旗长 1 名、副旗长 7 名；选举人民法院院长、人民检察院检察长。第十四届人民代表大会有代表 171 名，举行人代会4次；收到代表议案11件，建议、批评、意见224件；听取和审议工作报告16个，作出决议、决定17个。十四届人代会第四次会议通过《关于准格尔旗设立科技创新基金的决议》。

五、第十五届人民代表大会会议

2007年11月23—26日，准格尔旗第十五届人民代表大会第一次会议在薛家湾镇召开。选举第十五届人大常委会主任1名、副主任4名、委员20名；选举第十五届人民政府旗长1名、副旗长6名；选举人民法院院长、人民检察院检察长。第十五届人民代表大会有代表168名，举行人代会6次；收到代表议案10件，建议、批评、意见227件；听取和审议工作报告、规划38个，作出决议、决定39个。十五届人代会第三次会议补选人民政府旗长1名；第五次会议审议通过《准格尔旗国民经济和社会发展"十二五"规划纲要》，补选人大常委会副主任1名。

六、第十六届人民代表大会会议

2012年11月26—27日，准格尔旗第十六届人民代表大会第一次会议在兴隆街道召开。会议选举第十六届人大常委会主任1名、副主任4名、委员22名；选举人民政府旗长1名、副旗长6名；选举人民法院院长、人民检察院检察长。十六届人民代表大会有代表171名，至2015年底举行人代会4次；收到代表建议、批评、意见170件；审议工作报告、规划38个，作出决议、决定39个。

第二节　基层人民代表大会会议

2004年之前，准格尔旗乡级人民代表大会每届任期3年。2004年10月27日颁布的《中华人民共和国地方各级人民代表大会和地方各级人民政府组织法》规定，乡级人民代表大会任期为5年，选举乡级人大主席团主席、乡级人民政府乡长、副乡长。每年至少召开一次人民代表大会会议，听取和审议政府工作报告，审查国民经济和社会发展规划，审查财政预决算，梳理代表议案、建议、批评、意见，会后办理代表议案，解决代表提出的问题。

第三章　人民代表大会常设机构

第一节　准格尔旗人大常委会

一、第十一届人大常委会

1991年3月21—28日，准格尔旗第十一届人民代表大会第一次会议，选举第十一届人民代表大会常务委员会主任1名、副主任3名、委员13名。李福恒当选主任，赵永祥、牛崇智（蒙古族）、赵国英当选副主任。十一届人民代表大会第二次会议补选贾纯良为副主任。

二、第十二届人大常委会

1994年3月27日至4月1日，准格尔旗第十二届人民代表大会第一次会议，选举第十二届人大常委会主任1名、副主任5名、委员13名。赵子华当选主任，赵国英、祁占海（蒙古族）、吕世光、张国华、刘凤荣当选副主任。第三次会议补选武力生为副主任；第四次会议补选刘向农为副主任；第五次会议补选贾忠厚为主任。

三、第十三届人大常委会

1999 年 1 月 23—27 日，准格尔旗第十三届人民代表大会第一次会议，选举第十三届人大常委会主任 1 名、副主任 4 名、委员 13 名。贾忠厚当选主任，张国华、刘向农、杨亚民（蒙古族）、武力生当选副主任。第三次会议补选奇金海（蒙古族）为副主任。

四、第十四届人大常委会

2004 年 1 月 1—4 日，准格尔旗第十四届人民代表大会第一次会议，选举第十四届人大常委会主任 1 名、副主任 5 名、委员 15 名。李靖当选主任，乔礼文、辛利平（女）、奇金海（蒙古族）、蔺丰、赵来当选副主任。

五、第十五届人大常委会

2007 年 11 月 23—26 日，准格尔旗第十五届人民代表大会第一次会议，选举第十五届人大常委会主任 1 名、副主任 4 名、委员 20 名。生格都仁（蒙古族）当选主任，乔礼文、赵来、王爱华（女）、陈文俊（蒙古族）当选副主任。第五次会议补选董五半为副主任。

六、第十六届人大常委会

2012 年 11 月 26—27 日，准格尔旗第十六届人民代表大会第一次会议，选举第十六届人大常委会主任 1 名、副主任 4 名、委员 22 名。生格都仁（蒙古族）当选主任，董五半、陈杰、夏美斌、刘淳芳（女）当选副主任。

1991—2015 年准格尔旗人大常委会领导名录

主　　任	李福恒（1991.01—1994.03）	赵子华（1994.03—1997.03）
	贾忠厚（1997.11—2004.01）	李　靖（2004.01—2007.11）
	生格都仁（蒙古族，2007.11—2015.12）	
副 主 任	赵永祥（1991.01—1994.03）	牛崇智（蒙古族，1991.01—1994.03）
	牛茂清（蒙古族，1991.01—1991.03）	杜丰隆（1991.01—1991.03）
	赵国英（1991.03—1999.01）	贾纯良（1992.03—1994.03）
	祁占海（蒙古族，1994.03—1999.01）	吕世光（1994.03—1999.01）
	张国华（1994.03—2004.01）	刘凤荣（1994.03—1996.10）
	武力生（1996.03—2004.01）	刘向农（1997.03—2004.01）
	杨亚民（蒙古族，1999.01—2000.02）	奇金海（蒙古族，2000.05—2007.11）
	乔礼文（2004.01—2010.01）	辛利平（女，2004.01—2007.11）
	蔺　丰（2004.01—2007.11）	赵　来（2004.01—2010.01）
	王爱华（女，2007.11—2012.11）	陈文俊（蒙古族，2007.11—2012.11）
	董五半（2011.01—2015.12）	陈　杰（2012.11—2015.12）
	夏美斌（2012.11—2015.12）	刘淳芳（女，2012.11—2015.12）
调 研 员	李福恒（1994.03—1994.11）	赵永祥（1994.03—1994.12）
	赵国英（1999.01—2001.02）	吕世光（1999.01—2000.12）
	闻银拴（2003.11—2011.12）	武力生（2004.01—2010.03）
	刘向农（2007.11—2010.04）	辛利平（女，2007.11—2010.11）

调 研 员	奇金海（蒙古族，2008.01—2013.06）	蔺　丰（2008.01—2011.01）
	乔礼文（2010.01—2014.07）	赵　来（2012.11—2015.09）
	王爱花（女，2012.11—2015.09）	李世强（2012.11—2015.09）
副调研员	刘向农（2004.01—2007.11）	陈文俊（蒙古族，2012.11—2015.09）
	郭海东（2012.11—2015.09）	邬郢邦（2012.11—2015.09）

1991 年，准格尔旗人大常委会设民族政法、科教文卫、财政经济 3 个办公室；1998 年 6 月增设人事代表办公室；2002 年 6 月撤 4 个办公室，设选举任免联络、民族法制、科教文卫、财政经济 4 个专门工作委员会。

第二节　基层人大常设机构

1992 年 6 月，准格尔旗人大常委会开始设立乡级人大主席团，由乡级党委书记兼任乡级人大主席团主席，为乡级人民代表大会闭会期间的常设机构。1993 年 12 月，敖斯润陶亥乡、蓿亥图乡、榆树湾镇配备专职主席；1995 年 5 月起，乡级党委书记陆续不再兼任人大主席团主席；2002 年，乡级人大主席团全部配备专职主席、副主席和专职干部，在乡级人民代表大会闭会期间，监督宪法和法律在乡级的实施。

2010 年 12 月，准格尔旗人大常委会在蓝天、兴隆、友谊、迎泽 4 个街道设立工作委员会，为旗人大常委会的派出机构，配备专职主任和工作人员。因街道不设人民代表大会，不召开人民代表大会会议，街道人大工作委员会依法选举旗级人大代表，在旗人民代表大会闭会期间，服务街道人大代表，监督宪法和法律在街道的实施。

第四章　人民代表大会工作

第一节　批准地方政策

准格尔旗人民代表大会及其常务委员会，根据地方实际制定地方政策，保障宪法和法律及内蒙古自治区地方性法规在全旗实施。“八五”至“九五”，国家建立市场经济法律体系，准旗密集出台地方政策；进入“十五”后，国家形成完备的法律体系，准旗出台的地方政策明显减少。

1991 年 6 月 25 日，准格尔旗第十一届人大常委会第 2 次会议审议通过《计划生育管理办法》《收费罚款摊派管理办法》《预算外资金管理办法》《党政机关事业单位乡镇财政管理办法》。8 月 22 日，第 3 次会议审议通过《土地管理办法》《矿产资源管理办法》《水土保持管理办法》。1992 年 4 月 28 日，第 7 次会议审议通过《安全生产管理办法》。1993 年 6 月 24—26 日，第 15 次会议审议通过《薛家湾经济开发区优惠政策规定》《社会治安综合治理实施办法》。10 月 18 日，第 17 次会议审议通过《实施义务教育管理办法》《减轻农民负担管理办法》。

1994 年 6 月 29 日，准格尔旗第十二届人大常委会第 2 次会议审议通过《预算外资金管理办法》

《食品卫生管理办法》。1995 年 5 月 3 日，第 7 次会议审议通过《城镇环境管理办法》。1997 年 12 月 23 日，第 28 次会议审议通过《集体土地登记暂行办法》《结核病防治管理办法》。1998 年 10 月 27 日，第 35 次会议审议通过《实施〈草原法〉管理办法》。

2004 年 4 月 22 日，准格尔旗第十四届人大常委会第 2 次会议审议通过《审查监督旗本级预算办法》。2005 年 11 月 4 日，第 12 次会议审议通过《煤炭采区居民搬迁补偿及补贴办法》。2015 年 11 月 17 日，准格尔旗第十六届人大常委会第 19 次会议，讨论通过《国有资产管理监督暂行办法》。

第二节 决定重要事项

准格尔旗人民代表大会决定全旗经济社会发展重大战略；人民代表大会常务委员会决定全旗各方面工作重要事项。1991—2015 年，准格尔旗第十一届至第十六届人民代表大会作出决定和决议 175 项，决定重大发展战略体现在每 5 年经济社会发展五年计划或规划里。其他重要事项决定选录如下。

1991 年 6 月 25 日，准格尔旗第十一届人大常委会第 2 次会议审议通过《实施“二五”普法规划的决定》。1992 年 12 月 15 日，第 11 次会议审议通过《实施初等义务教育的决定》。1993 年 1 月 30 日，第 12 次会议审议通过《人民政府机构改革的决定》。6 月 24 日，第 15 次会议审议通过《依法行政的若干决定》。

1995 年 12 月 19 日，准格尔旗第十二届人大常委会第 12 次会议审议通过《全面实施九年义务教育规划》。1998 年 6 月 25 日，第 32 次会议审议通过《实施依法治旗的决议》。2002 年 1 月 22 日，准格尔旗第十三届人大常委会第 22 次会议审议通过《农村公路发展规划》。2004 年 8 月 31 日，准格尔旗第十四届人大常委会第 4 次会议审议通过《薛家湾镇城市总体规划》。2007 年 1 月 24—26 日，第 4 次会议审议通过《设立科技创新基金的决议》。

2010 年 3 月 8 日，第十五届人大常委会第 15 次会议审议批准《薛家湾镇设立街道办事处的决议》。

第三节 选任工作人员

一、选举地方国家机关领导人员

1991—2015 年，准格尔旗人民代表大会依法选举准旗的国家机关领导人员 266 人，因调动工作和任期届满，接受 71 人辞职请求。其中，选举准格尔旗人民代表大会常务委员会主任、副主任 138 人，接受 22 人辞职请求；选举准格尔旗人民政府旗长、副旗长 106 人，接受 41 人辞职请求；选举准格尔旗人民法院院长 10 人，接受 4 人辞职请求；选举准格尔旗人民检察院检察长 12 人，接受 4 人辞职请求。人大常委会副主任、人民政府副旗长，实行差额选举；其他准旗国家机关领导人员，实行等额选举。

二、任免地方国家机关工作人员

1991—2015 年，准格尔旗人民代表大会常务委员会依法任免准旗的地方国家机关工作人员 1060 人次。其中，第十一届人大常委会任免 155 人次，第十二届人大常委会任免 239 人次，第十三届人大常委会任免 175 人次，第十四届人大常委会任免 102 人次，第十五届人大常委会任免 186 人次，第十六届人大常委会任免 203 人次。

任免准格尔旗人大常委会各工作委员会主任、副主任 104 人次，其中，任职 60 人，免职 44 人。任免准格尔旗人民政府各工作部门主任、局长 448 人次，其中，任职 290 人，免职 158 人。任免准格尔旗人民法院副院长、各审判庭、法庭庭长、副庭长，审判委员会委员、审判员，人民陪审员 401 人次，其中任职 283 人，免职 118 人。任免准格尔旗人民检察院副检察长，各检察科科长、反贪污贿赂局局长，检察委员会委员、检察员 107 人次，其中任职 71 人、免职 36 人。

2021 年薛家湾镇国家机关工作人员向宪法宣誓

2015 年 11 月 17 日，准格尔旗第十六届人大常委会第 19 次会议，讨论通过《准格尔旗人大常委会任命的国家工作人员向宪法宣誓办法（试行）》。

第四节　监督法律实施

准格尔旗人民代表大会保证宪法、法律、行政法规在准旗遵守和执行。准格尔旗人民政府、人民法院、人民检察院由准格尔旗人民代表大会产生，对它负责，受它监督。准格尔旗人民代表大会常务委员会监督准格尔旗人民政府、人民法院和人民检察院的工作。

一、依法审查

准格尔旗人民代表大会听取和审查准格尔旗人民政府、人民法院、人民检察院的工作报告；审查和批准国民经济和社会发展计划、预算及执行情况的报告。人民代表大会闭会期间，常务委员会听取和审查人民政府、人民法院和人民检察院的专项工作报告，审查和批准决算，听取和审议国民经济和社会发展计划、预算的执行情况报告，听取和审查审计工作报告。

1991—2015 年，准格尔旗第十一届至第十六届人大常委会依法审查工作报告 297 项。第十一届人大常委会听取审查工作报告 49 项。其中，人民政府 47 项，人民法院 1 项，人民检察院 1 项。第十二届人大常委会听取审查工作报告 54 项。其中，人民政府 50 项，人民法院 1 项，人民检察院 3 项。第十三届人大常委会听取审查工作报告 49 项。其中，人民政府 47 项，人民法院 1 项，人民检察院 1 项。第十四届人大常委会听取审查工作报告 47 项。其中，人民政府 46 项，人民法院 1 项。第十五届人大常委会听取审查工作报告 62 项。其中，人民政府 60 项，人民法院 1 项，人民检察院 1 项。第十六届人大常委会履职期间，正值准旗遭遇鄂尔多斯民间借贷危机，经济下行压力持续，财政收入减少造成收支矛盾持续，到 2015 年底，听取审查人民政府工作报告 20 项，全部集中在财税计划方面。

二、执法检查

准格尔旗人民代表大会常务委员会，每年选择关系改革发展稳定大局和群众切身利益、社会普遍关注的重大问题，对有关法律、法规实施情况执法检查，常委会审议通过的执法检查报告，交人民政府、人民法院、人民检察院办理。

第十一届人大常委会审议执法检查报告 13 项。1993 年，第 16 次会议审议《中华人民共和国义务教育法》实施情况的报告；第 17 次会议审议《中华人民共和国土地管理法》实施情况的报告和《中华人民共和国食品卫生法》实施情况的报告。

第十二届人大常委会审议执法检查报告 14 项。1994 年，第 1 次会议审议《中华人民共和国药品管理法》实施情况的报告；第 3 次会议审议实施《中华人民共和国水法》情况的报告；1995 年，第 7 次会议审议实施《中华人民共和国农业法》和《中华人民共和国农业技术推广法》情况的报告。1996 年，第 15 次会议审议《中华人民共和国土地管理法》实施情况的报告。1997 年，第 23 次会议审议《中华人民共和国食品卫生法》执行情况的报告。

第十三届人大常委会执法检查 37 项，审议执法检查报告 2 项。2000 年审议实施《中华人民共和国教育法》情况的报告。2001 年确定为“执法检查”主题年，先后开展《中华人民共和国村民委员会组织法》《中华人民共和国统计法》《中华人民共和国森林法》《中华人民共和国乡镇企业法》《中华人民共和国科学技术进步法》《中华人民共和国矿产资源法》的执法检查。2003 年防控“非典”期间，重点对《中华人民共和国传染病防治法》《公共场所卫生管理条例》《消毒管理办法》《中华人民共和国药品管理法》《中华人民共和国价格法》等法律法规展开针对性执法检查。

第十四届人大常委会检查 21 项法律法规实施情况，审议执法检查报告 12 项。2004 年，第 5 次会议审议实施《内蒙古自治区文化管理条例》情况的报告。2005 年，第 12 次会议审议实施《内蒙古自治区城市居民最低生活保障制度实施细则》情况的报告；第 13 次会议审议实施《中华人民共和国矿山安全法》情况的报告。2007 年起，人大常委会设立执法检查组，第 24 次会议审议执法检查组检查《中华人民共和国道路交通安全法》实施情况的报告。

第十五届人大常委会检查 14 项法律法规实施情况。审议执法检查报告 8 项。2008 年，第 5 次会议审议执法检查组检查《中华人民共和国食品卫生法》贯彻实施情况的报告。2010 年，第 13 次会议审议执法检查组检查《内蒙古自治区城市居民最低生活保障制度实施细则》实施情况的报告和检查《中华人民共和国矿山安全法》实施情况的报告。

截至 2015 年 12 月 31 日，第十六届人大常委会检查 11 项法律法规实施情况，审议执法检查报告 7 项。2013 年，第 4 次会议审议执法检查组检查《中华人民共和国职业教育法》执行情况的报告。2014 年重点对《中华人民共和国食品卫生法》开展执法检查。

三、督促检查

准格尔旗人大常委会每年组织常委会组成人员、人大代表视察全旗的重点工作，深入基层掌握一线实情，对存在问题集中的工作展开专项督查，提出意见建议，完善决策，改进“一府两院”工作。

1991 年，第十一届人大常委会调研群众反映强烈的乱收费、乱摊派、乱罚款现象，审议出台《禁止乱收费、乱摊派、乱罚款的管理办法》。1994 年，调研计划生育工作中出现的倒卖计划生育“四术证”的严重问题，向旗委提交《关于全旗计划生育工作专题报告》，旗委及时调整计划生育政策，严肃处理了倒卖计划生育“四术证”的人员。

2003 年，第十三届人大常委会视察发现，罚没收入、行政性收费没有纳入财政预算，变成罚款收费单位的“小金库”，审议通过《罚没收入、行政性收费和预算外资金管理办法》，人民政府将预算外资金纳入预算，开始规范管理。

2005 年 8 月，第十四届人大常委会对准格尔开发区供水存在的问题进行调研，督促旗人民政府和准格尔开发区加快“引黄入沙”供水工程的论证和勘察设计，促成全旗这项庞大的跨乡级行政区调水工程成功实施。

2009 年 12 月，第十五届人大常委会组织准旗自治区人大代表和部分市、旗人大代表，深入薛家湾镇、沙圪堵镇、龙口镇、暖水乡调研移民工程，发现矿区移民生活状况好于生态移民，提出提高生态移民搬迁补偿标准，被旗委、旗政府采纳。

2013 年，第十六届人大常委会督查薛家湾中小学幼儿园入学情况，2014 年督查准格尔经济开发区、大路煤化工基地工业企业建设生产情况，2015 年督查农村“十个全覆盖”工程建设情况。

四、民主评议

1992 年 4 月，准格尔旗第十一届人大常委会第 4 次会议，首次听取一位人民政府副旗长的述职报告，开始国家机关工作人员述职评议。1992 年 10 月第 10 次会议，首次听取政府 4 个工作部门负责人的述职报告。十一届人大常委会对 3 位副旗长和 4 位部门主要负责人进行述职评议。1993 年首次对人民法院院长、人民检察院检察长进行述职评议，述职评议覆盖人民代表大会选举的国家机关领导人员和人大常委会任命的国家机关工作人员。2015 年，准格尔旗第十六届人大常委会受鄂尔多斯市人大常委会委托，对 7 位鄂尔多斯市人大代表进行述职评议。

2012 年 5 月 6 日，准格尔旗第十五届人大常委会第 30 次会议通过《专项工作评议办法（试行）》，当年，第十五届人大常委会对农牧业、煤炭生产管理、矿区居民搬迁补偿、国土资源管理、住房和城乡建设、教育 7 项工作进行专项评议。2013 年，第十六届人大常委会对发展和改革、经济商务和信息化、林业、水务、交通、卫生、环保 7 个政府工作部门工作进行专项评议。2014 年，决定对民族宗教事务、统计、城市管理、民政、文化广播等工作进行专项评议，2015 年 1 月 22 日，第十六届人大常委会第 13 次会议对上述工作进行集中评议。

第五节　办理代表议案

一、第十一届人大代表议案

准格尔旗第十一届人民代表大会第一次会议收到代表议案 16 件，办理 9 件；收到建议、批评、意见 231 件，办理 108 件。第二次会议收到议案 9 件，办理 2 件；收到建议、批评和意见 222 件，办理 49 件。第三次会议收到议案 25 件，办理 7 件；收到建议、批评和意见 144 件，办理 51 件。

二、第十二届人大代表议案

第十二届人民代表大会第一次会议收到议案 4 件，办理 2 件。第二次会议收到议案 4 件，办理 2 件。第三次会议收到建议、批评和意见 62 件，办理 32 件。第四次会议收到建议、批评和意见 60 件，办理 37 件。第六次会议收到建议、批评和意见 37 件，办理 6 件。

三、第十三届人大代表议案

第十三届人民代表大会第一次会议收到议案 2 件，办理 2 件。第二次会议收到建议、批评、意见 55 件，办理 34 件。第四次会议收到议案 2 件，办理 2 件。第六次会议收到议案 1 件，办理 1 件。第七次会议收到议案 2 件，办理 2 件。

四、第十四届人大代表议案

第十四届人民代表大会第一次会议收到议案 3 件，办理 3 件。第二次会议收到议案 2 件，办理 2 件。第三次会议收到议案 4 件，办理 4 件。第四次会议收到议案 2 件，办理 2 件。

五、第十五届人大代表议案

第十五届人民代表大会第二次会议收到议案 3 件，办理 3 件。第三次会议收到议案 2 件，办理 2 件。第四次会议收到议案 2 件，办理 2 件。第五次会议收到议案 2 件，办理 2 件。第六次会议收到议案 1 件，办理 1 件。

六、第十六届人大代表议案

至 2015 年，第十六届人民代表大会第二次会议收到代表建议、批评、意见 39 件，办理 36 件。第三次会议收到建议、批评、意见 55 件，办理 40 件。第四次会议收到建议、批评、意见 76 件，办理 49 件。

第六节　基层人大工作

2009 年起，准格尔旗创建基层“人大代表之家”。沙圪堵镇人大主席团依托“人大代表之家”，把 5 名市级人大代表、29 名旗级人大代表、74 名本级人大代表组织起来，收集民声。选民反映学校门口交通拥堵，人大代表向上反馈，党委政府及时解决，全镇所有学校都有交警维持秩序；选民反映幼儿入园难，代表联名议案交到旗人代会，沙圪堵镇新建 3 所幼儿园。2015 年 10 月，沙圪堵镇人大主席团主席祁智获评内蒙古优秀基层人大主席。

2022 年沙圪堵镇人大主席团组织人大代表恳谈会

第七节　对外交流

准旗与友邻旗县交流借鉴人民代表大会工作，探索为改革发展创造良好民主法制环境。2010 年 8 月 31 日至 9 月 1 日，人大常委会在薛家湾镇承办甘新蒙部分县市旗区人大工作联席会第 23 次会议，甘新蒙 32 县市旗区人大常委会分别介绍人大工作情况。2012 年 6 月 27—28 日，人大常委会在兴隆街道承办全国少数民族地区 20 县市区旗人大工作研讨会第三届第 19 次会议，与会单位介绍创新代表工作理念，完善代表工作机制，共谋提高新时代人大工作水平。

第十八篇

地方人民政府

行政机关

依法行政

综合政务

2016年7月百里长川农业观光园

准格尔旗人民政府是地方国家权力机关的执行机关，对人民代表大会及其常务委员会负责并报告工作；也是地方国家行政机关，实行行政首长负责制，领导工作部门和乡级人民政府，对上级人民政府负责并报告工作。从改革开放新时期到全面小康新时代，旗人民政府逐步调整政府与市场的关系，持续推进简政放权，不断优化公共服务，政府职能向创造良好发展环境、提供优质公共服务、维护社会公平正义三个方向转变，由计划经济的全能型管理型政府，转变为市场经济条件下人民满意的服务型政府。

2019年10月兴隆街道星河家园小区，王晓明摄

第一章　地方国家行政机关

第一节　准格尔旗人民政府

一、第十一届人民政府

1991 年 3 月 21—28 日，准格尔旗第十一届人民代表大会第一次会议选举准格尔旗第十一届人民政府旗长 1 名、副旗长 6 名，包括科技副旗长 1 名。布仁巴雅尔（蒙古族）当选旗长，奇凤山（蒙古族）、刘继成、杨占林（蒙古族）、贾忠厚、薛培明*、赵世明（科技副旗长）当选副旗长。1993 年 3 月 29 日至 4 月 2 日召开的准格尔旗第十一届人民代表大会第三次会议，补选郭成信*为副旗长。

二、第十二届人民政府

1994 年 3 月 27 日至 4 月 1 日，准格尔旗第十二届人民代表大会第一次会议选举准格尔旗第十二届人民政府旗长 1 名、副旗长 6 名。杨占林（蒙古族）当选旗长，刘继成、贾忠厚、薛培明*、王玉成（蒙古族）、刘智、郭成信*当选副旗长。1995 年 3 月 11—13 日，准格尔旗第十二届人民代表大会第二次会议补选李靖为副旗长；1996 年 3 月 19—21 日，准格尔旗第十二届人民代表大会第三次会议补选白智*为副旗长；1997 年 3 月 12—14 日，准格尔旗第十二届人民代表大会第四次会议补选郝建忠（蒙古族）、郭金树为副旗长；1997 年 11 月 23—24 日，准格尔旗第十二届人民代表大会第五次会议补选张贵为旗长，蔺丰为副旗长。

三、第十三届人民政府

1999 年 1 月 23—27 日，准格尔旗第十三届人民代表大会第一次会议选举准格尔旗第十三届人民政府旗长 1 名、副旗长 7 名，其中科技副旗长 1 名。云喜顺（蒙古族）当选旗长，刘智、李靖、白智*、郝建忠（蒙古族）、钱志荣（蒙古族）、蔺丰、王建英（科技副旗长）当选副旗长。2000 年 3 月 6—8 日准格尔旗第十三届人民代表大会第二次会议补选范镇宇、杨亚民（蒙古族）为副旗长，王忠民为挂职科技副旗长；2000 年 5 月 23 日准格尔旗第十三届人民代表大会第三次会议补选王建民为副旗长。

四、第十四届人民政府

2004 年 1 月 1—4 日，准格尔旗第十四届人民代表大会第一次会议选举准格尔旗第十四届人民政府旗长 1 名，副旗长 7 名，其中科技副旗长 1 名。白智*当选旗长，郭银泉*、钱志荣（蒙古族）、王建民、杨美荣（女）、宁海、奇·达楞太（蒙古族）、李波（科技副旗长）当选副旗长。2005 年 1 月 15—17 日，准格尔旗第十四届人民代表大会第二次会议补选高云峰为副旗长。

五、第十五届人民政府

2007 年 11 月 23—26 日，准格尔旗第十五届人民代表大会第一次会议选举准格尔旗第十五届人民政府旗长 1 名、副旗长 6 名。阿木（蒙古族）当选旗长，郭银泉*、李银成、奇·达愣太（蒙古族）、杨美荣（女）、杨键军、张韬当选副旗长。2009 年 4 月 22 日准格尔旗第十五届人民代表大会第三次会议补选祁毕西勒图*（蒙古族）为旗长；2012 年 2 月 4—5 日，准格尔旗第十五届人民代表大会第六次会议补选万世斌、赵银柱*、王德强*为副旗长。

六、第十六届人民政府

2012 年 11 月 26—27 日，准格尔旗第十六届人民代表大会第一次会议选举准格尔旗第十六届人民政府旗长 1 名、副旗长 6 名。麻永飞*当选旗长，万世斌、鲁占清、张银银（女，蒙古族）、王德强*、张平、郝健邦（蒙古族）当选副旗长。2014 年 2 月 14—15 日，准格尔旗第十六届人民代表大会第三次会议补选查干东（蒙古族）为副旗长；2015 年 2 月 11—12 日，准格尔旗第十六届人民代表大会第四次会议补选额登毕力格（蒙古族）为旗长。

1991—2015 年准格尔旗人民政府领导名录

旗　　长　布仁巴雅尔（蒙古族，1991.01—1993.11）
杨占林（蒙古族，1994.04—1996.06）　郭金树（1996.10—1997.02）
张　贵（1997.04—1998.11）　云喜顺（蒙古族，1998.11—2003.07）
白　智*（2003.09—2006.09）　阿　木（蒙古族，2006.09—2009.03）
祁毕西勒图*（蒙古族，2009.03—2012.05）
麻永飞*（2012.05—2014.12）　额登毕力格（蒙古族，2014.12—2015.12）

副 旗 长　奇凤山（蒙古族，1991.01—1992.12）　张建国（1991.01—1991.03）
刘继成（1991.01—1994.08）　贾忠厚（1991.01—1997.12）
杨占林（蒙古族，1991.01—1994.04）　薛培明*（1991.01—1995.09）
赵世明（科技副旗长，1991.01—1992.10）
薛　青（挂职，1991.03—1992.06）　郭成信*（1993.11—1999.01）
王玉成（蒙古族，1993.11—1996.10）　刘　智（1993.11—2000.03）
牛　明（挂职，1994.05—1996.06）　李　靖（1994.12—2000.05）
王旺旺（挂职，1995.05—1997.05）　白　智*（1995.09—2004.01）
郝建忠（蒙古族，1996.10—2003.11）　郭金树（1996.10—1997.05）
张　贵（1997.05—1997.11）　司建华（挂职，1997.05—1999.05）
蔺　丰（1997.11—2003.11）　云喜顺（蒙古族，1998.12—1999.01）
钱志荣（蒙古族，1998.12—2007.11）　王建英（科技副旗长，1998.12—2003.11）
范镇宇（2000.02—2003.11）　杨亚民（蒙古族，2000.02—2005.03）
王忠民（挂职，科技副旗长，2000.02—2004.04）
王建民（2000.05—2007.11）　云宗元（蒙古族，挂职，2001.05—2002.02）
郭银泉*（2003.11—2011.05）　杨美荣（女，2003.11—2012.11）
宁　海（2003.11—2007.11）　奇·达楞太（蒙古族，2003.11—2012.03）
李　波（科技副旗长，2003.11—2007.10）
高云峰（2004.08—2007.01）　阿　木（蒙古族，2006.09—2007.11）
李银成（2007.11—2012.11）　杨键军（2007.11—2011.02）
张　韬（2007.11—2012.11）　祁毕西勒图*（蒙古族，2009.03—2009.04）
张　元（挂职，2010.01—2011.12）　万世斌（2011.05—2015.12）
赵银柱*（2011.05—2012.11）　王德强*（兼，2011.08—2015.12）

副旗长	麻永飞*（2012.05—2012.11）	鲁占清（2012.11—2015.12）
	张银银（女、蒙古族，2012.11—2015.12）	
	张　平（2012.11—2015.12）	郝健邦（蒙古族，2012.11—2015.11）
	查干东（蒙古族，2013.05—2015.11）	王凤恩（挂职，3013.05—2014.01）
	王翠英（女，挂职，2013.07—2015.12）	弓建强（蒙古族，挂职，2014.06—2015.06）
	额登毕力格（蒙古族，2014.12—2015.02）	
	任光飞（挂职，2015.07—2015.12）	孙志刚（2015.11—2015.12）
调研员	布仁巴雅尔(蒙古族，1993.11—1994.12）	淡　憨（2007.11—2012.02）
	钱志荣（蒙古族，2007.11—2015.12）	刘向伟（2007.11—2015.12）
	杨美荣（女，2012.10—2015.12）	黄占荣（蒙古族，2012.10—2015.12）
副调研员	尹来义（2000.03—2006.09）	曹志荣（2000.10—2012.07）
	任培义*（2010.12—2014.12）	燕志勇（2011.12—2015.12）
	李国光（2012.10—2015.06）	王占文（2013.04—2015.06）

第二节　政府工作部门

1991年，准格尔旗人民政府有一级职能部门51个，办公室、档案局、督查室、法制办公室、信访办公室、计划委员会、矿产资源管理局、经济委员会、煤炭局、化学工业局、建筑材料局、二轻工业局、商业局、粮食局、物资局、供销联合社、经济协作办公室、农业局、畜牧局、林业局、水利局、水土保持局、农机局、乡镇企业局、贫困地区经济开发办公室、科学技术委员会、计划生育委员会、民族宗教事务委员会、蒙古语文工作委员会、体制改革委员会、财政局、民政局、劳动人事局、交通局、物价工商行政管理局、技术监督局、城乡建设环境保护局、土地管理局、农业区划办公室、教育局、文化局、体育运动委员会、广播电视局、卫生局、爱国卫生运动办公室、审计局、统计局、公安局、司法局、监察局、人民防空办公室。

1993年1月机构改革，旗人民政府工作部门经撤、并、转后共20个，办公室、计划委员会、经济贸易委员会、农牧业经济委员会、科学技术委员会、计划生育委员会、民族宗教事务委员会、经济体制改革委员会、财政局、民政局、人事劳动局、交通局、工商物价局、审计局、城乡建设土地局、教育局、文化体育局、卫生局、统计局、公安局。

1994年5月，司法局单设，列入政府序列。

2002年1月机构改革，人民政府设23个工作部门，办公室、发展计划局、经济贸易局、农牧业局、林业局、水利局、水保局、科学技术局、计划生育局、民族事务局、人事劳动和社会保障局、国土资源局、建设环境保护局、教育体育局、文化广播电视局、公安局、司法局、民政局、财政局、审计局、统计局、交通局、卫生局。

2005年3月，人民政府调整工作部门。计划生育局更名为人口和计划生育局；经济贸易局更名为经济商务局（安全生产监督管理局、粮食局、煤炭工业管理局），撤乡镇企业局；发展计划局更名为发展和改革局；设议事协调办事机构，扶贫开发领导小组办公室、信访工作领导小组办公室。同年7月，建设环境保护局更名为建设局（规划局、环境保护局）；设农牧业局（农牧业产业化办公室、人口转移办公室）。

2010 年 11 月，人民政府机构改革，设置 24 个工作部门，办公室（信访局）、发展和改革局（经济商务和信息化局、安全生产管理局）、煤炭局、农牧业局（扶贫开发办公室）、林业局、水务局（水土保持局）、科学技术局、计划生育局、民族宗教事务局、人力资源和社会保障局、国土资源局、住房和城乡建设局、规划局、环境保护局、教育局（体育局）、文化广播电影电视局（旅游局）、公安局、司法局、民政局、财政局、审计局、统计局、交通运输局、卫生局（食品药品监督管理局）。

2015 年 6 月，工商行政管理局、质量技术监督局划归地方，与食品药品监督管理局整合，建市场监督管理局。旗人民政府有工作部门 25 个。

第三节　基层人民政府

1991 年，旗人民政府下辖 28 个基层人民政府。有马栅、魏家峁、哈岱高勒、长滩、海子塔、巴润哈岱、窑沟、准混兑、大路、十二连城、蓿亥图、布尔陶亥、纳林、德胜西、暖水、四道柳、乌兰哈达、准格尔召、大路峁、布尔洞高勒、西营子、敖斯润陶亥、羊市塔、乌日图高勒、沙圪堵 25 个乡人民政府；有薛家湾、榆树湾、沙圪堵 3 个镇人民政府。

1998 年 7 月开始撤乡并镇，撤并为 8 个乡、12 个镇，旗人民政府辖 20 个基层人民政府，其中，8 个乡人民政府，12 个镇人民政府。2005 年 8 月，20 个乡镇撤并为 1 个苏木、2 个乡、6 个镇；旗人民政府辖 9 个基层人民政府，布尔陶亥苏木人民政府、十二连城乡人民政府、暖水乡人民政府、薛家湾镇人民政府、沙圪堵镇人民政府、大路镇人民政府、龙口镇人民政府、纳日松镇人民政府、准格尔召镇人民政府。

第四节　政府派出机构

一、薛家湾矿区办事处

1991 年，旗人民政府派驻薛家湾矿区筹备处。1992 年 6 月更名为薛家湾矿区办事处，升格为准县级建制。1994 年 11 月，与薛家湾矿区办事处党委合署办公。1999 年 5 月，旗人民政府驻地搬迁薛家湾镇前撤销。

薛家湾矿区办事处县级领导名录

主　任　阎建国（1988.01—1992.01）　王永忠*（1992.01—1994.02）
　　　　李　靖（1994.02—1994.11）　郝建忠（蒙古族，1994.11—1996.10）
　　　　刘凤荣（1996.10—1999.05）
调研员　王永忠*（1994.02—1995.05）　郑奎弟（1994.06—1994.12）

薛家湾矿区办事处为旗人民政府派出机构，领导“八五”国家重点工程准格尔项目建设范围内薛家湾镇、哈岱高勒乡、准混兑乡、窑沟乡的征地拆迁、新村建设、移民就业安置，维护矿区社会秩序，促进矿区精神文明建设，支援准格尔项目建设。1992 年，内设党政办公室、城建环保组、计划经济组、文化卫生科、财政科、民政劳动科、政工科；1995 年 3 月，计划经济组、文教卫生组改设为科，增设纪检监察室、社会治安综合治理与精神文明建设办公室、组织宣传办公室。

二、内蒙古准格尔经济开发区管理委员会

2000 年 5 月，内蒙古自治区编制委员会批准设立准格尔旗沙圪堵经济技术开发区管理委员会，为准格尔旗人民政府派出机构，对开发区实施行政领导，与开发区党工委合署办公。2002 年 3 月更名为内蒙古沙圪堵经济技术开发区管理委员会，准县级建制；2005 年 11 月，更名为内蒙古准格尔经济开发区管理委员会。

内蒙古准格尔经济开发区管理委员会县级领导名录

主　任　李　靖（2000.02—2003.11）　范镇宇（2003.11—2007.11）
　　　　杨　勇（2009.11—2015.12）
副主任　张惠明（2000.02—2003.11）　薛长栓（2000.02—2007.11）
　　　　王　来（2000.02—2010.07）　奇来福（蒙古族，2000.02—2010.07）
　　　　王存柱（2003.11—2007.11）　傅福林（2003.11—2012.11）
　　　　巴特尔（蒙古族，2008.07—2015.12）　侯相君（2012.11—2015.12）
　　　　王晓铃（女，2012.11—2015.12）

2000 年 6 月，开发区内设 9 个机构，党政办公室、组织宣传部、纪检委（监察局）、经济发展局（招商局）、规划土地建设环保局、财政局、人事劳动局、公用事业管理局、文化教育卫生局（计划生育局）。

2002 年 3 月，撤组织宣传部、纪检委（监察局）、人事劳动局，合并设组织部，群众团体工作并入组织部；撤规划土地建设环保局、公用事业管理局，合并设建设规划土地局（环保局）；撤文化教育卫生局（计划生育局），设社会事业发展局。2006 年 2 月，准格尔旗国土资源管理局设开发区分局；开发区建设规划土地局（环保局）改称规划建设局（环保局）。2006 年 6 月，环境保护局、招商局独立运行。2008 年 3 月，准格尔旗安全生产监督管理局设开发区分局。2008 年 8 月，设城市管理局。2009 年 1 月，开发区建设规划局更名为建设局，规划管理职能划入准格尔旗规划局。2013 年 7 月，组织部分设为纪检监察审计室、党群工作部（人力资源和社会保障局），招商局并入经济发展局（招商局），社会事业发展局更名为公共事务管理局。2013 年 12 月，设园林环卫局。

2015 年，开发区内设 10 个机构，党政办公室（机关后勤服务中心）、纪检监察审计室、党群工作部（人力资源和社会保障局）、经济发展局（招商局）、财政局、城建局、环境保护局、安全生产监督管理局、公共事务管理局、园林环卫局。在册人员 223 名，其中正式职工 175 名，聘用人员 48 名。

三、鄂尔多斯大路煤化工基地管理委员会

2005 年 7 月，准格尔旗人民政府派驻大路新区管理委员会。2006 年 11 月，核准为旗人民政府派出机构，与中共大路新区工作委员会合署办公。2008 年 1 月，改设为鄂尔多斯大路煤化工基地管理委员会，准县级建制。

鄂尔多斯大路煤化工基地管理委员会县级领导名录

主　任　贾其林（蒙古族，2006.09—2007.11）　李　波（2007.11—2010.07）
　　　　华瑞锋（蒙古族，2010.07—2013.04）　李　冬（2013.04—2015.12）
副主任　尹来义（2006.09—2010.07）　贾占荣（2006.09—2013.04）
　　　　张中飞（2008.06—2010.07）　吕建军（2011.10—2015.12）
　　　　杨永军（2012.11—2015.12）　杨福森（蒙古族，2012.11—2015.12）
调研员　尹来义（2010.07—2015.06）

2005 年 7 月，大路新区下设党政办公室、经济发展局、建设土地规划局、综合执法局、环卫园林局、社会事业局。2006 年 11 月，设党政综合办公室、发展局（招商局）、财政局、建设环境保护局，准格尔旗国土资源管理局设大路新区分局（综合行政执法局）。2008 年 2 月，设社会事业局；2009 年 4 月，准格尔旗安全生产监督管理局设大路煤化工基地分局，准格尔旗环保局设大路煤化工基地分局。2012 年 9 月，成立大路新区行政服务中心。2013 年 6 月，鄂尔多斯大路煤化工基地设 9 个机构，党政办公室、纪检监察审计室、党群工作部、经济发展局（招商局）、财政局、建设局、环境保护局、安全生产监督管理局、人力资源和社会保障局。2015 年，在册人员 223 名，其中，正式职工 110 名，聘用人员 113 名。

四、神山工业区办事处

1996 年 6 月，准格尔旗人民政府派驻神山工业区办事处，协调准格尔召乡、乌兰哈达乡和神山陶瓷企业集团，建设神山陶瓷开业园区，打造陶瓷、煤炭产业于一体的工业园区。2000 年 7 月，撤乌兰哈达乡、神山工业区办事处，设神山镇，办事处职能划转到神山镇人民政府。

五、街道办事处

2010 年 11 月，准格尔旗将人民政府驻地薛家湾镇市政区 12 个居委会和城郊 8 个村划出，增设蓝天、兴隆、友谊、迎泽 4 个街道，成立蓝天街道办事处、兴隆街道办事处、友谊街道办事处、迎泽街道办事处，为旗人民政府派出机构。街道办事处与街道党工委合署办公。

六、驻外机构

1998 年 7 月、1999 年 7 月，准格尔旗人民政府先后派驻北京办事处、驻呼和浩特办事处，对接国家有关部委和内蒙古自治有关厅局，开展招商引资工作，由经济协作办公室代管。2000 年 8 月起隶属于旗人民政府办公室。2007 年 9 月，撤驻呼和浩特办事处；2011 年 1 月，撤驻北京办事处。

第五节　垂直管理部门

1991 年，驻准格尔旗的垂直管理部门涉及供电、金融、邮电、气象、交通稽查、运输管理等部门和石油、烟草、盐业等专卖行业。1994 年 9 月，国家实行分税制改革，税务局分设为国家税务局和地方税务局，国家税务上划中央直管，地方税务上划省级直管。1999 年 6 月，物价工商管理局、质量技术监督局上划省以下垂直管理。2001 年 5 月，交通警察大队上划鄂尔多斯市直管。2002 年 1 月，食品药品监督局实行省级以下垂直管理。2006 年 11 月，国土资源局的人事上划省级直管。2007 年 11 月，住房公积金上划鄂尔多斯市直管。2010 年 10 月，食品药品下放地方管理。2015 年 6 月，物价工商管理局、质量技术监督局下放地方管理。

第二章　施政纪略

第一节　五年规划

一、“八五”计划执行情况

“八五”期间，旗人民政府以经济建设为中心，抓住国家1990年起开发准格尔煤田的机遇，加快地区经济社会发展,完成“八五”计划目标。1990—1995年,地区生产总值由3.45亿元增加到8.06亿元，财政收入由1992万元增加到7427万元；固定资产投资由4.75亿元增加到17.28亿元，开通程控直拨电话；社会消费品零售总额由0.78亿元增加到2.01亿元；城镇居民人均收入由985元增加到2231元，农民人均收入由504元增加到1215元。

二、“九五”计划执行情况

“九五”期间，旗人民政府推动准旗现代化建设步入高速发展新阶段，但因1999年起连年遭受旱灾，农民人均纯收入及农牧业指标未能完成计划目标。2000年，完成地区生产总值26.84亿元，是1995年的3.33倍；财政收入3亿元，是1995年的4倍，跃居内蒙古自治区旗县第2位。建成基本农田1.01万公顷，其中保灌面积6400公顷，粮食等主要农产品实现总量平衡、丰年有余；完成国营集体企业民营化改革，煤炭销售量突破1400万吨，电力装机容量128万千瓦。五年完成固定资产投资24.2亿元。大准铁路、准东铁路通车，实现乡乡通沥青公路，乡乡通程控电话；完成政府搬迁工程。社会消费品零售总额达到5.1亿元，是1995年的2.54倍。城镇居民人均收入5404元，是1995年的2.42倍；农民人均收入2207元，是1995年的1.82倍。

三、“十五”计划执行情况

“十五”期间，旗人民政府抓住国家西部大开发的机遇，创新发展举措，解决发展难题，实现经济社会协调快速发展；利用外资目标提得过高，没有实现计划目标。2005年，地区生产总值137.84亿元，是2000年的4.87倍，居内蒙古旗县首位；财政收入28.8亿元，是2000年的9.6倍，居内蒙古旗县首位；综合经济实力跨入全国百强第89位，西部百强县第3位。经济结构调整成效显著,呈现一产调优、二产调强、三产调快的特点,社会消费品零售总额24.22亿元,是2000年的4.75倍。五年累计完成固定资产投资191.2亿元，是“九五”期间的4.6倍；薛家湾、沙圪堵两个中心镇市政基础设施和人居环境得到改善，全旗城镇化率47.4%。城镇居民人均收入11399元，是2000年的2.11倍；农民人均收入4705元，是2000年的2.13倍。社会事业全面发展，2005年获评全国文化先进县。

四、“十一五”规划执行情况

“十一五”期间，旗人民政府落实中央宏观调控政策，着力构筑产业优势，持续改善人民生活，超额完成“十一五”规划目标。2010年，地区生产总值671.14亿元，是2005年的5.13倍；财政收入146.5亿元，是2005年的5倍；经济实力跃居全国百强县第20位、西部百强县第1位，成为改革开放30年内蒙古十大区域发展先锋之一，入围中国全面小康十大示范县。五年累计完成固定资产投资 1246 亿元，实施亿元以上重大项目 140 项，建成水电讯内供网和公路铁路外运网。城镇居民人均收入 26699 元，是 2005 年的 2.34 倍；农民人均收入 8766 元，是 2005 年的 1.86 倍；社会消费品零售总额 57 亿元，是 2005 年的 2.35 倍。二氧化硫排放量较 2005 年降低 64%，化学需氧量排放量降低 34.2%，森林覆盖率 27.3%，植被覆盖度 72%。城乡医疗保险、养老保险、最低生活保障全覆盖，率先实行 12 年免费教育、免费职业教育、35 周岁以上居民免费体检、弱势群体大病救助，社会保障水平跨入内蒙古旗县前列。

五、“十二五”规划执行情况

“十二五”规划是在高速度背景下制定的，2013 年遭遇鄂尔多斯民间借贷危机，旗人民政府统筹稳增长、调结构、惠民生、防风险等各项工作，但经济持续下行，到 2015 年跌入低谷，地区生产总值、财政收入、社会消费品零售总额、城乡居民收入均未实现规划目标，特别是财政收入不到规划目标一半。地区生产总值突破千亿元大关，达到 1107.8 亿元；全口径财政收入由 2012 年 242.93 亿元下降到 2015 年 157.4 亿元；在全国百强县排位由 2012 年第 10 位下滑到 2015 年第 12 位。五年累计完成固定资产投资 2867 亿元，年均增长 15.2%；社会消费品零售总额达到 99.1 亿元，是 2010 年的 1.7 倍。教育得到优先发展，建成国家卫生县城，文化事业打响漫瀚调艺术品牌。植被覆盖度、森林覆盖率分别达到 73.4% 和 34.4%，成为国家首个水土保持生态文明县和全国绿化先进集体。城镇和农村居民人均收入分别为 38698 元和 14459 元。

第二节　施政举要

一、“3153”工程

“八五”期间，伊克昭盟在丘陵山区实施以植被建设、水利水保为“两翼”，促进“主体”农牧业经济腾飞的“两翼一体”战略，建设人均 3 亩稳产高产基本田，人均 10 亩林果树，人均养 5 只羊，户养 3 口猪的“3153”工程。旗人民政府作出用 10 年时间，建设水田、梯田、坝田 3 种基本田的决定。从 1991 年起，地方财政每年安排 90 万元，扶贫经费匹配 30 ～ 40 万元，水保经费匹配 60% 以上，乡企利润匹配 20%，所投入资金均采取有偿投资，滚动发展的办法，建成 1 亩水浇地补偿 100 元，建成 1 亩梯田补偿 50 元。经过 10 年建设，全旗共建成基本田 3.67 万公顷，人均 2.75 亩，其中水浇地 1.73 万公顷，梯田 1.13 万公顷，坝地 4000 公顷，改造高标准河塔地 4000 公顷；全旗累计建设林果树 10.67 万公顷，人均 8 亩，其中果树 8667 公顷，人均 0.7 亩；全旗小畜存栏 53.7 万只，人均 2.7 只；猪存栏 13.1 万头，户均 2.5 头。

二、企业转制

进入“八五”期间，旗人民政府对地方国营企业先后实施了承包经营、股份合作改组、拍卖、“租壳卖瓤”、试行有限责任公司等方式的改革。到 1995 年，全旗有 71 户工业、流通、二轻和供销集体企业，实行有限公司改组 6 户、民有民营 4 户、股份合作改组 9 户、租赁 30 户、承包 6 户、拍卖 1 户，转制企业占企业总数 97%。

1998 年，准格尔旗被内蒙古体改委确定为全区 30 个小企业改革重点旗县。1 月 18 日，旗委、政府出台《关于深化企业改革的指导意见》，抓大放小，鼓励兼并，规范破产，减员增效，下岗分流，扶持再就业，打响民营化转制攻坚战。经过两年的攻坚，全旗完成改制 32 户。24 户工业企业，

17 户选择股份制和股份合作制，1 户破产，2 户兼并，1 户联合，商业、供销流通企业将实有净资产划分给职工，破产解体。在企业转制过程中，最大限度地安置在职职工和离退休人员。全旗累计出现下岗职工 6883 人，旗财政当年为下岗职工发放基本生活费 114.48 万元，代缴养老保险金和失业保险金 53.51 万元，扶持下岗职工再就业。2015 年三项支出高达 8000 多万元。

从有计划商品经济到社会主义市场经济体制，准旗国营集体企业历经转制民营的阵痛，化蛹成蝶，绝处逢生，诞生一批股份制民营企业，雄狮企业伊东煤炭集团，小老虎企业生力民爆公司，小巨人企业高原杏仁露公司。

三、禁牧舍饲

2000 年国家实施西部大开发战略，准格尔旗被确定为全国 174 个退耕还林工程试点县之一。配合退耕还林工程建设，旗人民政府发布禁牧令，从 5 月 1 日起在全国率先在退耕还林项目区禁牧。到 2006 年年底，全旗累计完成退耕还林 5.52 万平方千米，其中退耕地还林 2.21 万平方千米，合格面积 2.16 万平方千米，保存率 98%；荒山荒地造林 3.31 万平方千米，合格面积 3.15 万平方千米，保存率 95.1%。退耕还林工程惠及 9 个苏木乡镇 3.12 万农户，直接受益 11.81 万人，占全旗农业人口 60%。累计投资 2.84 亿元，其中退耕地补助粮食折款 2.12 亿元，人均 1794.8 元。2009 年，又在禁止发展区暖水乡实施整乡移民，一次性退出 552 平方千米，打造全国第一个生态自然恢复区。到 2015 年，全旗退耕还林保存面积 634 平方千米，植被覆盖度 73.4%，森林覆盖率 34.39%。

四、地方煤矿整合

准格尔旗地方煤矿从 1998 年的 576 座整合到 2007 年 126 座，旗人民政府实施三次大整合。最初地方煤矿点多面广规模小，装备水平低，安全条件差，资源浪费严重。1998 年 6 月到 1999 年底第一轮整合，关井压产保留 576 座煤矿。2005 年开启鄂尔多斯市地方煤矿资源三年整合攻坚战，全旗三年攻坚，煤矿由 576 座关停合并成 135 座。2007 年起，国家严令年产 30 万吨以下的煤矿关停，全旗保留煤矿 126 座，60% 以上煤矿用综合机械化开采，30% 煤矿采用露天开采，只有 10% 的煤矿采用传统方式开采，全旗所有煤矿达到国家要求技术标准。2015 年，全旗 137 座煤矿核定产能 3.06 亿吨，从小煤窑铺天盖地到大煤矿顶天立地，煤矿数量减少，煤炭产量倍增，达到 22080 万吨，成为全国最大产煤县。

2008 年安全质量 A 级矿井窑沟扶贫煤矿

五、建设工业园区

跨入 21 世纪，旗人民政府抢抓国家西部大开发的历史机遇，开发建设了内蒙古准格尔经济开发区、鄂尔多斯大路煤化工基地两大工业园区，政府完善基础设施，出台优惠政策，大力招商引资，将各方资金、技术、项目吸引到两大工业园区聚集发展，打造了全旗经济发展的两大引擎。2000 年运作的沙圪堵经济技术开发区，建成伊东循环经济产业区、陶瓷产业区、农产品加工产业区，2008 年入围内蒙古工业十强开发区，到 2015 年累计引进项目 206 个，落地 102 个，引进资金 1038 亿元，非煤产业产能日用陶瓷 8000 万件、建筑陶瓷 500 万平方米，高岭土 20 万吨，开发区销售收入 261.27 亿元，财政收入 6 亿元。2004 年始建的大路新区，建成南煤化工基地、东工业基地，产出中国第一桶煤基合成油，建成亚洲最大甲醇生产线。2010 年列为内蒙古沿黄河沿交通干线 9 个工业集中区，2011 年起连续 3 年获评内蒙古沿黄河沿交通干线经济带优秀工业园区。到 2015 年，累计引进项目 59 个，引进资金 3878.42 亿元，投产项目 15 个，落地煤化工产能 332 万吨，销售收入 106.31 亿元，财政收入 18.80 亿元。

六、农牧业“三区”划分

2007 年 4 月，落实旗委收缩转移，集中发展的新战略，旗人民政府实施农牧业“三区”划分，生态退化、环境恶劣、水资源匮乏、不适宜居住的地区划为禁止发展区，资源、生态、牲畜承载量接近饱和、环境承受能力弱的地区划为限制发展区，水土资源富集、生态良好、农牧业生产发展空间广阔、环境承载能力强的地区划为优化发展区。禁止发展区实施人口转移，农牧业生产逐步退出，建设生态自然恢复区；优化发展区集中财力、人力、物力建设社会主义新农村，发展现代农牧业。到 2015 年，优化发展区北部沿河现代农牧业初具规模，建成高标准农田 6667 公顷，设施农业示范基地 1000 公顷，规模化养殖小区 10 个，优势绿色农产品走出本土，走向一线城市居民餐桌。

七、四大产业集群

2013 年，面对经济下行压力，旗人民政府应对发展新常态，提出打造县域经济升级版，围绕内蒙古准格尔经济开发区和大路煤化工基地两大工业园区，打造现代煤电、新型煤化工、陶瓷、煤电铝循环经济四大产业集群，建设国家绿色能源和新型煤化工基地。到 2015 年，三大产业集群初具规模。煤矿核定生产能力达到 3.06 亿吨，资源回采率达到 88%，煤炭洗选能力达到 19835 万吨，产销原煤稳定在 2.5 亿吨左右；现代煤化工产能达到 482 万吨，在建产能 485 万吨，全部建成后，年可转化原煤 8600 万吨。陶瓷等非煤产业建成陶瓷产能 8000 万件、500 万平方米，高岭土产能 20 万吨。粉煤灰提取氧化铝技术形成了酸法、铵法、碱法等多种中试工艺，为产业化发展奠定基础。

八、“十个全覆盖”

2014 年，内蒙古启动为期 3 年的农村“十个全覆盖”工程。旗人民政府将该工程与现代农牧业、扶贫攻坚、乡风文明、文化旅游、通村公路建设“六位一体”统筹推进。到 2015 年，全旗完成 111 个嘎查村 379 个自然村覆盖任务，累计投资 23.38 亿元。改造危旧房 8132 户，建成 80 处安全饮水工程，完成街巷硬化 643 千米，村村通电及农网改造 1222 千米，建成 32 个地面数字电视发射基站，安装“户户通”3.34 万户，建成嘎查村标准化卫生室 62 个、文化活动室 60 个、便民连锁超市 61 个。基本解决了留守农村群众的出行难、饮水难、就医难、养老难、上学难、购物难等问题，农村人居环境显著改善。布尔陶亥苏木尔圪壕嘎查、十二连城乡黑圪崂湾村入选国家第二批田园建筑优秀实例，大路镇小滩子村被评为国家美丽宜居村庄。

九、民生工程

2003 年 12 月，旗人民政府在鄂尔多斯市率先启动救助城乡困难群体的“民生工程”，社会各界慷慨解囊 115 万元，为“民生工程”基金注入第一笔善款。实施教育惠民工程，2006 年起免学杂费、课本费、作业本费、住宿费，补助寄宿生活费，2012 年在全国率先实现从学前到高中 15 年免费教育；实施医疗惠民工程，2004 年 4 月在全国首批启动新型农村合作医疗制度，2005 年在全国率先将城镇无业居民纳入合作医疗，2007 年在全国首创每两年一轮为 35 周岁以上居民免费体检；实施养老惠民工程，2005 年 1 月在全区率先实施失地农民养老保险，2008 年在全区率先实施农村基本养老保险，到 2012 年城镇无业居民，留守农民、矿区移民、生态移民全部纳入养老保险统筹；城镇最低生活保障标准由 1998 年 7 月的每人每月 80 元提高到 2015 年的 514 元，农村最低生活保障标准由 2005 年 1 月的每人每年 700 元提高到 2015 年的 4968 元；2015 年，全旗仅有市级标准线下农村贫困人口 1861 户 4498 人，占总人口 1.4%，整体消除绝对贫困。

第三节　施政短板

一、“八五”施政不足

准格尔旗整体发展水平与发达地区有较大差距，特别是思想观念与发达地区形成较大反差。农牧业基础设施薄弱，抗御自然灾害能力不强。部分国有企业生产经营困难，历史包袱沉重。基础财源不稳，后续财源不足，投资需求大，资金供给能力弱。科技教育相对落后，生产岗位上缺乏科技人才，产品的科技含量与附加值低。社会保障体系不健全，影响改革整体推进。政府尚未适应市场经济体制要求，驾驭市场经济能力有待提高。

二、“九五”施政不足

准旗农牧业经济的经营方式、产业结构、组织形式落后，连接农村千家万户的小生产与大市场纽带尚未建立起来，农民收入增长缓慢；经济结构不尽合理，三产发展相对滞后，工业化、信息化、城镇化水平低；水利、电力、交通、通信等基础设施建设仍不能适应经济快速发展的客观要求；市场体系不够健全，市场化程度不高，与先进发达地区有很大差距。科技、教育、卫生、环保、社会保障成为制约社会发展的薄弱环节。社会治安有待加强。

三、“十五”施政不足

准旗产业层次低，原字头产业比重大。城乡发展不平衡，居民收入增长与经济增长不相协调。产业结构单一，适应国家宏观调控和产业政策调整的能力较弱。生态环境脆弱，恢复植被、矿区治理的任务十分艰巨。社会事业发展、基础设施建设的速度还不够快，与人民群众和经济发展的要求仍有距离。

四、“十一五”施政不足

准旗产业结构不够合理，产业布局不够集中集约，层次不高。城市化和社会化服务滞后于工业化。生态环境压力较大，高端要素集聚不足，自主创新能力不强。基础设施“瓶颈”制约问题仍然存在。社会事业发展相对滞后，幸福指数与发展指标不相匹配。城乡发展差距较大，城乡统筹水平急需进一步提高。

五、“十二五”施政不足

2013 年进入经济发展新常态后，准旗经济增速回落，一些深层次问题开始显现。传统产业增长动力不足，新兴产业短期内难以形成有效支撑，保持经济中高速增长压力大；资源输出为主的结构性矛盾和粗放型增长模式没有得到根本改变，生态建设和环境保护面临较大压力；城乡公共服务不均等的现状尚未彻底改观，民生改善和社会事业发展与人民群众的期盼还有一定差距，全面建成较高质量小康社会任务艰巨。

第三章　综合政务

准格尔旗人民政府办公室开展政务调研，起草政务公文，承办政务会议，跟进政务督查，发布政务信息，保障人民政府高效运行。在计划经济向市场经济转型过程中，协调法制、信访、政务服务、资源交易、机关事务等部门，转变政府职能，简化事前行政审批，规范事中事后监管，公开行政事务，接受社会监督，创造了良好发展环境，提供了优质公共服务，保障了群众合法利益，维护了社会公平正义。

第一节　行政审批

“八五”至“九五”期间，准格尔旗行政审批权力分散在政府各工作部门，管理着高度集中的计划经济体制下各项行政事务，单位和个人办理行政事务，需要跑各部门审核盖章批准。

跨入21世纪，准格尔旗率先发展，经济工业化，社会城镇化，仍沿用计划体制下的行政审批办法，有的审批事项已经阻碍经济发展和社会进步。2001年国务院启动行政审批制度改革，2002年11月首批取消789项行政审批，2003年颁布《中华人民共和国行政许可法》确立市场经济体制下行政审批制度。准旗及时跟进，取消行政审批事项，规范行政审批行为，服务经济社会发展。

2012年8月，准格尔旗改革行政审批制度，设立政务服务中心，首批17个部门36名工作人员73项审批事项进驻，群众跑一趟政务大厅，可办理多个事项，全年办理各项业务1.54万件。全旗审核保留行政审批事项276项，其中行政许可事项106项，非许可审批事项113项，公共服务事项57项，全年办理政务服务事项2.08万件。2014年7月，政务服务中心搬入新设的政务大厅，进驻部门和中介服务机构53家，工作人员215名，设办事窗口180余个，进驻行政审批和服务事项490余项，日均接待办事群众1000余人，全年共办理事项3.05万件。

2013年，苏木乡镇和街道设政务大厅，村、社区设便民服务代办点，到2015年，苏木乡镇街道全部设立政务服务大厅，接入政务内网推出网上审批；159个嘎查村中，设立145个便民代办点。政务大厅服务加网络，让“信息多跑路，群众少跑腿”变为现实。

2015年，全旗具有行政审批职能单位52家，进驻政务服务大厅45家，进驻行政审批和服务事项476项，应进未进213项。全年办理各类审批和服务业务8.8万件次。

第二节　行政执法

准格尔旗人民政府行政执法管理部门是法制办公室，为行政执法制定规范性文件，审查行政执法资质，纠正行政执法过错，建设法治政府。

1992年，法制办公室开始备案审查人民政府规范性文件，为行政执法提供政策依据。跨入21世纪，审查范围扩展到合同等其他涉及法律问题的事项，开始办理行政案件、行政复议案件和行政执法监督案件，2000 年清理 1993 年以来人民政府制定的规范性文件 82 件，2012 年清理与招投标有关的规范性文件，进一步推进行政机关法治化建设。2014 年，国家简政放权，准旗全面清理 2001 年以来发布的规范性文件 65 件，废止规范性文件 7 件。到 2015 年，人民政府累计出台规范性文件 182 件，规范行政执法，维护市场秩序，保持社会稳定，保护公民合法权益。

建立市场经济体制初，准格尔旗行政执法部门各自为政，重复执法；乱处罚、乱集资、乱摊派问题突出，群众戏称“七八个大盖帽管不好一个大草帽”。1996 年，国务院颁布《行政处罚法》，为行政执法确立基本原则。2001 年，准旗审查确认行政执法主体资格，年检换发 39 家行政执法单位 588 人“行政执法证”。2003 年，全旗 68 家行政执法单位 934 名行政执法人员和 5 名行政执法监督人员换发新证。2004 年首次行政执法检查，审查行政处罚案件 143 件。2005 年，国家制定行政执法责任制，准旗行政执法检查常态化，审查行政执法主体资格，审查行政处罚案件，评选行政执法优秀案卷。2007 年，全旗 1321 名行政执法人员通过系统培训完成执法资格认证。中共十八大以来，国家推动“放管服”改革，实行行政权力清单制度，法无授权不能为，强化事中事后监管。2015 年，准旗公布首份行政权力清单，涉及 72 家行政执法主体 8049 项行政权力，全旗持“行政执法证”人员 1500 多名。

2003 年，准格尔旗首次聘请社会律师担任政府法律顾问，代理行政诉讼案件 4 件，办理行政复议案件 2 件。2004 年首次组建律师顾问组，协助政府处理涉及法律问题纠纷 28 起。2005 年，试行公职律师制度，法制办首位公职律师开始代表人民政府办理行政诉讼案件。2015 年，全旗注册公职律师 7 名，全年代理行政诉讼案件 5 件，办理行政复议案件 9 件、信访复查案件 69 件。

1992—2015 年准格尔旗人民政府重要规范性文件一览表

表 18-1

规范性文件	发文字号	实施日期	废止日期
沙圪堵镇国有土地使用管理暂行办法	准政发〔1994〕11 号	1994-09-11	2001-07-27
结核病防治管理暂行办法	准政发〔1995〕21 号	1995-11-29	2001-07-27
药品管理的若干规定（试行）	准政发〔1996〕15 号	1996-05-15	2001-07-27
住房公积金制度暂行办法	准政发〔1996〕24 号	1996-09-06	1998-09-05
城镇居民最低生活保障暂行办法	准政发〔1998〕11 号	1998-05-21	2000-05-20
农村居民最低生活保障暂行办法	准政发〔1998〕28 号	1998-12-14	2000-12-13
外引内联优惠政策	准政发〔2000〕13 号	2000-01-03	2005 01 02
沙圪堵经济技术开发区招商引资优惠政策	准政发〔2000〕14 号	2000-01-09	2005-01-08
城镇职工基本医疗保险实施办法	准政发〔2001〕45 号	2001-06-25	2006-06-24
失地农民养老保险暂行办法	政府令〔2005〕6 号	2005 01 06	2007-01-05
城镇无业居民合作医疗办法（试行）	准政发〔2005〕9 号	2005-01-08	2007-01-07
实施农村居民最低生活保障制度的意见	准政发〔2005〕10 号	2005-01-08	2010-01-07
招商引资优惠政策	准政发〔2005〕44 号	2005-04-27	2010-04-26

续表 18-1

规范性文件	发文字号	实施日期	废止日期
煤炭采区居民搬迁补偿及补贴办法（试行）	准政发〔2005〕125 号	2005-11-04	2007-11-03
农牧业产业化经营优惠政策	准政发〔2007〕87 号	2007-04-11	2012-04-10
生态自然恢复试点区农村人口转移办法	准政发〔2007〕195 号	2007-09-11	2012-09-10
建设项目征收土地补偿安置暂行办法	准政发〔2007〕249 号	2007-11-15	2013-07-26
农村社会基本养老保险暂行办法	准政发〔2007〕261 号	2007-11-26	2009-11-25
城乡医疗救助实施办法	准政发〔2008〕176 号	2008-07-22	2013-07-21
煤炭采区居民搬迁补偿及补贴办法	准政发〔2008〕180 号	2008-07-25	2013-07-24
生态自然恢复区农村人口转移办法（试行）	准政发〔2008〕254 号	2008-10-23	2010-10-22
农村土地承包经营权流转管理办法	准政发〔2008〕268 号	2008-11-15	2013-11-14
支持陶瓷产业发展的有关规定	准政发〔2010〕33 号	2010-04-19	2015-04-18
重点旅游项目招商引资优惠政策	准政发〔2010〕41 号	2010-05-11	2015-05-10
科技创新基金管理办法	准政发〔2010〕49 号	2010-06-17	2015-06-16
矿区居民搬迁补偿办法	准政发〔2012〕21 号	2012-04-10	2013-07-26
城乡居民医疗救助实施办法	准政发〔2013〕22 号	2013-04-22	2016-12-27
农村集体土地征收补偿安置办法	准政发〔2013〕42 号	2013-07-25	
农村集体土地征收补偿安置办法补充规定	准政发〔2013〕68 号	2013-12-24	
闲置土地处置实施办法	准政发〔2014〕51 号	2014-11-22	

第三节　政务公开

准格尔旗政务公开始于 1998 年村级推行“两公开一监督”，重大事务决议内容公开、实施结果公开，接受群众监督。2001 年，政务公开推广到乡级行政机关，普遍通过会议和文件公开，机关政务公开栏半年更新一次政务信息。

2005 年 4 月 20 日，旗人民政府印发《规范政务公开的通知》(准政发〔2006〕60 号)，全旗行政机关均为公开主体，涉及人、财、物的重大事项全纳入公开范围。机关开通热线电话，接受公众咨询；政府门户网站设立政务公开栏，发布政府信息；新闻媒体也成为政务公开载体。

2012 年，旗人民政府落实党和国家“公开为原则、不公开为例外”新要求，先后设立政务服务中心、公共资源交易中心。至此，人民政府有 3 个政务公开载体，政府门户网站、政务服务中心、公共资源交易中心。

政府门户网站 2001 年上线，2011 年增设网上办事窗口；2012 年链接 43 个部门行业官网；2014 年编制《政府信息公开指南》，政务公开新增政务新媒体“准格尔旗发布”微信公众号。2015 年，政务公开通过网络公布行政权力清单和财政资金使用管理、公共资源配置、环境保护、安全生产、食品安全等重点领域信息 4046 条、政务信息 5.9 万条。

2012年10月，人民政府整合财政局政府采购中心、国土资源局土地储备交易中心，在大路新区创办公共资源交易平台，引入公开、公平、公正的市场竞争机制，办理建设工程招标投标和政府采购2项业务。到2015年，办理招标采购业务756项，进场交易标的36.20亿元，成交额33.98亿元，节约资金2.22亿元。其中，建设工程招标642项，成交额30.79亿元，节约资金1.59亿元；政府采购114项，成交额3.19亿元，节约资金0.63亿元。

随改革开放而生，准格尔旗政务公开初步形成行政权力公开透明运行、政府信息公开、公共企事业单位办事公开的工作格局，行政权力在阳光下运行，增强政府公信力、执行力，保障群众知情权、监督权。

第四节 信访工作

1991年，准格尔旗信访办公室隶属于人民政府，1993年2月并入人民政府办公室。2003年6月，单设旗委、政府信访工作领导小组办公室，2006年10月更名为准格尔旗信访局（中共准格尔旗委群众工作局），2010年11月挂靠人民政府办公室，2012年4月更名为准格尔旗信访局（中共准格尔旗委群众工作部）。

一、信访工作责任

准格尔旗人民政府保持同人民群众的密切联系，接受人民群众监督；信访部门解决人民内部矛盾，维护群众合法权益，促进社会和谐稳定。

“八五”至“十五”期间，旗、乡、村三级都有信访工作力量，旗级有旗委、政府联席处理上访问题领导小组，办公室配备专职工作人员；乡镇有信访工作领导小组，村级由党支部书记和村民委员会主任调解信访问题，信访反映的问题由涉及部门归口办理。

2005年5月1日起，国务院发布施行《信访条例》，将信访工作绩效纳入公务员考核体系，压实地方政府信访工作责任。

2006年，设立苏木乡镇信访工作领导小组办公室，配备专职工作人员；建立信访工作联席会议制度，6家相关职能部门定期到信访局现场办公；建立信访工作责任追究制度，按照属地管理、分级负责原则，实行党政同责，一岗双责。2008年起，坚持开展党政领导大接访活动，批阅群众来信，督办群众来电。2009年起，实行县级领导轮流定期接待群众来访，包案解决信访问题，选派律师参加领导接访活动，代理涉法涉诉信访案件。2010年8月成立联合接访中心，抽调17个部门到信访局联合办公，一站式接待、一条龙办理、一揽子解决。2012年，建立旗、乡、村三级群众工作网络，旗委设群众工作部，苏木乡镇街道设群众工作站，嘎查村社区设群众工作室，村级配备信息员、调解员、陪访员、稳控员。

2013年，信访由行政化管理纳入法治化轨道，涉法涉诉信访事项开始向司法渠道分流。2014年，准旗建立涉法涉诉信访事项导入司法程序机制，成立涉法涉诉信访事项甄别委员会，落实“三到位一处理”信访工作新要求，诉求合理的解决落实到位，诉求无理的思想教育到位，生活困难的帮扶救助到位，行为违法的依法处理。

二、受理信访渠道

1991年，准格尔旗只处理群众来信、来访信访事项。2008年，设立书记信箱，开通旗长热线电话“0477-4212345”，党政领导批阅群众来信，督办群众来电。2009年起，实行县级领导轮流定期接访。2010年8月，成立联合接访中心，涉访量大的17个部门到信访局联合接访。2011年4月，开通信访信息综合服务管理系统；2015年该系统覆盖到苏木乡镇街道，信访人可足不出户上网表达诉求，实现“群众少跑路、数据多跑腿”。畅通“信、访、网、电”四种接访渠道，信访部门开门接访，相关部门联合接访，党政领导阅批来信、督办来电，县级领导带案下访约访，方便了信访群众，降低了信访成本。25年间，群众来访量始终处于首位，热线电话访保持稳定，网络在线访刚刚兴起，群众来信量几乎递减为零。

三、信访诉求回应

群众信访诉求直接反映社情民意，是党和政府工作缺陷的晴雨表。一些长期积累的深层次矛盾随着改革发展逐步显现，并通过信访渠道反映出来。“八五”期间，准格尔旗信访诉求解决历史遗留问题居多，要求安排子女就业，提高生活待遇，有关部门落实相关政策，均解决到位。1998年，土地第二轮承包、地方国营集体企业转制，信访诉求集中反映土地纠纷、下岗生活困难，就业部门实施下岗职工再就业工程，财政部门为下岗职工代缴养老保险，发放生活补贴。进入“十二五”，随着改革进入“深水区”，利益再调整胶着化，信访案件日益增多，群众信访诉求日趋多元。信访诉求集中在土地征用、移民搬迁和企业与地方的利益分配上。政府试点农村集体土地确权登记，统一全旗征地拆迁补偿标准，推广村企共建，回应群众普遍关切，解决了突出问题。

四、信访事项办理

1991年，信访办公室直接办理信访事项45件次，转有关部门办理信访事项68件次，上访问题全部化解在基层，处理在旗内。

1999年，全旗受理信访事项突破2000件次，旗信访部门办理上级信访部门交办重要信访事项8件次，党政领导批办信访事项29件次，因信访事项急增，工作力量薄弱，多数信访事项当年未能办结。

2010年，信访局受理信访事项多达260批3458件次，2011年回落到156批623件次。当年信访局办理上级交办信访事项19件次，党政领导批办信访事项11件次；向苏木乡镇街道及部门转办信访事项150件次，办结处理122件次；督办信访事项35件次，办结24件次。

2015年，旗信访局受理信访事项355批1167件次，其中个体访294批500件次、集体访61批667件次；县级领导接待群众来访444批2048人次，其中当场答复处理357批1677人次、转办87批371人次；办理内蒙古党委第九巡视组交办信访事项268件次；办理中央、自治区、市级交办信访事项18件次。总体办结率在90%以上。

五、信访秩序维护

准格尔旗坚持有访必接，凡不合法不合理的信访诉求，信访部门依法依规不予受理，对信访人进行思想教育和政策解释。

2014年10月23日通过的《中共中央关于全面推进依法治国若干重大问题的决定》提出，把信访纳入法治化轨道，保障合理合法诉求依照法律规定和程序就能得到合理合法的结果。信访部门教育群众理性表达利益诉求，引导群众依法逐级走访，治理缠访、闹访等信访违法行为，全旗信访秩序开始好转。

1991—2015 年准格尔旗信访工作统计表

表 18-2　　　　单位：件、%

年份	受理信访量				同比增减率				信访问题
	总量	来信	来访		总量	来信	来访		
			个体	群体			个体	群体	
1991	93	57	36	—	-61	-40	76	—	
1992	78	24	54	—	-16	-58	50	—	
1993	—	—	—	—	—	—	—	—	历史问题
1994	109	41	36	32	—	—	—	—	
1995	199	46	51	102	83	12	42	219	
1996	99	26	35	38	-50	-43	-33	-63	
1997	174	24	48	122	76	-8	20	221	土地纠纷 村级财务
1998	677	28	344	305	289	17	617	150	
1999	2079	38	1159	882	207	36	237	189	
2000	1339	74	752	513	-3	95%	-35	-42	
2001	853	41	124	688	-36	-45	-84	34	
2002	946	37	539	370	11	-10	335	-46	
2003	627	45	108	474	-34	22	-80	28	土地纠纷 企业转制 环境污染
2004	845	29	126	690	35	-36	17	46	
2005	1210	34	103	1073	43	17	-18	56	
2006	1041	33	95	913	-14	-3	-8	-15	
2007	431	50	109	272	-59	52	15	-70	
2008	1248	23	114	1111	190	-54	5	308	
2009	1227	47	267	913	-2	104	134	-18	
2010	3458	35	254	3169	189	-26	-5	247	
2011	623	16	214	393	-82	-54	-16	-88	征地补偿 环境污染 村级财务 企业转制
2012	2416	—	304	2112	288	-160	42	437	
2013	2776		644	2132	15	—	118	1	
2014	1925	—	770	1155	-31	—	20	-46	
2015	1167	1	500	667	-39	100	-35	-42	

第五节　后勤事务

1991 年，准格尔旗党政机关后勤事务由各机关自行负责。1999 年 7 月，准格尔旗人民政府成立机关事务服务中心，统一管理旗直机关后勤事务。

一、办公用房

1991年，旗直机关在沙圪堵镇办公，办公用房多为平房。1999年8月，旗直机关搬迁薛家湾镇，租用准煤公司北区公寓楼5000平方米、南区公寓楼4000平方米、唐公塔煤矿办公楼4000平方米，为临时办公场所。2002年8月，搬入新建党政办公大楼办公，党政办公大楼建筑面积2.06万平方米，其中，主楼及东附楼1.24万平方米，西附楼0.40万平方米，会商中心0.41万平方米。

2007年，机关事务服务中心为煤炭局、安监局、城管局租用办公用房，到2012年10月，为36个机关租用办公用房3.20万平方米。2005年8月在大路新区筹建新的行政办公区，建业大厦9栋楼11.26万平方米，图书馆2.01万平方米，博物馆1.56万平方米，档案馆4500平方米。2012年10月25日，司法局、信息办等机关首批搬往大路新区办公，到2015年6月，46个机关2200多人搬迁到大路新区办公。

2013年10月起，机关事务服务中心负责全旗办公用房管理，接管办公用房5.09万平方米，人均使用面积9.42平方米。清理办公用房，腾退超标准用房后，全旗办公用房7.72万平方米，清理腾退1.33万平方米。2015年4月，按新标准整改办公用房，全旗办公用房11.10万平方米，其中办公室4.31万平方米，公共服务用房3.19万平方米，业务用房3.15万平方米，设备用房2.01万平方米，附属用房0.79万平方米，其他用房0.35万平方米。腾退面积0.16万平方米，出租面积0.16万平方米，租用面积0.86万平方米。

二、公务用车

1991年，准格尔旗公务用车少，乡镇普遍配备一辆公务用车，多数机关没有公务用车。1997年，全旗首次核定公务用车198辆。2013年9月，机关事务中心接管全旗公务用车1185辆，开始统计收缴封停违规公务用车，到2014年3月，按编制调配公务用车806辆，拟报废25辆，退还借用车辆20辆，收缴封停334辆，移交国有资产管理办公室处置。2015年4月，全旗使用执法执勤车辆313辆、一般公务车辆235辆，拟报废车辆30辆，封停超编车辆376辆。

三、会务服务

准格尔旗人民政府驻沙圪堵镇时，大型会议在政府礼堂举行。1999年8月政府迁驻薛家湾镇初，曾借用准能公司影剧院、薛家湾供电局礼堂召开过大型会议。2000年12月15—16日，中国共产党准格尔旗第十二次代表大会在新落成的会商中心召开，从此会商中心成为大型会议会场，会商中心有会议室11个，年均服务会议600多次。2012年10月，旗直部分单位搬迁大路新区，服务中心管理会议室22个，年均服务会议增加到800多次。

第十九篇

政协地方委员会

政治协商

民主监督

参政议政

文史工作

2017年11月候鸟栖息十二连城乡黄河湿地，刘杰摄

准格尔旗志

（1991—2015）

中国人民政治协商会议（简称政协）是中国人民爱国统一战线的组织，是中国共产党领导的多党合作和政治协商的重要机构，是社会主义协商民主的重要渠道和专门协商机构。政协准格尔旗委员会设常务委员会主持会务，受中共准格尔旗委员会领导和上级政协委员会指导，以宪法法律为根本准则，依照政协章程进行工作。从改革开放新时期到中共十八大后新时代，政协准格尔旗常委会始终坚持团结和民主两大主题，不断提高政治协商、民主监督、参政议政水平，广泛凝聚了全旗各族各界改革发展的共识。

2016年10月秋色尽染库布齐沙漠东段人工林

第一章 政协委员

第一节 政协委员推荐

政协准格尔旗委员会根据《政协章程》规定，推荐各界别中有代表性、有社会影响和参政议政能力的人士担任政协委员。经反复酝酿协商，提出建议名单，在广泛征求各方面意见后，经政协主席会议审议同意，政协常委会议审议通过，由中共准格尔旗委常委会审定。政协第八届、第九届委员会按此办法推荐政协委员。

1999 年 1 月，从政协第十届委员会起，严格按照中共中央的规定和政协章程要求推荐政协委员。中共党内人选由中共旗委组织部提名，中共党外人选由中共旗委统战部提名，全部建议名单由中共旗委统战部汇总，在广泛征求各方面意见后，由政协主席会议审议同意，政协常委会议审议通过，报中共旗委常委会审定。

第二节 政协委员构成

1991 年 3 月召开的政协准格尔旗第八届委员会第一次会议，委员 87 名，由 15 个界别构成，中国共产党 8 名、中国共产主义青年团 1 名、工会 5 名、妇女联合会 1 名、少数民族界 7 名、农牧民界 7 名、科学技术界 8 名、教育界 10 名、文化艺术界 2 名、医药卫生界 6 名、工商业联合会 7 名、新闻体育界 2 名、宗教界 3 名、台胞归侨界 4 名、特邀代表 16 名。

1994 年 3 月召开的政协第九届委员会第一次会议，委员 87 名，构成界别增加到 17 个，中国共产党 7 名、中国共产主义青年团 1 名、工会 1 名、妇女联合会 1 名、少数民族界 9 名、农牧民界 8 名、科学技术界 8 名、教育界 8 名、文化体育界 4 名、医疗卫生界 5 名、新闻界 2 名、工商界 15 名、宗教界 3 名、台属侨属归侨界 4 名、个体私营经济界 5 名、民主党派界 1 名、特邀代表 5 名。

1999 年 1 月召开的政协第十届委员会第一次会议，委员 91 名，由 17 个界别构成，中国共产党 10 名、中国共产主义青年团 1 名、工会 1 名、妇女联合会 1 名、工商业联合会 12 名、少数民族界 7 名、农牧民界 8 名、科学技术界 8 名、教育界 9 名、文化体育界 8 名、医药卫生界 6 名、新闻界 2 名、宗教界 2 名、台属侨属归侨界 2 名、个体私营经济界 8 名、民主党派界 1 名、特邀代表 5 名。

2004 年 1 月召开的政协第十一届委员会第一次会议，委员增加到 120 名，平均年龄降至 38 岁，大专以上学历增至 90 人，由 9 个界别构成，中国共产党 12 名、中国共产主义青年团 1 名、工会 3 名、妇女联合会 4 名、工商业联合会 3 名、少数民族界 12 名、农牧民界 11 名、科学技术界 9 名、教育界 8 名、文化体育界 5 名、医药卫生界 7 名、新闻界 1 名、宗教界 2 名、侨务界 1 名、经济企业界 21 名、政法界 2 名、民主党派界 6 名、旅游界 3 名、特邀代表 9 名。

2007 年 11 月召开的政协第十二届委员会第一次会议，委员增至 179 名，由 18 个界别构成，中国共产党 23 名、中国共产主义青年团 3 名、妇女联合会 11 名、经济企业界 31 名、工会 4 名、文化界6名、医药卫生界11名、教育界9名、科学技术界17名、工商业联合会3名、少数民族界12名、政法界6名、农牧民界10名、民主党派界1名、宗教界2名、侨务界2名、特邀人士27名、新闻界1名。

2012年11月召开的政协第十三届委员会第一次会议，委员161名，由17个界别构成，中国共产党27名、中国共产主义青年团6名、工会6名、妇女联合会10名、工商业联合会6名、少数民族界9名、农牧民界4名、科学技术界10名、教育界8名、文化体育界7名、医药卫生界7名、新闻界2名、宗教界2名、侨务界3名、经济企业界24名、政法界8名、特邀人士22名。

第三节　上级政协委员

1991—2015年，准格尔旗累计推荐上级政协委员会委员97名。1991—1999年，推荐伊克昭盟第八届至第十届政协委员会委员45名，每届15名；2000—2015年，推荐鄂尔多斯市政协第一届委员会委员17名，推荐市政协第二届委员会委员18名，推荐市政协第三届委员会委员17名。

第四节　服务政协委员

政协准格尔旗委员会加强政协委员联络，为委员履职尽责创造条件、提供保障。全体政协委员发挥在本职工作中的带头作用、界别群众中的代表作用，做好联系服务、团结引导界别群众工作。2013年起，政协第十二届委员会开展政协委员进社区下基层活动。截至2015年，共组织161名委员分为40个联络组，深入全旗嘎查村社区开展活动300余次。广大政协委员体察民情，反映民意，在扶贫济困、送医送药、发展集体经济、推荐就业等方面，为群众办实事好事。

第二章　政协全会

第一节　第八届政协全会

1991年3月21—28日，政协准格尔旗第八届委员会第一次会议在沙圪堵镇召开。会议审议通过政协准格尔旗第七届委员会常务委员会工作报告、提案处理情况的报告、提案审查情况的报告；委员列席准格尔旗第十一次人民代表大会第一次会议，讨论准格尔旗人民政府工作报告等相关报告；选举政协准格尔旗第八届委员会主席、副主席和常务委员19名。该届政协任期3年，召开3次全体会议。

第二节　第九届政协全会

1994年3月25日至4月2日，政协准格尔旗第九届委员会第一次会议在沙圪堵镇召开。会议审议通过政协准格尔旗第八届委员会常务委员会工作报告，政协准格尔旗第八届委员会第一次会议以来提案办理情况的报告，审议通过政协准格尔旗第九届委员会第一次会议政治决议，九届一次会议提案审查情况的报告；委员列席准格尔旗第十二届人民代表大会第一次会议，讨论政府工作报告等相关报告；选举政协准格尔旗第九届委员会主席、副主席和常务委员 17 名。从该届政协起，每届政协任期 5 年，召开 5 次全体会议。

第三节　第十届政协全会

1999 年 1 月 22—26 日，政协准格尔旗第十届委员会第一次会议在沙圪堵镇召开，会议审议通过政协准格尔旗第九届委员会常务委员会工作报告，政协准格尔旗第九届委员会第一次会议以来提案工作情况的报告；委员列席准格尔旗第十三届人民代表大会第一次会议，讨论政府工作报告及其他报告；选举政协准格尔旗第十届委员会主席、副主席和常务委员 18 名。

第四节　第十一届政协全会

2003 年 12 月 31 日至 2004 年 1 月 4 日，政协准格尔旗第十一届委员会第一次会议在薛家湾镇召开，会议审议通过政协准格尔旗第十届委员会常务委员会工作报告、提案工作情况的报告、提案审查情况的报告；委员列席准格尔旗第十四次人民代表大会第一次会议，讨论政府工作报告等相关报告；选举政协准格尔旗第十一届委员会主席、副主席和常务委员 22 名。

第五节　第十二届政协全会

2007 年 11 月 23—26 日，政协准格尔旗第十二届委员会第一次会议在薛家湾镇召开。中共准格尔旗委书记讲话；会议审议通过政协准格尔旗第十一届委员会常务委员会工作报告，提案工作情况的报告；审议通过政协准格尔旗第十二届委员会第一次会议政治决议；委员列席准格尔旗第十五届人民代表大会第一次会议，讨论政府工作报告及其他报告；选举政协准格尔旗第十二届委员会主席、副主席和常务委员 25 名。

第六节　第十三届政协全会

2012 年 11 月 25—28 日，政协准格尔旗第十三届委员会第一次会议在兴隆街道召开，中共准格尔旗委书记讲话；会议审议通过政协准格尔旗第十二届委员会常务委员会工作报告、十二届一次会议以来提案工作情况的报告；审议通过政协准格尔旗第十三届委员会第一次会议政治决议；委员列席准格尔旗第十六届人民代表大会第一次会议，讨论政府工作报告及其他报告；选举政协准格尔旗第十三届委员会主席、副主席和常务委员 28 名；表彰政协十二届六次会议以来优秀政协委员、委员优秀提案和委员进社区下基层活动先进联络组。

第三章　政协组织

第一节　政协准格尔旗委员会

一、政协第八届委员会

1991 年 3 月，政协准格尔旗第八届委员会第一次会议，选举政协准格尔旗第八届委员会主席、副主席和常务委员。边万珠当选主席；贾蛆山、秦正英、陈国正、白百岁（蒙古族）、贾纯良、赵淑贞（女）当选副主席；19 名委员当选常务委员。1992 年 4 月，政协第八届委员会第二次会议，补选奇金海（蒙古族）为副主席。

二、政协第九届委员会

1994 年 3 月，政协准格尔旗第九届委员会第一次会议，选举政协准格尔旗第九届委员会主席、副主席和常务委员。郗玉田（蒙古族）当选主席；陈国正、白百岁（蒙古族）、赵淑贞（女）、奇金海（蒙古族）、王俊才、杨亚民（蒙古族）当选副主席；17 名委员当选常务委员。1995 年 10 月，政协第九届委员会第三次会议选举刘继成为主席。

三、政协第十届委员会

1999 年 1 月，政协准格尔旗第十届委员会第一次会议，选举政协准格尔旗第十届委员会主席、副主席和常务委员；安文英（蒙古族）当选主席；白百岁（蒙古族）、王爱华（女）、白斌*（蒙古族）当选副主席；18 名委员当选常务委员。2000 年 3 月，政协准格尔旗第十届委员会第二次会议增选赵来为副主席。2000 年 11 月，政协准格尔旗第十届委员会第三次会议选举武社平为主席。

四、政协第十一届委员会

2003 年 12 月，政协准格尔旗第十一届委员会第一次会议，选举政协准格尔旗第十一届委员会主席、副主席和常务委员。淡憨当选主席；王爱华（女）、白斌*（蒙古族）、李世强、王源（蒙古族）当选副主席；22 名委员当选常务委员。

五、政协第十二届委员会

2007 年 11 月，政协准格尔旗第十二届委员会第一次会议，选举政协准格尔旗第十二届委员会主席、副主席和常务委员。范镇宇当选主席；李世强、郝千福（蒙古族）、赵永君当选副主席；25 名委员当选常务委员。2009 年 4 月，政协第十二届委员会第三次会议增选李建平为副主席。

六、政协第十三届委员会

2012 年 11 月，政协准格尔旗第十三届委员会第一次会议，选举政协准格尔旗第十三届委员会主席、副主席和常务委员；李银成当选主席；赵永君、张韬、王俊凤（女）、万明盖（蒙古族）当选副主席；28 名委员当选常务委员。2014 年 2 月，政协第十三届委员会第三次会议，接受张韬辞去副主席职务，补选杨光*为副主席。

1991—2015 年政协准格尔旗委员会领导名录

主　　席　边万珠（1991.01—1994.04）　郗玉田（蒙古族，1994.04—1995.10）
刘继成（1995.10—1999.01）　安文英（蒙古族，1999.01—2000.11）
武社平（2000.11—2004.01）　淡　憨（2004.01—2007.11）
范镇宇（2007.11—2012.11）　李银成（2012.11—2015.12）

副 主 席　贾蛆山（1991.01—1994.04）　秦正英（1991.01—1994.04）
陈国正（1991.03—1999.01）　白百岁（蒙古族，1991.03—2000.09）
贾纯良（1991.03—1992.01）　赵淑贞（女，1991.03—1999.01）
奇金海（蒙古族，1992.03—1998.11）　王俊才（1994.04—1999.01）
杨亚民（蒙古族，1994.04—1999.01）　王爱华（女，1999.01—2007.11）
白　斌*（蒙古族，1999.01—2006.11）　赵　来（2000.03—2004.01）
李世强（2004.01—2012.11）　王　源（蒙古族，兼，2004.01—2006.09）
郝千福（蒙古族，2007.11—2012.11）　赵永君（2007.11—2015.12）
李建平（2009.04—2012.11）　王俊凤（女，2012.11—2015.12）
万明盖（蒙古族，2012.11—2015.12）　张　韬（2012.11—2014.02）
杨　光*（2014.02—2015.12）

调 研 员　安文英（蒙古族，2000.11—2006.12）　白百岁（蒙古族，2000.09—2005.07）
卢在柱（2003.11—2010.10）　张万刚（2012.12—2015.06）

副调研员　白　斌*（蒙古族，2006.11—2007.11）　薛长栓（2007.11—2015.06）
王存柱（2007.11—2015.06）　郝千福（蒙古族，2012.11—2015.06）
李建平（2012.11—2015.06）　越永清（蒙古族，2012.11—2015.06）

第二节　内设机构

政协准格尔旗第八届委员会设办公室、工作组委员会办公室、文史学习委员会办公室、提案委员会办公室。政协准格尔旗第九届委员会设办公室、提案委员会、文史学习委员会、工作组委员会。政协准格尔旗第十届委员会设办公室、经济提案委员会、民族科教文史学习委员会。政协准格尔旗第十一届委员会设办公室、经济提案委员会、民族科教文史委员会。政协准格尔旗第十二届委员会设办公室、经济提案委员会、民族科教文史委员会、资源环境委员会。政协准格尔旗第十三届委员会设经济提案委员会、民族科教文史委员会、资源环境委员会。

第四章　履职活动

第一节　政治协商

政协准格尔旗委员会通过多种方式参政议政。政协委员列席人民代表大会，听取和讨论工作报告，提出意见和建议；政协主席、副主席应邀参加中共准格尔旗委、旗人民政府决策会议提出意见和建议；还通过联系群众，听取民意，吸收民智，向中共准格尔旗委、旗人民政府提出意见和建议。2002 年 5 月 28 日，政协第十届委员会常务委员会第 13 次会议，对纳林镇调整农业结构提出意见和建议；2007 年 5 月 15 日，政协第十一届委员会常务委员会第 16 次会议，对龙口镇市政规划提出建议。

2007 年 11 月起，政协准格尔旗委员会形成全委会全面协商、常委会专题协商、主席会重点协商、专委会对口协商的协商议政格局。政协第十二届委员会履职 5 年，累计提出意见、建议 260 多条。每次常委会会议，邀请中共准格尔旗委、旗人民政府领导参加专题协商，对 25 个专题提出意见、建议 300 多条；政协各专委会组织相关界别委员与对口部门协商，对口协商呈送报告、简报 20 余份。2010 年 10 月 29 日，政协第十二届委员会常务委员会第 12 次会议，讨论通过设施农业、旅游业发展、社区建设、移民小区入住和就业 4 个调研报告。

2012 年 11 月起，政协第十三届委员会实行各阶层群众代表列席全委会议和协商议政会议制度，通过全体会议、常委会会议、主席会议、专门委员会会议，展开多层次协商议政。2013 年 7 月 18 日，政协第十三届委员会常务委员会第 3 次会议，审议通过薛大一体化建设、生态建设和环境保护、生态移民和矿区移民 3 个调研报告；2014 年 7 月 24 日，政协第十三届委员会常务委员会第 7 次会议，审议通过非公有制企业运行情况、农村环境整治情况两个调研报告。

2015 年，政协资源环境委员会与国土资源局对口协商，提出分类指导、综合治理、研发推广新技术、探索复垦新模式等意见；政协提案委员会组织提案人与政府分管领导和主管部门展开高层次协商，面对面商定用工企业欠薪监管办法、减免园林绿化用水排污费政策。7 月 28 日，政协第十三届委员会常务委员会第 11 次会议，政协委员与人民政府分管领导、相关部门、业主委员会、物业公司代表面对面协商，提出多条建议完善《住宅小区物业管理实施细则》。

第二节　民主监督

政协准格尔旗委员会通过提案督办、行风评议、反映社情民意等途径，对党政机关及其工作人员履行职责情况进行民主监督。

政协第十二届委员会采取专题调研视察督办与现场督办结合，政协督办与部门督办结合的方式，提高提案督办质量，实现提案办理从“答复型”向“落实型”转变。政协成立工程质量与进度督查组，连续五年对重点项目进行多次督查。

政协第十三届委员会实行政协主席督办重点提案制度，克服了提案自导自演、说了白说的现象，提案办理件件有回音、事事有着落。政协常委会组织全体常委和部分委员对文化旅游景区建设、美丽乡村建设、惠民政策精准实施等领域进行视察，客观提出意见建议。政协第十三届委员会履职5年间，通过社情民意专报报送意见建议200多条，推荐30名委员担任执法执纪部门的特邀监督员和评议员。

第三节　参政议政

1992年，政协第八届常委会提交《关于发展农村市场经济的意见和建议》，中共准格尔旗委批转各乡镇参照执行。1993年4月向中共准格尔旗委提交调查报告，减轻农民负担的意见被采纳。

1994年，政协第九届常委会向中共准格尔旗委提出《平抑沙镇地区副食品价格、加强乡村两级卫生组织建设》的调查报告，建议被有关部门采纳。1995年，向中共准格尔旗委提交《关于农村社会化服务体系建设与运行情况的调查报告》，中共准格尔旗委、旗人民政府批转各乡镇参照执行。1996年，提交《关于准旗达小康工作情况的调查报告》，中共准格尔旗委批转各乡镇参照执行。

1999年，政协第十届常委会向中共准格尔旗委提交《关于对准旗西部煤炭企业运行情况的视察报告》。2000年，向中共准格尔旗委提交《关于对全旗小城镇建设情况的调查报告》；向中共准格尔旗委、旗人民政府提交《关于舍饲养羊有关问题的建议》。2001年4月25日，政协第十届委员会常务委员会第10次会议，赴开发区调研招商引资，向中共准格尔旗委、旗人民政府提交《关于对沙圪堵经济开发区的调研报告》。

2003—2006年，政协第十一届委员会开展“四个一”活动，撰写一篇调研报告，反映一条社情民意，提一个合理化建议，扶持一个贫困户。2004年6月，提交《关于对准格尔召乡煤炭资源现状的调研报告》，被中共准格尔旗委采纳。

2007—2012年，政协第十二届委员会向中共准格尔旗委、旗人民政府提交调研报告25篇。2012年5月，会同扶贫办、新农办、煤管局、工商联、经信局组成联合督查组，专项督查全旗扶贫开发和危旧房改造，向中共准格尔旗委、旗人民政府专题汇报，促成有关问题解决。

2013—2015年，政协第十三届常委会，围绕中共十八大精神在准旗的贯彻落实情况展开全面调研，累计形成调研报告29篇。2015年，先后调研农村“十个全覆盖”工程、现代农牧业发展、文化旅游建设、农村中小学幼儿教育教学、住宅小区物业管理、矿区环境治理等课题，形成11篇调研报告。

第四节　提案工作

政协准格尔旗第八届委员会收到委员提案166件，经审查立案164件。第九届委员会收到提案264件，经审查立案261件，提案办复率100%。第十届委员会收到委员提案249件，立案241件，提案办复率100%。第十一届委员会收到委员提案356件，立案346件，提案均在规定时间内办理完毕。第十二届委员会立案委员提案283件，全部办复完毕。第十三届委员会收到委员提案284件，立案280件，3件因条件所限无法解决，其余全部在规定时间内办理完毕。

第五节　文史工作

政协准格尔旗委员会的文史工作，以亲历、亲见、亲闻的方式，记录近代以来准旗社会变革发展的非凡历程，发挥了存史资政、团结育人的功能。政协准格尔旗第八届委员会至第十届委员会，编印《准格尔旗文史资料选辑》第 18 期至第 23 期；编印《委员风采》；配合内蒙古自治区政协编纂《政协委员名典》；编撰《准旗风情录》《准格尔导游》和《准格尔文史工作回顾》。2002 年《准格尔文史工作回顾》被鄂尔多斯政协专刊转载。

2004 年 2 月，王建中出任政协第十一届委员会文史委员会主任，将《准格尔旗文史资料选辑》改版为《准格尔文史》。征集大量翔实史料，展示当代人闻所未闻的准格尔；随文配精美插图，彩印线装，呈现给读者图文并茂的文史典籍；挖掘本土历史文化，出版多部文史资料专著。到 2015 年，他担任三届政协文史委员会主任，编印《准格尔文史》12 辑，编印代表性专集《天下准格尔》《准格尔往事》，出版代表性专著《黄河三峡》（海燕出版社 2012 年 5 月版）、《中国有个准格尔》（山西人民出版社 2008 年 7 月版）。2014 年 9 月参加第十四届平遥国际摄影展，举办《长河颂——准格尔大峡谷》摄影展；2015 年纪念抗战胜利 70 周年，举办“铭记历史、勿忘国耻”图片展。

第六节　对外联谊

政协准格尔旗委员会组织委员赴外地考察学习。1992 年赴西安考察；1996 年 10 月赴陕西省榆林、延安、临潼等地考察学习；2000 年 7 月赴湖南和四川考察；1999 年 10 月组团赴山东、辽宁的部分县市考察学习；2004 年 8 月组团赴包头市土右旗、巴彦淖尔市乌拉特中旗和本市达拉特旗考察农牧业产业化、旅游资源开发建设。2013 年 11 月，受中共准格尔旗委、旗人民政府委托，政协准格尔旗委员会组织 10 人考察组，考察河南信阳市平桥区郝堂村、湖北大冶市陈贵镇、浙江杭州市桐庐县环溪村、狄浦村的新农村建设，考察报告建议，“按照郝堂村模式建设在沙圪堵镇纳林村十棋牛塔社、布尔陶亥苏木尔圪壕嘎查试点，成熟后向全旗推广”。这一建议得到中共准格尔旗委采纳。

蒙晋陕三省区毗邻旗县区政协横向联系会议，是准旗政协与山西保德县政协发起，参与方轮流主办的多边交流会。准旗政协分别于 2002 年和 2010 年主办。2002 年 9 月 6 日，蒙陕晋三省区毗邻旗县区政协第十四次横向联系会在薛家湾镇召开，围绕政协履行职能，服务西部大开发进行经验交流。2010 年 6 月 22—24 日，蒙晋陕三省区毗邻旗县区政协第二十九次横向联系会在薛家湾镇召开。与会人员参观了大路煤化工基地、十二连城乡五家尧村、薛家湾镇、准格尔经济开发区，宣传了准旗经济社会发展成就。

第二十篇

纪检监察

监督检查

廉政教育

查办案件

2008年3月19日准格尔旗廉政教育基地开展

1991—2015年，准格尔旗纪检监察机关标本兼治、综合治理，持续开展“领导干部廉洁自律、查处案件、纠正行业不正之风”3项工作。旗委落实“三重一大”规定，政府出台项目招投标办法，从源头上预防腐败；纪委立干部廉洁底线，扬社会清风正气，廉政文化建设得到中纪委宣传推广。党的十八大后，旗委落实中央八项规定精神，腾退超标准办公用房，实施公务用车改革，严厉整治公款吃喝；纪检监察机关严肃查处国土、教育系统腐败和薛家湾镇大塔村“小官大贪”，营造风清气正的政治生态。

2016年9月大路镇廉洁文化宣传墙

第一章　纪检监察机关

第一节　旗级纪委

一、中共准格尔旗纪律检查委员会第十届委员会

1991 年 8 月 28—30 日，中国共产党准格尔旗第十次代表大会，选举产生中共准格尔旗纪律检查委员会第十届委员会，选出委员 15 名。十届委员会第一次全体会议，选出中共准格尔旗纪律检查委员会常务委员会委员 7 名，其中书记 1 名、副书记 1 名。祁占海（蒙古族）当选书记。

二、中共准格尔旗纪律检查委员会第十一届委员会

1995 年 11 月 22—24 日，中国共产党准格尔旗第十一次代表大会，选举产生中共准格尔旗纪律检查委员会第十一届委员会，选出委员 17 名。十一届委员会第一次全体会议，选出中共准格尔旗纪律检查委员会常务委员会委员 9 名，其中书记 1 名、副书记 2 名。安文英（蒙古族）当选书记。

三、中共准格尔旗纪律检查委员会第十二届委员会

2000 年 12 月 15—17 日，中国共产党准格尔旗第十二次代表大会，选举产生中共准格尔旗纪律检查委员会第十二届委员会，选出委员 15 名。十二届委员会第一次全体会议，选出中共准格尔旗纪律检查委员会常务委员会委员 7 名，其中书记 1 名、副书记 2 名。乔礼文当选书记。2003 年 11 月，补选敖正宜为书记。

四、中共准格尔旗纪律检查委员会第十三届委员会

2006 年 9 月 27—29 日，中国共产党准格尔旗第十三次代表大会，选举产生中共准格尔旗纪律检查委员会第十三届委员会，选出委员 19 名。十三届委员会第一次全体会议，选出中共准格尔旗纪律检查委员会常务委员会委员 7 名，其中书记 1 名、副书记 2 名。王占荣当选书记。

五、中共准格尔旗纪律检查委员会第十四届委员会

2011 年 5 月 17—19 日，中国共产党准格尔旗第十四次代表大会，选举产生中共准格尔旗纪律检查委员会第十四届委员会，选出委员 19 名。十四届委员会第一次全体会议，选出中共准格尔旗纪律检查委员会常务委员会委员 7 名，其中书记 1 名，副书记 2 名。王占荣当选书记。

1991—2015 年中共准格尔旗纪律检查委员会书记名录

祁占海（蒙古族，1991.01—1995.01）　　安文英（蒙古族，1995.01—1998.12）

乔礼文（1998.12—2003.11）　　敖正宜（2003.11—2006.09）

王占荣（2006.09—2015.12）

第二节　内设机构

1991 年，中共准格尔旗纪律检查委员会（简称纪委）内设办公室、信访室、监察室、审理室；准格尔旗监察局内设办公室、信访室、监察室。1993 年 2 月，中共准格尔旗纪律检查委员会与监察局合署办公，内设办公室、宣教调研室、纪检监察室、纪检监察二室、信访室、执法监察室、党风廉政室、审理室。

1996 年 5 月，党风廉政室改称党风廉政建设室，设举报中心，与信访室合署办公；2002 年 6 月，新增监察综合室、纠正部门和行业不正之风室；纪检监察一室、纪检监察二室合并为纪检监察室；2007 年 8 月增设效能监察室。2015 年 2 月，撤监察综合室、执法监察室、党风廉政建设室、纠正部门和行业不正之风室、宣教调研室、行政效能室，保留案件审理室、信访室、办公室，纪检监察室更名为纪检监察一室；新增组织部（纪检监察干部监督室）、宣传部、纪检监察二室、纪检监察三室、案件监督管理室、党风政风监督室（纠正行业不正之风办公室）。纪委监察局内设 10 个机构，干部职工 52 名。

第三节　基层纪委·派驻机构

1991 年，23 个乡镇党委配备纪检书记，到 1992 年全旗 28 个乡镇全部配齐；2006 年薛家湾镇设纪委，到 2011 年全旗苏木乡镇全部设纪委，街道党工委设纪工委；2015 年，基层纪委、纪工委有干部职工 60 名。

1996 年起，旗直部门党委、党总支部逐步配备纪检书记、纪检员，初期兼有消化干部目的，后随机构改革又逐步减少纪检书记、纪检员岗位；2015 年，统一按照单独派驻、归口派驻相结合的方式，向 80 个党政机关和 2 个开发区派驻 20 个纪检组，派驻纪检机构有干部职工 55 名。

第四节　纪检监察体制改革

一、纪委监察机关合署办公

1991 年，中共准格尔旗纪律检察委员会履行党的纪律检查职能；准格尔旗监察局履行行政监察职能，独立运行，互相配合，各司其职。1993 年 2 月起，纪委、监察局合署办公，两个机关名称、一套工作人员，履行党的纪律检查和政府行政监察两项职能，实行旗委和上级纪检监察机关双重领导。实践中形成了党委统一领导，党政齐抓共管，纪委组织协调，部门各负其责，群众参与支持的工作格局，全面开展“领导干部廉洁自律、查处案件、纠正行业不正之风”3 项工作，反腐败实行“标本兼治、综合治理”的工作方针。

二、构建惩治预防腐败体系

2005 年起，纪委监察局贯彻中央《建立健全教育、制度、监督并重的惩治和预防腐败体系实施纲要》，由 3 项工作拓展为教育、制度、监督、改革、纠风、惩处 6 项工作并重，探索构建具有准格尔特色的惩治预防腐败体系。教育方面开展廉政文化“八个创建”和“六进”活动，2008—

2013年，连续被评为内蒙古纪检监察系统宣传教育工作先进单位；制度方面制定党风廉政建设责任制考核细则，实行一把手负总责，分管领导各负其责，党风廉政建设出问题“一票否决”；监督方面先后开展执法监督检查年、作风建设年、效能提升年活动，强化监督职能；改革方面，实行收支两条线管理，推行村务厂务政务三公开，从源头上预防和治理腐败；纠风方面实行“双千人”评议政风行风，创建“五好一满意”农村基层站所；惩处方面重点查办党员领导干部滥用职权、腐化堕落、失职等案件，以及损害群众利益的违纪违法案件。6项工作并举，将“标本兼治、综合治理、惩防并举、注重预防”的反腐败工作方针落到实处。

三、转职能转方式转作风

中共十八大以来，纪委监察局转职能、转方式、转作风，深化纪检监察体制改革，落实中央全面从严治党决策。转职能，两次清理纪委牵头和参与的各类议事机构161个，纪检监察工作从“包打天下”到聚焦监督执纪问责，从守住法律底线到纪律挺在前面，从抓关键少数到管住大多数，回归党风廉政建设和反腐败主业；转方式，严肃查处领导干部违纪违法案件，保持惩治腐败高压态势，监督中央八项规定精神执行情况，常态化纠正“四风”；转作风，稳定基层纪委、纪工委队伍，新增机关派驻纪检监察队伍，加强业务培训，提高业务能力，加强纪律教育，磨炼秉公执纪执法队伍。

第二章　纪检监察工作

第一节　监督检查

“八五”初期，准格尔旗十届纪委重点对党政机关党风廉政建设、国营企业贯彻经济政策法规进行监督检查，纪委、监察局合署办公后，开展农民负担、扶贫资金、支农周转金使用情况专项监督检查和执法监察。党政领导干部住房清查，查出建私房127套10727平方米，涉及干部127人，其中县级干部4人；查出超标准面积住房946平方米，涉及干部56人，其中县级干部3人；收回住房57间，一名科级干部动用公款为自己装修住房，给予严重警告处分。查处招生招工不正之风，纠回上线的大中专违纪考生49名，取消6名不符合条件的民办教师转正资格。清理乱收费问题，部分中小学超标准收费4.33万元全部退还学生，对有关学校罚款7000元；部分医疗单位擅自提高收费标准，没收非法所得1万余元。开展清欠工作，清理收回职工拖欠公款23.83万元；纠正用公款安装住宅电话的不正之风，为国家挽回经济损失12.6万元。

1997年6月，十一届纪委印发《关于提高各级党员领导干部民主生活会质量的意见》，对召开民主生活会的程序、内容提出具体要求，督查重点部门、重点单位党组织开好民主生活会。纠正领导干部违反廉洁自律规定问题，5年清理通信工具133部，收回资金4.9万元，年均节约电话费20多万元；制止购买超编小汽车8台，节约资金128万元。纠风专项治理和执法监察，5年累计查处中小学乱收费案件11件，处理乱收费金额25万多元；治理公路“三乱”问题，撤销违反规定设置的收费卡9个；对重点企业挂牌保护，减轻企业负担400多万元；清理医药市场违规金额234.9万元，取缔无证照或证照不全的医药经销企业和个体诊所35个；粮食流通体制改革执法监察，清理违规资金37万元；检查水利水保资金、扶贫资金、支农周转金、社会保障基金、住房公积金等专项资金，处理违规金额679万多元；落实“收支两条线”规定，罚没违纪金额12.8万元。

“十五”期间，纪委进一步完善了党风廉政建设责任制，包括谈话制度、诫勉制度、民主生活会制度、述职述廉制度、责任追究制度、廉政档案制度，5年对13名领导干部进行责任追究；执行公务用车登记备案制度，登记备案车辆161辆；清理国家机关工作人员和国有企业负责人煤矿入股问题，全旗申报入股130人全部撤资；2003年2月十二届纪委印发《干部职工操办婚丧嫁娶有关事宜的规定》，县级干部向旗委备案审批，科级干部向旗纪委备案审批，邀请人数不得超过200人，不准动用公车，不准占用公共场所，未履行审批手续或超出审批范围操办的一律按违规处理。专项治理群众反映强烈的热点问题，纠正医药购销中不正之风，实行药品集中招标采购，年均减轻患者负担252万元。整治中小学幼儿园乱收费，4名校长立案查处，给予党纪政纪处分，拒不执行“一费制”的1名校长予以免职；治理公路“三乱”，追缴违规收费43万元；出台维护务工人员权益5条保障措施，5年为11035名农民工追回拖欠工资356.4万元。

十三届纪委协助旗委、政府先后出台《准格尔旗行政问责制暂行办法》《准格尔旗党风廉政建设责任追究办法》《准格尔旗“三重一大”实施意见》等35项工作制度，形成用制度管人、管事、管权、管钱的制度体系；开展廉政风险防范管理，全旗9个苏木乡镇、63个旗直部门排查风险点284个，制定风险防范措施171条。全旗通报批评11个单位私设“小金库”，28名责任人作出书面检查，对65名党员干部诫勉提醒谈话。在全旗16个行业204个站所开展服务群众好、服务企业好、服务苏木乡镇中心工作好、依法行政好、廉洁自律好，群众满意度高“五好一满意”评议活动；引进舆论监督，开办“行风热线”广播栏目110期，接听热线电话589个，梳理问题367条，答复解决326个，问题办结率89%。

2011年6月8日，内蒙古自治区县委权力公开透明试点工作会议在准格尔旗召开。准格尔旗列为内蒙古自治区党务公开试点旗县，试点完善主体责任、制度保障、考核监督、监督评议、结果运用、组织领导6项机制，监督检查扩面提标，保障党员的知情权、参与权、选举权和监督权。

中共十八大后，准格尔旗第十四届纪委认真落实中央八项规定要求，元旦、春节、中秋、国庆等重要节点监督检查常态化，严肃处理违规聚餐、婚丧嫁娶大操大办、公车私用等问题，下发通报37期，通报批评82个单位97名工作人员，4人给予党纪政纪处分；整顿工作作风，通报批评24个单位11名工作人员，2人给予纪律处分；专项整治超标准占用办公用房和超标准配备公务用车等问题，封停超编超标公务用车376辆，清理腾退1.28万平方米超标办公用房，清理20名干部违规兼职、29人“吃空饷”问题；查处医疗购销违规行为478起，清理3个“小金库”金额463.9万元，追究7名相关人员责任；针对小腐巨贪问题，全旗159个行政村和23个社区均成立了监督委员会。

2015年，政风行风“双千人”评议，群众对全旗单位部门政风行风总满意度达到91.54%，对基层站所总体评价满意度达到98.49%；基层站所、行业部门“五好一满意”双创建活动，建成市级“五好一满意”基层站所示范点12个，旗级示范点15个；内蒙古自治区党风廉政建设民意调查，准格尔旗党风廉政建设和反腐败工作群众满意率77.3%，排内蒙古102个旗县区第24位。

第二节　廉政教育

“八五”至“十五”期间，准格尔旗反腐倡廉教育，采取举办培训班、印发宣传材料、观看党纪政纪教育片等形式，引导党员干部立党为公、执政为民，筑牢反腐倡廉的思想防线。

2007年5月，十三届纪委印发《准格尔旗廉政文化建设实施方案》，以“八个”创建和“六进”活动为抓手，启动廉政文化建设。创建廉政文化展厅1个、党风廉政建设教育基地2个、廉政文化长廊3个、廉政文化主题公园4个、廉政文化小广场5个、廉政文化街6条、廉政文化大院8个、廉政文化墙28个；创办廉政文化网络和电子显示平台，组建廉政文化志愿者宣传队16支，编印散发廉政文化书籍1.6万册，努力让廉政文化进机关、进社区、进学校、进农村、进企业、进家庭，构建了以党员干部教育为侧重点、廉政文化建设为着力点、群众参与为扩散点的“大宣教”格局。

2008年廉洁文化宣传下乡村

准格尔旗最早的公园是薛家湾镇煤田中心区的准煤公园，占地面积6.8公顷，1995年10月建成对外开放；2004年2月划归准格尔旗后，两家共同出资1600万元拆墙透绿，于2005年改建为友谊公园；2008年，纪委在此建设廉政文化主题公园，赋予公园浓郁的廉政文化氛围，新建廉政文化主题广场、主题墙、清风大道、清风桥、民生乐苑、廉政石刻7部分，由367个廉政文化宣传版面组成，以灯箱、展板、石雕石刻、名言警句为表现形式，展示了务实清廉、忠孝节义的廉政文化内容，游客到公园游览时，传统与时尚完美结合的廉政文化气息扑面而来。

2008年3月28日，内蒙古自治区纪检监察宣传教育工作座谈会暨党风廉政宣传教育联席会议在准格尔旗召开，与会人员实地观摩了准格尔旗廉政文化“八个”创建和“六进”活动成效。

2009年6月29日，纪委举办第一届廉政文化研讨会，来自全旗苏木乡镇、旗直部门120多人济济一堂，对廉政文化建设进行深入研讨；面向社会征集廉政文化作品1080余件，评选出优秀理论文章65篇、文学作品22篇、书法作品93幅、绘画作品51幅、剪纸作品12篇、摄影作品60张、刺绣作品5件、文艺节目8个；举办廉政文化征文比赛、“廉洁在我心中”书画展、红色经典歌曲大合唱颁奖文艺晚会。会后旗会商中心设廉政文化展厅，陈列获奖廉政文化作品221幅，吸引山西省长治市、辽宁省大连市、内蒙古自治区12个盟市及鄂尔多斯市8个旗区纪检监察机关3500多人参观学习。

准格尔旗廉政文化建设成效先后在《人民日报》《中国纪检监察报》等媒体报道；2008年12月27日，中央电视台播出中纪委监察部庆祝改革开放30周年专题片《光辉的历程》，介绍了准格尔旗廉政文化建设。2008—2010 年，准格尔旗纪委监察局连续三年被自治区纪委监察厅评为全区纪检监察宣传教育工作先进单位。2010 年 11 月 9 日，中纪委调研组观摩准格尔旗康政文化建设后，给予高度评价。

2013 年 10 月 17 日，准格尔旗召开第二届廉政文化研讨会。评选出优秀理论文章 33 篇、文学作品 6 篇、书法作品 22 幅、绘画作品 14 幅、剪纸作品 7 篇、摄影作品 7 张、刺绣作品 6 件，编印优秀廉政文化作品集；摄制廉政文化六进专题片《耕耘心灵的沃土》和廉政文化综合宣传片《文化准格尔》；举办廉政书画作品展；编印《十八大以来反腐倡廉政策法规选编》。

2011 年，内蒙古自治区纪委命名首批廉政文化建设示范点。准格尔旗党风廉政建设教育基地被命名为廉政教育示范基地，世纪中学被命名为廉政文化进学校示范点，布尔陶亥苏木铧尖村被命名为廉政文化进农村牧区示范点，铁北社区被命名为廉政文化进社区示范点。到 2015 年，大饭铺电厂、国税局、民族中学、迎泽街道湖西社区、暖水乡暖水村、大路镇大沟村、准格尔召镇忽吉图村、纳日松镇勿图门村、布尔陶亥尔圪壕嘎查、和谐廉政文化公园 10 个单位被命名为市级廉政文化示范点。

2015 年，纪委摄制廉政警示教育微电影《一念》，影片以国土资源部门工作人员与村干部相勾结套取征地款为主线，两位身处相同岗位的国家公职人员，在金钱的诱惑下，作出的不同选择，导致他们的人生轨迹产生巨大差异的故事，揭示了人的“一念”给命运带来天壤之别，立意深刻，发人深省。

第三节　查办案件

“八五”期间，准格尔旗纪委重点治理乱收费、乱罚款、乱摊派和违反计划生育政策问题。受理并核查群众检举 128 件，立案查处违纪案件 32 件，处分党员干部 37 人；学校、医院系统乱收费查实 10 件，退还违规资金，处理相关责任人。

“九五”期间，纪委监察局突出受理群众检举控告 157 次，初查核实 86 件，立案查处 16 件，给予党纪政纪处分 16 人，罚没违纪款 96674 元。其中，中小学乱收费 11 件，涉及乱收费金额 25 万多元。

“十五”期间，受理群众检举控告信件 269 件，初查核实 88 件，立案查处 38 件，给予党纪政纪处分 38 人。罚没追缴违纪金额 43.3 万元，挽回经济损失 187.5 万元。其中，公路“三乱”问题 20 件，医药购销不正之风 10 件，中小学乱收费问题 4 件。

2007—2011 年，受理信访举报 237 件，初查核实 131 件，立案查处 28 件，给予党纪政纪处分 28 人。其中，工作失职问题占立案总数 60.2%，反映出制度不规范，监管有漏洞。对此下发纪律检查建议书和监察建议书 32 份，提出责令整改意见和指导性意见 395 条，其中有 124 人向纪委作出书面检查，对 37 人进行诫勉谈话，通报批评 32 个单位，为国家和集体直接挽回经济损失 175.93 万元。

2012—2015 年，纪委重点查办领导干部插手工程建设、侵吞国有资产、滥用职权、以权谋私、失职渎职案件以及虚报冒领、套取专项资金等损害群众利益的违纪违法案件。立案 101 件，给予党纪政纪处分 151 人，其中，处分科级干部 67 人，谈话诫勉 104 人，责令作出书面检查 115 人，移送司法机关问题线索 8 件，挽回直接经济损失 683 万元。对国土资源局等单位出现的违纪问题进行了“一案双查”，处分违纪人员 69 人，谈话诫勉 7 人，书面检查 11 人。

第二十一篇

群众团体

工会
共青团
妇联
科协
工商联
文联
残联
红十字会

2016年5月大路煤化工基地企业员工越野赛

中共准格尔旗委领导群众团体依法依章程开展活动。工会引导职工弘扬劳模精神，团委引导青少年践行社会主义核心价值观，妇联引导妇女培育良好家风，科技界普及科学知识，文艺界弘扬主旋律，工商界守法经营回报社会，红十字会开展社会救助。2004 年 10 月，准格尔旗被命名为全国科普示范县；2006 年 5 月，团旗委获评全国保护母亲河先进集体；2010 年 10 月，准格尔旗获评全国残疾人社区康复示范县；2011 年 5 月，总工会获评全国模范职工之家；2011 年 11 月，残联被评为全国残疾人康复先进集体。

2007 年 5 月各族各界向四川地震灾区踊跃捐款

第一章　工　会

第一节　工会代表大会

1991 年 12 月 10—12 日，准格尔旗工会第十一次代表大会在沙圪堵镇举行，出席会议代表 205 人，会议听取准格尔旗工会第十届委员会所作的工作报告，选举产生准格尔旗工会第十一届委员会，选举委员 25 名、常委 11 名，选举主席 1 名、副主席 3 名。

1996 年 5 月 21—22 日，准格尔旗工会第十二次代表大会在沙圪堵镇举行，出席会议代表 147 人。旗党政领导和盟工会领导出席会议并致辞。会议听取了准格尔旗工会第十一届委员会所作的工作报告。会议选举产生准格尔旗工会第十二届委员会，选举委员 29 名、常委 9 名，选举主席 1 名，副主席 2 名。

2003 年 3 月 17—18 日，准格尔旗工会第十三次代表大会在薛家湾镇举行，出席会议代表 193 人。会议听取了准格尔旗工会第十二届委员会所作的工作报告。会议选举产生准格尔旗工会第十三届委员会，选举委员 33 名、常委 15 名，选举主席 1 名、副主席 2 名。

准格尔旗工会大厦，2009 年摄

2008 年 4 月 27—28 日，准格尔旗工会第十四次代表大会在薛家湾镇召开，应出席会议代表 120 人，实到代表 113 人。旗四大班子分管领导出席大会。旗委领导、鄂尔多斯市总工会领导分别讲话。大会听取了旗总工会第十三届委员会工作报告，选举产生准格尔旗工会第十四届委员会，选举委员 23 名、常务委员 9 名，选举主席 1 名、副主席 3 名，经费审查委员会主任 1 名。

2014 年 5 月 13 日，准格尔旗工会第十五次代表大会在薛家湾镇召开，出席会议代表 120 人。旗委、人大、政协领导出席会议。旗委领导、市总工会领导分别讲话。会议听取工会第十四届委员会工作报告，选举产生准格尔旗工委第十五届委员会，选举委员 23 名、常委 11 名，选举主席 1 名、副主席 3 名，经费审查委员会主任 1 名。

第二节　工会组织

工会是中国共产党领导的职工自愿结合的工人阶级群众组织。准格尔旗总工会（简称总工会）是全旗各级各类工会组织的领导机关，由中共准格尔旗委领导。1991 年，总工会领导基层工会 98 家，会员 3800 余人，行政事业单位普遍建立工会。1999 年，全旗有私营企业 196 家，从业人员 3775 人，仅 27 家建立工会。

2007 年起，总工会本着“哪里有职工，哪里组建工会”的原则，实施工会组织的单位、区域、行业“三覆盖”组建工程；2009 年，针对非公有制企业员工少、规模小、无阵地等问题，苏木乡镇组建工会联合会，吸收企业员工入会。2011 年，28 个社区全部建立工会，25 人以下企业，职工由社区工会吸纳入会；25 人以上企业自建工会。通过多年努力，工会组织建设实现“三覆盖”，单位覆盖、区域覆盖、行业覆盖。

2015 年，全旗有基层工会 1480 家，其中，独立工会 1465 家、联合工会 15 家；工会会员 5.83 万人，其中农民工会员 2 万人；各级工会配备专职干部 168 人，兼职干部 1917 人。全旗 70% 的工会达到 6 有标准，即有依法选举的工会主席，有独立健全的组织机构，有服务职工的活动载体，有健全完善的制度机制，有自主管理的工会经费，有会员满意的工作绩效。30 家企业工会获评内蒙古自治区示范化企业工会；28 家工会和 30 家分会，建成内蒙古自治区、鄂尔多斯市的模范职工之家、模范职工小家。总工会 2010 年 12 月 20 日被命名为内蒙古自治区模范旗县工会；2011 年 5 月被评为全国模范职工之家。

第三节　工会工作

一、职工劳动竞赛

1991 年，准格尔旗开展增产节约、增收节支的“双增双节”社会主义劳动竞赛。房塔沟硫磺厂通过挖潜改造、技术革新，1992 年生产硫磺每吨降低成本 50 元，生产焦炭每吨降低成本 2 元。1998—2002 年，各生产企业“双增双节”劳动竞赛，累计创造效益 900 万元。

跨入 21 世纪，职工劳动竞赛以“当好主人翁”为主题，引导职工岗位练兵、岗位成才，为国家和社会作贡献。2011 年全旗开展“共建先锋号创新促发展”劳动竞赛，参赛职工达 8400 人次；2012 年劳动竞赛呈现各自不同行业特点。中心医院比职业道德，比岗位技能；公交系统比文明出行，文明服务。旗总工会与准能公司工会联合主办的首届餐饮服务行业职工技能大赛，60 多个比赛项目吸引 100 多家代表队 2000 余人参赛。2014 年，工程建设领域开展比工程质量、比安全施工、比建设工期、比技术创新、比文明施工、比科学管理、创精品工程的劳动竞赛。这一年，全旗参加劳动竞赛 867 家企业 5 万人次。

2014 年 6 月，伊东集团东华能源公司电气车间荣获全国“安康杯”竞赛优胜班组奖。

二、职工民主管理

进入“九五”期间建设社会主义市场经济体制，工会跟踪国营集体企业民营化转制，采纳职工意见，保障转制企业职工合法权益。

跨入21世纪，总工会采取多项措施落实职工民主管理权。实行厂务公开，到2015年，全旗国有和规模以上企业厂务公开和职代会建制率均达90%；建立工资集体协商制度，协商讨论，职代会表决，保障职工工资合理增长；落实民主管理知情权，伊泰煤制油公司每年召开职代会，报告企业经营情况；落实职工表达权，纳日松昶旭煤矿职代会，职工代表反映工资偏低，煤矿工会与公司行政方协商，普遍为职工涨工资；落实职工监督权，2013年内蒙古伊泰京粤酸刺沟矿业公司将“五险一金”交职代会评议。

三、职工劳动保护

榆树湾、房塔沟两硫磺厂，职工多因粉尘污染损伤肺部，造成终身职业病。2001年，总工会建立12个劳动保护监督组；2009年11月参与为期3个月的作业场所职业危害专项整治。总工会投入7.63万元为156个单位4769名女职工投保女职工特病保险。2012年，总工会与规模以上企业签订劳动安全卫生专项集体合同。2014年在女职工中开展预防“两癌”健康知识讲座。2015年在具备条件的伊东集团东华能源公司等6家企业中建立职工心理辅导室，为职工提供心理服务。总工会每年调研职业病防治，重点督促有毒有害、室外安装及高空作业企业，建立健全规章制度。

四、职工依法维权

“八五”至“九五”期间，全旗各级工会组织通过职代会、厂务公开等形式，维护职工合法权益。进入21世纪，面对企业转制遗留问题，总工会与司法局合作成立职工维权服务窗口；2012年，总工会开通“12351”维权电话热线，到2015年累计接收来电200多件，内容涉及工资拖欠、假期难休息等问题；协调处置欠薪，2010—2013年，处置欠薪57件，涉及57家企业1221人，追缴欠薪1720.2万元。2015年，总工会依托劳动监察大队成立了农民工工会，专门负责维护农民工合法权益，及时处理农民工的工资拖欠和工伤等问题。

五、向职工送温暖

“八五”至“九五”期间，工会组织在元旦、春节期间，慰问困难企业困难职工。2000年起送温暖常态化，春送岗位、夏送清凉、金秋助学、冬送温暖。春季举办招聘会，到2015年举办招聘会16场次，3500名农民工和大中专院校毕业生找到心仪岗位；高温季节采购西瓜、白糖、绿豆和防暑降温药品，慰问户外劳动者；2002年起实施开发性送温暖，当年投资12万元帮助50户就业困难职工兴办粮店、饮食、种养等项目，举办就业技能培训班12期395人，180人实现再就业。2007年起，每年秋季对考入大专院校的困难职工家庭给予一次性资助，到2015年累计资助1335人225.6万元。1992—2015年，总工会累计投入998万元，慰问困难企业805家困难职工6139人次，举办再就业培训班25期7000余人。

六、劳模管理

1991—2015年，准格尔旗获评旗级以上劳动模范和先进工作者134人，其中，国家级劳动模范周玉莲，自治区级劳动模范和先进工作者36人，市级劳动模范和先进工作者33人，旗级劳动模范和先进工作者64人。

2007年4月，准格尔旗评选首届劳动模范10名。同年落实各级劳动模范荣誉补贴，荣誉津贴发放标准为，旗级每人每月50元、市级每人每月60元、自治区级每人每月80元、国家级每人每月100元。2006—2015年，总工会先后组织各级劳模5批次免费健康体检，安排4批次劳模荣誉疗休养。2012年10月，准格尔旗成立了劳动模范协会，组织各级劳动模范开展公益服务活动。

第二章　共青团

第一节　共青团代表大会

1992 年 8 月 12—16 日，共青团准格尔旗第十一次代表大会在沙圪堵镇召开，出席代表 300 名，旗委领导到会讲话。大会听取共青团准格尔旗十届委员会的工作报告，通过了共青团准格尔旗第十届委员会工作报告的决议和《共青团准格尔旗委员会关于共青团“八五”期间发展规划要点实施细则》《共青团准格尔旗委员会关于团费收缴、管理使用情况的报告》。大会选举产生共青团准格尔旗第十一届委员会，选出书记 1 名、副书记 2 名。

1995 年 7 月 18—21 日，共青团准格尔旗第十二次代表大会在沙圪堵镇召开，出席代表 205 名，共青团伊克昭盟委领导、旗党政领导出席会议，旗委领导讲话。会议听取了共青团准格尔旗十一届委员会的工作报告，会议选举产生共青团准格尔旗第十二届委员会，选出副书记 2 名。

1998 年 9 月 28—30 日，共青团准格尔旗第十三次代表大会在沙圪堵镇召开，出席代表 187 名，旗委领导讲话。会议听取了共青团准格尔旗十二届委员会的工作报告。会议选举产生共青团准格尔旗第十三届委员会，选出书记 1 名，副书记 3 名。

2004 年 3 月 15—17 日，共青团准格尔旗第十四次代表大会在薛家湾镇召开，出席代表 173 名。共青团鄂尔多斯市委领导、旗党政领导到会祝贺。会议听取了共青团准格尔旗十三届委员会的工作报告，选举产生了共青团准格尔旗第十四届委员会，选出书记 1 名，副书记 2 名。

第二节　共青团组织

中国共产主义青年团准格尔旗委员会（简称团旗委），是中共准格尔旗委员会领导的全旗青年的群团组织，受旗委委托领导全旗的中国少年先锋队组织，是旗委的助手和后备军。

团旗委按照“青年在哪里，团组织就建在哪里；青年有什么需求，团组织就要开展有针对性的工作”的要求，开展团组织建设。1991 年基层乡镇、机关事业单位都建有团委、团支部，个别大型企业也建有团组织；2001 年建设标准化基层团组织，全旗 16 家团委被命名为鄂尔多斯市五四红旗团委；2006 年通过党建带团建，完成苏木乡镇团委换届；2011 年，完成苏木乡镇、

2008 年 5 月 4 日千名青年集体宣誓入团

街道团组织格局创新工作，选出书记13名、副书记25名、委员212名；2012年10月建设实体化“大团委”，9个苏木乡镇新建团支部350个。2014—2015年，团旗委推进苏木乡镇街道团组织格局创新、实体化“大团委”建设和两新组织团建工作，新建“大团委”直属团组织70个，新建两新团组织15个。2015年，民族中学团委被评为内蒙古自治区“五四红旗团委”，国华准格尔发电公司维护团支部被评为内蒙古自治区五四红旗团支部。

团旗委加强团干部队伍建设，采用挂职、兼职方式锻炼团干部。1995年农村团支部书记兼任村委会科技副主任；2009年嘎查、村、社区团支部书记都由大学生村官担任；2010年薛家湾镇团委试点优秀团干部任社区领导班子成员，党员团干部任党支部副书记，党外团干部任居民委员会副主任。

团旗委采取走出去、请进来相结合方式培训团干部。1997年9月派出8名团干部赴北戴河团中央培训基地培训；1998年，以会代训轮训团干部260人；2000年推荐12名“五四红旗团委”书记外出培训；2005年，组织共青团、少先队干部到河北、大连等地观摩；2010年10月举办全旗嘎查村团支部书记培训班，羊市塔、五家尧、海子塔3个培训中心开班，159个嘎查村团支部书记全部参加培训；2011年3月25日请内蒙古自治区团委领导对全旗131个基层团干部、少先队辅导员授课；11月组织26名苏木乡镇街道团干部赴上海考察培训。2012年，请专家对全旗143名团干部、少先队辅导员进行业务培训。

第三节 青年工作

一、青年思想教育

共青团准格尔旗委员会组织青少年学习邓小平理论、“三个代表”重要思想、科学发展观和习近平总书记系列重要讲话精神，引领青少年听党话、跟党走，践行共产主义、爱国主义、集体主义。

1991—1993年，团旗委组织青少年学习国情、区情、盟情、旗情，开展社会主义思想教育。1994—1996年，组织演讲竞赛，开展社会主义市场经济理论大学习大讨论。1997年，组织以“热爱内蒙古、建设内蒙古”和“了解家乡、立志建设家乡”为主题的夏令营。2006年，举办“知荣辱、树新风、做时代先锋”社会主义荣辱观主题教育，5000余人参加。2008年，组织“迎奥运、促和谐、争先锋”知识竞赛，50个代表队150名青年参赛。中共十八大后，持续开展“学党史、知党情、跟党走”“红领巾心向党”“我与祖国共奋进”等主题教育和“热爱准格尔、关心准格尔、建设准格尔”主题实践活动。

团旗委经常开展富有青少年特点的教育活动，纪念“五四”运动，学习雷锋活动，18岁成人宣誓仪式、青年志愿服务、评选杰出青年。2003年组织抗击“非典”青年志愿服务走进农户讲解“非典”防治知识。2005年评选首届“准格尔旗四十杰青年”，10名十杰青年、10名十杰青年企业家、10名十杰青年教师、10名十杰青年农民受到表彰。2007年建成“准格尔青年”网站。2008年开通“准格尔共青团”网站。2010年，“准格尔共青团”网站，开通准格尔青年论坛，网上团员注册、团课培训。2011年，建立团少干部QQ联络群，飞信联络平台。2014年，举办“践行社会主义核心价值观，弘扬主旋律，传递正能量，奋斗的青春最美丽”先进事迹分享会，千余名青年分享了16位好青年的先进事迹。

二、“希望工程”

“希望工程”是团中央、中国青少年发展基金会发起的救助贫困地区失学少年儿童的公益事业。

1991 年，准格尔旗全面实施“希望工程”，相继兴建希望小学 5 所；创办希望之星班 52 个，1014 名学生受益；争取 71.76 万元捐款救助失学儿童 2746 名。1993 年，四道柳中心学校校长张仲田获首届希望工程园丁奖；1994 年，团旗委书记陈杰获首届希望工程建设奖；之后全旗又有 10 人获全国希望工程奖。进入“十二五”后，准旗实现十二年免费教育，“希望工程”转入零星救助。

救助失学儿童。1991 年，全国“希望工程”救助准格尔旗 150 名小学生、4 名中学生、1 名大学生。1992 年，发起“希望工程百万爱心行动”，结对救助 301 名小学生。2004 年，争取 9 万元助学金，结对资助百名小学一年级贫困学生，直到小学毕业。2007—2010 年，948 名贫困家庭学生获资助 40 万元。累计争取资金 71.76 万元，救助失学小学生、中学生、大学生 2746 名。

援建希望小学。1994 年 9 月，香港友人陈廷骅捐资 20 万元，旗人民政府匹配 24 万元，建成伊克昭盟第一所希望小学羊市塔希望小学，12 个班 396 名学生就读。1996 年，建设银行准格尔煤田专业支行捐资 10 万元，伊克昭盟行署拨款 10 万元，旗人民政府匹配 5 万元，四道柳乡政府筹资 15 万元，建成四道柳希望小学，7 个班 225 名学生、14 名教职工入驻。1997 年，香港友人陈廷骅再次捐资 20 万元，旗人民政府匹配 20 万元，在敖斯润陶亥乡建成福和希望小学，五字湾中心学校 5 个小学班 196 名学生、9 名教师入驻。1998 年，内蒙古青少年发展基金会捐资 8 万元，准格尔旗筹资 7 万元，在沙圪堵乡安定壕小学改建希望小学，学生增至 180 余名，增设 20 余名幼儿学前班。2005 年 11 月 20 日，十二连城乡柴登希望小学三层教学楼落成，韩国友人李知恩女士捐资 20 万元，旗人民政府匹配 130 万元，11 个教学班 395 名学生，17 名教职工入驻。

创办希望之星班。2000 年 9 月，职业中学创办内蒙古首个青年文明号希望之星班。2002 年 9 月，鄂尔多斯市首届希望之星班在准格尔旗蒙古族学校开班。2002 年 10 月 13 日，中国青少年发展基金会希望之星班试点资助准格尔旗第七中学 108 万元，资助 600 名贫困学生。2006 年，人寿保险公司准格尔煤田支公司、中石油公司准格尔旗营业部、团旗委资助，办希望之星班 29 个。至此，全旗创办希望之星班 52 个，1014 名贫困家庭学生受益，本人只负担生活费，有的只负担一半生活费。

三、“保护母亲河”

“保护母亲河”行动是共青团组织青年保护黄河、长江及其他主要江河的主题实践。1999 年，团旗委启动保护母亲河行动，以学校、企业、机关团组织为单位，开展“捐 5 元植 1 棵树，捐 20 元种 1 亩草，捐 200 元植 1 亩林，捐 300 元建一处坡改梯田工程”活动，县级干部每人捐款 200 元，科级干部每人捐款 150 元，学校、机关团员积极响应，共收到捐款 2.61 万元。

2000 年 5 月 28 日，保护母亲河工程准格尔项目暨中直机关水保世纪林工程，在魏家峁镇九分子沟流域启动，团中央、水利部、中直机关工委和中国青少年发展基金会共捐资 200 万元。工程历经 3 年建设，完成综合治理面积 700 公顷，其中发展水平梯田 80 公顷；造乔木林 3 公顷，灌木林 154 公顷，乔灌混交林 290 公顷，经济林 40 公顷；人工种草 133 公顷，治理面达到 83.3%，年减少入黄河泥沙 5.3 万吨，年拦蓄地表径流 30.4 万立方米。2003 年 10 月通过中央专家组竣工验收，2006 年 5 月，团旗委被评为全国保护母亲河行动先进集体，王文清被评为先进个人。

四、青年志愿服务

1996 年，团旗委成立准格尔旗青年志愿者协会，组建 34 支青年志愿者服务队，面向困难群众开展“一助一”送温暖、献爱心活动。

2006 年，准格尔旗举办第四届漫瀚调艺术节，旗团委首次公开招募 125 名青年志愿者，承担礼仪迎宾、会场服务、演出服务、秩序维护等服务，展示青年风采，受到社会好评。从此，全旗每次举办大型活动都能看到青年志愿者的身影。

2007 年，45 名青年志愿者为全市两个文明建设现场经验交流会、全区农机工作会议服务。2008 年，35 名青年志愿者为全区城乡规划效能监察工作总结会议、准格尔旗漫瀚调艺术学术研讨会提供随车解说、礼仪接待等服务。2011 年，累计有 150 人次为全旗庆祝建党 90 周年活动、中蒙俄国际汽车摩托车场地越野赛等活动服务。2012 年，完成第六届瀚调艺术节、全市下基层、心连心现场会等 9 次大型活动志愿服务，参加服务的青年志愿者 1000 余人次。

2013 年开始，青年志愿服务转入创建国家卫生县城、国家园林县城、全国文明县城“三城联创”攻坚，到 2015 年，累计从旗直机关抽调 720 余名青年志愿者，交通文明劝导，整治环境卫生，宣传文明创建。

2003 年，准格尔旗开始接收团中央、教育部招募的研究生支教团，东南大学 3 名研究生到第一中学开展为期一年的支援西部教育行动。之后研究生支教规模不断扩大，到 2015 年，累计接收东南大学、首都师范大学、中央民族大学、北京工业大学、内蒙古农业大学 5 所高校 156 名支教研究生。2007 年，团旗委获中国青年志愿者扶贫接力计划研究生支教团优秀组织奖。

2007 年，大学生志愿服务西部计划落地准格尔旗，来自全国 7 省区 12 所高校 21 名大学生志愿者，分赴苏木乡镇、机关单位志愿服务。到 2015 年，全旗累计接收 9 批 20 多所高校 170 名西部计划志愿者。2012 年 7 月，团旗委被评为全国大学生志愿服务西部计划优秀项目办公室。

五、为青年办实事

服务青年交流交往。2004 年 5 月，团旗委在沙圪堵镇成立青年中心，为青年农民进城务工、招商引资企业劳动用工提供双向服务。2012 年 5 月，在大路煤化工基地举办“集聚青年才俊、扎根准格尔旗”交友联谊会，600 多名青年参加。2012 年 9 月，团旗委联合大路煤化工基地管委会，为 43 对青年举办“爱在金秋节、浪漫准格尔”集体婚礼。2013 年 11 月，团旗委联合伊泰煤制油公司开展“约会青春·筑梦伊泰”交友活动，机关事业单位和伊泰煤制油公司 60 多名青年参加。2015 年，建设青少年综合服务平台“青年爱里”，建成十二连城乡、准格尔召镇、薛家湾镇白大路村、友谊街道和泰社区、兴隆街道站北社区 5 家“青年爱里”。

2018 年大路煤化工基地青年职工交友联谊

促进青年就业创业。1991 年起，团旗委开展实用技术、餐饮服务、计算机操作、汽车修理、驾驶技术等创业知识培训，到 2015 年，全旗 7 万多名农村青年参加了培训。进入“十五”后，每年举办大学生就业招聘会，2013 年“助力起航成就梦想”准格尔旗大学毕业生人才推广招聘会，吸引 55 家大中型企业参加，2500 名大学生进场求职，686 名大学生与用人单位达成就业意向。2014 年依托巨海蔬菜批发市场创办青年创业园，免费提供 1 万多平方米经营场地，当年入驻青年商户 31 家，实现就业 58 人，带动就业 131 人。

助推青年岗位成才。1994 年，实施跨世纪青年文明工程和青年人才工程。跨世纪青年文明工程创建青年文明号，在工交、基建、财贸、服务行业开展安全生产、文明服务、达标竞赛活动。1999 年准格尔经济技术开发区国税局办税厅被命名为内蒙古青年文明号；2000 年 6 月国税局薛家湾办税服务厅被命名为全国青年文明号；2009 年薛家湾第四派出所被命名为内蒙古青年文明号；2011 年中国移动准格尔旗分公司被命名为内蒙古青年文明号；2014 年中国石化银得来加油站被命名为内蒙古青年文明号。到 2015 年，全旗创建旗级青年文明号 23 个、市级青年文明号 17 个。跨世纪青年人才工程，在农村培养星火带头人，在城镇培养青年岗位能手。到 2015 年，全旗共培养旗级以上星火带头人 878 名、脱贫致富青年带头人 57 名，向自治区团委推荐星火带头人 3 名；到 2004 年，共培养青年岗位能手 2243 名，45 周岁以下岗位能手实行档案管理。

开展青少年法制教育。2006 年 9 月，在看守所建成青少年法制警示教育基地，到 2015 年，累计组织 4000 多名青少年参观。2010 年，在准格尔旗电视台播放 52 集《青春防线》栏目，2011 年推出该栏目网络版。2015 年，团旗委成立青少年法律维权工作站，苏木乡镇街道设立青少年法律援助中心。

实施“蒲公英”圆梦计划。2013 年，团旗委联合东南大学团委，组织家庭贫困且品学兼优的学生到南京知名学府、名胜古迹参观学习，参加 2014 年全国青少年高校科学营江苏科学营的开营仪式，聆听中国工程院院士、东南大学教授的讲座。到 2015 年，33 名学生参与圆梦计划。

第四节　少先队工作

一、少代会

1991 年 6 月 17—19 日，中国少年先锋队准格尔旗首届代表大会在沙圪堵镇召开，大会选举成立中国少年先锋队准格尔旗第一届工作委员会，举办少先队辅导员培训班，学习《少先队辅导员工作纲要》。

1999 年 6 月 19—20 日，中国少年先锋队准格尔旗第二次代表大会在沙圪堵镇召开，少工委报告了工作，旗委领导讲话，大会选举产生第二届少先队工作委员会。

2004 年 3 月 17—19 日，中国少年先锋队准格尔旗第三次代表大会在薛家湾镇召开，少工委报告了工作，旗委领导讲话，大会选举产生第三届少先队工作委员会。

二、主题实践

准格尔旗少先队主题实践活动紧扣时代脉搏。“八五”期间，组织学雷锋、学赖宁活动，开展热爱祖国、热爱社会主义、热爱中国共产党教育。“九五”期间，以“中国少年雏鹰行动”为基本载体，为 21 世纪培养合格的建设者和接班人。1998 年，准煤公司第二小学少先队大队被评为全国红旗大队。

“十五”至“十一五”期间，开展“城乡手拉手”“小手拉大手”活动，实践主题有，小小红心向着党、星星火炬代代相传、21 世纪我能行、做一个了不起的中国人等。2009 年，全旗评选首届十佳少先队辅导员、十佳少先队员。

中共十八大以来，强化政治引领，优化成长环境，推出“我与祖国同成长”少先队活动课，让红领巾与红旗齐飘扬。2015 年，社会主义核心价值观进课堂，开展“让红领巾心中有核心”主题队日活动，覆盖全旗少先队员 6700 名。

第三章　妇女联合会

第一节　妇女代表大会

1995 年 7 月，准格尔旗第九届妇女代表大会在沙圪堵镇召开。出席大会的正式代表 168 人，特邀代表 6 人，列席代表 52 人。会议审议通过妇联第八届执委会工作报告，选举产生准格尔旗妇女联合会第九届执行委员会委员、常委、主席、副主席。

2004 年 3 月 7—9 日，准格尔旗第十届妇女代表大会在薛家湾镇举行，应到代表 150 人，实到代表 136 人。会议听取和审议了妇联第九届执行委员会工作报告，通过《关于准格尔旗妇联第九届执行委员会工作报告的决议》，选举产生准格尔旗妇女联合会第十届执行委员会委员 23 人、常务委员会委员 9 人，选举主席、副主席。

第二节　妇女组织

准格尔旗妇女联合会（简称旗妇联），是旗委领导的人民团体，是联系妇女的桥梁和纽带，团结、动员妇女参与经济建设和社会发展，代表和维护妇女权益，促进男女平等。2005 年，准格尔旗妇女儿童工作委员会办公室设在旗妇联。

1991 年，全旗有 28 个乡镇妇女代表大会（简称妇代会）、278 个村居委妇代会，行政事业单位和部分企业建有妇委会，到 2000 年，一类、二类妇代会达到 99% 以上。2001 年，开展妇女组织规范化建设，到 2010 年，全旗建成 10 个基层妇联组织建设自治区级示范村、社区，兴隆街道建成自治区级示范街道、薛家湾镇银泽社区建成全国妇联基层组织建设示范社区。2011 年，把基层妇女组织纳入“妇女之家”建设，建立起覆盖全旗 182 个村、社区的“妇女之家”。2014 年，迎泽街道湖西社区“妇女之家”被评为内蒙古自治区示范“妇女之家”。2015 年，将新经济组织、新社会组织妇女组织建设纳入妇联基层组织建设。

2015 年年底，全旗有苏木乡镇街道妇女联合会 13 个，党政机关、事业单位妇女委员会 88 个，新经济组织和新社会组织妇委会 24 个，村社区妇代会 182 个。建成鄂尔多斯市优秀“妇女之家”7 个，旗级示范“妇女之家”17 个，协作共建“妇女之家”11 个，农民工“妇女之家”3 个。

第三节　妇女儿童工作

一、培养妇女干部

1991 年，准格尔旗提拔使用妇女干部 19 名，其中副县级 1 名，结束了全旗没有女性县级领导干部的历史。1995 年，全旗 28 个乡镇领导班子中，妇女干部 6 名，旗直机关副科级以上女干部 60 名。2000 年，全旗有 3 名县级女干部，87 名科级女干部，2005 年，全旗副科级以上妇女干部 89 名。

2015 年，全旗有 351 名女性进入村（社区）党支部委员会、居民委员会，其中，21 名当选党支部书记、18 名当选居民委员会主任，186 名担任妇代会主任。

二、“巾帼建功”

1991 年，全国妇联发起“巾帼建功”活动，旗妇联引导城镇妇女干一行爱一行，岗位成才、建功立业。

1992 年，开始评选巾帼建功女能手。1996 年，开始培训女工和下岗女工，2001 年整合为巾帼素质工程，持续开展女性劳动技能培训。到 2015 年，累计培训妇女 1173 人次，1089 名妇女实现就业创业。1997 年，开展巾帼文明、巾帼成才、巾帼创业系列行动，围绕学习张家港，重点创建巾帼文明示范岗、市场建功文明经营户。1998 年，扶持糖酒公司 6 名下岗女工创办下岗女工服务部；2000 年在薛家湾镇创办巾帼社区服务中心，组织就业困难妇女从事手工编织；2003 年扶持沙圪堵镇创办巾帼社区服务中心，两镇巾帼社区服务中心帮助 130 名妇女从事家政服务就业。2009 年，启动女大学生创业无息贷款项目，向 13 名女大学生发放每人 3 万元创业贷款；2011 年争取内蒙古妇女创业小额担保贷款 300 万元，发放 49 户家庭；2014 年，协调博物馆收藏友谊街道听障人士张娟的十字绣作品《清明上河图》，获得 6 万元扶困资金。到 2015 年，累计为 118 名妇女提供创业贷款 730 万元。

准旗“巾帼建功”活动，涌现出大批先进集体和先进个人。2004 年，煤管局唐公塔女子收费站被命名为全国巾帼文明示范岗；2012 年，环卫园林局女子环卫队、广播电视台新闻中心被命名为内蒙古巾帼文明岗。2009 年，准能公司黑岱沟露天煤矿王艳红被评为全国巾帼建功标兵；2012 年，黑露天煤矿选煤厂煤质化验室张学英被评为全国巾帼建功标兵；2015 年，教育局教学研究中心赵睿被评为全国“巾帼建功”标兵。至此，全旗 45 个集体被命名为旗级以上巾帼文明岗，41 人获评旗级以上“巾帼建功”标兵，9 人获评旗级以上巾帼创业带头人。

三、“双学双比”

1991 年，准旗正在开展全国“双学双比”活动，组织农村妇女展开学文化、学技术、比成绩、比贡献竞赛。以技术培训为手段，培育“双学双比”户。

旗妇联组织学习培训，提高妇女素质。到 2000 年，举办各类培训班 985 期，掌握 1 门以上实用技术的妇女近 4 万人，80% 的妇代会主任接受实用技术培训，57 名妇代会主任成为农民技术员。2001 年起，组织农村妇女参加农函大学习。2002 年起，创办农村妇女学校，组建科技服务队。到 2015 年，5000 多名妇女参加农函大学习，5.6 万名农村妇女掌握 1 门以上农村实用新技术。

旗妇联抓基地建设，抓能人带动。1997 年，确定沙圪堵乡福路村为“双学双比”产业示范基地。2008 年建设三八绿色工程示范基地。2009 年实施“巾帼新农村创业微贷款项目”，向 125 名女能手提供创业贷款 650.8 万元。

到 2015 年，建成示范基地 62 个，建成三八绿色基地 23 处 1600 公顷，全旗建成“双学双比”示范户 1677 户，巾帼示范村 2 个，涌现出“双学双比”女能人 50 名，周玉莲、王秀花获评全国“双学双比”女能手，段秀英获评内蒙古“双学双比”女能手。

四、“春蕾计划”

2001 年，旗妇联开始实施改善贫困家庭女童受教育状况的“春蕾计划”，通过“春蕾桥”为女童寻找资助者，4 名女童得到旗外热心人士资助，36 名女童得到旗乡妇联结对救助；争取到百事可乐公司 10 万元助学金，帮助 101 名中小学女生完成学业。2008 年起，“春蕾计划”救助范围由小学生扩大到中学生、大学生，由女童扩大到特困男生。2001—2015 年，旗乡两级妇联通过筹措政府资金、为困难儿童寻找爱心人士资助等方式，累计资助困难学生 1596 名，资助金额 87.68 万元。

五、"母亲水窖"

2001 年 6 月 9 日，第一眼"大地之爱·母亲水窖"在纳林镇寨子塔村建成供水，这是中国妇女发展基金会发起解决干旱山区人畜饮水难，解除留守母亲取水劳累的慈善项目。旗妇联分三期实施该项目，第一期在纳林镇寨子塔村，第二期在窑沟、东孔兑、神山、沙圪堵、西营子、马栅 6 个乡镇 27 个村，第三期在马栅、纳林、西营子 3 个镇 6 个村。到 2003 年，累计完成投资 124.75 万元，其中，争取上级项目资金 50.71 万元，地方匹配 50 万元，群众自筹 24.04 万元；建成旱井、水窖 1091 眼，解决了 4220 人 1.19 万头（只）牲畜饮水问题，发展水地 62 公顷。之后陆续为水窖配备了净水器。

六、维护妇女权益

"八五"至"九五"期间，准格尔旗损害妇女儿童权益案件不时发生，由于妇女依法维权意识淡薄，很少到妇联组织维权。跨入 21 世纪，损害妇女儿童权益案件呈逐年增加趋势，"十一五"末达到高峰期，维权主要反映家庭暴力、婚姻财产纠纷、子女抚养 3 类问题。

2001 年，旗妇联与法院"双向聘任"，法院聘用 10 名妇女干部为特邀陪审员，妇联聘用法官为维护妇女儿童权益法律顾问。2003 年，司法局开通"148"妇女维权热线电话，法律援助中心设妇女部。2004 年，公安局"110"报警电话开始接办家庭暴力警情。全年"148"热线接受妇女咨询 10 起，"110"报警电话接办家庭暴力警情 5 起，旗妇联调解妇女维权案件 19 起。

2008 年起，开展"三八"法律维权周宣传活动，旗乡两级妇联组织印发《中华人民共和国妇女权益保障法》《中华人民共和国婚姻法》《内蒙古自治区预防制止家庭暴力条例》等宣传材料；广播电台开办《妇女与法》专栏，引导妇女依法维权。

2010 年，旗妇联开通"12338"维权热线电话，设立信访接待室；法院民事一庭开设妇女维权合议庭，组建有 18 名人民陪审员的维权志愿者服务队；薛家湾镇第一派出所设立妇女庇护所。全年接待信访案件 20 起，审理维权案件 134 起。2012 年，苏木乡镇街道建立妇女儿童维权工作站，接待妇女信访 27 次，调解维权案件 9 起；旗妇联受理维权热线电话咨询 17 次，接待妇女来访 17 次。

2015 年，旗妇联与司法局联合成立婚姻家庭纠纷人民调解委员会，调解委员会设在旗妇联权益部，由资深专业律师、维权志愿者组成婚姻家庭纠纷调解专家库。全年办理妇女维权案件 28 起。

七、创建文明家庭

家庭是社会的细胞，家庭文明则社会文明。旗妇联注重发挥妇女在文明家庭建设中的独特作用，"八五"至"九五"期间，引导妇女勤劳致富、计划生育、家庭幸福，创建"十星级文明小康户"。

"十五"至"十一五"期间，旗妇联引导妇女学科学，懂法律，倡导科学、文明、健康的生活方式，创建"五好文明家庭"。2008 年，龙口镇肖莲家庭获评全国平安家庭；2010 年，布尔陶亥苏木周玉莲获评内蒙古百佳十星级文明户；2012 年，龙口镇杨秀娥荣获内蒙古"感动草原十杰母亲"提名奖。

中共十八大以来，旗妇联引导妇女注重家教、家风，培育爱国爱家、相亲相爱、向上向善的家庭新风尚。从 2014 年开始，全旗各级妇联组织开展寻找最美家庭活动，至 2015 年，全旗评选出市级最美家庭 3 户、旗级最美家庭 19 户、乡级最美家庭 26 户、村社区最美家庭 80 户，大路镇唐娥娥家庭、蓝天街道周俊梅家庭，被评为内蒙古自治区最美家庭。

第四章　科学技术协会

第一节　科学技术协会代表大会

1991 年 11 月 30 日至 12 月 1 日，准格尔旗科学技术协会（简称科协）第一次代表大会在沙圪堵镇召开，来自乡镇、部门、学会、协会、企业和科技示范户代表 127 名参加，大会听取科协工作报告，选举科协第一届委员会，选出委员 42 名，通过《准格尔旗科学技术协会章程》。

2004 年 11 月 29—30 日，科协第二次代表大会在薛家湾镇召开，100 名代表参加，大会通过科协工作报告，选举科协第二届委员会，选出委员 45 名。

2010 年 12 月 2 日，科协第三次代表大会在薛家湾镇召开，233 名代表参加，大会通过科协工作报告，选举科协第三届委员会，选出委员 239 名。

第二节　科技协会组织

一、旗级科技协会

准格尔旗科学技术协会，是旗委领导下的科学技术工作者的群众组织，指导苏木乡镇街道科学技术协会和行业科学技术组织。1991 年与准格尔旗科学技术委员会（简称科委）合署办公。1992 年 1 月与科委分设，1995 年 12 月再次与科委合署办公。2002 年 6 月，科协再次单设，财务由科学技术局统一支配。2007 年 4 月，科协正式单设，独立履行科学技术普及主力军的职能。

二、基层科技协会

1991 年，准旗科学技术普及工作由 16 个乡科技副乡长负责。1999 年，乡镇普遍建立科协。2001 年、2005 年，两次撤并乡镇，基层科协随之调整和充实，保证工作连续。2007 年 4 月，基层科协吸收居民委员会主任和科技带头人参加，协会工作延伸到村一级。2015 年，全旗有 13 个苏木乡镇街道科协组织。

三、行业科技组织

1991 年，准旗农业、林业、畜牧、水利、水保、农机、卫生、建筑、公路等部门成立行业科技学会 12 个，会员千余名。跨入 21 世纪，部门成立的行业学会不能满足工业化、城镇化、农牧业产业化需要，农民专业技术协会、企业技术研发中心应运而生。2003 年，开始发展行业科技服务中介组织。2004 年，发展科技中介服务组织 28 个，会员 1500 余名。2009 年，全旗有旗级学会 74 个，会员万余名。科协完善学会组织和制度，为科技工作者搭建平台。2015 年，全旗有行业科技组织 66 个，会员 3000 余名。

1991 年，全旗有农业专业技术协会 118 个，会员 1530 名。2000 年开始，淘汰有名无实的农业技术组织。2009 年，全旗有农村专业合作组织 62 个，科普作用明显的有，蓿亥图西瓜协会、薛家湾养猪协会、兴农绿色产业协会、农民沙棘协会、巨合滩惠农渔业合作社、五家尧永兴养殖合作社、农乡丰小杂粮基地、雨润农牧业专业合作社、周玉莲无公害蔬菜协会9家，会员10778名。这9家农村专业合作组织发展到2015年，会员不足5000名。

2003年3月20日，蓿亥图西瓜协会成立，会员3050名，建3.3万平方米交易市场。2004年注册“树农”牌西瓜集体商标；2005年获无公害西瓜产地认证和无公害产品认证；2008年500亩西瓜种植基地获有机食品认证。2008年2月，蓿亥图西瓜协会被评为全国最具影响力农民合作组织。2010年“树农”牌有机西瓜通过有机产品认证。

第三节　普及科学技术

一、科普阵地

1994年，中国农村致富技术函授大学在准格尔旗设分校。2000年，科协在会商中心建科普活动中心。2007年起，科协先后在准格尔广场、民族中学、永安小区、蓝天社区、南山公园、龙口镇麻地梁村等地建科普画廊22处，在薛家湾镇12个社区建立科普宣传栏，建惠农科普服务站4个，科普活动室1处，青少年科普图书室1个。2008年，科协引进全国“华硕科普图书室”项目，陆续在村、社区建成23个科普图书室，争取1辆“科普大篷车”。2015年，科协在大路新区图书馆三楼建科普活动馆；支持1家企业建青少年科普活动中心，协助教体局青少年活动中心、卓雅青少年活动中心建青少年科技创新服务中心。

二、科普队伍

1991年，全旗下派科技人员192名，承包科技项目113项，推广农牧业实用技术。2004年开始，派驻科技特派员开展科技创业服务，到2009年，派驻农牧业科技特派员65名，创办领办农牧业技术实体8家；派驻工业科技特派员9名，创办领办企业技术研发中心9家。2007年12月，成立少数民族科普工作队，招募科普志愿者99名。2008年10月，建立科学技术专家库，首批入库专家24名。2015年，科学技术专家库专家60名；全旗各类科普志愿队伍稳定在300人左右，从中选拔39名，重新组建科普志愿服务队。

三、科普宣传

“八五”期间，准旗主要通过放映电影前加映科技片、集市印发科技资料，普及农业科技知识。1997年起，科协参与一年一度的文化、科技、卫生“三下乡”活动。2000年，开办《科普长廊》电视专栏，每周一期；开办《绿色田园》和《科普生活》广播栏目，每周三期。

2001年起，科协在每年5月第三周开展全国“科技活动周”宣传；2003年6月29日，在《中华人民共和国科学技术普及法》颁布实施一周年之际，开始一年一度的全国科普日宣传。2002年4月开通全国农村技术市场信息“村村通”工程；2004年开通准旗“96048”农牧业科技服务热线电话；2007年5月1日开通科普宣传手机短信平台；2008年3月24日开通准旗公众科普网站。定点集中宣传与流动巡回宣传结合，线上宣传与线下宣传相结合，“三下乡”逐步发展成为“科技常下乡”，科普宣传常流水、不断线。

2011年，科协集中宣传科技知识125场次，放映科教电影、录像102场次，发放科技资料5万余份，展出科普图片500多幅，直接受众3.5万人次。2015年1月23日，启动“体验科学——中国流动科技馆”巡展，免费向公众开放2个月，参观者达5.54万人次。

1992—2015 年，科协先后编印了《新农村建设篇》《健康城市篇》《新农村实用技术养殖篇》《安全生产篇》《科学用水》《建设新农村》《煤矿安全》《健康生活》《应急避险》等科普图书。

四、科技培训

科协在乡级科普培训中心、村级文化夜校、中国农村致富技术函授大学分校等科普阵地，面向农村普及农业适用技术，培养了大批农村家庭技术员、农业科技带头人、科技示范户、科技明白人。1991—2015 年，累计科技培训近 30 万人次，培训家庭技术员 6 万余人，培训科技带头人、科技明白人、科技示范户 9 千多人，全旗有农函大学员 1584 名，其中准格尔旗分校大专班 131 名。

2012 年科技特派员传授保护地蔬菜种植技术

2004 年 11 月，科协借“中国煤炭科技万里行——走进鄂尔多斯”在准格尔旗开幕之际，组织煤炭企业负责人、技术员聆听了煤炭开采新技术、新工艺、新产品专题讲座。2005 年，与内蒙古农业大学联合举办畜牧兽医短期培训班。2007 年 3 月，在十二连城乡、沙圪堵镇蔬菜基地，实地举办 3 期园艺技术培训班。2007 年 10 月至 2008 年 9 月，连续举办 15 期农民工职业技能培训班。2008 年 4 月，组织农业科技人员参加第九届中国国际蔬菜科技博览会，参观山东寿光高科技种植示范园。2013—2014 年，举办奶牛养殖、疫情防治、食用菌栽培、瓜菜种植 8 期培训班。2015 年，邀请市旗两级专家深入沙圪堵镇、暖水乡等地授课 12 次。

五、科普成果

2004 年 10 月，准格尔旗被中国科学技术协会命名为第二批全国科普示范县；2008 年被第二次命名为全国科普示范县；2011 年被第三次命名为全国科普示范县。

2000 年 12 月，沙圪堵乡福路村段秀英被评为全国科教读书示范户。2006 年 10 月，布尔陶亥苏木铧尖村周玉莲被评为全国星火科技带头人。2009 年，布尔陶亥苏木周玉莲无公害蔬菜基地被评为全国科普惠农兴村计划先进单位。

2005 年，蓿亥图西瓜协会被评为内蒙古百强农业技术协会。2008 年，五家尧科普示范基地、沙圪堵镇生态科普示范基地，被命名为内蒙古星级农村科普示范基地；兴农绿色产业协会被命名为内蒙古农村专业技术协会。2009 年，蓿亥图西瓜协会、巨合滩惠农渔业合作社、周玉莲无公害蔬菜基地、五家尧永兴养殖基地，被评为内蒙古星级农村专业技术协会和星级农村科普示范基地。

第四节　青少年科普

一、科普阵地

2003 年 6 月，准格尔旗成立青少年科技教育协会，加入协会学校 10 所，发展会员 53 名，下设科技小组530个，全旗参加科技活动学生2.24万人，占学生总数的55%。科协在民族中学建立准格尔旗青少年科技活动中心，配备科普图书1000册，科普挂图20套，校园设立科普橱窗；命名阳湾小学为全旗青少年科普示范基地。到2015年，第九中学、薛家湾第二小学、第五中学也先后建成全旗青少年科普示范基地。

二、科普活动

“八五”至“九五”期间，准旗青少年科普活动，主要依靠中小学自然科学课程展开，走出校园动手实践的机会不多。进入21世纪，科协加强学校辅导员培训，面向学生举办科技讲座，科技大篷车开进校园科普巡回展示，举办科学知识竞赛，激发了青少年科技创新兴趣。2008年6月，科协向世纪中学、第九中学赠送价值5万元的车模、航模和科技实验器材。1992—2015年，科协举办学校辅导员科技培训15次，培训辅导员841人，举办中小学科技讲座课15次，万余名学生参加。

三、科技竞赛

1991年，准格尔旗1名中学生获全国“化智杯”智力竞赛三等奖。1992年，全国“化智杯”智力竞赛，准旗5名中学生分获二、三等奖；在内蒙古科技小论文竞赛中，1名中学生获二等奖。1994年，内蒙古青少年发明论文比赛，第一中学学生分获小论文比赛一等奖、小发明比赛二等奖。

跨入21世纪，科协开始选送作品参加上级青少年科技创新大赛。2005年，准旗1件作品获内蒙古青少年科技创新大赛三等奖。2006年，内蒙古青少年科技创新大赛，准旗8件作品获奖。2007年起，科协组织全旗青少年科技创新大赛，准旗获奖作品参加上级青少年科技创新大赛；1件作品获内蒙古青少年科技创新大赛奖。2015年，准旗15件作品获内蒙古青少年科技创新大赛奖。2013—2015年，全旗有92件作品获鄂尔多斯市科技创新大赛奖，15件作品获内蒙古青少年科技创新大赛奖。

第五章 工商业联合会

第一节 工商联代表大会

1991—2015年，准格尔旗工商业联合会（简称工商联）共召开5次代表大会，听取工商业联合会工作报告，选举生产新一届工商业联合会。1992年1月6日第三次代表大会、1997年4月10日第四次代表大会，在沙圪堵镇召开。2004年6月30日第五次代表大会、2008年7月25日第六次代表大会、2012年3月13日第七次代表大会，在薛家湾镇召开。

第二节 工商联组织

准格尔旗工商业联合会，是旗委领导的人民团体和商会组织，是党和政府联系非公有制经济人士的桥梁纽带，是旗人民政府管理和服务非公有制经济的助手。2015年，全旗有工商联基层组织19个，其中基层商会13个、行业商会6个；会员326名。

一、民间商会

1997 年 4 月，准格尔旗民间商会成立，会长由工商联主席兼任，2009 年 4 月民政局备案，与工商联合署办公。商会备案后，组织会员 21 人赴美国、加拿大商务考察。2009 年，组织会员企业 44 家成立准格尔旗百会巨业商贸公司，注册资金 2000 万元，投资 2.2 亿元在大路新区新建中小企业创业大厦，占地面积 2.34 万平方米，建筑面积 4.4 万平方米，专门为中小企业提供培训、融资、科技、法律、信息咨询服务。

二、基层商会

1994 年，成立沙圪堵、薛家湾、榆树湾 3 地商会分会；1995 年，成立五字湾、魏家峁、哈岱高勒、纳林 4 地商会分会。1998 年，统一更名为乡镇商会。到 1999 年，全旗 27 个乡镇全部成立商会，有会员 252 名，私营企业主和个体工商户入会率 5.6%。2015 年，全旗 13 家基层商会，有会员 313 名，私营企业主和个体工商户入会率 1.7%。

2010 年工商联牵头建成中小企业创业大厦

三、行业商会

2015 年，全旗有 6 家行业商会。1993 年成立伊克昭盟企业家协会准格尔旗分会，入会企业家 25 名，其中国有企业法人 14 名，集体企业法人 9 名，私营企业法人 2 名，2000 年更名为鄂尔多斯市企业家协会准格尔旗分会。2000 年 6 月，薛家湾镇兴隆市场个体户袁富发发起成立兴隆市场商会，入会商家 50 户。2003 年 5 月，华六酒业公司董事长李军发起成立酒业商会，入会会员 36 家，包括金川啤酒薛家湾总代理、河套酒业薛家湾总代理，其他名酒经销商 34 家。2004 年 7 月，个体运输司机张文涛发起成立运输商会，26 名个体司机入会。2012 年 5 月，天邦集团总经理刘广发起成立混凝土商会，16 家混凝土企业入会。2014 年 4 月，磊通货运公司经理郝志强发起成立物流协会，会员 50 家。

第三节　工商联工作

一、工商业人士参政议政

2005 年，工商联推荐伊东集团董事长杨二喜、生力民爆公司董事长张俊彪、华峰商贸公司法人王三成、久荣地毯公司法人吕虎平为鄂尔多斯市中国特色社会主义事业的优秀建设者。2013 年，推荐民营企业家杨二喜、郝林茂为鄂尔多斯市人大代表，民营企业家刘二文、崔连国、陈艳春为鄂尔多斯市政协委员，有 5 名民营企业家推荐为旗人大代表，17 名推荐为旗政协委员。

工商联组织非公有制人士参政议政。20 世纪 90 年代，因本土煤价低于全国市场煤价，重点关注煤矿开采和运输；因国家认可个体私营经济，调研个体私营经济；国营集体企业转制民营后，关注转制企业发展和破产企业职工再就业。进入 21 世纪，更多关注非公有制经济发展政策、中小企业融资和非公有制企业党组织建设。从 20 世纪 90 年代到 2015 年，累计调研民营企业 40 多次，组织非公有制经济人士中的人大代表、政协委员提出提案、议案 51 件。2004 年的《关于加快非公有制经济发展的思考》《关于准格尔旗基层商会的调查与思考》，2013年的《关于非公有制经济人士统战工作的探讨》被内蒙古自治区党委统战部《统战理论研究》采用。

二、服务非公有制经济

工商联组织学习培训，提高非公有制经济人士素质。1991—2015年，组织各类培训班、研讨班、专题讲座16期，培训人数达2000多人次；推荐100多位民营企业家赴清华大学、中国人民大学等名校学习。2011年，聘请经济学家郎咸平教授主讲《紧缩政策形势下中国经济走势与新能源产业发展》，及时为过热的房地产降温，减少跟风投资风险。2015年，特邀中央党校潘云良教授作了题为《中国经济新常态与全面深化经济体制改革》的专题讲座，引导私营企业对应经济新常态，融入新发展格局。

工商联多方牵线搭桥，为非公有制经济发展服务。工商联2000年成立法律服务所，2002年成立法律咨询委员会和经济咨询委员会，为非公有制经济提供智力支持和法律服务。组织银企对接洽谈，2011年，促成中国银行准格尔旗支行与中小企业签订战略合作协议，每年为中小企业提供3亿元贷款；2013年，35家企业与金融机构达成意向性融资137亿元。组织招商引资活动，到2015年，累计外出招商16次，引进资金50多亿元。

全旗非公有制经济从小到大，发展迅猛。1992年，全旗个体工商户2392户，从业人员3527人，产值836万元；非公有制企业47户，从业人员935人，产值300万元。1999年，全旗个体工商户4555户，从业人员7534人，产值1045万元；非公有制企业270户，从业人员3309人，产值4046万元。2015年，全旗非公有制企业3294户，是1992年的70倍，其中规模以上企业113家；个体工商户1.49万户，是1992年的602倍；非公有制经济产值819.2亿元，占全旗地区生产总值74%，纳税59.25亿元，占全旗税收75%，就业7.88万人，占全旗劳动力80%。

1995年10月，全旗只有哈岱高勒乡阳圪卜煤矿入围内蒙古民营企业百强；2011年，4家民营企业入围内蒙古民营企业百强，伊东集团第4位，宝平湾煤炭公司第24位，生力集团第39位，蒙南煤炭公司第73位。2015年，伊东集团入围全国民营企业500强，恒东集团、生力集团入围内蒙古民营企业百强。

三、"光彩事业"

1994年，准格尔旗工商业人士响应党和国家号召，投身"八七"扶贫攻坚，促进共同富裕的光彩事业。2003年，组织民营企业为抗击"非典"捐资91.80万元，捐物货值7.51万元。2010—2011年，组织民营企业"感恩奉献、回报社会"行动，每年为全旗1949年前投身革命的141名老干部、老党员、老战士，每人帮扶善款1万元。从"八七"扶贫到精准扶贫，从新农村建设到美丽乡村建设，到2015年，实施"光彩事业"项目85个，累计投资130多亿元，直接帮扶受益近万人次，创造就业岗位1500多个。

第六章　文学艺术界联合会

第一节　文联代表大会

1998 年 8 月 10 日，准格尔旗文学艺术界联合会第一次代表大会在沙圪堵镇召开。190 名文艺工作者出席。会议制定《准格尔旗文学艺术界联合会章程》；选举产生文学艺术界联合会领导班子，选出常委 27 名，委员 24 名；成立文学、书法、戏剧、漫瀚调、音乐舞蹈和美术摄影 6 个协会；表彰 33 名优秀文艺工作者。

2010 年 4 月 20 日，准格尔旗文学艺术界联合会第二次代表大会在薛家湾镇召开。出席代表 154 名。其中文学协会代表 27 名，书法美术协会代表 45 名，摄影协会代表 12 名，音乐舞蹈家、影视剧协会代表 33 名，漫瀚调协会代表 15 名，民间文艺协会代表 17 名，硬笔书法协会代表 5 名。会议总结了第一次代表大会以来全旗文学艺术事业成就，部署今后五年文学艺术工作任务；选举产生文学艺术界联合会第二届领导班子和各协会领导。

第二节　文学艺术组织

准格尔旗文学艺术界联合会（简称文联），是旗委领导的由文学艺术工作者组成的人民团体。2015 年，有文学协会、书法家协会、摄影家协会、音乐舞蹈影视剧协会、漫瀚调协会、美术家协会、硬笔书法家协会、民间文艺家协会、诗词学会和准格尔经济开发区书画协会 10 家团体会员，个人会员 2000 多名。

文学协会成立于 1998 年 8 月，2015 年会员 410 名，有中国作家协会会员 3 名，甫澜涛、温古、刘桂林，有内蒙古作家协会会员 35 名、鄂尔多斯市作家协会会员 156 名。

书法家协会成立于 1998 年 8 月，2010 年 4 月与美术家协会合并为书法美术家协会；2015 年 9 月分设书法家协会，2015 年会员 225 名，戚志敏为中国书法家协会会员，有内蒙古书法家协会会员 15 名、鄂尔多斯市书法家协会会员 35 名。

摄影家协会成立于 1998 年 8 月，2015 年会员 156 名，有中国摄影家协会会员 3 名，汤世光、李根万、王玉科，有内蒙古摄影家协会会员 37 名、鄂尔多斯市摄影家协会会员 65 名。

音乐舞蹈协会成立于 1998 年 8 月，2010 年 4 月扩大业务，改称音乐舞蹈影视剧协会；2015 年会员 133 名，有内蒙古音乐家协会会员 15 名，有知名歌手奇附林、岳文祥、王慧萍。

漫瀚调协会成立于 1998 年 8 月，2015 年会员 125 名。7 名会员参加央视各类综艺节目录制，参加全国性民歌比赛获奖 16 名，参加内蒙古民歌比赛获奖 85 名。

美术家协会成立于 1998 年 8 月，2010 年 4 月与书法家协会合并为书法美术家协会，2015 年 9 月分设为美术家协会；2015 年会员 123 名，有内蒙古美术家协会会员 15 名、鄂尔多斯市美术家协会会员 38 名。

硬笔书法家协会成立于2010年4月，2015年有会员135名。

民间文艺家协会成立于1998年9月，由剪纸、刺绣、手工艺制作、民间文艺收集、整理工作的爱好者组成，2015年有会员37名，16名会员的作品参加全国性展览或比赛获奖。

诗词学会成立于2014年8月，2015年有会员109名，张丽荣为中华诗词学会会员，甫澜涛为中国作家协会会员，有内蒙古诗词学会会员12名、内蒙古作家协会会员15名。

开发区书画协会成立于2015年7月，发展会员65名，其中，内蒙古书法家协会会员2名、内蒙古美术家协会会员1名、鄂尔多斯市书法家协会会员5名、鄂尔多斯美术家协会会员2名。

第三节 文艺创作

一、文学创作

准格尔旗培养了大批文学才俊，他们出版了大批书籍，在省部级以上报刊发表的大量作品，反映了准格尔旗特有的地方历史文化魅力。

获省部级以上奖项的著作有：甫澜涛创作的短篇小说《紫山岚峡谷》，2002年12月获内蒙古第七届“索龙嘎”文学奖，入编《2001中国年度最佳短篇小说》(漓江出版社2002年1月版)。温古创作的诗歌《库布齐的中午》,2002年12月获内蒙古第七届“索龙嘎”文学奖。王琮创作的散文《布票的故事》，2008年获《草原》文学奖。柳苏创作的散文《歌声传情》，2009年获《草原》文学奖；柳苏创作的散文《老榆树沟访泉》,2010年8月获中国当代散文奖。孙俊良创作的散文《石泫沟记》，2012年6月获全国散文中短篇小说大赛一等奖、年度最佳散文奖。秦文茂出版的长篇小说《风生水起》(内蒙古人民出版社2010年1月版)，2012年7月获内蒙古第十一届精神文明建设“五个一工程”奖。王建中创作的短篇小说《遍地风情》，2013年6月获内蒙古第十届“索龙嘎”文学奖。

1991—2015年准格尔旗出版重要文学书籍一览表

表21-1

书　名	编著者	题　材	出版社	出版年月
大漠儿子独白	张　磊	文　集	内蒙古教育出版社	1991-05
山豆诗选	山　豆	诗　集	成都科技大学出版社	1995-08
山豆小说选	山　豆	小说集	成都科技大学出版社	1995-08
盲人膝上	温　古	诗　集	金陵出版社	1995-10
孙俊良诗选	孙俊良	诗　集	成都科技大学出版社	1995-10
孙俊良文集	孙俊良	文　集	成都科技大学出版社	1995-10
世纪之交文化思考	安源　柳秀等	专　著	中国青年出版社	1996-12
旧　乡	张秉毅	散　文	远方出版社	1997-04
甫澜涛短篇小说选	甫澜涛	小说集	天山文艺出版社	1998-11
风雨过后艳阳天	刘成海	长篇小说	中国文联出版社	1999-06
停云集	温　古	散　文	作家出版社	1999-06

续表 21-1

书　名	编著者	题　材	出版社	出版年月
放歌准格尔	孙俊良	诗　集	远方出版社	1999-12
生命履痕	山　豆	诗　集	珠海出版社	2000-12
与天地共生	张秉毅	长篇小说	内蒙古人民出版社	2000-12
光荣与梦想	武社平	文　集	内蒙古人民出版社	2000-10
鄂尔多斯解放演义	甄达真	历史小说	中国文联出版社	2001-03
大汗台吉	李克仁	历史小说	内蒙古人民出版社	2001-03
贺政民自选集	贺政民	文　集	内蒙古人民出版社	2002-03
风中歌谣	王建中	小说集	作家出版社	2002-06
纯粹生活	山　豆	散文集	中国文联出版社	2002-07
鄂尔多斯文化之旅	安　源	专　著	远方出版社	2002-08
二月春风	秦文茂	文　集	内蒙古人民出版社	2003-08
遍染一生	周建国	诗　集	中国文联出版社	2003-09
天　旅	温　古	诗体小说	远方出版社	2003-09
柳苏诗文选	柳　苏	文　集	远方出版社	2003-11
鄂尔多斯笑话	张俊廷等	文　集	内蒙古人民出版社	2004-05
成吉思汗传奇	甄达真	历史小说	内蒙古人民出版社	2004-07
山野风	张中飞	散　文	内蒙古人民出版社	2004-09
漫瀚调放歌	张　发	诗　集	内蒙古人民出版社	2004-10
三中情结	柳　苏	文　集	远方出版社	2004-11
大漠青驹	甫澜涛	长篇小说	作家出版社	2004-12
放牧心情	刘　志	散　文	解放军出版社	2005-12
抵达与返回	山　豆	诗　集	中国文联出版社	2005-08
西部热土准格尔	杨玉铭	专　著	内蒙古人民出版社	2006-07
魅力准格尔	张　磊	散文集	远方出版社	2006-07
一路风雨走过来	杨二喜	文　集	中国文史出版社	2006-08
鄂尔多斯演义	甄达真	历史小说	远方出版社	2006-09
指尖上的歌	高少芸	散文诗集	远方出版社	2006-09
山野雨	张中飞	诗　集	作家出版社	2006-10
暖　流	王　君	文　集	长征出版社	2006-11
山路弯弯	赵　萍	文　集	远方出版社	2007-01
花蕾集	第一中学	文　集	远方出版社	2007-01

续表 21-1

书　名	编著者	题　材	出版社	出版年月
诗说中华五千年	张丽荣	诗集	内蒙古人民出版社	2007-02
甘霖集	第一中学	文　集	远方出版社	2007-05
心语集	第一中学	文　集	远方出版社	2007-05
沃土集	第一中学	文　集	远方出版社	2007-05
硕果集	第一中学	文　集	远方出版社	2007-05
牧野诗影	王　君	诗　集	作家出版社	2008-03
细雨如丝如梦	邬生盛	诗　集	内蒙古人民出版社	2008-07
情依大松树	甄达真	诗　歌	作家出版社	2008-09
一方水土准格尔	张　磊	散文集	内蒙古人民出版社	2008-10
浅浅的脚印	孙俊良	诗　集	内蒙古人民出版社	2008-11
有一条河叫暖水	柳　苏	文　集	内蒙古人民出版社	2008-11
与过去隔河相望	柳　苏	诗　集	中国文史出版社	2008-12
春天的浪花	王生贵	诗　集	内蒙古人民出版社	2009-01
创业创新腾飞	王生贵	散文集	内蒙古人民出版社	2009-04
甲申卿云歌	温　古	诗　集	内蒙古大学出版社	2009-05
狐　红	甫澜涛	小说集	内蒙古人民出版社	2009-05
漫瀚魂	孙俊良	诗　集	内蒙古人民出版社	2009-08
燃向夕阳	温　古	诗　集	内蒙古大学出版社	2009-08
桑榆情	周茯娥	文　集	内蒙古人民出版社	2009-10
炊烟深处的日子	柳　苏	诗　集	作家出版社	2009-12
往米年	王建中	小说集	中州古籍出版社	2009-12
在大鹰爪下签名	温　古	诗　集	内蒙古大学出版社	2009-10
我们那儿	韩淑华	文　集	内蒙古人民出版社	2009-12
风生水起	秦文茂	长篇小说	内蒙古人民出版社	2010-01
远山近水	许增义	散　文	中国文联出版社	2010-02
风过有痕	孙改鲜	诗　集	四川文艺出版社	2010-07
把爱情写满四季	王生贵	文　集	中国文联出版社	2010-12
追踪河流	温　古	散文集	内蒙古大学出版社	2011-01
解构魔法	温　古	诗　集	内蒙古大学出版社	2011-03
黄鹤归	王正伟	诗　集	九州出版社	2011-04
乙丑杂编	温　古	小说集	内蒙古大学出版社	2011-07

续表 21-1

书　名	编著者	题　材	出版社	出版年月
走过暖水河	赵　萍	散　文	远方出版社	2011-07
檐下牵牛花	金玲儿	诗　集	内蒙古人民出版社	2011-10
鸟部落	温　古	诗　集	内蒙古大学出版社	2011-10
太阳鸟	王　君	诗　集	人民文学出版社	2011-12
人生大学启示录	王生贵	散　文	春风文艺出版社	2011-12
一场心的行走	柳　苏	诗　集	春风文艺出版社	2011-12
第三十七计	王建中	小说集	海燕出版社	2012-05
犁　田	孙俊良	诗　集	内蒙古人民出版社	2012-05
谁知道角落这个地方	金玲儿	文　集	作家出版社	2012-11
中国传统节日诗话	安　源	专　著	群众出版社	2013-01
诃额伦	甄达真	传记小说	内蒙古文化出版社	2013-11
我的记忆	王　拴	散文集	内蒙古人民出版社	3013-11
雕刻年轮	甫澜涛	散文集	内蒙古人民出版社	2014-05
暖水民歌	王　拴	诗　集	内蒙古人民出版社	2014-07
平凡人生	张　磊	中篇小说	内蒙古人民出版社	2014-11
十二连城传奇	邹慧芳	小说集	民主与建设出版社	2014-12
准格尔往事	李克仁	文　集	远方出版社	2014-12
管见集	罗成懋	文　集	内蒙古人民出版社	2014-12
心中的准格尔	金玲儿	诗　集	白山出版社	2014-12
点一盏心灯	周建国	诗　集	内蒙古人民出版社	2015-05
记忆永恒	王　拴	散　文	内蒙古人民出版社	2015-05
诗咏准格尔	张丽荣	诗　集	远方出版社	2015-08
岁月难忘	王　拴	散　文	内蒙古人民出版社	2015-08
漫瀚情歌	王　拴	诗　集	北京燕山出版社	2015-08
生命的一片火光	王生贵	诗　歌	内蒙古人民出版社	2015-01
贺政民小说选	贺政民	小说集	作家出版社	2015-11
安源文学论文选	安　源	文　集	作家出版社	2015-11
张秉毅小说选	张秉毅	小说集	作家出版社	2015-11
花　见	孙改鲜	散文集	现代出版社	2015-12

1991—2015 年准格尔旗作者发表重要文学作品一览表

表 21-2

题　目	作　者	题　材	发刊（选集）	期号（版期）
麻山通婚考	甫澜涛	短篇小说	民族文学	1991 年第 9 期
老家—准格尔随笔	张秉毅	散　文	散文选刊	1992 年第 8 期
坐在窗后的女人	张秉毅	小　说	新笔记小说选	作家出版社 1992 年
回归大草甸	甫澜涛	短篇小说	民族文学	1992 年第 12 期
月亮雨	甫澜涛	短篇小说	草　原	1994 年第 5 期
走月亮	王建中	短篇小说	草　原	1995 年第 11 期
乡村即景	柳　苏	诗　歌	草　原	1998 年第 7 期
库布齐的中午	温　古	诗　歌	星星诗刊	2000 年第 1 期
故乡三题	甫澜涛	散　文	民族文学	2000 年第 6 期
船　女	甫澜涛	短篇小说	草　原	2000 年第 9 期
兴安岭组曲	温　古	诗　歌	诗　刊	2000 年 10 月号
紫山岚峡谷	甫澜涛	小　说	小说选刊	2001 年第 6 期
拯救行动	甫澜涛	短篇小说	草　原	2001 年第 6 期
乡村谋杀	王建中	短篇小说	草　原	2001 年第 10 期
别了古道牛车	甫澜涛	中篇小说	民族文学	2002 年第 3 期
干　爹	甫澜涛	短篇小说	草　原	2002 年第 10 期
用手掌轻轻覆盖往事生活	山　豆	诗　歌	星星诗刊	2002 年第 3 期
抱愧忠烈祠	王建中	散　文	新华文摘	2003 年第 4 期
值班羊羯西	甫澜涛	短篇小说	民族文学	2004 年第 4 期
大地穿着粗麻布衣衫	温　古	诗　歌	星星诗刊	2005 年第 10 期
百强旗县准格尔	杨玉铭	散　文	实　践	2007 年第 1 期
暖水我的寻梦园	郭雨桥	散　文	草　原	2008 年第 4 期
还乡心情	柳　苏	散　文	草　原	2008 年第 4 期
暖水情怀	王　琮	散　文	草　原	2008 年第 4 期
暖水纪行	尚贵荣	散　文	草　原	2008 年第 4 期
二臭臭	秦文茂	短篇小说	中国文学	2008 年第 5 期
关于布票的回忆	王　琮	散　文	草　原	2008 年第 7 期
暖　泉	祁惠芩	散　文	草　原	2008 年第 9 期
景　色	孙改鲜	散　文	草　原	2008 年第 9 期
家乡的山	雅图阁	散　文	草　原	2009 年第 3 期
遥忆祖母	孙俊良	散　文	草　原	2009 年第 9 期
老石匠	金玲儿	诗　歌	草　原	2009 年第 10 期
明天冬至	柳　苏	诗　歌	飞　天	2010 年 4 月号
百样人生	柳　苏	组　诗	星星诗刊	2010 年第 7 期

续表 21-2

题　目	作　者	题　材	发刊（选集）	期号（版期）
对挣钱的失望	柳　苏	诗　歌	星星诗刊	2011 年第 4 期
村东头那两棵疯长的榆树	柳　苏	诗　歌	中国诗歌年编	大众出版社 2010 年 12 月
以另一种方式	柳　苏	诗　歌	山西文学	2011 年第 7 期
石泫沟记	孙俊良	散　文	草　原	2011 年第 8 期
遍地风情	王建中	短篇小说	草　原	2011 年第 8 期
烽火美人	张秉毅	长篇小说	中国作家	2011 年第 9 期
寂静的弹奏者	温　古	组　诗	草　原	2011 年第 10 期
黑色的树干	温　古	诗　歌	草　原	2011 年第 10 期
我瘦就因为看重自己的选择	柳　苏	诗　歌	草　原	2011 年第 12 期
龙口的眼	乔晓玲	诗　歌	诗歌月刊	2011 年第 7 期
你是人间的七月流火	乔晓玲	诗　歌	诗歌月刊	2011 年第 7 期
梨状的心旋出六个棱角	周建国	诗　歌	草　原	2011 年第 8 期
走进十二连城	周建国	诗　歌	诗歌月刊	2011 年 7 期
黑色的树干	温　古	诗　歌	中国诗歌排行榜	百花文艺出版社 2012 年 1 月
放歌准格尔	孙改鲜	组　章	草　原	2012 年第 4 期
责　任	柳　苏	诗　歌	星星诗刊	2012 年第 5 期
穿过老牛湾	周建国	诗　歌	鸭绿江	2012 年第 5 期
准格尔女人	王建中	小　说	草　原	2012 年第 6 期
没有深浅的空玄	柳　苏	组　诗	鸭绿江 · 旅游版	2012 年第 10 期
燕子又要远去	柳　苏	诗　歌	山东文学	2012 年第 10 期
把灵魂放在树叶上	孙俊良	诗　歌	山东文学	2012 年第 10 期
狗娃花	鲜　然	诗　歌	山东文学	2012 年第 10 期
望河楼	周建国	诗　歌	山东文学	2012 年第 10 期
年的味道	柳　苏	组　诗	星星诗刊	2013 年试刊号
无处可藏	孙俊良	组　诗	草　原	2013 年第 4 期
夜幕下的影子	柳　苏	诗　歌	现实主义诗歌年选	长江文艺出版社 2013 年 5 月
生命里的响声	柳　苏	组　诗	草　原	2013 年第 9 期
订阅春天	孙俊良	组　诗	草　原	2013 年第 12 期
岁月简史	王建中	小　说	草　原	2014 年第 7 期
我的心庙	孙俊良	诗　歌	诗　刊	2014 年 9 月号
辽阔的时间	孙俊良	诗　歌	草　原	2015 年第 1 期
乡愁时光	孙俊良	组　诗	草　原	2015 年第 9 期
失去温暖的村庄	柳　苏	组　诗	诗选刊	2015 年第 9 期
海子塔	孙俊良	组　诗	诗选刊	2015 年第 12 期

二、艺术创作

1991—2015 年，准格尔旗艺术创作硕果累累。

音乐舞蹈影视剧创作方面，张发创作的漫瀚调歌剧《纳林河畔》，1999 年 8 月获首届鄂尔多斯文化节创作一等奖，2001 年 11 月获内蒙古“五个一工程”奖；张皇创作的剧本《扶贫路上》，1998 年获伊克昭盟文艺会演三等奖；刘新民的漫瀚调《纳林河畔》配曲，1998 年获伊克昭盟第六届“鄂尔多斯文学艺术作品”创作奖；王建中创作了《春米的女人》和《遍地清泉》电影剧本，电影《遍地清泉》2005 年在中央电视台电影频道播出；樊小龙创作、导演并拍摄的《二哥》《村官》《跟着幸福走》3 部乡土电影网络热播。

歌曲创作方面，杨玉铭作词、崔逢春作曲的《准格尔我可爱的家乡》，曾涵作词、桑洁和塔拉作曲的《准格尔之歌》，2006 年 8 月入选征集准格尔旗歌候选作品。程建林作词、乌兰托嘎作曲、歌唱家谭晶演唱的歌曲《准格尔之恋》，阿古拉泰作词、乌兰托嘎作曲、歌唱家李丹阳演唱的歌曲《准格尔之夜》，两首赞美准格尔的歌曲广为传唱。王世一、柳谦、张皇合著的《漫瀚调》，1993 年由人民音乐出版社出版，1996 年获内蒙古第四届“萨日娜”艺术创作奖。王建中的歌曲专辑《准格尔风漫瀚调》在内蒙古文化影像出版社出版。张钧的歌曲专辑《唱响准格尔》《准格尔民歌经典》在中国音乐家音像出版社出版。

书法绘画创作方面，《刘凤山硬笔书法欣赏》在远方出版社出版；《庄满仓硬笔书法》在内蒙古人民出版社出版；《张子俊硬笔书法集》在内蒙古人民出版社出版；《秦闻苹书法作品集》在内蒙古大学出版社出版；《赛兴嘎书画集》在内蒙古人民出版社出版；戚志敏书法作品《草书》，2005 年获内蒙古第二届职工书法、美术、摄影大赛一等奖；赛兴嘎山水画《秋色图》，2007 年获“辉煌中国·全国老年书画名家珍品典藏”征稿活动金奖；李仓书法作品《行楷》，1993 年获第二届红军杯全国书画大赛二等奖；刘子厚画作《春晓》，2008 年 9 月在庆祝改革开放 30 周年“晋陕蒙”书画联展中获一等奖；王俊才书法作品《王维诗·山居秋暝》，2010 年获第十九届全国“阳光杯”书画摄影大展赛金奖；陈国正书法作品《杜牧诗·江南春》，2011 年 3 月获全国“兰亭杯”书画大赛金奖，并被授予“当代著名艺术家”称号。

摄影创作方面，汤世光作品《乳晕》，2004 年 9 月获中国文艺摄影金奖，《沸腾的矿山》，2005 年 8 月获“神华准能杯”首届全国航拍摄影大赛二等奖，《深邃的草原》，2003 年 12 月获内蒙古第六届摄影艺术百花奖。李根万 2003 年 3 月拍摄的作品《中国油松王》在《中国摄影报》发表，同年 6 月，该作品以《东方神树》为名收入《中国摄影家作品选》，成为准格尔旗的名片；王建中的作品《黄河三峡》，2014 年获第 14 届中国平遥国际摄影大展风光类优秀摄影师奖；刘敏作品《共乐乐》，2013 年 1 月获“印象·鄂尔多斯”摄影大赛金奖。

民间艺术方面，16 人的作品参加全国性展览或比赛；出版《准格尔剪纸》、张俊廷的《准格尔民间故事》、张俊廷与王振荣的《鄂尔多斯笑话》。

第四节　文艺活动

文联文艺活动的重头戏漫瀚调。2000—2013 年，文联参与承办 4 届漫瀚调艺术节，举办摄影、美术、书法、雕刻、刺绣、剪纸、地毯编织等艺术作品展览，展出艺术作品 430 件；举办漫瀚调歌词、小戏剧本大赛，征集新创歌词 120 首、小戏剧本 45 篇。2001 年 12 月 26 日承办首届漫瀚调艺术学术研讨会，组织 80 多位漫瀚调专家就漫瀚调的历史渊源、艺术特点、发展方向进行研讨；2012 年，举办漫瀚调乡土艺术家座谈会，召集 50 多位艺术家共商漫瀚调发展。2014 年，张秉毅编剧、赵国桦导演的电影《漫瀚调》开拍，文联赴拍摄地慰问了剧组。创办《漫瀚调》刊物，编印《漫瀚调歌词选》。

文联组织文学采风活动，宣传准格尔旗改革发展成就。1998 年举办“松风”文学采风笔会；1999 年准格尔旗成为伊克昭盟文学创作基地；2000 年举办准格尔黄河文学笔会，邀请盟旗两级作家、摄影家 30 多人采风；2007 年举办“魅力准格尔”采风活动，出版文学集《准格尔揽胜》；2010 年，4 次邀请《草原》杂志社赴准格尔旗采风，准格尔旗作者在《草原》发表作品 25 篇；2011 年与《杯水》诗刊合办“情聚准格尔”文学笔会，作家 23 人参加笔会。1995 年，试刊《准格尔报》，编印 2000 份送发人大代表、政协委员；1998 年创办文学刊物《准格尔地》，每年编印 4 期，2009 年设立文学奖，到 2015 年评选表彰 6 次，32 件作品获奖；2013 年，刘桂林因在《诗刊》发表诗作，开创了本地作者在国家级诗刊发表诗作的历史，获文学奖特别奖。

文联举办展览比赛活动，让优秀作品脱颖而出，走出本土。2004 年参与承办“神华准能杯·俯瞰黄河·准格尔大地”首届全国航拍摄影大赛，赛事收到来自广西、吉林、内蒙古等 13 个省市自治区 52 名摄影家、摄影爱好者作品近 2000 幅，应邀赴贵州参加第六届中国摄影艺术节暨第二届都匀国际摄影博览会，100 幅作品入选。2010 年组织“秀美·准格尔”摄影展，收集摄影作品 240 多幅，29 幅作品入选鄂尔多斯市科学发展观现场观摩会展览。2015 年参与举办“鄂尔多斯银行杯·守好一方水土，留住一份淳朴”美丽准格尔书法、摄影大赛，获奖作品在南山宾苑和大路新区巡回展出。

文联组织“送文艺”下基层活动。1999 年组织“心连心文化下乡慰问团”巡回演出 40 场；2015 年为兴隆街道站北社区、友谊街道张家圪旦社区赠送本土图书、刊物 550 多册。文联开展对外交流活动，2009 年与达拉特旗文联举办文化交流会和书法笔会，创作书法作品 40 多幅；2011 年组织书画爱好者赴中国书法城乌海市参观；2012 年与包头市鹿阳书画院交流，创作作品 60 多幅。

第五节　培养文艺人才

2000 年，文联成立准格尔旗文学艺术培训中心，对中小学生进行课外文艺培训。2008 年召开全旗首次书法工作会，首次举办家庭书画展“迎奥运王德生家庭书画展”。2008—2009 年，举办 5 期文学艺术培训班，邀请白雪林、张秉毅、苏怀亮等作家对文学艺术爱好者进行专题培训。2010 年邀请中国书协培训中心教授对 60 多名书法爱好者集中培训。

2010 年，文联出资 2 万元奖励有突出成就的文艺人才，当年 8 名文学艺术人才加入内蒙古作家协会、书法家协会、音乐家协会。2012—2015 年，为有突出成就的文艺人才免费订阅《草原》《诗潮》《散文选刊》《中国作家》等文学刊物。2014 年 10 月，推荐秦文茂、周建国、孙改鲜参加鲁迅文学院鄂尔多斯文学培训班学习。2015 年，在迎泽街道湖西社区为邹慧芳的《十二连城传奇》举办首发式；推荐秦文茂参加内蒙古大学文学创作高级研修班学习。

第七章　残疾人联合会

第一节　残联代表大会

1995年3月15日，准格尔旗残疾人联合会（简称残联）第二次代表大会在沙圪堵镇召开。残疾人代表占代表总数50%。会议选举残联第二届主席团，推选残联执行理事会。

1998年9月8日，准格尔旗残联第三次代表大会在沙圪堵镇召开，选举残联第三届主席团，推举残联执行理事会理事长、副理事长。2004年5月16日，准格尔旗残联第四次代表大会在沙圪堵镇召开，选举残联第四届主席团，推举残联执行理事会理事长、副理事长。2008年4月28日，准格尔旗残联第五次代表大会在沙圪堵镇召开，选举第五届主席团，推举执行理事会理事长、副理事长。

2013年4月28日，准格尔旗残联第六次代表大会在兴隆街道召开，正式代表69名，列席代表13名，特邀代表29名，残疾人代表占62%。会议通过第五届残联工作报告，选举第六届主席团，推举执行理事会理事长、副理事长。

第二节　残疾人组织

准格尔旗残疾人联合会，是由残疾人及其亲友和残疾人工作者组成的人民团体；代表残疾人利益，维护残疾人权益；团结帮助残疾人，为残疾人服务；管理和发展残疾人事业。1994年4月成立残疾人工作协调委员会，1996年11月成立残疾人就业服务所，1998年5月成立残疾人服务总社和康复服务指导站。2009年7月，陈全乐被评为全国残联系统先进工作者；2010年10月，准格尔旗被评为全国残疾人社区康复示范县；2011年11月，残联被评为“十一五”全国残疾人康复工作先进集体。2015年，全旗有基层残疾人联合会17个，159个村、24个社区成立残疾人协会，有残协专职委员。

第三节　残疾人事业

1991年，准格尔旗有各类残疾人1.25万人，占总人口5%。其中，盲人1380多人，听力言语障碍3700多人，智力残疾2500多人，肢体残疾2500多人，精神残疾620多人，综合残疾1600多人。

2015年，全旗有各类残疾人1.17万人，占总人口4%。其中持残疾证4462人，包括肢体残疾2391人、智力残疾359人、视力残疾557人、听力残疾635人、精神残疾411人、言语残疾62人，多重残疾247人。完全丧失劳动和生活能力的一、二级重度残疾283人；丧失大部分劳动能力，生活自理能力很差，精神和智力三、四级残疾163人；三、四级有一定劳动能力残疾1291人。

一、自强教育

残联表彰奖励在残疾人事业中作出突出贡献的集体和个人。1991—2015 年，共表彰奖励扶残助残先进集体 36 个、先进个人 33 人，自强模范 63 人。大力宣传自强典型的事迹，激励广大残疾人自信、自立、自强。

李明先拄着双拐办学。李明先，海子塔人，初中未毕业，肢体二级残疾，拄着双拐。1962 年 1 月在自家炕头开办小学，初有 10 个学生，第二年吸引周边三个年级、32 个学生就近入学。他家容纳不下，借用社员两孔闲置土窑。炕头小学被设立为特布乌素学校，聘用他为校长。他带领师生勤工俭学，种植杨树上万株，开垦土地 1 公顷，养猪筹措办学经费；建起占地面积近千平方米校园，学校发展到教师 7 名、学生 150 多名。1989 年 9 月，李明先被评为全国教育系统劳动模范，获人民教育奖章。1992 年 5 月，他参加内蒙古自治区残疾人自强者报告团，后到内蒙古化纤厂、内蒙古农业学校和自治区人民政府礼堂，介绍自己拄着双拐、艰苦办学的事迹。1995 年，他当选旗残联副主席。

王云飞创办残疾人诊所。十八岁时患强直性脊柱炎成为行动不便的残疾人。通过 4 年多学习，自修中医学诊断、方剂、中药、内科等学科，2008 年，通过国家医学中心考试取得中医执业医师资格证书；通过国家职业技能鉴定中心考核，取得国家二级心理咨询师资格证书；在薛家湾镇康乐小区创办残疾人温馨诊所，专门为残疾人患者提供免费诊疗。患脑血栓造成偏瘫的高龄残疾人王二女，是王云飞上门服务的常客；医学院毕业后因意外从三楼摔落造成肢体二级残疾的贾玲，在王云飞鼓励下，重新融入社会。

盲人灸推大夫项颖。项颖是一名 80 后女孩，一次发烧住院时，查出患有青光眼，多方求医无法治愈，八九岁时彻底失明。先到呼和浩特市特殊教育学校就读小学，后远赴山东青岛完成中学学习，2007 年参加高考，以高出录取线 65 分的成绩考入长春大学针灸推拿系。五年后大学本科毕业，被录用为中蒙医院灸推大夫。2014 年，获内蒙古自治区残疾人技能大赛第三名。

二、康复工程

1991 年，准格尔旗残联实施白内障复明手术、聋儿语言训练、小儿麻痹后遗症矫治三项抢救性康复，同时开展视力、智力、精神等残疾康复。1995—1998 年，推行新婚育龄妇女服用碘油丸，防治婴儿智力残疾。2004 年争取到“视觉第一中国行动”项目，实施白内障复明手术国家计划，2008 年，准旗建成内蒙古首个白内障复明手术无障碍旗，2013 年建成全国白内障手术无障碍旗县。

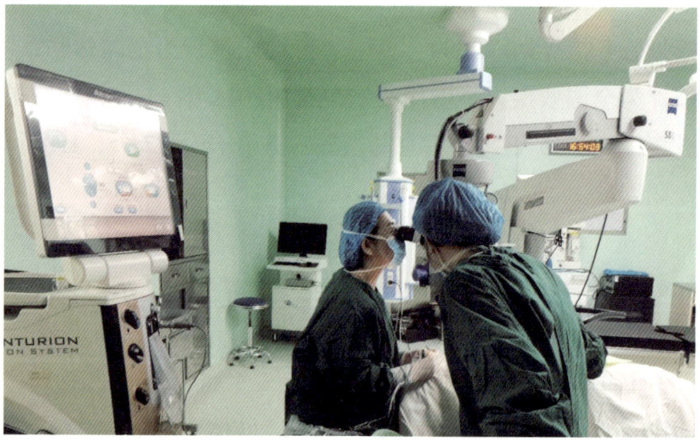

2013 年人民医院开展白内障复明手术

2007 年，残联在旗乡村三级卫生机构建 22 个残疾康复站，配备康复训练器材，聘用专职康复指导员。2009 年，建 5 个村残疾康复示范点，配备康复训练器材。2011 年，建成 26 个基层残疾康复示范点，形成旗康复服务站为指导，基层康复站为重点，社会服务为方法，家庭训练为手段的残疾康复体系。

1991—2015 年，全旗累计实施白内障复明手术 1508 例，小儿麻痹矫正手术 28 例，人工耳蜗手术 11 例，聋儿语言训练 68 人，智残康复训练 37 人，孤独症康复训练 10 人，肢体康复训练 108 人，低视力康复训练 136 人，精神病康复 1143 人，服用碘油丸 7.49 万人。累计投入手术、训练、建设等各项康复工程资金 400 多万元。

三、就业服务

残联实行集中安置与分散就业结合，安置就业与扶持创业结合，落实按比例安置残疾人就业的国家政策，向未按比例安置残疾人就业的企事业单位，依法征收残疾人就业保障金，多措并举促进残疾人就业。

1991 年，民政局福利厂有 15 名残疾人就业，经营旅社、服装加工、粮食加工、养殖，亏损经营，"八五"后期倒闭。1993 年，残联挂靠 4 个经济实体，安置 40 多名残疾人就业。1994 年和 1995 年，争取国家招工指标安置残疾人，32 人录用为正式职工，23 名收录为专职大夫，23 人录用为集体工。

残联创办的残疾人扶贫示范基地志康养殖场，位于纳日松镇阿贵庙村，占地面积 44 公顷，1997 年利用驻旗部队移防遗留营房改建，专门向农村残疾贫困家庭免费投放仔猪，保本经营，滚动发展。到 2015 年，累计投放仔猪 502 头、种猪 58 头、种羊 60 只，价值 54 万余元，300 多户农村残疾家庭受益。

1998 年起，残联依法落实按比例安排残疾人就业和收取残疾人就业保障金的国家政策，工作人员上门征收，常年奔波却事倍功半，年征缴额不足 10 万元。2004 年起，行政事业单位由财政代扣，企业由地税部门代征，征缴额逐年增加。2000—2015 年，累计征收残疾人就业保障金 5000 多万元。

2001 年，马栅镇引进长河电石厂，安置 39 名残疾人就业，享受福利企业免税优惠。2002 年，准旗引进华泰硅钙公司、兴达化工公司，安置 32 名残疾人就业。2005 年，开发区引进宏利化工公司、兴达化工公司，安置 200 余名残疾人就业。进入"十一五"，这些高耗能、高污染企业相继关停。

残联扶持残疾人创业，组织有创业意愿的残疾人接受劳动技能培训，到 2015 年，先后培训 1362 名残疾人，多数实现自主创业。1994 年起，残联协调工商、税务减免残疾人个体经营税费。2003 年起，扶持残疾人个体创业，开业当年每户资助 1000 ～ 1500 元。2011 年，旗人民政府专拨 11.5 万元用于残疾大学生自主创业一次性补贴。2012 年和 2013 年，残疾大学毕业生及残疾人自主创业、个体就业一次性补贴标准提高到城镇 3 万元、农村 2 万元。

1993—2015 年，全旗残疾人累计就业 2809 人，其中，按比例就业 182 人，集中就业 1759 人，分散就业 42 人，个体创业 712 人，其他就业 114 人。

四、救助保障

准旗残疾人救助，由"八五"临时性个别救助，逐步发展到"十五"后普惠性社会保障，优先纳入最低生活保障、医疗保险、养老保险，财政代缴保险费，随地方发展水平扩面提标，保障残疾人共享改革发展成果。

最初，每年 5 月第 3 个星期日为全国"助残日"，慰问残疾家庭，慰问品货值百元左右。1993 年首次全旗性助残募捐筹款 3.1 万元。1995 年向瘫痪女青年赵霞义演专项募捐 1.7 万元。1997 年首次向 38 名残疾人发放康复补助。1999 年首次减免 58 名残疾儿童和残疾家庭子女学杂费。2001 年，准旗遭受连年旱灾，紧急向 340 户残疾家庭发放特困补助，应急开仓放粮。

2003 年起，展开扶残助学"春雨行动"，残疾学生和残疾家庭子女，义务教育阶段减免学杂费，每人每学期救助 500 元；考入大中专院校、普通高中、职业高中和特殊学校，救助 1000 ～ 2000 元。2012 年起，扶残助学标准提高到，每学年研究生 5000 元、本科 4000 元、专科 3000 元、特殊学校学生 5000 元。2003—2015 年，扶残助学 3100 多人 483.61 万元。

2007 年起，实施农村残疾人危房改造，以每年新建改造 100 ～ 200 户的速度，每户新建补助 5 万元、改造补助 1.9 ～ 3 万元的标准，到 2014 年，累计新建或改造危房 1124 户，投入补贴资金 3857.6 万元。

2012 年起，向残疾人发放年度定额生活补贴。定补标准，一、二级残疾人，城镇 4000 元、农村 3000 元；三、四级精神、智力残疾人，城镇 3000 元、农村 2000 元。2014 年，三级肢体残疾人纳入定补范围，到 2015 年，累计投入补贴资金 5788.3 万元，2015 年投资 1825.5 万元补贴 6632 人。

残疾人一般救助金额提高到 500 元，农村助残精准脱贫免费投放良种仔猪，“一户多残”贫困家庭一次性特别救助，由每年 500 元增加到 1000 元。2012—2013 年共投入资金 226.6 万元，用于残疾人大病救助。2003—2015 年，上述几项扶残救助累计投资 724.74 万元。

五、辅助器具

1997 年起，残联为残疾人供应辅助器具 154 件，种类只有单拐、双拐、助视器，因为数量少，小件免费发放、大件租借周转。2003 年开始免费供应辅助器具，2009 年，投资 6 万多元建成残疾人辅助器具服务站，供应的种类新增矫形器、假肢、轮椅、盲杖、盲表、手杖、腋杖、助听器，助行器、坐便器等。1997—2015 年，累计发放残疾人辅助器具 4982 件。其中，配送轮椅 645 辆，安装假肢 111 副，装配矫形器 47 人，佩戴助听器 300 副。2012 年供应辅助器具多达 1244 件。2015 年供应辅助器具 427 件。

第八章　红十字会

第一节　红十字会代表大会

1995 年 4 月 27 日，准格尔旗红十字会第一届会员代表大会，在沙圪堵镇召开，到会代表 62 人。会议选举准格尔旗红十字会第一届理事、常务理事，红十字会会长、副会长、秘书长，制定《准格尔旗红十字 1995—2000 年发展规划》。

2000 年 6 月 15 日，准格尔旗红十字会第二届会员代表大会在沙圪堵镇召开，到会代表 64 人。会议选举红十字会第二届理事、常务理事，红十字会会长、副会长、秘书长。会议审议上届理事会工作报告，制定《准格尔旗红十字 2000—2005 年发展规划》。

2005 年 4 月 25 日，准格尔旗红十字会第三届会员代表大会在薛家湾镇召开，到会代表 45 人。会议选举红十字会第三届理事、常务理事，红十字会会长、副会长、秘书长。会议审议上届理事会工作报告，制定《准格尔旗红十字 2005—2010 年发展规划》。

2010 年 5 月 21 日，准格尔旗红十字会第四届会员代表大会在薛家湾镇召开，到会代表 73 人。会议选举红十字会第四届理事、常务理事，红十字会会长、副会长、秘书长。会议审议上届理事会工作报告，制定《准格尔旗红十字 2010—2015 年发展规划》。

第二节　红十字会组织

准格尔旗红十字会成立于 1994 年 5 月，挂靠卫生局。2007 年 4 月单独设立，成为统一领导全旗社会救助的团体，旗人民政府在人道主义工作领域的助手。

2000 年起，准旗相继在四道柳乡、纳林镇、魏家峁镇、暖水乡、哈岱高勒乡、沙圪堵镇成立基层红十字组织，随撤乡并镇自然撤销。2010 年起，准旗列为全市乡村两级建设基层红十字组织试点旗，到 2015 年，9 个苏木乡镇，179 个村社区，召开会员代表大会，建立红十字会，全旗农村会员 23764 户，按每户 10 元标准，收缴会费 23.76 万元，入会率 25%。

2010 年，世纪中学等 13 所中学建立学校红十字会，2011 年 10 月在第四中学建立首个学校红十字会书库，到 2015 年，在 9 所小学也建立红十字会。

到 2015 年，全旗发展红十字会团体会员 179 家，按 100 ～ 1000 元团体会费标准，收缴团体会费 4.06 万元。

第三节　红十字事业

一、备灾与救灾

1994 年 1 月，准旗接收伊克昭盟红十字会下拨的面粉 5 吨、衣被 600 件，价值 3.4 万元救灾物资，救助上年遭受旱灾、雹灾的西营子、大路峁、德胜西、布尔洞沟 4 乡灾民 1012 人。2008 年，旗红十字会制订《突发灾害应急预案》，在薛家湾镇湖西社区租赁 80 平方米物资仓库，储存 200 套被褥、300 件棉衣，预留 20 万元捐款用于备灾资金。

准旗多次组织单位、市民为灾区募捐，通过红十字会转到灾区。2005—2015 年，旗红十字会累计向旗外灾区募捐 1330.69 万元。

2008 年 3 月，旗人民政府向杭锦旗独贵塔拉凌灾区捐款 300 万元。5—10 月，全旗为四川汶川地震灾区捐款 741.6 万元，捐物货值 4.3 万元。久泰能源公司捐款 100 万元，被内蒙古自治区人民政府授予红十字银质奖；宇生大酒店法人代表杨久乐捐款 2 万元，被授予红十字金质奖；旗红十字会被评为全区红十字会系统抗震救灾先进集体。2010 年 4—10 月，全旗为青海玉树地震灾区募捐 190.8 万元。2013 年 10 月，为四川雅安地震灾区募捐 50.7 万元。

二、献血与捐献

2000 年，准格尔旗被鄂尔多斯市中心血站确定为全市首个无偿献血试点旗县，10 月 26 日在准煤公司职工总医院开展全旗首次无偿献血活动，虽然事前做了宣传动员，由于人们畏惧献血，只有 35 人献血 7700 毫升。旗红十字会工作人员李六金带头献血，现身说法宣传无偿献血，对献血者有利无害。通过三年努力，人们克服了献血恐惧，献血人数逐年递增。2008 年组织献血 8 次，1601 人献血 424450 毫升。2009 年 9 月 28 日，中心医院妇产科 1 名产妇产后出血，急需输血，不允许等待市中心血站送血，刘广、侯毛人两位居民应急献血 700 毫升，挽救了患者的生命。2015 年组织献血 10 次，1770 人献血 606320 毫升。

到 2015 年年底，全旗累计献血 18561 人次，献血量 5168.52 升，2005 年被内蒙古自治区人民政府评为无偿献血先进旗县。旗红十字会李六金累计献血 21 次 4600 毫升，2013 年荣获全国无偿献血促进奖个人奖；哈尔乌素露天煤矿职工降建新累计献血 21 次 7600 毫升，2015 年 12 月获鄂尔多斯市无偿献血银奖。

2005 年 12 月 22 日，准旗首批造血干细胞志愿捐献者血样采集在市中心血站完成并入库。他们是：李六金、李炳实、刘波、王子华、康利华、屈虎兰、郝秀芬、张永东、李波、闫志刚、李杰，大多来自卫生系统。2013 年 3 月，准旗首例造血干细胞高配成功，造血干细胞志愿捐献者刘玉莲，女，47 岁，中国人寿保险准煤支公司职工，去北京体检后，因患者死亡，未能成功捐献。2014 年高配成功 2 例，1 例捐献者刘文斗，男，27 岁，准能公司公用事业处净水厂职工，8 月 5 日在北京 307 医院成功为患者捐献了干细胞；1 例捐献者胡亚丽，女，42 岁，准能公司黑岱沟露天煤矿选煤厂职工，2015 年 3 月 13 日在北京成功捐献造血干细胞。

2013 年，准旗出现首例遗体捐献，捐献者武裕宽，女，58 岁，生前系薛家湾第三小学教师，遗体捐献于北京。

三、募捐与救助

“博爱一日捐”是内蒙古红十字会在全区机关企事业单位开展的一项募捐活动，捐出一天工资，节约一笔开支，救助当地困难群体。2007 年 6 月，准旗首次在机关企事业单位开展“博爱一日捐”活动，以后每年持续开展，2007—2015 年，全旗“博爱一日捐”累计募集善款 1239.7 万元。

2013 年红十字会志愿者到敬老院服务

2002—2004 年，旗红十字会实施内蒙古红十字会白内障复明扶贫项目，为 152 名白内障患者免费体检，资助 6700 元为 48 名贫困患者免费手术治疗。2004—2015 年，旗红十字会开展“博爱送万家”活动，利用“博爱一日捐”活动的捐款，救助特困群众 7903 户 610.6 万元，慰问老党员和军烈属 142 户 7.75 万元，资助贫困大学生 586 名 76.07 万元。

四、救护培训

2003 年，旗红十字会首次开展人道主义救援现场演练，卫生救护实操培训，培训心肺复苏、创伤救护、急症处理等卫生救护技能。每年 5 月 8 日国际红十字日、6 月 14 日世界献血日、9 月 11 日世界急救日、12 月 1 日世界艾滋病日，坚持开展救援演练，印发宣传材料，弘扬红十字人道主义精神。到 2015 年，先后在准能公司、国华电厂、蓝天街道、大路煤化工基地等 50 家单位培训，参加培训 1.56 万人次。2011 年 9 月，救援演练扩大到校园，在薛家湾第六小学开展突发灾害自救互救演练。2012 年 4 月，组织全旗中小学校体育教师、校医急救培训，举办全旗中小学校应急救护知识和技能竞赛，34 所学校参赛。

第二十二篇

法治

公安

检察

法院

司法行政

2022年1月准格尔旗公安局特警队安保巡逻

改革开放经济发展，社会转型矛盾增多，准格尔旗创新社会管理，创建平安准格尔。公安机关实行社区网格精细管控，电子监控智能防范，严打整治重拳出击，营造良好治安环境。审判机关公示失信“老赖”，检察机关查办小官巨贪，让百姓在司法实践中感受到公平正义。司法行政机关开展全民普法教育，为弱势群体提供法律援助,保障公民依法维权。今日准格尔，路不拾遗，夜不闭户，安全触手可及，保护就在身边。准格尔旗两次被评为全国法治宣传教育先进县，检察院两次被评为全国先进基层检察院。

2011年3月准格尔旗公安局全警比武大练兵

第一章　公　安

第一节　公安机关

一、准格尔旗公安局

1991 年，准格尔旗公安局派驻准格尔矿区分局，下设 28 个基层派出所。1999 年 5 月，撤准格尔矿区分局；2001 年 5 月，交通警察大队上划伊克昭盟交通警察支队；2011 年 12 月，接管鄂尔多斯市公安局薛家湾分局管区。2015 年，下设 16 个派出所，即薛家湾镇及 4 个街道 6 个，纳日松镇 2 个，准格尔召镇 2 个，沙圪堵镇、大路镇、龙口镇、布尔陶亥苏木、十二连城乡、暖水乡各 1 个。

准格尔旗公安局，2005 年摄

二、准煤公司公安处

准格尔旗煤炭工业公司（简称准煤公司）公安处，县级建制，内设铁路运输部公安科。1992 年 4 月，铁路运输部公安科升格为铁路治安分处，准县级建制，准旗境内设大准铁路薛家湾站派出所。2000 年 10 月，撤准煤公司公安处。

三、薛家湾公安分局

2000 年 10 月，撤准煤公司公安处，组建伊克昭盟公安局薛家湾公安分局，准县级建制，准旗境内设露天矿派出所、乌兰小区派出所和大准铁路薛家湾站派出所。2001 年 10 月更名为鄂尔多斯市公安局薛家湾分局。2011 年 12 月撤销薛家湾分局。

四、公路交通安全管理机关

1991 年，准格尔旗有两家公路交通安全管理机关，准格尔旗公安局交通警察大队和专管包府公路的伊克昭盟公安处包府公路交通警察大队。随着多条高等级公路建成通车，公路交通安全管理机关陆续增加，2015 年形成 5 家机关分工协作共管的局面。

准格尔旗公安局交通警察大队，1991 年下设薛家湾中队；2001 年 5 月上划伊克昭盟交通警察支队；2010 年 7 月更名为鄂尔多斯市交通管理支队准格尔旗大队，管理全旗县级以下公路和市政道路交通安全。2015 年，下设 12 个公路巡逻民警中队，旗政府驻地设 2 个岗勤中队。

1992 年 8 月，伊克昭盟公安处授权准煤公司公安处管理矿区 2 号公路和中心区市政道路；2001 年 10 月撤销，所管道路移交鄂尔多斯市交通警察支队准格尔旗大队。伊克昭盟公安处包府公路交通警察大队驻准旗准格尔召乡，2010 年 7 月更名为鄂尔多斯市交通管理支队包府公路大队，兼管准格尔召镇市政道路。

鄂尔多斯市交通警察支队，2004 年 3 月设 109 国道东线大队，2006 年 10 月，大路增设机动路勤中队，兼管黄天棉图矿区运煤专线公路。鄂尔多斯市交通管理支队，2010 年 7 月设荣乌高速公路大队，准旗境内设 4 个路勤中队，兼管呼大高速公路。2012 年 12 月设沿黄高等级公路大队，准旗境内设十二连城收费站。

五、铁路交通治安管理机关

2011 年 12 月，鄂尔多斯市公安局撤薛家湾分局，设交通运输治安分局，准县级建制，驻准旗蓝天街道，管理全市地方铁路交通治安，准旗境内设大准铁路薛家湾站，准东铁路周家湾站、虎石站、准格尔召站 4 个铁路站区派出所。

第二节　警察队伍

准格尔旗公安局，1993 年有警察 191 名、交警 30 名。1997 年有警察 226 名、交警 34 名。2001 年有警察 234 名。2005—2008 年，招聘文职人员 146 名。2007—2015 年，接收退伍军人 216 名。2010—2013 年，聘用辅警 392 名。2015 年，全局公安干警 745 名，其中，公务员警察 177 名、文职转警 163 名，辅警及其他人员 405 名；大专以上文化占 75.2%，平均年龄 36 岁。

2004 年准格尔旗公安局大练兵，张磊摄

准煤公司公安处最多时有警察 150 名。鄂尔多斯市公安局薛家湾分局 2000 年 10 月有警察 100 名。鄂尔多斯市交通管理支队准格尔旗大队，2001 年 5 月有交警 52 名；2015 年有交警 392 名。鄂尔多斯市公安局交通管理支队包府公路大队 2015 年有交警 85 名；109 国道东线大队机动中队 2015 年有交警 10 名；荣乌高速公路大队 2015 年有交警 78 名。鄂尔多斯市公安局交通运输治安分局 2015 年有警察 82 名。

这支警察队伍涌现出一批先进典型。为抢救溺水者英勇牺牲的窑沟派出所副所长杨勇，1997 年 11 月被追认为全国公安系统二级英雄模范；赶赴刑事案现场途中遇车祸牺牲的薛家湾刑警中队队长郭培林，2003 年 10 月被追认为革命烈士；因公殉职的准格尔旗公安局局长郝万忠，2012 年 1 月被追授为全国公安系统一级英雄模范。王凤山、满成云获评全国优秀人民警察。

第三节　户证管理

一、户籍人口管理

准格尔旗户籍移迁以迁入为主。1999—2001 年，迁入国家重点工程建设者和家属子女。2006 年起，准旗打工工资高，创业赚钱多，养老待遇高，吸引外来人口迁入。2010 年起，准旗限制人口迁入，只办理因工作迁户就业地，因婚迁户生活地，大中专毕业生返原籍迁入、未成年子女投靠父母迁入。

准格尔旗户籍变更由“农转非”为主发展到“非转农”为主。“八五”期间，国家重点工程招录城镇户籍青年就业，非农业户口成为“抢手货”，限制“农转非”；进入“十一五”后，地方煤矿改扩建按农业户口支付征地补偿,农业人口享有国家政策补贴,农业户成为“抢手货”,限制“非转农”。

1991 年，准格尔旗居民持蓝色户口簿，公安机关核对户口信息，开始换发棕色户口簿。1995 年清查城镇户口，及时更正重漏差错问题；2005 年将全旗 26.95 万常住人口信息采集录入“天网工程”，人像采集录入率 87.7%，实现人口信息微机管理；2012 年纠正一人多户、死亡未销户等问题。

二、暂住人口管理

1991 年，准格尔旗暂住人口集中在准格尔矿区。准格尔矿区分局通过村委会核发暂住证，以证管人；准煤公安处通过用工单位核发暂住证，以单位管人。

1998 年，公安机关与出租房屋者签订治安责任保证书，办理租赁房屋许可证，实行以房管人；2000 年起，将暂住人口录入人口信息平台，实行以信息管理人；2004 年起，对无身份证、无暂居证、无用工证明的人员实行集中住宿管理，流动人口信息全部录入微机。2010 年，旗公安局登记暂住人口 76276 人，办理暂住证 70126 人；鄂尔多斯市公安局薛家湾分局登记暂住人口 1321 人，核发暂住证 1149 人。2011 年 12 月，旗公安局接收薛家湾分局登记暂住人口 2110 人，核发暂住证人口 1561 人。

2015 年，公安局以证管人、以房管人、以业管人、以信息管人多策并举，实现暂住人口管理全覆盖。全旗登记暂住人口 113452 人，办理暂住证 113185 人，全部录入人口信息大数据平台。

三、居民身份证

1991 年，准格尔旗居民持有第一代身份证，15 位编码，存在人证不符现象，登记户口时写错姓名，电脑录入时打错姓名。公安局现场采集个人信息和照片，避免类似错误再发生。1994 年启用身份证相片新标准；1995 年 7 月 1 日起启用新的防伪居民身份证；1999 年 10 月 1 日起，实行居民身份证号码一人唯一代码，终生不变。2000 年起，居民身份证号码升至 18 位编码。2006 年 7 月 1 日，开始换发第二代居民身份证，到 2012 年完成换发；2015 年 8 月起，办理第二代身份证指纹信息采集。

2007 年派出所上门为乡村居民拍身份证相片，乔长青摄

四、出入境管理

国家改革开放，准格尔旗出国（境）人员逐年增加。1992 年，公安机关受理赴港定居 3 起 7 人，探亲 1 起 3 人。1999 年，受理出国旅游 12 起 35 人。2002 年，受理因私出境 65 起 363 人。2004 年起，办理出境需面见申请人，核查原始材料；全年审核因私出境 124 起 609 人。2012 年，出境业务达到顶峰，办理护照 1425 人、港澳通行证 1910 人、台湾通行证 138 人。2013 年起，国家实行工作

人员出境报备制度，组织部门审批党政干部出境，出境人员开始回落。2015 年，办理护照 1710 人、港澳通行证 2082 人、台湾通行证 442 人。

到准格尔旗的外国人多为准煤公司聘用的工程技术人员。1991 年，接待外国考察人员 7 人。1992 年，沙圪堵镇的政府宾馆、薛家湾镇的准煤公司招待所确定为涉外宾馆，查验涉外人员护照。1996 年，全旗接待外宾涉及 16 个国家和地区 274 人次。1997 年起，涉外接待量下降。2004 年 7 月，公安机关查处到薛家湾镇非法务工的 1 名英国籍男子。2006 年 6 月，将到旗非法就业的 1 名蒙古国女子遣送出境。2000—2011 年，到准能公司外国籍人员有 20 多个国家近 1000 人次。

第四节　治安管理

1991 年，准格尔旗社会治安问题集中在薛家湾镇及周边乡镇；旗公安局查处治安案件 250 起，处理违法人员 401 人；准煤公司公安处查处治安案件 51 起，处理违法人员 37 人。2014 年，受理治安案件达到峰值，受理治安案件 5947 起。2015 年，全旗受理治安案件 4793 起，查处 4296 起。

一、爆炸物品管理

1991 年，全旗涉爆炸物品单位 294 家，其中，生产企业 1 家，销售单位 1 家，使用单位 292 家，炸药使用量约 2000 吨。

2022 年准格尔旗公安局社会面夜巡

旗公安局 1998 年吸取“6・10”雷管被盗案教训，加大人防、物防、技防投入，落实严管、严治、严防措施；保管员、押运员、安全员、爆破员，实行持证上岗；建设标准化雷管库、炸药库，实行 24 小时值班制度、剩余火工品退库制度、日清月结制度；开通民用爆炸物品信息管理系统，实行购买、运输、储存、保管、使用、清退“一条龙”监管。2007 年，危险品运输车辆安装 GPS 定位系统；标准“两库”安装防盗报警器，涉爆单位安装视频监控系统；携带雷管、枪弹远距离探测器，全面收缴流散到社会上的雷管、炸药。

2009 年，旗公安局成立民用爆炸物品安全管理大队，“两库”更新防盗警报器，安装视频监控系统；两家民爆生产企业配备厢式运输车，安装 GPS 定位系统，统一运输民爆物品；民爆物品实施“闭合卡”管理，运输、储存、领取、使用、退库环节形成完整信息化监督链。2010 年起，实行民爆物品等级化管理，涉爆煤矿按季度评定 A、B、C 3 个等级；“两库”安装值班巡更系统，值班人员定时定点巡查；在全旗推行爆破一体化作业。

鄂尔多斯市公安局薛家湾分局 2001 年对雷管实行编号管理，建设标准化“两库”。2007 年与管区单位、居委会签订“无非法持有危爆物品保证书”，2009—2011 年，为百余名涉爆从业人员办理爆破作业证，签订安全管理责任状。

2013 年，全旗 71 座民用爆炸物品储存库的视频监控系统、防盗报警系统和巡更系统，与公安信息平台联网共享，每个库区至少配两只以上大型犬，库区实行 24 小时值班看护，值班人员配备自卫器械。

2015 年，全旗涉爆单位 176 个，其中生产单位 1 个，销售单位 1 个，危运公司 1 家，使用单位 173 个；炸药使用量 2.8 万余吨，雷管、导爆管使用量 120 万发。

二、特种行业管理

1991 年，旗公安局挂牌管理特种行业，核发安全合格证；1993 年，取缔非法经营旅店 8 家、刻字 1 家、废旧金属收购点 9 个；准煤公司公安处取缔非法收购站 14 处。清理整顿后，全旗有特种行业 353 家，其中，旅店业 251 家、旧货业 57 家、刻字业 6 家、其他行业 39 个。

1996 年 4 月起，特种行业由安全合格证换发特种行业许可证，到 1998 年完成换证。1999 年，机动车修理和出租车纳入特种行业管理。2007 年起，旅店开始安装信息管理系统；2009 年管理的 144 家旅馆全部安装信息管理系统，处罚不按规定登记住宿信息的旅店 42 家。2009 年起，娱乐场所成为特种行业管理的重点，当年取缔无证经营娱乐场所 18 家，抓获 1 名办理假身份证犯罪嫌疑人。

2012 年，旗公安局接管鄂尔多斯市公安局薛家湾分局管理特种行业。2014 年，全旗有娱乐场所 80 家，其中，舞厅 1 家、歌厅 35 家、夜总会 8 家、电子游戏厅 1 家、台球厅 15 家、棋牌室 20 家。2015 年，全旗特种行业管理旅店业 265 家、娱乐场所 60 家、刻章业 3 家、印刷业 7 家。

三、禁赌·扫黄

1991 年，准格尔旗人民政府发布禁赌通告，发动群众检举揭发聚众赌博；旗公安对赌博打早打小，露头就打，当年查获赌博案件 14 起 91 人，收缴赌资 3200 元。跨入 21 世纪，聚众赌博现象抬头，社会闲散人员开设赌场谋利，以赌博为业的赌棍流窜各地骗取钱财。2005 年，取缔隐藏在居民区的麻将馆 11 家；2006 年，查处赌博案件 44 起 465 人，收缴赌资高达 324 万元。2008 年，捣毁利用游戏机赌博窝点 3 个，行政拘留 6 人。2012 年，查处赌博案件多达 211 起 1300 人，收缴赌资 140.07 万元。2015 年，查处赌博案件 144 起 865 人，收缴赌资 51.60 万元。赌博呈现从线下到线上、从国内到国外的新动向。

“八五”期间，不法分子利用小旅馆容留妇女向外来人口卖淫。1992 年，旗公安局查处卖淫嫖娼案件 6 起 11 人。2000 年起，每年开展“扫黄打非”集中行动。进入“十一五”时期，文化娱乐、洗浴按摩业兴起，不法业主招募外地年轻女性从事色情服务。2006 年，查处涉黄物品案件 4 起，收缴淫秽光碟 95 张；2007 年查处首起网上传播色情信息案；2008 年破获 1 起互联网传播淫秽信息案，行政拘留 10 人；2013 年，查处卖淫嫖娼案多达 49 起 567 人，取缔提供色情陪侍娱乐场所 3 家；2014 年起涉黄案件开始下降；2015 年查处涉黄案件 30 起 71 人。

四、巡逻防控

1991 年，准格尔旗街面巡逻防控由派出所负责。1999 年 5 月，旗公安局成立巡警大队，巡逻警力 8 人，配备 1 辆长安面包警车，负责薛家湾镇区及周边巡逻勤务。2007 年起，巡逻区划为 3 片；7 个中队分工负责，3 个中队巡逻，2 个中队堵卡，1 个中队处置突发事件，1 个中队内务。当年“严打”专项行动，破获盗窃案 4 起、非法持有毒品案 1 起、非法持有假币案 1 起。2008 年，常设城大高速薛家湾出入口、103 省道前房子收费站 2 个堵卡点。2014 年，警力和装备重点布置在两个常设堵卡点，24 小时不间断盘查。2015 年，巡逻防暴大队有警力 189 人，配备巡逻警车 41 辆，其中建有 20 名队员的特警中队，配备警用装甲车 2 辆、特警车 3 辆。

第五节　禁　毒

1991年，准格尔旗禁毒案件由刑警队侦查；1996年，旗公安局组建缉毒队，开始专业缉毒；2000年扩建为缉毒大队；2001年1月，旗人民政府成立禁毒委员会，办公室设在缉毒大队；2007年更名为禁毒大队；2001—2011年，鄂尔多斯市公安局薛家湾分局负责准能公司禁毒；2012年后划归禁毒大队。

一、禁种罂粟

罂粟，准格尔旗俗名“洋烟”，含吗啡、可待因，入药能止咳、止痛和催眠；加工成鸦片、吗啡、海洛因，是国际禁止的毒品。准旗种植罂粟，时有时无，时多时少，久禁不绝。1991年处理非法种植9起。1992年铲除罂粟11095株。1996年铲除6101株。1997年，春播之际，向老种植户发放禁种警告书；青苗出土后，深入田间地头巡查，及时发现铲除，之后9年再未发现非法种植。2006年又死灰复燃，铲除7314株。2007年起，实行举报非法种植奖励。2010年铲除罂粟983株，2014—2015年铲除罂粟7187株。

二、禁贩安钠咖

安钠咖分液体安钠咖、固体安钠咖、含罂粟成分安钠咖3类，不法人员利用商店的便利，制造、贩卖安钠咖。1991—2015年，全旗缴获安钠咖333.57千克，依法处理制造、贩卖安钠咖人员2000余人。1996年，缴获安钠咖多达100千克。2013年起，堵源截流，严加管控，利用检查站查缉，引导民众拒绝，鼓励民众举报，当年缴获安钠咖98.1千克。2015年缴获安钠咖72.2千克。

三、禁外来毒品

1993年，准格尔旗首次查获外来毒品，3人贩卖海洛因92.27克。跨入21世纪，每年开展“6·26”国际禁毒日宣传；乡村干部帮教吸毒人员社区戒毒，创建“无毒社区”。2009年，首次查获咖啡因35千克、冰毒4.24克。2013年12月5日，破获一起跨省贩毒案，抓获犯罪嫌疑人4名，缴获海洛因10克、冰毒10克，切断来自山西省的毒品来源。2015年，破获贩毒案件42起，抓获贩毒人员48名，缴获海洛因552克、冰毒3.35克及大量咖啡因。

2001—2011年，鄂尔多斯市公安局薛家湾分局侦破贩毒案件114起，打击贩毒团伙2个，抓获贩毒人员182人。

第六节　公路交通安全管理

一、机动车牌证

1991年，准格尔旗机动车号牌、行驶证，驾驶人驾驶证，由伊克昭盟公安局交通警察支队核发；旗公安局交通警察大队路勤执法，查处无牌证上路、无证驾驶。因机动车和驾驶人少，流传“方向盘一转，给个旗长不换”一说。

1994年7月1日起，全国机动车号牌由“85”式换发“92”式。1995年准格尔旗开始换发机动车号牌。1996年，国家《机动车驾驶证管理办法》《机动车驾驶员考试办法》实施，规范管理机动车。1997年通过换发号牌和年检，首次查清全旗登记机动车13855辆，机动车驾驶人13970名。

2000 年，旗交通警察大队成立车辆管理所，开办机动车登记、驾驶证申领业务。2004 年 5 月 1 日起,《中华人民共和国道路交通安全法》颁布实施,按国家《机动车驾驶证申领和使用规定》《机动车登记办法》，准旗将机动车纳入信息化管理，实行驾驶证违章扣分制度，扣满 12 分需重新考取驾驶证。2006 年，交通警察大队接管农机监理部门管理的农用运输车。2009 年 6 月，国产小型汽车注册登记、行驶证补换领业务，C1 以上驾驶证补换领业务，驾驶人年度体检业务下放到旗，准旗办理机动车注册 2299 笔、机动车检验 13044 笔，办理驾驶证业务 2895 笔，驾驶证检验 4509 笔。

2015 年，全旗办理机动车管理业务 49855 笔。其中，办理新车注册登记 1572 笔、新车检验 1530 笔，核发检验合格标志 29842 枚；办理初次申领驾驶证 3268 笔。全旗注册登记“蒙 K”号牌机动车 77970 辆，机动车驾驶人 81335 人；旗境实际机动车和驾驶人保有量远超这个数。准旗居民购买私家车，挂“蒙 A”和“京”牌号，图赴呼进京方便；本地驾驶证考试严格，许多人到周边考取驾驶证。

二、道路安全设施

1995 年,准格尔旗交通警察大队在沙圪堵镇区安装道路交通安全标志,人多路窄地段设安全栅；1996 年 6 月 6 日,全旗第一座交通岗亭在该镇建成,交通警察从此在红绿灯下上岗执勤；到 1998 年，镇区有交通岗亭 2 个，红绿灯自控仪 2 个，交通标志牌 32 块。

1999 年，旗交警大队在薛家湾镇区建设交通岗楼 2 个，交通岗亭 2 个，架设交通信号灯 16 组，全旗交通事故信息实现全国联网。2003 年起，在 109 国道、呼大公路、曹羊公路、薛魏公路、杨吉公路的事故多发路段安装警告标志和警示牌，在重点单位门口、重要路段安装太阳能爆闪警示灯和减速杠。2006 年，首次在全旗主要运煤公路建紧急避险带 7 处。2007 年 1 月 22 日，“电子警察”系统首次亮相薛家湾镇街头。

1996 年 6 月 6 日交通警察首次上岗执勤，杨玉铭摄

2015 年，薛家湾镇区设交通信号灯 25 处，配电子警察 16 处；沙圪堵镇区设交通信号灯 9 处，配电子警察 5 处；大路新区设交通信号灯 23 处，配电子警察 9 处。全旗所有公路安装醒目的交通标识标牌，划定道路标线。

2009 年 10 月 26 日，荣乌高速公路大饭铺—东胜段建成通车，全线配备完整电子监控体系，是内蒙古自治区首条采用区间测速抓拍取证超速违法行为的高速公路。2010—2015 年，新设交通标志标牌 150 块，新增区间测速杆 16 根，电子监控体系实现高清升级。

三、查处交通违章

准格尔旗公安局交通警察大队，1994 年重点查处机动车无牌无证上路、驾驶人无证驾驶。2000 年起实施“畅通工程”，岗勤民警提前 30 分钟上岗，推后 30 分钟离岗，将薛家湾镇准格尔路建成“严管街”；疏导运煤货车，将 109 国道准旗段建成“平安大道”。2002 年查处交通违章 20 多万车人次，为 25 年最高峰。

2004 年，准格尔旗运煤货车在 109 国道、呼大公路出现长时间、大面积拥堵，交通安全管理部门持续治理超载超限和违章占道行驶，逐步缓减煤车拥堵。2008 年，首次启用测酒仪，查处酒驾；2011 年 5 月 1 日起，《中华人民共和国刑法修正案》施行，醉酒驾驶以危险驾驶罪追究驾驶人责任，最高判处半年拘役。同年 5 月 13 日，全旗首位醉酒驾车者被判一个月拘役。至 2015 年，全旗每年查处醉驾 200 件左右。

鄂尔多斯市交通管理支队荣乌高速公路大队铁腕治理煤车占道拥堵。2010 年，全线煤车经常堵车，有时一堵好几天。大队严禁拉煤车占用超车道行驶，经过一年整治，实现畅通无阻。2010—2015 年，大队所辖准旗路段，查处道路违法行为 42.83 万起，其中酒驾 45 起、醉驾 21 起，涉证 115 起、涉车辆牌证 59 起，超速 6.03 万起，不按规定道路行驶 36.78 万起。

鄂尔多斯市交通管理支队沿黄高等级公路大队重点治理危险化学品运输车辆安全隐患，严查道路违章行为。2013—2015 年，累计查处道路交通违章 3.85 万起，其中涉驾驶证 44 起、酒驾 30 起，涉车辆牌证 100 起，超速 2237 起，不系安全带 9780 起。

四、处理交通事故

1991 年，准格尔旗发生道路交通事故 29 起，造成 6 人死亡，20 人受伤，直接经济损失 6.55 万元。2000 年事故首次突破 100 起。2009 年首次突破 200 起。2015 年发生事故多达 897 起，死亡 36 人，受伤 135 人，直接经济损失 790.49 万元。

25 年间，准格尔旗车流量井喷式增长超过公路有序升级的承载能力，交通事故总体呈增加趋势；最大“马路杀手”是带挂运煤大货车，准旗运煤公路弯道多，陡坡多，运煤货车超载超速，导致事故易发多发频发。全旗累计发生道路交通事故 6400 起，导致死亡 874 人，受伤 2009 人，直接经济损失 3852.16 万元。

1991—2015 年，鄂尔多斯交通管理支队准格尔旗大队管辖路段，累计发生交通事故 4268 起，死亡 744 人，受伤 1610 人，直接经济损失 3576.88 万元。

2006—2015 年，鄂尔多斯交通管理支队 109 国道大队机动中队管辖准旗路段，累计发生交通事故 328 起，受伤 89 人，直接经济损失 33.14 万元。

2007—2015 年，鄂尔多斯交通管理支队包府公路大队管辖准旗路段，累计发生交通事故 43 起，死亡 17 人，受伤 41 人，直接经济损失 9.45 万元。

2010—2015 年，鄂尔多斯交通管理支队荣乌高速公路大队管辖准旗路段，累计发生交通事故 1700 起，死亡 83 人，受伤 222 人，直接经济损失 194.11 万元。

2013—2015 年，鄂尔多斯交通管理支队沿黄高等级公路大队管辖准旗路段，累计发生交通事故 61 起，死亡 30 人，受伤 47 人，直接经济损失 38.55 万元。

五、特大交通事故

1992 年 12 月 28 日，伊克昭盟运输公司汽车五队东风大客车行驶至五字湾路段转弯处时，由于机械故障车辆失去控制，加上车内乘客严重超员，在下陡坡急转弯时，速度离心力超过自然极限，导致客车向右侧滚 630 度，掉入道路右侧边坡下 17.5 米深的凹地，造成 11 人死亡、17 人重伤、41 人轻伤的特大交通事故。

1994 年 7 月 12 日，马栅乡某村民无证驾驶自家大货车，搭载山西省河曲县黄河晋剧团运往张喜塄村，行驶至沙榆线 40 千米 +200 米处时，车辆驶出路基坠落悬崖，造成 15 人死亡、17 人重伤的特大交通事故。

2000 年 12 月 8 日，呼和浩特市新城区个体驾驶员驾驶解放牌 143 带挂大货车由西向东行驶至呼大公路 90 千米 +240 米处喇嘛湾黄河大桥，与前方同向行驶的伊克昭盟运输公司汽车五队长白山大客车追尾相撞后，又与相向驶来的桑塔纳轿车相撞，造成大客车向右驶出桥面，从 17 米高的大桥坠落，造成 27 人死亡、21 人受伤的特大交通事故，伤亡人数创伊克昭盟纪录。

2002 年 6 月 20 日，魏家峁镇井子沟村民驾驶中巴客车沿大城公路由西向东行驶，与相向行驶的解放 142 大货车相撞，造成中巴客车 10 人死亡、12 人受伤的特大交通事故。

1991—2015 年准格尔旗交通事故统计表

表 22-1　单位：起、人、万元

年　份	事故（起）	死亡（人）	受伤（人）	损失（万元）	年　份	事故（起）	死亡（人）	受伤（人）	损失（万元）
1991	29	6	20	6.55	2004	81	38	98	29.44
1992	24	15	12	6.49	2005	117	48	151	32.95
1993	45	37	41	17.34	2006	125	33	79	28.90
1994	35	29	38	13.30	2007	89	32	45	21.88
1995	25	10	18	23.15	2008	84	31	42	20.71
1996	32	17	12	22.90	2009	252	28	56	143.73
1997	30	11	17	4.89	2010	475	33	42	384.19
1998	40	23	34	46.50	2011	801	51	129	355.89
1999	52	23	63	43.18	2012	893	50	111	366.86
2000	118	62	128	56.33	2013	806	42	91	572.82
2001	185	54	181	83.87	2014	850	42	132	723.50
2002	178	77	205	32.42	2015	897	36	135	790.49
2003	137	46	129	43.86	合计	6400	874	2009	3852.16

第七节　铁路治安管理

一、铁路治安体系

准格尔旗地方铁路，一直以物防、人防为主。2012 年起，鄂尔多斯市公安局交通运输治安分局开始构建技防为主导、物防和人防为补充的铁路治安防控体系。2014 年，建立派出所巡线和铁路企业护路联防巡线联合防控机制，交叉巡线与分段巡线相结合，防控重点路段和要害部位；升级准东铁路沿线派出所网络宽带，开通大准铁路客运列车实名制售票系统。到 2015 年，分局累计安装防盗报警器 23 套、视频监控系统 26 个、视频探头 977 个，与市、旗两级公安机关“110”指挥中心联网；安装防护网 742 千米，封闭率达 69.5%。

二、铁路治安重点

鄂尔多斯市公安局交通运输治安分局，2018年摄

准格尔旗地方铁路运输，以煤炭外运物流为主、往来客流为辅；运输治安分局负责全市地方铁路的治安管理工作。宣传教育方面，2012—2015年，共举办爱路护路宣传活动170余次，入户宣传5700余次，受教育群众达30万余人次。客运安全方面，加强客运站车管理，强化接发列车工作，提高安检等级，逢包必检、逢液必查、逢疑必问，杜绝危险物品、人员进站上车；上车后查缴违禁物品。2012年查获违禁物品42件，2014年查获易燃易爆物品22桶5440毫升，到2015年，累计安全接发客运列车748列，运送旅客34万人次。设施安全方面，先后排查117家铁路单位、111个重点部位、10余家施工单位；整改治安隐患870余处，查处违法案件148件，处理违法人员152人。消防安全方面，累计开展消防应急演练70余次，整改消防安全隐患近500处。

三、铁路治安案件

2012—2015年，分局累计受理铁路治安案件503起，处理违法人员539名，收缴罚款26.44万元；受理刑事案件20起，破案11起，抓获犯罪嫌疑人21名。2014年侦破“1·05”特大盗窃铁路通信电缆案，案值35余万元；侦破“3·18”故意伤害致人死亡案。2015年破获刑事案件10起，抓获嫌犯10名，其中命案嫌犯1名。

第八节　刑事侦查

一、侦查破案

1991年，准格尔旗公安局管区发生刑事案件148起，破案121起。2000年后，随着经济迅速发展，人口流动迅速增加，刑事案件也相应增长。2012年，全旗发生刑事案件1386起，为历年最高值，之后发案数有所下降。2015年，全旗发生刑事案件1287起，破案479起。25年间，入室盗窃、盗车等盗窃类侵财案件占比最大，一直保持60%以上；抢劫、械斗等引起的死伤案件时有发生；因婚恋、经济纠纷引起的命案偶有发生。

旗公安局开展“打拐”专项斗争，1991年打掉拐卖14名妇女的跨省犯罪团伙；2000年破获拐卖妇女案件25件，解救被拐卖妇女126名，抓人贩14人，处理买主104人，旗公安局被评为内蒙古自治区“打拐”先进集体。开展“扫黑除恶”专项斗争，2004年破获“12·10”绑架企业法人案；2010年取缔操控煤车司机阻断西营子集装站交通的恶势力团伙；2011年开展“雷霆一号”行动，破获刑事案件576起；2013年侦破190余万元巨额电信诈骗案。2007年起实现命案全破，2015年破获命案4起，实现连续9年命案全破。

准煤公司公安处管区，1991年发生刑事案件14起，破案9起；1994年为刑事案件峰值年，发案46起，破案35起；2000年，发案34起，破案24起。1991—2000年，累计发生刑事案件261起，破案203起。

鄂尔多斯市公安局薛家湾分局管区，2000年发生刑事案件34起，破案24起。2003年为刑事案件发案峰值年，发案98起，破案43起。2004年9月8日，辖区内发生一起汽车被盗案，分局专案组经过70余天侦查，于11月20日抓获嫌疑人7人，一举捣毁跨省区作案23起，盗窃大货车19辆，小汽车4辆的犯罪团伙。2000—2011年，累计发生刑事案件701起，破案539起，打击犯罪团伙17个，抓获团伙成员70人，抓获在逃人员28人，其中网上追逃14人。

1991—2015年准格尔旗刑事案件统计表

表22-2 单位：起、名

年份	旗公安局			煤田公安			全旗合计		
	发案	破案	抓嫌犯	发案	破案	抓嫌犯	发案	破案	抓嫌犯
1991	148	121		14	9		162	130	
1992	140	128		31	25		171	153	
1993	212	180		33	28		245	208	
1994	150	118		46	35		196	153	
1995	146	126		25	18		171	144	
1996	120	107	109	26	21		146	128	
1997	114	105	116	12	10		126	115	
1998	120	111	140	19	16		139	127	
1999	130	120	131	21	17		151	137	
2000	337	259	168	34	24	17	371	283	185
2001	405	245	210	96	58	145	501	303	355
2002	273	155	148	65	121	43	338	276	191
2003	317	154	140	98	43	58	415	197	198
2004	386	215	314	81	51	42	467	266	356
2005	399	227	206	56	31	61	455	258	267
2006	398	260	274	46	22	56	444	282	330
2007	477	311	296	48	34	62	525	345	358
2008	832	469	386	43	30	50	875	499	436
2009	1215	421	382	39	25	34	1597	446	416
2010	1270	417	469	37	21	27	1307	438	496
2011	1275	576	501	58	79	31	1333	655	532
2012	1386	787	515	—	—	—	1386	787	515

续表 22-2

年份	旗公安局			煤田公安			全旗合计		
	发案	破案	抓嫌犯	发案	破案	抓嫌犯	发案	破案	抓嫌犯
2013	1051	830	292	—	—	—	105	830	292
2014	734	599	247	—	—	—	734	599	247
2015	1287	479	199	—	—	—	1287	479	199

注：煤田公安 1991—2000 年为准煤公司公安处，2001—2011 年为薛家湾公安分局。

二、侦查技术

2003 年，旗公安局成立刑事科学技术室，主要开展痕迹检验鉴定、法医检验鉴定、声像检验鉴定、理化检验；2007 年增加血液酒精浓度检验。刑警大队利用刑事技术，2006 年侦破“3・19”撬盗保险柜案、“5・22”故意杀人案、“12・18”强奸案，2007 年侦破“1・19”故意杀人案，2012 年侦破“6・2”撬盗保险柜案等一系列重大刑事案件。2007 年，刑事科学技术室被评定为全国一级示范刑事科学技术室；2009 年，刑事科学技术室加挂内蒙古自治区准格尔旗公安司法鉴定中心牌。2013 年、2015 年，刑事科学技术室两次被评定为全国一级刑事科学技术室。

三、典型案例

1998 年 6 月 10 日，准格尔召煤炭集团长梢沟煤矿 7.51 万发雷管被盗。这是中华人民共和国成立以来内蒙古自治区发生的最大一起雷管被盗案，公安部挂牌督办此案。旗公安局 28 名干警组成专案组经过 10 昼夜奋战，于 6 月 19 日抓获案犯 13 人。主犯胡某被判处无期徒刑。

2010 年 12 月 29 日抢劫杀人案告破，各界欢迎专案组凯旋

2010 年 8 月 5 日，薛家湾镇兴隆市场一金店报案，被盗走现金 5.9 万元及价值 98.37 万元的黄金首饰。旗公安局迅速成立专案组，紧急抽调刑警、派出所民警、巡警参与侦破。经过两个多月艰苦奋战，于 10 月 30 日在沙圪堵镇将犯罪嫌疑人贾某抓获。此案被内蒙古自治区公安厅列为典型案例。

2010 年 11 月 7 日，沙圪堵镇某鞋业商店雇员陈某被杀。旗公安局抽调刑警、治安、派出所等警种 120 余人全面开展侦破。12 月 29 日，专案组在山西省大同市大同县瓜园乡将犯罪嫌疑人次某抓获，专案组凯旋时受到旗党政领导和沙圪堵镇居民夹道欢迎。

第九节 专项侦查

一、经济侦查

1991 年，经济案件归口刑警队办理。2001 年 2 月，旗公安局成立经济侦查大队，开始专案专办。到 2015 年，累计立案经济案件 864 起，破案 793 起，涉案金额 14 亿元。2008 年，破获涉案金额 100 万元的合同诈骗案，抓获伪造证件的 3 名逃犯，挽回经济损失 200 余万元。2011 年，破获侵犯知识产权犯罪案件 5 起，抓获犯罪嫌疑人 7 人，收缴伪造发票 18.37 万份，收缴假币 4.3 万元。2012 年，破获传销案件 2 起，涉案金额 1100 万元，涉案人员 215 人；破获非法吸收公众存款案件 3 起，抓获犯罪嫌疑人 3 人，涉案资金 8000 多万元。2015 年，侦破销售假冒注册商标的商品案 5 起，涉案价值 300 余万元。

二、矿产保护

准格尔旗私自盗采矿产资源现象严重。2006 年 1 月，旗公安局成立治安行动大队，2009 年更名为矿业警察大队。2006—2015 年，累计查处非法用地煤矿 12 家，关停违规开采煤矿 32 家，封堵黑煤窑 65 处，清理煤场 78 家，罚没款 300 多万元。2012 年 11 月，破获王某等 5 人私挖盗采矿产案，5 人非法采出原煤 5300 吨，总价值 20 万元。

三、网络监管

2005 年，旗公安局科技通信大队开展黑网吧专项整治，打击容留未成年人上网、无证上网等突出问题。2006 年起，开展公众电脑屋安全审批发证年检和场地、设备、设施的安全审查。2012 年 3 月，增设网络安全保卫大队，开展网络安全监管。2014 年，开展“净网”专项行动，预防青少年网瘾。

第十节 消 防

一、消防队伍

2015 年，准格尔旗有两支专职消防队伍。驻旗人民政府所在地的准格尔旗消防大队，负责东部区的消防救援；驻准格尔经济开发区的准格尔旗矿区消防救援大队，负责西部区的消防救援。

1991 年，准格尔旗消防中队驻沙圪堵镇，有消防队员 20 名，消防车 4 台。1996 年扩建为消防大队，下辖消防中队；2004 年搬迁薛家湾镇；2009 年 5 月成立大路消防中队。2015 年，下辖薛家湾一中队、大路二中队，消防队员 44 人，消防车 16 台；指导东部区 10 家企业消防队。

准煤公司消防大队成立于 1991 年 9 月，隶属于准煤公司公安处；2000 年 10 月改属准能公司保卫处。2007 年 9 月成立大饭铺电厂消防队，2009 年成立伊泰煤制油公司消防大队、久泰能源内蒙古公司消防队、京泰发电厂消防队，2010 年 11 月成立易高煤化科技公司消防队，2012 年成立东华能源公司消防队、天润化肥公司消防队、国华电厂消防队，2014 年 6 月成立国电晶阳公司消防队。

准格尔旗矿区消防救援大队，2012 年 9 月在准格尔经济开发区成立，指导 2005 年成立的准格尔经济开发区消防大队和 2009 年 5 月成立的伊东集团消防救援大队。

二、消防督查

专职消防队伍每年都要对易发火灾的公共场所、企事业单位进行消防安全监督检查，发现隐患责令改正。2007 年，准格尔旗消防大队检查单位 127 家，整改火灾隐患 145 处，将薛家湾镇西城百货商城列为重大火灾隐患单位，请旗人民政府挂牌整改。2015 年，消防大队检查单位 1389 个，发现火灾隐患 1443 处，发责令整改通知书 784 份，罚款 44.05 万元。到 2015 年，矿区消防救援大队累计检查单位 3186 家，督促整改火灾隐患 2998 处，罚款 101.35 万元。

三、火灾处置

准格尔旗火灾历年时有发生，城镇多发生建筑物火灾，工矿区化工厂火灾风险高。乡村多发生森林草原火灾，准旗植被覆盖率高，清明、春节等民间祭扫日，火灾风险高。消防队伍划片分治，协同配合，一般火灾由片区消防力量负责，重特大火灾多方力量联合处置。1991—2015 年，全旗发生重大火灾 3 起，特大火灾 3 起。

1997 年 10 月 29 日凌晨 2 时 30 分，准能公司黑岱沟露天煤矿选煤厂发生火灾，消防大队经过 6 小时 18 分奋力扑救，将大火扑灭。大火烧毁建筑物 2300 平方米，输煤胶带 320 米，直接经济损失 387.59 万元。

2009 年 4 月 8 日伊泰煤制油火灾扑救现场

2009 年 4 月 8 日 4 时 10 分，伊泰煤制油公司罐区 4 号重质油罐发生泄漏，罐内形成爆炸性混合气体，在导油过程中产生静电发生爆炸，导致发生火灾，火势迅速向邻近罐蔓延，邻近 3 个油罐相继起火。罐区 12 个储油罐储存轻质油、重质油、柴油、重质蜡 5000 吨左右。4 时 30 分，准格尔旗消防大队接警，出动 7 台消防车 27 名官兵扑救，调动准能公司消防队 6 台消防车 32 名官兵增援；鄂尔多斯市消防支队调集 4 台消防车 24 名官兵增援；内蒙古消防总队启动跨区域灭火救援预案，调集 42 台消防车 225 名消防员增援。6 时 40 分，各路消防队伍齐集，现场指挥部将罐区划分为着火罐、邻近罐、外围罐，分别冷却保护；导流燃烧混合液到外围沙坑，开辟沙土隔离带，用沙土埋压泄漏管道。16 时扑灭大火，保住罐区 8 个油罐价值 27 亿元。火灾过火面积 1400 平方米，直接经济损失 464.71 万元；救援作战调集 59 台消防车 316 名消防官兵，使用灭火剂 82 吨，用水 2000 多吨。伊泰煤制油公司未经消防验收擅自投用，罚款 11 万元，5 名直接责任人各罚款 1000 元。

2015 年 6 月 28 日 10 时 4 分，伊东集团九鼎化工公司三气换热器泄漏发生闪爆引发明火。鄂尔多斯市公安消防支队调集准格尔旗消防大队 2 个现役中队以及准格尔旗矿区大队、伊东救护大队共 51 名官兵、8 辆消防车赶赴现场。经过 5 个多小时奋战，保护 12 亿元的生产设备，救出被困人员 3 人，后送医抢救无效死亡。

第十一节　警务信息化

1999 年 5 月，旗公安局成立指挥中心，当时仅有一部“110”接警电话。2006 年，派出所开通公安信息网，警用集群手机、警车平台投运，“119”火警、“122”交警并入指挥中心，实现三种报警电话合一。2009 年金融网点报警技防监控系统投运，2011 年中小学幼儿园治安监控电子警察系统投运。2012 年薛家湾镇、沙圪堵镇、大路新区报警定位系统录入路灯杆地理信息，报警人只要报出就近路灯杆编号，处警人员就能准确无误赶赴报警点。2015 年，全旗建成公安视频监控探头 5288 个、高清视频监控卡口 57 处；警务指挥大厅受理有效报警 18751 起，其中纠纷类警情 2779 起、求助类警情 1112 起、举报投诉 986 起，交通类警情 5399 起。

第十二节　看守所

1991 年，准格尔旗看守所（拘留所）位于沙圪堵镇，隶属于旗公安局；准格尔旗矿区公安分局行政拘留所位于薛家湾镇，由分局和准煤公司公安处共同建成。1999 年撤销矿区公安分局，分局行政拘留所并入准格尔旗拘留所；旗公安局成立准格尔旗强制戒毒所，在拘留所分区管理。2004 年 9 月，旗公安局在薛家湾镇新建成看守所，看守所从沙圪堵镇迁入。2007 年，检察院在看守所建成预防职务犯罪警示教育基地。2008 年，团旗委在看守所建成青少年法制教育基地。到 2015 年，看守所实现连年无监管事故。

看守所公安干警对羁押人员开展思想教育和心理干预，每月上一次法制教育课，讲一堂案例分析课，每天组织观看中央电视台《新闻联播》《焦点访谈》和有教育意义的电视连续剧。2015 年改造图书室，藏书量达到 2000 多册；打造专业心理咨询队伍，有二级心理咨询师 12 名、三级心理咨询师 1 名，心理干预促进教育转化，羁押人员转化效果明显。

第十三节　保　安

1991 年，准格尔旗机关企事业单位雇人“下夜”安全保卫。2003 年 4 月，全旗首家保安公司薛家湾保安公司成立。2015 年全旗有保安公司 3 家，从业人员 870 余名。警卫保安服务公司前身为准能公司 2003 年 4 月成立的薛家湾保安公司，2010 年 10 月更名为警卫保安服务公司，2013 年改制民营，注册资金 200 万元，2015 年有保安 350 名，服务准能公司安保。警峰保安服务公司成立于 2010 年 2 月，2015 年有员工 320 名，服务客户 59 家，配备车辆 15 辆。警剑保安服务公司成立于 2011 年 6 月，2015 年有员工 208 名，服务客户 48 家，配备车辆 5 辆。

第二章　检　察

第一节　检察机关

一、准格尔旗人民检察院

准格尔旗人民检察院独立行使司法监督权，受上级检察机关领导和监督，向准格尔旗人民代表大会报告工作，准县级建制。检察院党组和检察委员会是决策机构，重大事项由党组集体讨论决策，检察委员会按民主集中制原则作出决定。

准格尔旗人民检察院针对市场经济条件下犯罪的新特点，监督范围由刑事案件拓展到经济案件、民事行政案件；监督触角由公安、审判、监察、行政执法机关延伸到两大工业园区和两大工业重镇；改革司法责任制，提高公诉指控犯罪能力，提高检察技术水平，公开检察业务，接受公众监督，不枉不纵，宽严相济，维护每件司法监督案件的公平正义。2011 年 2 月 22 日获评第四届全国先进基层检察院；2011 年 10 月，被评为全国基层检察院革命化、正规化、专业化、职业化建设示范院；2013 年 3 月 18 日获评第五届全国先进基层检察院；2014 年被最高人民检察院授予集体一等功。

1991—2015 年准格尔旗人民检察院检察长名录

于永海（1991.03—1996.07）　许清河（1996.07—1999.03）

刘海峰（1999.03—2008.04）　贾昌兵（2008.04—2012.11）

额尔登达来（蒙古族，2012.11—2014.12）　恩克吉日格勒（蒙古族，2014.12—2015.12）

二、内设检察机构

1991 年年初，准格尔旗人民检察院内设侦查监督科、审判监督科、监所检察科等业务部门，工作人员 51 名。

1991 年 9 月设贪污贿赂侦查局；1992 年更名为反贪污贿赂局；1993 年 3 月设民事行政检察科，同年 10 月设控告申诉检察科；1993 年设司法警察大队；1997 年 7 月设立检察技术科，同年侦查监督科、审判监督科分别更名为审查批捕科、审查起诉科；2002 年政工科、法纪科、批捕科、起诉科分别更名为政治处、渎职侵权检察科、侦查监督科、公诉科；2004 年 3 月设职务犯罪预防科（职务犯罪预防侦查局）；2007 年 4 月渎职侵权检察科更名为反渎职侵权局；2013 年 4 月职务犯罪预防科更名为职务犯罪预防局，监所检察科更名为刑事执行检察局，同年 7 月设案件管理办公室；2015 年 8 月成立法律政策研究室、监察室。

2015 年，内设侦查监督科、公诉科、民事行政检察科、反贪污贿赂局、反渎职侵权局、职务犯罪预防局、控告申诉检察科、刑事执行检察局、检察技术科、案件管理办公室等业务部门，工作人员 95 名。

三、派出检察机构

1991 年，准格尔旗人民检察院有 2 个派出机构，派驻旗看守所检察室、派驻内蒙古第三监狱检察室。1999 年内蒙古第三监狱迁离窑沟乡牛连沟，派驻检察室撤销；1991 年 12 月派驻税务局检察室，1999 年撤销；1992 年 4 月派驻准煤公司检察室，1998 年 6 月撤销；1996 年 8 月派驻薛家湾矿区检察室，1999 年撤销；1996 年 12 月派驻薛家湾供电局检察室，1998 年 6 月撤销。2009 年 11 月设派驻准格尔经济开发区、大路煤化工基地、龙口镇、纳日松镇 4 个检察室和基层巡回检察室。

第二节 刑事侦查监督

准格尔旗人民检察院审查决定是否逮捕，是否延长侦查羁押期限；纠正公安机关应当立案而不立案、不应当立案而立案的案件。1991—2015 年，累计向公安机关发出《检察建议书》212 份，纠正公安机关违法行为 47 件次，办理刑事立案监督案件 239 件，通知公安机关立案 31 件，纠正公安机关不应当立案而立案的案件 29 件，纠正漏捕案件 46 起，追捕漏犯 64 人。

25 年间，刑事案件呈逐年增加趋势，检察院坚持“严打”方针，从重从快严厉打击各类刑事犯罪活动。“八五”期间，突出打击杀人、强奸、抢劫、盗窃、伤害、制毒、拐卖妇女等严重危害社会治安的犯罪活动；“九五”期间，交通肇事逃逸纳入重点打击范围；进入 21 世纪，重大刑事案件与侵财类案件明显增加。刑事侦查监督业务量最多的年份是，2001 年发出《检察建议书》63 份；2008 年纠正公安机关不应当立案而立案的案件 17 件；2011 年纠正公安机关侦查违法行为 20 次；2012 年审查批捕 300 件 410 人，介入刑事侦查案件 80 件次，办理刑事立案监督案件 51 件，纠正漏捕 24 起，追捕漏犯 35 人。

1997 年，检察院提前介入公安机关侦查孙、闫 2 人涉嫌强奸轮奸赵某案，认定该案事实清楚、证据充分；但公安机关对犯罪嫌疑人作出治安处罚，并未提请批捕。检察院向公安机关发出《说明不立案理由书》，经审查公安机关不立案理由不能成立，于是通知公安机关立案，一举查获孙、闫嫌犯家属涉嫌包庇，赵某涉嫌伪证的犯罪事实，维护了法律的尊严。

第三节 刑事审判监督

准格尔旗人民检察院审查决定是否提起公诉或不起诉；参加第一审法庭庭审，支持公诉；纠正庭审的违法行为，对确有错误的生效判决依法提请抗诉。1991—2015 年，审查依法提起公诉案件呈逐年增加趋势。1991 年提起公诉 56 件 77 人，2014 年提起公诉案件多达 671 件 790 人，2015 年提起公诉案件 527 件 610 人。25 年累计向旗人民法院发出《检察建议书》32 份、《纠正违法通知书》56 份、《提供法庭证据意见书》42 份、《再审检察建议》5 份、《量刑检察建议》261 份，纠正人民法院超期审理 8 件和侦查机关移送起诉错案 10 件 18 人，追诉漏犯 79 人、漏罪 163 起，提请抗诉 20 件。

检察机关通过参与庭审，出庭公诉，监督刑事审判活动。1996 年起，废除免予起诉制度，扩大不起诉范围。1997 年起，按修订后《中华人民共和国刑事诉讼法》改进庭审方式，公诉人举证质证，一事一证，当庭揭露犯罪。2000 年起，实行主诉检察官办案责任制。2004 年 3 月，试点人民监督员制度，聘任 7 名人民监督员参与刑事审判监督。2005 年起，被告人认罪案件实行简化审理，检察机关建议适用简易程序 96 件，人民法院采纳简化审理 65 件。2008 年，完善主诉检察官、主办检察官办案责任制，实行错案责任追究制度，谁办案谁负责，谁决定谁负责。2012 年实施再次修订的《中华人民共和国刑事诉讼法》，赋予检察机关非法证据排除职责。2013年深化司法责任制改革，以证据为中心，证人、鉴定人、侦查人员出庭作证，提高当庭指控犯罪能力。

第四节　刑罚执行监督

1991年，准格尔旗人民检察院对内蒙古第三监狱、旗看守所安全防范检察37次，排查整改安全隐患16起，受理罪犯重新犯罪案件1件1人，起诉法院作出有罪判决。

2004年，专项检察假释、保外就医，纠正判决后不依法执行和以钱抵刑、违法减刑、假释和保外就医等问题。2005年，对旗看守所不符合条件的减刑提出纠正意见8件8人，对未按规定执行的缓刑提出纠正意见10件10人。2006年起，实行讯问职务犯罪嫌疑人同步录音录像，驻所检察室与监管部门视频音频实现同步连接。2007年、2011年、2014年，准格尔旗人民检察院驻所检察室三次被评为全国检察机关派驻监管场所一级规范化检察室。

2015年，对看守所监管活动提出检察建议2件，办理羁押必要性审查案件11件；检察全旗193名社区矫正罪犯，对未建立社区矫正档案、未及时解除社区矫正等问题，提出纠正意见32件，维护改造人员合法权益。

25年间，累计建议追捕漏犯21人，收监执行3件3人，纠正漏管和脱管7人，纠正超期羁押3件3人，纠正不符合条件减刑4人，纠正未按规定执行缓刑12人，对监外执行罪犯漏管、脱管提出检察建议99人次，纠正不符合留所罪犯4人，对罪犯又犯罪案件19件34人依法提起公诉，纠正保外就医脱管1名，纠正看守所违法使用戒具7人次。

派驻看守所检察官王海萍，对改造人员伸出人道援手，对脱管罪犯亮出执法利剑。被判处无期徒刑的周某，村里建设新农村，盼望和其他村民一样，获得征地拆迁补偿和回迁楼房。王海萍三赴周某所在的乡村协调，为他争取到征地补偿和回迁楼房，促动周某安心改造，两次立功，获得减刑。被判处有期徒刑5年的康某，监外执行后下落不明。王海萍向公安机关建议撤销监外执行，改判收监执行，她协同公安机关抓捕，去康家规劝，促使在外逃亡5年之久的康某投案自首。2012年3月，王海萍被评为全国十大优秀派驻女检察官。

第五节　经济案件检察

1991—1993年，准格尔旗人民检察院经济案件检察的重点是打击挪用公款、偷税、漏税、抗税等严重的经济犯罪活动。1994年起，建立反贪污贿赂侦查工作机制，经济案件检察重点转向查处党政机关、司法部门、经济部门、执法部门工作人员职务犯罪。侦查薛家湾交警支队警员受贿案时，连带查出内蒙古交警总队警员挪用公款案；查处一起经济案件时，连带查出薛家湾办事处主要领导受贿案、沙圪堵林场领导贪污公款案、水保试验场主要领导受贿案。1997年起，改变一个办案组一查到底的侦查方式，只要有案，同时出动多个办案组，分头取证，避免嫌犯串供毁证。获取秘密录音，侦破哈岱高勒乡兽医站主要领导受贿案。1998年起，与纪检、审计部门建立联合办案工作机制。

2001年起，预防职务犯罪由个案预防逐步转向个案预防与系统预防、专项预防相结合，探索建立综合预防体系。首次派出专职预防员，深入国华电厂、农业银行旗支行，联合预防职务犯罪，立案侦查金融企业挪用金融资金案5件5人。2003年，将准能公司、煤管局等12个单位列为重点联系单位，展开系统预防职务犯罪实践。2004年9月起，与纪检、监察和行政执法部门建立预防职务犯罪联席会议制度，形成行政执法与刑事司法衔接的工作机制，有效防止以罚代刑、有罪不究、渎职违纪等问题。2005年起，建立重大工程建设项目专项预防制度，全程跟踪监督新农村建设、能源建设等重点建设项目，实行同步专项预防。2010年，查处魏家峁村干部与国土局干部贪污征地款案、大路新区管委会干部伙同城壕村干部挪用征地款案，涉案金额巨大，社会反响强烈。

2013年起，经济案件检察的重点转向打击危害食品药品安全、扰乱市场经济秩序和群众反映强烈的非法吸收公众存款犯罪。2014年，食品药品安全犯罪案提起公诉3件5人，扰乱市场经济秩序犯罪案提起公诉26件39人，非法吸收公众存款犯罪案提起公诉11件16人。2015年，食品药品安全犯罪案提起公诉1件2人，破坏市场经济秩序犯罪案提起公诉25件36人，非法吸收公众存款犯罪案提起公诉7件12人。

1991—2015年，全旗经济领域大要案件逐年增多，涉案金额不断刷新纪录。1991年立案侦查经济案件10件13人，提起公诉2件3人，为国家挽回经济损失22.99万元；2011年、2014年，经济案件检察为国家挽回经济损失均高达千万元；2015年侦查经济案件10件13人，为国家挽回经济损失184万元。

第六节　民事行政案件检察

准格尔旗人民检察院民事行政案件检察始于1993年，对民事审判活动、行政诉讼活动实行法律监督；对确有错误民事、行政判决依法提出抗诉。1995年，审查民事判决书196份、民事调解书139份、民事裁定书26份、刑事附带民事判决书5份，实地查处民事纠纷2件。2000年起，公开审查民事行政抗诉案件，一些久拖不决、久诉不息的民事案件得到解决。2005年，受理民事申诉案件38件，提请抗诉11件，建议提请抗诉2件，检察建议5件，终止审查28件；得到上级检察院支持4件，改判1件，检察建议后协调解决3件。

准格尔旗人民检察院，2006年摄

1993—2015年，累计审查民事判决书2122份、民事调解书298份、民事裁定书26份、经济判决书16份、刑事附带民事判决书5份；受理不服人民法院民事判决申诉案682件，立案391件，提请抗诉126件；监督民事行政审判活动违法案1件，办理执行监督案3件。1995—2008年，民事申诉案件呈逐年增长态势；2008年之后逐年回落。2015年，受理民事行政申诉案4件，其中不服裁判案2件，不支持申请案1件，终止审查案1件。

第七节　渎职侵权案件检察

1991—1992 年，检察院突出查处刑讯逼供、非法拘禁、玩忽职守、重大责任事故、徇私舞弊 5 类案件。1993 年后重点转向查办徇私舞弊和贪赃枉法案件、非法侵入住宅、非法拘禁、玩忽职守案件。

2009 年检察院举报宣传活动，乔玮摄

2001 年，检察院与公安、建设、国土、林业、国税、煤炭等 13 家行政执法单位建立联席会议制度，成立查办渎职案件联络小组。2002 年，快速出击、连续作战，使用视听资料固定证据，防止犯罪嫌疑人互相串供，隐匿证据，全年受理各类渎职侵权案件线索 17 件，立案侦查交警玩忽职守案 1 起和国家机关工作人员非法拘禁案 1 起。2004 年立案侦查渎职侵权案 2 件，其中 1 件要案为国家挽回经济损失 100 余万元。2005 年，深入群众摸排案件线索，开辟案源，由事到证，由证到供，快速取证，固定证据，受理渎职侵权线索 7 件，立案侦查 2 件 2 人，其中，玩忽职守案 1 件 1 人，滥用职权案 1 件 1 人。

1991—2015 年，检察院查办渎职侵权案呈增加趋势，2000 年以来渎职侵权大案要案明显增多。仅 2011 年大要案件占渎职侵权案的 82%，其中立案侦查 2 件 2 人，2012 年查处 1 件滥用职权案，2015 年查处 3 件渎职侵权大案。

第八节　控告申诉案件检察

1991—1992 年，准格尔旗人民检察院控告申诉检察的重点是不服检察机关处理、久诉不息和易激化矛盾的案件，两年受理控告申诉案件 8 件，立案侦查 2 件 2 人。1993 年 10 月，首次推行检察长批阅来信、接待来访制度。1994 年起，控告申诉检察的重点转向复查刑事申诉案和控告司法人员案件，1995 年受理不服人民法院判决的申诉案 3 件，提请抗诉 1 件。

2000 年完善检察长接待日工作制度；2007 年推行下访、巡访和联合接访制度，就地化解信访问题；2008 年实现涉及检察案件零上访；2009 年推出点名接访、重点约访等便民措施，及时解决群众合理诉求；2011 年派驻检察室和巡回检察室到所在乡级政府综合服务大厅设立法律服务窗口，选聘 15 名联络员；2012 年选聘联络员增加到 104 名，延伸检察机关司法监督的触角。2009 年、2012 年、2015 年，准格尔旗人民检察院控告申诉接待室 3 次被评为全国文明接待室。

2013 年后，群众来访反映的问题，大部分为征地拆迁补偿引发的群体访。检察院对此类问题展开专项排查，落实办案人，限定办案时限，集中快速调查，及时回应群众关切。龙口镇麻地梁、柏相公、范家峁 3 个村群众集体上访，均反映村集体财务不公开，怀疑村干部贪污征地款，检察干警初审后，督促村干部及时公开财务，平息了几年的集体上访问题。

2014 年，派驻检察室接通检察院“两法衔接”平台，准格尔经济开发区 13 家、大路煤化工基地 15 家、全旗 66 家行政执法单位纳入平台，建成远程视频接访系统，畅通从派驻检察室、到旗检察院、到上级检察院的信访接待渠道，实行点名接访、联合接访工作机制，2015 年，这一做法得到上级检察机关肯定。

第九节　检察技术

准格尔旗人民检察院技术检验鉴定从无到有,从少到多,不断拓展。1998 年,仅能开展两项业务，审查案件 11 件，协助司法会计鉴定 1 次。1999 年，拓展到采用现场勘验、视听手段提取物证，现场勘查公安机关重大案件 4 起，检察机关自侦案件 2 起，收集视听资料 4 件。2011 年 7 月，拓展到讯问职务犯罪嫌疑人同步录音录像。随着新技术不断投入应用，检察技术为案件定性提供越来越多的物质佐证。2014 年,讯问职务犯罪嫌疑人同步录音录像资料多达 113 件,协助其他部门摄像 40 次、照相 58 次，委托上级检察技术部门笔迹鉴定 2 件；2015 年，同步录音录像 80 件，技术协助 4 件，协助照相、摄像 80 余次。

2006 年，检察机关信息化建设起步，开通电视电话会议视频系统。2014 年，在全市率先试点检务公开，开通案件信息查询、法律文书公开、重要案件信息发布、辩护与代理预约申请 4 个平台。2015 年，率先建成全区首家“两法衔接”信息共享平台；接入今日头条新闻客户端，试行新媒体公开检务。同年 10 月，准格尔旗人民检察院建成全国科技强检示范院。

第十节　检察案件管理

2013 年 7 月，准格尔旗人民检察院设立案件管理办公室，2013—2015 年，案件管理办公室在检察机关统一业务应用系统受理审查逮捕案件 443 件；一审公诉案件 1189 件；重新计算侦查羁押期限案件 1 件；提请批准延长羁押期限案件 14 件；强制医疗申请案件 1 件；对审判程序中违法行为的监督 1 件；对民事、行政执行活动的监督 3 件；对民事、行政生效监督案件 1 件；对行政机关不当履行职责的监督 8 件。涉案物品入库 462 件、出库 436 件，涉案款入库 2849.1601 万元，出库 2821.1601 万元。受理辩护与代理各项申请 144 件。

1991—2015 年准格尔旗人民检察院业务统计表

表 22-3　　　　单位：件 / 人、万元

年　份	刑事案检察			经济案检察		读职案检察
	审查批捕	提起公诉	刑罚监督	立案侦查	挽回损失	立案侦查
1991	44/58	59/81	1/1	10/13	22.99	6/8
1992	48/64	58/79	1/1	8/11	15.10	6/8
1993	79/115	71/103		7/8	71.00	5/6
1994	70/100	68/97		11/11	32.92	1/1
1995	69/111	65/102	6/7	10/10	7.77	5/
1996	59/78	76/93	2/2	5/	10.52	4/
1997	54/67	59/80	2/6	10/	33.48	2/2
1998	50/70	63/90	3/3	4/4	33.00	2/
1999	55/74	59/79	2/2	4/4	12.06	2/
2000	71/93	83/123	3/5	6/6	64.00	1/1
2001	106/150	110/162		9/10	43.60	2/3
2002	70/105	115/160	3/3	5/6	15.80	2/
2003	69/83	104/123	5/5	4/4	40.00	2/2
2004	110/139	151/180		5/5	100.00	2/2
2005	127/172	185/261	17/18	2/2	30.00	2/2
2006	179/252	228/318	/12	4/9	60.00	2/2
2007	212/290	223/346	3/8	4/4	20.00	1/1
2008	226/321	309/447	8/15	2/2		1/1
2009	226/321	249/369	5/12	5/7		3/3
2010	267/388	290/452	4/	4/10		1/1
2011	287/397	422/572	/11	3/6	1000.00	2/2
2012	300/410	538/688	/5	4/9	500.00	1/1
2013	235/308	523/634	4/	6/13	620.00	1/1
2014	187/241	671/790	17/23	13/15	1000.00	1/5
2015	158/196	527/610	11/11	10/13	184.00	3/7

第三章　法　院

第一节　审判机关

一、准格尔旗人民法院

准格尔旗人民法院是准旗国家审判机关，准县级建制。在旗委政治领导下，独立开展审判业务，对旗人民代表大会负责，受上级人民法院监督和准旗人民检察院检察。2006 年 10 月被评为全国法院司法行政工作先进集体；2007 年 7 月被评为全国法院指导人民调解工作先进集体，其经验在全国人民调解工作会议上推广；2009 年 12 月被评为内蒙古自治区优秀人民法院。

1991—2015 年准格尔旗人民法院院长名录

李俊良（1991.01—1996.03）	康广胜（1996.03—1998.11）
昭那斯图（蒙古族，1998.11—2003.11）	吉格定*（蒙古族，2003.11—2007.11）
刘海峰（2007.11—2012.11）	邱晓丽（女，2012.11—2015.12）

二、内设审判机构

1991 年，法院内设刑事、民事、经济、行政、告诉申诉 5 个审判庭和执行庭。1993 年成立法警队；1998 年成立企业转制法庭，转制后撤销；2002 年增设立案庭、审判监督庭，民事审判分设 4 个庭，执行庭改为执行局，法警队改为法警大队；2013 年增设审判管理办公室、立案二庭、监察科、交通事故专业法庭。2015 年，内设 5 个司法行政部门；12 个审判业务部门，民事审判 4 个庭、立案 2 个庭、执行 2 个局，审判监督庭、行政审判庭、刑事审判庭、交通事故专业法庭。

三、基层人民法庭

1991 年年初，法院下设榆树湾、柴登、暖水、纳林、沙圪堵、海子塔、五字湾、布尔洞沟、窑沟 9 个基层法庭。同年 6 月撤窑沟法庭，设薛家湾法庭，1999 年 9 月撤薛家湾法庭；2001 年 8 月纳林法庭合署到沙圪堵法庭，五字湾法庭合署到暖水法庭；2002 年 6 月，整合为沙圪堵、暖水、魏家峁、柴登 4 个基层法庭；2009 年 10 月，魏家峁法庭更名为龙口法庭，暖水法庭更名为纳日松法庭，重设薛家湾法庭。2012 年、2014 年，沙圪堵法庭两次被评为内蒙古先进基层法庭。2015 年，法院下设沙圪堵、柴登、龙口、纳日松、薛家湾 5 个基层法庭。

准格尔旗人民法院，2022 年摄

第二节　审判队伍

2012 年身穿法官袍的主审法官

1991 年，准格尔旗人民法院在职人员 67 名，高中文化居多。1999 年在职人员 95 名，大学专科文化居多。2002 年，国家取消法官考试，实行统一司法考试。中共十八大后逐步实行审判人员分类管理。2015 年，法院在职人员 185 名，大学本科文化居多，44 人取得司法从业资格；按审判人员分类，法官 78 名、助理法官 16 名、书记员 45 名、司法警察 25 名、司法行政人员 21 名。

法官仪表是法律权威的象征。1991 年，法官身着深蓝色军警式制服，配肩章和大檐帽；1995 年起夏季制服改为浅灰色；2000 年起冬季制服改为深蓝色。国家强化庭审威严，2001 年起法官身着西装式制服；2002 年起法官出庭着黑色散袖口式法官袍，开庭敲法槌；2007 年起法官夏季制服上衣浅月白色，下装黑色；2010 年起法官袍佩法徽、领徽和袖章。

第三节　审判设施

一、法庭建设

1991 年 8 月 21 日，准格尔旗人民法院审判庭在沙圪堵镇落成，结束了没有独立审判场所的历史。1998 年 8 月，薛家湾法庭办公楼落成，是全旗首座基层法庭办公楼。1999 年 12 月，柴登法庭落成。2001 年，法院新建办公大楼在薛家湾镇落成投用。2006 年建成沙圪堵法庭办公楼，2007 年建成柴登法庭办公楼。2012 年，法院改建办公附属楼，司法行政区与审判区实现分离。

二、审判信息化

1991 年，法院处于纸质办案时代。2006 年，电子化办案系统投入使用。2012 年，购置数字化科技法庭 3 套，开始庭审全程录音录像。到 2015 年，全面启用 09 法标，更新数字办案业务应用系统，引进科技法庭 9 套、审判质效系统、电子卷宗系统、裁判文书上网系统等 40 余项信息系统，开启智能化办案时代。

三、警用设备

1991 年，法院配备 7 辆摩托车，法官下基层办案骑自行车；1993 年，法警佩警棍、手铐；2008 年，法警配备对讲机、防弹服、头盔；2010 年，法院机关设置出入安检门；2015 年，全院各类车辆 27 辆，其中，执法执勤车 18 辆、应急机要车 2 辆、特种专业技术车 7 辆。

第四节　审判制度改革

随着市场经济发展，诉讼案件与日俱增，当事人对审判公平和效率的需求日益强烈。国家审判制度改革回应当事人关切，围绕保障办案质量，提高审判效率稳步推进。中共十八大后，国家全面深化司法体制改革，努力让人民群众在每一个司法案件中感受到公平正义。

一、优化案件流程

2001 年，准格尔旗人民法院实行立案和审查分开、审判和执行分开、审判和监督分开，受理案件统一由立案庭立案，把好案件入口关；执行案件统一由执行庭执行，把好案件出口关。2002 年，将经济审判纳入民事审判，构建民商事大审判格局；增加立案庭管理职能，兼管司法统计和案件流程管理；减少司法行政部门，增加审判业务部门。改革后，全院有行政部门 2 个，审判业务部门 14 个，司法行政人员占比降至 10.8%，司法审判人员占比升至 89.2%。

二、强化办案责任

法院人人都能办案，办案要层层报批，办案责任人不明确。1998 年 8 月 26 日，最高人民法院发布《审判人员审判责任追究办法》，2000 年 7 月 11 日发布《人民法院审判长选任办法》，推行审判长和独任审判员选任制度，赋予合议庭和法官独立审判权。到中共十八大后，逐步形成了“让审理者裁判、由裁判者负责”的办案责任制，“判者不审，审者不判”成为历史。

三、下移审判业务

2010 年 12 月，最高人民法院印发《推广巡回审判方便人民群众诉讼的意见》。

准格尔旗人民法院购置巡回审判车，将巡回审判车开到偏远山区、田间地头，临时设立露天审判庭、炕头审判庭，对准旗农村易发、多发的抚养赡养、相邻关系、土地纠纷等案件，就地立案、现场调解、当即执行，方便农村留守群众就近诉讼，将矛盾化解在基层。2014 年，内蒙古电视台《新闻联播》报道准旗巡回审判的实践；2015 年，全院开展巡回审判 50 余次。

2013 年巡回法庭在农家炕头开庭

第五节　立　案

1991 年，准格尔旗人民法院受理案件 590 件；1995 年受理案件突破千件；2000 年突破 2000 件，2010 年突破 3000 件；2013 年受鄂尔多斯民间借贷危机影响，受理案件量激增。2015 年，受理案件 10090 件，同比增长 54.75%，排内蒙古 104 个旗县法院第 9 位；其中，诉讼案件 6545 件，执行案件 3545 件。

1991 年，准旗执行全国法院诉讼收费标准。2007 年 4 月 1 日起全国大幅度下调诉讼收费标准。

2010 年起，对经济确有困难的当事人，依法缓、减、免交诉讼费，让多数人打得起官司。2013 年起，准旗诉讼案件井喷式增加，到 2015 年，三年累计缓减免诉讼费 194.44 万元。

2011 年，法院建成标准化立案信访接待大厅。2014 年扩建为集立案、信访接待、送达、保全等功能于一体的诉讼服务中心。2015 年 5 月起，全国立案由审查制改为登记制，降低立案门槛，有案必立、有诉必理，群众打官司不再难。

第六节　刑事审判

“八五”期间，准格尔旗每年发展刑事案件不足百起，案件审结率保持 100%。法院执行严厉打击严重刑事犯罪的政策。1991 年 9 月 6 日，盟旗两级法院在沙圪堵镇召开公判大会，判决故意杀人犯杨某死刑，执行枪决。1992 年 4 月 18 日，盟旗两级法院在沙圪堵镇召开公判大会，判决故意杀人犯田某死刑，执行枪决。8 月 11 日再次召开公判大会，判决重大抢劫犯高某、安某死刑，执行枪决。1993 年 8 月 15 日，盟旗两级法院在薛家湾镇召开公判大会，判决故意杀人犯刘某死刑，执行枪决。1995 年 10 月 9 日，盟旗两级法院在沙圪堵镇召开宣判大会，判决故意杀人犯葛某死刑，执行枪决。

1996—2000 年，准旗每年发生刑事案件百件左右；2001—2005 年，每年发生刑事案件在 100 件到 200 件之间。1996 年《中华人民共和国刑事诉讼法》修订后，刑事审判方式由“审问式”改为当事人“诉辩式”。准旗保持严厉打击刑事犯罪的高压态势，2002 年 6 月 28 日，市旗两级法院在沙圪堵镇召开公判大会，判决故意杀人犯吴某死刑，执行枪决。2006—2010 年，每年发生刑事案件上升到 300 件左右。案件审结率保持在 89.9% ～ 99.6% 之间。2006 年 10 月起，执行宽严相济的刑事司法政策，惩罚犯罪与保障人权并重，鲜有判决处以极刑的案例。

2011 年，准旗发生刑事案件 415 件，案件审结率 99.8%。中共十八大后，刑事审判贯彻罪刑法定、疑罪从无、证据裁判，保障司法人权。2014 年发生刑事案件多达 715 件，案件审结率下降到 86.29%；2015 年发生刑事案件回落到 623 件，审结 573 件，案件审结率上升到 91.97%。其中，严重危害社会治安犯罪案件 111 件、危险驾驶犯罪案件 255 件、交通肇事犯罪案件 44 件、职务犯罪案件 9 件、非法吸收公众存款犯罪案件 9 件。

第七节　民事审判

1991 年，准格尔旗人民法院受理民事案件 472 件，结案 459 件，结案率 97.2%；受理经济案件 13 件，审结 13 件，结案率 100%。1998 年 7 月起，民事审判转入审判为主，调解为辅阶段；全院受理民事案件 762 件，审结 758 件，结案率 99.47%；受理经济案件 27 件，审结 27 件，结案率 100%。

2000 年，法院受理民事案件 962 件、经济案件 240 件，两项合计首次突破千件，倒逼法院改革民事与经济审判。2002 年，将经济审判纳入民事审判，合称民商事审判；民事审判设立 4 个审判庭，构建大民事审判格局；推行简易程序和小额诉讼程序，提高审判效率。2010 年，法院受理民商事案件突破 2000 件，达到 2188 件，审结 2126 件，结案率 97.2%。

2013 年，鄂尔多斯民间借贷危机波及准旗，法院受理民商事案件激增。为缓解审案压力，法院启动调解程序。当年受理民商事案件突破3000件，达到3150件，审结2650件，结案率84.13%；其中调解撤诉1701件，调解撤诉率44.37%。2015年，受理民商事案件5901件，同比增长35.03%，审结4374件，结案率下降到74.12%；其中调解撤诉案件2565件，调解撤诉率58.64%。

2013—2015年，法院受理非法吸收公众存款案20件，涉案标的4.3亿元，涉及被害人1427人。2013年受理民间借贷纠纷案件922件，审结704件，结案标的2.02亿元。2014年受理民间借贷纠纷案件1220件，审结941件，结案标的5.83亿元。2015年受理民间借贷纠纷案件1834件，审限内结案1352件，结案标的4.67亿元。

第八节　行政审判

准格尔旗行政诉讼案件相对较少。1991年受理行政诉讼案件2件，审结2件。1993年受理行政诉讼案件12件，审结11件；诉讼案由土地纠纷居多，典型案例城乡建设土地局非法占地纠纷案。1999年，开始受理非诉讼行政案件。2005年受理非诉讼行政案件多达186件。2009年，受理行政诉讼案件多达64件，审结63件；案由多为交通局、国土资源局拆除违章建筑，民告官的行政赔偿纠纷。2015年，受理行政诉讼案件21件，审结15件，其中判决撤销或变更行政行为6件；落实行政机关负责人出庭应诉制度，6名行政机关负责人出庭，做到出庭又出声。

第九节　判决执行

“八五”期间，法院受理执行案件多数年份不超百件；到“九五”末年受理执行案件攀升到800多件，执行标的水涨船高，执行难度持续加大，遗留执行案件逐年累积。2004年开展清查积案“百日大会战”，清理积案608件，执行标的1234.92万元；2005年开展“执行效率年”活动，清理积案256件；2006年清理积案179件，执行标的996.72万元；2006年12月，准格尔旗人民法院迎难而上，快速清理“执行积案”入选2001—2006年鄂尔多斯市十大法制事件；2011年，法院受理执行案件1368件，执行结案1339件，执行标的1.93亿元，法院执行局荣立内蒙古法院系统集体二等功。

鄂尔多斯民间借贷危机出现的“老赖”加剧案件执行难。2013年10月1日起，最高人民法院开通失信被执行人信息公开平台，让“老赖”一处失信，贷款、出行、置业、消费处处受限。到2015年，通过新闻媒体、法院门户网站、官方微博、电子显示屏，累计曝光“老赖”683名。同步采取执行惩戒措施，打击转移财产、逃废债务的“老赖”，2013年司法拘留42人、限制出境2人，2014年司法拘留53人、立案侦查2人，2015年司法拘留79人、立案侦查4人、定罪入刑1人，促使多名“老赖”主动履行了判决执行义务。

2014年，法院受理执行案件1950件，同比增长168.6%。法院将执行权与执行异议审查权分离，设立执行二局，成立执行财产查控小组，完善执行联动协作机制。2015年与19家银行联网，查实491件执行案548名当事人存款900余万元；同年6月启用淘宝拍卖平台，将68件房屋、车辆等执行标的物网上拍卖处置。全旗受理执行案件3545件，法定执行期限内结案607件，执结标的1.6亿元。

第十节　审判监督

2002 年，法院设立审判监督庭，受理再审案件 44 件，审结 41 件，审判监督步入正轨。2006 年，审判监督由事后监督转变为立案、调解、审理、判决、执行全流程监督。实行案件评查奖罚，首次开展逐案评查，处罚案件 16 件，罚款 3060 元，奖励案件 151 件，奖励 6640 元；连续三年无超审限案、无人情案、无不合格案、无错案。2007 年，聘请人大代表、政协委员，政法委、纪检委和人民团体代表 35 名法律监督员，现场观摩庭审，零距离监督。2009 年 3 月，准格尔旗人民法院被列入全国 16 个案件质量评查试点单位。

2010 年起，法院创新审判监督，建立以立案庭为枢纽，各庭室相互配合、相互制约的审判流程监控机制。开展案件评查通报、审限通报、庭审巡查、法律文书点评，提高判案正确率，防止冤假错案发生。2012 年，法定时限结案率 100%，一审服判息诉率 91.7%，一审案件发回再审率 0.6%，一审案件改判率 0.4%。

2015 年，法院审判流程、裁判文书、执行信息 3 大司法公开平台全部开通，充分接受社会监督；严把“三关”，庭前把关、审中监督、案后评查；推行“四查”，信访案件彻查，发改案件审查，合议案件核查，调解案件抽查；全年评查案件 4614 件，整改发现问题 173 处。全院审结案件 6406 件，法定时限结案率 99.77%，一审服判息诉率 99.02%，一审案件发回重审率 0.09%，改判率 0.27%。

2001 年 10 月，法院从妇女干部中聘任 10 名人民陪审员。2005 年 5 月 1 日，全国人大常委会作出《完善人民陪审员制度的决定》。2009 年 10 月 14 日，准旗第十五届人大常委会第 10 次会议首次任命法院人民陪审员 13 名。2012 年 11 月—2015 年，第十六届人大常委会命名人民法院人民陪审员 84 名。2013 年 5 月，全国启动人民陪审员倍增计划。2014 年，法院新增陪审员 30 名，共有人民陪审员 36 名。

第十一节　典型案例

一、郭爱宏骗官案

1999 年 3 月 25 日，准格尔旗人民法院开庭公审郭爱宏骗官案。准煤公司工人郭爱宏，通过招摇撞骗、伪造国家机关公文等手段，由普通工人成为假党员、假干部，挂职担任中共集宁市委副书记职务达两年之久。这桩官场丑闻吸引众多媒体采访。旗人民法院一审以招摇撞骗罪、伪造国家机关公文罪，判处郭有期徒刑 7 年，剥夺政治权利 3 年。此案涉及的 25 名党员干部根据所犯错误性质和情节，分别受到开除党籍、留党察看、撤销党内职务、党内严重警告、党内警告的处分和政纪处分，其中 4 人被判刑。

二、交通事故法庭

2013 年 11 月 20 日，准格尔旗交通事故专业法庭首次开庭，选派 2 名审判员和 2 名书记员审理交通事故案件。交通事故先由交管部门调解，再由人民调解委员会调解，最后由专业法庭介入司法调解，行政调解、人民调解及司法调解“三调联动”，探索道路交通事故案件处理新模式。通过该模式，法庭每年诉前调解案件上千件，年均受理交通事故超 200 件，审限内结案率 100%，无发回、无改判、无信访、无申诉、无投诉。2014 年 9 月，交通事故专业法庭在内蒙古基层法庭现场会上作典型发言；2015 年，最高人民法院向全国推广“三调联动”处理交通事故的经验。

1991—2015 年准格尔旗法院业务统计表

表 22-4　　单位：件、万元

年份	立案		刑事审判		民商事审判		行政诉讼		执行			审判监督	
	受理	审结	受理	审结	受理	审结	受理	审结	受理	执结	标的	再审	审结
1991	590	577	62	62	485	472	2	2	41	41		17	17
1992	883	862	61	61	582	561	1	1	239	239		13	13
1993	880	845	77	75	704	680	12	11	87	79		15	15
1994	898	879	77	77	746	733	2	2	73	67		13	13
1995	1134	1115	81	81	955	937	3	3	95	94		20	20
1996	1125	1115	107	107	907	902	3	3	108	103		18	18
1997	937	927	74	74	817	807	3	3	43	43		16	16
1998	1033	1027	95	94	789	785	6	6	143	142	132	25	25
1999	1438	1435	81	81	967	964	2	2	388	388		18	18
2000	2103	2037	97	97	1202	1188	2	2	802	750	3031	17	17
2001	1798	1728	104	104	1021	1018	4	4	669	602		43	40
2002	1495	1436	136	132	840	830	5	5	514	469		44	41
2003	1695	1615	123	120	1022	1012	9	9	541	474		46	43
2004	1543	1495	150	149	861	857	9	9	523	1088	1235	47	46
2005	2025	1943	166	166	1088	1070	21	21	750	686	2472	27	27
2006	2226	1990	269	244	1240	1069	26	26	691	651	6456		
2007	2588	2292	268	247	1506	1311	68	62	746	687	3218	20	20
2008	2661	2530	345	331	1557	1500	20	19	739	680	7100	9	9
2009	2986	2837	270	252	1806	1742	64	63	846	780		2	2
2010	3658	3564	283	282	2188	2126	13	13	1174	1143	15489	1	1
2011	4182	4095	415	414	2377	2323	22	19	1368	1339	19300		
2012	3980	3643	557	501	2383	2102	21	21	1019	1019	21300	1	1
2013	4465	3885	572	526	3150	2650	17	9	726	700	12300	1	1
2014	6514	4024	715	617	3834	2911	15	13	1950	399		4	4
2015	10090	5431	623	573	5901	4374	21	15	3545	607	16000	6	4

第四章　司法行政

第一节　司法行政机关

准格尔旗司法局是旗人民政府司法行政机关，管理全旗法律服务组织。1991 年，辖律师事务所、公证处，管乡镇司法助理员。1993 年 2 月与中共准格尔旗委政法委员会合署办公，1994 年 5 月恢复单设。1997 年起建基层司法所，2010 年 12 月，准格尔经济开发区、大路煤化工基地，布尔陶亥苏木，十二连城乡、暖水乡，纳日松镇、准格尔召镇、龙口镇、大路镇、沙圪堵镇、薛家湾镇，迎泽街道、友谊街道、蓝天街道、兴隆街道，全部建立司法所。2015 年指导律师、公证 5 个法律中介组织和 9 个法律服务所，全系统司法行政人员 56 名。

1991 年，全旗有 3 家法律服务组织，律师事务所、公证处、窑沟乡法律服务所。1997 年 11 月成立 14 个基层法律服务所，与司法所合署办公。1998 年 7 月基层法律服务所与司法所分离，自我管理、自主发展。1999 年开通 11 部“148”法律服务专线电话。2003 年 10 月在薛家湾镇建专线电话号码冠名的“148”法律服务所。2005 年 12 月，律师事务所、公证处与司法局脱钩，成为独立的法律服务组织。2015 年，全旗有 4 家律师事务所、1 家公证处、9 家基层法律服务所，开通全国“12348”公共法律服务平台。

第二节　法制宣传教育

准格尔旗法制宣传教育按国家五年普法规划实施，谁执法，谁普法，引导执法主体依法行政，公民守法用法维权。1992 年 7 月许海泉获内蒙古“一五”普法个人三等奖，2001 年 3 月史凤岐获评全区“三五”普法先进工作者，2001 年 4 月黄胜利被评为内蒙古人民满意司法助理员；准格尔旗两度获评全国法制宣传教育先进县。

一、“二五”普法

1991—1995 年实施全国第二个法制宣传教育五年规划，宪法是核心，专业法是重点。准旗将普法工作纳入社会治安综合治理考核，纳入考核 64 个签状单位，涉及旗直机关和所有乡镇。全旗 17 万名普法对象参加普法学习，总体参学率 83%。其中，机关干部参学率 98%，个体劳动者参学率 85%。

二、“三五”普法

1996—2000 年实施全国第三个法制宣传教育五年规划，重点向国家机关工作人员普及社会主义法律知识。准旗组建普法讲师团，抽调法制宣传员，巡回乡镇普法宣讲；开展“送法进万家”活动，印发《社会主义法律知识读本》《诉讼指南》《生态环境建设适用法律选编》《中华人民共和国村民委员会组织法》；1998 年 3 月首次将普法考试成绩作为干部年度考核依据，当年行政事业单位干部职工参加普法考试率 99%，考试成绩合格率 98%。

三、“四五”普法

2001—2005年实施全国第四个法制宣传教育五年规划。准旗为中小学征订《中小学生法制教育读本》，向农民发放《农牧民法律知识读本》，2003年防控“非典”期间印发《防控非典法律知识问答》《中华人民共和国传染病防治法》；推广法制副校长、少年维权岗经验，建立中小学生法制宣传教育联系制度；组建“四五”普法讲师团，举办公务员学法用法依法行政培训班、县级领导干部法制讲座；组织世贸组织基本法律制度考试、公职人员和企业经营管理人员法律知识考试；举办“中国移动杯”法律知识短信互动有奖竞赛。

四、“五五”普法

2006—2010年实施全国第五个法制宣传教育五年规划。准旗开展“法律六进”活动，在全社会掀起学法用法热潮。

法律进校园。举办法制副校长培训班，组织青少年“与法同行”征文比赛；2007年12月2日，青少年模拟法庭在会商中心开庭，中小学师生家长900多人观摩庭审；10所学校建成全旗青少年法制教育基地。法律进乡村。成立法制宣传文艺队，巡回送法制文艺下乡；开展“提高农民法律素质、促进农村改革发展”主题宣传，发放《农民法律知识》《以案说法》等宣传资料。法律进企业。开展“加强企业法制教育，积极应对金融危机”主题宣传。司法局还开办法制宣传电视栏目《平安准格尔》，举办《中华人民共和国宪法》法律知识竞赛；2010年4月19日，“普及法律知识、构建平安家园”主题文艺晚会在会商中心隆重上演。

“五五”普法期间，全旗近30万人受到法制教育，受教育面达98%。其中，青少年普及率100%，企业职工普及率88%，农村居民普及率86%。准格尔旗被评为2006—2010年全国法制宣传教育先进县。

五、“六五”普法

2011—2015年实施全国第六个法制宣传教育五年规划。全旗组建普法依法治理组织410个，配备专兼职人员3265名、法治志愿宣传员3852名；组织送法下乡32次，举办法治文艺巡演83场，专项普法538次；解答农民工法律咨询1000余人次，援助农民工讨薪79宗500余万元。全旗普法受教育面达96.8%，最低的外来务工人员受教育面71.6%。2015年，准格尔旗获评2011—2015年全国法制宣传教育先进县。

建设社会主义法治文化。2012年6月11日，迎泽街道湖西法治文化社区落成；2013年，打造沙圪堵镇美稷法制文化公园、薛家湾镇梁安窑法制文化村；2015年7月，建成准格尔法治文化广场。至此，全旗建成15个法治文化长廊，2个法治文化广场，5个法治文化公园，15个法治文化阅览站和39个普法学法大讲堂。

普及社会管理法律法规。2012年开办《普法精品案例展播》电视节目，普及社会热点、难点问题涉及的法律法规知识。2013年开办《法制故事会》调频广播节目，解读群众身边故事涉及的法律法规知识。2015年8月，司法局摄制的微电影《蜕变》获全国首届平安中国微电影微视频比赛优秀奖。该片讲述了一位农民因不懂法而犯法，社区矫正期间学习法律法规，引导村民依法维权，按期解除矫正，创办农民夜校的故事。

法治文化广场准格尔广场雕塑作品，2015年摄

第三节　依法治理

1991—1995年，准格尔旗“二五”普法推动依法治理，在8个乡镇、2个国营企业试点依法治理。

1998年6月25日，准格尔旗第十二届人大常委会第32次会议审议通过《实施依法治旗的决议》，全旗成立依法治旗领导小组，办公室设在司法局，乡级也成立依法治理领导小组。同年11月《准格尔旗依法治旗工作规划》开始施行，依法治村实行“四民主两公开”，即民主选举、民主决策、民主管理、民主监督和政务公开、财务公开，全旗依法治村实现全覆盖。1999年6月，确定魏家峁乡、纳林乡、羊市塔乡、沙圪堵镇为试点乡镇，城土局、水保局、工商物价局、教育局为试点单位，第五中学为试点学校，乌兰哈达乡乌兰哈达村、魏家峁乡四份子村、哈岱高勒乡苏计沟村、乌日图高勒乡勿图门村、德胜西乡肯木肯村为试点村。1999年11月，根据试点成果制定《依法治旗工作考核标准》，将依法治旗纳入科级领导班子实绩考核，开始一年一度年终考核。2000年5月，开始创建民主与法制建设合格村，发挥村委会自治功能，为农村经济社会发展营造良好法制环境。

2001—2005年，“四五”普法推动依法行政，人民政府实行重大决策法律论证制度。2004年7月23日，东孔兑镇前房子村被命名为全国首批民主法治示范村。

2006—2010年“五五”普法，促进依法治旗全面铺开，专项治理环境污染、征地拆迁安置补偿等热点问题，全旗创建一批系列法治单位。2007 年 12 月，12 所学校建成全旗依法治理示范学校，21 个村建成全旗民主法治示范村，3 个社区建成示范社区，7 家企业建成全旗诚信守法企业。2008 年 6 月，命名国税局等 3 个单位为依法行政示范单位。

2015 年 3 月，旗委成立推进依法治旗领导小组，撤销依法治旗领导小组。本年度，龙口镇马栅村、迎泽街道湖西社区被命名为首批内蒙古自治区民主法治示范村。

第四节　公证事务

1991 年，准格尔旗公证处是全旗唯一公证机构，隶属于司法局，注册公证员 4 名，办理公证业务 426 件，公证遗嘱、财产、收养子女等事项。1993 年首次办理合同公证，为 28 个乡镇供销社 250 个门店办理承包经营合同公证。1994 年办理 76 户流动人口计划生育包保协议公证和 3663 户住房改革公证。2003 年首次开办银行贷款汽车消费合同公证。2005 年 12 月与司法局脱钩，改制为独立行使公证职能、承担民事责任的公证机构。2006 年首次办理婚前财产约定协议公证。2007 年，为 916 户 2280 人生态移民搬迁办理公证，为 106 户矿区居民搬迁办理公证。办理下岗失业人员小额担保贷款公证 220 件。2010 年 9 月，开办住房公积金贷款公证。2012 年，为棚户区拆迁和违法建筑物拆除办理保全证据公证 255 件。2015 年，注册公证员 2 名，聘用公证辅助人员 10 名；全年办理公证 1214 件，业务收费 38 万元。2006—2015 年，累计办理公证 3.78 万件，业务收费 446.6 万元。

第五节　律师事务

1991 年，准格尔旗只有 1 家律师事务所，准格尔旗律师事务所，隶属于司法局；注册律师 4 名，律师助理 3 名，担任 4 家单位法律顾问。全年代理案件 42 件，其中，民事诉讼 21 件、经济诉讼 9 件、刑事诉讼 10 件，非诉讼事务 2 件，代写法律文书 31 件，业务收入仅 6100 元。

律师常规代理诉讼辩护、代写法律文书，聘任单位法律顾问。司法局整顿法律服务市场，1997 年禁止准旗 2 名法官、2 名无执业资格人员以律师名义从事律师业务，2001 年查处一名持假资格证书的外来假律师。随着经济社会的发展，律师业务范围不断拓展，参与司法机关诉讼案件值班，提供法律援助服务，接待涉法涉诉信访案件，开展普法志愿宣传活动。2009 年 11 月，开展一村一律师法律服务活动，村社区设立法律服务公示牌，律师和法律工作者发放法律服务联系卡。2015 年 8 月，实行“一村一法律顾问”制度，动员每名律师担任 3 个至 4 个村的法律顾问，全旗 187 个嘎查、村、社区全部配备法律顾问。

2015 年年底，全旗注册律师事务所 4 家，注册执业律师 30 名、实习律师 16 名，担任 19 家单位法律顾问。全年代理诉讼案件 289 件，其中，民事诉讼 194 件、刑事诉讼 32 件、行政诉讼 8 件，非诉讼事务 24 件，仲裁业务 21 件，法律援助案件 10 件，代写法律文书 1843 件。1991—2015 年，全旗律师累计代理诉讼案件 4348 件，非诉讼事务 178 件，仲裁业务 24 件，代写法律文书 2.49 万件。

内蒙古准格尔律师事务所前身为准格尔旗律师事务所。1999 年 5 月更名为准格尔旗乌伊律师事务所。2005 年 5 月更名为内蒙古准格尔律师事务所；同年 12 月与司法局脱钩，改制为自我发展的合伙律师事务所。2007 年 12 月 4 日，参加“百城千校律师普法进校园”活动，4 名执业律师分别聘任世纪中学、民族中学、第九中学、第十中学志愿讲师。2012 年 8 月，成功调解东源房地产开发公司开挖薛家湾基督教堂旁边空地引发的信教群众上访案。2015 年，执业律师 4 名，累计代理诉讼 2830 件，非诉讼事务 99 件，仲裁业务 21 件，代写法律文书 1.74 万人次；当年业务收费 226 万元。

内蒙古三恒律师事务所 2012 年 6 月设立准格尔分所，派驻执业律师 3 名；2015 年，执业律师 13 名，累计代理刑事诉讼案件 64 件、民事诉讼案件 579 件、经济诉讼案件 150 件、行政诉讼案件 150 件；代理非诉讼事务 3 件；提供法律援助 7 件；当年业务收费 416.9 万元。

内蒙古义盟律师事务所 2012 年 8 月设立准格尔分所，派驻执业律师 3 名；2015 年，累计代理刑事诉讼案件 28 件、民事诉讼案件 398 件、经济诉讼案件 96 件、行政诉讼案件 12 件；非诉讼事务 70 件；代书法律文书 2016 人次；全年业务收费 99.3 万元。

内蒙古兰谨律师事务所成立于 2014 年 11 月，为合伙律师事务所。2015 年有 3 名执业律师，代理刑事诉讼案件 2 件、民事诉讼案件 36 件、行政诉讼案件 3 件，非诉讼事务 6 件，仲裁业务 3 件，法律援助 8 件，代写法律文书 572 人次；业务收费 9.5 万元。

1998 年 11 月 19 日，巴润哈岱乡五色浪村一名四岁男孩，不幸掉入巴润哈岱乡卫生院炉灰坑内烧伤，经抢救无效死亡。1999 年 1 月 13 日，乌伊律师事务所焦亚中律师担任孩子父母诉讼代理人，请求法院以炉灰坑未设置安全防护设施为由，判令巴润哈岱乡卫生院承担民事赔偿责任。1999 年 4 月 6 日，一审法院判令巴润哈岱乡卫生院承担次要责任，孩子父母不服判决提起上诉。其间，中央电视台《今日说法》栏目以《孩子烧伤后》为题将此案作为典型案例播出，专家的观点与代理律师的观点不谋而合。节目播出不久，二审法院作出终审民事判决，改判巴润哈岱乡卫生院负主要责任，维护了孩子父母的合法权益。

第六节　人民调解

准格尔旗人民调解组织一直覆盖乡村两级，到 2015 年调解业务延伸到交通事故、医疗事故、婚姻纠纷等矛盾集中的行业，全旗有人民调解组织 206 个，调解员 717 名；调解纠纷 1514 件，调解成功 1473 件。人民调解组织说理说情，灵活调解纠纷，矛盾化解在基层，减轻审判机关诉讼压力，成为社会稳定的“润滑剂”。

一、基层调解

1991 年，全旗有人民调解组织 299 个，其中乡级人民调解委员会 27 个，村级调解组织 272 个，就地解决多数民间纠纷。1993 年，因榆树湾和魏家峁两地企业与群众矛盾突出，建立厂矿和村社联合调解组织，就地解决多数企业与群众的纠纷。1999 年出现企业转制引发的矛盾，2000 年出现征用土地引发的矛盾，2001 年司法局组织人民调解组织集中排查调解了两类矛盾纠纷。2002 年起，司法局跟进乡村两级行政区调整，重建乡村两级人民调解组织，到 2005 年 10 月，全旗乡级人员调解委员会 9 个，村居委调解组织 256 个。2007 年开始乡级解调委员会规范化建设，调解员持证上岗。2009 年乡级调解委员会统一人民调解标识，统一设立调解室，建立调解台账。2011 年新建 4 个街道人民调解委员会和准格尔经济开发区、大路煤化工基地人民调解委员会。2015 年，全旗有乡村调解组织 198 个，调解员 693 名。1991—2015 年，累计调解纠纷 4.09 万起，调解成功 3.9 万起。

二、行业调解

2015年，全旗有交通事故、医疗事故、物业纠纷、婚姻纠纷4个行业调解委员会，调解员20名，按行业法规和行业特点调解行业纠纷。2011年2月成立道路交通事故纠纷调解委员会；2012年2月发放道路交通事故社会救助基金，为两起交通事故受害人家属发放救助金各5万元；到2015年，受理道路交通事故纠纷216起，调解成功183起，移交法院15起，调解赔偿金1974.16万元。2011年6月成立医疗纠纷人民调解委员会；2012年8月成功调解一起胆囊切除手术医患纠纷；2013年受理医疗纠纷8件，成功调解7件，调解金额57.14万元。2014年成立物业纠纷人民调解委员会，受理物业纠纷较少。2015年7月成立婚姻家庭纠纷人民调解委员会，当年受理婚姻家庭纠纷22起，全部调解成功。

第七节 法律援助

2002年10月，准格尔旗成立法律援助中心，为困难群体无偿提供律师服务。2004年11月，内蒙古自治区将家庭确实困难群众列入法律援助范围。2007年法律援助中心设立接待大厅，将残疾人纳入法律援助范围。2008年将外籍农民工纳入法律援助范围。2009年开通农民工维权快速通道，实行免举证制度。2010年开通法律援助信息系统。2012年争取中国法律援助基金援助困难群体。2013年5月，准旗法律援助中心被命名为全国法律援助便民服务示范窗口，法律援助律师张瑞祥被评为全国法律援助优秀服务标兵。2015年，全旗设基层法律援助工作站15个、行业法律援助站11个、村社区法律援助联络点182个；注册法律援助律师5名；法律援助中心受理民事案件293件、刑事案件46件，代写法律文书479份，为受援对象挽回经济利益和避免经济损失700余万元。2002—2015年，法律援助中心累计受理援助案件1235件，其中刑事案件239件，民事案件996件。

第八节 社区矫正

2005年4月，准格尔旗在鄂尔多斯市首批试点社区矫正对象分级管理，成立由公安派出所民警、司法所人员、村委会成员、社区矫正对象近亲属组成的矫正小组，跟进结对管理社区矫正对象。组织矫正对象学习法律知识，参与公益事业，解决矫正对象生活困难，让其感受到社会的温暖，更好地回归社会。2007年，将漏管37名矫正对象纳入社区矫正管理。2008年，推广沙圪堵镇社区矫正人员下放村社区管理模式，将矫正对象下放村社区日常管理，全旗接收矫正对象40名，解除矫正49名，在册矫正对象83名。2012年5月2日，全国社区矫正移动信息化管理系统开通，全旗93名社区矫正对象纳入智能化监管，实现手机定位、出境报警、服刑期满报警。2015年，基层司法所配备人脸识别仪和二代身份证识别仪，利用现代执法装备管理矫正对象。2015年12月1日，薛家湾镇司法所举行“解除社区矫正宣告”仪式，向一名社区矫正期满对象发放《解除矫正宣告书》。至2015年年底，全旗累计接收矫正对象720名，解除矫正530名，在册矫正190名，其中，缓刑184名、暂予监外执行1名、假释1名、管制4名。

第九节　安置帮教

1998 年 2 月，准格尔旗成立刑释解教人员安置帮教工作协调小组，安置监狱刑满释放人员，劳教期满回来人员和社区矫正期满人员。2002 年 4 月，全旗 67 名刑释解教人员全部建档管理。2006 年起，每一位刑释解教人员落实一名乡级政府工作人员，与刑释解教人员签订帮教协议，落实“一帮一”系列安置帮教措施。建立刑释解教人员安置帮教基地，免费开展执业劳动技能培训，2007 年，在薛家湾镇海子塔村建环保型砖瓦厂，作为刑释解教人员过渡性安置基地，当年安置 22 人。为刑释人员建立求职档案，提供就业信息，推荐就业安置，2008 年推荐就业 10 人。符合条件的刑释解教人员纳入最低生活保障救助，2010 年、2013 年，为 6 名刑释解教人员落实低保待遇。2015 年，全旗接收刑释解教人员 882 人，落实帮教措施 878 人，实现安置 475 人，无脱管漏管和重新犯罪。

第十节　司法鉴定

准格尔旗司法鉴定业务一直需到上级司法鉴定机构办理。2011 年 10 月，由个人出资依托中心医院创办司法鉴定所，执业司法鉴定人员 4 名，办理法医病理鉴定、法医临床鉴定两项业务。2012 年 6 月改建为准格尔旗司法鉴定所，增加伤残程度鉴定业务，2014 年增加死因及致伤方式鉴定业务，同年 3 月选送的司法鉴定文书被内蒙古自治区司法鉴定协会评为优秀鉴定文书。2015 年，鉴定伤残 173 例，其中，工伤致残 30 例、交通事故致残 93 例、故意伤害致残 42 例、意外伤害致残 7 例、损伤程度 5 例。2011—2015 年，累计鉴定司法案件 800 余件。

第二十三篇

军事

驻军

民兵

国防动员

军民共建

2009年6月基干民兵集结投身急难险重行动

准格尔旗属于全国第三类革命老区，有军政军民团结的光荣传统。改革开放以来，中共准格尔旗委落实党管武装要求，加强民兵和预备役力量正规化建设；驻旗部队投身地方经济建设，成为生态建设主战场突击队，抢险救灾第一线主力军；地方各界开展国防教育，完成兵员征集，落实退役军人安置、军属优待抚恤政策，褒扬革命英烈。军民共建培育了军民之间的鱼水深情。2011年8月26日，准格尔旗被内蒙古自治区党委、政府、内蒙古军分区命名为“双拥”模范旗。

2020年8月世纪中学高一新生开展军事训练

第一章　军事机关

第一节　领导机构

一、中国人民解放军准格尔旗人民武装部

中国人民解放军准格尔旗人民武装部（简称人武部）是中共准格尔旗委员会的军事部门，准格尔旗人民政府的兵役机关，担负国防动员、兵役登记、兵员征集、民兵建设、国防教育、拥政爱民、军事设施保护等工作，战时实施兵员动员，组织民兵参军参战，保卫后方，支援前线。

1991 年，准格尔旗人武部为地方县级建制，受中共准格尔旗委员会、准格尔旗人民政府和上级军事机关双重领导，地方管理为主；内设办公室、军事科、政工科。

1996 年 3 月 20 日收归军队管理，团级建制，受上级军事机关和中共准格尔旗委员会、准格尔旗人民政府双重领导，军队管理为主，依据中国人民解放军条令、条例管理。2015 年内设军事科、政工科、后勤科、训练基地办公室。

二、中共准格尔旗委员会人民武装委员会

1991 年，中共准格尔旗委员会武装工作领导机关是人民武装委员会，由旗委、旗政府、人武部主要负责人组成。1994 年 11 月根据中共中央决定撤销。

三、准格尔旗人民政府国防动员委员会

准格尔旗人民政府国防动员委员会成立于 1996 年，主任由旗委书记兼任，副主任由旗政府旗长兼任，组织开展包括人民武装动员在内的国防动员。

1991—2015 年准格尔旗人武部领导名录

部　长　郑奎弟（1991.01—1992.02）　刘海荣（兼，1992.02—1994.08）
杨锁成（兼，蒙古族，1994.11—1998.11）　杨俊卿（1998.11—2002.04）
付友祥（2002.04—2004.03）　王占荣（2004.03—2005.03）
赵燕青（2005.03—2007.03）　侯峥嵘（2007.03—2008.03）
王　林（2008.03—2010.05）　张海波（2010.05—2011.05）
赵敬全（2011.05—2013.04）　王志敏（2013.04—2015.12）

政　委　高志林（1991.01—1994.03）　许福泉（1996.07—1999.03）
傅玉栋（兼，1999.05—2004.03）　尚凤歧（兼，2004.03—2010.05）
李　渊（兼，2010.05—2011.05）　武永平*（兼，2011.05—2015.03）
李志宏（2015.03—2015.12）

副部长　杨锁成（蒙古族，1992.03—1994.11）　李兰栓（1994.11—1994.12）
吕福民（1996.03—2002.09）　周连河（2002.04—2006.02）
李国光（蒙古族，2006.03—2013.01）　张军生（2013.01——2014.03）
李建忠（2014.03—2015.12）

副政委　冀金荣（1994.11—1994.12）

第二节　基层人武部

1991年，准格尔旗人武部下设乡镇人武部，人多厂矿也设人武部，人少厂矿派兼职干部负责民兵工作。基层人武部均受同级党政和上级军事机关领导。1993年起，基层人武部编设政委，由基层党委书记兼任。2005年8月，基层人武部部长由副苏木乡镇长兼任。2010年11月，增设街道人武部。2015年，人武部为基层派专职武装干部。

第三节　党管武装

准格尔旗实行党管武装制度。人武部受军队系统和地方党委双重领导，既坚持军队系统的垂直领导和隶属关系，又接受旗委领导；军地领导交叉任职，旗委书记兼任人武部党委第一书记，人武部一名主官兼任旗委常委；坚持党委议军会议制度，每年召开国防动员委员会全体会议，研究解决国防后备力量建设、军事设施保护、现役军人及家属优待与退役安置遇到的情况、问题；坚持“军事日”活动，每年“八一”建军节前后，组织国防动员委员会成员单位领导，慰问驻旗部队官兵和退役军人，参加国防动员演练，让地方干部了解部队，支持国防建设，促进军政军民团结；实行党管武装述职制度，人武部第一书记向上级军事机关党委进行年度党管武装工作述职。

自2003年以来，旗委每年都要召开议军会议，着力解决后备力量建设的重点、难点问题，促进人武部正规化建设、基层人武部规范化建设。2011年8月，中共准格尔旗委常委会召开议军会议，出台《进一步加强和改进人民武装工作的意见》，把人民武装工作纳入各级党委、政府重要议事日程，纳入全旗经济社会发展总体规划，做好机构设置，加强人员配备，提高人武部正规化建设水平；做好兵役工作、“双拥”工作，开展全民国防教育，多举措加强和改进人民武装工作。2012年10月，《华北民兵》《国防之窗》报道了中共准格尔旗委落实党管武装制度的先进事迹。

2016年机关干部参加“军事日”活动

第二章　驻　军

1991年，中国人民武装警察部队驻准格尔旗有警卫、消防两个序列；2008年起，森林部队入驻，武装警察部队增至警卫、消防、森林三个序列。中国人民解放军曾驻准格尔旗两支现役部队。北京军区空军地勤雷达站，驻马栅乡麻地梁村，1991年撤离；内蒙古军区通信总站陆军通信机务站，驻纳林乡长胜店村，2002年撤离。

第一节　警卫部队

中国人民武装警察部队内蒙古总队鄂尔多斯支队准格尔旗中队，受武警鄂尔多斯支队和准格尔旗公安局双重领导，担负准格尔旗看守所外围武装警戒、准格尔旗治安保卫、抢险救灾等任务。

2012年武警准格尔旗中队战士严格训练

武警中队实行封闭式管理，按中国人民解放军内务条例、纪律条例、队列条例和武警部队警备条例，开展军事训练和后勤保障。中队官兵来自不同地方，每月收集伙食意见，精心制订食谱，做到众口可调，建有蔬菜大棚，保障官兵伙食供应，后勤保障实现设施不锈钢化、膳食营养化。

武警准格尔旗中队担负看守所外围武装警戒任务，昼夜固定执勤，连年无执勤事故，多次完成治安保卫、抢险救灾任务。1998年5月，中队团支部被共青团内蒙古自治区委员会评为先进团支部；2009年起，连续6年被武警内蒙古总队评为基层建设先进中队。

第二节　消防部队

1991年，中国人民武装警察部队内蒙古消防总队伊克昭盟支队准格尔旗中队，受伊克昭盟消防支队和准格尔旗公安局双重领导，担负消防保卫和突发事件救援任务。1996年改建为准格尔旗消防大队，下设消防中队。2009年5月，鄂尔多斯大路煤化工基地特勤消防站建成，组建大路新区二中队投入执勤；消防大队辖两个中队，薛家湾一中队和大路新区二中队，负责10个企业专职消防队业务指导。

准格尔旗消防大队按中国人民解放军内务条令、纪律条令、队列条令管理，开展思想政治建设、应急救援能力建设、后勤保障能力建设，正规化建设水平跨入内蒙古自治区旗县消防部队先进行列。

2013年消防特勤队员的飒爽英姿，李志刚摄

2009年8月，内蒙古自治区消防部队政治工作座谈会暨警营文化建设推进会在准格尔旗消防大队一中队召开，与会人员参观了准格尔旗消防大队警营文化建设；2010年6月，内蒙古自治区旗县综合应急救援队伍建设现场会在准格尔旗消防大队二中队召开，与会人员观摩了准格尔旗消防大队应急救援演练。

2012年9月，准格尔旗矿区消防救援大队成立，受鄂尔多斯市消防大队和准格尔旗公安局双重领导，担负内蒙古准格尔经济开发区消防保卫和突发事件救援任务，指导准格尔旗应急救援消防大队、内蒙古伊东集团公司消防救援大队两支地方消防救援大队工作。

第三章　民　兵

民兵是国家武装力量的组成部分、民兵的基本任务有：积极参加社会主义现代化建设，带头完成生产和其他各项任务；担负战备勤务，维护社会治安；随时准备参军参战，保卫祖国。

第一节　民兵组织

准格尔旗人武部根据参加民兵条件，民兵编组原则，选派民兵干部，按照“平时能应急、战时能应战”的要求，分为基干民兵和普通民兵，分别自上而上编制为相当于班、排、连、营、团的序列。

1991年，全旗普通民兵编为82迫击炮连、机枪连、通讯连，基干民兵编为专业技术分队；1998年，基干民兵专业技术分队改建为应急分队，主要编组在沿黄河地区和交通发达地区；2001年，将民兵编组重点放在工业园区，组建五大工业园区民兵组织；2002年调整民兵应急分队，缩减乡镇基干民兵，组建薛魏线、曹阳线两条公路和伊东煤炭公司基干民兵连。

2011年，在内蒙古准格尔经济开发区、神华准格尔能源公司组建民兵矿山救援应急专业分队，在鄂尔多斯大路煤化工基地的私营企业中联合组建防化救援应急专业分队。大路煤化基地民兵防化应急专业分队，经过防火、防化、防爆集训，训练有素，开创了全旗私营企业建立民兵应急专业分队的先河。

2014年、2015年，为各民兵应急专业分队配齐配全应急物资器材，压缩规模，精干队伍，开展应急救援演练，提高应急处置能力。

第二节 政治教育

民兵在各自生产岗位，平时集中教育难。准格尔旗人武部抓住每年基干民兵集训、普通民兵整组的机会，组织民兵集中开展政治教育。基干民兵每年集中进行2天政治教育，集中教育时间不少于16小时；民兵干部、应急专业分队政治教育时间不少于3天；普通民兵集中教育时间不少于4个课时。

教育内容紧扣时代主题。1997年，围绕庆祝我国对香港恢复行使主权、中国人民解放军建军70周年，集中开展爱党、爱国、爱人民、爱军队为主要内容的爱国奉献教育；1998年，对民兵进行振奋革命精神，戒浮戒惰戒奢的专题教育，从抓学习理论入手，贯彻整风精神，辨是非、论危害、挖根源，解决民兵思想浮躁、工作懒惰、生活奢侈问题；2000年，开展“牢记使命，常备不懈”为主题的军队根本职能教育；2005—2007年，开展“强化战斗精神，提高打赢能力”主题教育；2014年起，从学习“古田全军政工会议”精神入手，持续开展习近平强军思想学习教育。

教育形式与时俱进。“八五”期间，利用准格尔旗有线广播网覆盖乡村户的优势，在准格尔电台开办“人武之声”栏目，开展国防教育，教育面由民兵拓展到广大听众；2010年3月，薛家湾镇组建50人的女子民兵宣传队，发挥女民兵的亲和力开展多种形式的民兵政治教育，女民兵成为党的创新理论的宣传员，化解矛盾纠纷的调解员，扶贫帮困的救助员，服务群众的办事员。2012年，准格尔旗人武部高起点筹划、高标准落实，完成内蒙古军区落实《民兵政治教育规定》试点任务。

第三节 军事训练

“八五”至“九五”期间，准格尔旗人武部坚持两年一次民兵集中军训。1992年，准格尔旗民兵军事训练基地被评为伊克昭盟先进民兵训练基地；1998年，“82”迫击炮民兵班参加内蒙古自治区民兵大比武，5位民兵获评伊克昭盟军分区“百佳民兵”。

跨入21世纪，民兵军事训练重点开展应急分队专业对口训练。每年沿黄河乡镇组织民兵进行黄河防凌防汛高炮除冰专项训练，保卫黄河大堤安全。2003年，组织民兵骨干参加鄂尔多斯市“大漠利剑”专项训练，提高穿插迂回和障碍排除能力。2008年，以奥运安保为课题进行防爆专业训练，民兵防空连进行高炮连协同训练；西黑岱民兵训练基地的分列式、阅兵式训练，接受鄂尔多斯军分区应急力量拉动检阅。2009年，为新建民兵应急连排配备警棍、盾牌、头盔、救生衣、背囊等应急器材，通过民兵训练基地10天强化训练，参加内蒙古军区民兵

2010年民兵高炮连训练

应急力量拉动。

2010—2011 年，鄂尔多斯军分区举办两届民兵政治教员比武，准格尔旗人武部两次获团体第一名。2011 年，薛家湾镇民兵政治教员赵潇被北京军区评定为一级四会教员；准格尔旗直属机关民兵高炮连代表鄂尔多斯军分区参加内蒙古军区高炮实弹射击比武，获 2 个团体优秀组织奖、8 个单项奖。2013 年 7 月，准格尔旗代表鄂尔多斯市军分区参加内蒙古自治区民兵预备役高炮实弹射击比武，取得 5 个单项奖和高炮实弹射击优异的好成绩。

第四节　后勤保障

1991 年，准格尔旗人武部建有民兵训练基地，基层人武部有专门办公场所，村级民兵连部设在村级阵地，集体经济空壳村无民兵连部。1993 年，实施人民武装基层规范化建设，基层人武部全部达标，到 1994 年，除空壳村外，民兵连部全部达标。1997 年，全旗村级阵地建设提高了民兵连部建设标准。

进入“十一五”后，准格尔旗人武部按照中央军委“组织建设落实、教育训练落实、经常性管理落实、行动方案配套、装备器材配套、基础设施配套”的新要求，加强国防后备力量建设。

人武部标准化建设，2008 年建成战备值班室，民兵训练基地达到能吃、能住、能教、能训的标准。基层规范化建设，2007 年薛家湾、沙圪堵、纳日松 3 镇建成全旗示范点。2009 年乡镇人武部规范化建设全部达标，80% 的民兵连部达标。2012 年基层民兵组织配备防汛防火装备、单兵携行装具，统一了服装。民兵应急分队专业化建设，2009 年配备自行式野战炊事车，由“干粮”保障模式转变为“热食”保障模式。2015 年配备对讲机，配齐警棍、盾牌、头盔、迷彩服、野战背囊等战备物资。

第五节　抢险救灾

准格尔旗民兵承担急难险重任务，拉得出、用得上、起作用，成为抢险救灾的排头兵。1991—1999 年累计动用民兵近千人次，投入黄河防凌防汛等紧急难重任务，保护物资总值 3000 多万元。2000 年“12 · 8”特大交通事故，民兵第一时间赶赴事故现场，维持救援秩序，投入抢运伤员行动。2007 年 6 月，十二连城乡黄河险工段发生汛情，民兵应急连 94 人和该乡应急排 30 人待命 72 小时。2012 年 8 月 6 日，黄河巨合滩村、三十顷地村大堤冲淘，民兵应急抢险分队第一时间投入除险加固施工，保证黄河大堤安然无恙。

第四章　国防动员

第一节　国防教育

1991年9月21日，准格尔旗《全民国防教育计划》经旗委、政府批转实施。1992年8月1日，人武部国防教育展厅在沙圪堵镇建成开展，旗直机关干部职工数百人参观首展；1997年，国防教育展厅升级改造后重新开展，当年接待参观5000余人；“八一”建军节期间，举办了全旗“雄师——辉煌的历程”知识竞赛。

1999年6月18日，人武部创办的全盟第一所少年军事学校在纳林镇阳湾小学挂牌。这是一所村级公办小学，设5+1个教学班，在校学生200名左右，跨地区借读学生居多。学校依照解放军内务条例、队列条例、纪律条例，对学生实行准军事化管理，日常教学开展国防专题教育。教室的物品摆成一条线，宿舍的被褥叠成豆腐块，一日三餐前列队唱军歌，培养了学生参军入伍、保卫祖国的情怀。2010年7月，该校撤销，师生搬迁新建的薛家湾第八小学。

2001年8月31日，全国人民代表大会常务委员会决定，每年9月的第三个星期六为全民国防教育日，准格尔旗人武部开始组织全旗中学新生入学集中军训。2008年，30名军训教练员经过为期5天的集训，深入全旗9所中学对3800名新生进行军训；2015年8月，由基干民兵组成的军训教员120人次，对全旗12所中学4200名新生进行军训。

2004年，准格尔旗人武部抓住内蒙古自治区民兵政治工作规范化建设现场研讨会的契机，将国防教育内容编为漫瀚调歌词，受到群众欢迎；当年还举办了“爱中华、奔小康、强国防”万人签名，编印了中小学国防教育校本教材。

准格尔旗人武部国防教育展厅，2007年摄

2006年，准格尔旗人武部在薛湾镇新建国防教育展厅，图板展区分国防精神、国防历史、国防形式、国防力量、国防动员5个部分；武器模型展区陈列航母、坦克、战机等14个模型，组织军训学生、集训民兵参观展厅。2007年，在薛家湾镇金川路打造国防教育一条街，街头立5米高“长征二号”运载火箭模型，街道两侧置30个宣传灯箱和36个空中灯箱，“牢记历史教训，不忘警钟长鸣”“致富不忘国防，和平不忘忧患”等国防宣传标语格外醒目。2013年，在薛家湾镇南山公园新建全民国防教育基地，实物展区陈列2门37高炮和一架歼5战机；展板展区展示国防发展历史，15个石墩展

示中国共产党重大历史事件。薛家湾镇居民在休闲娱乐中受到国防教育。

2011 年开始，准格尔旗人武部邀请国防大学教授到旗，为旗直机关干部讲授国防教育课。2013 年，人武部将民兵政治教员编入旗委讲师团，深入基层巡回宣讲国防教育专题。

第二节　兵　役

《中华人民共和国兵役法》规定，实行义务兵为主体，义务兵与志愿兵相结合，民兵与预备役相结合的兵役制度。

一、兵员征集

准格尔旗每年冬春征兵 1 次，兵员来自年满 18 ～ 22 周岁的农村青年和城镇待业青年，年满 18 ～ 21 周岁的企业、事业单位职工，年满 17 ～ 20 周岁的应届高中及高中以上毕业生，经体格检查、政治审查，办理入伍手续。

1996 年家人欢送新兵光荣入伍，杨玉铭摄

2000 年，准格尔旗人武部提出“送出一个合格兵，回来一个带头人”的口号，鼓励青年积极参军，在军营锻炼自己，回乡后为家乡做贡献。2001 年建立适龄青年数据库，择优为部队输送合格兵员。

二、预备役

中国人民解放军预备役部队军官，由退出现役转入预备役的军官及授予预备役军官职务的人员担任；预备役士兵以基干民兵和经过预备役登记的 28 岁以下的退伍军人和专业技术人员为主。“八五”期间，准格尔旗退伍军人服预备役人数相对稳定；1998 年现役部队精减整编，服预备役人数有所增加；2004 年 4 月预备役某团步兵营进驻准格尔旗，同年 8 月 12 日，准格尔旗党政主要领导分别兼任团副政委、副团长，一名副旗长兼任营长。

第三节　人民防空

1991 年，准格尔旗人民政府防空和交通战备工作由人民防空委员会办公室（简称人防办）负责；1993 年 2 月，人防办划归准格尔旗人武部；1996 年 3 月，由于人武部归建部队，人防办挂靠在旗人民政府办公室；2005 年 3 月，更名为准格尔旗人民防空办公室。

一、人民防空组织

人防办按照准格尔旗防空袭预案，落实全旗重要经济目标的安全防护和保障措施。全旗建有抢险抢修、医疗救护、消防、防化防疫、通信、运输、治安 7 支人民防空专业组织，疏散基地分布合理，战备器材储备充足。

二、人民防空教育

人防办将人防工程建设的法律法规编印成册，分发到各单位；通过电台、电视台、报纸、LED显示屏等阵地宣传人民防空法；结合初高中军训，组织学生进行地震和消防演练；利用“5·12”全国防灾减灾日、“9·18”爱国主义纪念日等进行宣传教育。

三、防空通信警报

人民防空通信和警报，是人民政府实施人民防空指挥的基本手段，战时担负着防空袭斗争的通信保障任务。防空警报是防空袭行动的信号，准格尔旗防空袭警报覆盖薛家湾、沙圪堵和大路新区。警报试鸣有3种制式，预先警报鸣36秒，停24秒，反复循环持续180秒；当预先警报鸣响时，十分钟左右进入人防工程隐蔽或实行紧急疏散。紧急警报鸣6秒，停6秒，反复循环持续180秒；当紧急警报鸣响时，所在工事立即转入防护状态，未进入人防工程的人员应就地隐蔽避险。解除警报连续鸣180秒；当解除警报鸣响时，暂时解除防护状态，积极参与救助受伤被困人员。

四、防空工程建设

人民防空工程实行“以建为主、以收促建”的原则。准格尔旗将人防工程建设纳入城市建设总体规划。

人防易地建设费征收一直执行以下标准：新建10层以上或者基础埋深3米以上的民用建筑，按照应建防空地下室地面首层面积每平方米1200元缴纳；新建9层以下或者基础埋深不足3米的民用建筑，按照地面总面积每平方米15元缴纳。

2013年4月15日以后执行内蒙古自治区《防空地下室易地建设费收费标准》(内发改费字〔2013〕870号)，新建10层以上或者基础埋深3米以上的民用建筑，按照应建防空地下室地面首层面积每平方米1400元缴纳；新建9层以下或基础埋深不足3米的民用建筑，按照地面总面积每平方米30元缴纳。

第五章　军民共建

1992年，准格尔旗成立“双拥”工作委员会，部队拥政爱民，地方拥军优属，广泛开展军民共建活动，驻军投身地方经济建设，地方支持部队正规化建设，培育了军民之间的鱼水深情。1999年12月被评为全国“爱心献功臣行动”先进县；2007年5月、2011年8月，两次被命名为内蒙古自治区“双拥”模范旗。

第一节　拥政爱民

中国人民解放军准格尔旗人武部、驻准格尔旗武警部队和消防部队，投身地方经济建设，成为一支生态建设主战场突击队，抢险救灾第一线的主力军，为准格尔旗经济社会发展做出应有贡献。

“八五”初期，准格尔旗人武部组织民兵开展农村实用技术培训，培养出一批民兵科技致富能手，加快群众脱贫致富步伐。1993 年，组织民兵投身“3153 工程”建设，建立民兵扶贫帮困小组，实施“125 工程”建设，每年新增水浇地 1 亩，种 2 亩树、5 亩草，几年坚持下来，改善了丘陵山区农牧业生产条件。2000 年，组织民兵开展“一兵帮一户、一连带一村”扶贫帮困活动，人武部为结对帮扶村西营子乡神山村送科技、送资金，发展脱贫致富产业。2004 年，结对包扶神山镇腮不拉村，投资解决了该村部分村民吃水难问题。

2001 年，准格尔旗人武部组织民兵投入“保护母亲河”行动，参加春季植树造林会战，种植沙棘 8 万株、杨树 2.5 万株、山杏 2 万株、柠条 12 万株。2003 年 4 月 8 日起，组织东孔兑镇及旗直 10 多个包扶单位干部职工 300 多人，在前房子村 333.33 公顷造林基地，进行 5 天植树造林会战。2007 年，集中基干民兵 500 人次奋战 20 天，完成造林 200 公顷。2010 年，在暖水乡万亩生态建设基地，组织 137 名民兵 20 天挖树坑 12.8 万个。2012 年，组织干部职工和民兵后备力量，在鄂尔多斯大路煤化工基地的工业区和市政区之间新建生态屏障，投入人力 300 多人次，种树 17.33 公顷 1.8 万棵。2015 年组织干部职工和民兵后备力量在民兵生态建设基地种植沙柳 80 公顷、打沙障 15.33 公顷。

2002 年 7 月 30 日，准格尔旗人武部官兵在薛家湾镇塔哈拉川成功援救被山洪围困的 6 名儿童。2006 年 7 月 13 日，纳日松镇金利煤矿 12 名矿工被洪水困于井下，准格尔旗消防大队与准格尔旗矿山救护队密切配合，成功营救 10 名矿工。2010 年 7 月 10 日，薛家湾镇突降暴雨，洪水漫上地势低洼的苏计沟村，准格尔旗武警中队出动 15 名官兵，转移被洪水围困的老人和儿童 45 人。2011 年 7 月 21 日，准格尔旗中心医院 4 名医务人员到薛家湾镇海子塔村出诊返回途中，遭遇洪水拦截，准格尔旗武警中队迅速驰援，成功解救 4 名医务人员和 3 名群众。

第二节　拥军优属

准格尔旗发扬拥军优属的光荣传统，落实退役军人安置、优待抚恤政策，开展英烈褒扬工作，增进军政军民之间的团结。每逢元旦、春节、“八一”建军节，旗委、旗政府走访驻旗部队，慰问革命烈属、伤残军人、复员军人，帮助解决实际困难。

1993 年，开始创建拥军优属模范乡，乡镇建立拥军优属服务站，村居委会成立拥军优属工作组，党员干部带头，民兵、妇女、学生参与，成立日常生活服务组、帮工代耕服务组、红领巾服务组，建立全方位、一体化服务网络。1994 年，巴润哈岱乡、沙圪堵镇首批建成拥军优属模范乡。1996 年，马栅乡被命名为内蒙古自治区拥军优属模范乡。1997 年，全旗创建拥军优属模范乡全部达标。

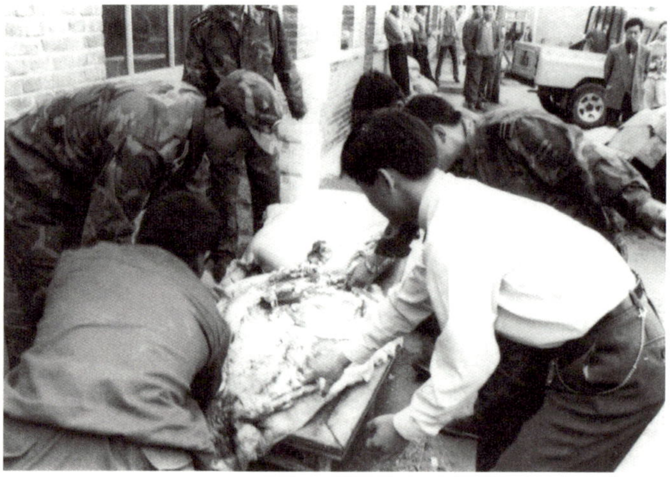
1998 年海子塔乡政府杀猪慰问呼西光缆施工部队，杨玉铭摄

1996 年 8 月 21 日，中国人民解放军北京军区某部野营拉练途经薛家湾镇、魏家峁乡，受到沿途各族群众热烈欢迎，

旗委、旗政府领导前往慰问，为部队送去价值4万多元的慰问品。

1998年春，呼西光缆内蒙古段施工部队进驻准格尔旗，沿线群众腾出住房迎接子弟兵，施工开始后各级组织带着肉食、蔬菜慰问部队，文工团两次深入沿线慰问演出。有沿线地方的服务保障，施工部队2000多人一个月完成3000多人一个半月的任务。5月16日，呼西光缆施工竣工大会在沙圪堵镇举行。

一、退役安置

国家实行城乡有别的退役军人安置政策，非农业户籍退役军人由国家按系统分配，包干指令性安置；农业户籍退役军人通过发放安置费，军地两用人才推荐性安置。退役安置的重点、难点在城镇。

1991年，执行“按系统分配任务、包干安置”的办法，对符合城镇安置的退伍军人进行了安置。为回乡的农村退伍军人及时下拨安置经费共计3600元，帮助其安家立业。

1992年是准格尔旗执行“城镇退役军人安置卡”的第一年。由于安置卡指标有限，出现了占用农村征兵指标入伍的非农业户籍退役军人，持安置卡的城镇退役军人实行指令性分配工作，没有安置卡的城镇退役军人，也按合同制工人安排了工作。这种地方政策执行到1996年，安置比例居高不下，安置环境日益困难，没有安置卡的城镇退役军人不再按合同制工人安排工作，持安置卡的城镇退役军人，实行指令性分配与双向选择结合，拓宽安置渠道，才能完成安置任务。

1998—2009年，准格尔旗在安置城镇退伍军人工作上，面临安置任务重、机构超编、所属企业改制等压力。通过积极沟通工作，争取到驻地企业准煤公司等企业、社区居委会、各事业单位、乡镇企业的支持，安置工作得以完成，安置率达100%。

2010年起，组织退伍军人免费参加岗前学历教育和技能培训，提高文化素质和专业技能。2015年，完成2013年退役士兵和2014年退役大学生士兵安置。

为帮助农村退役军人安家立业，建设家园，准格尔旗向每人一次性发放2500元至5000元不等的安置费；1998年起，农村退役军人安置费列入旗财政预算；1999年、2000年安置费标准均达到5000元。

“八五”期间，部队培养的军地两用人才，退伍回乡后大多得到开发利用。1992年，接收的退伍回乡军地两用人才全部开发使用；1993年，接收的军地两用人才开发使用率达到83%。1998年，向准格尔旗交警大队、准煤公司发电厂推荐使用军地两用人才，开发使用率达到90%以上。

二、优待抚恤

1993年，准格尔旗制定《优抚对象抚恤优待办法》，实行国家、社会、群众相结合的优待抚恤制度，通过抚恤、定补、优待等综合措施，保障在乡老复员军人、现役军人家属与群众生活水平同步提高。

1991年，老军烈属、老伤残军人、老复员军人，不同程度存在住房难、生活难、治病难的问题，旗乡两级政府向优抚对象贫困户发放住房、生活、医疗3项临时性补助费。1997年，建立拥军优属保障基金。2002年，发起“爱心献功臣”行动，“三老”的“三难”问题妥善解决。为彻底解决孤老复员军人“三难”，2004年筹资5万元在神山敬老院新建独院准格尔旗光荣院，当年接收11名孤老复员军人入住。为解决治病难问题，2001年制定《在乡老复员军人医疗保障暂行办法》，2008年将在乡重点优抚对象纳入城乡医疗救助范围，由政府代缴新型农村合作医疗和城镇居民基本医疗保险参保费。2009年，出台《抚恤定补优抚对象医疗保障实施细则》，重点优抚对象全部纳入医疗保障范围。2012年，将重点优抚对象危房优先纳入危房改造范围，在政府危房改造补贴基础上，每户再补贴 10000 元。2015 年，实行“十个全覆盖”工程，为 15 户重点优抚对象解决住房。

准格尔旗根据地方经济发展水平，落实上级规定标准，提高优待抚恤定期定量定补标准，逐步形成补助标准自然增长机制，保障了重点优抚对象生活水平与群众生活水平同步提高。复员军人定补标准 1991 年每人每月 40 元至 57 元，1999 年 1 月 1 日起，提高到每人每月 60 元至 77 元，7 月 1 日起再次提高到每人每月 80 元至 97 元，2015 年达到每人每月 1552 元。老红军定补标准，2012 年每人每月 2782 元。革命伤残人员 2012 年每人每月 362 元至 2152 元，2014 年每人每月 457 元至 2901 元。烈士遗属、牺牲军人遗属、病故军人遗属“三属”抚恤金，2010 年每人每月 411 元至 734 元，2014 年每人每月 1256 元至 1827 元。病退军人 2008 年每人每月 376 元，2014 年每人每月 1202 元。参战人员 2012 年每人每月 850 元，2014 年每人每月 920 元。2011 年起，向 60 周岁以上退役士兵，按每服一年每月 30 元标准发放老年生活补助。2010 年起，重点优抚对象的抚恤补助资金全部通过“一卡通”按季发放。

准格尔旗落实现役军人家属优待政策，1991 年，对农村现役军人家属给予现金、土地、免收乡统筹、村提留费用等优待政策；1992 年起，执行内蒙古自治区农村义务兵家属现金优待政策，通过乡统筹资金发放农村义务兵家属优待金；1996 年，全旗基本达到政策规定优待水平；1998 年，设立农村义务兵家属优待金统筹专户，实现全旗统筹标准每户每年 1800 元；2001 年，农村义务兵家属优待金标准每人每年 1800 元，与全旗上年农民人均纯收入持平；2002 年起，按全旗农民人均纯收入标准发放；2007 年起，按城镇居民最低生活保障线每人每年 2760 元标准，为城镇义务兵家庭发放优待金；2014 年起，按上年农民人均纯收入 1.5 倍发放义务兵家庭优待金。1998 年起，向在部队立功受奖、考入军校的现役军人发放奖金，鼓励旗籍现役军人在部队安心服役，多做贡献。2010 年，为在部队立功受奖和考入军校的士兵按照 100 ～ 1000 元标准兑现奖励 0.5 万元。

第二十四篇

教育·体育

准格尔旗优先发展教育。“八五”至“九五”举全社会之力办教育，2002年1月建成全国基本普及九年义务教育、扫除青壮年文盲县。“十五”至“十一五”调整学校布局，小学聚集在乡镇驻地，中学办在薛沙两镇。2007年7月与内蒙古工业大学创办矿业学院；实行教育惠民政策，免学杂费、课本费、作业本费、住宿费，补寄宿生活费。2011年实现从学前到高中15年免费教育。“十二五”从全面普及向提高质量转变，2015年，全旗13所中学、26所小学、44所幼儿园，入学人口58142名，专任教师4191名，建成全国义务教育发展基本均衡县。

准格尔旗世纪中学，2009年8月摄

准格尔旗青少年体育以学校为重点，群众体育以社区为重点，辐射带动乡村，体育运动由校园发展到社区、农村，全民健身运动遍地开花，2009 年 10 月被评为全国群众体育先进单位。2011 年 6 月举办第六届“生力杯”乒乓球邀请赛，来自蒙晋陕宁等地 44 个单位 63 支代表队参赛，创内蒙古乒乓球赛事纪录。2015 年，全旗有体育场地 492 块 55.91 万平方米，人均体育场地 1.72 平方米；有运动员 687 名、教练员 200 多名、裁判员 340 余名；有单项体育协会 16 个，社会体育指导员 715 名，千人社会体育指导员 2.2 名，经常体育锻炼人口占比 40.52%。

准格尔旗体育场，2018 年 9 月摄

第一章　教　育

第一节　教育机构

1991年，准格尔旗教育局下辖教师进修学校、教研室，派驻28个乡镇教育办公室，统管全旗3所高中、8所初中、353所小学、9所幼儿园。1993年实行旗乡两级分级办学，乡镇教育办公室改属乡镇政府，直管乡镇中心学校，协管村级民办学校。2002年6月，文化体育局的体育职能划归教育局，建教育体育局。2005年9月，教研室并入教师进修学校，建教育培训中心；撤乡镇教育办公室，职能划归乡镇中心学校。2007年12月，撤教育体育局，分设教育局、体育局；教研室从教育培训中心分离单设。2015年9月，教育局、体育局再次合并，建教育体育局；下辖教育培训中心、教研室，直管全旗3所高中、10所初中、26所小学、44所幼儿园，受教育学生幼儿58142名，专任教师4191名。

第二节　教育“两基”达标

教育“两基”达标指基本普及九年义务教育，基本扫除青壮年文盲。“八五”至“九五”期间，准格尔旗财政十分困难，旗委、政府提出“再苦不能苦孩子，再穷不能穷教育”，调动社会力量支持教育，团委实施“希望工程”，妇联实施“春蕾计划”，有识之士捐资助教，掀起“人民教育人民办”热潮，全旗上下内外多渠道筹措经费，加大教育投入，扩大办学规模，改善办学条件。经过十年攻坚，2001年11月，内蒙古自治区评估验收组认定，准格尔旗教育“两基”达标，2002年1月4日，被教育部认定为全国第八批基本普及九年义务教育、基本扫除青壮年文盲县。

一、普及九年义务教育

1991年，准格尔旗在哈岱高勒乡、薛家湾镇、沙圪堵镇试点普及九年义务教育。1992年12月，旗人大常委会审议通过《全面实施初等义务教育的决定》。1995年12月，旗人大常委会审议通过《全面实施九年义务教育规划》，全旗有魏家峁、巴润哈岱、沙圪堵等6个乡镇达到普及初等义务教育标准。1996年，实验小学，纳林乡二道壕小学，榆树湾镇壕米圪坨小学，准煤公司第一小学、第三小学，建成义务教育示范小学；第五中学、纳林职业中学、布尔陶亥职业中学、准煤公司第一中学，建成义务教育示范初中。

中国青少年发展基金会救助贫困地区失学少年儿童的“希望工程”，有力助推准格尔旗普及九年义务教育。全旗相继援建希望小学4所，创办希望之星班52个，1014名学生受益，争取资金71.76万元，救助失学儿童2746名。

2001年，27个乡镇全部达到九年义务教育标准。小学校舍建筑面积生均5.47平方米，适龄儿童入学率100%，无辍学，毕业率99.77%，毕业生合格率城镇97.09%、农村97.45%，15周岁人口学业完成率 99.87%。初中校舍建筑面积生均 5.79 平方米，适龄少年入学率 110.29%，在校生辍学率 1.46%，毕业率 97.88%，毕业生合格率城镇 95.21%、农村 91.32%，17 周岁人口学业完成率 92.4%。

二、扫除青壮年文盲

1991 年，准格尔旗有 15 周岁至 40 周岁青壮年 114020 人，其中文盲半文盲 15804 人，当年扫除文盲 2395 人，青壮年非文盲率 88.24%。1992 年，教育局依据第四次人口普查数据，建立旗、乡、村 3 级扫盲档案。1994 年，全旗配齐乡镇扫盲干事，采取子女教父母、教师送教上门、田间地畔互考互学等方法，扫除青壮年文盲，掀起人人学习、时时可学、处处可学的热潮。2000 年，全旗有青壮年 161740 人，农民家庭技术员 11088 人，9240 人获从事农业技术工作资格的"绿色证书"，非文盲率 97.55%。

第三节　社会力量办学

一、民办学校

农村以村为单位集资，雇佣有文化的青年从教，把学校办在农民家门口，方便农家子女就学。1991 年，全旗有民办小学 170 所，规模大者，在校学生超百名，民办教师超 10 名；规模小者，1 名教师在 1 个教室教授 2 个年级学生，复式教学，工资微薄。2004 年起，民办学校生源减少，开始撤销民办学校、教学点，并入乡镇中心学校。2006 年，农村民办学校全部撤并到乡镇中心学校，学生到公办学校就读。

二、私立学校

准格尔煤田开发，吸引外来人口涌入薛家湾镇，而财政投资有限，公办教育资源不足，学校人满为患，外地户籍学龄人口就读公办学校，要缴纳高额借读费，私立学校应运而生。1994 年秋，全旗首所私立学校龙凤小学招生，9 名教师，6 个教学班，学生 230 名。

2003 年，全旗有私立小学 8 所，其中附设初中班私立小学 4 所，私立高中育龙中学；共设 26 个教学班，学生 1506 名，教职工 110 名。育龙中学创办于 1998 年 9 月，高峰时开设 1 个幼儿班、6 个小学班、3 个初中班、1 个高中班、2 个大学函授班，招收学生 510 余名，雇佣教师 35 名，是全旗规模最大的私立学校，2005 年停办。2006 年秋，撤私立初中；2010 年秋，撤私立小学。

2015 年，全旗有私立幼儿园 5 所，世纪星幼儿园、小雨点幼儿园、美菱幼儿园、小精灵幼儿园、馨聪幼儿园，在园幼儿 857 名，专任教师 43 名。

第四节　义务教育均衡发展

2012 年 9 月，国务院下发《推进义务教育均衡发展意见》，以县域为单位缩小城乡之间校际差距和群体差距，实现所有适龄儿童"上好学"。

准格尔旗实行教育新政。为农村教师发放每人每月 1000 元的生活补贴、每人每年 1 万元的交通补助，建设农村教师周转宿舍；小学、初中实行更严格的划片招生，确保居住地就近入学，有效解决了择校热问题；加强农村学校网络课堂建设，优质课件直通农村学校。在"四免一补"政策基础上，实施中小学生“营养早餐工程”，将外来务工人员子女就学纳入准旗教育发展规划，实行“同城待遇”。多措并举，均衡配置教育资源，推进城乡教育一体化。

2015年，全旗义务教育阶段学校37所，在校生34459名。小学生人均校舍面积4.38平方米，初中生人均校舍面积5.86平方米。教师编制配备高于自治区标准，小学综合均衡差异系数0.36，低于国家标准0.65；初中综合均衡差异系数0.28，低于国家标准0.55。

2015年10月，国家县域义务教育均衡发展督导检查组，认定准格尔旗达到国家义务教育发展基本均衡县标准，同年12月，国务院教育督导委员会授予准格尔旗全国义务教育发展基本均衡县。

1991—2015年准格尔旗教育事业统计表

表24-1 单位：所、万元、名、平方米

年份	幼儿园	小学	初中	高中	教育投入	专任教师	受教人数	校园面积
1991	9	353	8	4	740	2036	293593	92387
1992	10	326	8	4	896	2034	38957	97346
1993	9	311	9	4	1129	1977	39257	102190
1994	14	347	12	4	1390	2264	39266	
1995	14	307	9	4	1500	1985	38707	115894
1996	19	294	10	4	2573	1891	38571	114589
1997	14	278	10	4	2790	1932	37840	105588
1998	11	243	8	4	3030	1523	35899	117039
1999	18	233	9	4	3523	1600	34514	128352
2000	17	171	9	4	2604	1492	32418	149609
2001	10	159	14	4	3472	596	32629	145938
2002	10	112	12	4	4160	1627	36483	151122
2003	12	112	12	4	4799	1941	39054	
2004	16	86	13	4	7089	2614	35983	206543
2005	12	60	21	4	11073	2503	40600	189696
2006	10	45	22	4	23711	2902	48074	269133
2007	10	39	15	4	36094	2892	46947	169380
2008	14	35	13	4	42012	3480	41963	326336
2009	13	33	13	4	62100	2403	41671	347092
2010	16	33	10	4	76760	2916	50526	326793
2011	38	26	11	4	92537	3163	53940	411142
2012	52	26	9	4	117902	3567	55317	271645
2013	53	26	9	4	108665	3698	57590	467639

续表 24-1

年　份	幼儿园	小　学	初　中	高　中	教育投入	专任教师	受教人数	校园面积
2014	44	26	10	4	106904	3805	57701	506411
2015	44	26	10	4	84745	4000	58206	521278

第五节　教育投入

一、教育经费

准格尔旗教育经费以财政投入为主，鼓励社会捐资助教，多渠道筹措教育经费。1991—2015 年，累计投入 84.75 亿元办教育。

1991 年，财政教育投入 740.03 万元，其中，上级财政投 10 万元，旗财政投 34.45 万元，获内蒙古自治区人民政府改善办学条件先进地区奖励性投资 5 万元。1993 年起，征收教育附加费，收取非义务教育阶段学杂费。1998—2001 年，连续遭受三年大旱，财政预算 4000 万元，实际投入 6900 万元，攻坚教育“两基”达标。2001 年，义务教育从人民办转向政府办，财政投入成为教育经费来源主渠道。2012 年，财政教育投入高达 11.04 亿元。2015 年，财政教育投入 8.4 亿元。1991—2015 年，财政教育累计投入 80.35 亿元。

1991 年，社会各界为教育集资 32.83 万元。1992 年，准格尔旗成立教育基金管理委员会，接受国际友人、有识之士、企业捐资。2000 年，企事业单位资助教育捐款 968.8 万元，其中，华能魏家峁煤电公司 260 万元，伊东集团 200 万元，国土资源局、金泰煤业公司各捐款 100 万元。2009 年，准格尔旗成立教育发展基金会，旗人民政府注资 1400 万元，带动 38 家企业 2010—2014 年捐资 2.06 亿元，其中珠江集团捐资 1 亿元，到 2015 年，教育基金余额达 2.23 亿元。

二、教育设施建设

1991 年，准格尔旗校舍建筑面积 13.45 万平方米。1992 年起，先农村、后城镇，实施校舍建设工程，到 2000 年，小学校舍 11.85 万平方米，生均 5.47 平方米；初中校舍 8.75 万平方米，生均 5.79 平方米；全旗消除校舍危房。

跨入 21 世纪，小学向苏木乡镇驻地聚集，中学向薛家湾镇、沙圪堵镇集中，城镇新建迁建学校、

准格尔旗第一中学塑胶跑道体育场，2008 年摄

幼儿园 26 所；2004 年投资近亿元在薛家湾镇新建世纪中学；2005 年校舍建设投资超亿元；2010—2012 年投资 1.5 亿元实施校舍安全加固工程；2015 年校园建设投资 950 万元，全旗校舍建筑面积 194.71 万平方米。

1991 年，教学设备不能满足教学需求。1992—2006 年，投资 6538.9 万元配备教学设备，投资 271 万元购置图书，投入 2990 万元建设计算机网络。2007—2015 年，建成中小学体育馆 19 幢，人工草坪及塑胶跑道操场 37 处；36 所中小学建成校园网，多媒体教学网班班通，网络学习空间人人通，实现网络优质教学资源共享；36 所幼儿园和 39 所中小学安装监控设备。

三、学生资助政策

跨入 21 世纪，准格尔旗逐步建立学生资助政策体系，分普惠所有家庭和特惠困难家庭两类，受惠学段从义务教育扩大到学前教育和高等教育。

2002 年起，免收中小学教科书费 141.81 万元，普惠 34222 名小学生、18232 名初中生。2003 年起，特惠农村家庭和城镇低保家庭，免收学杂费。2004 年春季开学，实行“两免一补”，免杂费、课本费，补助寄宿生生活费，特惠义务教育农村家庭和城镇低保家庭；秋季开学，“两免一补”普惠义务教育学段，全年免补 293.92 万元。2006 年秋季开学，实行普惠义务教育“四免一补”政策，免杂费、课本费、住宿费、作业本费，补助寄宿生活费，财政投资 2010 万元。2007 年秋季开学，普通高中实行“三免一补”，职业高中实行“四免一补”。2008 年秋季开学，从小学到高中，实行 12 年“四免一补”普惠政策。2012 年，教育惠民政策扩大到幼儿园，实行“两免一补”，启动中小学生及幼儿营养早餐工程，在全国率先实现从学前教育到高中教育的 15 年免费教育。

2003 年起，一次性资助困难家庭大学生 2000 元，考入重点大学一次性资助 3000 元。2009 年 9 月起，特惠一次性补助额度 2000 ~ 6000 元，普惠考入重点大学奖励额度高达 1 万元；开办贫困家庭大学生生源地助学贷款。2012—2013 年，资助低保家庭大学生 412 名 192.2 万元。2015 年，资助低保家庭大学生 303 名 1076 万元。

2004—2015 年，全旗教育惠民政策累计免补 9.8 亿元。其中，学前教育免补 1.5 亿元，义务教育免补 4.1 亿元，高中教育免补 3246.03 万元，高等教育资助 7233.4 万元。向 9416 名大学生发放生源地助学贷款 6026.22 万元。

四、教师奖励政策

1993 年，筹措资金 20 万元，私建公助改善教师住房条件；为 76 名民办教师和子女办理非农业户口，为 25 年以上教龄教师安排自费大学生子女 20 名。2000 年，以万元住房补贴优惠吸引 14 位骨干教师到准旗任教。2009 年起，为全旗教职工发放奖励工资。2012 年，提高班主任津贴标准，中学由每月 400 元提高到 900 元，小学由 300 元提高到 800 元。2013 年，表彰师德标兵 12 名，每名奖金 2.5 万元。2015 年庆祝第 31 个教师节，表彰师德标兵、优秀校园长、拔尖教师 416 名，发放奖金 150 万元。

第六节　学前教育

1991 年，准格尔旗有幼儿园 9 所，其中，公办 6 所，私立 3 所，幼儿班 39 个；8 所小学附设学前班 19 个。全旗在园幼儿 1211 名，专任教师 88 名，合格率 54.8%。

1992—1995 年，新建 3 所公办幼儿园。1999 年，为解决政府搬迁随迁干部职工子女入园问题，在薛家湾镇永安小区新建幼儿园。2004 年 2 月，接收准能公司 4 所幼儿园。2005 年起，陆续新建、接收幼儿园 22 所，迁建、扩建幼儿园 2 所。

1996 年，准格尔旗列为联合国儿童基金会促进贫困地区初等教育项目旗，1997 年起，承担“早期儿童开发”项目研究，2000 年 8 月顺利通过终期评估。学前教育水平跨入全国先进行列，2003 年 4 月被评为全国幼儿教育先进单位。2012 年起，试点小于 3 岁婴幼儿早期教育，到 2015 年，建成 7 所国家婴幼儿早期教育实验幼儿园。

2015 年，全旗公办幼儿园 36 所，其中，内蒙古自治区级示范园幼儿园 7 所、一类甲级幼儿园 2 所、一类乙级幼儿园 5 所、二类甲级幼儿园 6 所；教学班 365 个，在园幼儿 14048 名，专任教师 1198 名。私立幼儿园 5 所，教学班 32 个，在园幼儿 647 名，教职工 61 名。学前一年入园率 99.25%，学前三年入园率 95%。

一、学制与课程

1991 年，全旗幼儿园以 3 年学制为主，入园年龄小班 3 ～ 4 岁，中班 4 ～ 5 岁，大班 5 ～ 6 岁，6 周岁半入小学；沙圪堵镇区和部分乡镇幼儿园办托幼班，招收 2 ～ 3 岁幼儿，学制 4 年。2013 年起，统一实行 3 年学制。

1991 年，幼儿园开设语言、计算、音乐、常识、游戏、体育、美工 7 门课程。1996 年起，使用《幼儿园目标与活动课程》，涉及健康、社会、科学、语言、艺术 5 大领域，部分幼儿园开设园本特色课程；2008 年起，使用《多元智能创意课程》，教材多是彩色绘画版，全部开设园本特色课程。

幼儿园实行保育与教育相结合，实施体、智、德、美全面发展的教育，促进幼儿身心和谐发展。教学采用传授法、游戏法、演示与实验法、观察感知法、体验参与法、谈话引导法、情景教学法等。

二、特色幼儿园

薛家湾第二幼儿园位于蓝天街道白云社区。前身为准煤公司 1994 年 10 月创办的第二幼儿园，占地面积 4536 平方米，建筑面积 1073 平方米，设教学班 6 个，入园幼儿 100 余名，教职工 36 名。1997 年 12 月晋升一类甲级幼儿园，2001 年 3 月更名为准能公司第二幼儿园，2004 年 2 月划归旗人民政府更名为薛家湾第二幼儿园。2005 年加盟清华大学幼儿英语项目，实施双语教学。2008 年，旗人民政府投资 353 万元，新建 2059 平方米教学楼，占地面积扩大到 7387 平方米。2009 年 12 月被评为全国少年儿童文明礼仪教育示范基地。2010 年 12 月在全旗率先被评为内蒙古自治区示范幼儿园。2015 年，设 12 个教学班，在园幼儿 540 名，专任教师 35 名。

薛家湾民族幼儿园，2008 年倪小娟摄

准格尔旗民族幼儿园位于迎泽街道曙光社区，占地面积 9275 平方米，建筑面积 4440 平方米，2008 年 9 月建成开园，全旗唯一直属少数民族幼儿园，以蒙汉双语教学和艺术教育为特色。自编《蒙语故事》《蒙语礼仪儿歌》《蒙语手指游戏》《蒙古族常识》等双语教材；利用楼层室内外环境，营造出浓郁的民族文化氛围；开展蒙古族饮食、服饰、礼仪、祭火等系列民族传统文化展示活动。2012 年被评为内蒙古自治区示范幼儿园。2015 年，设教学班 14 个，其中加授蒙古语班 11 个，在园幼儿 660 名，专任教师 31 名。

第七节 小学教育

1991 年，准格尔旗有小学 353 所、教学点 126 个，教学班 1227 个，在校生 29315 名，专任教师 1626 名，合格率 87.9%。其中社会力量办小学 3 所、教学班 24 个，在校生 973 名，教职工 69 名。

1992 年起，在不影响儿童就近入学前提下，逐步取消 10 名学生以下的教学点，减少 20 名学生以下学校和教学班，到 1999 年，撤并小学 74 所、教学点 29 个。进入“十五”后，伴随撤乡并镇，加快小学布局调整。2000—2003 年，撤并小学 69 所、教学点 78 个。2002 年接收伊克昭盟煤炭公司唐公塔煤矿职工子弟学校。2004 年接收准煤公司 3 所小学。2004—2015 年，撤并教学点 19 个，保留公办小学集中在旗乡两级政府所在地。

2015 年，全旗有公办小学 26 所，教学班 516 个，在校生 24057 名，其中住校生 5882 名；教职工 1742 名，其中专任教师 1505 名，合格率 100%。

一、学制与课程

1991 年，全旗小学普遍实行 5 年学制，沙圪堵第一小学、第二小学，蒙古族学校、榆树湾小学、房塔沟小学 5 所重点小学为 6 年学制。2006 年秋季开学，统一实行 6 年学制。

1991 年，开设思想品德、语文、数学、历史、地理、自然常识、音乐、美术、科学、健康教育、写字共 11 门课程。1993 年起，调整为思想品德、语文、数学、社会、自然、体育、音乐、美术、劳动 9 门课程；新增活动课，开展少先队、体育、科技等社会实践。1998 年秋季开学，开始分段设置课程，四年级以上开设计算机课。2001 年秋季开学，薛家湾、沙圪堵两镇小学三年级以上开设英语课。2002 年秋季开学，乡镇政府所在地小学开设英语课。2003 年秋季开学，全部开设英语课。2010 年秋季开学，各年级开设语文、数学、第二语言、体育、音乐、美术 6 课；二年级以下开设品德与生活课，三年级以上开设品德与社会、科学课；三年级以下开设手工制作课，四年级以上开设科技小制作课；活动课新增民族团结和安全教育；个别小学开发校本课程。2013 年秋季开学，各年级开设品德、语文、数学、体育与健康、音乐、美术 6 门课；三年级以下开设手工制作课；四年级以上开设科学、信息技术课；各校各年级均开设校本课程。

二、特色小学

阳湾小学位于纳林乡刘家渠村，占地面积 11870 平方米，建筑面积 1090 平方米，1991 年设 5 个教学班，在校生 130 名，教职工 13 名。创办养猪场、小农场、小果园、米面加工厂、小卖部、豆腐坊等勤工俭学项目，1992 年 11 月被评为内蒙古自治区勤工俭学先进集体；经过多年建设，实现土暖集中供热，开通远程教育网，资产总值 67 万元。1994 年 9 月被命名内蒙古自治区义务教育示范学校，1996 年 9 月荣获中华扫盲奖，1999 年 12 月被命名为“中国特色学校”。

阳湾小学重视劳动技术教育，让学生亲近自然，熟悉农事，1996 年 10 月被联合国儿童基金会命名为小学劳动课改革实验示范学校，1998 年 12 月被教育部评为全国劳动教育先进学校。比照解放军三大条例准军事化管理学生，被褥叠成豆腐块，物品摆成一条线，一日三餐前列队背古诗、唱军歌，1999 年 6 月建成伊克昭盟第一所少年军事学校，2000 年 12 月被评为内蒙古自治区中小学德育工作先进学校。改革课堂教学模式，让学生动手当演员，由“坐着学”变为“做着学”，成为学习的主人；历年教学质量普检，稳居全旗同类学校前十名，2003 年喜获各科第一名；该校毕业生孙建华考入北京大学攻读硕士研究生。开办第二课堂兴趣特长班，近百人次获全国小学各科竞赛奖。许多外地家长带着孩子慕名而来，有的让孩子与该校学生建立结对互助关系，有的留孩子短期体验山村小学生活，更多地送孩子寄宿借读，直到合格毕业。

2010 年，阳湾小学设 5+1 教学班，在校生 210 名，其中寄宿生 161 名，教职工 36 名。跨地区借读 137 名，来自旗内其他乡镇、旗外东胜区、达拉特旗，鄂尔多斯市外呼和浩特、包头，内蒙古自治区外陕西、山西等地。2011 年 9 月被撤销，师生整体并入薛家湾第八小学。

薛家湾第一小学位于兴隆街道鑫凯社区。前身为 1992 年 9 月建校的薛家湾镇学校，占地面积 1.58 万平方米，建筑面积 1664 平方米，分幼儿部、小学部、初中部，教学班 12 个，在校生 689 名，教职工 38 名。1994 年 9 月停办幼儿园，小学班扩至 12 个。1997 年 9 月停办初中。2002 年 3 月更名为薛家湾第一小学。同期被评为内蒙古红领巾示范学校。2003 年被评为内蒙古现代技术教育优秀学校。2009 年后，先后被评为全国百所德育科研名校、全国语文特色学校。2015 年设教学班 35 个，在校生 1968 名，教职工 138 名，专任教师 110 名。

薛家湾第一小学，2006 年摄

薛家湾第五小学位于蓝天街道白云社区，占地面积 11165 平方米，建筑面积 5718 平方米。前身为准煤公司 1993 年 9 月始建第二小学；2004 年 2 月划归旗人民政府，更名为薛家湾第五小学。1998 年被煤炭部评定为标准化学校；少先队大队被评为全国红旗大队。2005 年获评内蒙古小学语文整体改革先进学校。2005—2015 年，全旗小学毕业统考，连年获语数英 3 科总分第一名。2011 年被评为全国名优学校。2015 年，设 24 个教学班，在校生 1328 名，教职工 79 名，专任教师 76 名。

准格尔旗民族小学位于迎泽街道曙光社区，占地面积 4.2 万平方米，建筑面积 2.33 万平方米，2007 年 9 月建校招生，是全日制寄宿制三语教学民族完全小学。2010 年起，把教职员工与学生和家长双双作为主体，实践双主体教育，列入“十二五”教育科研规划重点课题。相继被评为全国名优学校、内蒙古自治区书法教育实验学校。2015 年，设教学班 40 个，在校生 2027 名，其中加授蒙古语学生 524 名，住校生 647 名；教职工 148 名，其中专任教师 120 名。

第八节 初中教育

1991 年，准格尔旗有 7 所普通初级中学，第二中学在海子塔，第三中学在暖水，第四中学在柴登，第五中学在沙圪堵镇区，第六中学在马栅，第七中学在石籽湾，第八中学在榆树湾；民族中学、准煤公司第一中学是完全中学，设初中班；蒙古族学校是九年一贯制学校，设初中班；另有 17 所中心学校设初中班。全旗初中班 134 个，在校生 7221 名，教职工 586 名，专任教师 392 名，合格率 60.5%。初中毕业生升学率 48.1%。

准格尔旗民族中学，2006 年摄

1992 年 5 月起，逐步取消中心学校初中班。1993 年 9 月，准煤公司新建第二中学设初中班。1996 年起，取消初中入学统一考试，实行划片入学，缩小初中校际生源差距。1999 年 8 月，民族中学由沙圪堵镇迁址薛家湾镇，第七中学迁入民族中学校园。2001—2003 年，按照中学向薛家湾、沙圪堵两镇区集中的思路，撤并其他乡镇初中 11 所。2004 年 2 月接收准能公司第一中学、第二中学，分别更名为准格尔旗第十中学、第九中学。2004 年 12 月，第十中学整体并入新成立的世纪中学；哈岱高勒职业中学迁入第十中学校园，更名为第十中学；世纪中学附设初中部。2013 年该校初中部撤销。2006 年 9 月，撤第六中学，并入第八中学。2009 年 9 月，第二中学迁建到薛家湾镇区；撤窑沟中学，并入第十中学。2011 年 9 月，第三中学迁建到迎泽街道。至此完成初中学校布局调整，初中教学质量逐步跃居全市前列。民族中学毕业的刘宇同学，2011 年考入鄂尔多斯市第一中学，2014 年高考，以 687 分成为内蒙古理科状元，被清华大学录取。

2015 年，全旗有普通初级中学 10 所，民族中学附设初中班，蒙古族学校设初中班；有初中教学班 237 个，在校生 10402 名，其中住校生 5370 名；教职工 1219 名，其中专任教师 976 名。

准格尔旗初中毕业生 1991—2015 年高考考入名校一览表

表 24-2

姓 名	性 别	初中就读学校	毕业年份	高中就读学校	大学就读学校
赵永良	男	第六中学	1999	伊克昭盟第一中学	清华大学
辛 儒	女	第五中学	2001	鄂尔多斯市第一中学	清华大学
杨亚楠	女	第九中学	2002	鄂尔多斯市东联中学	北京大学
宋辰子	女	第九中学	2003	呼和浩特市第二中学	美国哈佛大学

续表 24-2

姓　名	性　别	初中就读学校	毕业年份	高中就读学校	大学就读学校
王　耀	男	第九中学	2004	鄂尔多斯市第一中学	清华大学
张官印	男	第九中学	2005	鄂尔多斯市第一中学	清华大学
焦鹏飞	男	第九中学	2005	呼和浩特市第二中学	清华大学
奇　扬	男	第九中学	2005	鄂尔多斯市第一中学	清华大学
兰舟达	男	第九中学	2005	鄂尔多斯市第一中学	清华大学
张景旖	女	第九中学	2005	鄂尔多斯市第一中学	英国牛津大学
乔　忞	男	第五中学	2005	鄂尔多斯市第一中学	清华大学
杨　柳	男	第五中学	2006	鄂尔多斯市第一中学	北京大学
张思瑶	女	第九中学	2006	包钢第一中学	清华大学
杜　永	男	蒙古族学校	2006	准格尔旗世纪中学	清华大学
张易坤	女	第九中学	2007	鄂尔多斯市第一中学	清华大学
韩　慧	女	民族中学	2007	鄂尔多斯市第一中学	北京大学
武鸿儒	男	第五中学	2008	鄂尔多斯市第一中学	北京大学
侯闿华	男	第九中学	2009	呼和浩特市第二中学	北京大学
杨　睿	女	第九中学	2009	鄂尔多斯市第一中学	北京大学
李淑漪	女	第九中学	2009	鄂尔多斯市第一中学	英国伦敦大学
魏晨捷	女	第九中学	2009	鄂尔多斯市第一中学	清华大学
贾慧雯	女	民族中学	2010	鄂尔多斯市第一中学	清华大学
刘　洋	男	民族中学	2010	鄂尔多斯市第一中学	北京大学
贺　帅	男	第五中学	2011	鄂尔多斯市第一中学	清华大学
刘　宇	男	民族中学	2011	鄂尔多斯市第一中学	清华大学
敖　冬	男	民族中学	2011	鄂尔多斯市第一中学	清华大学
马　傲	男	民族中学	2011	鄂尔多斯市第一中学	清华大学
黄　杰	男	民族中学	2012	鄂尔多斯市第一中学	清华大学
任　萱	女	民族中学	2012	鄂尔多斯市第一中学	清华大学
杨慧超	女	民族中学	2012	准格尔旗世纪中学	清华大学
任鸿宇	女	民族中学	2012	鄂尔多斯市第一中学	北京大学
王天玉	女	民族中学	2012	鄂尔多斯市第一中学	清华大学
高　赫	男	第五中学	2012	鄂尔多斯市第一中学	北京大学

一、学制与课程

全旗初中一直实行 3 年学制。

1991年,课程按《义务教育全日制初级中学教育计划(初稿)》设置。1992年秋季开学,按《九年义务教育全日制初级中学课程计划(试行)》设置，分为学科与活动两类课程。学科课程有语文、政治、英语、数学、物理、化学、生物、历史、地理、音乐、体育、美术、劳动13门课；活动课程有晨会和团队、体育、科技等活动。

1998年9月起，开设计算机课。2002年秋，部分初中开设心理健康教育课，2012年普及到所有初中。

2013年秋季开学，执行《义务教育学科课程标准(2011年版)》，国家课程有品德教育、语文、数学、英语、体育与健康、历史、地理、生物、音乐、美术、信息技术、初二和初三物理、初三化学13门课。地方课程有安全教育、初一科技制作、初一区域文化，初一和初二综合教育、初二民族团结教育、初三资源开发与环境保护。活动课程，每学年安排一周社区服务与社会实践，一周劳动技术教育与综合教育。

二、特色初中

准格尔旗第五中学位于沙圪堵镇府欣社区。1993年设初中班18个,在校生1132名,教职工88名。“八五”至“九五”期间，教师实行“循环制”教学，从初一抓起，分科负责，责任到人，一包三年，教学质量居全旗前列。跨入21世纪，新建实验楼、教学楼、综合楼、公寓楼，到2008年，占地面积拓展到3万平方米，建筑面积1.35万平方米，多媒体教学网班班通。“十二五”期间，教学质量跨入全市先进行列，建校以来累计9名优秀毕业生考入清华大学和北京大学。2012年被评为全国科研兴教先进单位。2015年，教学班28个，在校生1359名，其中住校生156名，教职工121名，其中专任教师98名。

准格尔旗民族中学位于兴隆街道中心社区，占地面积4.1万平方米，建筑面积1.8万平方米。1991年在沙圪堵镇，设高中班7个、初中班3个，在校生587名。1999年8月，搬迁至薛家湾镇，接收薛家湾镇学校初中班，沙圪堵镇高中班并入第一中学代管。2013年，中考均分549.27分，连续八年居鄂尔多斯市第一名；9个单科均居全市前列，刘彦杉同学以总成绩758分成为鄂尔多斯市中考状元。建校以来累计7名优秀毕业生考入清华大学、北京大学。2015年，设高中班6个、初中班36个，在校生2029名，其中少数民族学生529名，专任教师163名。先后被评为全国优秀家长学校、全国群众体育工作先进集体、全国科研兴教示范单位、全国中小学校园文化建设百佳创新学校，2015年9月被命名为全国校园足球特色学校。

准格尔旗第九中学位于蓝天街道阳光社区。前身为准煤公司1993年9月新建的第二中学，占地面积2.54万平方米，建筑面积4997.8平方米。1998年3月被煤炭部命名为标准化学校。2003年设初中班16个、高中班9个，在校生1500多名，其中住校生210名，教职工107名，其中专任教师81名。2004年2月移交旗人民政府，更名为第九中学。2006年改扩建后，占地面积5.23万平方米，建筑面积1.97万平方米。2007年被评为中国教育创新示范单位，2011年9月被命名为内蒙古自治区文明单位,2014年被评为内蒙古自治区青少年科技创新示范中学。中考成绩一直居全旗前列，累计18名优秀毕业生考入哈佛、牛津、清华、北大等国内外名校。2015年，初中班36个，在校生1545名，其中住校生568名；教职工180名，其中专任教师152名。

第九节 高中教育

1991 年，准格尔旗有普通高中 3 所，第一中学、民族中学设高中班，准煤公司第一中学设高中班；全旗高中班 30 个，在校生 1622 名，教职工 196 名，专任教师 121 名，合格率 34.3%；高中入学率 48.1%，高考升学率 23.24%。

1993 年 9 月，准煤公司新建第二中学，设高中班。1999 年 8 月，民族中学搬迁薛家湾镇，高中班留守沙圪堵镇，由第一中学代管。这年起高中中专停止招生。2004 年 2 月，接收准能公司第一中学，更名准格尔旗第十中学，准能公司两校不再设高中班。2004 年 12 月在薛家湾镇新建的世纪中学落成，整体接收第十中学。因国家扩大大学本科招生，准格尔旗高中教学质量提升，高考升学率攀升到 96.18%。“十一五”期间，准旗高考升学率有所下滑。

2015 年，全旗有普通高中 2 所，第一中学、世纪中学，第一中学代管民族中学高中班；教学班 117 个，在校生 5872 名，其中住校生 4016 名；教职工 554 名，其中专任教师 499 名。高中教学水平明显提升，高考升学率高达 100%。

1991—2015 年准格尔旗普通高中高考统计表

表 24-3　　单位：人、%

年 份	参加高考	考入中专	考入专科	上线率	考入本科	上线率	综合升学率
1991	327	24	50	15.29	2	0.61	23.24
1992	318	24	72	22.64	3	0.94	23.90
1993	482	26	38	7.88	4	0.83	14.11
1994	475	35	61	12.84	6	1.26	21.47
1995	483	50	59	12.22	7	1.45	24.02
1996	462	54	51	11.04	8	1.73	24.46
1997	495	83	57	11.52	8	1.62	28.28
1998	490	87	82	16.73	9	1.84	36.33
1999	362	—	18	4.97	60	16.57	21.55
2000	618	—	43	6.96	95	15.37	22.33
2001	639	—	347	54.30	136	21.28	75.59
2002	857	—	424	49.47	182	21.24	70.71
2003	1007	—	697	69.22	180	17.87	87.09
2004	1072	—	588	54.85	443	41.32	96.18
2005	1002	—	541	53.99	296	29.54	83.53
2006	1433	—	414	28.89	217	15.14	44.03
2007	1842	—	509	27.63	325	17.64	45.28

续表 24-3

年　份	参加高考	考入中专	考入专科	上线率	考入本科	上线率	综合升学率
2008	2053	—	671	32.68	562	27.37	60.06
2009	2506	—	832	33.20	998	39.82	73.02
2010	2301	—	932	40.50	1008	43.81	84.31
2011	2467	—	1023	41.47	1250	50.67	92.14
2012	2433	—	850	34.94	1323	54.38	89.31
2013	2576	—	1011	39.25	1428	55.43	94.68
2014	2520	—	828	32.86	1569	62.26	95.12
2015	1735	—	532	30.66	1203	69.34	100.00

一、学制与课程

全旗普通高级中学一直实行 2 年学制，1998 年秋季开学改为 3 年学制。1991 年，普通高中开设政治、语文、数学、外语、物理、化学、生物、历史、地理、体育、劳动技能 11 门课程。2002 年秋季开学，执行内蒙古自治区全日制普通高级中学课程计划，分为学科课程和活动课程两部分，学科课程又分为必修课和选修课。开设 11 科必修课，政治、语文、数学、体育、劳动技术 5 科为高中三个年级必修课，外语、物理、化学、生物、历史、地理 6 科为高一和高二必修课。高三分文科、理科、外语、艺术、体育、职业技术 6 类课程选修。活动课程包括体育锻炼、知识讲座、科技活动、校会、班会等社会实践活动。

二、第一中学

准格尔旗第一中学位于沙圪堵镇育才社区，占地面积 20 万平方米，建筑面积 5.4 万平方米。2003 年 11 月开始全国“作文三步法”实验研究，2005 年 5 月通过中国教育学会专家组验收，被评为优秀科研成果，2006 年 7 月承办全国中学语文教学新课程观摩研讨会，同年 12 月被评为全国科研兴教示范单位。2007 年 4 月起，实施“一体两翼、三种教育”办学模式实验，建成以普通高中教育为主体、以民族教育和职业技术教育为两翼的综合性高级中学。2008 年 9 月承办国家教师科研基金“十一五”规划重点课题高级论坛。2009 年被评为全国创新型普通高级中学、内蒙古自治区优质普通高级中学。2012 年 7 月被评为全国特色教育先进单位。2013 年 5 月被评为全国素质教育示范学校。2015 年设高中班 63 个（含代管民族中学两个高中班），在校生 2745 名（含民族中学高中班学生 100 名），教职工 368 人，其中专任教师 228 人。

准格尔旗第一中学，2022 年摄

三、世纪中学

准格尔旗世纪中学位于迎泽街道曙光社区，占地面积 8.53 万平方米，建筑面积 4.74 万平方米，2004 年 12 月 27 日落成，第十中学师生整体并入，开始与内蒙古师范大学附设中学联合办学，同时面向周边地区引进骨干教师、招聘教育部直属师范院校毕业生，选调准旗优秀教师。2007 年成为中国人民大学附设中学协作学校，被评为全国科研兴教先进单位。2009 年，高考均分列内蒙古自治区 280 所普通高中第 27 位，鄂尔多斯市第 2 位，张金山同学以 149 分夺得内蒙古自治区高考数学状元，杜永同学以艺术类内蒙古自治区第二名成绩考入清华大学。2011 年 10 月引进加拿大籍女教师 Sandra E.Nichols 从事英语学科语音教学。2012 年 2 月，晋升为内蒙古自治区示范性普通高级中学。2013 年被命名为内蒙古自治区文明学校。2015 年，设高中班 54 个，在校生 2853 名，专任教师 251 名，其中高级教师 105 名。

第十节　少数民族教育

1991 年，准格尔旗有 4 所少数民族教育机构。旗民族幼儿园有教学班 3 个，入园幼儿 126 名；2 所民族小学，蒙古族学校、布尔陶亥民族小学，教学班 14 个，在校生 720 名；2 所民族中学，旗民族中学、蒙古族学校，教学班 13 个、在校生 703 名。蒙古族学校是小学、初中九年一贯制，民族中学是初中、高中完全中学。

1999 年，旗民族中学由沙圪堵镇迁至薛家湾镇建新校园，高中班由第一中学代管。2007 年，在薛家湾镇新建旗民族小学。2008 年，在薛家湾镇新建旗民族幼儿园，沙圪堵镇的旗民族幼儿园更名为沙圪堵民族幼儿园。2010 年，新建布尔陶亥民族幼儿园。优待少数民族受教育者。1991 年，向少数民族寄宿生发放生活补贴金。2003 年起，为少数民族大学生发放助学金；2005 年起，为少数民族困难学生发放补助金。三种扶持资金逐年提标扩面，惠及各学段少数民族学生。2006 年起，旗财政设立民族教育专项资金，用于改善民族教育机构办学条件。

加授少数民族语言是民族教育机构特色。准格尔旗失掉蒙古语交际环境，缺乏蒙汉兼通双语教学人才，1991 年只有个别民族学校加授蒙古语，1999 年起引进蒙古语授课教师，民族教育机构普及加授蒙古语。2010 年起，先后招聘 80 名蒙古语授课教师，引进 200 余名蒙汉兼通教学人员，民族教育机构能办纯蒙古语授课班，个别普通学校也能办加授蒙古语班。2013 年起，汉语授课的蒙古族中小学，蒙古语文课从二年级起开设，有条件的从一年级起开设。2015 年，民族幼儿园加授蒙古语班 4 个，纯蒙古语授课班 29 个；民族中小学加授蒙古语班 54 个，纯蒙古语授课班 5 个。第一中学加授蒙古语班 8 个，世纪中学加授蒙古语班 2 个。

2015 年，全旗有民族幼儿园 4 所，旗民族幼儿园、薛家湾民族幼儿园、沙圪堵民族幼儿园、布尔陶亥民族幼儿园，设教学班 34 个，入园幼儿 1403 名，专任教师 94 名；有民族小学 3 所，旗民族小学、蒙古族学校、布尔陶亥民族小学，教学班 52 个，在校生 2530 名，专任教师 186 名；有民族中学 2 所，旗民族中学、蒙古族学校，教学班 43 个，在校生 2070 名，专任教师 174 名。

第十一节　职业教育

一、职业初中

1991年，准格尔旗有纳林、哈岱高勒2所职业初中，教学班8个，在校生490名，专任教师21名，在普通初中文化课基础上，增设农学专业课。第七中学、第八中学试点“三加一”4年学制职业教育，3年文化课，1年专业课，专业课教材由学校自行征订或编写。1992年，在四道柳、铧尖、准格尔召、五字湾、大路峁、川掌、羊市塔等不足万人的乡联办地区职业初中；在窑沟、东孔兑、魏家峁、布尔陶亥、蓿亥图5个超万人口乡设职业初中。1994年起，实行4年学制，专业课教材改用伊克昭盟职业初中专业课教材，全盟统一考试。2000年，职业初中16所，教学班141个，在校生6664名，教职工503名。之后，职业初中规模逐年减小。2002年，第四中学、第七中学建成农牧业技术推广学校。2003年，职业初中在校生多达6829名。2004年，全旗有职业初中10所，教学班134个，在校生6343名，教职工551名，专任教师453名。2005年，全旗停办职业初中，统一改办普通初中。

二、职业高中

准格尔旗职业高级中学位于大路新区。1991年在沙圪堵镇区办学，有教学班6个，在校生355名，教职工57名，学习普通高中文化课，增设职业技术专业课。1995年开设煤炭、缝纫、木工、机电、装潢、农学、林学等专业课。2000年产教结合办起校服加工厂。2001年起开门办学，培训农民家庭技术员、城镇下岗职工、进城务工人员，2005年为鄂尔多斯市农牧技术学校委托培养煤炭、测量、机电专业学生68名。2006起，高考本科上线率连年居鄂尔多斯市职业高中之首。2009年，高考本科上线142人，采矿班李晴夺得内蒙古职业高中高考状元；被命名为内蒙古自治区重点中等职业学校。

2022年准格尔旗职业中学汽修实践技能训练

2012年，旗人民政府投资2.56亿元，在大路新区建新校园。2013年3月19日，职业中学搬迁大路新区，新校园占地面积13.68万平方米，建筑面积6.29万平方米。2014年，投资900多万元，建设采矿实训室5个、化工实训室6个。2010年被评为全国科研兴教先进单位。2012年被评为全国特色教育示范单位。2013年被评为全国科研文明先进单位。2014年，被评为全国特色教育示范单位；美工设计、牧医、机电、化工、采矿5个专业获内蒙古职业高中高考状元。

2015年，有64个教学班，设计算机应用、建筑施工、学前教育、畜牧兽医、机电技术、旅游服务酒店管理、会计电算化、现代农艺技术、采矿技术、工艺美术设计、化学工艺共11个专业；在校生2907名，住校生2789名；教职工218名，专任教师194名。

2015 年准格尔旗中小学和幼儿园一览表

表 24-4　　单位：个、名、平方米

学校幼儿园名	主　办	地　址	班数	专任教师	受教人数	校园面积	备注
幼儿园小计	44		397	1020	14905	328711	
薛家湾第一幼儿园	公办	兴隆街道中心社区	10	24	392	2292	
薛家湾第二幼儿园	公办	蓝天街道白云社区	12	34	539	7387	
薛家湾第三幼儿园	公办	蓝天街道阳光社区	13	31	549	8547	
薛家湾第四幼儿园	公办	蓝天街道阳光社区	9	26	419	4748	
薛家湾第五幼儿园	公办	蓝天街道铁北社区	6	15	281	4455	
薛家湾第六幼儿园	公办	迎泽街道南山社区	10	27	427	3365	
薛家湾第七幼儿园	公办	迎泽街道曙光社区	6	22	320	2800	
薛家湾第八幼儿园	公办	蓝天街道张家塔社区	12	39	573	4765	
薛家湾第九幼儿园	公办	迎泽街道南苑社区	12	32	513	3829	
薛家湾第十幼儿园	公办	迎泽街道南苑社区	13	42	639	8113	
薛家湾第十一幼儿园	公办	迎泽街道湖东社区	18	47	962	18336	
薛家湾第十二幼儿园	公办	迎泽街道南苑社区	10	28	481	4982	
薛家湾第十三幼儿园	公办	兴隆街道站北社区	12	36	550	9000	
民族幼儿园	公办	迎泽街道曙光社区	14	31	660	9275	
薛家湾民族幼儿园	公办	兴隆街道站北社区	5	24	110	15000	
薛家湾友谊幼儿园	公办	友谊街道唐公塔村	12	24	353	5900	
海子塔幼儿园	公办	薛家湾镇海子塔村	3	14	50	39330	
玻璃圪旦幼儿园	公办	友谊街道唐公塔社区	6	17	139	9800	
沙圪堵第一幼儿园	公办	沙圪堵镇鑫鑫社区	12	38	358	7380	
沙圪堵第二幼儿园	公办	沙圪堵镇育才社区	12	27	474	7614	
沙圪堵第三幼儿园	公办	沙圪堵镇富民社区	12	31	334	7945	
沙圪堵第四幼儿园	公办	沙圪堵镇开源社区	12	36	427	13400	
沙圪堵第五幼儿园	公办	沙圪堵镇鑫鑫社区	12	30	467	10052	
沙圪堵民族幼儿园	公办	沙圪堵镇府欣社区	12	50	543	4191	
纳林幼儿园	公办	沙圪堵镇纳林村	3	4	24	13795	
大路第一幼儿园	公办	薛家湾镇大路新区	9	28	230	6528	
大路第二幼儿园	公办	薛家湾镇大路新区	9	25	400	3114	
东孔兑幼儿园	公办	大路镇杨四圪咀社区	8	30	214	4898	
龙口镇幼儿园	公办	龙口镇马栅村	11	30	345	8000	

续表 24-4

学校幼儿园名	主　办	地　址	班数	专任教师	受教人数	校园面积	备注
魏家峁幼儿园	公办	龙口镇魏家峁村	12	34	361	6560	
纳日松幼儿园	公办	纳日松镇勿图门村	7	16	175	9246	
羊市塔希望幼儿园	公办	纳日松镇羊市塔村	9	22	269	7804	
准格尔召幼儿园	公办	准格尔召镇黄天棉图村	12	22	313	10061	
柴登幼儿园	公办	十二连城乡柴登	6	16	167	5600	
五家尧幼儿园	公办	十二连城乡五家尧村	6	15	152	5760	
布尔陶亥幼儿园	公办	布尔陶亥苏木公益盖村	3	10	74	9000	
沙圪堵第二小学	公办	沙圪堵镇鑫鑫社区	1	56	10		附设
蒙古族学校	公办	沙圪堵镇开源社区	10	40	653		附设
暖水小学	公办	暖水乡暖水村	4	29	101		附设
薛家湾小雨点幼儿园	民办	友谊街道和泰社区	6	10	238	5000	
薛家湾世纪星幼儿园	民办	迎泽街道曙光社区	11	15	338	2960	
薛家湾小精灵幼儿园	民办	兴隆街道中心社区	6	7	107	1140	
薛家湾美菱幼儿园	民办	蓝天街道贾家湾社区	4	3	36	15800	
薛家湾馨聪幼儿园	民办	迎泽街道湖西社区	5	8	138	939	
小学小计	26		516	1505	24057	700081	
民族小学	公办	迎泽街道曙光社区	36	120	2027	42000	
薛家湾第一小学	公办	兴隆街道鑫凯社区	35	110	1968	11200	
薛家湾第二小学	公办	友谊街道御景社区	22	66	906	53000	
薛家湾第三小学	公办	蓝天街道阳光社区	23	73	1303	9574	
薛家湾第四小学	公办	蓝天街道张家塔社区	35	98	1896	18061	
薛家湾第五小学	公办	蓝天街道白云社区	24	76	1328	11165	
薛家湾第六小学	公办	迎泽街道曙光社区	30	89	1342	12720	
薛家湾第七小学	公办	友谊街道和泰社区	28	70	1414	20000	
薛家湾第八小学	公办	迎泽街道湖东社区	29	83	1615	57740	
薛家湾第九小学	公办	兴隆街道周家湾社区	4	11	121	40000	
薛家湾第十小学	公办	迎泽街道湖西社区	3	8	163	66578	
玻璃圪旦小学	公办	友谊街道唐公塔社区	9	32	218	6945	
沙圪堵第一小学	公办	沙圪堵镇府欣社区	26	80	1401	24719	
沙圪堵第二小学	公办	沙圪堵镇鑫鑫社区	20	56	975	26082	

续表 24-4

学校幼儿园名	主 办	地 址	班数	专任教师	受教人数	校园面积	备注
实验小学	公办	沙圪堵镇开源社区	45	105	2156	36646	
蒙古族学校	公办	沙圪堵镇开源社区	12	40	470	27603	一贯
大路第一小学	公办	薛家湾镇大路新区	25	74	1126	73500	
龙口小学	公办	龙口镇龙口社区	24	72	957	32000	
魏家峁中心小学	公办	龙口镇魏家峁村	20	38	721	52700	
纳日松小学	公办	纳日松镇勿图门村	10	25	305	22742	
羊市塔希望小学	公办	纳日松镇羊市塔村	12	30	410	36400	
神山小学	公办	准格尔召镇黄天棉图村	8	31	249	30025	
暖水小学	公办	暖水乡暖水村	6	29	105	22990	
柴登希望小学	公办	十二连城乡柴登村	12	35	402	36282	
五家尧小学	公办	十二连城乡五家尧村	12	30	345	33350	
布尔陶亥民族小学	公办	布尔陶亥苏木公益盖村	6	24	134	17800	
初中小计	10		237	976	10402	463276	
民族中学	公办	兴隆街道中心社区	36	163	1758	41000	
第二中学	公办	友谊街道和泰社区	32	125	1363	84062	
第三中学	公办	迎泽街道曙光社区	36	145	1670	58310	
第四中学	公办	十二连城乡柴登村	13	54	467	83472	
第五中学	公办	沙圪堵镇府欣社区	28	98	1359	30068	
第七中学	公办	沙圪堵镇府欣社区	16	65	609	50000	
第八中学	公办	龙口镇龙口社区	16	57	549	51093	
第九中学	公办	蓝天街道阳光社区	36	152	1545	52312	
第十中学	公办	蓝天街道张家塔社区	18	95	880	26356	
蒙古族学校	公办	沙圪堵镇开源社区	6	22	202	27603	一贯
高中小计	4		183	690	8778	455070	
世纪中学	公办	迎泽街道曙光社区	54	251	2853	85270	
第一中学	公办	沙圪堵镇育才社区	57	228	2748	192000	
职业中学	公办	薛家湾镇大路新区	66	191	2906	136800	
民族中学	公办	兴隆街道中心社区	6	20	271		附设
总 计			1333	4191	58137	1947137	

第十二节　成人教育

一、农民教育

1991 年，教育局协同有关部门办有业余农民技术学校。1993 年，全旗乡级农技校 25 所，村级农技校 263 所，开设林果、缝纫、化肥、农机、运输、地膜、煤炭、乡镇企业等 10 余个专业。2001 年，全旗有乡镇农民文化技术学校 26 所，村农技校 259 所；全旗有农牧民家庭技术员 11088 人，9240 人获得农民技术资格“绿色证书”。2014 年全旗非文盲率 98.73%，培训农牧民家庭技术员 1585 人，颁发绿色证书 1321 人。2015 年，农民教育培训分别由就业局、扶贫办、矿区移民办、人口转移办接管。

二、教师培训

1991 年，准格尔旗教师进修学校位于沙圪堵镇区，占地面积 2 万平方米，建筑面积 2354 平方米，教职工 34 名。1999 年被命名为内蒙古自治区级文明学校。2003 年被评定为自治区级示范性教师培训机构。2005 年 11 月，教研培训中心、教师进修学校合并，组建教育中心。2013 年整体搬迁兴隆街道鑫凯社区。2015 年被列为“中国好老师”行动计划培训基地，有教职工 42 名。

该单位是全旗教师专业化培训机构，面向市场多元办学，摸索出以自学为基础，辅导为导向，教研为途径，实践为主体的培训模式，形成教研、科研、电教、培训“四位一体”办学特色。

1991 年，办有小学教师学历提升班，脱产进修 2 年，到 1995 年开办 10 个班，毕业学员 500 余名。1996 年起，与大专院校联合办学，开设函授学习班、自学考试班，3000 余名中小学教师提高学历。1998 年，在全旗率先建立计算机培训中心，中小学教师、公务员 3500 多人受训。1999 年，开办音乐、计算机中专班，培养计算机教师 107 名、音乐教师 60 名。2001 年秋，开办漫瀚调艺术训练班，培养漫瀚调艺术人才百余名。2003 年 9 月，承担教师进修学校办学模式研究、小学教师课堂教学能力培训实验研究两个课题，在内蒙古课题鉴定会结题。

2019 年全国名师成长训练营准格尔旗教学现场

2009 年起，大手笔引进中国教育学会来旗，高端化培训教师；启动名校园长建设工程，走出去到清华大学研修，到全国名校挂职，16 名校园长赴美国考察。2010 年 8 月 29 日，与中国当代语文教育专业委员会联合创办全国首个语文名师发展基地，邀请著名语文名师魏书生讲授《语文教师的学科素养及我的语文教学之路》。2011 年设全国数学名师发展基地，依托全国名师发展基地，培训中小学教师 880 名。2012 年，引进知名教育专家刘永胜校长工作室，3 年累计培训名校园长及管理干部 1313 人次。

第十三节　教师队伍

1991 年，准格尔旗有专任教师 2036 名。其中，高中专任教师 158 名，学历合格率 34.3%，中学高级教师 4 名，中教一级 38 名、二级 65 名、三级 32 名；初中专任教师 371 名，合格率 60.5%，中学高级教师 4 名，中教一级 50 名、二级 129 名、三级 121 名；小学专任教师 1573 名，合格率 87.9%，小学高级教师 130 名，小教一级 390 名、二级 500 名、三级 155 名；幼儿园专任教师 60 名，合格率 54.8%。专任教师主要来自师范类大中专院校毕业生，其次来自民办教师考核合格录用，学历结构、职称结构偏低。

学历不合格专任教师，选派高等院校脱产进修，参加高等教育自学考试，报考广播电视大学函授学习，通过教师专业合格证书考试，完成学历补偿教育。2000 年，全旗专任教师 2119 名。其中，高中专任教师 184 名，学历合格率 65.8%；初中专任教师 690 名，合格率 94.2%；小学专任教师 1061 名，合格率 100%；幼儿园专任教师 67 名，合格率 71.4%。

2008 年教师节优秀教师受到旗委政府表彰

2002 年，首次实施中小学教职工全员聘用制，在岗教师统一考试，合格重新聘用，不合格退出教师队伍。参加考试教师 2548 名，其中高中学段 85 名，合格 77 名；初中学段 912 名，合格 665 名；小学学段 1551 名，合格 885 名。聘用合格教师 2237 名，试用待聘 145 名，落聘转岗 57 名，职称超编待聘 83 名，末位淘汰 11 名，培训进修 60 名。2003 年，首次通过资格审查、闭卷考试、面试的方式，公开择优招聘教师 99 名。2009 年招聘教师多达 360 名，2015 年招聘教师 171 名。

2015 年，全旗有专任教师 4000 名，学历全部合格。其中，高中专任教师 690 名，中学高级教师 146 名，中教一级 283 名、二级 202 名；初中专任教师 976 名，中学高级教师 179 名，中教一级 457 名、二级 269 名；小学专任教师 1505 名，中学高级教师 285 名，小学高级教师 746 名，小教一级 280 名、二级 5 名；幼儿园专任教师 1038 名，中学高级教师 59 名，小学高级教师 173 名，小教一级 254 名、二级 8 名。高素质专业化教师队伍初具规模。

25 年间，全旗教育系统涌现出大批优秀教师、教育工作者，20 人次受到省部级以上表彰奖励。他们当中有，第一中学校长邬生盛、化学教师翟振河、体育教师贾小平、语文教师赵春益，民族中学校长苏占清、语文教师刘凤英，巴润哈岱乡教育办公室主任刘培荣、中心学校教师刘美鲜，教师进修学校校长乔文斌、语文教师周茯娥，教研室党支部书记赵睿，薛家湾第二小学校长王广源，薛家湾第一幼儿园园长梁卉……

第十四节　教学研究

“八五”期间，中考、高考的指挥棒，逼迫学校片面追求升学率，课上“满堂灌”，课下“题海战”，学生课业负担越来越重。1998 年，准格尔旗出台《推进中小学实施素质教育 1998—2000 年规划》，开始从应试教育到素质教育的探索。1999 年起，实施小学语文整体教学改革，薛家湾第一小学、第五小学被评为内蒙古小学语文整体教学改革先进学校。2000 年起，推行达标课、优质课、创新课，要求教师每学期至少搞一个研究课题，写一篇研究文案，上一节公开课。

2001 年 6 月 7 日，《基础教育课程改革纲要（试行）》颁布，开始新一轮基础教育改革。执行新课标，使用新教材，由基础知识和基本技能“双基”目标转变为知识与技能、过程与方法、情感态度与价值观“三维”目标。准旗新课标研究实验成果丰硕。2007 年教育局被评为全国科研兴教先进单位，10 余所中小学获全国教育科研奖。

第一中学语文教师赵春益主持中国教育学会“十五”重点课题《作文三步法实验研究》，通过理论学习、例文研究、成型操作训练，学生逐步达到“我手写我口，我口述我心”的境地。2005 年，第一中学包揽鄂尔多斯市第二届中学生创新作文大赛所有奖项第一名。2005 年 5 月 17 日，该项目通过专家组验收，被评为优秀科研成果。2006 年 7 月 22—24 日，全国中学语文教学新课程观摩研讨会在第一中学召开，该校被评为全国科研兴教示范单位。

2008 年，初中各学校新课标实验各具特色。第十中学实行“导学练”自主互动课堂教学实验；第四中学构建“四环节学案”教学模式，自主学习、小组交流、师生互动、巩固训练；第二中学整合国家、地方、校本三级课程，形成基础型课程、拓展型课程、探究型课程整合的自主课程体系。2010 年 3 月，开展集体备课活动，各学科教师相互听课评课，总结出“1+5”教学模式，围绕教学目标，实施读一读、想一想、议一议、讲一讲、练一练教学活动。2014 年，在全旗中小学推广“导学案”课堂教学改革。编制指导学生主动学习方案，指引学生自主、高效学习。教师讲课时间仅仅几分钟，学生在教师引导下自学，有效减轻了学生课业负担，教学质量普遍提升。至 2015 年，全旗素质教育形成“一校一品牌、一园一特色”格局。

第十五节　汉语文工作

2001 年，《中华人民共和国国家通用语言文字法》施行，准格尔旗在教育局设立语言文字委员会，推广普通话，推行规范汉字，由学校逐步向社会普及。3000 余名教师持普通话等级证上岗；2009 年，薛家湾第四小学评定为国家级语言文字规范化示范校，民族中学评定为内蒙古语言文字规范化示范校。2010 年，在第四届全国“夏青杯”朗诵总决赛中，文工团演员张骞获成人组二等奖，薛家湾第一小学学生卜丹获青少年组优秀奖。2013 年，世纪中学评定为内蒙古语言文字规范化示范校。2015 年，准旗顺利通过国家三类城市语言文字规范化达标评估。

第二章　内蒙古工业大学矿业学院

第一节　学院机构

2006 年 9 月 21 日，准格尔旗人民政府、内蒙古工业大学合作建设内蒙古工业大学矿业学院签约，学院选址大路新区。2007 年 6 月成立内蒙古工业大学矿业学院准格尔校区，属于内蒙古工业大学二级学院。矿业学院内设采矿工程系、地质工程系、矿物加工工程系、教学科研服务中心、实验中心、信息化建设与服务中心。2015 年，教职工 38 名，其中，教授 2 名，副教授 4 名，高级实验师 1 名，高级工程师 1 名，讲师 20 名，博士学位教师 8 名，在读博士教师 10 名，国外访问学者经历 2 名。在校学生 1000 余名，分专科、本科、硕士 3 个培养层次，包括 18 名留学生，主要来自蒙古国。

第二节　学院建设

一、校舍基础建设

内蒙古工业大学矿业学院占地面积 50 万平方米，2007 年 7 月 8 日，奠基开工兴建。2010 年 7 月 26 日，6 栋教学实验楼、2 栋服务综合楼、2 栋学生宿舍楼，竣工验收投运，建筑面积 1.07 万平方米；旗人民政府投资 1.83 亿元，内蒙古工业大学投资 1400 万元。2011 年 12 月 26 日，首批两个本科专业、4 个专科专业 186 名学生由内蒙古工业大学金川校区入驻大路新区矿业学院。2013 年，体育场建成投用，建筑面积 1.91 万平方米，另建成室外篮球场、室内外羽毛球场、教工健身房。2015 年完成 3 栋学生公寓和 2 栋教师公寓主体建设，建筑面积 1.98 万平方米。累计完成投资 6000 余万元，其中，旗人民政府投资 5800 余万元，内蒙古工业大学投资 200 余万元。

内蒙古工业大学矿业学院，2019 年摄

二、实践基地建设

矿业学院实验室建筑面积 1600 平方米。采矿工程教学实验室配备矿井安全教学实验室、采煤方法教学实验室、矿井运输提升教学实验室、采矿工艺教学实验室，配备近 200 万元的实验教学设备，形成集煤矿露天与井工开采、金属矿地下与露天开采、矿山岩石力学、爆破、通风及充填、数字化与智能化矿山等方向的全层次人才培养体系。2015 年，矿业学院建成内蒙古工业大学地质工程实验室。采矿工程、地质工程两个专业的实践基地，扩展到学院本部外，建立吉林大学兴城教学实习基地、大饭铺煤矿教学科研基地、力量煤业集团教学科研基地、开滦集团荆各庄矿业公司实习基地、鄂尔多斯市江苏工业园人才培养基地。

第三节　招生就业

2009 年 2 月 28 日，内蒙古工业大学矿业学院，在内蒙古工业大学金川校区举行开学典礼，设机电一体化、建筑工程技术、应用化工技术、煤矿开采技术 4 个专科专业，准格尔旗委托培养的 192 名矿区搬迁农民子女是首批学生。2009 年秋季开学，正式面向全国招收 216 名专科生。2010 年增设采矿工程本科专业。2011 年增设煤及煤层气本科专业。2013 年，增设地质工程本科专业，有机电一体化技术、建筑工程技术、应用化工技术 3 个专科专业。2014 年，申请取得地下工程与地质技术硕士点，开始招收硕士研究生，形成本科为主、专科兼顾、硕士 3 个人才培养层次。2015 年，增设矿物加工工程本科专业；全学院招生 318 名，其中专科 100 名、本科 218 名。截至 2015 年，累计招收专科生 929 名、本科生 916 名、硕士生 3 名。

2012 年矿业学院毕业生就业招聘会

截至 2015 年底，矿业学院累计培养 4 届毕业生 792 名，其中本科生 191 名，专科生 601 名；2015 年毕业 253 名，本科毕业 148 名、专科毕业 104 名、专科结业 1 名。毕业生就业及升学率 90%，超 30% 毕业生签约大型国有企业就业；60% 的毕业生升学院本科继续深造，或考入中国科学院、中国地质大学、中国矿业大学等国内高校攻读研究生。

第四节　教学科研

2014 年，矿业学院院长刘曙光教授，主持“新型土木工程耐久性材料研究与实践创新人才团队”项目，获“草原英才”奖；闫长旺教授被评为内蒙古自治区高等学校青年科技骨干。2015 年，刘曙光教授、闫长旺教授和胡子付讲师共同完成的“高性能碳纤维材料快速加固混凝土梁式桥理论研究及工程应用”项目，获内蒙古自治区科学技术进步奖二等奖；矿业学院学生代表队首次参加第五届全国高校采矿工程专业学生实践作品大赛，获一等奖 1 项、二等奖 1 项、三等奖 1 项；在第九届“挑战杯”内蒙古自治区大学生课外学术科技作品竞赛中，获特等奖。截至 2015 年底，矿业学院承担国家自然科学基金科研项目 6 项、省部级项目 13 项，累计到位科研经费 200 余万元，发表论文 31 篇，其中国际科学引文索引收录论文 6 篇、国际工程索引收录论文 25 篇。

第五节 委托培养

矿业学院受准格尔旗人民政府委托，开办本科、专科两层次教学班，培养煤矿开采、煤化工和安全工程方面的技术人才，学生结业后，由旗人民政府推荐本旗企业就业。2012 年 1 月 13 日，2009 级委托培养教学班举行毕业典礼，150 名矿区搬迁居民子女完成学业，成为学院首届委托培养毕业生。两年半学制函授专科，煤矿开采技术专业毕业 39 名、安全技术管理专业毕业 54 名、应用化工技术专业毕业 57 名；五年制采矿工程专业函授本科随后如期毕业 2 名。2012 级两年半学制函授专科毕业 116 名。截至 2015 年，矿业学院累计为准格尔旗委托培养本科与专科人才 266 名。

第三章 体 育

第一节 体育组织

一、体育管理机构

1991 年，准格尔旗体育管理机构是体育运动委员会。1993 年 1 月，与文化局合并，建文化体育局。2002 年 7 月，体育职能划归教育局，设教育体育局。2005 年教育体育局评为全国全民健身周活动先进集体。2007 年 12 月，撤教育体育局，分设教育局、体育局。2008 年体育局被评为全国全民健身先进单位。2010 年获内蒙古自治区全民健身运动优秀组织奖。2015 年 9 月，撤教育局、体育局，再次合并设教育体育局。

二、体育社会组织

1991 年，准格尔旗只有业余体校 1 个体育社会组织。1999 年有门球、迪斯科、乒乓球、拳剑、气功、太极拳 6 个单项体育协会。

2003 年 12 月，准格尔旗乒乓球协会成立，是全旗首个在民政部门注册成立的单项社会体育组织，之后相继成立象棋、围棋、钓鱼、足球等协会。2010 年 1 月成立的信鸽协会，会员多达 118 名，后陆续成立自行车健身队、羽毛球协会、台球协会、门球协会。2015 年，全旗有单项体育协会 13 个、健身表演队 3 支，社会体育指导员 715 名，发展会员 1280 多名。

2008 年元宵节太极协会表演太极扇，刘敏摄

准格尔旗太极协会每天早晚

练习太极拳、太极剑，教习8套健身气功、4套太极拳、3套太极剑、4套太极扇。常年组队参加全旗文化进社区、居民运动会、元宵节、消夏晚会等公益表演；还走出本土，参加鄂尔多斯市中老年人太极拳剑比赛，2012年获第二名，2014年获第三名，2015年发展会员100余名。

第二节　体育设施

1991年，准格尔旗多数学校有操场，最大体育场是位于沙圪堵镇区的准格尔旗体育场，占地2.2万平方米，建跑道、足球场、篮球场、排球场，配单双杠、联合器械等，篮球场地面硬化，架夜间比赛灯阵，人称“灯光场”，2004年拆除。

1996年5月，准煤公司健身中心落成，是全旗最早体育馆。2004年12月27日落成的世纪中学，建成体育馆和标准塑胶操场，是全旗最早的塑胶运动场。2010年开始创建全民健身示范点，创建12平方米活动室、80平方米室外活动场、8条健身路径、标准篮球场、2个以上晨晚活动点，固定社会体育指导员。2010年，薛家湾、沙圪堵两镇95%的小区安装路径健身器材。

健身器材进社区，煅炼美体家门口，2010年王建中摄

2015年，全旗有各类体育场地492块55.91万平方米，人均体育场地面积1.72平方米。其中，室内体育场35块34.61万平方米，游泳馆2个947.03平方米，训练房96间4.22万平方米；室外体育场地179块14.74万平方米，全民健身路径137条，器材1718件面积8590平方米。中小学建体育馆19幢，人工草坪及塑胶跑道操场37处，小学生人均体育场馆9.05平方米，初中生均13.78平方米。城镇小型体育健身中心2个、健身示范点11个、晨晚活动点34个。农村体育场所80个、健身广场57个。健身设施遍布城乡。

准格尔旗体育场位于大路新区市政区东，内设8条400米椭圆形跑道，10条直道，中央是标准足球场；周边为4层半封闭看台，同时容纳3万名观众；设运动员休息室、新闻发布室、兴奋剂检测室等附属用房。建筑面积3.67万平方米，总投资4.17亿元，2014年8月竣工，2015年8月24日投用，承办内蒙古自治区“主席杯”校园足球小学联赛。

第三节 学校体育

1991 年，准格尔旗中小学执行《学校体育工作条例》，每天做广播体操、眼保健操，每周设 2 节体育课、2 节课外活动课。2001 年，贯彻《国家体育锻炼标准》，城镇中小学开设体育、音乐、美术 3 课，操练早操、课间操、眼保健操 3 操，开展体育锻炼、科技文体两活动，每年举办一届田径运动会、一届文体艺术节。2007 年起，全旗义务教育学校推行大课间操制度，每天锻炼 1 小时常态化。

2014 年准格尔旗第一中学课间激情跑操

2004 年，准旗首次建体育传统项目学校 6 所。排球项目学校民族中学，2005 年被评为全国群众体育工作先进集体。2009 年成为全市跆拳道训练基地。2014 年，启动《校园足球三年行动计划》，实行校园足球联赛制度。2015 年，全旗建成传统体育项目学校 10 所。体育项目学校培养了大批竞技体育人才，到 2015 年累计有 700 余名体育特长生被体育院校录取。

2002 年，准旗首次按《国家学生体质健康标准》监测 150 名小学生体质，合格率 91%。之后每年抽样监测小学生体质，测试初中毕业生体育。2015 年，完成 3275 名初中毕业生体育测试，监测 36326 名小学生体质，合格率 93.2%，学生耐力、力量、速度有所提高，视力有所下降。

第四节 群众体育

1995 年 6 月，《全民健身计划纲要》颁布施行，按每周体育锻炼活动不少于 3 次、每次不少于 30 分钟、锻炼强度达到中等以上的标准，全旗体育锻炼人数占比不到 10%。2003 年首次按《国民体质测定标准》，抽样监测中青年 200 余人，合格率 74%。2015 年，体育锻炼人数占比 40.52%，抽样监测城镇居民 216 名，合格率 67.7%。居民体质下降，缘于体力劳动量减少，看手机的低头族增加。

社区以退休中老年居民为主体，业余自愿、小型多样，有健身操、健身气功、自行车、门球等健身活动，常流水、不断线。乡村利用传统节日和农闲季节举办农民运动会。1998 年，乌日图高勒乡在全旗率先举办农民运动会。2009 年 9 月，全旗举办首届农民运动会，双脚套袋跑、夫妻绑腿跑、自行车慢驾行，比赛规则别出心裁，竞赛现场妙趣横生。2011 年，钓鱼协会举办全旗钓鱼比赛。

社会体育指导员是群众体育的发起人，靠个人魅力吸引人，组队训练磨砺人，参赛获奖凝聚人。1998 年 11 月 26 日，全旗首次举办三级社会体育指导员培训班，市级培训二级，省级培训一级。2015 年，全旗有社会体育指导员 715 名，其中，国家级 15 名、一级 68 名、二级 96 名、三级 536 名；

每千人拥有社会体育指导员 2.2 名。

刀马旦演员出身的马兰花，1992 年接触健身舞，由爱好者成为带头人，领衔文化馆健身舞表演队，获伊克昭盟健身舞大赛一等奖。2005 年 7 月建中老年舞蹈队，2009 年 10 月获第二届全国健身舞会演一等奖；2010 年 10 月获世界华人联合会才艺展演老年组金奖；2013 年 9 月，她们应邀参加全国中老年健身舞展演，《谁不说俺家乡好》《撒楚拉》两个节目双获一等奖。2013 年，马兰花晋升为国家级社会体育指导员。

第五节　竞技体育

一、体育训练

1991 年，准格尔旗业余体校在学校课余开展专业训练，教练员多为体育老师，运动员是临时选拔组队参赛的学生。1999 年全旗设业余训练点 6 处，训练参赛运动员 120 名，田径训练为主，兼有象棋和围棋。

2004 年，准旗首次设体育传统项目学校，4 所田径学校，第五中学、薛家湾第一小学和第五小学、沙圪堵第二小学；篮球学校第一中学，排球学校民族中学。2008 年，旗级体育传统项目学校发展到 12 所，第一中学成为鄂尔多斯市田径训练基地，世纪中学成为全市排球训练基地。2009 年，世纪中学成为全区排球训练基地，民族中学成为全市跆拳道训练基地。

2015 年，全旗有自治区级体育训练基地 1 个、市级体育训练基地 1 个、旗级传统体育项目学校 10 所。注册运动员 687 名，其中一级 13 名、二级 34 名、三级 210 名、少年级 430 名；注册教练员 200 多名，其中一级 5 名、二级 13 名；注册裁判员 340 余名，其中国家级 4 名、一级 12 名、二级 260 余名。

二、体育竞赛

“八五”至“九五”期间，准格尔旗每年举办一届中小学田径运动会，棋类、球类专项赛事夏秋季月月有。2005 年 7 月创办一年一届“生力杯”乒乓球邀请赛，2008 年 7 月创办一年一届的职工围棋和象棋赛。2011 年 6 月第六届“生力杯”乒乓球邀请赛，来自蒙晋陕宁等地 44 个单位 63 支代表队伍参赛，成为内蒙古自治区规模最大、水平最高的乒乓球赛事。2014 年，举办全旗第二十三届中小学生田径运动会和全旗首届民族中小学传统体育运动会。

2014 年第九届“生力杯”乒乓球邀请赛

2001 年 7 月 28 日，“中国环游”内蒙古国际公路自行车赛，来自 15 个国家和地区的 60 名选手，途经暖水、纳林、海子塔，冲到终点薛家湾镇准格尔广场，薛家湾镇万人空巷聚集到广场观赛。这是准格尔旗首次承办国际体育比赛。

2007 年 8 月 3—10 日，首次由县级承办全国业余围棋大赛，来自 20 多个省区市和澳门、台北的 67 支代表队近 300 名棋手参赛。大师陈祖德、棋圣聂卫平等围棋界名人与准旗围棋爱好者对弈交流。准格尔旗代表队获团体冠军。

2010 年 8 月 16 日，首届鄂尔多斯国际那达慕大会在准格尔旗世纪中学体育场举行拔河锦标赛，来自机关企事业单位的 128 支代表队 1280 人，创造了男女混合组 600 千克级拔河锦标赛参加人数最多的吉尼斯世界纪录。

2011 年 10 月 9—11 日，承办“国蒙杯”中蒙俄国际汽车摩托车场地越野赛，140 余辆赛车在 0.6 千米摩托车赛道、3.5 千米汽车赛道展开速度与技能的角逐。

三、竞赛成绩

1993 年，准格尔旗组队参加伊克昭盟中小学生运动会，获团体第二名。

2000 年 6 月，参加全盟中学生运动会，获团体总分第二名、少年组第一名，周景春打破男子三级跳远、急行跳远、张瑞清打破女子三级跳远 3 项纪录。

2005 年，参加鄂尔多斯市棋类赛，获中国象棋团体第一名，牛清渊获金牌；获围棋团体第二名，裴庆升获金牌。

2009 年，参加鄂尔多斯首届那达慕大会，获团体第三名，奇峰获柔道女子乙组 70 千克级金牌。

2010 年 8 月，参加内蒙古第十二届运动会，李亚楠获柔道女子乙组 70 千克级金牌，阿茹娜获跆拳道女子丙组 45 千克级铜牌。

2011 年 9 月，参加鄂尔多斯市第九届中学生田径运动会，准格尔旗代表队青年组获团体第一名。

2012 年 9 月，参加全市第十届中学生田径运动会，准旗代表队获团体总分第一名。

2013 年 8 月，参加全市第十届羽毛球赛，准旗获混合团体第二名；10 月，参加全市乒乓球邀请赛，获男子团体第一名。

2019 年第二十九届中小学生田径运动会跨栏比赛

2013 年，参加全市第三届民族小学传统体育艺术比赛，赵雪勇获鄂尔多斯式男子摔跤金牌，吕福龙获蒙古族式男子摔跤金牌；参加全市第十届中学生技能大赛暨蒙古族中学传统体育艺术比赛，刘婷获蒙古象棋金牌。

2015 年 7 月，参加全国第十五届中国青少年机器人挑战赛，准旗青少年活动中心机器人班 3 名学生获小学组金奖、高中组铜奖。

2015 年 8 月，参加内蒙古西部区小学生校园足球联赛，薛家湾第三小学女子足球队获亚军。

1991—2015年准格尔旗田径运动最好成绩一览表

表24-5

项 目	运动队	运动员	成 绩	年 月	运动会
小学男子组					
60米	柴登小学	张 杰	8秒07	2012-05	准格尔旗第21届中小学生田径运动会
100米	薛二小	崔学政	11秒95	2010-05	准格尔旗第19届中小学生田径运动会
200米	薛六小	刘 乐	26秒12	2010-05	准格尔旗第19届中小学生田径运动会
400米	薛二小	崔学政	55秒28	2010-05	准格尔旗第19届中小学生田径运动会
800米	柴登小学	祁海龙	2分18秒22	2010-05	准格尔旗第19届中小学生田径运动会
1500米	薛七小	刘嘉龙	4分47秒34	2013-05	准格尔旗第22届中小学生田径运动会
3000米	薛五小	文圣泽	11分20秒54	2012-05	准格尔旗第21届中小学生田径运动会
4×100米接力	柴登小学		50秒33	2012-05	准格尔旗第21届中小学生田径运动会
实心球	薛一小	赵 磊	11.52米	2013-05	准格尔旗第22届中小学生田径运动会
跳远	沙二小	崔学敏	5.20米	2008-06	准格尔旗第17届中小学生田径运动会
跳高	龙口小学	刘俊明	1.42米	2013-05	准格尔旗第22届中小学生田径运动会
小学女子组					
60米	薛七小	王文彤	8秒80	2013-05	准格尔旗第22届中小学生田径运动会
100米	薛七小	王文彤	13秒75	2013-05	准格尔旗第22届中小学生田径运动会
200米	柴登小学	张 弛	29秒34	2010-05	准格尔旗第19届中小学生田径运动会
400米	薛二小	李明珠	1分07秒36	2010-05	准格尔旗第19届中小学生田径运动会
800米	魏家峁小学	张二霞	2分37秒13	2010-05	准格尔旗第19届中小学生田径运动会
1500米	魏家峁小学	张二霞	5分34秒30	2010-05	准格尔旗第19届中小学生田径运动会
4×100米接力	五家尧小学		57秒84	2012-05	准格尔旗第21届中小学生田径运动会
跳远	柴登小学	刘 霞	4.06米	2010-05	准格尔旗第19届中小学生田径运动会
实心球	薛五小	刘荔君	9.88米	2013-05	准格尔旗第22届中小学生田径运动会
跳高	民族小学	景 丽	1.17米	2013-05	准格尔旗第22届中小学生田径运动会
初中男子组					
100米	世纪中学	刘 源	11秒49	2011-05	准格尔旗第20届中学生田径运动会
200米	第七中学	郝小春	23秒34	2012-05	准格尔旗第21届中学生田径运动会
400米	第十中学	马忠义	51秒07	2013-05	准格尔旗第22届中小学生田径运动会
800米	民族中学	贾润月	2分04秒23	2012-05	准格尔旗第21届中小学生运动会
1500米	第十中学	郭 计	4分30秒38	2013-05	准格尔旗第22届中小学生田径运动会

续表 24-5

项　目	运动队	运动员	成　绩	年　月	运动会
3000 米	第四中学	白宇龙	9 分 45 秒 90	2006-06	鄂尔多斯市第 4 届中学生田径运动会
5000 米	第四中学	张建雄	17 分 30 秒 40	2007-10	鄂尔多斯市第 5 届中学生田径运动会
4×100 米接力	第二中学		45 秒 76	2013-05	准格尔旗第 22 届中小学生田径运动会
4×400 米接力	第十中学		3 分 35 秒 10	2013-05	准格尔旗第 22 届中小学生田径运动会
跳高	第五中学	张大虎	1.71 米	2002-06	鄂尔多斯市首届中学生田径运动会
跳远	第四中学	戚密东	6.09 米	2006-06	鄂尔多斯市第 4 届中学生田径运动会
三级跑远	第二中学	刘　月	12.66 米	2013-05	准格尔旗第 22 届中小学生田径运动会
铅球	职业中学	刘　敏	12.58 米	2007-10	鄂尔多斯市第 5 届中学生田径运动会
铁饼	第五中学	乔　强	43.34 米	2002-06	鄂尔多斯市首届中学生田径运动会
标枪	第五中学	乔　强	41.74 米	2002-06	鄂尔多斯市首届中学生田径运动会
四项全能	第二中学	贾　磊	2110 分	2013-05	准格尔旗第 22 届中小学生运动会
初中女子组					
100 米	第五中学	姬存珍	13 秒 02	2002-06	鄂尔多斯市首届中学生田径运动会
200 米	第九中学	李明珠	27 秒 96	2012-05	准格尔旗第 21 届中学生田径运动会
400 米	第十中学	赵春艳	1 分 04 秒 47	2013-05	准格尔旗第 22 届中学生田径运动会
800 米	第七中学	李　娜	2 分 33 秒 14	2012-05	准格尔旗第 21 届中学生田径运动会
1500 米	第五中学	刘　燕	5 分 18 秒 36	2004-10	鄂尔多斯市第 3 届中学生田径运动会
3000 米	第五中学	刘　燕	11 分 21 秒 26	2004-10	鄂尔多斯市第 3 届中学生田径运动会
4×100 米接力	民族中学		54 秒 17	2012-05	准格尔旗第 21 届中小学生田径运动会
4×400 米接力	第九中学		4 分 22 秒 50	2013-05	准格尔旗第 22 届中学生田径运动会
跳高	第二中学	王　欣	1.30 米	2013-05	准格尔旗第 22 届中学生田径运动会
跳远	第二中学	梁晓颖	4.75 米	2013-05	准格尔旗第 22 届中学生田径运动会
三级跑远	呼市体校	韩丽霞	9.70 米	2004-10	鄂尔多斯市第 3 届中学生田径运动会
铅球	窑沟职中	贾　霞	8.26 米	2008-09	鄂尔多斯市第 6 届中学生田径运动会
铁饼	民族中学	闫　丽	25.58 米	2007-10	鄂尔多斯市第 5 届中学生田径运动会
标枪	窑沟中学	田晓霞	23.60 米	2010-05	准格尔旗第 19 届中小学生田径运动会
四项全能	第十中学	侯玉萍	1634 分	2013-05	准格尔旗第 22 届中学生田径运动会
高中男子组					
100 米	世纪中学	刘向荣	10 秒 73	2010-05	准格尔旗第 19 届中小学生田径运动会
200 米	第一中学	赵国峰	22 秒 48	2013-05	准格尔旗第 22 届中学生田径运动会

续表 24-5

项 目	运动队	运动员	成 绩	年 月	运动会
400 米	第一中学	李月飞	51 秒 29	2013-05	准格尔旗第 22 届中小学生田径运动会
1500 米	达旗一中	刘 杰	4 分 20 秒 86	2010-05	准格尔旗第 19 届中小学生田径运动会
3000 米	世纪中学	范 硕	9 分 24 秒 53	2013-05	准格尔旗第 22 届中小学生田径运动会
5000 米	第一中学	李 强	17 分 10 秒 81	2008-09	鄂尔多斯市第 6 届中学生田径运动会
4×100 米接力	世纪中学		44 秒 03	2008-05	准格尔旗第 17 届中小学生田径运动会
4×400 米接力	第一中学		3 分 26 秒 76	2013-05	准格尔旗第 22 届中小学生田径运动会
跳高	达旗一中	乌 宁	1.82 米	2010-05	准格尔旗第 19 届中小学生田径运动会
跳远	鄂市三中	张 愿	6.54 米	2010-05	准格尔旗第 19 届中小学生田径运动会
三级跑远	世纪中学	刘赞军	13.22 米	2013-05	准格尔旗第 22 届中小学生田径运动会
铅球	东联中学	张 熙	13.21 米	2010-05	准格尔旗第 19 届中小学生田径运动会
铁饼	职业中学	吴 军	36.94 米	2004-10	鄂尔多斯市第 3 届中学生田径运动会
标枪	职业中学	吴 军	41.78 米	2004-10	鄂尔多斯市第 3 届中学生田径运动会
110 米栏	鄂市二中	刘 凯	15 秒 33	2010-05	准格尔旗第 19 届中小学生田径运动会
400 米栏	世纪中学	石景博	57 秒 98	2008-05	准格尔旗第 17 届中小学生田径运动会
七项全能	世纪中学	鲁培军	3764 分	2011-05	准格尔旗第 20 届中小学生田径运动会
10000 米	第一中学	李 强	36 分 19 秒 28	2008-09	鄂尔多斯市第 6 届中学生田径运动会
高中女子组					
100 米	世纪中学	刘美琴	13 秒 27	2013-05	准格尔旗第 22 届中小学生田径运动会
200 米	第四中学	郝文华	26 秒 10	2007-07	内蒙古自治区青少年田径锦标赛
400 米	世纪中学	刘 燕	1 分 01 秒 95	2008-05	准格尔旗第 17 届中学生田径运动会
800 米	世纪中学	贾粉粉	2 分 26 秒 17	2010-05	准格尔旗第 19 届中小学生田径运动会
1500 米	职业中学	郭 丽	5 分 16 秒 68	2008-09	鄂尔多斯市第 6 届中学生田径运动会
3000 米	第五中学	刘 燕	11 分 21 秒 26	2004-10	鄂尔多斯市第 3 届中学生田径运动会
5000 米	第一中学	董晓婷	20 分 19 秒 96	2008-09	鄂尔多斯市第 6 届中学生田径运动会
4×100 米接力	世纪中学		51 秒 20	2010-05	准格尔旗第 19 届中小学生田径运动会
4×400 米接力	世纪中学		4 分 12 秒 07	2010-05	准格尔旗第 19 届中小学生田径运动会
跳高	世纪中学	张 外	1.34 米	2010-05	准格尔旗第 19 届中小学生田径运动会
跳远	第一中学	王 娜	5.38 米	2006-06	鄂尔多斯市第 4 届中学生田径运动会
三级跑远	鄂市二中	闫婷婷	11.10 米	2010-05	准格尔旗第 19 届中小学生田径运动会
铅球	东联中学	冯 娜	10.10 米	2010-05	准格尔旗第 19 届中小学生田径运动会

续表 24-5

项 目	运动队	运动员	成 绩	年 月	运动会
铁饼	达旗一中	王 乐	26.12 米	2010-05	准格尔旗第 19 届中小学生田径运动会
标枪	世纪中学	金 晶	25.60 米	2008-05	准格尔旗第 17 届中小学生田径运动会
100 米栏	鄂市二中	杜 娜	18 秒 72	2010-05	准格尔旗第 19 届中小学生田径运动会
400 米栏	世纪中学	郝文华	1 分 09 秒 62	2010-05	准格尔旗第 19 届中小学生田径运动会
五项全能	世纪中学	吕 婵	2101 分	2011-05	准格尔旗第 20 届中小学生田径运动会

注：旗外就读的旗籍优秀运动员，应邀参加旗内运动会也取得了最好成绩。

第六节 体育产业

“八五”期间，准格尔旗体育产业处于萌芽状态，引进台球产业；进入“九五”后台球案摆满大街小巷，诞生了室内台球馆；“十五”取缔街头台球案，台球馆发展到 50 多家，进入“十一五”，台球退出市场。1999 年，保龄球馆落户薛家湾镇，因消费高、客源少倒闭。2001 年引进电子游戏；2003 年 11 月出台管理措施，引导电子游戏厅规范发展，2008 年发展到 15 家；到“十二五”也退市。

世纪之交，全旗中小学生陆续着统一校服，体育用品专卖店应运而生，销售运动服装、鞋帽、球类、器材；随着人们户外运动需求增长，销售量一直保持稳定增长；2015 年体育用品专卖店发展到 30 多家。进入“十一五”，引进少年武术会馆、舞蹈培训班，男孩学跆拳道，女孩学拉丁舞；迎泽街道生力酒店、大路新区萨瓦纳酒店的游泳馆相继开业，每到双休日，青年夫妻带孩子在泳池畅游，生意火爆。2015 年，全旗有经营性健身场所 10 余家。

2002 年，两家电脑体育彩票销售站落户准格尔旗，销售体育彩票 32 万元。2006 年，准格尔旗获鄂尔多斯市电脑体育彩票销售突出贡献奖。2008 年，33 家体育彩票销售站销售额突破 2000 万元。2010 年 10 月，沙圪堵镇八一北路站售出即开型体育彩票，中奖百万元。2013 年 7 月 27 日，兴隆街道薛家湾新村站售出“086 期超级大乐透”体育彩票，喜中 518 万元大奖；9 月 8 日，大路新区水红花站售出“顶呱刮”体育彩票，中奖百万元。2014 年，全旗体育彩票销售额高达 5279 万元。2015 年，73 家体育彩票销售站销售额 5170 万元。

全旗形成体育彩票销售为支柱，体育用品销售、经营性健身场所为主体的体育产业体系。

第二十五篇

科技·气象

1991—2015年，准格尔旗科技发展体系由农业逐步转向工业，3次获评全国科技进步先进县、3次获评全国科普示范县。“八五”至“九五”期间组织科技人员深入农牧业生产第一线推广农牧业适用技术，跨入全国10个农业科技综合示范县行列。2004年启动科技特派员创业行动，2010年设立科技创新基金。“十二五”期间实施创新驱动发展战略，建成4家高新技术企业、11家企业研发中心，高新技术产业占工业产值比由0.5%增加到1%，煤炭安全生产技术装备水平全国领先，煤炭间接液化技术达到国际先进水平。

鄂尔多斯大路煤化工产学研创新基地，2011年9月摄

1991—2015年，准格尔旗气象事业实现了从地面观测到天地协同探测，从人工观测到人工观测与自动观测结合，从“听天由命”到人工影响天气的跨越。旗域地基观测站融入国家天基、地基观测系统，建成区域自动气象观测站30个、土壤水分自动观测站2个。雷达、卫星云图实时监测，数据上下级共享，预报预警准确率明显提升。人工影响天气作业水平大幅提升，2001—2015年，累计发射火箭弹1850枚，增雨作业面积2万多平方千米，年均增加降水量5亿吨，为经济社会发展和人民生产生活提供了精准的气象服务。

准格尔旗薛家湾国家一般气象观测站，2015年8月摄

第一章　科学技术

第一节　管理机构

1991 年初，准格尔旗人民政府科技工作部门是科学技术委员会，与科学技术协会合署办公；同年 9 月与科学技术协会分设。1995 年 12 月与科学技术协会二次合署办公。2002 年 6 月更名为科学技术局。2007 年 4 月与科学技术协会二次分设；科学技术局增设生产力促进中心。2010 年 12 月增设鄂尔多斯大路煤化工研究所。2015 年 5 月，科学技术局挂靠发展和改革局，下辖生产力促进中心、大路煤化工研究所。

"八五"至"九五"期间，准旗健全政府主导、农业科技为主的科技工作体系。旗人民政府设科技副旗长，有科技工作部门；乡级政府设科技副乡长，科技工作部门农科站；有条件的村配科技副村长。1991—2007 年，旗人民政府有 3 任科技副旗长，2000 年 10 月，科技副旗长王建英获全国科技扶贫奖。1991 年 19 个乡镇派科技副乡镇长，1993 年 28 个乡镇全部配齐科技副乡镇长，2002 年 10 月后乡镇不再配科技副乡镇长。科技工作逐步转入政府引导、市场主导、工业科技为主的创新发展阶段。

第二节　科技规划

准格尔旗实施 3 个五年科技计划和 2 个五年科技规划，由政府推动的农业为重点的科技发展体系逐步转向市场调节的工业为重点的科技发展体系。

一、"八五"科技计划

准格尔旗实施科技兴农兴牧工程。组织科技人员深入农业生产第一线，累计推广农牧业适用技术 115 项。长滩乡核果类基地建成 180 公顷，其中优质果树 8 公顷。暖水旱作农业示范基地，科技增值占农业总产值 40%，增加粮食产量 193 万千克，人均增收 100 元。

二、"九五"科技计划

准格尔旗实施科技兴旗战略。期末科技贡献率 50%，其中，对农业的贡献率 60%，对工业经济增长的贡献率 46%；先进适用技术推广普及率 90%。1998 年 6 月 29 日，准格尔旗被评为全国科技工作先进县。2000 年抢抓西部大开发先机，被科技部列为全国 7 个东西部经济技术对接试点县；中国农科院"农业科技西部万里行"走进准格尔旗，被中国农科院列为全国 10 个农业综合科技示范县。

三、"十五"科技计划

准格尔旗实施科技兴旗和可持续发展战略。2001 年实施全国农村技术市场信息"村村通"工程。2004 年启动科技特派员创业行动，2005 年选拔专业技术拔尖人才和乡土拔尖人才。组建科技中介组织机构 28 个，推广先进适用技术 80 余项，优良品种覆盖率、新技术覆盖率均达 90% 以上，形成科技为先导的农牧业产业化格局。组建鄂尔多斯市首家煤转化研发中心、首家高岭土研发中心，初建科技创新为主体的工业化体系。2004 年 10 月被命名为全国科普示范县；11 月承办全国“煤炭科技万里行”走进鄂尔多斯活动。

四、“十一五”科技规划

准格尔旗贯彻落实科学发展观，实施科技创新战略。在鄂尔多斯市率先设立科技创新基金，承担国家和内蒙古科技创新项目 7 项。建成国礼陶瓷研发基地、大路煤化工产学研创新基地、现代生态农牧业技术示范基地，煤化工研究所等 7 家科研机构。工业科技方面促成 12 家企业与科研院所产学研合作，建立企业研发中心 9 个；农业科技方面组建科技中介服务机构 15 个，推广先进适用技术 40 余项，优良品种覆盖率 100%，新技术覆盖率 95% 以上。2009 年 12 月被命名为 2007—2008 年全国科技进步先进县。

五、“十二五”科技规划

准格尔旗应对经济发展新常态，实施创新驱动发展战略，向高质量发展转型。建成伊泰煤制油、久泰能源、中科合成油、国电晶阳 4 家国家高新技术企业，大唐高铝煤研究中心国家重点实验室，伊泰煤间接液化项目国家地方联合工程研究中心，大路煤化工基地内蒙古高新技术产业基地和企业研发中心 11 家，构成以市场为基础、政府为引导、企业为主体、科研院所为依托、科技中介组织为纽带的技术创新体系。累计获得专利授权 207 项，高新技术产业占工业产值比由 0.5% 增加到 1%。2011 年、2013 年，两次蝉联全国科技进步先进县。

第三节　科技队伍

科技人员泛指人事部门统计的专业技术人员，全旗专业技术人员由 1991 年的 2823 人增加到 2015 年的 17257 人；专指科技部门统计的农口事业单位专业技术人员和工矿企业技术研发人员，全旗从事科技活动人员由 1991 年 1158 人增加到 2015 年 5567 人，25 年间科技人员增加了近 4 倍。

一、一线科技人员

“八五”至“九五”期间，准格尔旗在干部下基层工作中，选派旗乡两级农科技术人员深入生产第一线，承包科技示范推广项目，开展技术指导服务，每年春下派生产第一线农科技术人员 200 人左右。1991 年水保局侯福昌获评内蒙古深入生产第一线突出贡献的科技人员，1995 年农业局王美林获评内蒙古深入生产第一线突出贡献的科技人员。1995 年 9 月 7 日，旗人民政府制定《深入农业生产第一线科技人员奖励办法》，科技人员常态化深入农业生产一线活动。

二、科技特派员

2004 年，准格尔旗启动科技特派员创业行动，选 26 名科技特派员驻 15 个乡镇，以技术入股、有偿服务、推广科技成果等模式展开创业行动，配套开通“1601148”科技服务热线电话。2006 年首次选派 4 名科技特派员到企业建设工业科技项目，以利润分成方式开展创业行动。2007 年 4 月，旗人民政府印发《科技特派员管理办法》，科技服务热线电话号码改为“96048”。农业局科技特派员武占勇 2007 年获内蒙古第八届科教兴农奖，科技局刘旭 2008 年被评为联合国扶贫开发项目优秀科技特派员。2009 年开通“12396”全国农村科技信息服务公益热线。2015 年，全旗派驻 12 名工业科技特派员、38 名农业科技特派员。累计选派科技特派员 653 人次。

三、本土拔尖人才

2005年1月，旗人民政府下发《专业技术拔尖人才选拔管理办法》《乡土拔尖人才选拔管理办法》，专业技术拔尖人才每届评选10人，每人每月发放专业技术津贴400元，每人每年拨付研发经费4000元；乡土拔尖人才每届评选5名，每人每年拨付研发经费8000元。到2015年，累计评选专业技术拔尖人才5届50人，乡土拔尖人才6届30人。

四、引进高端人才

2010年起，准格尔旗面向两大工业园区出台高层次人才引进政策。2011年，大路煤化工基地获评内蒙古高层次人才创新创业基地。2013年，准格尔经济开发区获评内蒙古高层次人才创新创业基地。到2015年，两工业园区引进内蒙古"草原英才"9人，分别为永杰新材料公司汪斌，中科合成油公司李永旺，大唐高铝煤炭研发中心孙俊民，准能公司张维世、郭昭华，大唐高铝煤炭研发中心孙恒虎，伊泰煤制油公司齐亚平，准能公司魏建雄，中科合成油公司杨勇。

第四节 科技投入

准格尔旗科技投资，以政府投资为引导，企业和社会投资为主体。

"八五"至"九五"期间，准旗财政科技投资，优先配备国家设立的新产品试制费、中间试验费和重大科研项目补助费。1991年财政困难，仅投入科技三项费18.35万元。1992年新增科普事业费投入。1996年新增科技发展基金投入。2000年财政科技投入310万元；其中，科技三项费240万元，占财政支出的2%；科普事业费20万元，达到农民人均1元水平；科技发展基金50万元。

2004年，内蒙古自治区将科技三项费纳入应用技术研究与开发经费统一管理。准格尔旗财政优先保证应用技术研究与开发经费投入，引导企业争取银行信贷、吸纳社会其他渠道资金，研发应用技术，提升自主创新能力。

2007年，旗人民政府在鄂尔多斯市率先设立科技创新基金，财政投入科技创新基金1000万元，资助中小企业实施9个科技创新项目。2010年6月16日，旗人民政府印发《科技创新基金管理办法》（准政发〔2010〕49号），财政按可用财力1.2%提取创新基金，支持企业产品技术创新、工艺研究开发和研发能力建设。2010年，财政科技投入4566万元；全社会科技投入3.36亿元，占地区生产总0.5%。"十一五"期间，累计投入科技创新基金1.06亿元，财政科技支出翻了近三番。

2013年，准格尔旗财政科技投入创最高纪录7259万元。之后准旗经济下行，财政收入锐减，财政科技投入明显下降。2015年，旗财政科技投入回落到1397万元，全社会科技投入14.18亿元，占生产总值1.28%。"十二五"期间，旗财政累计投入科技经费2.76亿元。

第五节 科技组织

一、中介服务组织

1991年，全旗有农业专业技术协会118个，会员1530名。2000年开始，淘汰有名无实农业技术组织。2003年，开始发展行业科技服务中介组织。2004年，发展科技中介服务组织28个，会员1500余名。2009年，全旗有农村专业合作组织62个，蓿亥图西瓜协会、薛家湾养猪协会、兴农绿色产业协会、农民沙棘协会、巨合滩惠农渔业合作社、五家尧永兴养殖合作社、农乡丰小杂粮基地、雨润农牧业专业合用社、周玉莲无公害蔬菜协会 9 家，会员 10778 名。2015 年，全旗有行业科技组织 66 个，重点扶持 12 家专业技术协会，发展会员 3000 余名。

二、企业研发中心

准格尔旗初期的研发中心，由人民政府主导组建，设立在企业，由政府部门科研人员与企业科研人员共同研发。

准格尔旗煤转化研发中心，2001 年在伊东集团成立。2014 年，伊东集团与中科院山西煤炭与化学研究所共同组建自治区重点工业研究院东科煤炭研究院。准格尔旗高岭土研发中心，2004 年 9 月在天之娇高岭土公司成立。准格尔旗果品研发中心，2006 年 12 月在高原杏仁露公司成立；2013 年果品研发中心创新人才团队获评内蒙古县域创新创业人才团队。准格尔旗小杂粮研发中心，2007 年 6 月在兴农绿色产业公司成立。

伊东集团研发中心，2010 年摄

2007 年起，人民政府不再参与企业研发中心建设，由企业根据市场需要自建研发中心，政府推荐，由上级部门认定。

2007 年 3 月，伊泰煤制油公司研发中心被认定为内蒙古工程技术研究中心；2009 年 11 月被国家发展和改革委员会认定为煤间接液化国家地方联合工程研究中心。中科合成油内蒙古公司联科清洁能源研究开发中心，2011 年 12 月被评定为内蒙古企业研发中心，2012 年 1 月被评定为内蒙古生产力促进中心。2011 年 9 月，大唐国际发电公司高铝煤开发利用实验室被国家能源局认定为能源重点实验室，2014 年实验大楼在大路煤化工基地建成投用。久泰能源内蒙古公司研发中心，2012 年 12 月被认定为内蒙古企业研发中心，2014 年 1 月认定为内蒙古企业技术中心。国礼陶瓷公司研发中心，国电内蒙古晶阳公司研发中心，2013 年认定为内蒙古企业研发中心；中科合成油内蒙古公司煤炭高效转化工程技术研究中心，同年被认定为内蒙古企业工程技术研究中心。2014 年，准能公司煤炭伴生资源综合利用工程技术研究中心，被认定为内蒙古工程技术研究中心。大汗窑瓷业公司研发中心，2015 年被认定为内蒙古企业研发中心。至此，全旗建成 9 家企业研发中心。

鄂尔多斯大路煤化工研究所，2010 年 12 月 29 日在大路新区挂牌，由科技局与中科合成油内蒙古公司联合组建。内设煤质分析中心、产品分析中心、环境监测中心，2011 年 11 月 11 日取得法定检验检测能力认定，成为内蒙古首家煤化工检验检测机构。2012 年 10 月通过资质认定扩项评审。2014 年 10 月通过资质认定现场复审。2015 年累计完成投资超亿元，服务煤化工企业 20 余家。

三、高新技术企业

2013年8月，伊泰煤制油公司被全国高新技术企业认定管理工作领导小组认定为国家高新技术企业，成为全旗第一家国家高新技术企业。2014年8月，久泰能源内蒙古公司、中科合成油内蒙古公司被认定为国家高新技术企业。2015年11月，国电内蒙古晶阳公司被认定为国家高新技术企业。至此，全旗建成4家国家高新技术企业。

第六节　科技成果

一、农业科技成果

“八五”至“十一五”期间，准格尔旗农业适用技术推广应用遍地开花，大部分结出硕果。水土保持和抗旱节水技术，属全国先进水平。

水保方面。1992年12月，皇甫川流域水土流失综合治理农林牧全面发展试验研究项目，获内蒙古科技进步奖一等奖；皇甫川流域五分地沟科研基地获内蒙古星火科技奖一等奖。1994年7月，以准格尔旗皇甫川流域水土流失治理成果为支撑的国家“七五”科技攻关项目“黄土高原综合治理定位试验研究”，获1993年国家科学技术进步奖一等奖。1997年12月，国家“八五”科技攻关项目“丘陵沟壑区综合治理农林牧持续发展研究”，获内蒙古科技进步奖二等奖。2009年，准能公司郭昭华等完成的“现代露天矿水土保持与生态环境重建方法研究”，获内蒙古科技进步奖一等奖。

水利方面。1999年11月，邬来广参与的“内蒙古半干旱丘陵山区‘112’集雨节水灌溉工程技术推广”项目，获内蒙古科技进步奖一等奖。2005年11月，实施科技部“863”项目“北方半干旱集雨补灌旱作区节水农业综合技术体系集成与示范”项目，通过科技部验收，入选内蒙古十大科技新闻，2009年1月获内蒙古科技进步奖一等奖；2009年，邬来广发明的蓄水防渗旱井，吴仲科发明的地下梯级水库和地上梯级水库，均获国家实用新型专利证书。

林业方面。2001年1月，社会林业工程项目研究与实施项目，获全国林业科技成果奖一等奖。2003年，针叶树容器育苗技术推广应用项目，获内蒙古农牧业丰收奖一等奖。2006年，刘在兵参与的“卫星导航技术在林业重点工程中的应用研究”项目，获内蒙古农牧业丰收奖一等奖、全国林业工程咨询成果奖三等奖。2007年，白玉峰参与的“飞播林草种子处理配套技术研究”项目，获内蒙古科技进步奖一等奖；白玉峰、韩志荣主持的“飞机播种柠条造林技术研究与示范”项目，获内蒙古农牧业丰收奖一等奖。2009年，王瑛凯、靳嵘、刘三河参与的国家“948”农业科技项目“沙棘木蠹蛾无公害防治研究”，获内蒙古科技进步奖二等奖。

农牧业方面。1997年2月，吕贵斌主持的玉米制种示范种植项目，获内蒙古科技进步奖二等奖。2000年12月，张永来参与的“大面积粮果间作高产高效立体生态农业综合配套技术”项目，获全国农牧渔业丰收奖二等奖。2002年10月，农机局王军参与的农业部“农业节本增效工程”示范县建设项目，获内蒙古农牧业丰收奖一等奖。2009年12月，侯三莹参加退牧还草工程“草原生态快速恢复技术及其应用”项目，获内蒙古农牧业丰收奖一等奖。

二、工业科技成果

进入“十五”期间，准格尔旗新型工业化起步，工业科技厚积薄发，到“十二五”期间，创新驱动工业转型升级，煤炭清洁转化、煤炭伴生资源利用、机械化采煤等技术全国领先，煤间接液化技术跨入国际先进水平。

煤间接液化技术。2006 年 12 月，伊泰煤制油公司利用中国煤制油首席科学家李永旺团队研发的煤基合成液体燃料浆态床工业化技术开工建设，入选内蒙古自主创新十大名牌技术，该技术解决困扰中国 20 多年的费托合成技术难题，成为世界第五代煤炭间接液化技术。2011 年 11 月，高温浆态床煤制油关键技术研发及工业化示范应用项目，获国家能源科技进步奖一等奖。2011 年 12 月，伊泰煤制油公司齐亚平、中科合成油公司李永旺等完成的 16 万吨间接液化法煤基合成液体燃料成套技术开发项目，获内蒙古科技进步奖一等奖。2012 年 2 月，煤基合成油研发及产业化项目，获乌兰夫基金企业技术创新奖一等奖。

伊泰煤制油合成反应器，2010 年摄

机械化采煤技术。2008 年，准能公司郭昭华、马军等完成的“黑岱沟露天煤矿交通车辆预警系统研究开发”项目，获内蒙古科技进步奖二等奖。2009 年，准能公司郭昭华等完成的“现代露天煤矿开发重大关键技术研究与应用”项目，获内蒙古科技进步奖一等奖。2012 年，蒙泰不连沟煤业公司管春峰、马占国等完成的“厚松散层特厚煤层快速建井与综放开采保障技术研究”项目，准能公司田爱民、乔来军等完成的“选煤厂特大型曹仓工程关键技术研究”项目，均获内蒙古科技进步奖二等奖。

煤炭清洁转化技术。2003 年，伊东科宇高新技术公司年产 30 万吨超纯煤项目，通过科技部、商务部、质量监督检疫总局、环保总局五部委审核，认定为国家重点新产品。这是准旗工业科技首获国字号荣誉。2008 年，伊东科宇高新技术公司研制的水煤浆制备超纯煤设备，获国家专利授权。2013 年 7 月，久泰能源内蒙古公司生产的“久泰”牌二甲醚，被评为内蒙古自治区科技名牌产品。

煤炭伴生资源利用技术。2005 年，天之骄高岭土公司稀相悬浮态快速煅烧煤系高岭土项目生产出涂料级高岭土，这一重大突破入围内蒙古自治区十大科技成果。2011 年，准能公司在世界首创循环流化床粉煤灰“一步酸溶法”制备冶金级氧化铝工艺，获国家 10 项专利授权。2015 年，天之骄高岭土公司的“煤系高岭土制备纳米级沸石分子筛产业化应用”项目，通过国家科技成果鉴定。

其他工业科技成果。1991 年 8 月，纳林地毯厂研发的“飞马牌”仿古地毯，获外经贸部优质产品奖。2014 年 3 月，蒙特农牧业公司海红果酒制造方法，获中国高科技产业化研究会科技成果证书。2014 年 12 月，国礼陶瓷公司生产的多穆壶奶茶具，获中国工艺美术百花奖铜奖。

三、本土奖励成果

准格尔旗历年科技奖励，表彰科技工作先进单位和个人，奖励有突出贡献的科技人员，推荐申报科技成果参加上级科技奖。准格尔旗很少奖励科技成果。2015 年 5 月 15 日，准格尔旗召开首次创新创业暨人才表彰大会，首次集中奖励科技成果 36 项，奖励资金 662 万元。其中，奖励优秀创新载体 8 项，每项奖金 30 万元；奖励优秀科技成果转化与应用项目 10 项，每项奖金 35 万元；奖励优秀发明专利 18 项，每项奖金 4 万元。奖金大，奖项多，全面盘点了全旗科技成果。

2015 年准格尔旗优秀创新载体一览表

表 25-1

创新载体	建设单位
国家地方联合煤间接液化工程研究中心	伊泰煤制油公司
国家能源高铝煤炭开发利用实验室	大唐国际发电公司
内蒙古工业东科煤炭研究院	伊东集团
内蒙古煤炭高效转化工程技术研究中心	中科合成油内蒙古公司
内蒙古煤炭伴生资源利用工程技术研究中心	准能公司
久泰能源研发中心	久泰能源内蒙古公司
国电晶阳研发中心	国电内蒙古晶阳能源公司
国礼陶瓷研发中心	国礼陶瓷公司

2015 年准格尔旗优秀科学技术成果转化应用项目一览表

表 25-2

科技项目	承担单位
耐磨钢板制造综采及选煤设备	美森工业技术公司
白内障超声乳化手术引进与推广	人民医院
薄煤层综合机械化开采	美日煤炭公司
煤系高岭土催化剂工业化示范	天之娇高岭土公司
盐碱地改良黄河中游准格尔示范	华清农业开发公司
微生物干式厌氧发酵垃圾处理技术设备	鄂尔多斯市矿产研发公司
温带大陆性季风气候区灰树菇栽培	漠菇生物科技公司
型煤制作新工艺和纯生物质黏结剂配方	伊东励泰生物能源公司
窑炉余热回收利用技术	大汗窑瓷业公司
小果类综合开发与利用	高原杏仁露公司

2015 年准格尔旗优秀发明专利一览表

表 25-3

专利权人	专利名称
吴仲科	地下梯级水库及其建造方法
	地上梯级水库及其建造方法
王贵明　王贵生	利用粉煤灰工业化生产聚合氯化铝铁净水剂的方法
准能公司	超低密度乳化炸药及其制备方法
	苏丹红在铵油炸药制备中应用及相应制备方法
	防洪坝系的安全性检测方法

续表 25-3

专利权人	专利名称
准能公司	露天采煤区爆破的防洪坝系安全监测方法和监测系统
	供匝间耐压测试用的可调式托架
王子义	苦菜饮料的制作方法
冯玉存	高强度耐火砖制备方法
联科清洁能源公司	光催化合成 3，4- 二甲基 -3，4- 乙二醇的方法
	贵金属负载纳米二氧化钛光催化合成乙二醇的方法
	光催化合成 3，4- 乙二醇方法
	光催化合成频那醇方法
	负载贵金属二氧化钛光催化剂及制法和应用
伊泰煤制油公司	一氧化碳部分变换系统及其工艺控制方法
	费托合成废水在煤炭间接液化循环利用
黄革远	转盘限滑差速器

第七节　地震监测

准格尔旗不是地震区，人体有感地震鲜有发生，从未因地震造成灾害损失。1996 年 5 月 3 日，包头市发生 6.4 级地震，全旗各地有明显震感；2008 年 5 月 12 日，四川汶川县发生 8 级强烈地震，全旗各地也有明显震感。

一、监测站点建设

1999 年，全旗建立蓿亥图、十二连城、东孔兑 3 个地震宏观测报点。2004 年，北部沿河建成 4 个地震宏观测报站。2006 年，中国地震台网准格尔台在旗境中部建成投用。2015 年，全旗 9 个苏木乡镇 17 台地震烈度仪投用。

二、测报成果应用

2009 年，准格尔旗完成大路新区地震小区划工作，对薛家湾—大路快速通道 6 座桥梁进行防震监测。2012 年，建成地震信息基础数据库，对纳日松—龙口、前房子—龙口高速公路进行地震安全性前期评价。2014 年，建成地震小区划和震害预测基础数据库，《大路新区市政区地震小区划研究报告》通过专家评审，应用于市政建筑防震建设；伊泰煤制油公司等单位《工程场地地震安全性评价报告》获国家地震局批复实施。

三、地震应急预案

2004 年，准格尔旗制定《破坏性地震应急预案》。2015 年，开通防震减灾应急救援指挥电话，设立准格尔广场、友谊公园、站前广场 3 处应急避难场所；“5·12”国家防灾减灾日，组织部分学校和医院开展应急疏散演练。

第二章　气　象

第一节　气象机构

1991年，准格尔旗气象局受上级气象部门和旗人民政府双重领导，以上级气象部门领导为主；气象局有职工20名，其中中专学历14名，专科学历2名；工程师6名。各乡镇有人工影响天气防雹作业人员42名。2013年8月，准格尔旗气象局成立气象台。2015年，全旗有气象从业人员237名。气象局职工15名，其中，研究生4名、本科9名、专科2名、工程师6名、助理工程师9名。苏木乡镇街道有气象助理员177名，人工影响天气作业人员45名。

第二节　气象设施

准格尔旗气象局在旗政府驻地设国家一般气象观测站，在乡级行政区、生态脆弱区、灾害易发区、旅游区、工矿区设区域气象观测站，气象观测范围覆盖旗域全境。

一、国家气象观测站

1991年，气象局办公楼位于沙圪堵镇八一北路西侧，建筑面积386平方米；观测场占地面积625平方米，中心位于北纬39°40′，东经110°52′，海拔1038.8米；配备温度、湿度、风向风速、气压、蒸发、日照、雨量等气象要素观测仪器，观测站属国家一般气象观测站，编号“53553”。

薛家湾国家一般气象观测站，2022年摄

1999年8月旗政府迁往薛家湾镇后，气象局在薛家湾镇南外环征地9800平方米，投资71.7万元新建541平方米办公楼，建成边长为25米的正方形标准观测场，中心位于北纬39°52′，东经111°13′，海拔1221.4米，配备温度、湿度、风向风速、气压、蒸发、日照、雨量等气象要素观测仪器。2005年1月1日，气象局入驻新址，观测站开始地面观测，沙圪堵镇观测站同时进行对比观测；2006年11月，沙圪堵镇观测站结束对比观测，逐渐调整为区域气象观测站。

二、区域气象观测站

2005年起，气象局开始在生态脆弱区、灾害易发区、重点旅游区、工矿区建设区域自动气象观测站，监测雨量、温度等气象要素。截至2013年，共投资61.9万元，建成区域自动气象观测站30个、土壤湿度观测站2个。

准格尔旗区域气象观测站一览表

表 25-4

站　号	站　名	建站年	观测要素
C3001	龙口镇	2010	温度　雨量　风向　风速
C3002	窑　沟	2005	温度　雨量
C3003	西营子	2007	温度　雨量
C3004	长　滩	2007	温度　雨量
C3005	大塔新村	2007	温度　雨量
C3006	暖水乡	2010	温度　雨量　风向　风速
C3007	董三尧子	2007	温度　雨量
C3008	准格尔召镇	2010	温度　雨量　风向　风速
C3009	纳日松镇	2007	温度　雨量　风向　风速
C3010	魏家峁	2007	温度　雨量
C3011	准格尔召庙	2007	温度　雨量
C3012	大路镇	2010	温度　雨量　风向　风速
C3013	油松王	2007	温度　雨量
C3014	十二连城	2010	温度　雨量　风向　风速
C3015	呼斯太河	2007	温度　雨量
C3016	羊市塔	2011	温度　雨量
C3017	大路峁	2010	温度　雨量
C3018	海子塔	2010	温度　雨量
C3019	西黑岱	2011	温度　雨量
C3060	沙圪堵	2011	温度　雨量　风向　风速
C3150	公　沟	2011	温度　雨量　风向　风速
C3151	布尔洞沟	2012	雨量
C3152	东孔兑	2012	雨量
C3153	大圐圙梁	2012	雨量
C3154	麻地梁	2012	雨量
C3155	福　路	2012	雨量
C3156	任三窑子	2012	雨量
C3157	柳青梁	2012	雨量
C3158	稽亥图	2013	雨量
C3159	巨合滩	2013	雨量
53553	固定地段	2010	土壤水分
C9801	作物地段	2010	土壤水分

第三节 气象观测

准格尔旗气象局的地面气象观测数据传输至国家气象数据库，结合国家天基、空基观测数据，为旗域气象预报、气象服务提供数据支撑。

一、地面气象观测

1991 年，每日进行 4 次观测，观测项目包括云、能见度、天气现象、风向、风速、温度、湿度、日照、气压、蒸发、冻土、地温、雨量、雪深、雪压；每日向上级气象部门上报两次观测数据，向军队报告预约时段航空气象数据。人工定时观测，人工记录数据，人工编发报文，通过长途电话上报。1994 年起改为每日 3 次观测，3 次上报。

2006 年 1 月 1 日起，采用人工观测和自动观测两种方式，温度、湿度、风向、风速、气压、雨量实现自动观测，其他气象要素仍采用人工观测。每日观测频次增加到 8 次；计算机汇总数据，通过互联网传输数据，实现正点自动上传。2009 年 1 月 1 日起恢复每日 3 次观测，3 次上报。

1991—2015 年，准格尔旗国家一般气象观测站数据传输及时率 100%，无缺报，无错情；区域气象观测站数据传输及时率达 98% 以上。

二、农业气象观测

1991 年观测黄太平、小国光、苹果梨等 10 多种木本植物。1994 年调整为木本植物小叶杨、白榆、垂柳，草本植物苍耳、车前、蒲公英 6 种植物，同时开始观测候鸟等动物；同年观测糜子、春小麦、玉米 3 种农作物。1998 年取消春小麦观测，增加马铃薯观测。2004 年开始固定地面土壤湿度监测、沙尘天气监测、气象灾害监测调查、地下水位深度监测等生态环境观测。上述农业气象观测采用人工抄录计算完成。2012 年，准格尔旗农业气象一级观测站被评为内蒙古先进农业气象站。

第四节 天气预报

1991 年，准格尔旗气象局通过长途电话，接收上级气象部门气象要素图表资料，根据旗域气象观测数据，分析天气变化趋势，编制天气预报。1998 年开始，通过卫星地面系统接收中央气象局卫星云图，编制旗域天气预报。2006 年开始，利用上级气象部门指导预报，结合旗域下垫面实际情况加以订正，编制旗域天气预报。

准格尔旗气象局的天气预报产品分为公众服务、决策服务、专业专项服务 3 类。

每日面向公众发布未来 24 小时天气预报，1991 年通过准格尔人民广播电台发布，2007 年开始通过准格尔旗电视台发布，2012 年开始通过气象部门内部网络发布。2010 年增加未来 48 小时城镇天气预报，2014 年增加空气污染预报。

1991 年定期制作旬预报、月预测、年景预报，报送旗委、政府及有关单位，邮寄乡镇人民政府；2009 年增加气象情报信息；2011 年增加春运专题气象预报、森林火险专题气象预报；2012 年增加春耕春播气象预报。

2015 年开始为电力、煤炭、铁路、交通等行业提供未来 24 小时天气预报、短时临近预报、预警信息等专业专项服务。

第五节 人工影响天气

一、高炮防雹

1991 年，十二连城、大路、布尔陶亥、薛家湾、马栅、沙圪堵、西营子、布尔洞沟、羊市塔、大路峁、海子塔、东孔兑、黑岱沟、长滩、魏家峁、暖水 16 个乡镇布设“37”防雹高炮 22 门，配备 42 名高炮作业人员。

2005 年，撤暖水、魏家峁两个炮点；2015 年 8 月，增福路、纳林、任三窑、董三窑、沙圪堵镇 5 个炮点，配置防护盾牌，安装视频监控。

2015 年，全旗 21 个炮点 21 门高炮 84 名作业人员，分布在十二连城乡、大路镇、沙圪堵镇、布尔陶亥苏木、薛家湾镇、龙口镇、纳日松镇、兴隆街道，炮点布局精准，防雹范围覆盖旗域全境。

1991—2015 年，累计开展防雹作业 300 余次，发射防雹炮弹 40000 余发，作业面积 45000 平方千米。

二、火箭增雨

2001 年，准格尔旗气象局购置地面增雨作业火箭架 2 部、火箭弹 300 余枚，在纳林镇敖靠塔村首次实施人工增雨作业，发射火箭弹 15 枚，在天气系统和人工增雨作业的共同影响下，沙圪堵、纳林、长滩、海子塔普降中雨。

2004 年，购置地面增雨作业火箭架 2 部，在薛家湾、沙圪堵移动作业。到 2015 年，全旗有人工增雨火箭架 5 部，库存火箭弹 200 枚，作业人员 10 名。

2001—2015 年，累计发射火箭弹 1850 枚，增雨作业覆盖面积 20000 余平方千米，年均增加降水量 5 亿吨。

2017 年发射火箭人工增雪作业

第二十六篇

文化·旅游

准格尔旗文化底蕴深厚。21世纪实施小康文化工程、“萨日纳”艺术工程、文化产业发展工程、文物保护发展工程，文化事业全面发展，2005年10月被评为全国文化先进县。新时代建设国家公共文化服务体系，先进文化广泛传播，历史文化妥善保护，民间文化大放异彩。十二连城、准格尔召、寨子圪旦建成国家级重点文物保护单位，漫瀚调列入国家级非物质文化遗产名录，漫瀚调精品唱响国家艺术殿堂。2015年，全旗文化场所面积3万多平方米，文化组织核心成员近千人，专业与业余文化活动精彩纷呈。

2018年4月漫瀚调音乐剧《牵魂线》剧照

准格尔旗地处黄河长城握手地，游牧文明与农耕文明融合，改革开放创造现代工业文明，自然景观与人文景观交相辉映。“十二五”相继开发了黄河峡谷风情游，准格尔召、油松王祭祀游，库布齐沙漠运动游，黑岱沟露天煤矿、大路煤化工基地工业游，百里长川、西口古渡乡村游，建成蒙晋陕周边旅游目的地。水镜湖、油松王、准格尔召、黄河大峡谷是国家AAAA旅游景区，龙口镇、布尔陶亥苏木、纳日松镇松树焉村、十二连城乡兴胜店村是全国旅游名镇名村。2015年，接待游客68.5万人次，旅游收入21.01亿元。

2006年5月内蒙古黄金旅游线路黄河峡谷风情游

第一章　公共文化

1991 年，准格尔旗人民政府文化主管部门为文化局。1993 年 2 月撤文化局、体育运动委员会，合并建文化体育局。2002 年 7 月撤文化体育局、广播电视服务中心（广播电视局），合并建文化广播电视局；体育职能划归教育体育局。2010 年 11 月更名为文化广播电影电视局（旅游局）。2015 年 7 月更名为文化旅游广播电影电视局，全系统人员 157 名。

第一节　文化设施

1991 年，准格尔旗文化场馆主要有沙圪堵镇的礼堂、文化馆、图书馆；乡镇建文化站，有办公场所的村建文化室，到 1998 年有乡级文化站 26 个、村级文化室 75 个。1999 年起实施小康文化工程，薛家湾镇建成会议中心、广场，乡级政府驻地建剧场，村建戏台，到 2010 年完善乡级文化站 9 个，新建社区文化活动中心 15 个，建成嘎查村文化室 98 个、草原书屋 152 个，评定市级家庭文化户 55 户，形成旗级文化单位为龙头、乡级文化站为枢纽、村级文化室为辐射、文化户为基点的 4 级文化网络。“十二五”建设公共文化服务体系，大路新区新建博物馆、图书馆、文化艺术中心，完善乡村文化服务功能，到 2015 年，14 个文化站中，建成一级文化站 4 个、二级文化站 5 个；254 个嘎查村社区文化室中，建成标准文化室 29 个、示范文化室 16 个；形成城镇“十分钟文化圈”、农村“两公里文化圈”。

一、政府礼堂

政府礼堂位于沙圪堵镇区中心，占地面积 1500 平方米，上下两层可同时容纳 1300 人就座，其中轴线向南正对着革命烈士纪念塔。“八五”至“九五”期间，是准格尔旗主要政治、文化活动场所，电影公司每天售票放映电影 2 场至 3 场。1999 年 8 月旗人民政府迁离后，成为开发区的文化场所。2005 年 5 月 14 日，开发区拆除礼堂，改建为 4500 平方米伊东广场；2010 年 11 月，扩建为 19200 平方米的开发区民族文化广场。

2007 年 5 月 14 日政府礼堂被拆，刘志挺摄

二、工人文化宫

工人文化宫位于沙圪堵镇区，占地面积近千平方米，分上下两层，内设图书阅览室、电影院、职工培训室、总工会办公室，电影院有活动座椅 800 座，是沙圪堵镇集职工健身、群众娱乐、文艺演出于一体的文化设施。1998 年 8 月旗人民政府迁址薛家湾镇后，总工会出售工人文化宫，在薛家

湾镇新建办公楼。

三、文化馆

1991年，准格尔旗文化馆设在沙圪堵镇，开展舞蹈、美术、声乐活动，办有《美稷》文学刊物，每年举办正月十五元宵节、二月二灯游会。2001年迁至薛家湾镇文化大楼，建筑面积1200平方米，内设美术、摄影、器乐、舞蹈活动场所，在举办传统文化活动基础上，开展丰富多彩的节庆文化活动、广场文化活动。2010年11月，被文化部评定为国家三级文化馆。

四、图书馆

1991年，准格尔旗图书馆设在沙圪堵镇，设有综合阅览室、儿童阅览室，办理借阅业务，藏书3.68万册。1994年12月，被文化部评定为国家三级图书馆。2001年迁至薛家湾镇文化大楼，占地面积615平方米，设综合阅览室、借阅室、电子阅览室、资料室。2013年，图书馆总馆在大路新区建成投用，馆舍造型为错位平放的两本厚书，建筑面积1.32万平方米。设借阅室、儿童阅览室、报刊阅览室、自学室、地方文献阅览室、古籍阅览室；文化大楼图书馆改为分馆。图书总馆、分馆，全旗15个一级分馆、88个二级分馆，共计藏书42.59万册。2015年，建大学生创业园、消防大队、检察院、鸿鑫酒店、开发区、沙娃娃之星、志愿者协会7处图书漂流点，方便群众就近阅读。

五、准煤影剧院

1992年9月，准煤公司影剧院建成投用，建筑面积5554平方米，座位1200个，舞台后面有化妆室、休息室，舞台下设有乐池，是准能公司召开大型会议、演出、放映电影的文化场所。1999年8月旗人民政府迁址薛家湾镇后，多次到这里召开大型会议，举办文艺演出活动。

六、会商中心

2000年12月15日，中国共产党准格尔旗第十二次代表大会在薛家湾镇新落成的会商中心隆重开幕。会商中心是政府搬迁重点建设项目，占地面积4100平方米，3层建筑面积上万平方米，设11个会议室，大厅座位767个。会商中心与2.9万平方米的准格尔广场，成为准格尔旗新的大型政治、文化活动场所。在会商中心室内，准格尔广场露天，多次举办大型文艺演出活动。

七、博物馆

2012年1月1日，准格尔旗博物馆在大路新区落成开展，2013年8月，在内蒙古自治区文物局注册。占地面积8000平方米，地下1层，地上4层，建筑面积1.66万平方米，设4个常规展厅，1个临时展厅，展陈面积5200平方米。现代煤业展厅展示煤炭资源、煤化工产业，普及煤炭生成、分类、开采和利用等知识；民俗风情展厅展现生产生活、节庆礼俗、文化娱乐和宗教信仰等；历史文物陈列厅分文明的曙光、文化交流的沃土、多民族和谐共生的家园3个基本陈列，展现从史前至清末准格尔历史文化发展轨迹。陈列国家一级文物1件、二级文物27件、三级文物61件，镇馆之宝元代“大元国内”白釉铁锈瓷花罐，方唇、直口、溜肩、鼓腹，口径15.6厘米，

准格尔旗博物馆，2015年王晓明摄

底径13厘米，腹径27.3厘米，高21.6厘米，通身施浅黄色釉，呈现褐色缠枝花图案，腹部有铭文3行15字，从右至左分别为“至元二十二年，大元国内，二月二十日”。此物1984年由文物馆馆长李三到布尔陶亥乡乌兰沟村钉铃沙坡征集，鉴定为国家一级文物。

第二节　文化活动

准格尔旗依托旗、乡、村、户4级公共文化服务体系，开展内容丰富、形式多样的文化活动，具有鲜明的民族特色、地区特点和时代特征。有民歌坐唱、文艺演出、读书演讲、书画展览、器乐比赛、民歌大赛、少儿书画器乐歌舞比赛，专业文艺与业余文艺，节庆文化与传统文化，社区文化与家庭文化，交相辉映，各种文化活动精彩纷呈。

一、全国文化下乡

1997年起，全国开展文化、科技、卫生“三下乡”活动。准格尔旗文化下乡是重头戏，在“三下乡”中打头阵，文化部门送戏下乡、送书下乡、送电影下乡，唱响主旋律，传播正能量，将先进文化送到乡村群众家门口。2007年11月22日，内蒙古自治区2008年“三下乡”活动在大路镇东孔兑村启动，自治区党委宣传部向大路镇村民捐赠科技、文化类图书。“三下乡”也让全国当红歌星、笑星、影星来到准格尔旗，为准格尔人奉献了一场场文化盛宴。

2010年“心连心”艺术团小分队到伊泰煤制油公司慰问演出

2005年6月20日，中国曲艺家协会“进社区、送欢笑”义务演出小分队到准格尔旗慰问演出。2008年3月2日，内蒙古电视台《西口风》栏目走进暖水古镇举办大型文艺演出活动。8月8日，中央电视台《周末喜相逢》《星光大道》栏目和内蒙古消防总队文工团走进准格尔召镇，举办“恒东杯”歌咏比赛颁奖文艺晚会。9月19日，中央电视台《欢乐中国行》栏目，在薛家湾镇蒙汉大营举办“魅力准格尔”大型演唱会。2010年7月25日，中央电视台“心连心”艺术团小分队到大路煤化工基地伊泰煤制油公司慰问演出。

二、本土节庆文化

1997年8月15—18日，准格尔旗在沙圪堵镇举办首届漫瀚调艺术节，90位民间歌手参加漫瀚调演唱、演奏比赛，观众达上万人次。此后每三年举办一届漫瀚调艺术节，固定文化活动有开幕式大型晚会、漫瀚调歌手器乐大奖赛、闭幕式颁奖晚会，到2015年连续举办7届漫瀚调艺术节。在这个大舞台，艺术人才脱颖而出，艺术作品推陈出新，漫瀚调艺术大放异彩。

2010年7月28—31日，准格尔旗在十二连城乡五家尧村举办首届西瓜节暨绿色有机农产品展示会。以瓜为媒，文化搭台，经贸唱戏，开展体育比赛和文艺演出，展销绿色农产品，与农产品经销商和农资供货商开展经贸洽谈活动。到2015年连续举办5届西瓜节。

2012年4月23日，鄂尔多斯首届“高原露”杏花节在高原杏仁露公司拉开帷幕，赏山杏花，栽幸福树。之后每年杏树开花季节举办杏花节，从开发区高原杏仁露公司，到沙圪堵镇福路村杏林基地、黄河大峡谷景区，吸引外地游客观光游览，至 2015 年举办 3 届杏花节。

三、社区广场文化

1999 年，准格尔旗人民政府驻地由沙圪堵镇迁至薛家湾镇，21 世纪撤乡并镇加快城镇化步伐，城镇人口大量增加，广场、公园成为居民一早一晚健身、娱乐的重要场所。2007 年 7 月 24 日，第二届鄂尔多斯国际文化节千人广场舞大赛在世纪中学体育场开幕，各代表队轮番出场展示风采，推动全旗广场文化活动发展。

2008 年起，每年夏秋两季，旗文化广播电视局在准格尔广场开展百日广场消夏文化活动，每天至少开展一项群众文化艺术活动。业余文艺队登台竞技，健身舞表演队轮番上场，器乐声乐比赛、电影放映、书画展览等群众文化活动接连不断，吸引众多居民驻足观赏，参与其中。表演者自娱自乐，观赏者无须买票，社区居民纷纷离开电视、手机，来到广场、公园，展示才艺，强健体魄，愉悦身心。广场文化活动成为城镇居民参与最为便利、最为广泛，受众最多的文化活动，一早一晚，广场、公园成为中老年居民的乐园。

四、乡村传统文化

准格尔旗受晋陕文化影响，传统文化异常活跃，从正月十五元宵节起，依次有二月二灯游会、四月初八长滩庙会、五月十三油松王庙会、到七月十五至八月十五之间交流会，通年长流水、不断线，丰富乡村文化生活。龙口镇几乎村村建有戏台、年年唱大戏，2015 年全镇建有 23 处戏台。

2011 年友谊街道苏计沟村剧场上演晋剧，乔玮摄

元宵节。1991—1999 在沙圪堵镇举办；2000年起在薛家湾镇举办。传统社火有舞龙、高跷、舞狮、旱船、花轿、碌碡、彩车等巡游表演，逛灯游会；入夜露天观看焰火，室内欣赏专场文艺晚会。2010 年起，举办秧歌大赛、新年音乐会，到 2015 年，共举办 6 届秧歌大赛。乡镇都建秧歌队参赛，十二连城乡村村建秧歌队，2011 年起举办二月二秧歌大赛。

交流会。每年夏秋之交，瓜果飘香时节，多地举办的物资交流大会，俗称“交流会”。请文艺团体登台献艺，吸引客商交易，文化搭台、经济唱戏，生意异常火爆。沙圪堵镇的交流会规模最大，会期十天，邀请晋剧团唱大戏，吸引杂技、魔术等文艺团体助兴，日均人流量上万人。2015 年，全旗共举办 14 场交流会，沙圪堵镇交流会商品交易额超 1500 万元。

五、家庭文化活动

准格尔旗在小康文化工程建设中，培养了大批农民家庭文化户。文化部门选择有文化素养，有开展文化活动积极性，有固定文化设施的农民家庭，给予图书、乐器、经费扶持，推荐命名为各级文化户。文化户是左邻右舍的文化活动中心，劳作之余，相聚一起，吹拉弹唱、琴棋书画、剪纸编织，比拼才艺。健康有益的文化娱乐活动，让农村醉酒、赌博的现象明显减少。

2000 年，布尔陶亥乡铧尖村妇女周玉莲创办玉泉家庭文化室，组建文艺宣传队。文艺宣传队自编自演，自娱自乐，宣传国家的大政方针、宣传地方的好人好事；玉泉家庭文化室经常举办政策法律科技讲座，逢年过节开展文艺演出活动，成为当地的政策法律课堂、科技普及基地和文化活动中心。这里举办的春节联欢晚会，父老乡亲边吃周玉莲提供的年夜饭，边看文艺宣传队的演出。这位农村妇女自办的乡村春节联欢晚会，经内蒙古电视台首播、中央电视台转播，传遍了长城内外、大江南北。

第三节 文艺团体

一、专业文艺团体

1993 年 6 月，准格尔旗成立文化艺术工作团，隶属于文化体育局，录用演职人员 20 名；1999 年 3 月更名为漫瀚调艺术团；2002 年 11 月更名为民族风情艺术团；2005 年 9 月恢复改革开放前政府专业文艺团体名“乌兰牧骑”；2009 年 5 月被评定为内蒙古自治区一类乌兰牧骑；2012 年 12 月更名为漫瀚调艺术展演中心；2015 年演职人员 65 名，其中三级演员 15 名、四级演员 45 名。

该文艺团体植根于准格尔文化沃土，服务于全旗各族各界群众，每年送戏下乡演出 100 余场，受到基层群众普遍欢迎。他们挖掘地方传统文化，讴歌改革开放时代，创作大量脍炙人口的舞台艺术精品，自 1997 年创作漫瀚调小戏《双山梁》起，至 2015 年，创作舞台艺术作品 210 部，多部舞台艺术精品，走出鄂尔多斯高原，走向内蒙古大草原，登上国家艺术殿堂。

2008 年 1 月 31 日，准格尔旗乌兰牧骑应邀参演内蒙古电视台农牧民春节晚会，这是准格尔旗专业文艺团体首次亮相省级电视台。2013 年 8 月，参加鄂尔多斯市专业艺术团体文艺会演，漫瀚歌舞戏《漫瀚情缘》获金奖，坐腔《黄河水绕着准格尔流》、无伴奏合唱《毦妹妹》、男群舞《白泥窑记忆》，均获优秀奖；上述剧目入选第九届中国（北京）国际园林博览会文艺展演；2013 年 8 月，参加内蒙古第十届草原文化节小戏小品大赛，小戏《幸福全覆盖》获编剧一等奖、表演一等奖；2014 年 6 月，代表鄂尔多斯市参加内蒙古西部小戏小品比赛，获团体组织奖；《拆迁之后》《夫妻 PK》获优秀奖；小品《拆迁之后》获第十一届内蒙古草原文化节优秀表演奖。

二、舞台艺术精品

《纳林河畔》。漫瀚调歌剧。编剧，张发；编曲，刘新民；导演，晓朱、黄淑芳；主演，王凤英、刘莹、奇附林、李东等。双山梁下，纳林河畔，小小山村，发了财的二旺想和妻子梅梅离婚，重新娶个年轻漂亮的女人。想过富日子的桃花嫌丈夫憨旦没本事挣钱，吵闹着要和憨旦离婚。两对闹离婚的夫妻在前往乡政府打离婚的路上相遇。憨厚的憨旦给予梅梅同情和爱护，粗鲁的桃花从二旺的身上发现了自己的弊病。冰冷的纳林河水拦住了两对夫妻的去路，怎么办？故事展现了在困难面前，金钱与道义的较量，欲望与理智的碰撞。情节巧妙，词句精美，人物形象鲜明，歌词和唱腔具有鲜明的漫瀚调特色，成功地将漫瀚调音乐运用到歌剧音乐中。1999 年 8 月获首届鄂尔多斯文化节创作一等奖，2001 年 11 月，获内蒙古自治区第七届精神文明建设“五个一工程”优秀作品奖。

2012 年舞蹈《白泥窑记忆》剧照

《漫瀚情歌》。漫瀚调歌舞剧。编剧，白马；作曲，李凌元；导演，刘富英；主演，王伟业、刘晓梅。以一对青年男女的相识、相爱、相思、结婚为主线，选取闹元宵、灯游会、拜祭大松树、蒙汉族婚礼等民俗活动作为故事情节，演绎春天的钟情、夏天的热恋、秋天的相思和冬天的快乐，表现民族团结的主题，从多姿多彩的民俗活动中，展现准格尔旗的风土人情和文化特色。将漫瀚调音乐形式运用在大型歌舞中，进行载歌载舞的表演，漫瀚调演唱形式有了新的突破。2006 年 8 月，获内蒙古第三届国际草原文化节暨首届鄂尔多斯国际文化节专业文艺调演优秀新剧目奖。

《白泥窑记忆》。舞蹈。编导，陈二勇；音乐创作，冯金硕；服装设计，铃铛；领舞，王晓伟、邬智慧、王敏。舞蹈从远古的白泥窑、永兴店、朱开沟文化，那些封尘大地的陶瓷文物，到今天准格尔发展现代化陶瓷产业，记录着祖祖辈辈准格尔人辛劳奋进的步伐。舞蹈用极度夸张的表演，展现准格尔旗传统陶瓷业的劳动场景，通过漫瀚调的音乐和舞蹈语汇，演绎烧窑汉劳动的艰辛、收获的喜悦，用纪实的手法描绘了烧窑汉子们的阳刚之美和洒脱豪迈的性格，正如歌词所唱的那样，“心里有话，你抖开唱！”一个“抖”字尽显男人无限豪情。2010 年 8 月获华北五省区舞蹈大赛表演、编导金奖；2012 年 7 月，获内蒙古自治区第十一届精神文明建设“五个一工程”优秀作品奖。

《漫瀚情深》。晚会。导演王伟业。将传统和新创漫瀚调曲目巧妙组合，编创出全新的表演形式，展现漫瀚调的独特魅力。晚会以漫瀚调的起源、传承、发展为主线，反映蒙汉人民在准格尔这片热土世世代代团结相处，共同缔造漫瀚调的过程，深情表达准格尔人对家乡的赞美、对生活的热恋、对未来的展望。2014 年 8 月，入选第七届中国国际青年艺术周活动，为内蒙古唯一入选剧目，与 23 个国家和地区的 60 多台优秀剧目同台演出。

《海红酸海红甜》。漫瀚调音乐剧。导演，武利平，执行导演，武燕妮；编剧，高怀信、王伟业；作曲，贾一英。应用漫瀚调传统音乐和改编曲调，将漫瀚调进一步戏曲化，通过戏剧形式讲述新农村建设一系列挫折故事。果树梁村民营企业家刘有才，当年创办海红果品厂，带领村民过上一段好日子。随着时代的发展，原有的生产模式和经营方法走进了死胡同，海红果品厂濒临倒闭。土生土长的大学生村官乌云，请回她的恋人帮忙，解决果品厂存在的问题，乌云的母亲却要为乌云操办 15 年前定下的娃娃亲。最终，乌云用实际行动践行了孝道，也拯救了寄托着父老乡亲希望的果品厂。2014 年 8 月，参加第三届内蒙古二人台艺术节，获团体二等奖、优秀剧目创新奖；刘虎全获个人表演奖，兰伟获新人奖。2015 年 6 月，获第十二届中国·内蒙古草原文化节优秀剧目奖，10 月巡回包头市、巴彦淖尔市、鄂尔多斯市演出 27 场。

《手机惹的祸》。小品。导演，王伟业、刘虎全；编剧，兰伟、李源源；主演，兰伟、张丽霞、李斌、李智慧、王慧萍。反映当今社会“低头族”只顾埋头玩手机，忽略亲情，忽略下一代的教育，忽略与老年人沟通，引发观众对这一社会现象的反思。小品在准格尔旗 2015 年元宵节晚会首演后，受到广大观众的一致好评。2015 年 6 月，获内蒙古自治区小戏小品大赛一等奖；入围第十二届内蒙古草原文化节全区乌兰牧骑小戏小品优

2015 年小品《手机惹的祸》剧照

秀作品专场演出，李源源获编剧奖，张丽霞获表演奖。

《骑着马儿过草原》。舞蹈。编导，赵梁；编曲，冯建刚；领舞，邬智慧、吴迪。一群脱缰的骏马，尽情地驰骋在草原上，时而温文尔雅，时而咆哮驰骋，展示草原人民的豪迈气魄，反映民族团结进步、人民生活幸福的美丽画卷。2015 年 9 月，获第四届中国蒙古舞大赛暨第四届内蒙古电视舞蹈大赛当代蒙古舞作品银奖、表演银奖；10 月，获中国·蒙古国博览会国际蒙古舞艺术展演表演优秀奖、创作优秀奖。

三、业余文艺团体

“八五”至“九五”期间，马栅、沙圪堵等地活跃着一批民间剧团、鼓乐队，赶集赶会赶事宴，婚丧嫁娶表演吹奏。从 21 世纪小康文化工程建设，到新时代公共文化服务体系建设，乡级文化站普遍组建业余文艺队，能歌善舞的城乡居民热情参与其中。有的业余文艺队一年演出 100 多场，有的社区文艺队甚至每天都要进行排练或演出。众多的业余文艺队，频繁的排练演出活动，锤炼出不少优秀的业余文艺团体和优秀文艺节目。

2008 年，龙口镇龙口社区组建蒙龙文化演艺团，表演威风锣鼓、小戏、小品、二人台、秧歌、舞蹈和社火，队员 40 余名。2010 年，准格尔旗第二中学成立威风锣鼓队，学生队员多达 600 余名。2013 年，龙口镇马栅村 5 名老艺人发起成立马栅老年道情艺术团，表演漫瀚调、二人台、道情等传统文艺小品。到 2015 年，全旗新组建基层业余文艺队 14 支。

2011 年第二中学威风锣鼓队亮相元宵节，刘敏摄

十二连城乡五家尧村青年张军，2004 年自筹资金创办准格尔鑫宇艺术团，演出漫瀚调、二人台、小品、现代歌舞；2006 年当选村党支部书记，致力于建设新农村，艺术团创作展示新农村风采的节目，在家乡义演，活跃在蒙晋陕周边，走出一条以艺养团的自我发展之路。2007 年 7 月，文化部领导与张军就农村文化建设进行对话，《经济日报》以整版篇幅刊登对话内容，推广五家尧农村文化建设经验。2010 年 6 月 17 日，鑫宇艺术团创作的《鄂尔多斯有个五家尧》漫瀚调歌舞节目进京演出，获首届中国农民艺术节最高奖“精粹奖”。

第四节 广播电视

1991 年，准格尔旗人民政府广播电视管理部门是广播电视局，在册职工 120 名。1993 年 2 月，撤广播电视局，建广播电视台和广播电视服务公司，隶属于旗委宣传部。1995 年 3 月，撤广播电视服务公司，建广播电视服务中心（广播电视局），隶属于旗人民政府，建有线电视台，划入广播电视服务中心。1999 年被评为全国广播电影电视系统先进集体。2002 年 7 月，撤文化体育局、广播电视局，成立文化广播电视局；11 月，广播电视服务中心更名为广播电视事业发展中心，归口文化广播电视局。2004 年 4 月，撤广播电视事业发展中心。

准格尔旗广播电视事业飞速发展。从有线广播到调频广播；从无线电视，到城镇有线电视，再到农村卫星电视；从“八五”末旗政府驻地通，到“九五”末期乡乡通，再到“十一五”末期村村通，“十二五”末期实现户户通。

1991 年，旗级办有线广播站，日均播出 5 小时，25 个乡镇设放大站，有广播喇叭 2.38 万只，广播线路 6.09 万千米；有线广播通村率 62%、入户率 42%，有线广播信号混合覆盖率 70%。建沙圪堵镇栗家圪旦无线电视发射台、配套 5 处电视转播台，转播中央电视台一套、二套，内蒙古电视台，伊克昭电视台 4 套节目，日均播出 6 小时，无线电视人口覆盖率 70%。

乡村提高广播电视覆盖程度。1992 年 10 月 1 日，开通调频广播。1998—2011 年，实施“村村通”工程，从无线发射收看一套电视节目，收听一套广播节目，到一户一套卫星接收设备，收看 48 套电视节目，收听 40 套广播节目；全旗 20 户以上自然村实现村村通。1999—2000 年实施“虹波工程”，全旗有线广播喇叭减少至 1.2 万只，发放调频音箱 5.12 万只，可收听四级广播节目。2000 年 3 月，薛家湾镇二炭梁微波发射台投运，建沙圪堵镇、马栅镇、布尔陶亥乡中继发射站，传输 12 套有线电视节目、1 套自办调频广播节目，80% 的乡村接收到微波发射信号。2007—2010 年，实施自办广播电视节目覆盖工程，2.5 万多户群众收听收看到 24 套高质量广播电视节目。2012—2013 年，实施直播卫星“户户通”工程，安装 0.99 万套“户户通”。2014—2015 年，实施“十个全覆盖”工程的村村通广播电视，建成大路综合发射台，自办节目开始覆盖北部区，全旗安装电视“户户通”3.75 万户、广播“村村响”164 套。

薛家湾广播电视信号发射台，2022 年摄

1991 年，长滩乡 200 多平方千米的山川沟壑，建起长达 488 千米的有线广播线路，喇叭入户率高达 99.1%。乡广播站自办广播节目，播出长滩新闻、读报学政策、庄户人拉家常等节目，小喇叭成为群众的“顺风耳”；乡村两级利用广播，传达政令，指挥生产，小喇叭成为干部的好帮手；广播站播出农副产品收购信息，全乡 2000 多农户出售农产品，至少增收 10 万多元，小喇叭成为农民的“活财神”；广播站在广播线路上安装对讲机，通过喇叭代传电报、电话，通知领取邮件，小喇叭成为群众的“土电话”。1996 年，中宣部向全国推广了长滩乡发展有线广播事业的经验。

城镇大力发展有线数字电视。1993 年，薛家湾矿区开通有线电视，首批入网用户 200 户；1994 年 10 月，沙圪堵镇开通有线电视，传输 14 套节目，首批有线电视用户 3000 户。1996 年 10 月，沙圪堵镇、薛家湾镇同时开通加密电视，收看中央电视台三、五、六、八套节目。2007 年 1 月 18 日，内蒙古首家旗县数字电视网络落户准格尔经济开发区，450 兆赫兹电缆传输网升级为 860 兆赫兹光电混合网，33 套模拟电视节目整体转换为 80 套数字电视节目。

2015 年，全旗建成沙圪堵、薛家湾、大路 3 个广播电视信号综合发射台，广播信号差转站 8 处，广播“村村响”设备 164 套；广播信号综合覆盖率 97.3%。自办广播节目，日均播音 16 小时。建成地面数字电视基站 23 处，乡村安装电视“户户通”4.74 万户，城镇发展有线数字电视用户 5.06

万户，电视信号综合覆盖率 95.3%，自办电视节目日均播出 16 小时。

第五节　电　影

一、电影摄制

“八五”以来，准格尔旗特有的地域文化和独特的自然景观，吸引《山不转水转》《啊！摇篮》《黑骏马》《水命》《乔家大院》等影视剧组前来拍摄外景。2004 年 9 月，准旗籍作家张秉毅创作的电影《烟流上、水流下》在准格尔旗取景开拍。2005 年 2 月 9 日，中国电影集团拍摄的电影《遍地清泉》在中央电视台电影频道首播，该片由准旗籍导演于向远执导，准旗作家王建中编剧，主演武利平、李强、戴萍等。

2009 年 9 月，薛家湾镇阳塔村退伍军人樊晓龙自编自导的电影《二哥》在准格尔广场和网络视频播出后，主人公二平四处奔波，给身患重病的妹妹筹措治疗费的故事，深深打动了观众和众多网民。2010 年 8 月，他编导的反映大学生村官带领群众致富的电影《村官》播出。《村官》讲述的是农民身边的故事，演员也是邻里乡亲，让观众倍感亲切，被旗委组织部纳入党员干部远程教育网。2011 年 7 月 3 日，樊晓龙接受中央电视台《聚焦三农》栏目专访，其取材于民，益教于民，拍摄农民自己的电影，被媒体誉为草根出身的“农民导演”，2012 年 1 月被评为“2011 年中国十大 80 后农村励志青年”。2011 年 12 月 29 日，在旗人民政府支持下，樊晓龙自编自导的电影《跟着幸福走》举行首映式，该片反映了生态移民的大背景下，泷水村乡亲们迁离难以割舍的故土，搬到城市生活的现实故事，网络播出不到一个月，点击率迅速突破 10 万次。2015 年，他又编导完成了《跟着幸福走 2》《好人刘显亮》等原汁原味的农民影视作品。

2014 年 8 月 20 日，中宣部、国家新闻出版广播电影电视总局公布庆祝建国 65 周年“中国梦”主题精品国产电影展映名录，准格尔旗参与摄制的电影《回乡种田》入选，这是内蒙古唯一入选影片。影片以准格尔旗沿黄河发展现代农牧业为背景，讲述了女大学生村官柳萌回家乡种田，通过以父亲为代表的老一代农民在土地流转问题上思想观念的激烈碰撞，最终实现从传统农业向现代农业转变的感人故事。该片由伊·呼和导演，张秉毅、伊·呼和编剧。

2015 年 6 月 25 日，旗人民政府投资，内蒙古电影集团拍摄的电影《漫瀚调》，在第 12 届内蒙古草原文化节首映，9 月 14 日入选第 24 届中国金鸡百花电影节展映。该片由准旗籍作家张秉毅编剧，赵国桦导演，主演孙绍龙、伊日贵。影片以漫瀚调为素材，再现了鸦片战争后清政府在鄂尔多斯左翼前旗征兵筹饷、摊派驮马、大面积开垦牧场的历史，反映了蒙汉人民同仇敌忾、奋起反抗清王朝开垦牧场的故事，蒙古族姑娘都丽玛和汉族小伙李清河在武装抗垦斗争中，产生了纯洁美好的爱情，热情讴歌了蒙汉民族亲如一家的深厚情谊。

2015 年电影《漫瀚调》海报

2015 年 9 月 23 日，首届鄂尔多斯微电影节微电影大赛颁奖，准格尔旗漫瀚调艺术展演中心拍摄的漫瀚调曲牌故事微电影《二少爷招兵》获特别荣誉奖，《双满意》《二道圪梁》获优秀作品奖，准格尔旗获组织奖。

二、电影发行

1991 年，准格尔旗电影发行放映公司有 35 毫米电影放映机一组，每天以售票形式在沙圪堵镇的旗政府礼堂放映 2 ～ 3 场，一年放映影片 100 余部 780 余场；基层有 12 个乡镇电影放映队，全年共放映电影 1175 场，观众达 12.7 万人次，发行放映收入 8.5 万元。1999 年，电影公司解体。

2000 年 9 月，国家实施西部少数民族地区广播电视覆盖工程，配送 1 辆准格尔旗厢式流动电影放映车。2003 年，国家实施电影“2131”工程，21 世纪每个行政村每个月放映一场电影；2008 年，国家投资组建基层数字电影放映队，配送准格尔旗数字放映机 8 套，由苏木乡镇文化站选派放映员，负责所属苏木乡镇的放映，当年发行数字电影拷贝，共计放映 1600 场。2013 年放映 2980 场。2014 年，鄂尔多斯市在公共文化服务体系建设中，为准格尔旗乡镇放映单位配备流动放映车 13 辆，实现苏木乡镇街道拥有 1 辆流动电影放映车，把电影送到农民家门口。2015 年，全旗发行数字电影拷贝 2300 部，放映 2400 余场次，实现每村每月一场电影目标；准格尔旗电影发行管理站被评为内蒙古自治区农村牧区电影工作先进集体。

三、电影院

1991 年，准格尔旗电影院设在薛家湾镇沙圪堵镇的旗政府礼堂。1999 年，旗人民政府迁至薛家湾镇后，电影放映场所主要有准煤公司影剧院、政府会商中心、准格尔广场。2013 年 6 月，满天星影院在友谊街道建成投运，建筑面积 1400 平方米，3 个影厅可容纳 200 余人同时观影，装备先进的 3D 立体数字电影放映设备、高保真音响、环绕立体声系统和高亮度巨幅银幕，2015 年收入 200 余万元。2015 年，亿达电影院在开发区建成投用，建筑面积 1470 平方米，3 个影厅可同时容纳 278 人观影，装备 3D 立体数字电影放映设备，年收入 10 万余元。

第六节　图书发行

1991 年，准格尔旗唯一出版物发行单位内蒙古新华书店准格尔旗店，下设沙圪堵镇、榆树湾镇 2 个门市部，在册员工 18 名；被命名为内蒙古自治区文明单位。1993 年，更名为内蒙古新华书店准格尔旗支店，实行人财物、产供销省级统一管理；在沙圪堵镇建成 2 层营业楼 613 平方米。1994 年，撤榆树湾镇门市部。1995 年，在薛家湾镇兴隆市场新建门市部。2002 年 1 月 21 日，新华书店大楼在薛家湾镇落成开业，5 层建筑面积 2083 平方米；新华书店由沙圪堵镇搬迁到薛家湾镇，沙圪堵镇经营场所改为门市部，撤薛家湾镇兴隆市场门市部。2005，撤沙圪堵镇门市部。2006 年，被中宣部、新闻出版署第三次评为全国农村图书发行先进单位。2007 年，更名为内蒙古新华书店发行集团准格尔旗新华书店。2015 年，固定资产 1843.22 万元，在册员工 15 名。

新华书店承担着全旗中小学教材、教辅读物的发行任务。1991—2002 年，实行书店预订教材，教材费与各学校分别结算，常出现教材多订现象。2003 年，与教育局签订教材发行协议，书店保证教材“课前到书、人手一册、送书到校、服务到生”，教材费改由教育局统一支付。2007 年，教材发行与内蒙古新华书店集团联网，实行信息化管理，教材发行实现一人一册，精准到位，既不多订，也不少发。2008 年，实现教材、教学辅助用书分拣配送到学校、班级。

新华书店注重出版物发行的社会效益。1997 年开始内蒙古“草原书屋”建设，为部分乡镇、村嘎查捐赠图书。2004 年，与团旗委联合开展“读书育人”活动，在薛家湾、沙圪堵两地开办购借阅图书业务。2007 年，为旗图书馆配置价值 30 万元的图书，为部分学校图书馆配置价值 170 万元的图书。2009 年，按照“政府资助建设，鼓励社会捐助，农民自主管理，市场运作发展”的模式，在 30 个行政村创建“草原书屋”，到 2010 年，全旗建成“草原书屋”152 个。2015 年 4—7 月，在准格尔广场设点开展书展活动，建设书香准格尔。

准格尔旗新华书店，2022 年摄

新华书店出色完成教材、图书音像制品和电子出版物发行任务，进入“十一五”后，经济效益跃居全区旗县新华书店之首。图书销售收入由 1991 年 124.40 万元增加到 2015 年 2510.00 万元；实现利润由 1991 年 11.02 万元增加到 2015 年 428.15 万元；纳税额 1994 年 3.18 万元，2009 年高达 92.45 万元，2015 年回落到 16.8 万元。

随着经济社会发展，居民阅读需求增长，以中小学教学辅助图书为主要卖点的个体书店应运而生。到 2015 年，全旗图书音像制品零售单位共 41 家，获批个体书店 28 家，其中，薛家湾镇及 4 个街道 15 家，规模较大的有大众书店、国安书城、白云书店；开发区小苹果书店、肚肚书店；龙口镇计明文化教育书店。大众书店位于兴隆街道鑫凯社区，为全旗最大个体书店。

第七节　物质文化遗产

准格尔旗物质文化遗产丰富，政府十分重视文物保护。“八五”至“九五”期间，配合内蒙古文物考古研究所对准格尔煤田、万家寨水利枢纽等重点建设项目区抢救性考古挖掘。其间，1994 年 8 月成立文物保护管理委员会，对重点文物保护单位挂牌保护，所在乡村配备专兼职人员管理，严厉打击盗掘古墓、走私文物的文物犯罪；1998 年 4 月编纂《准格尔旗文物志》，由远方出版社出版。2000 年抢救性维修准格尔召，保护性加固油松王地基。2007—2011 年完成第三次全国文物普查，登记不可移动文物 213 处；城塔青铜时代墓群、庙塔清代石窟寺 2010 年 9 月列入内蒙古第三次文物普查 20 大新发现，庙塔清代石窟寺 2011 年 11 月列入第三次全国文物普查百大新发现。2013—2015 年完成第一次全国可移动文物普查，全旗文物收藏单位 4 家，登记可移动文物 1119 件，其中博物馆收藏文物 1008 件，有国家一级文物 1 件、二级文物 27 件、三级文物 61 件。2015 年，全旗有旗级文物保护单位 212 处、市级文物保护单位 14 处、自治区级文物保护单位 15 处、国家级重点文物保护单位 3 处。

一、十二连城古城

十二连城古城位于十二连城乡脑包湾村、天顺圪梁村、巨合滩村。汉元朔元年（前 127 年）置沙南县。隋开皇七年（587 年）置榆林县；开皇二十年（600 年），割榆林、富昌、金河 3 县置胜州；大业三年（607 年）改胜州为榆林郡，郡治榆林县；唐贞观三年（629 年）在榆林郡置胜州；天宝元年（742 年），改胜州为榆林郡，乾元元年（758 年），复称榆林郡为胜州，领榆林、河滨 2 县，州治榆林县。辽神册元年（916 年）废胜州，河东置东胜州。明洪武四年（1371 年）置东胜卫；洪武二十六年（1393 年），东胜右卫治胜州故城。城址保存较好，清晰可辨 8 城，面积 51.79 平方千米，采集铜钱有汉半两、隋五铢、唐开元通宝、宋景德元宝等，出土“故人品子姜义贞”墓志，为胜州榆林城提供确凿物证。1964 年 10 月 22 日，被列为首批内蒙古自治区文物保护单位；2006 年 5 月 25 日，被列为第六批全国重点文物保护单位。

二、寨子圪旦遗址

寨子圪旦位于薛家湾镇百草塔村，1998 年，准格尔旗文物普查队发现，鄂尔多斯博物馆组成考古队发掘，遗址东临黄河，地处覆斗形山体，略呈椭圆形，面积 1.5 万平方米，石砌围墙底宽 4.5 米，顶部残宽 0.5 ～ 3.5 米，残高 1.5 米，中心地带为长 30 米高台基址，建“品”字形祭坛，面积 9.03 万平方米，地表发现新石器时期陶制生活器具，是中国北方发现时代最早的具有石筑围墙的遗址，集防御与宗教为一体。2004 年 10 月 22 日，被列为第四批内蒙古自治区文物保护单位；2013 年 5 月 3 日，被列为第七批全国重点文物保护单位。

三、准格尔召

准格尔召，2007 年摄

准格尔召位于准格尔召镇准格尔召村。始建于明天启三年（1623 年），建成大佛殿、大经堂、莲花僧殿、弥勒佛殿、四大天王殿 5 座建筑，藏语名“嘎丹夏珠达尔杰朗”，蒙古语名“额尔德尼布力日图苏莫”，明廷赐名“秘宝寺”，清廷赐名“宝堂寺”。1920 年扩建重修，建成经堂、佛殿、佛爷商、白塔、红塔等建筑 34 座，占地面积 130 万平方米。改革开放后仅存大独宫、舍利独宫、五道庙、诺彦商、观音庙、佛爷商、千佛殿、大常署、二常署 9 座建筑，占地面积 4 万余平方米，为鄂尔多斯最大藏传佛教格鲁派寺庙建筑群。农历四月十三至五月十三举行嘛尼会，七月初二至初九举行雅尼会。1986 年 5 月 10 日，被列为第二批内蒙古自治区文物保护单位；2013 年 5 月 3 日，被列为第七批全国重点文物保护单位。

四、战国秦长城

战国秦长城位于准格尔召镇、暖水乡。秦昭襄王三十七年（前 270 年），徙内地军民十万筑长城，防备戎狄，西起今甘肃岷县，北经皋兰，东越陇山，入陕西富县境，又北经延安、绥德，东达黄河西岸而止，长 2000 余千米，秦亡后废。此段长城从伊金霍洛旗纳林陶亥镇向东北，跨入准格尔召镇李家坡，向北进入碾房塔、黄天棉图、公沟和铧尖；向东进入暖水乡暖水村，向西北进入榆树壕村，通过准达两旗交界至达旗敖包梁。旗境残存战国秦长城 4.26 万米，由 8540 米土墙、7357 米石墙、2.02 万米山险、12 座烽燧以及 2 座障城所组成。2001 年 6 月 25 日，伊金霍洛旗战国秦长城被列为第五批全国重点文物保护单位。

五、油松王

油松王位于纳日松镇松树墕村。1979 年，中国林科院专家测定，高 26 米，胸径 1.34 米，积材 13.5 立方米，树龄 893 年，为北宋元祐四年（1089 年）一粒天然落种而生，是中国树龄最长、积材最多的油松，林科院专家赠联：“大兴安岭群林无首，准格尔旗一树称王。”树大成神、寿长成仙，当地人称之为“神树”，四时供奉，经声不断，香火鼎盛。在油松王近百米处一株古柏，围绕两树建砖砌围墙，松王南建寺庙，前院有三皇庙，后院有松王庙、药王庙、经堂、祭台等；庙南建大戏台。每逢农历初一、十五均有游人聚集，五月十三和七月十五为油松王庙会，游人云集，盛况空前。1996 年 5 月 28 日，被列为第三批内蒙古自治区文物保护单位。

六、王爷府

王爷府正庭，2022 年吴运生摄

王爷府坐落在布尔陶亥苏木公益盖村，是准格尔旗三代王爷官邸。同治元年（1862 年）始建，同治七年（1868 年）建成占地百亩王府，光绪三年（1877 年）建花园。王府坐北朝南，中轴甬道自南门起，直通北正庭，东西两厢对称布局。南门影壁掩护，两侧蹲踞石狮。正庭 5 间，东西配耳阁，起宫殿脊，雕梁画栋，古色古香。整个王府建房 60 余间。外围筑城墙，东西南北等距，周长三里，高两丈，筑东西门楼，置 12 炮台，士卒昼夜值守，人称“大营盘”。宣统元年（1909 年），旗务衙门迁至杨家湾，另建守护王爷遗老遗少兵营，人称“小营盘”。1938 年 2 月，王府遭日伪洗劫，仅留正庭和耳阁。1996 年 5 月 28 日，被列为第三批内蒙古自治区文物保护单位。

七、美稷古城

美稷古城位于沙圪堵镇纳林村，地处纳林川东岸台地，城呈正方形，边长 450 米，因立南匈奴单于庭闻名于世，载入史册。西汉元朔四年（前 125 年），在湳水（纳林川）建美稷、富昌（今陕西省府谷县古城）县，属西河郡辖。元狩二年（前 121 年）置西河属国，安置附汉匈奴。东汉建武二十六年（50 年），南匈奴醢落尸逐鞮单于迁居西河美稷立单于庭。南匈奴单于驻美稷 134 年，传 19 代单于。建安二十一年（216 年），曹操将呼厨泉单于拘留到邺城，南匈奴单于终止。2007 年 6 月 5 日，列为第一批鄂尔多斯市文物保护单位。2014 年 9 月 24 日，被列为第五批内蒙古自治区文物保护单位。

八、丰州古城

丰州古城位于纳日松镇二长渠村。古城依山势而筑，占地面积 20 万平方米，城南 500 米山梁墓区，出土墨书“大观四年（1110 年）十一月三十日常八哥骨殖”陶罐，证明为宋丰州故城，城北 7 千米保宁砦，城西 7 千米永安砦。三城互呈犄角之势，西北 500 平方千米范围内分布烽燧 20 余座，黄土夯筑而成，高 4 ～ 16 米，每隔 2.5 ～ 5 公里一座，登上一座方能望见下一座，绵延不断。开宝二年（969 年），宋丰州衙内指挥使王承美始筑丰州城。庆历元年（1041 年），丰州为西夏所破。嘉祐六年（1061 年），宋朝收复丰州，修复丰州城垣，新筑了保宁砦和永安砦，及多处烽燧。由丰州、保宁砦、永安砦两座卫星城及其烽燧线，组成多重军事防御体系，为内蒙古唯一宋代州城烽燧。2007 年 6 月 5 日，列为第一批鄂尔多斯市文物保护单位。2014 年 9 月 24 日，丰州长城、宋代烽燧线，双双列为第五批内蒙古自治区文物保护单位。

另，全旗还有 7 处自治区级文物保护单位，薛家湾镇寨子上新石器遗址、大路镇城壕东周城址、纳日松镇战国秦广衍县城、大路镇马三窑汉墓群、龙口镇包子塔明代古村落、薛家湾镇庙塔清代石窟寺、龙口镇明长城。2014 年 11 月 25 日，包子塔所在的龙口镇杜家峁村，入围第三批中国传统村落名录。

第八节　非物质文化遗产

非物质文化遗产是一方民间精神文化的载体，随着经济发展、社会转型，这些宝贵的民间文化遗产面临失传的危险。准格尔旗几代文化工作者，凭着对地方文化的自觉意识，抢救性搜集整理民间精神文化现象，申报非物质文化遗产，培养代表性传承人，多个非物质文化遗产得到保护传承。

2015 年，全旗列入旗级非物质文化遗产名录 10 项，传统面塑、传统寿诞礼俗、传统丧葬礼俗、喇嘛教史话、民间剪纸、民间刺绣、民间雕塑、民间工艺、准格尔方言、准格尔谚语；列入市级非物质文化遗产名录 4 项，传统游艺、“六六八八”席面、碗托制作技艺、蒙古族传统服饰；列入自治区级非物质文化遗产名录 7 项，灯游会、传说故事、油松王祭祀、准格尔召经会、植物染色技艺、传统婚礼骡驮轿、粗瓷制作技艺；漫瀚调列入国家级非物质文化遗产名录。全旗有国家级代表性传承人 1 名、自治区级传承人 3 名、市级传承人 6 名、旗级传承人 27 名。

一、漫瀚调艺术

漫瀚调以鄂尔多斯蒙古族短调民歌为母曲，融入晋陕汉族民歌元素，发展成为准格尔旗特有的民歌。一曲多调，一调多曲，男声按女声部高唱；即兴编词，一问一答、一唱一和；伴奏乐器四胡、笛子、扬琴 3 套件；歌词叙事反映时政内容、百姓生活；抒情反映男女爱情，爱情悲剧令人肝肠寸断。2007 年 6 月 15 日，列入内蒙古自治区第一批非物质文化遗产名录。2008 年 6 月 7 日，列入国务院公布、文化部确定的第二批国家级非物质文化遗产名录。到 2015 年，有国家级传承人 1 名、自治区级传承人 2 名。

二、灯游会

灯游会场有 9 个万字组成的九曲黄河循环灯阵，人们绕游灯阵，祈福求财、祛邪祛病。阵中央立龙头老杆主灯，抱老杆，求一年通顺，四季平安，万事如意；九曲处依次悬福灯、禄灯、寿灯、喜灯、富灯、安灯、康灯、祥灯、顺灯，依次走过，接受 9 灯光照，可获 9 种瑞气。

2016 年乡村灯游会九曲黄河阵

十八湾处挂平安灯、发财灯、送子灯、前程灯、求婚灯、长寿灯等18盏心愿灯，偷灯许愿，来年送灯还愿。清末晋陕汉民将九曲黄河灯阵传入准旗，很快被蒙古旗民接受，民国年间在五大商镇盛行，改革开放后发展成为一项全旗性民间文化活动，多在正月十五元宵节、二月二龙抬头举办，暖水古街也正月廿五填仓节举办。2007年6月，被列入内蒙古自治区第一批非物质文化遗产名录。

三、骡驮轿婚俗

黄河沿岸、长城沿线，山路崎岖，仅容人畜单行，骡驮轿婚俗盛行。骡驮轿靠前后两畜力拉与推驱动，中间花轿仅容3人坐乘，前座新郎家娶亲长者，中座新娘家送亲长者，后座才是蒙盖头新娘。爆竹声中，骡驮轿由新郎家出发，到新娘家时鼓乐齐鸣。三遍鼓乐后，新娘着嫁妆上轿，一路鼓乐相随，迎娶到新郎家。讲究"娶三送四"，新郎家派3人迎娶，新娘家派4人送亲；乘坐花轿3人，路遇行人须行奉揖礼，路遇婚车两新娘须互换盖头。2009年6月列入内蒙古自治区第二批非物质文化遗产名录。

骡驮轿娶亲婚俗，2006年汤世光摄

四、传说故事

准格尔旗口口相传、代代传承的神话传说、笑话故事，有广泛的群众基础。几乎每个地名都有一个传说，两三人凑一块就能给一个人编出一个笑话。妖精太太的故事、敖包的传说，反映了自清顺治六年（1649年）准格尔建旗以来蒙古民族的历史。油松王的传说，在准格尔旗家喻户晓。旗内外广为流传的杨三换的笑话，反映了准格尔旗改革开放初期的历史。改革开放后，随着准格尔煤田的开发建设，全国各地的建设者涌入，极大丰富了准格尔旗传说故事的内容。2009年6月列入内蒙古自治区第二批非物质文化遗产名录。

五、植物染色技艺

准旗手工编织地毯可追溯到清代，地毯原料羊毛纱线用植物染色，师徒之间手把手代代相传，传承到民国年间，五字湾、沙圪堵等地家庭地毯作坊，用蓝靛染制青蓝原色，混合染制生产"二蓝""三蓝"地毯，民间奉为传辈数珍品。改革开放后，纳林地毯厂、民族地毯厂生产仿古地毯，植物染色发展到生产"五彩""七彩"地毯，漂洋过海出口30多个国家和地区。取自植物色素靛蓝染青蓝色，发酵后为可溶性溶液，羊毛纱经煮、渍、暴等工序，氧化生成不溶于水的青蓝色，保护羊毛，不伤毛质油性，多次洗涤色泽如新，颜色保持年限超过地毯使用寿命。该技艺2009年6月列入内蒙古自治区第二批非物质文化遗产名录，2014年8月王根凤被命名为第四批内蒙古自治区非物质文化遗产传承人。

六、准格尔召经会

准格尔召小经日日念，一年举办经会数十次，定期举办三大法会，分别为正月十四至十六的元宵祈祷会、四月十三至廿三的春季玛尼会、七月初二至初九的夏季雅尼会，尤以玛尼、雅尼两会最为隆重。法会期间，俗家信众四方云集，请众僧诵经，向佛像膜拜，看查玛舞，尝曼驾粥，祈求阖家幸福、风调雨顺。查玛舞俗称"跳鬼"，众僧身着袈裟，头戴面具，手执法器，伴随法号声起舞巡游，请神下凡，保佑人间，驱逐鬼怪。“布日也”长号长约2米，喇叭口径约30厘米，浑厚的声音方圆数十里清晰可闻；曼驾锅能煮一头牛的肉、三石六斗米的粥。2009年6月，玛尼、雅尼两会，查玛舞、曼驾粥为标志的经会，列入内蒙古自治区第二批非物质文化遗产名录。

七、油松王祭祀

纳日松镇松树墕村的大松树，凭近千年树龄被林科院誉为“中国油松王”。树大成神，寿长成仙，民间敬奉为“神树”，四季供奉，经声不断，香火鼎盛。每月初一、十五，均有信众祭拜；每年五月十三、七月十五为油松王庙会，游人云集，盛况空前。祭祀供奉和捐赠用于油松王保护和祭祀设施建设，建有松王庙、三皇庙、药王庙、经堂、祭台等祭祀设施。旗民常挂红布袍许愿，如愿者捐资助建祭祀设施，家有病者到药王庙求药。2009年6月列入内蒙古自治区第二批非物质文化遗产名录。

八、粗瓷制作技艺

暖水乡肯木肯村樊家渠瓷窑，1910年左右由保德师傅创办，最先掌握这门技艺的当地人耿栓，将当地黏度大的高岭土，和成泥条、泥板，捏塑成型素坯，上釉高温烧制成坚固耐用的粗瓷。后经王邦、王侯荣等几代师傅实践琢磨，到改革开放初期，烧制粗瓷形成系列，有瓮、罐、缸、盆、坛、碗、壶等20多种产品。跨入21世纪，粗瓷产业因农村人口大量转移城镇走向衰落，粗瓷制作技艺得以保存。2015年12月列为内蒙古自治区第五批非物质文化遗产名录。

暖水乡肯木肯村樊家渠瓷窑，2016年路顺斌摄

第二章　漫瀚调

准格尔旗是漫瀚调的故乡，漫瀚调是准格尔旗的特产。蒙古草原的牧歌与黄土高坡的山曲水乳交融，孕育了独具地域特色的民间艺术奇葩“漫瀚调”。它从“走西口”唱到21世纪，从山乡田间地头唱到国家艺术殿堂，成为准格尔旗对外交流的文化名片和准格尔人不可或缺的精神食粮。

第一节　漫瀚调形成

漫瀚调源于清朝“走西口”。清朝实行“借地养民”政策，康熙三十六年（1697年）开放边禁，允许晋陕汉民春至秋归，租耕准格尔旗地，犹如雁行，“内地民人以口外种地为恒产，蒙古旗人以资地租为赡养”。道光四年（1824年），准格尔旗按地域设达庆、达尔古，管理流入旗地汉民；光绪二十年（1894年）允许汉民定居旗下。光绪三十二年（1906年），清朝实行“移民实边”新政，放垦旗地“黑界地”，吸引晋陕汉民大量涌入旗地，准格尔旗渐成蒙汉杂居、农牧兼营格局。农牧兼营带动文化融合。晋陕汉民将蒙古短调民歌音乐填入汉词，用故乡特有的即兴编词的特点演唱，逐渐形成以鄂尔多斯短调民歌为母体，以晋陕民歌的部分旋律为特色的新的民歌歌种漫瀚调。正如漫瀚调歌词所唱：“准格尔是晋陕蒙的三交界，漫瀚调是蒙汉人民的牵魂线；漫瀚调是一颗混种种瓜，蒙汉人民用心血浇灌了它。”

第二节　漫瀚调传承

1995年10月，准格尔旗被命名为内蒙古漫瀚调艺术之乡；1996年11月被文化部命名为中国民间艺术漫瀚调之乡。1997年起，旗人民政府每三年举办一届漫瀚调艺术节。2001年9月，教师进修学校开设漫瀚调艺术班，学制三年，两届招收学员76名，王慧萍2003年1月获全国首届民歌大赛优秀奖，韩丽2007年获全国首届原生态民歌大赛金奖。2003年8月，鄂尔多斯市文化艺术创作研究所所长张发主持“漫瀚调的保护与发展”课题，列为全国艺术科学“十五”规划研究课题。2007年6月，漫瀚调列入内蒙古自治区第一批非物质文化遗产名录；2008年6月，列入第二批国家级非物质文化遗产名录。2008年10月，准格尔旗成立漫瀚调艺术研究所，召开漫瀚调艺术研讨会，旗内外专家、学者、漫瀚调歌手、乐手近百人为传承漫瀚调献计献策；2009年起，漫瀚调艺术研究所开办漫瀚调艺术培训班，至2015年举办7期漫瀚调培训班；2010年11月建立168名歌手、乐手的文字、音像资料库。

2017年来自乡村的漫瀚调小歌手，吴运生摄

一、学术研究成果

1991—2015年，专家学者出版的漫瀚调专著主要有：王世一、柳谦、张皇合著《漫瀚调》（人民音乐出版社1993年3月版），赛音吉雅整理《准格尔旗民歌（蒙文版）》（内蒙古人民出版社1993年4月版），张发编著《漫瀚调放歌》（内蒙古人民出版社2004年10月版），杜荣芳主编《漫瀚调艺术研究》（内蒙古人民出版社2006年5月版），李克仁主编《走西口与漫瀚调》（内蒙古人民出版社2010年12月版），张发主编《漫瀚调传承与发展》（内蒙古大学出版社2013年7月版）；2014年6月，《漫瀚调传承与发展》《漫瀚调放歌》入选中国非物质文化遗产保护出版成果展。旗委宣传部2012年12月编印《漫瀚调艺术研究文集》；漫瀚调艺术研究所2012年4月编印《漫瀚调音乐欣赏》；2014年12月编印《漫瀚调知识读本》；2015年5月编印《漫瀚调新词》。

25年间文艺工作者创作的漫瀚调艺术作品主要有，1997年文工团创作的漫瀚调小戏《双山梁》；1999年8月漫瀚调艺术团创作的漫瀚调歌剧《纳林河畔》；2006年8月乌兰牧骑创作的歌舞诗画《漫瀚情歌》；漫瀚调艺术展演中心2013年6月创作的漫瀚调晚会《漫瀚情深》；2014年8月创作的漫瀚调音乐剧《海红酸海红甜》；2015年6月内蒙古电影集团拍摄电影《漫瀚调》。

2001 年 11 月 26 日召开首届漫瀚调研讨会

25 年间，文化部门录制的音像制品主要有，内蒙古电视台蒙语栏目 2011 年 8 月摄制的《鄂尔多斯民歌经典荟萃》；漫瀚调艺术研究所 2011 年 8 月录制的 DVD 光盘《漫瀚风情》；《准格尔民歌经典 DVD（中国音乐家音像出版社 2012 年 8 月版）》；张钧主编的《唱响准格尔（壮美风光与漫瀚调）》（中国音乐家音像出版社 2015 年 8 月版）、《准格尔民歌经典》（中国音乐家音像出版社 2015 年 8 月版）；文化旅游广播电影电视局 2015 年 8 月录制的漫瀚调音乐剧《牵魂线》、漫瀚调主题晚会《漫瀚情深》、漫瀚调曲牌故事电影系列《二少爷招兵》《双满意》《二道圪梁》，原生态歌手专辑《亲情漫瀚调》《放歌漫瀚调》等。

二、代表性传承人

截至 2015 年，准格尔旗命名漫瀚调代表性传承人 14 名，谢二东、侯来元、王秀花、何银秀、张茂荣、刘莹、王美臻、张三仲、张美丽、田光成、王伟业、付二兰、王慧萍、刘虎全。

2009 年 6 月，黄山、韩丽、弓赛音吉雅、奇俊文被命名为鄂尔多斯市首批非物质文化遗产漫瀚调传承人；2014 年 8 月，岳文祥被命名为鄂尔多斯市第三批非物质文化遗产漫瀚调传承人。

郭立民，1936 年出生于伊金霍洛旗，民间艺人。1997 年 8 月，获首届漫瀚调艺术节歌手、器乐大奖赛四胡演奏特别奖。1999 年 8 月，参加漫瀚调歌剧《纳林河畔》演出，获首届鄂尔多斯文化节乐队二等奖。2012 年 12 月，被命名为第三批自治区级非物质文化遗产漫瀚调代表性传承人。

王凤英，女，1965 年 11 月出生于陕西省府谷县，国家三级演员。2000 年获第二届中国西部民歌邀请赛特别奖；2000 年 8 月获第二届漫瀚调艺术节演唱一等奖；2012 年 7 月命名为第二批市级非物质文化遗产漫瀚调代表性传承人；2014 年 7 月命名为第四批自治区级非物质文化遗产漫瀚调代表性传承人。

奇附林，蒙古族，1953 年 11 月生，大路镇小滩子村人。2007 年 6 月，被命名为中国民间文化杰出传承人。同年 12 月，获中国原生态民歌大赛漫瀚调优秀传承奖。2010 年 11 月，获首届中国农民艺术节全国乡村歌手大赛一等奖。2011 年 12 月，获第十届中国民间文艺山花奖民间艺术表演奖。2012 年 12 月 20 日，被命名为第四批国家级非物质文化遗产漫瀚调代表性传承人。

第三节　艺术特点

一、漫瀚调曲牌

王世一、柳谦、张皇三人合著《漫瀚调》一书列出 60 首曲目。这些曲目名称都来自民间称呼，文艺工作者在搜集整理这些曲目时，尊重并保留了民间的这些称呼。较少一部分保留了母曲的蒙语原名，如《乌令花》《喇嘛苏》《阿拉腾达勒》等；有一部分将其母曲的原名翻译为汉名，如《二道圪梁》《白花姑娘》《小黄马》《我们的掌柜》等；相当一部分是以最初填写的唱词或最典型的唱词命名，如《说不下个日子不让你走》《想亲亲想得迷了窍》《铁锯子解不开咱二人的心》，大部分曲目名称以地名、人名、故事起名，如《双山梁》《德胜西》《二少爷招兵》《妖精太太》等。被歌手采用最多、流传最广的有，《双山梁》《二少爷招兵》《二道圪梁》《联四曲儿》《白大路》《西山活要命》《巨合滩》《王爱召》《白菜花》《黑召赖沟栽柳树》《妖精太太》《达庆老爷》《德胜西》《哎哟哟》《森腾嘛嘛》《双满意》《小黄马》等 20 多首曲子。

二、漫瀚调音乐

漫瀚调音域宽广高亢，曲调舒展流畅，如在群众中传唱最多的《双山梁》曲调。漫瀚调乐句中，切分音应用非常多，听起来柔美亲切，如典型的漫瀚调《联四曲儿》曲谱。多有音阶大幅度跳跃的乐句，乐曲显得洒脱豪放，情感炽烈。乐曲结构比较方正，绝大多数由两个或四个长短相等的乐句组成。漫瀚调母曲鄂尔多斯短调民歌演变为漫瀚调后，节奏有所放慢，乐句之间增加了过门，于抒情中增加了叙述性。漫瀚调大多数是传统的五声调式，主要有羽调式、宫调式、商调式、徵调式，羽调式占大多数，以单一调式为多，个别的歌曲运用了调式交替的手法。漫瀚调属于中性音乐，在抒情中叙事，在叙事中抒情，脱开了母曲短调民歌定词定曲、一词一曲的约束，同一支漫瀚调曲子，可以配上各种歌词，演唱出不同的情绪。

2019 年布尔陶亥苏木群众演唱漫瀚调，吴运生摄

三、漫瀚调歌词

漫瀚调歌词多到难以计数，正如歌中所唱："漫瀚调好比牛毛多，三天唱不完个牛耳朵"。大量的歌词还流传于民间，装在歌手肚里。歌词题材特别广泛，凡是老百姓想说的应有尽有，大部分是反映爱情的内容。如歌手们以"我想你，你想我"为题对歌，常常可以连续对唱几十句、几百句。

漫瀚调歌词绝大多数是两句一段，对歌时，两个歌手你唱一段，我唱一段，反复对唱，如女唱"山坡上长着百样样草，你看见妹妹哪搭好？"男唱"你妈妈生下你长得㚘，毛眼瞅得人心嘴嘴摇"。

漫瀚调歌词有一小部分为四句一段的，对歌时，两个歌手你唱一段我唱一段，反复对唱。有时也把一段四句的歌词分为两部分，一个歌手唱前两句，另一歌手唱后两句，如男唱"喂的一个草鸡不下蛋，交的一个朋友没请一顿饭"。女唱"喂的一个公鸡不踏蛋，交的一个朋友没来串"。

漫瀚调歌词充分运用了比喻、夸张、拟人等修辞手法。以物寓意，借物抒情，山川河流，日月星辰、庄稼草木、花鸟鱼虫、劳动工具、生活用品、无不在其列。如，"新开的园子种白菜，小妹妹长得惹人爱；圪爬榆树背锅锅墙，左看右看你是个丑不浪"。

漫瀚调歌词十分讲究押韵，其韵辙与诗歌、戏曲唱词所遵循的十三辙、两小辙的规范相同，要求每两句一韵，也可四句一韵到底，一韵表达一个完整的意思。如男唱"你在东来我在西，山梁梁挡住瞭不见你"，女唱"羊儿出坡羊铃铃响，等哥哥坐在羊路路上"。

漫瀚调多以准格尔旗方言押韵，所以其歌词也常用准格尔旗方言发音押韵，如"小妹妹唱曲儿谁给教，娘老子唱曲儿小娃娃学（xiao）"。

漫瀚调歌词有抒情的、叙事的、议论的，也有抒情兼叙事、叙事兼议论、抒情兼议论的。由于漫瀚调歌词在非功利的状态下自由自在、无拘无束地有感而发，直抒胸臆地创作出来，因此非常朴实，漫瀚调歌词在传唱过程中进行了不断的加工提炼，十分精美。

四、漫瀚调演唱

对歌是漫瀚调特有的表现形式，也是最富有情趣的表现形式。生辰满月婚嫁喜庆招待客人时，主家邀来乐手、歌手“红火”。扬琴、四胡、笛子“三大件”就能组成乐队伴奏，一男一女两名歌手即兴编词，一唱一和，一问一答对歌，两人比嗓音，比唱腔，比词句，十分热闹。漫瀚调实行男女腔同腔同调，歌手大多没有经过专业训练，属原生态唱法，男腔以假声演唱为主，女腔主要以真声演唱为主，男腔高亢、强劲、明亮、圆润；女腔清脆、柔嫩、甜美、亲切。一方根据现场情境，随意编唱出歌词，要求对方用恰当的词句予以回答，民间把这种对歌称为“唱掏牙句”，如甲问“头一遭见面面有点生，不知道亲亲你甚人情？”乙答“头一遭见面面有点生，唱两声山曲儿交一交心！”即兴编词对歌不仅需要歌者才思敏捷，而且能够激发歌者的聪明才智和创作能力，在特定的情景场合，对歌者在短短几秒钟的思考时间内，能够应对出恰当的、生动的词句，显得妙趣横生。专业文艺团体的演出或群众业余文艺演出中，常有漫瀚调对唱节目，事先编好了唱词经演员排练后在舞台上演唱，远不如即兴编词对歌生动有趣。

2018 年大峡谷景区表演漫瀚调对唱，李志刚摄

第四节　漫瀚调艺术节

自 1996 年 12 月命名为中国民间艺术漫瀚调之乡后，准格尔旗每隔三年都要举办漫瀚调艺术节，开展漫瀚调艺术大赛、中老年健身舞表演、青少年艺术展评活动，邀请国内众多知名艺术家献艺，文化盛宴好戏连台，发展成为准格尔旗传统文化盛会，打造了具有民族特色的节庆文化品牌。

一、第一届漫瀚调艺术节

1997 年 8 月 15—18 日，首届漫瀚调艺术节在沙圪堵镇举行。90 位民间歌手参加了漫瀚调演唱、演奏比赛，纳林乡农民女歌手王花获演唱一等奖，薛家湾镇乐队获演奏一等奖。还推出演出、展览等 30 多项文化活动，观众达上万人次。首届艺术节设计了节徽、徽章。节徽的图案为 M 型，为“漫”字拼音的打头字母，形似两座高高突起的山峰，寓意最为典型的漫瀚调曲目《双山梁》。

二、第二届漫瀚调艺术节

2000 年 9 月 7—9 日，第二届漫瀚调艺术节在薛家湾镇举行，使用艺术节节徽、徽章。举办“生力杯”漫瀚调歌手、乐手大奖赛，奇附林、王凤英获演唱一等奖，刘玉贵民乐队获演奏一等奖。还有书法、美术、摄影、集邮等文化项目展览，城乡建设成就展，名优特产品和图书展销，广场健身舞比赛，礼仪大赛，专业文艺团体演出，旅游观光，经贸洽谈会等活动引进资金 170 余万元。

三、第三届漫瀚调艺术节

2003 年 10 月 16—18 日，第三届漫瀚调艺术节在薛家湾镇举行。举办“联通新时空杯”漫瀚调歌手、乐手大奖赛，王慧萍获演唱一等奖；黄山民乐队获演奏一等奖。举办广场健身舞大赛、乒乓球大赛，经济建设成就展、文学艺术成就展、文物与奇石展、集邮展、图书展、广场电影展、农牧产品展，组织了招商引资洽谈会，旅游观光等活动。国家、自治区、市、旗多家新闻单位和艺术研究单位前来采访、观摩。

四、第四届漫瀚调艺术节

2006 年 8 月 15—17 日，第四届漫瀚调艺术节在薛家湾镇举行。举办“生力杯”漫瀚调歌手乐手大奖赛，何银秀、韩丽获演唱特别奖，岳文祥获演唱一等奖，黄山民乐队获演奏一等奖；举办漫瀚激情专场文艺演出，首届“满世杯”漫瀚儿女风采电视大奖赛，“智能杯”广场健身舞大奖赛，“特弘杯”围棋邀请赛，“西蒙杯”象棋邀请赛，“生力杯”乒乓球比赛；开展文学作品展，科技进步展，文物展，集邮展，图书展，经贸展，百年优秀电影展及旅游观光等活动。通过无记名投票，现场公证，张美蓉、张玉林、奇附林、赛音吉雅、刘新民、王凤英、刘莹、奇俊文、王金娥、王世清，命名为漫瀚调艺术十大名人。

五、第五届漫瀚调艺术节

2009 年 9 月 8—10 日，第五届漫瀚调艺术节在薛家湾镇举行。漫瀚调歌手、乐手大奖赛，邀请晋陕蒙三省区友邻旗区、鄂尔多斯市兄弟旗区组队参赛，付二兰获演唱特别奖，何雨浓、鲁汇源、谢二东获演唱一等奖，戚万智乐队获演奏一等奖，还举办了书画、刺绣、剪纸作品展，车展、服装展、经贸交流会。

六、第六届漫瀚调艺术节

2012 年 8 月 24—26 日，第六届漫瀚调艺术节在薛家湾镇举行，以“传唱漫瀚调、礼赞准格尔”为主题，启用新的节徽，选用哈达与旗标元素设计，以音符形式体现“漫”字拼音首字母，呈现流畅飘逸的美感，寓意多姿多彩的音乐盛会，展现民族民间艺术的魅力。主要活动有，“久泰情”开幕式晚会、“情醉准格尔”闭幕式晚会、晋陕蒙民歌友谊联赛、新创歌词比赛、漫瀚调艺术学术研讨会、秧歌比赛、健身操比赛、交谊舞比赛、翰缘墨韵书画展、《准格尔民歌经典》DVD 首发。漫瀚调声乐器乐比赛，张燕、李志城获演唱一等奖，周强、岳文祥乐队获演奏一等奖。

七、第七届漫瀚调艺术节

2015 年 6 月，第七届漫瀚调艺术节开幕，录制出版了十万张（册）漫瀚调作品，举办了百场文艺演出，组织了千人同台吟唱漫瀚调。漫瀚调声乐器乐大赛分初赛、复赛、决赛，报名参赛节目 213 个，参赛选手近 400 名，王雅琴获声乐大赛歌手一等奖，田广成乐队获器乐大赛演奏一等奖。电影《漫瀚调》、漫瀚调曲牌故事微电影《二少爷招兵》《双满意》《二道圪梁》4 部电影，在全旗嘎查、村、社区巡回展映。9 月 7 日，准格尔广场上演漫瀚调艺术大赛文艺晚会，1186 人同台吟唱漫瀚调，经世界纪录协会认证官现场认证，获世界最大规模吟唱漫瀚调世界纪录认证。

2015 年 9 月 7 日千人吟唱漫瀚调创世界纪录，赵乐摄

第三章　新　闻

第一节　准格尔旗广播电视台

准格尔旗广播电视台，1991 年为广播电视局自办有线广播站。1992 年 10 月成立调频广播发射台；1993 年 2 月隶属于旗委宣传部；1994 年 8 月隶属于广播电视服务中心（广播电视局）；1995 年 2 月成立广播电视台。1998 年 10 月 20 日，国家广电总局（广发〔1998〕422 号）批准，成立准格尔旗广播电视台，台址沙圪堵镇栗家圪旦，功率 1 千瓦，频率 103.6 兆赫，播出呼号“准格尔旗人民广播电台、准格尔旗电视台”。2002 年 11 月，隶属于广播电视事业发展中心。2004 年 9 月，隶属于文化广播电视局。2005 年 10 月被全国亿万农民健康促进行动领导小组评为乡村健康金话筒活动优秀台。2010 年 10 月，归口旗委宣传部管理；广播电视行政管理职能划归文化广播电影电视局，新闻宣传业务、基础设施建设和广播电视网络建设、发射差转台建设由广播电视台管理。2011 年 12 月，被评为全国广播电视技术维护先进台站。

一、新闻队伍

1991 年，准格尔旗有线广播站有采编播人员 9 名，技术保障人员 4 名，全旗培养骨干通讯员 80 余名。1995 年 12 月，郭长全被评为内蒙古广播电视系统先进工作者。1999 年，有职工 33 名，其中，编辑 1 名、助理编辑 3 名、助理记者 3 名、一级播音员 1 名、二级播音员 1 名。2008 年 12 月，吕文义获内蒙古广播电视技术维护管理一等奖；2011 年 9 月，杨爱国获内蒙古广播电视技术能手竞赛一等奖。

2015 年，广播电视台在册人员 106 名，其中，正式员工 56 名，聘用人员 50 名；采编播业务人员 92 名，工程技术人员 14 名；高级职称 8 名，其中，主任播音员 1 名，主任记者 3 名，高级工程师 2 名，高级经济师 1 名。广播电视台构建起广播、电视、网站、微信公众平台等多媒体宣传模式，拥有演播室、直播间、2 个录音间，配备摄像机 24 台、非编工作站 8 台、6 讯道电视转播车 1 辆，技术设备货值约 2048 万元。

2016 年采访准格尔旗第 15 届党代会的电视台记者

二、广播节目

1991 年，准格尔旗有线广播站每天早、午、晚播出 3 次，日均播出 5 小时 20 分。除转播中央、内蒙古、伊克昭 3 级电台节目外，自办新闻类节目《全旗联播》，服务类节目《天气预报》《每周一歌》，专题类节目《文艺节目》《农民之友》《可爱的准格尔》等。

1993 年 2 月 1 日，调频广播电台获准首播，呼号“准格尔旗人民广播电台”，新闻类节目《全旗联播》更名为《准格尔新闻》。1996 年，开播综艺类节目《欢乐周末》，监督类节目《103 热线》，城镇服务类节目《生活立交桥》，农村生活类节目《希望的田野》。2006 年 11 月 23 日，开播鄂尔多斯市旗区首个广播直播节目《行风热线》；2013 年《行风热线》开通官方微博和 QQ 群，在民生访谈、民生反馈 2 个版块基础上，增加政策解读、信息在线、记者直击、出行提示、热线解民忧 5 个版块。2013 年 2 月，开播音乐类节目《经典回放》；6 月与龙艺经典文化传媒公司合作，在下午时段推出《叨拉一阵》《翰墨戏韵》《你的生活我来帮》《车市三人帮》《法制故事会》《人人爱电影》等节目。

2015 年，按新闻综合广播定位，以人、事、情为主线全新改版，上午时段以新闻类为主，主打节目《准格尔新闻》；中午至下午时段以文艺类为主，主打节目《漫瀚神韵》；晚间时段以民生服务类为主，主打节目《民生新视野》《明天我就业》；直播类节目《行风热线》《吃喝玩乐购》；党建节目《煤海党旗红》；固定节目 23 档，全天播出时长超 16 个小时。

三、电视节目

1996 年 8 月 1 日，准格尔旗广播电视台试播电视新闻节目《准格尔新闻》，借用内蒙古电视台频道每半月播出一期，每期时长 20 分钟。1998 年 10 月 20 日，获国家广电总局批准正式开播。

1999 年 5 月 1 日，开播电视专题节目《生活大舞台》，主要栏目有《新闻视点》《平凡人生路》《百叶窗》《法在身边》《市场漫步》等，集新闻热点、行业风采、文艺荟萃于一体，打破单一播出新闻节目的局面。2003 年，开办《科普长廊》和电视专题片栏目《乡土采风》。

1996 年 8 月 1 日电视台试播自办新闻

2006 年 8 月 17 日，购置 4 讯道电视直播设备，首次现场直播第四届漫瀚调艺术节闭幕式晚会。12 月 23 日，举办电视自办节目开播 10 周年庆典暨调频广播直播节目开播仪式。2008 年 1 月 1 日，开通广播电视台网站，实现广播电视与网络双向互动；电视新闻节目《准格尔新闻》实现日播，网络即点即看。6 月 24 日，举办全旗首届青年歌手电视大奖赛。9 月 1 日，推出新创栏目《民生新视野》《漫瀚神韵》《阳光宝贝》《走进伊东》。10 年间，技术装备水平和节目制作水平发生翻天覆地的变化。

2009 年 9 月起，电视新闻节目《准格尔新闻》由每周播出三期改为每周播出五期。2010 年，改版电视栏目，调整播出时间，实现电视自办节目按时整点播出；10 月 4 日，电视新闻节目《准格尔新闻》全新改版，实现每日播出一期，每期时长 15 分钟；开办乡土文化栏目《漫瀚神韵》；分别组织《民生新视野》“民生行”活动和《阳光宝贝》栏目开播两周年庆典暨捐资助学行动，筹集扶贫助学资金 46.5 万元。

2011 年 11 月，购置 6 讯道电视转播车，大型晚会实现现场直播。2012 年，与文化广播电影电视局联合制作反映漫瀚调歌手生活的系列节目《歌乡行》。2013 年，与苏木乡镇街道合作举办群众性互动电视节目《和谐一家亲》；与旗委组织部合作推出相亲类电视栏目《准备爱》，受到广大未婚青年的青睐；自编自导自演首部微电影《礼物》上映；电视作品《五家尧——美丽宜居新农村》，入选全国广播电视协会县级委员会组织的《美丽乡村》展播。

2015 年 6 月，开通微信公众号，推出《关注》版块，聚焦新闻热点和百姓话题，设立惠民政策、励志小故事、漫瀚调赏析和便民信息发布等子块；7 月，与旗委组织部联合创办《煤海党旗红》栏目。到 2015 年底，实现自办电视节目全天候播出，播出时长超 16 小时。设有新闻综合类节目《准格尔新闻》、民生服务类节目《民生新视野》、普法类节目《法视点》、文化类节目《漫瀚神韵》、党建类节目《煤海党旗红》等长期开办的电视节目 7 档。

四、新闻宣传

准格尔旗广播电视台坚持正面宣传为主，舆论监督为辅，开展重点工作战役宣传、改革开放成就宣传、各行各业典型宣传，采编播人员深入基层一线，捕捉鲜活素材，挖掘闪光点滴，创作大量优秀新闻作品。1999—2015 年，连续 16 年居鄂尔多斯市旗区对外宣传发稿第一名。

2021 年电视台在大路煤化工基地采访

2003 年 3 月，张明撰写论文《备稿思维漫议》获内蒙古广播影视奖播音主持论文一等奖。2004 年 3 月，韩育森采制新闻《村官花钱，群众签字》，获内蒙古广播影视奖一等奖。2012 年 4 月，潘爱斌、李慧《准格尔旗新医改春风普惠全民》，获第十二届内蒙古新闻奖一等奖。

第二节　准格尔报社

1996 年 1 月，准格尔报社成立，负责采编印发中共准格尔旗委机关报《准格尔报》，隶属于旗委宣传部，核定编制为 9 人。1996 年 4 月 22 日，《准格尔报》创刊首发，有 4 名专职记者编辑，全旗有通讯员数十名。2000 年起，陆续招聘专职记者、美术编辑，也有记者编辑调出；到 2015 年，有记者编辑 23 名，其中，正式员工 13 名，副高级编辑 1 名、中级编辑 3 名，全旗有通讯员 300 余名。

2015 年准格尔报社新闻摄影培训采风

一、报刊出版

1995 年，准格尔旗文联编印《准格尔报》2 期试刊，无刊号。

1996 年 4 月 22 日，《准格尔报》旬报创刊首发，四开 4 版，准印号 0232，刊号 CN15-0014，每月 1 日、11 日、21 日出版。1999 年改版为《鄂尔多斯日报·准格尔版》周报，周一出版；2002

年扩版为周二报，星期五增发周末版。

2005年，国家叫停旗县级报刊，改版为《今日准格尔》周刊。2006年改版为周二报；同年10月扩版为周三报，每周一、三、五出版；并创办《今日准格尔》思想理论双月刊。2008年，获批报刊“内准印号”15-082/S。2009年，出版《准格尔改革开放三十年》(内蒙古人民出版社2009年1月版)。2013年3月，编辑出版《印记——准格尔报创刊1000期新闻作品选(上、下册)》及《准格尔报人录——准格尔报创刊1000期纪念》。

2013年1月,恢复《准格尔报》名。2014年2月14日,扩版为对开4版;11月18日,手机报上线。2015年7月，开通微信公众号。至此，报社办有《准格尔报》周三报、手机报、微信公众号和《今日准格尔》思想理论双月刊4种媒体。

二、新闻宣传

《准格尔报》数次改版,几易其名,始终承担着中共准格尔旗委机关报的职能,发挥报纸宣传优势,开展战役宣传，挖掘先进典型，推出深度报道，用正确的舆论引导人。

1996—2000年，先后组织“学习张家港”“政府驻地搬迁”“西部开发、二次创业”等战役性宣传，代表性作品有，《大准铁路全线贯通》《政府驻地迁址薛家湾》《山东美华落地准格尔》《沙圪堵经济技术开发区挂牌》《国税局行风建设三重奏》《人民警察杨勇追记》等。

2001—2010年代表性作品有，《农村税费改革全面铺开》《阳吉线和史榆线通车》《新型农村合作医疗全面推行》《准格尔旗首次入围全国百强县》《黄河龙口水利枢纽开工》《义务教育阶段学生“四免一补”》《呼准铁路建成通车》《现代农牧业在北部沿河破题》《准格尔旗二次创业开局记》;推出系列报道有:“区域经济社会跨越见闻”“细看五年大变迁”“煤城巨变”“风生水起准格尔”“全国百强准格尔”“巨变30年”“准格尔旗风采”等。

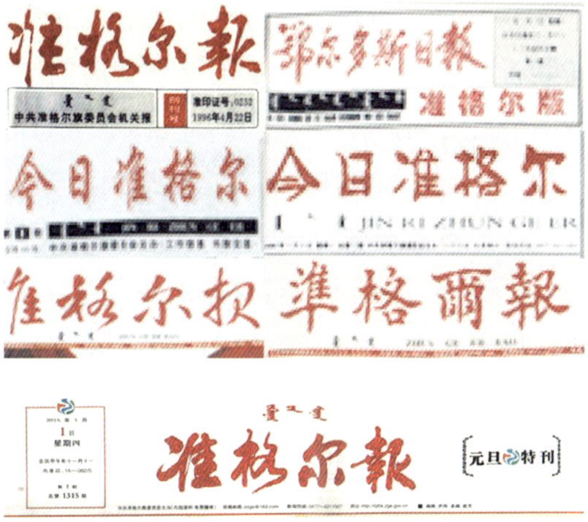

《准格尔报》的报头变迁

2011—2015年代表性作品有，《久泰能源60万吨烯烃项目落地》《鄂尔多斯沿黄高等级公路通车》《准格尔旗率先推行“先看病后付费”制度》《危旧房改造让农村贫困家庭实现“安居梦”》《内蒙古大汗窑瓷业投产》《公安局长郝万忠的燃情岁月》等，推出“喜迎十八大”“十年看成就”“走进伊东”“走进十二连城”“六大产业基地”等系列报道。

1999年9月，杨玉铭、许云采写消息《3农民自费出国取经》，获《内蒙古日报·周末报》“河套老窖杯”头条新闻大赛三等奖。2000年10月，武文杰采写消息《推行牲畜舍饲圈养，万名羊倌撂下牧羊铲》，获《内蒙古日报》“希望杯”头条新闻大赛三等奖。2015年，张丽兰采写通讯《煤矸石的神奇之旅》，获中国城市党报新闻奖三等奖。

三、排版印刷

1996年4月，《准格尔报》委托鄂尔多斯日报社印刷厂排版印刷，激光照排，黑白胶印，重大节日采用报头及部分标题套红印。报社组好稿件后派专人到东胜鄂尔多斯日报社印刷厂打字、排版、校对、印刷；印好后再背上报纸坐班车返回报社分发，印刷一期报纸少则三天，多则五天。

2004—2006年,《准格尔报》先后改由神华准能印务公司、准格尔旗锦泽印务公司承印。2007年,改由包头美多印务部承印，单面彩印，报社实现自己排版、网络传送版样到印刷厂，印刷厂印好后物流发运回准旗。2012 年起，改由包头市永强印务公司承印，双面彩印，图文并茂。

四、征订发行

1996 年，《准格尔报》创刊后，通过邮政部门统一征订发行，面向旗直机关、基层乡镇、各大企业订阅，沙圪堵、薛家湾两地聘用专人投送，每期发行 2000 份。2005 年起，不再统一征订，作为内部资料，旗内免费赠阅，乡镇以下靠邮政网点投送，旗直机关派专人投送，期刊发行量增加到 3000 份。2006 年，报纸发行量增加到每期 3500 份。2013 年 7 月，由于大部分旗直机关迁往大路新区办公，委托鄂尔多斯报业发行集团投递报纸。

第三节　准能公司新闻中心

准能公司新闻中心，1991 年为准煤公司广播电视中心，自办有线广播节目、电视新闻节目，采编播和技术保障人员 17 名。1992 年 5 月 1 日，《准格尔矿报》创刊，有采编人员 5 名，1994 年 3 月成立准格尔矿报社。广播电视中心 1994 年 12 月停办有线广播，1995 年 9 月更名为准煤电视台。1999 年 8 月，准格尔矿报社与准煤电视台合并，组建准煤公司新闻中心，为《中国煤炭报》记者站、内蒙古电视台记者站；2001 年 10 月，开通准能公司局域网；2012 年 10 月，《准格尔能源报》数字版上线；2001 年 3 月更名为准能公司新闻中心。2015 年，办有企业报纸质版、电子版、电视台、网站 4 个媒体，工作人员 44 名，其中新闻采编人员 30 名，有高级职称 6 名、中级职称 5 名。

一、准煤有线广播

1991 年，准煤公司广播电视中心自办有线广播，从乌兰小区到公司办公大楼架设线路 800 米，安装音箱 20 多个；每天播音 3 次，转播中央人民广播电台、内蒙古人民广播电台新闻，自办广播新闻节目每周播音 1 次。1993 年 3 月 8 日起，自办广播新闻节目每周播音 3 次。1994 年 12 月，准煤公司开通有线电视，有线广播撤销。

二、准能电视台

1991 年，准煤公司自办电视新闻节目，每周播出 1 次，播出时长 12 分钟。1993 年 3 月起，每周播出 2 次。1995 年 10 月，正式用“准煤电视台”呼号，《准煤新闻》每周播出 3 次，新增《准煤人》《经济观察》《文化窗口》《生活天地》《共度周末》5 个栏目。2001 年 3 月，改用“准能电视台”呼号，《矿区新闻》定时定点播出，每周播出 4 次；改版专题栏目，实现板块化，与广告套装播出。2009 年 4 月 1 日，投运电视采编制播数字化设备，自办电视新闻节目每周 5 次首播，实现当日新闻全部更新，平均每期视频新闻 6 条。2015 年，《准能新闻》重点报道公司建设、生产、经营情况，实况录播公司工作会、启动企业文化、应急救援演练等大型活动，常设《走一线》《点赞准能》《我有绝活》等栏目；每周播出 1 次专题栏目，播出时长 10 分钟。

三、准格尔能源报

1992 年 5 月 1 日创刊的《准格尔矿报》周报，四开四版，开设文学副刊《黄土地》；在内蒙古广播电视厅印刷厂印刷，黑白胶印，每期 3500 份。1994 年 3 月，改在本报社印刷厂印刷，征订数突破 6000 份。1996 年 1 月，扩版为周二报；1999 年 1 月，恢复每周一刊。1999 年 10 月，更名为《准煤报》；2001 年 3 月 10 日，再次更名为《准格尔能源报》。2007 年 10 月，扩版为对开 4 版单面彩印周报，改在鄂尔多斯日报社印刷厂印刷，每期印2500份。2012年10月，《准格尔能源报》电子版在准能公司网站上线。2015年1月21日，《准格尔能源报》改为全彩印版，版式设计前沿时尚。头版要闻版，刊登高管动态、一线喜讯、生产经营情况；二版为集安全、生产、经济信息于一体的综合新闻版；三版交替刊登生活服务类与党群类新闻；四版刊登文化类和文学类稿件。

四、准能公司网

2001年10月，开通准能公司内部网站。2012年10月，全新改版，设6个频道40余个栏目，利用信息技术支持电子报、视频、图片栏目，新增《准格尔能源报》电子版、《准能新闻》电视网络节目、学习视频等。2015年11月，准能公司网加入神华集团对外网站集群，外网上线运行。

五、新闻宣传

准煤公司广播电视新闻，准格尔项目建设时期，重点宣传一期工程取得的成就和涌现的先进典型；试生产和移交投产后，深入宣传开拓市场、债转股、股改上市等重大举措，多次获全国煤炭系统、内蒙古自治区好新闻奖。

准煤公司企业报，项目建设期间，大力宣传"扎根准煤，建设准煤"的艰苦创业精神；试生产期间，组织开拓煤炭市场深度报道；多篇新闻作品获全国煤炭系统、内蒙古自治区好新闻奖。

准能新闻中心成立后，统筹电视与报纸的优势，推出大批新闻精品和展示准能风采的宣传精品。2001年，摄制11集电视专题片《追求卓越》，全景式反映了准格尔煤田25年的创业史、建设史和发展史。2002年，为西部铁运公司、发电厂、教育处制作3部专题片。2003—2013年的中国煤炭新闻奖，新闻中心获一等奖33篇、二等奖39篇、三等奖41篇。2015年5月，中国企业新闻奖颁奖，新闻中心获一等奖2个、二等奖2个、三等奖2个。

第四节　开发区新闻中心

2000年12月，准格尔旗沙圪堵经济技术开发区成立新闻中心，初期编辑出版《开发区报》，后期创办开发区电视台。2003年12月更名为内蒙古准格尔经济开发区新闻中心。2015年在册人员7名。

一、开发区电视台

2003年12月28日19时40分，准格尔经济开发区电视新闻首次播出，每周一期，每期10分钟，采编播设备货值30余万元。2007年起，开发区新闻增播为每周两期，周一、周四首播。2010年，全方位升级技术设备，建虚拟演播室。2015年，再次升级技术设备，播出高清画质。6月起，开发区新闻每周播出3期，周一、周三、周五首播，保障新闻的时效性，开播《魅力园区》《创城进行时》《党旗风采》等专题节目，现代化采编播设备货值百万元。

二、开发区报

2000年12月28日，《开发区报》月报创刊首发，四开四版套红，每月一期，每期印3000份，免费邮寄至市、旗四大班子，组织部、宣传部，自治区辖区内开发区及本开发区机关企事业单位。头版为要闻版，刊登开发区时政新闻；二版为综合新闻；三版为文艺版；四版刊发广告。2003年12月28日，缩版为八开四版。2005年由套红改为彩印。2008年停刊。

第四章　档　案

1991年，准格尔旗档案行政管理部门档案局，档案保管利用事业单位档案馆，合署办公，隶属于旗人民政府。1993年2月，撤档案局，档案馆改属旗人民政府办公室。1996年5月，重设档案局（档案馆），划归中共准格尔旗委办公室。1999年被评为内蒙古自治区档案馆目标管理考评一级先进单位。2008年3月被评为自治区档案工作先进集体。

第一节　档案馆建设

1991年，档案馆设在沙圪堵镇“200”备战库，办公室16间，库房39间，其他用房10间，建筑面积1219.86平方米。档案设备有档案专用铁皮柜92套，木质卷柜30个，静电复印机1台，120照相机1台，铅字打字机1台，收录机1台，简易吸尘器2个，灭火器4个。1993年11月，晋升为内蒙古自治区三级档案馆。1994年9月，晋升为自治区二级档案馆。1999年8月，迁址政协原办公场所，办公和库房使用面积1090平方米。

2006年12月，档案馆搬迁到薛家湾镇旗党校综合楼，办公室、库房面积1530平方米；购置密集架22列264门、数码摄像机1部，安装防紫外线窗帘；2007年，购置计算机7台、彩色扫描仪、专用空调、消毒机、防磁柜，安装视频监控设备。2008年2月20日，晋升为自治区综合档案馆功能建设一级档案馆。2011年12月31日，晋升为国家二级综合档案馆。

2012年11月26日，档案馆搬迁至大路新区档案馆综合楼，建筑面积4501平方米，档案馆使用面积3315.2平方米，其中库房1194.98平方米，技术用房148.8平方米，对外服务面积32.24平方米。馆库建筑结构和技术要求符合《档案馆建筑设计规范》，内设有档案查阅室、计算机室、服务器储存室、特藏室、复印室、整理室、现行文件利用中心和裱糊室。购置592门密集架，办公用电脑12台，档案专用恒温恒湿机，防磁柜8个。

准格尔旗档案史志馆，2021年王晓明摄

第二节　档案保管利用

一、档案保管

准格尔旗档案馆馆藏档案，按种类划分为文书档案、科学技术档案和专门档案3大类别。1991年馆藏档案不足3万卷。档案馆编制档案全宗接收名册，按有关规定，接收全旗机关、团体、企事业单位和其他组织30年及以上的档案，以及撤销、合并机构的档案，分类指导，应收尽收、应归尽归。

截至2015年12月31日，馆藏144个全宗8个门类档案23.27万卷、件、盒、册。其中，文书档案12.73万卷（件）；科技档案690卷；人事档案2709盒；会计档案2.03万盒；专业档案6.62万卷（件、盒、册），林权档案、土地档案、地籍档案、地名档案、“三田”台账，婚姻档案、党员档案、环保档案、审计档案、房产档案、劳模档案、工资档案，人口普查档案、工业普查档案、“非典”档案、文学艺术档案、诉讼档案，蒙文档案，公安历史档案、敌伪档案、管制档案、“四类分子”档案、新生人员安置档案，名人档案、名胜档案、名优产品档案，中国银行寄存档案；音像档案7382盒（张），录音录像档案、照片档案；实物档案1000件；其他档案7146件，图书、资料、报纸等。

2013年档案馆档案密集架

馆藏各门类档案中，不乏有史料价值的珍品档案。现存最早的档案，是乾隆四年（1739年）鄂尔多斯左翼前旗扎萨克衙门档案复制件，属清代文书档案；公安局整理的1935年敌伪档案，属中华人民共和国成立前专门档案。1949年关于神山三青团支部的调查，这是中华人民共和国成立后第一份汉文档案；绥远省、伊盟财经委关于秋征、农税员、查四定产、收税兑金银、储蓄等工作的指示，是中华人民共和国成立后第一批蒙文档案。1958年7月1日《准格尔报》石印版创刊号属专门档案；不同时期结婚证属专门档案。为保护好这些珍贵的档案，2004年起，旗财政按每年每卷不低于2元的标准，预算匹配投入了档案保护费。2014年，建立档案抢救裱糊室，保护历史档案。

二、档案收集

档案馆根据《中华人民共和国档案法》《内蒙古自治区档案条例》《档案馆工作通则》，采取定期接收和临时接收相结合，重点收集和一般收集相结合，接收捐赠和主动收集相结合的方法，增加档案数量，扩大档案门类，改善馆藏结构。

档案馆定期接收旗直机关、社会团体、事业单位形成30年及以上的档案，集中接收撤销机构、改制企业和临时机构形成的档案。每年派出专业技术人员，深入旗直机关、团体、事业单位，苏木、乡镇、街道，检查指导、收集整理档案。1991—2010年，文书档案整理以卷为单位，依据文件类型装订成一卷，内附卷内目录；2011年开始，按照国家《归档文件整理规则》（DA/T 22—2000），以件为单位，一个文件一件，不再设卷内目录。1991—2015年，立卷归档的档案多达15万卷。

档案馆主动上门征集特色档案，建立准格尔召、油松王等名胜档案，纳尔松地毯、准立牌杏仁露等名品档案，周玉莲、奇附林等名人档案。还建立婚姻、艺术、科技等专题档案，照片、录音、视频等存储方式的实物档案。2004 年接收 1935—1961 年敌伪、四类分子、新生人员安置档案；2014 年有偿征集民间收藏的 8 幅样板戏挂图、各种毛主席像章、人民公社老物件 40 余件；2015 年，有偿征集第七届漫瀚调艺术节、第十届全国少数民族传统体育运动会、中国传统村落杜家峁村照片档案 4000 余张。

三、档案编研

2007 年 5 月，档案局编写《历届政协会简介》《历届工代会简介》《历届妇代会简介》；6 月编写《漫瀚调艺术形成及活动概要》《保持共产党员先进性教育活动概要》；9 月编写《煤炭史略》《基础数字汇集》《防控“非典”疫情专题概要》和《旅游景观概要》。

2007 年起，旗人民政府与内蒙古大学蒙古学学院、内蒙古自治区档案馆合作，由内蒙古大学蒙古学研究中心专职研究员金海主持，准格尔旗档案局参与，陆续编译出版了汉文 3 卷译编本《准格尔旗札萨克衙门档案译编》（内蒙古人民出版社 2007 年 9 月版、2008 年 12 月版、2010 年 12 月版）、蒙古文 42 卷影印本《准格尔旗札萨克衙门档案》（内蒙古出版集团、内蒙古科学技术出版社 2011 年 12 月版）。译自内蒙古档案馆馆藏清代鄂尔多斯左翼前旗扎萨克衙门蒙古文档案，上自乾隆四年（1739 年），下迄民国 36 年（1947 年），共计 93 卷 130 册，时间跨度长达 208 年。记载了扎萨克衙门的旗务、诉讼、比丁、袭职、会盟、进京年班、赋税、俸禄、土地开垦、边界纠纷、寺庙费用、八白室祭祀、救灾赈济、达庆制度、驿站制度、神木理事司员巡边等重大事件，是反映鄂尔多斯左翼前旗乃至伊克昭盟的政治、法律、社会、经济、宗教等方面系统、可靠、丰富、翔实的第一手史料。

2015 年，档案局编写了《2013—2014 年档案利用效果实例汇编》。

四、档案利用

档案馆开发档案资源，服务社会大众。持有合法证件，可查阅开放档案；查阅控制适用范围的档案，须持档案形成单位的介绍信，办理登记手续，经档案馆领导审批；查阅机密性较强的档案，须经档案馆主管部门领导审批。自形成之日起满 30 年和未满 30 年的经济、科学技术、文化教育档案，可开放利用；未满 30 年的档案，属控制适用范围的档案。档案馆提供 5 种利用服务，提供原件、复印件、资料汇编、来函咨询代查、公布档案内容，利用频率最高的为提供复制件，只面向寄存档案的单位或个人提供原件。

1991 年，档案馆利用档案收费执行国家档案局、国家物价局《关于利用档案收费有关规定的通知》（国档发〔1987〕第 21 号）标准，适当收费，以档养档。1992 年起，执行国家物价局、财政部《关于发布中央管理的档案行政事业性收费项目及标准的通知》（价费字〔1992〕130 号）标准；2011 年 10 月、11 月，旗人民政府两次印发通知明确，利用档案收费按最低标准收取。2013 年 8 月 7 日，财政部、发展改革委印发《关于取消利用档案收费规定的通知》（财综〔2013〕67 号），取消利用档案所有收费，档案利用进入免费时代。

档案馆为史志办编写《准格尔旗志》《中共准格尔旗组织史资料》《中共准格尔旗党史大事记》等史志书籍提供大量档案资料。为经济产业、社会事业项目建设提供了大量基础资料。为居民核实民族成份、工作履历、工资待遇，处理婚姻纠纷、土地纠纷、机关办理信访、治安、贪腐案件，提供了大量原始凭证。日常利用率最高的档案有婚姻档案、人员录用档案、土地产权档案。2013 年后，查处土地开发、环境保护、贪污腐败案件，档案利用率激增，档案馆加班加点，为执法机关提供了查阅利用档案服务。

2010 年 10 月 14 日，档案馆为准能公司提供了伊克昭盟土地管理局关于哈尔乌素煤炭公司建设用地的批复（101 号全宗 15 号目录 11 号档案），使准能公司办理哈尔乌素露天煤矿土地产权证有了翔实可靠的依据。

五、档案信息化

2003 年开始，档案馆购置软硬件，启动档案信息化建设。2007 年，利用世纪科怡网络版档案管理软件，建立馆藏档案案卷级、文件级目录和全文档案数据库。2011 年，购置数据存储服务器、交换机、路由器、不间断电源和 Windows2000 系统。2014 年，购置大容量移动存储硬盘 9 个，存储容量 11 个太字节。至此，档案信息化软硬件基本配齐。当年，扫描文书档案 100.35 万页，录入目录 5.99 万条，实现目录检索和全文查阅。2015 年，扫描文书档案 107.71 万页，录入目录 10.74 万条。

2007 年，档案馆开通准格尔档案信息网，与准格尔之窗、鄂尔多斯市档案信息网链接。2009 年增设《整档咨询》栏目，该栏目写入 2010 年 3 月 30—31 日召开的全区档案工作会议；2013 年 6 月 19 日注册准格尔旗档案局政务域名。

第三节　档案行政管理

一、档案标准化管理

档案行政管理实行标准化管理，逐级测评验收，达标升级命名，促进档案工作标准化建设；测评结果分自治区二级、一级、特级和省部级 4 个档次。

1993 年，建设银行准格尔旗支行档案室晋升为自治区二级档案室，建成全旗首家标准化档案室。到 2009 年，法院、检察院、审计局等 13 家单位档案室建成自治区特级档案室，人民银行准格尔旗支行、财政局、公安局及所辖派出所、人民医院等 54 家单位档案室建成自治区一级档案室，烟草公司准格尔旗卷烟营销部档案室晋升为省部级档案室。

2009 年 12 月 8 日，实行《内蒙古自治区机关档案工作测评办法》（厅发〔2012〕37 号），要求党政部门带头做好档案测评。按新办法测评，中共准格尔旗委办公室档案室成为自治区一级档案室，人寿保险公司煤田支公司建成自治区二级档案室。到 2015 年，全旗 14 家机关档案室建成自治区一级档案室，3 家机关档案室建成自治区二级档案室。

2012 年，档案局启动嘎查、村、社区档案室标准化建设，测评验收结果分优秀、良好、合格 3 个等次。到 2015 年，薛家湾镇白大路村等 19 个村级档案室达到优秀标准，龙口镇麻地梁村等 7 个村级档案室达到良好标准，十二连城乡五家尧村等 56 个村级档案室达到合格标准。

为促进档案标准化建设，档案局组织档案业务培训。1997—2014 年，举办档案业务培训班 7 期，培训学员 2000 余名。2014 年 12 月 11—12 日，成功举办第七期档案员岗位培训班，参训人数多达 256 人。2009 年 7 月 29 日，对在职大学生村官进行档案专题培训。

二、档案法规宣传

2005 年 6 月 9 日国际档案日，档案局在沙圪堵镇印发《中华人民共和国档案法》《内蒙古自治区档案条例》《档案管理违法违纪行为处分规定》，这是档案局首次档案法规宣传。之后每年国际档案日、12 月 4 日全国法制宣传日，利用多种传媒宣传档案法规。2007 年，拍摄专题片《奋进中的准格尔旗档案局（馆）》。2011 年 9 月 19 日，走进蓝天街道，印发《中华人民共和国档案法》《内蒙古自治区档案条例》《准格尔旗档案利用效果实例汇编》500 余份。2013 年，在《准格尔报》设立专版，刊登《档案法》，向社会普及档案知识。2014 年，联合准格尔报社举办“走进档案”征文，评出获奖征文 14 篇；与文联共同举办书画艺术档案征集笔会，将 52 幅宣传档案法规的文学艺术作品收入专档永久保存。

三、档案执法检查

档案局依据《中华人民共和国档案法》《内蒙古自治区档案条例》，开展档案行政执法检查。1997 年 3 月，4 人取得行政执法证。1998 年，依法对全旗 30 个机关事业单位进行首次执法检查，占全旗行政事业单位 17% 左右，此后每年执法检查单位均达到 30% 左右。2003 年 3 月换发行政执法证，10 人取得行政执法证。2014 年，对 33 个单位进行档案行政执法检查。到 2015 年，累计行政执法检查 600 多个单位。检查发现农牧口某行政局将 1988—1995 年档案丢失，二轻局将部分档案烧毁，部分档案丢失，两单位均违反《档案法》，属损毁、丢失国家所有档案。

第五章　党史·地方志

1991 年，中共准格尔旗委员会党史研究部门为党史资料征集办公室（简称党史办），准格尔旗人民政府地方志工作部门为旗志办公室（简称旗志办）。1992 年 2 月，党史办、旗志办合署办公。1993 年 2 月，撤党史办、旗志办，合并组建史志编纂委员会办公室（简称史志办），隶属于旗人民政府。2003 年 12 月，被评为内蒙古修志工作先进集体标兵。2009 年 6 月，2015 年 5 月，两次被评为内蒙古党史部门先进集体。

第一节　党史研究

一、党史正本

《中国共产党准格尔旗历史读本（1929—2010）》（中共党史出版社 2011 年 8 月版），设 12 章 76 节，276 千字，印刷 5000 册。记述了党带领准格尔旗蒙汉人民，历经大革命、土地革命战争、抗日战争、解放战争，实现翻身解放、当家作主的革命历程；记述了准格尔旗在党的领导下，完成土地改革、经济改造，大跃进建立人民公社，全面建设社会主义的奋斗历程；记述了准格尔旗贯彻落实党的改革开放政策，实行包产到户、支援煤田开发、实施政府搬迁，抢抓西部开发机遇，现代化建设事业全面发展的历程。

二、党史大事记

《中国共产党准格尔旗大事记（1929—2005）》，2006 年 12 月印，210 千字，印刷 1000 册。一事一条，逐条记述了中国共产党在准格尔旗 76 年的重大事件，反映了中国共产党在准格尔旗历经新民主主义革命、社会主义建设、改革开放现代化建设的不懈奋斗轨迹。

三、组织史资料

《中国共产党内蒙古自治区准格尔旗组织史资料（1921—1987）》，1991年4月印。1995年10月，编印1988—1994年续编本。1998年6月，编印《中国共产党内蒙古自治区准格尔旗企事业组织史资料（1927—1996）》。3册组织史资料，分政党、政权、军事、统战4大系列，记载了准科级以上组织机构沿革、副科级以上领导成员任职情况。

四、其他党史著作

《准格尔旗领导人名录》，1996年8月印，以履历文字配标准相形式，收录1948—1996年准格尔旗160名副县级以上领导干部简历。

《话说准格尔》，2003年8月编印，分人物春秋、专题资料、厂史校志、村镇史话、往事回眸、党史资料、历史沿革、档案文献和古迹景观9个部分，汇编文史资料800千字。

《西部热土准格尔》（内蒙古人民出版社2006年7月版），18.7万字，印2000册，在第四届漫瀚调艺术节首次发行；2007年7月再版，15万字，印2000册，在鄂尔多斯市两个文明建设现场经验交流会再版发行。该书跟踪准格尔旗由国家贫困县跨入全国百强县市的历程，关注准格尔现象，剖析准格尔特色，展示准格尔魅力，总结准格尔经验，多角度诠释全国百强县准格尔，为全国县域经济研究提供典型个案。2010年12月获21世纪以来内蒙古党史研究成果著作类三等奖；2011年5月被评为鄂尔多斯市优秀党史成果，2011年10月获鄂尔多斯市第二届哲学社会科学优秀成果三等奖。

《跨越式前进的准格尔——准格尔旗"十五"回顾》，2006年8月印，280千字，印1000册，图文并茂展示了"十五"期间准格尔旗经济社会建设成就。

《红色准格尔》（中共党史出版社2011年6月版），142千字，印2000册。为鄂尔多斯首部革命历史题材画册，展示了准格尔旗360余年的历史画卷，勾勒了准格尔旗历经清代、北洋军阀、国民党统治和共产党领导4个时期的历史脉络，彰显了准格尔人为民族独立、人民解放和地方发展作出的历史贡献。

《中国共产党准格尔旗历次代表大会文献选编》（中央文献出版社2012年9月版），453千字，印1000册，选录1956年中国共产党准格尔旗第一次代表大会至2011年中国共产党准格尔旗第十四次代表大会的重要文献。

五、革命遗址

2010年7—12月，史志办完成中华人民共和国成立以来全旗首次革命遗址普查。普查组赴周边晋陕2省6县、旗境6个乡镇50余个村社区，普查革命遗址11项、遗迹43处，实地拍摄精选照片51张，现场勘测绘制图表4幅，征集历史照片33张，相关实物53件，填写遗址普查登记表12份，建立了革命历史遗址电子档案。《内蒙古自治区革命遗址通览》（中共党史出版社2015年4月版），选编准格尔旗8处革命遗址。

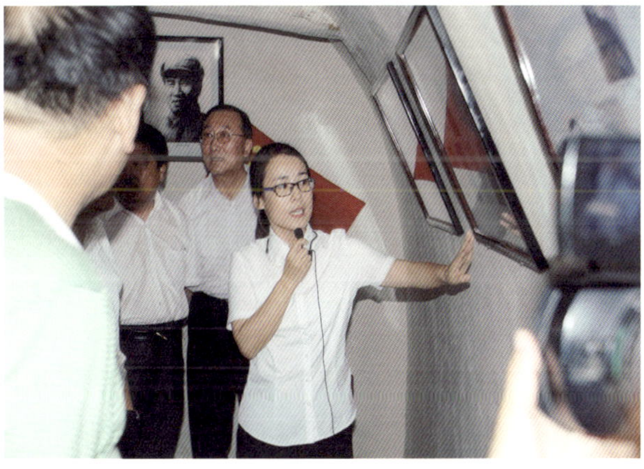

2015年6月25日晋绥边区魏家峁党总支部遗址开展

史志办争取旗委组织部支持，联合延安精神研究会、革命遗址所在乡镇，对几处重要革命遗址实施保护性修缮，陈列布展，落实讲解员，免费接待参观，建成神府苏区葫芦头梁党小组、晋西北根据地马栅区委展厅、晋绥边区魏家峁总支部、陕甘宁边区四道柳川地下交通站4处红色教育基地。

神府苏区中共葫芦头梁党小组遗址位于纳日松镇奎洞沟村，为1929年夏神府苏区成立的葫芦头梁党小组组长刘治衡旧居3孔石窑“治源堂”。2011年7月1日，立“中国共产党葫芦头梁党小组碑”，2012年4月11日，布设展板、陈列刘治衡旧物，开始接待参观。

晋西北根据地马栅区委革命活动展厅位于龙口镇大口村。1938年4月，晋西北根据地中共河曲县委在马栅地区建立四区区委。史志办利用村委会会议室陈列布展，展厅建筑占地面积200平方米，立“中共马栅区委碑”，2014年9月10日，中共马栅区委革命活动展厅揭碑首展。

晋绥边区魏家峁总支部遗址位于龙口镇魏家峁村，为中共地下联络员周毛秃旧居4孔土窑。1947年10月，晋绥边区偏关县委成立魏家峁总支部，1948年2月，晋绥边区河府县建蒙汉游击区区公所。修缮土窑，陈列周毛秃旧物，布设展板，2015年6月25日开展。

陕甘宁边区四道柳川地下交通站遗址位于纳日松镇二道柳村。1939年，陕甘宁边区中共伊盟工委建准格尔旗工委，在四道柳川设7处车马大店，开辟陕甘宁边区到大青山游击根据地交通线。2014年7月1日，在尉满金车马大店旧址建厅，立“四道柳川地下交通站碑”。

第二节　地方志

一、首轮旗志

《准格尔旗志》（内蒙古人民出版社1993年4月版），为改革开放新时期伊克昭盟首部地方志书。上限据实溯源，个别史实经考证追溯到春秋战国时期，下限至国家第七个五年计划结束的1990年年末，重点记述清顺治六年（1649年）准格尔旗置旗以来340余年自然、经济、政治、文化和社会的历史与现状。全书26篇120章399节，847千字，印刷3000册。

首轮旗志编修一波三折，历尽艰辛。1982年8月，旗人民政府成立旗志编纂领导小组，启动旗志编修；1983年，旗志办开始征集资料，先后到呼和浩特、北京、南京等地档案馆，摘抄、复印蒙汉文资料50万字；1985年，旗直63个单位开始编写专业志稿，38个单位送交专业志稿150万字，至此，旗志征集各种资料800余万字。1986年，财政压缩经费，旗志征集资料停顿下来。1989年7月12日，旗委、政府联席会议决定，成立旗志编纂委员会，再次启动旗志编修；1991年6月，完成征求意见稿，呈各行政单位和部分老干部征求意见，经修改完善，于1991年7月16—19日召开评审会。根据评审修改意见，4易篇目设置，分编纂修改、缮写、数据核实、资料补充征集4个组，历时5个月完成送审稿。1992年6月，由旗人民政府呈报盟行政公署、自治区地方志办公室验收。1992年9月，送内蒙古人民出版社，1993年4月出版。1994年11月22日，《准格尔旗志》获伊克昭盟第四届哲学社会科学优秀成果奖。

二、其他志书

《准格尔旗文物志》（远方出版社1998年4月版），准格尔旗文物馆编，下限至1997年，设7章30节，240千字，插图22页，印2000册。

《乌日图高勒乡志》，2002年3月印，川掌镇人民政府、旗史志办联合编，下限至2000年12月，设6篇32章119节，250千字，插图10页，印500册。

《薛家湾供电区电业志》(远方出版社2003年5月版)，内蒙古电力集团薛家湾供电局编，上限至1959年，下限至2000年，设9篇18章127节，410千字，插图21页，印1000册。

《准格尔能源公司志》(方志出版社2004年5月版)，准格尔能源有限公司编纂委员会编，上限至1959年，下限至2002年，设23篇97章320节，1282千字，插图36页，印1000册。

《准格尔旗地名志》(内蒙古教育出版社2009年12月版)，准格尔旗民族事务局编纂，下限至2009年12月，设4章17节，183千字，随文配图彩印1000册。

《准格尔旗交通志》2010年5月印，准格尔旗交通局编，上限至1949年，下限至2009年，设7篇20章67节，160千字，插图8页，印500册。

《准格尔旗科学技术协会志》(内蒙古大学出版社2010年12月版)，准格尔旗科学技术协会编，上限至1959年，下限至2009年，设8章38节，500千字，插图24页，印1500册。

《准格尔经济开发区志》2015年10月准印，内蒙古准格尔经济开发区管委会编，上限至1999年8月10日，准格尔旗人民政府驻地迁离沙圪堵镇，入驻薛家湾镇，下限2013年12月，记述开发区设立14年基础建设、招商引资、产业发展等方面的历史与现状。设9章43节，350千字，插图30页，印1500册。

三、地方综合年鉴

《准格尔年鉴(1992—2000)》，2001年1月印，旗人民政府主办，史志办征集116家机关企事业单位资料编，记述1991—1999年全旗自然、政治、经济、文化、社会的年度资料，为准格尔旗首部地方综合年鉴。设篇目、章目、条目3级标题，设大事记、特载、自然环境、政治、法制、军事、经济、科教文卫社会生活、乡镇、文件选编10篇，按入编单位设章，按事设条目，随文配表，701千字，插图15页，印1000册。

《准格尔年鉴》创刊后，多数年份做到一年一鉴，次年面世。2008卷年鉴实行改版，设篇、章、节、目4级标题，按部类设篇，按行业设章，按单位设节，按事物设条；随文附图、表。2012卷年鉴因承编单位上报资料滞后,改印2010—2011两年合卷(中国文史出版社2013年3月版),2014卷、2015卷因部分承编单位供稿延误，未能实现次年面世。至2015年，先后编印《准格尔年鉴》14卷，收录历年文献资料703.4万字。

另，准格尔旗统计局编印《准格尔旗统计年鉴》，薛家湾供电局编印《薛家湾供电局年鉴》。

四、旧志整理

《准格尔旗旧志稿》(华夏出版社2009年10月版),旗史志办开发旧志资源,考证翻译、整理勘校、编辑出版,收录1936年《伊盟左翼三旗调查报告书》、1937年《绥远通志稿》、1939年《伊克昭盟志》、1960年7月《准格尔旗志初稿》4部旧志稿，记述了准格尔旗历经蒙旗放垦、日伪犯境、武装解放、民主建政、土地改革、互助合作、人民公社等重大事件的历史与现状，为内蒙古地方志系统首部旧志文献集。305千字，插老照片18页，印1000册。2010年12月2日，获内蒙古自治区第三届哲学社会科学优秀成果政府奖二等奖。

五、二轮修志

2013年4月，旗史志办编制《准格尔旗志(1991—2013)篇目大纲》，汇总各方面意见修订后，报旗人民政府。2014年1月，旗委成立续修旗志编纂委员会，组建编辑部，旗人民政府办公室印发通知；14 日，旗委、政府召开动员大会，史志办召开培训会邀请专家授课，启动续修旗志；编辑部下发编目大纲，巡回指导续志撰写。计划两年内承编单位上报初稿，直到 2015 年年底，仅有 18 家单位完成初稿，不到全部承编单位的 20%，多数党政综合部门未能按时上报初稿。

第三节　史志宣传

2005 年起，《准格尔年鉴》加盟中国知识资源总库·中国年鉴网，向国内外网友传播准格尔地情信息，宣传准格尔旗。

2005 年，史志办发起成立晋陕蒙接壤区史志协作会，2007 年 9 月 21—23 日，承办第三次年会，来自陕西省榆林市、山西省忻州市、内蒙古鄂尔多斯市 23 县区 100 余名史志工作者相聚薛家湾镇，开展业务交流，学术研讨。

2009 年纪念改革开放 30 周年图片展在准格尔广场展出，杨玉铭摄

2008 年庆祝改革开放 30 周年，史志办组织有奖征集老照片活动，征集老照片 500 余幅；建立党史地方文献中心，千余册藏书免费接待查阅；12 月 30 日，“丰碑”纪念改革开放 30 周年图片展在会商中心开展，分影像 30 年、历史变迁、农村包产到户、工业煤田开发、城镇政府搬迁、社会繁荣、生活变化和时代丰碑 8 个部分，数百名机关干部参展，展览持续到 2009 年元宵节移到准格尔广场展出，春季“三下乡”巡回 9 个苏木乡镇、19 所中小学展出。

2011 年 7 月庆祝中国共产党成立 90 周年，史志办承办“旗帜”庆祝中国共产党成立 90 周年发展成就图片展；在广播电台、电视台同步推出《旗帜》栏目，连续滚动播出 18 期；在中共准格尔旗第十四次代表大会发行《中国共产党准格尔旗历史读本》《红色准格尔》（画册），引起代表共鸣，在干部职工中争相传阅，旗委组织部将画册和读本纳入党员干部培训教材、青少年传统教育校本教材，在全旗开展了“学党史、知党情、跟党走”主题教育。

2014 年 10 月 31 日，史志办的“红色准格尔”专题讲座在会商中心开讲，这是本土红色文化首次走进文化大讲堂，现场 500 多人参加，通过视频直播，基层 1000 多人同步观看，创造了文化大讲堂受众新纪录。

2015 年 9 月，史志办举办“塞上屏藩”鄂尔多斯纪念抗战胜利 70 周年图片展，巡回全市 8 个旗区持续展出 3 个月之久。

第六章　旅游业

准格尔旗人民政府旅游行业管理部门是1997年9月成立的旅游事业管理局；2010年11月为文化广播电影电视局（旅游局）；2015年7月为文化旅游广播电影电视局。

第一节　旅游规划

1999年，内蒙古作出《加快旅游业发展的决定》，规划将准格尔旗列为旅游重点发展旗县，万家寨黄河风情游位列十大黄金旅游线路之首。

2005年10月14日，准格尔旗首次召开旅游工作会议，旗委、旗政府作出《关于加快旅游产业发展的决定》（准党发〔2005〕2号），规划两大旅游带、十大旅游景点。以黄河峡谷为龙头，推出王爷府—巨合滩湿地—黑岱沟露天矿—包子塔石寨—万家寨库区—龙口时尚休闲旅游产品带；以沙圪堵镇为支点，开发沙圪堵福地、阿贵庙禄园、油松王寿树、准格尔召禧庙的吉祥文化旅游产品带。

2013年1月，特色文化旅游基地纳入全旗产业转型升级的“六大基地”，文化与旅游融合，发展乡村旅游，打造“一带四游”旅游，即黄河大峡谷风情旅游带；准格尔召、油松王民俗祭祀游，库布齐沙漠探险运动游，黑岱沟露天煤矿、大路煤化工基地现代工业体验游，百里长川、西口古渡美丽乡村游。

第二节　旅游开发

准格尔旗的旅游开发以社会资本为主，政府投资规划设计，吸引社会资本投资开发建设。

2002年4月26日，纳林镇引进客商投资240万元，开发胡家渠村水库，打造正阳湖旅游度假村开门迎客，2006年因游客少关闭。2006年8月，满世集团与旗人民政府合作，开发准格尔召旅游区建设，到2015年累计完成投资达6亿多元。2008年4月，神泉园林建设公司开发跨越黄河两岸旅游项目库布齐沙漠神泉旅游景区，到2015年累计完成投资3.2亿元。2008年9月，鸿远煤炭集团开发水镜湖休闲度假旅游区，到2015年累计完成投资2.65亿元。

2010年1月，旗人民政府出资5000万元，注册成立文化旅游投资有限公司，整合全旗旅游资源，投融资开发旅游。2011年8月，文化旅游投资公司与博业投资、广利煤炭、蒙泰远兴、经纬煤业、普泰集团5家煤炭企业共同出资4亿元，注册成立国蒙资源开发集团，开发黄河风情旅游带、油松王旅游区、准格尔召景区、砒砂岩风景区。2013年，5家煤炭企业陷入困境，国蒙资源开发集团无力续建，停止砒砂岩景区、城坡景区、小滩子景区的开发。到2015年，国蒙资源开发集团累计投资9.86亿元，其中文化旅游投资公司投资2.42亿元。

2014 年，准格尔旗在内蒙古“十个全覆盖”工程建设中，启动百里长川西口文化长廊建设。2015 年，南起龙口镇大口村，途经薛家湾镇，北至布尔陶亥苏木尔圪壕嘎查，建成百里长川西口文化乡村旅游带。

第三节　旅游景区

2015 年，准格尔旗建成旅游景区景点 10 处，即黄河峡谷风情旅游带有城坡景区、包子塔景区、万家寨景区，油松王旅游区，水镜湖休闲度假旅游区，库布齐沙漠神泉生态旅游区，准格尔召民俗文化旅游区，砒砂岩水利风景区，百里长川西口文化长廊，黑岱沟国家绿色矿山。其中国家 AAAA 级旅游景区 4 处。

一、黄河峡谷旅游带

1995 年 12 月 9 日，黄河万家寨水利枢纽截流，蓄水形成 72.5 千米深水航道，准格尔旗的包子塔与清水河县的老牛湾，构成一幅阴阳相对太极图，号称天下黄河太极湾。2005 年 10 月 23 日，晋陕黄河大峡谷入围中国十大最美峡谷，太极湾便是大峡谷起点。2008 年 12 月 15 日，旗人民政府注册“黄河·长城风景道”，打造“母亲之河·长城之路”旅游品牌。

黄河峡谷风情旅游带北起大路镇小滩子景区，途经薛家湾镇城坡景区、龙口镇包子塔景区，南至龙口镇四分景区。

万家寨景区位于龙口镇四分村，“九五”国家重点建设项目黄河万家寨水利枢纽建四分码头、跨河索桥。1999 年 10 月 21 日，旅游局投运 40 座游船，开通城坡—四分码头黄河风情游，乘船游览沿途黄河峡谷风光，踏足亚洲第二大索桥，近观水利枢纽风采。2000 年，万家寨水上娱乐中心投运 2 艘快艇参与航运。2007 年 6 月，旗人民政府扩建城坡、包子塔、四分 3 处码头；2010 年 1 月，成立文化旅游投资公司，接管上述旅游资产，2015 年投运 10 艘快艇、1 艘游轮，接待游客 3 万人次，实现旅游收入 60 万元。2009 年 4 月，万家寨水上娱乐中心投入注册资金 100 万元成立万家寨鑫河旅游公司，2015 年，投运快艇 5 艘，接待游客 4 万人次，实现旅游收入 120 万元。

龙口镇杜家峁村包子塔景区，2015 年王玉科摄

包子塔景区位于龙口镇杜家峁村，三面临水，一线通陆，规划面积 32 平方千米，以广袤黄河峡谷风景为底色，以浑厚黄河文化为依托，以漫瀚调为文化品牌，打造黄河峡谷休闲度假旅游目的地。文化旅游投资公司 2013 年 5 月开始征地拆迁，2014 年 4 月开工建设，到 2015 年完成投资 9506 万元，建成古村落、景观水系、烽火台、游览步道。崔成石寨依山而建，就地取材，圈石窑，铺石炕，石

桌凳、石碾磨、石仓、石槽，皆为石材。生产区铁匠、木匠、皮匠、油坊、酒坊、醋坊，各业齐备；生活区堂屋、卧室、厢房、长工、郎中、私塾，分工有序。2014 年 11 月 25 日，包子塔所在杜家峁村入围中国传统村落名录。

城坡景区位于薛家湾镇城坡村，2011 年 4 月开工，2012 年，完成投资 2.38 亿元，其中，旗人民政府征地拆迁投资 1.8 亿元，国蒙公司投资 5000 万元，文化旅游投资公司投资 770 万元，建成民俗博物馆、窑洞酒店主体工程；2013 年，景区停建，设施闲置。

小滩子景区位于大路镇小滩子村。2012 年，国蒙集团投资 3000 万元，完成黄河召主题酒店、滑雪场与水世界土地征收，未开工建设。

二、油松王景区

油松王旅游区位于纳日松镇松树墕村，2008 年 11 月评定为 AA 级旅游景区。2010 年 5 月，旗人民政府与聚祥集团签订油松王景区开发经营协议，景区游客服务区由聚祥集团出资建设，寺庙核心区主体工程由旗文化旅游投资公司和普泰集团共同出资建设，规划占地面积 10.67 公顷，建筑面积 2.2 万平方米。2011 年 4 月 8 日开工，2013 年 11 月 21 日，评定为国家 AAAA 级旅游景区。2014 年 6 月 5 日，竣工开业，游客服务区建成游客服务中心、景区大门、展览馆；寺庙核心区建成山门、钟鼓楼、僧房斋舍、松王殿、三皇殿、观世音殿、药师佛殿。2015 年，累计完成投资 2.1 亿元，当年接待游客近 5 万人次，实现旅游收入 200 万元。

纳日松镇松树墕村油松王景区，2015 年陈文俊摄

三、水镜湖景区

水镜湖位于布尔陶亥苏木李家塔村。2008 年 9 月，鸿远煤炭集团出资 500 万元，成立水镜湖农业旅游公司，开发呼斯太河源头库布齐沙漠甘泉“水镜湖”，打造休闲农业旅游景区。建成区面积 240 万平方米，主要建筑有百栋蔬菜瓜果大棚、农业四季观光园、仿老北京四合院、漫瀚调演艺中心、水镜湖大酒店、休闲文化广场、农耕文化博物馆、蒙医文化博物馆等。游客在湖边悠然垂钓，乘船湖中戏水，登湖心岛品尝美味，来四季园观赏热带植物，到温室大棚采摘有机瓜果，赴百鸟园感受鸟语花香，入住原生木情侣屋享受浪漫，夜晚伴随着漫瀚调广场音乐喷泉的旋律，围着草原篝火翩翩起舞。2011 年 9 月 28 日开业，当年接待游客近 1 万人次；之后每年 5 月 1 日至 10 月 15 日迎客；2012 年 8 月评定为 AAA 级旅游景区；同年 9 月认定为内蒙古休闲农业和乡村旅游示范点；2013 年 9 月 13 日评定为国家 AAAA 级旅游景区；同年 12 月 9 日认定为全国休闲农业与乡村旅游示范点。2015 年，资产总值 3.8 亿元；吸纳就业 120 名，其中讲解导游 6 名；接待游客 10 万人次，实现旅游收入 603 万元。

四、神泉景区

库布齐沙漠神泉旅游景区，是 2008 年 4 月成立的神泉园林公司开发建设的跨越黄河两岸的旅游景区，右岸属鄂尔多斯市准格尔旗十二连城乡黑圪崂湾村，左岸属呼和浩特市托克托县河口古镇郝家窑村，占地面积 3.38 平方千米，其中准格尔旗占地面积 3 平方千米。地处黄河上游与中游地理分界线，战国时左岸建云中古城，隋唐时右岸设榆林古郡，明朝时设东胜卫把守左右，君子古津联通两岸。2010 年 8 月 28 日开园，同年 9 月评定为国家 AAAA 级旅游景区。托克托县黄河湿地建古典园林景区，因一地下矿泉得名“神泉”；准格尔旗建库布齐沙漠旅游设施，文化演艺广场、马术表演场、沙漠小火车，开发沙漠滑索、滑沙、实景演出等旅游项目；联通两岸架跨黄河 845.5 米空中索道。2015 年 10 月引进蒙古国大型马术实景剧《一代天骄成吉思汗》，以真人真马蒙古铁骑征战表演，吸引游客。到 2015 年底，有员工 186 名，其中讲解导游 5 名；接待游客 18.2 万人次，实现旅游收入 2027 万元。

2016 年神泉景区跨黄河空中索道

五、准格尔召景区

准格尔召民俗文化旅游区位于准格尔召镇准格尔召村。2006 年 8 月 1 日，满世集团启动准格尔召旅游开发项目建设；2006 年 11 月，评定为 AA 级旅游景区。2006 年 12 月，满世集团出资 500 万元注册准格尔召原生态旅游开发公司。2010 年 4 月，旗人民政府与满世煤集团签订准格尔召旅游开发协议，文化旅游投资公司与满世集团重组准格尔召原生态旅游开发公司。2013 年 6 月，公司更名为准格尔召民族文化旅游开发公司。景区分召庙文化区、生态农庄区、藏蒙养生区、商业服务区、体育运动区和敖包森林公园 6 个功能区，打造集宗教朝觐、民族风情展示、民俗体验观光、休闲度假养生为一体的旅游景区。2014 年 12 月 31 日，评定为国家 AAAA 级旅游景区。2015 年，恢复召庙 13 处，新建召庙 24 处，形成 14.88 平方千米景区；累计完成投资 9.98 亿元。

六、砒砂岩水利风景区

砒砂岩水利风景区位于暖水乡水泉沟村，核心区 2.4 平方千米呈现千古地质奇观砒砂岩地貌。规划建设入口景观展示区、综合管理服务区、荒漠河谷风情区、生态科普教育区和极限运动挑战区，文化旅游投资公司与国蒙资源开发集团共同开发，2010 年 5 月开工建设。2011 年 10 月 9—11 日，举办中蒙俄国际汽车摩托车场地越野赛；10 月 14 日，入围第十一批国家水利风景区。2012 年 10 月，建成景区大门、游客服务中心、景观坝系、亚洲最长高空缆车、汽车摩托车越野赛道、攀岩训练基地等设施，完成投资 1.6 亿元，其中，文化旅游投资公司投资 0.4 亿元，5 家煤炭企业共投资 1.2 亿元。2013 年停建，游乐设施闲置。

七、长川西口文化长廊

2014年，准格尔旗结合“十个全覆盖”工程，启动百里长川西口文化长廊建设。沿清末晋陕汉民“走西口”古道，南起西口古渡龙口镇大口村，途经薛家湾镇长滩、海子塔、巴润哈岱、白大路等村，北至布尔陶亥苏木尔圪壕嘎查，全线长56千米。沿线开发城市田品、花海灿品、西口途品、乡村宴品、牧场欢品、童年趣品、民艺乐品、户外营品，打造百里长川西口文化乡村旅游带。起点龙口镇大口村，西口古渡“大辿渡”附近护宁寺存康熙四十八年立的市口碑；“鸡鸣三省”之地小占，2014年铺三省区地图，立三省区界碑。途经薛家湾镇，建成长滩古镇晋商街区、海子塔农耕文化博物馆、巴润哈岱爱情博物馆、白大路花卉观光园。终点布尔陶亥苏木尔圪壕嘎查建蒙元建筑风格农家乐，推出鄂尔多斯市准格尔旗布尔陶亥苏木尔圪壕嘎查产“四尔鱼”品牌。2015年，接待游客20万人次，实现旅游收入2000多万元。

2016年薛家湾镇巴润哈岱村花田，张万军摄

八、黑岱沟绿色矿山

黑岱沟露天煤矿位于薛家湾镇境内，是“八五”国家重点建设工程准格尔项目一期工程的主体，1996年9月28日，投入试生产。边剥离开采，边倒垛回填，边复垦绿化，治理采区水土流失，改善矿区生态环境，2011年11月20日，入围首批国家级绿色矿山。2014年1月29日，核定产能3400万吨，成为亚洲单坑产量最大露天煤矿。到这里参观，领略世界最先进的露天采煤工艺，美国产世界第一台采用交流变频调速无齿轮传动技术的90立方米方吊斗铲采装，美国产154吨自卸卡车运输到坑边，自动胶带运输设备运到选煤厂，回采率达到98%以上，代表国际领先水平；体验矿区复垦绿化生态农业成果，浏览田园风光，采摘绿色果蔬，品尝有机美味。2015年，复垦绿化4779.51公顷，再造农田800公顷。

第四节　旅行社

2004年8月，准格尔旗首家旅行社新远旅行社成立，2011年11月特许组织出境旅游，成为全旗唯一的国际旅行社。2015年，全旗注册旅行社5家。通德利旅行社2005年1月成立；顺风旅行社2006年7月成立；丽日风情旅行社2007年6月成立，2009年倒闭；金能假日旅行社分社2011年6月成立；正宇旅行社2013年11月成立。

新远国际旅行社成立初，有员工5名，其中导游2名；首次组团30人赴北京旅游，随后组织暑假海滨亲子游；旗内工业游，参观黑岱沟露天煤矿、万家寨水电站、大路煤化工基地、准格尔经济开发区。2009年5月，推出准格尔人游准格尔线路，首发十二连城乡五家尧村采摘体验游。2011

年 11 月 16 日，特许组织中国公民出境旅游，时有员工 20 名，其中出境导游 8 名，组织团队旅游 4000 人次，营业收入 1093 万元。2012 年 8 月，被评定为鄂尔多斯市 AAA 级旅行社，组织 150 人赴河北省野三坡游；首次组织出境游，80 人赴蒙古国扎门乌德市三日游；开通薛家湾—集宁皮革城购物一日游；当年旅游收入达峰值 1225 万元。2011—2013 年连续被评定为内蒙古业绩突出旅行社，孙海燕、高燕、李丽相继被评为内蒙古优秀导游员。2013 年起，国家禁止公费旅游，组团旅游人数、旅游收入下滑；推出晋西北根据地河曲县中共马栅区委、偏关县中共魏家峁总支部红色游。2015 年，员工 8 名，其中导游 4 名；组织团队旅游 7078 人次，旅游收入 585.2 万元。

2012 年新远国际旅行社组织赴蒙古国三日游

第五节　旅游饭店和商品

2008 年 6 月 13 日，准格尔饭店被评定为全旗首家国家三星级旅游饭店。2009 年 12 月 23 日，凯旋门酒店被评定为四星级旅游饭店，南山宾苑被评定为三星级旅游饭店。2010 年 12 月，鸿鑫商务大酒店被评定为三星级旅游饭店；2013 年，爵士大酒店被评定为三星级旅游饭店。2015 年，全旗有 1 家四星级旅游饭店，4 家三星级旅游饭店，达到三星级标准旅游饭店 10 家，特色旅游餐馆 20 余家。

2013 年，熙泰吉旅游度假村被评定为内蒙古五星级乡村旅游接待户。2014 年，华翼农庄被评定为内蒙古五星级乡村旅游接待户，警华观光园被评定为内蒙古四星级乡村旅游接待户，聚友庄园、新大陆农庄被评定为内蒙古三星级乡村旅游接待户。2015 年，全旗有 2 户五星级乡村旅游接待户，1 户四星级乡村旅游接待户，2 户三星级乡村旅游接待户。布尔陶亥苏木尔圪壕嘎查、十二连城乡兴胜店村建成全市乡村旅游示范村。

2007 年，久荣地毯、准立杏仁露、六环石工艺品认证为准旗旅游商品。2008 年，久荣地毯认证为内蒙古旅游商品，高原杏仁露认证为鄂尔多斯市旅游商品。2015 年 11 月 13 日，国礼陶瓷公司多穆壶奶茶具，在第 17 届国际旅游交易会上荣获中国特色旅游商品陶瓷类金奖。

第二十七篇

医疗卫生

疾病防控

公共卫生

医疗保健

医药保障

医药管理

国家三级乙等中医蒙医医院准格尔旗中蒙医院，2014年6月摄

准格尔旗2002年建成全国农村初级卫生保健先进县。2004年在全国首批实施新型农村合作医疗，2007年在全国首创两年一轮成年人免费体检。2015年，建成旗内乡村医共体、旗外大医院医联体，实现基层首诊、双向转诊、分级诊疗，为全国医改成功试水。全旗有旗级医疗卫生机构6家、乡卫生院14所、街道卫生服务中心6家、社区卫生服务站7个、村卫生室126个，民营医疗机构6家、个体诊所96个；卫生技术人员1827名、卫生床位1863张。医疗卫生服务网络覆盖城乡，保健不出村，小病不出乡，大病不出旗，重病有兜底。

国际救援网络准格尔旗中心医院急诊科晨会，2022年11月摄

第一章 卫生总情

第一节 卫生规模

1991年，准格尔旗卫生局管理旗级卫生机构5家，人民医院、中蒙医院、妇幼保健所、卫生防疫站、薛家湾防疫保健站；乡级中心卫生院3家、卫生院23家；开设病床427张，全系统职工776名，其中卫生技术人员640名。准煤公司职工总医院开放病床25张，卫生技术人员124名。

2015年5月，卫生局与计划生育局合并设卫生和计划生育局，管理卫生机构257家。其中，旗级医疗卫生机构8家，中心医院、中蒙医院、人民医院、大路医院（妇幼保健院）、疾病预防控制中心、卫生监督所、农村合作医疗办公室、爱国卫生运动委员会办公室；基层医疗机构146家，7家中心卫生院、6家卫生院、6家社区卫生服务中心、9家社区卫生服务站、118个村卫生室。全系统开放病床1480张，职工1344名，其中卫生技术人员1244名。管理民办医疗机构103家。

25年投入建设，全旗卫生人员装备实现质的飞跃。财政卫生投入由1991年472万元增加到2012年高达3.96亿元，2015年回落到3.87亿元。卫生机构建筑面积由3.66万平方米发展到12.21万平方米；万元至50万元医疗设备由22台增加到1712台，拥有50万元至百万元医疗设备48台，百万元以上医疗设备35台。千人拥有病床由1.8张上升到4.6张，千人平均卫生技术人员由1.2名上升到3.9名。

25年改革发展，全旗卫生服务能力得到显著增强，实现以治病为中心向以保健为中心转变。门急诊人次，1991年27.6万人次，2011年高达106.27万人次，2015年回落到93.55万人次；住院人次，1991年4721人次，2013年高达3.85万人次，2015年回落到3.3万人次；业务收入1992年375万元，2013年高达3.29亿元，2015年回落到2.99亿元。婴儿死亡率由1992年128.08‰下降到2015年7.51‰，孕产妇死亡率由1992年445.5/10万下降到2011年起零死亡，人均预期寿命上升到2015年76.3岁。

1991—2015年准格尔旗卫生事业统计表

表27-1

年份	卫生投入（万元）	卫生机构（个）	开放病床（张）	千人平均（张）	万元设备（台）	技术人员（名）	千人平均（名）	门诊急诊（人次）	住院治疗（人次）	业务收入（万元）
1991	472	50	427	1.8		640	2.2	275997	4721	
1992	656	50	488	2.0		621	2.5			375
1993	843	50	487	2.0		621	2.5			
1994	940	50	487	1.9		708	2.8			
1995	909	50	488	1.9		745	2.9			736
1996		47	676	2.6		929	3.6			754

续表 27-1

年份	卫生投入（万元）	卫生机构（个）	开放病床（张）	千人平均（张）	万元设备（台）	技术人员（名）	千人平均（名）	门诊急诊（人次）	住院治疗（人次）	业务收入（万元）
1997		47	744	2.9		1071	4.1	252546	4798	955
1998		34	714	2.7		870	3.3	217982	4753	
1999		30	714	2.7		905	3.4			1018
2000	774	27	527	2.0		942	3.5			1073
2001	1256	31	631	2.3		785	2.9			1263
2002	1638	27	605	2.2	510	780	2.9			1458
2003	1426	27	605	2.2		882	3.2			1552
2004	3021	25	625	2.3	342	779	2.9			
2005	3110	25	721	2.7	418	773	2.8	349137	12715	
2006	5700	25	770	2.8	492	773	2.8			
2007	10130	25	764	2.7	1144	898	3.1	372615	13161	
2008	11814	25	829	2.8	715	965	3.3	527182	18523	5837
2009	15921	25	839	2.8	798	1112	3.7	1035713	24171	15065
2010	24671	29	1012	3.3	874	1198	3.9	749919	27759	
2011	36148	28	1438	4.6	882	1217	3.9	1062655	30012	
2012	39757	29	1653	5.4	890	1197	3.9	1044293	34619	24404
2013	35885	30	1544	4.9	1352	1269	4.0	960415	38517	32943
2014	32800	33	1847	5.8	1801	1256	3.9	981430	36503	31265
2015	38663	32	1480	4.6	1794	1244	3.8	935502	33006	29850

注：不含企业、学校医疗机构，私立医院、个体诊所。

第二节 卫生建设

一、初级卫生保健

1991 年，准格尔旗启动全国农村卫生“三项建设”，建设县级防疫站和妇幼保健站、乡级卫生院，助力正在实施的全国农村初级卫生保健项目。提高旗级，加强乡级，健全村级，全旗建成三级医疗卫生服务网。1996 年通过全国农村初级卫生保健达标评审。1999 年乡级卫生院直管村卫生室，恢复发展了村卫生室，到 2000 年，旗乡两级开放病床 514 张，卫生技术人员 572 名；乡村医生 303 名，村卫生室合格率 75%；三级医疗卫生服务网覆盖全旗，辐射蒙晋陕毗邻旗县，实现农村居民人人享有初级卫生保健阶段性目标。2002 年 10 月，准格尔旗被评为全国农村初级卫生保健工作先进县。

二、农村中蒙医建设

2000 年，准格尔旗被列为全国农村中医工作先进县建设试点，引进先进技术、培养专业人才，中蒙医服务能力大幅提升。独立设置的中蒙医院建成肾病、肛肠、针灸推拿3个中蒙医特色专科，带动其他中蒙医临床科室。中蒙医不用手术，费用低廉，疗效明显的技术受到患者欢迎，针灸科建成鄂尔多斯市中医蒙医特色重点专科。全旗形成以中蒙医院为龙头，综合医院中医科、内科为骨干，乡级卫生院中医科为基础，个体中医门诊和村卫生室为兜底的中蒙医三级健康服务网。2006年，准格尔旗被评为全国农村中蒙医工作先进旗。

三、成年人免费体检

2007年4月起，准格尔旗在全国率先实施成年人每两年一轮免费体检，旗籍35周岁以上居民到旗乡两级医疗机构体检，建立电子健康档案，提前为实施国家基本公共卫生服务项目夯实基础。旗直医院为乡级卫生院配备设备、培训人员，保证体检质量。部分乡镇组织车辆免费接送偏远乡村老弱病残居民体检，扩大体检人群，首轮免费体检11.7万人。2015年开始第四轮体检。

四、基本公共卫生服务

2011年起，准格尔旗按照《国家基本公共卫生服务规范》，医疗卫生机构向全体居民免费提供公益性基本公共卫生服务，预防控制疾病，改变“重治轻防”的传统观念，回归“预防为主”的医疗卫生本位。到2015年，建立居民健康档案，开展健康教育，建档率由56.25%提高到89%；0～6岁儿童健康管理率96.06%，孕产妇健康管理率99.92%，老年人健康管理率由57.83%提高到70.1%；高血压患者管理率72.45%，2型糖尿病患者健康管理率68.83%，重性精神疾病患者管理率85.6%。公共卫生服务48%下沉村卫生室，人均公共卫生服务经费40元。

第三节　卫生改革

一、新型农村合作医疗

2004年2月，准格尔旗在内蒙古自治区首批启动新型农村合作医疗。参加农村合作医疗人数占比由2004年83.20%提高到2015年98.30%；各级财政补助，农民个人缴费，筹集基金标准由2004年每人400元增加到2015年每人786元；大病住院补偿封顶线由2004年4000元提高到2015年20万元，平均补偿比由2004年50%提高到2015年85%；门诊补偿额由2004年48万元增加到2015年1375万元；住院补偿额由2004年113万元增加到2015年1.09亿元。2010年1月，准格尔旗被评为内蒙古新型农村合作医疗工作先进旗县。

二、药品零差率销售

2010年1月起，准格尔旗在全国率先实行药物零差率销售，覆盖26家公立医疗机构、2000余种常规药品。此举列为2010年惠及民生“十件实事”之一，医疗机构因此减少收入1500万元，相当于为患者让利1500万元。财政直接补偿公立医院药品零差率销售政策性亏损。设定人均门诊和住院费上限，单病种定额收费，基本药物使用率不低于50%，药品收入占比不高于50%，倒逼医务人员规范诊疗。90%基本工资由财政保障，绩效工资向一线倾斜，设科研奖、委屈奖、避险奖、出勤奖和医德奖，调动医务人员积极性。2010—2015年，财政累计补贴医疗单位7257万元；医疗单位基本药物销售占比由19.88%上升到28.51%，药品收入占比由55.13%下降到40.92%。

三、公立医院改革

2010年，准格尔旗在内蒙古首批启动公立医院改革。2011年试行城乡医疗服务一体化，旗级医院对口帮扶基层卫生院，结成医疗协作体。旗级医院争取上级医院对口支援，结成协议型医疗联合体。2015 年邀请上级医院专家来旗 83 批 127 人次，接诊患者 6673 人次，举办讲座 19 次，教学查房 32 次，手术示教 18 次；与上级医院远程会诊 447 例；中心医院向上转诊 450 人次，大路医院向上转诊 97 例。旗级医院对口支援社区、乡村卫生机构，2013 年推行社区全科医生和乡村执业医生面向家庭签约服务。2015 年 4 月实行旗级医院直管社区、乡村卫生机构，组建紧密型医疗共同体，全年家庭医生签约 4.28 万户，中心医院接收基层转诊 135 例，人民医院接收基层转诊 123 例。初步搭建保健在家里，小病不出村，常见病不出乡，大病不出旗，危重转上级，康复回乡村的分级诊疗新格局，为全国新医改试水成功。2014 年，准格尔旗被列为国家第二批县级公立医院综合改革试点。

2015 年准格尔旗医疗联合体共同体一览表

表 27-2　　　　单位：个

医疗联合体	旗级	医疗共同体	
上级		乡级	村级
白求恩医科大学北京校友专家委员会 北京大学人民医院 北京积水潭医院 内蒙古人民医院 内蒙古医科大学附属医院	中心医院	准格尔召镇中心卫生院	4
		龙口镇中心卫生院	12
		龙口镇魏家峁卫生院	7
		蓝天街道社区卫生服务中心	2
		友谊街道社区卫生服务中心	3
北京中医药大学东直门医院 内蒙古中医医院 内蒙古国际蒙医医院 内蒙古医科大学附属医院	中蒙医院	暖水乡中心卫生院	1
		薛家湾镇海子塔卫生院	11
		薛家湾镇窑沟卫生院	9
		迎泽街道社区卫生服务中心	1
		兴隆街道社区卫生服务中心	3
内蒙古人民医院 内蒙古医科大学附属医院 鄂尔多斯市中心医院	人民医院	纳日松镇中心卫生院	9
		纳日松镇羊市塔卫生院	8
		沙圪堵镇纳林卫生院	7
		沙圪堵镇西营子卫生院	3
		沙圪堵镇社区卫生服务中心	8
		沙圪堵镇民乐社区卫生服务中心	1
中国人民解放军空军总医院 内蒙古人民医院 内蒙古医科大学附属医院	大路医院	布尔陶亥苏木中心卫生院	7
		十二连城乡中心卫生院	18
		大路镇中心卫生院	9

注：村级指村卫生室、社区卫生服务站。

第二章　疾病防控

准格尔旗疾病预防控制中心位于兴隆街道中心社区，1991 年为卫生防疫站，位于沙圪堵镇。1993 年王子兵被评为全国防疫工作先进个人。2000 年 11 月搬迁薛家湾镇。2001 年 10 月更名为疾病预防控制中心，接管相关机构疾病监测业务；村卫生室防疫业务收归乡镇卫生院。2006 年栗杰被评为全国结核病防治工作先进个人。2015 年，能检测饮水 72 项、食品 20 项、公共场所 12 项、医疗消毒 5 项。

第一节　免疫接种

1991 年，准格尔旗执行“4 苗防 6 病”国家计划免疫，对 0 ～ 7 周岁儿童进行基础免疫接种和加强免疫接种，接种“卡介苗”、脊髓灰质炎糖丸疫苗、百日咳白喉破伤风三联疫苗、麻疹疫苗，预防结核病、脊髓灰质炎、百日咳、白喉、破伤风、麻疹。全旗 4 种疫苗接种率均达到 96.73% 以上，通过国家以县为单位 85% 接种率达标验收。

1995 年，内蒙古执行国家将乙型肝炎疫苗纳入计划免疫，准旗儿童免疫扩大到“5 苗防 7 病”。1996 年，沙圪堵乡沟门村接种“卡介苗”、百白破疫苗，发生 1 例异常反应死亡。2001 年，全旗以乡为单位 5 苗接种率均达到 99% 以上。

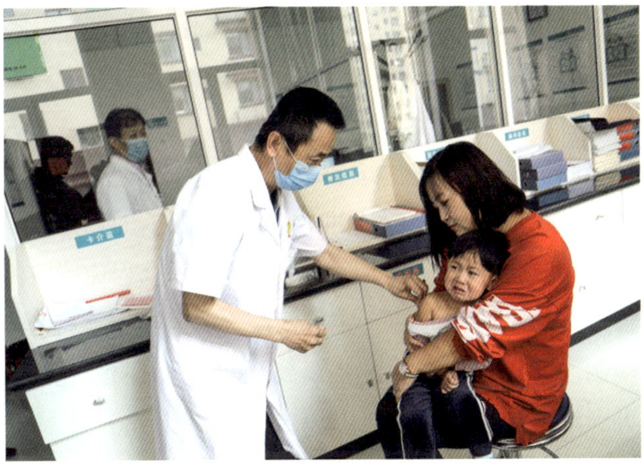
2018 年社区医务人员为儿童免疫接种疫苗

2008 年 8 月起，内蒙古实施扩大国家免疫规划，以无细胞百白破疫苗替代百白破疫苗，将甲肝、流脑、乙脑等疫苗纳入国家免疫规划，对适龄儿童进行常规接种，预防乙型肝炎、结核病、脊髓灰质炎、百日咳、白喉、破伤风、麻疹、风疹、流行性腮腺炎、甲型肝炎、流行性脑脊髓膜炎、流行性乙型脑炎等传染病。准格尔旗儿童免疫扩容到“7 苗防 12 病”。

2015 年，全旗儿童基础免疫 7 苗接种率，卡介苗 100%，脊髓灰质炎疫苗 99.50%，百白破类疫苗 99.10%，麻疹类疫苗 99.74%，乙肝疫苗 99.74%，流脑疫苗 99.40%，乙脑疫苗 99.45%；加强免疫 7 苗接种率均达到 98.82% 以上。

第二节　传染病防治

1991 年，准格尔旗报告乙类传染病 6 种 254 例，发病率 107.71/10 万。1995 年报告乙类传染病 7 种 160 例，发病率仅 65.09/10 万，由于监测技术限制，人为因素干扰，存在漏报嫌疑。2009 年起通过网络直报，提高了报告及时率。2012 年报告法定传染病 2639 例，发病率高达 950.17/10 万。2015 年报告法定传染病 1190 例，发病率下降到 313.15/10 万。

25 年间，全旗传染病呈现零星多点散发状态。1991 年，房塔沟小学暴发麻疹，发病 13 例，应急接种疫苗后终止流行。1992 年，薛家湾矿区暴发肝炎，发病 185 例。1993 年，魏家峁乡暴发流脑，发病 3 例，死亡 1 例。1998 年，全旗发现首例脊髓灰质炎病例。2003 年后，除麻疹、乙肝有散发病例外，百日咳、白喉、破伤风、脊髓灰质炎均无报告病例。2008 年，腮腺炎全旗流行，3737 人应急接种疫苗后终止流行。

全旗发现病例最多的传染病先是丙类传染病结核病，其次是乙类传染病布鲁氏菌病，防治难度较大的传染病是乙类传染病艾滋病。

一、结核病

结核病是人与人之间呼吸道传播的慢性传染病，80% 发生在肺部感染，治疗具有反复性。1991 年，准格尔旗各医疗单位收治肺结核病 46 例。

1995 年，准旗实施全国结核病防治项目，防疫站设结核病防治所，统一收治结核病，减免部分医疗费；1998 年 6 月，十二届人大常委会第三十二次会议审议通过《准格尔旗结核病防治管理办法》，进入依法归口防治阶段，每年确诊病例增加到百例左右，平均收治率 42.67%，治愈率稳定在 80% 左右。

2001 年 4 月，准格尔旗启动比利时达米恩基金会援助中国结核病防治项目；2003 年，实施世界银行贷款 / 英国赠款中国结核病控制项目和全球基金结核病控制项目，利用国际援助，应用国际理念，科学制定疗程，初治 2 个月强化治疗，4 个月巩固治疗；复治 3 个月强化抗结核治疗，5 个月巩固抗结核治疗。实行全程管理，强化期督导管理，巩固期跟踪管理。

2007 年，卫生部在准格尔旗试点定点医院与结核病防治机构合作项目，人民医院成为全国第三家医防合作项目试点医院，开始实行全程免费收治；2008 年，人民医院成为第四轮全球基金医防合作项目全国仅有两个定点医院之一，实行全疗程督导管理。这一时期，年均确诊结核病高达 250 多例。2012 年，收治率提高到 98.8%；涂阳强化治疗阴转率提高到初诊 90.3%、复诊 91.70%，涂阳巩固治疗治愈率提高到初诊 91.3%、复诊 80%；肺外结核及涂阴治疗率提高到 89.19%。

2013 年，国际援助项目结束，准格尔旗实施国家“三位一体”结核病防治可持续发展模式，结核病防治机构规划协调，定点医院专病收治、社区卫生室后续管理，确诊结核病例开始减少。2015 年，全旗确诊结核病 87 人，收治率 100%。

二、布鲁氏菌病

布鲁氏菌病是由感染的牛羊及产品，通过消化道、呼吸道、皮肤及黏膜接触传给人的传染病。准格尔旗加强牛羊疫苗接种，高危人群防护，捕杀感染牛羊，避免进食未消毒牛羊产品，防控布鲁氏菌病。1999 年，检测西营子乡、四道柳乡养羊户血清 30 份，首次检出布鲁氏菌阳性 2 份，感染率 6.7%。2009 年，监测放牧饲养人员血清 64 份，检出阳性 5 份，感染率高达 7.81%。2013 年，监测病畜村重点人群和牲畜交易、屠宰、卖肉、兽医等高危人群血清 1196 人，检出阳性 40 例，感染率 3.34%。2015 年，监测高危人群 1903 人，检出感染者 44 例，感染率 2.3%。布鲁氏菌病感染率有所降低，防控仍需常抓不懈。

三、艾滋病

艾滋病是改革开放后境外传入的特定群体传染病，潜伏期长，治愈困难，以预防为主。2005年，准旗筛查出首例艾滋病感染者；2006年，疾控中心和旗直3所医院装备艾滋病初筛实验室；2008年监测血清确认艾滋病感染者多达7例；2015年查出艾滋病感染者5例，11年间累计查出艾滋病感染者44例。“十二五”期间，经输血、吸毒、母婴传播得到基本控制，全旗艾滋病疫情整体控制在低流行水平。

第三节　重大疫情防控

一、非典型肺炎

2003年4月14日，准格尔旗启动防控非典型肺炎疫情应急预案。交通路口设卡管控，登记疫区人员；医疗机构设发热门诊，监控发热病人；公共场所消毒杀菌，展开流行病学调查。关闭薛家湾、沙圪堵两镇不符合防疫要求场所，限制人员聚集和跨旗流动，企业停工、商业停业，学校停学，学生居家收看电视“空中课堂”。4月17日，发现首例输入性疑似病例，次日发现第二例，分别收入准煤公司职工总医院和唐公塔煤矿医院隔离病区定点治疗；43名密切接触者入驻金桥饭店隔离医学观察；266名医护人员投入救治。居民居家，环境消毒，面戴口罩，手部消毒，落实个人防护。5月9日首例疑似病例康复，5月23日第二例康复。5月24日，全旗解除疫情。至6月26日全面复工复业复课时，全旗投入资金839万元，社会捐款122.6万元。调购医疗设备56台、消杀药品8405千克、防护用品5279件、口罩7466个。设消毒网点42个，消毒场所152处，消毒过往车辆18.69万辆次，检查登记人员26.72万人次。准煤公司职工总医院任国军被评为中央企业防治非典型肺炎优秀共产党员。

2003年抗击“非典”隔离病区的医护人员

二、人感染禽流感

2009年，甲型H1N1禽流感全球大流行，国家将甲型H1N1禽流感纳入乙类传染病，采取甲类传染病防控措施。准格尔旗及时开展疫情监测、流行病学调查、消毒排查。同年7月25日，准格尔旗发现的内蒙古自治区首例甲型H1N1禽流感病例，在中蒙医院接受为期8天治疗后康复出院。2010年8月，世界卫生组织宣布甲型H1N1禽流感大流行结束。2013年10月，国家将甲型H1N1禽流感从乙类调整为丙类，解除甲类传染病预防控制措施。

第四节　地方病防治

一、碘缺乏病

自然环境缺碘造成人体营养不良引起碘缺乏病。常见缺碘甲状腺肿大，俗称粗脖颈病；严重缺碘克汀病，俗称呆小病。调查甲状腺肿大率，检测尿样含碘值，监测碘缺乏病状态；食用加碘食盐，向儿童投服碘油丸，防治碘缺乏病。

1991 年，准格尔旗成年粗脖颈病已不多见，很少有婴儿呆小病。在碘缺乏病监测点纳林乡，监测 7 ～ 14 岁人群甲状腺肿大率高达 32.35%；1992 年，监测纳林乡 7 ～ 14 岁人群尿样 68 份，尿碘值在 100 ～ 500 微克 / 升正常范围内仅 25 份；1994 年全旗 7 ～ 14 岁人群甲状腺肿大率 18.2%。

这年起，全旗在推广食用加碘食盐同时，开始面向 0 ～ 14 岁儿童投服碘油丸。当年碘盐合格率 50.39%，1995 年儿童碘油丸投服率 42.7%，同年监测 8 ～ 10 岁儿童甲状腺肿大率 21.9%，1996 年监测尿碘均值 60.3 微克 / 升。2000 年监测尿碘均值 302.8 微克 / 升；2003 年儿童碘油丸投服率 91.2%；2004 年食用碘盐合格率 94.64%，8 ～ 10 岁儿童甲状腺肿大率下降到 2.49%。2005 年 4 月内蒙古自治区卫生厅专家组评估，准格尔旗实现消除碘缺乏病阶段性目标，停止向 0 ～ 14 岁儿童投服碘油丸。

2008 年，历史上曾有克汀病的准格尔召镇、暖水乡、布尔陶亥苏木，调查 1997 年出生儿童 1229 名，确认无克汀病患者；B 超检查全旗 8 ～ 10 岁儿童甲状腺肿大率 2.05%；监测儿童尿碘均值 253.14 微克 / 升，准格尔旗达到国家碘缺乏病控制标准。2011 年监测 8 ～ 10 岁儿童尿样，尿碘小于 50 微克 / 升仍有 4 份，准格尔旗未完全消除碘缺乏病，继续推广食用加碘食盐，2015 年碘盐合格率 99.3%。

二、氟中毒病

人体饮用水氟含量适宜浓度 0.7 ～ 1.0 毫克 / 升。长期摄入自然环境过量氟化物，引起致残性代谢性骨病，氟斑牙、氟骨症。准旗北部黄河平原，地下水位高，蒸发量大，水中氟含量偏高，是全旗氟中毒病多发区。“八五”期间，卫生防疫部门为十二连城、蓿亥图两乡投放家用饮水除氟器，因使用率不高，除氟效果不明显。1999 年，监测十二连城、蓿亥图两乡井水，平均氟含量 2.0 毫克 / 升；发现两乡氟斑牙 2658 例、氟骨病 1 例。进入“十五”期间，卫生防疫部门在两乡实施防治氟中毒饮水改造工程。2007 年，十二连城乡建成柴登、五家尧、三十顷地、巨合滩 4 地集中供水工程。2009 年，全乡查出氟斑牙 22 例，由于饮水改造彻底，氟中毒发病率下降明显。2015 年，全乡建安全饮水工程 33 处，其他 15 个村也实现集中供水。

第五节　慢性病干预

进入“十二五”，准格尔旗超重、肥胖、高血脂等致病指标高于全国平均水平，导致高血压、糖尿病、心脑血管病等慢性病患病率持续走高。2011 年起开始规范管理高血压、2 型糖尿病患者，倡导管住嘴，迈开腿，均衡饮食营养，加强体育锻炼，全旗高血压患者 13084 例、糖尿病患者 3166 例。2014 年，中蒙医院率先设立“治未病”门诊，探索中蒙医药对慢性病的预防保健功效，随后大路医院、人民医院也设治未病门诊。2015 年，全旗高血压患者 46798 例，糖尿病患者 24146 例，死因居前 3 位疾病是，心脏病、恶性肿瘤、脑血管病。

第三章　公共卫生

第一节　公共卫生监督

准格尔旗卫生监督所，前身为1991年4月成立的薛家湾矿区防疫保健站。2001年10月更名为卫生监督所，接管各机构卫生监督职能开始综合执法。2005年乡镇卫生院聘用卫生监督协管员，2008年建立龙口镇、十二连城乡、沙圪堵镇和纳日松镇4家卫生监督站。2002年1月药政管理职能划归鄂尔多斯市药品监督管理局准格尔旗分局；2011年6月食品监管职能划归食品药品监督管理局。2012年乡级卫生院附设卫生监督协管站，卫生监督人员着装上岗，监督重心下移，执法关口前移。2015年执法人员32名。

一、公共场所卫生

公共场所卫生重点监督旅店业、美容业、娱乐业，落实卫生物品更换消毒、从业人员健康上岗制度。场所环境卫生合格核发“卫生许可证”，不合格一律关闭；人员体检合格核发健康证，查出患有痢疾、肝炎、伤寒、肺结核、皮肤病，一律调离。1991年，全旗公共场所卫生监督处于推广阶段，强制场所持证经营、人员持证上岗。2002年，公共场所卫生监督覆盖率98%，场所持证经营率89.4%，人员持证上岗率98.7%。2003年防控“非典”期间，关闭卫生设施差、消毒不严格、无证擅自经营的公共场所25家。2015年，全旗经营性公共场所564家，从业人员5134名；持证经营率100%，持证上岗率100%，卫生监督合格率99%。

二、饮水卫生

1991年，监测全旗集中式供水水质合格率仅67%。1997年，执行国家《生活饮用水卫生监督管理办法》，对集中式供水单位和二次供水单位的出厂水、管网末梢水进行卫生监督，专项监督检查桶装水、自建供水单位、乡村集中式和分散式供水单位，监督覆盖率100%。2009年，各供水单位均持有效卫生许可证经营，供管水从业人员均持有效健康体检合格证上岗，水源防护措施、储水设施消毒措施落实。2012年，监测集中式供水单位、二次供水单位，出厂水、管网末梢水合格率均上升到80%。2014年，全旗5家城市供水单位，3家日供水千吨以上、23家日供水百吨以上、48家日供水百吨以下农村供水单位、3家学校自建设施供水单位监督全覆盖。2015年，全旗城镇供水出厂水合格率95%、末梢水合格率86%，乡村集中式供水及大口井水质合格率73%。

三、职业卫生

1991年，准格尔旗厂矿粉尘污染严重，全旗矽肺病患者242例。1999年，检出榆树湾硫磺厂矽肺病116例。2001年，伊克昭盟防疫站普查榆树湾镇的两硫磺厂、水泥厂、二道沟煤矿和沙圪堵镇的化肥厂，查出职业病703例。2002年，防疫站开始监测企业环境有害因素，煤矿、煤化工行业粉尘污染严重。2005年，监测粉尘浓度合格率仅为32%。2010年，内蒙古自治区在准格尔旗设立职业病监测点，监测有职业危害因素企业，监护职业病危害从业人员，重点监测煤炭、化工行业的尘肺病。2012年，检出疑似肺结核多达72例，2014年，检出可疑矽肺病患者多达1323例。2014年，疾控中心职业卫生科评为市级重点学科。2015 年，检出疑似肺结核 3 例、疑似尘肺 651 例。

四、学校卫生

学校呼吸道传染流感，消化道传染手足口病，皮肤接触传染红眼病，卫生监督重点是学校餐饮安全和环境卫生。1999 年，沙圪堵镇中小学教室面积合格率 77.33%，班容量合格率 54.67%，自然采光合格率 45.33%，课桌椅与身高相符合格率 87.64%。2001 年起，执行入学防疫接种证明、学生因病缺课追访、复学医疗诊断登记、日常晨午健康检查等规定，落实食品和饮水安全、教室和寝室通风等措施。2002 年，首次按国家学生体质健康标准监测，全旗小学生体质合格率 91%。2015 年监测全旗小学生体质合格率 93.2%，耐力、力量、速度有所提高；学生营养过剩，体重有所超标；学生沉迷手机，视力下降明显。

六龄齿由于萌出早容易患龋病。1991 年小学生抽样监测龋齿患病率 37%，2000 年龋齿患病率 20.18%，2010 年，龋齿患病率反弹到 30% 以上。2011 年起，准格尔旗试点内蒙古自治区儿童口腔疾病综合干预项目，采用窝沟封闭预防龋病，每年筛查 1500 多人，封闭 500 多例，封闭牙 2000 余颗。2015 年复查封闭完好率保持在 86% 以上。

学龄儿童是肠道蠕虫易感染人群。1992 年调查部分中小学生肠道蠕虫感染率 14.85%，1993 年跟踪调查上年调查中小学校，感染率下降到 3.43%。1994 年对全旗中小学生进行肠道驱虫。跨入 21 世纪，多数儿童移民到城镇上学，卫生条件改善，饮食结构改变，肠道蠕虫感染率下降。

第二节　爱国卫生运动

准格尔旗爱国卫生运动委员会是旗人民政府开展群众性爱国卫生运动的组织协调机构，1991 年下设办公室（简称爱卫办），1993 年 3 月爱卫办挂靠卫生局，1995 年 8 月挂靠精神文明建设委员会办公室，2002 年 9 月再次挂靠卫生局，2007 年 4 月恢复单设。爱卫办以每年 4 月“爱国卫生月”的环境卫生检查评比为手段，面向群众开展健康教育促进，发动群众投身环境整洁行动，持续改善城乡环境卫生，创建大批卫生户、卫生村、卫生乡。

一、健康教育促进

“八五”至“九五”期间，每年四月爱国卫生月，爱卫办结合“五讲四美”活动组织健康教育，新闻单位开设健康教育专栏，城乡聘任健康教育人员，向居民印发《爱国卫生公约》，学校开设健康教育课，普及卫生健康知识，培养个人卫生习惯。跨入 21 世纪，依托旗乡村三级卫生网络，组织卫生技术人员针对普遍存在的健康问题开展健康干预，如公共场所禁烟，机关推广工间操，劝导看手机“低头族”。2003 年春抗击“非典”消毒流调，大规模普及卫生防疫知识，人们自觉开始改陋习，讲公德。2015 年 2 月，准格尔旗列为全国首批健康促进县试

2020 年投放共享单车供居民绿色出行

点，将健康促进融入健康教育，开展健康咨询154次，举办健康讲座191场，接受健康教育达3万人次。同年9月启动共享单车系统，旗政府驻地设20个点，投放自行车400辆，倡导居民绿色健康出行。

二、环境整洁行动

1991年，沙圪堵镇划定环境卫生责任区，实行“院内达标、门前三包”制度，院内卫生达标，门前包卫生、包秩序、包绿化。干部职工走出机关，走上街头，投工投劳硬化马路，群众积极响应，捐资购买水泥沙石，主要街道由砂石路变成水泥路。2000年，薛家湾镇也实行“门前三包”制度，各人自扫门前雪。每年爱国卫生月，两镇发动群众清扫卫生死角，清理塑料垃圾，清运积存垃圾。2007年，薛家湾镇完成塔哈拉川河道综合整治，建成一处城市生态水系景观。2009年起，每年开展创建国家卫生县城百日攻坚，发动群众投身市政环境整洁行动。2014年环境治理拓展到乡村，拆除塌墙破院、断壁烂圈，清理粪土堆、柴草堆、垃圾堆；2015年试行“户清扫、村收集、乡清运、旗处理”垃圾一体化管理，农村环境焕然一新。

“八五”至“九五”期间，农村挖泉打井挑水吃，多数井口露天，有的井水高氟，饮水安全难保障。进入“十五”后，旗乡两级政府持续以奖代补，鼓励群众投工投劳，铺设通户供水管网，建设集中供水工程；2014年启动农村安全饮水工程，到2015年，全旗乡村累计建成集中供水工程341处，基本普及自来水。

农户厕所曾极为简陋，挖一土坑，安一瓷瓮，架两木板，夏秋滋生蛆蝇，雨季粪水外溢。1991年，爱卫办编制农村厕所改造标准，有围墙、有厕坑、有粪池，定期清理，无渗漏、无蝇蛆。2000年起，利用中央补助公共卫生专项资金改造农村厕所，到2013年累计安装全封闭水冲式户厕8000多座，改造户厕3万多户；2011年新农村建设危房改造，2014年“十个全覆盖”工程危房改造，到2015年，累计改造危房1.4万户，全部配套水冲卫生间。2015年启动旅游厕所革命，新建封闭水冲旅游厕所26座。

准格尔旗病媒动物原有老鼠、苍蝇、蚊子，鼠患最重；“八五”开发准格尔煤田，蟑螂随外来人口带入薛家湾镇。每年春季，爱卫办组织“除四害”统一集中行动，划定重点地区，统一时段集中投药。1994年，沙圪堵镇5141户投药1750千克灭鼠，鼠密度由40.34%下降为39.37%。1996年改用捕鼠夹灭鼠，沙圪堵镇捕获率由13.96%降为4.00%。1999年统一灭鼠后调查，沙圪堵镇老鼠密度由22.8%降为0.82%，薛家湾镇老鼠密度由32.3%降为1.36%。2006年，薛沙两镇统一时间投药覆盖率达95%，沙圪堵镇鼠密度由71.79%降到3.77%，薛家湾镇鼠密度由76.36%降到4.09%。2010年改用粘捕统一灭鼠，沙圪堵镇鼠密度由0.16只/张下降为0.04只/张，薛家湾镇鼠密度由0.14只/张下降到0.04只/张。2015年，全旗鼠患基本消除。

三、创建卫生单位

1991年，内蒙古自治区卫生镇评比，沙圪堵镇获“阿吉奈”奖甲级组第三名；1996年12月沙圪堵镇蝉联自治区卫生镇。2000年11月，薛家湾镇被命名为自治区级卫生镇。2014年12月，十二连城乡被命名为自治区级卫生乡。2015年12月，暖水乡、龙口镇建成自治区级卫生乡镇。自2011年友谊街道唐公塔村被命名为自治区级卫生村后，到2015年，全旗有33个村建成自治区级卫生村。

2012年3月28日，准格尔旗召开“三城联创”动员大会，创建全国文明县城、全国卫生县城和全国园林县城，展开三城联创百日攻坚，8月18—20日，国家爱卫办组织专家暗访，认为准格尔旗总体卫生水平达到《国家卫生县城标准》。2013年12月29日，准格尔旗被全国爱国卫生运动委员会命名为国家卫生县城。

第四章　医疗保健

第一节　医疗机构

1991年，准格尔旗境内有4家公立医疗机构，准格尔旗人民医院、中蒙医院、妇幼保健所，准煤公司职工总医院；榆树湾、暖水、海子塔3家中心卫生院、23家乡卫生院；226个村卫生室处于瘫痪状态。

1992年7月伊克昭盟唐公塔煤矿办职工医院，2002年12月并入中蒙医院；1999年乡级卫生院直管村卫生室，带动村卫生室恢复发展；2000年起撤销乡镇的卫生院并入保留乡镇的卫生院，在服务人口较多的卫生院组建中心卫生院；2004年6月旗人民政府接收准能公司职工总医院，更名为中心医院；2006年成立首家社区卫生服务机构沙圪堵镇社区卫生服务中心；2011年3月创办大路医院，2015年4月接收妇幼保健所，组建妇幼保健院。

至此，全旗4家公立医院直管6家社区卫生服务中心、7家中心卫生院、6家卫生院，及其所辖9个社区卫生服务站、118个村卫生室，建立4个紧密型医疗共同体，形成旗乡村三级一体化管理健康服务体系。

一、中心医院

准格尔旗中心医院位于蓝天街道白云社区。1991年为准煤公司职工总医院，县级建制，设内、外、妇、儿、五官等临床科室和检验、放射等技术科室，辖乌兰小区卫生所，卫生技术人员124名，开放病床25张。1995年8月，总医院大楼落成投用，建筑面积2.39万平方米。1996年11月评定为二级甲等医院。1998年12月被评定为“爱婴医院”。2000年9月被评为内蒙古百佳医院。2004年6月划归准格尔旗人民政府管理更名为中心医院。2013年11月晋升为三级综合医院。2015年4月，直管准格尔召镇中心卫生院、龙口镇中心卫生院、龙口镇魏家峁卫生院、蓝天街道社区卫生服务中心、友谊街道社区卫生服务中心。建筑面积4.2万平方米，分19个病区，设急诊、呼吸、中医、皮肤、感染、骨科、妇产、儿科、口腔、眼耳鼻喉、消化内分泌、神经、老年等21个临床科室，检验、病理、超声、放射、CT、心电图、高压氧等12个医技科室，开放病床464张，卫生技术人员555名。全年门、急诊34.91万人次，出院1.27万人次，手术1852例，收入

准格尔旗中心医院，2020年摄

1.42亿元。

直管准格尔召镇中心卫生院位于黄天棉图村。1991年为乌兰哈达乡卫生院；2001年5月迁址黄天棉图村，更名为神山镇卫生院。2005年接收准格尔召乡卫生院，组建准格尔召镇中心卫生院。2015年，建筑面积1890平方米，开放病床25张，卫生技术人员28名；下辖4个村卫生室，乡村医生8名。

直管龙口镇中心卫生院位于马栅村。前身为2000年3月榆树湾中心卫生院、马栅乡卫生院合并组建的马栅镇中心卫生院。中心卫生院有病床20张，人员21名；卫生院病床12张，人员18名。2005年7月更名为龙口镇中心卫生院。2008年12月入驻新建2500平方米卫生院楼。2011年评定为一类乙等卫生院。2015年，开放病床30张，卫生技术人员30名；下辖龙口社区卫生服务站、11个村卫生室，乡村医生20名。

直管龙口镇魏家峁卫生院位于魏家峁村。1991年为魏家峁乡卫生院，2005年4月更名为龙口镇魏家峁卫生院。2015年，建筑面积2189平方米，开放病床20张，卫生技术人员15名；下辖7个村卫生室，乡村医生8名。

直管蓝天街道社区卫生服务中心位于铁北社区。前身为2010年8月成立的薛家湾镇铁北社区卫生服务站，建筑面积200平方米。2013年4月更名为蓝天街道社区卫生服务中心。2015年，开放观察病床4张，卫生技术人员16名；下辖阳光社区卫生服务站，开放观察病床2张，卫生技术人员9名；下辖阿岱沟村卫生室，乡村医生2名。

直管友谊街道社区卫生服务中心位于御景社区，2013年4月成立，建筑面积440平方米。2015年，开放病床10张，卫生技术人员20名。下辖张家圪旦社区、和泰社区卫生服务站，开放观察病床9张，卫生技术人员10名；下辖苏计沟村卫生室，乡村医生1名。

二、中蒙医院

准格尔旗中蒙医院位于迎泽街道曙光社区。1991年位于沙圪堵镇，建筑面积2900平方米，设皮肤、五官、针灸、中医外科和内科、西医内科、妇产科，开放病床35张，职工82名。1997年8月评定为二级甲等中蒙医院。1998年9月设薛家湾分院。2001年9月被评为内蒙古百佳医院。2002年12月搬至薛家湾镇唐公塔医院。2006年3月入驻薛家湾镇迎泽区新建1.2万平方米中蒙医院大楼，接收人民医院薛家湾分院51人。2011年12月晋升为三级乙等中蒙医综合医院。2015年4月，直管薛家湾镇海子塔卫生院、薛家湾镇窑沟卫生院、暖水乡中心卫生院，兴隆街道社区卫生服务中心、迎泽街道社区卫生服务中心。院本部建筑面积2万平方米，分9个病区，设急诊、内、外、骨、妇产、儿、五管、针灸、推拿、肛肠、皮肤、蒙医、传染等21个临床科室，检验、影像、超声、功能、病理5个医技科室，开放病床400张，卫生技术人员445名。全年门、急诊24.44万人次，住院1.10万人次，手术1101人次，收入9033.6万元。

准格尔旗中蒙医院，1991年摄

直管暖水乡中心卫生院位于暖水村。1991 年为暖水中心卫生院，占地面积 1500 平方米。1999 年有医务人员 18 名。2002 年 2 月，接收德胜西、四道柳两乡卫生院。2014 年 5 月更名为暖水乡中心卫生院。2015 年，建筑面积 1850 平方米，开放病床 5 张，卫生技术人员 11 名；下辖肯木肯村卫生室，乡村医生 1 名。

直管薛家湾镇海子塔卫生院位于海子塔村。1991 年为海子塔中心卫生院。1999 年建筑面积 1070 平方米，设内、外、妇、儿、中医、检验、放射、手术等科室，职工 21 名。2004 年 5 月接收巴润哈岱乡卫生院，组建海子塔镇卫生院。2002 年 7 月入驻新建 210 平方米卫生院楼。2011 年 3 月接收长滩乡卫生院，组建薛家湾镇海子塔卫生院。2015 年，建筑面积 1524 平方米，开放病床 5 张，卫生技术人员 12 名；下辖 11 个村卫生室，乡村医生 16 名。

直管薛家湾镇窑沟卫生院位于亭子墕村。1991 年为窑沟乡卫生院；2005 年 7 月更名为薛家湾镇窑沟卫生院。2015 年，建筑面积 1500 平方米，开放病床 10 张，卫生技术人员 21 名；下辖 9 个村卫生室，乡村医生 9 名。

直管迎泽街道社区卫生服务中心位于湖西社区，2011 年 11 月成立，建筑面积 1100 平方米。2015 年，开放观察病床 10 张，卫生技术人员 39 名。下辖曙光社区卫生服务站，1991 年为哈岱高勒乡卫生院。2008 年 10 月搬迁薛家湾镇建曙光社区卫生服务站。2015 年 11 月撤曙光社区卫生服务站，建南苑社区卫生服务站，建筑面积 708 平方米，开放观察病床 5 张，卫生技术人员 9 名。

直管兴隆街道社区卫生服务中心位于鑫凯社区，2015 年 9 月成立，建筑面积 500 平方米，开放观察病床 6 张，卫生技术人员 6 名；下辖 3 个村卫生室，乡村医生 4 名。

三、人民医院

准格尔旗人民医院位于沙圪堵镇育才社区。1991 年建筑面积 5880 平方米，设内、外、妇、儿、中医、五官等临床科室，放射、检验等技术科室，开放病床 118 张，职工 137 名。1997 年评定为二级丙等医院。1998 年在薛家湾镇设分院，职工 51 名；2006 年撤销薛家湾分院，职工调入中蒙医院。2007 年 1 月入驻新建 1.58 万平方米医院大楼。2008 年 3 月晋升为二级乙等医院，4 月成为第四轮全球医防合作结核病定点医院。2015 年 4 月，直管纳日松镇中心卫生院、纳日松镇羊市塔卫生院、沙圪堵镇纳林卫生院、沙圪堵镇西营子卫生院、沙圪堵镇社区卫生服务中心、沙圪堵镇民乐社区卫生服务中心。医院本部建筑面积 1.75 万平方米，分 7 个病区，开放病床 230 张，设急诊、内、外、妇、儿、中医、五官、皮肤等 19 个临床科室，功能、检验、病理、放射、CT、高压氧等 10 个技术科室，卫生技术人员 266 名。全年门、急诊 20.25 万人次，出院 6682 人次，手术 923 例，业务收入 5264.95 万元。

准格尔旗人民医院，2020 年摄

直管纳日松镇中心卫生院位于勿图门村。1991 年为乌日图高勒乡卫生院，2000 年 4 月接收大路峁乡中心卫生院，组建川掌镇卫生院，2005 年更名为纳日松镇中心卫生院。2006 年原址改扩建新卫生院4300平方米。2015年，开放病床20张，卫生技术人员12名；下辖9个村卫生室，乡村医生10名。

直管纳日松镇羊市塔卫生院位于羊市塔村。1991年为羊市塔乡卫生院，1992年评定为一级乙等医院。2001年更名为羊市塔镇卫生院。2005年更名为纳日松镇羊市塔卫生院。2006年8月原址新建1200平方米卫生院。2015年，开放病床20张，卫生技术人员19名；下辖8个村卫生室，乡村医生8名。

直管沙圪堵镇纳林卫生院位于纳林村。1991年为纳林乡卫生院，2005年6月更名为沙圪堵镇纳林卫生院。2015年，建筑面积650平方米，开放病床8张，卫生技术人员14名；下辖7个村卫生室，乡村医生7名。

直管沙圪堵镇西营子卫生院位于西营子村。1991年为西营子乡卫生院，2000年8月，接收布尔敦高勒乡卫生院，组建西营子镇卫生院。2011年7月更名为沙圪堵镇西营子卫生院。2015年，建筑面积570平方米，卫生技术人员10名；下辖3个村卫生室，乡村医生6名。

直管沙圪堵镇社区卫生服务中心位于育才社区。1991年为沙圪堵乡卫生院，2000年9月接收敖斯润陶亥乡卫生院，2006年3月更名为沙圪堵镇社区卫生服务中心。2010年6月原址改扩建，建筑面积2138平方米。2015年，开放病床7张，卫生技术人员38名；下辖育才、迎宾2个社区卫生服务站，开放观察病床6张，社区医务人员8名；下辖6个村卫生室，乡村医生6名。

直管沙圪堵镇民乐社区卫生服务中心，2010年10月在民乐社区成立，卫生服务中心建筑面积600平方米。2015年，开放病床10张，卫业技术人员16名；下辖开源社区卫生服务站，开放观察病床5张，卫生技术人员4名。

四、大路医院（妇幼保健院）

准格尔旗大路医院位大路新区。2010年10月落成，建筑面积3.08万平方米。2011年3月选调卫生技术人员45名开业；2015年2月评定为二级乙等医院。2015年4月接收妇幼保健所，合并组建准格尔旗妇幼保健院，开展妇幼保健基本卫生服务；直管布尔陶亥苏木中心卫生院、十二连城乡中心卫生院、大路镇中心卫生院。设内、外、妇、儿、五官、中医、急诊等13个临床科室；CT、超声、心脑电图、消化内镜等7个医技辅助科室。开放4个病区病床100张，卫生技术人员150名。全年门、急诊4.08万人次，出院1698人次，手术732人次，收入1350.96万元。

准格尔旗大路医院，2019年摄

接收准格尔旗妇幼保健所，1991年位于沙圪堵镇，建筑面积771平方米，设妇女保健、儿童保健、计划生育等科室，卫生专业技术人员30名。1999年8月迁址薛家湾镇，建筑面积1240平方米；2015年，设内、外、儿、妇产、中医、五官等临床科室，检验、放射、B超、心电图等技术科室，开放病床6张，卫生技术人员 42 名。同年 4 月并入大路医院。

直管布尔陶亥苏木中心卫生院位于公益盖村。1991 年为布尔陶亥乡卫生院，位于大营盘。2006 年 8 月更名为布尔陶亥苏木中心卫生院。2007 年迁址公益盖村建新 920 平方米卫生院楼。2015 年，开放病床 16 张，卫生技术人员 14 名；下辖 7 个嘎查村卫生室，乡村医生 7 名。

直管十二连城乡中心卫生院位于柴登村。1991 年为十二连城乡卫生院。2006 年 8 月接收蓿亥图乡卫生院，组建十二连城乡中心卫生院。2013 年 10 月入驻新建 4380 平方米中心卫生院楼。2015 年，开放病床 50 张，卫生技术人员 38 名。下辖五家尧社区卫生服务站，开放病床 19 张，医务人员 14 名；下辖 17 个村卫生室，乡村医生 34 名。

直管大路镇中心卫生院位于杨四圪咀社区。1991 年为准混兑乡卫生院。1992 年从东孔兑村迁址杨四圪咀居委会，1998 年 5 月更名为东孔兑镇卫生院。2011 年接收大路乡卫生院，合并建大路镇中心卫生院，占地面积 4932 平方米。2015 年，开放病床 22 张，卫生技术人员 24 名；下辖 9 个村卫生室，乡村医生 12 名。

五、民办医疗

1991 年，准格尔旗有个体医生 273 名，多数为村卫生室聘用医生，少数开办城镇个体诊所。1994 年卫生局在薛家湾镇创办公私联营医院，1996 年 9 月撤销。1999 年按民办医疗机构设置标准核发《行医许可证》65 张，2001 年民办医疗机构发展到 112 家。2010 年按卫生部《诊所基本标准》重新审核整改，2015 年全旗建成标准化民办医疗机构 103 家。

全旗有 4 家私立医院、2 家民营门诊部。普德医院位于兴隆街道鑫凯社区，2006 年 6 月创办，2015 年开放病床 40 张，卫生技术人员 40 名；贵峰医院位于迎泽街道南山社区，2008 年 5 月创办，2015 年开放病床 20 张，卫生技术人员 18 名；益泰医院位于沙圪堵镇府欣社区，2011 年创办，2015 年开放病床 20 张，卫生技术人员 17 名；康馨医院位于兴隆街道鑫凯社区，2012 年 7 月创办，2015 年开放病床 38 张，卫生技术人员 34 名。

全旗有 97 家个体诊所。其中，西医诊所 21 家、牙科诊所 13 家、中医诊所 61 家、中西医诊所 2 家。知名的有高歧山中医诊所、洪宝芳西医诊所、陈平牙科诊所等。内蒙古自治区十大著名中医专家吕志钢，2006 年退休后在薛家湾镇创办中医诊所，平均日接诊量达 80 多人次，这一全旗中医日接诊量最高纪录一直保持到 2015 年。

第二节　医疗队伍

1991 年，准格尔旗管卫生技术人员 640 名。按执业资质分，执业医师 235 名，护士 79 名，村医生 273 名；按技术职称分，副高级职称 9 名，中级职称 75 名；按学历结构分，旗级专科为主，乡级中专为主，村级中学为主。准煤公司职工总医院卫生技术人员 124 名。

1993 年，人民医院、中蒙医院开设专家门诊，开始以师带徒；之后医疗单位请进上级医院专家培训，派出人员到上级医院进修，卫生局组织学术交流，卫生系统继续教育进修常态化，多措并举培养卫生技术人员。2012 年，中心医院刘天祥、杨文献、王玉荣，被评为鄂尔多斯市青年技术骨干。

2015 年，全旗卫生技术人员 1244 名。按执业资质分，执业医师 586 名，注册护士 385 名，乡村医生 174 名；按技术职称分，高级职称 183 名，中级职称 394 名，初级职称 641 名；学历结构看，旗级硕士为主，社区本科为主，乡村专科为主。基本培养了德才兼备的学科带头人队伍、开拓创新的中青年骨干队伍、素质较高的经营管理队伍。

一、教育培训

1991 年，人民医院创办卫生学校，开办 2 年制中西医结合班，招收学员 50 多名。1993 年 4 月，卫生局将该校建成全旗卫生技术学校，招收学员扩大到近百人，为乡卫生院、村卫生室培养中西医技术人员。2000 年该校停办。

卫生局每年组织乡村医生到旗级医院培训，选派旗直医院医生到上级医院进修。1991 年，卫生院到旗级医院进修 19 名，旗级医院到上级医院进修 12 名。1997—2001 年，卫生系统 148 人参加自学考试，78 人取得专科学历，15 人取得中专学历。2001 年，全旗医疗机构非专业人员占比由 1997 年 17% 下降至 4.6%，旗直医疗单位大专以上学历人员占比由 1997 年 63% 上升至 85%，乡镇卫生院中专学历以上人员占比由 45% 上升至 92%。2010 年起选派医务人员参加上级全科医生转岗培训。2012 年起开展农村卫生人员培训。2015 年，选送医务人员赴上级医院进修 57 名，全科医师转岗培训 11 名，旗级培训 168 期 5050 人次。

二、学术交流

1991 年，准格尔旗有医药卫生学会和中蒙医学会，后因学术研究成果少陷入停顿。2009 年 3 月，卫生局在民政局注册成立医学会。2014 年 3 月 20 日召开首届会员代表大会，同年 8 月成立内科、外科、蒙中医、妇产科、儿科、检验医学、麻醉医学、医学影像、重症医学、五官科 10 个专业委员会，单位会员 29 家，个人会员 1652 名。2014 年 9 月 3 日，医学会邀请从准煤公司职工总医院走出去，成长为清华大学医药卫生研究与培训中心的专家张英，举办医疗服务思维革命与和谐医患关系专题讲座，让 130 多名医务人员大开眼界。

三、人员管理

“八五”期间，准格尔旗医疗机构管理松散，人浮于事。2000 年打开“出口”，有病提前病休，非专业人员自谋职业，长期离岗除名，一次分流非专业技术人员 155 名；同时畅通“进口”，考试招聘临床医生 40 名，之后每年引进高中级职称卫生技术人员、招聘医学本科以上毕业生。2001 年推行全员聘用制，院长聘任科室负责人，科室负责人聘用医务人员；实行基本工资、岗位工资和效益工资 3 种工资制度。2004 年由身份管理向岗位管理转变，竞争上岗 136 人，解聘 11 人，待聘 21 人。2010 年 12 月，实行院长聘任制，取消公立医院院长行政级别，首轮公开招聘 4 家旗级医院院长。

第三节　医疗技术

1991 年，准格尔旗常规医疗设备听诊器、血压计、体温计“老三样”，最好的设备黑白超声、国产 X 光机、心电图机。经过多年努力，世界最先进的彩色 B 超、螺旋 CT、核磁共振“新三大件”先后引入准旗。从凭经验望闻问切，到靠仪器综合检测，从开刀手术到微创外科，实地诊疗与远程诊疗结合，医疗技术迈向精准数字时代，全旗形成学科比较齐全的医疗技术体系。2011 年起，旗直医院推行临床路径管理，专科专病，同病标准化流程同治，保证医疗服务质量。

一、内　科

人民医院郝义明，1994 年治愈全旗首例急性白血病 M3 型患者，治愈内蒙古旗县医院首例肺癌转移患者；1997 年治愈全国首例气管内异位甲状腺患者。

准煤公司职工总医院,1996 年率先开展人工心脏起搏器置入术,1998 年率先开展心肌梗塞溶栓、肝动脉栓塞、脑血管造影介入治疗。

2000 年，人民医院部分血液病治疗效果达到内蒙古同级医院领先水平；2007 年中心医院、人民医院开展血液透析新技术。

中心医院郝义明，2007 年主持紧急床旁心内临时起搏项目，获鄂尔多斯市科学技术进步奖二等奖；2012 年主持创办导管室，完成 11 例冠状动脉支架置入术、2 例永久性起搏器植入术、2 例选择性冠状动脉置管术，经皮冠状动脉造影成形及支架植入术，成为全旗的医疗新技术。

中心医院武德胜改良式臂颈联合肋滞术临床应用，2008 年通过医学成果鉴定。该院 2014 年率先开展内镜下黏膜剥离术、切除术，2015 年率先开展缺血性肠病诊治。

中蒙医院，2015 年率先开展新型溶栓药物治疗急性心肌梗塞。

二、外　科

准煤公司职工总医院，1991 年成功置换全旗首例人工股骨头，1992 年成功再植全旗首例断指，1993 年完成全旗首例十二指肠损伤治疗，1994 年开展国内先进的血管神经移植术，1995 年完成全旗首例骨水泥颅骨修补术，1996 年完成全旗首例全关节人工关节置换术。

准煤公司职工总医院乌恩，1993 年主持纤维膀胱镜肾盂切开输尿管取石术，填补内蒙古自治区空白；1995 年在全旗率先开展腹腔镜和泌尿系腔镜手术；1998 年完成内蒙古首例腹腔镜下胆囊切除术，获内蒙古自治区科学技术成果奖；2005 年主持经输尿管镜气压弹道碎输尿管结石术，填补内蒙古空白。

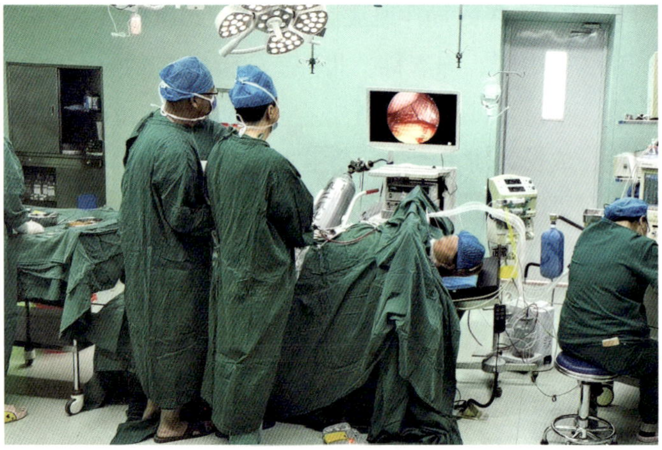

2022 年人民医院腹腔镜下胆囊切除手术

准煤公司职工总医院黄益凡，1995 年完成全旗首例胆总管空肠吻合术，1996 年完成全旗首例贲门胃底癌根治术，1997 年首次开展慢性包裹性脓胸整体切除术、食道癌切除胃代食道吻合术；1998 年首次开展不规则肺叶切除术、贲门经腹切开松解成形术。

准煤公司职工总医院卢安礼，1997 年在国内首次将甲硝唑用于冲洗腹部有菌切口，成功救治 20 余例高龄危重急性化脓性胆管炎患者及数 10 例急性重症胰腺炎患者，这项成果在全国学术会议交流并获奖。

准煤公司职工总医院吕平，1998 年主持《骨盆外固定架治疗骨盆不稳定性骨折》项目，获内蒙古自治区科技成果奖；1999 年 8 月参加国家级科研项目创伤评分与结果预测研究，主持《九十年代我国创伤与胸伤的特点、分型与评分》项目，获四川省科学技术进步奖一等奖。

人民医院，1997 年 3 月成功施行一例巨大脑瘤切除术；2000 年肝胆外科达到内蒙古同级医院领先水平；2002 年开展卫生部推广项目软通道颅内血肿微创清除术，2006 年该院成为卫生部推广项目协作医院；2010 年在全旗率先开展髓内针固定新技术。

大路医院重点专科腹腔镜、前列腺电切镜、膀胱镜等内镜微创技术处于全旗领先水平。2014年8月18日，大路医院乌恩成功施行腹腔镜下胆囊内取石术，开创全旗“保胆取石”先河。

2014年，中心医院骨科被评为鄂尔多斯市重点学科；2015年，中蒙医院在全旗率先开展无痛胃肠镜治疗术。

三、妇儿科

人民医院付先林，1991年10月成功施行全旗首例腹膜外剖宫产手术；1999年8月论文《女性不孕、男性阳痿治疗分析》在全国第八届医学专家走向市场走向世界学术交流会宣读。

准煤公司职工总医院，1991年开展内蒙古先进的腹腔镜套扎硅胶环绝育术；1992年在全旗率先采用麻醉开展无痛分娩；1993年10月率先投用胎儿监护仪，配备助产士；1997年成功开展全旗首例宫颈癌根治术；1998年，李树来、贾慧芳施行腹腔镜输卵管结扎术，获内蒙古科技成果奖。

人民医院，1996年购置活动婴儿床，建立待产室；2006年在全旗率先开展无痛人工流产新技术。

2007年，中心医院开展新生儿经皮胆红素测定新技术；2008年，中心医院开展宫腔镜诊疗新技术，人民医院开展宫腔镜和阴道镜诊疗新技术；2013年，中心医院完成首例经阴道子宫全切术、陈旧性会阴裂伤修补术。

四、五官科

2004年4月，人民医院武玲丽在全旗首次开展白内障超声乳化+人工晶体植入术，这项技术处于内蒙古旗县医院领先地位；2007年人民医院被确定为鄂尔多斯市白内障复明手术定点医院；2008年准格尔旗成为内蒙古首个白内障复明手术无障碍区；2009年人民医院被确定为内蒙古自治区白内障患者复明手术定点医院；2015年该院白内障超声乳化手术，获全旗优秀科技成果转化与应用奖35万元。

五、重症急救

1991年，准煤公司职工总医院，准格尔旗人民医院、中蒙医院设急诊科，备救护车，随时出诊接运患者；榆树湾、海子塔、暖水3家中心卫生院和部分卫生院备救护车，向3家医院转送患者。

1995年，准煤公司职工总医院在伊克昭盟率先设重症医学科，建重症监护病房，开展心电监护、心肺复苏；1996年成功抢救一例大面积心肌梗死。

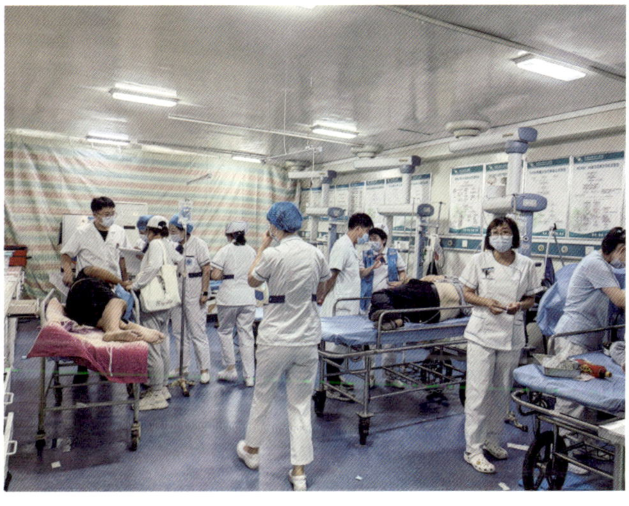

2022年中心医院急诊科

1997年，人民医院在全旗率先开通“120”急救电话；2007年7月，“120”急救电话鄂尔多斯市联网，中心医院、人民医院、中蒙医院成为全市“120”指挥中心急救站。2008年，中心医院成为国际紧急救援中心网络医院。2009年1月12日中心医院首次由“120”指挥中心指派出诊。其间全旗乡级卫生院陆续配备“120”急救车。

2010年，中心医院急诊科和麻醉科建成鄂尔多斯市重点学科，重症监护病房建成鄂尔多斯市名科。2013年9月人民医院也设重症医学科，建重症监护病房。2011年4月起，全旗乡级卫生院陆续加配“120”急救车。

2015 年，全旗配备“120”急救车 22 辆，其中旗级医院 8 辆，乡级卫生院 14 辆。依托中心医院、人民医院，拨打“120”急救电话，社区 10 分钟内、乡村半小时内，危重症转诊到医院，生命绿色通道畅通。

六、放射影像

1991 年，准格尔旗境内 3 家公立医院能开展血尿便三大常规检查、X 光透视；准煤公司职工总医院还能开展先进的脑心电图、超声诊断检查。

1994 年，准煤公司职工总医院购入世界最先进的全身 CT 造影机；人民医院开展黑白 B 超检查；中蒙医院与个人联办黑白 B 超检查。

1996 年，准煤公司职工总医院引进世界最先进的彩色 B 超声诊断仪；引进华北地区最大高压氧舱投入使用，填补全盟空白。

1999 年 5 月 8 日，伊克昭盟中心血站成立，准煤公司职工总医院、准格尔旗人民医院设输血科，建成辐射全旗医疗机构的临床用血绿色通道。

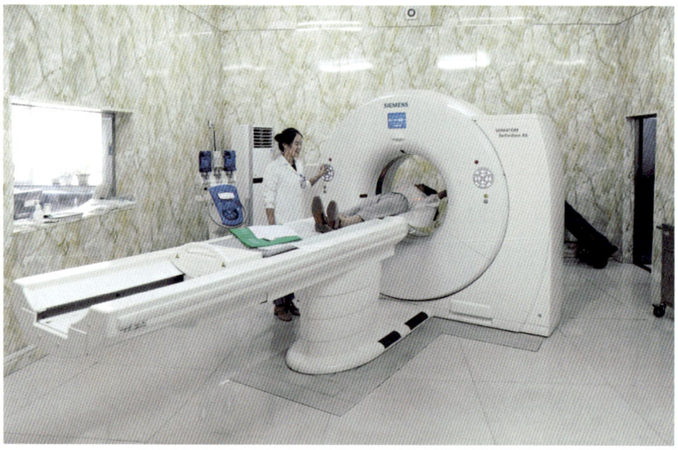

2019 年中心医院 64 排 128 层螺旋 CT

2012 年 9 月 25 日，中心医院购进世界最先进的核磁共振设备，这种新型医学影像技术，是肿瘤、心脑血管疾病筛查的利器，迅速成为常规影像检查。2015 年，中蒙医院开展核磁共振检查。

第四节　护　理

一、护士队伍

1991 年，准格尔旗公立医院有专职护士 79 名，乡级卫生院聘用临时护士。1994 年 1 月国家实施《护士管理办法》，护士须持证上岗；1996 年全旗首批通过考试核发执业证书的护士上岗，因持证上岗护士少，公立医院也聘用临时护士。2008 年 5 月国家施行《护士条例》，医疗机构开始解聘临时护士。2015 年，全旗注册护士 385 名，每千人拥有护士由 1991 年的 0.33 名增加到 1.19 名，医护比由 1991 年的 25.82% 上升到 58.96%；护士人均管理病床由 5.41 张下降到 3.85 张，护士学历由中专为主提升到大专为主。

二、护理技术

1991 年，输液用开放式琉璃吊瓶、橡胶管、注射器、直头针，清洗消毒灭菌后反复使用，直头针容易穿针，给患者造成痛苦；消毒棉签、换药包等护理用品，由护士自己包装，灭菌后使用。

1995 年，人民医院在全旗率先引进输液器、注射器等一次性医疗用品，开始淘汰重复性医疗用品，排除了交叉感染隐患，减轻了护士劳动强度。特别是一次性输注泵静脉留置针应用于临床护理，精准控制输液流量，避免静脉反复穿针，大大降低了患者痛苦。

2005年，中心医院率先引进信息化系统管理护理业务，患者病情、医师医嘱、护士操作等海量信息，不再需要纸质版笔录。2007年12月，中蒙医院率先开通移动护士工作站系统，医、护、患之间流程再造，重塑护理服务格局，解放了紧张的医护人力，实现了医疗资源利用效果最大化。

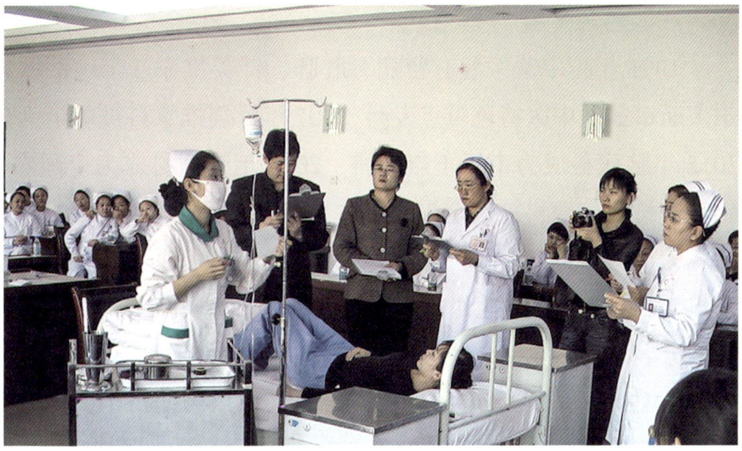

2008年准格尔旗临床护理技能大赛

进入“十一五”后，专科护理迅速发展，专病专护变为现实。中心医院、人民医院的重症监护、急救护理水平得到提高。中蒙医院的中蒙医专科护理水平全旗小有名气。2015年发展到拔罐、刮痧、针灸等传统手法，泡浴、熏蒸、贴敷、灌肠、填埋等传统药技，低脉冲、红外线、蜡疗等先进仪器理疗；中蒙医辨证施护覆盖每个病种。

三、护理制度

“八五”期间，准格尔旗临床护理，实行病区护士长、病床护士两级负责，执行特级、一级、二级、三级4级护理标准。医师下达医嘱，护士落实医嘱，普遍实行医师、护士昼夜循环值班，医护配合，减少失误，保障患者治疗安全。

1998年，国家实行以病人为中心的整体护理，1999年准煤公司职工总医院率先推行整体护理，对患者实行全过程全方位护理，护理项目由打针、输液、发药发展到对患者生活护理、心理护理和人文关怀，促进患者身心健康。

2010年，国家启动优质护理服务示范工程，中心医院重症医学科、外一科、外三科，人民医院外科，中蒙医院内科、外科，建成全旗首批优质护理服务示范病区。病区病房环境改善，护理水平大幅提升，患者满意度明显提高。2014年，大路医院外科病区建成优质护理服务示范病房。2015年，旗级公立医院优质护理病房实现全覆盖。

2013年，中蒙医院内一科病房获评全国中医医院优质护理服务先进病房。2014年，中蒙医院李伊莉、白春香被评为鄂尔多斯市名护士。

第五节 中医·蒙医

1991年，准格尔旗专设的中蒙医院内设中医科、蒙医科、中蒙医结合急诊科等中蒙医特色科室，其他旗级医院、乡级卫生院均设中医科、内科，个体诊所开中医门诊。“十五”期间试点全国农村中医工作先进县建设，引进先进技术、培养专业人才，2006年获评全国农村中蒙医工作先进县。之后向上争取对口支援，打造名院名科名医，向下辐射带动乡村，全旗形成中蒙医院为龙头，综合医院为骨干，乡村卫生院、社区卫生服务机构为基础，个体中医门诊和村卫生室为兜底的中蒙医三级健康服务网络。

一、特色专科

1991 年，中蒙医院有肾病、肛肠、针灸推拿 3 个中蒙医特色专科。2006 年针灸科被确定为鄂尔多斯市蒙医中医特色重点专科，2007 年针灸推拿科被确定为全国农村蒙医中医特色优势重点专科，2012 年脑病科成为市级重点专科，2014 年脑病科成为全国农村蒙医中医特色优势重点专科，2015 年针灸科、脑病科被确定为内蒙古自治区中医特色优势重点专科，骨伤科、儿科、脾胃病科、肺病科成为市级中重点专科。至此，全院中医和蒙医设 7 个二级专科、35 个专病门诊，建成 2 个国家级重点专科、2 个自治区级重点专科、7 个市级重点专科，重点专科带动其他中蒙医临床科室，评名药名方名剂，创名院名科名医，实现专病专术专治。

2012 年，中心医院中医科被评定为鄂尔多斯市中医康复重点学科；2014 年，老年病科也成为市级蒙医中医特色优势重点专科。

二、临床技术

中蒙医院坚持推广技术成熟、疗效确切、成本低廉的中蒙医药适宜技术，开展“简、便、验、廉”的治疗。1991 年采用熏洗、贴敷、灌肠等中蒙药技术和结扎、挂线等中蒙医手法技术开展特色治疗。2006 年增加埋线、埋豆、雾化等中蒙药技术和理筋、牵引等手法技术，这些中蒙医药技术，不用手术，不用服药，疗效明显。2012 年被国家中医药管理局确定为基层常见病多发病中医药适宜技术推广基地。2013 年推广复合脉冲磁性治疗仪治疗腹泻，振动排痰机治疗肺炎，脑循环功能治疗仪治疗眩晕，智能通络仪治疗脑梗后遗症，超声波、超短波治疗多种疑难杂症，2014 年开展椎间盘突出射频及臭氧消融治疗。先进医疗设备与传统中蒙医药结合，疗效超出预期，受到患者欢迎。

中心医院借助先进设备开展中医理疗。1991 年中医科引进电磁波神灯、间动电治疗仪、音频治疗仪、电子去痛仪。1995 年中医科开设针灸、皮肤门诊，购置微波针、电热针、激光、液氮冷冻治疗机等设备。1996 年中医科设推拿按摩门诊、颈腰椎牵引室。2006 年购进中频、磁疗、超短波、微波等专用仪器，开展中医康复治疗。

人民医院传统中医特色鲜明。1991 年中医门诊由两位老中医坐诊。侯二老先生擅长中医治疗妇儿科疾病，内服加外贴，药少效显；李逢春大夫擅长脾胃病、腰腿痛病。1998 年中医理疗科在全旗率先引进小针刀治疗骨性关节炎新技术，配合牵引理疗腰椎间盘突出。2004 年率先开展中医减肥、中药美容等新项目。

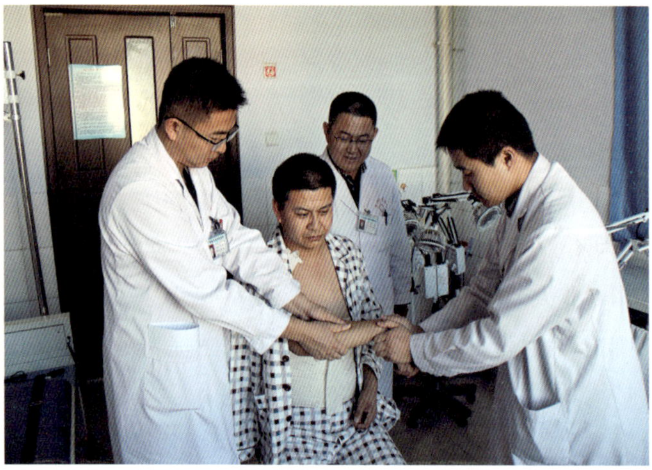
2013 年中蒙医院骨伤科特色理筋手法

中华传统医术重调理保养。2003 年，准格尔召请青海省藏医全科医师重办菩提诊所，建成鄂尔多斯市唯一的藏医康养旅游景点。2014 年 11 月，中蒙医院试点全市中蒙医“治未病”健康工程，率先设立“治未病”中心，用中蒙医体质辨识原理开展老年慢性病预防保健。2015 年，人民医院、中心医院开设“治未病”门诊，冬病夏治，中药穴位贴敷治疗呼吸系统疾病；全旗乡村社区卫生机构建成 3 家“治未病”式中医馆。

1991 年，中蒙医院针灸推拿科开展毫针、三棱针、火针、头针、耳针、皮肤针理疗。2006 年，发展到火针、电针、水针，灸分悬、隔灸，罐分留、闪、走罐，刮痧分撮、放痧，外敷分贴、熨、熥，推拿分脏腑、关节、经穴推拿；罐针结合、罐药结合、刮痧拔罐结合，中医、蒙医、西医结合，实施综合理疗。2011 年，新增刃针放血、刺血等 8 项技术；2012 年引进靳三针、贺氏三通 2 项技术。针灸推拿技术不断推陈出新，“全国农村蒙医中医特色优势重点专科”的金字招牌实至名归。

三、研究成果

1993 年 3 月，中蒙医院贾金的论文《探讨神经与经络》《新九针医案四则》，分获全国针灸学术论文二等奖、优秀奖，获世界传统医药突出贡献优秀成果奖。

1997 年 10 月，准煤公司职工总医院薛兴华与内蒙古中蒙医疗器材研究所合作，研制《特定电磁波药物蒸汽治疗仪》治疗颈腰椎关节疼痛获得成功，这项成果通过内蒙古医药管理局鉴定，列为内蒙古自治区卫生厅科技成果推广项目。

1998 年，中蒙医院李雪瑞承担卫生部委托南京中医药大学临床药理基地科研项目《黄羚清热口服液治疗小儿咳嗽（急性支气管炎）二期临床观察》顺利通过评审验收结题。

1999 年，人民医院中医理疗科王朝华在全旗率先引进小针刀治疗骨性关节炎新技术，列为内蒙古自治区新技术推广项目，获内蒙古自治区科技成果证书。

2000 年 5 月，中蒙医院贾金的论文《浅谈神厥穴疗疾奥秘》，在香港国际华夏传统医学会暨中西医结合学术论坛被评为中外名医优秀论文。

2013 年，中蒙医院儿科段秉兰《自拟运脾和胃汤治疗脾胃不和型小儿厌食症的临床研究》、骨科张宏亮《手法整复 U 型石膏外固定治疗克雷氏骨折疗效观察》，双获内蒙古自治区卫生厅科技成果三等奖。

2013 年，中蒙医院与北京东直门医院合作研究《熄风通络滴丸治疗不稳定性心绞痛》；内科《冠心病相关因素及中医体质辨识》《2 型糖尿病相关因素及中医体质辨识》、儿科《中药穴位拔罐结合贴敷防治肺脾气虚型小儿咳喘》4 项科研课题，通过内蒙古自治区卫生厅审批立项。

四、人才梯队

准格尔旗中蒙医人才一直靠师带徒培养。“八五”至“九五”期间，全旗知名中蒙医师有，1999 年获评内蒙古自治区十大著名中医专家的中蒙医院主任医师吕志钢，2007 年被中国疑难病研究协会授予“中国名医”称号的中蒙医院退休副主任医师贾金，2009 年获评鄂尔多斯市首批名老中医的人民医院退休主任医师李逢春等。老一代中蒙医师手把手授业，新一代中蒙医人才茁壮成长。

2010 年 6 月 12 日，北京中医药大学东直门医院对口支援准格尔旗中蒙医院揭牌；2012 年 7 月 7 日，中蒙医院成为北京中医药大学心血管病研究所研究基地。上级医院支援协作开辟中蒙医人才培养新渠道，到上级对口医院进修，回旗在医疗实践中磨炼，上带下，老带新。

中蒙医院中医主任医师李雪瑞擅长中西医结合治疗各种脑病、肾病、糖尿病、脾胃病、过敏性紫癜等内科疑难急症，找他就诊的患者应接不暇，2008 年 6 月成为全旗首位限号接诊的中医专家，2011 年 7 月获评内蒙古自治区首批基层名中医。同时期中蒙医院蒙医科主任医师杨斯琴也获评内蒙古自治区首批基层名蒙医。2012 年中心医院薛兴华被评为鄂尔多斯市青年技术骨干。2013 年，中蒙医院刘文雍获评鄂尔多斯市第二批名中医；2015 年，大路医院王朝华、中蒙医院段秉兰获评鄂尔多斯市第三批名中医。

2015 年，全旗有自治区级名中蒙医 2 名、自治区中蒙医学术经验继承指导老师 3 名，市级名老中医 2 名、市级名中医 4 名、市级中蒙医学术经验继承指导老师 4 名、市级青年技术骨干 9 名、市级中青年学术技术带头人 2 名，旗级名中医 7 名。

第六节　妇幼保健

1991 年，准格尔旗正在实施联合国儿童基金会、人口基金会“加强中国基层妇幼卫生”合作项目，妇幼保健所和旗级医院妇产科建设得到加强，乡级卫生院、村卫生室配备妇幼保健人员，配齐产包、消毒锅和儿童体重秤等器械，初步建立旗乡村三级妇幼保健网。实行孕产妇和婴儿健康管理，从婚前检查，到产前检查，到产后访视全程保健，特别是推广无菌操作新法接生，彻底淘汰接生婆土法接生，防范新生儿破伤风、产妇产后出血，有效保障母婴安全健康。孕产妇死亡率由 1991 年的 445.5/10 万下降到 1995 年的 113.06/10 万，婴儿死亡率由 1992 年的 128.08‰下降到 1995 年的 19.43‰。准格尔旗顺利通过国际妇幼卫生合作项目终期评审验收。

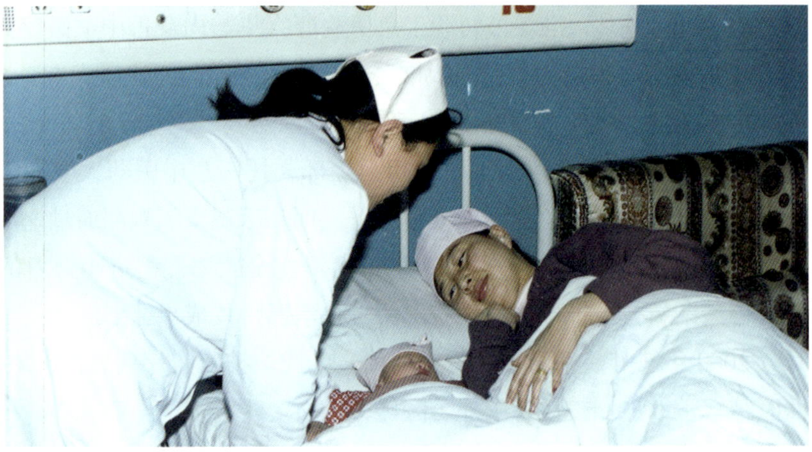

1999 年准煤公司职工总医院母婴同室

1996 年起，准格尔旗倡导母乳喂养、母婴同室，创建国家爱婴医院；1997 年，妇幼保健所建成全旗第一所爱婴医院；1998 年，魏家峁、十二连城、沙圪堵 3 家卫生院建成爱婴医院；1999 年，准煤公司职工总医院、羊市塔、哈岱高勒 2 家卫生院建成爱婴医院；1999 年起，实施澳大利亚援助世界卫生组织“消除新生儿破伤风和加强安全注射”合作项目，接种破伤风类毒素消除新生儿破伤风；2000 年起，实施农村降低孕产妇死亡率和消除新生儿破伤风项目；2002 年，准格尔旗被评为内蒙古自治区“降消项目”先进集体。

2007 年，准格尔旗启动农村孕产妇住院分娩救助和免费婚前医学检查；2008 年，启动育龄妇女服用叶酸预防婴儿出生神经缺陷项目；2010 年，启动宫颈癌、乳腺癌综合防治项目，展开“两癌”免费筛查；2015 年，启动中国医学科学院协和医院、肿瘤研究所“适合中国农村地区的宫颈癌筛查技术与示范研究”。妇女儿童疾病，勤检查、早发现、早治疗，大幅度提高妇幼保健水平。

全旗新生儿死亡率由 1992 年的 127.20‰下降到 2015 年的 5.93‰，婴儿死亡率由 1992 年的 128.08‰下降到 2015 年的 7.51‰，5 岁以下儿童死亡率由 1992 年 135.12‰下降到 2015 年 8.7‰；住院分娩率由 1991 年的 13.16% 上升到 2014—2015 年的 100%，新法接生率由 1991 年的 25.5% 上升到 2001 年起的 100%，孕产妇死亡率由 1992 年的 445.5/10 万下降到 2011 年起的零死亡。

第七节 医疗信息化

1993 年，准煤公司职工总医院在全旗率先建成电子挂号收费系统，1996 年率先建成门诊、住院计费系统；人民医院 2004 年率先启用新型农村合作医疗刷卡报销系统；中心医院 2005 年率先上线医院综合信息管理系统，中蒙医院 2007 年 4 月率先为成年人免费体检建立电子健康档案，这些信息系统各自为政，呼唤资源整合，信息共享。

2011 年 12 月，卫生局建设“数字健康”工程，开通准格尔旗卫生信息平台，联通旗级医院、乡级卫生院、卫生服务中心，旗级医院推行全国统一的电子病历，患者自主查询、自助挂号、自主打印检验报告，持医联卡享受旗内“一卡通”便利，新型农村合作医疗实现即时报销。“数字健康”工程，不断升级医院软件，持续优化医疗流程，上通远程会诊医疗转诊系统、下连健康档案医保结算系统，到 2015 年更加完善，实现挂号少排队，付费更便捷，检查少跑腿，配药更方便，住院更省心，急救更快速，转诊更顺畅。

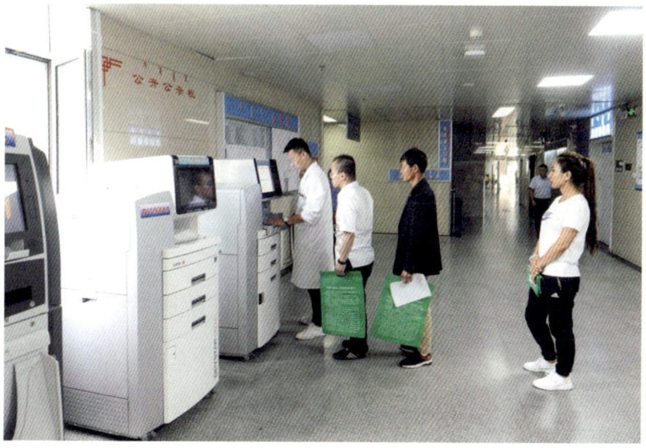

2019 年中心医院自助打印医学检验报告

中蒙医院信息化建设跨入全国中医医院先进行列，2010 年入围全国 18 家中医医院信息化示范单位，2011 年被确定为全国中医医院电子病历试点单位，2012 年获中国医院信息化建设“金鼎奖”。到 2015 年，累计投用 20 多个功能模块 256 个子系统信息化应用。

第五章　医药保障

第一节　城镇医疗保障

1991 年，准格尔旗机关事业单位职工享受公费医疗待遇；国营集体企业职工享受劳保福利待遇；其他城镇居民尚无医疗保障待遇。三者等级分明，差距巨大。而待遇最好的公费医疗，由于管理松散，有的虚开能多报，有的实开报不了，为公众所诟病。

1995 年 6 月 16 日，旗人民政府印发《公费医疗管理办法》（准政发〔1995〕11 号），财政预算公费医疗经费拨付公费医疗办公室统一管理。门诊医疗费按工龄档次核拨到单位包干使用，对职工适当补贴；提取 20% 大病统筹基金，适当补贴住院医疗保险和单位门诊补贴后剩余超 2 万元的大额医疗费；其余经费按职工总数和住院医疗保险率，一次核拨给保险公司，支付住院医疗保险金。

2000 年，全旗实行城镇职工基本医疗保险制度，废除公费医疗制度，业务划归社会保险事业管理局，逐步将机关事业单位职工和各类企业职工医疗保险待遇并轨。2015 年，全旗 48946 名城镇职工参加基本医疗保险统筹，征收城镇职工基本医疗保险基金 20153 万元；支付医疗费 12805 万元。

2005 年，全旗实施城镇无业居民医疗保险。2015 年，全旗参加医疗保险无业居民 60057 人，收取个人缴纳医疗保险费 4319 万元，各级财政划拨补贴统筹金 3718 万元，支付医疗费 2838 万元。

第二节　农村合作医疗

改革开放初，准格尔旗农村合作医疗，由村卫生室乡村医生为农民提供医疗服务。因农村包产到户，村集体失去经济来源，向卫生室投入锐减，乡村医生难以自养，农村合作医疗失去曾经的辉煌。1991 年，全旗 226 个村卫生室多数闲置关闭，273 名乡村医生少数个体行医。1998 年 5 月，经济实力相对雄厚的羊市塔、巴润哈岱、乌日图高勒 3 乡试点农村合作医疗，因筹资难未在全旗推广。

2004 年 2 月 19 日，准格尔旗召开新型农村合作医疗试点会议，在内蒙古自治区首批启动新型农村合作医疗；同年 3 月成立新型农村合作医疗管理委员会办公室，多方筹集基金，大病统筹为主，医疗互助共济，防止因病致贫。

筹集基金标准逐年提高。2004 年，每人筹资 40 元，其中个人缴费 10 元，个人缴费占比 20%；中央、自治区、市、旗 4 级财政分别补助 10 元、4 元、5 元、11 元。2006 年起，各级财政补助标准提高，每人筹资标准 70 元，2008 年提高到 140 元，2011 年提高到 522 元。2015 年，每人筹资 786 元，个人缴费 70 元，个人缴费占比 8.91%；中央、自治区、市、旗 4 级财政分别补助 268 元、56 元、76 元、316 元。

基金分配方式不断完善。2004 年，每人 40 元基金中，15 元纳入个人账户，独生子女户、双女结扎户、计划生育“三结合”户，个人账户 17.5 元，用于门诊治疗费减免；23 元纳入住院大病统筹金，

2 元留作合作医疗风险基金。2006 年，旗财政为每人补助 7 元，用于门诊、住院。2007 年，旗财政为每人增补 10 元，用于体检建立健康档案，或大病统筹基金。2009 年，4 元留作风险基金，156 元纳入大病、门诊统筹基金。这种分配方式延续到 2015 年，每人筹资 786 元，90% 纳入统筹基金，10% 留作风险基金。

医疗保障水平越来越高。2004 年住院报销起付线 200 元，封顶线 4000 元，住院最高报销 50%。2005 年起付线降到 100 元，封顶线提高到万元。2009 年建立住院统筹和门诊统筹相结合的补偿机制；中蒙医报销比例提高 15 个百分点。2010 年住院报销封顶线提高到 12 万元；国家基本药物报销比例提高 10 个百分点。2011 年起，22 个病种实行定额付费管理。2012 年新型农村合作医疗鄂尔多斯市统筹，不设报销封顶线。2013 年乡级住院报销起付线 100 元，个人支付封顶线 1500 元；自治区外住院报销 80%。提高肺癌等 20 种重大疾病保障水平。2014 年乡级住院报销起付线上调到 200 元，封顶线上调到 20 万元；乡级住院报销 90%，市内住院最低报销 75%，市外住院报销 65%。2015 年市内住院最低报销 70%，市外住院报销 60%。

报销结算也越来越方便。2004 年，新型农村合作医疗定点医疗机构挂牌服务，动态管理。定点医疗机构执行药品价格和医疗服务最高限价。2005 年旗内定点医疗机构就诊实现出院直接报销。2012 年 9 月旗直定点医院综合信息管理系统与新型农村合作医疗信息系统无缝对接，实现即时结算。2012 年在龙口镇中心卫生院试行“先看病、后付费”制度，2013 年 3 月这项制度推广到全旗 22 家定点医疗机构，1.5 万名患者受益。2013 年，新型农村合作医疗与民政部门医疗救助、保险公司大病商业保险实行一站式即时报销。

2020 年中心医院办理出入院窗口

2004 年，全旗 14.14 万人参加农村合作医疗，参合率 83.20%，3.35 万人次门诊报销 48 万元，1483 人次住院报销 113 万元。2015 年，21.67 万人参加农村合作医疗，参合率 98.30%，5.52 万人次门诊报销 1375 万元，2.58 万人次住院报销 1.09 亿元。实施新型农村合作医疗 12 年，36.85 万人次门诊报销 6863.93 万元；24.06 万人次住院报销 7.13 亿元。2010 年 1 月，准格尔旗被评为内蒙古新型农村合作医疗工作先进旗县。

2004—2015 年准格尔旗新型农村合作医疗统计表

表 27-3

年　份	参合农民（人）	参合率（%）	筹资标准（元 / 人）	个人缴费（元）	缴费占比（%）	门诊补偿（万元 / 人次）	住院补偿（万元 / 人次）
2004	141428	83.20	40	10	20.00	48/33478	113/1483
2005	154532	83.00	40	10	20.00	192/54987	437/4442
2006	171690	87.00	70	10	14.28	84/22687	663/5327
2007	180393	90.00	80	10	12.50	84/22445	1243/7812
2008	194450	93.00	140	10	7.14	81/19780	2464/8563
2009	200877	93.40	160	20	12.50	181/26523	3401/8678
2010	203402	95.00	230	30	13.04	358/29231	5394/11463
2011	207215	95.12	522	30	5.74	295/15422	8621/14675
2012	209166	97.80	588	50	8.50	1047/13571	11600/18478
2013	210657	98.00	670	60	8.95	1175/20184	12331/24511
2014	215086	98.12	706	60	8.49	1504/54956	13129/28425
2015	216660	98.30	786	70	8.91	1375/55233	10891/25836

第三节　特困医疗救助

2005 年 6 月 27 日，旗人民政府印发《城乡特困居民重大疾病医疗救助实施方案（试行）》（准政发〔2005〕75 号）；2006 年 4 月 10 日印发《城乡医疗救助实施办法》（准政发〔2006〕52 号）；2013 年 4 月 19 日修订《城乡医疗救助实施办法》（准政发〔2013〕22 号）；形成日常医疗救助、住院医疗救助、门诊救助和医前救助四种救助方式。2015 年，全旗医疗救助 1076.7 万元，特殊救助特大疾病患者 3390 人 862 万元，日常救助 5000 名 150 万元，代缴五保户、低保户 9244 人新型农村合作医疗保险费 64.7 万元。

2012 年，准格尔旗列为内蒙古自治区低保对象医疗救助“一站式”服务试点旗县，中蒙医院率先设立低保对象医疗救助“一站式”即时结算窗口。2013 年 1 月 1 日起，全旗公立医疗机构设“一站式”窗口，医疗救助与农村合作医疗、城镇医疗保险、大病商业保险 4 种医疗保障实现“一站式”即时结算。

第四节　大病商业保险

2013 年，准格尔旗新型农村合作医疗首次招标引进商业保险公司承办新型农村合作医疗大病商业补充保险，意外伤害医药费、12 种疾病医药费，一次医疗费超 6 万元，大病商业保险二次报销，410 人次二次报销医疗费 605.64 万元。2014 年，大病商业补充保险由太平洋保险公司承保，乳腺癌等 19 种大病、一次医疗费超 6 万元，按 80% 二次报销，封顶 20 万元，733 人次二次报销医疗费 760.3 万元。2015 年，642 人次二次报销医疗费 667.03 万元。

第五节　药品保障

“八五”至“九五”期间，准格尔旗医疗单位自行采购药品，加成销售，用药补医，靠药养医。从制造商换药名涨价，到经销商批发涨价，到医疗单位零售加成，层层加码，造成药价虚高，患者用药负担加重。

2001 年 10 月起，国家实行药品收支两条线管理，弱化医疗机构的药品收益。准格尔旗开始药品集中招标采购，人民医院和中蒙医院参加鄂尔多斯市集中招标采购，准煤公司职工总医院自行采购。2002 年，3 家医院集中招标采购 36 种药品价值 62 万元，较自行采购降价 11.7 个百分点；2003 年，3 家医院集中招标采购药品扩大到 120 个品种。

2009 年 8 月，国家启动基本药物制度建设，实行药品省级集中公开招标采购，统一配送到基层用药单位，实行零差率销售，基本药物医疗保险报销比例高于非基本药物；有关部委发布 2009 版《国家基本药物目录》，覆盖临床主要疾病病种。2010 年 1 月 1 日起，准格尔旗落实内蒙古自治区《改革药品价格形成机制的意见》，取消药品销售加成政策，全旗 26 家公立医疗卫生机构实行零差率销售，收入减少部分由旗财政核算补偿。2011 年，全旗药品零差率销售实现药价统一。2014 年，旗级医院将基本药物作为首选药物提供给患者，基本药物使用量占比上升到 50% 以上，村卫生室全部配备使用基本药物。

2015 年，全旗二级医院基本药物使用量和销售额占比达到 40% ～ 50%、三级医院达到 25% ～ 30%，全年让利于患者 2000 余万元。2010—2015 年，旗财政累计补贴医疗单位 7257 万元；医疗单位基本药物销售占比由 19.88% 上升到 28.51%，药品收入占比由 55.13% 下降到 40.92%。

第六章　医药管理

第一节　医政管理

卫生局加强医疗机构、人员资格审查，规范医疗执业行为，维护医疗秩序，降低医疗风险。严禁未取得《医疗机构执业许可证》擅自行医，1999 年取缔无证行医多达 178 家；2010 年，按照卫生部《诊所基本标准》，开展个体诊所标准化建设，无证行医现象减少，2015 年取缔无证行医 6 家。严禁超许可范围诊疗，2006 年查处超范围诊疗案件多达 26 起，2015 年查处超范围诊疗案件 1 起。严禁个体诊所接生和终止妊娠，2002 年、2004 年，各查处 1 起诊所非法接生案件。严禁非卫生专业技术人员开展诊疗，2007 年查处非专业人员诊疗案件多达 23 起，2015 年查处非专业人员诊疗案件 7 起。严禁零售药店坐堂诊疗，2010 年查处行医药店 8 家。严禁个体诊所开展医疗美容，2010 年查处医疗美容诊所 4 家。规范医疗废物处置，2007 年查处未按规定处置医疗废物案件 18 起。规范消毒严防交叉感染，2007 年查处消毒不规范医疗单位 21 家。

“八五”至“九五”期间，医疗事故偶发，医疗事故由卫生局医疗事故委员会鉴定。随着多种手术技术集成，患者医疗预期目标提升，事故纠纷呈上升趋势，2002 年 9 月 1 日起实施《医疗事故处理条例》，县级医疗事故交由上级医学会鉴定，回避当事双方，保障医患权益。准旗曾发生过提前催产母婴双亡的恶性事故，导致孕产妇外流上级医院，妇产科关门歇业。2014 年 3 月，公立医院参加医疗责任保险和医疗意外保险，完善医疗风险分担机制。2015 年，司法局牵头成立医疗纠纷调解委员会，建立医患纠纷第三方调解机制，全年调解医患纠纷 14 起。

准格尔旗卫生局综合办公楼，2011 年摄

第二节　药政管理

1991 年，准格尔旗卫生局承担药政管理职能；1991 年 11 月，准格尔旗成立医药管理局，承担医药市场管理职能。药政管理对象是临床用药单位，重点查处非法渠道购进药品，销毁假劣药品，保障临床用药安全。1995 年关闭无证经营药品个体诊所 18 家，1997 年没收销毁假劣药品 55 批次。2002 年 1 月，卫生局药政管理职能与医药管理局医药市场管理职能整合，划归鄂尔多斯市药品监督管理局准格尔旗分局。

全旗医疗机构严格落实国家管制政策，对麻醉药品和精神药品实行专人专柜管理，限量审批使用。2012 年 4 月起，严格按卫生部《抗菌药物临床应用管理办法》分级管理，规范抗菌药物临床应用，限制范围和用量，控制细菌耐药不良反应。

第二十八篇 民政

基层政权

社会事务

社会福利

社会救助

2017年6月蒙晋陕“鸡鸣三省”之地龙口镇大口村，王玉科摄

准格尔旗社会事务工作部门民政局，1996年11月设城镇扶困领导小组办公室，2002年11月接收老龄委员会办公室，2003年8月城镇扶困领导小组办公室更名为最低生活保障办公室，2012年8月被评为内蒙古民政工作先进集体。2002年5月、2006年11月，准格尔旗两次被评为全国民政工作先进旗。城镇最低生活保障月标准由1998年80元提高到2015年538元，农村最低生活保障标准由2005年700元提高到2015年4968元；农村“五保”集中供养标准由2004年1200元提高到2015年8000元，分散供养标准由2004年700元提高到2015年4968元。

2016年7月龙口镇麻地梁村幸福互助活动中心

第一章　基层政权

第一节　行政区划

一、区划调整

1991 年，准格尔旗有 25 个乡、3 个镇，254 个行政村、22 个居民委员会，典型乡村为主的经济社会发展格局。1998 年 7 月开始撤乡并镇，2001 年 4 月将 21 个乡 7 个镇撤并为 8 个乡 12 个镇，2005 年 8 月将 8 个乡 12 个镇撤并为 1 个苏木 2 个乡 6 个镇，2010 年 11 月在旗人民政府驻地增设 4 个街道，历经 5 次乡级行政区调整和相应的撤并村建社区。2015 年，全旗有 1 个苏木、2 个乡、6 个镇、4 个街道，3 个嘎查、156 个村、28 个社区；乡级行政区减少 15 个，村级行政区减少 89 个，基本形成城镇为主的经济社会发展格局。

二、区域勘界

准格尔旗位于蒙晋陕三省区交界地带。1996 年勘定与河曲、偏关 2 县的蒙晋界线 59 千米，为黄河主流中心线与双立界桩连线交会形成的界线，树双立界桩 4 个；1999 年勘定与府谷县的蒙陕界线 159 千米，为陆接界线，树单立界桩 1 个。2013 年在龙口镇大口村“鸡鸣三省”之地小占黄河边，树三立界碑。

龙口镇大口村蒙晋陕三省区界碑，2017 年摄

准格尔旗与包头市土默特右旗，呼和浩特市托克托县、清水河县隔黄河相望。1993 年勘定准格尔旗与土默特右旗的伊克昭盟与包头市界、准格尔旗与托克托县的伊克昭盟与呼和浩特市、准格尔旗与清水河县的伊克昭盟与乌兰察布盟界，3 条盟市界线 170 千米，树立界桩 36 个。

准格尔旗与伊金霍洛旗、东胜区、达拉特旗接壤。1991 年勘定 3 条旗县界线 210 千米。准格尔旗与伊金霍洛旗界线长 91 千米，树界桩 26 个；准格尔旗与东胜县界线长 39 千米，树界桩 13 个；准格尔旗与达拉特旗界线长 80 千米，树界桩 28 个。

准格尔旗历次撤乡并镇，民政局及时勘定界线，树立界桩。1991 年勘定 25 个乡 3 个镇 56 条界线 1168.5 千米，1998 年勘定马栅镇、准混兑镇界线，2000 年勘定 8 个乡 12 个镇界线，2005 年勘定 1 个苏木 2 个乡 6 个镇界线，2008 年勘定调整后的十二连城乡、大路镇、薛家湾镇、龙口镇界线，2011 年勘定 4 个街道界线。全旗 1 个苏木 2 个乡 6 个镇 4 个街道界线 84 条 1478.5 千米。

第二节　区划地名

一、地名管理

1991 年，准格尔旗地名由建设部门管理。1992 年 12 月，准格尔旗第十一届人大常委会第 11 次会议批准决定，命名薛家湾市政区 5 路 3 街 15 巷地名。2002 年，地名管理职能划归民政局。2004 年，安装薛家湾镇区街路巷标准地名标志。2005 年，民政部启动地名公共服务工程，准旗开始录入地名信息。由于人为失误，西营子镇打麻梁村录为"打麻将梁村"，马栅镇沙堳村录为"沙也村"，大路乡常署梁村录为"常树梁村"，薛家湾镇官地塔村录为"关地塔村"，十二连城乡黑圪崂湾村录为"黑圪劳湾村"。因误传讹，丢失了地名本来的历史文脉。2009 年 12 月，旗民族事务局出版《准格尔旗地名志》。2011 年，重新设置旗政府驻地 7 街 25 路 10 巷地名标志牌 191 块。2014 年，借内蒙古"十个全覆盖"工程，设置乡村地名标志，覆盖乡级行政区，延伸到重点村。2014 年，民政局启动第二次全国地名普查。

二、地名命名

2015 年，全旗 200 个乡村两级地名中，有 62 个蒙古语地名。蒙古语翻译成汉语，同音不同字造成同地不同名。1991 年准混兑乡邦浪太村，1998 年 7 月变成东孔兑镇邦郎太村，2005 年 8 月变成薛家湾镇邦郎色太村，2010 年 11 月变成兴隆街道邦郎太村；同是"水量充沛"之意，沙圪堵镇有速机沟村，友谊街道有苏计沟村；蒙古语地名多蒙汉合璧，龙口镇大圐圙梁村，"圐圙"是蒙古语，前后缀为汉语。

准格尔旗地名，按初居者姓氏命名多。薛家湾，前缀姓氏，后缀地形；同为张家，沙圪堵镇有张家圪堵，蓝天街道有张家塔，友谊街道有张家圪旦；梁峁堳、川塔湾，沟渠门，几乎涵盖所有地形。按初居者姓名命名有，大路镇杨四圪咀、兴隆街道王青塔、薛家湾镇宁格尔塔，蓝天街道阿岱沟。按水系命名有，腮五素、乌兰不浪、纳林、暖水、水泉沟等。按动植物命名有，黄天棉图、沙蒿塔、植机壕、松树堳、百草塔等。按历史建筑命名有，准格尔召、城壕、庙壕、四道包、唐公塔等。按商号命名有，天顺圪梁、广太昌、兴胜店、永胜壕、德胜西等。因"走西口"历史命名有，大饭铺、三十顷地、羊市塔、马栅、五字湾等。21 世纪城镇社区名，多寄托美好愿景，如祥和、鑫鑫、富民、民乐、曙光等。

三、地名使用

薛家湾镇长滩村，地名源于清末"走西口"历史，河曲汉民向准旗牧民买地，汉民连夜将地界石北移十里，留下"十里长探"的传说，后演化为"长滩"。2006 年 3 月，兴农绿色产业开发公司因生产基地在十里长川，注册"十里长香"商标，2012 年 2 月被认定为内蒙古著名商标。2014 年，薛家湾镇发展乡村旅游，挖掘地名历史文化，打造百里长川西口文化长廊。

薛家湾镇长滩村古镇新貌，2016 年摄

百里长川西口文化长廊的终点尔圪壕挖掘地名文化元素，推出鄂尔多斯市准格尔旗布尔陶亥苏木尔圪壕嘎查“四尔鱼”特色餐饮。

全旗有4个双重地名，布尔陶亥苏木、准格尔召镇都有铧尖村，沙圪堵镇、纳日松镇都有乌拉素村，沙圪堵镇、友谊街道都有长胜店村。纳日松镇、准格尔召镇都有乌兰哈达村。历史形成，一时难改，使用多有不便。

沙圪堵乡伏路村，承载了清末到民国年间，西口古道拦路抢劫那段民不聊生的历史。改革开放后，该村发展玉米制种、大棚蔬菜，1995年建成全旗小康村，村委会申请，管理部门批准，更名为福路村。

四、消失地名

1991—2015年，全旗撤销6个乡级地名，即准混兑、布尔敦高勒、乌日图高勒、敖斯润陶亥、窑沟、哈岱高勒；撤销91个村级地名，纳日松、沙圪堵、龙口、薛家湾、准格尔召6个镇撤销村级地名较多。

1991—2015年准格尔旗消失村级地名一览表

表28-1

乡级行政区	消失村级地名						
布尔陶亥苏木	坝梁	乌兰沟	可可利沟	石家梁	圪条不拉		
十二连城乡	焦红圪卜	五兑沟					
暖水乡	勉盖图	广生壕	贺家沟	海力色太	秦明圪台	郝家阳塔	苏家塔
	王五沟	酸刺沟					
纳日松镇	花图沟	羊市梁	不拉峁	美莲沟	大什拉塔	小什拉塔	石窑庙
	石同梁	谄鞊沟	谄鞊梁	点灯湾	圪秋沟	窑子塔	五圪图
	乌龙素	乌兰不拉	哈达图				
准格尔召镇	哈拉庆	碾房塔	忽沙图	也来色太	公沟	黑桥沟	张家圪台
	神山	腮不拉					
龙口镇	苗家梁	二道沟	张喜塢	关家梁	台子塢	罗家峁	老赵山梁
	庙沟	串草圪旦	黑湾	棋子塢	刘家壕	壕米圪坨	榆树湾
	房塔沟						
大路镇	召沟	阿拉不拉	榆树湾	捣劳窑			
沙圪堵镇	石塔	三道包	石板梁	黄家圪旦	伙赖梁	六道包	茉莉梁
	阳塔	布尔洞梁	安家渠	尔架麻沟	圪秋沟	胡家渠	任三窑
	官地壕	大院					
薛家湾镇	石家塔	樊家塔	刘家塔	西黑岱	满连沟	满忽图	五色浪
	淖尔塔	特布乌素	周兆元	碾子湾	河会	庙阳坡	
友谊街道	草场						

第三节　居民自治

1991年，准格尔旗在哈岱高勒乡红台子村、准格尔召乡奎洞沟村、薛家湾镇张家圪旦居委，试点村民委员会配套建设，健全青年、妇女、民兵等群众自治组织。1993年，在巴润哈岱乡部分村民委员会，试点民主选举、民主决策、民主管理和民主监督。1996年，乌兰哈达、巴润哈岱、准格尔召3乡建成伊克昭盟村民自治示范达标乡。

1998年，准格尔旗推行村务公开和民主管理制度，建立村民选举、代表议事、民主管理、财务公开制度。1999年，全旗第四次村民委员会换届选举，按照《村民委员会组织法》，首次实行村民代表直接选举村民委员会，全旗254个村都设立公开栏，每半年公开一次财务，还干部清白，让群众明白。

2015年纳日松镇老荒地村换届选举，赵乐摄

2010年，准格尔旗推行村级组织“四议两公开”工作法，村里重大事项，党支部提议，村委会商议，党员大会审议，村民代表会议决议，公开决议事项、实施结果。2015年，在十二连城乡五家尧村、兴隆街道薛家湾村试点基础上，全面推行“四权四制”民主自治模式。党支部履行组织权，村民代表会履行表决权，村民委员会履行实施权，村民监督委员会履行监督权，村级重大事项决策，按决策启动、民主表决、组织实施、监督评议4个环节规范运作。民主自治实现阳光操作，让矛盾化解在基层，顺了干部群众的心气。

进入“十五”期间，准格尔旗城镇化步伐加快，民政部门从解决居民委员会有地方办事入手，加强城镇居民委员会规范化建设，到“十一五”末，所有城镇居民委员会都建成规范化活动场所。“十二五”期间，创新社会管理，实行区域化联合，网格化管理，设街道、社区、居民小区、居民楼4级网格，每个居民楼网格，网格员细化到人，一格多员，一员多能，社会服务资源网在格中，居民大事小情兜在网中，构建社会管理新格局。

第四节　社会组织

改革开放后，民间组织开始活跃。民政部门对社会组织实行登记管理，通过年检，规范合法活动，取缔非法组织，引导社会团体和非企业单位健康发展，补政府所缺，供社会所需，成为服务社会的重要补充。

1991年，全旗17家社会团体中，民政部门取缔2家不合法社会团体，登记15家合法合规的社会团体。1998年起，党政机关领导干部不准兼任社会团体领导职务。1999年，全旗20家社会团体中，注销8家社会团体，依法登记12家社会团体。2000年，启动民办非企业单位登记管理。2006年，全旗有民间组织22家，其中有社会团体19家、民办非企业单位1家。

2015年，全旗有依法登记社会团体62家、民办非企业单位18家。行业性组织有，私营企业个体劳动者协会、新闻工作者协会、警察协会、劳模协会、龙头企业协会等；文化体育协会涉及门球、围棋、象棋、健步走等门类，书画、摄影、收藏、旗袍等专业。义工协会、爱心协会、雷锋车队为代表的学雷锋志愿服务组织，为创建全国县级文明城市做出重要贡献。

第二章 社会事务

第一节 婚姻登记

1991 年，准格尔旗由乡镇民政助理员办理婚姻登记。男女双方持所在单位或所在地村级介绍信，登记结婚或离婚，结婚证封皮大红色，内页人工填写。全旗登记结婚 1438 对，登记离婚 20 对。1994 年 2 月 1 日起施行国家第 4 部《婚姻登记管理条例》，杜绝登记早婚、重婚等违法婚姻。2003 年 10 月 1 日起施行新修订的《婚姻登记条例》，需到县一级以上婚姻登记处登记。旗民政局设婚姻登记处，证件齐全能 10 分钟内领证。2004 年起颁发全国统一结婚证，封皮枣红色，内页电脑打印，有防伪图案，一证唯一编号。登记结婚选时尚流行的旺月 8 月、9 月、12 月，旺日 2 月 14 日西方情人节、农历七月初七中国情人节等。2008 年 8 月 8 日北京奥运会开幕，准旗 79 对青年男女登记结婚。2010 年 7 月 1 日，内蒙古婚姻登记信息联网，可在线登记结婚，新增无婚姻证明登记；准旗婚姻登记处备身份证阅读器提高登记效率。2015 年，全旗登记结婚 2276 对，登记离婚 785 对。

传统婚姻讲究门当户对，男女结婚尊重父母之意，离婚会遭道德谴责。改革开放后，婚姻大事能够自己作主，受父母影响成分减少。准旗青年男女择偶倾向是，情投意合是基础，注重配偶个人条件，特别是内在条件，也兼顾配偶家庭条件。“八五”期间择偶首选知识分子；跨入 21 世纪择偶既看本人才学，又看家庭背景；“十一五”后出现煤老板、征地户等新贵，出现傍大款择偶倾向。25 年间，准旗登记离婚数量增加，占婚姻登记比例上升。择偶倾向日趋多元，婚姻关系日趋脆弱，有第三者插足离婚的，有家庭暴力离婚的，甚至出现逃避还债义务、谋取征地补偿而假离婚的现象。

第二节 收养登记

准格尔旗儿童收养管理，存在单身收养、送人代养的偷生漏洞。1991 年 6 月颁布的《准格尔旗人民政府关于计划生育的管理办法》规定，收养子女的公民必须经所在地乡镇人民政府核准，报旗计划生育委员会审核批准。1999 年 5 月 25 日，《中国公民收养子女登记办法》颁布实施。2001 年，准旗开始办理儿童收养登记，收养儿童多为遗弃婴儿，收养人为无子女家庭或单身家庭，民政部门审核收养人的收养条件，公安部门认定收养儿童的弃婴身份。到 2015 年，全旗累计登记收养儿童 395 人，其中女孩 265 人、男孩 130 人。

第三节 殡葬管理

准格尔旗盛行土葬，讲究入土为安。1998 年，民政部门开始清理干线公路两侧 500 米内的坟头，到 1999 年，全旗平迁坟头 684 座。2003 年，准旗颁布《殡葬管理暂行办法》，民政部门加快公墓规划建设，加强殡葬市场管理，倡导火葬和生态安葬，推进殡葬改革。

2002 年，在薛家湾镇建聚弘福殡仪馆，2003 年续建聚弘福火葬场；2003 年在薛家湾镇建福寿园殡仪馆，2006 年续建福寿园火葬场；2007 年在沙圪堵镇建圣洁殡仪服务站，2008 年在沙圪堵镇建世宇殡仪服务站，2010 年续建沙圪堵镇纳林村公益性公墓，2009 年在沙圪堵镇建仁助殡仪服务站，2011 年在薛家湾镇建续福园殡仪服务站，2013 年在布尔陶亥苏木建准格尔公墓，2015 年在沙圪堵镇建光亮殡仪服务站。当年全旗有殡葬单位 7 家、火葬场 2 家、公益性公墓 2 处。

第三章　社会福利

第一节　老年福利

一、老年优待政策

2006 年起，准格尔旗在鄂尔多斯市率先出台老年人优待政策。60 周岁以上老年人每年发放公交乘车补贴 100 元，100 岁以上老年人每月发放长寿保健金 100 元；老年人持《敬老优待证》，免收景区门票，免费使用收费公厕，免收医院挂号费。

2007 年起，为 70 周岁以上农村老年人和城镇无业老年人分年龄段发放生活补贴，70 ～ 79 周岁 360 元，80 ～ 99 周岁 500 元，100 岁以上 2400 元，少数民族老年人在此基础上增补 400 元。

2008 年起，提高老年人生活补贴标准，70 ～ 79 周岁 500 元，80 ～ 99 周岁 800 元，100 岁以上 3000 元。2012 年起，再次提高老年人生活补贴标准，70 ～ 74 周岁农村老人和城镇无业老人 1200 元，75 ～ 79 周岁普惠制补贴 1200 元，80 ～ 99 周岁普惠制高龄津贴 1800 元，100 周岁长寿补贴 6000 元。2014 年起，60 周岁以上老年人公交乘车补贴提高到 200 元。

2015 年，全旗为 51521 名 60 周岁以上老年人发放公交乘车补贴 1030.42 万元，为 20266 名 70 周岁以上老年人发放生活补贴 2902.5 万元。

2014 年 7 月，准格尔旗开通全国便民为老服务中心信息平台“12349”电话热线，106 家实体服务加盟。2015 年，全旗 69732 名老人入网，接听热线电话 3765 次，实体服务 503 次，缴费服务 4720 次。

二、农村“五保”供养

国家供养农村“五保”老人，保吃、保穿、保医、保住、保葬。准格尔旗实行公办敬老院集中供养与投亲靠友分散供养相结合的供养制度，“五保”老人自愿选择供养方式。

1991 年，全旗有农村“五保”老人 1553 名，13 所村办敬老院供养 85 名，投亲靠友供养 1468 名。1992 年，全旗“五保”人均年生活消费 400 元。2000 年，集中供养“五保”老人平均消费 2000 元，达到农民人均纯收入标准。

2004 年，准格尔旗确定农村“五保”老人 1672 名，每人每年享受 500 元生活救助；农村“五保”供养资金列入财政预算，首次确定供养标准。集中供养标准 1200 元，资金拨到敬老院；分散供养标准 700 元，资金发到“五保”老人。根据经济社会发展水平和消费价格水平，不断提高供养标准。2015 年，集中供养标准 8000 元，分散供养标准 4968 元。

准格尔旗公办敬老院建设始于2004年，利用乌兰哈达乡办公大院改建的神山中心敬老院建成投用，养老床位106张，接收西部6乡镇97名“五保”老人入住，之后入住率逐年下降；2007年十二连城敬老院在五家尧新农村建成投用，养老床位80张，高峰时入住“五保”老人47名；2008年布尔陶亥敬老院在公益盖新苏木驻地建成投用，养老床位80张，高峰时入住“五保”老人62名；2009年纳日松敬老院在柳塔村建成投用，养老床位180张，因入住率偏低，2014年将神山中心敬老院并入纳日松敬老院；2010年龙口敬老院在马栅村建成投用，养老床位140张，高峰时入住“五保”老人90名。

2009年10月，沙圪堵中心敬老院在福路村建成投运。占地面积2010平方米，建筑面积6000平方米，养老床位180张，入住“五保”老人94名，高峰时入住“五保”老人160名，为全旗最大公办敬老院。2009年11月被命名为全国模范敬老院。

2014年沙圪堵中心敬老院五保老人就餐

2010年，6所公办敬老院全部建成投用，敬老院集中供养农村“五保”老人达到最高峰548名。2015年，全旗5家公办敬老院，核定养老床位640张，入住老人338名，其中，集中供养农村“五保”老人324名，面向社会收费养老空巢老人14名。全旗有农村“五保”老人2077名，其中，集中供养324名，分散供养1753名，政府投入“五保”供养资金1130.09万元。

三、社会养老服务

准格尔旗传统居家养老，子女陪伴，饮食照料，精神关爱。由于人口老龄化，家庭小型化，城乡空巢老人增多。民政局扶持社会力量，兴办低成本养老机构，创办乡村互助幸福院，社区日间照料中心，多渠道解决养老问题。

2008年10月，福寿老年公寓在友谊街道建成投用，房间108间，床位268张；2009年12月，金太阳老年公寓在友谊街道建成投用，房间100间，床位265张；2014年12月，鸿福民族养老院在沙圪堵镇建成投用，房间200间，床位356张，配套社区医院。2015年，全旗3家社会养老机构入住老人202名，提供社会化低成本养老服务。

2016年龙口镇麻地梁村幸福互助院

农村互助幸福院，就近养老、集中互助、医养结合、低费适用。2014年，薛家湾镇在红台子村建互助幸福院，50多位老人入住。2015年，龙口镇在麻地梁村动工新建互助幸福院。

社区建日间照料中心，满足老人养老需求，解决子女后顾之忧。2013 年 1 月，迎泽街道湖西社区日间照料中心建成投用，餐厅容纳 200 人就餐，宿舍开放 30 张床位午休，提供一日三餐、午间休息、文化娱乐等日间托养服务，50 多位老人就餐。2014 年 8 月，兴隆街道中心社区永安小区日间照料中心投运，餐位 46 个，床位 6 张，服务小区老人 298 名。

第二节　儿童福利

准格尔旗无儿童福利机构，孤儿投亲靠友分散供养。2009 年起，儿童供养经费列入财政预算，首次确定孤儿供养补助标准每人每月 600 元，当年向 43 名孤儿发放补助金 2.5 万元。2011 年起，孤儿分散供养标准提高到 800 元。2012 年起，孤儿分散供养标准提高到 1100 元。2014 年，准旗为鄂尔多斯市试点适度普惠型儿童福利制度建设。2015 年，全旗孤儿 61 名，发放孤儿分散供养资金 71.61 万元。试点适度普惠型儿童福利制度建设，审批困境儿童及困境家庭儿童 79 名，按照每月 660 元标准，发放生活补助金 15.642 万元。

第三节　其他福利

1991 年，民政局集中销售即开型有奖福利彩票，募集善款 5 万元；1998 年有奖募捐收入突破百万元，达到 104 万元。2001 年，内蒙古“风彩”电脑福利彩票在薛家湾镇设 6 个销售点，开始网点销售电脑福利彩票，2008 年销售电脑福利彩票突破千万元，达到 1194 万元。2009 年 5 月国务院通过《彩票管理条例》，彩票行业迈向法制化，当年销售电脑福利彩票 2685 万元。2015 年，全旗 66 个电脑福利彩标销售站，销售收入接近 1.47 亿元。

发行福利彩票，提取公益金用于“扶老、助残、救孤、济困、赈灾”。2009 年，准旗首次争取到上级福利彩票公益金 2.7 万元。2015 年，争取上级福利彩票公益金 103 万元，资助农村互助幸福院、社区日间照料中心建设；累计争取上级福利彩票公益金 2786.31 万元。

准格尔旗安置残疾人就业的福利企业，享受国家免税优惠政策。1991 年起，民政局先后建成福利厂、双扶饭店、福利公司、华侨公司、地毯厂、装潢公司等福利企业。1998 年起，这批福利企业或转制民营、与民政局脱钩，或破产解体。2002 年，准旗引进的长河电石、华泰硅钙、兴达化工、宏利化工等 6 家高载能企业被批准为福利企业，进入“十一五”，这些高污染企业相继关停。此后全旗再未办福利企业。

2009 年，油松王慈善基金投入 20 万元救助 43 户因病致贫户。2011 年，旗人民政府注资 300 万元成立慈善总会。慈善总会救助重大疾病和极度困难家庭 11 户 4.4 万元；联系“美的家电”企业为全旗孤寡老人捐赠价值 10 万元的电视机。旗人民政府注资 20 万元设立“关爱空巢老人基金”，招募关爱空巢老人志愿者 27 名，深入老年公寓开展志愿服务。

2013 年 8 月，准格尔旗社会综合福利中心在大路新区开工建设，建筑面积 2.7 万平方米，计划投资 5000 万元，到 2015 年累计完成投资 1650 万元。

第四章　社会救助

第一节　自然灾害救济

准格尔旗自然灾害救济以政府救济为主，社会救济为辅，动员灾民生产自救。

1999 年，遭受 60 年不遇旱灾，21 万人及 62 万头（只）牲畜受灾，下拨救灾款 110 万元，投入救灾募捐 16.4 万元。2000 年青黄不接时，粮食部门开仓放粮 250 吨。旱灾持续到 2001 年，20 万人、牲畜 35 万头再次受灾，农作物成灾面积超 6 万公顷。民政部门下拨救灾款 194 万元，救灾募捐 80 万元，发放救灾粮 588 吨；粮食部门再次开仓放粮 320 吨。旱灾持续到 2002 年，发动灾民互济，解决口粮 200 吨；组织灾民劳务输出近万人次，人均劳务输出增收近 5000 元。

2015 年，准格尔旗遭受严重旱灾，受灾人口 2.5 万人，受灾农作物 3 万公顷，直接经济损失 1.2 亿元。民政部门下拨救灾款 176.63 万元，发放临时救济款 109 万元，其中为 8 户发放“救急难”资金 12.5 万元；全旗苏木乡镇街道下拨临时救济款 318 万元，小额临时救助 5084 人 335.545 万元。

第二节　最低生活保障

国家实行最低生活保障制度，兜底保障民生。准格尔旗实行差额救助，动态管理，最低生活保障标准随经济社会发展逐年提高，实现应保尽保。

一、城镇最低生活保障

1996 年，准格尔旗实施城镇扶困，向 1140 名月收入不足 60 元城镇人口发放优惠煤票、粮票，折合扶困 10.04 万元。1997 年，扶困标准提高到月收入 70 元。1998 年，企业民营破产，下岗职工激增，正式实施城镇最低生活保障制度。

城镇最低生活保障标准按月计。1998 年首次确定城镇最低生活保障标准 80 元，为 554 户 1558 人发放保障金 49.9 万元。1999 年起，实行一季一核定，一季一发放，动态管理。2009 年，城镇最低生活保障标准提高到 280 元，按困难程度分 5 类施保，A 类补助 280 元，B1 类补助 260 元，B2 补助 230 元，B3 补助 210 元，C 五类补助 190 元。2010 年，城镇最低生活保障标准 400 元，5 类城镇低保对象定补标准分别为，A 类 400 元，B1 类 370 元，B2 类 340 元，B3 类 310 元，C 类 280 元。

2015 年，城镇最低生活保障标准 538 元，5 类人员定补标准分别为，A 类 538 元、B1 类 500 元、B2 类 470 元、B3 类 440 元、C 类 420 元。全旗向 2423 户 4200 人发放低保金 2347 万元，人均 449 元。

二、农村最低生活保障

农村最低生活保障标准以年计。1999 年，准格尔旗首次确定农村最低生活保障标准每年 500 元，查实低于标准 752 人，旗、乡、村按 40∶40∶20 比例分担。民政局发放保障金 6.27 万元，乡级兑现货币，村级兑现实物，经济条件差的地区兑现确有困难。2000 年保障标准提高到 635 元，由于连年旱灾，这次农村最低生活保障的尝试流产。

2005 年 3 月，准格尔旗正式实行农村最低生活保障，保障标准 700 元，核定保障对象 4732 户 6767 人，全部由民政局货币兑现，发放保障金 445 万元。

2006 年，农村最低生活保障标准提高到 1000 元，按困难程度分 3 类定补，A 类定补 900 元，B 类定补 600 元，C 类定补 360 元。2011 年，保障标准提高到 3600 元，定补细分为 5 类，A 类定补 3600 元，B1 类定补 3000 元，B2 类定补 2500 元，C1 类定补 2000 元，C2 类定补 1700 元。

2015 年，农村最低生活保障标准提高到 4968 元。5 类定补标准分别为，A 类定补 4968 元，B1 类定补 4248 元，B2 类定补 3780 元，C1 类定补 3204 元，C2 类定补 2880 元。向农村低保对象 3507 户 7952 人发放保障金 2885.1 万元。

第三节　特困人员定补

一、"三民"定补

"三民"指在历次政治运动中致死、致残、致伤的农民、牧民、市民。1991 年，准格尔旗"三民"伤残定量补助标准为每月 15 ～ 25 元。1998 年起，提高到市民每月 50 元、农民每月 40 元。2009 年起，不分户籍城乡差别，定期定量伤残补贴每月 315 元。2010 年起，定期定量伤残补贴标准提高到 500 ～ 516 元。2015 年，全旗核定"三民"473 人，定期定量伤残补助标准每月 740 元，发放"三民"定补 35 万元。

二、精减老职工定补

1961—1962 年，国家处于经济困难时期，精减退职大批职工。1991 年，准格尔旗"精减老职工"享受每月 8 ～ 10 元定期定量生活补贴。2009 年，核定"精减老职工"820 名，每月生活补贴标准 260 元。2010 年，"精减老职工"生活补助标准提高到每月 340 ～ 360 元。2015 年，全旗"精减老职工"412 名，生活补贴标准提高到每月 540 ～ 560 元。

三、城镇"三无"人员定补

城镇"三无"人员指，具有城镇户籍，无劳动能力、无生活来源、无法确定管理义务和无能力履行义务的人员。2004 年，准格尔旗首次核定城镇"三无"人员 1320 名，每人每年享受 500 元生活救助。2011 年，全旗核定城镇"三无"人员 69 名，实行政府供养，集中供养标准每月 1200 元，分散供养标准每月 800 元。2015 年，全旗核定"三无"人员 75 名，其中，集中供养 7 人，集中供养标准每月 1500 元；分散供养 68 人，分散供养标准每月 1100 元。全年发放城镇"三无"人员供养资金 89.82 万元。

第二十九篇

人事·劳动·社保

人事管理

就业服务

劳动监察

社会保险

2010年7月伊泰集团煤制油公司的产业工人

1991年，准格尔旗劳动人事局下设社保局、就业局；1993年2月更名为人事劳动局；2002年11月更名为人事劳动和社会保障局；2004年3月增设劳动监察大队；2011年4月更名为人力资源和社会保障局；2013年10月增设人才交流中心、劳动人事仲裁院。从计划经济到市场经济，准格尔旗改革人事制度，行政机关实行公务员制度，事业单位实行职称评聘制度；改革就业制度，自主用人，自由择业，援助就业困难，创业带动就业，2015年城镇登记失业率2.92%；建立养老保险制度，2015年收取基金9.02亿元，发放6.43亿元，累计结余34.6亿元。

2018年9月准能公司大准铁路复线工地农民工

第一章　人事管理

第一节　干部管理

计划经济条件下，准格尔旗实行干部分级管理。组织部门管副科级以上领导。人事部门管一般干部，办理毕业和待业分配，界定干部与工人身份，核定工资，调动工作，办理退休。

1991 年，组织部门管理行政单位人员 1690 人、事业单位人员 4522 人。人事部门管理财政供养人员 3643 人。按文化程度分，大专以上文化 634 人占 17.4%，中专文化 1517 人占 41.6%，高中文化 634 人占 17.4%，初中文化 858 人占 23.5%；按年龄分，30 岁以下 1249 人占 34.2%，31 ～ 40 岁 1266 人占 34.7%，41 ～ 50 岁 897 人占 24.6%，51 ～ 60 岁 500 人占 13.7%。

国家发展市场经济，将干部分为行政人员与事业人员；行政实行公务员制度，事业实行技术人员职称制度。组织部门管党政领导干部和参照公务员管理人员，人事部门管其他公务员和事业单位技术人员，实行分级分类管理。

2015 年，组织部门管理行政人员 1391 人、事业人员 9862 人。人事部门管理财政供养人员 8669 人，其中公务员 1180 人，参照公务员管理人员 202 人。按文化程度分，大专及以上文化 3398 人占比 39.2%，中专文化 4447 人占比 51.3%，高中文化 511 人占比 5.9%，初中文化 313 人占比 3.6%；按年龄分，30 岁以下 1812 人占比 20.9%，31 ～ 40 岁 3346 人占比 38.6%，41 ～ 50 岁 2809 人占比 32.4%，51 ～ 60 岁 702 人占比 8.1%。

第二节　公务员管理

1993 年 10 月 1 日起施行《国家公务员暂行条例》，行政机关实行公务员制度；党委、人大、政协、群众团体和行使行政职能的事业单位，参照公务员管理。1996 年，准旗人事部门完成行政机关人员公务员过渡；1999 年，组织部门完成参照公务员管理人员过渡。全旗初建公务员制度。2006 年 1 月 1 日起施行《中华人民共和国公务员法》，公务员进入依法管理阶段。

一、公务员录用

公务员制度建立初实行政策性过渡录用。填写《公务员审批表》，审核任职资格，参加公务员过渡考试，考核与考试合格过渡为公务员。1996 年，人事部门完成旗乡两级政府人员 706 名过渡；1999 年，组织部门完成党委、人大、政协和群众团体人员 66 名参照管理过渡。

公务员实行公开考试竞争择优录用，凡进必考。1997 年，人事部门根据旗、乡两级政府空缺职位，招考录用首批公务员 30 名、第二批 15 名。2006 年起，公务员由省级以上招考，俗称“省考”“国考”。到 2015 年，准格尔旗人事部门累计考录公务员 149 名。

2012 年，全国公务员管理信息系统开通，准旗组织部门录入参照公务员管理人员 526 名；2013 年人事部门录入公务员 1175 名。2015 年，全旗在册公务员 1735 名，其中人事部门管理公务员 1180 名，参照管理人员 202 名；组织部门管理公务员和参照管理人员 353 名。

二、公务员培训

国家对公务员实行分类培训。新录用公务员初任培训，晋升领导职务公务员任职培训，从事专项工作公务员业务培训，全体公务员更新知识在职培训，学习成绩纳入公务员考核内容。1997 年，首次开展新录用公务员初任培训、新任领导职务公务员任职培训和公务员更新知识在职培训；公务员更新知识，重点培训电脑操作、网络知识和市场经济知识。2004 年，增加依法行政培训，2009 年增加公共管理培训。2013 年起公务员培训转入线上，培训内容新增职业道德、廉洁从政等。2015 年，全旗公务员和参照公务员管理人员 1180 人在线学习。

第三节　技术人员管理

准格尔旗健全技术职务聘用制度，实现由固定用人向合同用人转变，打破事业单位用人终身制；实行事业单位岗位管理，实现由身份管理向岗位管理转变，因事设岗、按岗聘用、人尽其才。2014 年 7 月 1 日起施行《事业单位人事管理条例》，技术人员管理进入依规管理阶段。

一、技术职称评聘

1991 年，实行评聘结合的专业技术职称制度。准旗人事部门评定初级职称，中级和高级职称由盟、自治区两级分别评定；专业技术职务任期不超 5 年。全旗 2823 人获评专业技术职称，其中，高级 25 人、中级 542 人、初级 2256 人；全旗聘任技术人员 2500 人，聘任率 88.56%。

国家于 1999 年实行职称外语统考，2002 年推行职称计算机应用能力考试，2011 年提高评审高级职称论文要求，2015 年增设中小学正高级职称。准格尔旗于 2009 年建立评聘分离的社会化运行机制，资格申报权交给个人，资格评审权交给社会，职务聘任权交给单位，政府宏观指导；2010 年 9 月开始事业单位岗位设置，在核定岗位比例内申报职称。

2015 年，全旗 148 个事业单位核准岗位 7694 个，其中管理岗 154 个、专业技术岗 7397 个、工勤技能岗 221 个、双肩挑岗 125 个；核定人员编制 6977 个，在岗人员 6922 人，聘用人员 4722 人、过渡聘用 1607 人。全旗 17257 人获评专业技术职称；其中高级 2344 人、中级 4767 人、初级 10146 人。技术人员聘用率 36.67%。

二、技术人员培训

1991 年，准旗技术人员只参加单位上岗培训、在岗培训、转岗培训和特定业务培训。1997 年起，人事部门启动技术人员继续教育培训。2002 年起，继续教育以“新知识、新理论、新技术、新信息”为内容，280 名技术人员接受计算机培训，卫生系统 356 名技术人员参加业务培训。2003 年，全旗 4200 名技术人员参加《潜能与创造力》考试。2011 年起，继续教育转到线上，参加内蒙古技术人员继续教育网在线学习，2015 年，全旗 17257 名技术人员在线学习。

第四节　人才管理

一、引进人才

1991 年，准旗人事部门按上级计划接收大中专毕业生。1998 年 9 月建立人才市场，畅通人才引进渠道，2000 年首次举办招聘会为企业招聘人才 40 名。

2008 年，准旗选聘大学生村官为机关事业单位储备人才，到 2013 年累计选聘大学生村官 490 名。2009 年成立人才储备中心，从大学生村官中为旗直部门招聘技术人员，到 2012 年累计招聘储备人才 383 名。

2009 年，人事部门引进人才多达 878 名。其中教育系统 471 名、卫生系统 118 名、煤炭系统 15 名、法院 10 名，招聘支教、支农、支医和扶贫的“三支一扶”大学生 12 名，招聘社区民生志愿者 9 名。引进人才首选硕士以上学历，为旗直部门招聘研究生 11 名。

教育系统 2009 年引进骨干教师 24 名、特岗教师 87 名、研究生 10 名；2012 年引进骨干教师 16 名，教育部直属师范院校毕业生 26 名；2014 年引进直属师范院校毕业生 7 名。

2015 年起，国家建立统一开放、竞争有序的人力资源市场。准旗开通劳务网，用工与求职对接，线上与线下结合，全旗推荐 847 人就业。

二、选拔本土人才

2005 年，准格尔旗开始选拔本土人才，专业技术拔尖人才每月 400 元技术津贴，财政拨付 4000 元研发经费；乡土人才每年拨给 8000 元技术创新补贴。首次推选 10 名拔尖人才和 5 名乡土人才，每人每年分别获得 8800 元和 8000 元的奖励基金。到 2015 年，全旗评选技术拔尖人才 5 届 50 名、乡土人才 6 届 30 名。支持本土人才创新创业，建立奇附林漫瀚调工作室、樊晓龙乡土电影工作室。

三、服务高端人才

2010 年起，准格尔旗出台高层次人才引进政策，引进高层次人才，提供专家公寓、安家补贴、创新研发补贴。2011 年，大路煤化工基地获评内蒙古高层次人才创新创业基地；永杰新材料公司汪斌、中科合成油公司李永旺、大唐高铝煤炭研发中心孙俊民获评“草原英才”。2012 年，准能公司张维世、郭昭华，大唐高铝煤炭研发中心孙恒虎获评“草原英才”。2013 年，准格尔经济开发区获评内蒙古高层次人才创新创业基地；伊泰煤制油公司齐亚平、准能公司魏建雄、中科合成油公司杨勇获评“草原英才”。2015 年，准能公司魏建雄技能大师工作室获评内蒙古高技能人才创新创业团队，该公司黑岱沟露天煤矿马云普获评内蒙古高技能人才。

第五节　工资管理

1991 年，全旗在岗职工 24491 人，年人均工资 1689 元；其中，企业职工 17641 人工资 1639 元，事业职工 4309 人工资 1940 元，行政职工 2541 人工资 1614 元。机关事业单位实行结构工资制，由基础工资、职务工资、工龄工资和奖励工资 4 项构成；国营业企业管理人员加发承包经营效益工资。

1993 年，国家实施工资分类改革。机关实行职级工资制，由职务工资、级别工资、基础工资、工龄工资 4 项构成；事业单位技术人员实行技术职务工资制，由职务工资和津贴 2 项构成。1995 年执行警衔津贴，每人每月 64 ～ 123 元，2015 年上调为 560 ～ 2250 元。

1998 年，准格尔旗国营、集体企业转制民营，企业人员工资由企业效益决定。准旗核定为二类艰苦边远地区，2001 年起津贴标准每月 80 ～ 200 元，2015 年上调为 265 ～ 495 元。2004 年起，正高级职称受聘技术人员，每月享受 400 元政府特殊岗位补贴。

2006 年 7 月，国家再次改革工资制度。公务员实行职务和级别相结合的工资制，职务工资和级别工资执行国家统一标准，津贴补贴执行地方标准；年度考核称职及以上人员，年终一次性发放奖金。2008 年，地方津贴补贴人均每月 300 元，2010 年起上调为最低 700 元。2011 年起审计人员每月发放审计补贴 220 元。

2013 年，国家规范公务员地区附加津贴，实行职务和职级并行制度。2014 年起，事业单位实施绩效工资，分基础性绩效工资和奖励性绩效工资两部分，60% 基础性绩效工资按月发放，40% 奖励性绩效工资，年终单位考核评定发放，奖励性绩效工资标准 1338 ～ 2466 元。2015 年苏木乡镇人员按月享受补贴，起点 200 元，在乡镇工作满 1 年增加 10 元。

2015 年，全旗在岗职工 56408 人，年人均工资 76482 元。其中，企业职工 43938 人，年人均 76837 元；事业单位职工 8072 人，年人均 77201 元；机关单位 3569 人，年人均工资 74878 元。

第二章　就业服务

“八五”期间，准格尔旗实行统一分配安置的就业制度。“九五”后期，大量下岗职工倒逼建立适应市场经济的“单位自主用人、个人自由择业”的就业体制，实施就业困难群体援助制度，“十一五”初步解决了困难群体就业问题。中共十八大后，落实创新创业带动就业政策，推动高质量发展，创造了更多就业机会，2015 年城镇登记失业率 2.92%，就业结构性矛盾依然存在。

第一节　计划分配就业

“八五”至“九五”前期，准格尔旗大中专毕业生统一分配工作，城镇待业青年统一安置就业。

一、大中专毕业生分配

1991 年，准格尔旗有本旗户籍大中专毕业生 2149 名，准格尔旗仅接收回 169 名，按“专业对口、学以致用、面向基层、支援重点”的原则，统一分配工作。这种“包分配”的政策持续到 2000 年 12 月，最后一批分配 12 名大中专毕业生。10 年间累计分配大中专毕业生 2636 名，其中，本科生 158 名、专科生 984 名、中专生 1494 名。2001 年起，大学毕业生推向市场就业，个人档案交人才市场，由劳务市场竞争择优，多数实现就业。

二、城镇待业青年安置

准格尔旗城镇待业青年，1991 年借助国家开发准格尔煤田、地方国营企业招录合同工，安置 1079 人就业。这种就业形势持续到 1996 年，安置城镇待业青年 742 人就业，累计安置城镇待业青年3582人就业。当年全旗登记失业人员2267人，城镇失业率2.9%；1997年全旗登记失业人员2562人，城镇失业率2.6%。政府难以统一安置城镇待业青年就业。

第二节　市场竞争择业

进入“九五”后期，准格尔旗就业困难群体多重叠加。大学毕业生就业推向市场，下岗职工再就业压力累积，城镇女性40岁、男性50岁以上人员就业难凸显，农村劳动力大量转移城镇。政府以市场调节就业为基础，密集出台多项就业援助计划和创业扶持政策，多措并举促进就业和创业。

一、劳务职业介绍

1998年9月，准格尔旗建立人才市场，企业自主用人与个人自由择业双向对接，当年登记求职89人，推荐11人成功就业。2000年，首次输出本旗劳动力501人到旗外务工。2002年，人才市场更名为职业介绍所（劳动力市场），开始面向失业人员免费提供职业介绍。2004年，输出劳动力1260人到东胜市、呼和浩特市、北京、天津等地务工；首次组织企业专场招聘会。2008年，开通就业服务网站，在沙圪堵镇新建劳动力市场。2012年，首次举办农民工就业“春风行动”招聘洽谈会。2013年，开通就业服务微信公众号。2014年6月24日在世纪中学举办高校毕业生招聘会，成功推荐162人就业；3月15日的“春风行动”大型人才招聘会，吸引西北能化、久泰能源、三维煤化、伊东集团等56家用工企业，108人求职成功；5月23日在湖西社区举办“送岗位进社区”专场招聘会，提供350个就业岗位，达成就业意向259人。2015年，开通准格尔旗劳务网，用工与求职对接，线上与线下结合，推荐847人成功就业。

2015年“春风行动”人才招聘会盛况

二、劳动力培训

1991—2015年，就业服务局累计投入培训资金1200多万元，培训城乡劳动力10.7万人次。“八五”至“九五”期间，面向城镇劳动力开展职业技能小规模培训；2001年起，面向城镇下岗失业人员和“4050”就业困难人员，扩大培训规模，增加培训科目，委托职业技术院校、社会培训机构开展定向培训。男性劳动力参加煤矿、煤化工行业特种作业人员、机动车驾驶员培训；女性劳动力参加餐饮服务员、物业保洁员、养老护工、保姆、月嫂等培训。2005年起，实施农村劳动力转移培训。2008年起，面向大学毕业生、生态移民实施创业培训。2015年，全旗培训城

2018年迎泽街道湖西社区厨艺培训

乡劳动力 5119 人，其中，城镇职业技能培训 2932 人、农村劳动力转移培训 1625 人、创业培训 562 人。累计完成城镇职业技能培训近 5 万人次、农村劳动力转移培训 5 万余人次、创业培训 3917 人次。

三、就业困难援助

进入“九五”期间，准格尔旗地方国营、集体企业转制民营，破产解体，下岗职工大量涌入社会。1998 年，下岗职工多达 3156 人；就业服务局成立再就业服务中心，托管下岗职工 2499 人，发放基本生活费，代缴住房公积金和企业年金；在沙圪堵、马栅、薛家湾 3 镇开辟再就业市场，250 名下岗职工免费入市经营，全旗安置下岗职工 2891 人，下岗职工再就业率 91.6%。2000 年下岗职工再就业率跌至 63%，2003 年下岗职工再就业率升至 92.2%。

2004 年，就业服务局向下岗失业人员 4823 人核发“再就业优惠证”，其中国有企业下岗 2643 人、集体企业下岗 2180 人、“4050”人员 761 人。政府实施就业援助制度，提供免费培训，减免税费优惠，为“4050”人员购买公益性岗位。2005 年，全旗安置下岗职工 2137 人、“4050”人员 532 人。1997—2005 年，累计安置下岗职工 18132 人次。

进入“十一五”后，准格尔旗二、三产业迅猛发展，创造大量就业岗位。2006 年，全旗城镇新增就业 2250 人，其中安置大学生 1056 人，城镇登记失业率 4%。2007 年起，城镇零就业家庭实现动态清零。2015 年，全旗城镇新增就业 5101 人，安置大学生 1774 人，其中旗籍大学生 1306 人，城镇登记失业率 2.92%。十年间，全旗累计城镇新增就业 48048 人，其中安置大学生 14559 人、安置“4050”等就业困难人员 4110 人。

四、自主创业扶持

2005 年，就业服务局与鄂尔多斯银行合作，开办创业担保贷款业务，城乡自主创业人员可获得 1 万～ 5 万元创业担保贷款，首批发放创业担保贷款 300 万元扶持 300 人创业。2013 年，发放创业担保贷款高达 2322 万元，扶持 614 人创业。2014 年，发放创业担保贷款 1385 万元，扶持 453 人创业；累计发放创业担保贷款 10019 万元，扶持 3779 人创业。2015 年停办这项贷款。

2014 年 9 月，就业服务局在兴隆街道开辟鑫凯盛大学生创业园，准格尔旗户籍全日制高校毕业生，毕业五年内未就业的，免费进驻大学生创业园。截至 2015 年底，入驻创业园大学生 64 人，创办企业 56 家，创业园外成功孵化 5 家企业，直接和间接带动就业 400 多人。创业项目涉及文化传媒、网络科技、艺术设计、摄影摄像、动画动漫、服装销售、餐饮服务等行业。

2014 年准格尔旗大学生创业园

五、失业保险统筹

1993 年 4 月，国务院发布《国有企业职工失业保险规定》，1995 年，准格尔旗启动职工失业保险社会统筹，地方国营企业数千名职工缴纳失业保险基金 62 万元。1996 年，首次为两家解体企业 69 名失业职工发放失业救济金 8.04 万元。1999 年 1 月，国务院颁布《失业保险条例》，失业保险统筹范围由企业职工发展到机关事业单位职工。2005 年，全旗 19406 名职工参加失业保险，征缴失业保险基金 562 万元，发放失业救济金 219

万元、医疗补助金 11 万元，189 万元调剂上缴到上级行政区。2007 年征缴失业保险基金突破千万元。2010 年参加失业保险职工突破 2 万人。2015 年，全旗参加失业保险职工 27986 人，征缴失业保险基金 5623.74 万元，向 749 名下岗失业人员发放失业救济金 424.36 万元、取暖补贴 12.20 万元。1995—2015 年，全旗累计征缴失业保险基金超 3 亿元，累计发放失业救济金超 2000 万元。

1991—2015 年准格尔旗就业服务统计表

表 29-1

年份	城镇就业		就业创业培训			失业保险			创业贷款	
	新增（人）	失业率（%）	技能（人）	转移（人）	创业（人）	征缴（万元）	发放（万元）	保障（人）	贷款（万元）	创业（人）
1991	1079			—	—	—	—	—	—	—
1992	1288		400	—	—	—	—	—	—	—
1995	530			—	—	62.00	—	—	—	—
1996	1471	2.90	879	—	—	61.00	8.04	69	—	—
1997	3999	2.60	2820	—	—	61.00		131	—	—
1998	2891			—	—	82.00			—	—
1999	507			—	—				—	—
2000	3225	1.20	1567	—	—				—	—
2001	505	2.40		—	—				—	—
2002	2511	2.10	978	—	—	368.00	166.70	1224	—	—
2003	3500	2.40	1700	—	—	490.00	260.00	1300	—	—
2004	4029		3100	—	—				—	—
2005	2137	3.70	2253	4831	—	562.00	219.00		300	300
2006	2250	4.00	4948	4200	—	694.00	66.00		300	300
2007	2665	3.91	2763	10392	—	1188.00	66.00		220	220
2008	4428	2.90	3527	7271	202	1000.00	58.00		398	199
2009	4327	2.90	4281	7425	239	1399.00	25.00		702	234
2010	5344	2.00	2996	7525	462	1797.10	31.10		1107	369
2011	6019	2.00	3526	2604	389	2453.00	63.36		1590	525
2012	6328	2.36	6150	3617	759	4574.16	67.43		1695	565
2013	6268	2.44	2342	2044	673	4605.56	50.86	190	2322	614
2014	5318	2.44	2503	1712	631	5466.80	235.20	494	1385	453
2015	5101	2.92	2932	1625	562	5623.74	424.36	749	—	—

第三章　劳动监察

第一节　劳动用工监察

2022年到建筑工地宣传《劳动合同法》

1991年，准格尔旗国营企业职工都是正式工，集体企业职工多为固定工，端的是计划经济的“铁饭碗”。1995年1月《中华人民共和国劳动法》施行，企业用工面向市场；准旗开始劳动用工监察。2005年起，实行劳动合同年检签证管理。2008年1月1日《中华人民共和国劳动合同法》实施，建立市场经济条件下的灵活用工机制。准格尔旗实行劳动用工备案管理，查处未签订劳动合同案件97起，涉及劳动者3955人。2015年，全旗156家用工单位备案用工2.5万人，备案率82%。一纸劳动合同，让企业吃上“效益饭”，为劳动者撑起“保护伞”。

第二节　劳动争议仲裁

1993年，准格尔旗成立劳动仲裁委员会，调解3起劳动合同纠纷。2008年5月1日起，《中华人民共和国劳动争议调解仲裁法》施行，劳动者维权成本降低，维权周期缩短。2012年，鄂尔多斯民间借贷危机波及准格尔旗，劳资纠纷猛增，受理劳动争议案件130件，涉案金额4272.85万元。2015年，受理劳动争议案件226件，调解结案110件，仲裁结案82件，为674名劳动者挽回经济损失3352.93万元。伊东集团一煤矿28名工人向劳动人事争议仲裁院赠送“伸张正义、为民服务”的锦旗。

第三节　农民工工资监察

进入“十一五”期间，准格尔旗拖欠农民工工资问题突出。2006年，受理拖欠农民工工资案件23起，追讨农民工工资350多万元。2007年起，实行农民工工资保证金制度，工程开工前打足工资保证金；当年办结农民工工资案件107起，为4270人追讨工资850万元。2008年解决拖欠农民工工资引发的群体性事件3起，支付农民工工资400多万元。2011年为2664人追讨工资2404.5万元，其中申请人民法院强制执行7起。2012年8月，准格尔旗建立工程建设项目农民工工资专用账户，欠发两个月工资建筑企业，建设主管部门实行停工处罚。2014年制定《农民工工资支付管理办法》，为3362人追讨工资6392.7万元。2015年为2924人追讨工资3867.1万元。

第四章　社会保险

第一节　职工养老保险

1991 年，准格尔旗退休人员 2141 人，其中，国有企业退休 1042 人、事业单位退休 391 人、机关单位退休 319 人、城镇集体所有制单位退休 389 人。2015 年，全旗退休人员 12223 人，其中，企业退休 8338 人，机关事业单位退休 3885 人。25 年间，退休人员增长了 5.71 倍，准旗职工基本养老保险，随国家深化养老保险制度改革同步扩大统筹覆盖面，随经济社会发展水平同步提高养老金标准，保障退休人员共享改革发展成果。

一、企业职工养老保险

1991 年 6 月 26 日起，国家启动企业职工养老保险制度改革，改变养老保险由国家、企业包下来的办法，实行国家、企业、个人三方共同负担。准格尔旗启动企业职工养老保险改革，企业缴纳的基本养老保险费，按职工工资总额 17% 的比例税前提取；职工个人缴纳的基本养老保险费，按标准工资 3% 的比例发放工资时扣除。全旗 43 家国营企业 1190 名退休职工、4168 名合同制工人参加基本养老保险统筹，收缴基本养老保险费 103.5 万元。

1994 年 5 月，内蒙古启动城镇企业职工社会养老保险统筹，国营企业打破职工身份界限，统一缴费比例。准格尔旗企业职工基本养老保险费收缴开始步入正轨。1995 年 3 月，国家确立社会统筹与个人账户相结合的养老保险制度，建立基本养老金正常调整机制。准旗企业职工基本养老保险费个人缴费比例经过 4 次调整，由 3% 提高到 2005 年 7 月 8%；单位缴费比例 2005 年 7 月由 17% 提高到 20%。这一缴费比例一直保持到 2015 年。

1991—2015 年，全旗企业职工基本养老保险参保人数由 4168 人逐年稳步上升到 46795 人；收缴保费由 103.50 万元增加到 5.27 亿元，1997 年、1998 年因部分国营集体企业破产，收缴保费下降；2015 年受经济进入新常态影响和鄂尔多斯民间借贷危机拖累，收缴保费下降。

1991—2015 年准格尔旗企业职工基本养老保险统计表

表 29-2　　单位：人、万元

年　份	参保人数	收缴金额	年　份	参保人数	收缴金额
1991	4168	104	1997	5597	567
1992	4331	169	1998	5688	587
1993	4612	216	1999	5834	793
1994	4891	342	2000	5662	821
1995	5213	559	2001	6103	956
1996	5410	645	2002	6728	1145

续表 29-2

年份	参保人数	收缴金额	年份	参保人数	收缴金额
2003	8328	2044	2010	22308	20676
2004	8379	2920	2011	25282	35132
2005	8586	4739	2012	32817	48098
2006	12303	8327	2013	41357	55896
2007	13960	8681	2014	42811	57132
2008	17025	6896	2015	47055	40968
2009	20058	14482	—	—	—

二、灵活就业人员养老保险

1996 年，准格尔旗有 3 户军队办企业、3 户个体工商户共 17 名职工参加企业职工基本养老保险统筹。

1998 年 1 月 1 日起，内蒙古启动城镇私营企业职工和个体劳动者基本养老保险统筹。基本养老保险金由基础养老金和个人账户养老金组成，基础养老金按当地上年职工月平均工资 20% 的比例计发，个人账户养老金按职工个人账户储存额除以 120 计发；男年满 60 周岁，女年满 50 周岁，累计缴费年满 15 年可按月领取基本养老保险金。准格尔旗当年 56 人缴费 3.97 万元；1999 年 3200 户私营企业和个体工商户 2143 名从业人员参保，覆盖率 90.3%；2006 年起所有私营企业和个体工商户实现应保尽保，参加个体工商户 6837 名；2015 年全旗私营企业职工和个体劳动者 2495 人缴费 2513.52 万元。

2006 年 1 月起，准格尔旗为企业转制下岗失业人员代缴养老保险费，每人每月发放 140 元生活补贴，当年为 6084 人代缴养老保险费 1649 万元，发放生活补贴费 952 万元。2015 年失业人员减少，养老保险费和生活补贴标准提高，为 5740 人代缴养老保险费 4885.5 万元，发放生活补贴费 2793.36 万元。

2009 年起，鄂尔多斯市建立下岗失业人员和个体工商户养老保险补贴制度，给予每人每年 1500 元养老保险缴费补贴。当年准格尔旗为 1418 人补贴 200.45 万元，2015 年为 2495 人补贴 251.10 万元。

1966 年，毛泽东主席发表“五七”指示，许多城镇职工家属响应号召，走出家门参加生产劳动，她们没有劳动合同，没有招工手续，没有劳保福利，跨入 21 世纪大都过了退休年龄。2011 年 8 月起，准格尔旗为符合参保范围和条件的“五七工”和集体企业职工补缴养老保险费，当年为 838 人补缴 2933.01 万元，2015 年为 126 人补缴 986.8 万元。

女性年龄在 40 岁以上，男性年龄在 50 岁以上，属就业困难人群。2012 年起，准格尔旗为“4050”人员代缴养老保险费，当年为 257 人代缴 182.94 万元，2015 年为 179 人代缴 150.27 万元。

三、机关事业职工养老保险

1991 年，国家机关、事业单位和社会团体的职工退休后，退休金全部由国家包办。1999 年 1 月，准格尔旗启动行政事业单位职工基本养老保险统筹，基本养老保险费由单位和个人共同负担，职工开始缴纳一定比例养老费；2001 年，全旗 197 个行政事业单位 6103 名职工全部参保。

2014 年 10 月起，内蒙古改革机关事业单位工作人员养老保险制度，已经退休人员继续按照原标准发放基本养老金；以后退休的人员缴费年限累计满 15 年，按文件标准计发基本养老金，实行 10 年过渡期。准格尔旗改革机关事业单位养老保险制度，单位缴费比例为 20%，个人缴费比例为 8%；同时建立职业年金制度，单位按工资总额的 8% 缴费，个人按工资总额的 4% 缴费。这次改革后机关事业单位养老保险制度与企业基本衔接一致。2015 年，全旗参保单位 226 户 12076 人，征收养老保险费 2240.8 万元。

四、退休职工养老金

1994 年 7 月 1 日起，准格尔旗执行内蒙古统一职工养老保险规定，参加社会养老保险缴费累计满 10 年，办理离退休手续的职工，按月领取基本养老金，基本养老金根据社会平均工资、职工缴费工资、缴费年限、生活费价格指数确定。1998 年国营集体企业转制民营时，清理企业所欠基本养老保险费，所有企业退休职工纳入统筹。从 2005 年起，连续 3 年提高企业退休人员基本养老金。2007 年 1 月 1 日起，鄂尔多斯市企业职工基本养老保险实行市级统筹。2010 年 1 月 1 日起，准格尔旗给参加养老保险统筹的企业退休人员每月增加生活补贴 300 元。2012 年，准格尔旗地方企业退休职工生活补贴每人每月增加 100 元。这一退休职工养老金标准延续到 2015 年。

1992 年，社保局人工计算发放企业离退休人员养老金；1994 年委托银行统一代发；1998 年 7 月改用计算机管理系统，用社会保险业务管理程序退休人员模块计发退休人员养老金；2001 年，财务统计实现计算机管理，数据实现互联网传输；2004 年改用实达“五险”信息系统发放养老金；2012 年 2 月使用财政局综合业务系统发放机关事业离退休遗属人员待遇。2014 年 12 月起统一使用内蒙古社会保险管理信息系统发放离退休人员养老金。

2015 年，全旗为离退休人员 14039 人发放养老金 54327 万元。其中，机关事业单位退休人员 4400 人领取养老金 28158 万元，8994 名企业离退休人员领取养老金 25369 万元，职工遗属 645 人领取生活补贴 800 万元。

1992—2015 年准格尔旗退休人员养老金统计表

表 29-3　　单位：人、万元

年份	机关事业退休人员	机关事业养老金	企业退休人员	企业养老金	企业补贴金额	职工遗属	遗属生活补贴
1992	—	—	1223	215	—	—	—
1993	—	—	2033	389	—	—	—
1994	—	—	2081	542	—	—	—
1995	—	—	2213	603	—	115	6
1996	—	—	2426	712	—	173	14
1997	—	—	2405	843	—	152	14
1998	—	—	2836	881	—	210	29
1999	1889	2904	2918	1487	—	272	48

续表 29-3

年　份	机关事业退休人员	机关事业养老金	企业退休人员	企业养老金	企业补贴金额	职工遗属	遗属生活补贴
2000	1842	1591	2972	1570	—	358	65
2001	1886	2142	3295	1578	—	409	86
2002	1545	1743	3725	1961	—	483	99
2003	1732	2555	4106	2294	—	566	178
2004	1744	3052	4527	3057	—	595	179
2005	1924	3237	5294	4495	—	599	315
2006	2055	3556	5353	5411	—	624	296
2007	2111	5172	5720	6270	—	645	314
2008	2198	7219	5775	7760	—	590	344
2009	2278	8296	5954	8900	—	632	529
2010	2302	11704	6201	11748	936	637	790
2011	2307	14302	6155	12726	1873	631	797
2012	3823	21681	7470	17806	1901	612	794
2013	4150	23036	8423	19775	3484	638	825
2014	4264	24422	8663	22302	3685	670	829
2015	4400	28158	8994	25369	3780	645	800

第二节　居民养老保险

一、失地农民养老保险

2005 年 1 月 6 日，准格尔旗人民政府发布第 6 号令，在内蒙古率先实施失地农民养老保险制度。失地农民转为非农业人口，一次性由征地部门从补偿费中代扣代缴，旗财政按缴费总额 10% 补贴；逐年缴纳的，个人按缴费基数 16% 缴纳，旗财政按缴费基数 4% 补贴。男年满 60 周岁、女年满 55 周岁，缴足养老保险费后每月领取 310 元养老金。当年 421 人缴费 239 万元，214 人从 7 月开始领到养老金，当年领取 38 万元。

2006 年起，逐年缴纳养老保险费的，财政补贴标准上调到 5%，个人缴费基数下调到 15%。2008 年，调整失地农民养老保险基金筹集办法，由政府或征地企业、被征地农民个人共同负担，养老保险费改为一次性缴纳；以城镇居民最低生活保障标准为基数，政府或征地企业缴费 80%，被征地农民个人缴费 20%。凡 2007 年以前被征地面积 60% 以上，年龄在 25 周岁以上的失地农民，从 2008 年 11 月起全部参加城镇居民养老保险。

2012 年起，准格尔旗失地农民养老保险纳入鄂尔多斯市城乡居民社会养老保险，并建立失地农民养老保险储备资金，所有被征地或矿区搬迁进行补偿的，未被行政事业单位录用的旗籍人员，到龄享受的养老保险金征地时一次性代扣，征地单位缴80%，个人缴20%。2014年，收缴失地养老保险费高达2672万元；2015年，6299人缴费761万元，2040人领取失地养老保险金1155万元。

二、农村居民养老保险

2007年12月17日，准格尔旗召开培训会，在内蒙古首批启动农村基本养老保险统筹，2008年1月1日起施行《农村社会基本养老保险暂行办法》，生态自然恢复区农民纳入统筹。准旗户籍年满20周岁以上的农民均应参保；缴费标准为上年度全旗农民人均月纯收入乘以12乘以缴费比例乘以缴费年限；男年满60周岁，女年满55周岁，且按规定缴费满15年，可按月领取120元基本养老金；基本养老金由基础养老金、个人账户养老金、过渡性调节金构成，基础养老金等于上年度全旗农民人均月纯收入乘以20%；个人账户养老金等于个人账户储存额除以120；过渡性调节金暂定为50元。

2007年，参保537人缴纳基本养老保险费6.8万元，到龄缴足费83人领取基本养老金4.3万元。2008年，参保86144人缴费13310万元，参保率71%；31365人领取基本养老金7274万元。2010年7月1日，鄂尔多斯市农牧民养老保险金标准提高到每月260元。2011年，参保90255人缴费3519万元，32304人领取基本养老金10258万元。2012年，准格尔旗农村居民基本养老保险纳入鄂尔多斯市城乡居民基本养老保险。

三、生态移民养老保险

2007年，准格尔旗启动生态移民养老保险，生态自然恢复区537人缴纳养老保险费6.8万元，83人领取基本养老金4.3万元。

2008年，以农民人均纯收入为缴费基数，按20%的比例缴纳养老保险费，其中个人缴纳8%，旗财政代缴12%。基本养老金由基础养老金、个人账户养老金、过渡性调节金构成，基础养老金是上年度全旗农民人均月纯收入的20%；个人账户养老金是个人账户储存额除以120；过渡性调解金暂定为140元。符合领取条件的生态移民每人每月300元基本养老金。

2011年1月1日起，鄂尔多斯市调整生态移民缴费标准和领取条件。每人每年缴费500元，其中个人缴纳326元，地方财政代缴174元。领取养老金年龄统一调整到年满60周岁，每人每月450元。少数民族提前到年满55周岁。

2012年起，准格尔旗生态移民养老保险纳入鄂尔多斯市城乡居民社会养老保险。2015年，全旗生态移民10528人缴纳养老保险费222万元，4692人领取养老保险金3153万元。

四、城镇居民养老保险

2008年，鄂尔多斯市启动城镇居民养老保险。年满25周岁且有鄂尔多斯市城镇户籍的无业居民，现役军人、在校学生和已参加企业职工或个体工商户养老保险的除外，男年满60周岁，女年满55周岁，缴纳基本养老保险费满15年，可按月领取基本养老金450元。基本养老金由政府养老金和个人账户养老金构成。当年准格尔旗城镇居民5772人缴纳养老保险费941万元，1847人领取养老保险费811万元。

2010年，调整参保范围及待遇领取条件。参保范围扩大到年满16周岁，不含在校生，具有鄂尔多斯市户籍满3年，未参加城镇职工基本养老保险的农村牧区居民，每人每年缴费500元；领取养老金年龄统一为60周岁并设5年过渡期，过渡期内女满55周岁，政府为其代缴养老保险费。

2011 年 1 月 1 日起，鄂尔多斯市城镇居民养老金发放标准提高到每人每月 550 元。当年准格尔旗城镇居民 8160 人缴纳养老保险费 1274 万元，2838 人领取养老保险费 2590 万元。2012 年，全市城镇居民基本养老保险纳入城乡居民基本养老保险。

五、城乡养老保险并轨

2012 年 1 月 1 日起，鄂尔多斯市将城镇居民社会养老保险与农村牧区居民社会养老保险合并实施，建立城乡居民社会养老保险制度。凡年满 16 周岁，不含在校学生，未参加城镇职工基本养老保险的城镇非从业居民、农村牧区居民，均在户籍所在地参保；个人缴费分 500 元、1000 元、1500 元、2000 元、2500 元和 3000 元 6 个档次；每年每人缴费 500 元，政府补贴 50 元；每年每人缴费 1000 元以上，政府补贴 75 元。年满 60 周岁参保人员按月领取养老金，养老金由基础养老金和个人账户养老金构成，基础养老金每人每月 200 元；城镇居民到龄每人每月领取养老金 550 元，农牧民到龄每人每月领取养老金 260 元。

2013 年 1 月 1 日起，基础养老金上调为每人每月 250 元。2014 年起，内蒙古自治区提高基础养老金 5 元，到 2015 年底基础养老金上调至 270 元。

2015 年 1 月 1 日起，内蒙古自治区进一步完善城乡居民基本养老险制度，个人缴费标准调整为 100 ～ 3000 元 13 个档次。政府选择 100 ～ 400 元缴费档次分别补贴 30 元、35 元、40 元、45 元；选择 500 ～ 1000 元档次分别补贴 60 元、65 元、70 元、75 元、80 元、85 元；选择 1500 元、2000 元、3000 元档次补贴 85 元。

准格尔旗城乡居民基本养老保险，2012 年参保 115392 人缴纳基本养老费 27721 万元，40387 人领取养老保险金 16356 万元；2015 年参保 118775 人缴纳基本养老费 11714 万元，42541 人领取养老保险金 19250 万元。个人缴费基数下调，政府补贴力度加大，促成发放标准提高。缴纳保险费逐年减少，领取保险金逐年增加。

第三节　基本医疗保险

一、职工医疗保险

1991—1999 年，准格尔旗城镇职工实行公费医疗，门诊自费，住院报销。2000 年起，实行职工医疗保险统筹，174 个行政事业单位 8550 名职工纳入统筹范围，2001 年 1 月统筹范围扩大到驻旗直统单位。2006 年实行计算机网络管理，社保局计算机房连接 5 个定点医院、19 个定点药店；4482 名解体破产企业退休人员纳入统筹，医疗保险费按社会平均工资 4.8% 收取，财政预算 300 万元作为统筹金。2007 年开展公务员医疗补助统筹，12351 名公务员参加统筹；2003 年 7 月 1 日前退休的企业退休人员纳入基本医疗保险统筹。至此，全旗城乡居民医疗保险实现全覆盖。

2015 年，全旗 48946 名城镇职工参加基本医疗保险统筹，征收城镇职工基本医疗保险基金 20153 万元；支付医疗费 12805 万元，其中，统筹金支付 5390 万元，个人账户支付 7415 万元；征收大额医疗保险基金 416 万元；征收公务员医疗补助费 459 万元，支付公务员医疗补助费 3 万元。

2001—2015 年准格尔旗城镇职工医疗保险统计表

表 29-4 单位：人、万元

年 份	参保人数	征缴金额		支付金额		公务员医疗补助		
		医疗保险费	大额医疗费	医疗保险费	大额医疗费	参保人数	收取金额	支付金额
2001	10125	896	—	398	—	—	—	—
2002	10981	952	—	813	—	—	—	—
2003	11503	917	—	1128	—	—	—	—
2004	17051	1416	—	1084	—	—	—	—
2005	19352	1808	—	1544	—	—	—	—
2006	21977	2274	256	1580	145	—	—	—
2007	23141	3021	278	1885	139	12351	263	42
2008	25939	4985	244	2492	154	12866	388	18
2009	31296	6064	327	3544	185	13350	486.5	128
2010	35086	8238	376	4278	26	13500	584	257
2011	35498	11950	224	5839	67	14312	828	186
2012	43379	14706	283	7412	26	15653	881	240
2013	43872	18823	324	10368	9		371	60
2014	43872	15915	245	9888			36	44
2015	48946	20153	416	12805			459	3

二、城镇居民医疗保险

2005 年，准格尔旗实施无业居民医疗保险，参加医疗保险无业居民 5736 人，收取个人缴纳医疗保险费 17.2 万元，旗财政划拨统筹金 28.7 万元，支付医疗费 22 万元，其中住院 122 人报销 21 万元，门诊 292 人报销 1 万元；为特困居民和下岗职工重大病患者资助医疗救助金 30 万元。

2008 年，为城镇无业居民增设 5 种慢性病病种补贴，财政补贴标准提高至 150 元，少数民族、城镇低保、残疾人和零就业家庭人员，个人缴费由财政代缴；住院报销封顶线提高至 3.2 万元；连续缴费满 5 年后，最高报销 5 万元。2009 年起，城镇居民基本医疗保险鄂尔多斯市统筹，筹资标准提高至成年 280 元、儿童 160 元，报销比例在 2008 年基础上提高 5 个百分点，封顶线提高至 3.5 万元；学生意外伤害纳入保险范围，报销比例 80%，封顶线 5 万元。

2015 年，全旗参加医疗保险无业居民 60057 人，收取个人缴纳医疗保险费 4319 万元，各级财政划拨补贴统筹金 3718 万元，支付医疗费 2838 万元，其中统筹金支付 2831 万元、个人账户支付 7 万元。

三、工伤保险

2004 年 7 月，准格尔旗启动工伤保险社会统筹，54 家企业 3529 名职工参加工伤保险统筹，收取工伤保险费 8.6 万元。随着经济发展越来越快，发生工伤意外的概率越来越大。2013 年，全旗收缴工伤保险费达到峰值 3465 万元，参保职工 32603 人，支付 114 人工伤保险金 1190 万元。2015 年，全旗收缴工伤保险费 2761 万元，参保职工 387972 人，支付 114 人次工伤保险金 946 万元。

四、生育保险

1994 年起，国家实施生育保险社会统筹，由用人单位缴纳生育保险费，生育女职工享受生育津贴、生育医疗待遇。生育津贴按用人单位上年职工月平均工资计发，由统筹生育保险基金支付。当年准格尔旗参加生育保险女职工 1493 人，收缴生育保险费 10.3 万元；为 3 名女职工支付生育津贴 0.26 万元。2015 年，全旗收缴生育保险费 1419 万元，参保女职工 34609 人；为 3109 名女职工支付生育津贴 1852 万元。

第四节　社会保险稽查

准格尔旗建立社会保险制度初，保险基金收缴难度大，地方国营集体企业欠费严重，动用行政措施强制欠费单位缴费。劳动监察队 1997 年督查 1 家单位补缴 12 名工人养老保险基金，1998 年补缴养老保险基金 18.5 万元，1999 年追缴养老保险基金 28.9 万元。保障费用支付漏洞多，存在死亡不申报、冒名顶替、虚开票据等问题，用过挂年历照相确认生存身份的笨办法。

2006 年，社保局集中现场认证，查实死亡 36 人，追回冒领养老金 10.1 万元，查实冒名顶替、虚假票据 32 人，追回医疗费 25.3 万元；2007 年，查实死亡 27 人，追回冒领养老金 4.3 万元；查实冒名顶替、虚假票据 25 人，追回医疗费 33.4 万元。

2014 年社保局采集指纹确认养老保障身份

2012 年 4 月，启用社保生存认证管理系统，当年认证 52166 人，采集数据 46520 人，采集率 89.2%；查出死亡及重复领取待遇 2350 人，追回社保基金 912 万元。2015 年，全旗 55019 人需生存身份确认，采集 47488 人，采集率 86%；查实违规票据 9 张，追回违规金额 33.07 万元。

第三十篇 精神文明建设

公民道德建设

讲文明树新风

文明创建活动

全国县级文明城市准格尔旗薛家湾镇，2017 年 7 月赵鑫磊摄

从“五讲四美三热爱”活动，到实践社会主义核心价值观，准格尔旗持续开展公民思想道德建设，讲文明，树新风，群众性精神文明创建活动，吸引全民参与其中。2015 年 2 月 28 日入选首届全国县级文明城市提名城市；8 月 13 日列为全国农村精神文明建设试点县。评选道德模范，寻找身边好人，为城市亮丽之身熔铸文明之魂，全旗注册学雷锋志愿者超 1.8 万人，5 人荣登“中国好人榜”，准格尔义工协会入选全国百佳志愿服务组织；建成全国文明单位 4 家、自治区级文明单位 24 家、市级文明单位 38 家。

呼大高速公路薛家湾镇路口主题花坛，2017 年 8 月陈文俊摄

第一章　公民道德建设

第一节　成年人思想教育

坚持主旋律宣传教育。“八五”至“九五”期间，准格尔旗开展“五讲四美三热爱”活动，讲文明、讲礼貌、讲卫生、讲秩序、讲道德，心灵美、语言美、行为美、环境美，热爱祖国、热爱社会主义、热爱中国共产党；1996年提出“团结拼搏，求真务实，抢抓机遇，创业争先”的准格尔精神。跨入21世纪，加强社会公德、职业道德、家庭美德、个人品德建设，弘扬爱国主义、集体主义、社会主义精神，引导公民树立正确的世界观、人生观、价值观；2009年提炼出“尊崇科学、和谐奋进、追求卓越”的新准格尔精神。中共十八大后，培育和践行社会主义核心价值观，个人从爱国、敬业、诚信、友善做起，建设富强、民主、文明、和谐的国家，形成自由、平等、公正、法治的社会。25年坚持思想教育的主旋律，弘扬爱国主义为核心的民族精神、改革创新为核心的时代精神。

2016年社会主义核心价值观主题公园一角

开展多样化教育活动。1991年，组织千人宣讲团到乡、村、社宣讲社会主义的优越性，举办社会主义思想教育知识竞赛。1994—1995年，组织参观烈士陵园和国防教育中心展厅2处爱国主义教育基地，开展爱国主义有奖征文、演讲等活动。2002—2007年，实施公民道德建设实施纲要，推广公民道德歌。2011年，以我听、我看、我讲、我议、我选、我行为主要方式，叙述身边人，评说身边事，教育身边人。2015年，通过巡讲巡演、人物专访、系列报道、公益广告、展览展示等形式，宣传先进。

创建多形态教育阵地。1991年，准格尔旗在革命烈士陵园基础上，又新建爱国主义教育基地国防教育中心展厅，1997年文物展厅命名全旗爱国主义教育基地。2009年，开通文明宣传信息平台，宣传形势政策，传播文明礼貌用语，每月发送文明信息2000余条；创办融中心组学习、党员干部培训等于一体的“魅力准格尔·文化大讲堂”，定期邀请国内知名专家、教授作专题辅导。2011年5月，全旗机关、企业、行业、学校、社区、村镇纷纷开设道德讲堂；2014年，推出“空中道德讲堂”，全年开讲50讲，平均点击量1万人次；2015年，全旗建成道德讲堂150余个，示范点11个。

第二节　青少年思想教育

“八五”至“九五”期间，准格尔旗以学校为阵地，以学雷锋为手段，依靠共青团、少先队组织，开展青少年思想教育。2005年，将未成年人思想道德建设列入乡镇、机关企事业单位精神文明建设目标责任制考核。2006 年开办家长学校，学校和家庭共同配合，加强青少年思想教育；2007 年，建设学校教育为龙头、家庭教育为基础、社会教育为平台、主题教育为载体的青少年思想教育网络。

净化青少年成长社会环境。持续开展“扫黄打非”专项行动；治理青少年网瘾，实施青少年绿色上网工程。关注青少年心理健康问题，2012 年，民族中学建成自治区级未成年人心理健康教育指导分中心；2015 年未成年人心理健康辅导站配备 4 名专职人员，发展 20 多名志愿者。

学习先进典型激励青少年。2010 年 12 月 20 日，全旗评选出 32 名首届“美德少年”；2014 年 12 月 29 日，第三中学初二年级学生于彩霞被评为第三届内蒙古孝老爱亲美德少年；2015 年，全旗评选 72 名美德少年。2010 年在广播电视台开办《青春防线》栏目，在看守所建成未成年人警示教育基地，用反面典型警示青少年。

建设青少年文化活动阵地，创建乡村学校少年宫。2012 年大路第一小学建成中央级乡村学校少年宫。2013 年五家尧小学建成自治区级乡村学校少年宫；2015 年，全旗建成大路第一小学、龙口小学、民族小学 3 所中央级少年宫，五家尧小学、第四中学、沙圪堵第一小学、魏家峁小学、第一中学、布尔陶亥民族小学、薛家湾第四小学 7 所自治区级少年宫。

2015 年，准格尔旗未成年人思想道德建设测评得分，位列内蒙古自治区旗县第一名。

第三节　评选先进典型

从 1993 年开始，准格尔旗组织十佳主人翁、学雷锋标兵、优秀交通民警、优秀服务十佳单位和十佳个人评比活动。1996—1999 年，开展十佳文明市民、十佳个体工商户、十佳执法标兵、十佳服务标兵、十佳学用科学勤劳致富奔小康带头人、十佳文明学生、十佳主人翁及十佳孝子（女）评比活动，共评出 290 名先进个人。2001 年，表彰十佳文明主人翁、十佳文明学生、十佳文明个体工商户、十佳服务标兵、十佳执法标兵、十佳文明市民、十佳学用科学勤劳致富奔小康带头人各 10 名。2002—2007 年，评选家庭新风户、单位文明职工、学校文明学生、市场文明工商户。

2008 年，全旗评选首届道德模范，设敬业奉献、诚实守信、孝老爱亲、助人为乐、见义勇为 5 类，周玉莲、段猴猴、赵玉霞、许长清、丁秀清、李海峰、燕亮、路顺斌、郭玉清、兰小丽获评首届道德模范，9 人获道德模范提名奖。薛家湾镇站北社区居民郭玉清，准能公司物资供应处职工蒋友师，荣获内蒙古自治区首届孝老爱亲道德模范提名奖。之后每两年评选表彰一次道德模范，到 2015 年共评选四届道德模范，40 人获评道德模范，30 人获评道德模范提名奖。

2011 年，准格尔旗启动“我推荐、我评议身边好人”活动，每月向上级推荐助人为乐、见义勇为、诚实守信、敬业奉献、孝老爱亲各类好人。2011 年 6 月 10 日，公安局局长郝万忠入选“中国好人榜”敬业奉献好人。2014 年 3 月，蓝天街道白云社区居民吕海英入选“中国好人榜”助人为乐好人；同年 7 月，薛家湾供电局职工任勇入选“中国好人榜”敬业奉献好人，准能公司退休职工刘显亮入选“中国好人榜”助人为乐好人；同年薛家湾镇梁安窑村农民乔收兰荣获内蒙古第四届孝老爱亲道德模范提名奖。2015 年 7 月，个体水暖工佟大勇入选“内蒙古好人榜”见义勇为好人。同年 12 月，志愿者协会副秘书长沈波入选“中国好人榜”助人为乐好人，至此，全旗有 5 人荣登“中国好人榜”。

第二章　“讲文明　树新风”实践

第一节　学雷锋志愿服务

1991 年，准格尔旗开展以送温暖、献爱心为主要内容的学雷锋活动及“十佳”学雷锋标兵评选，同年 7 月全旗学习第三中学残疾教师聂春荣舍己救人的英雄事迹。1996 年，郭巨斌被伊克昭盟精神文明建设委员会评为全盟“十佳”学雷锋标兵。

2019 年义工协会志愿者向退伍老兵送温暖

2010 年起，准格尔旗学雷锋活动与志愿服务活动相结合。2012 年成立志愿服务管理室，组建志愿者协会，建立志愿者招募、培训、活动组织、管理表彰等章程制度；启动“德润草原·文明之行——志愿服务在行动”实践活动，以空巢老人、留守儿童、残疾人和困难家庭为主要志愿服务对象。

2013 年，准格尔义工协会会长吕海英、薛家湾供电局西召供电所所长任勇获评内蒙古自治区学雷锋先进个人。2014 年，准格尔旗关心下一代工作委员会《关爱时报》副主编周福娥获评全区学雷锋优秀志愿者。2015 年，准格尔义工协会入选全国 100 个最佳志愿服务组织，全旗注册志愿者超过 1.8 万人。

第二节　文明风尚行动

准格尔旗从政务服务、环境卫生、交通安全、餐饮服务、网络文明、文明旅游等方面开展文明风尚行动。

1997 年，跟随全国统一步伐开始“讲文明树新风”，窗口行业开展职业道德建设，推行社会服务承诺制，执法部门推行政务公开制，公布 41 个社会服务承诺单位的承诺内容和监督电话；电台、电视台、报社开辟“服务质量监督”专栏，公开曝光行业不正之风，组织市民参与“窗口行业服务质量评优选差”活动。2002 年，印发文明市民公约，集中检查主要街道、居民小区、小巷、商业门店的卫生。2004 年，开展“千里国道文明线”创建活动，在 109 国道沿线道班设立方便过往司机的便民服务台。2012 年，运用“讲文明树新风”公益广告宣传社会主义核心价值观；开展文明餐桌行动，设立示范点，教育广大群众文明用餐、拒绝浪费；组织 300 余名志愿者参与“喜迎十八大”网络文明传播活动，运用微博、博客、论坛、QQ 群等多种形式，宣传党的光辉历程，时代楷模的先进事迹。2015 年，开展文明旅游行动，组织文明旅游先进单位选树活动。

第三章　文明创建活动

第一节　文明城市

1996 年，准格尔旗考察张家港文明城市创建经验，在全旗开展“学习张家港，城镇创四优，机关争一流”竞赛活动，硬化、美化街道，优化市容环境；设立交通岗、开通公交车，优化交通秩序。1999 年旗人民政府驻地迁移薛家湾镇后，薛家湾镇高起点规划，高投入建设，高效能管理，美化亮化市容环境，高效管理社会秩序，镇区实现坐商归店、农贸归市、摊位归区、停车归场、建筑归线、广告归栏。2009 年 1 月 20 日，薛家湾镇被中央文明办评为创建全国文明城镇工作先进城镇，2011 年 9 月 19 日，准格尔旗被命名为内蒙古自治区第二批文明旗县。

蓝天街道白云社区映碧里百福公园，2016 年赵刚摄

2009 年，准格尔旗提出创建全国文明县城目标。2012 年，提出全国文明县城、国家卫生县城、国家园林县城“三城联创”，创建全国文明县城接受自治区阶段性考核，测评排名居全区 22 个申报旗县区首位。三城联创，完善城市功能，提升了城市品质；美化市容市貌，改善了人居环境；提高市民素养，增强了文明意识；优美环境顺应了民心，优良秩序安定了民心，优质服务温暖了民心。2015 年 2 月 28 日，在全国精神文明建设工作表彰暨学雷锋志愿服务大会上，成功入选首届全国县级文明城市提名城市；同年 12 月，全国县级文明城市创建工作测评成绩居内蒙古自治区第一位。

第二节　文明单位

“八五”期间，准格尔旗广泛开展文明单位创建活动；“九五”期间细化为“六杯”竞赛，即服务行业文明杯、建设部门环境杯、文化部门精品杯、政法部门执法杯、经济部门振兴杯、旗直机关公仆杯；到 1999 年，命名旗级文明单位 292 家。2000 年命名旗级文明单位标兵 11 家、旗级文明单位 9 家。2008 年复查 114 个旗级文明单位，取缔 42 家名不副实的旗级文明单位。2015 年，通过复查验收旗级文明单位 191 家，新命名旗级文明单位标兵 10 家、旗级文明单位 12 家。

旗级命名文明单位，逐级推荐上级文明办，验收合格晋升为更高级文明单位，晋升上级文明单位驻旗直统单位居多。到 1999 年，全旗建成盟级文明单位 59 家、盟级文明单位标兵 16 家。2009 年，

全国精神文明建设工作先进单位准能公司，2009 年摄

黄河万家寨实业公司、烟草专卖局、检察院等 5 家单位晋升为市级文明单位。2011 年，纳日松地税分局晋升为市级文明单位标兵，准能公司设备维修中心、民族幼儿园晋升为市级文明单位。2015 年，全旗有市级文明单位标兵 5 家，市级文明单位 33 家。

1991 年 12 月 27 日，新华书店、保险公司被命名为内蒙古自治区文明单位。1994 年 7 月，准格尔供电局、建设银行准煤支行、第八中学被命名为自治区级文明单位。1995 年，薛家湾供电局被命名为自治区级文明单位。1997 年，准煤公司、准煤电厂、人民银行旗支行被命名为自治区级文明单位。2003 年，薛家湾供电局、神华西部铁运公司被命名为自治区级文明单位标兵；国税局、万家寨水电站管理局、建行准格尔分行被命名为自治区级文明单位。2005 年，万家寨水电站管理局、开发区国税局晋升为自治区级文明单位标兵；人寿保险准煤公司、财政局、地税局晋升为自治区级文明单位。2009 年，准能公用事业公司等 3 家单位晋升自治区级文明单位。2014 年，伊东集团、大准铁路公司被命名为自治区级文明单位标兵。2015 年，全旗建成 6 家自治区级文明单位标兵、18 家自治区级文明单位。

2005 年 10 月 26 日，准能公司获评全国精神文明建设工作先进单位。2007 年，薛家湾供电局获评全国精神文明工作先进单位。2009 年，薛家湾供电局、万家寨水电站管理局、伊东集团获评创建全国文明单位工作先进单位。2011 年 12 月，2011 年 12 月，薛家湾供电局被命名为第三届全国文明单位。

第三节　文明村镇

1998 年，纳林、敖斯润陶亥、窑沟、羊市塔 4 个乡被命名为全旗文明集镇，1999 年，全旗创建文明小康村 52 个。2006 年，全旗命名旗级生态文明村 8 个。2015 年全旗命名旗级文明村镇 9 个。

2006 年，建成文明进万家活动示范村 5 个、市级文明乡镇 2 个、市级文明村 2 个；确定市级生态文明村（矿区）3 个。2011 年，命名市级文明村镇 2 个。2013 年，创建市级文明村镇 3 个。到 2015 年，全旗共有 12 个市级文明村镇。

创建全国文明村镇工作先进单位薛家湾镇，2012 年摄

1991 年，巴润哈岱乡被命名为内蒙古自治区文明乡。1995 年，沙圪堵镇被命名为自治区级二星级文明镇。2000 年，薛家湾镇获评自治区十佳文明示范城关镇，准煤公司白云市场被命名为自治区级文明市场。2001 年，薛家湾镇获评自治区十佳星级文明旗县城关镇。2007 年 5 月，薛家湾镇通过自治区八星级文明城镇验收；沙圪堵镇、大路镇前房子村、十二连城乡五家尧村获评全区第六届星级文明城乡系列竞赛先进乡镇、村。2009 年，沙圪堵镇被命名为自治区文明村镇。2011 年，十二连城乡五家尧村被命名为自治区文明村镇。2013 年，准格尔召镇黄天棉图村、暖水乡暖水村被命名为自治区级文明村镇。到 2015 年，全旗有 7 个自治区级文明村镇。

2009 年 1 月 20 日，薛家湾镇被中央文明办评为创建全国文明村镇工作先进村镇。2011 年 12 月 21 日，沙圪堵镇被评为全国文明村镇。2014 年，全旗开展乡风文明行动，弘扬勤俭持家、尊老爱幼的家风，倡导邻里和睦、互帮互助的民风，评选表彰新乡贤、好婆婆、好媳妇、好邻居，让等靠要的懒汉、作风不正的老赖、耍流氓的村霸抬不起头；2 月 28 日，十二连城乡获评全国文明村镇。2015 年 8 月 14 日，准格尔旗被确定为全国农村精神文明建设工作示范点。

第四节　文明社区

2001 年，薛家湾镇永安小区入选内蒙古自治区第二批文明小区示范点。2005 年，薛家湾镇电力小区被命名为鄂尔多斯市级文明小区。2009 年，薛家湾镇铁北社区被命名为全市第一批先进社区，薛家湾镇白云社区被命名为市级文明社区。2015 年，全旗命名旗级文明社区 9 个。

第五节　文明家庭

“八五”至“九五”期间，准格尔旗旗乡两级综合勤劳致富、计划生育、家庭幸福 3 方面情况，评选“十星级文明小康户”。到 1998 年，全旗创建十星级文明小康户 1.2 万户，其中十星级户 3279 户，旗级文明小康户 946 户。2005 年，开展文明进万家活动，评选文化户、科技示范户、五好文明家庭，涌现出布尔陶亥苏木周玉莲、沙圪堵镇段秀英等先进家庭。2009 年，开展“美德在农家”文明家庭创建活动；2010 年，7 户家庭获评鄂尔多斯市五十佳文明家庭，周玉莲获评内蒙古自治区百佳十星级文明户；2012 年，6 户获评市级百佳十星级文明户，6 人获评市级百佳文明农牧民，4 户获评市级百佳文明和谐家庭，4 人获评市级百佳文明市民。2013 年，15 户家庭获评市级百佳文明和谐家庭，16 户家庭获评市级百佳十星级文明户，1 户获评自治区级百佳十星级文明户，1 人获评自治区级百佳文明农牧民。2015 年，全旗评选表彰 13 户十星级文明户。

第三十一篇

民族·宗教

准格尔旗是多民族共居地。2010 年 7 月 1 日第六次全国人口普查，全旗有 35 个民族，汉族 328115 人，占总人口 92.04%；蒙古族 25905 人，占总人口 7.27%；100 人以上民族还有满族、回族；100 ～ 10 人有 12 个民族；10 人以下有 19 个民族。贯彻落实党的民族政策，铸牢中华民族共同体意识，各族人民守望相助寻求最大公约数，团结奋斗画出最大同心圆，民族团结进步事业长足发展。2012 年 6 月 23 日，准格尔旗被命名为全国民族团结进步创建活动示范旗；2014 年 9 月 29 日，中共准格尔旗委员会被评为全国民族团结进步模范集体。

乌兰牧骑演员展示蒙古族服饰，2018 年 9 月汤世光摄

1991 年，准格尔旗有藏传佛教场所 2 处，准格尔召、松王庙；有汉传佛教寺庙多处，长滩吕祖庙、大口护宁寺较为有名。宗教管理部门落实党的尊重和保护宗教信仰自由的政策，依法登记宗教活动场所，引导宗教界人士和信教群众爱国爱教，争创文明宗教活动场所，争做文明宗教教职人员。2015 年，全旗有依法登记宗教活动场所 4 处，藏传佛教有准格尔召镇准格尔召、纳日松镇松王庙，常住喇嘛 17 名，信教群众约 3.2 万人；兴隆街道天主教堂有教职人员 1 名，信教群众约 300 人；兴隆街道基督教堂有教职人员 1 名，信教群众约 2500 人。

2017 年 8 月准格尔召庙会吹响长长的法号

第一章　民　族

第一节　民族构成

1990 年 7 月 1 日第四次全国人口普查，准格尔旗有 14 个民族。汉族 216233 人，占总人口的 91.70%；蒙古族 19116 人，占总人口的 8.11%；10 人以上民族还有满族、回族、壮族；10 人以下民族有达斡尔族、藏族、朝鲜族、彝族、苗族、鄂温克族、黎族、侗族、赫哲族。

2010 年 7 月 1 日第六次全国人口普查，准格尔旗有 35 个民族，按民族人口从多到少排序，汉族 328115 人，占总人口的 92.04%；蒙古族 25905 人，占总人口的 7.27%；百人以上民族还有满族、回族；百人至 10 人民族有藏族、苗族、彝族、朝鲜族、壮族、达斡尔族、土家族、水族、羌族、东乡族、土族、黎族；10 人以下民族有傈僳族、维吾尔族、哈尼族、鄂温克族、侗族、拉祜族、仡佬族、白族、鄂伦春族、赫哲族、哈萨克族、畲族、布朗族、瑶族、锡伯族、保安族、佤族、纳西族、撒拉族。

2015 年，准格尔旗统计户籍人口中，汉族 290055 人，占总人口的 89.47%；蒙古族 32178 人，占总人口的 9.93%；10 人以上民族还有满族、回族、朝鲜族、壮族、彝族、藏族、达斡尔族；10 人以下其他民族 130 人。

一、蒙古族

明朝天顺年间，蒙古鞑靼部渐次进入鄂尔多斯，今准格尔旗地始驻牧蒙古族。清顺治六年（1649 年）蒙古鄂尔多斯部划为左右两翼 6 个旗，旗地因地处鄂尔多斯高原东部，划为鄂尔多斯左翼前旗，旗下按人丁派 8 名参领 42 名佐领统领约 6 万部众。进入中华民国时期，准格尔旗遭受兵匪轮番洗劫，国民党挑唆蒙古台吉自相残杀，导致蒙古族人口大量外流，到 1948 年 4 月准格尔旗解放，蒙古族人口锐减到不足万人。共产党在准格尔旗试行民族区域自治，蒙古族群众从此不用逃荒避难，实现安居乐业。1991 年全旗有蒙古族 19026 人，约占总人口的 7.72%，2015 年蒙古族 32178 人，约占总人口 9.93%。蒙古族散居于全旗，在布尔陶亥苏木、十二连城乡、薛家湾镇、沙圪堵镇、准格尔召镇，总人口占比相对较高。

二、汉　族

康熙三十六年（1697 年），清政府开放边禁，允许晋陕汉民越过长城垦种蒙荒，准格尔旗地始有汉民农耕与经商，春出秋归，犹如雁行。汉族入旗地是客居，户籍仍在原地；到嘉庆年间，汉民逐渐到旗地筑舍定居，再到道光年间，蒙汉基本融为一体；光绪二十年（1894 年），准格尔旗下设 13 个达庆牌 56 个达尔古牌，专门管理旗地汉民，因为汉族成为旗地人口最多的民族，遍布于全旗各地，汉族群众和蒙古族群众杂居而处，和睦融洽。1991 年全旗汉族人口 222355 人，总人口占比 92.12%；2015 年全旗汉族人口 290055 人，总人口占比 89.47%。

三、回　族

14 世纪中叶，成吉思汗打通东西方交流的新“丝绸之路”，回族开始到鄂尔多斯经商，向蒙古人学习牧业技术，从鄂尔多斯驮运盐碱，准格尔旗地始有回民。长此以往，有的回民变成牧业者，少量回民定居鄂尔多斯，与蒙古人友好相处，向鄂尔多斯万户济农交税纳贡。中华人民共和国成立后，实行民族区域自治制度，准格尔旗地回民融入民族区域自治大家庭。2015 年，全旗回族人口 333 人，主要居住在薛家湾镇、十二连城乡、纳日松镇等地。

四、满　族

清朝入主中原后，蒙满联姻，清皇室公主下嫁蒙古王公，满族始入准格尔旗地；满族官员驻防通往京师的东素海驿站，准格尔旗地始有定居满族。2015 年，全旗满族人口 1243 人，主要居住在薛家湾镇、沙圪堵镇。

五、其他民族

回族商旅滞留、满族巡防驻驿、藏族僧侣传教，历史形成准格尔旗众多民族杂居的局面。改革开放后，大中专毕业生跨地区分配工作，干部跨地区调动工作，人口跨地区流动，准格尔旗民族成份越来越多，南方少数民族也落户准格尔旗，在此成家立业。除汉族、蒙古族、回族、满族、藏族外，人口较多的民族还有朝鲜族、达斡尔族、鄂温克族、鄂伦春族等。

第二节　扶持少数民族

一、培养少数民族干部

准格尔旗贯彻落实党的民族政策和国家的民族区域自治制度，培养了一支政治坚定、数量适当、结构合理、适应改革和发展需要的少数民族干部队伍。

中共准格尔旗委不定期举办少数民族干部培训班，选派少数民族干部挂职锻炼，提高少数民族干部素质。2000—2012 年，举办 4 次全旗少数民族及党外干部培训班；从 2013 年开始，每年举办一次少数民族及党外干部培训班，到 2015 年，累计培训 355 人次。

旗委选举人民代表大会代表时，保证少数民族代表比例；推举政协委员时，也有一定比例的少数民族委员。1991—2015 年，准格尔旗召开五届人民代表大会会议和政治协商委员会会议，少数民族人大代表比例保持在 25.6% 以上，少数民族政协委员比例保持在 25% 以上。少数民族人大代表、政协委员，在尽责履职、参政议政的实践中得到锻炼成长。

旗委选拔少数民族干部，在苏木乡镇街道党政领导班子中，至少选配 1 名少数民族干部。1993 年，全旗有 1038 名科级干部，其中少数民族干部 151 名，占科级干部总数 16%；有 32 名县级干部，其中少数民族干部 8 名，占县级干部总数的 24%。2005 年，在全旗苏木乡镇机构改革中，重点选拔少数民族科级干部，少数民族科级干部占到全旗科级干部总数的 16.2%。2015 年，全旗县级干部 66 名，其中少数民族干部 22 名，占 33.3%；科级干部 1162 名，其中少数民族干部 168 名，占 14.5%。

二、发展少数民族经济

1998 年，准格尔旗扶持少数民族发展投资达 27 万元，多是争取性投资。2007 年 1 月设立少数民族发展基金，内蒙古自治区、鄂尔多斯市和旗财政分别安排专项资金 20 万元、18 万元和 480 万元；资金最多 2013 年，区、市、旗三级分别为 60 万元、70 万元、1400 万元，共计 1530 万元。2015 年，全旗投入扶持少数民族发展资金共计 1070 万元。利用少数民族发展资金，实施了少数民族发展系列民心工程。

富民工程。1992 年投资 81 万元，在少数民族聚居区新架高低压农电线路 80 千米，新增电灌面积 689.13 公顷；修建乡村公路 181 千米；建米面加工点 10 处。2010 年在少数民族人口相对集中村社打井 34 眼、修建砂石路 4 条、建设棚圈 138 个、实施人畜饮水工程 6 处、发展水浇地 13.33 公顷。2014 年在少数民族人口相对集中村社通过补贴资金，进行打井、修建砂石路、实施人畜饮水工程等，年内验收完成 18 个项目，发放补贴资金 240.4 万元；2015 年，旗财政安排少数民族发展资金 570 万元，在少数民族人口相对集中村社，扶持规模化种植养殖户。

安居工程。2008 年，安排资金 80 万元，为实施改造危房和新建房的 120 户少数民族贫困户给予每户 5000 ～ 8000 元补贴。2010 年，给少数民族贫困户每户补贴 3000 ～ 10000 元，用于维修新建房屋 265 处，解决近千人住房问题。2012 年，少数民族贫困户旧房维修，给予每户 5000 元补贴；少数民族贫困户建新房，在旗财政每户 40000 元补贴的基础上，再给予 10000 元补贴，30 户少数民族维修了房屋，330 户少数民族新建了房屋，解决 1200 名少数民族人口的住房问题。2015 年，对危旧房改造、新建房的少数民族贫困户给予 10000 元和 5000 元补贴。

就业工程。2005 年，对布尔陶亥苏木、大路镇少数民族青年参加汽车驾驶培训并领取驾驶证者，每人补贴 800 元。2010 年，为取得机动车驾驶证、计算机操作等级证书少数民族农村青壮年每人补贴 800 元和 400 元。2013 年，为取得机动车驾驶证的少数民族农村青壮年每人补贴 1000 元。2015 年，对取得机动车驾驶证 A、B 本的少数民族青年，给予一次性补贴 3000 元、2000 元。

晚年幸福工程。2007 年开始，补贴农村少数民族老年人缴足养老保险金。2010 年为少数民族农牧民每人补贴养老保险金 500 ～ 1000 元。2013 年为新增到龄少数民族农牧民每人补贴养老保险金 500 元，全年共补贴 146 名。2015 年，在全旗老年优待补贴基础上，为 1386 名 70 周岁以上少数民族老年人每人每年增额补助 400 元补助金。

健康工程。2010 年起，为少数民族农牧民每人代缴 30 元农村合作医疗个人统筹金；2013 年起，为少数民族农牧民每人代缴 60 元农村合作医疗个人统筹金。到 2015 年，给 2 万余名少数民族农民代缴合作医疗个人统筹金 147 万元；为 55 名少数民族群众发放大病救助金 9.5 万元。

扶持创业工程。2012 年，安排资金 100 万元，扶持 10 户少数民族规模化种植养殖户；2013 年，对吸纳少数民族劳动力就业的规模化种植养殖户，根据其投入给予每户 10 万元以内的创业资金补贴，当年补贴 26 户少数民族规模化种植养殖户。2015 年验收合格扶持少数民族规模养殖户 15 户。

三、发展少数民族教育

准格尔旗扶持民族教育发展，设立少数民族寄宿生生活补贴金、少数民族大学生助学金和少数民族困难学生补助金。

少数民族寄宿生生活补贴金。1991 年，每人每学期小学补贴 45 元、初中补贴 75 元；1995 年补贴标准上调为小学 100 元、初中 125 元；2001 年上调为 300 元以上；2003 年再次上调，幼儿园 100 元、小学 300 元，初中 350 元；2005 年上调为小学 400 元、初中 500 元；2006 年提高到幼儿园 200 元、小学 600 元、初中 800 元；2009 年，增加了高中补贴金，每人每学期 500 元；2010 年，高

2019 年准格尔旗蒙古族学校蒙古语教学

中提高到650元，2012年再次提高到700元。2015年，幼儿园、小学、初中、高中，每人每学期分别补贴200元、600元、800元、700元。

少数民族大学生助学金。2003年起，少数民族大学生助学金标准，专科、普通本科、重点本科和研究生，每人每年分别为600元、1000元、1000元和1500元；2005年标准提高到，专科800元、普通本科1200元、重点本科5000元、研究生3000元；2008年提高为，专科和普通本科900元和1300元；2010年城镇专科和普通本科标准，分别提高到2000元和3000元，乡村专科和普通本科标准也提高到3000元和5000元，重点本科7000元，研究生5000元；2012年，专科和普通本科不再分城镇和乡村，统一为专科生3000元，普通本科生5000元。2015年，专科、普通本科、重点本科、研究生助学标准分别为3000元、5000元、7000元、5000元。

少数民族困难学生补助金。2004年为贫困学生225人临时性补助金额10万元。2005年，制定少数民族困难学生补助金管理办法，视家庭贫困程度，发放200～1000元不等的救助金。2005年，困难学生230人，补助金额10万元；2010年，困难学生417人，补助金额25万元；2015年，困难学生79人，补助金额6.84万元。

准格尔旗财政设立民族教育专项资金。1992年为蒙古族学校投资5万元，为民族幼儿园投资2万元；1995年为3所民族学校投资8万元；2006—2015年民族教育专项资金共计1144万元，最多2010年310万元，2015年为120万元。

四、保护少数民族文化

准格尔旗保护和继承蒙古族传统祭祀活动。成吉思汗祭祀，以农历正月初一祭和三月二十一日“查干苏鲁克”大祭为主，每年旗四大班子都派代表到成吉思汗陵祭祀。旗敖包点素敖包经2012年的改造修复后，每年逢农历五月十三，举行大型祭祀活动。腊月二十三祭火，多由各苏木乡镇群众自发进行。

准格尔旗传承和发展蒙古族传统文化艺术。2007年，旗民族事务局组织少数民族青年参加首届鄂尔多斯市蒙古族传统服装服饰大赛，准格尔旗代表队获得制作一等奖、设计二等奖、组织奖和表演奖。2012年，举办了准格尔旗首届民族中小学文艺汇演、全旗蒙语授课教师诗歌朗诵比赛；2014年，组织蒙古族原生态民歌合唱团参加第十五届北京国际电子音乐节，获得非物质文化遗产原生态音乐传承突出贡献奖。

2010年原生态蒙古语民歌老年合唱团器乐演奏

准格尔旗发展和弘扬蒙古族传统体育运动。1996年，旗民族事务局与文体局组织参加伊克昭盟第五届少数民族传统体育运动会，获蒙古象棋第1名，另有5个项目获奖。2007年，组织少数民族运动员参加鄂尔多斯市第二届少数民族传统体育运动会，准旗代表队获得团体第三名。2012年，举办了全旗首届蒙古象棋比赛。2013

年，举办全旗中小学生蒙古象棋比赛。2014 年，在布尔陶亥苏木举办全旗蒙古象棋培训班。2015 年，举办首届全旗中小学民族传统体育运动会。同年组织旗民族中学学生参加中俄蒙“奥运之星”国际青少年运动会，夺得国际象棋女子团体赛第三名。

第三节　蒙古语文工作

一、学习使用蒙古语文

准格尔旗失掉蒙古语交际环境，划为蒙古语文三类指导地区，非常重视双语教学人才的培养。2010—2015 年，面向社会招聘 80 名蒙古语文授课教师及民族传统与艺术类教师；公开招聘引进各类蒙汉兼通工作人员 200 余名。

2009 年起，旗民族事务局每年举办一次少数民族大学生蒙古语言文化培训班。2012 年，举办了全旗蒙语授课教师诗歌朗诵比赛，召开纪念第十三届国际母语日座谈会、使用和发展蒙古语言文字座谈会。2015 年，面向社会举办了第一期蒙古语培训班，100 多人参加培训。截至 2015 年，累计培训 6600 人次，培训内容有蒙古语单词、会话、歌曲、蒙古族历史文化等。

2015 年，准格尔旗民族中小学有加授蒙古语教学班 54 个，纯蒙古语授课班 5 个，民族幼儿园加授蒙古语教学班 4 个，纯蒙古语授课班 29 个；双语教学班学生 3615 名，蒙古语教师 95 名。准格尔旗第一中学加授蒙古语文教学班 8 个，学生 287 名，准格尔旗世纪中学加授蒙古语文教学班 2 个，学生 40 名。

二、蒙汉文翻译出版

1992 年，旗民族事务局搜集到清道光十五年（1835 年）藏文木刻版《准格尔召法王舞志》约 1.3 万字，译为蒙文，与鄂尔多斯电视台联合制作了蒙汉两种语言的 3 集剪辑片《宝堂寺及其查玛舞》；1993 年整理《准格尔查玛志》蒙汉两种文字 3 万字。

2008 年，旗民族事务局成立少数民族古籍整理工作领导小组，出版书籍《美丽的准格尔召》（内蒙古人民出版社 2008 年 4 月版）、《准格尔旗地名录》（内蒙古教育出版社 2009 年 12 月版）、蒙汉双语著作《诃额伦传》（内蒙古文化出版社 2013 年 10 月版）、《准格尔旗奇颜氏家族》（内蒙古人民出版社 2014 年 6 月版）、《成吉思汗后裔在准格尔》（内蒙古教育出版社 2014 年 12 月版），2011 年编印《准格尔旗民族工作志》。

准格尔旗抢救原生态蒙古族民歌，出版 DVD 5 辑《准格尔原生态蒙古民歌》（中国国际广播影像出版社 2009 年版，中国音乐家音像出版社 2010 年 8 月版、9 月版，2012 年 9 月版），录制 123 首蒙古民歌，制作歌碟《准格尔民歌选》，出版专著《准格尔民歌选》（蒙文版，内蒙古教育出版社 2010 年 9 月版）。

三、市面蒙汉文并用

1991—2003 年，蒙汉文并用牌匾制作全靠人工写制，出错率较高。从 2003 年起，采用电脑设计制作牌匾。2006 年，内蒙古科立公司开发蒙汉双语翻译平台，利用此平台审核市面用文牌匾，提高了双语翻译精准度。2014 年，更新翻译审核系统，入驻政务服务大厅，方便社会各界制作牌匾。

2005 年 5 月 1 日，内蒙古自治区出台《蒙古语言文字工作条例》，为社会市面蒙汉两种文字并用执法检查提供法律依据。2007 年，准格尔旗成立蒙古语文工作委员会，配备执法人员，开始社会市面用文治理整顿，重要文件进行蒙汉文互译。2015 年，审核牌匾 5000 个以上，执法检查 6 次，检查 2 万余块牌匾，蒙汉文并用率达到 98%，正确率达到 95%。

第四节　民族事务

一、贯彻落实民族政策

“八五”以来，准格尔旗认真贯彻落实党的民族政策，坚持和完善民族区域自治制度，精心作好各项民族工作。每年 9 月内蒙古民族团结进步活动月，持续开展民族团结进步教育，宣传党的民族政策，学习民族法律法规；重视培养少数民族优秀干部，有计划地充实少数民族后备干部，旗乡两级党政领导班子，按规定比例配备优秀少数民族干部。1993 年旗人大常委会十二届五次会议专题审议了《中华人民共和国民族区域自治法》颁布实施 10 年来的贯彻情况。2004 年后，以《中华人民共和国民族区域自治法》颁布实施 20 周年为契机，加快少数民族经济社会发展，设立少数民族发展资金，实施扶持少数民族发展系列民心工程，各族群众感受到祖国大家庭的温暖。中共十八大后，积极培养中华民族共同体意识，建设各民族共有精神家园，全旗各族人民在党的领导下，团结奋斗，守望相助，同心共筑中国梦，“十二五”末率先全面建成小康梦。

二、民族成份变更管理

准格尔旗执行国家民委、公安部《关于中国公民确定民族成份的规定》（民委政字〔1990〕217 号）及鄂尔多斯市民委关于转发内蒙古自治区民委《关于更改民族成份工作的有关通知》的通知（鄂民委发〔2011〕108 号）要求，严格审核民族成份变更事项。1991—2015 年，全旗共有 129 人变更了民族成份。其中，117 人由汉族变更为蒙古族，6 人由汉族变更为满族，4 人由满族变更为蒙古族，1 人由朝鲜族变更为蒙古族，1 人由汉族变更为彝族。

三、民族团结进步创建

准格尔旗认真贯彻党的民族政策，坚持和完善民族区域自治制度，各民族共同团结奋斗、共同繁荣发展，促进经济社会发展。2012 年 6 月 23 日被中宣部、统战部、国家民委命名为全国民族团结进步创建活动示范旗。

1991—2015 年，准格尔旗表彰民族团结进步先进集体 233 个，全旗获鄂尔多斯市级表彰民族团结进步先进集体 11 个，获内蒙古自治区表彰民族团结进步先进集体 5 个，布尔陶亥乡 3 次被评为内蒙古自治区民族团结进步先进集体。1994 年 9 月 27 日、2005 年 5 月 27 日，神华准格尔能源有限责任公司两次被评为全国民族团结进步先进集体。2014 年 9 月 29 日，在国务院第 6 次全国民族团结进步表彰大会上，中共准格尔旗委员会被评为全国民族团结进步先进集体。

1991—2015 年，准格尔旗表彰民族团结进步先进个人 513 名，全旗获鄂尔多斯市级表彰民族团结进步先进个人 19 名，先后有 6 人被评为内蒙古自治区民族团结进步先进个人；1993 年 9 月 29 日，准格尔召乡套洞沟村党支部书记訾斗林被评为全区民族团结进步先进个人；2012 年 9 月 29 日，纳日松镇勿图沟村党支部书记千八音被评为全区民族团结进步先进个人。1991 年，哈岱高勒乡扶贫煤矿矿长王达赖被评为全国民族团结进步先进个人。

第二章　宗　教

第一节　藏传佛教

明万历十八年（1590 年），准格尔旗首任札萨克色楞的祖父明盖岱青，随土默特顺义王扯力克护送三世达赖遗骸回藏，从那时起，他便与藏传佛教结缘。明天启二年（1622 年），明盖岱青筹资 5 万两白银，从西藏请来喇嘛，选址始建准格尔召。

准格尔召白塔，2010 年王晓明摄

准格尔召位于准格尔召镇准格尔召村，俗称“西召”。《准格尔召庙志》载，初建成大佛殿、大经堂、莲花僧殿、弥勒佛殿、四大天王殿 5 殿，是漠南蒙古三大寺庙之一，藏语名“嘎丹夏珠达尔杰朗”，蒙古语名“额尔德尼布力日图苏莫”，明皇赐名“秘宝寺”，清帝赐名“宝堂寺”。民国 9 年（1920 年）扩建经堂、佛殿、佛爷商、白塔、红塔等设施 34 座，喇嘛僧舍 200 多间，形成占地 133.33 公顷，兼容蒙、汉、藏建筑风格的建筑群，常住喇嘛 600 多名，下属召庙 18 座。改革开放初仅剩大独宫、舍利独宫、五道庙、诺彦商、观音庙、佛爷商、千佛殿、大常署、二常署 9 座建筑，住召喇嘛 19 名，为鄂尔多斯最大藏传佛教格鲁派寺庙建筑群。每年正月十四、十五、十六举办祈愿法会，四月十三开始玛尼会，常持续两月之久，七月初七到十三举办雅尼会。1986 年 5 月确定为内蒙古文物保护单位；2009 年 6 月准格尔召经会列入内蒙古非物质文化遗产名录；2014 年 12 月评定为国家 AAAA 级旅游景区。2015 年有备案教职人员 10 名，信教群众约 400 人。

2006 年 8 月 1 日，准格尔召修复竣工开光，第十三世祝千活佛洛藏久美丹贝嘉措的舍利，用 69.5 千克纯银、百余颗宝石制作的高 1.6 米的舍利宝塔，被安放在舍利独宫，成为镇召之宝。1992 年 7 月，洛藏久美丹贝嘉措被二次迎请到准格尔召坐床。他集资 140 多万元，重建准格尔召白塔，征集回流落到民间的法器，恢复四月玛尼会、七月雅尼会。2004 年 1 月 16 日，活佛在甘肃省祝贡寺圆寂，骨灰接回准格尔召。竣工开光同日，满世集团启动准格尔召旅游开发建设。到 2015 年，投资 9.98 亿元，恢复召庙 13 处，新建召庙 24 处，形成 14.88 平方千米景区。建设期间，准格尔召 2013 年 5 月被核定为第七批全国重点文物保护单位，2014 年 12 月被评定为国家 AAAA 级旅游景区。

纳日松镇松树墕村一棵油松，1979 年中国林科院油松调查组测定，高 26 米、胸径 1.34 米、材积 13.5 立方米、树龄 893 年，为北宋元祐元年（1086 年）天然落种而生。树大成神，寿长成仙，人称“大松树”，四时供奉。油松旁边一座小庙，人称“松王庙”，1991 年改扩建，建成松王殿、药王殿、三皇殿等殿宇，初一、十五游人聚集，五月十三和七月十五庙会。1996 年 5 月确定为内蒙古文物保护单位；2009 年 6 月油松王祭祀列入内蒙古非物质文化遗产名录；2011 年开始，普泰建设集团出资重修，新建油松王庙位于旧庙区南侧，占地面积 11000 多平方米，建筑面积 5500 多平方米，建成松王殿、三皇殿、观音殿、药师殿、财神殿等建筑；2013 年 10 月被评定为国家 AAAA 级旅游景区。2015 年有备案宗教教职人员 3 名，信教群众约 500 人。

第二节　天主教

清同治十三年（1874 年），准格尔旗札萨克扎那格尔第进京返回，途经察哈尔省西湾村，参观圣母圣心会天主教堂，受到盛情接待。光绪元年（1875 年），天主教圣母圣心会便到三和城塔（今沙圪堵镇榆树塔村）建教堂，比利时神甫德明玉到旗传教；光绪六年（1880 年），三和城塔教堂迁至河套川廿四顷地教堂。光绪二十六年（1900 年），准旗天主教在义和团运动后停止传教。

1990 年 4 月，准格尔煤田开工建设，吸引全国近万名建设者会战准格尔矿区，天主教信教群众迁居薛家湾镇，2008 年建成天主教堂，到 2015 年，全旗天主教信教群众约 300 人。天主教堂位于兴隆街道薛家湾村，占地面积 827 平方米，建筑面积 500 平方米。平时信教群众 60 多人，天主教节日参加活动近 200 人。2006 年 6 月，批准信教群众自发组织的天主教临时活动点设立天主教弥撒点。2010 年 6 月，信教群众筹资 70 万元建天主教堂投入使用。2015 年有备案教职人员 1 名。

第三节　基督教

准格尔旗基督教信教群众很少。1990 年 4 月，准格尔煤田开工建设，基督教信教群众迁入薛家湾镇，后传到沙圪堵镇等地。2015 年，全旗有基督教信教群众约 2500 人。基督教堂位于兴隆街道站北社区，占地面积 1775 平方米，建筑面积 2025 平方米。礼拜活动有信教群众 800 余人，基督教重大节日活动信教群众近 2000 人。

薛家湾基督教堂前身为基督教临时活动点，始建于 1986 年，1999 年批准登记。随着信教群众增加，原活动场地不能满足需要，经基督教活动点申请，2005 年批准原址改建基督教堂，2006 年 8 月 1 日奠基，2007 年 11 月竣工投入使用。2015 年有备案教职人员 1 名。

第三十二篇

习俗·方言

百里不同音，千里不同俗。准格尔，黄河长城握手之地，游牧农耕交融之地，九曲黄河滋养，万里长城护佑，自然环境影响，历史文化传承，养育了一方准格尔人。准格尔旗是蒙汉民族杂居区，传统习俗与周边晋陕汉族类似，又带着特有的蒙古民族风情。勤劳节俭的生活方式，厚道淳朴的处世方式，养成了不浮夸、讲实惠的习惯。衣食住行的传统、时分八节的讲究、婚丧嫁娶的规矩，反映出准格尔人与众不同的性格：真诚大度不排外，吃皮耐厚少言语，守祖恋家讲乡土，热情好客重情谊。

2009年2月元宵节龙灯亮相准格尔广场，刘敏摄

准格尔旗90%以上的人口使用汉语交流，语言系统属于晋方言。全旗乡音也有地区差异。北河畔十二连城人操河套川话，南河畔龙口人操河曲话，东河畔窑沟、魏家峁一带人操偏关话，西南部纳日松人，府谷、神木口音较重；旗府驻地薛家湾因煤田开发而移民聚集，南腔北调，口音颇杂，普通话、东北话、河北话，乌兰察布和呼和浩特口音，不一而足。21世纪城里出生的一代人，讲普通话的多，有时听不懂老辈人的方言俚语。全旗普遍使用的汉语方言，大体同于普通话，变异之处反映出准旗方言的语言特色。

准格尔旗汉族婚俗入洞房，2004年6月汤世光摄

第一章　习　俗

第一节　生活习俗

一、衣　着

改革开放初，布料仍凭票限量供应，准格尔旗仍有人穿打补丁的旧衣服，偶尔缝制一件新衣，出门办事才穿。夏秋常见中式布衣短打扮，宽松合体便于劳作；冬春常见白茬子皮袄皮裤，厚重不便但防寒保暖；时尚着装有中山装、列宁装、绿军装，工人穿劳动布工作服，胸前印有厂名，令农民羡慕。

改革开放后，男青年穿扫大街的喇叭裤，女青年穿裹身的健美裤；男士由中山装到西装革履，女士由裤装到裙装，老辈人一直看不惯夏秋奇形怪状的蝙蝠衫、总洗不净的牛仔裤，最终认同了冬春高消费买皮草、赶时髦买羽绒服。

当下衣着避免“撞衫”，突出个性，“只要我喜欢，什么都能穿”。内衣外穿，夏衣冬穿，新衣烂穿，无肩装、露脐装，日本、韩国、港澳台流行时装，都成为准旗青年追赶的时髦。从一衣多季到一季多衣，从一天一换衣到一天三换衣。早穿运动服，晚穿睡衣；工作学习时间，着装职业特征显现。公务员穿正装，执法人员穿警服，企业员工穿工装，学生在校穿校服；出门旅行休闲装，重要活动会盛装出席。

2004 年准格尔旗蒙古族妇女头戴

蒙古族平时和汉族一样着装，喜庆节日才穿特有民族服装，身着蒙古袍，脚蹬蒙古靴。蒙古袍绸缎面料，色彩艳丽，领口、袖口、开衩沿边，绣吉祥图案纹样；男扎腰带，戴礼帽；女套坎肩，戴头饰。准格尔旗蒙古族妇女头饰俗称“头戴”，新婚典礼新娘首次配戴，请德高望重“梳头娘”梳理发辫，戴上头戴；婚后遇重大节日，已婚妇女戴头戴迎宾。头戴是蒙古族传女的传家宝，珠宝类传统制作材料存世越来越少，市场价格水涨船高，当下一副头戴可换一户商品房。

改革开放初，准格尔旗少数妇女戴银手镯、银耳环、银戒指。随着经济条件改善，升级为金耳环、金项链、金戒指，这“三金”曾是新娘标配嫁妆。2000 年后，流行玉石手镯、珍珠项链、钻石戒指。2010 年起，有钱有闲男士开始玩串珠，材质有珍珠、玛瑙、玉石、檀木、核桃等。

二、饮　食

蒙古族和汉族饮食各具特色，长期融合形成准格尔人喜荤好酸的重口味。

肉食。蒙古族羊肉为大宗，炖羊肉、手扒肉、羊背子、烤全羊、羊杂碎等。汉族猪肉为大宗，杀猪烩菜、炖猪骨头、炒猪黑肉、焖肉、扒条肉等。扒条肉食材烧猪肉，五花肉切成大方块，煮半生半熟，抹糖浆为猪皮上色，放入油锅烧熟，晾冷入坛，猪油浇灌封存。做扒条肉时，烧猪肉煮汤，加调味品蒸熟，因出尽猪油，肥而不腻，是传统宴席的当家菜。

菜食。准格尔旗自产鲜菜少，食腌制菜为大宗，午餐烩酸菜，早、晚烂腌菜、腐酱菜、红腌菜佐餐。秋储大白菜，加盐入瓮腌制酸菜，冬春配土豆、猪肉，吃烩酸菜。晚秋将蔓菁、萝卜等切成条，配辣椒、蒜，加盐入瓮腌制烂腌菜，配主食或下酒食用。腐酱菜是用沸水煮胡椒、辣椒、茴香等调料，大量加酱、盐，放入豆角、蔓菁、黄瓜等，长时间密封腌制而成。红腌菜是将烂腌菜晒干，蒸软，再晒干制作而成，久放不腐，开水泡软即可食用。

酸粥，2018 年陈文俊摄

主食。准格尔旗自产白面、大米少，主食曾以糜米饭为大宗，味有酸甜之分。酸饭是汉族特色食品，灶台放浆米罐，生米入酸浆，利用灶台余温将米发酵变酸。早餐酸粥、午餐酸捞饭、晚餐酸稀粥，夏天喝酸米汤，消暑解渴。炒米为蒙古族特色食品，糜子泡软煮熟，垫沙入锅爆炒，去沙脱皮，即成炒米。当下生活条件改善，糜米和大米搭配的两米饭成为蒙古族和汉族都喜欢的主食。

茶食。蒙古族特色食品，茶分红茶、奶茶、酥油茶、面茶。选上好的川字砖茶，在铜锅里熬，煮沸时调盐，用铜勺反复扬汤止沸，精心熬制而成红茶。红茶加入鲜奶，水乳交融，即为奶茶。奶茶调酥油，即成酥油茶。面粉用油炒熟，溶于红茶即成面茶。蒙古族喝茶讲究不唱空茶，茶点丰盛。肉食手扒肉，乳食酥油、奶酪，面食月饼、羊油饼、糕圐圙、散子，米食炒米。家家必制，待客必备。

2010 年蒙古族特色餐饮奶茶

马栅、长滩传统席面六大碗，改革开放后发展成为“六六八八”席面。跑坡羊、间年猪、散养鸡，放心农家食材，传统蒸锅工艺，造就了独特的六大碗。外酥里嫩的酥鸡、色泽红亮的扒肉条、软糯油润的丸子、清香软烂的焖肉、肉质鲜嫩的清蒸羊、酸甜可口的樱桃肉。“六六”指豆腐丸子、酥鸡、焖肉、小炒肉、过桥肉、樱桃肉共六碟，肉丸子、红条肉、清蒸羊肉、猪肉勾鸡、炖牛肉、汤共六碗；加上过油肉、芙蓉肉两碟，拔丝山药、醋溜白菜两碗，即成八碟八碗。

准格尔旗风味小吃，流传碗托、凉粉、粉皮、擦粉四大名菜，尤以碗托为最。荞麦糁湿擦，糁净粒潮磨面；常温水和面，面光手利成团；加冷水稀释，糊浆挂住勺芡；入浅碗八成，武火蒸熟成形。加冷汤冷食，细腻爽滑；加热汤，配豆腐、麻花、驴肉混食，食感更佳。可当饭，可当菜；可凉拌，可热炒。

准格尔特有味道，家常便饭米饭烩菜、豆角焖面、山药丸子等。上等茶饭油糕粉汤、细杂烩菜、羊肉臊子荞面圪饦等。

三、居 住

蒙古包走进旅游区。蒙古包曾是准格尔旗蒙古族移动的毡帐，逐水草而居，游牧到哪里，就把蒙古包搬到哪里。现在的蒙古包，搭建在旅游景点，供游人参观体验。

冬暖夏凉住窑洞。窑洞是准格尔旗山区汉族常见住宅，有土窑、石窑、砖窑之分。东南部榆树湾、魏家峁、窑沟等地石窑多；中西部土窑多。依山傍沟挖窑洞，就地取材圈窑口，冬暖夏凉“神山洞”。

2006 年窑洞人家的窗花

传统住宅四合院。民国年间的准格尔旗，能住进四合院的人，不是官府就是财主。到本世纪初，民国五大商镇长滩、沙圪堵、纳林、五字湾、暖水的四合院，保存到21世纪初，大规模城镇建设时被拆除。全旗现存著名四合院两处，布尔陶亥苏木的“王爷府”、沙圪堵镇的“德明堂”。2006 年起，准格尔旗建设新农村，开发旅游业，多地新建仿古四合院，开办农家乐民宿。

新式民宅砖瓦房。改革开放初，准格尔旗农村新建砖房多砖木结构。外墙砌“24”砖钉，内砌土坯，俗称“里生外熟”；全砌“24”或“37”砖墙，俗称“砖包门面”。安雕花木门窗，铺水磨石地。2014 年起，准格尔旗实施“十个全覆盖”工程，改造农村危房，新建砖混结构瓦房。房顶混凝土现浇，起脊铺瓦；按铝塑玻璃门窗，内装铺瓷砖地面；安燃煤采暖系统，配套水冲浴卫。农村居住条件可与城镇住宅楼相媲美。

城市小区单元楼。单元楼是 21 世纪初准格尔旗城镇开发房地产建设的新式民居。由二室一厅、一厨一卫的 60 ～ 90 平方米的小户型，逐步发展成为多室一厅、一厨双卫的 100 ～ 220 平方米大户型；同单元住户共用楼梯，6 层以下步梯，高层住宅电梯。

高档小区独院楼。独体楼院是准格尔旗开发房地产建设的高档住宅。一户两层，独门独院，独用楼梯，配套库房、厨房的别墅式住宅。

四、出 行

山区出门靠步行。直到 20 世纪末，准格尔旗偏远山区，还有不通公路的村社，人们短途出行主要靠步行。现在，薛家湾镇区自驾车交通拥堵停车难，倡导居民环保绿色出行，南山公园还建成健身步道，居民步道登山，锻炼身体。

羊肠小道压骡子。沟壑纵横的准格尔山区，骡是主要代步役畜，既有马的速度，又有驴的耐力，能骑乘，能驮运，能拉车。计划经济时代，机关干部下基层要骑，群众探亲访友要骑，直到 20 世纪末，准格尔旗还有“压骡子”这一行当，调教驯服骡驹子，训练骡的脚力。现在，骑乘早已被驾车代替。

更新换代畜力车。准格尔旗最早的畜力车是二饼牛车，木制大车轮，挂油纸捻滴注素油润滑木轴，减少行车阻力。改革开放初，农村普及胶轮平板车，铁质轮骨，充气橡胶轮胎，滚珠轴承，畜力牵引。单畜拉小平车；三畜拉的大胶车，搭篷披红挂彩，就成为娶亲的婚车。跨入21世纪，机动车普及，畜力车淘汰。东南部黄河沿岸骡驮轿婚俗完整保留下来，不时在黄河大峡谷包子塔景区上演。

脚蹬骑乘自行车。改革开放初，自行车是准格尔旗城镇居民代步工具，货源紧缺限量供应。自行车名牌“永久”“飞鸽”，还有方便着裙装女性骑行的弯梁“凤凰”自行车；提醒行人避让按铃，铃声因铃盖不同而千差万别，好音色铃盖常常被盗。到21世纪初，农村普及自行车，自行车不再是结婚标配“三大件”之一。当下，自行车功能由代步工具转向运动器材，年轻人骑山地变速赛车。

轻便快捷摩托车。准格尔旗第一代加油摩托车，是改革开放初为公安机关配备的“幸福”250型摩托车；第一代充电摩托车，是21世纪初上市的轻便摩托车，这时摩托车普及城乡，农村人野外劳作也骑摩托车。进入“十二五”，双轮摩托车逐步被四轮小汽车代替，但摩托车并未退市，市民出行骑共享单车，外卖小哥骑电动摩托车。

客货两用小汽车。改革开放初，机关单位公务用车“212”吉普车，企业用车“霸道”越野车，私家小汽车很少。21世纪初，小汽车成为结婚标配“新四大件”之一。进入“十一五”后，随着高速公路通到薛、沙两镇，乡村修通沥青路，城镇普及5座小汽车，农村普及客货两运皮卡车，准格尔人驾车出行，随时随地，说走就走，朝发夕至。

第二节　节日习俗

一、春　节

除夕之夜过大年，准格尔旗有明灯高照，彻夜不眠的“熬年”习俗。家家户户贴好春联，糊好窗花，挂好年画，做好接年捞饭，迎接新的一年。傍晚时分，先点灯烧香，摆贡叩头，祭拜祖先。接着阖家团圆吃年夜饭，城乡普及电视后，年夜饭增添一道文化大餐，看中央电视台春节联欢晚会。午夜子时，烧香敬表，摆贡接神，汉族接喜神，蒙古族接天神。雷鸣的爆竹声中迎来新的一年，礼花照亮了夜空。

年味，2016年路顺斌摄

大年初一天明，第一次出门要放开门炮。吃过早饭后，全家人端着供品，赶着牲畜，行至高处，迎着太阳敬神，祈祷一年通顺，俗称“出行”。这时起，互相见面问好，都说“过年好”，孙辈给爷辈行叩头礼，爷辈给孙辈压岁钱，蒙古族问好还互换鼻烟壶。大年初一过后，农村人开始走亲访友拜年，机关干部则相约集体聚餐，称“团拜”。

正月初七，机关已到岗上班，民间还过小年，餐食没有除夕丰盛，活动要比平时隆重，挂灯笼，垒旺火，鸣爆竹，必不可少。祖籍来自陕西省神木的汉族群众，小年过初六。

二、元宵节

正月十五，千家万户餐食吃元宵，入夜闹元宵。文化部门每年组织彩车、高跷、江船、舞龙、舞狮等社火巡演，举办秧歌大赛，午夜集中燃放焰火。暖水古镇在正月二十五天仓节办社火；1996—1998年，准格尔矿区办事处主持在薛家湾镇过天仓节。1999年，旗政府由沙圪堵搬迁到薛家湾后，薛家湾和沙圪堵同时举办元宵节文化活动，薛家湾镇灯游会会场设在准格尔广场。

元宵节社火巡演江船，2016年张宪丽摄

三、二月二

民间传说二月二龙抬头，准格尔旗举办灯游会，从初一到初三，会期3天。男女老少相携，巡游九曲黄河灯阵，求一年通顺，男求财居多，女求子居多。这一天男性要剃龙头，寓意一头轻松，投入新一年创业。

四、清明节

原为祭农神节日，祭过农神，开始春耕；后与寒食节相合，成为祭祀节日。民间上坟扫墓，祭祀过世亲人；机关缅怀先烈，教育后人，准格尔旗组织干部职工和学生到沙圪堵镇烈士陵园献花，是这天的定例。这天百无禁忌，可上坟填土、可迁坟合葬。

五、端午节

五月初五吃粽子，江南赛龙舟，纪念爱国诗人屈原。准旗民间这天给孩子戴艾，防蚊虫叮咬。

六、情人节

七月初七，民间传说牛郎织女这天在鹊桥相会。进入21世纪后，准格尔旗中老年夫妻选这天举办结婚纪念庆典，庆祝金婚、银婚；青年男女也选这天互送礼物表达爱意。时尚年轻人则视每年2月14日为情人节。

2022年七夕节登记结婚的男女向婚姻宣誓

七、中元节

七月十五上坟祭祖。准格尔旗民间这天捏面人人。这天也是定婚男女相见之日，男方请未过门女方亲友，招待餐食，加固亲情。

八、中秋节

八月十五中秋节，民间吃月饼赏月，喜庆丰收。夜幕降临，皓月当空，摆起香案敬神，供奉月饼、瓜果。中秋节前后，准格尔旗民有互赠月饼的习俗。

九、冬至节

民间又一祭祀日，准格尔旗流行给逝者“送寒衣”。炖牛羊猪蹄，文火慢熬卤熟，供奉逝者，俗称“熬冬”；晚餐喝羊肉汤，吃饺子，防冻耳朵。

十、元　旦

准格尔旗老乡称过阳历年，机关单位组织文艺演出，企业召开年会，老板按一年贡献大小，给职工发红包。

十一、腊　八

腊月初八，相传是佛祖释迦牟尼成佛之日，准格尔旗农家熬“腊八粥”，8种食材精心熬制，食药同源，养脾健胃、除烦止渴、补中益气。熬腊八粥的米汤盛在碗里，放在室外冷冻，看冰裂程度预测来年降雨。这天开始，置办年货，筹备过大年。

第三节　人生礼俗

一、婚　嫁

传统婚礼，蒙古族和汉族习俗不同，娶娉有别，礼制烦琐。改革开放人口流动，蒙汉可以通婚，还出现跨国婚姻。当代婚礼，紧跟时尚潮流，简化传统礼制，蒙古族和汉族习俗相融，中西合璧，处处展现多元文化风情。

当代青年男女，相识随机，相恋随缘。很少说媒相亲，举办定婚仪式；领取结婚证后，时兴到风景名胜拍“婚纱照”，二人游山玩水，享受独处的浪漫。

双方父母择吉日，预订婚庆酒店，请至亲好友赴宴；预定婚庆公司，提供新娘化妆、迎送婚车、礼仪主持、文艺表演、全程摄像等一条龙服务。

传统婚俗，索要彩礼，陪送嫁妆。现在的彩礼和嫁妆，变成双方父母给子女的资助，大到楼房、汽车，小到家电、首饰，银行卡。

蒙古族婚礼敬酒环节，2020年赵刚摄

旧时平房结婚，组合家具要数多少条腿，床上用品至少四铺四盖；现在多在楼房结婚，家用电器是名牌遥控全自动的，床上用品是品牌家纺双数套装。

新郎礼服西装；新娘3身礼服，传统红袄入洞房，披婚纱行婚礼，换旗袍婚宴敬酒。蒙古族穿色彩艳丽、纹绣精美的蒙古袍，新娘戴镶珠宝的头戴。

新娘坐花轿，东部沿河用骡驼轿；后改为汽车婚车。当下婚车至少6辆，黑白两色寓意白头到老，从男家出发，到女家迎娶，再到酒店婚庆，列队招摇过市。

结婚当天，婚庆礼仪主要有四个环节。

抢新娘。早晨，新郎到女方家迎娶，行蒙古族“抢亲”婚俗。女方备“下马饺子”宴招待，新娘闺蜜借机耍戏新郎；新郎在发小协助下，抢走新娘，背新娘上轿。

入洞房。上午，新娘迎娶到男方家，行汉族“结发”婚俗。新娘蒙盖头下轿，新郎抱新娘跨旺火，入洞房；花童滚婚床，新郎新娘就座，新郎揭新娘盖头，两人“上头”梳发，结发成夫妻；洞房吃“和会盘”，新郎发小借机戏耍新娘，吃到红枣生男，吃到莲子生女，吃到花生儿女双全。

行婚礼。中午，酒店张灯结彩，礼炮礼乐齐鸣。代东团入场，总代东讲话，婚礼开场。新郎新娘闪亮登台，全场瞩目。新郎新娘行鞠躬礼，拜天地，拜父母，夫妻对拜。新郎新娘叫爸爸妈妈，父母送“改口钱”红包。父母讲话，祝福儿女，致谢亲友。父母退场，新郎新娘互换钻石戒指，喝交杯酒，象征爱情永恒。

办婚宴。父母设宴款待亲友，聚家族人气。父母和新郎新娘，分别向亲友敬酒。喝到新郎新娘敬酒，沾喜气带好运。父母敬酒，亲友借机戏耍，俗称“娶新耍旧”。婚宴结束，新郎新娘与至亲照全家福纪念。

次日女方家举行婚庆，只有婚礼、婚宴礼仪。第三天，女方父母送新郎新娘回门，双方父母“顶头儿女亲家”会亲聚餐，婚礼圆满结束。

二、诞　辰

诞辰是人生的起点。婴儿出生后，准格尔旗流传，亲友家女主人上门送红糖、鸡蛋、挂面等，探望“坐月”产妇，祝贺婴儿降生，俗称“送面汤”。婴儿父母请德高望重长辈给婴儿起“奶名”，常以贱为贵取“狗儿”“树儿”“石头”等名，盼孩子健康；头胎若生女，就取“引弟”“招弟”“改转”等名，盼再生男孩。

三、满　月

孩子出生满一月时，主家设宴答谢“送面汤”的亲友。准格尔旗习俗，生男往里过，提前一天过满月，生女往外过，延迟一天过满月。

四、百　岁

孩子出生满百天，准格尔旗流传，产妇抱着孩子回娘家住，俗称“挪窝”，由外公外婆家给孩子过“百岁”，“在姥娘家过个百岁岁，长大后好活一辈辈。”

五、头　生

孩子一周岁生日，准格尔旗俗称“头生”。母亲要给孩子穿虎头鞋，俗称“安嘴鞋”；父母摆宴席，请亲友前来祝贺。

六、开　锁

孩子十二岁生日庆典，父母举办盛大宴会，邀请亲友共同祝贺孩子步入少年时期。重点戏是开锁仪式，是对孩子的精神启蒙。孩子脖子上挂长命锁，由至亲开锁12次，每开1次念一句祝词：一开天；二开地；三开聪明和伶俐；四开父母恩情重；五开志向远大，大鹏展翅恨天低；六开学业有成，前程似锦真优美；七开阳光少年（少女）人人爱；八开心；九开颜；十开春风人得意；十一开启幸运星；一生都有贵人扶；十二开来全家福，健康快乐春常在。孩子也邀请同学参加，接受小朋友的礼物和祝福。开锁宴席档次规模不亚于婚宴。

七、成　人

年满18周岁就是成年人，父母给子女过生日，不再设宴待客。进入“九五”期间后，团旗委举办18岁成人宣誓仪式。进入“十五”期间后，准格尔旗高中学校在每年秋季开学举办入学新生成人礼，世纪中学的成人礼祭拜轩辕黄帝。

八、祝　寿

人生七十古来稀。父母高寿，子女设宴待客，感谢父母养育之恩。跨入21世纪后，准格尔旗流行办“庆八十”“庆九十”的祝寿宴。寿宴设在饭店，专业礼仪服务，主要仪式拜寿，高寿父母端坐台上，子孙按辈分有序排列台下，向父母行跪拜礼，子孙代表致辞，称颂高寿长者的恩德，祝愿长者幸福长寿。

九、丧　葬

准格尔旗盛行土葬。汉族讲究入土为安，蒙古族受此影响，早由天葬改为土葬；即使火化后，骨灰盒也要土葬。

随着生活水平提高，丧葬消费日趋铺张。白事宴请阴阳来平事；坟地要圈砖葬，立石碑；“鼓上街”两班唱对台戏；祭供摆整羊、面塑大供、整条烟整箱酒；阳世有甚，纸火必备；送葬车队也越来越长。近年出现流动宴会厅新行业，阴阳、纸火、鼓乐、宴席，一条龙服务，消费水平更胜一筹。应了那句老话“有钱埋钱，没钱埋人”。

时代不断发展进步，丧葬规矩逐步简化。高寿善终的“喜丧”普遍，孝子孝女节哀，哭丧的讲究淡化；城镇提倡，乡村响应，除孝子孝女披麻戴孝，亲友多胸佩白花、袖套黑纱；守孝从三年压缩到百天，禁忌减少，男能理发，女可洗衣。一些重要的丧葬规矩保留下来，寄托对逝者的哀思，表达对逝者的尊重。

拎坟。父母年高，拎坟打墓。阴阳看风水定方位，迁祖入新坟；打墓动土，点纸祭祖，阴阳破土；墓穴讲究平整，底垫黄沙“铺金”；合葬墓穴，男左女右，并排相连。

送终。父母临终多预兆，俗称“男怕穿鞋、女怕戴帽”，脸色发黑也是不祥之兆。父母临终多嘱托，子女全体守护身边，家中去世为“善终”，俗称“养老送终”。

初终。父母去世，炕头烧纸叫“离门纸”，口中放银叫“口含钱”；遗体移放门板或棺盖，净身穿棉寿衣，铺褥盖被遮面，装殓入棺；棺涂黄色，取意“黄金入柜”。

报丧。阴阳择日定日程，一般三天搭灵，七天下葬。孝子按日程请知亲友。父亲人主上傍姑舅，母亲人主娘家子侄，须登门面请。丧葬全程，孝子尽量遵从人主意愿。

设灵。搭灵移棺，棺放生前枕头、“倒头捞饭”，意为不食人间烟火。立灵牌，挂遗像，摆碗菜祭，点长明灯；备点纸“孝子盆”，挂报丧“通天纸”，接待亲友。

成孝。孝子孝女全身重孝，腰系麻绳，俗称“披麻戴孝”。这天起到安葬，孝子跪地迎客，给逝者免罪。亲友扯孝，辈分高低、亲疏远近，各不相同，今改戴白花。

叫夜。去世三天夜里，送逝者向阴间“报到”。孝子到十字路口烧纸马，马备鞍鞴，配牵马人，供亲人西天路上骑乘。返回灵前点纸，孝子跪地呼唤亲人“寻钱来”。

吊唁。亲友灵前点纸，孝子跪迎。亲友献祭品礼金，孝子设宴招待。出嫁孝女哭来奔丧，孝子鼓乐伴奏迎祭。孝女灵前摆祭，龙口一带祭供多达十几桌。

祭奠。灵前孝子跪列，孝女添遗饭，女婿接纸。孝子读祭文，亲友致悼词，代东公布礼账，亲友依次点纸，孝子磕头还礼。全程鼓乐，哀乐高奏，孝子哭灵“圆祭”。

送灯。出殡前夜送灯上庙，照亮天路超度亡灵。孝子抱灵牌前行，亲友随行放灯，鼓乐一路伴行；邻居生旺火送行，孝子火前跪谢；送至庙前，点纸敬神，请神收留亡灵。返回不奏乐。东部沿河一带，送不奏乐，返回奏乐。路灯原点玉米轴或锯末面，今改为电子灯，方便安全。

守灵。出殡前夜，亲友休息，孝子孝女须轮流点纸祭灵，陪亲人最后一晚；儿男子孙出钱，点鼓乐吹奏直到天明，为逝者花最后一次钱，俗称“聒灵”。

动灵。阴阳开棺，孝子棉花蘸酒净面，亲友瞻仰遗容。阴阳念咒盖棺，孝子呼唤亲人出来；阴阳钉木封棺，孝子呼唤亲人躲钉；众人协助孝子移棺木上灵车。

路祭。出殡路口设桌摆拦路祭。灵车来时，点纸烧纸火，孝子用力甩碎“孝子盆”，扯破生前枕头烧化，意为亲人由此上路赴天堂。忌上坟的亲友可在此揭孝。

出殡。孝孙扛引魂幡，孝子抱灵牌，引领灵车平稳前进，送灵车队跟随。沿途撒“买路钱”，打发拦路孤魂野鬼。途经街道，鼓乐高奏，走走停停，俗称“摆大街”。时代发展，灵车由畜力车换成机动车。棺到坟，鼓乐撤。

下葬。棺到祖坟，先点纸祭祖。阴阳下镇物，放遗饭罐，点长明灯，用引魂公鸡扫除脚印。移棺平稳入穴，阴阳罗盘定位。陪葬物下葬，掘土回填，棺前插引魂幡。填土与地平，拔升引魂幡，俗称“拔状元”。

圆坟。填墓土方堆圆，烧灵牌，坟外泼洒祭供，安点四邻。再次焚香点纸，视为圆坟。东孔兑、窑沟、唐公塔等地乡俗，哭丧棒插坟。引魂幡成活，将荫及子孙。

纸火。墓前烧纸火如同烧钱。纸火，用纸做成死者生前的生活用品。纸火样式大件为父母双亡满院阴宅，一人在世半院阴宅，超度亡灵敬度楼；后增聚宝盆、金银斗、金童玉女；近年出现汽车、电视、手机等，极度奢华。

揭孝。葬后坟外脱孝。归来跳火龙驱散阴魂，拿刀砍斩断阴阳，洗手捞币捞取财气。阴阳念咒贴符，主家笤帚扫，洒五谷，从丧房到宅院到搭灵处，逐一清理阴魂。

复三。下葬三天吃“安锅饭”。新坟安墓门石，带饭菜到墓门前，泼散后由孝子女们食用，意为与亲人吃最后一顿饭。有的地方“复二”，有的地方下葬当天“安锅”。

祭七。亲人去世七天为期，逢七上坟祭供。如亲人生辰八字“犯七”，做五色彩旗从家门插到坟地，到坟地焚香烬表点纸，为亡灵消灾避难，盼早日转世，投胎重生。

百天。去世百天，孝子带祭坟地祭供。这天后，孝子可脱孝，男可剃头，女可洗衣，转入日常生活。

周年。去世头三个周年，孝子相聚上坟祭告亡灵。三周年祭后，转入清明、七月十五、过冬、过年常规四祭。第一年贴黄春联，第二年贴蓝春联，第三年可贴红春联，笼旺火、放鞭炮。

第四节　祭　祀

一、祭成陵

蒙古族由窝阔台汗创成吉思汗祭，建八白室由达尔扈特部守护，延续至今八百余年。准格尔旗有 3 个白室，古尔伯勒高娃皇后白室、波罗温都尔白室和文都察干白室。吉尔伯勒高娃皇后白室俗称“小伊金”，位于布尔陶亥坝梁，原为两顶相连毡帐，内外罩黄缎，后帐供白银罩面紫檀木灵柩，放两把古剑、一部经册祭文及金灯银盘等。1956 年，位于伊金霍洛旗的成吉思汗陵落成，准格尔旗的 3 个白室移往成陵。20 世纪末，准旗蒙古族民众自发到成陵祭；进入 21 世纪后，准格尔旗人民政府派代表团每年参加成陵三月二十一的成陵春季大祭。

二、祭　祖

清明祭。每年第一祭，这天可坟头施工，添土、迁坟，合葬等。

中元祭。农历七月十五，烧纸摆供祭拜，农村更盛行。

冬至祭。冬至数九开始，为逝者送寒衣，有的地方提前至十月初一祭。

除夕祭。为逝者过好春节，供品多于其他祭，交通不便也可在家祭、十字路口祭。

三、祭敖包

祭敖包是蒙古民族传统习俗。敖包设在高山之顶，用石砌堆成圆锥塔。敖包顶插旗杆，挂数条印有经文的旗帜。旗杆周围插树枝，树枝上悬挂哈达。准格尔旗有旗敖包、苏木敖包，也有氏族和家族敖包。点素敖包位于布尔陶亥苏木东南部，传说建于清康熙年间，为鄂尔多斯左翼前旗札萨克敖包。每年农历五月十三举行大祭，札萨克主祭，蒙汉民众纷涌拜祭。点素敖包由 13 个敖包组成，大敖包即长生天，与大敖包相邻还有 12 个小敖包，代表着十二生肖，也称徒弟敖包。

2017 年布尔陶亥苏木孔兑沟村点素敖包

四、祭火・祭灶

腊月二十三，蒙古族祭火，民间称“过小年”。各户打扫房屋，擦拭器皿，准备祭品绵羊胸叉骨。将胸叉骨肉剔下，用油裹好，用羊毛线绕上几圈。肉汤里煮小米粥，加黄油、红糖、红枣等，蒙古语称“阿木斯”。祭火时将裹好的胸叉、“阿木斯”与酒、奶食品、五色彩绸，一同放入火焰中，向火神叩拜，咏颂祭火词，赞颂火神功德，祈求火神保佑。

腊月二十三，汉族祭灶王爷，供糖食于灶台，恭请灶王爷到玉帝前面美言，以带回吉祥。因神灵均回天宫述职，从此日到除夕，出行、娶聘、动土、搬家等不须择日。

五、祭窑

腊月二十三日封窑。日上三竿，撒一道石灰，窑门就封了。窑工们将工具先放到高处，去庙里烧香，感恩神仙保佑。一般要备些吃食，以麻花和馓子为主，并放些布施。麻花或馓子要九件。炖羊肉不放盐，怕招来阎王爷不快。肉熟后，先向四周泼散。窑主招呼所有人吃羊肉。吃剩的肉，送年龄大的老人。窑场上没有卖出的炭，撒上一些土，尽量不裸露。一般要取净土。所有的门不落锁，只用一根事先修好的木柄插紧。窑就算封了，正月二十三之前，再无人进到窑口。窑场上要竖一根白木，贴一张红纸，重墨画九个圆圈。

正月二十三开窑。第一件事把竖在窑场的白木杆放倒，置到房顶。正午一到，鞭炮响了，窑门打开，先敬三炷香，窑主嘴里念念有词。闭窑时撒的石灰被清理干净，窑工们在窑门处用炭黑将脸胡乱抹一下，向天许愿，冲着窑里露一露脸，意思是让老天记住他的相貌，有不敬时，多多担待，保个平安。第一碗饭，要敬到窑门处。一个时辰后，窑工们开始吃饭。饭里不放肉，只有素糕，蘸一点麻油吃。忌说话。吃罢，各自散去，所用工具红布包裹，置于窑口。第一个进窑的窑工，选未婚男子，手里端一碗清水，不准洒掉，进到窑后，用力向里泼去。窑工齐声喊：“财门大开，泰山移动，保佑平安！”开窑仪式结束。

六、祭河

准格尔旗南河畔榆树湾，清朝放垦成为汉民“走西口”水旱码头，民国年间多数男人扳船跑河路为生，流传七月初二放河灯、祭河神的习俗。灯盏用糕面捏制或萝卜刻制，灯捻用棉花搓制，灯油用胡油；河灯放入老麻纸折成的纸船，点着油捻放进黄河，因纸船垫沙，河灯平稳向下游漂流。每年农历七月初二入夜，鼓乐吹奏打头，居民带灯紧随，从三官庙出发，到河神庙敬神，到渡口向黄河跪拜，上香、敬表，然后乘船到太子滩滩尾，点河灯，放纸船，依次放流365盏河灯。河灯从太子滩飘向娘娘滩，一直流到大口古渡，像一条火龙映照黄河两岸。河灯远去后，爆竹响起，礼花升空，非常壮观。人们祈祷河神庇佑，消灾免难，一年365天，四季平安，五谷丰登。

2018年龙口镇龙口社区放河灯，陈文俊摄

第五节 禁　忌

准格尔旗传统禁忌事项繁杂，随着社会文明进步，当下禁忌已经大为简化，大致归纳如下。

一、交往禁忌

到别人家做客，忌追打人家的狗，俗话说：“打狗要看主人呢！”。

到别人家做客，忌落座在供神的地方，尤其炉台不能坐，那是供灶神的地方。

送礼一般双数，图“好事成双”；忌4和6两数，因为“四六不成财”。

探望老人和病人，必须是上午，逢四六不看望人。

忌讳单手敬茶，与长辈共同就餐，禁晚辈先吃。

到蒙古族人家吃羊背子，必须洗手、整衣、正冠，禁敞衣露胸。

不允许随便动人的帽子及摸头，禁从别人的衣服和帽子上跨过。

与人交谈时，禁止伸出食指朝对方指点晃动，或指天指地。

与人同坐时，出入时要从背后走，禁从面前走。

二、日常禁忌

禁忌用火烧的棍子当拐杖，也不能用它打牲畜。

禁忌在寺庙和敖包上拿东西，也不能大小便，更不能迎太阳大小便。

孕妇禁忌出远门。

胎盘禁忌乱扔，要妥善处理好。

给孩子起名禁忌重复长辈名字。

小孩忌夜间出门，遇特殊情况必须出门，将锅底灰用手指头点在孩子脑门上。

禁忌用红笔书写文书和签名。

第二章 方 言

第一节 语 音

一、声 母

准格尔旗方言有 25 个声母，包括零声母。用国际音标和例字分述如下：

[P] 巴、比、边、部；

[P‘] 帕、批、偏、铺；

[m] 妈、米、免、术；

[f] 法、飞、福、分；

[v] 娃、为、吴、问；

[t] 大、地、都、登；

[t‘] 他、梯、吐、唾；

[n] 拿、尼、努、女；

[l] 拉、李、吕、鹿；

[ts] 则、赞、专、脏；

[ts‘] 查、村、船、出；

[s] 沙、刷、三、苏；

[Z] 挼、锐；

[tʂ] 哲、辙、展、针；

[tʂ‘] 彻、出、处、城；

[ʂ] 设、石、神、勺；

[ʐ] 热、如、然、日；

[tɕ] 加、交、吉、觉；

[tɕ‘] 切、漆、群、缺；

[ɕ] 兴、香、西、响；

[k] 高、光、关、国；

[k‘] 考、开、宽、阔；

[ŋ] 昂、安、熬、爱；

[x] 好、胡、还、红；

[θ] 依、燕、羊、鱼。

准格尔旗方言声母 [tʂ]、[tʂ‘]、[ʂ] 的发音部位比普通话略前，仅限于与少数韵母发生拼合关系；[ts]、[ts‘]、[s] 的发音部位比普通话略后，取代前三声母的大多数职能。如“师”读 [sí]，“使”读 [sī]、“市”读 [sì] 等。

普通话零声母的韵母为 ɑi、ɑn、ɑo、ɑng、e、ei、en、eng、ou 的字，准格尔旗方言全部冠以 ng[ŋ] 的声母。如“挨”读 [ŋái]，“安”读 [ŋān]。

普通话声母为 x[ɕ] 的字，在准格尔旗方言中部分转音为 [x]，如“巷”读 [xàŋ]，“下”读 [xà]，“鞋”读 [xái]。

东河畔窑沟人，把声母 [ɕ] 与韵母 [i] 相拼合的字，转音为 [s]，如“洗”读 [sí]，“西”读 [sī]，属个例。故有“你死（洗）了我死（洗）”的笑话。

二、韵 母

准格尔旗方言有 36 个韵母，不含儿化韵。用国际音标及例字分述如下：

[l] 资、次、司、知、池、使；

[i] 比、皮、米、地、鸡、西；

[u] 布、鲁、土、虎、书、古；

[y] 女、吕、居、区、虚、雨；

[ɑ] 巴、妈、拿、沙、他、大；

[iɑ] 佳、虾、卡、压、夏、甲；

[uɑ] 拔、瓜、夸、耍、化、抓；

[uo] 锅、和、左、挫、锁、罗；

[ɑr] 儿、二、耳；

[ɣ] 波、坡、磨、车、河、歌；

[ɑn] 斑、瞒、万、饭、蛋、干；

[uɑn] 短、暖、管、欢、软、川；

[iɛ] 偏、免、年、连、尖、先；

[ye] 练、卷、劝、选、远、院；

[əi] 白、飞、来、贼、才、筛；

[uəi] 埋、堆、雷、亏、吹、瑞；

[ɑu]包、帽、考、骚、潮、校；
[əu]抖、奴、候、走、肉、求；
[ɑŋ]邦、忙、光、行、向、党；
[əŋ]奔、门、文、根、横、针；
[uəŋ]冬、同、龙、红、中、冲；
[ɑŋ]八、法、握、恶、杀；
[uɑŋ]夺、托、括、活、拙、说；
[əŋ]不、扑、佛、黑、只、吃；
[uəŋ]独、秃、绿、哭、筑、束；
[iɛnŋ]百、拍、脉、迭、贴、裂；
[iɑu]膘、漂、小、吊、跳、瞭；
[iəu]丢、牛、柳、油、刘、秋；
[iɑŋ]凉、江、详、仰、强、往；
[iŋ]冰、敏、丁、零、金、盈；
[yəŋ]晕、穷、凶、云；
[iɑŋ]押、夹、瞎、掐；
[iɑŋ]角、脚、觉
[iəŋ]北、匹、踢、积、习、墨；
[yəŋ]勤、足、屈、俗、裕、宿；
[yɛnŋ]觉、缺、血、月；

与普通话相比较，准格尔旗方言韵母有如下特点：

准格尔旗方言中增出[ɑŋ]、[iɑŋ]、[uɑŋ]、[yɑŋ]、[ə]、[iə]、[uəŋ]、[uəŋ]、[yəŋ]、[iɛnŋ]、[yɛnŋ]11个入声韵母，都带有喉塞音[ŋ]。这些入声韵母都是古入声的保留和继承。

普通话韵母o在准格尔旗方言消失，各与o相拼合的字音，韵母大部转音为[ɑ]、[ə]，个别转音为[u]、[iɛ]。如“波”读[pɤ]，“播”读[pɤ]；“拨”读[pɑŋ]，“玻”读[pɤ]；“摸”读[mɑŋ]，“摩”读[mɤ]；“佛”读[fəŋ]；“迫”读[piɛŋ]；“模”读[mu]。

普通话韵母e，在准格尔旗方言中大部分变作[ɑŋ]、[əŋ]、[iəŋ]，个别变为[əi]、[uo]、[ɑŋ]。如“咳”读[kɑŋ]；“的、得、地、德”都读[tiəŋ]；“特、忒”读[tɑŋ]；“渴”读[kɑŋ]；“骒”读[kuo]；“这”读[tsəi]；“哲、彻、设、则、册、热”，韵母都变为[ɑŋ]。

普通话韵母u的一些字，在准格尔旗方言中，不少变作[ə]或[uə]，个别转音为[əu]。如“不、扑、木、朴”等的韵母变为[ə]；“读、独、秃、屎、骨、哭、忽、筑、出、叔、足、促、辱”等的韵母变作[uə]；“奴、鲁、炉”等韵母变作[əu]。

普通话韵母为ai和ui的字，在准格尔旗方言中全部并入ei和uei中。

普通话en和eng，in与ing，uen与ueng，un与iong四对前后鼻音的韵母，准格尔旗方言不能分辨，一般统一收尾于后鼻音[ŋ]。

普通话中uang和ang一组韵母，在准格尔旗方言中，除纳日松镇人外，统一读作ang。如“荒”读[xɑŋ]、“光”读[kɑŋ]、“黄”读[xɑŋ]。

普通话韵母ian，与[tɕ]、[tɕ‘]、[ɕ]拼合时，或者在零声母情况下，准格尔旗方言大部分转音为[ye]，如“捐”读[tɕye]，“圈”读[tɕye]，“宣”读[ɕye]，“渊”读[ye]等。ian作韵母另一部分字，准格尔旗方言中转音为[iɛ]，如“边”读[piɛ]，“偏”读[b‘iɛ]，“点”读[tiɛ]，“先”读[ɕiɛ]，“蒸”读[tɕiɛ]。

三、声　调

准格尔旗方言有5个声调，轻声除外。平声、上声、去声和入声；平声又分阴平和阳平，这就构成抑扬顿挫的五音声调。

阴平声，调值323。如：牌、媒、凡、民、台、牛、孩、来等。

阳平声，调值44。如：宝、买、飞、威、吹、家、烟、给等。

上声，调值213。如：马、起、史、眼、心、鬼、买、你等。

去声，调值53。如：帕、父、骂、透、泪、告、架、快等。

入声 [ŋ]，调值 3。如：憋、拍、清、特、纳、血、勤、俗、北、脉等。

准格尔旗方言中的入声字，全部继承了古入声字。一些古入声字，普通话中为去声，如“剧、狱、译、易、液”等；有的变为上声，如“挖、渊”；有的变为平声，如“贼、匀、嚼、轴”等；个别舒声、入声两读，如“陆、抹、烈、觉”等。

四、文白异读

在准格尔旗方言中，有声母、韵母、声调都与普通话变异的情况。用例字的国际音标，比较普通话与方言的差异。

去 [tɕ‘y]—[kəŋ]，药 [iɑu]—[iɛnŋ]，尾 [vəi]—[i]，崖 [iɑ]—[nɑi]，耕 [kəŋ]—[tɕiəŋ]，俗 [su]—[ɕiəŋ]，丢 [tiə]—[əi]，学 [ɕyɛ]—[ɕiɑu]。

五、双音节词

在准格尔旗方言中，互不相关的两个字组成一个词组，表达的意思，正是两个字拼合读音那个字的意思。举例如下：

不烂——绊；不浪——棒；圪楞——埂；滴溜——提；合浪——巷；圪榄——杆；囫囵——圈。

六、蒙汉语夹杂使用

在蒙汉人民漫长的交往共处中，准格尔旗方言融入大量蒙古语词汇，形成蒙汉语夹杂使用的新词汇。如蒙汉夹杂的地名，“纳林塔”，“纳林”为蒙古语，有“狭长”之意，“塔”为汉语；“大圐圙梁”，“圐圙”为蒙语，意为“圈子、围子”，“大”和“梁”是汉语；“东不拉”“西不拉”，“不拉”是蒙古语“布拉格”的节缩音，意为“泉水”；“塔哈拉川”“东孔兑”“西乌色浪”“乌兰不浪”等，比比皆是。

再如人名蒙汉语夹杂使用的情况，将蒙古族姓氏音译或意译为汉字表示的姓，加之蒙古语名，便形成了蒙汉语夹杂使用的姓名，如“贾脑亥”，“脑亥”是蒙古语“狗子”；“二板定”，“板定”为蒙古语“小僧人、小喇嘛”；“杨勤克”，“勤克”是蒙古语，意为“明亮”；“李巴特尔”，“巴特尔”是蒙古语，意为“英雄好汉”。

在人际交往用语中，也经常遇到蒙汉语夹杂使用的现象。如“你是玛乃洪”，“玛乃洪”是蒙古语，意为“自己人”；再如“优秀巴克西”，“巴克西”是蒙古语，意为“老师”；还有“把你的额勒吉格借给我使用一天”，“额勒吉格”是蒙古语，意为“毛驴”。

七、特有词缀

准格尔旗方言词缀，常缀于词首和词尾，个别缀于词中。有的词缀无具体语义，但很常见，如：

子：馆子——饭馆；对子——对联；辣子——辣椒；算盘子——算盘。

圪：圪渣、圪泡、圪皱、圪嘣、圪谄、圪蛋。

㞞：㞞拧、㞞跳、㞞摇，憋㞞、撅㞞、颠㞞。

日：日脏、日怪、日能、日鬼、日粗、日嘅。

有的词缀辅助词根丰富语义，成为词素，如：

相：老相粗、铁相硬；死：顶死咸、确死黑；老：老寡酸。

㞞：㞞愣、㞞势，管㞞他、离㞞远、但㞞事。

有的词缀反客为主成为词根，表达主要词义，如：

光：光不溜楚；花：花流忽哨；厚：厚囊沓水。

第二节　词　汇

一、天象·时间

阳婆——太阳，月儿——月亮，星宿——星星，冷子——冰雹，山水——洪水。

年巳——去年，前年——去年的去年，往米年——多年前。

五明头——黎明，黑将来——黄昏，夜来——昨日，前晌——上午，后晌——下午。

将些——刚才，定猛——突然，一大气——较长时间，不大一阵儿——不长时间。

二、地貌·位置

梁——长形山，峁——圆形山，墕——两山相连处，畔——近沟处，崖——绝壁。

圪崂——窄小低凹处，阳坡——向阳的坡地，阴湾——背阴的湾地。

摆后——后面，浮梁——上面，屎底——下面，跟前——附近。

三、家族·称谓

大 [ta]——爸爸，娘娘——奶奶，姥爷——外公，姥娘——外婆，外父——岳父，外母——岳母。

几爹——父亲兄弟称“大爹、二爹、三爹”，几妈——父亲兄弟妻称“大妈、二妈、三妈”。

大伯子——夫兄，小叔子——夫弟，大姑子——夫姐，小姑子——夫妹，大兄哥——妻兄，小舅子——妻弟，大姨子——妻姐，小姨子——妻妹。

姑舅——兄妹或姐弟的子女，两姨——姊妹的子女，叔伯——祖父的兄弟姊妹。

连襟——姊妹的丈夫，谢后——兄弟的妻子，间山——同母异父的兄弟姊妹。

四、身体·疾病

前奔颅——前额部位，后把子——后脑勺，牙叉股——两腮，眼扎毛——睫毛，圪膝盖——膝盖。

㞘 [dū] 沟——臀部，胡采——胡须，肋肢——肋骨，胳纽——关节，萝头系子——锁骨。

瘚 [tɕyɛ]——气短，俗 ：[suŋ]——无力，皴 [ts‘yn]——皮裂。坌 [bən]——砂入眼。

跑圈——拉肚子，淋涩——小便涩痛，当差——麻疹，蚕沙——雀斑，嗝漏——打嗝。

五、农艺·牲畜

山野——土豆，红豆儿——豆角，回子白——圆菜，西葫芦——南瓜。

二溜子——没长饱满的籽粒，麦滑子——脱粒后的作物秸秆。

楼畦——平整水地田埂，锄镂——头次叫锄，二次后叫镂。

碾场——脱粒收获颗粒，稆 [liou] 生——不种而生。

碌碡——碾压脱粒的石制工具，连枷——敲打脱粒的木制工具。

糜囊——糜谷脱粒后的秸秆草，秩子——糜谷脱粒后的碎壳。

骒马——母马，儿马——公马，骟马——去势公马。

草驴——母驴，叫驴——公驴，骟驴——去势公驴。

驴骡——马父驴母杂交，马骡——驴父马母杂交。

牛乜——牛犊，乳牛——母牛，骚牛——公牛，犍牛——去势公牛。

克郎——半大尚未育肥的猪，骚猪——种公猪。

圪抵——公绵羊，骚胡——公山羊，羯子——去势羊。

栈羊——圈养肉羊，搔羊——春秋刮山羊绒，卧羊——入冬杀羊。

挺肉——宰猪杀羊让肉自然冷冻，草鸡——下蛋母鸡。

笼头——控制牲畜的头索，缰绳——牵引牲口的绳索。

攀胸——固定鞍子的胸套具，座酋——置于驴马臀部的挽具。

牛样杆——置于牛脖上弯状木，套银子——套于驴马脖软护具。

六、衣食住行

盖体——被子，大氅——大衣，实纳鞋——手工千层底布鞋。

主腰子——缝制的背心，倒衩子——衣服上的口袋。

扁食——饺子，滚水——开水，烧开水。

合剌——油肉变质刺激性气味，拣馋——吃饭挑食。

滴水——瓦口，摆设——居室放的家具。

锅头——紧靠炉火暖炕，炉寝——炉灰坑，后路圈——厕所。

打尖——途中休息吃饭，盘缠——路费，蹑石——过河踏石。

七、动作·行为

揎 [ɕuan]——推，乭 [tu]——点，舁 [ju]——抬，搋 [tʂuai]——压揉，膳 [ʂʻan]——吃住。

约摸——估计，摭 [tʂi] 摞——整理，掌闹——办理，觉瞧——明白，霸揽——强行多占。

褿杂——当众污辱人，编谑 [ɕyɛ]——编排别人的坏话，溜舔——讨好人，撩涮——挑逗人，央冀——央求人，抖懂——抖动物件、揭发别人不好的老底。

八、性质·程度

泼茬——厉害，绵善——温和，捣失——淘气，乖造——驯服，邋遢——脏乱，齐楚——整洁，勤健——勤劳，怕俭——懒惰。

拙背——办事死板，爽利——办事利落，仄楞——不正，可袭——漂亮，爬常——低下，不然——过错，宾服——敬重。

把家——善于理财，厚沉——家道殷实，圪瘆——让人恶心。

九、口头俗语

不值烂糙、不服生冷、不起挽幛、不言搁喘、不值于故。

变眉失眼、本眉溜眼、土眉混眼、瓷眉漾眼、讹眉罩眼。

白骨梁戗、冒溜失张、撅死侃活、裹麻混稔、紧牢把抓。

油脂抹腩、哑鸣静悄、冷凉不淡、撑死憋活、洒霍流液。

浮皮潦草、日僦打胯、可怜拾贱、花麻掉嘴、舍领弹扣。

十、歇后语

白萝卜扎刀子——不出血；货郎子担出他妈来——货尽了；脱了裤放屁——多费手续；

皮裤套棉裤——必定有缘故；炉寝头生豆芽——扎下灰根；寡妇死了儿——没守头；

铺上豌豆睡觉——茶在心上；烂腌菜包糕——胡馇凑；西瓜皮擦屁股——没完；

磨道毛驴——听人喝；骡子尿血——没治。

人　物

准格尔旗人杰地灵。《准格尔旗志（1991—2015）》不分本籍客籍，不论职位高低，选影响贡献大者，编公示确无疑异者。1991—2015 年辞世有重要影响和重大贡献的人物，以卒年为序立人物传略；其间获得省部级以上荣誉、成果的人物，以生年为序设人物简介；此间获评省部级以上英模人物，以颁授级别和时间为序附人物名录。

人物传略

聂春荣

聂春荣（1950—1991），曾用名聂三狗，1950 年 6 月出生于暖水圪秋沟。1971 年 9 月参加工作，1985 年 9 月加入中国共产党，曾任准格尔旗第三中学数学教师。1991 年 7 月 26 日，为抢救学校菜池毒气中毒的炊事员英勇献身。

聂春荣出身贫苦农民家庭，因患小儿麻痹症，没有得到及时治疗，导致右腿终身残疾。1964 年 9 月在准格尔旗第一中学初中毕业，回暖水人民公社圪秋沟生产大队务农。一次打井突遇塌方，他不顾腿有残疾下到塌方处救人，别人得救了，自己却受了伤。

1971 年 9 月，聂春荣在准格尔旗暖水圪秋沟小学当雇佣教师。这所山村小学出门就爬坡，他家距学校二里路，他每天提前一个小时自带饭上路，总是第一个到学校，中午啃冷饭团当午餐。他还拖着残疾的右腿，上门动员那些辍学的学生重返校园。通过几年努力，圪秋沟小学的入学率、巩固率、及格率、升学率均达到百分之百，他所带班级成绩名列暖水乡第一名。

1984 年 9 月，聂春荣调到准格尔旗第三中学，成为国家正式教师。他一直把初三毕业班数学关，每周讲 24 节课，每天批改 200 多本作业，由于过度操劳，他的头发过早地白了。他的学生回忆说，听他的数学课是一种享受，他写一手漂亮的粉笔字，还随手就能画出标准的几何图形。他所带的 3 个补习班，先后有 86 人考取中等专业学校。他所教的数学单科成绩 1989—1990 年度全旗排名第一。

聂春荣一家 5 口人挤在两间一进一开的房间里，妻子王凤英是农业户口，耕种十几亩地。因为他一心扑在教学工作上，家务全落在妻子肩上，又要照顾老人孩子，又要耕作农田，为解决生活困难，还兼给学校烧锅炉。但他从未因家里的事耽误过工作，总是年年出满勤。1980 年 2 月，他被评为伊克昭盟先进教育工作者；1986 年 9 月，被评为伊克昭盟先进教师。

1991 年 7 月 26 日，准格尔旗第三中学炊事员刘六、贺存清理学校菜池。中午 11 时左右，因硫化氢中毒，晕倒在菜池里。正准备做饭的聂春荣，听到校园里传来呼救声，拖着病腿赶到出事地点。他奋不顾身跳进菜池，同赶来的二人一起救出炊事员刘六，当他再去救第二人时，也被剧毒熏倒在菜池里。当人们把他救上来时，已经停止呼吸。

1991 年 9 月 16 日，教育局决定，在全旗师生员工中，深入开展向忠诚党的教育事业、舍己救人而英勇献身的聂春荣学习活动。8 月 7 日，在准格尔旗第三中学召开追悼大会，全校师生、部分学生家长和附近群众数百人，为聂春荣送行。

1991 年 11 月 26 日，伊克昭盟残疾人联合会发出通知，号召全盟广大残疾人、残疾人亲属、残疾人工作者和青少年向身残志坚、舍己救人的聂春荣学习。

李怀勤

李怀勤（1920—1996），民国 9 年（1920 年）出生于陕西省绥德县城关。民国 27 年（1938 年）加入中国共产党，第二年 9 月毕业于延安中共中央党校，派往绥远省伊克昭盟开展地下工作，曾到准格尔旗头道柳建立中共准旗工委。中华人民共和国成立后曾任内蒙古电力勘测设计院院长、内蒙古自治区电力工业管理局教育处处长等职。

民国 27 年（1938 年）初，就读于陕西绥德省立师范学校的李怀勤中断学业，奔赴中共中央所在地延安，初入陕北公学学习，同年加入中国共产党，后入中共中央党校学习；第二年 9 月毕业后，被派往绥远省伊克昭盟，在中共伊盟工委领导下从事地下工作。

民国 28 年（1939 年）10 月，李怀勤被派往准格尔旗头道柳，与先期到达的王光先等组建准格尔旗第一个中共县级组织准旗工委。他化名白怀玉，以做买卖为名，落脚王光先开办的张喜罗店。他们公开建立抗日统一战线，帮助八路军后方留守兵团驻伊盟联络参谋处副官曹布诚、黎光，与蒙古游击军伊盟第一区司令、准格尔旗东协理代理札萨克奇文英结成抗日统一战线，在四道柳川设立红进塔、古圪挞、石佛塔、头道柳、二道柳、四道柳、沙蒿塔 7 处联络点，把四道柳川建成延安通往大青山的抗日地下交通线，多次接送从大青山到延安的革命青年安全通过。他俩的公开身份为交通联络点张喜罗店的掌柜，实际是中共准旗工委的负责人，他们秘密发展党员，建立地下组织，北至西召、东至暖水、南至羊市塔，都留下他们的足迹。先后建立头道柳、三道柳、乌兰不拉、敖劳不拉 4 个党支部，发展 20 多名地下党员，培养积极分子 10 多名。

民国 29 年（1940 年）5 月，八路军后方留守兵团驻伊盟联络参谋处派骑兵排 5 人进驻四道柳一带公开征兵，他们又动员当地青年 50 多人踊跃报名参军。这一举动使党的地下工作公开化，十几人被列为共产党嫌疑分子，遭到蒙古游击军扣押。中共伊盟工委指示王光先和处境危险的党员先后撤离准格尔旗。李怀勤以张喜罗店掌柜的身份作掩护，坚持下来继续斗争。

民国 30 年（1941 年）年底，国民党掀起反共高潮，李怀勤撤离准格尔旗，被派往包头县四区东五乡中滩。他化名白占魁，以乡文书身份作掩护，与抗日游击队队长窦文林、中共包头县委书记李秉清取得联系，成立敌后临时党支部，领导了中滩反贪污、反内战斗争，收集了日伪军、国民党军的活动情况。

民国 35 年（1946 年），包头地区党组织遭到破坏，李怀勤被派往伊克昭盟达拉特旗万太行村，化名白占魁当了乡文书。第二年，又辞去乡文书，来到蛮忽图村，化名白景平在乡公所设立的小学教书。在沿河一带发展 20 多名党员，于同年 9 月，成立泊黑寿村地下党支部，为铲除恶霸、废保建政做了大量工作。

中华人民共和国成立后，李怀勤先在中共伊克昭盟委宣传部工作，后到绥远省委组织部工作，1956年任中共武东县委书记；1959年任中科院内蒙古分院电力学研究所所长；1972年任内蒙古电力勘测设计院党委书记、院长；1983年离休，1996年6月病逝于呼和浩特市，享年77岁。

杨 勇

杨勇（1966—1997），1966年3月出生于大路人民公社小滩子生产大队。1989年8月毕业于乌兰察布盟人民警察学校，参加工作。中共党员，三级警督。生前任准格尔旗公安局窑沟派出所副所长。1997年7月1日，为抢救窑沟乡阳塔村郝四圪嘴水库溺水者英勇牺牲。

杨勇1984年7月毕业于准格尔旗第一中学，1989年8月毕业于乌兰察布盟人民警察学校，分配准格尔旗公安局海子塔派出所工作，1996年6月任窑沟派出所副所长。

杨勇是敬业模范。在海子塔派出所，除了两名驻乡民警，只剩他和年过半百的老所长，大量工作由杨勇一肩挑。群众来办事，他不论中午、晚上，随叫随到。1991年7月的一天中午，杨勇放下饭碗为远道而来的王老汉开户籍证明，并留父子俩吃饭。事后王老汉捞了几条鱼送到杨勇家中致谢，杨勇追出去将鱼送还到老人手中。

1993年除夕，杨勇没有与父母团聚，守在派出所值班。后半夜接到命案报警，他与老所长立即出动，赶赴特布乌素村将行凶杀人的犯罪嫌疑人抓获。

1994年11月15日，杨勇因多次胃出血导致休克，老所长从旗医院请来大夫为他治疗。第三天出血刚刚止住，他拔了输液针头又去上班，妻子想挡也挡不住。

1996年6月，杨勇任窑沟派出所副所长。这里地处矿区，一直是全旗社会治安的重点地区。他仅用半年时间，就跑遍了全乡10个村的各家各户。年终考核时，要求辖区人口熟悉率达到30%以上，而杨勇达到了50%以上。1997年4月4日晚，他凭着对辖区情况的熟悉，协助山西省兴县公安局成功将在逃6年之久的犯罪嫌疑人抓获。

杨勇是老百姓的贴心人。1997年2月1日，窑沟乡亭子墕村的两户高姓人家发生纠纷，矛盾不断升级，是他及时赶到，苦口婆心地劝说，避免了一场血腥械斗。就在杨勇牺牲前的半个月，他又化解了内蒙古三宝集团公司高岭土矿与当地一个村办煤矿的矛盾，使公司泄洪工程顺利完工，避免了百万元的损失。

在海子塔派出所，杨勇听说海子塔村吕应富在乡政府煤矿，两个儿子均在部队服役，一个女儿在外地上学，家里只剩下老母亲一人，便主动到吕家租房住，担水，扫院，帮着干农活儿，两家情同母子，以致群众误认为杨勇是老人的儿子。

在窑沟派出所，杨勇曾悉心关照纳林沟煤矿残疾人张万虎，他只要在所里，每天都要为坐在轮椅上的张万虎打扫房间，推上轮椅出去溜达。在杨勇的帮助下，张万虎学会了刻制印章，不仅每月增加近百元的收入，还从精神上重新站立起来。

杨勇牺牲时，他的月工资只有409.50元。上有年近古稀的父母，下有正在上学的儿子，妻子又没有工作，一家5口人就靠他一人的工资维持生活。1995年，杨勇查出患有萎缩性胃炎，因手头拮据，他将药方装起来，一直没有用药。他自家生活拮据，却常常接济帮助他人。留有记载的账目中，他为希望工程、地震灾区、扶贫项目、患病干警等共捐款 1200 余元。

窑沟派出所离杨勇的家只有 15 千米，但他因忙于工作，一周回不了一次家。1997 年 6 月 6 日，体弱多病的妻子王瑞丽要到外地就医，杨勇没顾上为妻子送行。6 月 28 日，妻子从外地就医回到家，给杨勇打电话，杨勇又说所里工作忙回不去。妻子就乘班车到了派出所，第二天妻子返回时，杨勇答应 7 月 1 日全家逛新建成的准煤公园。妻子怎么也没想到，6 月 29 日的分手竟是夫妻的永别！

1997 年 7 月 1 日，杨勇一上午忙于调解窑沟乡百草塔村曹半柱与石杏花的地界纠纷；下午，他又去阳塔村的公路边登记暂住人口。返回途中，在路经郝四圪嘴水库时，听到"救命"的呼喊声，杨勇毫不迟疑跳入水中，游到溺水者李文清沉下去的地方，将其拉起向岸边游，李再度沉入水底……杨勇第三次钻入水底却再没有上来。一个多小时后，人们在 2 米多深的水下，找到杨勇站立着的躯体，两腿深陷于过膝的淤泥中，两手伸向身前的李文清。他牺牲时，年仅 31 岁。

1997 年 7 月 5 日，公安局在准煤大礼堂隆重举行杨勇同志追悼大会。公安部政治部发来唁电，群众自发赶来送行，几十辆车汇成一条长龙，表达对英雄的敬意。1997 年 11 月 3 日，杨勇被公安部追认为全国公安系统二级英雄模范，成为准格尔旗第一个全国公安系统二级英模；1998 年 5 月 20 日，杨勇被民政部追认为革命烈士。

王　云

王云（1979—1998），1979 年 3 月出生于沙圪堵城关人民公社。共青团员，生前系准格尔旗第一中学学生会卫生部长、生活部长，九八届高三（6）班班长。1998 年 6 月 20 日，因抢救落水同学在沙圪堵镇忽鸡图水库英勇献身，年仅 19 岁。

王云出生于工人家庭，1995 年 9 月考入准格尔旗第一中学读高中。高一时，因勤奋好学，热爱班级，选为班长，评为准格尔旗优秀学生干部；高二时，任学生会卫生部长、生活部长，评为准格尔旗第一中学优秀学生干部；高三时，被校团委推荐为党员重点培养对象，评为伊克昭盟优秀学生干部。

王云是一位理想远大、学习刻苦的学生。高一时他写下"习武强身酬壮志，勤学报国展宏图"的座右铭来激励自己。王云在文科快班，语文、政治、历史一直是他的强项；曾有一段时间他的数学成绩不理想，遇到难题他就请老师讲解，与同学切磋，直到彻底弄懂为止。高中三年，他上课认真听讲，课余时间，坚持每天早起晚睡，看书学习，成绩一直名列前茅。他还拜原准格尔旗政协副主席、退休干部秦正英为师，习武练功，强健体魄，与老人畅谈人生理想，帮助老人干重体力活儿。老人很喜欢这位朝气蓬勃的小伙子，一老一少结为忘年之交。

王云是一位热爱集体、无私奉献的班干部。高三（4）班的张瑞患骨髓炎，因家贫交不起治疗费，王云先在本班发起捐款 500 多元，得到全校响应，共为张瑞捐款 4993.75 元；高三（6）班的刘金柱同学因家贫上不起学，王云亲自与学校后勤处联系，给刘金柱减免了一半的生活费，并享受全校最高助学金；班主任张秀萍出差一段时间，他主动与各科老师联系配合，使全班的出勤率达到 98% 以上；学校举办国庆运动会，王云亲自组织服务台，协助班主任工作，使班级获得精神文明奖和 5 项体育运动奖。他小小年纪，组织能力连老师都不得不佩服。

王云是一位关心别人、助人为乐的同学。同学一时拿不出伙食费及学习资料费，他毫不犹豫给予资助；一位同学患病，他亲自送到中蒙医院住院，并垫付了医药费；1996 年，学校去乌兰哈达乡扶贫，他一次性从家中拿出 20 多件衣服，捐献给贫困学生；1997 年 12 月，学校组织去四道柳乡献爱心，同学们都捐款 5 元，王云捐献了 10 元。他这样乐施好善，自己却连一根雪糕都舍不得吃，他从不向家里要零花钱，资助同学的钱都是省吃俭用从压岁钱中挤出来的，直到他牺牲时，仍没有自己的自行车。他母亲收拾儿子的补了又补、洗了又洗的旧衣服，难过得泣不成声。

1998 年 6 月 20 日上午，王云带领高三（6）班全体学生去旗医院体检后，回到家中学习迎接高考。11 时，应同学邀请来到附近的忽鸡图水库拍照留念。在拍集体合影时，同学杨彩凤、周亚君不小心滑入水中。情急之下，王云不顾自己不习水性，和同学刘伟、王国祥、田喜跳入水中相助。两名落水的同学获救了，王云却永远地离开了大家。下午 5 时，王云的遗体被打捞上来，他仍然保持那种救人的姿势。

6 月 22 日，准格尔旗第一中学为王云隆重举行追悼大会。灵堂前摆满了教师、同学敬献的花圈，全校师生和附近群众 600 多人追思王云的事迹，送王云最后一程。

王云的事迹在准格尔旗引起热烈反响，1998 年 7 月，共青团准格尔旗委员会追授王云为“舍己救人好青年”，号召全旗广大青年向王云学习。2000 年 10 月 2 日，内蒙古自治区人民政府批准王云为革命烈士。

奇尚文

奇尚文（1917—2000），蒙古族，民国 6 年（1917 年）8 月出生于黑岱沟南坪。民国时留学日本东京昭和医科大学，任绥境蒙政会诊疗所所长，绥远和平起义时投诚；中华人民共和国成立后任包头市人民医院副院长、包头市蒙医中医医院副院长等职。著有 9 种文字《外科常用词汇》和 3 种文字《医学常用词汇》。1986 年出席内蒙古自治区各界爱国人士为四个现代化做贡献表彰大会。

奇尚文出身台吉家庭。他初入准格尔旗同仁学校读书，后入北京蒙藏学校读书，民国 30 年（1941 年）3 月，赴日本东京昭和医科大学留学；民国 34 年（1945 年）4 月，在伪蒙疆政府中央医学院附属医院任外科医师；民国 36 年（1947 年）11 月，在绥境蒙政会任卫生科科长、诊疗所所长；民国 38 年（1949 年）9 月，绥远和平起义时投诚。

奇尚文 1951 年 5 月参加新中国人民医疗卫生工作，曾任包头市工人医院副院长、包头市人民医院副院长、包头市蒙医中医医院副院长等职；1985 年 3 月加入中国农工民主党；1985 年 5 月至 1987 年 3 月，当选中国农工民主党包头市支部委员会副主任委员，1989 年 4 月当选政协包头市委员会委员、包头市人民代表大会代表。2000 年 7 月逝世，享年 84 岁。

奇尚文学问深厚、医术精湛，是全国著名西医主任医师。所著《外科常用词汇》（内蒙古人民出版社 1988 年 1 月版）译成汉、蒙古、英、德、希腊、拉丁、法、俄、日 9 种文字，对照外科词汇 400 余条，附录处方常用词汇、英语医学名词简介、医学常用缩写词，出版后受到国内医疗卫生界人士赞扬，不久销售一空。所著《医学常用词汇》（内蒙古教育出版社 1988 年 3 月版），译成蒙古、汉、拉丁 3 种文字，出版后再次引起轰动，《内蒙古日报》《内蒙古画报》《人民政协报》及内蒙古广播电台均报道这一医学专著新闻。撰写论文《神经——眼、口、生殖器三联征的临床》发表在《国际内科学杂志》1977 年第 21 期。

1986 年，奇尚文出席内蒙古自治区各界爱国人士为四个现代化做贡献表彰大会，受到政协内蒙古自治区委员会和中共内蒙古自治区委员会统战部的表彰。他的事迹收入《中国高级医师名录》和《内蒙古当代医学人物志》。

刘里锁

刘里锁（1931—2000），民国 20 年（1931 年）11 月出生于窑沟亭子墕。1953 年 7 月参加工作，1954 年 12 月加入中国共产党，准格尔旗纳林沟煤矿八级工人，曾任生产技术股副股长，矿党委委员，被评为内蒙古自治区先进生产者、劳动模范，当选为内蒙古自治区党代表。

刘里锁出身穷苦农民家庭，因生活所迫，13 岁就随父辈到小煤窑下井挖煤。1953 年 7 月，随私营小煤窑主加入纳林沟炭业合作社；1956 年 7 月，纳林沟炭业合作社收归地方国营，他成为国营准格尔旗纳林沟煤矿井下工人，先后担任井下作业组长、安全员、采区负责人、安全生产股股长、生产技术股副股长，矿党委委员等职。1986 年 1 月退休。2000 年 10 月 16 日病逝，享年 70 岁。

刘里锁是准格尔旗第一代国营煤矿工人，从事井下开采和安全检查工作 40 多年，亲身经历了从人工挖煤到半机械化开采的煤炭工业发展变迁。在无支护的小煤窑工作面，他从父辈们塌方冒顶的血泪教训中总结经验，摸索实践，练就一种独特的“敲帮问顶”安全检查法，听回声，看煤层，冒着生命危险为工友们掘进探路。每天他最早下井，排除事故隐患，安全检查绝对可靠后，方允许工友下井作业；每天他最晚升井，跟班生产，随时排除险情。他所负责的井口从未发生人身伤亡事故，被工友们称为安全生产的“窑神爷”。

刘里锁没有念过书，工余扫盲自学，达到初中文化水平，在没有科学仪器协助的困难条件下，他大胆运用自身实践经验，带领工人开展井田地质勘查、井下巷道测量、矿井通风设计、采空区管理，特厚煤层人工开采、半机械化掘进的技术革新取得重大成效，为纳林沟煤矿稳定高产持续发展做出重要贡献，被年轻工人誉为矿山建设的“祖师爷”。

1958 年 3 月，刘里锁被评为内蒙古自治区先进生产者，出席内蒙古自治区第二届先进生产者代表大会；1982 年 3 月，被评为内蒙古自治区劳动模范，出席内蒙古自治区职工劳动模范代表大会；1984 年 12 月当选内蒙古自治区党代表，参加中共内蒙古自治区第四次代表大会。

胡栽根

胡栽根（1909—2001），宣统元年（1909 年）2 月出生于山西省河曲县第四区塔深儿墕。民国 26 年（1937 年）冬参加革命，第二年 2 月加入中国共产党，任大口地下党支部书记、马栅地下党组织四区区委负责人，领导了马栅地区地下斗争。中华人民共和国成立后曾任准格尔旗总工会主席等职。

胡栽根出身贫苦农民家庭。民国 26 年（1937 年）冬，中共河曲县委派王金义、白连庆以牺牲抗日救国同盟会代表身份到他家落脚，他加入“牺盟会”；次年 2 月又加入中国共产党，成为马栅地区第一位中共地下党员；同年 6 月，成立中共大口党支部，任党支部书记；民国 28 年（1939 年）8 月，成立中共第四区区委，任区委委员。他积极宣传抗日救国，动员多名爱国青年参加八路军；组织抗捐税斗争，发动群众 400 多人围攻第四区区公所、河曲县衙，迫使县长减轻了群众的捐税。

民国 29 年（1940 年）12 月，八路军解放河曲县城，国民党河曲县县长朱五美落脚长滩，清查四区中共地下党员。胡栽根等人执行县委长期隐蔽，积蓄力量的方针，安全度过危险期。民国 31 年（1942 年）2 月，白连庆、王金义先后调回根据地，他被指定为四区地下党组织负责人，开始独当一面开展地下斗争。

同年，朱五美封锁黄河渡口，准备了 3 只大船要渡过黄河洗劫根据地。胡栽根趁朦胧夜色泅渡黄河，及时将这一情报送达根据地，朱五美的阴谋未能得逞。之后，胡栽根多次突破朱五美的河防哨卡往来黄河两岸，向河曲县委传送朱五美的军情，向马栅地区地下党员传达县委的指示，始终保持着四区区委与河曲县委的联系。

民国 34 年（1945 年）十一月十四，由于叛徒出卖，胡栽根在李家庄被捕，押到长滩监狱。面对刑讯逼供，他坚强不屈，始终没有承认自己是共产党员。中共河曲县委动用 50 块大洋贿赂长滩流亡县衙的头面人物，中共四区区委发动 200 多名群众联名画押作保，多方组织营救，于腊月二十九日获释。

民国 37 年（1948 年）腊月，山西省河曲县第四区解放，胡栽根任中共第四区区委副书记；1951 年 2 月任绥远省伊克昭盟准格尔旗第十二区（驻忽鸡尔图）区委书记；1956 年 2 月任伊克昭盟榆树湾硫磺厂人事科科长；1957 年 6 月任准格尔旗第十三区（驻马栅）长滩乡党支部书记；1958 年 6 月任准格尔旗第十三区区委第一书记；1959 年 12 月任准格尔旗人民委员会人事科科长；1962 年 3 月任准格尔旗总工会主席；1966 年 4 月任准格尔旗总工会名誉主席；1972 年离休。2001 年 3 月 23 日在沙圪堵镇逝世，终年 93 岁。

郭培林

郭培林（1964—2002），1964 年 11 月出生于暖水人民公社榆树壕生产大队。1983 年 8 月参加工作，1997 年毕业于中国人民公安大学函授刑侦专业。中共党员，二级警督。生前任准格尔旗公安局刑警大队薛家湾刑警中队中队长。2002 年 1 月 5 日，带队赶赴抛尸案现场勘查途中，在呼准公路遭遇车祸殉职。

1983 年 8 月，郭培林在准格尔旗第三中学高中毕业后参加工作；1993 年 9 月，通过伊克昭盟公安系统招录步伐追踪人才考试，以优异的成绩录用在准格尔旗公安局刑警大队工作；1999 年 5 月，被聘为刑警大队薛家湾刑警中队副中队长，2001 年 4 月，任薛家湾刑警中队中队长。

郭培林担任中队长期间，身先士卒。值班备勤、巡逻防范、设卡堵截、蹲坑追逃、抢险救灾，处处都有他的身影。1999 年 6 月 2 日，他接到报警电话：薛家湾镇阳光大酒店后院有人不慎落井，请求救援。留下一人值班后，他带领两名民警赶赴现场。当他看到落井者在冰冷的井水中艰难挣扎的险情后，顾不上多想，找来一根绳子系在自己腰间，让队友把他吊入深井，费尽了浑身力气，将奄奄一息的落水者救了上来，而他却因冷水中浸泡时间过长和体力透支住进了医院。事后，当获救者带着厚礼前来答谢恩人时，他接受了谢意，退回了厚礼。

郭培林刻苦钻研业务，埋头苦干，执法办案成就卓著。仅 2001 年，他直接参与侦破各类刑事案件 136 起，抓获犯罪嫌疑人 102 人。他荣立个人三等功一次，受嘉奖一次，两次被评为准格尔旗政法系统先进工作者，2001 年，被评为准格尔旗优秀共产党员。

2002 年 1 月 5 日 20 时许，准格尔旗公安局刑警大队接到一起抛尸案警情，刑警大队迅速组织警力分三路进发，其中现场勘查组由郭培林带队。刚从清水河县办案归来的郭培林，还未来得及端起饭碗，也没来得及和老母亲说几句话，便直奔单位。换上防弹背心和头盔后，为了争取时间，他等不及在外面修车的中队司机归队，便急忙联系了巡警大队的一台桑塔纳警车，与同组办案的 3 位民警驱车直奔现场。当行驶至呼准公路 114 千米 +700 米处时，因前方柴油车排出的烟雾大，视线模糊，桑塔纳警车与一辆解放 142 型运煤车辆追尾相撞，郭培林因头部受重伤当即牺牲，年仅 39 岁。

2002 年 1 月 12 日，准格尔旗公安局隆重举行向郭培林同志遗体告别仪式，上千人冒着严寒自发赶来为郭培林送行。2003 年 10 月 29 日，民政部批准郭培林为革命烈士。

董格尔诺尔布

董格尔诺尔布（1938—2002），曾用名董光兆，蒙古族，民国 27 年（1938 年）8 月出生于杭锦旗占巴草原。1956 年 5 月参加工作，蒙古语文翻译。曾任准格尔旗民族宗教事务委员会副主任、蒙古语文办公室主任。1985 年 1 月获内蒙古自治区蒙古语文工作委员会表彰；其翻译的《鄂尔多斯左翼前旗衙门文件》，1992 年被评为内蒙古自治区历史学优秀成果。

1956 年 4 月，董格尔诺尔布在伊克昭盟中学肄业；1956 年 7—9 月，参加内蒙古教育厅斯拉夫蒙古语文训练班培训；1959—1963 年，在内蒙古师范学院函授部自修高中课程；1963—1966 年 7 月，在内蒙古师范学院函授部自修中文系课程。受当时条件限制，以上学习经历均无毕业证书，但他通过不懈努力，1973 年 7 月被内蒙古蒙古语文翻译专业高级职务评审委员会授予翻译职称。

董格尔诺尔布的蒙古语文翻译实践始于 1956 年 5 月，他在准格尔旗杨家湾蒙古小学任教员，因学生蒙古语文水平低，就借助汉语文翻译来完成教学任务；1961 年 3 月，任准格尔旗人民委员会办公室翻译；1962 年 7 月，先后任准格尔旗民政人事科、民政劳动局翻译；1965 年 8 月，历任准格尔旗人民法院翻译、书记员、助理审判员等职；尽管工作单位几经变动，他的蒙古语文翻译实践始终没有停止。

改革开放以来，董格尔诺尔布成为准格尔旗人民政府专职翻译。1978 年 8 月任准格尔旗运输公司采购员兼准格尔旗革命委员会翻译；1982 年 6 月，参加伊克昭盟地名普查试点工作，准确注释了准格尔旗蒙古语地名 896 条，为陕西省榆林县、神木县翻译了 300 多条蒙古语地名。1982 年 8 月，他任准格尔旗蒙古语文办公室副主任兼准格尔旗人民政府翻译；1985 年 1 月，他凭借学习使用蒙古语文的积极贡献，获得内蒙古自治区蒙古语文工作委员会的表彰。1985 年 5 月，任准格尔旗民族宗教事务委员会副主任，兼蒙古语文办公室副主任、准格尔旗人民政府翻译；1991 年 5 月，任准格尔旗蒙古语文办公室主任兼准格尔旗人民政府翻译。这一时期，他翻译的 10 万字历史文献《鄂尔多斯左翼前旗衙门文件汇编摘录》1 ～ 6 辑，被评为 1992 年内蒙古自治区历史学优秀成果。他把藏文古籍翻译注释为蒙古文献，在《内蒙古社会科学》杂志 1993 年第 3 期发表了《宝堂寺神奇的查穆舞蹈》；并在内蒙古自治区率先录制了配有蒙汉双语解说的《宝堂寺查穆舞》录像带，为抢救民族宗教文化遗产做出了贡献。

1993 年 1 月，董格尔诺尔布任准格尔旗民委正科级检查员，继续兼任准格尔旗人民政府翻译，直至病重住院。2002 年 1 月 14 日因病去世，年仅 63 岁。

陈元生

陈元生（1920—2003），民国 9 年（1920 年）9 月出生于五字湾石板梁。包产到户后，承包荒山治理水土流失，1983 年 7 月加入中国共产党，1984 年 5 月被评为全国水土保持先进个人。

陈元生出身贫苦农民家庭，以揽工种地为生。中华人民共和国成立后，他投身土地改革和合作化运动，成为当地的劳动积极分子；大跃进人民公社化后，三次担任准格尔旗五字湾人民公社石板梁生产大队刘家圪堵生产队队长，累计任职时间长达 12 年整。改革开放后，他从生产队长的岗位上退下来，率先承包了当地的荒山沟，种草种树，治山治水，全身心投入治理水土流失的创业中。

石板梁是典型的土石山区，山高坡陡石头多，一出门就爬坡，天上下雨水存不住，地面的肥土随水流。1980 年，陈元生承包了 2.67 公顷耕地和 23.33 公顷荒地，开始整治穷山恶水。山上挖鱼鳞坑，坑内植树坑外种草；坡地挖水平沟和地边埂，坡里修梯田，坡外植树种草，向阳坡地种植花果树；大沟小渠打上连环坝。从山到坡至沟综合治理，确保泥土不下山，洪水不出沟。

陈元生的子孙都在外地工作，家里只有他一个劳动力，年过花甲的陈元生不管刮风下雨，起早贪黑，长年累月，坚持不懈地改造着祖辈居住的家园。经过二十多年的艰苦奋斗，为子孙后代创造了一笔用金钱买不到的财富。到 2003 年他去世前，挖鱼鳞坑 20 公顷，挖水平沟 6000 多米，打大小谷坊坝 170 座，动用土石方 45000 立方米，种植杨柳树 16200 株、油松 6.67 公顷、各种牧草 30 公顷，治理面积达 40 公顷。

陈元生的家园成为乡里、旗里、盟里水土保持固定的参观点，他经常到乡里、旗里、盟里的先进生产者代表大会上介绍治山治水经验。1984 年 5 月，他被评为全国水土保持先进个人；1985 年 1 月，被命名为伊克昭盟农村牧区专业户、重点户。他的事迹先后编入水利部黄河水利委员会黄河中游局的《黄河中游水土保持典型经验汇编》和《水土保持治理经验》第二集等文献。

2003 年 9 月，陈元生逝世，享年 84 岁。

张毓麟

张毓麟（1930—2003），笔名张皇，民国 19 年（1930 年）5 月出生于山西省河曲县城关。初中文化。准格尔旗著名漫瀚调专家。编导小戏《海红树下》获全国首届农村业余戏剧会演剧本创作三等奖；合著专著《漫瀚调》获内蒙古自治区“萨日娜”创作奖。

张毓麟出身旧职官员家庭，他先在准格尔旗同仁学校读书，后考入伊克昭盟中学，毕业后赴华北剿匪总司令傅作义部谋职；民国 38 年（1949 年）绥远和平起义后回旗。1950 年任准格尔旗青年文艺宣传队编导；1953 年任伊克昭盟第一中学音乐教师；1956 年，调东胜县文化馆参与伊克昭盟民间艺术采风，后调任伊克昭盟歌舞团编导。1957 年被打成右派分子，下放达拉特旗歌剧团；1971 年下放准格尔旗沙圪堵人民公社碾房湾生产队接受劳动改造。1973 年平反恢复公职，在准格尔旗文化馆工作；1975 年任准格尔旗乌兰牧骑编导；1978 年调准格尔旗文化局工作；1991 年 12 月退休。2003 年 11 月 19 日病逝，享年 74 岁。

张毓麟热爱文艺，才华横溢。在准格尔旗青年文艺宣传队，编导《兄妹开荒》《夫妻识字》等多部解放区新歌剧，显露文艺方面的才华，被誉为鄂尔多斯四大才子之一。1963 年，编导小戏《鸡飞蛋打》参加内蒙古自治区二人台二人转文艺会演，获得好评；1984 年，编导小戏《海红树下》参加文化部举办的全国首届农村业余戏剧会演，获剧本创作三等奖；2000 年，编导小戏《山路弯弯》参加内蒙古自治区小品小戏会演，获编剧、导演和表演 3 项三等奖。

张毓麟挖掘民间艺术，研究漫瀚调成就卓著。白天，他提着“半头砖”录音机，奔走山乡寻访歌手；夜晚，他独居土木小屋，秉烛伏案笔耕，整理山曲词曲。倾注 30 多年精力，收集数以万计漫瀚调歌词。他 1985 年编印《准格尔山曲》，风靡鄂尔多斯及周边地区，为传播漫瀚调艺术发挥重要作用；与王世一、柳谦合作编著的《漫瀚调》（人民音乐出版社 1993 年 3 月版），获内蒙古自治区第四届艺术创作“萨日娜”奖，漫瀚调从此载入国家音乐史册。

张毓麟历经坎坷，终身未娶，独身无后，但他像对待子女一样，热心培育了一大批漫瀚调歌手。他一生为准格尔旗成为中国民间艺术漫瀚调之乡做出巨大贡献，2006 年 7 月被命名为准格尔旗漫瀚调艺术十大名人。

洛藏久美丹贝嘉措

洛藏久美丹贝嘉措（1933—2004），藏族，民国 22 年（1933 年）7 月出生于甘凉道永登县天祝乡。甘肃省天祝县祝贡寺第十三世祝千活佛，1952 年迎至绥远省伊克昭盟准格尔召坐床，准格尔旗人称赵祝千。曾任鄂尔多斯市佛教协会副会长、准格尔召寺庙管理委员会主任。

一世祝千佛约在明万历十五年（1587 年）左右在祝贡寺坐床，传至第六世，便与准格尔召建立法脉传承。清乾隆六年（1741 年），六世达赖喇嘛仓央嘉措赴五台山游历，返藏途中观瞻准格尔召，让随行的祝千佛曲吉尼玛担任准格尔召主持，开创了准格尔召的传统法会雅尼会。祝千佛传至第十三世，洛藏久美丹贝嘉措成为准格尔召的活佛。

洛藏久美丹贝嘉措出身藏族牧民家庭。民国 27 年（1938 年）10 月，由青海省塔尔寺第九世班禅卜算，认定为甘肃省天祝县祝贡寺第十二世祝千佛洛藏年智丹增嘉措的转世灵童，赐法名洛藏久美丹贝嘉措，迎至祝贡寺坐床，受戒学习经文，其勤奋好学，精通佛法。1952 年，由绥远省伊克昭盟准格尔召喇嘛迎请至准格尔召坐床，任准格尔召活佛。1956 年，任青海省塔尔寺曼巴扎仓（医学院）法台，才学闻名塔尔寺。

1958 年 11 月，洛藏久美丹贝嘉措在反“右派”斗争被捕入狱，在青海省化隆县甘都农场劳动改造；1973 年 11 月获释；1982 年 9 月至 1992 年 7 月，任天祝县藏医院副院长兼天祝县佛教协会副会长，擅长蒙、藏医术，抢救治愈许多垂危病患；1983 年当选甘肃省第六届人民代表大会代表；1987 年，当选甘肃省政协委员。

1992 年 7 月，洛藏久美丹贝嘉措退休，再次被迎请到内蒙古自治区伊克昭盟准格尔旗，任准格尔召寺庙管理委员会主任、准格尔召活佛，当选鄂尔多斯市佛教协会副会长。他东奔西走，集资140多万元，重建准格尔召白塔，并从西藏、青海请回许多佛像，征集回流落到民间的法器，对准格尔召维修建设功德无量。

2004年1月16日，洛藏久美丹贝嘉措因病在甘肃省天祝县祝贡寺圆寂，享年71岁。同年2月22日，其骨灰接回准格尔召，2006年8月1日，其高1.6米，用69.5千克纯银、百余颗宝石镶嵌的舍利宝塔，安放在准格尔召舍利独宫，成为镇召之宝。

2012年7月24日，第十三世祝千佛洛藏久美丹贝嘉措的转世灵童，第十四世祝千活佛洛桑三旦嘉措，迎至甘肃省天祝县祝贡寺坐床，成为准格尔召第十四活佛。

金声远

金声远（1935—2006），民国24年（1935年）12月出生于黑龙江省海伦市城关镇。1950年11月参加工作，1973年3月加入中国共产党，1952年5月毕业于解放军长春高级步兵学校参谋系。曾在部队通信部门工作，转业到准格尔旗文化部门工作，退休后创办书画学校、少年军校、老年大学。2006年6月19日病逝，弥留之际还在准备社会主义荣辱观的讲稿。

1950年12月，金声远在解放军长春高级步兵学校参谋系学习，1952年5月因抗美援朝战争提前离校，步入军营，历任见习通信参谋、通信参谋、副连职通信参谋、正连职通信参谋。1963年6月转业到内蒙古自治区伊克昭盟准格尔旗，历任物资局副局长、文化教育局副局长、广播事业局副局长、文化体育局检查员，1996年1月退休。

金声远在部队通信部门工作期间，养成一丝不苟的工作作风，4次受到部队通令嘉奖。转业到地方工作后，保持军人的作风，坚持原则、任劳任怨。任文化局副局长期间，在全旗创建25个文化站，编写《准格尔旗文化志》和《准格尔旗文化馆志》资料。退休后，全身心为社会公益事业奔忙，1996年3月创办中国书画函授大学伊克昭盟书画院准格尔学校，1999年6月参与创建伊克昭盟第一所少年军校准格尔旗阳湾少年军校，2001年4月创办准格尔旗老年大学。

金声远是内蒙古书法家协会会员，常年坚持为沙圪堵镇老干部服务中心出黑板报，节假日为准格尔旗武警中队战士辅导书法。他的书法作品于2006年10月获内蒙古自治区第十届老年“松鹤杯”书法联赛三等奖。

2006年6月，金声远得知自己患了白血病后，在备忘录里写道：“本人猜到上帝赋予自己的时间不多了，因此近期尽一切力量努力完成如下工作：一、去第七中学宣讲社会主义荣辱观；二、服务中心这期黑板报上要写《纪念毛主席诞辰110周年》文章；三、这个月的党费提前交给纪检书记王凤英同志；四、把中国书画函授大学颁发的所有毕业证发到学员手中；五、最好能再给武警中队的战士们讲一堂书法课；六、一定要租车去阳湾少年军校看一看孩子们……”

2006年6月12日上午，金声远为准格尔旗第七中学师生宣讲了《以热爱祖国为荣、以危害祖国为耻》；下午准备《以团结互助为荣，以损人利己为耻》的讲稿，同事见他体力不支，将他护送回家；晚上八点半，他在备课时突然昏倒，家人将他送到医院救治后，又接回家里照顾他入睡。谁也没想到，他趁家人熟睡时又起来备课。当人们发现时，他在书桌前昏迷过去，桌上摆着教案簿，手里握着钢笔。19日，金声远经抢救无效逝世，享年72岁。

李文英

李文英（1922—2006），民国12年（1923年）7月出生于魏家峁。民国31年（1942年）参加革命，民国33年（1944年）4月加入中国共产党，开展准格尔旗东部地区地下工作，历任中共魏家峁党总支部书记、准格尔旗蒙汉游击区副区长。

李文英出身贫苦农民家庭，民国30年（1941年），逃荒投奔山西省偏关县的姐姐，姐夫白庆元参加晋西北根据地减租反霸斗争，担任偏关县第二区赫家山村党支部书记兼村长。第二年，受白庆元的影响，参加革命，在赫家山村当民兵；民国32年（1943年）11月，在偏关县第二区区公所当通讯员。

民国33年（1944年）冬，中共偏关县委派白庆元和李文英开展准格尔旗东部地区的地下工作。民国34年（1945年）3月13日夜，李文英偷渡黄河，落脚魏家峁村表兄周毛秃家，周毛秃与驻魏家峁准格尔旗保安七连连长郝三秃是结拜弟兄，他便以给表兄揽工为名，在魏家峁扎根；暗中借助亲戚朋友关系，单线串联基本群众，发展地下党组织，先后建立尖山子、魏家峁、岔路塄、党三窑子、十四分子、五兑沟6个党支部，发展党员80多名，培养积极分子100多人。民国36年（1947年）冬，中共偏关县委成立魏家峁党总支部，任书记。

当时，国民党驻军封锁黄河渡口，禁止人员往来和物资流通。民国35年（1946年）6月，李文英派周毛秃与郝三秃协商合办渡口，开放了红草塄到万家寨、头坪到关河口两个渡口。同时派人打入驻长滩的朱五美保安团和驻魏家峁的郝三秃保安连，刺探军政情报，贩送枪支弹药，突破国民党对解放区的封锁。

民国37年（1948年）初，准格尔旗东部地区获得解放。2月14日，中共河府县委在驻地麻地沟召开会议，在新解放区成立河府县蒙汉游击队，建立河府县蒙汉游击区，白庆元任区委书记，李文英任区公所副区长，红色政权在周毛秃家办公。

为解放准格尔旗东部地区，李文英经受了生与死的考验。他曾夜潜保安连部秘密发放传单，被流动哨发现，逃跑时掉下山崖，苏醒后，手脚跌伤冻得流了脓。民国37年（1948年）4月18日早，他和通讯员到区公所办公，遭遇郝三秃残部百余人围攻。他埋藏好文件、公章，凭一支长枪与敌相持到中午，不幸被捕，押到党三窑准格尔旗保安司令部，经受压杠子、烫钎子的严刑折磨，始终没有暴露组织机密。直到同年10月，解放军晋绥部队围攻包头，准格尔旗保安司令奇致中起义，才获得自由。

准格尔旗解放后，李文英先在蒙汉游击队剿匪，1949年3月起在准格尔旗公安局工作；1954年5月调伊克昭盟公安处工作；1956年6月任达拉特旗公安局副局长。1957年10月起调离公安系统，曾任达拉特旗树林召公社党委书记、达拉特旗卫生局局长、达拉特旗机械厂厂长等职，1983年8月离休。2006年12月25日在树林召镇逝世，享年84岁。

郝万忠

郝万忠（1970—2011），1970年9月生于暖水人民公社海力色太生产大队。1991年8月参加工作，1994年8月步入警营，1994年11月加入中国共产党，2005年7月毕业于内蒙古大学法律专业。一级警督。生前任准格尔旗公安局党委书记、局长。2011年5月14日，参加鄂尔多斯市公安局长大比武体能训练时，突发心脏病牺牲。2012年1月被追授为全国公安系统一级英雄模范。

郝万忠1994年8月加入公安队伍，在东胜市公安局工作，2004年11月任东胜区公安分局副科级侦查员，2008年2月任东胜区公安分局副局长，2008年8月任伊金霍洛旗公安局党委书记、局长，2009年12月任准格尔旗公安局党委书记、局长。

在17年的警察生涯中，郝万忠英勇善战，屡建奇功。曾赤手空拳抓获持枪的杀人犯，和战友创造了72小时驱车4000余千米的鄂尔多斯市追捕作战纪录和追缴赃款1.04亿元的鄂尔多斯市追缴赃款纪录。任准格尔旗公安局局长期间，亲自指挥破获“11·07”沙圪堵镇鞋业商店雇员被杀案和薛家湾兴隆市场特大黄金被盗案，被内蒙古自治区公安厅列为典型案例。他率“11·07”专案组凯旋时，受到旗党政领导和各界群众隆重欢迎。

郝万忠先后荣立个人三等功3次、二等功两次、一等功1次，2004年被评为内蒙古十大破案标兵，2005年被评为内蒙古劳动模范，2007年10月获首届内蒙古“我最喜爱的十大北疆卫士”提名，2008年9月荣获第六届“内蒙古十大杰出青年卫士”称号。

郝万忠在准格尔旗公安局局长任上，推行民爆物品“闭合卡”管理，有效堵塞了管理漏洞；启动网格化警务巡逻机制，城郊堵卡、镇区巡逻，刑警、巡警、派出所民警三大警种协同作战，实现对社会面全天候、全方位、立体化的巡逻防控。在任期间，他给自己定下规矩：不收礼，不办关系案、人情案，个人廉政账户存入的13万元，全部用于慰问困难职工、英模烈士和受伤民警家庭，奖励系统先进单位、先进个人。他还掏光自己的腰包帮助过上访群众，亲自查处侵害群众利益的6起信访案件，群众把一面书有“公安局长包青天，为民做主爱无边”的锦旗送给郝万忠。

郝万忠患有冠心病和高血压，到准格尔旗上任以来，却没有度过一个完整的双休日。2011年5月6日，他从东胜家中来到单位，双休日也未能回去。5月11日陪准格尔旗人民政府领导赴北京处理一起上访案件，5月12日晚，上访案件得到圆满处置。5月13日早晨6时，登上飞往呼和浩特的航班，上午9时，赶回单位组织开会，下午向内蒙古公安厅法制局调研组汇报工作，会议一直开到晚8时。又连夜赶赴康巴什新区，参加鄂尔多斯市公安局长大比武集训，14日清晨，他就奔波在训练场上，因过度劳累，突发心脏病，倒在了训练场。7时15分许，经抢救无效，因公殉职，年仅41岁。

2011年6月10日，郝万忠入选中国文明网中国好人榜；11月16日，内蒙古自治区党委追授郝万忠“优秀共产党员”称号；2012年1月9日，公安部追授郝万忠为全国公安系统一级英雄模范。2013年7月23日，以郝万忠先进事迹为题材的电影《警察日记》在北京人民大会堂举行首映式；10月入围东京国际电影节主竞赛单元。

安凤鸣

安凤鸣（1923—2013）小名安来红，民国12年（1923年）6月出生于纳林安家渠村。抗战时加入中国青年远征军，参加缅北滇西反攻战；战后供职于国民党伊盟警备第一区司令部，绥远和平起义时投诚；中华人民共和国成立后，投身体育场馆建设，1985年8月荣获“新中国体育开拓者”荣誉章。

安凤鸣出身中产之家，祖上走西口落脚准格尔旗，成为安家渠村最早的居民。到父亲安文兰时，家业拓展到河套川将军窑。

民国26年（1937年）“七七事变”后，绥包沦陷，河套川的家业遭到日伪军洗劫，迁回故地安家渠。民国33年（1944年），在伊克昭盟中学读书的安凤鸣与4名同学投笔从戎，编入中国青年远征军206师617团2营6连当兵。时值中国发起缅北滇西大反攻，他被空运到缅甸密支那，编入中国驻印度远征军新编第一军孙立人部，操作美式大炮，投入八莫攻坚战，南坎、腊戍战役，消灭盘踞缅北日军，与中国滇西远征军会师，打通滇缅公路。

民国34年（1945年）9月抗战胜利，安凤鸣回到准格尔旗，在伊克昭盟警备第一区司令部任少校参谋；民国38年（1949年）9月绥远和平起义时，向解放军伊盟支队投诚，被任命为伊克昭军分区骑兵第一团干事，参加了伊盟西部剿匪战斗；1950年1月任伊克昭军分区骑兵一团团副；1951年3月绥远起义部队投入抗美援朝战争，他因操作过美式武器，留华北军区干部训练大队任军事教官。

1954年10月，安凤鸣转业到地方，在河北省体育专科学校任总务处干事。1963年8月，保定遭遇特大洪灾，他用木板营救被洪水围困的群众，集中安置到学校。1981年12月，安排河北省游泳跳水运动管理中心工作，他向国家体委争取资金，向华北油田争取排水管道，组织建设河北省游泳馆。1984年5月，他离休后又参与建成跳水馆，扩建了游泳馆看台。在新场馆，河北省先后培养出钱红、王大力、郭晶晶等优秀运动员。1992年，河北省第八届运动会在保定市举办，他应邀再度出山，指导建成主会场。

1985年月8月，安凤鸣被国家体育运动委员会授予新中国体育开拓者荣誉章。

2013年6月13日，安凤鸣在保定逝世，享年91岁。

人物简介

郭苏留

郭苏留，民国20年（1931年）10月生于陕西省府谷县，民国36年（1947年）逃荒流落绥远省伊克昭盟准格尔旗纳林镇。祖传毡匠，1956年4月拿出27块钱家底入股鞋毡业组，后与缝纫组合并，成立纳林手工业合作社；1966年4月当选纳林手工业合作社主任。1978年7月创办纳林地毯厂；1996年10月兼并准格尔旗民族地毯厂，组建纳林民族地毯有限责任公司；1997年10月退休。两度被评为内蒙古自治区劳动模范，1987年8月被评为全国轻工业劳动模范。

1973年，郭苏留选两名地毯编织女工带学徒，开始生产出口地毯；随着订单增加，新建生产车间，引进梳纺设备，改进生产工艺；为完成出口任务，又在全旗建6家分厂，总厂发放毛线，委托分厂生产，分厂组织家庭妇女编织，家庭妇女织半成品，分厂验货收购，总厂生产成品，形成一套完整产业链，上千名家庭妇女发家致富。20多年滚动发展，这家集体企业成为国家出口地毯骨干厂家和民族用品定点企业。定制的北京“天坛”牌仿古地毯，自创的“飞马”牌仿古地毯，1990年9月双双斩获中国工艺美术“百花奖”金奖。“纳林地毯”的金字招牌转内销，热卖晋陕蒙“金三角”地区，年轻人结婚必备“纳林地毯”，人称结婚第四大件。到1996年底，公司拥有固定资产986万元，吸纳就业1011人，创利税近百万元，成为准格尔旗二轻系统的利税大户。

魏仰浩

魏仰浩，民国21年（1932年）8月出生于浙江省余姚市。1957年8月毕业于北京农业大学农学系，分配内蒙古伊克昭盟农牧处工作；1959年10月调伊克昭盟农业科学研究所工作；1971年10月下放准格尔旗纳林人民公社安家渠生产大队插队；1973年10月任准格尔旗纳林良种场副场长；1980年3月任伊克昭盟农业科学研究所所长；1985年5月任政协伊克昭盟委员会副主席；1993年7月退休。研究员，中国作物学会粟类作物专业委员会副主任兼黍稷学组组长。1986年5月被评为全国优秀科技工作者，获全国“五一劳动奖章”；1992年起享受国务院颁发的政府特殊津贴。

他完成内蒙古1055份糜黍品种资源入国家种子库的任务；完成《糜子基础理论研究》，1990年获内蒙古科技进步奖三等奖。地方品种东胜二黄糜，列入全国《1949—1979年糜黍品种育成》序列；系统品种内糜4号，获内蒙古科技成果三等奖；杂交品种内糜2号，是中国第一个利用有性杂交技术育成的粳性糜子品种，获内蒙古科学大会奖；内糜5号成为全国品种审定委员会第一批审定的两个品种之一，获内蒙古科技进步奖三等奖；伊糜1号和内糜5号在育成推广20年后，2008年被全国专业会议评为优质品种。专著《糜子的育种与栽培》（内蒙古人民出版社1980年版），是国内第一部关于糜子的专著；编著《中国黍稷品种志》（农业出版社1990年版），获农业部科技进步奖三等奖。

邓云女

邓云女，民国25年（1936年）8月出生于山西省河曲县第四区大口村，1953年嫁到绥远省准格尔旗第七区纳林镇任氏家，人称“任老婆儿”。1962年丈夫从准格尔旗农业水利局精简，下放纳林人民公社纳林生产大队当社员，给生产队加工米面时，被面粉机绞断手，造成终身残疾，安排大队保健站算账。1979年保健站工作被人顶替，全家6口人生活陷入困境。任老婆儿做了两锅凉粉，挑到纳林地毯厂试卖，很快就卖光了。她开始在纳林街卖凉粉，解决全家人吃饭问题；入冬天冷就在家里炒菜，让儿子买回《中国菜谱》，让老伴念给她听，她学做炒菜，品尝味道好，就卖给食客，没念过一天书、不会写一个字，慢慢学会了炒菜。

1980年农历十月二十，任老婆儿租生产大队草棚，砌两张水泥台子，纳林街第一家个体饭馆开张。老婆儿人精选农家猪瘦肉烹饪的主打菜炒肉、焖肉，吸引南来北往的食客，口口相传成就“纳林风味”的美名。1997年买下300多平方米地基，新建摆10张桌子的“任邓饭店”；2001年注册“任邓饭店”商标开始连锁经营，2008 年将饭店交给子女经营，自己告老回家。长子经营 8 家加盟连锁店，长女创办多家“任秀丽饭店”，那些深得老婆儿人经营之道的学徒，也打出十几家“纳林风味”的招牌。

徐文清

徐文清，民国 26 年（1937 年）6 月出生于陕西省府谷县麻镇。出身中医世家，1958 年 8 月考入内蒙古医学院中医系，靠政府助学金完成学业。1963 年 9 月分配国营伊克昭盟榆树湾硫磺厂当大夫，1970 年调准格尔旗大饭铺地区医院工作，1982 年 9 月调准格尔旗中蒙医院工作，1989 年退休，在准格尔旗沙圪堵镇开办回春诊所。1994 年迁居达拉特旗树林召镇开办徐氏诊所，2003 年 7 月创办民营欣康医院。中医主任医师。

欣康医院经过十多年创业，发展成为一家医疗、预防、保健集成的综合医院，科室由中医科发展到 14 个科室，开办康复理疗、皮肤科、婴儿泳疗等特色专科；医护人员由 40 多名发展到 100 多名，与内蒙古医院、北京市人民医院建立医疗协作关系。徐文清办医院坚持服务社会的公益性质。承担达拉特旗征兵体检任务，设立老年健康教育基地、青年就业创业基地。2007 年 9 月设立西园路社区卫生服务中心，承担 4 万社区居民的公共卫生服务。2012 年 11 月设立流动医院，深入梁外乡村为群众义诊、免费体检。医院推行药品零差价销售，累计为困难居民减免医疗费用 100 余万元。欣康医院 2011 年 10 月被命名为全国百家诚信民营医院。徐文清 1983 年 7 月被国家民委、劳动人事部、中国科协授予少数民族地区科技工作者荣誉证书；2005 年 8 月、2008 年 9 月，两次被评为内蒙古老科技先进工作者。

任海明

任海明，民国 26 年（1937 年）12 月生，布尔陶亥苏木李家塔村农民。进扫盲班念 3 个冬书，1957 年开始向报纸、电台投稿。1958 年夏天，采写家乡群众抗旱见闻的通讯稿《干群一条心，昼夜抗旱忙》被内蒙古人民广播电台采用，从此一发不可收拾。1981 年正月，他去达拉特旗吉格斯太乡拜年，采写农民生活变化的通讯稿《实行家庭联产承包责任制就是好》被《内蒙古日报》、内蒙古人民广播电台采用。1984 年春季，他不满足于政府的材料，亲自到乌兰沟小流域治理专业户周锁林家采访，采写通讯《穷山沟里的创富人——周锁林》被《内蒙古日报》、内蒙古人民广播电台采用，准格尔旗在周锁林家召开了小流域重点治理现场经验交流会。

任海明在自治区、市、旗三级新闻媒体发表 2580 多篇稿件，7 篇稿件获各级好新闻奖，18 次被评为优秀通讯员和优秀特约记者。尽管生活清贫，写作艰苦，他从来没有向采访对象索取过财物，也从来没有因为人情写过失真报道，成为内蒙古新闻界有口皆碑的新闻人物。2004 年 11 月 8 日，他加入准格尔旗新闻工作者协会，成为该协会唯一的农民业余新闻工作者。2002 年“记者节”，内蒙古电视台宣传了他的感人事迹；2007 年，内蒙古《新闻论坛》第 3 期以《把大爱献给新闻事业》为题介绍了他的新闻人生。

刘显亮

刘显亮，民国27年（1938年）6月出生于河南省民权县。1959年7月在包头矿务局当煤矿工人，1979年3月调准格尔煤炭工业公司，1985年被安排在公司招待所工作。两个儿子相继考上大学，他不幸患静脉硬化，同事和邻居90多人向他伸出援手，当他把两个儿子送入大学后，就怀着一颗感恩之心，走上一条助学之路。1990年1月，他拿出评先进500元奖金，动员同事送听障儿去呼和浩特市特殊教育学校上学，同事谢绝了他的好意，于是利用到呼和浩特市出差机会，署名“刘爱煤”给同事寄去一笔汇款，孩子接受4年特殊教育，他寄了4年学费。1992年他在招待所下夜，附近第二中学校长请他每晚安排叫郝目相的孩子吃方便面，他带孩子吃起招待所工作餐；孩子家生意亏本，母亲患病卧床，他跟踪资助这个孩子，直到孩子考取解放军石家庄陆军学院。

1995年7月刘显亮退休，却开始起早贪黑地带病打工赚钱，将积攒下来的钱多数用于资助贫困学生完成学业，有账可查的助学金额高达30万元，先后救助38名贫困学生。2010年准格尔旗评选“身边的好人”，刘显亮的善举感动了各界爱心人士，10月成立的鄂尔多斯“蓝月亮”义工志愿者协会聘请他担任名誉主席。刘显亮2012年9月被评为内蒙古学雷锋优秀志愿者，2014年7月入选中国好人榜助人为乐好人，同年12月被评为内蒙古第四届助人为乐道德模范。

侯福昌

侯福昌，民国28年（1939年）1月出生于山西省汾阳县。1962年12月毕业于北京林业学院水土保持专业，分配内蒙古准格尔旗纳林水保队、沙圪堵水保站当技术员；1975年1月任准格尔旗水电局水保站站长；1980年7月任准格尔旗皇甫川水保试验站站长；1986年1月任准格尔旗水土保持局局长、皇甫川水保试验站站长；1994年8月任准格尔旗人民政府助理调研员；1999年5月退休。水土保持高级工程师。1992年5月获中国水土保持学会“愚公”奖，1993年5月起享受国务院颁发的政府特殊津贴。

侯福昌主持完成国家“六五”至“八五”科研攻关项目皇甫川流域重点治理项目，成为中国科学院黄土高原综合治理11个试验示范区水土流失综合治理的样板，该项目系列研究成果，1987年11月获内蒙古自治区科技进步奖一等奖，1992年12月获内蒙古自治区星火科技奖一等奖和科技进步奖一等奖。他主持水坠砂坝试验研究，1987年11月获内蒙古自治区科技进步奖二等奖。参与撰写论文《准旗纳林沟小流域综合治理效益分析》，1989年4月在《中国水土保持》杂志发表，经《国际粮农组织》杂志转载，推荐到130多个国家。主编《黄河皇甫川流域土壤侵蚀系统模型和治理模式》（海洋出版社1992年8月版）、《皇甫川十年科研成果论文集》（中国农业出版社1993年8月版）。

李明先

李明先，民国 28 年（1939 年）2 月出生于山西省河曲县娘娘滩。民国 37 年（1948 年）定居绥远省伊克昭盟准格尔旗第八达庆牌特布乌素村。1958 年因患关节炎中断准格尔旗中学初中学业，下肢瘫痪，拄上两拐。1962 年 1 月动员 10 个孩子在自家炕头开办教学班，1964 年 9 月在大队支持下新建特布乌素民办学校。他带领师生勤工俭学，种植杨树上万株，这些树木成材后，新建了校舍，制作了桌凳；开垦出 1.33 公顷土地，生产的粮食作为住校生的口粮；养肉猪、母猪，油、肉调剂师生伙食，出售仔猪增添办学经费。到 1990 年，学校建筑面积近千平方米，有教师 7 名、学生 150 多名。特布乌素学校 1985 年被评为内蒙古自治区勤工俭学先进集体。

李明先 1979 年 1 月在伊克昭盟教育学会成立大会上介绍特布乌素学校勤工俭学的经验。1986 年《内蒙古教育》杂志发表介绍他的长篇通讯《高高的白杨树》。他 1987 年 5 月转为国家正式教师，1989 年 9 月被评为全国教育系统劳动模范。1992 年 5 月参加内蒙古自治区残疾人自强者报告团，先后到内蒙古化纤厂、内蒙古农业学校和自治区人民政府礼堂，介绍自己拄着双拐、艰苦办学的事迹。1995 年 3 月当选准格尔旗残疾人联合会副主席，同年 5 月其办学治校的经验文章《拐杖走处皆绿荫》收入国家教委编写的《中国中小学校长群英集》。

周玉清

周玉清，民国 32 年（1943 年）11 月出生于沙圪堵特拉沟。初小毕业回乡务农。1958 年当小队会计，1963 年当小队长，1963 年 3 月加入中国共产党，1972 年起任特拉沟大队党支部书记，2003 年 6 月退离村干部岗位。

1970 年代，周玉清靠准格尔旗财政局资助的 3000 元资金，发动全村群众利用农闲时间投工投劳修路，用 3 年时间修通 20 千米乡村道路。1978 年，他从伊克昭盟农电局争取到 5 万元资金，架设 3.8 千米高压线，让 38 户群众用上电灯，到 1983 年家家户户通电。他发动群众植树造林、大种柠条，全村所有的荒山荒坡都长满绿色植被，特拉沟村 1987 年被命名为全国造林绿化千佳村。

特拉沟村水源充沛、土质肥沃，流域小气候独特。从 1991 年开始，周玉清引进准格尔旗种子公司，4 个村民小组 70 多户农民 40 公顷水浇地全部种植玉米良种，农民靠出售玉米种子，亩均收入都达到千元级，户均收入达到万元级，有的农民每亩收入上万元，建成全旗最早的“万元田”。1992 年全村出售玉米良种收入超过百万元，群众盖新房、买摩托，娶媳妇，特拉沟村建成准格尔旗最早的小康村。周玉清 1995 年 4 月被评为内蒙古自治区劳动模范。

王金锐

王金锐，民国 35 年（1946 年）10 月出生于蓿亥树湾西不拉。1970 年毕业于内蒙古医学院，分配伊克昭盟达拉特旗医院工作；1981 年在伊克昭盟中心医院从事超声医学临床应用研究，赴美国费城儿童医院、宾夕法尼亚大学儿童医院、托马斯杰斐逊医学院，以访问学者的身份开展短期学

习；1995年任内蒙古医学院教授；2001年任北京大学第三临床学院超声科主任、内蒙古超声影像研究所所长、鄂尔多斯市中心医院名誉院长。1987年获全国“五一劳动奖章”，1988年被评为国家有突出贡献中青年专家，1991年起享受国务院颁发的政府特殊津贴，1995年被评为全国先进工作者。

王金锐是中国超声医学权威专家，8项科研成果获省部级科技进步奖。利用二维联合M型超声心电图研究出心室长轴运动反映心功能变化的结论，20年后才被学者用组织运动多普勒技术发现；在国内率先用潘生丁二维超声心动图试验诊断冠心病，获卫生部和中华医学会中青年医学论文二等奖；通过妇产科介入成功发明先天性无阴道羊膜造穴术，获国家科学技术进步奖；完成骨包虫合并盆腔巨大囊肿微创介入治疗，开创经皮、膀胱穿刺的新途径。主编专著《实用腹部超声诊断学》（人民卫生出版社1994年版）13次再版重印，获第九届中国图书奖和北京市科技进步奖二等奖。

邬存发

邬存发，民国35年（1946年）12月出生于西黑岱。1972年4月被推荐考录为借调干部，1983年8月任巴润哈岱乡人民政府副乡长，1994年5月任长滩乡人民政府乡长，1996年9月任长滩乡党委书记。1997年12月任准格尔旗科学技术局党支部书记，1998年3月任准格尔旗水保局党支部书记、皇甫川流域海子塔贺家湾水保试验场场长，2002年退休。

1980年，十里长川支流五不进沟3.2平方千米流域，列为国家水土流失综合治理试点，邬存发受公社领导指派，蹲点搞试点。他在水保专家指导下，带领社员山顶挖鱼鳞坑种松树，半坡建水平梯田种果树，沟底缩河造地打大坝，探索出山上戴帽、山腰系带、沟底穿靴的治理模式。1982年，以五不进沟为样板，试验区扩大到32平方千米西黑岱沟流域；1983年，又在147平方千米川掌沟流域搞重点治理，通过十年努力，川掌沟建成皇甫川一期工程13条小流域中的样板工程，坝系农业，涵养生态，十里长川上游再未发生一次泥石流。14年间他跑遍了全乡的沟沟岔岔，涉水查看水筑坝，被洪水冲走过，冒雨去排除险情，骑的摩托车陷入泥泞，他所负责的水保项目，没有一处坝库被水冲毁。1994年全乡220平方千米全部实施水保治理，林草保存面积16666.67公顷。邬存发1988年3月被评为全国水土保持重点治理区先进个人，1992年12月获全国绿化奖章。

于向远

于向远，民国36年（1947年）12月出生于沙圪堵镇。从小门门功课优秀，音体美样样出众，天生多才多艺。1965年9月借调到达拉特旗搞“四清”运动；1966年派到准格尔旗文化馆办阶级教育展，参加伊克昭盟文艺汇演载誉归来，分配到准格尔旗广播站当记者。1973年2月考入长春电影制片厂乐团，1985年聘任为长春电影制片厂导演，2007年11月退休。以创作农村题材影视作品享誉全国，先后拍摄 14 部胶片故事片、7 部电视连续剧、25 部数字电影、5 部电视剧；以“一丁”的笔名创作 12 部电影剧本、两部电视剧剧本。

于向远执导故事片《小村无故事》，1995 年获首届中国电影“华表奖”提名，1996 年入选韩国首届釜山国际电影节展映。故事片《这女人这辈子》，1998 年获第 21 届大众电影“百花奖”最佳女配角奖，入选加拿大蒙特利尔国际电影节展映。故事片《男婚女嫁》，1997 年获第三届中国电影“华表奖”优秀故事片奖。故事片《银幕恋情》，1998 年获第四届中国电影“华表奖”提名奖、第 21 届大众电影“百花奖”最佳女配角奖。故事片《人间草木—打一字》，1999 年获第五届中国电影“华表奖”提名。数字电影《请你留下来》，2001 年 6 月获第一届中国电影电视“百合奖”一等奖。故事片《人间天上情》，2005 年入选法国戛纳国际电影节展映。

张 发

张发，民国 37 年（1948 年）11 月出生于山西省河曲县第四区长滩。1978 年 1 月在准格尔旗晋剧团从事编剧工作，1981 年 2 月在准格尔旗文化馆当编辑，1984 年 5 月任准格尔旗乌兰牧骑队长。1985 年 9 月调伊克昭盟文艺创作研究所工作，1999 年 10 月任副所长，2000 年 8 月任所长。国家一级编剧，中国戏剧家协会会员。2005 年 9 月被评为全国文化先进工作者。

张发创作的歌剧《有盼》，1988 年 7 月获内蒙古文艺调演剧本创作一等奖，1990 年 12 月获内蒙古艺术创作“萨日纳”奖一等奖。漫瀚调歌剧《纳林河畔》，1999 年 8 月由准格尔旗漫瀚调艺术团在首届鄂尔多斯文化节上演出，获创作一等奖；2001 年 11 月获内蒙古“五个一工程”奖。漫瀚调歌剧《树牵线》，2001 年 12 月获全国第十一届“群星奖”银奖。反映全国劳动模范殷玉珍的剧作《柳绿沙原》，2003 年 12 月获内蒙古“五个一工程”奖。剧作《除夕之夜》，2004 年 10 月获中国曹禺戏剧文学奖二等奖。剧作《春风化雨》2009 年 12 月获内蒙古“五个一工程”奖。

张发出版著作《漫瀚调放歌》（内蒙古人民出版社 2004 年 10 月版），主持全国艺术科学“十五”规划研究课题《鄂尔多斯漫瀚调的保护与发展》，2010 年 4 月通过专家组评审结题，为准格尔旗被命名为中国民间艺术漫瀚调之乡、漫瀚调列入国家级非物质文化遗产名录做出贡献。

李克仁

李克仁，1949 年 7 月出生于沙圪堵镇。1968 年 2 月入伍，1973 年 5 月复员到准格尔旗贸易公司当售货员，后调入五金公司工作。1981 年 12 月调中共准格尔旗委党史办公室任编辑。1987 年 10 月调内蒙古档案局（馆）工作，聘任副研究馆员；2011 年 6 月退休。中国蒙古史学会会员、中国档案史学会会员。4 项成果获省部级奖，2 部专著入选第 13 届国际档案大会档案出版物展。2008 年 3 月被评为全国档案系统先进工作者。

李克仁运用准格尔方言编著的《准格尔旗近代史话》（内蒙古人民出版社 1994 年 9 月版）在准格尔旗广为流传，获内蒙古历史学会优秀著作一等奖；创作的历史题材小说《大汗台吉》(内蒙古人民出版社 2001 年版)在准格尔旗家喻户晓，一经面世便被抢购一空。该书以翔实的史料描绘了有血有肉的纳森达赖，剖析了纳森达赖的是非功过，再现了那段对准格尔旗产生深远影响的历史。

李克仁是走西口汉民后裔，执着于绥远垦务研究，编著《清末内蒙古自治区垦务档案汇编》获内蒙古社会科学优秀成果奖；独著《清将军衙署公文选注》(内蒙古人民出版社 1995 年 7 月版)获内蒙古社会科学优秀著作三等奖。他倾注心血编著的《走西口与漫瀚调》(内蒙古人民出版社 2010 年 11 月版)，纠正了电视剧《走西口》的偏颇，再现了历史的走西口，展示了文化的走西口。

甫澜涛

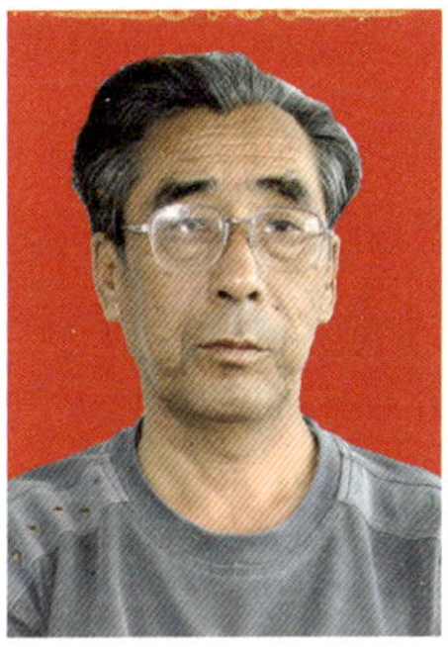

甫澜涛，又名甫·拉恩图，蒙古族，1949 年 10 月生，乌兰察布盟察右中旗人。1979 年 12 月参加工作，1993 年调准煤公司任《准格尔矿报》编辑，后任公司广播电视中心副主任、总编办公室主任；2008 年 11 月任公司文联文学协会主席；2012 年任《火神》文学季刊主编；2009 年 11 月退休。系中国少数民族作家学会理事、中国作家协会会员。著有长篇小说《风雪察哈尔》《大漠青驹》，中短篇小说集《甫澜涛短篇小说选》《狐红》，散文集《雕刻年轮》，个人条目收入《中国作家大辞典》，创作情况入编《中国蒙古族当代文学史》。1980 年，短篇小说《两代人的歌声》获内蒙古 30 年文学创作三等奖；1984 年，长篇小说《风雪察哈尔》获内蒙古首届“索龙嘎”文学奖；1989 年，获评内蒙古青年“文学十佳”；1992 年，短篇小说《麻山通婚考》获《民族文学》优秀作品奖；2002 年，短篇小说《紫山岚峡谷》获内蒙古第七届“索龙嘎”文学奖；2004 年，中篇小说《别了，古道牛车》获内蒙古首届“包钢杯”职工文学一等奖；2007 年，短篇小说《船女》获第二届“包铝杯”职工文学一等奖；2015 年，获评全国煤矿文化事业突出贡献者。

汤世光

汤世光，1949 年 11 月出生，天津市人。1969 年 10 月参加工作；1990 年 10 月调准格尔煤炭工业公司，任《准格尔矿报》社总编办主任兼摄影记者；2000 年 11 月在神华集团准格尔能源有限责任公司档案馆工作；2009 年 11 月退休。中国摄影家协会会员、中国艺术摄影协会会员、中国民俗摄影协会会员。获得国家级摄影奖 13 项、省级摄影奖 28 项，摄影作品在省级以上报刊发表 4000 余幅。个人成果收入《中国摄影家全集》《中国摄影家作品选集》等 16 部专集。2004 年 9 月获中国摄影最高奖“首届中国文艺金爵奖”。

代表性作品有《碧海擒龙》2002 年 8 月获“响沙湾旅游杯”全国旅游景观百幅佳作摄影大赛佳作奖，同年 10 月获“科尔沁草原行”全国摄影大奖赛优秀奖；《涅林河畔》2004 年 7 月获第 20 届中国华北摄影艺术展银奖；《准格尔婚礼》2004 年 12 月获多丽杯“咱们中国人”全国摄影大奖赛三等奖；《沸腾的矿山》2005 年 8 月获神华准能杯首届全国航拍摄影大赛二等奖；《若梦》2006 年 6 月获纪念庆祝中国共产党成立 85 周年首届“和谐”杯全国诗书画摄影作品大赛一等奖，个人被授予“首批全国文化和谐使者”称号；组照《搏克》2006 年 12 月获省级摄影最高奖内蒙古自治区摄影家协会金鹰奖。

王培业

王培业，1951年7月出生于陕西省府谷县古城乡。1970年12月入伍；1975年4月复员，分配准格尔旗养路工区工作；1997年7月聘任为海子塔公路管理站站长。高级公路养护工。

海子塔公路管理站担负着109国道35千米路段的养护任务和路政管理职能，全站有22名职工，养护机械6台。驻地生活条件艰苦。他组织职工打井引水到办公楼，租种农民土地，建蔬菜大棚，办养猪场，实现蔬菜、肉食自给。他打破工资级别，划分责任路段，推行定额养护，量化考核职工，激发内部活力。按照公路养护技术规范作业，挂线修整路肩，及时路肩备料，清理碎落台废弃物，提高公路通行能力；雨季抢修水毁路段，雪天清理积雪，保障公路畅通。路政管理实行12小时巡查，全天候监控，维护了路产路权。在公路旁种植树木花草，建设绿色国道。2000年全国公路大检查，他们“建养并重、管养一体”的经验得到好评。他以路为业、以站为家，妻子王春娥就利用休息日来到海子塔公路管理站，在机关种花草，为职工拆洗被褥。

海子塔公路管理站2000年被评为内蒙古“十佳管理站”。王培业2001年2月被评为全区十佳养路工，2001年9月被评为全国交通系统劳动模范。妻子王春娥1999年10月被授予全国交通系统公路职工“贤内助”。

段仙芝

段仙芝，女，蒙古族，1952年10月出生于蓿亥树湾东不拉。1976年12月毕业于内蒙古医学院医疗系，先后在准格尔旗人民医院、伊克昭盟人民医院工作。1992年5月在内蒙古自治区医院妇产科任主任医师、教授、硕士研究生导师，2004年6月任妇产科主任，当选中华医学会围产医学分会第五届委员会委员。2008年10月在首都医科大学附属北京同仁医院任妇产科主任医师、教授、硕士研究生导师，当选中国癌症基金会第六届理事会理事。

段仙芝是著名的妇产科专家，主持9项重大科研项目。《产超光谱β—内酰胺酶细菌的耐药性监测及方法的可行性研究》2004年12月获内蒙古科技进步奖三等奖，《宫腔镜治疗子宫疾病的临床研究》2005年12月获内蒙古科技进步奖三等奖。发表论文60多篇。《宫腔镜下治疗子宫出血38例临床分析》2002年4月在日本东京第54届妇产科国际研讨会发表，《宫腔镜下治疗子宫疾病179例临床分析》2005年9月在美国圣地亚哥第14届国际宫腹腔镜医学会议发表。出版专著《妇产科临床实践与研究》（内蒙古科学技术出版社2004年4月版）。2005年9月起享受国务院颁发的政府特殊津贴，2006年5月获内蒙古自治区“五一”巾帼奖，2009年11月受到中华医学会表彰。

安源

安源，1953年2月出生于暖水乡神树沟村。1974年7月毕业于伊克昭盟师范学校，分配准格尔旗第三中学任教师；1978年8月以内蒙古高考语文状元身份考入内蒙古师范大学中文系，1982年8月毕业，分配伊克昭盟师范学校任教师。1985年9月调内蒙古广播电视大学伊克昭盟分校工作，后任副校长；2000年7月任鄂尔多斯教育学院院长。2001年9月任鄂尔多斯市人大常委会副主任；2003年12月任鄂尔多斯市人民政府副市长；2007年12月任政协鄂尔多斯市委员会副主席；2013年退休。

安源是著名学者，加入中国中日关系史学会、中国写作学会，1996年6月加入中国民主同盟，任民盟鄂尔多斯市委员会主委。致力于文化研究，在国家级出版物发表学术论文80余篇，出版专著《中国写作理论辑评》（内蒙古教育出版社1992年5月版）、《跃上地平线》（内蒙古人民出版社1993年2月版）、《黄土地，世纪之交的文化思考》（中国青年出版社1996年12月版）、《鄂尔多斯文化之旅》（远方出版社2002年8月版）、《二十世纪中国写作理论史》（南京大学出版社2002年版）《中国传统节日诗话》（群众出版社2013年1月版）等。代表性研究成果关于中日文学艺术比较研究的论文《樱花兼有梅花香》《红楼梦与源氏物语之宏观比较》等。多次获内蒙古社会科学优秀成果奖。1993年9月被评为全国优秀教师。

王生亮

王生亮，1953年6月出生于第四区马三窑乡前房子村。1973年2月高中毕业，回村务农；1986年12月加入中国共产党；1998年3月当选前房子村党支部书记。他动员村民集资入股，收购个体砂场，由集体统一经营，村集体创收12万元，村民人均分红4038元。后以集体砂场为原始股，组建全体村民人人参股的前隆商贸有限责任公司，建汽车运输队，办加油站，搞汽车修理，组织村民从事砂石开采、货物运输业，村民在家庭承包经营收入基础上，增加了集体经营项目分红。这一吸纳全体村民共同致富的企业，让前房子村发生了巨变。

1997年，前房子村集体有1万多元外债，村民人均收入不足400元；2008年，村集体收入62万元，全村男女老幼人均分红9000多元，加上家庭经营收入，人均纯收入12000元。村中土路改造成砂石路，开通有线电视和程控电话，村办小学开设电脑课。2009年8月王生亮不再担任村党支部书记，村集体收入仍每年以百万元递增。前房子村2004年7月被评为全国民主法治示范村，2005年6月被评为全国小康建设明星村。王生亮2001年11月当选内蒙古自治区第七次党代会代表，2002年2月转为国家公务员，上挂兼任东孔兑镇党委副书记，2013年7月退休。

奇附林

奇附林，蒙古族，1953 年 11 月出生于第三区纳林沟乡小滩子村。自幼喜欢唱山曲儿，可惜初中没毕业就回家种田，连歌谱都不会识别。赶过大车，拉过大船，在沙漠里放过羊，在黄河边修过渠，在艰难的生活磨砺中他逐渐成为乡村小有名气的民歌手，1987 年参加准格尔旗首届民歌大赛，以一曲《天下黄河九十九道湾》获得一等奖，从此一炮走红。

1997 年 1 月 8 日，中央音乐学院邀请奇附林在国际旋律学术研讨会上示范演唱漫瀚调，中国民族乐团用钢琴测出他的最高音是 HighA，比世界高音 C 之王帕瓦罗蒂高出 4 个音。2004 年 1 月 CCTV 西部民歌电视大赛，他高亢的《大河畔上栽柳树》竟把动圈式话筒的声膜顶破。几十年来，他凭借一副久唱不衰的金嗓子，把漫瀚调从准格尔旗的乡村原野，唱到全国各地的艺术殿堂，为弘扬与发展漫瀚调艺术做出突出贡献。

奇附林参加过中国原生态十大歌王演唱会、中国第八届少数民族运动会开幕式演出，钓鱼台国宾馆、人民大会堂，全国政协礼堂唱响过他的漫瀚调歌声；他到中央电视台 7 频道、西部频道、12 频道的春节晚会演唱过漫瀚调，做客《魅力 12》《朋友》《小崔说事》栏目畅谈过漫瀚调。2007 年 6 月 8 日，他被命名为中国民间文化杰出传承人，13 日携妻子、儿子、儿媳走进中央电视台，接受《艺术人生》长达 32 分钟访谈。

奇附林 2007 年 12 月获中国原生态民歌大赛漫瀚调优秀传承奖；2010 年 11 月获首届中国农民艺术节 · 全国乡村歌手大赛一等奖；2011 年 12 月荣获中国民间文艺最高奖“第十届中国民间文艺山花奖 · 民间艺术表演奖”。

段秀英

段秀英，女，1954 年 3 月生，沙圪堵镇福路村农民。中共党员。1986 年搭起 0.1 亩的塑料大棚，试种黄瓜纯收入 300 元。她仅念过初中，为掌握大棚蔬菜种植技术，买回 200 余册书籍，自学中国农村致富技术函授大学课程，1997 年 0.2 亩大棚蔬菜纯收入 3000 元。十年过去了，她卖菜由毛驴车换成自行车，又由自行车换成摩托车，受她影响，村里人接二连三地建起塑料大棚。她的大棚成了村民的大课堂，她手把手地传授蔬菜种植技术；她的温室成为村民的秧苗站，她无偿提供给村民培育的蔬菜新品种。到 2000 年，她的大棚发展到 2 亩，纯收入 5 万余元。2000 年 4 月，她又发起成立福路村无公害蔬菜协会，组织村民进行无公害种植，标准化生产，全村发展蔬菜种植户 25 户，经营大棚 42 栋，村民靠种蔬菜，人均纯收入由 1999 年的 2000 元增加到 2010 年的 8756 元。福路村成为沙圪堵镇周边规模最大的蔬菜基地。2002 年起，她被准格尔旗科学技术协会聘为农民技术员，远赴十二连城乡搞技术承包万亩地膜西瓜、7 亩大棚小瓜、5 亩大棚蔬菜。段秀英 1998 年 3 月被评为全国“三八红旗手”；2000 年 5 月被评为内蒙古自治区劳动模范。

柳　苏

柳苏，原名刘桂林，1954年7月出生于暖水乡苏家塔村。1974年4月参加工作，曾任准煤公司发电厂党委宣传部部长、机关党支部书记等职，系中国作家协会会员。1970年代开始发表作品，见于《诗刊》《诗歌月刊》《诗选刊》《散文选刊》《读者》等百家文学期刊，收入《中国散文精选》《中国诗歌精选》《中国年度优秀诗歌》《中国当代诗人代表作名录》等数十种选本；著有《与过去隔河相望》《炊烟深处的日子》《一株草带来的春天》《诗歌旅程：一场心的行走》《走不出故土的情愫》等8部作品集，主编《三中情结》《有一条河，叫暖水》《准格尔览胜》《对一匹马的眺望》等多部作品。2003年，散文《年味》获首届中国西柏坡散文奖；2007年，散文《爱不容易》获全国首届网络乡土散文征文精品奖；2010年1月，散文《歌声传情》获《草原》文学奖；2010年8月，散文《老榆树沟访泉》获中国当代散文奖。柳苏是一位“文学伯乐”，主持“魅力准格尔”和暖水、龙口、黄河一日游等笔会，引荐60多位作家前来采风，让外界了解魅力准格尔及文化古镇暖水。创办《水新文》写作组，主编准格尔旗第三中学文学刊物、准能公司电厂厂报，2010年2月创办民间诗刊《杯水》，推荐80余位作者500余件作品在省级以上文学刊物发表，介绍20多位作者加入省部级以上作家协会。

李根万

李根万，1955年9月生，呼和浩特市土默特旗人。1980年7月在准煤公司职工子弟学校任教师，1988年6月调公司党委办公室工作，1990年7月调入公司新闻中心工作；1992年9月在薛家湾镇创办时尚图片社。系中国民主促进会会员、中国摄影家协会会员、中国民俗摄影学会会员。从1988开始每年跟踪拍摄薛家湾镇全景，20多年从未间断，这组照片成为煤海新城崛起的见证。1990年9月20日，拍摄中共中央总书记江泽民视察准格尔煤田的瞬间。2002年5月，他的事迹收入《中国摄影家全集》。2003年3月，拍摄作品《中国油松王》在《中国摄影报》发表，同年6月以《东方神树》为名收入《中国摄影家作品选》，成为准格尔旗的名片，被平面出版物多次采用，创造了“点树成金”的奇迹。《永不消逝》，2003年获全国全球通杯摄影大赛优秀奖；《紧张作业》，2004年9月获神华准能杯首届全国航拍摄影大赛优秀奖，11月获全国第三届“爱我家乡”摄影大赛二等奖。2006年6月，他荣获首届中国文艺杰出成就奖。航拍作品《大地生花》，2011年1月获“成吉思汗魂·鄂尔多斯全国摄影大展”银质奖；《鸟瞰黄河蒙晋大峡谷》，2014年9月获第十六届全国艺术摄影大赛风光类金奖。2015年1月，他获内蒙古自治区摄影家协会优秀摄影师奖。同年12月，作品《黄河之水天上来》成为《中国国家地理》在美国出版的学术专著封面。

刘战先

刘战先，1958 年 9 月出生于第二区董三尧乡三十顷地村。1981 年 7 月毕业于伊克昭盟农牧学校，分配到准格尔旗农业局工作，1986 年 5 月任准格尔旗国营果品加工厂副厂长，1993 年 5 月任准格尔旗扶贫办工会主席，2002 年 10 月退休。2003 年 4 月创办内蒙古高原杏仁露有限责任公司。

刘战先参与筹建的国营果品加工厂列入国家“星火计划”，加入北京果脯蜜饯集团。国营果品加工厂，几经转制民营，到 2003 年 4 月濒临倒闭。刘战先投资 150 万元收回果品厂抵押银行贷款的资产，吸收 23 名职工以厂房设备入股，创建了内蒙古高原杏仁露有限公司。公司先后与内蒙古农业大学、中国农业大学合作，研发出两个享誉高原的绿色品牌。2005 年公司产品成为全国第一个双获有机食品和 AA 级绿色食品认证的杏仁露品牌；2008 年 11 月“准立”商标被审定为准格尔旗第一枚内蒙古著名商标；2009 年 12 月“高原露”牌杏仁露被评为内蒙古著名品牌；2010 年 5 月“高原露”牌杏仁露获第四届中国国际有机食品博览会金奖。公司建设万亩杏林博览园和百万亩山杏基地，以保护价收购杏果，既保证企业充足的原料供应，又保证农户稳定的收入来源，还解决国家护林的后顾之忧，发展了一项荫及子孙的绿色产业。公司 2006 年 6 月被评为全国乡镇企业创名牌重点企业；刘战先 2014 年 11 月被中共中央组织部评为全国离退休干部先进个人。

温　古

温古，1961 年 4 月生，呼和浩特市和林格尔县人。1990 年 7 月调任准煤公司宣传部副科长，1992 年 1 月任《准格尔矿报》编辑部主任。2003 年 1 月停薪留职到呼和浩特市自主创业，2021 年 5 月退休聘任《草原》杂志诗歌编辑。中国作家协会会员，内蒙古作家协会诗歌委员会副主任。著有诗集《低低的火焰》、长诗《天旅》、旧体诗集《停云轩诗草》，散文随笔集《解读苍茫》《追踪河流》《停云集》、文论等杂集《乙丑杂编》《解构魔法》等著作 18 部；作品散见于全国以及海外杂志、选集、排行榜；部分作品被翻译成英语、西班牙语、日语、蒙语等发表，出版。1997 年 9 月，组诗《瓷以及其他》在《诗刊》头条刊出，《北京日报》评论《论瓷以及其它的内在节奏》，1998 年 6 月被《阳光》杂志转载；2000 年 11 月，散文《黄土坡上租房族》获全国煤炭文联“乌金”文学奖；2002 年 12 月，组诗《库布齐的中午》获内蒙古“索龙嘎”文学奖；2010 年 7 月，诗集《甲申卿云歌》(内蒙古大学出版社 2008 年 5 月版) 获内蒙古文联“呼铁杯”征文一等奖；2013 年 6 月，《温古组诗》获首届神华文学奖一等奖；2015 年 7 月，组诗《余音》获第二届草原文学奖；同年 9 月，组诗《登鹿门山》获《诗刊》“襄阳好风日”征文比赛二等奖。

吕　博

吕博，1961 年 12 月生于马栅人民公社大圐圙梁生产大队。1980 年 7 月毕业于伊克昭盟师范学校英语班，留校任教，1987 年 7 月毕业于北京师范大学外语系，留校任教。1991 年 8 月起任商务部国际贸易经济合作研究院研究员，1993 年赴中国驻乌干达使馆经商处工作，1998 年赴中国驻巴哈马使馆商务处工作，2013 年 9 月任中国驻悉尼总领馆商务领事，世界经济贸易研究部和世贸组织研究中心副主任。

吕博跟踪研究世界经济，《将援外政府贴息贷款直接贷给中国企业的可行性探讨》受到主管部门好评，《中美签订新双边投资协定时机已基本成熟》受到国家领导人重视，《如何应对出口贸易壁垒和建立我国的贸易保护体系》，2003 年获第五届全国外经贸研究成果奖。专门研究 WTO 规则，合著《WTO 党政干部简明读本》（中国社科文献出版社 2002 年版），编著《中国应对国外贸易壁垒最新实务指南》（光明日报出版社 2003 年版）、《贸易战争》（中国经济出版社 2009 年 8 月版）等，2011 年为中共中央办公厅提交《G20 在全球治理中的作用和中国在其中的地位》的报告。经济方面译作《与各国做生意》（中国海关出版社 2003 年版）、《斯密的〈国富论〉》（中国轻工业出版社 2010 版）等。

吕博在文学、教育方面的译作有《奎因现代侦探小说集·犯罪日历》(群众出版社 2000 年版）、《尼克松家族》（金城出版社 2013 年版）等。编写《出国留学程序详解》（北京语言大学出版社 2003 年版），校译《高考门槛——美国名牌大学招生纪实》（中国商务出版社 2005 年版）。撰写人物传记《我所了解的穆塞韦尼》在《人物》1998 年第四期发表。

周玉莲

周玉莲，女，1962 年 7 月出生，布尔陶亥苏木铧尖村农民。1980 年 7 月高考落榜，回乡务农。1985 年夫妇贷款 2000 元开始艰苦创业。她学习养猪技术喂种猪母猪，向农民出售仔猪；丈夫买骡子替农民耕地，靠辛苦挣钱。从养猪卖仔猪，到承包饲料加工厂养牛羊，到创办双效畜牧有限公司；从买骡子为农户耕地，到买铲车承包工程施工，到组建农机服务队。2007 年发动 20 多户农民搞土地规模经营，建成占地 8.67 公顷 120 栋大棚温室，4 间餐饮蒙古包，发展生态种植园区旅游，为参股农民带来良好的经济效益。

周玉莲热心文化教育事业，2000 年 7 月为布尔陶亥乡蒙古族职业中学新建的教学楼捐款 5000 元；2003 年 9 月为准格尔旗新建的世纪中学捐款 1500 元。2007 年冬发动社会力量集资 4.1 万元，资助 3 名贫困大学生。至此，经她组织动员救助的贫困学生突破 300 名。2000 年组建文艺宣传队，创办玉泉家庭文化室，自编自演，自娱自乐，宣传国家的大政方针、宣传地方的好人好事。这里举办的铧尖村春节联欢晚会，父老乡亲边吃周玉莲提供的年夜饭，边看文艺宣传队的演出。经内蒙古电视台首播、中央电视台转播，传遍了长城内外、大江南北。

周玉莲先后被评为全国“三八红旗手”“双学双比”女能人，获全国“十大农民女状元”提名奖；2010 年 4 月被评为全国劳动模范。

李永旺

李永旺，1963 年 4 月出生于伊克昭盟杭锦旗。1984 年 9 月毕业于内蒙古工学院化学工程系，分配到青海省电化厂任技术员；1986 年 9 月到中国科学院山西煤炭化学研究所学习工作，获理学博士学位；1995 年赴比利时 Gent 大学石油研究所和 Louvain 大学催化研究所从事博士后研究；1997 年任

中国科学院山西煤炭化学研究所研究员；1999 年 7 月赴德国 Erlangen 大学有机化学研究所进行合作研究；2000 年 7 月回国主持中国煤制油项目技术研究，任煤转化国家重点实验室副主任；2006 年 4 月在准格尔旗鄂尔多斯大路煤化工基地创办中科合成油技术有限公司，2008 年建立煤炭间接液化国家工程实验室，李永旺任主任。

李永旺是中国煤制油首席科学家，带领研发团队完成科技部 863 计划项目煤基合成液体燃料浆态床工业化技术研究，解决了困扰中国 20 多年的费托合成技术系列问题；编写中国第一代煤制油工业全流程模拟软件，取得 40 多项国家专利，涵盖国际煤间接液化所有核心技术。这项研发成果 2006 年 1 月通过中国科学院重大项目验收，成为世界第五代煤炭间接液化技术、中国自主知识产权煤基合成液体燃料工业化技术。

采用李永旺团队的研发成果，建成内蒙古伊泰集团、山西潞安集团、中国神华集团 3 个煤制油工业示范项目。2009 年 3 月 27 日，内蒙古伊泰集团在鄂尔多斯大路煤化工基地建设的年产 16 万吨煤制油项目顺利产出中国第一桶煤基合成油。李永旺 2002 年起享受国务院政府特殊津贴；2009 年 5 月荣获全国五一劳动奖章。

刘朝霞

刘朝霞，女，1963 年 5 月出生于马栅人民公社张喜塄生产大队。1984 年 7 月毕业于内蒙古林学院沙漠治理系，分配伊克昭盟林业治沙科研所工作，1993 年任副所长，2002 年 10 月任所长；2008 年 12 月任鄂尔多斯市森林病虫害防治检疫站站长。正高级工程师、中国林学会会员。

刘朝霞主持干旱半干旱地区针叶树容器育苗技术推广应用，2003 年 7 月获内蒙古自治区农业丰收奖一等奖；荒漠化土地复合经营范式研究，2005 年获内蒙古自治区科技进步奖三等奖；半干旱区城镇厂矿绿化美化效益评估，2005 年获内蒙古自治区科技进步奖二等奖；优良灌木柠条综合利用技术试验示范，2007 年获内蒙古自治区农牧业丰收奖二等奖，第二届全国梁希林业科学技术奖三等奖。主编《鄂尔多斯林业有害生物防控实务全书》（中国农业科学技术出版社 2012 年 12 月版）。

刘朝霞完成的《中蒙种植业开发试验示范》项目，在蒙古国达尔罕省建立科技示范园区，筛选出适宜寒冷地区种植的蔬菜品种 8 个，成功引种高产优质西瓜。该项成果累计创收折合人民币 103.38 万元，为蒙古国培养人才 100 多名。1997 年 10 月获蒙古国国家科学院科技进步特等奖。

刘朝霞 2005 年入选国家百千万人才工程培养序列，2005 年被评为内蒙古自治区“三八红旗手”，2008 年 3 月被评为全国“三八红旗手”。

樊建平

樊建平，1963 年 11 月出生于布尔陶亥人民公社。1984 年 7 月毕业于南开大学数学系。1990 年 7 月毕业于中国科学院计算机研究所，获博士学位，进入中国科学院计算机研究所工作，1994 年聘任为研究员，1998 年聘任为博士生导师，2006 年任中国科学院深圳先进技术研究院院长。

樊建平从事高性能计算、云计算、并行与分布式计算等方向研究，出版专著《AT&T 3B5 UNIX

Re12.0 核心源代码分析报告》（海洋出版社 1992 年版）。主持研制的曙光 1 号计算机系统获 1995 年国家科学技术进步奖二等奖；曙光 1000 计算机系统获 1997 年国家科学技术进步奖一等奖；曙光 3000 和曙光系列并行计算机获 2004 年国家科技进步奖二等奖；三维人体运动模拟与视频分析系统 2009 年获北京科技进步奖一等奖。

樊建平领导的中国科学院深圳先进技术研究院是中国科学院、深圳市政府在深圳共同组建的新型国立科研机构，开发先进制造集成技术，研制低成本医疗体系和器械，服务城市智能化建设。到 2015 年底，开展科研项目 758 项，申请专利 546 项；争取地方产业化项目 212 个，服务企业 300 余家，带动新增工业产值超过 20 亿元；建成重点实验室及公共技术服务平台 29 个，孵化企业 61 家，总市值逾 50 亿元。

樊建平 1993 年获中国科学院优秀青年奖，享受政府特殊津贴；1994 年获中国青年科技奖；2007 年入选 21 世纪百千万人才工程国家级人才；2011 年 6 月被评为广东省优秀共产党员；2013 年 10 月获深圳市第二届鹏城杰出人才奖。

王海萍

王海萍，女，1963 年 12 月出生于陕西省府谷县，1969 年迁至内蒙古自治区准格尔旗纳林人民公社敖靠塔大队。1983 年 8 月毕业于伊克昭盟农牧学校，分配准格尔旗纳林乡人民政府工作；1994 年 9 月调入准格尔旗检察院工作，2000 年 1 月任监所检察科副科长，2010 年 1 月任科长，2013 年 4 月任刑事执行检察局局长。一级检察官。

王海萍通过多种方式开展在押人员法制教育。被判处无期徒刑的周某，村里建设新农村示范村，盼望获得征地拆迁补偿，分配回迁楼房。王海萍三赴周某所在的乡村，与乡村领导协调，为他争取到征地补偿和回迁楼房，周某下决心安心改造，两次立功，获得法院减刑判决。康某判处有期徒刑 5 年，监外执行后下落不明，王海萍向公安机关发出纠正违法通知，建议撤销监外执行，改判收监执行。她 3 次督查公安机关抓捕，2 次去派出所督促检察，亲自去康某家规劝，促使在外逃亡 5 年之久的康某主动归案，维护了法律的权威。在王海萍带领下，派驻看守所检察科连续 2 次被最高人民检察院评为全国检察机关一级规范化派驻检察室，荣立集体三等功 2 次。2011 年 9 月，王海萍的事迹被内蒙古电视台《法制在线》栏目报道，2012 年 3 月被最高人民检察院评为全国十大优秀派驻女检察官。

张秉毅

张秉毅，1964 年 1 月出生于西营子人民公社西营子生产大队。1982 年 7 月高考落榜回乡务农，1988 年到伊克昭盟文学艺术界联合会参加工作，1991 年 7 月毕业于上海复旦大学中文系作家班，2006 年 7 月当选鄂尔多斯市文学艺术联合会副主席，2011 年 10 月当选内蒙古电影家协会副主席。国家一级作家。

张秉毅利用农闲开始文学创作，早期作品在《十月》《当代》等中国文学月刊发表，被《小说选刊》

《散文选刊》转载；短篇小说《黄土高坡》获内蒙古自治区人民政府文学最高奖“索龙嘎”一等奖；1990 年 3 月，复旦大学中文系专门为他举办作品研讨会。长篇报告文学《与天地共生——鄂尔多斯生态现象透析》，2000 年被国家新闻出版总署评定为“十五”国家百部重点图书，获内蒙古自治区“五个一工程”奖，全国第二届“梁希”林业图书奖。电影文学剧本《烟流上水流下》2006 年获第八届内蒙古自治区艺术创作最高奖“萨日纳”奖；编剧电影《冲动是天使》2009 年入围美国旧金山国际儿童电影节，被美国有关机构永久收藏；反映准格尔汉蒙人民团结融合的电影文学剧本《漫瀚调》2014 年摄制成电影，2015 年 9 月入选第 24 届中国金鸡百花电影节展映。

张秉毅 2005 年 4 月被评为内蒙古自治区劳动模范，2007 年获首届中国作家·鄂尔多斯文学奖。

王亚雄

王亚雄，1964 年 7 月出生于沙圪堵镇。1989 年 12 月毕业于大连理工大学，获化学工程硕士学位。1990 年 1 月分配内蒙古轻化工设计院工作，1998 年 8 月赴美国德克萨斯农工大学机械工程系留学，获机械工程博士学位；2003 年 3 月任美国富士康公司散热设计研究实验室首席工程师，2007 年 3 月任美国戴尔公司 C3 高级工程师。美国留学工作期间，获美国 AMD 杰出支持奖和美国戴尔公司教育支持奖。2006 年 12 月回国创办内蒙古博特科技有限责任公司，2009 年 1 月兼任内蒙古科技大学化学与化工学院院长、博士生导师。系国家特聘专家，享受国务院政府特殊津贴。

王亚雄创办的内蒙古博特科技有限责任公司，利用具有自主知识产权的高效热超导技术，开发出多种高科技环保节能产品，包括太阳能锅炉、太阳能热发电、太阳能畜舍、太阳能建筑一体化产品、智能通信交换器以及工业余热回收装置等一系列产品，2011 年被评为国家新技术企业、中国最具成长性留学人员创业企业。他兼任内蒙古科技大学化学与化工学院院长，建成内蒙古煤化工与煤炭综合利用重点实验室。王亚雄 2009 年 12 月获第二届百名华侨华人专业人士杰出创业奖，2010 年 9 月获国家外国专家局中国“友谊奖”。

苏先保

苏先保，1964 年 11 月出生于稽亥树湾人民公社兴胜店生产大队。1981 年 7 月在准格尔旗第四中学高中毕业，回乡务农；1992 年 2 月当选兴胜店村主任。2003 年 3 月发起成立准格尔旗第一家保护农民利益的经济组织准格尔旗稽亥图西瓜协会，2004 年注册“树农”牌西瓜集体商标，2005 年获国家无公害产地认证和无公害产品认证，2007 年注册成立准格尔旗树农瓜菜农民专业合作社，新建 3300 平方米西瓜交易市场，2008 年 500 亩西瓜种植基地获国家有机食品认证。“树农”牌西瓜畅销全国各大城市，远销二连浩特，出口蒙古国，到 2009 年西瓜种植面积发展到 3333.33 公顷，辐射周边 19 个村，会员 3050 人，年创产值 9000 多万元。稽亥图西瓜协会 2008 年 2 月被评为全国最具影响力农民合作组织。他本人 2009 年 3 月被中国民营企业联合管理委员会评为全国优秀民营企业创业家，2009 年 5 月当选兴胜店村党支部书记。

千八音

千八音，蒙古族，1965 年 1 月出生于川掌人民公社勿图沟生产大队。1981 年 7 月准格尔旗民族中学初中毕业，回乡务农；1998 年 10 月加入中国共产党，1999 年 7 月当选勿图沟村党支部书记，当时全村无路、无电、缺水，村集体收入为零，年人均纯收入不足 800 元。

2005 年千八音投资百万元，吸收村民入股，注册成立准格尔旗千汇煤炭运销有限责任公司，2008 年组织 30 多户村民投资 600 多万元，成立准格尔旗民泰汽车运输有限责任公司。到 2011 年，两家煤炭运销企业吸收村民股金 1100 多万元，安置本村劳动力 60 多人，入股村民户均分红近 10 万元。

2006 年千八音大胆尝试，组织勿图沟村与 3 家驻村煤炭企业建立联合党支部，村两委成员与企业领导班子成员交叉任职，合作共事。村里协助企业征地 200 多公顷，搬迁农户 130 多户；企业优先安置村里的劳动力和工程机械，村里 200 人实现本村就业。在开发煤炭资源的过程中，既依法保护了村民的利益，也维护了企业的正常运营。这一创举 2008 年 6 月起在全旗推广。

千八音带领村民不懈奋斗，勿图沟村实现了通路、通电，家家户户用上了自来水。2011 年村集体收入达到 130 万元，年人均收入达到 15000 元。千巴音 2001 年 6 月被评为内蒙古自治区优秀共产党员，2010 年 4 月被评为内蒙古自治区劳动模范，2012 年 9 月被评为内蒙古自治区民族团结进步先进个人。

刘美鲜

刘美鲜，女，1965 年 3 月出生于西黑岱人民公社白大路生产大队，在邻里乡亲资助下读完高中。1984 年 9 月回到母校白大路村民办小学当民办教师。母校只有 3 间土房，40 多名学生，包括她共两位老师，每月工资只有 20 元，学校腾出一间土房让她住，村里划拨 2 亩土地让她种。她身兼教师、少先队辅导员数职，语文、数学、体育等课都教，还留远路的学生和自己一起吃住，既当老师，又是爹妈。她坚持课余辅导学生，所带毕业班成绩跃居全乡第一，吸引附近公办学校、邻近乡镇的学生也来就读，学生发展到 150 多名。1990 年巴润哈岱乡教育办公室推荐她当校长，她上山搂过发菜，下村收过废铁，经过不懈努力，白大路村民办小学建成占地 100 多平方米 8 间砖木结构教室。刘美鲜 1987 年 1 月加入中国共产党，1993 年 3 月被评为全国优秀教师，同年 9 月转为国家正式教师；1999 年 9 月调巴润岱乡教育办公室工作；2004 年 9 月在海子塔中心学校任教师；2007 年 7 月被聘任为中学高级教师。

刘美鲜还是一名搏克运动员，多次代表准格尔旗参加比赛，1991 年 8 月获内蒙古自治区第七届运动会体育道德风尚奖，1992 年 8 月获伊克昭盟第三届少数民族传统体育运动会女子搏克比赛第二名。

戚志敏

戚志敏，1965年10月生于蓿亥树湾人民公社三十顷地生产大队。1981年9月在解放军陆军某团服役，任放映员、宣传干事；1985年9月转业到呼和浩特市和林格尔县文化局电影公司任专职美工；1991年9月在准格尔煤炭工业公司矿报社任美术编辑；2011年4月任神华准格尔能源有限责任公司文联副秘书长、书画家协会主席。中国书法家协会会员。

戚志敏幼恋书画，勤习不辍，尤以隶书见长。作品入展《书法导报》国际书法篆刻年展、全国职工书法美术作品展、庆祝建党九十周年全国书法精品展等20余次全国展览；2006年获中国第四届特殊奥林匹克运动会书画大赛铜奖；2008年入围《书法》杂志中国书坛中青年500强；2009年两幅作品被五台山藏经阁永久收藏，一幅作品获纪念汶川大地震全国书画作品展银奖；2012年获全国煤矿职工书法大赛一等奖、全国书画大赛三等奖；2014年获中国文联、中国煤矿文联主办的全国优秀艺术作品展览十佳书法作品“乌金奖”。2012年1月个人书画作品展在内蒙古美术馆展出。

王建中

王建中，1967年9月出生于沙圪堵镇。1988年9月毕业于内蒙古师范大学汉语言文学专业，分配到准格尔旗城乡建设土地管理局工作，1996年7月毕业于北京中国作家协会鲁迅文学院，1998年8月任准格尔旗文学艺术界联合会副主席，2004年2月任政协准格尔旗委员会文史委员会主任。小说《走月亮》获1999年《草原》文学奖，短篇小说《走西口》《守墓老年》2009年入围第五届鲁迅文学奖短篇候选篇目，小说《遍地风情》2013年6月获内蒙古第十届“索龙嘎”文学奖；短篇小说《窑二嫂》入选《二十世纪末短篇小说精粹》，散文《抱愧忠烈祠》入选《21世纪优秀散文选》和《新华文摘》2003年第4期。出版短篇小说集有《风中歌谣》（作家出版社1999年5月版）、《往米年》（中州古籍出版社2010年5月版）、《第三十七计》（海燕出版社2012年5月版）和文化专著《漫瀚文化论》（内蒙古大学出版社2009年7月版）等，其中，《往米年》和《第三十七计》入选新闻出版总署农家书屋工程书系。出版摄影作品集《中国有个准格尔》（山西人民出版社2008年7月版）、《莲花辿》（内蒙古大学出版社2010年10月版）、《黄河三峡》（海燕出版社2012年5月版），摄影作品《黄河三峡》2014年9月获第14届中国平遥国际摄影大展优秀摄影师奖。

张　英

张英，笔名山豆，1968年9月出生于黑岱沟人民公社苏计沟生产大队。1990年7月毕业于赤峰卫生学校中医班，分配到准格尔煤炭工业公司职工总医院工作，曾任办公室主任；1998年10月辞职南下广东闯荡，先后就职于深圳三九企业集团广东三九脑科医院、汕尾逸挥基金医院、广州新海医院（广东药学院附属第二医院）等医疗单位，从事医院管理；2007年10月在广州创办景惠医院管理顾问集团，成为我国医院管理咨询与培训行业的重要先行者。主持完成研究课题80多项，

发表学术论文150余篇，出版专著《医院人力资源管理》《从理念到执行》《医院管理咨询10年案例选》《医生的影响力》《优秀员工的10项修炼》等10余部；为500余家医院提供过咨询服务，常年担任100余家医院管理顾问；常年担任清华大学、北京大学、浙江大学等知名大学医院管理核心课程的主讲老师，为国家卫计委、国家中医药管理局和各省市医院管理培训班或学术会议授课，足迹遍布全国各地。在他的带领下，景惠集团集研究、咨询、教学和外包服务于一体，拥有8个法人实体。

张英出版诗集《生命履痕》（珠海出版社2000年12月版）、散文集《纯粹生活》（中国文联出版社2002年7月版）、诗集《抵达与返回》（中国文联出版社2005年8月版）。

吕海英

吕海英，女，1971年1月出生于赤峰市巴林左旗，1992年1月到准格尔旗薛家湾镇的饭店打工，后办过小学课余补习班，经营蓝天街道白云社区午间小饭桌。1994年5月，她走进空巢老人石奶奶家，常抽时间陪伴老人，与老人建立深厚感情，奶奶问她“能不能去看看其他老人？”她脱口而出“可以”。为兑现这个承诺，她开始公益志愿服务。家住贾家湾的周德科老人身有残疾，她义务为老人担水，每周两次，每次5担水，风雨无阻，打动了老人的亲戚，9年后为老人打成水井。红霞母亲患精神分裂症，父亲常年在外工作，小小年纪生活学习没人打理，吕海英义不容辞当起红霞的“妈妈”。

吕海英先后资助100名贫困家庭孩子完成学业，长期关爱26位孤残老人，个人捐助80余万元，用一己之力奉献人间大爱，影响带动更多人投身公益事业。2012年3月，她联合几位爱心人士创办准格尔义工协会，发起“助学、筑梦、铸人”志愿服务项目，建立留守儿童驿站5所，开展一帮一助学进校园活动23次，资助1000多名学生完成学业，800多名学生步入大学校园，1000多名学生继续读书；3000多名特殊儿童、300多名留守儿童得到长期关爱。这位留守儿童的妈妈，空巢老人的女儿，爱心团队的大姐，2014年3月荣登中国好人榜，2014年12月被评为全国五星级优秀志愿者。

赵春益

赵春益，1972年11月出生于神山林场；1992年9月毕业于伊克昭盟教育学院中文系，分配准格尔旗第一中学从事语文教学；2007年8月任准格尔旗第一中学副校长。中学语文高级教师、全国语文名师。主持中国教育学会“十五”规划重点课题《作文三步法实验研究》，通过理论学习、例文研究、成型操作训练，学生逐步达到“我手写我口，我口述我心”的境地。2005年，准格尔旗第一中学包揽鄂尔多斯市第二届中学生创新作文大赛所有奖项的第一名。2006年7月22—24日，全国中学语文教学新课程观摩暨研讨会在准格尔旗第一中学召开。

赵春益出版专著《作文三步法实验课题实验成果集》（内蒙古人民出版社2004年8月版）、《英语课文作文导训》（内蒙古人民出版社2004年9月版）。论文《作文三步法开辟作文教学新天地》，2005年3月获全国基础教育理论研究成果一等奖；论文《“作文三步法”教学浅谈》2009年1月获国家教师科研基金“十一五”规划阶段性成果一等奖；《通向作文成功之路的阶梯——“作文三步法”教学》，2009 年 4 月获全国首届教育智慧工程国际交流会一等奖。2006—2008 年连续 3 次被评为全国教育科研优秀教师；2012 年被教育部评为全国特色教育杰出校长，被中国当代语文教学专业委员会评为全国语文教育管理名师。

杨　勇

杨勇，1976 年 10 月出生于东孔兑乡二担桥村。1988 年 9 月在窑沟乡中心学校读初中；1991 年 9 月在准煤公司第二中学读高中；1994 年 9 月至 1998 年 7 月，在内蒙古师范大学化学系学习，获理学学士学位；1998 年 9 月至 2004 年 7 月，在中国科学院山西煤炭化学研究所硕博连读学习，获理学博士学位。2004 年 7 月任山西煤炭化学研究所助理研究员，2007 年 3 月任副研究员，2008 年 1 月任中科合成油技术有限公司研发中心主任、副总经理；2010 年 3 月任研究员、博士生导师、煤炭间接液化国家工程实验室副主任；2014 年 7 月任国家能源煤基液体燃料研发中心副主任，2015 年任中科合成油技术有限公司常务副总裁。

杨勇带领团队聚焦煤炭高效清洁转化的基础研究，研发出国际首创中温铁基间接液化催化剂，实现从基础研究、集成开发到工业应用的突破，该技术工业化应用，让中国拥有完全自主知识产权的煤炭间接液化成套技术。2008 年安徽淮南 1500 吨工业化示范项目投运；2015 年大路煤化工基地 1.2 万吨工业化示范项目投运。杨勇的研发成果，在国际科技期刊发论文 160 余篇，授权发明专利 60 余项，其中国际专利 7 项，参与制定国家标准 6 项。杨勇 2006 年 3 月获中国科学院杰出科技成就奖，2012 年 12 月获国家能源科技进步奖一等奖，2013 年 5 月获茅以升科学技术奖，2014 年起获国务院政府特殊津贴、2015 年 7 月获世界煤化工杰出贡献奖。

樊晓龙

樊晓龙，1983 年 3 月出生于窑沟乡阳塔村。2001 年 12 月高中毕业参军，考入部队文工团当编导；2003 年 12 月退伍回乡，从事个体装修；2008 年 3 月受热播电视剧《刘老根》启发，萌生拍摄乡土版电影梦想。2009 年 5 月自编自导开拍电影《二哥》，找来战友创作音乐，出演男主角；除女主角外，演员都是干装修的工友；他本人忙前跑后，还当群众演员；历时 4 个多月，充满乡土气息的电影《二哥》在准格尔广场和网络试播，主人公二平给身患重病的妹妹凑齐 20 万元治疗费的故事，深深打动了观众。2010 年 4 月，反映大学生村官带领群众致富的电影《村官》开拍，因赞助商中途反悔，他忍痛低于市价卖掉唯一楼房；《村官》贴近农村实际，道出百姓心声，8 月播出后让观众倍感亲切，被纳入准格尔旗党员干部远程教育网。2011 年在政府支持下完成电影《跟着幸福走》摄制，12 月 29 日举行首映式；该片反映了生态移民的大背景下，“泷水村”乡亲们迁离难以割舍的故土，搬到城市生活的现实故事。2011 年 7 月 3 日，樊晓龙接受 CCTV-7 频道《聚焦三农》栏目专访，他取材于民，益教于民，拍摄农民自己的电影的事迹，被誉为“农民导演”；2012 年 1 月，他被众媒体联合评为“2011 年中国十大 80 后农村励志青年”。

人物名录

1991—2015年准格尔旗牺牲英烈一览表

表33-1

姓 名	性别	民族	出生日	出生地	政治面貌	牺牲时单位职务	牺牲日	牺牲地	追授荣誉
聂春荣	男	汉族	1950-06-10	暖 水	中共党员	第三中学教师	1991-07-26	第三中学	
杨 勇	男	汉族	1966-03-15	大 路	中共党员	窑沟派出所副所长	1997-07-01	窑沟乡	民政部革命烈士
王 云	男	汉族	1979-03-19	沙圪堵	共青团员	第一中学学生	1998-06-20	沙圪堵镇	内蒙古革命烈士
郭培林	男	汉族	1964-11-29	暖 水	中共党员	薛家湾刑警中队长	2002-01-05	呼准公路	民政部革命烈士
郝万忠	男	汉族	1970-09-14	暖 水	中共党员	公安局局长	2011-05-14	康巴什区	公安部一级英模

1991—2015年准格尔旗省部级以上劳模一览表

表33-2

姓 名	性别	民族	政治面貌	出生年月	学 历	单位职务	获评年度荣誉
武国平	男	汉族	中共学员	1966-09	工程硕士	准能公司选煤厂厂长	2001年全国劳动模范
杨进京	男	汉族	中共党员	1963-12	大学专科	准能公司维修中心总工程师	2005年全国劳动模范
周玉莲	女	汉族		1962-07	高 中	布尔陶亥苏木铧尖村农民	2010年全国劳动模范
李永旺	男	汉族	民盟盟员	1963-04	理学博士	中科合成油公司总经理	2009年全国五一劳动奖章
魏建雄	男	汉族	中共党员	1970-12	大学专科	准能公司维修中心车间主任	2009年全国五一劳动奖章
张维世	男	汉族	中共党员	1963-12	研究生	准能公司董事长	2014年全国五一劳动奖章
刘美鲜	男	汉族	中共党员	1965-03	大学专科	巴润哈岱乡白大路民办教师	1993年全国优秀教师
刘培荣	男	汉族	中共党员	1953-06	大学专科	巴润哈岱乡教育办公室主任	1995年全国教育系统劳模
闫万栋	男	汉族	中共党员	1947-07	大学本科	准格尔旗妇幼保健所所长	1996年全国妇幼先进工作者
武振岗	男	汉族	中共党员	1937-03	初中以下	准格尔旗畜牧局副局长	1996年全国绿化先进工作者
王培业	男	汉族	中共党员	1951-07	初中以下	准格尔旗公路管理工区职工	2001年全国交通劳动模范
王凤山	男	汉族	中共党员	1964-04	大学专科	准格尔旗公安局刑警大队长	2003年全国优秀人民警察
赵 睿	女	汉族	中共党员	1965-12	大学本科	准格尔旗教研室党支部书记	2004年全国模范教师
闫新林	男	汉族	中共党员	1966-02	大学专科	伊东集团窑沟扶贫煤矿矿长	2007年全国煤炭工业劳动模范
刘玉清	男	汉族	中共党员	1957-10	大学专科	满世集团总工程师	2007年全国煤炭工业劳动模范
陈全乐	男	汉族	中共党员	1966-12	大学本科	准格尔旗残联理事长	2009年全国残联先进工作者
苏永利	男	汉族	中共党员	1965-07	大学专科	中共准格尔旗纪委副书记	2011年全国纪检先进工作者
徐获薇	男	汉族	中共党员	1964-04	大学本科	汇能集团羊市塔矿综采队长	2012年全国煤炭工业劳动模范
郝利军	男	汉族	中共党员	1970-07	大学专科	满世集团永智煤矿安检员	2012年全国煤炭工业劳动模范
满成云	男	汉族	中共党员	1975-03	大学本科	准格尔旗公安局治安大队长	2012年全国优秀人民警察

续表 33-2

姓 名	性别	民族	政治面貌	出生年月	学 历	单位职务	获评年度荣誉
周玉清	男	汉族	中共党员	1943-11	初中以下	沙圪堵镇特拉沟村支部书记	1995 年内蒙古劳动模范
薛长栓	男	汉族	中共学员	1955-10	大学专科	准格尔旗城建土地局局长	1997 年内蒙古劳动模范
翟振河	男	汉族		1962-10	理学硕士	准格尔旗第一中学化学教师	2000 年内蒙古劳动模范
段秀英	女	汉族	中共党员	1954-03	初中以下	沙圪堵镇福路村农民	2000 年内蒙古劳动模范
王爱平	男	汉族	中共党员	1963-11	高 中	伊东集团公司财务部部长	2000 年内蒙古劳动模范
杨二喜	男	汉族	中共党员	1951-09	大学专科	伊东集团董事长	2001 年内蒙古劳动模范
黄凤义	男	蒙古族		1968-02	初中以下	大路镇东孔兑村农民	2005 年内蒙古劳动模范
刘国青	男	汉族		1974-03	高 中	伊东集团扶贫煤矿副矿长	2010 年内蒙古劳动模范
丁三小	男	汉族	中共党员	1963-02	大学专科	准格尔旗交通局公路养护工	2005 年内蒙古先进工作者
董明亮	男	汉族	中共党员	1967-05	大学专科	农乡丰工贸公司董事长	2010 年内蒙古劳动模范
千八音	男	蒙古族	中共党员	1965-01	高 中	纳日松勿图沟村党支部书记	2010 年内蒙古劳动模范
越永清	男	蒙古族	中共党员	1963-03	大学本科	准格尔旗总工会主席	2010 年内蒙古先进工作者
苏刚刚	男	汉族		1984-02	大学专科	伊泰煤制油公司高级岗长	2015 年内蒙古劳动模范

1991—2015 年准格尔旗籍军人二等功以上军功一览表

表 33-3

姓 名	性别	民族	政治面貌	出生日期	户籍地	军 衔	军 功	颁发单位	颁发日期
秦建国	男	汉族	中共党员	1972-09-23	蓝天街道	义务兵	二等功	步兵某师政治部	1993-12-06
郭建军	男	汉族	中共党员	1974-08-10	沙圪堵镇	中级士官	二等功	北京军区司令部政治部	1999-12-20
杨 龙	男	汉族	中共党员	1983-02-23	迎泽街道	义务兵	二等功	武警部队司令部政治部	2002-01-20
郭晋娜	女	汉族	中共党员	1978-08-29	沙圪堵镇	初级士官	二等功	某集团军司令部直工处	2002-11-25
刘胜义	男	汉族	中共党员	1984-01-15	纳日松镇	初级士官	二等功	空军某师政治部	2003-04-13
王 成	男	汉族	中共党员	1982-09-07	大路镇	中级士官	二等功	北京军区司令部政治部	2006-12-20
刘海峰	男	汉族	中共党员	1981-05-20	十二连城乡	高级士官	二等功	北京军区司令部政治部	2008-12-25
冯智祥	男	汉族		1986-12-22	纳日松镇	初级士官	二等功	空军某师政治部	2009-07-10
赵东良	男	汉族	中共党员	1984-04-02	沙圪堵镇	初级士官	二等功	北京军区司令部政治部	2009-12-25
王晓龙	男	汉族	中共党员	1987-02-08	兴隆街道	初级士官	二等功	解放军某部政治部	2010-09-16

附　录

艺　文

老　家

——准格尔随笔

张秉毅

蛮汉调

有位到准格尔采风的专家，听一个歌手唱了整整一夜，唱词无一重句，很吃惊，问：这里到底有多少山曲儿？那位歌手笑笑，唱着回答：

准格尔的山曲比牛毛多，三天才唱完个牛耳朵。

家家都有七八车，唱不完抛在半山坡。

知情者会说：这位歌手没有吹牛。

准格尔山曲儿，就是蛮汉调。当年，晋陕几县移民越过长城，入居准格尔，蒙古人本是善歌的民族，汉人听蒙古人咿咿呀呀唱、觉得怪好听，张嘴跟上唱。调子是学会了，就是那词儿，学不来，有人灵机一动，编了汉语词，用汉语词唱蒙古调，这很新奇，也很好玩，人们纷纷唱。蒙古人听了，觉得蹊跷，汉人称蒙古人为“蛮”，这种汉人唱的蒙古调，就被人们称作蛮汉调。

蛮汉调历史不长，百年左右。晋北陕北本是民歌之乡，蛮汉调染了二人台、信天游等汉民歌的味儿，也就不怪。再说，留居准格尔的蒙古人弃牧从农，很快被汉化，失去了母语，说汉话，也唱蛮汉调。有人主张将蛮汉调称为蒙汉调，我以为：也对。

昔少小居家时，村中乡亲会唱蛮汉调者，十之八九，放羊的在山坡唱，劳作的在地里唱，赶车行路的在道上唱，妇女们坐在炕头唱，都是清唱。遇到逢年过节，或娶媳妇聘闺女，则配乐器伴奏坐唱。乐器一般是四胡、枚（笛子）、扬琴、三弦，再加梆子。家父为乡里一出色歌手，嗓音清亮，吹拉弹唱亦样样精通，农闲冬日，常被人邀去“红火”，我常跟随，有时还为其敲打木梆，通宵达旦，有时二三日方归。

故乡人为什么那么爱唱山曲？

山曲儿出在山里头，抖它几声解忧愁。

准格尔旗山架大，不唱山曲难说话。

老家一带土地贫瘠，干旱少雨，乡亲们生活世代苦焦，一年到头，心里充满“忧愁”，却又无处诉说，对天对地，扯开嗓子唱上几声，也算是抒抒愤懑。

蛮汉调的内容颇丰，唱劳作辛苦，唱四时节气，唱男女相思，婚姻失意……有一个少女要出嫁，按乡俗，姑娘出嫁前夕，先要“上头”。就是把辫子剪掉，梳成髻，以示已为人妇。这位姑娘在“上头”前，对着镜子最后一次梳理那一头秀发，想到在娘家做闺女的好日子已经过完，夫家什么样子呢？多少依恋，口里就流出两句：

娘家户活了十五六，长长的辫子还没梳够。

“感于哀乐，缘事而发。”“饥者歌其食，劳者歌其事。”（《韩诗·伐木序》）从这点看，蛮汉调与其他优秀民歌的产生，并无二致。

蛮汉调是准格尔乡亲的抒情诗。

山　洪

窃以为：山洪是准格尔的一大奇观。

鄂尔多斯高原海拔在1500米左右，准格尔地倾东南，最低的黄河谷地海拔仅800米左右。境内有三大川系东南入黄河，从东至西依序是：长川、皇甫川、犊牛川。三大川长度都在百里以上。各统领中小河川上百条，另有小毛沟汊实难数计。

这么多的河川，都是季节河。只三大川有少许流水，随了地势，时聚时合，如寡妇脸上的泪。若遇上干旱年头，连这点“泪”也要干掉。留下一条莽莽苍苍的干河床，向着苍天。但是，夏秋雨季，暴雨骤至，水从山塬梁峁，农家屋顶泻到沟汊里，不久，这里那里，近前远处，响起了高低粗细不一的水声。呜呜哇哇，如无数高低不一的嗓子在唱，雷声如鼓，闪电则像指挥家手中的镍棒，一场大自然大合唱就在天地之间开场。

洪水从川道两边无数的沟汊里冲将下来，直扑主川道，在河床中相撞，堆起浪的山峰，那山又骤然跌落，河道两边的沙土岸，这里、那里，不断地轰然塌陷，再看那洪流中，石头、树木、家具、牛、羊、猪，甚至人也下来了……

少小居家时，每逢大雨后，常和弟妹及村中的孩子们到川畔去看山洪。当然，距我家较近的那条川，不过是皇甫川西边的一条支流。就那也叫我们感到瑟瑟发抖，兴奋无比。

后离家到旗一中上学，曾几次赶到皇甫川东边的高崖上看山洪，我在那里，看到了最为壮观的山洪。

每次山洪过后，总能听到有人被山洪卷走了。故乡人生活焦苦，人们就说被洪水卷走的人是“回河南吃麦子啦”。口气于凄婉中约含解脱。人死了，固然不幸，但活着，不也是受不尽的苦吗？“河南”在故乡人的心目中，是个土地肥沃平展，又受黄河灌溉之利的盛产小麦的乐土。

八二年，我从沙圪堵经皇甫川西边的西营子川步行回家，差点就被一股阵雨后的山洪卷到“河南”去。

有时，还有这样的情况，人在下游走，骄阳在上，突然，隐隐听到什么声音，抬头时，几丈高的洪水就到了眼前，这是怎么回事呢？原来，川道长百余里，上游降了暴雨，也有时是支流上的某一水库决了堤。蛮汉调里唱：

你走那天天有些些阴，响雷打闪我不放心。

不放心什么？山洪。若有机会，在准格尔看看山洪，不亦乐乎？

炭

老家准格尔是个出炭的地方。

炭，就是煤炭。老家不叫煤，也不叫煤炭，叫炭。掏炭，拉炭、驮炭、烧炭、就这么叫。

那里炭多，埋藏也浅。有时走在路上，就能看见山沟崖下裸露的炭，黑乎乎的。到烧火做饭的时候了，男的挑着两个箩筐，胳膊下夹一把镢头，走了。一会儿，就回来了，挑了满满一担炭。

炭，多为煨炭，火焰旺，劲儿大，耐烧。捡几块烧上，先捞饭，后烩菜，饭菜摆上桌，灌一壶水坐在炉口上，水烧开了，炭火才刚着透，红红的，夹几块大的，埋在火盆或炉炕的灰里作火种。下次烧火时，刨开，火还是那么大，那么红。

煨炭还被称为“住娘家炭”。一个媳妇往娘家走时，埋了块火种，等她在娘家住了三天，回来烧火，刨开，火种还在。

那里炭多，且好，开采却晚。准格尔过去是蒙民的游牧地。清末后，旗内蒙人渐弃牧地，邻近晋陕的河曲、保德、府谷、神木诸县农民涌入，旗内变为农区，炭的开采伊始。选一块地方，像老鼠打洞往里掏。采出的炭，仅供人们烧火做饭取暖。人们可以任意去拉，去挑，去驮。不用纳税、不用出购费、只给“窑黑子”点辛苦钱就行。因是土法开采，没有先进工具，安全设施更谈不上。窑黑子们通年在不见天日的地下，伴一盏昏黄的油灯，或跪或卧，三块石头夹一块肉，说不定哪时“轰隆”一声，就成了馅饼。所以，窑黑子大多没有家口，挣了钱，就出去胡花海吃，死了，算完。

逢年过节，各户人家都要在院子里垛一座火笼，小山似的。天黑下来，点火，风一哨，成了座火焰山。

到了冬天，每家屋里都有火炉，从早到晚，不断火。人从外边回来，先脱皮袄皮帽，一会儿，棉袄也脱了。

旗内东西部炭多，中部皇甫川里的人家烧炭，就得赶车到山里去拉，用炭，自然就节省。从山里嫁到平川里的女子，到了冬天，都要挟一个包袱，牵儿带女，往娘家逃，坐在娘家热炕上，将两只手插到大腿下，颤着牙说婆家冷冷冷，冷得人待不住。

有时，人们会看到山崖上往外冒烟，走近，能从崖缝里看到红红的火，还能听到燃烧的声音，那是起了地火，地下的炭山着火了。当然，这种时候，不多。

六十年代，几个地质专家来勘探。住在一户老乡家。这家七口人，仅有两床破被、四只半碗。专家们直摇头：“真是捧着金碗要饭吃。”

七十年代末、八十年代初，在准格尔的山野常见到一些大城市打扮的人，三五成群，扛着一些杆子、旗子、满山跑。有一天，飞来一架蜻蜓样儿的飞机，在天上转，越转越低，最后，落在一块平地上。一群人拥着一个小个子人下来，呆了半天，走了。走了，人们才知道，那就是胡耀邦。

经过数十年的筹备，现在，一个现代化的煤城就要在那里建成，著名的准格尔煤田，就是。

酸　饭

到准格尔旅行过的外地人，说起那里的酸饭，总是皱眉蹙额，说：“那里人把米沤臭了吃。”

每听到这种说法，我便很不服气，就纠正，“是浆酸了吃。”酸臭酸臭嘛，有人张嘴说。我就觉得这个人很无理。固然，臭的东西里，有酸的，那也就不能说凡酸东西就是臭的呀。人的饮食，酸甜苦辣咸，五味，故乡人不过是喜食酸这一味罢了。

故乡人多为晋陕移民，山西人爱吃酸天下有名。有一句谚语说：“阎锡山的兵，交枪不交醋壶。”

故乡的米，就是小米与糜米。小米就是谷，糜米，古称稷，都是神农氏先民栽种的古老植物。

相传，上古时，大地上五谷繁茂，每一棵禾苗，浑身都是穗，人们无饥饿之虞，就暴殄天物。“糜米当作黄土扬，白面馍馍喂牛羊，蒸熟米糕当泥抹，玉米棒棒挠痒痒。”玉帝知情后，龙颜大怒，遣五谷仙子下界，用手将庄稼从根部向上捋，穗纷纷掉落，眼看就剩下顶上最后一穗了，这一穗如捋掉，人们就只好面朝西，把嘴张开，吃风去。就在这时，一个小狗眼泪汪汪跑来央告："仙子娘娘停一停，小狗有话听一听，人造孽来狗无罪，求你手下留点情。"五谷仙子心一软，就留下了顶上的那一穗。而严苛的灶马爷却连这一穗也不让人吃，他说那是五谷仙子留给狗吃的。那人该吃什么呢？灶马爷说：狗不吃的。人们绝望了，就在这时，有一位姜夫人，抱来一个小罐子，将米倒进去，加了水，在锅头放一夜，第二天将米捞出下锅，米一浆酸，狗果然连闻都不闻。人们各自回家，家家锅头立起个米罐。为了纪念这位聪明的姜夫人，这浆米的罐子就叫"姜米罐"。

人类因自己的罪过，失去了乐园。我惊诧这故事与西方《圣经》里的人被逐出伊甸园的悲剧，惊人的相似。

酸饭有三种做法：

一、将浆好的米与水分离后倒入滚开的水里，米熟烂时，将米汤撇出，再焖几分钟，停火，这叫酸粥。

二、米熟烂时，用笊篱将米捞出，这叫捞饭。

三、米熟烂时，既不将汤撇去，也不将米捞出，连锅端，用一个勺子盛了就吃，这是酸稀粥。

"紧火捞饭慢火粥。"这话是说，吃捞饭时，火要急些，吃粥的话，火就文一点。

故乡人早吃酸粥，午吃酸捞饭，晚喝酸稀粥。

吃酸粥，人人端一个脑袋大的碗，蹲在地角炕沿，或门外崖畔，一筷子一筷子夹。中午的捞饭，一般就菜吃。晚上的酸稀粥，则离不开锅，盛一碗，碗沿在嘴上转一圈儿，一碗就下去了，伸手再来。

吃酸饭不需要吃多的菜，这是否和老家一带干旱少雨，极少蔬菜有关？

据说，酸饭还有医药学上的价值。

自从去乡后，我吃的是大米、白面。故乡的糜米、小米一年都难得吃上几顿，更不要说酸饭。一个人自小吃惯了什么，以后就爱吃什么。

说酸饭，我的口里就分泌出不少涎水。

我想吃酸饭了。

神　树

宋人，元人，明人，清人，都曾在这棵树下乘过凉。

你说，这棵树有多大？

行人在距它几里之外走，听到一种呜呜的声音，以为是飞机，停下，眯起眼看天，眼神都乱了，什么也没。再走，猛抬头，就看见了它：顶天立地，枝杈斜披，苍劲危耸……现在你明白了，刚才在几里外听到的那种以为是飞机的声音，是这棵树发出的，这声音充满你的耳鼓，而这天的风并不大，真是树大招风呀！

你先看到那树干，那么粗，你走过去，张开双臂，一比画，你自己也笑了，绕树转一圈，你方明白，要想合抱它，甚少得四个大小伙子。你抬起头，往上看，树的枝叶遮天盖地，你根本不可能看到它的梢头，于是，你仰着头，张着嘴，往后退，退，退，一直退到离开树干几十米外，你才望到了树的梢头。

在树的接近地面的那些枝杈上，挂满了大大小小的红布，就连那树干，也被一整匹红布缠绕了好多匝，那红布上，写着"报答神恩""有求必应"等。细看那落款，有本乡田地的，也有山西、陕西的，噢，这是棵神树。对了，树下不远那不是一座小庙吗？就在这时，又有几个香客风尘仆仆而来，在树下跪下来，叩首祷告，然后将拉来的羊儿、鸡儿在树下放开。

神树附近的山沟坡洼，常见一些“野羊”“野鸡”，它们都是香客们做“供品”奉献的。因是给神的，凡人不敢享用，成为野物。

中国人相信万物有灵。这棵树，当初大概也是很普通的棵树，后来，它也许长得快些、大些，就被人认为是神。因是神，人们就只有敬畏。人们不但不敢砍掉它，连动它身上的一枝一叶也不敢。这就是它的无数同类尽遭砍伐的灭顶之灾后，它得以幸存并长寿至今的原因。

据说，在那个横扫一切的年代里，几个红卫兵小将扛了斧头，抬了大锯，想把它消灭。但这些小将们还未到树下，胳膊、腿、肚子纷纷不舒服。勉强捱到树下，斧头还没举起来，就“轰”得一声鸟兽散，有一条碗口粗细的蟒蛇从树干上盘绕下来。

故家距这棵神树，七八十华里。村里人有什么灾灾难难，都要去朝拜这棵神树。有时是“遥拜”，就在自家的院子里或者村里的高地上，向这棵大松树的方向，三拜九叩。

我出生时，很难养，三天两头闹病。一次，差点就完了，父亲跑到院外，向神树的方向跪下，叩首，祈祷，请求神灵保佑他的儿子。父亲对大松树许下的愿是：两只鸡。也奇，父亲叩完头，我就又哭出声来，以后病也就少了，到今天长得健健壮壮。本来，在我十二岁生日那天，是要去还愿的，但是，当时正逢非常年代，谁到大松树那里去，谁就要倒大霉。父亲总是耿耿于怀，1988 年隆冬，父亲终于抓了母亲养的两只肥大的鸡，步行去给神树还了愿。

每年，这棵大松树旁边都要请来大戏班唱上几天戏。这叫神戏，由附近乡村集资，以让神灵保佑故乡年年风调雨顺，百姓安康。

大松树，我生命的守护神！

纳林与沙圪堵

纳林与沙圪堵是皇甫川中游的两个小城镇。

三省交界一带，现在还流传着这样一句话：“纳林沙圪堵由咱逛呢，归绥包头算个甚？”这话现在是嘲笑准格尔人井里的蛤蟆没见过个天。

是的，如今的包头、呼和浩特是内蒙古数一数二的大都市。我的乡亲们还拍着胸这样吹，当然要贻笑大方。但在 20 世纪初，作为内地与边疆的边镇的沙圪堵与纳林，确也曾繁华于一时，时人才出此言。

先说沙圪堵，世纪初，准格尔旗的官府就设在沙圪堵河对面的杨家湾，民歌里唱：“沙圪堵点灯杨家湾明。”民国 8 年，旗内土皇帝那森达赖开始营建沙圪堵，依河岸，建一条大街，招徕晋北陕北等地商客来此，实行免税等优待政策，一下子就把晋北陕北一些边镇的商业拉了过来。商人们找到了一个好的靠山，曾集体建议将沙圪堵改为“那公镇”。当时，沙圪堵城内有“天聚德”“广太裕”“义巨成”“福顺成”等商号几十家，手工业等空前繁荣。有句话：“漫漫纳林川，紧连晋绥陕。”纳林川是皇甫川一段，是晋陕到内蒙古西部包头河套一带的通道，沙圪堵可谓天地人，三利占尽。

汉族人的入居，使汉文化也大量涌入旗内。年节龙灯、旺火、踩高跷、玩狮子，景象与内地无异。民国 9 年，山西几个大戏班聚于沙圪堵，连续唱戏一月有余，沙圪堵成为晋陕蒙交界地带的名镇。

沙圪堵的繁荣，惹人眼红了。民国 12 年，内蒙古河套一带大土匪王英兴兵南来，准备对沙圪堵来个大抢劫。那森达赖料自己的兵力难以抗衡，就和官府撤到西部。临撤时，实行坚壁清野，让商人用大批骆驼将贵重商品驮走，最后将杨家湾官府及沙圪堵主街，点了一把火，大火三日不熄。

王英撤后，那森达赖重修沙圪堵及杨家湾官府，但旧观已难以恢复。商人们有的到了包头、归绥，有的聚到上游二十多里的纳林。1950 年，准格尔旗将旗政府设在沙圪堵，如今的沙圪堵已发展成为人口几万，有三条主要大街的崭新城镇。

我家在沙圪堵西边四十华里的西营子，我直到上小学时，才跟随舅舅第一次到沙圪堵。沙圪堵隐在绿树中，走在平坦的水泥街上，我磕磕绊绊，紧紧揪着舅舅的后衣襟，瞪着双大眼睛。1980—1982 年，以旗第一中学高中班学生身份，我曾在沙圪堵住了两年。沙圪堵也是那时我见过的最大城市。回乡劳动后，每天晚上，我坐在我家屋后的土坡上向东望。东边地平线上的天空，有一片光亮，那是沙圪堵发出的。我盼望有一天走进那片亮光里。

纳林在沙圪堵因大火衰落后取而代之，盛极一时，抗战胜利后商业移到包头，纳林始冷清。纳林曾是古代有名的美稷县、南匈奴单于庭，我曾看到过考古发掘的琉璃瓦当。

我的几个姑姑姨姨嫁到纳林镇西边的川道里。我小时候去走亲家时，曾上纳林街上玩过。一条短短的街，抬腿，就走完了。镇北有一个大果园。

纳林现在是一个乡政府所在地。出产地毯，远销海外。不过，就是现在，纳林与沙圪堵，在故乡乡亲们的眼中，仍是“城市”，是“繁华地”，隔些时日，他们总要到城里去，走走，逛逛。

一辈子没到过纳林沙圪堵的人，我也见过。

神山与双山梁

准格尔境内千沟万壑，可堪称山的，却又极少，神山与双山梁，算两个。

从旗府沙圪堵的老街南望，街口外，有一连峰的青山如障，那就是双山梁。双山梁在皇甫川的右岸，距城约二十里。神山在城西南七八十华里处，在城里看不见。

看这两座山，最好的位置是我老家院子外，西南望，一峰直刺青天，即是神山。双山梁则静静地卧在东南地角。两山皆青蓝幽远。

这两座山，我一日不知要看多少回，相看两不厌。夏秋，云从山后涌出，云从山后退走。有时，遇雷阵雨，“一峰忽被云偷去”。雨过天晴，青山重现，如刚出浴的少女般，冬天，山头上皑皑积雪，至春方化。

神山离我家约二十里。那里曾设过国民党伊盟警备司令部和蒙古抗日游击司令部，1947 年，这里打过一次大仗。解放军曾追着败逃的国民党兵从我们村子一带经过。山里有座大庙，后毁，建我们乡里小学的木材就全是从那庙上拆下来的，都是上等松木。上课时，我常看着梁椽檩上的那些花花绿绿的颜色走神。神山周围有一片小山地，且有一片原始次生林留存。现在那里有一个国营林场。上初中时，我曾与一个同学，一起登临神山，路极难行，山顶上风大，且硬。站在顶上，眺望，整个大地，一乡莽莽苍苍，我曾试图寻找我家的屋子，结果连我们村在哪道黄土梁上都不能看清。眼睛仿佛蒙上了一层雾。想在我家看山的那种清晰，我很奇怪。高中毕业时，我曾和家在神山脚下的一个女同学再次登神山。我的印象是，山上多丑陋的石头，树也并不好看，颜色也绝不是从前看到的那种蓝幽幽的，我想起母亲常说的一句话：远看山有色。这可以做一句好的格言。是的，什么东西，大概只能远看。

双山梁，我从未登临。听家父讲，山上有一个大洞，顶峰上有一块青石盘，上有三只马蹄印和一只战靴印，传说那是宋朝著名女将刘金定最后一次出征时所留。怎么是三只蹄印一只靴印？大概马的那一只蹄子正提起，人的那只脚，踩在蹬上了。那蹄印与靴印内蓄清泉水，你喝干它，一会儿，又满了，满了，也就不再溢出，很是神奇。另说，穆桂英家的穆柯寨就在这山上，那时山叫双锁山。穆桂英就是从这座山上杀下山去，将杨宗保抢上山为夫的，穆桂英的前世即是刘金定，刘金定那次远征风卷旗折，就在沙场战死。恰好那天穆桂英落生，有一句话："阴曹下没有刘金定，阳世间哪有穆桂英。"

清末民国初，"走西口"到内蒙古草地开荒种地的晋陕农民，每次回故里时，望见双山梁就像望见了家门，双山梁那边，即是口里。有一句谚语至今流传："回口里瞭见双山梁——不远啦！"

近年常到双山梁去游玩的，多是沙圪堵城内的一些浪漫少年。

（《散文选刊》1992年8月）

矗立在高原上的太阳城

《实践》杂志记者　刘玉槐　刘纪言　徐钢　特木勒

《实践》杂志特约记者　王守城

任何一种解放都是把人的世界和人的关系还给了人自己。

——卡尔·马克思

引　子

冥冥神韵的黄河，带着中华民族的古老文明，从共和国版图西侧宁夏回族自治区石嘴山市都思图河口进入了著名的鄂尔多斯高原。她以"九曲十八道弯"般的神姿，呈"几"字形，在高原的千峁万壑中逶迤盘桓、一泻千里。就在"几"字形流域的突兀处，有一片同新疆维吾尔自治区中部地区称谓相同而地势迥异的黄土高原准格尔——内蒙古自治区伊克昭盟准格尔地区。

准格尔，地处毛乌素沙漠和库布齐沙带交界地，北东南三面临黄河，是典型的大陆性半干旱气候，年平均降雨量仅400毫米，而蒸发量却高达2093毫米。大自然以鬼斧神工般的手笔给准格尔的地上地下刻画了一幅反差强烈的画卷：地上——沟谷纵横，壑深壁陡，基岩裸露，砂石遍地，水土流失严重的亘古荒原苍黄满目。地下——煤海茫茫、矿藏丰富，古生代石炭二叠纪和中生代侏罗纪双纪复合煤田，在已勘探总面积1365平方千米的范围内探明地质储量为272亿吨优质动力煤。这滚滚煤海犹如一条伏卧沉睡的巨大"乌龙"，积蓄着喷薄腾起的强大蕴力，亟待呼之而出！

历史的这一幕，终于在二十世纪九十年代共和国的热土上拉开了帷幕，并演出一场蔚为壮观的现代剧。

创业篇：煤炭是中国现代化建设的基本能源。准格尔煤田的开发，绝非是历史灵感的偶然闪烁，它是共和国几代领导人和勤劳勇敢的人民群众集体智慧与艰苦奋斗的结晶。

煤炭，是大自然赋予人类的宝贵能源。开发利用煤炭资源，人类从燃火取暖煮饭到蒸汽机车和火力发电、煤化工综合利用，已经走过了几千年漫长的岁月。十九世纪英国人斯坦莱·杰文斯的一句名言："支配这个时代的是煤！"涵盖了发展中国家向现代化目标迈进的必经之路。

中国是煤炭资源大国，内蒙古是煤炭资源大省区。中华人民共和国成立四十多年来，我国和我区的煤炭事业有了长足的发展，但是仍然赶不上国民经济飞速发展的需要。尤其是在改革开放和社会主义现代化建设发展的新时期，百业俱兴，需能源先行，煤炭为首。日本映像记录中心拍摄的特别节目《亚洲 21 · 1994 中国篇》的拍摄概要中是这样描述的："煤炭当然成了现代能源的王牌。现在中国的火力发电量的 80% 是用煤。可以说，是煤在推动中国的前进。"

共和国的几代领导人对此早已高瞻远瞩，运筹帷幄，曾多次把目光盯在中国正北方鄂尔多斯高原的准格尔地区。

早在 1955 年，中央人民政府地质部就组成了地质普查队，第一次赴准格尔旗东部 1100 平方千米范围内进行了勘查，绘制了一幅又一幅地质勘探图，用心血和智慧写出了《绥远省伊克昭盟准格尔旗煤田地质报告》和《绥远省伊克昭盟准格尔旗煤田普查报告》。报告明确指出，该煤田可列为我国大煤田之一，它将成为西北工业原料之重要供给地。

科学不是神话，科学是指引人们走向美好富裕的引路之火。从五十年代到八十年代，国家和自治区相继派出一支又一支地质勘探队，隆隆钻机响彻准格尔的黄土高坡，各种地质资料报告雪片似地飞向首都北京，飞向自治区首府呼和浩特。报告焦点逐渐地聚集在准格尔地区的黑岱沟处。这里的 6 号煤层平均厚度 24.52 米，煤质为 4800 ～ 5200 大卡 / 千克左右，属特低硫、低磷、中灰、优质动力用长烟煤，勘探区精查储量为 18.49 亿吨，设计利用储量为 13.73 亿吨，设计生产能力为年产原煤 1200 万吨，可采 114 年，而且埋藏条件、地形地质水源等都非常适宜露天开采，大型现代化机械作业，完全具备建设一座现代化的大型露天煤矿的条件。

这是一个喜庆的春天，举世闻名的党的十一届三中全会刚刚开过，祖国大地春意盎然。准格尔这块封闭了几千年的黄土地以它坦荡的胸怀和丰富的资源迎来了一片灿烂光明，迎来了国家和自治区的领导、专家，迎来了一批又一批异国财团、老板，迎来了联合国的官员……不少外国人、特别是一些外国专家交口称赞："准格尔煤田是世界第一流大煤田，准格尔人睡在金山上！"

八十年代中期，党中央、国务院做出决定：尽快把准格尔煤田搞上去。时任国务院副总理的李鹏同志，以及国家计委、能源部、水电部的领导，相继赴准格尔视察。1986 年 12 月初，国家煤炭部宣布："准格尔煤炭工业公司"正式成立。1990 年 7 月，准格尔项目一期工程正式被列入国家十大新开工重点项目，同时以国务院新建扩建 27 个能源项目的显赫身份走向典礼台。是年 12 月，在党的十三届七中全会上，准格尔项目又被作为我国能源工业西移的重要标志，被写入国民经济和社会发展十年规划和第八个五年计划中。在国家宏观调控下，国家保证工程建设资金及时足额到位，从全国各地开来了一支支浩浩荡荡的现代化施工大军，准格尔煤田一期工程展开了宏伟的建设。于是，在黑岱沟露天煤矿的坡梁上、沟洼里马达轰鸣，钻机高矗，奏响了一曲曲雄浑壮美的交响乐。剥离现场车水马龙，设备组装场、选煤厂钢架林立，人声鼎沸。飞跨两盟五旗县的"丰准"电气化铁路二百多千米干线上，开山炮声伴和着推土机、挖掘机大显身手，筑路铺轨大军风餐露宿，日夜奋战。坑口电厂、中心区各公用工程项目挖基打桩，灯火辉煌，昼夜通明，一栋栋高楼拔地而起。

1990 年 9 月 28 日，天高云淡，金风送爽，正是鄂尔多斯高原媚人的季节。中共中央总书记江泽民亲临准格尔会战现场视察。面对浩浩荡荡的各路建设大军和浩瀚煤海，他欣然挥毫题词："大力协同，搞好准格尔煤矿建设"。于是五万施工大军以工人阶级的更加昂扬的英雄气概，为实现社会主义祖国能源基地建设的腾飞，向着辉煌的目标阔步挺进。

改革篇：准格尔煤田一期工程，从它起步之时，就深深地刻上共和国实行经济体制改革和进行社会义现代化建设的时代印迹。它以其"准格尔模式"，成为企业走集团化道路值得书写的新篇章。

二十世纪八十年代，是中国历史上的一个不寻常的年代。以党的"十二大""十三大"为标志，伟大的社会主义中国进入了改革开放和现代化建设的新的历史时期。中国改革开放和现代化建设的总设计师邓小平同志，站在时代的前沿，高瞻远瞩，审时度势，提出了“改革是中国的第二次革命”的思想，并且发布了改革阻碍生产力发展的旧的计划经济体制和管理模式的战斗号令。亿万人民在中国共产党的领导下，高举改革开放的大旗，沿着建设有中国特色的社会主义道路，开始了恢宏的史诗般的新的长征。

准格尔煤田的一期工程，从它起步之时，就深深地刻上了实行经济体制改革和进行社会主义现代化建设的时代印迹，并在实践中走出了一条解放思想与实事求是相统一的“准格尔模式”新路。

建国以来，中国的产业划分很细，煤炭、电力、铁路分别被不同的行业、部门所垄断，煤电运各自为政、互不衔接。于是乎，铁路运力成了煤炭和电力生产的“寒暑表”，“车皮大战”打得硝烟弥漫。因为车皮短缺，运力紧张，许多煤矿被迫限产，许多开采出来的褐煤遇热自燃，“白天一片烟，黑夜一片火”，便是当时一些煤矿的真实写照。而不少火力发电厂则因没煤烧而限产甚至停产，更多的企业又因缺电而开工不足。这种状况严重制约着国民经济的发展，也急切地呼唤着煤炭行业加大改革力度走出一条适应国民经济发展的新路子来。

伴随着时代的脚步，脚踩着改革的节奏，“准格尔模式”如此地应运而生了。所谓“准格尔模式”，简言之，就是以高起步、高科技为基础，实现煤电运一体化的现代化的煤炭开发建设的模式。

作为国家“八五”期间重点建设工程，准格尔项目一期工程在立项时，就被国家列为国内一级大型露天矿。单矿年产原煤 1200 万吨，开采技术、开采设备、开采工艺全部是当今世界一流水平。

准格尔项目一期工程在建设中走生产同生活设施、采煤同洗煤设施同步建设的路子。在建设现代化露天煤矿的同时，建设相配套的一系列公用工程和相应的公用事业工程，矿区建设与生活区建设同步发展；在建设年产 1200 万吨的露天煤矿的同时，建设相对应的年选煤能力 1200 万吨的选煤厂，投产后采煤与洗煤同步进行。

准格尔项目一期工程，打破了以往煤电路割据的旧模式，开创出“三位一体”同步建设的新格局。工程建设项目露天矿及选煤厂外，还包括装机容量为两台 10 万千瓦机组的坑口发电厂，一条东起国铁京包线丰镇站（后又延伸至大同站），西至准格尔旗薛家湾全程 216 千米的单线重载电气化铁路和黄河小沙湾水源工程、公司中心区建设等，是集煤电路为一体的大型集团型能源建设项目。

准格尔项目一期工程，以现代化建设的新体制直接进入市场。它是在我国宏观经济的调控下，瞄准国内和国际的大市场，实行国内自行设计的统一计划、统一建设、统一管理、统一经营的综合性集团型项目，其工程建设实行了招标投标、项目承包、目标管理，这为深化国有大中型企业改革，建立现代企业制度，打下了坚实的基础。一期工程建设全部由国家投资，总概算最初为近 41 亿元人民币，后调整为近 92 亿元人民币。这在我国煤炭发展史上可谓空前壮举，它充分显示了我国社会主义建设的经济实力。听后令人鼓舞，看后让人长志。

建设篇：准格尔煤田是我国现代化能源基地建设的一个缩影。它以其项目建设的卓卓业绩和带动边疆民族地区经济社会发展的“准格尔效应”，载入我国社会主义现代化建设的历史史册。

改革开放和现代化建设是亿万人民群众的伟大事业。

1995 年初夏，在准格尔煤田一期项目工程全面开工建设的第五个年头，已经基本完成在建工程的时候，我们驱车来到了准格尔煤炭工业公司的所在地——薛家湾镇。

从鳞次栉比的城镇建筑，到恢宏壮观的黑岱沟露天煤矿现场；从高耸入云的坑口发电厂大烟囱，到深筑河底的黄河小沙湾给水工程；从我国单孔跨度最大的黄河铁路大桥，到逶迤盘桓的“丰准”电气化铁路沿线……它给我们的印象一切都是全新的，一切都是现代化的，一切都是一流水准的。准格尔煤田建设的一切让人惊奇，更让人兴奋不已。一个当今世界一流的特大型现代化露天煤矿，一个崭新的现代化煤城正在这里崛起。

这是共和国建国四十多年来煤炭工业最大的基本建设项目。露天开采采用国际国内最先进的生产工艺和生产设备。其中，轮斗——胶带，单斗——汽车综合开采方式，每工效率将达到 20 吨；从美国引进了目前中国容积最大的电铲——395B 电铲，斗容达 32 立方米。从德国引进了九十年代世界最先进的挖掘设备——紧凑式轮斗挖掘机。从美国引进了国际最先进的重型载重自卸卡车——630E154 吨电动轮自卸卡车。这些都是目前我国引进的最先进、最大型的设备。

企业最长的现代化自备铁路——总长度为 268 千米的大准电气化铁路，成为国家一级干线，并采用国内最先进的韶山 3 型（SS3 型）电力牵引机车。全线贯通后，可使大准线与大秦线连接，成为沟通内地与沿海的又一条铁路运输的大动脉。

中国和亚洲最大的选煤厂和贮煤仓在这里建成。选煤厂引进当今国际最新的煤炭洗选设备、技术和工艺，年洗选原煤 1200 万吨；自动化快速装车站每日装车 500 节，每 3 分钟装 60 吨车皮一节；号称“亚洲第一仓”的黑岱沟露天矿选煤厂原煤仓，单仓直径 22 米，高 69.4 米，贮量为 1.5 万吨；成品煤仓单仓直径 15 米，高 47.2 米，贮量为 0.43 万吨。9 个原煤仓和 9 个成煤仓，总贮量达 18 万多吨。

我国单孔跨度最大的黄河铁路大桥，桥长 634.42 米，单孔跨度为 132 米，创造了我国单孔大跨度桥梁建设的新纪录。

鄂尔多斯高原最大的地下水源地在这里发现。其中，陈家沟门水源地现已建成 14 眼大口径 300 多米深水井，日出水 4 万吨；唐公塔水源地建成 10 眼大口径深水井，日出水 3.45 万吨。两处水源地每日可供水 7.5 万吨，保障着准格尔矿区的民用水和辅助设施的工业用水。它打破了准格尔是“岩溶贫水区，无供水前景”的定论，获国家煤炭科技进步奖二等奖。

黄河中游最大的取水工程——小沙湾水源工程，投资 1.9 亿元人民币，日供水能力为 10.37 万吨，保证着准格尔项目的全部工业用水。

中国最大的一次露天矿剥离坑——黑岱沟露天煤矿首采区黄家梁背斜第一区，沟长 1200 米，宽 500 米，深 100 多米，基建总剥离量为 7000 万立方米。

准格尔煤田项目建设，以其灼灼业绩、赫赫成就，载入中国煤炭工业的发展史册。它体现了具有悠久历史的中华民族非凡的潜能、力量和创造精神，展现出改革开放所带来的崛起、振兴和腾飞的壮美雄姿和恢宏气势。

准格尔煤田建设一期工程的快速建设，极大地带动了薛家湾及周边地区经济社会的迅猛发展。这种连锁效应，如同一股强大的冲击波，在内蒙古大地上产生了强烈的震动，给人以喜悦、兴奋等诸多情感。

仅仅几年的时间，准格尔煤炭工业公司就发展到下设黑岱沟露天矿、发电厂、铁路运输部、公用事业公司等十几个单位及公司。整个公司也由原来不到一千人增到近万人。公司所在地薛家湾也由过去一个上百户人家的生产大队变成一个现代化的小城镇，人口猛增到五万多。地方百业蓬勃发展，特别是商业、建材、加工、酿造、食品、建筑、安装装潢等行业发展迅疾。镇政府的各种管理部门和机关都迅速地建立健全，市民和矿区职工的医疗、保健、免疫、卫生、环境、文化教育等都得到较好的保障。矿区所在地准格尔旗，过去是自治区的一个贫困旗县，1985年财政收入仅350万元，到1993年猛增到5774万元，其中78%来自准格尔矿区所在地薛家湾镇。

准格尔项目的巨额投资和庞大的工程建设也直接受益于它所覆盖的地区和周边地域，使地方经济以准格尔项目为“龙头”，低水平启动，高速度发展。在建项目已投资的60多亿元人民币中，直接支持地方的资金就近2亿元，土地征用和工程施工费用近26亿元用在了内蒙古。大准铁路在内蒙古境内的丰准线，穿越两盟一市的五个旗县（市），使这些旗县（市）的经济以铁路为轴线，全方位启动，扩大了对外开放的力度。呼准公路以及矿区的各条公路，使薛家湾地区和周边地区连成一片，交通四通八达。准煤公司与地方联建的邮电大楼，架设的呼准微波干线，使薛家湾与呼和浩特市直接通邮，又与全国程控市话联网，邮讯便捷。项目建设的基建队伍大部分来自自治区，仅建安费一项用于内蒙古的资金就达17亿元人民币，而且部分设备和绝大部分建材都购于内蒙古，促进了地方建筑、建材市场的繁荣兴旺。由于项目建设的发展，使薛家湾地区及周边地区形成了庞大的第三产业市场，从业部门和个体、私人企业达两千多家，从业人员近万人。许多乡镇企业随项目建设应运而生、迅速发展起来，如建材、制砖、酿造、修理、食品加工、小窑采煤等，既为项目建设服务，又为乡镇和农牧民增加了收入。

更为可喜的是，准格尔项目带动了地方改革开放和民族团结进步事业的繁荣发展。现代化的项目建设，打破了人们原有的思维定势和思想观念，带来了全新的观念和文明、进步、开放的思想，使周边地区人们的思想观念和文化心理产生了质的突变，生产力得到前所未有的解放和发展，形成了各族人民为建设重点工程和发展地方民族经济而团结战斗、和睦相处的大好局面。

展望篇：准格尔项目是我国能源发展战略西移的重大举措和重要标志。一期工程为开发建设整个准格尔煤田打下了坚实的基础，二期工程的乘势而上，不仅会使一期工程的发展潜能充分释放出来，而且会在经济效益上产生裂变。

准格尔，正肩负着历史使命，开创美好的未来！

改革开放的金钥匙，打开了鄂尔多斯高原的宝库。准格尔煤田一期工程的建设者们用勤劳而富有创造性的双手，筑起了一座金灿灿的太阳城。1200万吨的现代化露天煤矿，200多千米的电气化铁路，20万千瓦的坑口发电厂，还有鳞次栉比的办公楼和住宅楼群以及其他公用工程，向世人展示了准格尔煤炭工业公司的整体实力和发展前景。这个集团型特大企业充满着希望，这片遍地乌金的沃土充满着希望。党中央期待着，全国人民期盼着，世界在关注着。92亿元人民币培育的这个“金娃娃”能不能成长、壮大、健康发展，可以说存在着挑战，也存在着机遇。

历史的发展不断给现实提出新课题，即将走向二十一世纪的中国也不断给煤炭业提出新要求。据联合国国际能源署的煤炭报告中指出：“由于中国的国民经济以每年8.5%的速度增长，到2010年能源需求量是1990年的一倍，达23.85亿吨。中国制定的较高的能源价格对改进能源的利用起到了积极性作用，所需能源主要是煤炭。预计到2010年中国煤炭年需求量为16.32亿吨，占世界煤炭年消费量的1/3。煤炭消费的增加主要是燃煤电厂煤炭需求增加。但由于运输问题，中国东南地区使用国产煤炭将受到一定影响。到21世纪初，中国每年要进口500万吨的动力煤来解决东南地区煤炭资源不足及运输乏力的情况。与此同时，中国努力增加煤炭出口，煤炭出口量每年可达2000—3000万吨，这可以部分平衡每年的外贸逆差。”（见1995年6月10日《中国煤炭报》）

我国国家能源研究机构的报告中也指出：1994年全国煤炭总产量为11.8亿吨。到本世纪末全国煤炭年总产量要达到 14.5 亿吨，才能满足国民经济飞速发展的需求。而在这短暂的六年时间里，只有每年新增 4400 万吨的生产能力，才能达到本世纪末 14.5 亿吨的目标。这是一个十分艰巨的任务。

旺盛的煤炭需求擂响了中国煤炭工业大发展的隆隆战鼓，负有盛名的中国东部煤炭基地的逐渐资源枯竭又给煤炭工业敲响了警钟。党中央、国务院及时采取了我国能源发展战略西移、加快中西部能源基地建设的重大举措。今年 1 月在北京召开的全国煤炭工业工作会议，把抓好煤炭重点项目建设作为会议的一个重要议题。会议提出，要抓紧全国效益好、规模大的安家岭、哈尔乌素、胜利一号、霍林河二号、柠条塔、黑岱沟二期、伊敏三期等 7 大露天煤矿重点项目的建设。会议还把哈尔乌素露天矿列为瞄住世界先进水平新建的两大高产高效样板矿之一。

这一鼓舞人心的春的信息，使准煤人的思想更加解放，斗志更为昂扬。他们又开始为建设祖国现代化能源基地描绘更新更美的图画。

准格尔项目二期工程以产量高、用人少、不办社会、煤电同步建设的哈尔乌素高产高效样板矿为核心内容，它瞄准世界先进水平，体现社会主义市场经济的原则。二期工程规划为年产 1500 万吨的哈尔乌素露天煤矿和相同能力的选煤厂，每工效率达 100 吨，是目前全国煤炭行业每工效率的 100 倍；发电厂再新增三台 20 万千瓦机组到总装机容量 80 万千瓦，并准备同国外合作，再建一个装机总容量为 240 万千瓦的第二坑口发电厂；扩建大准电气化铁路运力达到年运 4000 万吨。届时，不仅通过大准、大秦线向托克托、岱海、丰镇、沙岭子、平谷、蓟县、滦平、秦皇岛、唐山陡河等电厂送煤，而且通过集通线向东北重工业区及双辽、丹东等电厂送煤，还可通过海运向华东、华南送煤，并利用这一“黄金通道”向海外出口。

二期工程建设更为可观，估算总投资为 36 亿美元。目前，这一重大工程的“总体预可研报告”已经过煤炭部审查。

准格尔项目一期工程的大量投入，在基础设施诸多方面为开发建设整个准格尔煤田打下了坚实的基础，准格尔项目二期工程的乘势而上，不仅会使一期工程的发展潜能充分释放出来，而且会在经济效益上产生裂变。这是春华秋实的必然结果。

面对如此美好的前景，准煤公司的一些老职工说出了发自肺腑的感叹之言：“想到脚下都是煤炭，子子孙孙都用不完，我们这些老煤炭是过了一把瘾。”“一辈子能够参加准格尔这样的大的项目建设，是我们人生中最大的幸福！”

登泰山方知天下阔。准格尔煤田的开发建设，是我国能源发展战略西移的重大举措和重要标志，它对于内蒙古走向二十一世纪，具有历史和时代的深远意义。

准格尔煤田西 130 千米是东胜煤田，西南 200 千米是神府煤田，三大煤田总贮量达 2680 亿吨，占全国煤炭贮量的 1/6，位居世界八大煤田之列，被称为中国的煤炭“金三角”。现在这三个煤田都被国家列为重点建设项目，进行大规模的开发建设，将成为我国西北最大的能源基地。

到本世纪末，内蒙古煤炭产量将达到 1.5 ～ 1.6 亿吨，发电装机容量将达到 2000 万千瓦；向北京、华北、东北地区送电 650 万千瓦，输出煤炭 2000 万吨，实现煤炭储量、产量、调出量三个全国第二的目标。“金三角”地区的煤炭产量每年将达到 6000 万吨以上，远景为 2.5 ～ 3 亿吨；发电装机容量为 600 万千瓦，远景为 2600 万千瓦。准格尔煤田、东胜煤田、神府煤田分别通过大准和大秦、包神、京包和京秦、集通、神朔等铁路、西煤东运南运，并出口国外；同时，经过能源二次转化，通过准格尔电厂、达拉特电厂、托县电厂，向华北、东北送电，支持这些地区的经济建设。

“金三角”能源基地的建设和发展，又必将吸引沿海地区能源、原材料密集型产业的合理转移，从而可建成国家北方以能源、原材料趋向型产业为主体的新的重工业基地，成为国家开发大西北的重要支柱性基地，从而保证国家产业结构优化、生产布局优化双重战略目标的实现。而“金三角”资源的大规模开发利用，势必形成这一地区加工工业和高科技产业发展的稳固基础，再通过国际、国内市场导向，还可进一步发展深加工、精加工产品，延伸产业链，提高各产业的联合程度，将极大地促使资源优势转化为经济优势，提高内蒙古在国家发展中的地位和作用，从整体上增强内蒙古经济实力，促进内蒙古经济的振兴腾飞，以早日实现邓小平同志提出的“走进前列”的历史夙愿。

准格尔，肩负着时代的使命和历史的重任！

准格尔，托起了明天充满希望的太阳！

（《实践》杂志 1995 年第 9 期）

重回准格尔

张秉毅

我从准格尔乡下跑进城来已经十年了。对于故乡，我的感情一直是复杂的。当年我在做农民时，对那块土地充满了刻骨的仇恨，它耗干了祖先们的血汗，也正在消耗着我的生命，我们面迎黄土背朝天，付出的比牛马还要多，得到的却是衣不蔽体食不果腹的凄凉生活。夏天我们在酷热中煎熬，冬天我们在寒风中战栗，一切都厌了，岁月在麻木中流逝着，那低矮破旧的土窑土屋，那如豆的煤油灯，那开腔破肚般裸露的深沟大壑，那收不尽眼底的荒凉……1985 年秋季的一天，我一跺脚离开了它，我发誓再也不会回来。此后十年间我背对故乡游走四方……但是，我发现故乡如一巨大的阴影，依然笼罩着我。正如作家莫言所说：“对于生你养你，埋葬着你祖先灵骨的那块土地，你可以爱它，也可以恨它，但你无法摆脱它。”在他乡的月色中，我的笔墨缓缓流淌，终于成了一册《旧乡》，那是一个游子怀恋故土的吟唱，那里有我恨我爱我歌我哭……看着外边的世界日新月异地奔向现代化，我常常想起故乡准格尔，准格尔，对你，我心充满焦灼……

又一个夏天，办公室的电话铃声突然响起，拿起听筒，是刚刚卸任的伊克昭盟盟委书记陈启厚先生，他约我见面。在他办公室，他谈了对我的创作的印象后，说家乡准格尔已经有了根本的变化，你以准格尔为题材的作品为什么还是那么一种调子呢？变化了吗？我的半信半疑显然被老书记察觉，他建议我回去看看。

第二天，我就和老书记一起踏上了重回准格尔的路途。

越野车离开东胜直奔准格尔。在车上，老书记感慨地说，作为准格尔的儿子，多少年来，家乡的一切无时无刻不在萦绕着他的梦魂，对于故乡的贫困落后，他有着远比我们这些年轻人更深刻更痛切的记忆。他童年时曾在他的家乡暖水河川里亲眼见过被逃荒父母丢弃的幼孩，幼孩身上仅穿的兜肚里装着沙子，那是大人们为了甩掉他们而想出的狠心的办法，大人们在往孩子的兜肚里装填了沙子后踉跄北行，小儿女在后赶，爹一声娘一声地呼叫，但父母硬着脖子不回头，他们因幼小又被身上的沙子拖曳终于赶不上，最后倒毙路旁……老书记讲述的故事惊心动魄，令听者觳觫，就老书记自己而言，他在故乡的童年远比我们充满不幸和苦难，他于 1953 年在故乡参加新生的人民政府工作时，心头存着一个宏愿，一定要以自己的青春生命报效人民，乡里区里旗里直到自治区首府，他的工作岗位距故乡愈来愈远，可他一直心怀故里。几十年过去了，岁月染白了他的双鬓，一颗拳拳的赤子之心却从未改变。八十年代末，他从自治区首府调回伊盟任盟委副书记接着任书记，其时，伊盟正赶上“大开发大建设”的历史机缘，百业兴起，作为“一把手”的他，有多少事需要他事必躬亲，面对一张“伊盟行政区划图”他的目光在缓缓移动，从黄河南岸肥沃平原上商品粮基地，到面积广大的西部草原，从煤炭资源富集区到化工资源富集区……这些伊盟地区发展的优势，他尽数看到了，但他的目光更多在东部丘陵山区逡巡。不错，那里有他的故乡准格尔，但也绝不仅仅是准格尔，它包括准、达、东、伊、杭 5 个旗市的 50 多个乡镇，这个相对联结面积有 17700 多平方千米的板块，土地贫瘠，干旱少雨，水土流失严重。丘陵山区的 34 万多农民处在贫困线上……可以说，伊盟的丘陵山区是伊盟的“第三世界”。作为一个盟委书记，他深深感到无论从经济观点看待，还是用政治观点衡量，如不采取适应丘陵山区经济建设的战略性措施，将会直接影响全盟实现“八五”计划，十年规划的全局。何况，故土情深，童年时所见的那被丢弃在逃荒路上的幼孩爹一声娘一声的呼叫一直像一个噩梦一般不能忘却……当然，他是深知伊盟丘陵山区的这篇文章不好做，建国以后的伊盟历任领导曾带领山区人民进行了“三起三落”的艰苦探索。但是由于这一地区生产条件差，经济基础薄弱，贫困面比重大的落后面貌仍未得到根本改变。耕地面积占全盟多一半，粮食产量仅占全盟总产量的三分之一，人口占全盟人口的近三分之一，国民收入仅占全盟国民收入的十分之一。为官一任，就要造福一方，他下了决心，就从伊盟的这个大难处着笔，来做丘陵山区的这篇文章……

“然而，产生一个重大抉择，绝非是轻而易举的，没有深刻的反思，没有认识上的飞跃，便没有正确的抉择。”老书记深有感触地忆起 1990 年前后他在这个问题上的思考探索……这一地区的农牧业究竟能不能搞上去？如何搞上去？走一条什么样的路呢？他反复琢磨、比较，与盟委、行署领导同志反复研究、探讨，并听取了长期在伊盟工作过的老同志、有关专家、学者、基层干部和群众的意见，一个设想基本形成。这年 9 月，江泽民总书记来伊盟，他向总书记做了汇报并受到了江总书记的赞誉。这年冬天，他随着自治区农业考察团，赴晋、陕、宁三省学习考察，这次考察收益极大，特别是在山西、陕西考察旱作农业对他触动很大。考察结束后，思路基本明晰：农牧结合的方针，生态农业的路子。在这年十二月盟委召开的旗市委书记会议上郑重提出：我盟丘陵山区经济建设的正确路子，在于实施“两翼一体”战略，建设“3153”工程。它的基本含义是，以植被建设，水利水保为“两翼”，促进“主体”——农牧业经济腾飞。“八五”期间，实现人均建成 3 亩稳产高产基本田，其中：1 亩水地 2 亩旱作基本田；人均种植 10 亩林果树，人均养 5 只羊，户养 3 口猪。

老书记顿了顿，说：“历代的滥开滥垦和四十多年来的开荒种田、广种薄收的错误生产方式使这一丘陵山区差不多要成为全国水土流失最严重的地区了，植被稀疏，耕地一年年减少，如若不从根本上改变这种状况，如此恶性循环下去，不过一百年，这里农民将被迫迁移，所以植被建设与水利水保是这里农牧业生产的关键，人民生产生活之根本，能不能变恶性循环为良性循环，是关系到子孙后代的大事。至于‘3153’工程，是根据实践，提出一个可以通过努力而实现的量化目标。现在农村以一家一户为生产基本单位，‘3153’以户就可以操作，另外，它把奋斗目标与农民的切身利益紧密结合起来，利于调动人民群众的积极性。”老书记掐着指头为我算了一笔“3153”的经济账，工程一经实现，丘陵山区人民生活就可以脱贫致富奔小康。

我知道，准格尔在一百多年前还是蒙古牧人的游牧地，清末，特别是贻谷放垦以来，世居长城以南的晋陕汉族农民如洪水一般涌入，天苍苍，野茫茫，风吹草低见牛羊的牧野风景很快为鸡鸣狗吠的农业村庄所取代，犁头在处女地上翻起欢欣，庄稼唰唰地长，牛羊滚滚地肥，孩子呱呱地生，秋后，那些粗手大脚的汉子手捧粗瓷大碗喝酒，个个喝得像红头公鸡……但是，走西口而来的晋陕儿县农民与这块处女地的蜜月期很快就结束，随着无节制的滥开滥垦，林木植被殆尽，水土流失严重……庄稼一年比一年蔫，牛羊一年比年瘦，光棍一茬比一茬子多，悲凉的山曲响起来了：

大年三十没月亮，年年都是这灰样儿

走西口农民的子孙们开始对祖先生气：那么撕心揪肺地走了一回西口，就走到了这么一个穷地方？！

越野车一阵颠簸，将我拉回现实，我点了支烟，问老书记："那么，'两翼一体'战略，3153工程从1990年开始实施以来已近五年，它的实际效果如何呢？"

老书记不肯作答，他说："这个答案最好是你自己去寻找。"

我们第一站去的地方是暖水乡，这里是老书记的故乡，境内因有两处泉水而闻名远近，地方亦因此得名，这里和我的出生之地西营子乡毗邻，在我过去的印象中，也是准格尔西部有名的穷乡僻壤。进入暖水境内，车窗外不断有成片的油松林，沙棘林闪过，山坡上的梯田鳞次栉比，老书记侧脸凝视着窗外，脸上漾起一种极祥和的神色，口里喃喃地说着每一条沟每一道梁的名字，这里小时候他挖过野菜，那里他当年和伙伴们追赶过野兔……一山一水一草一木都唤起他遥远而亲切的记忆，这回忆于甜蜜中拌和着忧愁。苍天不老，浪也白头！我想，任何一个人，当他面对故乡时都立刻会变成一个感伤的诗人。

暖水乡书记王四棉是一个极富幽默感的人，望着家乡出去的老书记，怨艾地说"退下来了，不在家凉凉地儿坐着，大热天跑甚咧？"当然是笑话，他知道老书记关心的是什么，在乡政府喝了口水后，就与新调来的韩乡长一起登车，引领我们和从旗政府赶来的杨占林旗长一起赴暖水川东部的山野看他们新植的万亩油松，那山野远远看去还很荒芜，但已有成千上万的小油松苗在鱼鳞坑内探头探脑，试想几年之后，当这些幼松从坑里纷纷站立起来时，这山这野将是一番什么景象？有这样一个细节，老书记弯腰去拔鱼鳞坑里的蒿草时，王四棉对老书记说那与油松的生长并不相妨，油松是等天冻后才生长的。老书记笑着直起了腰，王四棉唠叨着："真是官僚主义。"大家都笑。王四棉的家在距乡政府很远的德胜有梁，那在暖水又是一个条件最差的村，王四棉联合村民，在沟里集资筑坝，硬是在乱石山湾里制造出一块块坝田。王四棉的新房已落成，簇新的砖瓦房，还有东西厢房，王四棉问老书记："有你的房大吗？"老书记说"比我的大。"王四棉得意了，吹了起来：比你的还要好吧？就说空气，能比吗？大家品尝着王四棉家自种的西瓜、水果、葡萄。王四棉又说，我这也是自来水呢。大家不信，王四棉跑到院里，从大瓮里抱起一根小茶碗口粗细的白色管子，冲老婆发令：合闸。小白管子呼呼地喘了几口，哗，一股清水似玉液琼浆般喷吐出来……那一刻，王四棉笑了，他的妻子笑了，女儿笑了，老书记笑了，旗长笑了，我们都笑了，我顿悟到，这世间最幸福的人应该是那些用自己双手创造了新生活的人，没有比劳动更崇高的事业。暖水乡几任领导都是好样的，从前任刘海荣、高维柱到现任领导，他们个个都是实干家。1990年实施"3153"工程的准格尔二十二个乡里，暖水乡在九三年就全部达标，成为全旗全盟第一个达标的乡。从实施"3153"工程至今，新增水浇地324.2公顷，梯田275.8公顷、坝地102.33公顷，分别是1990年底的3.1倍、2倍和16倍；新增有林面积5816.87公顷，其中果树622公顷，分别是1990年底的3.5倍和2.7倍；

1994、1995年两个牧业年度大小畜都保持在43000只以上，是1990年底的1.9倍。新打大小井178眼，其中大口井26眼，打蓄水大坝7处。这组数字蕴含着多么不平常的劳动创造，须知，所谓1990年的各项底数是该乡建国四十多年来积累的，这么说，这五年的时间暖水乡是以什么样的速度发展的？当天下午，我们奔川西看新种的几千亩柠条、沙棘，到榆树壕看上千亩的坝地玉米，虽是大旱之年，坝地的玉米长得郁郁葱葱，山上油松成林，沙棘密布，山上已基本退耕还牧，整个榆树壕绿色浓得化不开。我的心灵被深深地震慑了。我在一处水坝堤的水泥建筑上看到了村长的姓名，那是群众刻上去的，人们过上了好日子，感谢老村长的领导，感谢党的好政策。在榆树壕，我看到百姓如何竭力挽留老书记能在自己家里吃一顿饭，喝口水……人民群众的心里是有一杆秤的，他们知道好歹。老书记一次又一次被感动了，他在车上对我说，一个人即使官做得再大，假如不能给人民做点有益的事，又有什么意义和价值呢？

我在暖水待了三天，王四棉书记陪我看了广生壕郝家塔的水利工程，贾明沟的水利工程，本坝梁社的梯坝结合地小经济沟模式，但是，我看到的仍然是极少的一部分，阳塔村木独特拉社、阳塔社、圪秋沟村朝太社，贺家沟敖包壕……我不能一一去看，但我已看到了“3153”工程在这个只有七千多人口的穷乡显示出的奇迹，在乡里为送别我而举行的晚宴上，副乡长李世荣为我唱了一支山曲儿。

圪秋沟的丰产沟阳塔的井，贺家沟的梯田平了个平。

榆树壕烧的好大瓮，勉盖图呜呜的松树林。

速鸡沟的塔地海力色太的山，暖水村靠住一个大川畔。

郝家塔的工程出了名，看看德胜有梁的苹果爱死人。

水泉沟的泉水流的虾，人称奇观甲天下。

暖水沟泉泉出了名，自治区首府来过人。

歌声中，我听到了新一代暖水儿女的热情与自豪。王四棉告诉我，他们在“九五”期间的目标已经制定，实现人均5亩基本田、20亩林果树、8只羊、户均5口猪、“3153”的量化指标提高为“5285”。人均收入由现在的937元上升到1500元。

暖水乡几年的实践证明，这一地区要想脱贫致富，必须走生态农业的路子，如不把水利水保与植被建设放在战略重要地位，就不可能变农牧业生产的恶性循环为良性循环，这一地区的农牧业生产就不会有指望。

就要离开暖水了，王四棉拉住我的手说：“欢迎作家同志常来暖水，我们一定大门开得大大儿的，狗子拴得牢牢儿的。”

在准旗人民政府旗长杨占林的安排下，我由农委的同志陪着又奔沙圪堵乡。

沙圪堵乡党委书记王引卷是个壮实的中年人，他领我们到了塔拉沟。在去塔拉沟的途中，他告诉我，塔拉沟流域水资源较为丰富，地域宽广，沟、坡、梁具有丘陵山区的代表性而成为“3153”工程的示范点。

我们先到沟门村。沟门村在塔拉沟汇入皇甫川处，在这样的大旱之年，这里的千亩河滩地上玉米高粱撑起无边的青纱帐。沟门大坝绿波荡漾，洁白的鸭群在戏水，打鱼船泊在岸边，疑是到了江南水乡。王引卷告诉我，九一年，这里人均水地是7分，现在已达到2亩7分，光这2亩7分水地一年收入是多少？

走在沟门村大沙滩围堰引洪澄地工程上，人们回忆，老书记几次来这里，这里还有他栽下的树。

沟门的村长不在，我们在地里转了半天，就沿一条乡村公路进入绿色的塔拉沟。塔拉沟确实是绿色的，河两边的山头沟坡是绿色的，沟里的河水是绿色的，河两边的土地更是绿色的。来塔拉沟以前，我就听说这里有个支书，去年一年毛收入 8 万元。人称“毛八万”，他叫周玉清，是自治区劳动模范。我们来的时候，他正在拆旧房建新房。我问他去年的收入情况，他一笑：“毛收入八万多。”王引卷书记笑了，说：“毛八万嘛。”看我有些吃惊的样子，他给我一宗一宗算起收入，在连续的大旱之年，他每年给国家交售约 7500 千克粮食。他引领我们到河滩去看他的果园，梨、苹果、桃、杏……让我们放开肚皮吃，走时，又把我们的大小包装满。

周支书给我说：塔拉沟的水是长流水，可是过去，水白白地流，两边坡地上的庄稼却往死里旱，水浇地只有少得可怜的几块。那时无电无路，村里人到沙圪堵极不方便，一年有人赶牛车上沙圪堵，结果在河滩的淖泥里把牛陷进去，怎么弄也弄不上去。只好把牛的四个脚砍掉，这或许是一种夸张的说法。建设“3153”工程以来，塔拉沟两边的小流域得到治理，洪水下不了沟，又在坡上搞了梯田。沟里大片河滩改变成水地。现在，这里已完全实现了退耕还牧，粮食下川，林牧上山。电来了，路通了，好闺女抢着往这里嫁，这里的闺女却不想到别处去。现在全村人均收入已超过 2000 元，如果装电话的指标达到，这里就是一个小康村。

此次准格尔之行是由西往东，从暖水到沙圪堵，离开塔拉沟，我们又去东边的巴润哈岱乡。

初到巴润哈岱的瞬间我瞠目结舌，那天午后，当我们的越野车跃上一道梁时，炽烈的阳光好像蓦然间暗了，我以为是天阴了。陪我的旗农委许润青副主任说：前边是巴润哈岱。我从车窗望出去，山头一个个都黑色的，再看，是墨绿色的，绿色深了远看就成了黑的。我叫司机停下车，从车上跳下，放眼望去，山山吐绿，岭岭叠翠，青天底下，像天公抖开了匹绿缎子……我的眼早已习惯了这块土地的苍黄、赤裸，一时间竟有些茫然无措，恍兮惚兮……这是在何处？再往前，越野车就扑进了这片绿色之中，山道弯弯，柳暗花明……我再次要求司机把车停下，满山遍野的油松在风中起伏，呜呜的低沉声音从远处阵阵滚了过来，这是什么声音？松涛！我大喊大叫起来，松涛！我听到了松涛，在准格尔，在巴润哈岱，我的泪水唰地泼洒了满脸……准格尔，我的故乡，这是多少年来萦绕在你的游子心头的一个梦，真的，多少次，我梦见故乡的山是青的，水是绿的。多少次，梦醒之后，空留下无可追寻的怅惘。巴润哈岱乡长张大虎告诉我，巴润哈岱的绿色革命，从十几年前就开始了。生产责任制后，这个乡的“五荒”没有分，乡里统一规划治理，一座山一座山地规划，一条沟一条沟地治理。树一棵一棵地栽下，草一片一片地长起，十几年过去了，巴润哈岱绿了。特别是盟委实施“两翼一体”战略，“3153”工程的五年来，乡里把山沟治理与农民的切身利益联系起来，极大地调动了人民群众的积极性，建设步伐加快了，如今，全乡可治理的“五荒”已全部绿化，森林面积达到 16666.67 公顷。山梁的耕地全部退耕还林还牧。山都绿化了，沟都治理了，山上的水不下来，沟里的水出不去。原来一遇雨季就由山洪撒泼耍野的长川现在只有一线清流，乡里就在这条莽莽川道里造田，几年间竟造出了优质坝地、水地上万亩。张大虎乡长详细给我介绍了他们在水利水保，植被建设中的“四道”防线。在梁峁采取以油松、柠条、沙打旺为主的工程整地造林、种草，就地拦蓄顶部径流、泥沙、形成第一道防线；在坡面采取工程措施整修梯田，既发展基本田，又保持了水土，形成了第二道防线；在沟沿与河底间，采取了工程整地造林、种草，种植了适合当地生长的沙棘、柠条、草苜蓿等，沟底两侧发展杨柳、乔木林，并辅以经济林和人工牧草，从而稳定了沟坡，有效控制了洪水对河床的冲刷，形成了第三道防线；沟道则按自上而下，毛、支、干、主沟依次治理。

主沟修谷坊，营造乔灌护沟林，干沟发展小水库、塘坝、淤地坝，建立丰产林粮基地；主沟修建骨干工程，缓洪减沙，淤泥澄地，保护下游农田，形成第四道防线。四道防线的建成，既控制了水土流失，又为发展基本农田奠定了坚实的基础。两边山上的农户纷纷迁到了川里，全乡的耕地因大量退耕还林还牧比原来少了，但粮食产量却是原来的几倍。

在巴润哈岱，有一个消息叫我惊叹不已。乡长告诉我，这里的山林里发现了两只狼。狼！我疑心自己听错了，张乡长笑着说：是狼，两只。一只打死了。狼……我喃喃着，久违了，狼……

在巴润哈岱乡，人们在传颂着老书记吕世光、郧四仁的名字，是他们领着群众在十几个春秋里用血汗换来今日的巴润哈岱，据说，人们要求给这两个书记立碑……黄昏时分，我们登上一座高山，极目眺望绿色的一方大地，我再次为人民群众的创造力所折服，有谁会相信，这里曾是黄河中游水土流失最严重的地区，黄河，巴润哈岱再不为你负疚，生产生态环境的改变，促使巴润哈岱农牧业的飞速发展，明天的巴润哈岱会更美好……

我的最后一站本是我的生身之地西营子乡。无奈突然淫雨绵绵，连日不晴，回乡的路断。我只好遥望故乡，农委的同志看出我的心思，向我介绍西营子乡在“3153”工程建设中驰名的万亩梯田……

在下榻的准格尔宾馆，我一连度过了几个不眠之夜，窗外的雨很耐心地下，几天了，仍在下，不知会下到什么时候，短暂的故乡之行，使我心中那个本已经枯萎的希望复活了。暖水山野的幼林，沟门的青纱帐、鸭群、渔船，绿色的塔拉沟，巴润哈岱的青山翠岭、滚滚的林涛，老书记、旗长、乡村干部、父老乡亲那一张张热朴朴的笑脸，总是在眼前闪动，睡不着，立在窗前抽烟，我想起了一个人，我童年时家乡有一个老支书，他叫刘玉泉，他带领群众在我们村东的一条沟里修拦洪大坝，大坝工地红旗飘扬，炮声隆隆，连大年三十儿夜都在挑灯夜战，一条巍巍的大坝修起来了，雨季到了，大坝叫一场洪水冲断。老支书振臂一呼，人定胜天！再干。数九寒天老支书的棉袄汗湿了，冒着热气，有人落下了疾病，有人甚至终身伤残……但数年过去了，大坝一次次打成，一次次被冲垮……记得那年夏天一个暴雨后黄昏，全大队五百人会战一冬一春的大坝再次随一场山洪付之东流。父老乡亲们在沟畔像一群泥塑，“唉”老支书绝望地叫了声蹲了下去……八十年代初，当了二十多年支书的刘玉泉终于积劳成疾过早离世。我想，他一定死不瞑目，因为他所领导的二十多年的战天斗地的结果基本还是山河依旧……我要在这里说一句，我的准格尔的父老乡亲们是勤劳的，他们称自己叫“受苦人”，他们从来没怕过苦，他们没有好日子过是因为他们苦于找不到一条科学的治理山河的道路，为了寻找这条幸福之路，他们曾历尽艰辛付出惨重代价，时代到了九十年代他们终于找到了，这就是“两翼一体”战略、“3153”工程。

在准格尔旗人民政府旗长杨占林的办公室，我向他谈了我此次回乡的经历与感受。这位年富力强的旗长信心十足地对我说：“有一个绿色的巴润哈岱，就会有一个绿色的准格尔。”

旗长，这话，我信。

淫雨停后的一个早晨，我就要离开准格尔，望着车窗外故乡的山山水水，我心潮激荡难平。

“两翼一体”战略，“3153”工程已经在这里大见成效。多少年来日益严重的水土流失已得到有效治理，农牧业生产的良性循环正在形成。暖水乡的一个老农民就曾对我这样说：这回上边的政策可算弄了个对，就按这道道办，没错儿。也让我深思一个问题，一个决策者的决策，对人民意味着什么？决策正确了，就会得到人民群众的拥护，成为人民的福祉。错误了，就会劳民伤财。为政者，能不慎乎？！我想起了陈启厚书记的一句话：一个人，即使做官做得再大，如不为人民办事谋福利，他就微不足道。当然，给人民大众谋福利的人，人民也永远会记住他。

别了，准格尔，再见了，故乡，不论我走到哪里，我的情牵着你，我的心系着你，即使我不能为你种一棵草，植一株树，我也要用我沙哑的歌喉为你歌唱。

我相信：准格尔的未来不是梦……

（《乡情如潮》1997 年 4 月）

抱愧忠烈祠

王建中

一

我曾不止一次地来过这里，我也曾不止一次地将它介绍给身边和远地的朋友，他们大都惊诧着，不知道有这么个地方。许多朋友在看过这个地方后，往往不无懊恼地抱怨：就这么个破地方，跑这么远的路来，有什么看头。我望着他们熟悉的面孔，感到一种从未有过的陌生，我忽然间感到一种巨大的精神隔阂。有一次，我将它介绍给外地一位搞历史的朋友，在此之前，他曾经撰写过抗日战争的史料。他听了我的话，非常震惊，又是那样的迫不及待。正好那一天大风，我们好不容易弄到一部车，当我们一头尘土，一脸灰屑地从黄土中钻出，站在它面前的时候，它就那样在风中横陈着破败的面孔，一任黄沙从它的身上掠过。风声掠过这些曾经是青色，如今上了些年头的砖块，发出苍凉的声音，仿佛历史沙哑的喉咙一般，诉说着往日的沧桑与悲凉。朋友在我的指点中，停下脚步，望着这座连乡村庙宇都不如的破败祠堂，一下子惊呆了，怎么会这样？怎么会这样！这都是些民族的英雄啊！他痛惜的神情至今犹在眼前。

这一次，我是在读了一个日本人在网上下的侮辱中国人的帖子后，邀请两位朋友去的。一路依然是崎岖不平的山路，依然有黄风拖着尾巴在土梁上撵过。在一条布满卵石的自然河道公路上颠簸了许久，身后的黄尘才渐渐小了。驶过一条沟谷间的小河，就踏上了陕西的地界，路边开始出现房屋，树木和狗。远处有一群羊在黄土梁上跑坡，如一堆飘浮的白云。我们听到了民歌，但听不清歌词。就这样我们来到了地处陕、蒙交界处的陕西省府谷县哈拉寨镇。这个镇在历史上一度属内蒙古自治区准格尔旗所辖，在本世纪三十年代末和四十年代中期，这个镇子曾因抗日名将、被毛泽东主席誉为“民族英雄”的马占山将军而名闻大江南北。我们所去的目的地——忠烈祠，就是马占山将军为纪念在抗日战争中英勇献身的抗日将士们建造的，不怕别人指责我孤陋寡闻，这应该是中国最早为抗日阵亡将士建造的纪念性建筑之一。

二

一样的衰败，一样的局促，一样的寒怆，一样的荒僻。忠烈祠的门被十几捆麦秸、豆秸紧紧塞着，半年前破败的门彻底朽坏了，枯木零落。我们无法进入忠烈祠，试图将草捆扒出一个口子，但被人毫不客气地阻止了。

既然不能进入，那就让我们在周围看看吧。一地的断条砖石，一地的瓦砾荒草。看得出，祠前精致的条石和格局依然保持着当初的风貌，依然强烈地渗出建造者肃穆的情怀和深深的追忆。残破石阶下的荒草，让人觉到了岁月的苍凉和无情。从史料上得知，离祠不远的前方，有一个高大的造型别致的八角亭，由一条石甬道连到祠前的台阶下。亭下立有邓宝珊将军的手书和后人为马占山镌刻的德政碑。这个亭，一度成为哈拉寨的标志和忠烈祠的象征。现在什么也没有了，只是一地的瓦砾，不时露出地面的断砖残石，令人依稀看到往日的规模与布局。

有人用手一指说，那就是镇政府，你们要不去那儿打个招呼。顺着手指看过去，满目的白色瓷砖，在阳光下很耀眼。这时过来一个佝偻着腰的老人，他的手指关节粗大，面上沟壑纵横，声音苍老而深沉。他问：你们是县上的还是榆林的（这地方归榆林行署管辖）？待知道我们的身份后，他一遍一遍不无惋惜和遗憾地告诉我们，碑也被人盗走了（后得知，该碑在某博物馆）。我知道他说的那块碑就是由马占山将军撰写碑文的忠烈祠记。

我们望着破败的忠烈祠，不知道该说些什么。老人继续说，这几年没有几个人来了，谁来看这么个破地方，也没有人管。再不修，遇上雨水大，塌呀！我们聊起马占山，老人说，那是个小个子的东北人，你们也知道这个人。我们说，好多中国人都知道这个响亮的名字，本世纪三十年代初，这是个家喻户晓的名字。这个名字曾让许多爱国青年热血澎湃，豪情万丈。老人说，都是过去的人了，他神色肃然，将目光投向对面哨楼，再没有说话，然后慢慢地走远了。走了很远，忽然回过头冲我们喊：你们上山看看吧。便头也不回地走掉了。

我们在周围看了看，信步走进了与忠烈祠并排不足三十米处的一座小庙。庙里香火缭绕，挂着许多红绸布，收拾得井井有条。这一对照，使忠烈祠里凌乱不堪、牌位东倒西歪埋在粪便里的景象更强烈地凸显出来。看得出，庙里处处留下被人精心料理的痕迹，也经常有人光顾，香炉里的香灰积了很多。看我们很疑惑，老乡说，这儿的神仙很灵，有求必应，经常有上香敬神的。我们问有没有给忠烈祠上香敬纸的，老乡们都笑了：破窑烂牌子，谁疯了谁给上香烧纸，连过清明也没个人影儿！

扯远了，现在该让我们看看忠烈祠里的这些将士了。

三

到底是军人，到底是一群热血男儿。即使到了这种地方，还依然排列有序，秩序井然，浩气长贯。仿佛一队队列队的士兵，正等待着一声令下，随时就会杀赴疆场。今天我们站在忠烈祠破败的厅堂里，依然能感受到他们英气逼人的豪壮，依然能领略到他们从灵魂深处散发出来的刚烈与强健。碧血荒原，猛志常在。

最上面的那个最大的牌位，肯定是刘桂五将军了。接下来是三个牌，依次是五个牌，然后是十牌的列队，整整排了十三排，每一个牌位就是一个活生生的曾经叱咤风云的生命。谁也不能想象，生命会被排列、挤压在如此狭小局促的空间里，这是些什么样的生命啊！戎马生涯，纵横驰骋，越过白山黑水，驱伐鞑寇，将生命的豪情与战士的赤诚抛洒到这块遥远的土地上，毅然决然，前仆后继，忽然间生命戛然而止，他们的身体倒下了，倒在一片片被血染红的黄土地上……这些生命，与中国历史上无数英雄儿女的生命一道汇成了我们民族精神史上最有生命力的激流，是中国军人在国难史上挥洒得最壮阔的一笔。东北乃至整个民族抗侮史的开篇或若干章节将由这座祠提供材料。现在，听不到他们的呼吸，看不到他们的面容，多少枪声，多少呐喊，多少跋涉，多少鲜血，经过血与火的拼杀，经过慷慨赴死的悲壮，终于宁静了。四周是沉默的山脊，眼前是繁茂的蒿草。只有虫鸣相伴，只有山风抚慰，夜晚和星星对话，白天与太阳相依，没有谁的脚步会来叩响这片土地，没有哪一种肃穆的眼光会在这里做更多的停留。一切都结束了，伴随着硝烟的消失，结束在一种悄无声息却又杂语喧嚣的承平世界里。一切都凝结了,凝结成一种晶体,然后就像盐重回水中。没有问候,没有致意，不声不响，随风而逝。

四

初通中国抗战史的人都知道马占山，都知道这个向日本侵略者打响第一枪的中国军人。“九・一八”事变，辽吉两省沦陷，日军进逼黑龙江，黑龙江省主席万福麟远避北平，黑龙江大地一片慌乱。是战，是降，是走，是守，莫衷一是。谁来挺身而出，支撑这个危急的局面？在日寇步步紧逼的隆隆炮声中，马占山出任黑龙江省代主席兼军事指挥，在当时参谋长谢珂等人的支持下，举世瞩目的江桥大战打响了……江桥浴血，马占山孤军奋战，“先我同胞而赴国难焉”。鲜血染红了嫩江的流水，马占山的失败是注定的，兵源少于数倍于己的敌人，武器装备陋于数倍于己的敌人，凭的只是一腔热血，一脉精神，一种信念，一份赤诚。但因为有过江桥决战，中国的抗日战争有了一个民族坚毅重浊、挺拔刚强的身影，有了一个强健刚直的民族主题。

1937 年，正是国难当头，马占山带领组建不久的挺进军，奉命“警卫伊盟，兼守河防”，于同年底进驻内蒙古准格尔旗，后移师陕西省府谷县哈拉寨镇，从此揭开了伊盟抗战的序幕。八年浴血，马占山以哈拉寨、准格尔为大本营，整肃军纪，操练兵士，率部屡出奇兵，给侵略者以重创，有效地守护了河防，保卫了伊盟。归绥保卫战，东胜擒奸，关河口激战，大营盘守地，夜袭河口，收取萨县，挺进百灵庙，移师张北，数千名将士战死沙场，血沃荒原。

1942 年，为纪念在抗战中牺牲的将士，马占山将军在当地各界人士的支持和捐助下，建造了这座忠烈祠，以慰忠魂励志，精神永在，永志不忘。忠烈祠依哈拉寨外山势而建，凿岩而进，辟为厅堂。山上建有纪念塔，山下建有八角亭，即拜碑亭。内立由邓宝珊将军为抗日将士题写的十四个苍劲的大字：碧血有痕留战垒，青山无语拜碑亭。

傅作义将军的题词是：浩气长存

塔上有一副对联：飒爽英姿铁马金戈，一梦峥嵘片石透风。横批：塞月千秋。

毛泽东主席对马占山将军的抗日壮举给予高度评价，称其为“民族英雄”——从江桥抗日到卢沟桥事变，直到抗战胜利，马占山将军的队伍始终是抗击侵略最坚决、付出牺牲最大的军队之一。

毋庸讳言，最早称他为“民族英雄”的不是毛泽东，但不知为什么历史却总是以毛泽东的称誉为其盖棺定论。也许伟人的声音，可以更持久地穿越时空和历史，伫立在岁月的高深处吧。不错，也许马占山有过许多的仅属于自己的欲望和名利，甚至在历史的某些关头，也有过一己荣辱与得失的犹豫——危亡时刻，一纸任命改变了他一生的命运和荣辱，也标定了他人生的走向和生命的底色。当他向日本人打响第一枪的时候，历史在成全他的同时也把他交给了历史和时间，他是勇者，是民族和时代的代言人，也注定是历史的承担者。江桥抗战挫败，马占山退守海伦，形势日益险恶，是战，是降？但马占山最终选择了后者，这也是他为之悔恨终生，历史和民族不肯原谅的原因之一。马占山妥协不足五十天，但不管他的个人处境多么艰难，他的这一选择出于什么样的考虑，历史的一道标签毕竟贴在他身上了，再也无法揭去，无论什么人，无论什么样的解释、开脱和弥补，都将无济于事。潮起潮落，总会有人说三道四。是真降还是假降，内中有什么隐情与曲折，这些还是留给历史学家去讨论吧。不管怎样，因为有过他，中华民族有了一个主题鲜明的前奏，在“二十万人齐解甲,竟无一人是男儿”的情势下,为中华民族增添了壮丽的一页。他以忠勇的行为实践了自己的诺言,正如他自己所言“占山自信系一好男儿”。

五

不觉已爬到了山顶，这是一个俯瞰四野的制高点，放眼望去，四面山河直扑眼底，苍黄低垂的天空下，是绵延的黄土，沉落的沟谷，褶皱的深峁。抗敌的工事依然坚固，站在这个石砌的平台上，长风浩荡，扑面而来。塞外朔地，大漠孤烟，满目黄土，苍山暮日，这里真是个怀乡的好去处。长久以来，我一直以为哈拉寨是个僻远偏寒的荒村，很难将视野放开，更不必说投向宏阔的远方了。站在马占山将军修筑的望台上，这种偏狭一下子便烟消云散了，我们是否依然低估了他们的人生情怀和功业胸怀。我相信，站在这里的人，在那个特殊的年代一定会勾起故土、家园、民族、人生的大回想；也一定会唤起一种苍凉的情绪和对人生际遇、家国命运的感慨。对一些背井离乡的军人来说，还会更多，也更能体会到失去家园的痛楚，体会到生灵涂炭、家园荒芜的况味。在这里似乎能聆听到穿越千山万水传递过来的故乡的声音，也能看到家中慈母的白发、娥眉粉黛遥盼思归的眼神，稚儿如花面庞上的泪痕……在这里，我忽然觉到军人的心境和情怀，也才深深理解到一个军人偏居一隅，却屡出奇兵、收复失地、痛击日寇的强大精神支撑与渊源。

下得山来，再一次面对忠烈祠，荒败、残缺，断碑、蒿草、破壁、废垣是这里的主题。忠烈祠离镇子很近，只隔着条常常干涸的季节河，却从未有人祭扫。这里曾是抗日的指挥所，有过运筹帷幄，也有过凄风苦雨，有过敌将的觑视，有过敌机的狂轰滥炸，曾响起过声震寰宇的抗击日寇的呐喊，也有过还我河山的遥望和期待。这一切，随着一阵烟尘，又一阵烟尘，都飘散了。我相信，从这里出征的勇士，在他们倒在敌人枪弹下的时候，一定想回过头来，给这块土地一个深情的回望。这些强健憨悍的东北男人，在这片蛮汉调萦绕的土地上生活、战斗了八年，他们出征的壮歌里，也一定渗透着蛮汉调和信天游的旋律，他们出征的军服上，也一定洒过亲人的泪水，洇染过女人的温情。抗战八年，准格尔为马占山将军的军队提供了十九万两千石粮食和草料。倘使顺着这主题开掘进去，一定会有许多动人的人性充盈的生命激情和故事，没有这一切作铺垫，出征和战斗将少了一份情怀、少了一份自豪和辽远，也少了一种男子汉的英烈和豪放。这片土地以及这片土地上的人民在抗战中付出了巨大的财力、物力和人力，甚至美丽的爱情……慷慨出征的男儿从这里汲取了温暖和亲情，而后化作力量、信念、勇气，再交付朔北大漠、阴山黄河、故园乡土，在枪炮中回想，在硝烟中恋爱，最终完成了一尊尊生命的雕塑。这么说这也应该是我们的亲人，我们的先辈了，这群我们亲人和先辈中最坚强最勇敢的人们，是不是，应不应消失湮没在我们后生晚辈的精神价值之中？

抗日战争以来，忠烈祠一直没有发出太大的声音，便是纪念世界反法西斯战争和中国人民抗日战争胜利五十周年也很少有人想起它。就在我为写这篇短文而四处搜集一些关于马占山以及忠烈祠的哪怕只言片语的资料时，在北京、太原、西安、石家庄、呼和浩特跑了十数家书店，竟然没有找到一本有价值的、比较完整的资料和书籍。倒是那些臭名昭著的汉奸、恶霸、地痞流氓的传记充斥着书架，津津乐道地传播着他们的绯闻逸事，甚至贩卖他们杀人越货、坑蒙拐骗的伎俩。把一册册书卷翻过，于是这座祠也就有了一层层的深埋，一年年的遗忘。即便是石头，经过多少优秀工匠的精心打磨，铸造得再坚固，也经受不住这么多无情岁月的吹蚀和冷漠啊！忠烈祠坍弛了，坍弛在一个群体的精神松懈与麻木健忘中，坍弛在我们欢乐承平的浮世喧嚣里。谁也不能想象，这里的灵魂，数十年前曾验证过人性的深度、爱国的情怀与生命的壮美，我相信，他们一定曾发出声音，只是我们缺少辨识的能力和心灵。那么，就让它们消失在风中吧。风声呼啸而过，掠过我们的脸颊，撞痛了我们的神经。

六

应该告别了，向忠烈祠鞠个躬吧，我们祈祷：你不能倒掉。倘使你真的倒塌了，那么倒塌的也不仅仅是一座祠；如果倒塌了，消失了，也便消失了一个群体，一种精神，一种价值，正是这个普通的规模很小的忠烈祠，藏卧蜷伏着成千的厚实的灵魂，正是这些灵魂的存在，千百年来，以积聚久远的固执与坚守，使中华民族保有了鲜活的精神的核心……

车子开出好远，回过头，寂静的正午下长天阔地，忠烈祠依然寂寥。我忽然想起郁达夫先生的《怀鲁迅》一文中的一段话来："没有伟大人物出现的民族，是世界上最可怜的生物之群，有了伟大的人物，而不知拥护、爱戴、崇仰的国家，是没有希望的奴隶之邦。"

我相信，今天或者明天一定会有一些人走到这里，甚至从这里出发，走向远方，但愿那时，这里不再是一片废墟……

（《散文·海外版》2002年第12期）

春到准格尔

刘少华

久有造访准格尔的热望，"五一"前夕如愿成行。记者驱车出自治区首府沿呼准公路向南，越喇嘛湾黄河大桥西行，便进入了气势雄浑、魅力四射的鄂尔多斯高原。漫野浓茂返青的沙蒿，峁畔翠绿挺拔的油松，灿若云霞的杏花桃朵，伴着公路上川流不息、车轮滚滚的运煤长龙，让人领略着准格尔春天的激情，触摸着高原煤都强健跳荡的脉搏！

绿色的召唤，沸腾的热土，一支进军新型工业化的劲旅，演绎出气壮山河的交响。

纵横巡访在准格尔起伏而充满韵致的丘陵怀抱，几多向往，几多感慨。如果说，准格尔旗地处蒙晋陕三省交界带，人杰地灵，文明深厚，既有千年"油松王"的神奇，又有山曲漫瀚调的陶醉，还有马栅花果缤纷的芳菲。那么，准格尔旗更像一尊硕大无朋的"聚宝盆"，瑰丽多彩、包容万千。它是水火相济之地，是煤电共生的故乡。当我们追循着国家"八五、九五"计划铿锵的节拍，走向世界一流的神华准能年产2000万吨原煤的黑岱沟露天煤矿，走上地企合建装机容量达108万千瓦的万家寨水利枢纽，走入国内一流水准的国华准电火力发电机组群，我们再度感受着国家重点工程为古老的准格尔平添的现代气息和澎湃的强动源。然而，最使我们振奋和难忘的，还是准格尔人依托资源富集优势，借助国家重点工程拉动，把煤炭这个母体产业作为"工业强旗"的抓手，笔走龙蛇，挥洒从容。纵览准格尔初步形成的煤炭开采、发电、高载能、煤化工、建材于一体的工业体系，特色鲜明，直通市场，效益火爆，让多少"外来客"大开眼界、叹为观止！正如一位北京作家在"准格尔纪行"中写道："'准格尔现象'是经济现象，也是文化现象，因为它在质朴深沉的格调中，营造着亮丽，描绘着壮美，诠释着希望！"

是啊，昔日人们眼里土里土气的准格尔在开发中建设、在开拓中崛起、在开放中闪光。它用无尽的煤炭赤诚锻造绿色品牌，构筑经济高地。准格尔旗2004年完成地区生产总值95亿元；财政收入实现12.518亿元；城镇居民人均可支配收入9200元，农民人均纯收入近4000元；总体经济实力居鄂尔多斯八旗区前列。今年前4个月全旗财政收入达到7.5亿元，增幅、增量、总量均排全自治区旗县第一。一组生动而权威的数据，唤起了我们解读“准格尔速度”的热情，让我们对准格尔刮目相看、肃然起敬！

置身薛家湾，放眼川掌，巡访哈岱高勒，聚焦羊市塔，我们蓦然领悟：不到准格尔，不知道得天独厚；不到大煤海，不知道“富得流油”！准格尔太自豪了，在全境7692平方千米土地上，探明含煤面积约2824平方千米，探明储量544亿吨，远景储量1000亿吨。2004年全旗共生产售销原煤6000万吨，其中地方煤矿生产原煤4300万吨，仅地方煤炭实现税费就达6.97亿元。煤炭产量在全国产煤县中独占鳌头，成为全国唯一的大唐、华能、国电、华电、国电投等五大企业集团入驻实施电力开发的县域单位。随着工业建设对能源的强大需求和市场煤价强劲上扬的激励，准格尔做大做强煤炭总量，提升产业层次，增加煤炭产品的科技含量和附加值，新型煤炭工业化红旗招展、凯歌四响。滚滚的乌金，经汽运销往呼电、托电、丰电、达电及包头电厂和集装站，经铁运通过西营子、唐公塔、露天矿集装站发往京津唐地区。

记者在黑岱沟露天矿壮观的采掘现场，在准东铁路繁忙的伊泰集团西营子煤炭集装站，在川掌镇勿图沟开阔的井口旁，在哈岱高勒乡高亢有序的采掘协奏里，我们一次次被吸引，一次次在共鸣。驻足在川掌镇勿图沟村煤层裸露的河槽，村党支部书记千八音告诉我们，该村共有12个煤矿、10个焦化厂，今年原煤产量将达到700万吨，总值将达11.2亿元。眼下，每个矿日产3000吨煤、日进10万元利润。他引领我们采访远兴煤矿，矿长邬埼说，远兴矿设计年产能力30万吨，实际年生产60万吨。用工劳力本地化，相关配套的装载机也都是村里派用。勿图沟村白家塔合作社226人，去年光车辆、装载机、翻斗车机械出用，就从矿上挣回100万元，人均增收4000元呢！

顺着蜿蜒在山谷间的水泥公路，我们告别川掌，掠过煤源漫漫的西营子铁路集装站，经薛家湾抵达“煤炭功勋之乡”——哈岱高勒。哈岱高勒煤炭禀赋丰厚，原有52个矿，通过整顿治理，现开采33个矿，全部实行了半机械化采掘输运。目前正全面推广综合开采技术，回采率将由20%提高到60%。全乡年煤炭产量达到900万吨，占全旗地方煤炭产出的六分之一。去年乡级财政2300万元，煤炭收入占到95%，在全旗乡级财政里拿了冠军，人均纯收入5505元，比全旗水平高出1500元。如今，西蒙公司和伊泰集团在这里入驻开发，分别投资3亿元和16亿元，在红台村建300万吨矿，在大塔村阳坡沟建1200万吨矿。村里以村民个人入股和集体参股形式，参与煤田开发。全乡收缩农业，突出矿业，85%的劳力转化从事二三产业，生产结构和收入结构发生了历史性的变革。该乡不连沟村去年光集体经济收入就达2000万元，人均收入万元。今年全乡煤炭总收入可达2.88亿元，一季度财政收入就达400万元。哈岱高勒乡走活煤炭这盘棋，富了一方经济，鼓了农民腰包。城坡村、阳窑子村的10多位煤炭大户都开着丰田4500和福特车跑业务，那派头、那神气，真叫城里人羡慕！

准格尔大唱新型工业化组歌，千沟万壑间，煤电重地黑岱沟、大饭铺、魏家峁、西营子、神山、窑沟、准格尔召，一一变成名声四扬的开放热区。多年沉寂的山乡间，以转让路权修筑的输煤公路四通八达。据粗略统计，全旗个人拥有大型重载汽车万余台，前房子收费站每分钟有4台运煤车通过，足见其煤炭运输规模的浩大。每当夜幕降临，准格尔各条公路车流如水，车灯如带，那律动的节奏和壮景，令人热血奔涌。煤都薛家湾是座不夜城，沸腾的准格尔天天都是不眠之夜！

城镇化为山乡梳妆，开发区让沙窝披彩。无言的原野见证了准格尔精彩的跨越。

我们走进准能新区，一片片规划有致的煤田职工住宅楼群间，一条条幽静平坦的街道旁，株株榆叶梅和紫丁香纵情怒放。那厂区和住宅区与庄重的神华准能办公大楼和典雅的外宾招待所有机组合、相映成辉。准煤片区是准格尔煤田开发建设的标志性工程，她是薛家湾城市化建设的亮点所在和骄傲之本。

是的，煤都薛家湾是神华准能的明珠，也是准格尔旗友谊的彩门和文化商贸的中心。伴随着旗政府所在地的迁移入驻，开明、睿智的准格尔旗历届领导班子，盯住大企业、大项目，咬定城建不放松。他们组织人力，投入财力，在准煤新区西部合理对接、资源共享、优势互补，形成了城套城、区中区。而今的准旗政府新区，办公大楼气势恢宏，中心广场满含人文情调，商贸大楼鳞次栉比，三星级宾馆宾朋如云，居民住宅园区祥和温馨。举目宽坦的街道、盏盏的莲花灯和造型别致的世纪中学大楼，怎不叫人心驰神往、浮想联翩。小城故事多，玲珑而又青春的薛家湾，城区面积由 5.1 平方千米扩展到 10.8 平方千米，常住人口已达 10 万人，开启了城市的规模和提升了消费服务功能。今年准旗又对薛家湾城镇规划重新做了修编，将投资 2 亿元改造扩展道路和配套建设基础设施。以引资招商的形式，在南山修城区公园，在北山建森林公园，南北山麓统一开发住宅园区。环城而过的塔哈拉川按照治理设计，将要铺就塑胶堤坝注水成河，给薛家湾小镇以灵气、生气。

怀着对薛家湾的留恋和感动，我们乘车北上直驶大路新区。此地是准格尔旗城镇建设和经济开发的战略要冲。它以城壕村为中心，东临黄河，与大唐托电遥遥相望。在建中的呼东高速公路、呼准铁路穿境而过。新区工业园距东孔兑煤田仅 4 千米，距黑岱沟露天矿仅 30 千米，区位优势、交通优势、水源优势、资源优势、电力优势无与伦比，形成了承东启西、连接南北的新型产业承载区，是准格尔高起点推进城市化、长足发展资源转换型产业、高科技产业和循环经济的战略运作和现实抉择。

机声隆隆的施工现场，不仅让我们领略了大路新区的开发壮景，也向我们展示了大路新区的发展远景。大路新区委托西安建科大城市规划设计研究院完成了市政区约 27 平方千米、工业园区 60.56 平方千米的总体规划。相关的控规和配套专项规划，也在设计和完成中，规划期末人口达到 10 万～ 15 万人。到目前为止，已经入区并进入实质性阶段和开始做前期工作的项目有 7 个。内蒙古电力集团 12×60 万千瓦大路友谊电厂，一期 2×60 万千瓦开工挖基前各项工作全部完成；北京德源 8×30 万千瓦大路电厂，一期 2×30 万千瓦热电联产项目前期工作基本完成，征地拆迁工作已结束；内蒙古三维煤化科技有限责任公司 60 万吨煤制甲醇项目，一期 20 万吨项目用地选址已落实，香港威华达控股有限公司年产 120 万吨甲醇、37 万吨聚丙烯项目，投资 67.9 亿元，年创税收 3.7 亿元，项目用地选址已落实；西蒙集团公司 120 万吨煤制甲醇项目，一期 60 万吨项目用地选址已落实；伊泰集团年产 16.5 万吨煤合成油示范项目，投资 19.6 亿元，已开始做前期工作；台湾腾龙集团投资公司 500 万吨甲醇煤化工项目正在洽谈。其中已落实的六个项目规模投资 800 亿元人民币，一期投入就达 200 亿元，一年财政收入可达 14 个亿。

昔日大路乡的穷城壕，正在经历着翻天覆地的巨变。我们穿行在正在办理搬迁补偿手续工作的城壕村，村支书贺英介绍说，村民对大路新区建设拍手拥护，旗里补偿合理、工作到位、人心顺、情绪稳，涉农人口造地和养殖小区住宅区设施已开工。贺支书兴冲冲地领着我们看村民们的新家园——水红花新村新址。但见新村不远处呼准铁路、呼准高速公路路基工程进入扫尾阶段，高速公路互通进入工业新区双向六车道快速路已开工。依托着大通道的辐射力，水红花新村一条水泥路穿村而上，两侧将统一建筑高标准的村民住宅房。贺支书喜滋滋地说：我们种地的农民，做梦也没想到能坐上大工业的火车向前奔，真叫“大路朝阳”了！

当我们掠过纳林镇抵达沙圪堵，经风沐雨的百年老镇容颜一新，春意荡漾。宽阔通达的准格尔路、交通街、八一路、工业园区市政路和工业园区环形路，造型诱人的排排灯盏，挺拔俊朗的管委会大楼，恰与繁华的旧镇区天然融合，古朴中展示着现代的文明。沙圪堵镇原是准格尔旗政府所在地，自从政府搬迁至薛家湾后，一度冷清的古镇借助开发区的兴办，继续保持了地区的繁荣和稳定。开发区成立 5 年来，创造了“三大突破”的奇迹：

招商引资实现重大突破。到 2004 年底，开发区引进各类项目 111 个、企业 89 家，引进资金 21.76 亿元，实际到位资金 6.57 亿元。现有高载能企业 32 家，电石生产规模达到 70 万吨，硅钙生产规模达到 1 万吨。高载能工业园区实施了“二次环保革命”,正在打造呼、包、鄂“金三角”生态式、环保式的新亮点。

基础建设实现了重大突破。按照“依托老城，拓展新区，分期改造，逐步完善”的城市建设思路，充分运用市场化运作的方式，加大了市政基础设施建设和改造的力度，铺筑道路 21 千米，硬化面积 38 万平方米，沙圪堵镇区规划面积由原来的 11.5 平方千米扩展到 33 平方千米。

到 2004 年底，开发区市政建设累计投入资金 2.35 亿元，相当于沙圪堵镇 50 年投资建设的总和。

财政实力实现了重大突破。开发区成立之前，沙圪堵的财政收入不足 400 万元。2002 年，沙圪堵开发区实行独立的财政体制，当年完成财政收入 1146 万元，2003 年完成 2665 万元，2004 年完成 8018 万元，年均增长速度达到 166.7%。到 2004 年底，开发区完成地区生产总值 8.02 亿元，其中工业增加值达到 4.37 亿元；累计完成固定资产投资 10 亿元。

说起沙圪堵的巨变，沙圪堵地税局负责人侃侃而谈。沙圪堵地税局征管辖区为沙圪堵开发区、万家寨水电站和准旗西部地区。2004 年税费收入完成 2.5 亿元，是上年税费收入的 2.5 倍，收入总量属鄂尔多斯市地税第二，增长绝对额和增长幅度属全市第一。来之不易的税收成果，得益于准旗经济的腾飞跨越。今年 1—4 月份，税费收入飙升到 1.3 亿元，其中沙圪堵开发区税费收入同比激增 3 倍。你看，夜色中的沙圪堵镇华灯迷人，山曲悠扬；高载能工业园区炉火正红，轮机轰鸣。可爱的沙圪堵，是歌，是画，是准格尔如日中天的写照啊！

一条绿色的源流，牵动着山野的春汛，一股温暖的情愫，激荡着煤海的心田。开放的胸怀，执着的追求，齐奏出壮美的“高原颂”。

在准格尔，煤产业是标志性工程，资源转化是劲旅之作，城市化是“朝阳战略”。准格尔用工业的发展和社会的爱心反哺农业，多元并进，更昭示了以人为本、关注民生的主旨，让“便民、惠民、富民”的深情，赋予粗犷的准格尔几多人文、几多魂魄。

“建设绿色的准格尔，建设力量的准格尔，建设文化的准格尔，建设和谐的准格尔”这是准格尔领导层的共识，也是准格尔人民的心声。如今，黑色工业、绿色农业、三化互动、协调推进，已成浩浩来势，又成堂堂格局。用准格尔旗领导的话说，准旗经济运行呈现“八个大”的特征：工业大发展、农民大丰收、社会大进步、城建大启动、交通大建设、资源大整合、三产大动作、财政大跨越。

准格尔出手不凡,发展夯实“和谐基”,用母体经济煤炭产业强身健体,为整体经济提供强力支撑。他们便民敲开“和谐门”，政府不仅为群众提供服务，而且想尽办法疏通服务渠道，改善服务方法，升华服务内质。准格尔旗着眼发展，科学决策，围绕产业布局调整和城镇带动战略两大重点，强势营建了薛家湾、沙圪堵两个中心镇，辐射发展产业相对集中的重点镇，城镇化水平达到 47.1%，比

1999年提高了14个百分点。6年来，全旗完成城乡住宅建设投资15亿元，根本上改变了城镇居民的居住环境。随着居住环境的改变，旗委、政府也加强了薛家湾城市综合配套设施的建设，几年内镇区总建筑面积达到193万平方米。群众的居住条件从平房炭炉到高楼暖气，由街道坑坑洼洼到道路整齐划一，由尘土飞扬的农贸集市到现代规范的超市商厦，群众心里对政府有着说不尽的温情、道不完的感激。一位从农村搬迁来的居民杨大娘乐呵呵地说，我们下雨不怕脚沾泥，购物不怕货不齐，上楼下楼坐电梯，节日活动飘彩旗，当个准格尔人可了不起呀！

准格尔旗“惠民”铺就“和谐路”。随着经济发展跃上一个又一个新台阶，准格尔旗领导层没有一味地埋头求进，而是不时地回头审视，放眼全局，关注社会平衡发展，坚持效率优先、兼顾公平，加大对城乡弱势群体的扶持力度。他们的理由是：“经济‘蛋糕’做大了，要切下一块来搞二次分配，让低收入人群受益，促进整体和谐，因为只有有了农民的小康，才能有准格尔真正的小康！”

旗领导是这样说的，旗委、政府也是这样做的。2004年，旗政府投入2420万元，系统实施了以免收农民和城镇低保对象子女义务教育期间杂费、城乡劳动力技能培训费、救助和奖励贫困高中生和本科大学生为主要内容的“民心工程”，使城乡困难群体就医、就学、就业和基本生活得到了保障。一位村干部动情地说：“这几年是准格尔农民得实惠最多的时期，我们实实在在享受了经济社会发展的成果，感受了党和政府对我们的关怀。你这记者一定要写上这一笔啊！”

准格尔旗的领导说得好：“工业带农业，一个不能少！”他们“六管齐下”让农民增收，给农民铁脊梁，给农业金翅膀。他们超前在全区第一个减免了农业税，加大农业资金投入。提倡沿河农民养奶牛，实行村民买牛贷款、干部结对担保、畜牧兽医中心全程服务。他们转移劳动力棋高一着：采取推荐转移、培训转移和带动转移方式转移劳动力，首次达到农村人口小于城镇人口的比例。在靠优化制度增收方面：主要是提高农民的组织化程度，继前房子之后，又有东孔兑镇何家塔村、哈岱高勒乡柳青梁村等采用农民入股办法，合理开采当地的砂石、矿产资源。再看矿山企业集中的地区，经有效整合农民的采运机具，最大限度地保证了机具的满负荷运行。川掌镇勿图沟村成立了矿山机械服务公司后，农工联动，物尽其用，家家“养机”，农户坦然地在资源开发中直接受益。而今，大煤炭的振兴，农转工的选择，激活了准格尔的“路边经济”。记者沿途所见，一处处由农民开办的汽车修配、加油加水、饭店旅社落地开花，成了公路旁一道悦目的景观。

准格尔因祥和而柔美，因包容而富饶，因无私而多情。从广袤的旷野到兴旺的城乡，到处都涌动着春潮。蓝天白云下，由“国”字头、“市”字头、“旗”字头、“企”字头和“个”字头修筑的曹羊复线、大城改线、边府线、纳榆线、壕托线等17条公路通车，准东铁路电气化改造全部完工，呼准铁路全速挺进，城壕至东胜高速公路、太子滩黄河大桥、城坡万家寨库区码头工程鏖战正酣。高原铺下了五彩路，让多少望煤兴叹的山村，绝处逢生，运煤长龙从那里延伸向前，带着向往，载着佳话。记者乘车沿弯弯山道行驶，如此大的车流量，竟不见嘈杂和混乱，人人礼让行车，依次中速驾驶。途中，一台河北来的大型运输车抛了锚，当地的司机没有牢骚，没有催促，而是纷纷停车上前救驾。那久违的默契，那亲和的场面，又让我们看到了高原的民风、高原的精神、高原的情怀！

车在行，我们的情潮在升腾。看那山乡间、黄河畔散布的一支支“时髦”的团队，是那一个个引人注目的经济增长点。蔬菜协会、养鱼协会、西瓜协会、奶牛协会、养羊协会、煤炭协会、运输协会，引领着团队化、规模化、集约化、基地化生产的时尚，化作准格尔农民的“知心家园”。在此间，蓿亥图乡的西瓜，十二连城乡“巨合滩”的黄河鲤鱼，马栅镇的花果，山区的准格尔肉羊，伴着漫漫煤海和甜甜的山曲，走向四方、闻名遐迩。我们落座在路旁的小餐馆，地道的炖羊肉、农家炒鸡蛋、鄂尔多斯烧酒端上桌，淳朴的饭店女主人即兴唱起来："神山上点灯窑沟里亮，准格尔的山峁峁变了样；一坡坡花果一车车炭，一对对男女谈对象……"山曲、风情把我们的身心回归给大自然了。

站在艳阳高照、山风清爽的准格尔高地，准格尔旗的决策者话语坚定、掷地有声：准格尔是资源型经济区，机遇和挑战并存，风雨和收获同在。我们要同声唱响"高原颂"，向大煤炭要光热，向循环经济要效应，向产业升级要财源，向和谐社会要吉祥。确保今年完成全旗地区生产总值120亿元、财政收入18亿元、城镇居民人均可支配收入10500元、农民人均纯收入5000元，固定资产投资70亿。可以断言，准格尔走在前列不是梦！

（《内蒙古日报》2005年5月20日）

百强旗县准格尔

杨玉铭

打开共和国版图，内蒙古鄂尔多斯市准格尔旗位于晋陕蒙交界处。古老黄河偌大的几字湾，像母亲的怀抱，准格尔7539平方千米土地就在温暖的怀抱里，母亲河甘甜的乳汁养育了27.6万准格尔人。先人们走西口流传下的漫瀚调吟唱在长河厚土之间，矗立在古陆荒原的千年油松王见证了准格尔的沧桑巨变。

上个世纪九十年代初，准格尔旗因年人均收入不足400元，进入全国592个重点扶持的贫困县行列。2005年底，准格尔旗名列第五届全国县域经济百强县市第89位、第五届中国西部百强县市第3位，在内蒙古80个县域单位中首家跨进全国百强。2006年底，准格尔旗名列第六届全国县域经济百强县市第67位及2006年度全国中小城市综合实力百强第68位。这一年，准格尔旗继续保持强劲发展势头，到九月底，地区生产总值完成121.3亿元，同比增长19.9%；城镇居民人均可支配收入达10139元，同比增长16.3%；农民人均现金收入达5032元；到10月底，固定资产投资达87.22亿元，同比增长42%；到11月底实现财政收入39亿元，同比增长58%。

准格尔旗县域经济快速发展的奥秘究竟是什么？

独树一帜的准格尔特色

大自然的鬼斧神工赋予准格尔得天独厚的煤炭资源。全旗煤炭探明储量544亿吨，高居全国产煤县之首，约占全国第一产煤大市鄂尔多斯的1/2、第二产煤大省内蒙古的1/4，因低灰、低硫、高发热量，成为市场抢手的绿色煤炭。在能源危机的当今世界，煤已成为共和国能源安全的基石。从"八五"能源战略西移、到"十五"西部大开发、到"十一五"调控煤电价格困局，国家一系列政策措施，把准格尔逐步推向发展的战略前沿。

特色之一：项目拉动的模式。早在"八五"国家重点工程准格尔煤田开工之际，准格尔旗就组建办事处进驻矿区，全程跟踪为煤田服务；煤田投产之际，又把政府驻地搬迁到矿区腹地，发展社会事业让煤田轻装上路。国家西部大开发第一个火电项目国华准电就此才在矿区安了家。"九五"国家重点工程万家寨水利枢纽惠及黄河两岸，因未能把枢纽生活区争取到旗内建设，为此，准格尔人追悔莫及，于是举债建成史榆“穿山公路”，架通黄河龙口大桥，终于促成枢纽配套工程龙口水电站开工。

服务国家重点工程，带动地方经济发展，准格尔形成了“你中有我、我中有你”的县域经济发展新格局。内蒙古首家年产销煤炭突破2000万吨的企业神华准能公司，新建全国最大的露天矿哈尔乌素露天矿；国华准电三期电厂也破土动工。重点工程的开疆拓土，为地方打下雄厚的物质基础，地方企业借力跨越，自身也得到发展壮大。原旗属企业伊东煤炭集团高中内蒙古地方煤矿榜眼，成为准格尔地方企业的纳税状元；民营企业满世煤炭集团也跨入中国煤炭企业百强行列。企地联手，把准格尔铸造成国家“西电东送”骨干电源地和“西煤东运”重要矿源地。

特色之二：园区聚集的效应。几年来完善薛家湾，提升沙圪堵，开发大路新区，优势地区发展方兴未艾。沙圪堵设立自治区级开发区以来，引进项目119个、资金29.6亿元，财政收入由400万元增长到上亿元。承载世界级煤化工基地的大路新区全面启动，印尼三林煤化工、伊泰集团煤制油等一批大项目开工建设。为把行政资源集中到优势地区，旗委、政府不惜忍痛割爱，将27个乡镇逐步撤并为9个；为培育顶天立地的新项目，又顶着重重阻力，关闭300多座小煤窑，地方煤矿整合为118座；为控制内部无序竞争，还借鉴中东石油输入国经验，建立“欧佩克”机制，实现了煤炭行业自律。

工业园区是项目群栖的暖巢，大批单体规模大、科技含量高的项目纷纷入园，全旗规模以上工业企业从19户增加到106户，县域经济的“雪球”越滚越大。最抢眼的当数沿黄河电力群和两大国家重点矿区。投产的3座火电、1座水电和在建的1座火电、1座水电，扎堆抱团，装机容量达到324万千瓦，发电量从15亿度增加到74亿度。东胜矿区宏景工业园和准格尔矿区全面推广综采技术，煤矿回采率、单井规模大幅提升，全旗煤炭产量从1188万吨增加到7700万吨，稳坐全国产煤县的头把交椅。

特色之三：链条延伸的蜕变。煤源于绿色，也应融入蓝天。洁净的用煤技术，开发了煤的潜在价值。旗政府让国内顶级科研院所和旗内煤炭化工企业对接，成立煤转化、高岭土研发中心，研发成果从实验室走向生产线，循环经济产业链条初现端倪。

原煤洗选后，运出精煤；电厂吃掉煤矸石，输出电力；粉煤灰生产电解铝，废渣制作建材；高载能消化电力，开发下游产品。煤—电—高载能链把煤的潜在价值充分挖掘出来，煤化工链则以煤为母，让母生子，子再生孙。世界500强、印尼三林集团建设的大路煤化工基地，入园项目分工协作，原料、产品、排放物循环利用，实现内部零排放。煤制烯烃、煤制油两期项目全部建成投产，年可转化原煤2000万吨，创利税百亿元。

准格尔烧制粗瓷大瓮的高岭土，经不同工艺煅烧加工，已生产出高档涂料、催化剂。天之娇高岭土公司10万吨稀相悬浮态快速煅烧煤系高岭土项目，点石成金，生产出涂料级高岭土。这一重大突破入围2005年内蒙古十大科技成果。

魅力四射的准格尔大地

驱车准格尔，川流不息的车龙背后，是沟壑纵横的山川。这里穿山公路纵横交错，呼准高速公路即将通车，西到东胜，东达青城呼市，北上钢城包头，南下晋陕周边，号称3小时交通圈。建成准东铁路、呼准铁路，与大准铁路构成放射状铁路网，年货运能力近亿吨。四通八达的交通网络，让这里成为呼包鄂、蒙晋陕“金三角”腹地的物流中心。

做客小城镇，都市气息扑面而来。旗政府驻地薛家湾镇车水马龙，楼宇林立，展示着内蒙古七星级文明镇的风采。当年只有十几户人家的小山村，今天城区拓展到 14 平方千米，吸纳人口 10 万人。年轻的煤海太阳城，将县域经济的龙头高高扬起。省级开发区沙圪堵，依托老街，拓展新区，经百年风雨又焕发生机，保持了繁荣稳定。新辟的大路新区，东与大唐托电隔河相望，南距准格尔煤田 30 千米，呼东高速公路、呼准铁路穿境而过，煤化工项目聚集，发展空间巨大。三星高照，群星闪耀，全旗城镇化水平提升到 59.5%。

巡访大工业，煤海深处，钢铁恐龙挖山采宝，一派繁忙；运煤专列满载而行，一路欢歌；母亲河畔，高峡平湖碧水喷涌而出，林立的电塔直指云天。面对西部煤都巨型生产装备、“北国三峡”智能操作平台，皮毛匠、挂马掌师傅的手头家具，只能充当历史文物。

拜谒油松王，“兴安岭群林无首，准格尔一树称王”。这棵古松为公元 1089 年一粒天然落种而生，它能经历世纪风雨而青春犹在，堪称一大奇迹。“十五”以来，通过退耕还林，一矿一企治理一山一沟，油松王脚下又添 32 万公顷新绿。为打造国家 4A 级景区规划建设两大旅游带十大景点，油松王就是其中的寿文化景观。再次拜谒油松王，将会看到一个山川秀美的准格尔。

欣赏漫瀚调，蒙古草原悠扬的牧歌与黄土高坡高亢的山曲，水乳交融，从走西口唱到 21 世纪，唱得准格尔成为中国民间艺术漫瀚调之乡。挖掘这一民间艺术瑰宝，举办艺术节、交流会，是“文化搭台、经贸唱戏”的品牌。随着漫瀚调走上国家艺术殿堂，“准立”杏仁露也成为国家有机食品和 AA 级绿色食品，“树农”西瓜还走出国门，热销蒙古国。

和谐的准格尔社会

经济发展铸就和谐基础，社会繁荣营造和谐氛围。准格尔旗用工业积累的财力反哺农业，社会事业繁荣为经济助推，和谐发展的成果惠及全民。

资金、技术密集的大工业，一度把一家一户的农民排斥在外。面对绕不过去的“三农”问题，准格尔旗用工业发展积累的财力反哺农业，农民上项目，政府有补贴；农民学技术，政府来买单。在内蒙古率先免除农业税，捆绑使用农口资金直接补贴农户发展生态养殖项目，农民不但不再交税，反而开始领取补贴。一减一加，惠及数万农民，扎根黄土地，致富奔小康，为养而种、靠养增收的格局业已形成。

政府免费培训煤矿技术工、电厂操作工、建筑技工，农家子弟离土不离乡，成了上班族。政府的农民驾驶员培训基地，免费培训农民驾驶员，大批农村青年驾驶着机械车辆，活跃在开发建设的主战场。农民到城郊、矿区、路边创业，也激活了城郊、矿区、路边经济。收缩农村主战场，转移农村劳动力，减少农民，致富农民，新农村建设闯出一片新天地。

在经济发展过程中，准格尔旗始终关注着社会弱势群体，不时把做大的蛋糕切下一块二次分配，让他们分享率先发展的成果。在内蒙古率先启动农村最低生活保障，收入低于保障线的农民领到低保金；率先启动失地农民和矿区搬迁农民养老保险，失去生存条件的农民领到养老金；率先推行新型农村合作医疗，农民和干部职工一样看病住院能报销。覆盖城乡的保障网，如同遮风挡雨的保护伞，化解了弱势群体的困难，融化了他们心中的坚冰，熔铸了社会的和谐。

教育是提升地区竞争力的关键。为了让下一代赢在起跑线，准格尔旗整合教育资源，小学向苏木乡镇集中，初中向工业园区集中，高中向薛、沙两镇集中；改善办学条件，新建了世纪中学，扩建校舍 12.8 万平方米；实行义务教育“四免一补”、职业高中“两免一补”，4.6 万名中小学生直接受益。

今天的准格尔教育步入投入产出良性循环佳境。

短短几年，准格尔旗建成全国科普工作先进旗、全国文化建设先进旗和国家贫困地区义务教育工程建设先进旗。和谐发展的准格尔，社会创造活力竞相迸发。

宝贵的准格尔经验

准格尔旗跨进全国百强的实践，留给世人一笔宝贵的精神财富。这就是科学的发展谋略、鲜明的服务理念、可贵的创业精神。

经验之一：科学的发展谋略。从“服务重点工程、带动地方发展”，到“跳起来构想、跑起来实践”，到“奋斗十年，跨入百强”，决策层的谋划始终贯穿着加快发展的红线。通过一任接着一任干，一张蓝图画到底，形成了准格尔科学的发展谋略。

旗委、政府领导以登高望远的胆识，按照国家发展坐标科学定位自己；以海纳百川的襟怀，借助外来社会资本加快发展自己。决策置于调查研究之后，举措定在切实可行之上，闯出一条科学发展之路。抓住国家能源紧张的机遇，加快资源开发利用，迅速扩张经济总量，实现率先发展；遵循资源型经济规律，整合煤炭资源，寻求加工转化，实现科学发展；统筹城乡发展，工业拉着农业跑，乡村绕着城镇转，实现协调发展；坚持以人为本，加大科教文卫投入，加大弱势群体救助，实现和谐发展。卓有成效的探索，确保了速度与质量并重，眼前与长远兼顾，强旗与富民统一。

经验之二：鲜明的服务理念。在探究准格尔的奥秘时，不难发现，建设服务型政府，服务市场主体，是县域经济充满活力的又一因素。用旗领导的话说，欠发达地区坐等市场无异于作茧自缚，必须由政府来弥补市场不足。

为创优政务环境，推行人性化便民措施。如果去电话或到机关办事，第一位接受询问的公务员必须跟踪帮助，限时办结，这是旗直部门出台的“保姆式服务”；如果交纳税费办理证照，不必再东奔西走，直接到服务大厅就可办理完备，这是窗口单位推出的“一站式服务”。为构筑产业发展平台，引进中国水务投资公司，组建全国第一个县级水务公司，让水资源走向市场；成立城市建设投资公司、房地产公司和土地中心，让公共资源参与市场开发。政府营造环境，社会发展经济，各方资本在一方热土尽情涌流。

经验之三：可贵的创业精神。准格尔的成功，纵然有多种因素，但准格尔人抢抓机遇、加快发展的雄心壮志，攻坚克难、勇创大业的坚定信念，超越自我、争先创优的精神风貌最为紧要。

准格尔跨进全国百强，是自加压力，负重赶超的结果。“十五”初年，准格尔县域经济综合实力还处于内蒙古中游水平，决策层就大胆提出，奋斗十年，跨入百强，不少人认为目标定得过高。一班人变压力为动力，全力去负重赶超，结果提前5年实现了目标。

准格尔跨进全国百强，是迎难而上，艰苦拼搏的结果。几年来，这里遭受三年严重旱灾，经历两次撤并乡镇，国家宏观调控也频频在此发力。准格尔人在夹缝中争分夺秒抢，在边缘上千方百计争，努力寻求大政方针与地区实际的结合点，不仅抢到了准格尔开发区、大路新区，而且争到印尼三林煤化工这样一批经济巨人。

准格尔跨进全国百强，是凝聚人心，鼓舞士气的结果。生动的创业实践孕育了伟大的创业精神，这就是准格尔人百折不挠的发展意识、海纳百川的开放意识、与时俱进的创新意识。正是在这种精神感召下，能人创企业、干部创事业、百姓创家业，准格尔旗才一路高歌猛进，跨进全国百强。

（《实践》2007年第1期）

碑 文

暖水牌楼碑 2007 年立于暖水乡市政新区

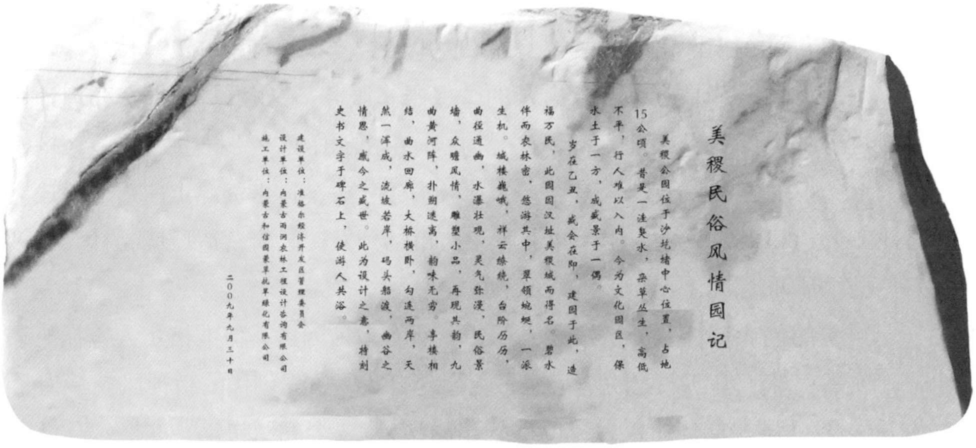

美稷民俗风情园碑 2009 年立于沙圪堵镇鑫鑫社区

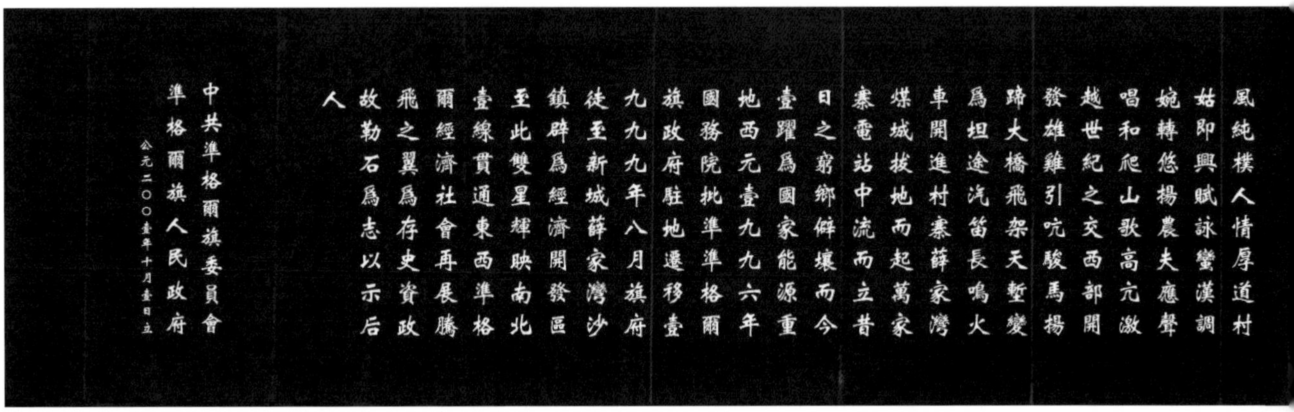

准格尔碑 2001 年立于准格尔旗党政办公大楼前

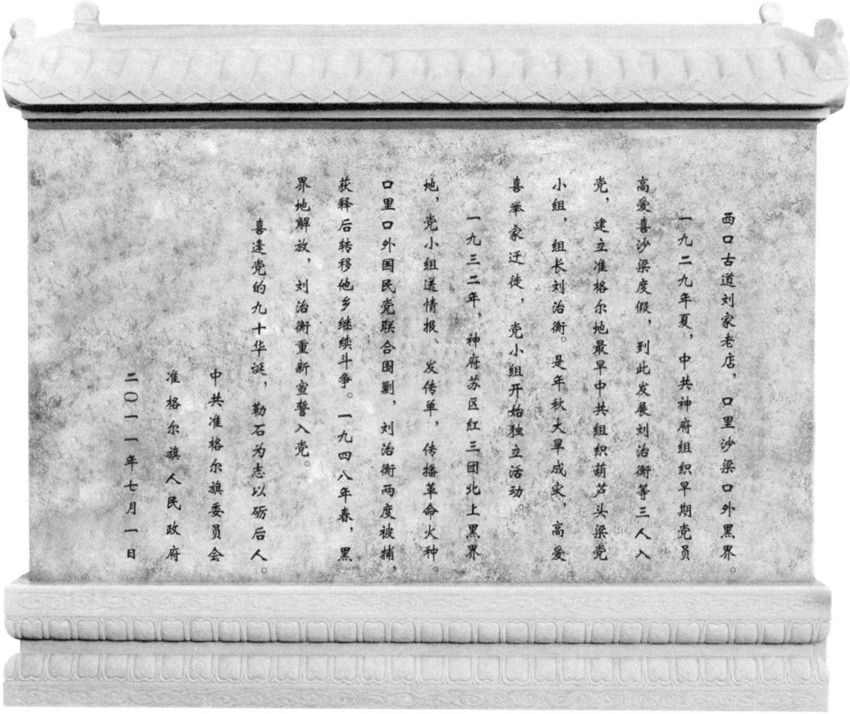

葫芦头梁党小组碑 2011 年立于纳日松镇奎洞沟村

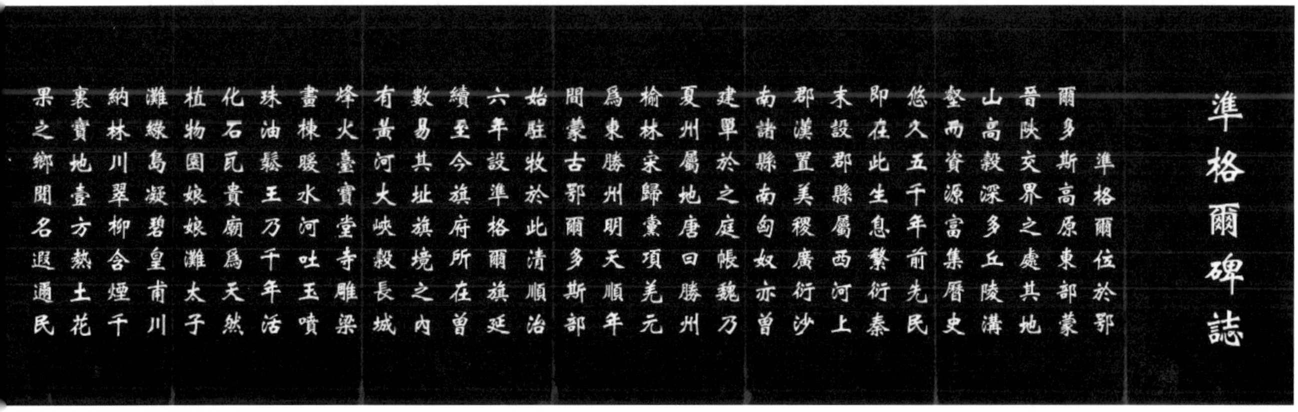

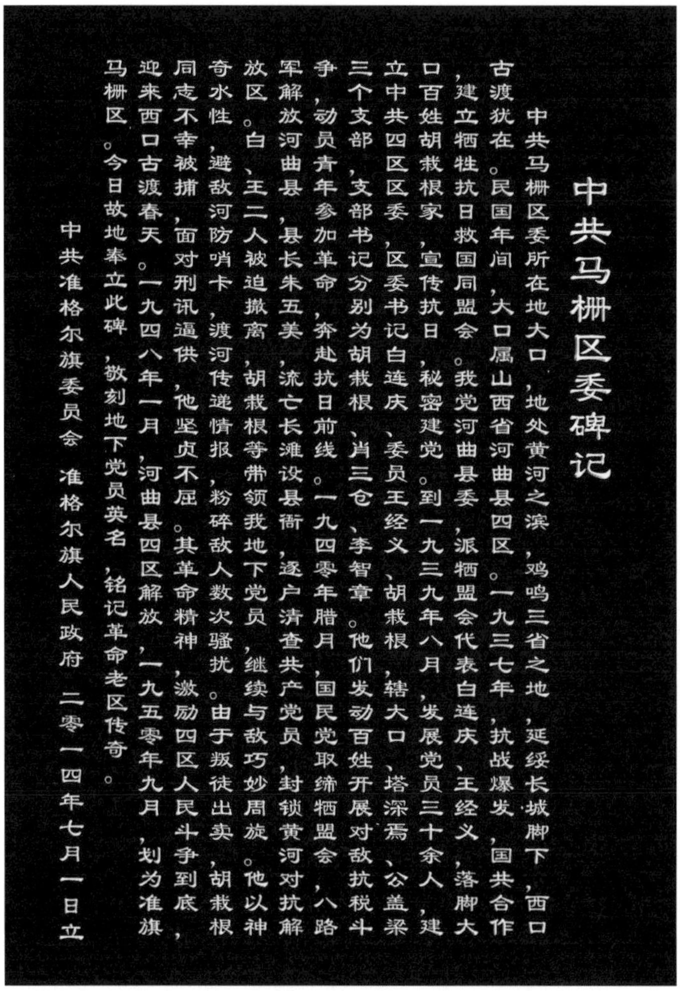

中共马栅区委碑2014年立于龙口镇大口村

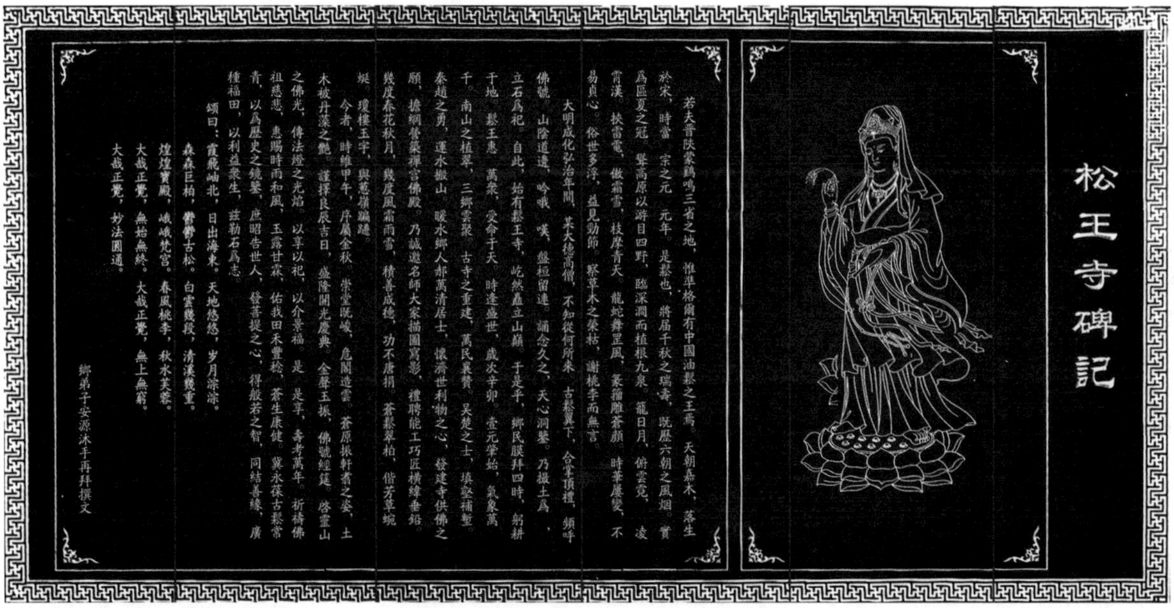

松王寺碑2014年立于纳日松镇松树墕村

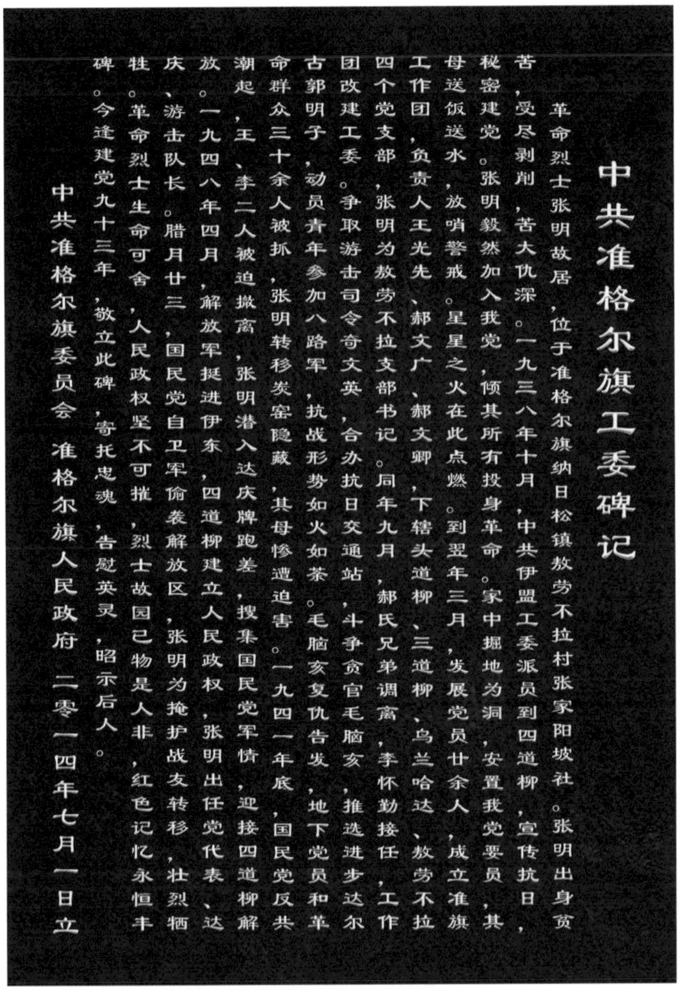

中共准格尔旗工委碑 2014 年立于纳日松镇敖劳不拉村

造园碑 2010 年立于十二连城乡神泉景区

歌曲

准格尔之歌

（马丹　孙涛　演唱）

杨玉铭　词

阿拉腾奥勒　曲

1=G　4/4

中速、赞美地

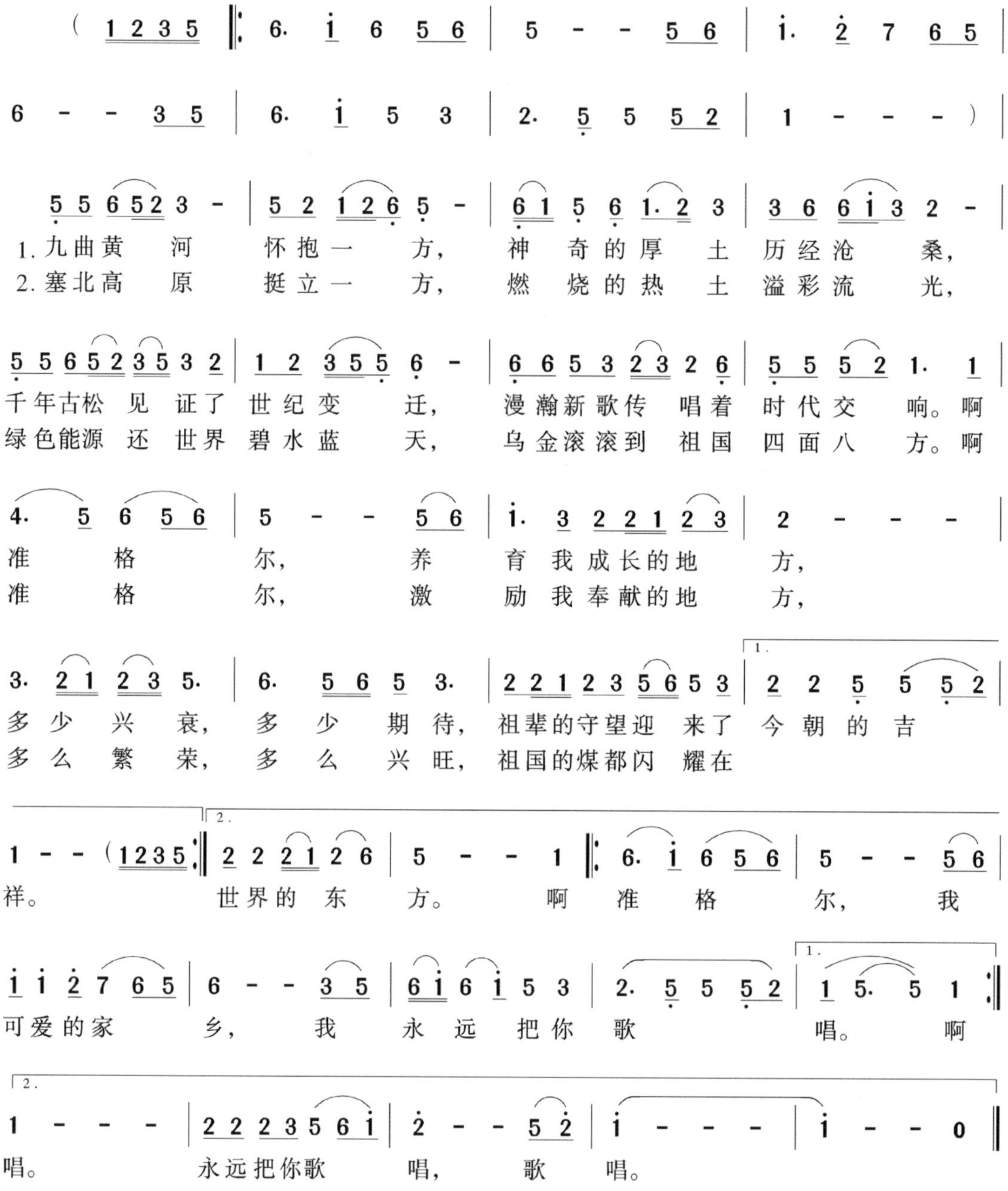

准格尔之恋

（谭晶 演唱）

程建林 词
乌兰托嘎 曲

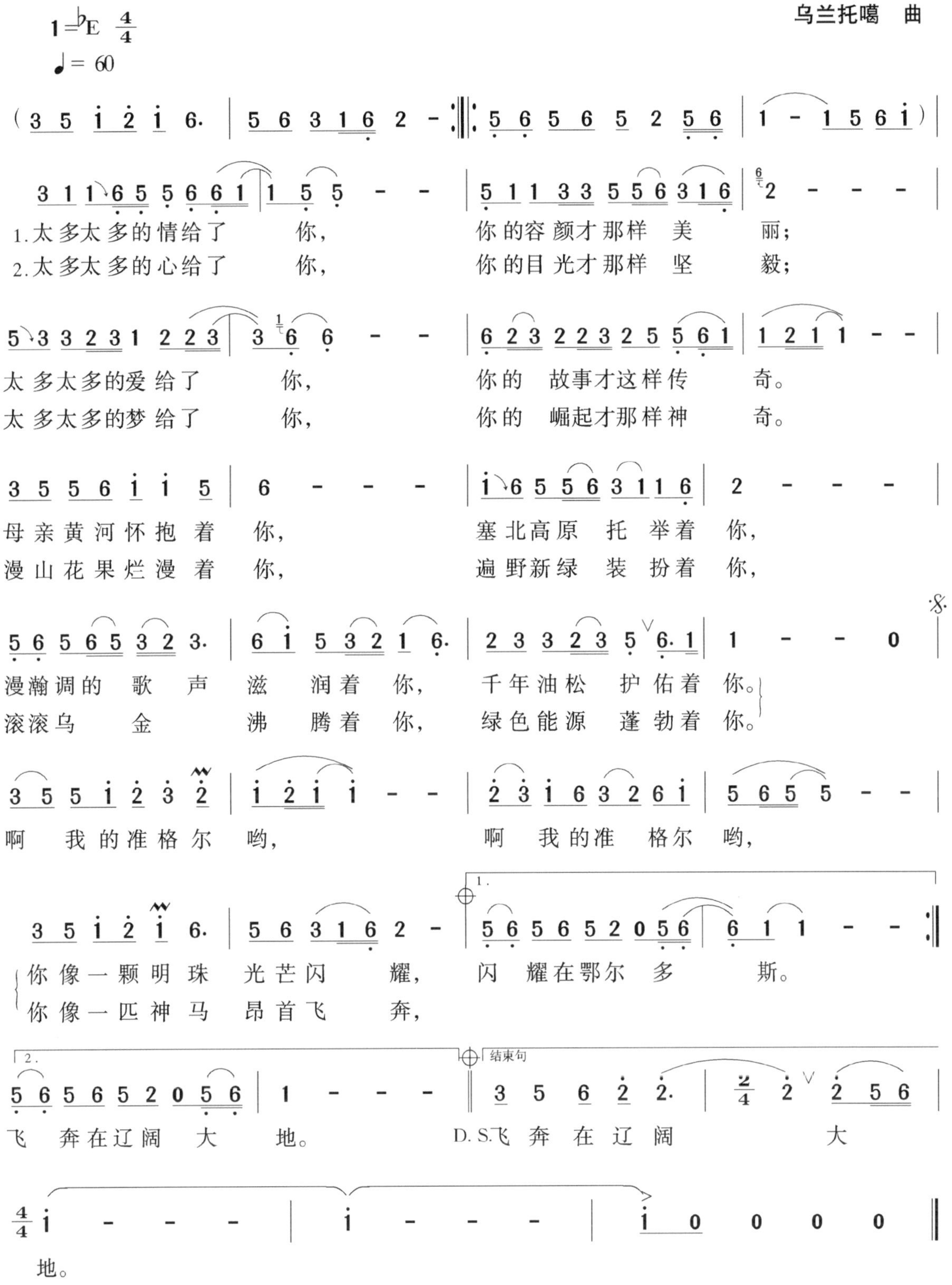

准格尔人

——电影《跟着幸福走》片头曲

（腾格尔　演唱）

阿古拉泰　词
刘　青　曲

1=♭A $\frac{4}{4}$ $\frac{2}{4}$
♩ = 85

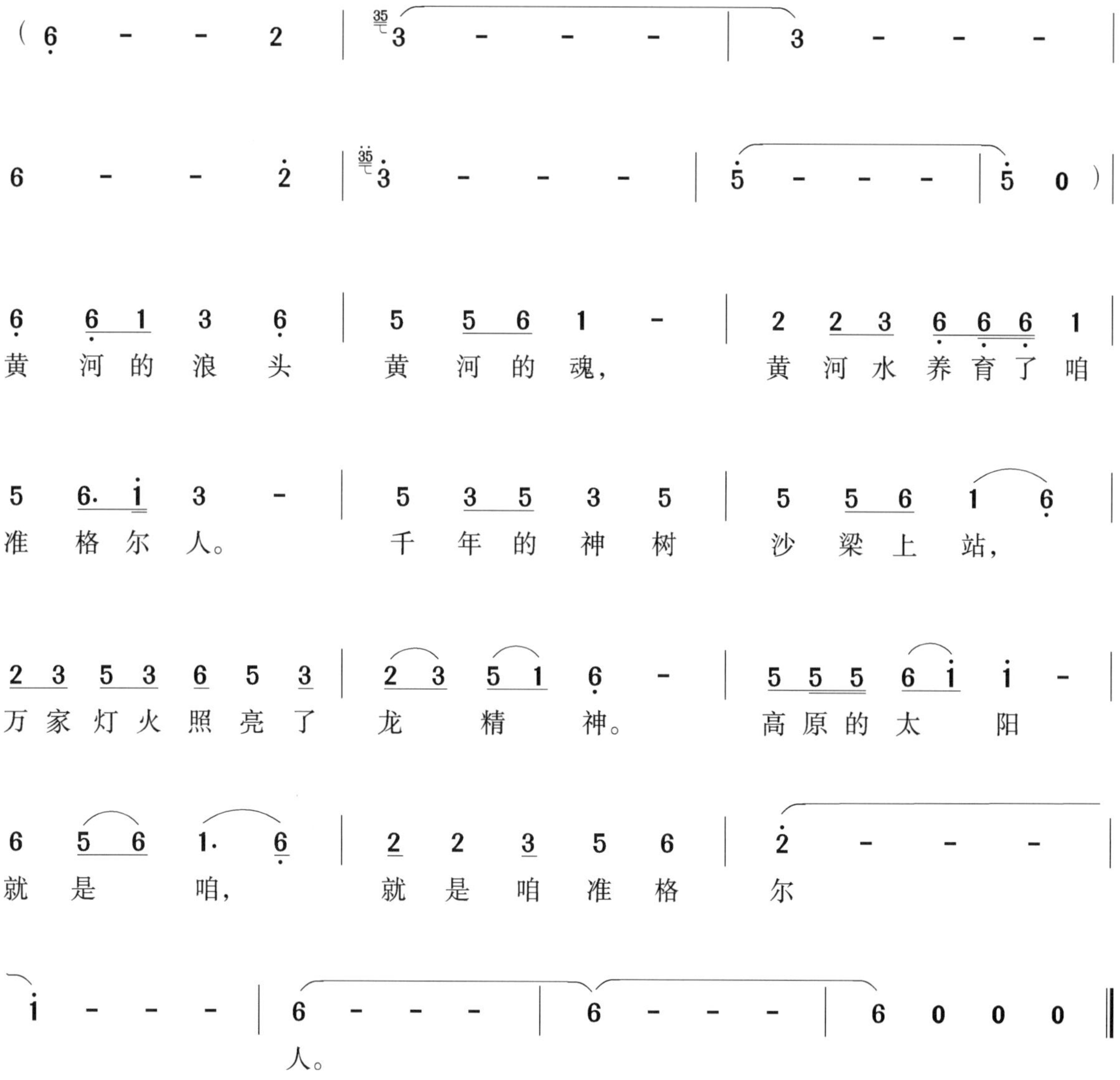

准格尔之夜

（敖都 演唱）

1=C 4/4 2/4

中速 轻柔、悠扬地

阿古拉泰 词
乌兰托嘎 曲

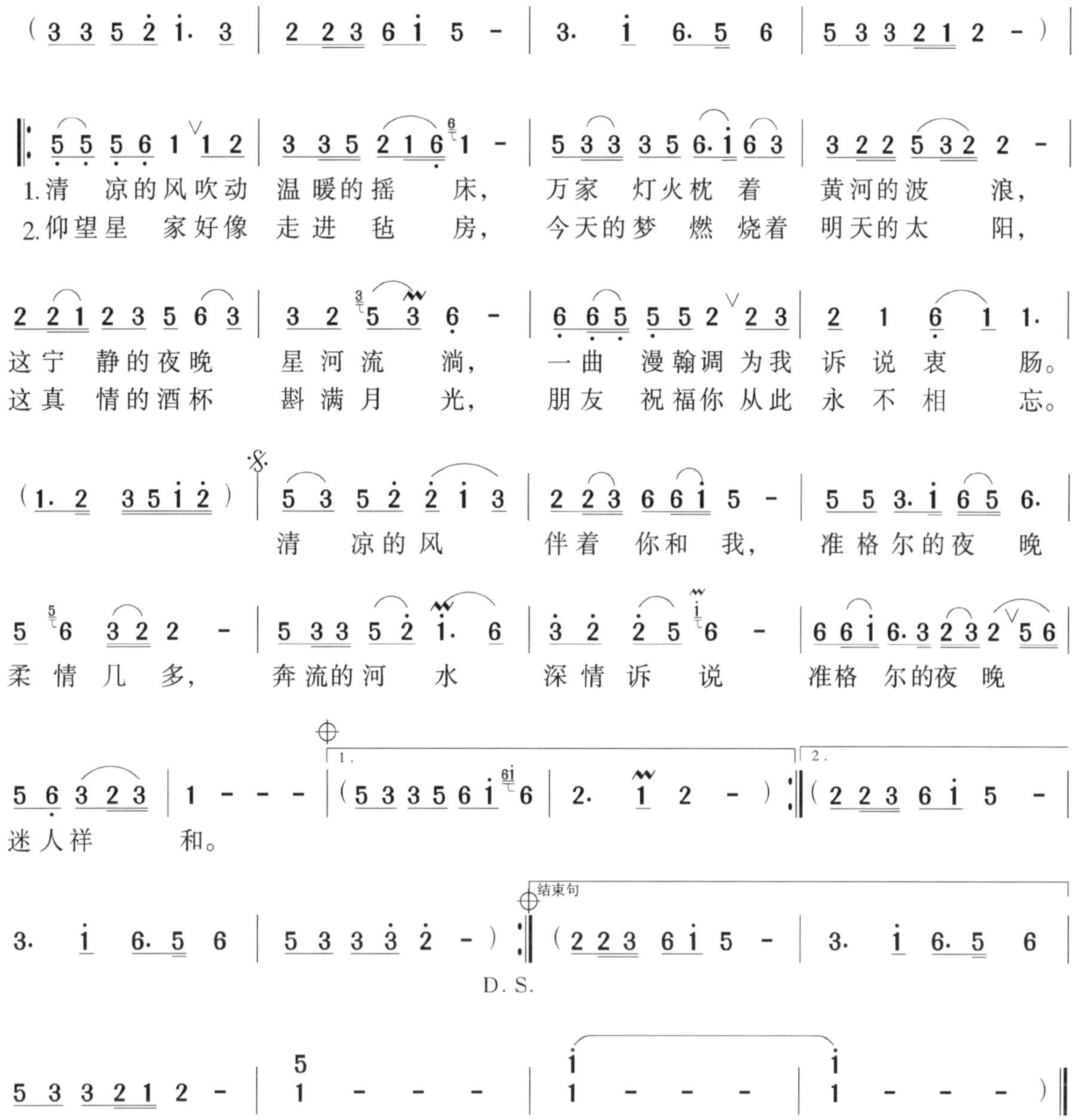

可爱的准格尔

（孟克　演唱）

曾涵　词

刘海平　曲

1=♭E $\frac{2}{4}$

热情、喜悦地

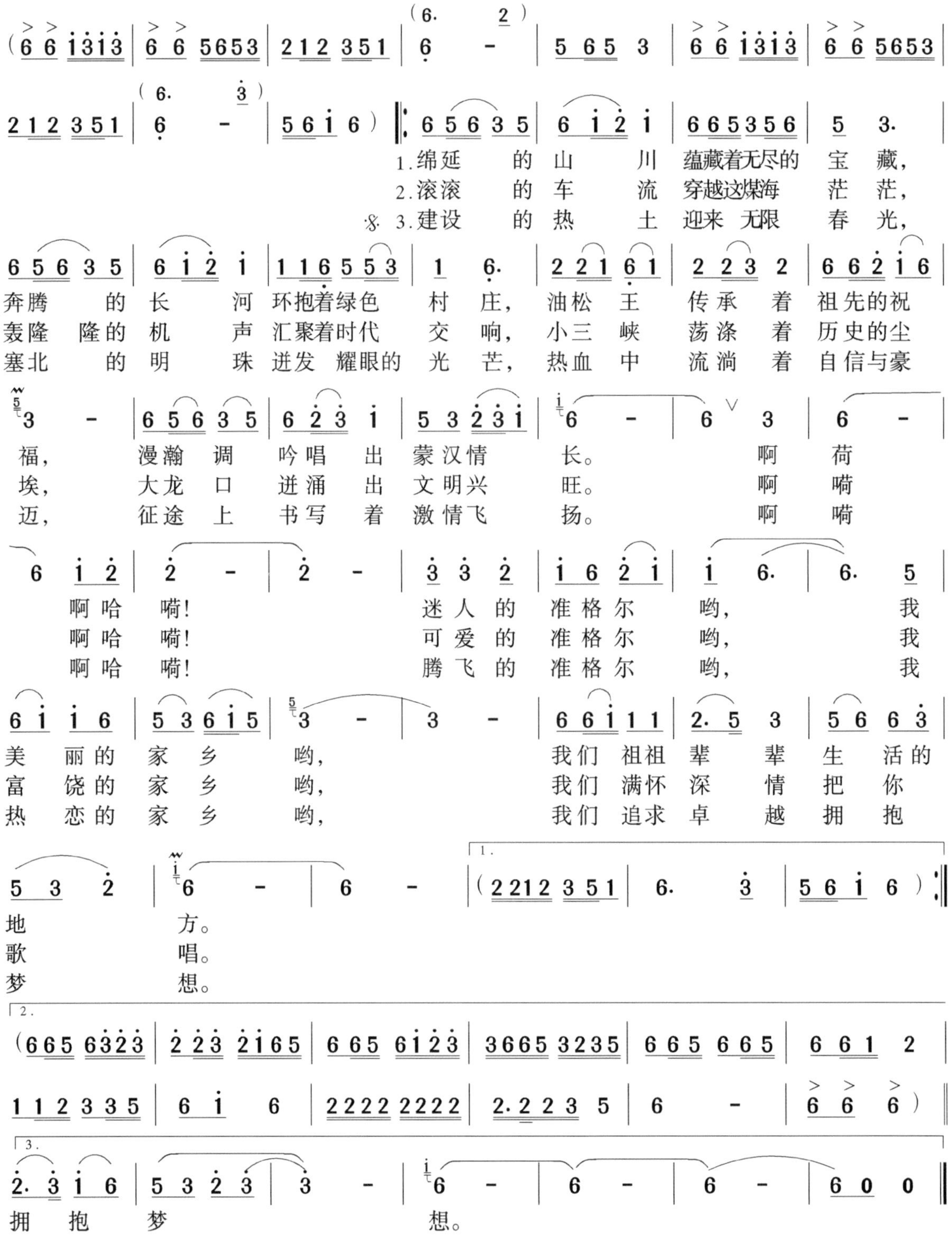

编纂始末

2023 年 8 月，《准格尔旗志（1991—2015）》由方志出版社出版，这是历任修志人厚积薄发的心血结晶，当下全社会合力攻坚的文明集成。

回顾续修旗志，大体经历 4 个阶段。

前期筹备阶段。2000 年，史志办就开始编印地方综合年鉴，为续修旗志积累资料。2013 年 10 月 29 日，旗委、旗政府成立《准格尔旗志 1991—2013》编纂委员会，编辑部设在史志办。

全面启动阶段。2014 年 1 月 9 日，旗人民政府印发《〈准格尔旗志（1991—2013）〉续修方案》；1 月 14 日召开全旗第二轮地方志编修工作动员会，与 200 多家承编单位签订责任书；编辑部邀请全国修志专家夏红兵专题授课，培训 300 余名承编单位编写人员。2015 年 8 月 25 日，国务院办公厅印发《全国地方志事业发展规划纲要（2015—2020 年）》（国办发〔2015〕64 号），要求到 2020 年出版二轮志书。旗志时有 10 余家承编单位上报初稿。编辑部于是对 105 家承编单位编写人员进行定制培训；聘请张培文指导 62 家承编单位完善初稿。尽管付出诸多努力，仍与全国规划目标相距甚远。

集中攻坚阶段。2020 年 1 月 14 日，旗委办、旗政府办印发《做好第二轮地方志编修工作的通知》，将下限由 2013 年延期到 2015 年，1 月 19 日召开全旗第二轮地方志编修攻坚动员会。随后新冠疫情袭来，编辑部逆势前行，于 2 月 28 日起组建旗志攻坚团微信群，网发资料，群聊业务，280 多家承编单位 350 多名编写人员入群。3 月 10 日疫情解封，立即转入线下，在大路新区档案馆办公地点，点对点跟进，面对面研讨，手把手指导；复工复产后，奔波薛家湾、大路新区、沙圪堵 3 地专题指导。4 月 16 日，选聘张培文、刘国保、甫澜涛、许荣、王永卿、张中、奇拴存、许云，组建编辑班底，集中到老干部活动中心办公，方便承编单位。编辑团队从等米下锅到找米下锅，从批量生产到个性定制，投入紧张编纂中；承编单位编写人员抢时间，抓进度，努力把疫情耽误的时间抢回来。历时 8 个月 200 余天，一鼓作气完成续修旗志评审稿。12 月 25 日召开评审会，自治区、市两级地方志领导、专家组成评审委员会，评审通过这部志稿。

后续完善阶段。2021 年起，编辑团队吸收评审意见，严把政治关、保密关，补充残缺资料，调整篇目层次。5 月 11 日，编辑部第 16 次会议决定，迁址大路新区档案馆，8 位特约编辑转入线上办公；主编投入总纂统稿，由众手修转入一笔纂，物理搬运的原料，重新组合发生化学反应，一挥而就的初稿，精雕细琢实现化蝶重生。全书设 32 篇 147 章 665 节 1198 目，彩页 80 页，配图 6 幅表 113 个照片 750 张，最终形成 183 万字的验收稿，2023 年 1 月通过自治区地方志办公室验收；同年 8 月 28 日通过方志出版社审查，定稿付印。

续修旗志如此艰难，客观原因来自两个方面。

准旗经过 25 年发展，入志内容发生重大变化。经济体量倍增，全旗市场主体由千余家增到 2 万多家，规模以上企业超百家；骨干企业跨行业发展，三次产业你中有我，我中有你；传统产业渐次消失，新兴业态层出不穷；主管部门难以全部涉猎，这些变化未能全部存档。社会管理庞杂，旗直单位超 200 家，薛家湾、沙圪堵两地重设超 50 家，薛家湾、沙圪堵、大路新区 3 地重设超 10 家，历经机构撤并，驻地迁移，人员调整，档案流失严重。这些都增加了续修旗志的难度。

与首轮修志比，修志条件也有重大变化。有利变化是，新闻媒体发展，传播了海量信息；网络技术应用，提高了信息处理效率。不利变化是，承编单位编写人员多为兼职，单位任务繁重，人员更换频繁，无暇顾及修志，综合部门不能及时上报初稿；兼职多为刚入职青年，未经 25 年历程，上报初稿多有下限，鲜有上限。是加快进度，还是保证质量？续修旗志陷入两难选择。

攻坚克难，3 项修志实践与当代人分享，供后来人借鉴。

本旗党政领导支持，上级业务部门指导，是续修旗志的靠山。我旗实行旗委领导、政府主持、史志办实施、全社会参与的修志体制，保障了经费到位、动员到位、督查到位。鲁占清由政府副旗长转任旗委副书记、升任旗人大常委会主任，始终牵挂着旗志，亲自部署动员，不时过问进展，及时解决困难；上报初稿滞后，旗委书记乔允利批示："组织专题会议部署，解决旗志续修面临的困难"，促成续修旗志攻坚动员会召开；集中攻坚阶段，旗委常委、旗委办主任希尼，调度督查承编单位及时上报初稿，明显加快续修旗志进度。我旗修志进度滞后，自治区地方志办公室先后 5 次来旗指导，盟市志业务处处长姚思泰协调方志出版社预留书号，让旗志赶上了这趟末班车。

社会各界众手修志，专家学者研究成书，是续修旗志的基础。续修旗志实行承编单位上报分编初稿和专家学者提交研究成果同步推进。撤并乡镇资料，现所属乡镇提供；撤并单位资料，并入单位提供；同一内容几个单位分编、一个单位承编几项内容，相关单位协作配合，做到了时空无缝对接。前期筹备阶段，请刘维提交方言研究成果，请李永厚收集政府搬迁资料；全面启动阶段，请许荣收集煤田开发资料；集中攻坚阶段，请李海峰撰写大路煤化工基地专记，请柳苏收集艺文，请王拴整理当代习俗。续修旗志也得到热心人士支持。请教统计数据问题，曾玖不吝赐教；查阅档案资料，郭瑞丽、马强热心服务；杨芳女士主动请缨，收集薛家湾矿区办事处资料；40 余名摄影人为志书奉献了精美的摄影作品。续修旗志先后动员单位 280 余家，参编人员 360 多人，众手修志，专家成书，成就这部新旗志。

厚积薄发资料为王，精雕细刻保证质量，是续修旗志的生命。到 2017 年，史志办编印地方综合年鉴 12 卷，收录续修旗志年度资料 1250 万字；指导编纂乡镇志、专业志、企业志 11 部，保存资料 670.5 万字；特别是出版《准格尔人物志》，整理党史正本、组织史资料，编印统计资料，丰富了基础资料。上述文献电子化，续修旗志充分利用。后续总纂统稿，编辑部做了大量加减乘除四则混合运算。加法补充缺项断线，将一年记几件事的烩菜，烹饪为一件事记几年的炒菜；补齐上限和下限，扎紧木桶两箍，盛满史料信息。减法消除负面信息，删除敏感话题，弘扬主旋律，传播正能量。乘法丰富血肉，挖掘顶天立地的闪光点，先进典型点名道姓，存在问题也秉笔直书，为地区精准画像。除法提炼精髓，新时期支援国家重点建设，21 世纪抢抓西部开发先机，新时代打造县域经济升级版，梳理历史规律，努力讲好本土故事。

值此新旗志面世之际，感谢上级部门指导，感谢旗领导支持，感谢广大参编人员，感谢所有关心和支持地方志事业的无名英雄。众手修成一志难免各行其道，本人才学所限难免存在疏漏。竭诚欢迎广大读者见仁见智，批评指正。

《准格尔旗志（1991—2015）》主编 杨王锁

2023 年 8 月